Numerik-Algorithmen
mit
ANSI C-Programmen

Bücher zur
Numerischen Mathematik von
G. Engeln-Müllges und
F. Reutter

NUMERISCHE MATHEMATIK
FÜR INGENIEURE
1. Auflage 1973
5., überarbeitete Auflage 1987
ISBN 3-411-03151-4

NUMERIK-ALGORITHMEN
MIT
FORTAN 77-PROGRAMMEN
1. Auflage 1974
7., völlig neu bearbeitete und
erweiterte Auflage 1993
ISBN 3-411-15117-X

NUMERIK-ALGORITHMEN MIT
ANSI C-PROGRAMMEN
1. Auflage 1993
ISBN 3-411-16291-0

FORMELSAMMLUNG ZUR
NUMERISCHEN MATHEMATIK
MIT TURBO-PASCAL
PROGRAMMEN
1. Auflage 1985
3., vollig neu bearbeitete und
erweiterte Auflage 1991
ISBN 3-411-15003-3

FORMELSAMMLUNG ZUR
NUMERISCHEN MATHEMATIK
MIT C-PROGRAMMEN
1. Auflage 1987
2., vollständig überarbeitete
und erweiterte Auflage 1990
ISBN 3-411-14727-3

FORMELSAMMLUNG ZUR
NUMERISCHEN MATHEMATIK
MIT QUICK-
BASIC-PROGRAMMEN
1. Auflage 1983
3., völlig neu bearbeitete und
erweiterte Auflage 1990
ISBN 3-411-14312-6

FORMELSAMMLUNG ZUR
NUMERISCHEN MATHEMATIK
MIT
MODULA 2-PROGRAMMEN
1. Auflage 1988
ISBN 3-411-03186-7

Numerik-Algorithmen mit ANSI C-Programmen

von
Prof. Dr. Gisela Engeln-Müllges
Fachhochschule Aachen
und
o. Prof. em. Dr. Fritz Reutter †
Rheinisch-Westfälische
Technische Hochschule Aachen

Anhang: ANSI C-Programme

von
Dr. Albert Becker, Jürgen Dietel und Uli Eggermann

Wissenschaftsverlag
Mannheim · Leipzig · Wien · Zürich

Die Deutsche Bibliothek – CIP-Einheitsaufnahme

Engeln-Müllges, Gisela:
Numerik-Algorithmen mit ANSI-C-Programmen / von
Gisela Engeln-Müllges und Fritz Reutter. Anhang:
ANSI-C-Programme / von Albert Becker, Jürgen Dietel und
Uli Eggermann. – Mannheim; Leipzig; Wien; Zürich: BI-Wiss.-Verl., 1993
  (Bücher zur numerischen Mathematik)
  ISBN 3-411-16291-0
NE: Reutter, Fritz:; Becker, Albert: ANSI-C-Programme;
    Dietel, Jürgen: ANSI-C-Programme;
    Eggermann, Uli: ANSI-C-Programme; HST

Gedruckt auf Recyclingpapier

Die im Programmteil abgedruckten Programme wurden unter
MS-DOS getestet mit Turbo C 2.0, Borland C_{++} 2.0, 3.0, 3.1).
Microsoft QuickC 2.0, Microsoft C 6.00, sowie unter SunOS,
MS-DOS und AmigaOS2 mit GNU-C 2.2.2, unter TOS 1.04 mit
Pure C 1.0, 1.1 sowie unter OS/2 2.0 und OS/2 2.1 BETA [12/92]
mit IBM C Set/2 1.0.

Autoren und Verlag übernehmen für die Fehlerfreiheit der
Programme keine Gewährleistung oder Haftung.
Der Verlag übernimmt keine Gewähr dafür, daß die beschriebenen
Verfahren, Programme usw. frei von Schutzrechten Dritter sind.

Alle Rechte, auch die der Übersetzung in fremde Sprachen,
vorbehalten. Kein Teil dieses Werkes darf ohne schriftliche
Einwilligung des Verlages in irgendeiner Form (Fotokopie,
Mikrofilm oder ein anderes Verfahren), auch nicht für Zwecke
der Unterrichtsgestaltung, reproduziert oder unter Verwendung
elektronischer Systeme verarbeitet, vervielfältigt oder verbreitet
werden.
© Bibliographisches Institut & F.A. Brockhaus AG, Mannheim 1993
Druck: Progressdruck GmbH, Speyer
Bindearbeit: Franz Spiegel Buch GmbH, Ulm
Printed in Germany
ISBN 3-411-16291-0

Wer rechnet, ist immer in Gefahr, sich zu verrechnen.
Die dumme Kuh trifft immer das richtige Gras.

(Theodor Fontane)

Vorwort

Mit den Autoren Gisela Jordan-Engeln (später Engeln-Müllges) und Fritz Reutter erschien die „Formelsammlung zur Numerischen Mathematik mit FORTRAN-Programmen" 1974 in 1. Auflage. An Inhalt und Gestaltung des Textteiles war Professor Reutter bis 1978 maßgeblich und bis zum Erscheinen der 3. Auflage 1981 (424 Seiten) beratend beteiligt, seit Anfang 1983 konnte er wegen seiner schweren Erkrankung an der Weiterentwicklung des Buches nicht mehr mitwirken und hatte mir deshalb die alleinige Fortführung dieser Aufgabe übertragen. Es ist mir eine Verpflichtung, die mit ihm zusammen begonnene Arbeit in seinem Sinne fortzuführen. Seither sind vier weitere Auflagen der FORTRAN-Ausgabe (7. Auflage 1267 Seiten) sowie Formelsammlungen mit Programmen in Turbo Pascal, C, Quick Basic und Modula 2 entstanden, englische Versionen der FORTRAN- und ANSI C – Ausgaben werden 1993 erscheinen.

Das vorliegende Buch „Numerik-Algorithmen mit ANSI C-Programmen" entspricht im Textteil der im März 1993 unter dem neuen Titel „Numerik-Algorithmen mit FORTRAN 77-Programmen" erschienenen 7. Auflage des Buches „Formelsammlung zur Numerischen Mathematik mit FORTRAN 77-Programmen".

Das Buch enthält nicht nur computergerechte Algorithmen für viele Standardmethoden der Numerischen Mathematik, sondern beschreibt auch die Prinzipien der verschiedenen Verfahren und gibt Entscheidungshilfen zur Auswahl der jeweils geeigneten Methode an. Es ist kein Lehrbuch der Numerischen Mathematik, deshalb wird auf Beweise und Beispiele verzichtet. Zahlreiche Literaturangaben dienen der mathematischen Vertiefung und thematischen Ergänzung und sollen die Nutzung des Buches unterstützen.

In diesem Buch werden folgende Themen behandelt:

- Darstellung von Zahlen und Fehleranalyse
  Kondition und Stabilität

- Verfahren zur Lösung beliebiger nichtlinearer Gleichungen sowie speziell algebraischer Gleichungen

- Direkte und iterative Verfahren zur Lösung linearer Gleichungssysteme

- Systeme nichtlinearer Gleichungen

- Eigenwerte und Eigenvektoren von Matrizen

- Lineare und nichtlineare Approximation

- Polynomiale und rationale Interpolation

- Interpolierende Polynomsplines zur Konstruktion glatter Kurven

- Approximierende Polynomsplines 3. Grades zur Konstruktion glatter Kurven

- Zweidimensionale Splines, Oberflächensplines, Bézier-Splines, B-Splines

- Akima- und Renner-Subsplines

- Numerische Differentiation

- Numerische Quadratur

- Numerische Kubatur

- Anfangswertprobleme bei gewöhnlichen Differentialgleichungen

- Randwertprobleme bei gewöhnlichen Differentialgleichungen

Bevorzugt behandelt wurden solche Methoden, die für den Anwender numerischer Verfahren besonders zu empfehlen sind: Zum Beispiel sicher konvergierende Verfahren zur Lösung nichtlinearer Gleichungen; Verfahren zur Lösung linearer Gleichungssysteme für viele spezielle Matrixstrukturen inklusive bandstrukturierter und dünnbesetzter Matrizen (CG, McKee, SOR u.a.); die Shepard-Methode zur mehrdimensionalen Interpolation; viele verschiedene Splinemethoden zur Konstruktion glatter Kurven und Flächen (gewöhnliche Polynomsplines, Akima-, Renner-, Bézier- und B-Splines u.a.); leistungsfähige Quadraturverfahren (Newton-Cotes, Gauß, Clenshaw-Curtis, Romberg, adaptive Verfahren); Kubatur-Methoden für Rechteck- und Dreieckbereiche (Gauß, Newton-Cotes, Romberg) und für gewöhnliche Differentialgleichungen eine

Vielzahl expliziter und impliziter Runge-Kutta-Verfahren, insbesonders die leistungsfähigen Runge-Kutta-Einbettungsformeln bis zur 9. Ordnung sowie Verfahren für steife Systeme.

Der Anhang enthält ANSI C - Programme zu fast allen im Textteil angegebenen Algorithmen. Darüberhinaus finden sich im Anhang Programme zu Algorithmen, die Varianten der im Theorieteil angegebenen Algorithmen darstellen; z.B. ist dem Programm zur Lösung von Systemen mit Bandmatrizen eine Variante für symmetrische Matrizen angefügt. Das Programm zur schnellen Fourier-Transformation im Falle reeller Funktionswerte (RFFT) wird ergänzt durch ein Programm (FFT) zur Berechnung der diskreten Fourierkoeffizienten zu komplexen Funktionswerten einer periodischen Funktion; die Anzahl der Funktionswerte ist eine Zweierpotenz. Für den Fall, daß die Anzahl der Funktionswerte nicht an eine Zweierpotenz gebunden ist, wurde das Programm FFTB aufgenommen.

Die Programme wurden unter MS-DOS getestet mit Turbo C 2.0, Borland C++ 2.0, 3.0, 3.1, Microsoft QuickC 2.0, Microsoft C 6.00 sowie unter SunOS, MS-DOS und AmigaOS2 mit GNU–C 2.2.2, unter TOS 1.04 mit Pure C 1.0, 1.1 sowie unter OS/2 2.0 und OS/2 2.1 BETA [12/92] mit IBM C Set/2 1.0.

Die Programme können inklusive der Testprogramme auf Disketten bezogen werden; nähere Einzelheiten zum Diskettenversand stehen im Vorwort des Anhanges.

Ich danke Frau J. Dahmen-Beumers und Herrn A. Beumers, die mit sehr viel Geschick und größtem Einfühlungsvermögen mit Hilfe des Satzprogrammes LaTeX das reproduktionsreife Manuskript geschrieben und die Abbildungen mit TeXcad gezeichnet haben. Frau R. Theelen-Dubois und Herrn Dipl.-Ing. G. Dubois danke ich für ihren unermüdlichen Einsatz bei der Organisation und Durchführung des Diskettenversandes. Herrn Dr. R. Wodicka danke ich für nützliche Hinweise und die kritische Durchsicht einzelner Abschnitte in den Kapiteln 10, 12 und 13.

Auch für diese Auflage standen keinerlei Personal- und Sachmittel seitens der Hochschule zur Verfügung. Ich danke daher dem BI-Wissenschaftsverlag dafür, daß er einen kleinen Teil der mir entstandenen Kosten übernommen hat. Darüberhinaus danke ich dem Verlagsleiter, Herrn Dipl.-Math. H. Engesser, sowie der gesamten Herstellungsabteilung unter Leitung von Herrn M. Altstadt für die stets gute Zusammenarbeit.

April 1993   Gisela Engeln-Müllges

Informationen zum Versand von Disketten

mit dem Quellcode der Programme in verschiedenen Programmiersprachen (FORTRAN 77, ANSI C, Turbo Pascal, Modula 2, QuickBASIC) und den Testprogrammen sowie Informationen über Campuslizenzen, die von Hochschulen, Forschungseinrichtungen und Firmen erworben werden können, sind nach dem Vorwort des Anhanges zu finden oder können *schriftlich oder per Fax* angefordert werden bei

Prof. Dr. Gisela Engeln-Müllges
Kesselstraße 88
D - 52076 Aachen-Lichtenbusch

Fax-Nr.: +49 2408 7812

Bezeichnungen

$\Rightarrow$	wenn-dann bzw. hat zur Folge
$\Leftrightarrow$	dann und nur dann
$:=$	nach Definition gleich
$\stackrel{!}{=}$	geforderte Gleichheit
$<$ $\leq$	kleiner, kleiner oder gleich
$>$ $\geq$	größer, größer oder gleich
$a \ll b$	a ist wesentlich kleiner als b
$\approx$	ungefähr gleich
$\equiv$	identisch
$\sim$	proportional bzw. gleichmäßig zu
$\{a_1, a_2, \ldots\}$	Menge aus den Elementen $a_1, a_2, \ldots$
$\{x \vert \ldots\}$	Menge aller x für die gilt ...
$\in$	Element von
$\notin$	nicht Element von
$\subseteq$	enthalten in oder Teilmenge von
$\subset$	echt enthalten in oder echte Teilmenge von
$\not\subset$	nicht Teilmenge von
$\mathbf{N}$	Menge der natürlichen Zahlen
$\mathbf{N}_0$	Menge der natürlichen Zahlen mit Null
$\mathbb{Z}$	Menge der ganzen Zahlen
$\mathbb{Q}$	Menge der rationalen Zahlen
$\mathbf{R}$	Menge der reellen Zahlen
$\mathbb{C}$	Menge der komplexen Zahlen
$\mathbf{R}^+, \mathbf{R}^-$	Menge der positiven bzw. negativen reellen Zahlen
(a,b)	offenes Intervall von a bis b, $a < b$

[a,b]	abgeschlossenes Intervall von a bis b, a < b
[a,b)	halboffenes Intervall von a bis b (rechts offen), a < b
(a,b]	halboffenes Intervall von a bis b (links offen), a < b
n!	n Fakultät mit n! = $1 \cdot 2 \cdot 3 \cdots n$, n $\in \mathbb{N}$, 0! := 1
$\binom{n}{k}$	n über k mit $\binom{n}{k} := \frac{n!}{k!(n-k)!}$, k $\in \mathbb{N}_0$, k $\leq$ n, n $\in \mathbb{N}$
$\prod_{i=1}^{n} a_i$	$a_1 \cdot a_2 \cdot a_3 \ldots a_n$
$\sum_{i=1}^{n} a_i$	$a_1 + a_2 + \ldots + a_n$
$\int_a^b$	Integral in den Grenzen a und b
i	imaginäre Einheit i := $\sqrt{-1}$
e	Eulersche Zahl
|a|	Betrag von a mit $\|a\| := \begin{cases} a & \text{für } a \geq 0 \\ -a & \text{für } a < 0 \end{cases}$
$\|\cdot\|$	Norm von ·
$\{a_k\}$	Folge von a_k
$\lim_{k \to \infty} a_k$	Limes von a_k für k $\to \infty$
max $\{f(x)\|x \in [a,b]\}$	Maximum aller Funktionswerte f(x) für x $\in$ [a,b]
min $\{\|M_i\|\|i = 1,2,\ldots,m\}$	Minimum aller $\|M_i\|$ für i = 1,2,...,m
(x,y)	geordnetes Paar
$(x_1,x_2,\ldots,x_n)$	n-Tupel
f : I $\to \mathbb{R}$	Abbildung f von I in $\mathbb{R}$ (bzw. auf I definierte reellwertige Funktion f mit I $\subset \mathbb{R}$)
x $\to$ f(x), x $\in$ D	x wird f(x) zugeordnet für x $\in$ D
f', f'', f''', $f^{(4)}$,..., $f^{(n)}$	erste, zweite, dritte, vierte,..., n-te Ableitung von f
C[a,b]	Menge der auf [a,b] stetigen Funktionen
C^n[a,b]	Menge der auf [a,b] n-mal stetig differenzierbaren Funktionen
$\mathbb{R}^n$	n-dimensionaler euklidischer Raum
A = $O(h^q)$	$\|A/h^q\| \leq$ C für h $\to$ 0, C = const.
0(1)n	0,1,2,...,n, n $\in \mathbb{N}$
sign (a)	Vorzeichen von a
x, y, z, ...	Vektoren

Bezeichnungen

$\mathbf{A}, \mathbf{B}, \mathbf{C}, \ldots$	Matrizen
$\mathbf{0}$	Nullvektor
$(\mathbf{x} \times \mathbf{y})$	Vektorprodukt bzw. Kreuzprodukt
$\mathbf{E}$	Einheitsmatrix
$\mathbf{A}^T$	Transponierte Matrix von $\mathbf{A}$
$\mathbf{x}^T = (x_1, x_2, \ldots, x_n)$	Transponierter Vektor zu $\mathbf{x} = \begin{pmatrix} x_1 \\ \vdots \\ x_n \end{pmatrix}$
$\mathbf{A}^{-1}$	Inverse Matrix von $\mathbf{A}$
$|\mathbf{A}|$, det $(\mathbf{A})$	Determinante von $\mathbf{A}$
[A]	s. im Literaturverzeichnis unter [A]
o.B.d.A.	ohne Beschränkung der Allgemeinheit

Inhaltsverzeichnis

1 Darstellung von Zahlen und Fehleranalyse Kondition und Stabilität 1
   1.1 Definition von Fehlergrößen 1
   1.2 Dezimaldarstellung von Zahlen 3
   1.3 Fehlerquellen 6
      1.3.1 Eingabefehler 7
      1.3.2 Verfahrensfehler 7
      1.3.3 Fehlerfortpflanzung und die Kondition eines Problems 8
      1.3.4 Rechnungsfehler und numerische Stabilität 10
   1.4 Zählen von Operationen 12

2 Numerische Verfahren zur Lösung nichtlinearer Gleichungen 13
   2.1 Aufgabenstellung und Anwendungsempfehlungen 13
   2.2 Definitionen und Sätze über Nullstellen 14
   2.3 Allgemeines Iterationsverfahren 15
      2.3.1 Konstruktionsmethode und Definition 15
      2.3.2 Existenz von Lösungen und Eindeutigkeit der Lösung 16
      2.3.3 Konvergenz eines Iterationsverfahrens, Fehlerabschätzungen, Rechnungsfehler 18
      2.3.4 Praktische Durchführung 20
   2.4 Konvergenzordnung eines Iterationsverfahrens 23
      2.4.1 Definition und Sätze 23
      2.4.2 Experimentelle Bestimmung der Konvergenzordnung 25
   2.5 Newtonsche Verfahren 25
      2.5.1 Das Newtonsche Verfahren für einfache Nullstellen 25
      2.5.2 Gedämpftes Newton-Verfahren 27

    2.5.3 Das Newtonsche Verfahren für mehrfache Nullstellen.
          Das modifizierte Newtonsche Verfahren 28
2.6 Regula Falsi 29
    2.6.1 Regula Falsi für einfache Nullstellen 29
    2.6.2 Modifizierte Regula Falsi für mehrfache Nullstellen 30
    2.6.3 Primitivform der Regula Falsi 30
2.7 Verfahren von Steffensen 31
    2.7.1 Das Verfahren von Steffensen für einfache Nullstellen 31
    2.7.2 Das modifizierte Steffensen-Verfahren für mehrfache
          Nullstellen 32
2.8 Einschlußverfahren 32
    2.8.1 Das Bisektionsverfahren 33
    2.8.2 Das Pegasus-Verfahren 34
    2.8.3 Das Verfahren von Anderson-Björck 35
    2.8.4 Die Verfahren von King und Anderson-Björck-King.
          Das Illinois-Verfahren 38
    2.8.5 Das Zeroin-Verfahren 38
2.9 Effizienz der Verfahren und Entscheidungshilfen 39

3 Verfahren zur Lösung algebraischer Gleichungen 41
3.1 Vorbemerkungen 41
3.2 Das Horner-Schema 42
    3.2.1 Das einfache Horner-Schema für reelle Argumentwerte 42
    3.2.2 Das einfache Horner-Schema für komplexe Argumentwerte .. 43
    3.2.3 Das vollständige Horner-Schema für reelle Argumentwerte .. 45
    3.2.4 Anwendungen ..., ... 47
3.3 Methoden zur Bestimmung sämtlicher Lösungen algebraischer
    Gleichungen 48
    3.3.1 Vorbemerkungen 48
    3.3.2 Das Verfahren von Muller 49
    3.3.3 Das Verfahren von Bauhuber 52
    3.3.4 Das Verfahren von Jenkins und Traub 53
    3.3.5 Das Verfahren von Laguerre 54
3.4 Entscheidungshilfen 55

4 Direkte Verfahren zur Lösung linearer Gleichungssysteme . 57
4.1 Aufgabenstellung 57
4.2 Definitionen und Sätze 58

Inhaltsverzeichnis

4.3 Lösbarkeitsbedingungen für ein lineares Gleichungssystem 64
4.4 Prinzip der direkten Methoden 65
4.5 Der Gauß-Algorithmus 66
    4.5.1 Gauß-Algorithmus mit Spaltenpivotsuche 66
    4.5.2 Pivotsuche 70
    4.5.3 Gauß-Algorithmus als Dreieckszerlegung 71
    4.5.4 Der Gauß-Algorithmus für Systeme mit mehreren rechten Seiten 73
4.6 Matrizeninversion mit dem Gauß-Algorithmus 74
4.7 Verfahren für Systeme mit symmetrischen Matrizen 75
    4.7.1 Systeme mit symmetrischer, streng regulärer Matrix 76
    4.7.2 Systeme mit symmetrischer, positiv definiter Matrix. Cholesky-Verfahren 76
    4.7.3 Systeme mit symmetrischer, positiv definiter Matrix. Verfahren der konjugierten Gradienten (CG-Verfahren) 80
4.8 Das Gauß-Jordan-Verfahren 83
4.9 Bestimmung der zu einer Matrix inversen Matrix mit dem Austauschverfahren 84
4.10 Gleichungssysteme mit tridiagonalen Matrizen 87
    4.10.1 Systeme mit tridiagonaler Matrix 87
    4.10.2 Systeme mit symmetrischer, tridiagonaler, positiv definiter Matrix 89
4.11 Gleichungssysteme mit zyklisch tridiagonalen Matrizen 91
    4.11.1 Systeme mit zyklisch tridiagonaler Matrix 91
    4.11.2 Systeme mit symmetrischer, zyklisch tridiagonaler Matrix .. 93
4.12 Gleichungssysteme mit fünfdiagonalen Matrizen 96
    4.12.1 Systeme mit fünfdiagonaler Matrix 96
    4.12.2 Systeme mit symmetrischer, fünfdiagonaler, positiv definiter Matrix 98
4.13 Gleichungssysteme mit Bandmatrizen 101
4.14 Lösung überbestimmter linearer Gleichungssysteme mit Householdertransformation 106
4.15 Fehler, Kondition und Nachiteration 111
    4.15.1 Fehler und Kondition 111
    4.15.2 Konditionsschätzung 113
    4.15.3 Möglichkeiten zur Konditionsverbesserung 116
    4.15.4 Nachiteration 117
4.16 Gleichungssysteme mit Blockmatrizen 118

4.16.1 Vorbemerkungen 118
4.16.2 Gauß-Algorithmus für Blocksysteme 119
4.16.3 Gauß-Algorithmus für tridiagonale Blocksysteme 121
4.16.4 Weitere Block-Verfahren 121
4.17 Algorithmus von Cuthill-McKee für dünn besetzte, symmetrische Matrizen 122
4.18 Entscheidungshilfen für die Auswahl des Verfahrens 127

5 Iterationsverfahren zur Lösung linearer Gleichungssysteme 131

5.1 Vorbemerkungen und Entscheidungshilfen 131
5.2 Vektor- und Matrixnormen 132
5.3 Das Iterationsverfahren in Gesamtschritten 133
5.4 Das Iterationsverfahren in Einzelschritten oder das Gauß-Seidelsche Iterationsverfahren 138
5.5 Relaxation beim Gesamtschrittverfahren 139
5.6 Relaxation beim Einzelschrittverfahren. SOR-Verfahren 140
    5.6.1 Iterationsvorschrift 140
    5.6.2 Schätzung des Relaxationskoeffizienten. Adaptives SOR-Verfahren 141

6 Systeme nichtlinearer Gleichungen 145

6.1 Allgemeines Iterationsverfahren für Systeme 145
6.2 Spezielle Iterationsverfahren 150
    6.2.1 Newtonsche Verfahren für nichtlineare Systeme 150
        6.2.1.1 Das quadratisch konvergente Newton-Verfahren 150
        6.2.1.2 Gedämpftes Newton-Verfahren für Systeme 152
    6.2.2 Regula Falsi für nichtlineare Systeme 153
    6.2.3 Das Verfahren des stärksten Abstiegs (Gradientenverfahren) für nichtlineare Systeme 155
    6.2.4 Das Verfahren von Brown für Systeme 156
6.3 Entscheidungshilfen für die Auswahl der Methode 157

7 Eigenwerte und Eigenvektoren von Matrizen 159

7.1 Definitionen und Aufgabenstellungen 159
7.2 Diagonalähnliche Matrizen 161
7.3 Das Iterationsverfahren nach v. Mises 163
    7.3.1 Bestimmung des betragsgrößten Eigenwertes und des zugehörigen Eigenvektors 163

7.3.2 Bestimmung des betragskleinsten Eigenwertes 167
7.3.3 Bestimmung weiterer Eigenwerte und Eigenvektoren 168
7.4 Konvergenzverbesserung mit Hilfe des Rayleigh-Quotienten
   im Falle hermitescher Matrizen 169
7.5 Das Verfahren von Krylov 170
   7.5.1 Bestimmung der Eigenwerte 170
   7.5.2 Bestimmung der Eigenvektoren 172
7.6 Bestimmung der Eigenwerte positiv definiter, symmetrischer,
   tridiagonaler Matrizen mit Hilfe des QD-Algorithmus 173
7.7 Transformationen auf Hessenbergform, LR- und QR-Verfahren 175
   7.7.1 Transformation einer Matrix auf obere Hessenbergform 175
   7.7.2 LR - Verfahren 177
   7.7.3 QR - Verfahren 179
7.8 Eigenwerte und Eigenvektoren einer Matrix nach den Verfahren
   von Martin, Parlett, Peters, Reinsch und Wilkinson 180
7.9 Entscheidungshilfen 181

8 Lineare und nichtlineare Approximation 183
8.1 Lineare Approximation 185
   8.1.1 Approximationsaufgabe und beste Approximation 185
   8.1.2 Kontinuierliche lineare Approximation im quadratischen
         Mittel 187
   8.1.3 Diskrete lineare Approximation im quadratischen Mittel .. 192
      8.1.3.1 Normalgleichungen für den diskreten linearen Ausgleich . 192
      8.1.3.2 Diskreter Ausgleich durch algebraische Polynome
              unter Verwendung orthogonaler Polynome 195
      8.1.3.3 Lineare Regression. Ausgleich durch lineare
              algebraische Polynome 197
      8.1.3.4 Householdertransformation zur Lösung des linearen
              Ausgleichsproblems 198
   8.1.4 Approximation von Polynomen durch Tschebyscheff-
         Polynome 200
      8.1.4.1 Beste gleichmäßige Approximation, Definition 201
      8.1.4.2 Approximation durch Tschebyscheff-Polynome 202
   8.1.5 Approximation periodischer Funktionen 208
      8.1.5.1 Approximation periodischer Funktionen im
              quadratischen Mittel 209
      8.1.5.2 Trigonometrische Interpolation 210

8.1.5.3 Komplexe diskrete Fourier-Transformation (FFT) 213
8.2 Nichtlineare Approximation 214
    8.2.1 Transformationsmethode beim nichtlinearen Ausgleich 215
    8.2.2 Nichtlinearer Ausgleich im quadratischen Mittel 217
8.3 Entscheidungshilfen 218

9 Polynomiale und rationale Interpolation 221
9.1 Aufgabenstellung zur Interpolation durch algebraische Polynome 221
9.2 Interpolationsformeln von Lagrange 223
    9.2.1 Lagrangesche Formel für beliebige Stützstellen 223
    9.2.2 Lagrangesche Formel für äquidistante Stützstellen 224
9.3 Das Interpolationsschema von Aitken für beliebige Stützstellen 225
9.4 Inverse Interpolation nach Aitken 227
9.5 Interpolationsformeln von Newton 228
    9.5.1 Newtonsche Formel für beliebige Stützstellen 228
    9.5.2 Newtonsche Formel für äquidistante Stützstellen 229
9.6 Restglied der Interpolation und Aussagen zur Abschätzung
    und Schätzung des Interpolationsfehlers 231
9.7 Rationale Interpolation 233
9.8 Interpolation bei Funktionen mehrerer Veränderlichen 237
    9.8.1 Interpolationsformel von Lagrange bei Funktionen von
        zwei Veränderlichen 237
    9.8.2 Shepard-Interpolation 239
9.9 Entscheidungshilfen für die Auswahl des zweckmäßigen
    Interpolationsverfahrens 243

10 Interpolierende Polynomsplines zur Konstruktion glatter Kurven 245
10.1 Polynomsplines dritten Grades 245
    10.1.1 Definition der Splinefunktionen 246
    10.1.2 Berechnung der nichtparametrischen kubischen Splines 248
    10.1.3 Berechnung der parametrischen kubischen Splines 253
    10.1.4 Kombinierte interpolierende Polynom-Splines 259
    10.1.5 Konvergenz und Fehlerabschätzungen interpolierender
        kubischer Splines 265
10.2 Hermite-Splines fünften Grades 266
    10.2.1 Definition der Hermite-Splines 266
    10.2.2 Berechnung der nichtparametrischen Hermite-Splines 268

10.2.3 Berechnung der parametrischen Hermite-Splines 272
10.3 Entscheidungshilfen zur Auswahl der geeigneten interpolierenden oder approximierenden Splinemethode 275

11 Polynomiale Ausgleichssplines 3. Grades zur Konstruktion glatter Kurven 281

11.1 Problemstellung 281
11.2 Definition der Splinefunktionen 282
11.3 Berechnung der nichtparametrischen kubischen Ausgleichssplines 283
11.4 Berechnung der parametrischen kubischen Ausgleichssplines ... 290
11.5 Entscheidungshilfen 291

12 Zweidimensionale Splines, Oberflächensplines, Bézier-Splines, B-Splines 293

12.1 Interpolierende zweidimensionale Polynomsplines dritten Grades zur Konstruktion glatter Flächen 293
12.2 Zweidimensionale interpolierende Oberflächensplines 303
12.3 Bézier-Splines 307
    12.3.1 Bézier-Spline-Kurven 307
    12.3.2 Bézier-Spline-Flächen 311
    12.3.3 Modifizierte (interpolierende) kubische Bézier-Splines 318
12.4 B-Splines 319
    12.4.1 B-Spline-Kurven 319
    12.4.2 B-Spline-Flächen 325
12.5 Entscheidungshilfen 330

13 Akima- und Renner-Subsplines 333

13.1 Akima-Subsplines 333
13.2 Renner-Subsplines 336
13.3 Abrundung von Ecken bei Akima- und Renner-Kurven 340
13.4 Näherungsweise Berechnung der Bogenlänge einer Kurve 341
13.5 Entscheidungshilfen 343

14 Numerische Differentiation 345

14.1 Aufgabenstellung 345
14.2 Differentiation mit Hilfe eines Interpolationspolynoms 346
14.3 Differentiation mit Hilfe interpolierender kubischer Polynom-Splines 350

14.4 Differentiation nach dem Romberg-Verfahren 350
14.5 Entscheidungshilfen 352

15 Numerische Quadratur 353
15.1 Vorbemerkungen 353
15.2 Konstruktion von Interpolationsquadraturformeln 355
15.3 Newton-Cotes-Formeln 357
    15.3.1 Die Sehnentrapezformel 359
    15.3.2 Die Simpsonsche Formel 360
    15.3.3 Die 3/8-Formel 362
    15.3.4 Weitere Newton-Cotes-Formeln 364
    15.3.5 Zusammenfassung zur Fehlerordnung von
           Newton-Cotes-Formeln 366
15.4 Quadraturformeln von Maclaurin 367
    15.4.1 Die Tangententrapezformel 367
    15.4.2 Weitere Maclaurin-Formeln 368
15.5 Die Euler-Maclaurin-Formeln 370
15.6 Tschebyscheffsche Quadraturformeln 372
15.7 Quadraturformeln von Gauß 375
15.8 Einfache Berechnung von Gewichten und Stützstellen
     verallgemeinerter Gauß-Quadraturformeln 379
15.9 Quadraturformeln von Clenshaw-Curtis 383
15.10 Das Verfahren von Romberg 384
15.11 Fehlerschätzung und Rechnungsfehler 386
15.12 Adaptive Quadraturverfahren 389
15.13 Konvergenz der Quadraturformeln 390
15.14 Entscheidungshilfen für die Auswahl der geeigneten Methode ..391

16 Numerische Kubatur 393
16.1 Problemstellung 393
16.2 Konstruktion von Interpolationskubaturformeln 396
16.3 Newton-Cotes-Formeln für rechteckige Integrationsbereiche 399
16.4 Newton-Cotes-Kubaturformeln für Dreieckbereiche 404
16.5 Das Romberg-Kubaturverfahren für Rechteckbereiche 405
16.6 Gauß-Kubaturformeln für Rechteckbereiche 408
16.7 Gauß-Kubaturformeln für Dreieckbereiche 410
    16.7.1 Dreieckbereiche mit achsenparallelen Katheten 410

16.7.2 Dreiecke in allgemeiner Lage 411
16.8 Berechnung des Riemannschen Flächenintegrals mit
     bikubischen Splines 412
16.9 Entscheidungshilfen 413

**17 Anfangswertprobleme bei gewöhnlichen Differential-
    gleichungen** **415**
17.1 Problemstellung 415
17.2 Prinzip der numerischen Verfahren 416
17.3 Einschrittverfahren 418
   17.3.1 Das Polygonzugverfahren von Euler-Cauchy 418
   17.3.2 Das verbesserte Euler-Cauchy-Verfahren 419
   17.3.3 Praediktor-Korrektor-Verfahren von Heun 420
   17.3.4 Explizite Runge-Kutta-Verfahren 422
      17.3.4.1 Konstruktion von Runge-Kutta-Verfahren 422
      17.3.4.2 Klassisches Runge-Kutta-Verfahren 423
      17.3.4.3 Zusammenstellung expliziter Runge-Kutta-Formeln .. 425
      17.3.4.4 Einbettungsformeln 429
   17.3.5 Implizite Runge-Kutta-Verfahren vom Gauß-Typ 442
   17.3.6 Gemeinsame Darstellung aller Einschrittverfahren.
          Verfahrensfunktion eines Einschrittverfahrens.
          Konsistenz 444
   17.3.7 Fehlerschätzung und Schrittweitensteuerung 446
      17.3.7.1 Fehlerschätzung 446
      17.3.7.2 Methoden zur automatischen Schrittweitensteuerung,
               adaptive Anfangswertproblemlöser 447
17.4 Mehrschrittverfahren 450
   17.4.1 Prinzip der Mehrschrittverfahren 450
   17.4.2 Das explizite Verfahren von Adams-Bashforth 452
   17.4.3 Das Praediktor-Korrektor-Verfahren von Adams-Moulton . 454
   17.4.4 Verfahren von Adams-Störmer 459
   17.4.5 Fehlerschätzungsformeln für Mehrschrittverfahren 460
   17.4.6 Rechnungsfehler für Ein- und Mehrschrittverfahren 462
17.5 Extrapolationsverfahren von Bulirsch-Stoer-Gragg 462
17.6 Stabilität 466
   17.6.1 Vorbemerkungen 466
   17.6.2 Stabilität der Differentialgleichung 466
   17.6.3 Stabilität des numerischen Verfahrens 467

17.7 Steife Differentialgleichungssysteme 472
    17.7.1 Problemstellung 472
    17.7.2 Kriterien für Steifheit eines Systems 472
    17.7.3 Das Verfahren von Gear zur Integration steifer Systeme ... 473
17.8 Entscheidungshilfen bei der Wahl des Verfahrens 479

18 Randwertprobleme bei gewöhnlichen Differentialgleichungen 485

    18.1 Problemstellung 485
    18.2 Zurückführung des Randwertproblems auf ein Anfangswertproblem 486
        18.2.1 Randwertprobleme für nichtlineare Differentialgleichungen zweiter Ordnung 486
        18.2.2 Randwertprobleme für Systeme von Differentialgleichungen erster Ordnung 489
        18.2.3 Mehrzielverfahren 490
    18.3 Differenzenverfahren 494
        18.3.1 Das gewöhnliche Differenzenverfahren 494
        18.3.2 Differenzenverfahren höherer Näherung 500
        18.3.3 Iterative Auflösung der linearen Gleichungssysteme zu speziellen Randwertproblemen 502
        18.3.4 Lineare Eigenwertprobleme 503

Anhang: ANSI C - Programme 505

Vorwort zum Anhang 507

Informationen für Hochschulangehörige und Studenten 509

Inhaltsverzeichnis des Anhangs 511

ANSI C - Programme 515

Symbolverzeichnis des Anhangs 1069

Literaturverzeichnis 1075

Literatur zu weiteren Themengebieten 1095
  - Numerische Behandlung partieller Differentialgleichungen 1095
  - Methode der Finiten Elemente 1096

Sachwortverzeichnis 1101

Kapitel 1

Darstellung von Zahlen und Fehleranalyse, Kondition und Stabilität

1.1 Definition von Fehlergrößen

Ein numerisches Verfahren liefert im allgemeinen anstelle einer gesuchten Zahl a nur einen Näherungswert A für diese Zahl a. Zur Beschreibung dieser Abweichung werden Fehlergrößen eingeführt.

DEFINITION 1.1 (*Wahrer und absoluter Fehler*).
Ist A ein Näherungswert für die Zahl a, so heißt die Differenz

$$\Delta_a = a - A$$

der *wahre Fehler* von A und deren Betrag

$$|\Delta_a| = |a - A|$$

der *absolute Fehler* von A.

Sehr oft wird in der mathematischen Literatur Δ_a bereits als absoluter Fehler bezeichnet. In der Literatur für Ingenieure ist allerdings die Schreibweise in Definition 1.1 häufiger anzutreffen.

In den meisten Fällen ist die Zahl a nicht bekannt, so daß weder der wahre noch der absolute Fehler eines Näherungswertes A angegeben werden können.

Daher versucht man, für den absoluten Fehler $|\Delta_a|$ von A eine möglichst kleine obere Schranke $\varepsilon_a > 0$ anzugeben, so daß gilt $|\Delta_a| \leq \varepsilon_a$.

DEFINITION 1.2 (*Fehlerschranke für den absoluten Fehler, absoluter Höchstfehler*).
Ist $|\Delta_a|$ der absolute Fehler eines Näherungswertes A und ist $\varepsilon_a > 0$ eine obere Schranke für $|\Delta_a|$, so daß

(1.1) $$|\Delta_a| \leq \varepsilon_a$$

gilt, dann heißt ε_a eine *Fehlerschranke für den absoluten Fehler* von A.

Bei bekanntem ε_a ist wegen $|\Delta_a| = |a - A| \leq \varepsilon_a$

(1.2) $\quad A - \varepsilon_a \leq a \leq A + \varepsilon_a, \quad$ also $\quad a \in [A - \varepsilon_a, A + \varepsilon_a]$.

Um verschiedene Näherungswerte A von a vergleichen zu können, wird der relative Fehler eingeführt.

DEFINITION 1.3 (*Relativer Fehler*).
Ist $|\Delta_a|$ der absolute Fehler eines Näherungswertes A für die Zahl a, so heißt der Quotient

$$|\delta_a| = \frac{|\Delta_a|}{|a|} \text{ für } a \neq 0 \text{ bzw. } |\delta_a| = \frac{|\Delta_a|}{|A|} \text{ für } A \neq 0$$

der *relative Fehler* von A.

DEFINITION 1.4 (*Fehlerschranke für den relativen Fehler, relativer Höchstfehler*).
Ist $|\delta_a|$ der relative Fehler eines Näherungswertes A und gilt mit einem $\varrho_a > 0$

$$|\delta_a| \leq \varrho_a\,,$$

dann heißt ϱ_a eine *Fehlerschranke für den relativen Fehler* $|\delta_a|$.

Ist ε_a ein absoluter Höchstfehler von A, so ist wegen (1.1) und Definition 1.3

$$\varrho_a = \varepsilon_a/|a| \quad \text{bzw.} \quad \varrho_a = \varepsilon_a/|A|$$

ein relativer Höchstfehler von A.

DEFINITION 1.5 (*Prozentualer Fehler*).
Ist $|\delta_a|$ der relative Fehler des Näherungswertes A, so heißt

$$|\delta_a| \cdot 100$$

der *prozentuale Fehler* von A (relativer Fehler in Prozent), und σ_a mit

$$|\delta_a| \cdot 100 \leq \sigma_a$$

heißt eine *Fehlerschranke für den prozentualen Fehler*.

1.2 Dezimaldarstellung von Zahlen

Für jede ganze Zahl a gibt es genau eine Entwicklung nach absteigenden Potenzen der Basis 10 (*Zehnerpotenzen*) der Gestalt

$$a = \pm(a_n 10^n + a_{n-1} 10^{n-1} + \ldots + a_1 10^1 + a_0 10^0) = \pm \sum_{k=0}^{n} a_k 10^k$$

mit Koeffizienten $a_k \in \{0, 1, 2, 3, 4, 5, 6, 7, 8, 9\}$ und einer nichtnegativen ganzen Zahl n. Die *Dezimaldarstellung* von a erhält man, indem man die Ziffern, die zur Bezeichnung der Zahlen a_k dienen, in absteigender Reihenfolge aufschreibt:

(1.3) $$a = \pm a_n a_{n-1} \ldots a_1 a_0.$$

Die Ziffern a_k in der Dezimaldarstellung (1.3) werden auch *Stellen* genannt.

Jede nicht ganze Zahl a besitzt eine Entwicklung

$$a = \pm \left(\sum_{k=0}^{n} a_k 10^k + \sum_{k=1}^{\infty} b_k 10^{-k} \right)$$

mit $b_k \in \{0, 1, 2, 3, 4, 5, 6, 7, 8, 9\}$, in der mindestens ein Term

$$b_k 10^{-k} \neq 0$$

auftritt. Die Dezimaldarstellung einer nicht ganzen Zahl heißt *Dezimalbruch*. Im Dezimalbruch einer Zahl a wird zwischen a_0 und b_1 ein Punkt gesetzt:

(1.4) $$a = \pm a_n a_{n-1} a_{n-2} \ldots a_1 a_0 . b_1 b_2 \ldots b_t \ldots$$

Die rechts vom Punkt notierten Stellen heißen *Dezimalstellen* oder *Dezimalen*. Gibt es in einem Dezimalbruch eine Dezimale $b_j \neq 0$, so daß alle folgenden Dezimalen $b_{j+1} = b_{j+2} = \ldots = 0$ sind, dann heißt der Dezimalbruch *endlich*, andernfalls *unendlich*. Eine Darstellung (1.4) mit endlich vielen Dezimalstellen heißt *Festpunktdarstellung*. Bekanntlich gilt

---

HILFSSATZ 1.6. Jede rationale Zahl p/q mit teilerfremden $p \in \mathbb{Z}$ und $q \in \mathbb{N}$ wird durch einen endlichen oder durch einen unendlichen periodischen Dezimalbruch dargestellt, jede irrationale Zahl durch einen unendlichen nicht periodischen Dezimalbruch.

DEFINITION 1.7 (*Tragende Ziffern*).
Alle Ziffern einer Dezimaldarstellung (1.3) oder (1.4), beginnend mit der ersten von Null verschiedenen Ziffer, heißen *tragende Ziffern*.

DEFINITION 1.8 (*Normalisierte dezimale Gleitpunktdarstellung*).
Jede Zahl $a \neq 0$ kann dargestellt werden in der Form

(1.5) $$\begin{aligned} a &= \pm(.d_1 d_2 \ldots d_z d_{z+1} \ldots) 10^k \\ &= \pm m \cdot 10^k \quad \text{mit} \quad 0.1 \leq m < 1, k \in \mathbb{Z}. \end{aligned}$$

(1.5) heißt die *normalisierte dezimale Gleitpunktdarstellung* von a, m heißt ihre *Mantisse*, k ihr *Exponent*. Besitzt die Mantisse t tragende Ziffern, $t \in \mathbb{N}$, so heißt sie *t-stellig*.

Einem Computer stehen für seine Berechnungen nur endlich viele in ihm darstellbare Zahlen, die Maschinenzahlen, zur Verfügung. Die Mantissen m dieser Maschinenzahlen haben gewöhnlich eine feste Anzahl von Ziffern. Ferner ist der Exponent $k \in \mathbb{Z}$ durch $-k_1 \leq k \leq k_2$ mit $k_1, k_2 \in \mathbb{N}$ begrenzt. So kann, wenn zwei große Zahlen addiert oder multipliziert werden, das Ergebnis die größte Maschinenzahl übertreffen und damit einen "Überlauf" erzeugen. Ähnlich kann das Ergebnis algebraischer Operationen eine positive Zahl sein, die kleiner ist als die kleinste positive Maschinenzahl, so daß ein "Unterlauf" entsteht.

Häufig muß ein Dezimalbruch a angenähert werden durch einen Dezimalbruch

1.2 Dezimaldarstellung von Zahlen

A (z.B. eine Maschinenzahl), der weniger Dezimalstellen als a besitzt. Das geschieht durch Rundung von a.

DEFINITION 1.9 (*Korrekte Rundung, gültige oder sichere Dezimalen*).

Einer Zahl a in der Darstellung (1.4) mit mehr als t Dezimalstellen wird die Näherungszahl A mit t Dezimalstellen durch korrekte Rundung zugeordnet, wenn
$$|a - A| \leq \frac{1}{2} 10^{-t}$$
gilt. A besitzt dann t *gültige (sichere) Dezimalen*.

DEFINITION 1.10 (*Statistisch korrekte Rundung*).
Gilt exakt
$$|a - A| = \frac{1}{2} 10^{-t},$$
so wird abgerundet, falls in (1.4) b_t gerade ist, aufgerundet, falls b_t ungerade ist.

DEFINITION 1.11 (*Gültige Ziffern*).
Ist A aus a durch korrekte Rundung auf t Dezimalen entstanden, so heißen die Ziffern in A, die in der Position 10^{-t} und davor stehen, *gültige Ziffern*; führende Nullen werden ignoriert.

Die letzte Ziffer einer Näherungszahl sollte immer eine gültige (sichere) Ziffer sein.

SATZ 1.12. a habe die Darstellung (1.5). A sei eine t-stellige dezimale Gleitpunktzahl, die aus a durch Rundung auf eine t-stellige Mantisse entstanden ist. Dann gelten folgende Abschätzungen:

1. für den absoluten Fehler von A gilt
$$|\Delta_a| = |a - A| \leq \frac{1}{2} 10^{k-t},$$

2. für den relativen Fehler von A, a $\neq$ 0 bzw. A $\neq$ 0, gilt

$$|\delta_a| = \left|\frac{\Delta_a}{a}\right| \leq 5 \cdot 10^{-t} \quad \text{bzw.} \quad |\delta_a| = \left|\frac{\Delta_a}{A}\right| \leq 5 \cdot 10^{-t}.$$

DEFINITION 1.13 (*Maschinengenauigkeit oder elementarer Rundungsfehler*).
Die Maschinengenauigkeit bzw. der elementare Rundungsfehler ϱ ist die kleinste positive Maschinenzahl, die auf 1 addiert eine Maschinenzahl ungleich 1 liefert.

Für einen Rechner, der Gleitpunktzahlen mit t-stelliger Mantisse zur Basis 10 benutzt, ist

$$\varrho = 5 \cdot 10^{-t}$$

die *Maschinengenauigkeit* und der *elementare Rundungsfehler*.

Kombinierter Test

Für den Einsatz in Programmen ist der folgende *kombinierte Test* sinnvoll, der wahlweise eine Abfrage auf den absoluten oder den relativen Fehler zuläßt:

(1.6) $\quad |a - A| \leq |A|$ RELERR + ABSERR mit ABSERR + RELERR > 0.

ABSERR und RELERR sind Schranken für den absoluten bzw. relativen Fehler. Im Fall RELERR = 0, ABSERR > 0 ist (1.6) eine Abfrage auf den absoluten Fehler und im Fall ABSERR = 0, RELERR > 0 eine Abfrage auf den relativen Fehler. Es ist nicht sinnvoll, gleichzeitig beide Fehlerschranken verschieden von Null zu wählen.

1.3 Fehlerquellen

Bei der numerischen Behandlung eines Problems treten verschiedene Fehlerquellen auf. Der gesamte Fehler einer Berechnung von der Eingabe bis zur Ausgabe setzt sich im allgemeinen zusammen aus:

1.3 Fehlerquellen

1. Eingabefehlern,
2. Verfahrensfehlern (Abbruchfehler, Diskretisierungsfehler),
3. Fortpflanzungsfehlern und
4. Rechnungsfehlern.

1.3.1 Eingabefehler

Eingabefehler sind die Fehler, mit denen die Eingabedaten behaftet sind, z.B. wegen schlechter Messungen oder mangelhafter Datenübertragung. Diese unvermeidbaren Fehler wirken sich auf die Ausgabedaten irgendeines Algorithmus aus. Daher müssen numerische Algorithmen so konzipiert werden, daß der Einfluß von Eingabefehlern begrenzt wird; siehe dazu die Bemerkungen über die numerische Stabilität eines Algorithmus in Abschnitt 1.3.4.

1.3.2 Verfahrensfehler

Viele Verfahren der numerischen Analysis dienen dazu, ein Näherungsproblem (Ersatzproblem) zu lösen, wenn ein gegebenes Problem keine bekannte oder brauchbare explizite Lösung besitzt.

Das Ersatzproblem muß so formuliert werden, daß

- es numerisch gelöst werden kann und
- seine Lösung nicht wesentlich von derjenigen des gegebenen Problems abweicht.

Für ein geeignet formuliertes Ersatzproblem wird dessen exakte Lösung eine Näherungslösung für das gegebene Problem sein. Die Differenz zwischen diesen beiden Lösungen heißt der Verfahrensfehler. Dieser Verfahrensfehler hängt in hohem Maße vom gegebenen Problem und von dem ausgewählten Ersatzproblem ab. Der Verfahrensfehler berücksichtigt weder Eingabe- noch Rechnungsfehler im Verfahren selbst.

1.3.3 Fehlerfortpflanzung und die Kondition eines Problems

Fehler der Ausgabedaten eines Problems, die durch Fehler der Eingabedaten erzeugt werden, heißen Fortpflanzungsfehler. Um die Auswirkungen von Fortpflanzungsfehlern zu untersuchen, nimmt man an, daß das Resultat y eine reellwertige Funktion f sei, die sich aus den Argumenten $x_1, x_2, \ldots, x_n$ berechnen läßt:

$$y = f(x_1, x_2, \ldots, x_n) =: f(\mathbf{x}) \quad \text{mit} \quad \mathbf{x} = (x_1, x_2, \ldots, x_n)^T.$$

Sind nun statt der Eingabedaten x_i nur Näherungswerte X_i bekannt, so erhält man statt des gesuchten Funktionswertes y einen Näherungswert

$$Y = f(X_1, X_2, \ldots, X_n) =: f(\mathbf{X}) \quad \text{mit} \quad \mathbf{X} = (X_1, X_2, \ldots, X_n)^T.$$

Im folgenden wird eine obere Schranke für den Fortpflanzungsfehler $\Delta_y = y - Y$ bei gegebenen Eingabefehlern $\Delta_{x_i} = x_i - X_i$ der Eingabedaten x_i angegeben.

SATZ 1.14. Es sei $G = \{\mathbf{x} | \ |x_i - X_i| \leq \varepsilon_{x_i}, \ i = 1(1)n\}$, ferner seien $\mathbf{x} \in G$ und $\mathbf{X} \in G$, und f besitze in G stetige erste partielle Ableitungen f_{x_i}. Dann gibt es in G ein $\bar{\mathbf{x}} = (\bar{x}_1, \bar{x}_2, \ldots, \bar{x}_n)^T$ mit $\bar{x}_i$ zwischen x_i und X_i für $i = 1(1)n$, so daß für den Fortpflanzungsfehler gilt

$$\Delta_y = y - Y = f(\mathbf{x}) - f(\mathbf{X}) = \sum_{i=1}^{n} \frac{\partial f(\bar{\mathbf{x}})}{\partial x_i} \Delta_{x_i},$$

wobei $\Delta_{x_i} = x_i - X_i$ der Eingabefehler von x_i ist.
Der relative Fortpflanzungsfehler ist ($y \neq 0; x_i \neq 0$)

$$\delta_y = \frac{\Delta_y}{y} = \sum_{i=1}^{n} \frac{x_i}{f(\mathbf{x})} \frac{\partial f(\bar{\mathbf{x}})}{\partial x_i} \delta_{x_i},$$

wobei $\delta_{x_i} = \frac{\Delta_{x_i}}{x_i} = \frac{x_i - X_i}{x_i}$ ist.

Die Bestimmung des durch Eingabefehler verursachten Fortpflanzungsfehlers ist Aufgabe der Fehleranalysis. Für eine Eingabe $\mathbf{x}$ hängt der relative Fortpflanzungsfehler stark von $\mathbf{x}$ und $f(\mathbf{x})$ ab, d.h. von dem Problem selbst. Dabei sind die Faktoren

$$K_i = \frac{x_i}{f(\mathbf{x})} \frac{\partial f(\bar{\mathbf{x}})}{\partial x_i}$$

1.3 Fehlerquellen

als Verstärkungsfaktoren der relativen Eingabefehler δ_{x_i} anzusehen. Man erkennt, daß sich Funktionen f mit kleinen partiellen Ableitungen f_{x_i} bezüglich der Fehlerfortpflanzung günstig verhalten. Man nennt das Problem, f(x) aus x zu berechnen, ein gut konditioniertes Problem für die Funktion f, wenn alle Verstärkungsfaktoren leidlich beschränkt sind. Die Zahlen K_i heißen die Konditionszahlen des Problems. Im Idealfall, wenn $|K_i| \leq 1$ ist für alle i, wird keine Verschlechterung der Genauigkeit eintreten. Tatsächlich wäre man schon mit $|K_i| \leq 10^2$ sehr zufrieden, da in diesem Fall der "Output" f(x) nur etwa 2 Ziffern an Genauigkeit gegenüber der vorliegenden Eingabegenauigkeit verlieren würde.

Für große Probleme ist eine Abschätzung von Fortpflanzungsfehlern und Konditionszahlen sehr kompliziert und selten möglich. In solchen Fällen ist der Einsatz statistischer Fehlerabschätzungen sinnvoll, siehe [HENR72], Bd.2, S.381.

Im folgenden werden die relativen Fortpflanzungsfehler für die elementaren arithmetischen Operationen zusammengestellt:

1. *Fortpflanzungsfehler einer Summe.*

   Es sei
   $$y = f(x_1, x_2) = x_1 + x_2 \ .$$
   Dann sind $f_{x_1} = f_{x_2} = 1$ und nach Satz 1.14
   $$\delta_y = \frac{x_1}{x_1 + x_2}\delta_{x_1} + \frac{x_2}{x_1 + x_2}\delta_{x_2} = \sum_{i=1}^{2} K_i \delta_{x_i} \ .$$

   Wenn die Eingabedaten x_1 und x_2 dasselbe Vorzeichen haben, ist die Addition eine gut konditionierte Operation (wegen $K_i = \frac{x_i}{x_1+x_2} < 1$). Wenn jedoch x_1 und x_2 verschiedene Vorzeichen haben und dem Betrage nach nahezu gleich sind, dann gehen bei der Addition führende Ziffern verloren. Diesen Effekt nennt man *Auslöschung*; die Addition ist dann schlecht konditioniert. Algorithmen sollten so konzipiert werden, daß Auslöschung möglichst vermieden wird.

2. *Fortpflanzungsfehler eines Produktes.*

   Es sei
   $$y = f(x_1, x_2) = x_1 x_2 \ .$$
   Hier sind $f_{x_1} = x_2$ und $f_{x_2} = x_1$ und somit gilt (wegen $K_i \approx 1$) $\delta_y = \delta_{x_1} + \delta_{x_2}$. Also ist die Multiplikation gut konditioniert.

3. *Fortpflanzungsfehler eines Quotienten.*

Es sei
$$y = f(x_1, x_2) = \frac{x_1}{x_2}.$$

Hier sind $f_{x_1} = 1/x_2$ und $f_{x_2} = - x_1/x_2^2$ und somit gilt (wegen $K_1 \approx 1$ und $K_2 \approx -1$) $\delta_y = \delta_{x_1} - \delta_{x_2}$. Also ist die Division gut konditioniert.

4. *Fortpflanzungsfehler von Potenzen.*

Es sei
$$y = f(x_1) = x_1^p \quad \text{für} \quad p > 0, \; x_1 > 0.$$

Hier ist $f_{x_1} = px_1^{p-1}$ und (wegen $K_1 \approx p$) $\delta_y = p\delta_{x_1}$; damit sind Wurzeln im allgemeinen gut konditioniert und Potenzen mäßig schlecht konditioniert für große p. Dies ist einer der Gründe dafür, daß man keine vernünftigen Resultate erwarten kann, wenn versucht wird, ein Polynom

$$P_n(x) = a_0 + a_1 x + a_2 x^2 + \ldots + a_n x^n$$

auszuwerten, indem Terme der Form $a_k x^k$ summiert werden; man sollte statt dessen immer das gut konditionierte Horner-Schema benutzen, in dem abwechselnd multipliziert und addiert, aber nicht potenziert wird (vgl. Abschnitt 3.2).

1.3.4 Rechnungsfehler und numerische Stabilität

Zur Durchführung eines numerischen Verfahrens muß ein Algorithmus formuliert werden. Ein Algorithmus ist eine endliche Menge genau beschriebener Anweisungen (z.B. arithmetische und logische Operationen), die in einer bestimmten Reihenfolge auszuführen sind, um mit Hilfe der gegebenen Eingabedaten die gesuchten Ausgabedaten zu ermitteln.

Während der Ausführung der Rechenoperationen ergibt sich durch Anhäufung lokaler Rechnungsfehler ein akkumulierter Rechnungsfehler. Die lokalen Rechnungsfehler entstehen z.B. dadurch, daß irrationale Zahlen wie π, e, $\sqrt{2}$ durch endliche Dezimalbrüche (Maschinenzahlen) ersetzt werden; dadurch werden

1.3 Fehlerquellen

Abbruch- oder Rundungsfehler erzeugt. Hinreichend kleine Größen, die durch Unterlauf entstehen, werden vernachlässigt. Führende genaue Stellen können bei der Subtraktion fast gleich großer Zahlen ausgelöscht werden. Mit der Anzahl der Operationen in einem Algorithmus wächst somit die Gefahr, daß völlig falsche Ergebnisse entstehen.

Algorithmen, die eine Verstärkung und Anhäufung von Rundungsfehlern vermeiden, werden numerisch stabil genannt. Es gibt unterschiedliche Definitionen für den Begriff der numerischen Stabilität, z.B.

1. Sind sämtliche Rundungsfehler eines Algorithmus von derselben Größenordnung wie der Fehler $f_x \cdot \Delta_x$ für den Eingabefehler Δ_x, so nennt Bauer [BAUE65] den Algorithmus numerisch stabil.

2. Stewart [STEW73], S.76, unterscheidet zwischen dem theoretischen Algorithmus f und seiner numerischen Realisation f*. Er nennt den Algorithmus f* numerisch stabil, wenn es für jeden Eingabewert x ein benachbartes x* gibt, so daß f(x*) dicht bei f*(x) liegt. Mit dieser Definition nähert für gut konditionierte Probleme das berechnete Ergebnis eines stabilen Algorithmus die exakte Lösung an.
Wenn f* numerisch stabil ist im Sinne von Stewart, dann gibt es für ein schlecht konditioniertes Problem ein x* nahe bei x, für welches sich f(x*) und f*(x*) in gleichem Maße von f(x) unterscheiden.

3. Eine sehr häufig benutzte Definition für numerische Stabilität fordert die Existenz eines x* nahe bei x, so daß f*(x*) = f(x) ist, vgl. [WILK64].

Instabile Algorithmen werden in der Praxis nicht benutzt. Stabil sind zum Beispiel Algorithmen der Form

$$y_{n+1} = ay_n + by_{n-1}$$

mit Konstanten a,b und $n \in \mathbb{N}$, wenn für a und b gilt

$$\left| \frac{a}{2} \pm \sqrt{\frac{a^2}{4} + b} \right| < 1 \, ,$$

d.h. nur für solche a,b sind sie anwendbar. Aber selbst dann, wenn ein stabiler Algorithmus verwendet wird, hat es natürlich keinen Sinn, mit einer exakten Prozedur zu arbeiten, aber die Berechnung mit geringer Genauigkeit auszuführen; es werden dann deshalb große Rechnungsfehler auftreten.
Deshalb ist es etwa bei nur 6-stelliger einfacher Genauigkeit und der Verwendung von FORTRAN-Routinen sinnvoll, numerische Algorithmen zumindest mit doppelter Genauigkeit auszuführen.

1.4 Zählen von Operationen

Gewöhnlich sind numerisch stabile Algorithmen und gut konditionierte Probleme notwendig, um überhaupt zufriedenstellende Resultate erreichen zu können; diese Bedingung ist jedoch keineswegs hinreichend, da das Instrument "Computer", mit dem das Ergebnis erzeugt wird, mit begrenztem Speicherplatz und begrenzter Zeit arbeitet. Computer-Operationen setzen sich zusammen aus dem Schreiben in den Speicher, dem Lesen aus dem Speicher, Overhead (z.B. zusätzlicher Verwaltungsaufwand) und den arithmetischen Operationen.

Alle arithmetischen Operationen (Potenzen, Wurzeln, Auswertung trigonometrischer Funktionen u.a.m.) arbeiten mit internen Prozeduren, die wiederum nur Additionen und Multiplikationen benutzen. Deshalb ist das Zählen der elementaren Operationen (Anzahl der Multiplikationen z.B.) eine Möglichkeit für den Vergleich unterschiedlicher Algorithmen zur Lösung einer und derselben Problemstellung. Additionen bleiben dabei meist unberücksichtigt, weil sie nur einen Bruchteil der Rechenzeit im Vergleich zu den Multiplikationen und Divisionen (also den Punktoperationen) benötigen. Bei sehr vielen Algorithmen in der Formelsammlung ist deshalb nur die Anzahl der erforderlichen Punktoperationen angegeben.

LITERATUR zu Kapitel 1: [BAUE65]; [BERE71] Bd.1, I; [BJÖR79], 1,2; [BRON69], S.96-100; [CONT80], 1; [ENGE87], Kap.1; [HÄMM89], 1.; [HENR72] Bd.2, Kap.15,16; [HILD78], 1.; [NOBL73] I, I; [POLO64], I; [RICE83], Kap.3; [STET76], 1-3; [STEW73], S.76; [STOE83], I; [TÖRN79] Bd.1, 1.7, 1.8; [WERN82], I §6; [WILK69]; [WILL71], I.

Kapitel 2

Numerische Verfahren zur Lösung nichtlinearer Gleichungen

2.1 Aufgabenstellung und Anwendungsempfehlungen

Ist f eine in einem abgeschlossenen Intervall I = [a,b] stetige und reellwertige Funktion, so heißt die Zahl $\xi \in I$ *Nullstelle der Funktion* f oder *Lösung der Gleichung*

(2.1) $$f(x) = 0,$$

falls $f(\xi) = 0$ ist.

Wenn f ein *algebraisches Polynom* der Form

(2.2) $$f(x) \equiv P_n(x) = \sum_{j=0}^{n} a_j x^j, \quad a_j \in \mathbf{R}, \quad a_n \neq 0$$

ist, heißt die Gleichung (2.1) *algebraisch*, und die natürliche Zahl n heißt der *Grad* des Polynoms bzw. der algebraischen Gleichung. Jede Gleichung (2.1), die nicht algebraisch ist, heißt *transzendent* (z.B. ln x - 1/x = 0 ; x - sin x = 0).

In diesem Kapitel werden Verfahren zur Bestimmung einfacher und mehrfacher Nullstellen $\xi \in I$ von f vorgestellt. Dabei wird zwischen den klassischen Iterationsverfahren (Allgemeines Iterationsverfahren, Newton-Verfahren, Regula falsi, Steffensen-Verfahren) und den sogenannten Einschlußverfahren (Bisektion, Pegasus-Verfahren, Verfahren von Anderson-Björck, Verfahren von King) unterschieden. Die angegebenen Einschlußverfahren konvergieren *sicher*, wenn die Iteration mit Startwerten beginnt, die eine gesuchte Nullstelle mit Vorzeichenwechsel einschließen, da der Einschluß im Laufe der Rechnung erhalten bleibt. Diese Verfahren sind jedoch grundsätzlich unter Anwendung von Satz 2.3 auch im Falle von Nullstellen gerader Ordnung anwendbar. Einschlußverfahren höherer Konvergenzordnung sind im allgemeinen den klassischen Iterationsverfahren vorzuziehen (vgl. Abschnitt 2.9). Verfahren zur Bestimmung sämtlicher Nullstellen algebraischer Polynome ohne Kenntnis von Startwerten sind in Kapitel 3 zu finden.

2.2 Definitionen und Sätze über Nullstellen

DEFINITION 2.1. Die Nullstelle ξ einer Funktion $f \in C\,[a,b]$ heißt *j-fache Nullstelle* ($j \in \mathbb{N}$), falls sich f in der Form

$$f(x) = (x - \xi)^j g(x)$$

mit einer stetigen Funktion g ($g(\xi) \neq 0$) darstellen läßt.
Im Falle $j = 1$ heißt ξ *einfache Nullstelle*, für $j > 1$ *mehrfache Nullstelle*.

Ist ξ eine Nullstelle ungerader Ordnung, so hat f in $x = \xi$ einen Vorzeichenwechsel; ist ξ von gerader Ordnung, so berührt der Graph von f die x-Achse, und es gibt keinen Vorzeichenwechsel.

SATZ 2.2. Sei f in I j-mal stetig differenzierbar. Dann ist $\xi \in I$ genau dann eine j-fache Nullstelle von f, wenn gilt

$$f(\xi) = f'(\xi) = \ldots = f^{(j-1)}(\xi) = 0, \quad f^{(j)}(\xi) \neq 0.$$

SATZ 2.3. Ist $\xi \in I$ j-fache Nullstelle von f und ist f genügend oft stetig differenzierbar, so ist ξ einfache Nullstelle von g mit

$$g(x) = \frac{f(x)}{f'(x)}.$$

> **SATZ 2.4** *(Satz von Bolzano, Zwischenwertsatz).*
> Sei f in I = [a,b] stetig mit f(a)f(b) < 0. Dann besitzt f in (a,b) mindestens eine Nullstelle ξ.

2.3 Allgemeines Iterationsverfahren

2.3.1 Konstruktionsmethode und Definition

Anstelle der Gleichung (2.1) wird eine Gleichung der Form

(2.3) $$x = \varphi(x)$$

betrachtet; (2.3) heißt *Fixpunktgleichung*. Dabei sei φ eine in einem abgeschlossenen Intervall I stetige und reellwertige Funktion, und $\xi \in I$ heißt Lösung von (2.3) bzw. Fixpunkt der Abbildung φ, wenn $\xi = \varphi(\xi)$ ist.

Die Untersuchung von Gleichungen der Form (2.3) bedeutet keine Beschränkung der Allgemeinheit, denn es gilt hier der

> **HILFSSATZ 2.5.** Sind f und g stetige Funktionen in einem abgeschlossenen Intervall I und ist g(x) $\neq$ 0 für alle x $\in$ I, dann besitzen die Gleichungen (2.1) und (2.3) mit
>
> (2.4) $$\varphi(x) := x - f(x)g(x)$$
>
> im Intervall I dieselben Lösungen, d.h. die beiden Gleichungen sind äquivalent.

Jede geeignete Wahl von g liefert eine zu (2.1) äquivalente Gleichung (2.3). Häufig kann eine Gleichung (2.1) auf die Form (2.3) gebracht werden, indem irgendeine Auflösung von (2.1) nach x vorgenommen wird.

Nun sei eine Gleichung der Form (2.3) mit dem zugehörigen Intervall I gegeben. Dann konstruiert man mit Hilfe eines *Startwertes* $x^{(0)} \in I$ eine Zahlenfolge $\{x^{(\nu)}\}$ nach der Vorschrift

(2.5) $$x^{(\nu+1)} := \varphi(x^{(\nu)}), \nu = 0, 1, 2, \ldots .$$

Diese Folge läßt sich nur dann konstruieren, wenn für $\nu = 0,1,2,\ldots$

$$x^{(\nu+1)} = \varphi(x^{(\nu)}) \in I$$

ist, da φ nur für x ∈ I erklärt ist.

Wenn die Folge $\{x^{(\nu)}\}$ konvergiert, d.h. wenn

$$\lim_{\nu \to \infty} x^{(\nu)} = \xi$$

ist, dann ist ξ eine Lösung der Gleichung (2.3). Es gilt

$$\xi = \lim_{\nu \to \infty} x^{(\nu)} = \lim_{\nu \to \infty} x^{(\nu+1)} = \lim_{\nu \to \infty} \varphi(x^{(\nu)}) = \varphi(\lim_{\nu \to \infty} x^{(\nu)}) = \varphi(\xi).$$

Ein solches *Verfahren der schrittweisen Annäherung* wird *Iterationsverfahren* genannt. Die Vorschrift (2.5) heißt *Iterationsvorschrift*; sie stellt für jedes feste ν einen *Iterationsschritt* dar. Die Funktion φ wird *Schrittfunktion* genannt. Die Folge $\{x^{(\nu)}\}$ heißt *Iterationsfolge*.

Die Iterationsschritte für $\nu = 0(1)N$ mit $N \in \mathbb{N}$ bilden zusammen mit dem Startwert $x^{(0)}$ das algorithmische Schema des Iterationsverfahrens:

$$\begin{aligned}
x^{(0)} &= \text{Startwert}, \\
x^{(1)} &= \varphi(x^{(0)}), \\
x^{(2)} &= \varphi(x^{(1)}), \\
&\vdots \\
x^{(N+1)} &= \varphi(x^{(N)}).
\end{aligned}$$

Ohne Verwendung von Hilfssatz 2.5 kann man oft durch direkte Auflösung nach x eine zu $f(x) = 0$ äquivalente Form $x = \varphi(x)$ finden. Zum Beispiel: $f(x) = \ln x - 1/x = 0$ kann durch die äquivalenten Gleichungen $x = 1/\ln x$ bzw. $x = e^{1/x}$ ersetzt werden. Dann ist etwa $\varphi_1(x) = 1/\ln x$ bzw. $\varphi_2(x) = e^{1/x}$.

2.3.2 Existenz von Lösungen und Eindeutigkeit der Lösung

SATZ 2.6 (*Existenzsatz*).
Die Gleichung $x = \varphi(x)$ besitzt in dem endlichen, abgeschlossenen Intervall I mindestens eine Lösung ξ, falls φ die folgenden Bedingungen erfüllt:

2.3 Allgemeines Iterationsverfahren

(i) φ ist stetig in I,

(ii) $\varphi(x) \in I$ für alle $x \in I$.

Zur Beantwortung der Frage nach der Eindeutigkeit einer Lösung von (2.3) benötigt man die sogenannte *Lipschitzbedingung* (LB):

Wenn es eine Konstante L, $0 \leq L < 1$, gibt, so daß für alle x,x' $\in$ I

(2.6) $$|\varphi(x) - \varphi(x')| \leq L|x - x'|$$

gilt, dann ist (2.6) eine LB für die Funktion φ. Die Konstante L heißt *Lipschitzkonstante*, und die Funktion φ, welche eine LB (2.6) erfüllt, heißt *lipschitzbeschränkt*. Eine differenzierbare Funktion φ ist sicher lipschitzbeschränkt, wenn für alle $x \in I$ gilt

(2.7) $$|\varphi'(x)| \leq L < 1 \ .$$

SATZ 2.7 (*Eindeutigkeitssatz*).
Die Gleichung $x = \varphi(x)$ besitzt höchstens eine Lösung $\xi \in I$, wenn φ im Intervall I einer LB (2.6) bzw. (2.7) genügt.

Da eine Funktion φ, die in I einer LB genügt, überall in I stetig ist, und dies für die Existenz mindestens einer Lösung in I hinreichend ist (sofern $\varphi(x) \in I$ für alle $x \in I$), gilt weiter der

SATZ 2.8 (*Existenz- und Eindeutigkeitssatz*).
Die Gleichung $x = \varphi(x)$ besitzt in dem endlichen, abgeschlossenen Intervall I genau eine Lösung ξ, wenn φ die folgenden Bedingungen erfüllt:

(i) $\varphi(x) \in I$ für alle $x \in I$.

(ii) φ genügt einer LB (2.6) oder, falls φ in I differenzierbar ist, einer Bedingung (2.7).

2.3.3 Konvergenz eines Iterationsverfahrens, Fehlerabschätzungen, Rechnungsfehler

SATZ 2.9 (*Fixpunktsatz*).
Es liege eine Fixpunktgleichung $x = \varphi(x)$ vor und ein endliches, abgeschlossenes Intervall I. Die Funktion φ erfülle die folgenden Bedingungen:

(i) φ ist eine Abbildung von I in sich ($\varphi : I \to I$), d.h. $\varphi(x) \in I$ für alle $x \in I$.

(ii) φ genügt einer LB (2.6) oder, falls φ für alle $x \in I$ differenzierbar ist, einer Bedingung (2.7).

Dann existiert genau ein Fixpunkt $\xi \in I$ der Abbildung φ, der mittels der Iterationsvorschrift $x^{(\nu+1)} = \varphi(x^{(\nu)})$, $\nu = 0,1,2,...$, zu einem beliebigen Startwert $x^{(0)} \in I$ erzeugt werden kann, d.h. es ist $\lim\limits_{\nu \to \infty} x^{(\nu+1)} = \xi$.

SATZ VON COLLATZ: Ist $|\varphi'(x)| \leq L < 1$ für $|x-x^{(0)}| \leq r$ und gilt $|\varphi(x^{(0)}) - x^{(0)}| \leq (1-L)r$, so liegen alle iterierten Werte $x^{(\nu)}$ in $|x-x^{(0)}| \leq r$ und konvergieren dort gegen die einzige Lösung ξ von $x = \varphi(x)$.

Die nach ν Iterationsschritten erzeugte Näherungslösung $x^{(\nu)}$ unterscheidet sich von der exakten Lösung ξ um den Fehler $\Delta^{(\nu)} := x^{(\nu)} - \xi$ unter der Annahme, daß keine Rechnungsfehler gemacht wurden. Es wird nun für ein festes ν eine Schranke α für den absoluten Fehler $|\Delta^{(\nu)}|$ gesucht. Ferner interessiert bei vorgegebener Schranke α die Anzahl ν der Iterationsschritte, die erforderlich ist, damit $|\Delta^{(\nu)}| \leq \alpha$ gilt.

Es gelten:
1. die *a posteriori-Fehlerabschätzung*

$$(2.8) \qquad |\Delta^{(\nu)}| = |x^{(\nu)} - \xi| \leq \frac{L}{1-L}|x^{(\nu)} - x^{(\nu-1)}| = \alpha,$$

2. die *a priori-Fehlerabschätzung*

$$(2.9) \qquad |\Delta^{(\nu)}| = |x^{(\nu)} - \xi| \leq \frac{L^\nu}{1-L}|x^{(1)} - x^{(0)}| = \beta,$$

mit $\alpha \leq \beta$.

Die a priori-Fehlerabschätzung (2.9) kann bereits nach dem ersten Iterationsschritt vorgenommen werden. Sie dient vor allem dazu, bei vorgegebener

2.3 Allgemeines Iterationsverfahren

Fehlerschranke die Anzahl ν der höchstens erforderlichen Iterationsschritte abzuschätzen. Die a posteriori-Fehlerabschätzung (2.8) kann erst im Verlauf oder nach Abschluß der Rechnung durchgeführt werden, da sie $x^{(\nu)}$ als bekannt voraussetzt; sie liefert eine bessere Schranke als die a priori-Fehlerabschätzung und wird deshalb zur Abschätzung des Fehlers verwendet. Um rasche Konvergenz zu erreichen, sollten die Schrittfunktion φ und das zugehörige Intervall I so gewählt werden, daß L < 1/5 gilt ([DÖRI69], S.163).

Für $0 < L \leq 1/2$ gilt im Fall (2.8) $|x^{(\nu)}\text{-}\xi| \leq |x^{(\nu)}\text{-}x^{(\nu-1)}|$, d.h. der absolute Fehler von $x^{(\nu)}$ ist kleiner (für L < 1/2) oder höchstens gleich (für L = 1/2) der absoluten Differenz der letzten beiden Näherungen $x^{(\nu)}$, $x^{(\nu-1)}$. Für $1/2 < L < 1$ kann jedoch der absolute Fehler von $x^{(\nu)}$ größer sein als $|x^{(\nu)}\text{-}x^{(\nu-1)}|$, so daß hier die Iterationsfolge noch nichts über den Fehler aussagen kann.
Im Falle *alternierender Konvergenz* ($-1 < \varphi'(x) \leq 0$) kann die Fehlerabschätzung

$$|x^{(\nu)} - \xi| \leq \frac{1}{2}|x^{(\nu)} - x^{(\nu-1)}|$$

benutzt werden; sie ist für L = 1/3 identisch mit (2.8), für L > 1/3 ist sie günstiger als (2.8).

Fehlerabschätzung ohne Verwendung der Lipschitzkonstante L.

Für die Rechenpraxis empfiehlt sich eine von J.B. Kioustelidis in [KIOU78] angegebene Methode, durch die man im allgemeinen genauere Schranken erzielen kann als mit der a posteriori-Fehlerabschätzung. Zudem hat sie den großen Vorteil, ohne Lipschitzkonstante auszukommen:

Sei $x^{(\nu)}$ eine iterativ bestimmte Näherung für die Nullstelle ξ ungerader Ordnung von f und gelte für ein vorgegebenes $\varepsilon > 0$

(2.10) $\qquad f(x^{(\nu)} - \varepsilon)f(x^{(\nu)} + \varepsilon) < 0,$

so folgt daraus gemäß dem Zwischenwertsatz (Satz 2.4), daß $\xi \in (x^{(\nu)}\text{-}\varepsilon, x^{(\nu)}\text{+}\varepsilon)$ mit $f(\xi) = 0$ gilt. Es gilt also die Fehlerabschätzung $|x^{(\nu)}\text{-}\xi| < \varepsilon$.

Praktisch geht man nun zur Fehlerabschätzung ohne Verwendung der Lipschitzkonstante wie folgt vor: Man setzt zunächst ein ε fest, welches sich über das Abbruchkriterium für die Iteration sinnvoll festlegen läßt, (z.B. $\varepsilon = 10^{-k}$, $k \in \mathbb{N}$). Für dieses ε prüft man die Bedingung (2.10), wobei eine Rechnung mit doppelter Genauigkeit zu empfehlen ist. Ist (2.10) erfüllt, so ist ε eine obere Schranke für den absoluten Fehler. Um eine möglichst kleine obere Schranke zu erhalten, führt man die Rechnung noch einmal mit einem kleineren ε durch (z.B. mit $\varepsilon_1 = 10^{-k-1}$). Ist (2.10) für ε_1 erfüllt, so ist ε_1 eine kleinere obere Schranke für $|x^{(\nu)}-\xi|$ als ε. Analog fährt man solange fort, bis sich (2.10) für ein ε_j nicht mehr erfüllen läßt (z.B. $\varepsilon_j = 10^{-k-j}$). Dann ist ε_{j-1} (z.B. $\varepsilon_{j-1} = 10^{-k-j+1}$) die genaueste Fehlerschranke, die man auf diese Weise erhalten hat.

Ist ξ Nullstelle gerader Ordnung von f, so muß wegen Satz 2.3 statt der Funktion f die Funktion $g = f/f'$ für die Fehlerabschätzung verwendet werden, da ξ dann nur einfache Nullstelle von g ist. Statt (2.10) ergibt sich hier die analoge Bedingung

$$g(x^{(\nu)} + \varepsilon)g(x^{(\nu)} - \varepsilon) < 0.$$

Rechnungsfehler.

Es sei $\varepsilon^{(\nu)}$ der lokale Rechnungsfehler des ν-ten Iterationsschrittes, der bei der Berechnung von $x^{(\nu)} = \varphi(x^{(\nu-1)})$ entsteht. Gilt $|\varepsilon^{(\nu)}| \leq \varepsilon$ für $\nu = 0,1,2,...$, so ergibt sich für den akkumulierten Rechnungsfehler des ν-ten Iterationsschrittes

$$|r^{(\nu)}| \leq \frac{\varepsilon}{1-L}, \qquad 0 \leq L < 1.$$

Die Fehlerschranke $\varepsilon/(1-L)$ ist also unabhängig von der Anzahl ν der Iterationsschritte; der Algorithmus (2.5) ist somit stabil (vgl. Definition 1.15).

Da sich der Gesamtfehler aus dem Verfahrensfehler und dem Rechnungsfehler zusammensetzt, sollten Rechnungsfehler und Verfahrensfehler etwa von gleicher Größenordnung sein. Dann ergibt sich bei bekanntem L mit (2.9) aus der Beziehung

$$\frac{L^\nu}{1-L}|x^{(1)} - x^{(0)}| \approx \frac{\varepsilon}{1-L}$$

die Anzahl $\nu = \nu_0$ der höchstens erforderlichen Iterationsschritte. Es gilt

(2.11) $$\nu_0 \approx \left(\log \frac{\varepsilon}{|x^{(1)} - x^{(0)}|}\right) / \log L.$$

2.3.4 Praktische Durchführung

Bei der Lösung einer Gleichung f(x) = 0 mit Hilfe des allgemeinen Iterationsverfahrens geht man wie folgt vor:

2.3 Allgemeines Iterationsverfahren

ALGORITHMUS 2.10. Gesucht ist eine Lösung ξ der Gleichung f(x) = 0.

1. Schritt. Äquivalente Umformung von f(x) = 0 in eine Gleichung der Gestalt $x = \varphi(x)$.

2. Schritt. Festlegung eines Intervalls I, in welchem mindestens eine Nullstelle von f liegt; siehe dazu "Bestimmung des Startwertes".

3. Schritt. Prüfung, ob die Funktion φ für alle $x \in I$ die Voraussetzungen des Satzes 2.9 erfüllt; siehe "Konvergenzuntersuchung".

4. Schritt. Aufstellung der Iterationsvorschrift gemäß (2.5) und Wahl eines beliebigen Startwertes $x^{(0)} \in I$.

5. Schritt. Berechnung der Iterationsfolge $\{x^{(\nu)}\}$, $\nu = 1,2,...$. Die Iteration ist solange fortzusetzen, bis von einem $\nu = N$ an zu vorgegebenem $\delta_i > 0$

(2.12) $\qquad |x^{(\nu+1)} - x^{(\nu)}| \leq \delta_1 |x^{(\nu+1)}|$ (relativer Fehler)

oder

(2.13) $\qquad |x^{(\nu+1)} - x^{(\nu)}| \leq \delta_2$ (absoluter Fehler)

zusätzlich gegebenenfalls

(2.14) $\qquad |f(x^{(\nu)})| \leq \delta_3$

erfüllt ist, wobei die erste Bedingung der zweiten im allgemeinen vorzuziehen ist. Als Ersatz für (2.12) und (2.13) ist der kombinierte Fehlertest (1.6) zu empfehlen, der beide Möglichkeiten beinhaltet.

6. Schritt. Fehlerabschätzung (s. Abschnitt 2.3.3).

Bestimmung des Startwertes.

Zur Festlegung eines Startwertes ist es erforderlich, ein Intervall I zu finden, in dem die Voraussetzungen des Satzes 2.9 erfüllt sind.

a) Graphisch: Die gegebene Funktion f wird als Differenz $f = f_1 - f_2$ zweier Funktionen f_1 und f_2 geschrieben. Die Auflösung der Gleichung $f(x) \equiv f_1(x) - f_2(x) = 0$ bzw. $f_1(x) = f_2(x)$ ist äquivalent zur Bestimmung jener Abszissen, für welche die Graphen von f_1 und f_2 gleiche Ordinaten haben. Die Umformung von f in eine Differenz wird so vorgenommen, daß die für die Graphen von f_1 und f_2 erforderliche Rechen- und Zeichenarbeit möglichst gering ist. Man greift also möglichst auf Funktionen f_1, f_2 zurück, die tabelliert vorliegen oder sich besonders einfach zeichnen lassen, sofern das möglich ist. Eine Umgebung der Abszisse eines zeichnerisch ermittelten Schnittpunktes der Graphen von f_1 und f_2 wird als Intervall I und ein Wert $x^{(0)} \in I$ als Startwert gewählt.

b) Überschlagsrechnung: Die Aufstellung einer Wertetabelle für die Funktion f ermöglicht es, im Falle einer Nullstelle ungerader Ordnung ein Intervall I = [a,b] zu finden mit f(a) f(b) < 0.

c) Abschätzung der Schrittfunktion: Man kann auch von der zu f(x) = 0 äquivalenten Gleichung x = φ(x) ausgehen. Gilt dann |x| = |φ(x)| $\leq$ r, so kann man als Intervall I = [-r,+r] wählen. Ebenso muß wegen der Stetigkeit von φ eine Eingrenzung a $\leq$ x = φ(x) $\leq$ b möglich sein, dann ist I = [a,b] zu setzen. Wenn in I die Voraussetzungen von Satz 2.9 erfüllt sind, dann kann irgendein Wert $x^{(0)} \in I$ als Startwert gewählt werden.

Konvergenzuntersuchung.

Es ist oft sehr schwierig, die hinreichenden Bedingungen für die Konvergenz (Satz 2.9) in einem praktischen Fall nachzuprüfen, also etwa zu zeigen, daß die LB (2.6) bzw. (2.7) für ein Intervall I erfüllt ist. (Dies ist auch der Grund dafür, daß die sogenannten Einschlußverfahren für Nullstellen mit Vorzeichenwechsel dem allgemeinen Iterationsverfahren vorzuziehen sind.)
Beim allgemeinen Iterationsverfahren hilft man sich, indem man zunächst für den gewählten Startwert $x^{(0)} \in I$ die Bedingungen (i) $|\varphi'(x^{(0)})| < 1$ und (ii) $\varphi(x^{(0)}) \in I$ des Satzes 2.9 nachprüft, dann - falls sie erfüllt sind - mit der Iteration beginnt und nach jedem Iterationsschritt wieder prüft, ob die Bedingungen

(i) $|\varphi'(x^{(\nu)})| < 1$ bzw. die Ungleichung

$$|x^{(\nu+1)} - x^{(\nu)}| = |\varphi(x^{(\nu)}) - \varphi(x^{(\nu-1)})| < |x^{(\nu)} - x^{(\nu-1)}|,$$

(ii) $\varphi(x^{(\nu)}) \in I$

erfüllt sind. Zusätzlich baut man die Abbruchbedingungen (2.12), (2.13) und (2.14) ein; sie werden für $\nu \geq N$ mit hinreichend großem N sicher erfüllt, wenn φ einer LB genügt.

2.4 Konvergenzordnung eines Iterationsverfahrens

2.4.1 Definitionen und Sätze

Bei Iterationsverfahren, deren Operationszahl nicht im voraus bestimmbar ist, kann die Konvergenzordnung als Maßstab für den erforderlichen Rechenaufwand eines Verfahrens dienen.

DEFINITION 2.11 (*Konvergenzordnung*).
Die Iterationsfolge $\{x^{(\nu)}\}$ konvergiert von mindestens p-ter Ordnung gegen ξ, wenn eine Konstante $0 \leq M < \infty$ existiert, so daß für $p \in \mathbb{R}$, $p \geq 1$, gilt

(2.15) $$\lim_{\nu \to \infty} \frac{|x^{(\nu+1)} - \xi|}{|x^{(\nu)} - \xi|^p} = M .$$

Das Iterationsverfahren $x^{(\nu+1)} = \varphi(x^{(\nu)})$ heißt dann ein Verfahren von mindestens p-ter Ordnung; es besitzt genau die Ordnung p, wenn $M \neq 0$ ist.

Durch (2.15) wird also ausgedrückt, daß der Fehler der $(\nu+1)$-ten Näherung ungefähr gleich M-mal der p-ten Potenz des Fehlers der ν-ten Näherung ist. Die Konvergenzgeschwindigkeit wächst mit der Konvergenzordnung. Bei $p = 1$ spricht man von *linearer Konvergenz*, bei $p = 2$ von *quadratischer Konvergenz* und allgemein bei $p > 1$ von *superlinearer Konvergenz*. Es gilt der

---

SATZ 2.12. Die Schrittfunktion φ sei für $x \in I$ p-mal stetig differenzierbar. Gilt dann mit $\lim_{\nu \to \infty} x^{(\nu)} = \xi$

$$\varphi(\xi) = \xi, \varphi'(\xi) = \varphi''(\xi) = \ldots = \varphi^{(p-1)}(\xi) = 0, \varphi^{(p)}(\xi) \neq 0,$$

so ist $x^{(\nu+1)} = \varphi(x^{(\nu)})$ ein Iterationsverfahren der Ordnung p mit

$$M = \frac{1}{p!}|\varphi^{(p)}(\xi)| \leq \frac{1}{p!} \max_{x \in I} |\varphi^{(p)}(x)| \leq M_1 .$$

Im Fall $p = 1$ gilt zusätzlich $M = |\varphi'(\xi)| < 1$.

Es gilt außerdem der in [COLL68], S.231 bewiesene

> **SATZ 2.13.** Sind $x^{(\nu+1)} = \varphi_1(x^{(\nu)})$ und $x^{(\nu+1)} = \varphi_2(x^{(\nu)})$ zwei Iterationsverfahren der Konvergenzordnung p_1 bzw. p_2, so ist
>
> $$x^{(\nu+1)} = \varphi_1(\varphi_2(x^{(\nu)}))$$
>
> ein Iterationsverfahren, das mindestens die Konvergenzordnung $p_1 \cdot p_2$ besitzt.

Unter Anwendung von Satz 2.13 lassen sich Iterationsverfahren beliebig hoher Konvergenzordnung konstruieren. Ist etwa $x^{(\nu+1)} = \varphi(x^{(\nu)})$ ein Iterationsverfahren der Konvergenzordnung $p > 1$, so erhält man durch die Schrittfunktion $\varphi_s(x)$ mit

$$\varphi_1(x) = \varphi(x), \varphi_s(x) = \varphi(\varphi_{s-1}(x)) \quad \text{für} \quad s = 2, 3, \ldots$$

ein Iterationsverfahren der Konvergenzordnung p^s.

Spezialfall: *Quadratische Konvergenz.*
Ist von einer Schrittfunktion φ bekannt, daß sie ein quadratisch konvergentes Verfahren liefert, so reduzieren sich die Voraussetzungen des Satzes 2.9 auf die des folgenden Satzes:

> **SATZ 2.14.** Die Funktion φ sei für alle $x \in I$ definiert und erfülle die folgenden Bedingungen
>
> (i) $\varphi, \varphi', \varphi''$ sind stetig in I,
>
> (ii) die Gleichung $x = \varphi(x)$ besitzt im Innern von I eine Lösung ξ mit $\varphi'(\xi) = 0$.
>
> Dann existiert ein Intervall $I_r = \{x \mid |x-\xi| \leq r, r > 0\}$, so daß die Folge $\{x^{(\nu)}\}$ mit $x^{(\nu+1)} = \varphi(x^{(\nu)})$ für jeden Startwert $x^{(0)} \in I_r$ von mindestens zweiter Ordnung gegen ξ konvergiert.
>
> Oder:
>
> Unter den Voraussetzungen (i), (ii) des Satzes 2.14 konvergiert die Folge $\{x^{(\nu)}\}$ stets mindestens quadratisch gegen ξ, falls $x^{(0)}$ nur nahe genug an der Lösung ξ liegt.

Man könnte zunächst vermuten, daß der Satz nur theoretische Bedeutung besitzt. Es gelingt jedoch wegen der Willkür in der äquivalenten Umformung von $f(x) = 0$ in $x = \varphi(x)$, Schrittfunktionen φ von vornherein so zu konstruieren, daß $\varphi'(\xi) = 0$ ist (s. dazu Abschnitt 2.5).

2.4.2 Experimentelle Bestimmung der Konvergenzordnung

Sei $\varphi : I \to I$ eine Schrittfunktion, ξ Fixpunkt von φ und $x^{(\nu)}$ definiert durch die Iterationsvorschrift $x^{(\nu+1)} = \varphi(x^{(\nu)})$, dann gilt mit

$$p_\nu := \frac{\log|x^{(\nu+1)} - \xi|}{\log|x^{(\nu)} - \xi|}$$

für die Konvergenzordnung p des Verfahrens $x^{(\nu+1)} = \varphi(x^{(\nu)})$

$$\lim_{\nu \to \infty} p_\nu = p \ .$$

Dies macht man sich wie folgt zunutze: Man verwendet eine Funktion f, deren Nullstelle $\xi \in I$ bekannt ist, konstruiert mit f die Schrittfunktion φ desjenigen Verfahrens $x^{(\nu+1)} = \varphi(x^\nu)$, dessen Konvergenzordnung experimentell bestimmt werden soll. Dann berechnet man Glieder der Folge $\{p_\nu\}$ für $\nu = 0, 1, 2, \ldots$, bis die Abbruchbedingung

$$|p_{\nu+1} - p_\nu| \leq |p_{\nu+1}| \ \text{RELERR} + \text{ABSERR}$$

bei vorgegebenen Schranken RELERR > 0, ABSERR = 0 bzw. RELERR = 0, ABSERR > 0 erfüllt ist.
Die Berechnung der p_ν sollte mit doppelter Genauigkeit erfolgen.

2.5 Newtonsche Verfahren

2.5.1 Das Newtonsche Verfahren für einfache Nullstellen

Die Funktion f sei zweimal stetig differenzierbar in I = [a,b] und besitze in (a,b) eine *einfache Nullstelle* ξ, es seien also $f(\xi) = 0$ und $f'(\xi) \neq 0$. Man geht aus von der Darstellung (2.4) für φ und setzt darin $g(x) = 1/f'(x)$ und erhält für die Schrittfunktion φ die Darstellung

(2.16) $$\varphi(x) = x - \frac{f(x)}{f'(x)}.$$

Daraus folgt die Iterationsvorschrift

(2.17) $\quad x^{(\nu+1)} = \varphi(x^{(\nu)}) = x^{(\nu)} - \dfrac{f(x^{(\nu)})}{f'(x^{(\nu)})}, \nu = 0, 1, 2, \ldots$

Wegen $\varphi'(\xi) = 0$ konvergiert das Verfahren mindestens quadratisch (Satz 2.12), so daß zur Konvergenzuntersuchung Satz 2.14 benutzt werden kann.

Es muß also immer ein Intervall

(2.18) $\quad I_r(x) := \{x|\ |x - \xi| \leq r, r > 0\} \subset [a, b]$

geben, in welchem die Schrittfunktion φ mit der Darstellung (2.16) einer LB

(2.19) $\quad |\varphi'(x)| = |f(x)f''(x)/f'^2(x)| \leq L < 1$

genügt, mit f'(x) $\neq$ 0 für x $\in$ I_r. Es gilt der

SATZ 2.15. Die Funktion f sei für alle x $\in$ [a,b] zweimal stetig differenzierbar, die 3. Ableitung existiere und f besitze in (a,b) eine einfache Nullstelle ξ. Dann gibt es ein Intervall (2.18) derart, daß die Iterationsfolge (2.17) für das Verfahren von Newton für jeden Startwert $x^{(0)} \in I_r$ von mindestens zweiter Ordnung gegen ξ konvergiert, d.h. ein Intervall I_r, in welchem die LB (2.19) erfüllt ist, sofern für alle x $\in$ I_r gilt f'(x) $\neq$ 0.
Es gelten die Fehlerabschätzungen (2.8) und (2.9) sowie unter Verwendung von (2.8) die demgegenüber verschärfte Fehlerabschätzung

$$|x^{(\nu+m)} - \xi| \leq \dfrac{1}{M_1}\left(M_1|x^{(\nu)} - \xi|\right)^{2^m}, \quad \nu, m = 0, 1, 2, \ldots$$

mit
$$\max_{x \in I}|f''(x)| \ /\ 2\min_{x \in I}|f'(x)| \leq M_1.$$

Im Fall einer mehrfachen Nullstelle mit der Vielfachheit j gilt $\varphi'(\xi) = 1 - 1/j$, so daß für j $\geq$ 2 die quadratische Konvergenz des Verfahrens von Newton verlorengeht. Das Verfahren kann grundsätzlich natürlich auch hier angewandt werden, jedoch empfiehlt sich bei bekanntem j die Anwendung des Verfahrens von Newton für mehrfache Nullstellen (Abschnitt 2.5.3), bei unbekanntem j die Anwendung des modifizierten Newtonschen Verfahrens (Abschnitt 2.5.3)

2.5 Newtonsche Verfahren

bzw. eine Kombination beider Verfahren.

Um die LB (2.19) prüfen zu können, müßte $f'(x) \neq 0$ für alle $x \in I_r$ (nicht nur an der Nullstelle ξ selbst) gelten. Außerdem müßten $|f'(x)|$ nach unten, $|f''(x)|$ und $|f(x)|$ nach oben abgeschätzt werden. In [DÖRI69], S.28ff. wird ein Satz über das Newtonsche Verfahren, einschließlich schärferer Fehlerabschätzungen, bewiesen, in dem zwar die Forderung $L < 1$ auf $L \leq 1/2$ verschärft werden muß, jedoch $f'(x) \neq 0$ und die LB (2.19) nur an einer Stelle $x^{(0)}$ erfüllt sein müssen.

Satz 2.15 gewährleistet die Konvergenz des Newtonschen Verfahrens nur für genügend nahe bei ξ gelegene Startwerte $x^{(0)}$. Es gilt jedoch auch folgende Aussage globaler Art ([HENR72], Bd.I, S.107):

Es sei f für $x \in [a,b]$ definiert und zweimal stetig differenzierbar. Außerdem gelte

a) $f(a)f(b) < 0$,
b) $f'(x) \neq 0$ für alle $x \in [a,b]$,
c) $f''(x) \geq 0$ (oder ≤ 0) für alle $x \in [a,b]$.
d) Ist c derjenige Randpunkt von [a,b], in dem $|f'(x)|$ den kleineren Wert hat, so sei $\left|\dfrac{f(c)}{f'(c)}\right| \leq b - a$.

Dann konvergiert das Newtonsche Verfahren für jedes $x^{(0)} \in [a,b]$ gegen die eindeutige Lösung ξ von $f(x) = 0$, die in [a,b] liegt.

2.5.2 Gedämpftes Newton-Verfahren

Analog zum gedämpften Newton-Verfahren für nichtlineare Systeme (Abschnitt 6.2.1.2, Algorithmus 6.5) läßt sich das gedämpfte Newton-Verfahren für Einzelgleichungen angeben. Man führt für $\nu = 0,1,2,...$ folgende Schritte durch:

(i) Berechnung von $\Delta x^{(\nu+1)} := -f(x^{(\nu)})/f'(x^{(\nu)})$.
(ii) Berechnung eines j so, daß gilt

$$j := \min\{ i \mid i \geq 0, |f(x^{(\nu)} + 1/2^i \Delta x^{(\nu+1)})| < |f(x^{(\nu)})|\}.$$

Sollte die Bedingung für $0 \leq i \leq i_{max}$ (i_{max} vorgegeben) nicht erfüllt werden, wird mit $j = 0$ weitergerechnet.

(iii) $x^{(\nu+1)} := x^{(\nu)} + \Delta x^{(\nu+1)}/2^j$.

2.5.3 Das Newtonsche Verfahren für mehrfache Nullstellen. Das modifizierte Newtonsche Verfahren

Die Funktion f sei genügend oft stetig differenzierbar in I = [a,b] und besitze in (a,b) eine Nullstelle ξ der Vielfachheit j, d.h. es seien $f(\xi) = 0$, $f'(\xi) = f''(\xi) = \ldots = f^{(j-1)}(\xi) = 0$, $f^{(j)}(\xi) \neq 0$.

SATZ 2.16 (*Newtonsches Verfahren für mehrfache Nullstellen*).
Die Funktion f sei (j+1)-mal stetig differenzierbar in I = [a,b] und besitze in (a,b) eine Nullstelle ξ der Vielfachheit $j \geq 2$. Dann konvergiert das Iterationsverfahren mit der Iterationsvorschrift

$$x^{(\nu+1)} = x^{(\nu)} - j\frac{f(x^{(\nu)})}{f'(x^{(\nu)})} = \varphi(x^{(\nu)}), \qquad \nu = 0, 1, 2, \ldots,$$

in einem r-Intervall (2.18) um ξ von mindestens zweiter Ordnung.

Die Anwendung des Satzes 2.16 setzt die Kenntnis der Vielfachheit j der Nullstelle voraus; j ist allerdings nur in den seltensten Fällen bekannt. Für eine mehrfache Nullstelle läßt sich jedoch auch ohne Kenntnis ihrer Vielfachheit ein quadratisch konvergentes Verfahren angeben. Man wendet dabei das Verfahren von Newton mit der Iterationsvorschrift (2.17) auf die Funktion $g := f/f'$ an. Dann ergibt sich die Iterationsvorschrift

$$(2.20) \begin{cases} x^{(\nu+1)} = x^{(\nu)} - \dfrac{g(x^{(\nu)})}{g'(x^{(\nu)})} = x^{(\nu)} - j(x^{(\nu)})\dfrac{f(x^{(\nu)})}{f'(x^{(\nu)})} \quad \text{mit} \\ j(x^{(\nu)}) := \dfrac{1}{1 - \dfrac{f(x^{(\nu)})f''(x^{(\nu)})}{f'^2(x^{(\nu)})}}, \qquad \nu = 0, 1, 2, \ldots, \end{cases}$$

und es gilt wegen Satz 2.3 der

SATZ 2.17 (*Modifiziertes Newtonsches Verfahren für mehrfache Nullstellen*).
Die Funktion f sei hinreichend oft differenzierbar in I = [a,b] und besitze in (a,b) eine Nullstelle ξ der Vielfachheit $j \geq 2$. Dann ist das Iterationsverfahren mit der Iterationsvorschrift (2.20) für jedes $x^{(0)}$ aus einem r-Intervall

(2.18) um ξ quadratisch konvergent; es gilt gleichzeitig

$$\lim_{\nu \to \infty} x^{(\nu)} = \xi \quad \text{und} \quad \lim_{\nu \to \infty} j(x^{(\nu)}) = j.$$

2.6 Regula Falsi

2.6.1 Regula Falsi für einfache Nullstellen

Die Funktion f sei in I = [a,b] stetig und besitze in (a,b) eine einfache Nullstelle ξ. Zur näherungsweisen Bestimmung von ξ mit Hilfe des Verfahrens von Newton ist die Berechnung der Ableitung f' von f erforderlich, so daß die Differenzierbarkeit von f vorausgesetzt werden muß. Die Berechnung von f' kann in praktischen Fällen mit großen Schwierigkeiten verbunden sein. Die Regula falsi ist ein Iterationsverfahren, das ohne Ableitungen arbeitet und zwei Startwerte $x^{(0)}$, $x^{(1)}$ erfordert (siehe auch 'Einschlußverfahren'). Ihre Iterationsvorschrift lautet (*Einpunkt-Formel mit Speicherung*)

(2.21) $$x^{(\nu+1)} = x^{(\nu)} - \frac{x^{(\nu)} - x^{(\nu-1)}}{f(x^{(\nu)}) - f(x^{(\nu-1)})} f(x^{(\nu)}); \quad f(x^{(\nu)}) - f(x^{(\nu-1)}) \neq 0,$$
$$\nu = 1, 2, \ldots$$

Die Ableitung $f'(x^{(\nu)})$ in der Iterationsvorschrift (2.17) des Newton-Verfahrens wird hier durch den Differenzenquotienten ersetzt, so daß sich der neue iterierte Wert nicht als Schnittpunkt der Tangente an $y = f(x)$ in $x^{(\nu)}$, sondern als Schnittpunkt der Geraden durch die Punkte $(x^{(\nu)}, f(x^{(\nu)})), (x^{(\nu-1)}, f(x^{(\nu-1)}))$ mit der x-Achse ergibt.

Falls einmal $f(x^{(\nu)}) = 0$ ist, wird das Verfahren abgebrochen. Wesentlich für die Konvergenz des Verfahrens ist, daß die Startwerte $x^{(0)}$, $x^{(1)}$ hinreichend nahe an der Nullstelle ξ liegen. Es gilt die Aussage des folgenden *Konvergenzsatzes* ([STUM82], S.43):

SATZ 2.18. Falls die Funktion f für alle $x \in (a,b)$ zweimal stetig differenzierbar ist und mit zwei positiven Zahlen m, M den Bedingungen

$$|f'(x)| \geq m, \quad |f''(x)| \leq M, \quad x \in (a,b),$$

> genügt, gibt es immer eine Umgebung $I_r(\xi) \subset (a,b)$, $r > 0$, so daß ξ in I_r die einzige Nullstelle von f ist und das Verfahren für jedes Paar von Startwerten $x^{(0)}$, $x^{(1)} \in I_r$, $x^{(0)} \neq x^{(1)}$, gegen die gesuchte Nullstelle ξ konvergiert.

Die Konvergenzordnung der Regula falsi mit der Iterationsvorschrift (2.21) ist $p = (1 + \sqrt{5})/2 \approx 1.62$. Prinzipiell kann die Vorschrift (2.21) auch zur näherungsweisen Berechnung mehrfacher Nullstellen verwendet werden, dann geht jedoch die hohe Konvergenzordnung verloren. Die *modifizierte Regula falsi* besitzt auch bei mehrfachen Nullstellen die Konvergenzordnung $p \approx 1.62$. Zur Effizienz der Verfahren siehe Abschnitt 2.9.

2.6.2 Modifizierte Regula Falsi für mehrfache Nullstellen

Ist ξ eine Nullstelle der Vielfachheit j von f und $|f^{(j+1)}(x)|$ in der Umgebung von ξ beschränkt, so ist ξ einfache Nullstelle der Funktion

(2.22) $$h : h(x) = f^2(x)/(f(x + f(x)) - f(x))$$

und $|h''(x)|$ beschränkt in der Umgebung von ξ. Verwendet man in der Iterationsvorschrift (2.21) statt f die Funktion h gemäß ihrer Definition (2.22), so konvergiert diese modifizierte Regula falsi ebenfalls von der Ordnung $p = (1 + \sqrt{5})/2$ gegen die mehrfache Nullstelle ξ von f (Beweis s. [KIOU79]).

2.6.3 Primitivform der Regula Falsi

Die Iterationsvorschrift lautet

(2.23) $$x^{(\nu+1)} = x^{(\nu)} - \frac{x^{(\mu)} - x^{(\nu)}}{f(x^{(\mu)}) - f(x^{(\nu)})} f(x^{(\nu)}),$$
$$\mu = 0, 1, 2, \ldots, \nu = 1, 2, 3, \ldots,$$

wobei μ der größte Index unterhalb ν ist, für den $f(x^{(\mu)}) \neq 0$, $f(x^{(\nu)}) \neq 0$ und $f(x^{(\mu)})f(x^{(\nu)}) < 0$ gilt. Für die Startwerte $x^{(0)}$, $x^{(1)}$ muß somit gelten $f(x^{(0)})f(x^{(1)}) < 0$. Die Primitivform besitzt im allgemeinen nur die Konvergenzordnung $p = 1$. Sie erlaubt allerdings eine sehr einfache Fehlerabschätzung, da die gesuchte Lösung ξ stets zwischen zwei beliebigen Werten $x^{(s)}$ und $x^{(t)}$ der Folge $\{x^{(\nu)}\}$ liegt; es gilt dann $x^{(s)} \leq \xi \leq x^{(t)}$, wenn $f(x^s)f(x^t) < 0$ ist. Die Stetigkeit einer in [a,b] reellwertigen Funktion f und die Existenz einer Lösung ξ der Gleichung $f(x) = 0$ in [a,b] sind zusammen mit der Bedingung $f(x^{(0)})f(x^{(1)}) < 0$ bereits hinreichend für die Konvergenz des Iterationsverfahrens der Primitivform der Regula falsi (2.23). (Beweis s. [COLL68], S.240)

2.7 Verfahren von Steffensen

2.7.1 Das Verfahren von Steffensen für einfache Nullstellen

Es liege eine zur Gleichung $f(x) = 0$ in $I = [a,b]$ äquivalente Gleichung $x = \varphi(x)$ vor; ξ sei in (a,b) die einzige Lösung von $f(x) = 0$ bzw. $x = \varphi(x)$. Gemäß Satz 2.9 konvergiert das Iterationsverfahren mit der Schrittfunktion φ gegen ξ, sofern überall in I gelten   (i) $|\varphi'(x)| \leq L < 1$,   (ii) $\varphi(x) \in I$.

Mit der Schrittfunktion φ läßt sich nun ein Iterationsverfahren aufbauen, das sowohl für $|\varphi'(x)| < 1$ als auch für $|\varphi'(x)| > 1$ gegen ξ konvergiert, und zwar quadratisch. Dieses Verfahren heißt *Steffensen-Verfahren*; es besitzt gegenüber dem Newtonschen Verfahren den Vorteil, bei gleicher Konvergenzordnung ohne Ableitungen auszukommen. Man wendet das Verfahren besonders dann an, wenn $|\varphi'|$ nur wenig kleiner 1 oder $|\varphi'| > 1$ ist.

> **SATZ 2.19** (*Steffensen-Verfahren für einfache Nullstellen*).
> Es sei $\varphi \in C^3[a,b]$, und ξ sei in (a,b) einzige Lösung der Gleichung $x = \varphi(x)$. Ist dann $\varphi'(\xi) \neq 1$, so konvergiert das Iterationsverfahren
>
> $$x^{(\nu+1)} = x^{(\nu)} - \frac{(\varphi(x^{(\nu)}) - x^{(\nu)})^2}{\varphi(\varphi(x^{(\nu)})) - 2\varphi(x^{(\nu)}) + x^{(\nu)}} = \Phi(x^{(\nu)}), \qquad \nu = 0, 1, 2, \ldots$$
>
> für jeden Startwert $x^{(0)} \in I$ von mindestens zweiter Ordnung gegen ξ.

Nachteil dieses Verfahrens ist, daß es wegen $\varphi'(\xi) \neq 1$ nur im Falle einfacher Nullstellen anwendbar ist, siehe deshalb unbedingt Abschnitt 2.8, 2.9.

2.7.2 Das modifizierte Steffensen-Verfahren für mehrfache Nullstellen

Das folgende *modifizierte Verfahren von Steffensen* ist im Falle mehrfacher Nullstellen anzuwenden; es liefert die Nullstelle und deren Vielfachheit ([ESSE75]).

SATZ 2.20 (*Modifiziertes Steffensen-Verfahren für mehrfache Nullstellen*).
Die Funktion φ sei in I = [a,b] hinreichend oft differenzierbar und die Gleichung x = φ(x) mit φ(x) = x - f(x) besitze in (a,b) eine einzige Lösung ξ der Vielfachheit $j \geq 2$. Dann konvergiert das Iterationsverfahren

$$x^{(\nu+1)} = x^{(\nu)} - j(x^{(\nu)}) \frac{(x^{(\nu)} - \varphi(x^{(\nu)}))^2}{z(x^{(\nu)})} = \Phi(x^{(\nu)}), \qquad \nu = 0, 1, 2, \ldots$$

mit

$$j(x^{(\nu)}) := \frac{(z(x^{(\nu)}))^2}{(z(x^{(\nu)}))^2 + (x^{(\nu)} - \varphi(x^{(\nu)}))(z(x^{(\nu)}) + \varphi(2x^{(\nu)} - \varphi(x^{(\nu)})) - x^{(\nu)})}$$

$$z(x^{(\nu)}) := x^{(\nu)} - 2\varphi(x^{(\nu)}) + \varphi(\varphi(x^{(\nu)}))$$

für jeden beliebigen Startwert $x^{(0)} \in I$ von mindestens zweiter Ordnung gegen ξ; es gilt gleichzeitig $\lim_{\nu \to \infty} j(x^{(\nu)}) = j$.

Zur Vermeidung einer Anhäufung von Rundungsfehlern sollte beim modifizierten Verfahren mit doppelter Wortlänge gerechnet werden.

2.8 Einschlußverfahren

In diesem Abschnitt werden sicher konvergierende Iterationsverfahren behandelt, die sich sowohl zur Berechnung von Nullstellen mit Vorzeichenwechsel (Nullstellen ungerader Ordnung) als auch zur Ermittlung von Nullstellen gerader Ordnung einsetzen lassen. Bei Nullstellen gerader Ordnung sind wegen Satz 2.3 die Verfahren dann lediglich statt auf f auf die Funktion g mit g(x) = f(x)/f'(x) anzuwenden. Diese Einschlußverfahren sind (bis auf das nur linear konvergierende Bisektionsverfahren) wegen der sicheren Konvergenz und der höheren Konvergenzordnung der Regula falsi unbedingt vorzuziehen.

2.8.1 Das Bisektionsverfahren

Gegeben sei eine Funktion $f \in C[a,b]$ mit $f(a)f(b) < 0$. Dann läßt sich eine Nullstelle $\xi \in [a,b]$ ungerader Ordnung mit Hilfe fortgesetzter Intervallhalbierung nach dem linear konvergierenden *Bisektionsverfahren* ermitteln.

ALGORITHMUS 2.21 (*Bisektionsverfahren*).

Gegeben: (i) $f \in C[a,b]$ mit $f(a)f(b) < 0$,
(ii) Fehlerschranke $\varepsilon > 0, \varepsilon \in \mathbb{R}$.

Gesucht: $\xi \in (a,b)$, ξ Nullstelle von f

Startwerte: $x^{(1)} := a$, $x^{(2)} := b$ (Einschlußintervall)
$f_1 := f(x^{(1)})$, $f_2 := f(x^{(2)})$

Pro Iterationsschritt wird wie folgt vorgegangen:

1. *Halbierung des Einschlußintervalls* zur Ermittlung von

$$x^{(3)} := x^{(2)} + 0.5(x^{(1)} - x^{(2)}).$$

2. *Berechnung des neuen Funktionswertes*: $f_3 = f(x^{(3)})$.
   Falls $f_3 = 0$ ist, wird die Rechnung mit $\xi := x^{(3)}$ abgebrochen, andernfalls geht es mit 3. weiter.

3. *Festlegung des neuen Einschlußintervalls*:
   Falls $f_2 f_3 < 0$, liegt ξ zwischen $x^{(2)}$ und $x^{(3)}$, und es wird gesetzt

$$\begin{aligned} x^{(1)} &:= x^{(2)} &, \quad x^{(2)} &:= x^{(3)}, \\ f_1 &:= f_2 &, \quad f_2 &:= f_3; \end{aligned}$$

   falls $f_2 f_3 > 0$, liegt ξ zwischen $x^{(1)}$ und $x^{(3)}$, und es wird gesetzt

$$x^{(2)} := x^{(3)}, \quad f_2 := f_3.$$

   In beiden Fällen ist $x^{(2)}$ der zuletzt berechnete Näherungswert.

4. *Prüfung der Abbruchbedingung*: (s. auch folgende Bemerkung)
   Falls $|x^{(2)} - x^{(1)}| \leq \varepsilon$, erfolgt Abbruch. Es wird dann gesetzt

$$\xi := x^{(2)}, \quad \text{falls} \quad |f_2| \leq |f_1|, \quad \text{andernfalls} \quad \xi := x^{(1)}.$$

   Falls $|x^{(2)} - x^{(1)}| > \varepsilon$, wird die Iteration mit 1. fortgesetzt.

Statt der Abbruchbedingung $|x^{(2)} - x^{(1)}| \leq \varepsilon$ ist der Einbau der kombinierten Abfrage

$$|x^{(2)} - x^{(1)}| \leq |x^{(2)}| \text{ RELERR} + \text{ABSERR},$$

mit vorgegebenen Schranken RELERR und ABSERR für den relativen bzw. absoluten Fehler zu empfehlen (vgl. Abschnitt 1.2), die wahlweise die Abfrage auf den absoluten oder den relativen Fehler zuläßt.

2.8.2 Das Pegasus-Verfahren

Ist f eine stetige Funktion auf dem abgeschlossenen Intervall [a,b] und gilt f(a)f(b) < 0, so existiert gemäß Satz 2.4 in (a,b) mindestens eine Nullstelle ungerader Ordnung. Das Pegasus-Verfahren (eine Variante der Regula falsi) berechnet eine dieser Nullstellen durch fortgesetzte Verkleinerung des Einschlußintervalls [a,b]. Es konvergiert immer, wenn die Voraussetzung f(a)f(b) < 0 erfüllt ist; die Konvergenzordnung beträgt $p \approx 1.642...$ im Falle einfacher Nullstellen (s. [DOWE72], [DOWE71]).

ALGORITHMUS 2.22 (*Pegasus-Verfahren*).

Gegeben: (i) $f \in C[a,b]$ mit f(a)f(b) < 0,
(ii) Fehlerschranke $\varepsilon > 0$, $\varepsilon \in \mathbb{R}$.

Gesucht: Nullstelle ξ von f mit $a < \xi < b$ so, daß der Abstand der letzten beiden iterierten Werte, die die Lösung einschließen, kleiner oder höchstens gleich ε ist.

Startwerte: $x^{(1)} := a$, $x^{(2)} := b$; dazu sind zu berechnen
$f_1 := f(x^{(1)})$, $f_2 := f(x^{(2)})$.

Pro Iterationsschritt ist wie folgt vorzugehen:

1. *Sekantenschritt:* Es wird die Steigung s_{12} der Sekante zwischen den Punkten $(x^{(1)}, f_1)$, $(x^{(2)}, f_2)$ berechnet

$$s_{12} = \frac{f_2 - f_1}{x^{(2)} - x^{(1)}}$$

und anschließend der Schnittpunkt $x^{(3)}$ der Sekante mit der x-Achse

$$x^{(3)} = x^{(2)} - f_2/s_{12}.$$

2.8 Einschlußverfahren

2. *Berechnung des Funktionswertes:* $f_3 = f(x^{(3)})$.
   Falls $f_3 = 0$ ist, wird die Rechnung mit $\xi := x^{(3)}$ abgebrochen.
3. *Festlegung eines neuen Einschlußintervalls:*
   Falls $f_3 f_2 < 0$ gilt, d.h. die Nullstelle ξ zwischen $x^{(2)}$ und $x^{(3)}$ liegt, wird gesetzt
   $$x^{(1)} := x^{(2)}, \qquad x^{(2)} := x^{(3)}, \qquad f_1 := f_2, \qquad f_2 := f_3.$$
   Falls $f_3 f_2 > 0$ gilt, d.h. die Nullstelle ξ zwischen $x^{(1)}$ und $x^{(3)}$ liegt, so wird der alten Stelle x_1 statt f_1 zunächst der neue Wert gf_1 mit $g = f_2/(f_2+f_3)$ zugeordnet (modifizierter Schritt), dabei ist stets $0 < g < 1$; dann wird gesetzt
   $$x^{(2)} := x^{(3)}, \qquad f_1 := gf_1, \qquad f_2 := f_3.$$
4. *Prüfung der Abbruchbedingung:*
   Falls $|x^{(2)} - x^{(1)}| \leq \varepsilon$, wird die Iteration abgebrochen. Man setzt
   $$\xi := x^{(2)}, \qquad \text{falls} \qquad |f_2| \leq |f_1|, \qquad \text{anderenfalls} \qquad \xi := x^{(1)}.$$
   Falls $|x^{(2)} - x^{(1)}| > \varepsilon$, so wird die Iteration in 1. mit den neuen Werten $x^{(1)}, x^{(2)}, f_1, f_2$ aus 3. fortgesetzt.
   Statt des Tests auf den absoluten Fehler sollte der kombinierte Test
   $$|x^{(2)} - x^{(1)}| \leq |x^{(2)}| \text{ RELERR} + \text{ABSERR}$$
   verwendet werden (vgl. Abschnitt 1.2), der wahlweise die Abfrage auf den absoluten oder den relativen Fehler zuläßt.

Geometrische Interpretation für den modifizierten Schritt.

Die Konstruktion von $f_1^* := f_1 \cdot f_2/(f_2+f_3)$ ergibt sich wegen $f_1^*/f_1 = f_2/(f_2+f_3)$ geometrisch wie folgt: Die Verbindungsgeraden der Punkte (x_2, f_2+f_3) und (x_1, f_1) sowie (x_2, f_2) und (x_1, f_1^*) schneiden sich in einem Punkt der x-Achse.

2.8.3 Das Verfahren von Anderson-Björck

Das Verfahren von Anderson-Björck (siehe [ANDE73]) arbeitet ähnlich wie das Pegasus-Verfahren; lediglich im 3. Schritt des Algorithmus (bei der Festlegung eines neuen Einschlußintervalls) wird die Modifikation des Funktionswertes f_1 an der Stelle $x^{(1)}$ auf andere Weise realisiert. Die Effektivität E des Verfahrens liegt zwischen 1.682 und 1.710.

ALGORITHMUS 2.23 (*Verfahren von Anderson-Björck*).

Gegeben: (i) $f \in C\,[a,b]$ mit $f(a)f(b) < 0$,
  (ii) Fehlerschranke $\varepsilon > 0$, $\varepsilon \in \mathbf{R}$.

Gesucht: Nullstelle ξ von f mit $a < \xi < b$ so, daß der Abstand der letzten beiden iterierten Werte, die die Lösung einschließen, kleiner oder höchstens gleich ε ist.

Startwerte: $x^{(1)} := a$, $x^{(2)} := b$; dazu sind zu berechnen:
  $f_1 := f(x^{(1)})$, $f_2 := f(x^{(2)})$.

Pro Iterationsschritt ist wie folgt vorzugehen:

1. *Sekantenschritt*: Es wird die Steigung s_{12} der Sekante zwischen den Punkten $(x^{(1)}, f_1)$, $(x^{(2)}, f_2)$ berechnet

$$s_{12} = \frac{f_2 - f_1}{x^{(2)} - x^{(1)}}$$

   und anschließend der Schnittpunkt $x^{(3)}$ der Sekante mit der x-Achse

$$x^{(3)} = x^{(2)} - f_2/s_{12}.$$

2. *Berechnung des Funktionswertes*: $f_3 = f(x^{(3)})$.
   Falls $f_3 = 0$ ist, wird die Rechnung abgebrochen mit der Nullstelle $\xi := x^{(3)}$, andernfalls wird mit 3. fortgefahren.

3. *Festlegung eines neuen Einschlußintervalls*:
   Falls $f_3 f_2 < 0$ gilt, d.h. die Nullstelle ξ zwischen $x^{(2)}$ und $x^{(3)}$ liegt, wird gesetzt

$$\begin{aligned} x^{(1)} &:= x^{(2)}, & x^{(2)} &:= x^{(3)}, \\ f_1 &:= f_2, & f_2 &:= f_3. \end{aligned}$$

   Falls $f_3 f_2 > 0$ gilt, d.h. die Nullstelle ξ zwischen $x^{(1)}$ und $x^{(3)}$ liegt, so wird der alten Stelle $x^{(1)}$ statt f_1 zunächst der neue Funktionswert gf_1 mit $g := 1 - f_3/f_2$ zugeordnet oder, falls $g \leq 0$ ist, mit $g = 0.5$ (modifizierter Schritt). Dann wird gesetzt

$$x^{(2)} := x^{(3)}, \qquad f_1 := gf_1, \qquad f_2 := f_3.$$

2.8 Einschlußverfahren

> 4. *Prüfung der Abbruchbedingung*:
> Falls $|x^{(2)} - x^{(1)}| \leq \varepsilon$, wird die Iteration abgebrochen. Es wird gesetzt
>
> $$\xi := x^{(2)}, \quad \text{sofern} \quad |f_2| \leq |f_1|, \quad \text{andernfalls} \quad \xi := x^{(1)}.$$
>
> Falls $|x^{(2)} - x^{(1)}| > \varepsilon$, so wird die Iteration in 1. mit den neuen Werten $x^{(1)}$, $x^{(2)}$, f_1, f_2 aus dem 3. Schritt fortgesetzt.
>
> Die Abbruchbedingung im 4. Schritt kann auch durch den kombinierten Fehlertest
>
> $$|x^{(2)} - x^{(1)}| \leq |x^{(2)}| \text{ RELERR} + \text{ABSERR}$$
>
> ersetzt werden (vgl. dazu Abschnitt 1.2), der wahlweise eine Abfrage auf den relativen oder den absoluten Fehler zuläßt.

Geometrische Interpretation:

Die Ersetzung von f_1 durch gf_1 im 3. Schritt des Algorithmus läßt sich wie folgt geometrisch interpretieren: Durch die drei Punkte

$$(x^{(1)}, f_1), (x^{(3)}, f_3), (x^{(2)}, f_2)$$

wird die interpolierende quadratische Parabel gelegt, und im (mittleren) Punkt $(x^{(3)}, f_3)$ wird die Parabeltangente konstruiert. Falls die Parabeltangente die x-Achse zwischen $x^{(3)}$ und $x^{(1)}$ schneidet, wird dieser Schnittpunkt als die nächste Näherung für die gesuchte Nullstelle genommen.

Im Algorithmus wird die Tangente durch den Punkt $(x^{(3)}, f_3)$ und ihren Schnittpunkt $(x^{(1)}, f_1^*)$ mit der Geraden $x = x^{(1)}$ festgelegt.

Nach Anderson-Björck ergibt sich

$$f_1^* = gf_1 \quad \text{mit} \quad g = \frac{s_{23}}{s_{12}}, \quad s_{23} = \frac{f_2 - f_3}{x^{(2)} - x^{(3)}}.$$

Wenn $g > 0$ ist, liegen die Punkte $(x^{(1)}, f_1)$ und $(x^{(1)}, f_1^*)$ auf derselben Seite der x-Achse, und der Schnittpunkt der Parabeltangente mit der x-Achse liegt zwischen $x^{(3)}$ und $x^{(1)}$.

Wegen des vorhergehenden Sekantenschritts sind die Punkte $(x^{(1)}, f_1)$, $(x^{(2)}, f_2)$ und $(x^{(3)}, 0)$ kollinear, und daher gilt

$$s_{12} = \frac{f_1 - f_2}{x^{(1)} - x^{(2)}} = \frac{f_2}{x^{(2)} - x^{(3)}}.$$

Damit ergibt sich für g wesentlich einfacher

$$g = \frac{s_{23}}{s_{12}} = \frac{f_2 - f_3}{x^{(2)} - x^{(3)}} \frac{x^{(1)} - x^{(2)}}{f_1 - f_2} = \frac{f_2 - f_3}{x^{(2)} - x^{(3)}} \frac{x^{(2)} - x^{(3)}}{f_2} = \frac{f_2 - f_3}{f_2} = 1 - \frac{f_3}{f_2}.$$

Wegen $f_3 f_2 > 0$ ist $g < 1$. Falls $g \leq 0$ ist, schneidet die Tangente die x-Achse nicht zwischen $x^{(3)}$ und $x^{(1)}$. In diesem Fall wird (wie beim Illinois-Verfahren) $g = 0.5$ gesetzt.

2.8.4 Die Verfahren von King und Anderson-Björck-King. Das Illinois-Verfahren

Das Verfahren von King (s. [KING73]) unterscheidet sich vom Pegasus-Verfahren nur dadurch, daß nie zwei Sekantenschritte hintereinander ausgeführt werden, sondern auf jeden Sekantenschritt ein modifizierter Schritt folgt.

Das Verfahren von Anderson-Björck-King verläuft ganz analog; es arbeitet nach dem Verfahren von Anderson-Björck mit der Zusatzbedingung von King, daß nie zwei Sekantenschritte hintereinander erfolgen dürfen. Hier geschieht der modifizierte Schritt nach der Anderson-Björck-Methode, beim Verfahren von King nach der Pegasus-Methode.

Gemeinsam ist den Einschlußverfahren Pegasus, Anderson-Björck und damit auch King der Sekantenschritt. Lediglich der modifizierte Schritt wird unterschiedlich realisiert; bei Pegasus wird $g = f_2/(f_2+f_3)$ gesetzt, bei Anderson-Björck $g = 1 - f_3/f_2$ und, falls $g \leq 0$ ist wird $g = 0.5$ gesetzt. Das Illinois-Verfahren verwendet stets $g = 0.5$.

2.8.5 Das Zeroin-Verfahren

Das Zeroin-Verfahren (vgl. [DEKK69], außerdem in [FORS77]) ist eine geschickte Kombination des Bisektionsverfahren ($p = 1$), des Sekantenverfahrens ($p = 1.618$) sowie der inversen quadratischen Interpolation ($p = 2$). Es ist ein Einschlußverfahren, bei dem ständig mit drei iterierten Näherungswerten für die gesuchte Nullstelle operiert wird, es wird jeweils das für die momentane Situation aus geometrischen Überlegungen sinnvollste Verfahren eingesetzt.
Bei umfangreichen vergleichenden Tests unter Einsatz des Pegasus-Verfahrens,

der Verfahren von Anderson-Björck, King, Anderson-Björck-King sowie des Zeroin-Verfahrens hat sich gezeigt, daß gemessen an der Anzahl erforderlicher Funktionsauswertungen alle verwendeten Verfahren etwa gleich gut sind, das Verfahren von Anderson-Björck-King benötigt in Durchschnitt die geringste Anzahl von Funktionsauswertungen, bei Funktionen f der Form $f(x) = x^n - a$ ist bei wachsendem n das Zeroin-Verfahren überlegen.

2.9 Effizienz der Verfahren und Entscheidungshilfen

Mit Hilfe des *Effizienzindex* E von Traub (s. [TRAU81], App. C) lassen sich die Iterationsverfahren gut vergleichen. Seien H die *Hornerzahl* (Anzahl erforderlicher Funktionsauswertungen pro Iterationsschritt) und p die Konvergenzordnung eines Iterationsverfahrens, so errechnet sich der Effizienzindex aus

$$E := p^{1/H}.$$

Die folgende Tabelle gibt eine Übersicht über die Konvergenzordnung und den Effizienzindex bei Verfahren zur Berechnung einfacher und mehrfacher Nullstellen; *je größer E, desto effizienter ist das Verfahren in der Umgebung der Nullstelle.*

Verfahren	Konvergenz-ordnung p	Hornerzahl H	Effizienz E	Einschluß-verfahren
Newton-Verf. f. einfache Nullstellen	2	2	1.414	nein
Newton-Verf. f. mehrfache Nullstellen	2	2	1.414	nein
Modifiziert. Newton-Verf.	2	3	1.260	nein

Verfahren	Konvergenz-ordnung p	Hornerzahl H	Effizienz E	Einschluß-verfahren
Bisektion	1	1	1	ja
Primitivform der Regula falsi	1	1	1	ja
Regula falsi f. einfache Nullstellen	1.618	1	1.618	nein
Illinois-Verf.	1.442	1	1.442	ja
Pegasus-Verf.	1.642	1	1.642	ja
Anderson-Björck-Verf.	1.682...1.710	1	1.682...1.710	ja
King-Verf.	1.710...1.732	1	1.710...1.732	ja
Anderson-Björck-King-Verfahren	1.710...1.732	1	1.710...1.732	ja

Es zeigt sich, daß man (nicht zuletzt wegen der sicheren Konvergenz) am effektivsten mit dem Pegasus-Verfahren, dem Verfahren von Anderson- Björck oder den Verfahren von King und Anderson-Björck-King arbeitet.

Will man einzelne *Polynom*-Nullstellen berechnen, so läßt sich auch das Newton-Verfahren zusammen mit dem Hornerschema zur Berechnung der Funktions- und Ableitungswerte effektiv einsetzen. Für transzendente Gleichungen sind *weder* die Regula falsi *noch* das Newton-Verfahren zu empfehlen.

LITERATUR zu Kapitel 2: [ANDE73]; [BERE71] Bd.2, 7.3-7.4; [BÖHM85]; [BJÖR79], 6.; [COLL68], §§17-19; [COLL73] I, 1.5-1.7; [CONT80], 2.1-2.4; [DOWE71]; [DOWE72]; [ENGE87], Kap.2; [ESSE75]; [HÄMM89], 8.; [HENR72] Bd.1, Kap.4; [HILD78], 10.; [ISAA73], 3.1-3.2; [KING73]; [KIOU79]; [MAES88], 5.; [MEIN79], §8; [NIED87], Kap.7; [NOBL73] I, 2.1-2.4; [PATR75]; [POLO64], II §§2-4; [RALS79], V.; [SCHW86], 5.; [SHRA85]; [STET76], 5.; [STOE83], 5.; [STUM82], 2; [TRAU81]; [WERN82], II §§1-5; [WILL71], §27; [ZURM65], §1.

Kapitel 3

Verfahren zur Lösung algebraischer Gleichungen

3.1 Vorbemerkungen

Es werden algebraische Gleichungen in der folgenden Form betrachtet

$$(3.1) \qquad P_n(x) = \sum_{j=0}^{n} a_j x^j = 0, \qquad a_j \in \mathbb{C}, \qquad a_n \neq 0.$$

Der Fundamentalsatz der Algebra besagt, daß eine algebraische Gleichung (3.1) genau n komplexe Lösungen x_k besitzt, die entsprechend ihrer Vielfachheit α_k gezählt werden. Jedes algebraische Polynom P_n läßt sich in n Linearfaktoren zerlegen

$$(3.2) \qquad P_n(x) = a_n(x - x_1)(x - x_2)\ldots(x - x_n).$$

Kommt der Linearfaktor $(x - x_k)$ genau α_k-fach vor, so heißt x_k dabei α_k-fache Lösung von (3.1); man schreibt (3.2) in der Form

$$P_n(x) = a_n(x - x_1)^{\alpha_1}(x - x_2)^{\alpha_2}\ldots(x - x_m)^{\alpha_m},$$

$$\text{mit} \quad \alpha_1 + \alpha_2 + \ldots + \alpha_m = n.$$

Für $a_j \in \mathbb{R}$ können komplexe Lösungen von (3.1) nur als Paare konjugiert komplexer Lösungen auftreten, d.h. mit der Lösung $x = \alpha + i\beta$ ist auch $\bar{x} = \alpha - i\beta$ Lösung von (3.1), und zwar mit derselben Vielfachheit. Der Grad einer Gleichung (3.1) mit reellen Koeffizienten, die keine reellen Wurzeln besitzt, kann somit nur gerade sein, und jede derartige Gleichung ungeraden Grades besitzt mindestens eine reelle Lösung.

Das Horner-Schema dient nun zur Ermittlung von Funktions- und Ableitungswerten eines Polynoms sowie zur Berechnung von abdividierten Polynomen bzw. Deflationspolynomen. Es wird bei allen Verfahren zur Berechnung von Polynomnullstellen als Hilfsmittel eingesetzt.

Will man sämtliche Nullstellen eines Polynoms (3.1) berechnen, so verwendet man z.B. das Muller-Verfahren, das Verfahren von Bauhuber oder das Verfahren von Jenkins und Traub.

3.2 Das Horner-Schema

Das Horner-Schema dient zur Berechnung der Funktionswerte eines Polynoms P_n und seiner Ableitungen an einer festen Stelle x_0; es arbeitet übersichtlich, rundungsfehlergünstig und erfordert weniger Rechenzeit als die übliche Auswertung eines Polynoms.

3.2.1 Das einfache Horner-Schema für reelle Argumentwerte

Man geht aus von der Polynomdarstellung

$$P_n(x) = a_n^{(0)} x^n + a_{n-1}^{(0)} x^{n-1} + \ldots + a_1^{(0)} x + a_0^{(0)}, \qquad a_j^{(0)} \in \mathbb{R}.$$

Zur Berechnung des Funktionswertes $P_n(x_0)$, $x_0 \in \mathbb{R}$, wird $P_n(x_0)$ in der folgenden Form geschrieben

(3.3) $\qquad P_n(x_0) = (\ldots((a_n^{(0)} x_0 + a_{n-1}^{(0)}) x_0 + a_{n-2}^{(0)}) x_0 + \ldots) x_0 + a_0^{(0)}.$

Unter Benutzung der Größen

(3.4) $\qquad \begin{cases} a_n^{(1)} &:= a_n^{(0)} \\ a_j^{(1)} &:= a_{j+1}^{(1)} x_0 + a_j^{(0)}, \qquad j = n-1, n-2, \ldots, 1, 0, \end{cases}$

gilt für (3.3)

$$P_n(x_0) = a_0^{(1)}.$$

Die Rechenoperationen (3.4) werden in der folgenden Anordnung durchgeführt, dem sogennanten *Horner-Schema*:

3.2 Das Horner-Schema

P_n	$a_n^{(0)}$	$a_{n-1}^{(0)}$	$a_{n-2}^{(0)}$	...	$a_1^{(0)}$	$a_0^{(0)}$
$x = x_0$	0	$a_n^{(1)} x_0$	$a_{n-1}^{(1)} x_0$	...	$a_2^{(1)} x_0$	$a_1^{(1)} x_0$
$\sum$	$a_n^{(1)}$	$a_{n-1}^{(1)}$	$a_{n-2}^{(1)}$	...	$a_1^{(1)}$	$\boxed{a_0^{(1)} = P_n(x_0)}$

In der ersten Zeile stehen also alle Koeffizienten der einzelnen Potenzen von x, auch die mit dem Wert Null.

Wird $P_n(x)$ durch $(x - x_0)$ dividiert mit $x_0 \in \mathbb{R}$ und $x \neq x_0$, so ergibt sich die Beziehung

(3.5) $$P_n(x) = (x - x_0)P_{n-1}(x) + P_n(x_0)$$

mit
$$P_n(x_0) = a_0^{(1)},$$
$$P_{n-1}(x) = a_n^{(1)} x^{n-1} + a_{n-1}^{(1)} x^{n-2} + \ldots + a_2^{(1)} x + a_1^{(1)}.$$

Die Koeffizienten des Polynoms P_{n-1} sind mit den im Horner-Schema für $x = x_0$ auftretenden und durch (3.4) definierten Koeffizienten $a_j^{(1)}$ identisch.

Abdividieren von Nullstellen (Deflation).

Ist x_0 Nullstelle von P_n, so gilt wegen $P_n(x_0) = 0$ gemäß (3.5)

$$P_n(x) = (x - x_0)P_{n-1}(x).$$

Die Koeffizienten des sogenannten *abdividierten Polynoms* bzw. *Deflationspolynoms* P_{n-1} sind die $a_j^{(1)}$ im Horner-Schema.

3.2.2 Das einfache Horner-Schema für komplexe Argumentwerte

Besitzt das Polynom P_n komplexe Koeffizienten und ist x_0 ein komplexer Argumentwert, so kann man zur Berechnung des Funktionswertes $P_n(x_0)$ das einfache Horner-Schema verwenden. Man hat dann lediglich für jeden Koeffizienten eine reelle und eine imaginäre Spalte zu berechnen.

Besitzt das Polynom P_n jedoch reelle Koeffizienten, so kann man zur Berechnung des Funktionswertes $P_n(x_0)$ zu einem komplexen Argumentwert x_0 mit dem Horner-Schema ganz im Reellen bleiben, wenn man das sogenannte *doppelreihige* Horner-Schema verwendet. Zunächst nimmt man den zu x_0 konjugiert komplexen Argumentwert $\bar{x}_0$ hinzu und bildet

$$(x - x_0)(x - \bar{x}_0) = x^2 - px - q$$

mit reellen Zahlen p und q; es gilt p = $x_0 + \bar{x}_0$, q = - $x_0 \cdot \bar{x}_0$.

Dividiert man jetzt P_n durch (x^2 - px - q), so erhält man die Beziehung

(3.6) $\begin{cases} P_n(x) & = (x^2 - px - q)P_{n-2}(x) + b_1^{(1)}x_0 + b_0^{(1)} \\ \text{mit} \\ P_{n-2}(x) & = b_n^{(1)}x^{n-2} + b_{n-1}^{(1)}x^{n-3} + \ldots + b_3^{(1)}x + b_2^{(1)}. \end{cases}$

Für die Koeffizienten $b_k^{(1)}$ von P_{n-2} gelten die Beziehungen

(3.7) $\begin{cases} b_n^{(1)} & = a_n^{(0)}, \\ b_{n-1}^{(1)} & = a_{n-1}^{(0)} + pb_n^{(1)}, \\ b_k^{(1)} & = a_k^{(0)} + pb_{k+1}^{(1)} + qb_{k+2}^{(1)}, \quad k = (n-2)(-1)1, \\ b_0^{(1)} & = a_0^{(0)} + qb_2^{(1)}. \end{cases}$

Die Rechenoperationen (3.7) werden in dem folgenden *doppelreihigen Horner-Schema* durchgeführt:

P_n	$a_n^{(0)}$	$a_{n-1}^{(0)}$	$a_{n-2}^{(0)}$	$\ldots$	$a_2^{(0)}$	$a_1^{(0)}$	$a_0^{(0)}$
q	0	0	$qb_n^{(1)}$	$\ldots$	$qb_4^{(1)}$	$qb_3^{(1)}$	$qb_2^{(1)}$
p	0	$pb_n^{(1)}$	$pb_{n-1}^{(1)}$	$\ldots$	$pb_3^{(1)}$	$pb_2^{(1)}$	0
$\sum$	$b_n^{(1)}$	$b_{n-1}^{(1)}$	$b_{n-2}^{(1)}$	$\ldots$	$b_2^{(1)}$	$b_1^{(1)}$	$b_0^{(1)}$

Für x = x_0 folgt aus (3.6) wegen $x_0^2 - px_0 - q = 0$

(3.8) $$P_n(x_0) = b_1^{(1)}x_0 + b_0^{(1)}$$

3.2 Das Horner-Schema

als gesuchter Funktionswert.

Ist x_0 Nullstelle von P_n, so folgt wegen $P_n(x_0) = 0$ aus (3.8):

$$b_0^{(1)} = 0, \qquad b_1^{(1)} = 0.$$

Abdividieren von komplexen Nullstellen bei Polynomen mit reellen Koeffizienten.

Ist x_0 Nullstelle von P_n, so gilt wegen $P_n(x_0) = 0$, d.h. $b_0^{(1)} = 0$, $b_1^{(1)} = 0$ gemäß (3.6)

$$P_n(x) = (x^2 - px - q)P_{n-2}(x).$$

Die Koeffizienten des Deflationspolynoms P_{n-2} sind die $b_k^{(1)}$ im doppelreihigen Horner-Schema.

3.2.3 Das vollständige Horner-Schema für reelle Argumentwerte

Da das Horner-Schema neben dem Funktionswert $P_n(x_0)$ auch die Koeffizienten $a_j^{(1)}$ des Polynoms P_{n-1} liefert, ergibt sich die Möglichkeit, die k-ten Ableitungen $P_n^{(k)}$ des Polynoms P_n für k = 1(1)n an der Stelle $x_0 \in \mathbb{R}$ zu berechnen. Aus (3.5) folgt

$$P_n'(x) = P_{n-1}(x) + (x - x_0)P_{n-1}'(x),$$

also ist für $x = x_0$

$$P_n^{(1)}(x_0) = P_{n-1}(x_0).$$

$P_n^{(1)}(x_0)$ ergibt sich, indem man an die 3. Zeile des Horner-Schemas ein weiteres Horner-Schema anschließt.

So fortfahrend erhält man schließlich

$$P_{n-k}(x_0) = \frac{1}{k!}P_n^{(k)}(x_0), \qquad k = 1(1)n.$$

Durch Fortsetzung des Horner-Schemas erhält man die Koeffizienten $P_{n-k}(x_0)$ der Taylorentwicklung von P_n an der Stelle $x = x_0$

$$P_n(x) = \tilde{P}_n(x - x_0) = \sum_{k=0}^{n}(x - x_0)^k P_{n-k}(x_0) = \sum_{k=0}^{n}(x - x_0)^k \frac{1}{k!}P_n^{(k)}(x_0).$$

3. Verfahren zur Lösung algebraischer Gleichungen

RECHENSCHEMA 3.1 (*Vollständiges Horner-Schema*).

P_n	$a_n^{(0)}$	$a_{n-1}^{(0)}$	$a_{n-2}^{(0)}$	$\ldots$	$a_1^{(0)}$	$a_0^{(0)}$
$x = x_0$	0	$a_n^{(1)}x_0$	$a_{n-1}^{(1)}x_0$	$\ldots$	$a_2^{(1)}x_0$	$a_1^{(1)}x_0$
P_{n-1}	$a_n^{(1)}$	$a_{n-1}^{(1)}$	$a_{n-2}^{(1)}$	$\ldots$	$a_1^{(1)}$	$\boxed{a_0^{(1)} = P_n(x_0)}$
$x = x_0$	0	$a_n^{(2)}x_0$	$a_{n-1}^{(2)}x_0$	$\ldots$	$a_2^{(2)}x_0$	
P_{n-2}	$a_n^{(2)}$	$a_{n-1}^{(2)}$	$a_{n-2}^{(2)}$	$\ldots$	$\boxed{a_1^{(2)} = \tfrac{1}{1!}P'_n(x_0)}$	$= P_{n-1}(x_0)$
$\ldots$	$\ldots$	$\ldots$	$\ldots$			
P_1	$a_n^{(n-1)}$	$a_{n-1}^{(n-1)}$	$\ldots$			
$x = x_0$	0	$a_n^{(n)}x_0$				
P_0	$a_n^{(n)}$	$\boxed{a_{n-1}^{(n)} = \tfrac{1}{(n-1)!}P_n^{(n-1)}(x_0)}$		$= P_1(x_0)$		
$x = x_0$	0					
	$\boxed{a_n^{(n+1)} = \tfrac{1}{n!}P_n^{(n)}(x_0)}$		$= P_0(x_0)$			

mit $a_n^{(k)} = a_n^{(k-1)}$, $a_j^{(k)} = a_{j+1}^{(k)}x_0 + a_j^{(k-1)}$ für $j = 0(1)n-1$, $k = 1(1)n+1$.

Anzahl der Punktoperationen.

Die Aufstellung der Taylorentwicklung von P_n an einer Stelle x_0 mit Hilfe des vollständigen Horner-Schemas erfordert $(n^2+n)/2$ Punktoperationen, während der übliche Weg (Differenzieren, Berechnen der Werte der Ableitungen, Dividieren durch k!, wobei k! als bekannter Wert vorausgesetzt wird) $n^2 + 2n - 2$, also für $n \geq 3$ mehr als doppelt so viele Punktoperationen erfordert. Durch das Einsparen von Punktoperationen wird das rundungsfehlergünstige Arbeiten ermöglicht, denn durch hohe Potenzen häufen sich Rundungsfehler an.

3.2.4 Anwendungen

Das Horner-Schema wird verwendet

(1) zur bequemen, schnellen und rundungsfehlergünstigen Berechnung der Funktionswerte und Ableitungswerte eines Polynoms P_n,

(2) zur Aufstellung der Taylorentwicklung eines Polynoms,

(3) zum Abdividieren von Nullstellen (Deflation von Polynomen).

Man wird z.B. bei der iterativen Bestimmung einer Nullstelle nach einem der Newton-Verfahren P_n, P'_n bzw. P_n, P'_n, P''_n mit dem Horner-Schema berechnen.

Hat man für eine Nullstelle x_1 von P_n iterativ eine hinreichend gute Näherung erhalten, so dividiert man P_n durch $(x - x_1)$ und wendet das Iterationsverfahren auf das Deflationspolynom P_{n-1} an. So erhält man nacheinander alle Nullstellen von P_n und schließt aus, eine Nullstelle zweimal zu berechnen. Dabei könnten sich aber die Nullstellen der abdividierten Polynome immer weiter von den Nullstellen des Ausgangspolynoms P_n entfernen, so daß die Genauigkeit mehr und mehr abnimmt. Wilkinson empfiehlt deshalb in [WILK69], S.70-83, das Abdividieren von Nullstellen grundsätzlich mit der betragskleinsten Nullstelle zu beginnen, d.h. mit einer Methode zu arbeiten, die für das jeweilige Polynom eine Anfangsnäherung so auswählt, daß die Iteration gegen die betragskleinste Nullstelle konvergiert (s. Verfahren von Muller, Abschnitt 3.3.2). Wird diese Forderung erfüllt, so ergeben sich alle Nullstellen mit einer Genauigkeit, die im wesentlichen von ihrer Kondition bestimmt ist und nicht von der Genauigkeit der vorher bestimmten Nullstelle. Wilkinson empfiehlt außerdem, nachdem man alle Nullstellen mittels Iteration und Abdividieren gefunden hat, die berechneten Näherungswerte als Startwerte für eine Nachiteration mit dem ursprünglichen Polynom zu verwenden. Man erreicht damit eine Erhöhung der Genauigkeit, besonders in den Fällen, in denen das Abdividieren die Kondition verschlechtert hat.

3.3 Methoden zur Bestimmung sämtlicher Lösungen algebraischer Gleichungen

3.3.1 Vorbemerkungen

Wenn hinreichend genaue Anfangsnäherungen für die Nullstellen eines Polynoms vorliegen, kann man mit Iterationsverfahren Folgen von Näherungswerten konstruieren, die gegen die Nullstellen konvergieren. Das Problem liegt in der Beschaffung der Startwerte.

Will man z.B. sämtliche reellen Nullstellen eines Polynoms P_n mit reellen Koeffizienten mit Hilfe eines der bisher angegebenen Iterationsverfahren berechnen, so muß man:

1. ein Intervall ermitteln, in dem alle Nullstellen liegen. Das kann z.B. nach dem folgenden Satz geschehen:

    Ist $P_n(x) = x^n + a_{n-1}x^{n-1} + ... + a_1 x + a_0$ das gegebene Polynom und $A = \max_{k=0(1)n-1} |a_k|$, so liegen alle Nullstellen von P_n in einem Kreis um den Nullpunkt der komplexen Zahlenebene mit dem Radius $r = A+1$. Also ist $I = [-r, +r]$.

    Ist P_n ein Polynom mit lauter reellen Nullstellen, z.B. ein Orthogonalpolynom, s. 8.1.2, Sonderfälle 2. (in der Praxis gibt es Fälle, in denen man z.B. aufgrund des physikalischen Sachverhalts schließen kann, daß es n reelle Nullstellen gibt), so kann der *Satz von Laguerre* angewandt werden:

    Die Nullstellen liegen alle in einem Intervall, dessen Endpunkte durch die beiden Lösungen der quadratischen Gleichung

    $$nx^2 + 2a_{n-1}x + \left(2(n-1)a_{n-2} - (n-2)a_{n-1}^2\right) = 0$$

    gegeben sind.

2. die Anzahl reeller Nullstellen nach den Vorzeichenregeln von Sturm und Descartes berechnen,

3. die Lage der Nullstellen durch Intervallteilung, Berechnung der Funktionswerte und Abzählung der Anzahl der Vorzeichenwechsel ermitteln.

Mit 3. ist es möglich, Intervalle $I_k \subset I$ anzugeben, in denen jeweils nur eine Nullstelle x_k ungerader Ordnung liegt. Dann läßt sich z.B. das Newtonsche

3.3 Bestimmung von Lösungen algebraischer Gleichungen

Verfahren zur näherungsweisen Berechnung der x_k anwenden. Dabei sind P_n und P'_n (bzw. P_n, P'_n, P''_n) mit Hilfe des Horner-Schemas zu berechnen.

LITERATUR zu 1. bis 3.: [BERE71] Bd. 2, 7.2; [WILL71], S.289ff.; [ZURM65], S.46; [BRON69], S.119-121.

Der soeben beschriebene Weg ist mühsam und für die Praxis uninteressant. Hier braucht man Verfahren, die in kürzester Zeit und ohne Kenntnis von Startwerten sämtliche reellen und komplexen Nullstellen eines Polynoms mit reellen bzw. komplexen Koeffizienten liefern.

Für Polynome mit reellen Koeffizienten werden diese Anforderungen mühelos vom *Verfahren von Muller* erfüllt, s. Abschnitt 3.3.2.

Für Polynome mit komplexen Koeffizienten werden hier zwei Verfahren genannt, das *Verfahren von Jenkins und Traub* und das *Verfahren von Bauhuber*. Das Muller-Verfahren läßt sich auch auf Polynome mit komplexen Koeffizienten erweitern. Das Verfahren von Jenkins-Traub wird hier nur kurz ohne Formulierung eines Algorithmus beschrieben.

3.3.2 Das Verfahren von Muller

Das Verfahren von Muller [MULL56] liefert ohne vorherige Kenntnis von Startwerten sämtliche reellen und konjugiert komplexen Nullstellen eines Polynoms

$$P_n : P_n(x) = a_0 + a_1 x + a_2 x^2 + \ldots + a_n x^n = \sum_{j=0}^{n} a_j x^j \quad \text{für} \quad a_j \in \mathbb{R}, \quad a_n \neq 0.$$

Prinzip des Verfahrens.

Zunächst wird durch Muller-Iteration (s. Durchführung Muller-Iteration) ein Näherungswert $x_1^{(N)}$ für die betragskleinste Nullstelle x_1 von P_n bestimmt. Nach Division $P_n(x)/(x-x_1^{(N)})$ mit Horner und Vernachlässigung des Restes erhält man ein Polynom P_{n-1} vom Grad n-1, das im Rahmen der erzielten Genauigkeit ungefähr gleich dem Deflationspolynom $P_n(x)/(x-x_1)$ ist. Von P_{n-1} wird wiederum durch Muller-Iteration mit $f \equiv P_{n-1}$ statt $f \equiv P_n$ und x_2 statt x_1 ein Näherungswert $x_2^{(N)}$ für die betragskleinste Nullstelle x_2 bestimmt. Mit $x_2^{(N)}$ wird analog verfahren. Man erhält so Näherungswerte sämtlicher Nullstellen von P_n ungefähr dem Betrage nach geordnet. (Möglicherweise

erhält man z.B. die im Betrag zweitkleinste Nullstelle zuerst.)
In den meisten Testbeispielen ergab sich die Anordnung

$$|x_1| \leq |x_2| \leq \ldots \leq |x_n|.$$

BEMERKUNG. Hat man durch Abdividieren und Anwendung des Muller-Verfahrens auf das jeweilige Deflationspolynom alle Nullstellen von P_n näherungsweise gefunden, so empfiehlt es sich grundsätzlich, die gewonnenen Näherungswerte als Startwerte für eine Nachiteration mit dem ursprünglichen Polynom P_n zu verwenden; hier eignet sich besonders das Newton-Verfahren. Man sollte aber auf jeden Fall erst sämtliche Nullstellen von P_n auf dem beschriebenen Weg näherungsweise berechnen, bevor man sie verbessert. Nach Untersuchungen von Wilkinson (s. [WILK69], II, 30.) ist es nicht notwendig, direkt jede Nullstelle noch vor dem Abdividieren mit dem ursprünglichen Polynom zu verbessern, obwohl man meinen könnte, daß dies günstiger sei.

Durchführung der Muller-Iteration.

Zu je drei Wertepaaren $(x^{(k)}, f_k)$, $k = \nu-2, \nu-1, \nu$ mit $f_k := f(x^{(k)})$ werden das zugehörige quadratische Interpolationspolynom Φ und dessen Nullstellen bestimmt. Eine der Nullstellen wird als neue Näherung $x^{(\nu+1)}$ für die gesuchte betragskleinste Nullstelle x_1 von P_n: $f(x) \equiv P_n(x)$ gewählt.
Man erhält

(3.9) $$x^{(\nu+1)} = x^{(\nu)} + h_\nu q_{\nu+1}, \qquad \nu = 2, 3, \ldots$$

mit

(3.10) $$q_{\nu+1} = \frac{-2C_\nu}{B_\nu \pm \sqrt{B_\nu^2 - 4A_\nu C_\nu}},$$

wobei folgende Beziehungen gelten

$$\begin{aligned} h_\nu &= x^{(\nu)} - x^{(\nu-1)}, \qquad q_\nu = h_\nu/h_{\nu-1}, \\ A_\nu &= q_\nu f_\nu - q_\nu(1+q_\nu)f_{\nu-1} + q_\nu^2 f_{\nu-2}, \\ B_\nu &= (2q_\nu + 1)f_\nu - (1+q_\nu)^2 f_{\nu-1} + q_\nu^2 f_{\nu-2}, \\ C_\nu &= (1+q_\nu)f_\nu. \end{aligned}$$

Das Vorzeichen der Wurzel im Nenner von (3.10) ist so zu wählen, daß $x^{(\nu+1)}$ die näher an $x^{(\nu)}$ liegende Nullstelle von Φ ist; d.h. als Nenner von $q_{\nu+1}$ ist diejenige der Zahlen $B_\nu \pm \sqrt{B_\nu^2 - 4A_\nu C_\nu}$ zu wählen, die den größeren Betrag besitzt.

3.3 Bestimmung von Lösungen algebraischer Gleichungen

Falls der Nenner von (3.10) verschwindet (dies ist dann der Fall, wenn $f(x^{(\nu)}) = f(x^{(\nu-1)}) = f(x^{(\nu-2)})$ gilt), schlägt Muller vor, statt (3.10) für $q_{\nu+1} = 1$ zu setzen und damit weiterzurechnen.

Automatischer Startprozeß.

Als Startwerte für die Iteration werden fest vorgegeben

$$x^{(0)} = -1, \quad x^{(1)} = 1, \quad x^{(2)} = 0.$$

Als Funktionswerte an den Stellen $x^{(0)}$, $x^{(1)}$, $x^{(2)}$ (und nur an diesen!) werden nicht die Funktionswerte des jeweiligen Polynoms f genommen, sondern die Werte

$$\begin{aligned} a_0 - a_1 + a_2 & \quad \text{für} \quad f_0 = f(x^{(0)}), \\ a_0 + a_1 + a_2 & \quad \text{für} \quad f_1 = f(x^{(1)}), \\ a_0 & \quad \text{für} \quad f_2 = f(x^{(2)}). \end{aligned}$$

Die Verwendung dieser künstlichen Startwerte wurde von Muller selbst empfohlen. Man kann aber ebenso an den Startstellen $x^{(0)} = -1$, $x^{(1)} = 1$, $x^{(2)} = 0$ die wirklichen Polynomwerte benutzen.

Abbruchbedingung.

Die Iteration (3.9) wird abgebrochen, falls zu vorgegebenem $\varepsilon > 0$ die Abfrage

$$\left| \frac{x^{(\nu+1)} - x^{(\nu)}}{x^{(\nu+1)}} \right| < \varepsilon$$

erfüllt ist. Ist dies für ein $\nu = N-1$ der Fall, so ist $x^{(N)} = x_1^{(N)}$ der gesuchte Näherungswert für x_1.

Auftreten konjugiert komplexer Nullstellen.

Falls der Radikand der Wurzel in (3.10) negativ ausfällt, so kann dies zwei Ursachen haben:

(1) Eine reelle Lösung der Gleichung $f(x) \equiv P_n(x) = 0$ wird durch eine Folge konjugiert komplexer Zahlen approximiert. Die Imaginärteile der Folge $\{x^{(\nu)}\}$ sowie die Imaginärteile der zugehörigen Polynomwerte streben dann gegen Null.

(2) x_1 ist eine komplexe Nullstelle. Mit x_1 ist dann auch $\bar{x}_1$ Nullstelle von P_n. In diesem Fall liefert die Division $P_n / [(x-x_1^{(N)})(x-\bar{x}_1^{(N)})]$ unter Vernachlässigung des Restes ein Polynom P_{n-2} vom Grad n-2 (s. Abschnitt

3.2.2), für das wiederum die Muller-Iteration eine Näherung für die im allgemeinen betragskleinste Nullstelle liefert.

Zur Konvergenz des Verfahrens.

Konvergenz im Großen konnte nicht nachgewiesen werden. Es konnte aber gezeigt werden, daß Konvergenz eintritt, wenn der Prozeß hinreichend nahe an einer einfachen bzw. doppelten Nullstelle beginnt. Jedoch erreichte Muller mit der in [MULL56], S.210, angegebenen Modifikation Konvergenz in allen getesteten Fällen zu dem angegebenen Startprozeß. Die Modifikation besteht darin, daß man jeweils die Bedingung $|f(x^{(\nu+1)})/f(x^{(\nu)})| \leq 10$ prüfen muß. Ist der Wert > 10, so wird $q_{\nu+1}$ halbiert, es werden $h_{\nu+1}$, $x^{(\nu+1)}$ und $f(x^{(\nu+1)})$ neu berechnet.

Konvergenzordnung.

In [MULL56] wird für den Fall einfacher Nullstellen die Konvergenzordnung $p = 1.84$, für den Fall doppelter Nullstellen $p = 1.23$ nachgewiesen.

3.3.3 Das Verfahren von Bauhuber

Das Verfahren von Bauhuber [BAUH70] liefert sämtliche reellen und komplexen Nullstellen eines Polynoms P_n mit komplexen Koeffizienten.

Prinzip des Verfahrens.

Zu einem beliebigen Startwert $x^{(0)}$ soll eine Folge von Näherungen $\{x^{(\nu)}\}$, $\nu = 1,2,...$, so konstruiert werden, daß die zugehörige Folge der Beträge von P_n monoton fällt

$$|P_n(x^{(0)})| > |P_n(x^{(1)})| > \ldots .$$

Als Iterationsverfahren wird das Verfahren von Newton verwendet. Die Iteration wird abgebrochen, wenn z.B. die Abfrage $|P(x^{(\nu+1)})| < \varepsilon$ zu vorgegebenem $\varepsilon > 0$ erfüllt ist. Gilt für ein festes ν

(3.11) $$|P(x^{(\nu)})| \leq |P(x^{(\nu+1)})|,$$

so muß $x^{(\nu+1)}$ aus der Folge der $\{x^{(\nu)}\}$ ausgeschlossen werden. Mit einem zweidimensionalen Suchprozeß, der als *Spiralisierung* bezeichnet und komplex durchgeführt wird, wird dann ein neues $x^{(\nu+1)}$ ermittelt, für das

$$|P(x^{(\nu+1)})| < |P(x^{(\nu)})|$$

3.3 Bestimmung von Lösungen algebraischer Gleichungen

gilt; damit wird die Iteration fortgesetzt. Die Folgen der Näherungswerte werden durch Extrapolation verbessert. Ist $x^{(N)}$ der ermittelte Näherungswert, so wird er als Nullstelle von P_n bezeichnet; man berechnet das Deflationspolynom $P_n(x)/(x-x^{(N)})$ mit dem Horner-Schema, vernachlässigt den Rest und wendet das eben beschriebene Verfahren auf das Restpolynom P_{n-1} vom Grad n–1 an. Analog fortfahrend erhält man alle Nullstellen des Polynoms P_n.

Grundgedanke der Spiralisierung.

Es sei $x^{(\nu+1)}$ derjenige Wert der Folge $\{x^{(\nu)}\}$, für den erstmals (3.11) gilt. Dann muß innerhalb eines Kreises um $x^{(\nu)}$ mit dem Radius $r = |x^{(\nu+1)}-x^{(\nu)}|$ ein x_{s+1} existieren mit

$$|P(x_{s+1})| < |P(x^{(\nu)})|,$$

welches durch Absuchen des Kreisgebietes von außen nach innen mit einer Polygonspirale ermittelt wird. Dazu wird mit einem komplexen Faktor $q = q_1 + iq_2$, q_1, q_2 reell, $|q| < 1$ gearbeitet, den Bauhuber $q = 0.1 + 0.9i$ wählt (diese Wahl ist nicht bindend).

Algorithmus für die Spiralisierung.

Mit den Startwerten

$$\begin{aligned} x_0 &:= x^{(\nu+1)} \quad \text{mit (3.11)} \\ \Delta x_0 &:= x^{(\nu+1)} - x^{(\nu)} \\ q &:= 0.1 + 0.9i, \end{aligned}$$

werden zunächst für k = 0 nacheinander die folgenden Größen berechnet:

$$(3.12) \quad \begin{cases} \Delta x_{k+1} &= q\,\Delta x_k \\ x_{k+1} &= x^{(\nu)} + \Delta x_{k+1} \\ \Delta P &= |P(x^{(\nu)})| - |P(x_{k+1})|. \end{cases}$$

Im Falle $\Delta P \leq 0$ wird k um eins erhöht und (3.12) erneut berechnet. Analog wird solange fortgefahren, bis erstmals für ein k = s gilt $\Delta P > 0$. Dann wird $x^{(\nu+1)}$ ersetzt durch x_{s+1} und damit nach Newton weiter iteriert.

3.3.4 Das Verfahren von Jenkins und Traub

Das Verfahren von Jenkins und Traub ([JENK70], [TRAU66]) ist ein Iterationsverfahren zur Ermittlung der betragskleinsten Nullstelle eines Polynoms

P_n mit komplexen Koeffizienten. Es ist für alle Startwerte $x^{(0)} \in (-\infty, |x_i|_{min}]$ global konvergent von mindestens zweiter Ordnung. Es behandelt auch den Fall von zwei oder mehr betragsgleichen Nullstellen. Je nachdem, ob die betragskleinste Nullstelle einfach, zweifach oder mehr als zweifach ist, wird der vom Computer auszuführende Algorithmus automatisch durch entsprechend eingebaute logische Entscheidungen modifiziert. Nachdem die betragskleinste(n) Nullstelle(n) näherungsweise ermittelt ist (sind), wird durch Abdividieren der Nullstelle(n) das Restpolynom bestimmt. Hiervon liefert das gleiche Verfahren eine Näherung für die nächste(n) Nullstelle(n).

3.3.5 Das Verfahren von Laguerre

Das Verfahren von Laguerre ist global konvergent; es konvergiert bei Polynomen P_n mit ausschließlich reellen Nullstellen für jeden reellen Startwert $x^{(0)}$. Im Falle einfacher Nullstellen besitzt es die Konvergenzordnung $p = 3$. Da pro Iterationsschritt $H = 3$ Funktionsauswertungen erforderlich sind ($P_n(x^{(\nu)})$, $P'_n(x^{(\nu)})$, $P''_n(x^{(\nu)})$ müssen berechnet werden), besitzt das Verfahren somit im Falle einfacher Nullstellen die Effizienz

$$E = p^{1/H} = \sqrt[3]{3} = 1.442 \quad .$$

Die Iterationsvorschrift lautet:

$$x^{(\nu+1)} = x^{(\nu)} - \frac{nP_n(x^{(\nu)})}{P'_n(x^{(\nu)}) \pm \sqrt{S(x^{(\nu)})}} \quad , \quad \nu = 0, 1, 2, \ldots$$

mit

$$S(x) := (n-1)[(n-1)(P'_n(x))^2 - nP_n(x)P''_n(x)]$$

Das Vorzeichen im Nenner wird so gewählt, daß $|x^{(\nu+1)} - x^{(\nu)}|$ möglichst klein wird, d.h. es muß gleich dem Vorzeichen von $P'_n(x^{(\nu)})$ sein.
Ordnet man die Nullstellen von P_n monoton steigend an:

$$x_1 \leq x_2 \leq \cdots \leq x_n \quad ,$$

so konvergiert das Verfahren für $x^{(0)} \in (x_{i-1}, x_i)$ gegen x_i oder x_{i-1}, für $x^{(0)} < x_1$ gegen x_1, für $x^{(0)} > x_n$ gegen x_n. Sobald eine Nullstelle gefunden ist, wird sie mit dem Hornerschema abdividiert und analog zu allen anderen Verfahren fortgesetzt.
Es empfiehlt sich, die erhaltenen Näherungen für die Nullstellen als Startwerte für eine Nachiteration mit dem Newton-Verfahren, angewandt auf das

ursprüngliche Polynom P_n, zu verwenden, da sonst die Genauigkeit durch Fehler beim fortlaufenden Abdividieren abnimmt, vgl. dazu Bemerkung zum Muller-Verfahren in Abschnitt 3.3.2.

LITERATUR zu 3.3.5: [BJÖR69], 6.9.

3.4 Entscheidungshilfen

Die Entscheidungshilfen für die Auswahl des geeigneten Verfahrens zur Nullstellenbestimmung bei algebraischen Polynomen sind hier mit Vorbemerkungen und einem Überblick in Abschnitt 3.3.1 zusammengefaßt.

LITERATUR zu Kapitel 3: [BAUH70]; [BERE71] Bd.2, 7.6, 7.8; [BÖHM85]; [CARN69], 3.2-3.4, 3.9; [COLL73], I, 1.3-1.4; [CONT80], 3.; [FORD77]; [HENR72] Bd.1, Kap.7.8; [ISAA73], 3.3-3.4; [JENK70]; [MULL56]; [NIED87], 7.5; [NOBL73], I, 2.5-2.7; [POLO64], II §§1.3; [RALS78], 8; [RALS79] Bd.1, VI 21; [STIE76], 4.5-4.6; [TRAU66]; [WERN82], II §§3,6-8; [WILL71]; [WILK69], Kap.2; [ZURM65], §2;

Kapitel 4

Direkte Verfahren zur Lösung linearer Gleichungssysteme

4.1 Aufgabenstellung

Man unterscheidet *direkte* und *iterative* Methoden zur numerischen Lösung linearer Gleichungssysteme. Die direkten Methoden liefern die exakte Lösung, sofern man von Rundungsfehlern absieht. Die iterativen Methoden gehen von einer Anfangsnäherung für die Lösung (dem sogenannten Startvektor) aus und verbessern diese schrittweise; sie werden in Kapitel 5 behandelt.

Zu den direkten Methoden gehören der Gaußsche Algorithmus, das Gauß-Jordan-Verfahren, das Verfahren von Cholesky, die Verfahren für Systeme mit Bandmatrizen, die Methode des Pivotisierens und andere.

Zu den iterativen Methoden gehören das Iterationsverfahren in Gesamtschritten, das Iterationsverfahren in Einzelschritten und die Relaxationsverfahren.

Gegeben sei ein System von m linearen Gleichungen mit n Unbekannten x_i der Form

$$(4.1) \quad \begin{cases} a_{11}x_1 + a_{12}x_2 + \ldots + a_{1n}x_n = a_1, \\ a_{21}x_1 + a_{22}x_2 + \ldots + a_{2n}x_n = a_2, \\ \vdots \quad\quad\quad\quad\quad\quad\quad\quad\quad \vdots \\ a_{m1}x_1 + a_{m2}x_2 + \ldots + a_{mn}x_n = a_m, \end{cases}$$

wobei die Koeffizienten $a_{ik} \in \mathbb{R}$ und die rechten Seiten $a_i \in \mathbb{R}$, i = 1(1)m, k = 1(1)n, vorgegebene Zahlen sind. In Matrizenschreibweise lautet (4.1)

$$(4.2) \quad\quad\quad \mathbf{Ax} = \mathbf{a}, \quad \mathbf{x} \in \mathbb{R}^n, \mathbf{a} \in \mathbb{R}^m$$

mit

$$A = (a_{ik}) = \begin{pmatrix} a_{11} & a_{12} & \cdots & a_{1n} \\ a_{21} & a_{22} & \cdots & a_{2n} \\ \vdots & & & \vdots \\ a_{m1} & a_{m2} & \cdots & a_{mn} \end{pmatrix}, \quad x = \begin{pmatrix} x_1 \\ x_2 \\ \vdots \\ x_n \end{pmatrix}, \quad a = \begin{pmatrix} a_1 \\ a_2 \\ \vdots \\ a_m \end{pmatrix}.$$

Ein Vektor x, dessen Komponenten x_i, $i = 1(1)n$, jede der m Gleichungen des Systems (4.1) zu einer Identität machen, heißt *Lösungsvektor* oder kurz *Lösung* von (4.1) bzw. (4.2). In (4.14) werden überbestimmte Systeme $Ax = a$ mit (m,n)-Matrix A, $a \in \mathbb{R}^m$, $x \in \mathbb{R}^n$, $m \geq n$ behandelt; sonst beschränken wir uns auf Systeme aus n Gleichungen mit n Unbekannten d.h. auf den Fall $Ax = a$ mit (n,n)-Matrix A, $x \in \mathbb{R}^n$, $a \in \mathbb{R}^n$.

LITERATUR zu 4.1: [ENGE87], 3.1, 3.2; [MAES84], 2.1; [STET76], 6.

4.2 Definitionen und Sätze

In diesem Abschnitt werden einige Definitionen und Sätze über Matrizen und Determinanten zusammengestellt, die in Kapitel 4 benötigt werden.

DEFINITION 4.1 (*Hauptabschnittsmatrix, Hauptabschnittsdeterminante*).
Die (k,k)-Matrix A_k, die aus den ersten k Zeilen und k Spalten von $A = (a_{ik})$, $i,k = 1(1)n$, gebildet wird, heißt *Hauptabschnittsmatrix*. Ihre Determinante $\det(A_k)$ heißt *Hauptabschnittsdeterminante* der Ordnung k.

DEFINITION 4.2 (*Regulär, streng regulär*).
Eine Matrix $A = (a_{ik})$, $i,k = 1(1)n$, heißt *regulär*, falls $\det A \neq 0$ gilt; sie heißt *streng regulär*, wenn alle Hauptabschnittsdeterminanten von Null verschieden sind:

$$\det(A_k) \neq 0 \quad \text{für alle} \quad k = 1(1)n.$$

4.2 Definitionen und Sätze

DEFINITION 4.3 (*Untere Dreiecksmatrix, obere Dreiecksmatrix*).
Eine (n,n)-Matrix $\mathbf{L} = (l_{ik})$ heißt *untere Dreiecksmatrix* (Subdiagonalmatrix), wenn $l_{ik} = 0$ für $k > i$; sie heißt *normierte untere Dreiecksmatrix*, wenn außerdem $l_{ii} = 1$ für alle i ist.
Eine (n,n)-Matrix $\mathbf{R} = (r_{ik})$ heißt *obere Dreiecksmatrix* (Superdiagonalmatrix), wenn $r_{ik} = 0$ für $i > k$ gilt; sie heißt *normierte obere Dreiecksmatrix*, wenn außerdem $r_{ii} = 1$ für alle i ist.

DEFINITION 4.4 (*Permutationsmatrix*).
Eine (n,n)-Matrix $\mathbf{P}$ heißt *Permutationsmatrix*, wenn in jeder Zeile und Spalte genau eine Eins und n-1 Nullen vorkommen.

BEMERKUNG. Die (n,n)-Permutationsmatrix $\mathbf{P}$ entsteht aus der (n,n)-Einheitsmatrix $\mathbf{E}$ dadurch, daß man in $\mathbf{E}$ die i-te und k-te Zeile vertauscht. Dann ist $\mathbf{PA}$ diejenige Matrix, die aus $\mathbf{A}$ durch Vertauschung der i-ten und k-ten Zeile hervorgeht.

SATZ 4.5. Jede (n,n)-Matrix $\mathbf{A}$ mit det $(\mathbf{A}_k) \neq 0$ für $k = 1(1)n-1$ kann ohne Zeilenvertauschungen eindeutig in das Produkt $\mathbf{LR}$ zerlegt werden mit:

$$\mathbf{L} = \begin{pmatrix} 1 & & & \\ l_{21} & 1 & & \\ \vdots & & \ddots & \\ l_{n1} & l_{n2} & \cdots & 1 \end{pmatrix}, \quad \mathbf{R} = \begin{pmatrix} r_{11} & r_{12} & \cdots & r_{1n} \\ & r_{22} & \cdots & r_{2n} \\ & & \ddots & \vdots \\ & & & r_{nn} \end{pmatrix}.$$

Diese Dreieckszerlegung (Faktorisierung) wird oft als LR-Zerlegung bezeichnet.

Werden für eine Dreieckszerlegung Zeilenvertauschungen zugelassen, so kann die Voraussetzung det $(\mathbf{A}_k) \neq 0$ für $k = 1(1)n-1$ in Satz 4.5 entfallen; es gilt dann der

SATZ 4.6. Für eine (n,n)-Matrix **A** mit det **A** $\neq$ 0 gilt mit einer (n,n)-Permutationsmatrix **P** die Zerlegung

$$PA = LR,$$

wobei **L** und **R** durch **P** und **A** eindeutig bestimmt sind.
In **PA** sind die Zeilen von **A** permutiert. Es gilt mit det $\mathbf{P} = (-1)^k$,
k = Anzahl der Zeilenvertauschungen,

$$\det \mathbf{A} = (-1)^k \det \mathbf{R} = (-1)^k r_{11} r_{22} \ldots r_{nn}.$$

BEMERKUNG. Jede reguläre Matrix **A** kann somit durch Linksmultiplikation mit einer Permutationsmatrix **P** (also durch Zeilenvertauschungen) zu einer streng regulären Matrix **PA** transformiert werden.

DEFINITION 4.7 (*Symmetrische Matrix*).
Gilt für eine (n,n)-Matrix $\mathbf{A} = (a_{ik})$, i,k = 1(1)n,

$$a_{ik} = a_{ki}$$

für alle i,k , so heißt **A** *symmetrisch*; es gilt $\mathbf{A} = \mathbf{A}^T$, wobei $\mathbf{A}^T$ die transponierte Matrix zu **A** ist.

DEFINITION 4.8 (*Orthogonale Matrix*).
Eine reelle (n,n)-Matrix **Q** heißt *orthogonal*, falls gilt

$$\mathbf{Q}^T \mathbf{Q} = \mathbf{E} \quad \text{bzw.} \quad \mathbf{Q}^{-1} = \mathbf{Q}^T.$$

SATZ 4.9.
Sei $\mathbf{v} \in \mathbb{R}^n$ ein Vektor und **E** die (n,n)-Einheitsmatrix. Dann ist

$$\mathbf{H} := \mathbf{E} - \frac{2}{\|\mathbf{v}\|^2} \mathbf{v}\mathbf{v}^T$$

eine symmetrische, orthogonale (n,n)-Matrix (Householder-Matrix), d.h.

4.2 Definitionen und Sätze

es gilt $H^T H = H^2 = E$.

DEFINITION 4.10 (*Bandmatrix*).
Eine (n,n)-Matrix $A = (a_{ik})$, i,k = 1(1)n, heißt *Bandmatrix*, wenn ihre Elemente außerhalb eines Bandes längs der Hauptdiagonalen verschwinden. Sei m_l die Anzahl der unteren Nebendiagonalen und m_r die Anzahl der oberen, dann gilt für die Nullelemente: $a_{ik} = 0$ für

$$i - k > m_l \text{ mit } 0 \leq m_l \leq n - 2 \quad \text{und} \quad k - i > m_r \text{ mit } 0 \leq m_r \leq n - 2.$$

Die Größe $m = m_l + m_r + 1$ heißt *Bandbreite*; es können höchstens m Nichtnullelemente in einer Zeile auftreten. Spezielle Bandmatrizen sind:

Diagonalmatrizen mit $m_l = m_r = 0$,
bidiagonale Matrizen mit $m_l = 1$, $m_r = 0$ oder $m_l = 0$, $m_r = 1$,
tridiagonale Matrizen mit $m_l = m_r = 1$,
fünfdiagonale Matrizen mit $m_l = m_r = 2$.

DEFINITION 4.11 (*Zyklisch tridiagonale Matrix*).
Eine Matrix $A = (a_{ik})$, i,k = 1(1)n, heißt *zyklisch tridiagonal*, falls

$$a_{ik} = 0 \quad \text{für} \quad 1 < |i - k| < n - 1.$$

DEFINITION 4.12 (*Diagonal dominante und stark diagonal dominante Matrix*).
Eine Matrix $A = (a_{ik})$, i,k = 1(1)n, heißt *diagonal dominant*, falls

$$|a_{ii}| \geq \sum_{\substack{k=1 \\ k \neq i}}^{n} |a_{ik}| \quad \text{für} \quad i = 1(1)n;$$

für mindestens ein i muß das Zeichen "echt größer" gelten.

Die Matrix heißt *stark diagonal dominant*, wenn gilt

$$|a_{ii}| > \sum_{\substack{k=1 \\ k \neq i}}^{n} |a_{ik}| \quad \text{für} \quad i = 1(1)n.$$

DEFINITION 4.13 (*Positiv definite und positiv semidefinite Matrix*).
Eine symmetrische Matrix $\mathbf{A} = (a_{ik})$, i,k $= 1(1)$n, heißt *positiv definit*,
wenn für ihre quadratische Form gilt

$$Q(\mathbf{x}) := \mathbf{x}^T \mathbf{A} \mathbf{x} > 0 \quad \text{für alle} \quad \mathbf{x} \neq \mathbf{0}, \ \mathbf{x} \in \mathbb{R}^n.$$

Sie heißt *positiv semidefinit*, wenn gilt

$$Q(\mathbf{x}) \geq 0 \quad \text{für alle} \quad \mathbf{x} \in \mathbb{R}^n.$$

Notwendige Bedingung für positive Definitheit einer symmetrischen Matrix
$\mathbf{A} = (a_{ik})$, i,k $= 1(1)$n, ist:

$$a_{ii} > 0 \quad \text{für alle} \quad i.$$

Notwendige und hinreichende Kriterien für positive Definitheit einer symmetrischen Matrix $\mathbf{A} = (a_{ik})$, i,k $= 1(1)$n :

1. $\mathbf{A} = \mathbf{A}^T$ ist genau dann positiv definit, wenn sämtliche Hauptabschnittsdeterminanten positiv sind:

$$\det(\mathbf{A}_k) > 0 \quad \text{für} \quad k = 1(1)n.$$

2. Die Zerlegung $\mathbf{A} = \mathbf{LR}$ mit $\mathbf{A} = \mathbf{A}^T$ gemäß Satz 4.5 führt auf ein $\mathbf{R}$ mit $r_{ii} > 0$ für alle i.

3. Die Zerlegung $\mathbf{A} = \mathbf{R}^T \mathbf{DR}$ mit $\mathbf{A} = \mathbf{A}^T$, $\mathbf{R}$ = normierte Superdiagonalmatrix, $\mathbf{D} = (d_{ik})$ = Diagonalmatrix, führt auf $d_{ii} > 0$ für alle i.

Hinreichende Kriterien für positive Definitheit einer symmetrischen Matrix
$\mathbf{A} = (a_{ik})$, i,k $= 1(1)$n:

4.2 Definitionen und Sätze

1. Jede symmetrische, stark diagonal dominante Matrix mit positiven Hauptdiagonalelementen ($a_{ii} > 0$ für alle i) ist positiv definit.

2. Jede symmetrische, diagonal dominante Matrix **A** mit positiven Hauptdiagonalelementen ($a_{ii} > 0$ für alle i) und $a_{ik} < 0$ für alle i $\neq$ k ist positiv definit.

3. Jede symmetrische, tridiagonale, diagonal dominante Matrix $\mathbf{A} = (a_{ik})$, i,k = 1(1)n, mit $a_{ii} > 0$ für alle i, $a_{ik} \neq 0$ für |i-k| = 1 ist positiv definit.

SATZ 4.14. Eine stark diagonal dominante (n,n)-Matrix $\mathbf{A} = (a_{ik})$, i,k = 1(1)n, ist streng regulär.

SATZ 4.15. Jede symmetrische, streng reguläre Matrix $\mathbf{A} = (a_{ik})$, i,k = 1(1)n, kann eindeutig in das Produkt $\mathbf{R}^T \mathbf{D} \mathbf{R}$ mit einer normierten oberen Dreiecksmatrix **R**, ihrer Transponierten $\mathbf{R}^T$ und einer Diagonalmatrix **D** zerlegt werden.

SATZ 4.16. Jede symmetrische, positiv definite Matrix $\mathbf{A} = (a_{ik})$, i,k = 1(1)n, ist in das Produkt $\mathbf{R}^T \mathbf{D} \mathbf{R}$ gemäß Satz 4.15 zerlegbar, wobei alle Diagonalelemente von **D** (Pivotelemente) positiv sind und **A** streng regulär ist.

SATZ 4.17. Jede symmetrische, positiv definite Matrix $\mathbf{A} = (a_{ik})$, i,k = 1(1)n, kann eindeutig in das Produkt $\mathbf{R}^T \mathbf{R}$ mit der oberen Dreiecksmatrix $\mathbf{R} = (r_{ik})$, $r_{ii} > 0$ für alle i, und ihrer Transponierten $\mathbf{R}^T$ zerlegt werden.

LITERATUR zu 4.2: [GOLU84], 1; [MAES84], 2.1; [NIEM87]; [TÖRN79] Bd.1, 1.1-1.3; [ZURM65], 6.1 .

4.3 Lösbarkeitsbedingungen für ein lineares Gleichungssystem

Ein lineares Gleichungssystem $\mathbf{Ax} = \mathbf{a}$ mit einer (m,n)-Matrix $\mathbf{A}$, $\mathbf{x} \in \mathbb{R}^m$, $\mathrm{Rg}(\mathbf{A}) = r$, $m \geq n$, heißt homogen, wenn $\mathbf{a} = \mathbf{0}$ ist, anderenfalls heißt es inhomogen.

1. Das homogene System $\mathbf{Ax} = \mathbf{0}$ ist stets lösbar; es besitzt n – r linear unabhängige Lösungen $\mathbf{y}_i$. Die Gesamtheit der Lösungen läßt sich als Linearkombination

$$\mathbf{x}_n = c_1\mathbf{y}_1 + c_2\mathbf{y}_2 + \ldots + c_{n-r}\mathbf{y}_{n-r}$$

   darstellen. Im Falle $r = n$ existiert nur die triviale Lösung $\mathbf{x} = \mathbf{0}$.
   Für Systeme (4.2) aus n Gleichungen mit n Unbekannten gilt in der Formulierung über die Determinante:

   a) $\det \mathbf{A} \neq 0$: Es existiert nur die triviale Lösung $\mathbf{x} = \mathbf{0}$.

   b) $\det \mathbf{A} = 0$: Die Matrix $\mathbf{A}$ habe den Rang r: $\mathrm{Rg}(\mathbf{A}) = r$. Dann besitzt das homogene System genau n-r linear unabhängige Lösungen.

2. Das inhomogene Gleichungssystem: $\mathbf{Ax} = \mathbf{a}$ mit $\mathbf{a} \neq \mathbf{0}$. Es gilt der

---

SATZ 4.18. Ein inhomogenes Gleichungssystem $\mathbf{Ax} = \mathbf{a} \neq \mathbf{0}$ ist genau dann auflösbar, wenn der Rang der erweiterten Matrix $(\mathbf{A},\mathbf{a})$ gleich dem Rang der Matrix $\mathbf{A}$ ist: $\mathrm{Rg}(\mathbf{A},\mathbf{a}) = \mathrm{Rg}(\mathbf{A})$. Die Gesamtheit der Lösungen setzt sich aus der Lösung $\mathbf{x}_h$ des homogenen Systems und einer speziellen Lösung des inhomogenen Systems zusammen.

Für Systeme (4.2) mit $m = n$ gilt in der Formulierung über die Determinate

a) $\det \mathbf{A} \neq 0$: Es existiert genau eine Lösung, sie lautet $\mathbf{x} = \mathbf{A}^{-1}\mathbf{a}$.
   (Hier gilt: $\mathrm{Rg}(\mathbf{A},\mathbf{a}) = \mathrm{Rg}(\mathbf{A}) = n$)
b) $\det \mathbf{A} = 0$: Ist das System auflösbar, d.h. $\mathrm{Rg}(\mathbf{A},\mathbf{a}) = \mathrm{Rg}(\mathbf{A}) < n$, so ist die Lösung nicht eindeutig bestimmt. Sie ergibt sich als Summe aus einer Linearkombination der n-r linear unabhängigen Lösungen des homogenen Systems und einer speziellen Lösung des inhomogenen Systems.

LITERATUR zu 4.3: [NIEM87], 4.1; [STIE76], S.20; [TÖRN79], Bd.1, 1.4; [ZURM65], 5.5, 5.6; [ZURM84], 8.

4.4 Prinzip der direkten Methoden

Das Prinzip der direkten Methoden besteht in einer Dreieckszerlegung (Faktorisierung) der Matrix **A** des zu lösenden Gleichungssystems **Ax** = **a** aus n Gleichungen mit n Unbekannten. Die (n,n)-Matrix **A** wird im allgemeinen in das Produkt **LR** einer unteren Dreiecksmatrix **L** und einer oberen Dreiecksmatrix **R** zerlegt (sofern die Zerlegung existiert), wobei eine der beiden Dreiecksmatrizen normiert sein muß, um eine eindeutige Zerlegung zu erreichen. Die Dreieckszerlegung bewirkt eine Überführung des Systems **Ax** = **a** in ein äquivalentes System **Rx** = **r**, aus dem sich wegen der oberen Dreiecksform von **R** rekursiv die Lösung gewinnen läßt. Sind für die Dreieckszerlegung Zeilenvertauschungen erforderlich, so wird statt **A** eine aus **A** durch die gleichen Zeilenvertauschungen hervorgegangene Matrix **PA** (**P** Permutationsmatrix) in die beiden Dreiecksmatrizen **L** und **R** zerlegt.

Aus den Sätzen 4.5 bzw. 4.6 ergeben sich die folgenden Algorithmen für die Lösung linearer Systeme durch Dreieckszerlegung (Faktorisierung).

ALGORITHMUS 4.19 (*Elimination ohne Zeilenvertauschungen*).

Gegeben: **Ax** = **a** mit det $(\mathbf{A}_k) \neq 0$ für k = 1(1)n-1.
Gesucht: Lösung **x**.

1. Schritt: Dreieckszerlegung **A** = **LR** zur Ermittlung von **L** und **R** gemäß Satz 4.5 .
2. Schritt: Vorwärtselimination **a** = **Lr** zur Bestimmung von **r**.
3. Schritt: Rückwärtselimination **Rx** = **r** zur Berechnung der Lösung **x**.

ALGORITHMUS 4.20 (*Elimination mit Zeilenvertauschungen*).

Gegeben: **Ax** = **a** mit det **A** $\neq$ 0, d.h. mit regulärer Matrix **A**.
Gesucht: Lösung **x**.

1. Schritt: Dreieckszerlegung **PA** = **LR** zur Ermittlung von **L** und **R** gemäß Satz 4.6 .
2. Schritt: Vorwärtselimination **Pa** = **Lr** zur Bestimmung von **r**.
3. Schritt: Rückwärtselimination **Rx** = **r** zur Berechnung der Lösung **x**.

Die folgenden direkten Eliminationsverfahren arbeiten nach den angegebenen Algorithmen. Sie unterscheiden sich lediglich dadurch, daß spezielle Eigenschaften der Matrix **A** in **Ax** = **a** ausgenutzt werden, wodurch eine zum Teil erhebliche Ersparnis an Rechenzeit erreicht werden kann. Im wesentlichen wird hier nur mit Systemen aus n Gleichungen für n Unbekannte gearbeitet, lediglich in Abschnitt 4.14 mit überbestimmten Systemen.

LITERATUR zu 4.4: [BJÖR79], 5.; [FORS71], 9; [MAES84], 2.3; [RICE83], 6.1; [SCHE77], 3.; [SCHW86], 1 .

4.5 Der Gauß-Algorithmus

4.5.1 Gauß-Algorithmen mit Spaltenpivotsuche

Das *Prinzip des Gaußschen Algorithmus* ist die Überführung eines Gleichungssystems der Form (4.1) mit m = n in ein gestaffeltes System

$$(4.3) \quad \begin{cases} r_{11}x_1 + r_{12}x_2 + \cdots + r_{1n}x_n = r_1, \\ \phantom{r_{11}x_1 +} r_{22}x_2 + \cdots + r_{2n}x_n = r_2, \\ \phantom{r_{11}x_1 + r_{22}x_2} \ddots + \vdots \\ \phantom{r_{11}x_1 + r_{22}x_2 + \cdots +} r_{nn}x_n = r_n, \end{cases}$$

aus dem die x_i, i = 1(1)n, rekursiv folgen, falls $r_{11}r_{22}\ldots r_{nn} \neq 0$ ist.

Konstruktion des Verfahrens.

Bekanntlich ist die Lösung eines Gleichungssystems (4.1) unabhängig von der Anordnung der Gleichungen. Man kann also o.B.d.A. eine Zeilenvertauschung derart vornehmen, daß das betragsgrößte Element der ersten Spalte von **A** in die erste Zeile kommt (Spaltenpivotsuche vgl. Abschnitt 4.5.2). Die durch die Umordnung entstandene Matrix heiße $\mathbf{A}^{(0)}$, ihre Elemente $a_{ik}^{(0)}$ und die Komponenten der rechten Seite $a_i^{(0)}$, so daß (4.1) in das äquivalente System

$$(4.4) \quad \sum_{k=1}^{n} a_{ik}^{(0)} x_k = a_i^{(0)}, \quad i = 1(1)n,$$

übergeht. Ist det **A** $\neq$ 0, so gilt für das betragsgrößte Element (Pivotelement) der ersten Spalte $a_{11}^{(0)} \neq 0$. Zur Elimination von x_1 aus den Gleichungen i = 2(1)n multipliziert man die 1. Gleichung von (4.4) mit $-a_{i1}^{(0)}/a_{11}^{(0)}$ und

4.5 Der Gauß-Algorithmus

addiert sie jeweils zur i-ten Gleichung, so daß sich für i = 2(1)n zusammen mit der unveränderten 1. Zeile ergibt (1. Eliminationsschritt):

$$(4.5) \quad \begin{cases} a_{11}^{(0)}x_1 + a_{12}^{(0)}x_2 + \ldots + a_{1n}^{(0)}x_n = a_1^{(0)}, \\ \tilde{a}_{22}^{(1)}x_2 + \ldots + \tilde{a}_{2n}^{(1)}x_n = \tilde{a}_2^{(1)}, \\ \quad \vdots \qquad\qquad\qquad\qquad \vdots \\ \tilde{a}_{n2}^{(1)}x_2 + \ldots + \tilde{a}_{nn}^{(1)}x_n = \tilde{a}_n^{(1)}, \end{cases}$$

mit

$$\tilde{a}_{ik}^{(1)} = \begin{cases} 0 & \text{für } k = 1, \quad i = 2(1)n, \\ a_{ik}^{(0)} - a_{1k}^{(0)}\dfrac{a_{i1}^{(0)}}{a_{11}^{(0)}} & \text{sonst,} \end{cases}$$

$$\tilde{a}_i^{(1)} = a_i^{(0)} - a_1^{(0)}\dfrac{a_{i1}^{(0)}}{a_{11}^{(0)}}, \quad i = 2(1)n.$$

Das System (4.5) besteht also aus einer Gleichung mit den n Unbekannten $x_1, x_2, \ldots, x_n$ und n-1 Gleichungen mit den n-1 Unbekannten $x_2, \ldots, x_n$.

Auf die n-1 Gleichungen i = 2(1)n von (4.5) wendet man das Eliminationsverfahren erneut an. Dazu muß man zunächst wieder eine Zeilenvertauschung durchführen, so daß das betragsgrößte Element der $\tilde{a}_{i2}^{(1)}$ für i = 2(1)n in der 2. Gleichung erscheint; nach der Zeilenvertauschung werden die Elemente der neu entstandenen Zeilen 2 bis n mit $a_{ik}^{(1)}$ bzw. $a_i^{(1)}$ bezeichnet:

$$(4.6) \quad \begin{cases} a_{11}^{(0)}x_1 + a_{12}^{(0)}x_2 + \ldots + a_{1n}^{(0)}x_n = a_1^{(0)}, \\ a_{22}^{(1)}x_2 + \ldots + a_{2n}^{(1)}x_n = a_2^{(1)}, \\ \quad \vdots \qquad\qquad\qquad\qquad \vdots \\ a_{n2}^{(1)}x_2 + \ldots + a_{nn}^{(1)}x_n = a_n^{(1)}, \end{cases}$$

wobei wegen $\det \mathbf{A} \neq 0$ gelten muß $a_{22}^{(1)} \neq 0$.
Verfährt man nun analog mit der 2. bis n-ten Gleichung von (4.6), so sind für jeden weiteren Eliminationsschritt j mit j = 2(1)n-1 die Elemente

(4.7)
$$\begin{cases} \tilde{a}_{ik}^{(j)} = \begin{cases} 0 & \text{für} \quad k = 1(1)j, \quad i = (j+1)(1)n, \\ a_{ik}^{(j-1)} - a_{jk}^{(j-1)}\dfrac{a_{ij}^{(j-1)}}{a_{jj}^{(j-1)}} & \text{sonst,} \end{cases} \\ \tilde{a}_i^{(j)} = a_i^{(j-1)} - a_j^{(j-1)}\dfrac{a_{ij}^{(j-1)}}{a_{jj}^{(j-1)}}, \quad i = (j+1)(1)n, \end{cases}$$

zu berechnen. Nach jedem Eliminationsschritt j sind die Gleichungen j+1 bis n so umzuordnen, daß das betragsgrößte Element der $\tilde{a}_{i,j+1}^{(j)}$ für j+1 $\leq$ i $\leq$ n in der (j+1)-ten Gleichung steht; die Elemente der neu entstandenen Gleichungen j+1 bis n werden mit $a_{ik}^{(j)}$ bzw. $a_i^{(j)}$ bezeichnet. Man erhält so nach n-1 Eliminationsschritten das gestaffelte Gleichungssystem

(4.8)
$$\begin{cases} a_{11}^{(0)}x_1 + a_{12}^{(0)}x_2 + a_{13}^{(0)}x_3 + \ldots + a_{1n}^{(0)}x_n = a_1^{(0)}, \\ \phantom{a_{11}^{(0)}x_1 +} a_{22}^{(1)}x_2 + a_{23}^{(1)}x_3 + \ldots + a_{2n}^{(1)}x_n = a_2^{(1)}, \\ \phantom{a_{11}^{(0)}x_1 + a_{22}^{(1)}x_2 +} a_{33}^{(2)}x_3 + \ldots + a_{3n}^{(2)}x_n = a_3^{(2)}, \\ \phantom{a_{11}^{(0)}x_1 + a_{22}^{(1)}x_2 + a_{33}^{(2)}x_3 \ldots} \vdots \vdots \\ \phantom{a_{11}^{(0)}x_1 + a_{22}^{(1)}x_2 + a_{33}^{(2)}x_3 + \ldots +} a_{nn}^{(n-1)}x_n = a_n^{(n-1)}. \end{cases}$$

Mit $r_{ik} = a_{ik}^{(i-1)}$, $r_i = a_i^{(i-1)}$ besitzt (4.8) die Gestalt (4.3). Aus dem zu (4.1) äquivalenten System (4.8) berechnet man rekursiv die x_i gemäß

(4.9)
$$\begin{cases} x_n = \dfrac{a_n^{(n-1)}}{a_{nn}^{(n-1)}}, \\ x_j = \dfrac{a_j^{(j-1)}}{a_{jj}^{(j-1)}} - \sum_{k=j+1}^n \dfrac{a_{jk}^{(j-1)}}{a_{jj}^{(j-1)}} x_k, \quad j = n-1, n-2, \ldots, 1. \end{cases}$$

Im Fall det $\mathbf{A} \neq 0$ darf keines der Diagonalelemente $a_{jj}^{(j-1)}$ verschwinden. Ist es nach irgendeinem Eliminationsschritt nicht mehr möglich, ein Element $a_{jj}^{(j-1)} \neq 0$ zu finden, so bedeutet dies, daß det $\mathbf{A} = 0$ ist. Ob dann überhaupt eine Lösung existiert und wenn ja, wieviele Parameter sie besitzt, folgt automatisch aus der Rechnung (vgl. dazu [ENGE87], Abschnitt 3.3.5). Für die Determinante von $\mathbf{A}$ gilt

$$\det \mathbf{A} = (-1)^k r_{11} r_{22} \ldots r_{nn},$$

wobei k die Anzahl der Zeilenvertauschungen ist.

Da der Rang r von $\mathbf{A}$ gleich der Anzahl der nichtverschwindenden Diagonalelemente $r_{jj} = a_{jj}^{(j-1)}$ der Superdiagonalmatrix $\mathbf{R}$ (gegebenenfalls unter Spaltenvertauschungen) ist, läßt sich die Anzahl n-r der Parameter nach

4.5 Der Gauß-Algorithmus

Durchführung der n-1 Eliminationsschritte sofort angeben.

RECHENSCHEMA 4.21 (*Gaußscher Algorithmus für n = 3*).

Bezeichnung der Zeilen	$a_{ik}^{(j)}, \tilde{a}_{ik}^{(j)}$			$a_i^{(j)}, \tilde{a}_i^{(j)}$	Operationen
$1^{(0)}$	$a_{11}^{(0)}$	$a_{12}^{(0)}$	$a_{13}^{(0)}$	$a_1^{(0)}$	—
$2^{(0)}$	$a_{21}^{(0)}$	$a_{22}^{(0)}$	$a_{23}^{(0)}$	$a_2^{(0)}$	—
$3^{(0)}$	$a_{31}^{(0)}$	$a_{32}^{(0)}$	$a_{33}^{(0)}$	$a_3^{(0)}$	—
$\tilde{2}^{(1)}$	0	$\tilde{a}_{22}^{(1)}$	$\tilde{a}_{23}^{(1)}$	$\tilde{a}_2^{(1)}$	$2^{(0)} - \dfrac{a_{21}^{(0)}}{a_{11}^{(0)}} 1^{(0)}$
$\tilde{3}^{(1)}$	0	$\tilde{a}_{32}^{(1)}$	$\tilde{a}_{33}^{(1)}$	$\tilde{a}_3^{(1)}$	$3^{(0)} - \dfrac{a_{31}^{(0)}}{a_{11}^{(0)}} 1^{(0)}$
$2^{(1)}$	0	$a_{22}^{(1)}$	$a_{23}^{(1)}$	$a_2^{(1)}$	Zeilenvertauschung von $\tilde{2}^{(1)}, \tilde{3}^{(1)}$ in $2^{(1)}, 3^{(1)}$,
$3^{(1)}$	0	$a_{32}^{(1)}$	$a_{33}^{(1)}$	$a_3^{(1)}$	so daß gilt $\|a_{22}^{(1)}\| = \max(\|\tilde{a}_{22}^{(1)}\|, \|\tilde{a}_{32}^{(1)}\|)$
$\tilde{3}^{(2)} = 3^{(2)}$	0	0	$\tilde{a}_{33}^{(2)} = a_{33}^{(2)}$	$\tilde{a}_3^{(2)} = a_3^{(2)}$	$3^{(1)} - \dfrac{a_{32}^{(1)}}{a_{22}^{(1)}} 2^{(1)}$

Die Zeilen $1^{(0)}$, $2^{(1)}$, $3^{(2)}$ bilden das gesuchte gestaffelte System (4.8), aus dem die Lösungen x_i rekursiv gemäß (4.9) bestimmt werden. Die Zeilenvertauschung der Zeilen $\tilde{2}^{(1)}, \tilde{3}^{(1)}$ erübrigt sich, falls $|\tilde{a}_{22}^{(1)}| \geq |\tilde{a}_{32}^{(1)}|$ ist; dann ist $\tilde{a}_{2i}^{(1)} = a_{2i}^{(1)}$ und $\tilde{a}_{3i}^{(1)} = a_{3i}^{(1)}$ für i = 2,3 zu setzen.

BEMERKUNG (*Homogene Systeme*):
Die Lösung *homogener Systeme* $\mathbf{Ax} = \mathbf{0}$ mit $\text{Rg}(\mathbf{A}) = r$ erfolgt so, daß mit dem Gaußschen Algorithmus die Dreiecksmatrix $\mathbf{R}$ hergestellt wird. Das System reduziert sich auf r linear unabhängige Gleichungen (d.h. man erhält r

Diagonalelemente $r_{ii} \neq 0$, $i = 1(1)r$). Für die restlichen n-r Unbekannten setzt man beliebige Parameter ein, so daß sich damit die ersten r Unbekannten aus $\mathbf{Rx} = \mathbf{0}$ ermitteln lassen.

4.5.2 Pivotsuche

Wenn die Koeffizienten gerundete Zahlen sind oder im Verlaufe der Rechnung gerundet werden muß, sind Zeilenvertauschungen unerläßlich, um Verfälschungen des Ergebnisses durch Rundungsfehler möglichst zu dämpfen. Man bezeichnet diese Strategie als *Spaltenpivotsuche* oder *teilweise Pivotsuche* und die Diagonalelemente $r_{jj} = a_{jj}^{(j-1)}$ als *Pivotelemente*. Unter Verwendung der Spaltenpivotsuche wird der Gauß-Algorithmus in den meisten Fällen stabil. Vollkommen stabil wird er, wenn man als Pivotelement jeweils das betragsgrößte Element der gesamten Restmatrix verwendet, man spricht dann von *vollständiger Pivotsuche*. Hierfür ist der Aufwand sehr groß; für die Praxis ist die teilweise Pivotisierung bzw. die skalierte Pivotsuche in vielen Anwendungsfällen ausreichend.

Pivotsuche ist eigentlich nur wirkungsvoll, wenn alle Zeilen- und Spaltenbetragssummen annähernd gleich groß sind:

$$(4.10) \qquad z_i := \sum_{j=1}^{n} |a_{ij}| \approx s_k := \sum_{j=1}^{n} |a_{jk}| \quad \text{für} \quad i, k = 1(1)n.$$

Matrizen, für die (4.10) gilt, heißen *äquilibriert* (vgl. [MAES84], 2.2.2). Da sich aber der Rechenaufwand bei einer Äquilibrierung (vgl. Abschnitt 4.15.2) beträchtlich erhöhen würde, führt man bei nicht äquilibrierten Matrizen statt der Spaltenpivotsuche eine sogenannte *skalierte Spaltenpivotsuche* durch. Man ersetzt bei der Elimination das Glied

$$|a_{jj}^{(j-1)}| = \max_{i=j(1)n} \left(|\tilde{a}_{ij}^{(j-1)}| \right)$$

in Abschnitt 4.5.1 durch

$$(4.11) \qquad \frac{|a_{jj}^{(j-1)}|}{z_j} := \max_{i=j(1)n} \left(\frac{|\tilde{a}_{ij}^{(j-1)}|}{z_i} \right).$$

4.5.3 Gauß-Algorithmus als Dreieckszerlegung

Die Vorgehensweise beim Gaußschen Algorithmus entspricht genau dem Algorithmus 4.19, wenn ohne Zeilenvertauschung gearbeitet wird.
Dann besteht der folgende Zusammenhang: Für die Elemente der Zerlegungsmatrizen
$\mathbf{L} = (l_{ij})$, $\mathbf{R} = (r_{ij})$ und den Vektor $\mathbf{r} = (r_1, r_2, \ldots, r_n)^T$ gilt

$$r_{ij} = \begin{cases} a_{ij}^{(i-1)} & , i \leq j \\ 0 & , i > j \end{cases}, \quad l_{ij} = \begin{cases} a_{ij}^{(j-1)}/a_{jj}^{(j-1)} & , i > j \\ 1 & , i = j \\ 0 & , i < j \end{cases},$$

$$r_i = a_i^{(i-1)}, \quad i = 1(1)n,$$

und die Lösungen x_i ergeben sich rekursiv aus

$$x_n = \frac{r_n}{r_{nn}},$$

$$x_i = \frac{1}{r_{ii}} \left(r_i - \sum_{j=i+1}^{n} r_{ij} x_j \right), \quad i = n-1, n-2, \ldots, 1.$$

Während des Eliminationsprozesses können die Elemente von **A** zeilenweise mit den Elementen der Zerlegungsmatrizen überspeichert werden; die l_{ij} für $i > j$ stehen dann unterhalb der Hauptdiagonalen, die $l_{ii} = 1$ werden nicht abgespeichert und die r_{ij} ($i \leq j$) stehen in und über der Hauptdiagonalen. Ebenso können die Elemente von **a** durch die von **r** überspeichert werden.

Im folgenden Algorithmus soll die Vorgehensweise der Dreieckszerlegung mit Spaltenpivotsuche unter Verwendung der Überspeicherung der Elemente von **A** durch die Elemente von **L** und **R** formuliert werden.

ALGORITHMUS 4.22 (*Dreieckszerlegung mit Spaltenpivotsuche*).

Gegeben: $\mathbf{A} = (a_{ij})$, $i,j = 1(1)n$, $\det \mathbf{A} \neq 0$, d.h. **A** ist regulär.

Gesucht: Dreieckszerlegung $\mathbf{PA} = \mathbf{LR}$, wobei **L** und **R** auf **A** überspeichert werden.

Dann sind nacheinander folgende Schritte auszuführen:

1. Vorbesetzen des Pivotvektors $\mathbf{p} = (p_1, p_2, \ldots, p_n)^T$ mit $p_i = i$ für alle i.
2. Für jeden Wert $j = 1(1)n-1$ ist durchzuführen:

2.1 Bestimme $i_0 \geq j$ mit $|a_{i_0 j}| = \max\{|a_{ij}|, i = j(1)n\}$ (Pivotsuche) und vertausche p_{i_0} mit p_j und die i_0-te Zeile in **A** mit der j-ten Zeile. Gilt $a_{jj} = 0$, dann ist **A** singulär und das Verfahren ist abzubrechen. Andernfalls:

2.2 Für jedes $i = j+1(1)n$ ist durchzuführen:

   2.2.1 Ersetze a_{ij} durch a_{ij}/a_{jj}.

   2.2.2 Führe für $k = j+1(1)n$ durch:
   Ersetze a_{ik} durch $a_{ik} - a_{jk}a_{ij}$.

Dann ist

$$\mathbf{P} = (\mathbf{e}_{p_1}, \mathbf{e}_{p_2}, \ldots, \mathbf{e}_{p_n})^T, \mathbf{L} = \begin{pmatrix} 1 & 0 & \cdots & 0 \\ a_{21} & 1 & & 0 \\ \vdots & & \ddots & \vdots \\ a_{n1} & \cdots & a_{n,n-1} & 1 \end{pmatrix},$$

$$\mathbf{R} = \begin{pmatrix} a_{11} & a_{12} & \cdots & a_{1n} \\ 0 & a_{22} & \cdots & a_{2n} \\ \vdots & & \ddots & \vdots \\ 0 & \cdots & & a_{nn} \end{pmatrix};$$

$\mathbf{e}_{p_j}$ ist der p_j-te Standard-Einheitsvektor mit einer 1 in der p_j-ten Komponente.

ALGORITHMUS 4.23 (*Gauß-Algorithmus mit Spaltenpivotsuche*).

Gegeben: $\mathbf{Ax} = \mathbf{a}$, $\det \mathbf{A} \neq 0$.

Gesucht: Lösung **x**.

1. Schritt: Bestimmung des Pivotvektors **p** und der Dreiecksmatrizen **L** und **R** nach Algorithmus 4.22.

2. Schritt: Berechnung von $\mathbf{r} = (r_1, r_2, \ldots, r_n)^T$ durch Vorwärtselimination aus $\mathbf{Pa} = \mathbf{Lr}$ mit

$$\mathbf{Pa} = (a_{p_1}, a_{p_2}, \ldots, a_{p_n})^T \quad \text{nach der Vorschrift}$$

$$r_1 = a_{p_1}, \quad r_i = a_{p_i} - \sum_{j=1}^{i-1} a_{ij} r_j \quad \text{für } i = 2(1)n.$$

4.5 Der Gauß-Algorithmus

> 3. Schritt: Berechnung der Lösung **x** aus **Rx** = **r** durch Rückwärtselimination mit
>
> $$x_n = \frac{r_n}{a_{nn}},$$
> $$x_i = \frac{1}{a_{ii}}\left(r_i - \sum_{j=i+1}^{n} a_{ij} x_j\right) \quad \text{für} \quad i = n-1, n-2, \ldots, 1.$$

Ganz analog lassen sich die letzten beiden Algorithmen unter Verwendung der skalierten Spaltenpivotsuche formulieren. Dann ist lediglich noch die in Abschnitt 4.5.2 angegebene Skalierung gemäß Formel (4.11) zu beachten.

4.5.4 Gauß-Algorithmus für Systeme mit mehreren rechten Seiten

Liegen Systeme mit gleicher Matrix **A** und m rechten Seiten a_j, j = 1(1)m, vor, so kann man statt $\mathbf{A}\mathbf{x}_j = \mathbf{a}_j$ schreiben

$$\mathbf{AX} = \mathbf{A}^* \quad \text{mit} \quad \mathbf{X} = (\mathbf{x}_1, \mathbf{x}_2, \ldots, \mathbf{x}_m) \quad \text{und} \quad \mathbf{A}^* = (\mathbf{a}_1, \mathbf{a}_2, \ldots, \mathbf{a}_m),$$

wobei $\mathbf{A} = (a_{ik})$, i,k = 1(1)n, die gemeinsame Matrix der m Systeme ist, **X** die (n,m)-Matrix, die spaltenweise aus den m Lösungsvektoren $\mathbf{x}_j$, j = 1(1)m, aufgebaut ist und $\mathbf{A}^*$ die (n,m)-Matrix, deren m Spalten die m rechten Seiten $\mathbf{a}_j$ sind. Die Dreieckszerlegung der Matrix **A** braucht also nur einmal für alle m Systeme durchgeführt zu werden, während Vorwärts- und Rückwärtselimination m-mal zu machen sind. Es sind $n^3/3 - n/3 + mn^2$ Punktoperationen erforderlich. Zusammengefaßt ergibt sich damit folgender

> **ALGORITHMUS 4.24** (*Ohne Spaltenpivotsuche*).
>
> Gegeben: $\mathbf{AX} = \mathbf{A}^*$, $\det(\mathbf{A}_k) \neq 0$ für k = 1(1)n-1, $\mathbf{A}^* = (\mathbf{a}_1, \mathbf{a}_2, \ldots, \mathbf{a}_m)$.
> Gesucht: **X** mit $\mathbf{X} = (\mathbf{x}_1, \mathbf{x}_2, \ldots, \mathbf{x}_m)$.
>
> 1. Schritt: Faktorisierung $\mathbf{A} = \mathbf{LR}$ gemäß Satz 4.5.
> 2. Schritt: Vorwärtselimination $\mathbf{A}^* = \mathbf{LR}^*$ zur Berechnung von $\mathbf{R}^*$.

> 3. Schritt: Rückwärtselimination $\mathbf{RX} = \mathbf{R}^*$ zur Berechnung von $\mathbf{X}$.

Mit Spaltenpivotsuche muß analog mit der Permutationsmatrix $\mathbf{P}$ (vgl. Satz 4.6 bzw. Algorithmus 4.20) multipliziert werden.

LITERATUR zu 4.5: [BERE71] Bd.2, 6.2; [BJÖR79], 5.32; [COLL73] I, 2.3; [CONT80], 5.3; [ENGE87], 3.2; [FADD79], §16; [GOLU84]; [HÄMM78], 17a; [ISAA73], 2.1; [McCR72], 4.3; [MAES84], 2.2; [NIEM87], 4.3; [NOBL73] I, 4.1-4.3; [POLO64], VI, §2.2; [SCHW86], 1.1; [SPEL85], 1.6/1.7; [STOE83], 4.1; [TÖRN79] Bd.1, 4; [WEIS84], 6.3; [WERN82], III §1; [WILK69], S.119 ff., 198; [ZURM65], §5.1; [ZURM84],§6.1.

4.6 Matrizeninversion mit dem Gauß-Algorithmus

Gegeben seien n lineare Gleichungssysteme aus n Gleichungen mit n Unbekannten

$$\mathbf{A}\mathbf{x}_i = \mathbf{e}_i, \qquad i = 1(1)n,$$

mit det $\mathbf{A} \neq 0$, $\mathbf{e}_i$ i-ter Einheitsvektor. Faßt man die n rechten Seiten $\mathbf{e}_i$ zu der Einheitsmatrix $\mathbf{E}$ zusammen und die n Lösungsvektorn $\mathbf{x}_i$ zu einer Matrix $\mathbf{X}$, so lassen sich die n Systeme kompakt in der Form $\mathbf{AX} = \mathbf{E}$ schreiben (vgl. Abschnitt 4.5.4, dort ist lediglich $\mathbf{A}^*$ durch $\mathbf{E}$ zu ersetzen).

Daraus resultiert gemäß Definition der Inversen: $\mathbf{X} = \mathbf{A}^{-1}$, d.h. die n Lösungsvektoren $\mathbf{x}_i$ der n Systeme $\mathbf{A}\mathbf{x}_i = \mathbf{e}_i$ bauen spaltenweise $\mathbf{A}^{-1}$ auf. Man gewinnt $\mathbf{A}^{-1}$, indem man die n Systeme mit dem Gaußschen Algorithmus löst; auch hier ist die teilweise Pivotisierung unerläßlich. Es sind $(4n^3/3)-(n/3)$ Punktoperationen erforderlich.

> **ALGORITHMUS 4.25** (*Ohne Spaltenpivotsuche*).
>
> Gegeben: $\mathbf{AX} = \mathbf{E}$, $\mathbf{A} = (a_{ik})$, i,k = 1(1)n, streng regulär.

Gesucht: $X = A^{-1}$.

1. Schritt: Faktorisierung $A = LR$ gemäß Satz 4.5 liefert L und R.
2. Schritt: Vorwärtselimination $E = LR^*$ liefert R^*.
3. Schritt: Rückwärtselimination $RX = R^*$ liefert $X = A^{-1}$.

ALGORITHMUS 4.26 (*Mit Spaltenpivotsuche*).

Gegeben: $AX = E$, $A = (a_{ik})$, i,k = 1(1)n, A regulär.
Gesucht: $X = A^{-1}$.

1. Schritt: Faktorisierung $PA = LR$ gemäß Satz 4.6 bzw. Algorithmus 4.22 liefert L und R.
2. Schritt: Vorwärtselimination $PE = LR^*$ liefert R^*.
3. Schritt: Rückwärtselimination $RX = R^*$ liefert $X = A^{-1}$.

BEMERKUNG: Man sollte dieses Verfahren nur anwenden, wenn A^{-1} explizit gebraucht wird. Auf keinen Fall sollte es zur Lösung von m Systemen $Ax_i = y_i$, i = 1(1)m, durch $x_i = A^{-1}y_i$ verwendet werden, weil dann $4n^3/3 - n/3 + mn^2$ Punktoperationen benötigt werden im Gegensatz zu $n^3/3 - n/3 + mn^2$ bei Anwendung des in Abschnitt 4.5.4 angegebenen Verfahrens.

LITERATUR zu 4.6: [CONT80], 5.5; [ENGE87], §3.3.6; [FADD79], §21; [GOLU84]; [NOBL73], 5.3; [POLO64], VI §2.2; [STIE76], S.24; [ZURM65], S.147; [ZURM84], §6.6.

4.7 Verfahren für Systeme mit symmetrischen Matrizen

Ist die Matrix $A = (a_{ik})$, i,k = 1(1)n, in $Ax = a$ symmetrisch ($A = A^T$), so genügt es, die Elemente des oberen Dreiecks einschließlich der Diagonalen zu speichern. Für Systeme mit symmetrischen, streng regulären Matrizen (det $A_k \neq 0$ für alle k) und symmetrischen, positiv definiten (und damit streng regulären) Matrizen, für die det $(\mathbf{A}_k) > 0$ für alle k gilt, werden im folgenden Lösungsalgorithmen angegeben, die auf den Sätzen 4.15 - 4.17 aufbauen. Die Verfahren haben nur Sinn ohne Spaltenpivotsuche. Deshalb ist strenge Regularität stets Voraussetzung.

4.7.1 Systeme mit symmetrischer, streng regulärer Matrix

ALGORITHMUS 4.27 (*Ohne Spaltenpivotsuche*).

Gegeben: $\mathbf{Ax} = \mathbf{a}$ mit symmetrischer, streng regulärer Matrix $\mathbf{A} = (a_{ik})$, i,k = 1(1)n, und rechter Seite $\mathbf{a} = (a_i)$, i = 1(1)n.

Gesucht: $\mathbf{x}$ mit $\mathbf{x} = (x_i)$, i = 1(1)n.

1. Schritt: Faktorisierung $\mathbf{A} = \mathbf{R}^T \mathbf{D} \mathbf{R}$ mit normierter oberer Dreiecksmatrix $\mathbf{R}$ und Diagonalmatrix $\mathbf{D}$; es ergeben sich $\mathbf{D}$ und $\mathbf{R}$ bzw. $\mathbf{R}^T$.

2. Schritt: Vorwärtselimination
$\mathbf{R}^T \mathbf{z} = \mathbf{a} \Rightarrow \mathbf{z}$
$\mathbf{D} \mathbf{r} = \mathbf{z} \Rightarrow \mathbf{r}$

3. Schritt: Rückwärtselimination
$\mathbf{R} \mathbf{x} = \mathbf{r} \Rightarrow \mathbf{x}$

Die Durchführung des Verfahrens verläuft analog zu Algorithmus 4.19. Hier ergeben sich auch negative Hauptdiagonalelemente der Matrix $\mathbf{D}$.

4.7.2 Systeme mit symmetrischer, positiv definiter Matrix. Cholesky-Verfahren

Ist die Matrix $\mathbf{A}$ in $\mathbf{Ax} = \mathbf{a}$ symmetrisch ($a_{ik} = a_{ki}$) und positiv definit ($\mathbf{x}^T \mathbf{A} \mathbf{x} > 0$ für alle $\mathbf{x} \neq \mathbf{0}$), so kann das Cholesky-Verfahren angewandt werden; es benötigt asymptotisch nur halb so viele Punktoperationen wie der Gaußsche Algorithmus und ca. halb so viel Speicherplatz. Im Anschluß werden zwei Darstellungsformen angegeben, die erste mit der Zerlegung $\mathbf{A} = \mathbf{R}^T \mathbf{R}$, die zweite mit der Zerlegung $\mathbf{A} = \mathbf{R}^T \mathbf{D} \mathbf{R}$. Die zweite Form ist

4.7 Verfahren für Systeme mit symmetrischen Matrizen

numerisch günstiger, da die Berechnung von Quadratwurzeln vermieden wird.

Prinzip des Verfahrens für die 1.Darstellungsform.

Mit der Zerlegung $\mathbf{A} = \mathbf{R}^T\mathbf{R}$, wo $\mathbf{R} = (r_{ik})$ eine obere Dreiecksmatrix mit $r_{ii} > 0$ ist, wird das System $\mathbf{Ax} = \mathbf{a}$ in ein äquivalentes System $\mathbf{Rx} = \mathbf{r}$ überführt in folgenden Schritten:

1. (Faktorisierung) $\mathbf{A} = \mathbf{R}^T\mathbf{R} \Rightarrow \mathbf{R}$,
2. (Vorwärtselimination) $\mathbf{a} = \mathbf{R}^T\mathbf{r} \Rightarrow \mathbf{r}$,
3. (Rückwärtselimination) $\mathbf{Rx} = \mathbf{r} \Rightarrow \mathbf{x}$.

ALGORITHMUS 4.28.

Gegeben: $\mathbf{Ax} = \mathbf{a}$ mit symmetrischer, positiv definiter Matrix $\mathbf{A} = (a_{ik})$, i,k = 1(1)n, $\mathbf{a} = (a_i)$, i = 1(1)n.

Gesucht: $\mathbf{x}$ mit $\mathbf{x} = (x_i)$, i = 1(1)n.

Dann sind nacheinander folgende Schritte auszuführen:

1. (Faktorisierung $\mathbf{A} = \mathbf{R}^T\mathbf{R}$) Für jedes j = 1(1)n

   1.1 $r_{jj} = \sqrt{a_{jj} - \sum_{i=1}^{j-1} r_{ij}^2}$

   1.2 Für jedes k = j+1(1)n

   $r_{jk} = \frac{1}{r_{jj}}\left[a_{jk} - \sum_{i=1}^{j-1} r_{ik}r_{ij}\right]$

2. (Vorwärtselimination $\mathbf{a} = \mathbf{R}^T\mathbf{r}$) Für jedes j = 1(1)n

   $r_j = \left(a_j - \sum_{i=1}^{j-1} r_{ij}r_i\right)\frac{1}{r_{jj}}$

3. (Rückwärtselimination $\mathbf{Rx} = \mathbf{r}$)

   3.1 $x_n = \frac{r_n}{a_{nn}}$

   3.2 Für jedes i = n-1(-1)1

   $x_i = \frac{1}{a_{ii}}\left(r_i - \sum_{k=i+1}^{n} a_{ik}x_k\right)$

Für die Determinante von $\mathbf{A}$ gilt:

$$\det \mathbf{A} = \det(\mathbf{R}^T)\det \mathbf{R} = (r_{11}r_{22}\ldots r_{nn})^2.$$

Prinzip des Verfahrens für die 2.Darstellungsform .

Mit der Zerlegung $\mathbf{A} = \mathbf{R}^T\mathbf{D}\mathbf{R}$, wo $\mathbf{D}$ eine Diagonalmatrix und $\mathbf{R}$ eine normierte obere Dreiecksmatrix ist, wird das System $\mathbf{A}\mathbf{x} = \mathbf{a}$ gemäß Algorithmus 4.27 in ein äquivalentes System $\mathbf{R}\mathbf{x} = \mathbf{r}$ überführt. Die Zerlegung wird so vorgenommen, daß die Anzahl der Punktoperationen wie in der 1. Darstellung $n^3/6 + 0(n^2)$ ist.

Durchführung des Verfahrens.

Es werden folgende Bezeichnungen benutzt:

$$\mathbf{D} = \begin{pmatrix} d_1 & & & & \\ & d_2 & & & \\ & & \ddots & & \\ & & & d_{n-1} & \\ & & & & d_n \end{pmatrix}, \quad \mathbf{R} = \begin{pmatrix} 1 & r_{12} & & \cdots & r_{1n} \\ & 1 & r_{23} & \cdots & r_{2n} \\ & & \ddots & \ddots & \vdots \\ & & & 1 & r_{n-1,n} \\ & & & & 1 \end{pmatrix},$$

$$\mathbf{r} = \begin{pmatrix} r_1 \\ r_2 \\ \vdots \\ r_n \end{pmatrix}, \quad \mathbf{z} = \begin{pmatrix} z_1 \\ z_2 \\ \vdots \\ z_n \end{pmatrix}.$$

ALGORITHMUS 4.29.

Gegeben: $\mathbf{A}\mathbf{x} = \mathbf{a}$ mit symmetrischer, positiv definiter Matrix $\mathbf{A} = (a_{ik})$, i,k = 1(1)n, $\mathbf{a} = (a_i)$, i = 1(1)n .

Gesucht: $\mathbf{x}$ mit $\mathbf{x} = (x_i)$, i = 1(1)n .

Dann sind nacheinander folgende Schritte auszuführen:

1. (Faktorisierung $\mathbf{A} = \mathbf{R}^T\mathbf{D}\mathbf{R}$) Für jedes j = 1(1)n

   1.1 Für jedes i = 1(1)j-1
   $h_i = r_{ij}d_i$ (Zwischenspeicher)

   1.2 $d_j = a_{jj} - \sum\limits_{i=1}^{j-1} h_i r_{ij}$

   1.3 Für jedes k = j+1(1)n

4.7 Verfahren für Systeme mit symmetrischen Matrizen

$$r_{jk} = \frac{1}{d_j}\left(a_{jk} - \sum_{i=1}^{j-1} h_i r_{ik}\right)$$

2. (Vorwärtselimination $R^T z = a$, $Dr = z$)
   Für jedes j = 1(1)n

   2.1 $z_j = a_j - \sum_{i=1}^{j-1} r_{ij} z_i$

   2.2 $r_j = z_j / d_j$

3. (Rückwärtselimination $Rx = r$)
   Für jedes j = n(-1)1

   $$x_j = r_j - \sum_{i=j+1}^{n} r_{ji} x_i$$

Wenn man bei der Faktorisierung den Koeffizientenvergleich zwischen A und $R^T DR$ in etwas anderer Form ausführt, können gegenüber Algorithmus 4.29 noch $\frac{n(n-1)}{2}$ Punktoperationen eingespart werden, vgl. dazu [MAES84], S. 77. Dann ergibt sich der folgende Algorithmus 4.29*.

ALGORITHMUS 4.29*.

Gegeben: $Ax = a$ mit symmetrischer, positiv definiter Matrix A.
Gesucht: x mit $x = (x_i)$, i = 1(1)n .

1. (Faktorisierung $A = R^T DR$)
   Für jedes j = 1(1)n

   1.1 Für jedes i = 1(1)j-1

   1.1.1 $h = a_{ij}$

   1.1.2 $r_{ij} = h/d_i$

   1.1.3 Für jedes k = i+1(1)j
   a_{kj} wird durch a_{kj} - hr_{ik} ersetzt

   1.2 $d_j = a_{jj}$

2. (Vorwärtselimination $R^T z = a$, $Dr = z$)
   Für jedes j = 1(1)n

   2.1 $z_j = a_j$

> 2.2 Für jedes i = 1(1)j-1
> $z_j := z_j - r_{ij} z_i$
>
> 2.3 $r_j = z_j / d_j$
>
> 3. (Rückwärtselimination $\mathbf{R}\mathbf{x} = \mathbf{r}$)
> Für jedes j = n(-1)1
>
> 3.1 $x_j = r_j$
>
> 3.2 Für jedes i = j+1(1)n
> $x_j := x_j - r_{ji} x_i$
>
> Für die Determinante von **A** gilt:
>
> $$\det \mathbf{A} = \det(\mathbf{R}^T) \det \mathbf{D} \det \mathbf{R} = \det \mathbf{D} = d_1 d_2 \ldots d_n.$$

4.7.3 Systeme mit symmetrischer, positiv definiter Matrix. Verfahren der konjugierten Gradienten (CG-Verfahren)

Ist die Matrix **A** symmetrisch und positiv definit, so kann auch das Verfahren der konjugierten Gradienten (CG-Verfahren) angewandt werden. Anstelle des linearen Gleichungssystems $\mathbf{A}\mathbf{x} = \mathbf{a}$ wird hier iterativ die äquivalente Minimierungsaufgabe gelöst. Es gilt der

> **SATZ 4.30.** Die Aufgaben
>
> (i) löse $\mathbf{A}\mathbf{x} = \mathbf{a}$ und
>
> (ii) minimiere $F(\mathbf{x}) = \frac{1}{2}\mathbf{x}^T \mathbf{A} \mathbf{x} - \mathbf{x}^T \mathbf{a}$
>
> sind äquivalent.

Der Beweis ergibt sich sofort mit der Hilfsfunktion

$$E(\mathbf{x}) = \frac{1}{2}(\mathbf{A}\mathbf{x} - \mathbf{a})^T \mathbf{A}^{-1} (\mathbf{A}\mathbf{x} - \mathbf{a}).$$

Da auch $\mathbf{A}^{-1}$ positiv definit ist, ist $E(\mathbf{x}) \geq 0$. Somit ist $E(\mathbf{x})$ genau dann minimal, wenn gilt $\mathbf{A}\mathbf{x} - \mathbf{a} = \mathbf{0}$.
Die Berechnung von $E(\mathbf{x})$ ergibt unter Verwendung von $\mathbf{A}^T = \mathbf{A}$

4.7 Verfahren für Systeme mit symmetrischen Matrizen

$$E(\mathbf{x}) = F(\mathbf{x}) + \frac{1}{2}\underbrace{\mathbf{a}^T \mathbf{A}^{-1} \mathbf{a}}_{\geq 0} .$$

Daraus folgt, daß E(x) und F(x) an derselben Stelle minimal sind, d.h.

$$F(\mathbf{x}) \stackrel{!}{=} \text{Min.} \iff \mathbf{A}\mathbf{x} - \mathbf{a} = \mathbf{0}.$$

Die Richtung des stärksten Abstiegs einer Funktion ist durch ihren negativen Gradienten gegeben.

Für F gilt : $\qquad\qquad$ grad $F(\mathbf{x}) = \mathbf{A}\mathbf{x} - \mathbf{a}$.

Es besteht also die Aufgabe, jenen Punkt zu suchen, in dem der Gradient verschwindet.

ALGORITHMUS 4.31 (*CG-Verfahren*).
Gegeben ist eine symmetrische, positiv definite n × n – Matrix **A**.
Gesucht ist die Lösung **x** des linearen Gleichungssystems $\mathbf{A}\mathbf{x} = \mathbf{a}$.

1. Startpunkt $\mathbf{x}_0 \in \mathbb{R}^n$ (beliebig)
   $\mathbf{d}_0 = -\mathbf{g}_0 = -(\mathbf{A}\mathbf{x}_0 - \mathbf{a})$. Falls $\mathbf{g}_0 = \mathbf{0}$, kann abgebrochen werden, $\mathbf{x}_0$ ist dann Lösung.
2. Für k = 0,1,...,n-1 werden nacheinander berechnet:

    2.1 $\alpha_k = -\dfrac{\mathbf{d}_k^T \mathbf{g}_k}{\mathbf{d}_k^T \mathbf{A} \mathbf{d}_k}$

    2.2 $\mathbf{x}_{k+1} = \mathbf{x}_k + \alpha_k \mathbf{d}_k \qquad$ mit $\quad \{\mathbf{x}_{k+1} \in \mathbf{x}_0 + U_{k+1}(\mathbf{d}_0, \ldots, \mathbf{d}_k)\}$

    2.3 $\mathbf{g}_{k+1} = \mathbf{g}_k + \alpha_k \mathbf{A}\mathbf{d}_k$
    mit $\quad \{\mathbf{g}_{k+1} \perp \mathbf{d}_0, \ldots, \mathbf{d}_k,\ \mathbf{g}_{k+1} \notin U_{k+1}(\mathbf{d}_0, \ldots, \mathbf{d}_k)\}$
    Gilt zu vorgegebenem $\varepsilon > 0$ $\quad \|\mathbf{g}_{k+1}\|_\infty < \varepsilon$, dann kann abgebrochen werden mit $\mathbf{x}_{k+1}$ als Lösung.

    2.4 $\beta_k = \dfrac{\mathbf{g}_{k+1}^T \mathbf{A}\mathbf{d}_k}{\mathbf{d}_k^T \mathbf{A}\mathbf{d}_k}$

    2.5 $\mathbf{d}_{k+1} = -\mathbf{g}_{k+1} + \beta_k \mathbf{d}_k$
    mit $\quad \{\mathbf{d}_{k+1} \perp \mathbf{A}\mathbf{d}_k,\ \mathbf{d}_{k+1} \notin U_{k+1}(\mathbf{d}_0, \ldots, \mathbf{d}_k)\}$

BEMERKUNG: Für k = n-1 (d.h. im n-ten Schritt) erhält man $U_n(\mathbf{d}_0, \mathbf{d}_1, \ldots, \mathbf{d}_{n-1}) = \mathbb{R}^n$, denn $\mathbf{d}_n \neq \mathbf{0}$ mit $\mathbf{d}_n \notin U_n = \mathbb{R}^n$ kann nicht existieren!

Das CG-Verfahren kann sowohl den direkten Verfahren zugerechnet werden, weil es nach genau n Schritten bis auf Rundungsfehler die exakte Lösung liefert, als auch den iterativen Verfahren, weil es im allgemeinen wegen der raschen Konvergenz bereits nach wenigen Schritten eine ausreichend gute Lösung liefert.

Vorteile des Verfahrens sind

- die leichte Vektorisierbarkeit und Parallelisierbarkeit

- die rasche Konvergenz; ihre Geschwindigkeit hängt allerdings von der Kondition der Matrix **A** ab; je besser die Kondition um so geringer die benötigte Schrittzahl bei vorgegebener Genauigkeit.

Ein Nachteil des Verfahrens ist die große Empfindlichkeit gegen Rundungsfehler.
Daß das Verfahren im Gegensatz zum Gauß-Algorithmus leicht vektorisierbar und parallelisierbar ist, ergibt sich aus der Art der Operationen, die pro Iterationsschritt auszuführen sind. Es sind pro Schritt drei Skalarprodukte zu berechnen und eine Matrix-Vektor-Multiplikation ($\mathbf{A d}_k$). Da diese Operationen bei herkömmlicher Verarbeitung ca. 97 % der Rechenzeit ausmachen, muß hier auf besonders effektive Berechnung geachtet werden.

BEMERKUNG: In der Literatur ist eine Variante des CG-Verfahrens, das sogenannte CG-Verfahren mit Vorkonditionierung zu finden. Man erreicht damit eine Verringerung der Zahl der Iterationsschritte bei erhöhtem Rechenaufwand pro Schritt. Das Verfahren ist z.B. in [BUNS85], S. 156 ff., [SCHW84], [SCHW88], [MAES84], S. 132-133 beschrieben.

Geometrische Interpretation des CG-Verfahrens für den Fall $n = 2$:

F(x,y) ist dann ein elliptisches Paraboloid, die Höhenlinien sind Ellipsen, die Grundrisse der Höhenlinien sind ähnliche Ellipsen mit demselben Mittelpunkt. Für diesen Fall beinhaltet das Verfahren der konjugierten Gradienten folgende Konstruktionsschritte, die in der Abbildung erkennbar sind.

1. Wähle x_0 auf einer Ellipse

2. Konstruiere die Tangente in x_0 : $\mathbf{t}_0$

3. Konstruiere die Normale in x_0 : $\mathbf{n}_0$

4. Halbiere die auf $\mathbf{n}_0$ liegende Sehne der Ellipse : x_1

5. Konstruiere den zu x_0x_1 konjugierten Durchmesser durch x_1; er verbindet die Punkte der Ellipse, deren Tangenten zu x_0x_1 parallel sind.

6. Halbiere den Durchmesser : x_2

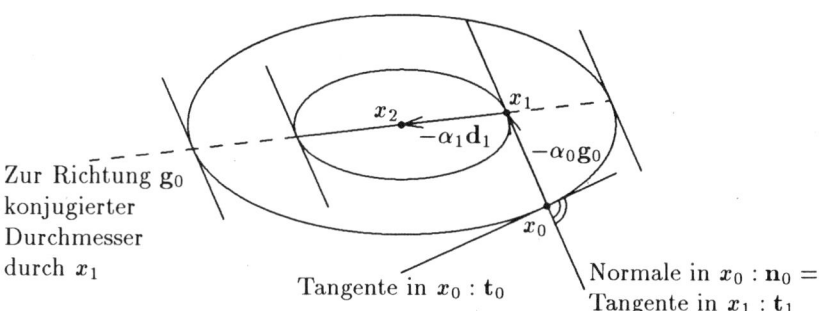

Abbildung 4.1

LITERATUR zu 4.7: [GOLU84]; [ISAA73], S.57/58; [MAES84]; [NIEM87], 6.3; [SCHW72], S.36 ff.; [STOE83], 4.3; [WERN82], S.149/150; [ZURM65], S.99; [ZURM84], §6.7.

4.8 Das Gauß-Jordan-Verfahren

Das Gauß-Jordan-Verfahren ist eine Modifikation des Gaußschen Algorithmus, welche die rekursive Berechnung der Lösungen x_i gemäß (4.9) erspart. Der erste Schritt des Verfahrens ist identisch mit dem ersten Eliminationsschritt des Gaußschen Algorithmus; man erhält somit (4.6). Die Gleichungen 2 bis n sind so umgeordnet, daß $a_{22}^{(1)}$ das betragsgrößte Element der $a_{i2}^{(1)}$ für $i = 2(1)n$ ist. Jetzt wird die 2. Gleichung von (4.6) nacheinander für $i = 1$ mit $-a_{12}^{(0)}/a_{22}^{(1)}$ und für $i = 3(1)n$ mit $-a_{i2}^{(1)}/a_{22}^{(1)}$ multipliziert und jeweils zur i-ten Gleichung addiert. Man erhält nach diesem ersten Jordan-Schritt ein Gleichungssystem der Form

$$(4.12) \begin{cases} a_{11}^{(I)}x_1 + \phantom{a_{22}^{(I)}x_2+} \quad a_{13}^{(I)}x_3 + a_{14}^{(I)}x_4 + \ldots + a_{1n}^{(I)}x_n = a_1^{(I)}, \\ \phantom{a_{11}^{(I)}x_1+} a_{22}^{(I)}x_2 + a_{23}^{(I)}x_3 + a_{24}^{(I)}x_4 + \ldots + a_{2n}^{(I)}x_n = a_2^{(I)}, \\ \phantom{a_{11}^{(I)}x_1 + a_{22}^{(I)}x_2+} a_{33}^{(I)}x_3 + a_{34}^{(I)}x_4 + \ldots + a_{3n}^{(I)}x_n = a_3^{(I)}, \\ \phantom{a_{11}^{(I)}x_1 + a_{22}^{(I)}x_2+} \qquad \vdots \\ \phantom{a_{11}^{(I)}x_1 + a_{22}^{(I)}x_2+} a_{n3}^{(I)}x_3 + a_{n4}^{(I)}x_4 + \ldots + a_{nn}^{(I)}x_n = a_n^{(I)}. \end{cases}$$

Dabei ist $a_{11}^{(I)} = a_{11}^{(0)}$ und $a_{22}^{(I)} = a_{22}^{(1)}$; für diese unveränderten und für die neu gewonnenen Elemente soll die Bezeichnung mit dem Strich verwendet werden. Die Gleichungen 3 bis n von (4.12) sind bereits so umgeordnet, daß $a_{33}^{(I)}$ das betragsgrößte Element der $a_{i3}^{(I)}$ für i = 3(1)n ist. In einem zweiten Jordan-Schritt multipliziert man die dritte Gleichung von (4.12) mit $-a_{i3}^{(I)}/a_{33}^{(I)}$ für i = 1(1)n und i ≠ 3 und addiert sie zur i-ten Gleichung. So fortfahrend erhält man nach n-1 Jordan-Schritten schließlich n Gleichungen der Form $a_{ii}^{(n-1)} x_i = a_i^{(n-1)}$, i = 1(1)n, aus denen sich unmittelbar die x_i berechnen lassen. Da die Anzahl der Punktoperationen $n^3/2 + 0(n^2)$ ist und beim Gauß-Algorithmus nur $n^3/3 + 0(n^2)$, ist der Gauß-Algorithmus vorzuziehen !

LITERATUR zu 4.8: [ENGE87], 3.5; [ISAA73], S.52/53; [McCA67], 5.7A; [McCR72], S.205 ff.; [NIEM87] 4.4.

4.9 Bestimmung der zu einer Matrix inversen Matrix mit dem Austauschverfahren

Das Austauschverfahren (auch Methode des Pivotisierens genannt) liefert zu einer gegebenen Matrix **A** die inverse Matrix $\mathbf{A}^{-1}$ durch die Umkehrung eines linearen Gleichungssystems

$$(4.13) \qquad \mathbf{Ax = y}, \quad \mathbf{A} = (a_{ik}^{(0)}), \quad i,k = 1(1)n,$$

mit $\mathbf{x}^T = (x_1, x_2, \ldots, x_n)$, $\mathbf{y}^T = (y_1, y_2, \ldots, y_n)$, det $\mathbf{A} \neq 0$. Die Lösung von (4.13) wird in der Form $\mathbf{x} = \mathbf{A}^{-1}\mathbf{y}$ gewonnen.

4.9 Das Austauschverfahren

Prinzip des Verfahrens.

Das gewöhnliche Einsetzungsverfahren wird hier schematisiert. Die Lösung erhält man durch schrittweises Austauschen einer beliebigen Variablen y_i gegen ein x_k, jeder dieser Schritte heißt *Austauschschritt*; die Methode heißt *Austauschverfahren*.

Die zu x_k gehörige Spalte der Matrix **A** heißt *Pivotspalte*, die zu y_i gehörige Zeile *Pivotzeile*; Pivotzeile und Pivotspalte kreuzen sich im *Pivotelement*. Eine Vertauschung von x_k und y_i ist nur dann möglich, wenn das zugehörige Pivotelement verschieden von Null ist. Nach n Pivotschritten ist $\mathbf{A}^{-1}$ bestimmt. Die Elemente der nach dem j-ten Pivotschritt entstandenen Matrix werden mit $a_{ik}^{(j)}$ bezeichnet, $j = 1(1)n$.

RECHENREGELN für einen Austauschschritt (Pivotschritt).

1. Das Pivotelement ist durch seinen reziproken Wert zu ersetzen: $a_{ik}^{(j)} = 1/a_{ik}^{(j-1)}$.

2. Die übrigen Elemente der Pivotspalte sind durch das Pivotelement zu dividieren: $a_{sk}^{(j)} = a_{sk}^{(j-1)}/a_{ik}^{(j-1)}$ für $s \neq i$.

3. Die übrigen Elemente der Pivotzeile sind durch das negative Pivotelement zu dividieren: $a_{is}^{(j)} = -a_{is}^{(j-1)}/a_{ik}^{(j-1)}$ für $s \neq k$.

4. Die restlichen Elemente der Matrix transformieren sich nach der Regel

$$a_{sm}^{(j)} = a_{sm}^{(j-1)} - \frac{a_{sk}^{(j-1)} a_{im}^{(j-1)}}{a_{ik}^{(j-1)}} \quad \text{für} \quad s \neq i,\ m \neq k,$$

d.h. von dem Element $a_{sm}^{(j-1)}$ wird das Produkt aus dem Element der Pivotspalte mit gleichem Zeilenindex und aus dem Element der Pivotzeile mit gleichem Spaltenindex, dividiert durch das Pivotelement, subtrahiert.

Schematisierter erster Pivotschritt mit dem Pivotelement $a_{ik}^{(0)}$:

	$x_1 \ldots \underline{x_k} \ldots x_m \ldots x_n$		$x_1 \ldots y_i \ldots x_m \ldots x_n$
y_1	$a_{11}^{(0)} \ldots a_{1k}^{(0)} \ldots a_{1m}^{(0)} \ldots a_{1n}^{(0)}$	y_1	$a_{11}^{(1)} \ldots a_{1k}^{(1)} \ldots a_{1m}^{(1)} \ldots a_{1n}^{(1)}$
$\vdots$	$\vdots \qquad \vdots \qquad \vdots \qquad \vdots$	$\vdots$	$\vdots \qquad \vdots \qquad \vdots \qquad \vdots$
$\underline{y_i}$	$a_{i1}^{(0)} \ldots \underline{a_{ik}^{(0)}} \ldots a_{im}^{(0)} \ldots a_{in}^{(0)}$	x_k	$a_{i1}^{(1)} \ldots a_{ik}^{(1)} \ldots a_{im}^{(1)} \ldots a_{in}^{(1)}$
$\vdots$	$\vdots \qquad \vdots \qquad \vdots \qquad \vdots$	$\vdots$	$\vdots \qquad \vdots \qquad \vdots \qquad \vdots$
y_s	$a_{s1}^{(0)} \ldots \underline{a_{sk}^{(0)}} \ldots a_{sm}^{(0)} \ldots a_{sn}^{(0)}$	y_s	$a_{s1}^{(1)} \ldots a_{sk}^{(1)} \ldots a_{sm}^{(1)} \ldots a_{sn}^{(1)}$
$\vdots$	$\vdots \qquad \vdots \qquad \vdots \qquad \vdots$	$\vdots$	$\vdots \qquad \vdots \qquad \vdots \qquad \vdots$
y_n	$a_{n1}^{(0)} \ldots \underline{a_{nk}^{(0)}} \ldots a_{nm}^{(0)} \ldots a_{nn}^{(0)}$	y_n	$a_{n1}^{(1)} \ldots a_{nk}^{(1)} \ldots a_{nm}^{(1)} \ldots a_{nn}^{(1)}$

Ist an einer Stelle der Rechnung kein weiterer Pivotschritt mehr möglich, weil alle als Pivotelemente in Frage kommenden Elemente verschwinden, so bedeutet dies det $\mathbf{A} = 0$ (vgl. [ENGE87], Abschnitt 3.6).

Zur Vermeidung einer Akkumulation von Rundungsfehlern wird - solange die Wahl frei ist - für das Austauschen der x_k mit den y_i stets das betragsgrößte Element als Pivotelement gewählt.

Das Austauschverfahren bzw. der Gaußsche Algorithmus zur Bestimmung der Inversen sind nur zu empfehlen, wenn $\mathbf{A}^{-1}$ explizit gesucht ist (auch dann ist der Gauß-Algorithmus dem Austauschverfahren noch vorzuziehen). Das Austauschverfahren spielt z.B. in der linearen Programmierung ([STIE76], S.28 ff.) eine Rolle. Bei der Lösung von Systemen $\mathbf{A}\mathbf{x}_i = \mathbf{y}_i$, i = 1(1)m, mit m verschiedenen rechten Seiten $\mathbf{y}_i$ sollte man die Lösungen nicht über $\mathbf{A}^{-1}$ aus $\mathbf{x}_i = \mathbf{A}^{-1}\mathbf{y}_i$ gewinnen, sondern durch gleichzeitige Anwendung des Gaußschen Algorithmus auf alle m rechten Seiten (vgl. Abschnitt 4.5.4). Dann sind nur $n^3/3$ - n/3 + mn^2 Punktoperationen erforderlich. Berechnet man dagegen $\mathbf{A}^{-1}$ mit Gauß und anschließend $\mathbf{x}_i = \mathbf{A}^{-1}\mathbf{y}_i$, so sind es $4n^3/3$ - n/3 + mn^2 Punktoperationen.

LITERATUR zu 4.9: [ENGE87], 3.6; [SCHW86], 1.4; [STIE76], 1.3.

4.10 Gleichungssysteme mit tridiagonalen Matrizen

4.10.1 Systeme mit tridiagonaler Matrix

Eine Matrix $\mathbf{A} = (a_{ik})$ heißt tridiagonal, falls gilt $a_{ik} = 0$ für $|i-k| > 1$, $i,k = 1(1)n$. Ein Gleichungssystem (4.1) bzw. (4.2) mit tridiagonaler Matrix hat die Gestalt

$$\begin{pmatrix} a_{11} & a_{12} & & & & \\ a_{21} & a_{22} & a_{23} & & & \\ & a_{32} & a_{33} & a_{34} & & \\ & & \ddots & \ddots & \ddots & \\ & & & a_{n-1n-2} & a_{n-1n-1} & a_{n-1n} \\ & & & & a_{nn-1} & a_{nn} \end{pmatrix} \begin{pmatrix} x_1 \\ x_2 \\ x_3 \\ \vdots \\ x_{n-1} \\ x_n \end{pmatrix} = \begin{pmatrix} a_1 \\ a_2 \\ a_3 \\ \vdots \\ a_{n-1} \\ a_n \end{pmatrix}.$$

Prinzip des Verfahrens.

Das System $\mathbf{Ax} = \mathbf{a}$ läßt sich mit der Zerlegung $\mathbf{A} = \mathbf{LR}$, wo $\mathbf{L}$ eine bidiagonale untere Dreiecksmatrix und $\mathbf{R}$ eine normierte bidiagonale obere Dreiecksmatrix ist, in ein äquivalentes System $\mathbf{Rx} = \mathbf{r}$ überführen. Voraussetzung für die Zerlegbarkeit ohne Zeilenvertauschung ist strenge Regularität von $\mathbf{A}$, d.h. es muß gelten

$$\det(\mathbf{A}_k) \neq 0 \quad \text{für} \quad k = 1(1)n - 1 \quad \text{(siehe Satz 4.5)}.$$

Ist diese Voraussetzung verletzt, muß mit Spaltenpivotsuche gearbeitet werden, wodurch sich jedoch im allgemeinen die Bandbreite erhöht (vgl. Abschnitt 4.13). Die Überführung von $\mathbf{Ax} = \mathbf{a}$ in $\mathbf{Rx} = \mathbf{r}$ erfolgt in den Schritten:

1. (Faktorisierung) $\mathbf{A} = \mathbf{LR} \Rightarrow \mathbf{L}, \mathbf{R}$,
2. (Vorwärtselimination) $\mathbf{a} = \mathbf{Lr} \Rightarrow \mathbf{r}$,
3. (Rückwärtselimination) $\mathbf{Rx} = \mathbf{r} \Rightarrow \mathbf{x}$.

Durchführung des Verfahrens.

Die Elemente der Matrizen $\mathbf{A}$, $\mathbf{L}$, $\mathbf{R}$ und des Vektors $\mathbf{r}$ werden wie folgt bezeichnet und vektoriell abgespeichert

(4.14)
$$A = \begin{pmatrix} d_1 & c_1 & & & \\ e_2 & d_2 & c_2 & & \\ & \ddots & \ddots & \ddots & \\ & & e_{n-1} & d_{n-1} & c_{n-1} \\ & & & e_n & d_n \end{pmatrix}, R = \begin{pmatrix} 1 & \gamma_1 & & & \\ & 1 & \gamma_2 & & \\ & & \ddots & \ddots & \\ & & & 1 & \gamma_{n-1} \\ & & & & 1 \end{pmatrix},$$

$$L = \begin{pmatrix} \alpha_1 & & & \\ \beta_2 & \alpha_2 & & \\ & \ddots & \ddots & \\ & & \beta_n & \alpha_n \end{pmatrix}, r = \begin{pmatrix} r_1 \\ r_2 \\ \vdots \\ r_n \end{pmatrix}.$$

Aus dem Koeffizientenvergleich von **A** mit **LR** ergibt sich $\beta_i = e_i$ für alle i, deshalb werden im folgenden Algorithmus die β_i sofort durch e_i ersetzt.

ALGORITHMUS 4.32

Gegeben: **Ax** = **a** mit tridiagonaler Matrix **A**, det $(A_k) \neq 0$ für k = 1(1)n-1.

Gesucht: **x** mit **x** = (x_i), i = 1(1)n .

Dann sind nacheinander folgende Schritte auszuführen:

1. (Zerlegung **A** = **LR**)

    1.1 $\alpha_1 = d_1$

    1.2 $\gamma_1 = c_1/\alpha_1$

    1.3 Für jedes i = 2(1)n-1 sind zu berechnen:

        1.3.1 $\alpha_i = d_i - e_i\gamma_{i-1}$

        1.3.2 $\gamma_i = c_i/\alpha_i$

    1.4 $\alpha_n = d_n - e_n\gamma_{n-1}$

2. (Vorwärtselimination **a** = **Lr**)

    2.1 $r_1 = a_1/d_1$

    2.2 Für jedes i = 2(1)n ist zu berechnen:
    $r_i = (a_i - e_i r_{i-1})/\alpha_i$

3. (Rückwärtselimination **Rx** = **r**)

    3.1 $x_n = r_n$

    3.2 Für jedes i = n-1(-1)1 ist zu berechnen:
    $x_i = r_i - \gamma_i x_{i+1}$

Die Matrix **A** ist regulär, d.h. det **A** $\neq$ 0, wenn $|d_1| > |c_1| > 0$; $|d_i| \geq |e_i| + |c_i|$, $e_i c_i \neq 0$, i = 2(1)n-1; $|d_n| > |e_n| > 0$ gilt.
Es liegt dann eine tridiagonale, diagonal dominante Matrix vor. ([CONT80], S. 184; [ISAA73], S.58ff.; [STUM82] 6.3). Für die Determinante einer tridiagonalen Matrix **A** gilt mit **A** = **LR** und (4.14) wegen det **R** = 1

$$\det \mathbf{A} = \det \mathbf{L} \det \mathbf{R} = \det \mathbf{L} = \alpha_1 \alpha_2 \ldots \alpha_n.$$

Bei Gleichungssystemen mit symmetrischen, tridiagonalen bzw. zyklisch tridiagonalen, diagonal-dominanten und anderen positiv definiten Matrizen ist der Gaußsche Algorithmus auch ohne Pivotsuche numerisch stabil; Konditionsverbesserung und Nachiteration tragen nicht zur Verbesserung der Lösung bei (s. [FORS71], 8, 10, 11; [SPÄT86], S.15, [WILK61]). In allen anderen Fällen ist Pivotsuche erforderlich. Dadurch kann sich jedoch die Bandbreite (s. Abschnitt 4.13) erhöhen, sie kann sich aber höchstenfalls verdoppeln.

4.10.2 Systeme mit symmetrischer, tridiagonaler, positiv definiter Matrix

Ist **A** eine symmetrische, tridiagonale, positiv definite (n,n)-Matrix, so kann bei der Lösung des Systems **Ax** = **a** ein zum Cholesky-Verfahren äquivalentes Verfahren angewandt werden; es kann dabei Speicherplatz eingespart werden. Die Überführung von **Ax** = **a** in ein äquivalentes System **Rx** = **r** geschieht gemäß Algorithmus 4.29 in den Schritten:

1. Faktorisierung: $\mathbf{A} = \mathbf{R}^T \mathbf{D} \mathbf{R} \Rightarrow \mathbf{R}$ und **D** ,

2. Vorwärtselimination: $\mathbf{R}^T \mathbf{z} = \mathbf{a} \Rightarrow \mathbf{z}$, $\mathbf{D}\mathbf{r} = \mathbf{z} \Rightarrow \mathbf{r}$,

3. Rückwärtselimination: $\mathbf{R}\mathbf{x} = \mathbf{r} \Rightarrow \mathbf{x}$.

Durchführung des Verfahrens.

Die Elemente von **A,R,D,r,z** und **x** werden wie folgt bezeichnet:

$$A = \begin{pmatrix} d_1 & c_1 & & & \\ c_1 & d_2 & c_2 & & \\ & \ddots & \ddots & \ddots & \\ & & c_{n-2} & d_{n-1} & c_{n-1} \\ & & & c_{n-1} & d_n \end{pmatrix}, R = \begin{pmatrix} 1 & \gamma_1 & & & \\ & 1 & \gamma_2 & & \\ & & \ddots & \ddots & \\ & & & 1 & \gamma_{n-1} \\ & & & & 1 \end{pmatrix},$$

$$D = \begin{pmatrix} \alpha_1 & & & \\ & \alpha_2 & & \\ & & \ddots & \\ & & & \alpha_n \end{pmatrix}, r = \begin{pmatrix} r_1 \\ r_2 \\ \vdots \\ r_n \end{pmatrix}, z = \begin{pmatrix} z_1 \\ z_2 \\ \vdots \\ z_n \end{pmatrix},$$

$$x = \begin{pmatrix} x_1 \\ x_2 \\ \vdots \\ x_n \end{pmatrix}.$$

ALGORITHMUS 4.33

Gegeben: $Ax = a$, A symmetrisch, tridiagonal, positiv definit.
Gesucht: x mit $x = (x_i)$, $i = 1(1)n$.

Dann sind nacheinander folgende Schritte auszuführen:

1. (Zerlegung $A = R^T D R$)

    1.1 $\alpha_1 = d_1$

    1.2 $\gamma_1 = c_1/\alpha_1$

    1.3 Für jedes $i = 2(1)n\text{-}1$ ist durchzuführen:

        1.3.1 $\alpha_i = d_i - c_{i-1}\gamma_{i-1}$

        1.3.2 $\gamma_i = c_i/\alpha_i$

    1.4 $\alpha_n = d_n - c_{n-1}\gamma_{n-1}$

2. (Vorwärtselimination $Rz = a$, $Dr = z$)

    2.1 $z_1 = a_1$

    2.2 Für jedes $i = 2(1)n$ ist zu berechnen:
    $z_i = a_i - \gamma_{i-1}z_{i-1}$

    2.3 Für jedes $i = 1(1)n$ ist zu berechnen:
    $r_i = z_i/\alpha_i$

3. (Rückwärtselimination $Rx = r$)

    3.1 $x_n = r_n$

    3.2 Für jedes i = n-1(-1)1 ist zu berechnen:
$$x_i = r_i - \gamma_i x_{i+1}$$

Für die Determinante von **A** gilt

$$\det \mathbf{A} = \det(\mathbf{R}^T \mathbf{D}\mathbf{R}) = \det(\mathbf{R}^T)\det \mathbf{D} \det \mathbf{R} = \det \mathbf{D} = \alpha_1 \alpha_2 \ldots \alpha_n.$$

LITERATUR zu 4.10: [BERG86]; [CONT80], S.182/4; [ENGE87], 3.3.4; [ISAA73], 2.3.2; [MAES84], 2.4; [SCHW86], 1.3; [SELD79], S.81 ff; [WILK61].

4.11 Gleichungssysteme mit zyklisch tridiagonalen Matrizen

4.11.1 Systeme mit zyklisch tridiagonaler Matrix

Eine Matrix $\mathbf{A} = (a_{ik})$, i,k = 1(1)n, heißt *zyklisch tridiagonal*, falls gilt $a_{ik} = 0$ für $1 < |i - k| < n-1$, i,k = 1(1)n.

Es sei $\mathbf{Ax} = \mathbf{a}$ ein System mit zyklisch tridiagonaler Matrix **A**.

Prinzip des Verfahrens.

Das System kann mit der Zerlegung $\mathbf{A} = \mathbf{LR}$ in ein äquivalentes System $\mathbf{Rx} = \mathbf{r}$ überführt werden, sofern $\det(\mathbf{A}_k) \neq 0$ für k = 1(1)n-1 gilt. Die Lösung erfolgt gemäß Algorithmus 4.19 in den Schritten:

1. (Faktorisierung) $\mathbf{A} = \mathbf{LR} \Rightarrow \mathbf{L}$ und $\mathbf{R}$,

2. (Vorwärtselimination) $\mathbf{a} = \mathbf{Lr} \Rightarrow \mathbf{r}$,

3. (Rückwärtselimination) $\mathbf{Rx} = \mathbf{r} \Rightarrow \mathbf{x}$.

Durchführung des Verfahrens.

Die Elemente von **A**, **L**, **R**, **r**, **x**, **a** werden wie folgt bezeichnet

$$A = \begin{pmatrix} d_1 & c_1 & & & & e_1 \\ e_2 & d_2 & c_2 & & & \\ & \ddots & \ddots & \ddots & & \\ & & e_{n-1} & d_{n-1} & c_{n-1} \\ c_n & & & e_n & d_n \end{pmatrix}, \ R = \begin{pmatrix} 1 & \gamma_1 & & & & \delta_1 \\ & 1 & \gamma_2 & & & \delta_2 \\ & & \ddots & \ddots & & \vdots \\ & & & & \gamma_{n-2} & \delta_{n-2} \\ & & & & 1 & \gamma_{n-1} \\ & & & & & 1 \end{pmatrix},$$

$$L = \begin{pmatrix} \alpha_1 & & & & & \\ \beta_2 & \alpha_2 & & & & \\ & \ddots & \ddots & & & \\ & & \beta_{n-1} & \alpha_{n-1} & & \\ \varepsilon_3 & \varepsilon_4 & \cdots & \varepsilon_n & \beta_n & \alpha_n \end{pmatrix}, \ r = \begin{pmatrix} r_1 \\ r_2 \\ \vdots \\ r_n \end{pmatrix}, \ a = \begin{pmatrix} a_1 \\ a_2 \\ \vdots \\ a_n \end{pmatrix},$$

$$x = \begin{pmatrix} x_1 \\ x_2 \\ \vdots \\ x_n \end{pmatrix}.$$

ALGORITHMUS 4.34

Gegeben: $Ax = a$ mit zyklisch tridiagonaler Matrix A und det $(A_k) \neq 0$ für k = 1(1)n-1.

Gesucht: x mit $x = (x_i)$, i = 1(1)n .

Dann sind nacheinander folgende Schritte auszuführen:

1. (Faktorisierung $A = LR$)

    1.1 $\alpha_1 = d_1$

    1.2 $\gamma_1 = c_1/\alpha_1$

    1.3 $\delta_1 = e_1/\alpha_1$

    1.4 Für jedes i = 2(1)n-2 ist durchzuführen:

        1.4.1 $\alpha_i = d_i - e_i \gamma_{i-1}$

        1.4.2 $\gamma_i = c_i/\alpha_i$

        1.4.3 $\beta_i = e_i$

        1.4.4 $\delta_i = -\beta_i \delta_{i-1}/\alpha_i$

    1.5 $\alpha_{n-1} = d_{n-1} - e_{n-1}\gamma_{n-2}$

    1.6 $\beta_{n-1} = e_{n-1}$

1.7 $\varepsilon_3 = c_n$

1.8 Für jedes i = 4(1)n ist zu berechnen:
$\varepsilon_i = -\varepsilon_{i-1}\gamma_{i-3}$

1.9 $\gamma_{n-1} = (c_{n-1} - \beta_{n-1}\delta_{n-2})/\alpha_{n-1}$

1.10 $\beta_n = e_n - \varepsilon_n\gamma_{n-2}$

1.11 $\alpha_n = d_n - \sum_{i=3}^{n}\varepsilon_i\delta_{i-2} - \beta_n\gamma_{n-1}$

2. (Vorwärtselimination $\mathbf{Lr} = \mathbf{a}$)

2.1 $r_1 = a_1/\alpha_1$

2.2 Für jedes i = 2(1)n-1 ist zu berechnen:
$r_i = (a_i - r_{i-1}\beta_i)/\alpha_i$

2.3 $r_n = (a_n - \sum_{i=3}^{n}\varepsilon_i r_{i-2} - \beta_n r_{n-1})/\alpha_n$

3. (Rückwärtselimination $\mathbf{Rx} = \mathbf{r}$)

3.1 $x_n = r_n$

3.2 $x_{n-1} = r_{n-1} - \gamma_{n-1}x_n$

3.3 Für jedes i = n-2(-1)1 ist zu berechnen:
$x_i = r_i - \gamma_i x_{i+1} - \delta_i x_n$

Für die Determinante von $\mathbf{A}$ gilt:

$$\det \mathbf{A} = \det \mathbf{L} \det \mathbf{R} = \det \mathbf{L} = \alpha_1\alpha_2\ldots\alpha_n.$$

4.11.2 Systeme mit symmetrischer, zyklisch tridiagonaler Matrix

Die Matrix $\mathbf{A} = (a_{ik})$, i,k = 1(1)n, sei zyklisch tridiagonal, symmetrisch und positiv definit.

Prinzip des Verfahrens.

Zur Lösung eines Systems $\mathbf{Ax} = \mathbf{a}$ mit einer zyklisch tridiagonalen, symmetrischen, positiv definiten Matrix $\mathbf{A}$ kann ein zum Cholesky-Verfahren äquivalentes Verfahren angewandt werden. Es kann gegenüber 4.11.1 Speicherplatz eingespart werden. Mit der Zerlegung $\mathbf{A} = \mathbf{R}^T \mathbf{DR}$ wird $\mathbf{Ax} = \mathbf{a}$ gemäß Algorithmus 4.29 in ein äquivalentes System $\mathbf{Rx} = \mathbf{r}$ überführt in den Schritten:

1. (Faktorisierung) $\mathbf{A} = \mathbf{R}^T\mathbf{DR} \Rightarrow \mathbf{R}$ und $\mathbf{D}$,
2. (Vorwärtselimination) $\mathbf{R}^T\mathbf{z} = \mathbf{a} \Rightarrow \mathbf{z}$, $\mathbf{Dr} = \mathbf{z} \Rightarrow \mathbf{r}$,
3. (Rückwärtselimination) $\mathbf{Rx} = \mathbf{r} \Rightarrow \mathbf{x}$.

Durchführung des Verfahrens.

Die Elemente von $\mathbf{A},\mathbf{R},\mathbf{D},\mathbf{r},\mathbf{z},\mathbf{x},\mathbf{a}$ werden wie folgt bezeichnet:

$$\mathbf{A} = \begin{pmatrix} d_1 & c_1 & & & & c_n \\ c_1 & d_2 & c_2 & & & \\ & \ddots & \ddots & \ddots & & \\ & & c_{n-2} & d_{n-1} & c_{n-1} \\ c_n & & & c_{n-1} & d_n \end{pmatrix}, \mathbf{R} = \begin{pmatrix} 1 & \gamma_1 & & & & \delta_1 \\ & 1 & \gamma_2 & & & \delta_2 \\ & & \ddots & \ddots & & \vdots \\ & & & & \gamma_{n-2} & \delta_{n-2} \\ & & & & 1 & \gamma_{n-1} \\ & & & & & 1 \end{pmatrix},$$

$$\mathbf{D} = \begin{pmatrix} \alpha_1 & & & \\ & \alpha_2 & & \\ & & \ddots & \\ & & & \alpha_n \end{pmatrix}, \mathbf{r} = \begin{pmatrix} r_1 \\ r_2 \\ \vdots \\ r_n \end{pmatrix}, \mathbf{a} = \begin{pmatrix} a_1 \\ a_2 \\ \vdots \\ a_n \end{pmatrix},$$

$$\mathbf{x} = \begin{pmatrix} x_1 \\ x_2 \\ \vdots \\ x_n \end{pmatrix}, \mathbf{z} = \begin{pmatrix} z_1 \\ z_2 \\ \vdots \\ z_n \end{pmatrix}.$$

ALGORITHMUS 4.35

Gegeben: $\mathbf{Ax} = \mathbf{a}$ mit symmetrischer, zyklisch tridiagonaler, positiv definiter Matrix $\mathbf{A}$.

Gesucht: $\mathbf{x}$ mit $\mathbf{x} = (x_i)$, $i = 1(1)n$.

Dann sind nacheinander folgende Schritte auszuführen:

1. (Faktorisierung $\mathbf{A} = \mathbf{R}^T\mathbf{DR}$)

    1.1 $\alpha_1 = d_1$

    1.2 $\gamma_1 = c_1/\alpha_1$

1.3 $\delta_1 = c_n/\alpha_1$

1.4 Für jedes i = 2(1)n-2 sind zu berechnen:

   1.4.1 $\alpha_i = d_i - c_{i-1}\gamma_{i-1}$

   1.4.2 $\gamma_i = c_i/\alpha_i$

   1.4.3 $\delta_i = -\delta_{i-1}c_{i-1}/\alpha_i$

1.5 $\alpha_{n-1} = d_{n-1} - c_{n-2}\gamma_{n-2}$

1.6 $\gamma_{n-1} = (c_{n-1} - c_{n-2}\delta_{n-2})/\alpha_{n-1}$

1.7 $\alpha_n = d_n - \sum_{i=1}^{n-2} \alpha_i \delta_i^2 - c_{n-1}\gamma_{n-1}^2$

2. (Vorwärtselimination $\mathbf{R}^T\mathbf{z} = \mathbf{a}$, $\mathbf{Dr} = \mathbf{z}$)

   2.1 $z_1 = a_1$

   2.2 Für jedes i = 2(1)n-1 ist zu berechnen:
      $z_i = a_i - z_{i-1}\gamma_{i-1}$

   2.3 $z_n = a_n - \sum_{i=1}^{n-2} \delta_i z_i - \gamma_{n-1}z_{n-1}$

   2.4 Für jedes i = 1(1)n ist zu berechnen:
      $r_i = z_i/\alpha_i$

3. (Rückwärtselimination $\mathbf{Rx} = \mathbf{r}$)

   3.1 $x_n = r_n$

   3.2 $x_{n-1} = r_{n-1} - \gamma_{n-1}x_n$

   3.3 Für jedes i = n-2(-1)1 ist zu berechnen:
      $x_i = r_i - \gamma_i x_{i+1} - \delta_i x_n$

Für die Determinante von A gilt:

$$\det \mathbf{A} = \det(\mathbf{R}^T\mathbf{DR}) = \det(\mathbf{R}^T)\det \mathbf{D} \det \mathbf{R} = \det \mathbf{D} = \alpha_1\alpha_2\ldots\alpha_n.$$

LITERATUR zu 4.11: [SPÄT86], S.19/21.

4.12 Gleichungssysteme mit fünfdiagonalen Matrizen

4.12.1 Systeme mit fünfdiagonalen Matrizen

Eine Matrix $\mathbf{A} = (a_{ik})$, $i,k = 1(1)n$, heißt fünfdiagonal, falls gilt $a_{ik} = 0$ für $|i - k| > 2$, $i,k = 1(1)n$.

Prinzip des Lösungsverfahrens.

Mit der Zerlegung $\mathbf{A} = \mathbf{LR}$, wo $\mathbf{L}$ eine tridiagonale Subdiagonalmatrix und $\mathbf{R}$ eine normierte tridiagonale Superdiagonalmatrix ist, läßt sich ein System $\mathbf{Ax} = \mathbf{a}$ mit fünfdiagonaler Matrix $\mathbf{A}$ ohne Zeilenvertauschung gemäß Algorithmus 4.19 in ein äquivalentes System $\mathbf{Rx} = \mathbf{r}$ überführen, sofern $\det(\mathbf{A}_k) \neq 0$ für $k = 1(1)n-1$:

1. (Faktorisierung) $\mathbf{A} = \mathbf{LR} \Rightarrow \mathbf{L}$ und $\mathbf{R}$,
2. (Vorwärtselimination) $\mathbf{a} = \mathbf{Lr} \Rightarrow \mathbf{r}$,
3. (Rückwärtselimination) $\mathbf{Rx} = \mathbf{r} \Rightarrow \mathbf{x}$.

Durchführung des Verfahrens.

Wegen der vektoriellen Speicherung werden die Elemente der beteiligten Vektoren und Matrizen wie folgt bezeichnet:

4.12 Gleichungssysteme mit fünfdiagonalen Matrizen

$$\mathbf{A} = \begin{pmatrix} d_1 & e_1 & f_1 & & & & \\ c_2 & d_2 & e_2 & f_2 & & & \\ g_3 & c_3 & d_3 & e_3 & f_3 & & \\ & \ddots & \ddots & \ddots & \ddots & \ddots & \\ & & g_{n-2} & c_{n-2} & d_{n-2} & e_{n-2} & f_{n-2} \\ & & & g_{n-1} & c_{n-1} & d_{n-1} & e_{n-1} \\ & & & & g_n & c_n & d_n \end{pmatrix}, \quad \mathbf{a} = \begin{pmatrix} a_1 \\ a_2 \\ \vdots \\ a_{n-1} \\ a_n \end{pmatrix},$$

$$\mathbf{r} = \begin{pmatrix} r_1 \\ r_2 \\ \vdots \\ r_{n-1} \\ r_n \end{pmatrix}, \quad \mathbf{L} = \begin{pmatrix} \alpha_1 & & & & & \\ \beta_2 & \alpha_2 & & & & \\ \varepsilon_3 & \beta_3 & \alpha_3 & & & \\ & \ddots & \ddots & \ddots & & \\ & & \varepsilon_{n-1} & \beta_{n-1} & \alpha_{n-1} & \\ & & & \varepsilon_n & \beta_n & \alpha_n \end{pmatrix},$$

$$\mathbf{R} = \begin{pmatrix} 1 & \gamma_1 & \delta_1 & & & & \\ & 1 & \gamma_2 & \delta_2 & & & \\ & & 1 & \gamma_3 & \delta_3 & & \\ & & & \ddots & \ddots & \ddots & \\ & & & & 1 & \gamma_{n-2} & \delta_{n-2} \\ & & & & & 1 & \gamma_{n-1} \\ & & & & & & 1 \end{pmatrix}.$$

ALGORITHMUS 4.36

Gegeben: $\mathbf{Ax} = \mathbf{a}$ mit fünfdiagonaler Matrix $\mathbf{A}$, $\det(\mathbf{A}_k) \neq 0$ für $k = 1(1)n-1$.

Gesucht: $\mathbf{x}$ mit $\mathbf{x} = (x_i)$, $i = 1(1)n$.

Dann sind nacheinander folgende Schritte auszuführen:

1. (Faktorisierung $\mathbf{A} = \mathbf{LR}$)

    1.1 $\alpha_1 = d_1$

    1.2 $\gamma_1 = e_1/\alpha_1$

    1.3 $\delta_1 = f_1/\alpha_1$

    1.4 $\beta_2 = c_2$

    1.5 $\alpha_2 = d_2 - \beta_2\gamma_1$

    1.6 $\gamma_2 = (e_2 - \beta_2\delta_1)/\alpha_2$

1.7 $\delta_2 = f_2/\alpha_2$

1.8 Für jedes i = 3(1)n-2 sind zu berechnen:

   1.8.1 $\beta_i = c_i - g_i\gamma_{i-2}$

   1.8.2 $\alpha_i = d_i - g_i\delta_{i-2} - \beta_i\gamma_{i-1}$

   1.8.3 $\gamma_i = (e_i - \beta_i\delta_{i-1})/\alpha_i$

   1.8.4 $\delta_i = f_i/\alpha_i$

1.9 $\beta_{n-1} = c_{n-1} - g_{n-1}\gamma_{n-3}$

1.10 $\alpha_{n-1} = d_{n-1} - g_{n-1}\delta_{n-3} - \beta_{n-1}\gamma_{n-2}$

1.11 $\gamma_{n-1} = (e_{n-1} - \beta_{n-1}\delta_{n-2})/\alpha_{n-1}$

1.12 $\beta_n = c_n - g_n\gamma_{n-2}$

1.13 $\alpha_n = d_n - g_n\delta_{n-2} - \beta_n\gamma_{n-1}$

1.14 Für jedes i = 3(1)n

   $\varepsilon_i = g_i$

2. (Vorwärtselimination **a** = **Lr**)

   2.1 $r_1 = a_1/\alpha_1$

   2.2 $r_2 = (a_2 - \beta_2 r_1)/\alpha_2$

   2.3 Für jedes i = 3(1)n sind zu berechnen:
      $r_i = (a_i - \varepsilon_i r_{i-2} - \beta_i r_{i-1})/\alpha_i$

3. (Rückwärtselimination **Rx** = **r**)

   3.1 $x_n = r_n$

   3.2 $x_{n-1} = r_{n-1} - \gamma_{n-1}x_n$

   3.3 Für jedes i = n-2(-1)1 ist zu berechnen:
      $x_i = r_i - \gamma_i x_{i+1} - \delta_i x_{i+2}$

Für die Determinante von **A** gilt:

$$\det \mathbf{A} = \det \mathbf{L} \det \mathbf{R} = \det \mathbf{L} = \alpha_1\alpha_2\ldots\alpha_n.$$

4.12.2 Systeme mit symmetrischer, fünfdiagonaler, positiv definiter Matrix

Ist **A** symmetrisch, fünfdiagonal und positiv definit, so kann zur Lösung von **Ax** = **a** ein zum Cholesky-Verfahren äquivalentes Verfahren angewandt werden. Wegen der positiven Definitheit von **A** ist die Voraussetzung

4.12 Gleichungssysteme mit fünfdiagonalen Matrizen

$\det(\mathbf{A}_k) \neq 0$, $k = 1(1)n$, für die Zerlegbarkeit ohne Zeilenvertauschungen immer erfüllt, d.h. $\mathbf{A}$ ist streng regulär. Es kann etwa die Hälfte Speicherplatz eingespart werden.

Prinzip des Verfahrens.
Mit der Zerlegung $\mathbf{A} = \mathbf{R}^T \mathbf{D} \mathbf{R}$, wo $\mathbf{R}$ eine normierte tridiagonale Superdiagonalmatrix ist und $\mathbf{D}$ eine Diagonalmatrix, läßt sich das System $\mathbf{A}\mathbf{x} = \mathbf{a}$ in ein äquivalentes System $\mathbf{R}\mathbf{x} = \mathbf{r}$ überführen gemäß Algorithmus 4.29:

1. (Faktorisierung) $\mathbf{A} = \mathbf{R}^T \mathbf{D} \mathbf{R} \Rightarrow \mathbf{R}$ und $\mathbf{D}$,
2. (Vorwärtselimination) $\mathbf{R}^T \mathbf{z} = \mathbf{a} \Rightarrow \mathbf{z}$, $\mathbf{D}\mathbf{r} = \mathbf{z} = \mathbf{r}$,
3. (Rückwärtselimination) $\mathbf{R}\mathbf{x} = \mathbf{r} \Rightarrow \mathbf{x}$.

Durchführung des Verfahrens.

Wegen der vektoriellen Abspeicherung werden folgende Bezeichnungen eingeführt:

$$\mathbf{A} = \begin{pmatrix} d_1 & c_1 & e_1 & & & & \\ c_1 & d_2 & c_2 & e_2 & & & \\ e_1 & c_2 & d_3 & c_3 & e_3 & & \\ & \ddots & \ddots & \ddots & \ddots & \ddots & \\ & & e_{n-4} & c_{n-3} & d_{n-2} & c_{n-2} & e_{n-2} \\ & & & e_{n-3} & c_{n-2} & d_{n-1} & c_{n-1} \\ & & & & e_{n-2} & c_{n-1} & d_n \end{pmatrix}, \quad \mathbf{a} = \begin{pmatrix} a_1 \\ a_2 \\ \vdots \\ a_{n-1} \\ a_n \end{pmatrix},$$

$$\mathbf{D} = \begin{pmatrix} \alpha_1 & & & & \\ & \alpha_2 & & & \\ & & \alpha_3 & & \\ & & & \ddots & \\ & & & & \alpha_n \end{pmatrix}, \quad \mathbf{R} = \begin{pmatrix} 1 & \gamma_1 & \delta_1 & & & & \\ & 1 & \gamma_2 & \delta_2 & & & \\ & & 1 & \gamma_3 & \delta_3 & & \\ & & & \ddots & \ddots & \ddots & \\ & & & & 1 & \gamma_{n-2} & \delta_{n-2} \\ & & & & & 1 & \gamma_{n-1} \\ & & & & & & 1 \end{pmatrix},$$

$$\mathbf{r} = \begin{pmatrix} r_1 \\ r_2 \\ \vdots \\ r_n \end{pmatrix}, \quad \mathbf{z} = \begin{pmatrix} z_1 \\ z_2 \\ \vdots \\ z_n \end{pmatrix}.$$

ALGORITHMUS 4.37

Gegeben: $\mathbf{Ax} = \mathbf{a}$ mit symmetrischer, fünfdiagonaler, positiv definiter Matrix $\mathbf{A}$.

Gesucht: $\mathbf{x}$ mit $\mathbf{x} = (x_i)$, $i = 1(1)n$.

Dann sind nacheinander folgende Schritte auszuführen:

1. (Zerlegung $\mathbf{A} = \mathbf{R}^T \mathbf{D} \mathbf{R}$)

    1.1 $\alpha_1 = d_1$
    1.2 $\gamma_1 = c_1/\alpha_1$
    1.3 $\delta_1 = e_1/\alpha_1$
    1.4 $\alpha_2 = d_2 - c_1\gamma_1$
    1.5 $\gamma_2 = (c_2 - e_1\gamma_1)/\alpha_2$
    1.6 $\delta_2 = e_2/\alpha_2$
    1.7 Für jedes $i = 3(1)n-2$ sind zu berechnen:
    　1.7.1 $\alpha_i = d_i - e_{i-2}\delta_{i-2} - \alpha_{i-1}\gamma_{i-1}^2$
    　1.7.2 $\gamma_i = (c_i - e_{i-1}\gamma_{i-1})/\alpha_i$
    　1.7.3 $\delta_i = e_i/\alpha_i$
    1.8 $\alpha_{n-1} = d_{n-1} - e_{n-3}\delta_{n-3} - \alpha_{n-2}\gamma_{n-2}^2$
    1.9 $\gamma_{n-1} = (c_{n-1} - e_{n-2}\gamma_{n-2})/\alpha_{n-1}$
    1.10 $\alpha_n = d_n - e_{n-2}\delta_{n-2} - \alpha_{n-1}\gamma_{n-1}^2$

2. (Vorwärtselimination $\mathbf{R}^T\mathbf{z} = \mathbf{a}$, $\mathbf{Dr} = \mathbf{z}$)

    2.1 $z_1 = a_1$
    2.2 $z_2 = a_2 - \gamma_1 z_1$
    2.3 Für jedes $i = 3(1)n$ ist zu berechnen:
    　$z_i = a_i - \gamma_{i-1}z_{i-1} - \delta_{i-2}z_{i-2}$
    2.4 Für jedes $i = 1(1)n$ ist zu berechnen:
    　$r_i = z_i/\alpha_i$

3. (Rückwärtselimination $\mathbf{Rx} = \mathbf{r}$)

    3.1 $x_n = r_n$
    3.2 $x_{n-1} = r_{n-1} - \gamma_{n-1}x_n$
    3.3 Für jedes $i = n-2(-1)1$ ist zu berechnen:
    　$x_i = r_i - \gamma_i x_{i+1} - \delta_i x_{i+2}$

Für die Determinante von $\mathbf{A}$ gilt:

$$\det \mathbf{A} = \det(\mathbf{R}^T)\det \mathbf{D} \det \mathbf{R} = \det \mathbf{D} = \alpha_1\alpha_2\ldots\alpha_n.$$

4.13 Gleichungssysteme mit Bandmatrizen

Eine Matrix $\mathbf{A} = (a_{ik})$, $i,k = 1(1)n$, deren Elemente außerhalb eines Bandes längs der Hauptdiagonalen verschwinden, heißt *Bandmatrix* oder *bandstrukturierte Matrix* (vgl. Definition 4.10).

Bei der Zerlegung $\mathbf{A} = \mathbf{LR}$ werden die Dreiecksmatrizen $\mathbf{R}$ und $\mathbf{L}$ ebenfalls bandförmig, wodurch sich der Rechenaufwand bei (gegenüber n) kleinen Zahlen m_l (Anzahl der unteren Nebendiagonalen), m_r (Anzahl der oberen Nebendiagonalen) bedeutend verringert.
Es sind somit die Algorithmen 4.19 und 4.20 anwendbar unter der Berücksichtigung, daß die Zerlegungsmatrizen bandförmig sind. Im folgenden werden drei Algorithmen angegeben, von denen der erste eine Transformation von $\mathbf{A}$ auf obere Dreiecksform beinhaltet, d.h. bei der LR-Zerlegung ist $\mathbf{L}$ normierte untere Dreiecksmatrix und $\mathbf{R}$ obere Dreiecksmatrix. Der zweite Algorithmus gibt eine Transformation auf untere Dreiecksform an, d.h. bei der LR-Zerlegung ist $\mathbf{L}$ normierte obere Dreiecksmatrix und $\mathbf{R}$ untere Dreiecksmatrix.
Der dritte Algorithmus arbeitet mit einer gepackten Matrix $\mathbf{A}$ und transformiert je nach Rechenaufwand auf obere bzw. untere Dreiecksform. Das Packen von $\mathbf{A}$ wird so vorgenommen, daß die Diagonalen von $\mathbf{A}$ zu Spalten der gepackten Matrix werden; dieser Algorithmus wurde von Elmar Pohl entwickelt. Hier wird auf eine Darstellung mit der Permutationsmatrix $\mathbf{P}$ (vgl. Algorithmus 4.20) verzichtet. Stattdessen werden die Zeilenvertauschungen mit dem Vektor $\mathbf{p}$ verwaltet.

Es bedeutet: $p_i = k$: Zeile i wurde mit der Zeile i+k vertauscht.
Falls $p_i = 0$ wurde keine Vertauschung vorgenommen. Der Parameter SIG liefert das Vorzeichen der Determinate von $\mathbf{A}$, es gilt nach der Zerlegung bzw. Transformation auf obere oder untere Dreiecksform

$$\det \mathbf{A} = \quad \text{SIG} \quad r_{11} r_{22} \ldots r_{nn}$$

mit SIG = $(-1)^k$, k = Anzahl der Zeilenvertauschungen.

In den folgenden Algorithmen wird $\mathbf{A}$ mit den Zerlegungsmatrizen überspeichert, so daß sich für die Determinante ergibt

$$\det \mathbf{A} = \quad \text{SIG} \quad a_{11} a_{22} \ldots a_{nn}.$$

ALGORITHMUS 4.38 (*Transformation auf obere Dreiecksform*).

Gegeben: $\mathbf{A}\mathbf{x} = \mathbf{a}$ mit der Bandmatrix $\mathbf{A} = (a_{ik})$, $i,k = 1(1)n$ ($m_l = $ Anzahl der unteren Nebendiagonalen, $m_r = $ Anzahl der oberen Nebendiagonalen) und der rechten Seite $\mathbf{a} = (a_i)$, $i = 1(1)n$.

Gesucht: $\mathbf{x}$ mit $\mathbf{x} = (x_i)$, $i = 1(1)n$.

1. Faktorisierung $\mathbf{A} = \mathbf{LR}$ mit einer normierten unteren Dreiecksmatrix $\mathbf{L}$ und oberen Dreiecksmatrix $\mathbf{R}$ mit Pivotisierung, d.h. die Matrix $\mathbf{A}$ wird auf obere Dreiecksform transformiert.

    1.1 SIG := 1

    1.2 Für jedes $i = 1(1)$n-1

        1.2.1 $p_i := \nu$ für
    $|a_{i+\nu,i}| = \max\{|a_{i+k,i}|, k = 0(1)\min\{m_l,\text{n-i}\}\}$

        1.2.2 Wenn $\nu \neq 0$, dann

            1.2.2.1 SIG := - SIG

            1.2.2.2 Für jedes $k = 0(1) \min\{m_l + m_r,\text{n-i}\}$
    Vertausche $a_{i,i+k}$ mit $a_{i+\nu,i+k}$

        1.2.3 Für $k = 1(1)\min\{m_l,\text{n-i}\}$

            1.2.3.1 Ersetze $a_{i+k,i}$ durch $a_{i+k,i}/a_{ii}$

            1.2.3.2 Für $j = 1(1)\min\{m_l + m_r,\text{n-i}\}$
    Ersetze $a_{i+k,i+j}$ durch $a_{i+k,i+j} - a_{i+k,i}\,a_{i,i+j}$

    1.3 $p_n := 0$ (letzte Zeile wird nicht vertauscht)

2. Vorwärtselimination $\mathbf{a} = \mathbf{L}\mathbf{r}$, $\mathbf{a}$ wird mit $\mathbf{r}$ überspeichert, die Zeilenvertauschungen der Zerlegung werden berücksichtigt.

    2.1 Für $i = 1(1)$n-1 ist durchzuführen

        2.1.1 Wenn $p_i \neq 0$, dann vertausche a_i mit a_{i+p_i}.

        2.1.2 Für $k = 1(1)\min\{m_l,\text{n-i}\}$
    Ersetze a_{i+k} durch $a_{i+k} - a_{i+k,i}\,a_i$

3. Rückwärtselimination $\mathbf{R}\mathbf{x} = \mathbf{r}$, die Lösung $\mathbf{x}$ wird in $\mathbf{a}$ gespeichert.

    3.1 Ersetze a_n durch a_n/a_{nn}

    3.2 Für jedes $i = $ n-1(-1)1

        3.2.1 Für $k = 1(1)\min\{\text{n-i},m_l + m_r\}$
    Ersetze a_i durch $a_i - a_{i,i+k}\,a_{i+k}$

        3.2.2 Ersetze a_i durch a_i/a_{ii}

ALGORITHMUS 4.39 (*Transformation auf untere Dreiecksform*).

Gegeben: $\mathbf{Ax} = \mathbf{a}$ mit $\mathbf{A} = (a_{ik})$, $i,k = 1(1)n$, bandförmig, $\mathbf{a} = (a_i)$, $i = 1(1)n$, rechte Seite

Gesucht: $\mathbf{x} = (x_i)$, $i = 1(1)n$

1. Faktorisierung $\mathbf{A} = \mathbf{LR}$ mit normierter oberen Dreiecksmatrix $\mathbf{L}$ und unteren Dreiecksmatrix $\mathbf{R}$, d.h. Transformation von $\mathbf{A}$ auf untere Dreiecksform.

    1.1 SIG := 1

    1.2 Für jedes $i = n(-1)2$

        1.2.1 $p_i := \nu$ für
    $|a_{i+\nu,i}| = \max\{|a_{i+k,i}|, k = 0(-1)\max\{1-i,-m_r\}\}$

        1.2.2 Wenn $\nu \neq 0$, dann

            1.2.2.1 SIG := - SIG

            1.2.2.2 Für jedes $k = 0(-1)\max\{1-i,-m_r-m_l\}$
    Vertausche $a_{i,i+k}$ mit $a_{i+\nu,i+k}$

        1.2.3 Für $k = -1(-1)\max\{1-i,-m_r\}$

            1.2.3.1 Ersetze $a_{i+k,i}$ durch $a_{i+k,i}/a_{ii}$

            1.2.3.2 Für $j = -1(-1)\max\{1-i,-m_r-m_l\}$ setze
    $a_{i+k,i+j} := a_{i+k,i+j} - a_{i+k,i}\, a_{i,i+j}$

    1.3 $p_1 := 0$ (Zeile 1 wird nicht vertauscht)

2. Rückwärtselimination ($\mathbf{a} = \mathbf{L r}$, $\mathbf{r}$ wird auf $\mathbf{a}$ gespeichert)

    2.1 Für $i = n(-1)2$ ist durchzuführen:

        2.1.1 Wenn $p_i \neq 0$, dann vertausche a_i mit a_{i+p_i}

        2.1.2 Für $k = -1(-1)\max\{1-i,-m_r\}$ setze
    $a_{i+k} := a_{i+k} - a_{i+k,i}\, a_i$

3. Vorwärtselimination ($\mathbf{Rx} = \mathbf{r}$, $\mathbf{x}$ wird auf $\mathbf{a}$ gespeichert)

    3.1 $a_1 := a_1/a_{11}$

    3.2 Für jedes $i = 2(1)n$

        3.2.1 Für $k = -1(-1)\max\{1-i,-m_l - m_r\}$
    Ersetze a_i durch $a_i - a_{i,i+k}\, a_{i+k}$

        3.2.2 Ersetze a_i durch a_i/a_{ii}

ALGORITHMUS 4.40 (*Gepackte Matrix, Transformation auf obere bzw. untere Dreiecksform*)

Gegeben: $\mathbf{Ax} = \mathbf{a}$, $\mathbf{A} = (a_{ik})$, i,k = 1(1)n, bandförmig, $\mathbf{a} = (a_i)$, i = 1(1)n, rechte Seite

Gesucht: $\mathbf{x} = (x_i)$, i = 1(1)n

1. Packung der Matrix $\mathbf{A}$ zu einer Matrix $\mathbf{A}^*$ mit
$a^*_{\alpha,\beta} := a_{\alpha,\alpha+\beta-m_l-1}$ bzw. $a_{ik} = a^*_{i,m_l+1+k-i}$
für i = 1(1)n, k = max{1,i-m_l}(1)min{n,i+m_r}

Die (n,n)-Matrix $\mathbf{A}$ wird zu einer Matrix $\mathbf{A}^*$ mit n Zeilen und
m = m_l + m_r + 1 Spalten.

BEMERKUNG zur Speicherung der zusätzlichen Nebendiagonalen in Algorithmus 4.40:
Bei der Transformation auf untere Dreiecksform werden zusätzliche Nebendiagonalen unterhalb des Diagonalbandes erzeugt. Nach der in 1. beschriebenen Packung wären das hier Spalten links von Spalte 1 in $\mathbf{A}^*$. Da zu Beginn die Anzahl dieser Spalten unbekannt ist, werden die zusätzlichen Nebendiagonalen rechts von $\mathbf{A}^*$ gespeichert, so daß die Gesamtspaltenzahl von $\mathbf{A}^*$ ist:

$$m^* := m + \min\{m_l, m_r\}.$$

2. Faktorisierung

    2.1 SIG: = 1
    m^* = m_l + m_r + 1 + min{m_l,m_r}

    2.2 Wenn $m_l \leq m_r$, dann wird gesetzt
    $i_a := 1$, $i_e := n-1$, $i_s := 1$, $k_a := 1$, $j_a := 1$,
    andernfalls
    $i_a := n$, $i_e := 2$, $i_s := -1$, $k_a := -1$, $j_a := -1$

    2.3 Für jedes i = $i_a(i_s)i_e$ wird durchgeführt:

        2.3.1 Wenn $m_l \leq m_r$, dann
        $k_e := \min\{m_l, n-i\}$
        andernfalls
        $k_e := \max\{1-i, -m_r\}$

        2.3.2 $p_i := \nu$ für
        $|a^*_{i+\nu, m_l+1-\nu}| = \max\{|a^*_{i+k, m_l+1-k}|, k = 0(i_s)k_e\}$

4.13 Gleichungssysteme mit Bandmatrizen

2.3.3 Wenn $m_l \leq m_r$, dann
$j_e := \min\{m_l+m_r, n-i\}$
andernfalls
$j_e := \max\{1-i, -m_r-m_l\}$

2.3.4 Wenn $\nu \neq 0$, dann
  2.3.4.1 SIG: = - SIG
  2.3.4.2 Für $k = 0(i_s)j_e$
    2.3.4.2.1 $k_m := k + m_l + 1$
    2.3.4.2.2 Wenn $k_m \leq 0$, dann $k_m := k_m + m^*$
    2.3.4.2.3 Vertausche a^*_{i,k_m} mit
      $a^*_{i+\nu, k_m-\nu}$

2.3.5 Für $k = k_a(i_s)k_e$
  $a^*_{i+k, m_l+1-k} := a^*_{i+k, m_l+1-k} / a^*_{i, m_l+1}$
  Für $j = j_a(i_s)j_e$
  $j_k := j + m_l + 1 - k$
  $j_m := j + m_l + 1$
  Wenn $j_k \leq 0$, dann $j_k := j_k + m^*$
  Wenn $j_m \leq 0$, dann $j_m := j_m + m^*$
  Setze $a^*_{i+k, j_k} := a^*_{i+k, j_k} - a^*_{i+k, m_l+1-k} \, a^*_{i, j_m}$

2.4 $p_{i_e+i_s} := 0$

3. Rückwärts- oder Vorwärtselimination

3.1 $m^* := m_l + m_r + 1 + \min\{m_l, m_r\}$
Wenn $m_l \leq m_r$, dann
$i_a := 1, i_e := n-1, i_s := 1, k_a := 1$
andernfalls
$i_a := n, i_e := 2, i_s := -1, k_a := -1$

3.2 Für $i = i_a(i_s)i_e$
  3.2.1 Wenn $p_i \neq 0$, vertausche a_i mit a_{i+p_i}
  3.2.2 Wenn $m_l \leq m_r$, dann
    $k_e := \min\{m_l, n-i\}$
    andernfalls
    $k_e := \max\{1-i, -m_r\}$
  3.2.3 Für $k = k_a(i_s)k_e$
    $a_{i+k} = a_{i+k} - a^*_{i+k, m_l+1-k} \, a_i$

3.3 $a_{i_e+i_s} = a_{i_e+i_s} / a^*_{i_e+i_s, m_e+1}$
3.4 Für $i = i_e(-i_s)i_a$

> 3.4.1 Wenn $m_l \leq m_r$, dann
> $\quad k_e := \min\{n\text{-}i, m_l + m_r\}$
> andernfalls
> $\quad k_e := \max\{1\text{-}i, -m_l - m_r\}$
> 3.4.2 Für $k = k_a(i_s) k_e$
> $\quad$ 3.4.2.1 $k_m := k + m_l + 1$
> $\quad$ 3.4.2.2 Wenn $k_m \leq 0$, dann $k_m := k_m + m^*$
> $\quad$ 3.4.2.3 $a_i := a_i - a^*_{i,k_m} a_{i+k}$
> 3.4.3 $a_i := a_i / a^*_{i, m_l+1}$

BEMERKUNG zur Wahl der Transformation auf untere bzw. obere Dreiecksform:
Im Falle vollbesetzter Matrizen ist es gleichgültig, ob eine Transformation auf obere oder untere Dreiecksform erfolgt. Bei Bandmatrizen mit Zeilenvertauschungen ergibt sich jedoch ein Unterschied in der Rechenzeit und der Speichereffizienz im Falle $m_l \neq m_r$. Bei der Transformation auf obere Dreiecksform entstehen durch die Zeilenvertauschungen m_l zusätzliche obere Nebendiagonalen, bei Transformation auf untere Dreiecksform m_r zusätzliche untere Nebendiagonalen. Bei der oberen Dreiecksform sind pro Eliminationsschritt m_l Zeilen zu behandeln, bei der unteren Dreiecksform m_r Zeilen, so daß der Aufwand von der entsprechenden Wahl der Transformationsart abhängt.

LITERATUR zu 4.13: [BERG86]; [FORS71] §23; [GOLU84], Sec.5.3; [MAES84], S.68; [WEIS84], 6.5; [WEIS90].

4.14 Lösung überbestimmter linearer Gleichungssysteme mit Householdertransformation

Die Lösung überbestimmter linearer Systeme mit Hilfe der Householdertransformation ist von besonderer Bedeutung, weil bei der Dreieckszerlegung von **A** in das Produkt einer orthogonalen Matrix **Q** und einer oberen Dreiecksmatrix **R** die Kondition von **A** nicht verschlechtert wird (vgl. [STOE83]).

4.14 Householdertransformation

ALGORITHMUS 4.41 (*Für ein überbestimmtes lineares Gleichungssystem*).

Gegeben: $\mathbf{Ax = a}$ durch $\mathbf{A}$ = (m,n)-Matrix, $\mathbf{a} \in \mathbb{R}^m$, $m \geq n$ mit Rang $(\mathbf{A}) = n$.

Gesucht: $\mathbf{x} \in \mathbb{R}^n$.

1. Schritt: Zerlegung $\mathbf{A = QR}$ mit einer orthogonalen (m,m)-Matrix $\mathbf{Q}$ und einer oberen (m,n)-Dreiecksmatrix $\mathbf{R}$. Es gilt wegen der Orthogonalität $\mathbf{Q}^T = \mathbf{Q}^{-1}$.
2. Schritt: Berechnung von $\mathbf{b} \in \mathbb{R}^m$ aus $\mathbf{b} = \mathbf{Q}^T \mathbf{a}$.
3. Schritt: Rückwärtselimination $\mathbf{Rx = b}$ mit dem Ergebnis $\mathbf{x} \in \mathbb{R}^n$.

Householder-Transformation

Ziel der Householder-Transformation ist die Überführung der (m,n)-Matrix $\mathbf{A}$ vom Rang n in eine obere (m,n)-Dreiecksmatrix $\mathbf{R} = (r_{ik})$, $i = 1(1)m$, $k = 1(1)n$, $r_{ik} = 0$ für $i > k$, durch sukzessive Linksmultiplikation von $\mathbf{A}$ mit symmetrischen, orthogonalen (m,m)-Matrizen $\mathbf{H}_i$ (Householder-Matrizen) mit $\mathbf{H}_i \mathbf{H}_i^T = \mathbf{E}$, $\mathbf{H}_i^{-1} = \mathbf{H}_i^T$

$$\mathbf{A}_{q+1} = \underbrace{\mathbf{H}_q \mathbf{H}_{q-1} \ldots \mathbf{H}_2 \mathbf{H}_1}_{=: \mathbf{H}} \mathbf{A}_1 =: \mathbf{HA = R}$$

mit $\mathbf{A}_{i+1} = \mathbf{H}_i \mathbf{A}_i$ für $i = 1(1)q$, $q = \min(m-1, n)$, $\mathbf{A}_1 := \mathbf{A}$.

Aus $\mathbf{R = HA}$ ergibt sich eine QR-Zerlegung (vgl. Algorithmus 4.26)

$$\mathbf{A = H}^T \mathbf{R} =: \mathbf{QR}, \quad \mathbf{Q} := \mathbf{H}^T$$

mit der orthogonalen Matrix $\mathbf{Q}$ ($\mathbf{Q}^T = \mathbf{Q}^{-1}$).

Durchführung der Householder-Transformation.

Es wird gesetzt

$$\mathbf{A}_1 = (a_{ik}^{(1)}) := \mathbf{A} = (a_{ik}) \quad \text{für} \quad i = 1(1)m, \; k = 1(1)n.$$

Dann gilt

$$\mathbf{A}_1 = \begin{pmatrix} a_{11}^{(1)} & a_{12}^{(1)} & \cdots & a_{1n}^{(1)} \\ a_{21}^{(1)} & a_{22}^{(1)} & \cdots & a_{2n}^{(1)} \\ \vdots & & & \\ a_{m1}^{(1)} & a_{m2}^{(1)} & \cdots & a_{mn}^{(1)} \end{pmatrix} = (\mathbf{a}_1^{(1)}, \mathbf{a}_2^{(1)}, \ldots, \mathbf{a}_n^{(1)}),$$

wo $\mathbf{a}_j^{(1)}$ die j-te Spalte von $\mathbf{A}_1$ ist.

Mit der (m,m)-Householder-Matrix $\mathbf{H}_1$, die gemäß Satz 4.9 konstruiert wird,

$$\mathbf{H}_1 := \mathbf{E} - \frac{2}{\|\mathbf{v}_1\|^2} \mathbf{v}_1 \mathbf{v}_1^T$$

mit

$$\mathbf{v}_1 = \begin{pmatrix} a_{11}^{(1)} + \text{sign}(a_{11}^{(1)}) \|\mathbf{a}_1^{(1)}\| \\ a_{21}^{(1)} \\ \vdots \\ a_{m1}^{(1)} \end{pmatrix}$$

ergibt sich

$$\mathbf{A}_2 = \mathbf{H}_1 \mathbf{A}_1 = \begin{pmatrix} a_{11}^{(2)} & a_{12}^{(2)} & \cdots & a_{1n}^{(2)} \\ 0 & a_{22}^{(2)} & \cdots & a_{2n}^{(2)} \\ \vdots & & & \\ 0 & a_{m2}^{(2)} & \cdots & a_{mn}^{(2)} \end{pmatrix} = \begin{pmatrix} a_{11}^{(2)} & a_{12}^{(2)} & \cdots & a_{1n}^{(2)} \\ 0 & & & \\ \vdots & & \tilde{\mathbf{A}}_2 & \\ 0 & & & \end{pmatrix}$$

Analog fortfahrend erhält man

$$\mathbf{A}_{i+1} = \mathbf{H}_i \mathbf{A}_i \quad \text{für} \quad i = 1(1)p$$

mit der (m,n)-Matrix

$$\mathbf{A}_i = \begin{pmatrix} a_{11}^{(2)} & a_{12}^{(2)} & & & \cdots & & a_{1n}^{(2)} \\ & a_{22}^{(3)} & & & \cdots & & a_{2n}^{(3)} \\ & & \ddots & & & & \\ & & & a_{i-1,i-1}^{(i)} & \cdots & & a_{i-1,n}^{(i)} \\ & & & 0 & & & \\ & & & \vdots & & \tilde{\mathbf{A}}_i & \\ & & & 0 & & & \end{pmatrix}$$

4.14 Householdertransformation

$$\tilde{\mathbf{A}}_i = \begin{pmatrix} a_{ii}^{(i)} & \cdots & a_{in}^{(i)} \\ \vdots & & \vdots \\ a_{mi}^{(i)} & \cdots & a_{mn}^{(i)} \end{pmatrix}$$

und der (m,m)-Matrix

$$\mathbf{H}_i = \begin{pmatrix} \mathbf{E}_{i-1} & O \\ O & \tilde{\mathbf{H}}_i \end{pmatrix} \begin{matrix} \} & i-1 \text{ Zeilen} \\ \} & m-i+1 \text{ Zeilen} \end{matrix}$$

wo $\tilde{\mathbf{H}}_i$ eine (m-i+1,m-i+1)-Matrix ist, die gemäß Satz 4.9 berechnet werden muß

$$\tilde{\mathbf{H}}_i = \mathbf{E} - \frac{2}{\|\mathbf{v}_i\|^2} \mathbf{v}_i \mathbf{v}_i^T.$$

Der Vektor $\mathbf{v}_i \in \mathbb{R}^{m-i+1}$ ergibt sich aus

$$\mathbf{v}_i = \begin{pmatrix} a_{ii}^{(i)} + \text{sign}(a_{ii}^{(i)})\|\mathbf{a}_i^{(i)}\| \\ a_{i+1,i}^{(i)} \\ \vdots \\ a_{mi}^{(i)} \end{pmatrix} \quad \text{mit} \quad \mathbf{a}_i = \begin{pmatrix} a_{ii}^{(i)} \\ a_{i+1,i}^{(i)} \\ \vdots \\ a_{mi}^{(i)} \end{pmatrix}.$$

Die (m,n)-Matrix $\mathbf{A}_{i+1}$ hat dann die Form

$$\mathbf{A}_{i+1} = \begin{pmatrix} a_{11}^{(2)} & a_{12}^{(2)} & & \cdots & & a_{1n}^{(2)} \\ & a_{22}^{(3)} & & \cdots & & a_{2n}^{(3)} \\ & & \ddots & & & \\ & & & a_{ii}^{(i+1)} & \cdots & a_{in}^{(i+1)} \\ & & & 0 & & \\ & & & \vdots & & \tilde{\mathbf{A}}_{i+1} \\ & & & 0 & & \end{pmatrix}$$

mit

$$\tilde{\mathbf{A}}_{i+1} = \begin{pmatrix} a_{i+1,i+1}^{(i+1)} & \cdots & a_{i+1,n}^{(i+1)} \\ \vdots & & \vdots \\ a_{m,i+1}^{(i+1)} & \cdots & a_{m,n}^{(i+1)} \end{pmatrix}.$$

Verwendet man die Householder-Transformation für die Erzeugung der QR-Zerlegung in Algorithmus 4.39 und berücksichtigt dabei die Beziehungen

$$R = H_q H_{q-1} \ldots H_1 A =: HA$$

und

$$Rx = HAx = Ha =: r,$$

so können die beiden ersten Schritte in Algorithmus 4.41 ersetzt werden durch die gleichzeitige Erzeugung von R und r durch sukzessive Multiplikation von A und a mit den Transformationsmatrizen H_i ; d.h. man umgeht die explizite Herstellung von Q und Q^T und erhält den

---

ALGORITHMUS 4.42 (*Householder-Transformation*).

Gegeben: $Ax = a$, $A = (a_{ik})$, $i = 1(1)m$, $k = 1(1)n$, $a \in \mathbb{R}^m$, $m \geq n$,
$Rg(A) = n$.

Gesucht: $x \in \mathbb{R}^n$ mit Hilfe der Householder-Transformation.

1. (Householder-Transformation zur Erzeugung von $R = HA$, $r = Ha$ mit $H = H_q \, H_{q-1} \ldots H_1$)
   Für jedes $i = 1(1)n$

   1.1 Berechnung der folgenden Größen in der angegebenen Reihenfolge
   $$r := \sum_{k=i}^{m} a_{ki}^2$$
   $\alpha := \sqrt{r} \, \text{sign}(a_{ii})$
   $ak := 1/(r + \alpha \cdot a_{ii})$
   $a_{ii} := a_{ii} + \alpha$

   1.2 Multiplikation der Matrix A und der rechten Seite a (als (n+1)-te Spalte von A) von links mit der neuen Transformationsmatrix
   $d_i := -\alpha$
   Für jedes $k = i+1(1)n+1$ ist durchzuführen
   $f := 0$
   Für jedes $j = i(1)m$
   $f := f + a_{jk} a_{ji}$
   $f := f \cdot ak$
   Für jedes $j = i(1)m$
   $a_{jk} := a_{jk} - f \cdot a_{ji}$

2. (Rückwärtselimination zur Bestimmung der Lösung x aus $Rx = r$) Für jedes $i = n(-1)1$ ist durchzuführen:

4.15 Fehler, Kondition und Nachiteration

```
x_i := a_{i,n+1}
Für jedes k = i+1(1)n
    x_i := x_i - a_{ik}x_k
x_i := x_i/d_i
```

LITERATUR zu 4.14: [BERG86]; [GOLU84], 3.3; [MAES84], 4.3; [NIEM87], 6.4; [STOE83], 4.7.

4.15 Fehler, Kondition und Nachiteration

4.15.1 Fehler und Kondition

Die mit Hilfe direkter Methoden ermittelte Lösung eines linearen Gleichungssystems ist meist nicht die exakte Lösung, da

1. im Verlaufe der Rechnung Rundungsfehler auftreten, deren Akkumulation zur Verfälschung der Ergebnisse führen kann.
2. Ungenauigkeiten in den Ausgangsgrößen bestehen können, die Ungenauigkeiten in den Lösungen hervorrufen.

Wenn kleine Änderungen in den Ausgangsdaten große Änderungen in der Lösung hervorrufen, heißt die Lösung *instabil*; man spricht von einem *schlecht konditionierten* System.

Es ist erforderlich, ein Maß für die Güte einer Näherungslösung $\mathbf{x}^{(0)}$ für $\mathbf{x}$ zu finden. Das Einsetzen der Näherungslösung $\mathbf{x}^{(0)}$ in das System $\mathbf{Ax} = \mathbf{a}$ liefert den Fehlervektor

(4.15) $$\mathbf{r}^{(0)} = \mathbf{a} - \mathbf{Ax}^{(0)};$$

man bezeichnet $\mathbf{r}^{(0)}$ auch als das *Residuum*. Ist $\mathbf{x}^{(0)}$ eine gute Approximation der exakten Lösung $\mathbf{x}$, so werden notwendig die Komponenten von $\mathbf{r}^{(0)}$ sehr klein sein, so daß gilt $|\mathbf{r}^{(0)}| < \varepsilon$. Umgekehrt ist $|\mathbf{r}^{(0)}| < \varepsilon$ nicht hinreichend dafür, daß $\mathbf{x}^{(0)}$ eine gute Approximation für $\mathbf{x}$ darstellt; das gilt nur für die Lösungen gut konditionierter Systeme. Das Residuum ist also als Maß für die Güte einer Näherungslösung nicht geeignet. Ebensowenig reicht als Kennzeichen für schlechte Kondition die Kleinheit des Betrages der Determinante aus. Im folgenden werden einige Konditionsmaße angegeben.

1. Konditionsmaß.
   Die Zahl

$$K_H(\mathbf{A}) = \frac{|\det \mathbf{A}|}{\alpha_1 \alpha_2 \ldots \alpha_n} \quad \text{mit} \quad \alpha_i = \sqrt{a_{i1}^2 + a_{i2}^2 + \ldots + a_{in}^2}, \; i = 1(1)n,$$

heißt *Hadamardsches Konditionsmaß* der Matrix **A**. Eine Matrix **A** heißt schlecht konditioniert, wenn gilt $K_H(\mathbf{A}) \ll 1$.

Erfahrungswerte: $K_H(\mathbf{A}) < 0.01$ schlechte Kondition, $K_H(\mathbf{A}) > 0.1$ gute Kondition, $0.01 \leq K_H(\mathbf{A}) \leq 0.1$ keine genaue Aussage.

Für Gleichungssysteme, bei denen $K_H = O(10^{-k})$ ist, kann - muß aber nicht - eine Änderung in der k-ten oder früheren sicheren Stelle eines Koeffizienten von **A** zu Änderungen der Ordnung $O(10^k)$ in der Lösung führen (s. dazu [CONT80], S.163ff.; [WILK69], S.116ff., S.133ff., S.143ff.).

2. Konditionsmaß.

$$cond(\mathbf{A}) = \|\mathbf{A}\| \|\mathbf{A}^{-1}\|.$$

(vgl. Abschnitt 5.2 zur Definition der Matrixnorm)

3. Konditionsmaß.

$$\mu(\mathbf{A}) = \frac{\max_i |\lambda_i|}{\min_i |\lambda_i|},$$

wo λ_i, $i = 1(1)n$, die Eigenwerte der Matrix **A** sind (s. Kapitel 7).

Im Falle der Konditionsmaße cond(**A**), $\mu(\mathbf{A})$ zeigen große Werte für cond(**A**) bzw. $\mu(\mathbf{A})$ schlechte Kondition an.
Keine der drei genannten Konditionszahlen gibt eine erschöpfende Auskunft über die Kondition einer Matrix.

Eine Reihe anderer Möglichkeiten zur Einführung eines Konditionsmaßes sind in [BERE71] Bd.2, S.270ff.; [COLL68], S.81/82; [FADD79] S.149-159; [ISAA73], S.39/40; [SPEL85], S.39/40; [MAES84], [NIEM87], 6.1, 6.2 angegeben. Testmatrizen beliebiger Ordnung mit freien Parametern findet man in [ZIEL74], [ZIEL75], [ZIEL86].

Auf schlechte Kondition eines linearen Gleichungssystems kann man auch im Verlaufe seiner Lösung mit Hilfe des Gaußschen Algorithmus schließen, wenn die Elemente $a_{jj}^{(j-1)}$ des gestaffelten Systems (4.8) nacheinander einen Verlust

4.15 Fehler, Kondition und Nachiteration

von einer oder mehreren sicheren Stellen erleiden, der z.B. bei der Subtraktion fast gleich großer Zahlen entsteht.

Zusammenfassend läßt sich sagen, daß ein System $\mathbf{Ax} = \mathbf{a}$ mit $\mathbf{A} = (a_{ik})$ schlecht konditioniert ist, wenn eine der folgenden Aussagen für das System zutrifft:

1. $K_H(\mathbf{A}) < 0.01$;
2. $\text{cond}(\mathbf{A}) \gg 1$;
3. $\mu(\mathbf{A}) \gg 1$;
4. kleine Änderungen der Koeffizienten a_{ik} bewirken große Änderungen der Lösung;
5. die Koeffizienten $a_{jj}^{(j-1)}$ des nach dem Gaußschen Algorithmus erhaltenen gestaffelten Systems verlieren nacheinander eine oder mehrere sichere Stellen;
6. die Elemente der Inversen $\mathbf{A}^{-1}$ von $\mathbf{A}$ sind groß im Vergleich zu den Elementen von $\mathbf{A}$ selbst;
7. langsame Konvergenz der Nachiteration.

4.15.2 Konditionsschätzung

Von den vorgenannten Konditionsmaßen ist nur das Hadamardsche Konditionsmaß $K_H(\mathbf{A})$ mit vertretbarem Aufwand zu berechnen, sofern eine LR-Zerlegung von $\mathbf{A}$ vorliegt. Mit der LR-Zerlegung läßt sich die Determinante von $\mathbf{A}$ leicht berechnen, ebenso ist der Aufwand zur Berechnung der α_i relativ gering. Insgesamt ist die Anzahl der erforderlichen Punktoperationen $O(n^2)$.

Der Aufwand zur Berechnung der Konditionszahl $\text{cond}(\mathbf{A}) = \|\mathbf{A}\| \|\mathbf{A}^{-1}\|$ ist wegen der erforderlichen Berechnung von $\mathbf{A}^{-1}$ nicht gerechtfertigt; deshalb gibt man sich hier mit Schätzungen zufrieden.

Konditionsschätzung nach Forsythe/Moler.

In [FORS71], 13. ist eine Möglichkeit zur Berechnung der heuristischen Schätzung der Konditionszahl $\text{cond}(\mathbf{A}) = \|\mathbf{A}\|\|\mathbf{A}^{-1}\|$ angegeben, die recht brauchbare Ergebnisse liefert, wie eine Reihe von Tests ergeben haben. Es gilt

$$cond(\mathbf{A}) \approx \frac{\|\mathbf{z}^{(1)}\|}{\|\mathbf{x}^{(0)}\|} \cdot \frac{1}{\text{EPS}}$$

wobei $z^{(1)}$ der Korrekturvektor aus der ersten Nachiteration (vgl. Abschnitt 4.15.4) ist, $x^{(0)}$ die Lösung von $Ax = a$ mit dem Gauß-Algorithmus und EPS die Maschinengenauigkeit (Def. 1.13 und Programm-Anhang).

ALGORITHMUS 4.43 (*Konditionsschätzung nach Forsythe/Moler*):

Gegeben: (i) $Ax = a$, (n,n)-Matrix A, $\det(A) \neq 0$
(ii) $x^{(0)}$ = Lösung des Systems (i) mit dem Gauß-Algorithmus
(iii) die Maschinengenauigkeit EPS

Gesucht: Schätzung der Konditionszahl $\text{cond}(A) = \|A\|\|A^{-1}\|$

Es sind folgende Schritte durchzuführen:

1. Berechnung des Fehlervektors $r^{(0)}$ mit doppelter Genauigkeit

$$r^{(0)} := a - Ax^{(0)}$$

2. Lösung des Gleichungssystems $Az^{(1)} = r^{(0)}$ unter Verwendung der Dreieckszerlegung von A durch den Gauß-Algorithmus

3. Berechnung des Schätzwertes

$$cond(A) \approx \frac{\|z^{(1)}\|}{\|x^{(0)}\|} \cdot \frac{1}{EPS}$$

Konditionsschätzung nach Cline [CLIN79] *und anderen* .

Bei dieser Schätzung von $\text{cond}(A)$ wird vorausgesetzt, daß eine ohne oder mit Spaltenpivotsuche erzeugte LR-Zerlegung von A bzw. PA vorliegt mit normierter unterer Dreiecksmatrix L und regulärer oberer Dreiecksmatrix R. Aus den Faktoren L und R wird ein Schätzwert für $\|(LR)^{-1}\|_\infty$ berechnet und damit wegen $\|A^{-1}\| = \|(LR)^{-1}\|$ (Invarianz der Matrixnormen 1,2 und ∞ gegenüber Zeilen- und Spaltenvertauschungen) einen Schätzwert für $\text{cond}(A)$. Der folgende Algorithmus geht auf eine Arbeit von Cline, Moler, Stewart und Wilkinson [CLIN79] zurück, wurde in modifizierter Form in LINPACK eingesetzt und ist in [KIEL88], 5.4 sehr gut beschrieben und bewiesen.

Der Algorithmus beruht auf der für $Az = x$ mit $x \neq 0$ folgenden Ungleichung

(1) $$\|A^{-1}\|_\infty \geq \|z\|_\infty / \|x\|_\infty$$

4.15 Fehler, Kondition und Nachiteration

bzw.

(2) $\qquad \|A^{-1}\|_\infty = \|(A^{-1})^T\|_1 = \|(LR^{-1})^T\|_1 \geq \|z\|_1/\|x\|_1$

für $(LR)^T z = x$ bei $x \neq 0$. In beiden Darstellungen muß $\|z\|$ so vergrößert werden, daß $\|z\| / \|x\|$ eine gute Näherung für $\|A^{-1}\|$ ist. Im zweiten Fall sind wegen $(LR)^T z = R^T L^T z = x$ die beiden Dreiecksysteme

$$R^T y = x$$
$$L^T z = y$$

zu lösen. Beim Einsatz von Spaltenpivotsuche ist es sinnvoll, x und y so zu ermitteln, daß $\|y\|_1/\|x\|_1$ maximiert wird und anschließend $L^T z = y$ gelöst und damit $\|z\|_1/\|x\|_1$ berechnet; dieser Fall wird hier beschrieben. Der Beweis sowie weitere Fallunterscheidungen sind in [KIEL88], 5.4 zu finden.

ALGORITHMUS 4.44 (*Konditionsschätzung nach Cline u.a.*):

Gegeben: LR-Zerlegung von A bzw. PA mit normierter unterer Dreiecksmatrix $L = (l_{ik})$ und regulärer oberer Dreiecksmatrix $R = (r_{ik})$, $i,k = 1(1)n$.

Gesucht: Schätzwert für $\text{cond}_\infty(A) = \|A\|_\infty \|A^{-1}\|_\infty$

1. Für R^T werden $x = (x_i)$ mit $x_i = \pm 1$ und $y = (y_i) = (R^T)^{-1} x$,
   $i = 1(1)n$, so bestimmt, daß $\|y\|_1 = \sum_{i=1}^{n} |y_i|$ möglichst groß wird.

   Dazu werden folgende Schritte durchgeführt:

   1.1 Setze $x_1 := 1$, $y_1 := 1/r_{11}$ und $y_i := -r_{1i} \cdot y_1/r_{ii}$ für $i = 2(1)n$

   1.2 Für jedes $k = 2(1)n$

       1.2.1 $v := \dfrac{1}{r_{kk}}$

       1.2.2 $x_k := y_k - v, \quad y_k := y_k + v$

       1.2.3 $\text{SMI} := |x_k|, \quad \text{SPL} := |y_k|$

       1.2.4 Für jedes $i = k+1(1)n$

           $v := r_{ki}/r_{ii}$

           $x_i := y_i - v \cdot x_k, \quad y_i := y_i - v \cdot y_k$

           $\text{SMI} := \text{SMI} + |x_i|, \quad \text{SPL} := \text{SPL} + |y_i|$

       1.2.5 Falls $\text{SMI} > \text{SPL}$ ist, wird gesetzt

           $y_i := x_i$ für $i = k(1)n$

> $x_k := -1$
>
> andernfalls
>
> $x_k := 1$
>
> 2. Durch Rückwärtselimination wird die Lösung **z** des Dreieckssystems $L^T z = y$ berechnet.
> 3. Die Zahl $K_\infty := \|z\|_1 / \|x\|_1$ wird in [KIEL88] und [NIEM87] als Näherungswert für $\|A^{-1}\|_\infty$ verwendet. (Wegen (1) und (2) läßt sich auch $K_\infty := \|z\|_\infty / \|x\|_\infty$ verwenden; damit erhält man einen besseren Schätzwert für $cond_\infty(A)$, wie umfangreiche Tests gezeigt haben.)
> 4. Der Schätzwert
>
> $$cond_\infty(\mathbf{A}) \approx \|\mathbf{A}\|_\infty \cdot K_\infty$$
>
> wird berechnet.

LITERATUR zu 4.15.2: [CLIN79]; [CLIN82]; [CLIN83]; [FORS71], 13.; [GOLK90], Sec. 4.5; [KIEL88], 5.4; [NIEM87], 6.2.4, [ZIEL74], [ZIEL75], [ZIEL86].

4.15.3 Möglichkeiten zur Konditionsverbesserung

(a) *Äquilibrierung* (s. [WERN82], S.160): Man multipliziert die Zeilen von **A** mit einem konstanten Faktor, d.h. man geht vom gegebenen System **Ax = a** zu

$$\mathbf{D}_1 \mathbf{A} \mathbf{x} = \mathbf{D}_1 \mathbf{a},$$

über, wo $\mathbf{D}_1$ eine nichtsinguläre Diagonalmatrix darstellt. Nach Ergebnissen von Wilkinson erhält man i.a. dann optimale Konditionszahlen, wenn man so multipliziert, daß alle Zeilenvektoren der Matrix **A** gleiche Norm haben.

(b) *Skalierung* (s. [BJÖR79], 5; [FORS71], 11): Man multipliziert die k-te Spalte von **A** mit einem konstanten Faktor. Physikalisch bedeutet dies die Änderung des Maßstabs für die Unbekannte x_k. Das gleiche kann man für die rechte Seite machen. Auf alle Spalten bezogen ergibt sich statt **Ax = a** das System

$$\mathbf{A}\mathbf{D}_2\mathbf{x} = \mathbf{D}_2\mathbf{a}.$$

(c) Auch Linearkombination von Gleichungen kann zur Konditionsverbesserung führen. Die Kondition kann allerdings auch dadurch verschlechtert

4.15.4 Nachiteration

Wenn die Koeffizienten a_{ik} eines linearen Gleichungssystems $\mathbf{Ax} = \mathbf{a}$ mit $\mathbf{A} = (a_{ik})$ *exakt* gegeben sind, das System aber schlecht konditioniert ist, kann eine mit Rundungsfehlern behaftete Näherungslösung, die mittels einer direkten Methode bestimmt wurde, iterativ verbessert werden. Sei $\mathbf{x}^{(0)}$ die mit Hilfe des Gaußschen Algorithmus gewonnene Näherungslösung des Systems $\mathbf{Ax} = \mathbf{a}$, dann ist durch (4.15) das Residuum (Fehlervektor) $\mathbf{r}^{(0)}$ definiert (vgl. Abschnitt 4.15.1). Mit einem Korrekturvektor $\mathbf{z}^{(1)}$ macht man den Ansatz $\mathbf{x} = \mathbf{x}^{(0)} + \mathbf{z}^{(1)}$ und erhält

(4.16) $$\mathbf{A}\mathbf{z}^{(1)} = \mathbf{a} - \mathbf{A}\mathbf{x}^{(0)} = \mathbf{r}^{(0)}.$$

Da $\mathbf{a}$, $\mathbf{A}$ und $\mathbf{x}^{(0)}$ bekannt sind, läßt sich das Residuum $\mathbf{r}^{(0)}$ berechnen. Zur Berechnung von $\mathbf{x}^{(0)}$ ist das System $\mathbf{Ax} = \mathbf{a}$ mit Hilfe des Gaußschen Algorithmus bereits auf obere Halbdiagonalform gebracht worden, so daß sich $\mathbf{z}^{(1)}$ aus (4.16) rasch bestimmen läßt; man muß nur noch die rechte Seite transformieren. Statt der exakten Lösung $\mathbf{z}^{(1)}$ von (4.16) erhält man nur eine Näherungslösung, so daß sich aus $\mathbf{x}^{(0)} + \mathbf{z}^{(1)}$ statt des exakten $\mathbf{x}$ ein Näherungswert

$$\mathbf{x}^{(1)} = \mathbf{x}^{(0)} + \mathbf{z}^{(1)}.$$

errechnet. Für $\mathbf{x}^{(1)}$ ergibt sich dann der Fehlervektor $\mathbf{r}^{(1)} = \mathbf{a} - \mathbf{A}\mathbf{x}^{(1)}$, so daß sich der soeben beschriebene Prozeß wiederholen läßt.

Die allgemeine Vorschrift zur Berechnung eines ($\nu+1$)-ten Korrekturvektors $\mathbf{z}^{(\nu+1)}$ lautet

$$\mathbf{A}\mathbf{z}^{(\nu+1)} = \mathbf{a} - \mathbf{A}\mathbf{x}^{(\nu)} = \mathbf{r}^{(\nu)}, \quad \nu = 0, 1, 2, \ldots.$$

Es wird solange gerechnet, bis sich für ein ν die Komponenten aufeinanderfolgender Korrekturvektoren in der gewünschten Stellenzahl nicht mehr ändern bzw. die *relative Verbesserung* $\|\mathbf{z}^{(\nu+1)}\|_\infty / \|\mathbf{x}^{(\nu)}\|_\infty < \varepsilon$ zu vorgegebenen $\varepsilon > 0$ ist. Dann gilt für die gesuchte Lösung

$$\mathbf{x} \approx \mathbf{x}^{(\nu+1)} = \mathbf{x}^{(\nu)} + \mathbf{z}^{(\nu+1)}.$$

Es empfiehlt sich, die Residuen mit doppelter Stellenzahl zu berechnen und jeweils erst das Ergebnis auf die einfache Stellenzahl zu runden.

> **ALGORITHMUS 4.45** (*Nachiteration*).
>
> Gegeben: $\mathbf{A}, \mathbf{a}$, Näherungslösung $\mathbf{x}^{(0)}$ von $\mathbf{Ax} = \mathbf{a}$.
> Gesucht: Verbesserte Lösung $\mathbf{x}^{(\nu+1)} \approx \mathbf{x}$.
>
> Dann sind für jedes $\nu = 0,1,2...$ nacheinander folgende Schritte auszuführen:
>
> 1. $\mathbf{r}^{(\nu)} = \mathbf{a} - \mathbf{Ax}^{(\nu)}$,
> 2. $\mathbf{Az}^{(\nu+1)} = \mathbf{r}^{(\nu)}$,
> 3. $\mathbf{x}^{(\nu+1)} = \mathbf{x}^{(\nu)} + \mathbf{z}^{(\nu+1)}$.
>
> Da eine Dreieckszerlegung $\mathbf{A} = \mathbf{LR}$ (bzw. $\mathbf{PA} = \mathbf{LR}$ bei Spaltenpivotsuche) bereits mit dem direkten Verfahren durchgeführt wurde, ist bei 2. nur noch auszuführen:
>
> 2.1. (Vorwärtselimination) $\mathbf{r}^{(\nu)} = \mathbf{Lr} \Rightarrow \mathbf{r}$
>   (bzw. $\mathbf{Pr}^{(\nu)} = \mathbf{Lr}$ bei Spaltenpivotsuche)
>
> 2.2 (Rückwärtselimination) $\mathbf{Rz}^{(\nu+1)} = \mathbf{r} \Rightarrow \mathbf{z}^{(\nu+1)}$
>
> Die Rechnung wird abgebrochen, wenn die relative Verbesserung kleiner als eine vorzugebende Schranke ε ist.

Eine hinreichende Konvergenzbedingung für die Nachiteration ist zwar bekannt ([WILK69], S.155), jedoch für die Praxis zu aufwendig. Die Konvergenz ist umso schlechter, je schlechter die Kondition des Systems ist (vgl. auch [McCA67], 5.8; [McCR72], 4.8; [STIE76], S.24/25; [ZURM65], S.163).

LITERATUR zu 4.15: [BERE71] Bd.2, 8.11; [CONT80], 5.4; [ENGE87], 3.7; [FADD79], §15; [GOLU84]; [ISAA73], S.39/40; [NIEM87], S.138 ff.; [NOBL73] I, 4.4; [SCHW86], 1.2; [SELD79], 4.4; [STOE83], 4.4-4.6; [WERN82], III §2.

4.16 Gleichungssysteme mit Blockmatrizen

4.16.1 Vorbemerkungen

Es liege ein Gleichungssystem von n Gleichungen mit n Unbekannten der Form (4.2)

4.16 Gleichungssysteme mit Blockmatrizen

$$\mathbf{A}\mathbf{x} = \mathbf{a}.$$

vor. Eine Zerlegung der (n,n)-Matrix $\mathbf{A} = (a_{ik})$ in *Blöcke* (*Untermatrizen*) geschieht durch horizontale und vertikale Trennungslinien, die die ganze Matrix durchschneiden. Man erhält eine sogenannte *Blockmatrix*, die aus Untermatrizen $\mathbf{A}_{ik}$ kleinerer Ordnung aufgebaut ist: $\mathbf{A} = (\mathbf{A}_{ik})$.

Zerlegt man nun die quadratische Matrix $\mathbf{A}$ so, daß die *Diagonalblöcke* $\mathbf{A}_{ii}$ quadratische (n_i, n_i)-Matrizen sind und die Blöcke $\mathbf{A}_{ik}$ Matrizen mit n_i Zeilen und n_k Spalten, so erhält man bei entsprechender Zerlegung der Vektoren $\mathbf{x}$ und $\mathbf{a}$ das System $\mathbf{A}\mathbf{x} = \mathbf{a}$ in der Form

$$(4.17) \quad \begin{pmatrix} \mathbf{A}_{11} & \mathbf{A}_{12} & \cdots & \mathbf{A}_{1N} \\ \mathbf{A}_{21} & \mathbf{A}_{22} & \cdots & \mathbf{A}_{2N} \\ \vdots & \vdots & \ddots & \vdots \\ \mathbf{A}_{N1} & \mathbf{A}_{N2} & \cdots & \mathbf{A}_{NN} \end{pmatrix} \begin{pmatrix} \mathbf{x}_1 \\ \mathbf{x}_2 \\ \vdots \\ \mathbf{x}_N \end{pmatrix} = \begin{pmatrix} \mathbf{a}_1 \\ \mathbf{a}_2 \\ \vdots \\ \mathbf{a}_N \end{pmatrix}.$$

Es gilt $\sum_{i=1}^{N} n_i = n$, $\sum_{k=1}^{N} \mathbf{A}_{ik}\mathbf{x}_k = \mathbf{a}_i$, $i = 1(1)N$.

Es werden nur solche Zerlegungen betrachtet, deren Diagonalblöcke quadratisch sind, weil man mit ihnen so operieren kann, als wären die Blöcke Zahlen. Man kann deshalb zur Lösung von Gleichungssystemen (4.17) mit Blockmatrizen im wesentlichen die bisher behandelten Methoden verwenden, nur rechnet man jetzt mit Matrizen und Vektoren statt mit Zahlen. Divisionen durch Matrixelemente sind jetzt durch Multiplikationen mit der Inversen zu ersetzen. Die Pivotsuche kann nicht angewendet werden.

Hier wird zur Veranschaulichung der Vorgehensweise bei Blockmethoden der Gaußsche Algorithmus für vollbesetzte Blocksysteme und für blockweise tridiagonale Systeme angegeben. Anschließend werden Methoden zur Behandlung spezieller Blocksysteme mit entsprechenden Literaturangaben genannt.

4.16.2 Gauß-Algorithmus für Blocksysteme

1. Eliminationsschritt.

Formal verläuft die Elimination analog zu Abschnitt 4.5 ohne Pivotisierung. Die Division durch die Diagonalelemente wird hier ersetzt durch die Multiplikation mit der Inversen $\left(\mathbf{A}_{jj}^{(j-1)}\right)^{-1}$. Multiplikation von

$$1^{(0)}: \quad A_{11}^{(0)}x_1 + A_{12}^{(0)}x_2 + \ldots + A_{1N}^{(0)}x_N = a_1^{(0)}$$

mit - $A_{i1}^{(0)}$ $(A_{11}^{(0)})^{-1}$ von links und Addition zur i-ten Zeile (nacheinander für i = 2,3,...,N) liefert das System

$$\begin{aligned}
1^{(0)}: \quad & A_{11}^{(0)}x_1 + A_{12}^{(0)}x_2 + \ldots + A_{1N}^{(0)}x_N = a_1^{(0)}, \\
2^{(1)}: \quad & \phantom{A_{11}^{(0)}x_1 +} A_{22}^{(1)}x_2 + \ldots + A_{2N}^{(1)}x_N = a_2^{(1)}, \\
3^{(1)}: \quad & \phantom{A_{11}^{(0)}x_1 +} A_{32}^{(1)}x_2 + \ldots + A_{3N}^{(1)}x_N = a_3^{(1)}, \\
& \vdots \\
N^{(1)}: \quad & \phantom{A_{11}^{(0)}x_1 +} A_{N2}^{(1)}x_2 + \ldots + A_{NN}^{(1)}x_N = a_N^{(1)}.
\end{aligned}$$

2. Eliminationsschritt.

Multiplikation von $2^{(1)}$ mit - $A_{i2}^{(1)} \left(A_{22}^{(1)} \right)^{-1}$ von links und Addition zur i-ten Zeile nacheinander für i = 3,4,...,N liefert das System

$$\begin{aligned}
1^{(0)}: \quad & A_{11}^{(0)}x_1 + A_{12}^{(0)}x_2 + A_{13}^{(0)}x_3 + \ldots + A_{1N}^{(0)}x_N = a_1^{(0)}, \\
2^{(1)}: \quad & \phantom{A_{11}^{(0)}x_1 +} A_{22}^{(1)}x_2 + A_{23}^{(1)}x_3 + \ldots + A_{2N}^{(1)}x_N = a_2^{(1)}, \\
3^{(2)}: \quad & \phantom{A_{11}^{(0)}x_1 + A_{22}^{(1)}x_2 +} A_{33}^{(2)}x_3 + \ldots + A_{3N}^{(2)}x_N = a_3^{(2)}, \\
& \vdots \\
N^{(2)}: \quad & \phantom{A_{11}^{(0)}x_1 + A_{22}^{(1)}x_2 +} A_{N3}^{(2)}x_3 + \ldots + A_{NN}^{(2)}x_N = a_N^{(2)}.
\end{aligned}$$

Nach N-1 analogen Eliminationsschritten erhält man das blockweise gestaffelte System $\mathbf{Bx} = \mathbf{b}$, wo $\mathbf{B}$ eine Block-Superdiagonalmatrix ist, der Form

$$\begin{aligned}
1^{(0)}: \quad & A_{11}^{(0)}x_1 + A_{12}^{(0)}x_2 + \ldots + A_{1N}^{(0)}x_N = a_1^{(0)}, \\
2^{(1)}: \quad & \phantom{A_{11}^{(0)}x_1 +} A_{22}^{(1)}x_2 + \ldots + A_{2N}^{(1)}x_N = a_2^{(1)}, \\
& \vdots \\
N^{(N-1)}: \quad & \phantom{A_{11}^{(0)}x_1 + A_{22}^{(1)}x_2 + \ldots +} A_{NN}^{(N-1)}x_N = a_N^{(N-1)}.
\end{aligned}$$

Durch Rückrechnung ergeben sich daraus die $\mathbf{x}_i$, i = 1(1)N, man erhält N Gleichungssysteme

$$\begin{aligned}
A_{NN}^{(N-1)}x_N &= a_N^{(N-1)}, \\
A_{jj}^{(j-1)}x_j &= a_j^{(j-1)} - \sum_{k=j+1}^{N} A_{jk}^{(j-1)}x_k,
\end{aligned}$$

4.16 Gleichungssysteme mit Blockmatrizen

wobei die $\mathbf{A}_{jj}^{(j-1)}$ quadratisch sind. Diese Systeme lassen sich jetzt mit dem Gaußschen Algorithmus (mit Pivotisierung) gemäß Abschnitt 4.5 behandeln.

Bei der numerischen Lösung partieller DGLen und Integralgleichungen treten häufig Gleichungssysteme mit blockweise tridiagonalen Matrizen auf. Im folgenden wird ein Algorithmus für diesen Fall angegeben.

4.16.3 Gauß-Algorithmus für tridiagonale Blocksysteme

Gegeben sei das lineare Gleichungssystem (4.17) mit tridiagonaler Blockmatrix der Form

$$\mathbf{A} = \begin{pmatrix} \mathbf{D}_1 & \mathbf{C}_1 & & & \\ \mathbf{B}_2 & \mathbf{D}_2 & \mathbf{C}_2 & & \\ & \ddots & \ddots & \ddots & \\ & & \mathbf{B}_{N-1} & \mathbf{D}_{N-1} & \mathbf{C}_{N-1} \\ & & & \mathbf{B}_N & \mathbf{D}_N \end{pmatrix}$$

Dann ergeben sich die Lösungen des Systems, indem man die Matrix $\mathbf{A}$ analog zu Abschnitt 4.10 in bidiagonale Blockmatrizen zerlegt. Die Lösungen ergeben sich, wenn man die folgenden Berechnungen in der angegebenen Reihenfolge ausführt (siehe auch [ISAA73], S.61-64):

(1) $\mathbf{A}_1 = \mathbf{D}_1$, $\Gamma_1 = \mathbf{A}_1^{-1} \mathbf{C}_1$

(2) $\mathbf{A}_i = \mathbf{D}_i - \mathbf{B}_i \Gamma_{i-1}$, $i = 2(1)N$

$\Gamma_i = \mathbf{A}_i^{-1} \mathbf{C}_i$, $i = 2(1)N-1$

(3) $\mathbf{b}_1 = \mathbf{A}_i^{-1} \mathbf{a}_1$

$\mathbf{b}_i = \mathbf{A}_i^{-1} (\mathbf{a}_i - \mathbf{B}_i \mathbf{b}_{i-1})$, $i = 2(1)N$

(4) $\mathbf{x}_N = \mathbf{b}_N$

$\mathbf{x}_i = \mathbf{b}_i - \Gamma_i \mathbf{x}_{i+1}$, $i = N-1, N-2, \ldots, 1$.

4.16.4 Weitere Block-Verfahren

(1) Ist $\mathbf{A} = (\mathbf{A}_{ik})$ positiv definit und besitzen alle Diagonalblöcke $\mathbf{A}_{ii}$ ein und dieselbe Ordnung $n_1 = n_2 = \ldots = n_N = n/N$, so läßt sich die in [BERE71], Bd.2, S.49-51 beschriebene Quadratwurzelmethode (Analogon zum Verfahren von Cholesky) anwenden.

(2) Sind alle Blöcke $\mathbf{A}_{ik}$ quadratische Matrizen der gleichen Ordnung, so läßt sich eine Blockmethode anwenden, die eine Modifikation des Verfahrens von Gauß-Jordan darstellt, (s. [BERE71], Bd.2, S.51-54).

(3) Ein Beispiel zu Systemen mit tridiagonalen Blockmatrizen ist in [SCHW72], S.210 zu finden. Dort liegt speziell eine diagonal blockweise tridiagonale Matrix vor, d.h. eine blockweise tridiagonale Matrix, deren Diagonalblöcke Diagonalmatrizen sind.

(4) Zur Blockiteration und Blockrelaxation s. [ISAA73], S.63ff.; [SCHW72], S.216ff.

LITERATUR zu 4.16: [BERE71], 6.6; [ISAA73], 2.4; [SCHE77]; [SCHW72], 5.2.3; [STOE78], 8.5; [YOUN71], 14.

4.17 Algorithmus von Cuthill-McKee für dünn besetzte, symmetrische Matrizen

Etwa bei der Lösung von Randwertproblemen für gewöhnliche und partielle Differentialgleichungen sowie beim Einsatz von Finite-Element-Methoden treten häufig dünn besetzte Matrizen auf.
Hier ist folgende Vorgehensweise zu empfehlen:

1. Die Anwendung des Algorithmus von Cuthill-McKee überführt die dünnbesetzte Matrix (z.B. Steifigkeitsmatrix) in eine Bandmatrix mit fast optimaler Bandbreite, aber eben im allgemeinen noch nicht mit der möglichen minimalen Bandbreite.

2. Anschließend wird mit den Numerierungen aus Cuthill-McKee als Startnumerierung der Algorithmus von Rosen angewandt, der im allgemeinen die Bandbreite weiter verringert. Es gibt aber auch Fälle, bei denen damit keine weitere Verminderung der Bandbreite erzielt werden kann.

Hier wird der Algorithmus von Cuthill-McKee in exakt der Form angegeben, wie E. Pohl ihn in der FORTRAN-Ausgabe, 7. Auflage, programmiert hat. Die Theorie zu dem Algorithmus ist z.B. in [WEIS90], 1.5.2 zu finden.

ALGORITHMUS 4.46 (*Cuthill-McKee-Algorithmus*)

Gegeben: Die Nicht-Null-Elemente a_{ik} einer symmetrischen, dünn besetzten $(n \times n)$-Matrix **A** und ihre Zeilen- und Spaltenindizes i, k.

4.17 Algorithmus von Cuthill-McKee

Gesucht: Die Cuthill-McKee-Numerierung der Matrix.

1. Die Matrix **A** ist in Listenform zu speichern:

    1.1 Setze $NV := 0$

    1.2 Für $i = 1(1)n$:

        1.2.1 Setze $IR_i := NV + 1$

        1.2.2 Für alle Nicht-Null-Elemente in Zeile i:

            1.2.2.1 Bestimme das nächste Nicht-Null-Element a_{ik}

            1.2.2.2 Setze $NV := NV + 1; V_{NV} := a_{ik}; IC_{NV} := k$

    1.3 Setze $IR_{n+1} := NV + 1$

2. Konstruktion des Besetzungsgraphen:

    2.1 Setze $\mu := 0$

    2.2 Für $i=1(1)n$:

        2.2.1 Setze $INB_i := \mu + 1$

        2.2.2 Für $k = IR_i(1)IR_{i+1} - 1$:

            2.2.2.1 Wenn $IC_k \neq i$, dann
    $$\mu := \mu + 1;$$
    $$NEIGHB_\mu := IC_k$$

        2.2.3 $IDEG_i := \mu + 1 - INB_i$

    2.3 $INB_{n+1} := \mu + 1$

3. Berechnung der Cuthill-McKee-Numerierung:

    3.1 Felder initialisieren:
    Für $i = 1(1)n$:

        3.1.1 Setze Marke für Knoten i auf "falsch". Setze $ICM_i := 0$.

    3.2 Setze $NFOUND := 0$

    3.3 Für $i = 1(1)n$:

        3.3.1 Wenn Knoten i noch nicht markiert ist:

            3.3.1.1 Suche zu der von Knoten i induzierten Komponente des Graphen einen Startknoten $IROOT$, der eine möglichst lange Stufenstruktur ergibt (Unter-Algorithmus 4.47).

            3.3.1.2 Berechne die Cuthill-McKee-Numerierung dieser Komponente mit dem Startknoten $IROOT$ und der Anfangsnummer
    $ISTART := NFOUND + 1$.
    Markiere alle Knoten dieser Komponente. (Unter-Algorithmus 4.48).

3.3.1.3 Setze $NFOUND := NFOUND +$ Anzahl der Knoten der neuen Komponente.

3.4 Das Feld ICM enthält jetzt die CM-Numerierung des ganzen Graphen: Für $i = 1(1)n$ ist ICM_i die ursprüngliche Nummer des Knotens mit der CM-Nummer i. Berechne die Umkehrpermutation $ICMREV$:
Für $i = 1(1)n$:
Setze $ICMREV_{ICM_i} := i$.

Durch die CM-Permutation geht ein lineares Gleichungssystem $\mathbf{Ax = b}$ über in ein äquivalentes Gleichungssystem $\mathbf{A^*x^* = b^*}$, wobei

$$\begin{aligned} a_{ik}^* &= a_{ICM_i, ICM_k}, \\ b_i^* &= b_{ICM_i}, \\ x_i^* &= x_{ICM_i}, \quad i = 1(1)n,\ k = 1(1)n \end{aligned}$$

bzw.

$$\begin{aligned} a_{ik} &= a^*_{ICMREV_i, ICMREV_k}, \\ b_i &= b^*_{ICMREV_i}, \\ x_i &= x^*_{ICMREV_i}, \quad i = 1(1)n,\ k = 1(1)n. \end{aligned}$$

ALGORITHMUS 4.47 (*Unter-Algorithmus zu Algorithmus 4.46*)

Gegeben: (a) Der Besetzungsgraph einer (n × n)-Matrix $\mathbf{A}$ in den Feldern $NEIGHB$ und INB aus Algorithmus 4.46 Schritt 2.

(b) Feld $IDEG$ mit Knotengraden aus Algorithmus 4.46 Schritt 2.2.3.

(c) Gewisse Knoten in $NEIGHB$ können von früheren Ausführungen des Schrittes 3.3.1 im Algorithmus 4.46 her markiert sein.

(d) Die Nummer $IROOT$ eines nichtmarkierten Knotens.

Gesucht: Ein Startknoten für eine möglichst lange Stufenstruktur der von $IROOT$ erzeugten Komponente des Graphen.

1. Setze $NLVOLD := 0$.
$NLVOLD$ ist die bisher gefundene maximale Stufenstrukturlänge.

4.17 Algorithmus von Cuthill-McKee

2. Bilde die Stufenstruktur zu $IROOT$ in den Feldern $LEVEL$ und ILV:

   2.1 Setze $NLV := 0; LEVEL_1 := IROOT; \mu := 1; LEVEND := 0$.
   Markiere Knoten $IROOT$.

   2.2 Setze $NLV := NLV + 1; LEVBEG := LEVEND + 1$;
   $LEVEND := \mu; ILV_{NLV} := LEVBEG$.
   Hiernach ist NLV die Anzahl der bisher gefundenen Stufen (die erste Stufe besteht aus $IROOT$). $LEVBEG$ zeigt auf den Anfang, $LEVEND$ auf das Ende der zuletzt gefundenen Stufe (NLV) im Feld $LEVEL$.

   2.3 Bestimme die Knoten der nächsten Stufe $NLV + 1$. Dazu finde alle noch nicht markierten Nachbarn von Knoten der Stufe NLV und trage sie in $LEVEL$ ein:
   Für $i = LEVBEG(1)LEVEND$:

      2.3.1 Für $j = INB_{LEVEL_i}(1)INB_{LEVEL_i+1} - 1$:

         2.3.1.1 Wenn Knoten $NEIGHB_j$ noch nicht markiert ist, dann setze
   $\mu := \mu + 1; LEVEL_\mu := NEIGHB_j$
   und markiere Knoten $NEIGHB_j$.

   2.4 Wenn $\mu > LEVEND$, d.h. wenn in 2.3 neue Knoten gefunden wurden, gehe zu 2.2. Ansonsten ist die Stufenstruktur der von $IROOT$ erzeugten Komponente fertig.

   2.5 Setze $LVNODES := LEVEND$. Dies ist die Anzahl der Knoten in dieser Komponente.
   Setze $ILV_{NLV+1} := LVNODES + 1$.

   2.6 Setze alle in 2.1 bis 2.3 gesetzten Knotenmarkierungen zurück.

3. Wenn $NLV \le NLVOLD$, dann hat sich die Stufenstruktur gegenüber der letzten Ausführung von Schritt 2 nicht verlängert. In diesem Fall beende Algorithmus 4.47.
   Andernfalls:

4. Setze $NLVOLD := NLV$.

5. Suche einen Knoten minimalen Grades auf der letzten Stufe, d.h. suche i_0 mit $IDEG_{i_0} = \min\{IDEG_{LEVEL_i} | i = ILV_{NLV}(1)ILV_{NLV+1} - 1\}$
   Ersetze $IROOT$ durch $LEVEL_{i_0}$.

6. Gehe zu 2.

ALGORITHMUS 4.48 (*Unter-Algorithmus zu Algorithmus 4.46*)

Gegeben: (a) Der Besetzungsgraph einer (n × n)-Matrix **A** in den Feldern $NEIGHB$ und INB aus Algorithmus 4.46 Schritt 2.

(b) Feld $IDEG$ mit Knotengraden aus Algorithmus 4.46 Schritt 2.2.3.

(c) Startknoten der neuen Komponente des Graphen, wird von Algorithmus 4.47 bestimmt.

(d) Anfangsnummer $ISTART$ für die CM-Numerierung dieser Komponente.

(e) In früheren Ausführungen von Algorithmus 4.46 Schritt 3.3.1 wurden ggf. schon Komponenten des Graphen erfaßt. Die CM-Numerierung dieser Komponenten steht im Feld ICM in den Elementen ICM_i, $i = 1(1)ISTART - 1$. Die Knoten dieser Komponente sind markiert, alle anderen sind nicht markiert.

Gesucht: Die CM-Numerierung der von $IROOT$ erzeugten Komponente.

1. Setze $ICM_{ISTART} := IROOT$, $NEWEND := ISTART$;
   $LEVEND := ISTART - 1$. Markiere Knoten $IROOT$.

2. Bilde die Stufenstruktur zu $IROOT$ im Feld ICM:

    2.1 Setze $LEVBEG := LEVEND + 1$; $LEVEND := NEWEND$.
    Hiernach zeigt $LEVBEG$ auf den Anfang, $LEVEND$ auf das Ende der zuletzt gefundenen Stufe im Feld ICM. (Die erste Stufe besteht nur aus $IROOT$.)

    2.2 Bestimme die Knoten der nächsten Stufe: dazu finde alle noch nicht markierten Nachbarn von Knoten der letzten Stufe und trage sie in ICM ein:
    Für $i = LEVBEG(1)LEVEND$:

    2.2.1 Setze $NEWBEG := NEWEND + 1$.
    $NEWBEG$ zeigt auf den Anfang der jetzt neu zu bildenden Stufe in ICM. $NEWEND$ zeigt immer auf den zuletzt gefundenen Knoten in ICM.

    2.2.2 Für $j = INB_{ICM_i}(1)INB_{ICM_i+1} - 1$:

    2.2.2.1 Wenn Knoten $NEIGHB_j$ noch nicht markiert ist, dann setze
    $NEWEND := NEWEND + 1$;

> $ICM_{NEWEND} := NEIGHB_j$
> und markiere Knoten $NEIGHB_j$.
>
> 2.2.3 Sortiere die Elemente ICM_i, $i = NEWBEG(1)NEWEND$, nach steigendem Grad.
>
> 2.3 Wenn $NEWEND > LEVEND$, d.h. wenn in Schritt 2.2 neue Knoten gefunden werden, gehe zu 2.1, andernfalls ist die Durchführung des Algorithmus 4.48 beendet.

LITERATUR zu 4.17: [MAES84]; [SCHW84]; [SCHW88]; [WEIS90], 1.5.2.

4.18 Entscheidungshilfen für die Auswahl des Verfahrens

Trotz der Vielzahl numerischer Verfahren, die zur Lösung linearer Gleichungssysteme zur Verfügung stehen, ist die praktische Bestimmung der Lösungen für große Werte von n eine problematische numerische Aufgabe. Die Gründe hierfür sind

(1) der Arbeitsaufwand (die Rechenzeit),

(2) der Speicherplatzbedarf,

(3) die Verfälschung der Ergebnisse durch Rundungsfehler oder mathematische Instabilität des Problems.

Zu (1): Der Arbeitsaufwand läßt sich über die Anzahl erforderlicher Punktoperationen (Multiplikationen, Divisionen) abschätzen.
Die folgende Tabelle liefert die Anzahl der Punktoperationen, die erforderlich sind, um ein lineares Gleichungssystem aus n Gleichungen mit n Unbekannten nach den angegebenen Verfahren zu lösen. Die Anzahl erforderlicher Additionen und Subtraktionen bleibt in diesem Vergleich unberücksichtigt.

TABELLE (*Anzahl der Punktoperationen bei n Gleichungen mit n Unbekannten*).

VERFAHREN	ANZAHL DER PUNKTOPERATIONEN
Gauß Algorithmus	$\frac{n^3}{3} + n^2 - \frac{n}{3}$
Cholesky-Verfahren	$\frac{n^3}{6} + 0(n^2)$
Gauß-Jordan-Verfahren	$\frac{n^3}{2} + n^2 + \frac{n}{2}$
Austauschverfahren	$n^3 + n^2$
Verfahren für tridiagonale Matrizen	$5n - 4$
Verfahren für zyklisch tridigonale Matrizen	$11n - 16$
Verfahren für fünfdiagonale Matrizen	$11n - 16$
Iterationsverfahren (pro Iterationsschritt)	$2n^2 - 2n$

Zu (2): Vom Computer her gesehen ergeben sich bezüglich des Speicherplatzes zwei kritische Größen für *sehr* große n:

(a) der für die Speicherung der a_{ik} verfügbare Platz im Arbeitsspeicher (Hauptspeicher),

(b) der dafür verfügbare Platz in den Hintergrundspeichern (Magnetplatten, Disketten, Magnetbänder, Kassetten u.a.m.).

Der Speicherplatzbedarf verringert sich, wenn **A** spezielle Eigenschaften, z.B. Bandstruktur, besitzt, dünn besetzt ist oder symmmetrisch ist. Es entsteht praktisch kein Speicherplatzbedarf, wenn sich die a_{ik} aufgrund einer im Einzelfall gegebenen Vorschrift jeweils im Computer berechnen lassen ("generated Matrix"), siehe auch die folgende Bemerkung.

Zu (3): Durch geeignete Gestaltung des Ablaufs der Rechnung kann die Akkumulation von Rundungsfehlern unter Kontrolle gehalten werden, sofern die Ursache nicht in mathematischer Instabilität des Problems liegt.

4.18 Entscheidungshilfen

Deshalb sollte grundsätzlich mit skalierter teilweiser Pivotisierung gearbeitet werden, es sei denn, die spezielle Struktur des Systems garantiert numerische Stabilität. Mit relativ geringem Aufwand lassen sich die Ergebnisse jeweils durch Nachiteration verbessern.

Im allgemeinen lassen sich weder die Kondition des Systems noch die Frage, ob die Bedingungen für die eindeutige Lösbarkeit erfüllt sind, vor Beginn der numerischen Rechnung prüfen. Daher sollten die Programme so gestaltet sein, daß sie den Benutzern im Verlaufe der Rechnung darüber Auskunft geben.

Bemerkungen zu großen Systemen und dünnbesetzten Systemen:

Bei sehr großen Systemen, bei denen die Elemente von **A** und **a** nicht vollständig im Arbeitsspeicher unterzubringen sind (selbst nicht in gepackter Form), können sogenannte Blockmethoden angewandt werden, s. dazu Abschnitt 4.16. Solche Systeme treten vorwiegend im Zusammenhang mit der numerischen Lösung partieller Differentialgleichungen auf. Sind die Matrizen symmetrisch und dünn besetzt, wie es häufig bei der Lösung von Randwertproblemen für gewöhnliche und partielle Differentialgleichungen durch Differenzenverfahren oder die Finite-Element-Methode auftritt, sollte der Algorithmus von Cuthill-McKee verwendet werden (s. Abschnitt 4.17).

Weitere geeignete Verfahren, insbesondere auch Iterationsverfahren, sind in [WEIS90] zu finden.

LITERATUR zu 4.18: [CONT80], 5; [CUTH69]; [DONG79]; [ISAA73], 2; [KÖCK90]; [MAES84], 2; [SELD79], 4.1; [RICE83], 6.4-6.6; [SCHW84]; [SCHW88]; [WEIS90], 1.5.2; [YOUN71], 18.

Kapitel 5

Iterationsverfahren zur Lösung linearer Gleichungssysteme

5.1 Vorbemerkungen und Entscheidungshilfen

Bei den direkten Methoden besteht aufgrund der großen Anzahl von Punktoperationen proportional zu n^3 die Gefahr der Akkumulation von Rundungsfehlern, so daß bei schlecht konditioniertem System die Lösung völlig unbrauchbar werden kann. Dagegen sind die iterativen Methoden gegenüber Rundungsfehlern weitgehend unempfindlich, da jede Näherungslösung als Ausgangsnäherung für die folgende Iterationsstufe angesehen werden kann. Die Iterationsverfahren, die pro Iterationsschritt Punktoperationen proportional zu n^2 benötigen, konvergieren jedoch nicht für alle lösbaren Systeme.

Die hier angegebenen Verfahren in Einzel- und Gesamtschritten konvergieren nur linear und außerdem (wegen eines für wachsendes n ungünstiger werdenden Wertes der Lipschitzkonstanten) bei den meisten in der Praxis vorkommenden Problemen auch noch sehr langsam. Deshalb sind die iterativen Methoden den direkten nur in sehr speziellen Fällen überlegen, nämlich dann, wenn **A** schwach besetzt ist, sehr groß und so strukturiert, daß bei Anwendung eines der direkten Verfahren die zu verarbeitenden Matrizen nicht mehr in den oder die verfügbaren Speicher passen. Die Konvergenz kann i.a. durch die Anwendung eines auf dem Gesamt- bzw. Einzelschrittverfahren aufbauenden Relaxationsverfahrens beschleunigt werden. Dies erfordert jedoch zusätzlich eine möglichst genaue Bestimmung des betragsgrößten und des betragskleinsten Eigenwertes der Iterationsmatrix bei Anwendung des Gesamtschrittverfahrens bzw. des betragsgrößten Eigenwertes bei Anwendung des Einzelschrittverfahrens.

5.2 Vektor- und Matrizennormen

$\mathbb{R}^n$ sei ein n-dimensionaler Vektorraum und $\mathbf{x}$ ein Element von $\mathbb{R}^n$. Unter der Norm von $\mathbf{x}$ versteht man eine diesem Vektor zugeordnete reelle Zahl $\|\mathbf{x}\|$, die die folgenden *Vektor-Norm-Axiome* erfüllt:

1) $\|\mathbf{x}\| > 0$ für alle $\mathbf{x} \in \mathbb{R}^n$ mit $\mathbf{x} \neq \mathbf{0}$,

2) $\|\mathbf{x}\| = 0$ genau dann, wenn $\mathbf{x} = \mathbf{0}$ ist ,

3) $\|\alpha \mathbf{x}\| = |\alpha| \|\mathbf{x}\|$ für alle $\mathbf{x} \in \mathbb{R}^n$ und beliebige Zahlen $\alpha \in \mathbb{R}$.

4) $\|\mathbf{x}+\mathbf{y}\| \leq \|\mathbf{x}\| + \|\mathbf{y}\|$ für alle $\mathbf{x}, \mathbf{y} \in \mathbb{R}^n$ (Dreiecksungleichung) .

Vektor-Normen sind z.B.:

$\|\mathbf{x}\|_\infty := \max\limits_{1 \leq i \leq n} |x_i|$ (sup-Norm oder Maximumnorm),

$\|\mathbf{x}\|_1 := \sum\limits_{i=1}^{n} |x_i|$ (Norm der Komponenten-Betragssumme),

$\|\mathbf{x}\|_2 := \sqrt{\sum\limits_{i=1}^{n} |x_i|^2}$ (Euklidische Norm).

Ist $\mathbf{A}$ eine (n,n)-Matrix mit $\mathbf{A} = (a_{ik})$, so heißt eine reelle Zahl $\|\mathbf{A}\|$ Norm der (n,n)-Matrix $\mathbf{A}$, wenn sie den *Matrix-Norm-Axiomen* genügt:

1) $\|\mathbf{A}\| \geq 0$ für alle $\mathbf{A}$,

2) $\|\mathbf{A}\| = 0$ genau dann, wenn $\mathbf{A} = \mathbf{0}$ (Nullmatrix) ist ,

3) $\|\alpha \mathbf{A}\| = |\alpha| \|\mathbf{A}\|$ für alle $\mathbf{A}$ und beliebige Zahlen α ,

4) $\|\mathbf{A} + \mathbf{B}\| \leq \|\mathbf{A}\| + \|\mathbf{B}\|$ für alle $\mathbf{A}, \mathbf{B}$,

5) $\|\mathbf{AB}\| \leq \|\mathbf{A}\| \|\mathbf{B}\|$.

Matrix-Normen sind z.B.:

$$\|A\|_\infty := \max_{1 \le i \le n} \sum_{k=1}^n |a_{ik}| \quad \text{(Zeilensummennorm)},$$

$$\|A\|_1 := \max_{1 \le k \le n} \sum_{i=1}^n |a_{ik}| \quad \text{(Spaltensummennorm)},$$

$$\|A\|_2 := \sqrt{\sum_{i,k=1}^n |a_{ik}|^2} \quad \text{(Euklidische Norm)}.$$

Die eingeführten Matrix-Normen müssen mit den Vektor-Normen verträglich sein.

DEFINITION 5.1. Eine Matrix-Norm heißt mit einer Vektor-Norm verträglich, wenn für jede Matrix **A** und jeden Vektor **x** die Ungleichung

$$\|Ax\| \le \|A\|\|x\|$$

erfüllt ist. Die Bedingung heißt *Verträglichkeitsbedingung*.

Die Matrix-Normen $\|A\|_j$ sind mit den Vektor-Normen $\|x\|_j$ verträglich für $j = 1, 2, \infty$.

5.3 Das Iterationsverfahren in Gesamtschritten

Gegeben sei das lineare Gleichungssystem $Ax = a$ mit $\det A \ne 0$, das ausgeschrieben die Form (4.1) besitzt.

Um einen Näherungsvektor für **x** zu finden, konstruiert man eine Folge $\{x^{(\nu)}\}$, $\nu = 1, 2, \ldots$, für die unter gewissen Voraussetzungen $\lim_{\nu \to \infty} x^{(\nu)} = x$ gilt.

Es sei o.B.d.A. vorausgesetzt, daß keines der Diagonalelemente a_{jj} von **A** verschwindet, andernfalls werden die Zeilen entsprechend vertauscht. Indem man jeweils die i-te Gleichung von (4.1) nach x_i auflöst, bringt man das System auf die äquivalente Form:

$$x_i = -\sum_{\substack{k=1 \\ k \ne i}}^n \frac{a_{ik}}{a_{ii}} x_k + \frac{a_i}{a_{ii}}, \quad i = 1(1)n,$$

die mit den Abkürzungen

(5.1) $$c_i = \frac{a_i}{a_{ii}}, \quad b_{ik} = \begin{cases} -\frac{a_{ik}}{a_{ii}} & \text{für } i \neq k \\ 0 & \text{für } i = k \end{cases}$$

in Matrizenschreibweise lautet

(5.2) $$\mathbf{x} = \mathbf{Bx} + \mathbf{c} \quad \text{mit} \quad \mathbf{B} = (b_{ik}), \quad \mathbf{c} = \begin{pmatrix} c_1 \\ \vdots \\ c_n \end{pmatrix}.$$

Man definiert eine vektorielle Schrittfunktion durch

$$\vec{\varphi}(\mathbf{x}) := \mathbf{Bx} + \mathbf{c}$$

und konstruiert mit einem Startvektor $\mathbf{x}^{(0)}$ und der Vorschrift

(5.3) $$\begin{cases} \mathbf{x}^{(\nu+1)} = \vec{\varphi}(\mathbf{x}^{(\nu)}) = \mathbf{Bx}^{(\nu)} + \mathbf{c} \\ \text{mit} \quad \mathbf{x}^{(\nu)} = \begin{pmatrix} x_1^{(\nu)} \\ x_2^{(\nu)} \\ \vdots \\ x_n^{(\nu)} \end{pmatrix}, \quad \nu = 0, 1, 2, \ldots, \end{cases}$$

eine Folge $\{\mathbf{x}^{(\nu)}\}$; komponentenweise lautet die *Iterationsvorschrift*

(5.4) $$x_i^{(\nu+1)} = c_i + \sum_{k=1}^{n} b_{ik} x_k^{(\nu)} = \frac{a_i}{a_{ii}} - \sum_{\substack{k=1 \\ k \neq 1}}^{n} \frac{a_{ik}}{a_{ii}} x_k^{(\nu)}, \quad \begin{array}{l} i = 1(1)n, \\ \nu = 0, 1, 2, \ldots \end{array}$$

Die Matrix $\mathbf{B}$ heißt *Iterationsmatrix*. Die Rechnung wird zweckmäßig in einem Schema der folgenden Form durchgeführt:

RECHENSCHEMA 5.2 (*Iteration in Gesamtschritten für $n = 3$*).

c_i	b_{ik}			$x_i^{(0)}$	$x_i^{(1)}$	$\ldots$
$\frac{a_1}{a_{11}}$	0	$-\frac{a_{12}}{a_{11}}$	$-\frac{a_{13}}{a_{11}}$	0		
$\frac{a_2}{a_{22}}$	$-\frac{a_{21}}{a_{22}}$	0	$-\frac{a_{23}}{a_{22}}$	0		
$\frac{a_3}{a_{33}}$	$-\frac{a_{31}}{a_{33}}$	$-\frac{a_{32}}{a_{33}}$	0	0		

5.3 Das Iterationsverfahren in Gesamtschritten

Mit den Begriffen *Vektor-Norm* und *Matrix-Norm* kann nun die Frage beantwortet werden, unter welchen Bedingungen die Folge $\{x^{(\nu)}\}$ konvergiert.

SATZ 5.3. Es sei $x \in \mathbb{R}^n$ eine Lösung der Gleichung $x = \vec{\varphi}(x)$; $\vec{\varphi}(x)$ erfülle die Lipschitzbedingung bezüglich einer Vektornorm

$$\|\vec{\varphi}(x) - \vec{\varphi}(x')\| \leq L\|x - x'\| \quad \text{mit} \quad 0 \leq L < 1$$

für alle $x, x' \in \mathbb{R}^n$.
Dann gilt für die durch $x^{(\nu+1)} = \vec{\varphi}(x^{(\nu)})$ mit dem beliebigen Startvektor $x^{(0)} \in \mathbb{R}^n$ definierte Iterationsfolge $\{x^{(\nu)}\}$:

1) $\lim_{\nu \to \infty} x^{(\nu)} = x$;

2) x ist eindeutig bestimmt;

3) $\|x^{(\nu)} - x\| \leq \frac{L}{1-L}\|x^{(\nu)} - x^{(\nu-1)}\|$ (a posteriori-Fehlerabschätzung)

$\qquad \leq \frac{L^\nu}{1-L}\|x^{(1)} - x^{(0)}\|$ (a priori-Fehlerabschätzung).

SATZ 5.4. Ist für die Koeffizienten a_{ik} des linearen Gleichungssystems $Ax = a$ mit $A = (a_{ik})$ das

a) *Zeilensummenkriterium*

(5.5) $\qquad \max_{1 \leq i \leq n} \sum_{k=1}^{n} |b_{ik}| = \max_{1 \leq i \leq n} \sum_{\substack{k=1 \\ k \neq i}}^{n} \left|\frac{a_{ik}}{a_{ii}}\right| \leq L_\infty < 1,$

b) *Spaltensummenkriterium*

(5.6) $\qquad \max_{1 \leq k \leq n} \sum_{i=1}^{n} |b_{ik}| = \max_{1 \leq k \leq n} \sum_{\substack{i=1 \\ i \neq k}}^{n} \left|\frac{a_{ik}}{a_{ii}}\right| \leq L_1 < 1,$

c) *Kriterium von Schmidt - v. Mises*

(5.7) $\qquad \sqrt{\sum_{i=1}^{n}\sum_{k=1}^{n}|b_{ik}|^2} = \sqrt{\sum_{i=1}^{n}\sum_{\substack{k=1 \\ k \neq i}}^{n}\left|\frac{a_{ik}}{a_{ii}}\right|^2} \leq L_2 < 1$

erfüllt, dann konvergiert die durch (5.3) bzw. (5.4) definierte Iterationsfolge mit (5.1) und (5.2) für jeden Startvektor $x^{(0)} \in \mathbb{R}^n$ gegen die eindeutig bestimmte Lösung x, und es gilt die Fehlerabschätzung

$$f_\infty^{(\nu)} := \|\mathbf{x}^{(\nu)} - \mathbf{x}\|_\infty = \max_{1 \leq i \leq n} |x_i^{(\nu)} - x_i|$$

(5.8)
$$\leq \frac{L_\infty}{1 - L_\infty} \max_{1 \leq i \leq n} |x_i^{(\nu)} - x_i^{(\nu-1)}| \quad \text{(a posteriori)}$$

$$\leq \frac{L_\infty^\nu}{1 - L_\infty} \max_{1 \leq i \leq n} |x_i^{(1)} - x_i^{(0)}| \quad \text{(a priori)}$$

bzw.

$$f_1^{(\nu)} := \|\mathbf{x}^{(\nu)} - \mathbf{x}\|_1 = \sum_{i=1}^{n} |x_i^{(\nu)} - x_i|$$

(5.9)
$$\leq \frac{L_1}{1 - L_1} \sum_{i=1}^{n} |x_i^{(\nu)} - x_i^{(\nu-1)}| \quad \text{(a posteriori)}$$

$$\leq \frac{L_1^\nu}{1 - L_1} \sum_{i=1}^{n} |x_i^{(1)} - x_i^{(0)}| \quad \text{(a priori)}$$

bzw.

$$f_2^{(\nu)} := \|\mathbf{x}^{(\nu)} - \mathbf{x}\|_2 = \sqrt{\sum_{i=1}^{n} |x_i^{(\nu)} - x_i|^2}$$

(5.10)
$$\leq \frac{L_2}{1 - L_2} \sqrt{\sum_{i=1}^{n} |x_i^{(\nu)} - x_i^{(\nu-1)}|^2} \quad \text{(a posteriori)}$$

$$\leq \frac{L_2^\nu}{1 - L_2} \sqrt{\sum_{i=1}^{n} |x_i^{(1)} - x_i^{(0)}|^2} \quad \text{(a priori)}$$

BEMERKUNG. Im Fall (5.5) konvergiert die Iterationsfolge sogar komponentenweise.

5.3 Das Iterationsverfahren in Gesamtschritten

ALGORITHMUS 5.5 (*Iteration in Gesamtschritten*). Gegeben ist das lineare Gleichungssystem $\mathbf{Ax} = \mathbf{a}$ mit

$$\mathbf{A} = (a_{ik}), \quad \mathbf{x} = \begin{pmatrix} x_1 \\ \vdots \\ x_n \end{pmatrix}, \quad \mathbf{a} = \begin{pmatrix} a_1 \\ \vdots \\ a_n \end{pmatrix}, \quad i,k = 1(1)n,$$

gesucht ist seine Lösung $\mathbf{x}$ mittels Iteration in Gesamtschritten.

1. Schritt. Das gegebene System wird auf die äquivalente Form (5.2) gebracht mit den Größen (5.1).

2. Schritt. Man prüfe, ob eines der in Satz 5.4 angegebenen hinreichenden Konvergenzkriterien erfüllt ist. Falls nicht, versuche man durch geeignete Linearkombinationen von Gleichungen ein System mit überwiegenden Diagonalelementen herzustellen, welches einem der Konvergenzkriterien genügt. Ist dies nicht möglich, so berechne man die Lösung mit einer direkten Methode.

3. Schritt. Falls eines der Konvergenzkriterien erfüllt ist, wähle man einen beliebigen Startvektor $\mathbf{x}^{(0)}$; o.B.d.A. kann man $\mathbf{x}^{(0)} = \mathbf{0}$ wählen.

4. Schritt. Man erzeuge eine Iterationsfolge $\{\mathbf{x}^{(\nu)}\}$ nach der Vorschrift (5.3) bzw. (5.4). Dazu verwende man zweckmäßig das Rechenschema 5.2. Es wird solange iteriert, bis eine der beiden folgenden Abfragen bejaht ist:

a) *Abfrage auf den absoluten Fehler:*

$$\max_{1 \leq i \leq n} |x_i^{(\nu+1)} - x_i^{(\nu)}| < \delta, \quad \delta > 0 \quad \text{vorgegeben.}$$

b) *Abfrage auf den relativen Fehler:*

$$\max_{1 \leq i \leq n} |x_i^{(\nu+1)} - x_i^{(\nu)}| \leq \max_{1 \leq i \leq n} |x_i^{(\nu+1)}|\varepsilon \quad \text{zu vorgegebenem } \varepsilon > 0.$$

c) $\nu > \nu_0$, ν_0 vorgegebene Zahl, die etwa aus einer a priori-Fehlerabschätzung ermittelt wurde.

5. Schritt (Fehlerabschätzung). Falls (5.5) erfüllt ist, wird die Fehlerabschätzung (5.8) verwendet. Ist (5.5) nicht erfüllt, sondern (5.6), so wird die Fehlerabschätzung (5.9) verwendet. Ist nur (5.7) erfüllt, so kann nur die gröbste Fehlerabschätzung (5.10) benutzt werden.

BEMERKUNG. Die Abfrage a) im 4. Schritt des Algorithmus 5.5 ist praktisch einem Konvergenznachweis gleichzusetzen; denn für $0 \leq L_\infty < 1$ und hinreichend großes ν kann 4a) immer erfüllt werden.

5.4 Das Iterationsverfahren in Einzelschritten oder das Gauß-Seidelsche Iterationsverfahren

Das Gauß-Seidelsche Iterationsverfahren unterscheidet sich vom Iterationsverfahren in Gesamtschritten nur dadurch, daß zur Berechnung der $(\nu+1)$-ten Näherung von x_i die bereits berechneten $(\nu+1)$-ten Näherungen von $x_1, x_2, \ldots, x_{i-1}$ berücksichtigt werden. Hat man das gegebene Gleichungssystem (4.1) auf die äquivalente Form (5.2) mit (5.1) gebracht, so lautet hier die Iterationsvorschrift

(5.11)
$$\left\{ \begin{array}{l} \mathbf{x}^{(\nu+1)} = B_r \mathbf{x}^{(\nu)} + B_l \mathbf{x}^{(\nu+1)} + c \quad \text{mit} \\[1em] \mathbf{B}_r = \begin{pmatrix} 0 & b_{12} & b_{13} & \cdots & b_{1n} \\ 0 & 0 & \cdot & & \vdots \\ \vdots & \vdots & \cdot & \cdot & \cdot \\ \cdot & \cdot & & \cdot & b_{n-1,n} \\ 0 & 0 & \cdot & \cdots & 0 \end{pmatrix}, \\[2em] \mathbf{B}_l = \begin{pmatrix} 0 & \cdot & \cdot & \cdot & 0 \\ b_{21} & \cdot & \ast & & \vdots \\ \vdots & & \cdot & & \cdot \\ \cdot & \cdot & & \cdot & \cdot \\ b_{n1} & b_{n2} & \cdots & b_{n,n-1} & 0 \end{pmatrix} \end{array} \right.$$

bzw. in Komponenten geschrieben für $i = 1(1)n$, $\nu = 0,1,2,\ldots$

(5.12)
$$\begin{aligned} x_i^{(\nu+1)} &= c_i + \sum_{k=i+1}^{n} b_{ik} x_k^{(\nu)} + \sum_{k=1}^{i-1} b_{ik} x_k^{(\nu+1)} \\ &= \frac{a_i}{a_{ii}} - \sum_{k=i+1}^{n} \frac{a_{ik}}{a_{ii}} x_k^{(\nu)} - \sum_{k=1}^{i-1} \frac{a_{ik}}{a_{ii}} x_k^{(\nu+1)}. \end{aligned}$$

Hinreichende Konvergenzkriterien für das Iterationsverfahren in Einzelschritten sind:

1. das Zeilensummenkriterium (5.5);
2. das Spaltensummenkriterium (5.6);
3. ist $\mathbf{A}$ symmetrisch ($a_{ik} = a_{ki}$) und positiv definit ($\mathbf{x}^T \mathbf{A} \mathbf{x} > 0$ für $\mathbf{x} \neq 0$), so konvergiert das Verfahren.

Die Rechnung wird zweckmäßig in einem Rechenschema der folgenden Form durchgeführt:

RECHENSCHEMA 5.6 (*Iterationsverfahren in Einzelschritten für n = 3*).

c_i	b_{ik} für $k \geq i$			b_{ik} für $k < i$			$x_i^{(0)}$	$x_i^{(1)}$	...
$\frac{a_1}{a_{11}}$	0	$-\frac{a_{12}}{a_{11}}$	$-\frac{a_{13}}{a_{11}}$	0	0	0	0		
$\frac{a_2}{a_{22}}$	0	0	$-\frac{a_{23}}{a_{22}}$	$-\frac{a_{21}}{a_{22}}$	0	0	0		
$\frac{a_3}{a_{33}}$	0	0	0	$-\frac{a_{31}}{a_{33}}$	$-\frac{a_{32}}{a_{33}}$	0	0		

Hier wird kein eigener Algorithmus formuliert, weil der Wortlaut völlig mit dem des Algorithmus 5.5 übereinstimmen würde; hier kommen lediglich für den 2. Schritt andere Konvergenzkriterien in Frage, und im 4. Schritt lautet die Iterationsvorschrift (5.11) bzw. (5.12).

5.5 Relaxation beim Gesamtschrittverfahren

Beim Gesamtschrittverfahren erfolgte die Iteration nach der Vorschrift

(5.13) $\qquad \mathbf{x}^{(\nu+1)} = \mathbf{c} + \mathbf{B}\mathbf{x}^{(\nu)}, \qquad \nu = 0, 1, 2, \ldots$

mit der Iterationsmatrix $\mathbf{B}$ bzw. umgeformt nach der Vorschrift

(5.14) $\qquad \mathbf{x}^{(\nu+1)} = \mathbf{x}^{(\nu)} + \mathbf{z}^{(\nu)}$

mit

(5.15) $$\begin{cases} \mathbf{z}^{(\nu)} = \mathbf{c} - \mathbf{B}^*\mathbf{x}^{(\nu)}, \\ \mathbf{B}^* = \mathbf{E} - \mathbf{B}; \end{cases}$$

$\mathbf{z}^{(\nu)}$ heißt *Korrekturvektor*. Man versucht nun, den Wert $\mathbf{x}^{(\nu)}$ durch $\omega \mathbf{z}^{(\nu)}$ statt durch $\mathbf{z}^{(\nu)}$ zu verbessern; ω heißt *Relaxationskoeffizient*. Das Iterationsverfahren (5.14) erhält so die Form

(5.16) $$\mathbf{x}^{(\nu+1)} = \mathbf{x}^{(\nu)} + \omega(\mathbf{c} - \mathbf{B}^*\mathbf{x}^{(\nu)}),$$

ω ist so zu wählen, daß die Konvergenzgeschwindigkeit gegenüber der des Gesamtschrittverfahrens erhöht wird.

Besitzt nun die Iterationsmatrix $\mathbf{B}$ des Gesamtschrittverfahrens (5.13) die reellen Eigenwerte

$$\lambda_1 \geq \lambda_2 \geq \ldots \geq \lambda_n \quad \text{mit} \quad \lambda_1 \neq -\lambda_n,$$

so ist mit dem Relaxationskoeffizienten

$$\omega = \frac{2}{2 - \lambda_1 - \lambda_n}$$

die Konvergenz des Relaxationsverfahrens (5.16) mit (5.15) besser als die des Gesamtschrittverfahrens (Beweis s. [WERN82], S.188ff.).
Im Falle $\omega < 1$ spricht man von *Unterrelaxation*; für $\omega > 1$ von *Überrelaxation*. Zur Durchführung der Relaxation benötigt man scharfe Schranken für die Eigenwerte von $\mathbf{B}$, die das Vorzeichen berücksichtigen. Verfahren zur näherungsweisen Bestimmung der Eigenwerte sind in Kapitel 7 angegeben.

5.6 Relaxation beim Einzelschrittverfahren. SOR-Verfahren

5.6.1 Iterationsvorschrift

Die Iterationsvorschrift für das Einzelschrittverfahren lautet

$$\mathbf{x}^{(\nu+1)} = \mathbf{c} + \mathbf{B}_r\mathbf{x}^{(\nu)} + \mathbf{B}_l\mathbf{x}^{(\nu+1)}, \quad \nu = 0, 1, 2, \ldots$$

bzw. umgeformt

$$(5.17) \quad \begin{cases} \mathbf{x}^{(\nu+1)} &= \mathbf{x}^{(\nu)} + \mathbf{z}^{(\nu)} \quad \text{mit} \\ \mathbf{z}^{(\nu)} &= \mathbf{c} + \mathbf{B}_l \mathbf{x}^{(\nu+1)} - (\mathbf{E} - \mathbf{B}_r)\mathbf{x}^{(\nu)}. \end{cases}$$

Ersetzt man nun in (5.17) analog zu Abschnitt 5.5 den Korrekturvektor $\mathbf{z}^{(\nu)}$ durch $\omega \mathbf{z}^{(\nu)}$ mit dem Relaxationskoeffizienten ω, so erhält man als Iterationsvorschrift für das Verfahren der sukzessiven Relaxation

$$(5.18) \qquad \mathbf{x}^{(\nu+1)} = \mathbf{x}^{(\nu)} + \omega(\mathbf{c} + \mathbf{B}_l \mathbf{x}^{(\nu+1)} - (\mathbf{E} - \mathbf{B}_r)\mathbf{x}^{(\nu)}).$$

Die Berechnung des optimalen Wertes für ω ist schwierig. Es läßt sich zeigen, daß überhaupt nur Relaxationsverfahren (5.18) konvergent sein können für $0 < \omega < 2$ (s. [STOE83], S.236).

Für ein Gleichungssystem mit symmetrischer, positiv definiter, tridiagonaler bzw. diagonal blockweise tridiagonaler Matrix (d.h. einer tridiagonalen Blockmatrix, deren Diagonalblöcke Diagonalmatrizen sind, siehe Abschnitt 4.17) ist der optimale Überrelaxationsfaktor für das *Verfahren der sukzessiven Überrelaxation (kurz SOR)*

$$\omega_{opt} = \frac{2}{1 + \sqrt{1 - \lambda_1^2}} \; ;$$

λ_1 ist der größte Eigenwert der Matrix $\mathbf{B} = \mathbf{B}_l + \mathbf{B}_r$ (s. [SCHW72], S.60, S.208/210, S.214). Solche Matrizen treten bei der Diskretisierung von Randwertaufgaben vom elliptischen Typ auf. SOR mit ω_{opt} konvergiert hier erheblich rascher als die Relaxation beim Gesamtschrittverfahren.

Für Gleichungssysteme mit symmetrischer, aber nicht diagonal blockweise tridiagonalen Matrizen sowie schiefsymmetrischen Matrizen wird in [NIET70] eine günstige Näherung für ω angegeben.

Im Falle dünn besetzter Matrizen wird auf [WEIS90] hingewiesen.

5.6.2 Schätzung des Relaxationskoeffizienten. Adaptives SOR-Verfahren

In [BUNS85] und [HAGE81] ist ein adaptives Verfahren zur Berechnung des optimalen Relaxationskoeffizienten ω_{opt} angegeben, welches begleitend zur Anwendung des Gauß-Seidel-Verfahrens mit Relaxation den Relaxationskoeffizienten ermittelt. Zur Beschleunigung des Verfahrens werden vorher einige Schritte (die Anzahl l ist frei wählbar, $l \geq 1$) jeweils neu mit dem Einzelschrittverfahren mit festem Schätzwert für den Relaxationskoeffizienten ω

durchgeführt, dann wird die Schätzung des Relaxationskoeffizienten neu angepaßt (vgl. [BRUNS85]).

ALGORITHMUS 5.7

Gegeben: $Ax = a$, A erfülle die Voraussetzungen für die Anwendung des Gauß-Seidel-Verfahrens; alle Eigenwerte der Iterationsmatrix B seien reell

Gesucht: Näherungslösung für x

Setze: $\omega := 1$, $q := 1$, $\nu := 0$

Wähle: Genauigkeitsschranke $\varepsilon \in \mathbf{R}$, $\varepsilon > 0$, Häufigkeit l der Anpassung des Relaxationsparameters $l \geq 1$, $l \in \mathbf{N}$, Startvektor $x^{(0)}$

Für jedes $\nu = 0,1,2,\ldots$ wird wie folgt verfahren:

1. Berechnung von $x^{\nu+1}$ nach der Vorschrift (5.18). Falls ν ein ganzzahliges Vielfaches von l ist, wird mit dem 2. Schritt fortgesetzt, andernfalls mit dem 3. Schritt.

2. Zur Anpassung der Schätzung des Relaxationskoeffizienten wird berechnet

$$q := \max_k \frac{|x_k^{(\nu+1)} - x_k^{(\nu)}|}{|x_k^{(\nu)} - x_k^{(\nu-1)}|}$$

Falls $q > 1$ ist, wird ν um 1 erhöht und mit 1. fortgesetzt, andernfalls wird mit

$$q := \max(q, \omega - 1)$$

eine neue Anpassung für den Relaxationskoeffizienten berechnet:

$$\omega := \frac{2}{1 + \sqrt{1 - \frac{1}{q}\left(\frac{q+\omega-1}{\omega}\right)^2}}$$

3. Falls gilt

$$\|x^{(\nu+1)} - x^{(\nu)}\|_\infty \leq \varepsilon \|x^{(\nu+1)}\|_\infty ,$$

wird mit dem Ergebnis $x \approx x^{(\nu+1)}$ die Rechnung abgebrochen, andernfalls wird für $\nu := \nu + 1$ mit dem 1. Schritt fortgesetzt.

LITERATUR zu Kapitel 5: [BUNS85], 3.; [GOLU89], 10.; [HÄMM89], 2.;

5.6 Relaxation beim Einzelschrittverfahren. SOR–Verfahren

[MAES84], 2.7; [MEIS78], III; [NIEM87], 6.5; [RALS79], III.; [RICE83], 6.3; [SCHE77], 6; [SCHW72], 2 u. 5.2; [SPEL85], 1.10 u. 1.11; [STOE78], 8.3; [TIKH77], Chap. III; [TÖRN79] Bd.1, 6; [WEIS90], 2.; [WERN82], III §5; [YOUN71], 6-8.

Kapitel 6

Systeme nichtlinearer Gleichungen

Gegeben sei ein System aus n nichtlinearen Gleichungen ($n \in \mathbb{N}$, $n \geq 2$)

(6.1)
$$\begin{cases} f_1(x_1, x_2, \ldots, x_n) = 0, \\ f_2(x_1, x_2, \ldots, x_n) = 0, \\ \vdots \\ f_n(x_1, x_2, \ldots, x_n) = 0, \end{cases}$$

D_f sei ein endlicher, abgeschlossener Bereich des $\mathbb{R}^n$, auf dem die Funktionen $f_i(x_1, x_2, \ldots, x_n)$, $i = 1(1)n$, definiert sind, die f_i seien stetig und reellwertig.

Mit

$$\mathbf{x} = \begin{pmatrix} x_1 \\ x_2 \\ \vdots \\ x_n \end{pmatrix} \quad \text{und} \quad \mathbf{f} = \begin{pmatrix} f_1 \\ f_2 \\ \vdots \\ f_n \end{pmatrix}$$

läßt sich (6.1) ausdrücken durch

$$\mathbf{f} : D_f \subset \mathbb{R}^n \to \mathbb{R}^n, \quad \mathbf{x} \to \mathbf{f}(\mathbf{x}) = \mathbf{0}.$$

6.1 Allgemeines Iterationsverfahren für Systeme

Zu dem nichtlinearen System $\mathbf{f}(\mathbf{x}) = \mathbf{0}$ wird ein äquivalentes System

$$\varphi : D_\varphi \subseteq D_f \subset \mathbb{R}^n \to \mathbb{R}^n, \quad \mathbf{x} \to \mathbf{x} = \varphi(\mathbf{x}); \quad \varphi(\mathbf{x}) = (\varphi_1(x), \varphi_2(x), \ldots, \varphi_n(x))^T$$

erzeugt. $\bar{\mathbf{x}}$ heißt *Fixpunkt* von φ bzw. Lösung von $\mathbf{x} = \varphi(\mathbf{x})$, falls gilt $\bar{\mathbf{x}} = \varphi(\bar{\mathbf{x}})$. Mit Hilfe eines Startvektors $\mathbf{x}^{(0)} \in D_\varphi$ wird eine Iterationsfolge $\{\mathbf{x}^{(\nu)}\}$ konstruiert nach der Vorschrift

$$(6.2) \qquad \mathbf{x}^{(\nu+1)} = \varphi(\mathbf{x}^{(\nu)}), \qquad \nu = 0, 1, 2, \ldots$$

φ heißt vektorielle *Schrittfunktion*, (6.2) *Iterationsvorschrift*.

SATZ 6.1. (*Fixpunktsatz für Systeme*)
Es sei $D \subseteq D_\varphi$ ein endlicher, abgeschlossener Bereich, und es gelte

(i) $\varphi(\mathbf{x}) \in D$ für alle $\mathbf{x} \in D$, d.h. φ stellt eine Abbildung von D in sich dar.

(ii) Es gibt eine Konstante L mit $0 \leq L < 1$ und eine Norm $\|\cdot\|$, so daß für alle $\mathbf{x}, \mathbf{x}' \in D$ die Lipschitzbedingung erfüllt ist

$$(6.3) \qquad \|\varphi(\mathbf{x}) - \varphi(\mathbf{x}')\| \leq L\|\mathbf{x} - \mathbf{x}'\|.$$

Dann gilt:

(a) Es gibt genau einen Fixpunkt $\bar{\mathbf{x}}$ in D.

(b) Die Iteration (6.2) konvergiert für jeden Startwert $\mathbf{x}^{(0)} \in D$ gegen $\bar{\mathbf{x}}$.

(c) Es gelten die Fehlerabschätzungen

$$\|\mathbf{x}^{(\nu)} - \bar{\mathbf{x}}\| \leq \frac{L^\nu}{1-L}\|\mathbf{x}^{(1)} - \mathbf{x}^{(0)}\| \qquad \text{(a priori-Fehlerabschätzung)},$$
$$\|\mathbf{x}^{(\nu)} - \bar{\mathbf{x}}\| \leq \frac{L}{1-L}\|\mathbf{x}^{(\nu)} - \mathbf{x}^{(\nu-1)}\| \qquad \text{(a posteriori-Fehlerabschätzung)}.$$

Zum Beweis siehe [HENR72] Bd. 1, S.131 ff.

Ein Analogon zur Bedingung $|\varphi'| \leq L < 1$ im eindimensionalen Fall läßt sich mit Hilfe der Funktionalmatrix formulieren. Besitzen die φ_i in D stetige partielle Ableitungen nach den x_k, so kann mit der Funktionalmatrix (Jacobi-Matrix)

6.1 Allgemeines Iterationsverfahren für Systeme

$$\mathbf{J}_\varphi := \left(\frac{\partial \varphi_i}{\partial x_k}\right)_{\substack{i=1(1)n \\ k=1(1)n}} = \begin{pmatrix} \frac{\partial \varphi_1}{\partial x_1} & \frac{\partial \varphi_1}{\partial x_2} & \cdots & \frac{\partial \varphi_1}{\partial x_n} \\ \frac{\partial \varphi_2}{\partial x_1} & \frac{\partial \varphi_2}{\partial x_2} & \cdots & \frac{\partial \varphi_2}{\partial x_n} \\ \vdots & \vdots & & \vdots \\ \frac{\partial \varphi_n}{\partial x_1} & \frac{\partial \varphi_n}{\partial x_2} & \cdots & \frac{\partial \varphi_n}{\partial x_n} \end{pmatrix}$$

die Lipschitzbedingung (6.3) in Satz 6.1 ersetzt werden durch

(6.4) $$\|\mathbf{J}_\varphi\| \leq L < 1,$$

sofern D konvex und abgeschlossen ist.

Unter Verwendung der verschiedenen Matrixnormen aus Kap. 5.2 ergeben sich für (6.4) die folgenden Konvergenzkriterien:

Zeilensummenkriterium:

(6.5) $$\|\mathbf{J}_\varphi\|_\infty = \max_{\substack{i=1(1)n \\ \mathbf{x} \in D}} \sum_{k=1}^n \left|\frac{\partial \varphi_i}{\partial x_k}\right| \leq L_\infty < 1,$$

Spaltensummenkriterium:

(6.6) $$\|\mathbf{J}_\varphi\|_1 = \max_{\substack{k=1(1)n \\ \mathbf{x} \in D}} \sum_{i=1}^n \left|\frac{\partial \varphi_i}{\partial x_k}\right| \leq L_1 < 1,$$

Kriterium von E. Schmidt und R. v. Mises:

(6.7) $$\|\mathbf{J}_\varphi\|_2 = \max_{\mathbf{x} \in D} \left(\sum_{i=1}^n \sum_{k=1}^n \left(\frac{\partial \varphi_i}{\partial x_k}\right)^2\right)^{1/2} \leq L_2 < 1.$$

Ist das Kriterium (6.5) erfüllt, so lassen sich unter Verwendung der Maximumnorm $\|\cdot\|_\infty$ gemäß Satz 6.1 die zugehörigen Fehlerabschätzungen angeben; entsprechendes gilt für die Kriterien (6.6) und (6.7).

> **DEFINITION 6.2** *(Konvergenzordnung).*
> Die Iterationsfolge $\{\mathbf{x}^{(\nu)}\}$ konvergiert von mindestens p-ter Ordnung gegen $\bar{\mathbf{x}}$, wenn eine Konstante $0 \leq M < \infty$ existiert, so daß gilt
>
> $$\lim_{\nu \to \infty} \frac{\|\mathbf{x}^{(\nu+1)} - \bar{\mathbf{x}}\|}{\|\mathbf{x}^{(\nu)} - \bar{\mathbf{x}}\|^p} = M < \infty.$$
>
> Das Iterationsverfahren $\mathbf{x}^{(\nu+1)} = \varphi(\mathbf{x}^{(\nu)})$ heißt dann ein Verfahren von mindestens p-ter Konvergenzordnung; es besitzt genau die Konvergenzordnung p für $M \neq 0$.

Praktikable Fehlerabschätzung ohne Verwendung der Lipschitzkonstanten (s. [KIOU78]; [MOOR80])

Die Methode beruht auf einem Satz von Carlo Miranda:

$$\text{Sei} \quad K := \left\{ \mathbf{x} \in \mathbb{R}^n \,\big|\, \max_{1 \leq i \leq n} |x_i - \tilde{x}_i| \leq p \right\}$$

ein n-dimensionaler Kubus und seien E_i^+ und E_i^- mit

$$E_i^{\pm} := \{\mathbf{x} \in K \,|\, x_i = \tilde{x}_i \pm p\}, \quad i = 1(1)n$$

jeweils die Paare von senkrecht zur x_i-Achse liegenden Oberflächenebenen von K. Ist dann $\mathbf{f}: K \to \mathbb{R}^n$ stetig und gilt

$$f_i(E_i^+) > 0, \qquad f_i(E_i^-) < 0, \qquad i = 1(1)n \qquad \text{bzw.}$$

$$f_i(\mathbf{x}) > 0, \quad \mathbf{x} \in E_i^+; \quad f_i(\mathbf{y}) < 0, \quad \mathbf{y} \in E_i^-, \quad i = 1(1)n,$$

so gibt es in K eine Nullstelle $\bar{\mathbf{x}}$ von $\mathbf{f}$.

Bei beliebigen stetigen Abbildungen $\mathbf{f}$ hat der Satz wenig praktischen Nutzen. Ist $\mathbf{f}$ jedoch differenzierbar, so läßt sich auf der Grundlage des Satzes eine praktikable Fehlerabschätzung ableiten, sofern man mit irgend einem Verfahren zur Lösung nichtlinearer Gleichungssysteme bereits Näherungen $\tilde{\mathbf{x}}$ für die Lösung $\bar{\mathbf{x}}$ mit $\mathbf{f}(\tilde{\mathbf{x}}) \approx 0$ berechnet hat.

Approximiert man dann nämlich $\mathbf{f}$ in einer Umgebung von $\tilde{\mathbf{x}}$ mit Hilfe der Taylorentwicklung bis zum linearen Glied, so gilt für

(6.8) $$\mathbf{f}(\mathbf{x}) \approx \mathbf{f}(\tilde{\mathbf{x}}) + \mathbf{J}_f(\mathbf{x} - \tilde{\mathbf{x}}) \approx \mathbf{J}_f(\mathbf{x} - \tilde{\mathbf{x}})$$

6.1 Allgemeines Iterationsverfahren für Systeme

wo $\mathbf{J}_f(\tilde{\mathbf{x}}) := \left(\dfrac{\partial f_i(\tilde{\mathbf{x}})}{\partial x_k}\right)_{\substack{i=1(1)n \\ k=1(1)n}}$ die Funktionalmatrix von $\mathbf{f}$ im Punkt $\tilde{\mathbf{x}}$ darstellt. Aus (6.8) folgt

(6.9) $\qquad \mathbf{J}_f^{-1}(\tilde{\mathbf{x}})\,\mathbf{f}(\mathbf{x}) \approx \mathbf{x} - \bar{\mathbf{x}} \qquad$ für $\qquad \tilde{\mathbf{x}} \approx \bar{\mathbf{x}}.$

Die Abbildung $\mathbf{h}(\mathbf{x}) := \mathbf{x} - \bar{\mathbf{x}}$ hat aber genau die gewünschte Eigenschaft

$$h_i(E_i^+) = p > 0, \quad h_i(E_i^-) = -p < 0, \qquad i = 1(1)n.$$

Wegen (6.9) ist also zu erwarten, daß jede Abbildung der Form

(6.10) $\qquad \mathbf{g}(\mathbf{x}) := \left(\dfrac{\partial f_i(\tilde{\mathbf{x}})}{\partial x_k}\right)^{-1} \mathbf{f}(\mathbf{x}) = \mathbf{J}_f^{-1}(\tilde{\mathbf{x}})\,\mathbf{f}(\mathbf{x})$

auch diese Eigenschaft besitzt und sogar

$$g_i(E_i^+) \approx p, \quad g_i(E_i^-) \approx -p, \qquad i = 1(1)n,$$

erfüllt, wenn die Approximation $\mathbf{g}(\mathbf{x}) \approx \mathbf{x} - \bar{\mathbf{x}}$ genügend gut ist, der betrachtende Kubus K also klein genug. Da $\mathbf{g}(\mathbf{x})$ dieselben Nullstellen wie $\mathbf{f}$ besitzt, besteht nun ein Fehlerabschätzungsverfahren für die Näherungslösung $\tilde{\mathbf{x}}$ von $\mathbf{f}(\mathbf{x}) = \mathbf{0}$ in folgenden Einzelschritten:

ALGORITHMUS 6.3 (*Fehlerschätzung ohne Lipschitzkonstante*)

1. Schritt: Näherungsweise Berechnung der Funktionalmatrix $\mathbf{J}_f(\tilde{\mathbf{x}})$ im Punkte $\tilde{\mathbf{x}}$.

2. Schritt: Berechnung der Inversen $\mathbf{J}_f^{-1}(\tilde{\mathbf{x}})$ zur Funktionalmatrix. Die praktische Erfahrung zeigt, daß die Näherungen des 1. und 2. Schrittes nicht allzu gut sein müssen. *3. Schritt:* Konstruktion von $\mathbf{g}(\mathbf{x})$ gemäß (6.10) und Überprüfung der Bedingungen

(6.11) $\qquad g_i(\tilde{\mathbf{x}} + p\mathbf{u}_i) > 0, \quad g_i(\tilde{\mathbf{x}} - p\mathbf{u}_i) < 0, \qquad i = 1(1)n,$

nacheinander für $p := p_k = 0.5 \cdot 10^{-k}$, $k = k_0, k_0+1,\ldots$, $k_0 \in \mathbb{N}$, wobei $\mathbf{u}_i$ der Einheitsvektor in Richtung x_i ist.

4. Schritt: Ist (6.11) für $p = p_N$, aber nicht mehr für $p = p_{N+1}$ erfüllt, so müßte mit Hilfe von Methoden der Intervallanalysis die Gültigkeit der Bedingungen

(6.12) $\quad g_i(\mathbf{x}) > 0, \quad \mathbf{x} \in E_i^+, \quad g_i(\mathbf{y}) < 0, \quad \mathbf{y} \in E_i^-, \quad i = 1(1)n,$

für alle Punkte $\mathbf{x}, \mathbf{y}$ der Ebenen E_i^+, E_i^- geprüft werden (vgl. dazu [MOOR80]).

Ist (6.12) erfüllt, so gilt $\max\limits_{1 \leq i \leq n} \|\tilde{x}_i - \bar{x}_i\| < p_N$. Da das Nachprüfen von (6.12) jedoch recht mühsam ist, kann man sich meistens auch mit dem Schritt 4* zufriedengeben.

4. Schritt:* Es ist zu prüfen, ob die Bedingungen

$$g_i(\tilde{\mathbf{x}} + p\mathbf{u}_i) \approx +p, \quad g_i(\tilde{\mathbf{x}} - p\mathbf{u}_i) \approx -p, \quad i = 1(1)n$$

erfüllt sind. Dies ist ein starkes Indiz (aber keine Garantie) für die Richtigkeit der Behauptung, daß für die Lösung $\bar{\mathbf{x}}$ gilt:

$$\max\limits_{1 \leq i \leq n} |\tilde{x}_i - \bar{x}_i| < p_N.$$

LITERATUR zu 6.1: [BERE71] Bd.2, §7.5.1; [BROS76], §11; [COLL68], §13.2; [ENGE87], 4.1; [HENR72], Bd.1, §5.1-5.3; [IMSL82], §5.2; [SCHWE79]; [STOE83], 5.1-5.2; [STUM82], 9.1; [TÖRN79] Bd.1, 7.1.

6.2 Spezielle Iterationsverfahren

6.2.1 Newtonsche Verfahren für nichtlineare Systeme

6.2.1.1 Das quadratisch konvergente Newton-Verfahren

Es liege ein System (6.1) vor mit einer Lösung $\bar{\mathbf{x}}$ im Inneren von D_f. Die f_i besitzen in D_f stetige zweite partielle Ableitungen und für die Funktionalmatrix (Jakobimatrix)

6.2 Spezielle Iterationsverfahren

$$\mathbf{J}_f := \left(\frac{\partial f_i}{\partial x_k} \right)_{\substack{i=1(1)n \\ k=1(1)n}} = \begin{pmatrix} \frac{\partial f_1}{\partial x_1} & \frac{\partial f_1}{\partial x_2} & \cdots & \frac{\partial f_1}{\partial x_n} \\ \frac{\partial f_2}{\partial x_1} & \frac{\partial f_2}{\partial x_2} & \cdots & \frac{\partial f_2}{\partial x_n} \\ \vdots & \vdots & & \vdots \\ \frac{\partial f_n}{\partial x_1} & \frac{\partial f_n}{\partial x_2} & \cdots & \frac{\partial f_n}{\partial x_n} \end{pmatrix}$$

gelte det $(\mathbf{J}_f) \neq 0$. Dann existiert immer eine Umgebung $D \subset D_f$ von $\bar{x}$ so, daß die Voraussetzungen des Satzes 6.1 für die Schrittfunktion des Newton-Verfahrens

$$\varphi(\mathbf{x}) := \mathbf{x} - \mathbf{J}_\mathbf{f}^{-1}(\mathbf{x})\mathbf{f}(\mathbf{x})$$

erfüllt sind. Die Iterationsvorschrift lautet

(6.13) $\quad \mathbf{x}^{(\nu+1)} = \mathbf{x}^{(\nu)} - \mathbf{J}_f^{-1}(\mathbf{x}^{(\nu)})\mathbf{f}(\mathbf{x}^{(\nu)}) \quad$ bzw.

(6.14) $\quad \mathbf{x}^{(\nu+1)} = \mathbf{x}^{(\nu)} + \Delta\mathbf{x}^{(\nu+1)}, \quad \nu = 0,1,2,\ldots, \quad$ mit

(6.14') $\quad \Delta\mathbf{x}^{(\nu+1)} = -\mathbf{J}_f^{-1}(\mathbf{x}^{(\nu)})\mathbf{f}(\mathbf{x}^{(\nu)})$

Zur Vermeidung der Berechnung der inversen Jakobimatrix wird das lineare Gleichungssystem gelöst:

(6.15) $\quad \mathbf{J}_f(\mathbf{x}^{(\nu)})\Delta\mathbf{x}^{(\nu+1)} = -\mathbf{f}(\mathbf{x}^{(\nu)})$.

ALGORITHMUS 6.4: Für jedes $\nu = 0,1,2,\ldots$ sind nacheinander folgende Schritte auszuführen:

(i) Lösung des linearen Gleichungssystems (6.15) zur Berechnung von $\Delta\mathbf{x}^{(\nu+1)}$.

(ii) Berechnung von $\mathbf{x}^{(\nu+1)}$ gemäß (6.14).

   Mögliche Abbruchbedingungen:

(a) $\nu \geq \nu_{max}, \quad \nu_{max} \in \mathbf{N}$.

(b) $\|\mathbf{x}^{(\nu+1)} - \mathbf{x}^{(\nu)}\| \leq \|\mathbf{x}^{(\nu+1)}\| \varepsilon_1$, $\quad \varepsilon_1 > 0$, $\quad \varepsilon_1 \in \mathbb{R}$.

(c) $\|\mathbf{x}^{(\nu+1)} - \mathbf{x}^{(\nu)}\| \leq \varepsilon_2$, $\quad \varepsilon_2 > 0$, $\quad \varepsilon_2 \in \mathbb{R}$.

(d) $\|\mathbf{f}(\mathbf{x}^{(\nu+1)})\| \leq \varepsilon_3$, $\quad \varepsilon_3 > 0$, $\quad \varepsilon_3 \in \mathbb{R}$.

Mit Algorithmus 6.4 wird die Berechnung der Inversen in (6.13) durch die Lösung eines linearen Gleichungssystems ersetzt. Die Konvergenz ist immer gewährleistet, wenn die Iteration nahe genug an der Lösung $\bar{\mathbf{x}}$ beginnt.

Primitivform des Newton-Verfahrens für Systeme.

Um sich die Lösung eines linearen Gleichungssystems (6.15) in jedem Iterationsschritt zu ersparen, kann statt (6.15) das Gleichungssystem

(6.16) $$\mathbf{J}_f(\mathbf{x}^{(0)}) \Delta \mathbf{x}^{(\nu+1)} = -f(\mathbf{x}^{(\nu)})$$

mit fester Matrix $\mathbf{J}_f(\mathbf{x}^{(0)})$ für alle Iterationsschritte verwendet werden. Dann ist die Dreieckszerlegung (**LR**-Zerlegung, siehe Abschnitt 4.2) der Matrix $\mathbf{J}_f$ nur einmal auszuführen, Vorwärts- und Rückwärtselimination sind für jede neue rechte Seite notwendig, ebenso die Berechnung von $\mathbf{x}^{(\nu+1)}$ nach (6.14).

Man kann auch so verfahren, daß man etwa ν_0 Schritte mit fester Matrix $\mathbf{J}_f(\mathbf{x}^{(0)})$ gemäß (6.16) iteriert, dann die nächsten ν_1 Schritte mit fester Matrix $\mathbf{J}_f(\mathbf{x}^{(\nu_0)})$ usw.; auf diese Weise wird die Konvergenzgeschwindigkeit etwas erhöht.

6.2.1.2 Gedämpftes Newton-Verfahren für Systeme

Das gedämpfte Newton-Verfahren ist eine Variante des quadratisch konvergenten Newton-Verfahrens, (vgl. [CONT80], §5.2).
Eine Newton-Iterierte $\mathbf{x}^{(\nu+1)}$ wird erst akzeptiert, wenn in der Euklidischen Norm gilt

$$\|\mathbf{f}(\mathbf{x}^{(\nu+1)})\|_2 < \|\mathbf{f}(\mathbf{x}^{(\nu)})\|_2.$$

Mit den gleichen Voraussetzungen wie für das Newton-Verfahren in Abschnitt 6.2.1.1 gilt der

6.2 Spezielle Iterationsverfahren

ALGORITHMUS 6.5 (*Gedämpftes Newton-Verfahren für Systeme*).
Für $\nu = 0,1,2,...$ sind nacheinander folgende Schritte auszuführen:

(i) Berechnung von $\Delta \mathbf{x}^{(\nu+1)}$ aus (6.15).

(ii) Berechnung eines j so, daß gilt

$$j := min\left\{i | i \geq 0, \|\mathbf{f}(\mathbf{x}^{(\nu)} + \frac{1}{2^i}\Delta \mathbf{x}^{(\nu+1)})\|_2 < \|\mathbf{f}(\mathbf{x}^{(\nu)})\|_2\right\}$$

(iii) $\mathbf{x}^{(\nu+1)} := \mathbf{x}^{(\nu)} + \Delta \mathbf{x}^{(\nu+1)} / 2^j$.

Den Schritt (ii) führt man zu vorgegebenem i_{max} nur für $0 \leq i \leq i_{max}$ durch. Sollte die Bedingung dann noch immer nicht erfüllt sein, rechnet man mit $j = 0$ weiter. Das Verfahren ist quadratisch konvergent.

In der Praxis verwendet man das gedämpfte Newton-Verfahren in zwei Varianten. Die eine arbeitet mit Vorgabe der Jakobi-Matrix, die zweite Variante schätzt die Jakobi-Matrix mit dem vorderen Differenzenquotienten. Beim zweiten Verfahren ist es möglich anzugeben, wieviele Iterationsschritte mit fester geschätzter Jakobi-Matrix durchgeführt werden sollen. Falls diese Anzahl IUPD > 1 ist, entspricht das Verfahren der gedämpften Primitivform des Newtonschen Iterationsverfahrens.

Umfangreiche Tests haben ergeben, daß das gedämpfte Newton-Verfahren bzw. die gedämpfte Primitivform im allgemeinen weit besser sind als das normale Newton-Verfahren, das Verfahren von Brown oder das Gradientenverfahren. Es hat sich auch gezeigt, daß die Dämpfungsgröße i_{max} stark vom Problem abhängig ist und bei gleichem Startvektor das Verfahren bei verschiedener Vorgabe von i_{max} einmal konvergiert, ein anderes Mal nicht; es kann insbesondere bei verschiedenen i_{max} gegen verschiedene Nullstellen konvergieren. Bei völliger Offenheit der Situation sollte deshalb zunächst mit $i_{max} = 4$, IUPD = 1 und maximal 1000 Iterationen gearbeitet werden.

6.2.2 Regula Falsi für nichtlineare Systeme

Gegeben sei das nichtlineare Gleichungssystem (6.1). Man bildet damit die Vektoren

(6.17) $$\delta f(x_j, \tilde{x}_j) = \frac{1}{x_j - \tilde{x}_j}\left(\mathbf{f}(x_1,\ldots,x_j,\ldots,x_n) - \mathbf{f}(x_1,\ldots,\tilde{x}_j,\ldots,x_n)\right),$$
$$j = 1(1)n.$$

Mit den Vektoren (6.17) wird die folgende Matrix gebildet

(6.18) $\quad \mathbf{Df}(\mathbf{x},\tilde{\mathbf{x}}) = (\delta\tilde{\mathbf{f}}(x_1,x_1), \delta\tilde{\mathbf{f}}(x_2,x_2), \ldots, \delta\tilde{\mathbf{f}}(x_n,x_n)),$

sie entspricht der Funktionalmatrix beim Newton-Verfahren, wenn dort die Differentialquotienten durch Differenzenquotienten ersetzt werden; d.h. **D** ist die geschätzte Jakobimatrix **J**.

Ist $\bar{\mathbf{x}} \in B$ eine Lösung von (6.1) und sind $\mathbf{x}^{(\nu-1)}$, $\mathbf{x}^{(\nu)} \in B$ Näherungen für $\bar{\mathbf{x}}$, so errechnet sich für jedes $\nu = 1,2,3,\ldots$ eine weitere Näherung $\mathbf{x}^{(\nu+1)}$ nach der *Iterationsvorschrift der Regula falsi*

(6.19) $\quad \mathbf{x}^{(\nu+1)} = \mathbf{x}^{(\nu)} - (\mathbf{Df}(\mathbf{x}^{(\nu)},\mathbf{x}^{(\nu-1)}))^{-1}\mathbf{f}(\mathbf{x}^{(\nu)}) = \varphi(\mathbf{x}^{(\nu)},\mathbf{x}^{(\nu-1)});$

es sind also stets zwei Startvektoren $\mathbf{x}^{(0)}$, $\mathbf{x}^{(1)}$ erforderlich. Die Berechnung der Inversen $\mathbf{Df}^{-1}$ kann analog zum Newton-Verfahren vermieden werden, wenn gesetzt wird:

(6.20) $\quad \mathbf{x}^{(\nu+1)} = \mathbf{x}^{(\nu)} + \Delta\mathbf{x}^{(\nu+1)} \quad$ mit

$$\Delta\mathbf{x}^{(\nu+1)} = -(\mathbf{Df}(\mathbf{x}^{(\nu)},\mathbf{x}^{(\nu-1)}))^{-1}\mathbf{f}(\mathbf{x}^{(\nu)}),$$

so daß $\Delta\mathbf{x}^{(\nu+1)}$ als Lösung des linearen Gleichungssystems

$$\mathbf{Df}(\mathbf{x}^{(\nu)},\mathbf{x}^{(\nu+1)})\Delta\mathbf{x}^{(\nu+1)} = -\mathbf{f}(\mathbf{x}^{(\nu)})$$

gewonnen wird und in (6.20) eingesetzt wird. Hinreichende Bedingungen für die Konvergenz sind in [SCHM63] angegeben; die Bedingungen sind für die praktische Durchführung unbrauchbar. Ist jedoch $\det \mathbf{J}(\bar{\mathbf{x}}) \neq 0$, so konvergiert das Verfahren sicher, wenn die Startvektoren nahe genug bei bei $\bar{\mathbf{x}}$ liegen; die Konvergenzordnung ist dann k = $(1 + \sqrt{5})/2$.

Fehlerabschätzungen (vgl. [SCHM63], S.3):

$$\|\bar{\mathbf{x}} - \mathbf{x}^{(\nu)}\| \leq \prod_{k=1}^{\nu-1}\left(\frac{s_k}{1-s_k}\right)\frac{1-2s_1}{1-3s_1}\|\mathbf{x}^{(2)} - \mathbf{x}^{(1)}\|, \qquad \nu = 2, 3, \ldots$$

$$\text{mit} \quad s_1 \leq \frac{2}{7}, \quad s_2 = \frac{s_1}{1-s_1}, \quad s_k = \frac{s_{k-1}}{1-s_{k-1}}\frac{s_{k-2}}{1-s_{k-2}}, \quad k \geq 3.$$

In [SCHM63], S.99 ist eine Variante des o.a. Verfahrens zu finden.

Ein dem Steffensen-Verfahren verwandtes Verfahren zur Lösung nichtlinearer Systeme (6.1) von mindestens zweiter Konvergenzordnung ist in [SCHM66], S.147/148 angegeben.

6.2.3 Das Verfahren des stärksten Abstiegs (Gradientenverfahren) für nichtlineare Systeme

Gegeben sei ein nichtlineares Gleichungssystem (6.1). Es besitze in B eine Lösung $\bar{\mathbf{x}}$. Bildet man die Funktion

$$(6.21) \qquad Q(\mathbf{x}) := \sum_{i=1}^{n} f_i^2(\mathbf{x}), \quad Q(\mathbf{x}) = Q(x_1, x_2, \ldots, x_n),$$

so ist genau dann, wenn $f_i(\mathbf{x}) = 0$ für $i = 1(1)n$ gilt, auch $Q(\mathbf{x}) = 0$. Die Aufgabe, Lösungen $\bar{\mathbf{x}}$ zu suchen, für die $Q(\mathbf{x}) = 0$ ist, ist also äquivalent zu der Aufgabe, das System (6.1) aufzulösen.

Mit Hilfe von (6.21) und

$$\nabla Q(\mathbf{x}) = \operatorname{grad} Q(\mathbf{x}) = \begin{pmatrix} Q_{x_1} \\ Q_{x_2} \\ \vdots \\ Q_{x_n} \end{pmatrix}, \quad Q_{x_i} := \frac{\partial Q}{\partial x_i}, \qquad i = 1(1)n,$$

ergibt sich ein Iterationsverfahren zur näherungsweisen Bestimmung von $\bar{\mathbf{x}}$ mit der *Iterationsvorschrift*

$$(6.22) \qquad \mathbf{x}^{(\nu+1)} = \mathbf{x}^{(\nu)} - \frac{2Q(\mathbf{x}^{(\nu)})}{(\nabla Q(\mathbf{x}^{(\nu)}))^2}\nabla Q(\mathbf{x}^{(\nu)}) := \varphi(\mathbf{x}^{(\nu)}).$$

Die Schrittfunktion lautet somit

$$\varphi(\mathbf{x}) = \mathbf{x} - \frac{2Q(\mathbf{x})}{(\nabla Q(\mathbf{x}))^2} \nabla Q(\mathbf{x}).$$

Zur Konvergenz gelten die entsprechenden Aussagen wie beim Newtonschen Verfahren. Die Konvergenz der nach der Vorschrift (6.22) gebildeten Vektoren der Folge $\{\mathbf{x}^{(\nu)}\}$ gegen $\bar{\mathbf{x}}$ ist wie dort gewährleistet, wenn der Startvektor $\mathbf{x}^{(0)}$ nur nahe genug bei $\bar{\mathbf{x}}$ liegt. Im allgemeinen kann man jedoch beim Gradientenverfahren mit gröberen Ausgangsnäherungen (Startvektoren) $\mathbf{x}^{(0)}$ arbeiten als beim Newtonschen Verfahren; das Gradientenverfahren konvergiert allerdings nur linear. Über eine Methode zur Konvergenzverbesserung s. [BERE71] Bd.2, S.150/151.

Die Anwendung des Gradientenverfahrens wird allerdings erschwert, wenn in der Umgebung der gesuchten Lösung $\mathbf{x}$ auch Nichtnull-Minima der Funktion $Q(\mathbf{x})$ existieren. Dann kann es vorkommen, daß die Iterationsfolge gegen eines dieser Nichtnull-Minima konvergiert (vgl. dazu [BERE71] Bd.2, S.152).

Über allgemeine Gradientenverfahren und die zugehörigen Konvergenzbedingungen s. [STOE83], 5.4.1; [STUM82], 9.2.2.

Gradientenverfahren für n = 2:

Mit $x_1 = x$, $x_2 = y$, $f_1 = f$, $f_2 = g$ und $Q = f^2 + g^2$ lautet (6.19)

$$x^{(\nu+1)} = x^{(\nu)} - \frac{Q(x^{(\nu)}, y^{(\nu)}) Q_x(x^{(\nu)}, y^{(\nu)})}{Q_x^2(x^{(\nu)}, y^{(\nu)}) + Q_y^2(x^{(\nu)}, y^{(\nu)})}$$

$$y^{(\nu+1)} = y^{(\nu)} - \frac{Q(x^{(\nu)}, y^{(\nu)}) Q_y(x^{(\nu)}, y^{(\nu)})}{Q_x^2(x^{(\nu)}, y^{(\nu)}) + Q_y^2(x^{(\nu)}, y^{(\nu)})}.$$

Einen geeigneten Startvektor $(x^{(0)}, y^{(0)})$ beschafft man sich hier durch grobes Aufzeichen der Graphen von f = 0 und g = 0 .

6.2.4 Das Verfahren von Brown für Systeme

Das Verfahren von Brown [BROW71] zur Lösung eines Systems (6.1) von n nichtlinearen Gleichungen mit n Unbekannten ist ein (lokal) quadratisch konvergentes, Newton-ähnliches Iterationsverfahren, das ohne vorherige Kenntnis der partiellen Ableitungen arbeitet. Die Approximation des nichtlinearen Systems in der Umgebung der Lösung geschieht hier durch ein lineares System nacheinander komponentenweise. Bei der Berechnung einer neuen Komponente kann deshalb die letzte Information über die vorherbestimmten Komponenten bereits verwendet werden. Pro Iterationsschritt benötigt das Verfahren nur etwa halb so viele Funktionsauswertungen wie das Newton-Verfahren.

6.3 Entscheidungshilfen für die Auswahl der Methode

Von den angegebenen Verfahren sind das gedämpfte Newton-Verfahren bzw. die gedämpfte Primitivform des Newton-Verfahrens den übrigen Verfahren vorzuziehen. Für den praktischen Einsatz ist besonders die Modifikation mit geschätzter Jakobimatrix bei beiden Verfahren zu empfehlen, um die Herstellung der partiellen Ableitungen für die Jakobimatrix umgehen zu können, siehe dazu auch die Bemerkungen am Ende des Abschnittes 6.2.1.2 .

LITERATUR zu Kapitel 6: [BERE71] Bd.2, §7.5; [BJÖR79], 6.10; [CARN69], 5.9; [COLL73] I, 2.5; [CONT80], §5.2; [DENN83]; [ENGE87], 4.2; [HÄMM89], 8. §2; [HEIN69]; [HENR72] Bd.1, 5.4-5.5, 5.9; [IGAR85]; [ISAA73], 3.3; [McCA67], 3.3; [NORT85]; [RICE83], S.239; [SCHM63]; [SCHM66]; [SCHW86], 5; [SCHWE79]; [STIE76], 4.4; [STOE83], 5.; [STUM82], 9.2-9.3; [TÖRN79] Bd.1, 7.2 ff.

Kapitel 7

Eigenwerte und Eigenvektoren von Matrizen

7.1 Definitionen und Aufgabenstellungen

Gegeben ist eine (n,n)-Matrix $\mathbf{A} = (a_{ik})$, i,k = 1(1)n, und gesucht sind Vektoren $\mathbf{x}$ derart, daß der Vektor $\mathbf{A}\mathbf{x}$ dem Vektor $\mathbf{x}$ proportional ist mit einem zunächst noch unbestimmten Parameter λ

(7.1) $$\mathbf{A}\mathbf{x} = \lambda\mathbf{x}.$$

Mit der (n,n)-Einheitsmatrix $\mathbf{E}$ läßt sich (7.1) in der Form

(7.2) $$\mathbf{A}\mathbf{x} - \lambda\mathbf{x} = (\mathbf{A} - \lambda\mathbf{E})\mathbf{x} = 0$$

schreiben. (7.2) ist ein homogenes lineares Gleichungssystem, das genau dann nichttriviale Lösungen $\mathbf{x} \neq 0$ besitzt, wenn

(7.3) $$P(\lambda) := det(\mathbf{A} - \lambda\mathbf{E}) = 0$$

ist, ausführlich geschrieben

(7.4) $$P(\lambda) = \begin{vmatrix} a_{11} - \lambda & a_{12} & a_{13} & \cdots & a_{1n} \\ a_{21} & a_{22} - \lambda & a_{23} & \cdots & a_{2n} \\ \vdots & & & \ddots & \vdots \\ a_{n1} & a_{n2} & a_{n3} & \cdots & a_{nn} - \lambda \end{vmatrix} = 0.$$

(7.3) bzw. (7.4) heißt *charakteristische Gleichung* der Matrix $\mathbf{A}$; $P(\lambda)$ ist ein Polynom in λ vom Grade n und heißt entsprechend *charakteristisches Polynom* der Matrix $\mathbf{A}$. Die Nullstellen λ_i, i=1(1)n, von $P(\lambda)$ heißen *charakteristische*

Zahlen oder *Eigenwerte* (EWe) von **A**. Nur für die EWe λ_i besitzt (7.2) nichttriviale Lösungen $\mathbf{x}_i$. Ein zu einem EW λ_i gehöriger Lösungsvektor $\mathbf{x}_i$ heißt *Eigenvektor* (EV) der Matrix **A** zum EW λ_i, es gilt

(7.5) $\qquad\qquad \mathbf{A}\mathbf{x}_i = \lambda_i \mathbf{x}_i \quad \text{resp.} \quad (\mathbf{A} - \lambda_i \mathbf{E})\mathbf{x}_i = \mathbf{0}.$

Die Aufgabe, die EWe und EVen einer Matrix **A** zu bestimmen, heißt *Eigenwertaufgabe* (EWA).

Es wird zwischen der *vollständigen* und der *teilweisen* EWA unterschieden. Die vollständige EWA verlangt die Bestimmung sämtlicher EWe und EVen, die teilweise EWA verlangt nur die Bestimmung eines (oder mehrerer) EWes (EWe) ohne oder mit dem (den) zugehörigen EV (EVen).

Man unterscheidet zwei Klassen von *Lösungsmethoden*:

1. *Iterative Methoden*: Sie umgehen die Aufstellung des charakteristischen Polynoms $P(\lambda)$ und versuchen, die EWe und EVen schrittweise anzunähern.

2. *Direkte Methoden*: Sie erfordern die Aufstellung des charakteristischen Polynoms $P(\lambda)$, die Bestimmung der EWe λ_i als Nullstellen von $P(\lambda)$ und die anschließende Berechnung der EVen $\mathbf{x}_i$ als Lösungen der homogenen Gleichungssysteme (7.5). Sie sind zur Lösung der vollständigen EWA geeignet; unter ihnen gibt es auch solche, die das Ausrechnen umfangreicher Determinanten vermeiden, z.B. das Verfahren von Krylov.

Die Berechnung der Eigenwerte und Eigenvektoren einer komplexen (n,n)-Matrix kann auf die entsprechende Aufgabe für eine reelle (2n,2n)-Matrix zurückgeführt werden. Es sei

$$\mathbf{A} = \mathbf{B} + i\mathbf{C}, \qquad \mathbf{B}, \mathbf{C} \quad \text{reelle Matrizen,}$$
$$\mathbf{x} = \mathbf{u} + i\mathbf{v}, \qquad \mathbf{u}, \mathbf{v} \quad \text{reelle Vektoren.}$$

Dann erhält man durch Einsetzen in (7.1) zwei reelle lineare homogene Gleichungssysteme

$$\mathbf{B}\mathbf{u} - \mathbf{C}\mathbf{v} = \lambda \mathbf{u}$$
$$\mathbf{C}\mathbf{u} + \mathbf{B}\mathbf{v} = \lambda \mathbf{v}.$$

Diese lassen sich mit der (2n,2n)-Matrix $\tilde{\mathbf{A}}$ und dem Vektor $\tilde{\mathbf{x}}$

$$\tilde{\mathbf{A}} = \begin{pmatrix} \mathbf{B} & -\mathbf{C} \\ \mathbf{C} & \mathbf{B} \end{pmatrix} \qquad \tilde{\mathbf{x}} = \begin{pmatrix} \mathbf{u} \\ \mathbf{v} \end{pmatrix}$$

zu der reellen Ersatzaufgabe $\tilde{\mathbf{A}}\,\tilde{\mathbf{x}} = \tilde{\lambda}\,\tilde{\mathbf{x}}$ zusammenfassen.

LITERATUR zu 7.1: [BERE71] Bd.2, 8.1; [BJÖR79], 5.92; [BOOR78], S.193; [COLL68], §8; [CONT80], 5.7; [ENGE87], 5.1; [FADD79], S.277/9; [ISAA73], 4.0; [KELL76]; [SPEL85], 2.1; [STIE76], 5.2; [STOE78], 6.1; [TÖRN79] Bd.2, TEIL IV; [WERN80]; [WILK65]; [ZURM65], §9; [ZURM84], §§13.1-13.2, 15.

7.2 Diagonalähnliche Matrizen

Eine (n,n)-Matrix $\mathbf{A}$, die zu einem k_j-fachen EW stets k_j linear unabhängige EVen und wegen $\Sigma\, k_j = n$ genau n linear unabhängige EVen zu der Gesamtheit ihrer EWe besitzt, heißt *diagonalähnlich*. Die n linear unabhängigen EVen spannen einen n-dimensionalen Vektorraum $\mathbb{R}^n$ auf.

Die EVen sind bis auf einen willkürlichen Faktor bestimmt. Es wird so normiert, daß gilt

$$(7.6) \quad \|\mathbf{x}_i\|_2 = |\mathbf{x}_i| = \sqrt{\mathbf{x}_i^T \mathbf{x}_i} = \sqrt{\sum_{k=1}^{n} x_{i,k}^2} = 1 \quad \text{mit} \quad \mathbf{x}_i = \begin{pmatrix} x_{i,1} \\ x_{i,2} \\ \vdots \\ x_{i,n} \end{pmatrix},$$

d.h. die Euklidische Norm nimmt den Wert 1 an.

Bezeichnet man mit $\mathbf{X}$ die nichtsinguläre Eigenvektormatrix (Modalmatrix)

$$(7.7) \quad \mathbf{X} = (\mathbf{x}_1, \mathbf{x}_2, \ldots, \mathbf{x}_n),$$

so gilt mit der Diagonalmatrix $\mathbf{D}$ (Spektralmatrix) der Eigenwerte

$$\mathbf{D} = \begin{pmatrix} \lambda_1 & 0 & . & . & & 0 \\ 0 & \lambda_2 & 0 & . & . & 0 \\ . & & . & & & . \\ . & & & . & & . \\ . & & & & . & . \\ 0 & . & . & . & 0 & \lambda_n \end{pmatrix}$$

und wegen $\det \mathbf{X} \neq 0$

$$\mathbf{D} = \mathbf{X}^{-1} \mathbf{A} \mathbf{X}.$$

Jede Matrix mit n linear unabhängigen EVen x_i läßt sich also auf Hauptdiagonalform transformieren. Es gilt der folgende

---

SATZ 7.1 (*Entwicklungssatz*).
Ist $x_1, x_2,..., x_n$ ein System von n linear unabhängigen Eigenvektoren, so läßt sich jeder beliebige Vektor $z \neq 0$ des n-dimensionalen Vektorraumes $\mathbb{R}^n$ als Linearkombination

$$z = c_1 x_1 + c_2 x_2 + \ldots + c_n x_n, \quad c_i = \text{const.},$$

darstellen, wobei für mindestens einen Index i gilt $c_i \neq 0$.

Als Sonderfall enthalten die diagonalähnlichen Matrizen die hermiteschen Matrizen $H = (h_{ik})$ mit $H = \bar{H}^T$ bzw. $h_{ik} = \bar{h}_{ki}$ ($\bar{h}_{ki}$ sind die zu h_{ki} konjugiert komplexen Elemente) und diese wiederum die symmetrischen Matrizen $S = (s_{ik})$ mit reellen Elementen $s_{ik} = s_{ki}$, d.h. $S = S^T$.

Hermitesche (und damit auch symmetrische) Matrizen besitzen die folgenden *Eigenschaften*:

1. Sämtliche EWe sind reell; bei symmetrischen Matrizen sind auch die EVen reell.

2. Die zu verschiedenen EWen gehörenden EVen sind unitär (konjugiert orthogonal): $\bar{x}_i^T x_k = 0$ für $i \neq k$; für gemäß (7.6) normierte EVen gilt

$$\bar{x}_i^T x_k = \delta_{ik} = \begin{cases} 1 & \text{für } i = k, \\ 0 & \text{für } i \neq k. \end{cases}$$

3. Die Eigenvektormatrix (7.7) ist unitär ($\bar{X}^T = X^{-1}$).

Bei symmetrischen Matrizen ist in 2. und 3. unitär durch orthogonal zu ersetzen.

LITERATUR zu 7.2 : [ENGE87], 5.2; [SCHW72], 4.3; [SPEL85], S.102-105; [ZURM65], §9.2; [ZURM84], §14.1.

7.3 Das Iterationsverfahren nach v. Mises

7.3.1 Bestimmung des betragsgrößten Eigenwertes und des zugehörigen Eigenvektors

Es sei eine EWA (7.2) vorgelegt mit einer diagonalähnlichen reellen Matrix **A**, d.h. einer Matrix mit n linear unabhängigen EVen $x_1, x_2, ..., x_n \in \mathbb{R}^n$. Man beginnt mit einem beliebigen reellen Vektor $\mathbf{z}^{(0)} \neq \mathbf{0}$ und bildet mit der Matrix **A** die iterierten Vektoren $\mathbf{z}^{(\nu)}$ nach der Vorschrift

$$(7.8) \qquad \mathbf{z}^{(\nu+1)} := \mathbf{A}\mathbf{z}^{(\nu)}, \quad \mathbf{z}^{(\nu)} = \begin{pmatrix} z_1^{(\nu)} \\ z_2^{(\nu)} \\ \vdots \\ z_n^{(\nu)} \end{pmatrix}, \quad \nu = 0, 1, 2, \ldots$$

Nach Satz 7.1 läßt sich $\mathbf{z}^{(0)}$ als Linearkombination der n EVen $\mathbf{x}_i$, i = 1(1)n, darstellen

$$(7.9) \qquad \mathbf{z}^{(0)} = \sum_{i=1}^{n} c_i \mathbf{x}_i$$

mit $c_i \neq 0$ für mindestens ein i, so daß wegen (7.5) mit (7.8) und (7.9) folgt

$$\mathbf{z}^{(\nu)} = c_1 \lambda_1^\nu \mathbf{x}_1 + c_2 \lambda_2^\nu \mathbf{x}_2 + \ldots + c_n \lambda_n^\nu \mathbf{x}_n.$$

Nun werden die Quotienten $q_i^{(\nu)}$ der i-ten Komponenten der Vektoren $\mathbf{z}^{(\nu+1)}$ und $\mathbf{z}^{(\nu)}$ gebildet

$$q_i^\nu := \frac{z_i^{(\nu+1)}}{z_i^{(\nu)}} = \frac{c_1 \lambda_1^{\nu+1} x_{1,i} + c_2 \lambda_2^{\nu+1} x_{2,i} + \ldots + c_n \lambda_n^{\nu+1} x_{n,i}}{c_1 \lambda_1^{\nu} x_{1,i} + c_2 \lambda_2^{\nu} x_{2,i} + \ldots + c_n \lambda_n^{\nu} x_{n,i}}$$

Die Weiterbehandlung erfordert folgende *Fallunterscheidungen*:

1. $|\lambda_1| > |\lambda_2| \geq |\lambda_3| \geq \ldots \geq |\lambda_n|$:

   a) $c_1 \neq 0$, $x_{1,i} \neq 0$: Für die Quotienten $q_i^{(\nu)}$ gilt

   $$q_i^{(\nu)} = \lambda_1 + O\left(\left|\frac{\lambda_2}{\lambda_1}\right|^\nu\right) \quad \text{bzw.} \quad \lim_{\nu \to \infty} q_i^{(\nu)} = \lambda_1.$$

Die Voraussetzung $x_{1,i} \neq 0$ ist für mindestens ein i erfüllt. Es strebt also mindestens einer der Quotienten $q_i^{(\nu)}$ gegen λ_1, für die übrigen λ_i, i = 2(1)n, vgl. unter b).

Für genügend große ν ist $q_i^{(\nu)}$ eine Näherung für den betragsgrößten EW λ_1. Bezeichnet man mit λ_i^* die Näherungen für λ_i, so gilt hier

(7.10) $$\lambda_1^* = q_i^{(\nu)} \approx \lambda_1.$$

Bei der praktischen Durchführung des Verfahrens wird solange gerechnet, bis für die $q_i^{(\nu)}$ mit einer vorgegebenen Genauigkeit gleichmäßig für alle i mit $x_{1,i} \neq 0$ (7.10) gilt.

Der Vektor $z^{(\nu)}$ hat für große ν annähernd die Richtung von x_1. Für $\nu \to \infty$ erhält man das folgende asymptotische Verhalten

$$z^{(\nu)} \sim \lambda_1^\nu c_1 x_1, \quad z^{(\nu)} \sim \lambda_1 z^{(\nu-1)}.$$

Sind die EVen x_i normiert und bezeichnet man mit x_i^* die Näherungen für x_i, so gilt mit (7.6) für hinreichend großes ν

$$x_1^* = \frac{z^{(\nu)}}{|z^{(\nu)}|} \approx x_1.$$

b) $c_1 = 0$ oder $x_{1,i} = 0$, $c_2 \neq 0$, $x_{2,i} \neq 0$, $|\lambda_2| > |\lambda_3| \geq \cdots \geq |\lambda_n|$:

Der Fall $c_1=0$ tritt dann ein, wenn der Ausgangsvektor $z^{(0)}$ keine Komponente in Richtung von x_1 besitzt. Im Falle symmetrischer Matrizen ist $c_1=0$, wenn $z^{(0)}$ orthogonal ist zu x_1 wegen $x_i^T x_k = 0$ für $i \neq k$; dann gilt

$$q_i^{(\nu)} = \lambda_2 + O\left(\left|\frac{\lambda_3}{\lambda_2}\right|^\nu\right) \quad \text{bzw.} \quad \lim_{\nu \to \infty} q_i^{(\nu)} = \lambda_2.$$

$$z^{(\nu)} \sim \begin{cases} c_1 \lambda_1^\nu x_1 & \text{für } c_1 \neq 0, \\ c_2 \lambda_2^\nu x_2 & \text{für } c_1 = 0. \end{cases}$$

Für hinreichend großes ν erhält man die Beziehungen

$$x_1^* = \frac{z^{(\nu)}}{|z^{(\nu)}|} \approx x_1 \quad \text{für} \quad c_1 \neq 0, \quad x_2^* = \frac{z^{(\nu)}}{|z^{(\nu)}|} \approx x_2 \quad \text{für} \quad c_1 = 0,$$

$$\lambda_2^* = q_i^{(\nu)} \approx \lambda_2 \begin{cases} \text{für alle} \quad i = 1(1)n, \text{ falls } c_1 = 0, c_2 \neq 0, x_{2,i} \neq 0 \text{ ist,} \\ \text{für alle} \quad i \text{ mit } x_{1,i} = 0, \text{ falls } c_1 \neq 0 \text{ ist.} \end{cases}$$

Es kann also vorkommen, daß die $q_i^{(\nu)}$ für verschiedene i gegen verschiedene EWe streben.

c) $c_i = 0$ für i=1(1)j, $c_{j+1} \neq 0$, $x_{j+1,i} \neq 0$, $|\lambda_{j+1}| > |\lambda_{j+2}| \geq \cdots \geq |\lambda_n|$:
Man erhält hier für hinreichend großes ν die Beziehungen

$$\lambda_{j+1}^* = q_i^{(\nu)} \approx \lambda_{j+1}, \quad x_{j+1}^* = \frac{z^{(\nu)}}{|z^{(\nu)}|} \approx x_{j+1}.$$

Gilt hier $x_{j+1,i} = 0$ für ein i, so strebt das zugehörige $q_i^{(\nu)}$ gegen λ_{j+2}.

RECHENSCHEMA 7.2 (*Verfahren nach v. Mises:* $A\,z^{(\nu)} = z^{(\nu+1)}$).

A				$z^{(0)}$	$z^{(1)}$	$z^{(2)}$	...
a_{11}	a_{12}	...	a_{1n}	$z_1^{(0)}$	$z_1^{(1)}$	$z_1^{(2)}$	
a_{21}	a_{22}	...	a_{2n}	$z_2^{(0)}$	$z_2^{(1)}$	$z_2^{(2)}$	
⋮	⋮		⋮	⋮	⋮	⋮	
a_{n1}	a_{n2}	...	a_{nn}	$z_n^{(0)}$	$z_n^{(1)}$	$z_n^{(2)}$	

Bei der praktischen Durchführung berechnet man nicht nur die Vektoren $z^{(\nu)}$, sondern normiert jeden Vektor $z^{(\nu)}$ dadurch, daß man jede seiner Komponenten durch die betragsgrößte Komponente dividiert, so daß diese gleich 1 wird. Bezeichnet man den normierten Vektor mit $z_n^{(\nu)}$, so wird $z^{(\nu+1)}$ nach der Vorschrift $A\,z_n^{(\nu)} = z^{(\nu+1)}$ bestimmt. Eine andere Möglichkeit ist, jeden Vektor $z^{(\nu)}$ auf Eins zu normieren, was jedoch mehr Rechenzeit erfordert. Durch die Normierung wird ein zu starkes Anwachsen der Werte $z_i^{(\nu)}$ (und auch der Rundungsfehler) vermieden.

BEMERKUNG. Da die exakten Werte der EWe und EVen nicht bekannt sind, muß zur Sicherheit die Rechnung mit mehreren (theoretisch mit n) linear unabhängigen Ausgangsvektoren $z^{(0)}$ durchgeführt werden, um aus den Ergebnissen auf den jeweils vorliegenden Fall schließen zu können. Für die Praxis gilt das jedoch nicht, denn mit wachsendem n wird die Wahrscheinlichkeit immer geringer, daß man zufällig ein $z^{(0)}$ wählt, das z.B. keine Komponente in Richtung von x_1 hat oder etwa bereits selbst ein EV ist.

2. $\lambda_1 = \lambda_2 = \ldots = \lambda_p$, $|\lambda_1| > |\lambda_{p+1}| \geq \ldots \geq |\lambda_n|$ (**mehrfacher EW**):
   Für $c_1 x_{1,i} + c_2 x_{2,i} + \ldots + c_p x_{p,i} \neq 0$ ergeben sich zu p linear unabhängigen Ausgangsvektoren $z^{(0)}$ die Beziehungen

$$q_i^{(\nu)} = \lambda_1 + O\left(\left|\frac{\lambda_{p+1}}{\lambda_1}\right|^\nu\right) \quad \text{bzw.} \quad \lim_{\nu \to \infty} q_i^{(\nu)} = \lambda_1.$$

$$z^{(\nu)} \sim \lambda_1^\nu (c_1^{(r)} x_1 + c_2^{(r)} x_2 + \ldots + c_p^{(r)} x_p) = y_r, \quad r = 1(1)p, \nu = 0, 1, 2, \ldots.$$

Die p Vektoren y_r sind linear unabhängig und spannen den sogenannten *Eigenraum* zu λ_1 auf; d.h. sie bilden eine Basis des Eigenraumes zu λ_1 (s. dazu [ZURM84], S.151). Als Näherung für λ_1 nimmt man für hinreichend großes ν wieder $\lambda_1^* = q_i^{(\nu)}$, für die EVen x_i, i = 1(1)p, erhält man hier keine Näherungen sondern nur die Linearkombinationen y_r.

3. $\lambda_1 = -\lambda_2$, $|\lambda_1| > |\lambda_3| \geq \ldots \geq |\lambda_n|$:
   Man bildet die Quotienten $\tilde{q}_i^{(\nu)}$ der i-ten Komponenten der Vektoren $z^{(\nu+2)}$ und $z^{(\nu)}$

$$\tilde{q}_i^{(\nu)} := \frac{z_i^{(\nu+2)}}{z_i^{(\nu)}}$$

und erhält mit $c_1 x_{1,i} + (-1)^\nu c_2 x_{2,i} \neq 0$

(7.11) $\qquad \tilde{q}_i^{(\nu)} = \lambda_1^2 + O\left(\left|\frac{\lambda_3}{\lambda_1}\right|^\nu\right) \quad \text{bzw.} \quad \lim_{\nu \to \infty} \tilde{q}_i^{(\nu)} = \lambda_1^2.$

Für $\nu \to \infty$ ergibt sich das folgende asymptotische Verhalten

$$\begin{aligned} x_1 &\sim z^{(\nu+1)} + \lambda_1 z^{(\nu)}, \\ x_2 &\sim z^{(\nu+1)} - \lambda_1 z^{(\nu)}. \end{aligned}$$

7.3 Das Iterationsverfahren nach v. Mises

Man erhält somit als Näherungen λ_1^*, λ_2^* für λ_1 und λ_2 für hinreichend großes ν wegen (7.11)

$$\lambda_{1,2}^* = \pm\sqrt{\tilde{q}_i^{(\nu)}} \approx \lambda_{1,2}$$

und als Näherungen für x_1 und x_2

$$x_1^* = \frac{z^{(\nu+1)} + \lambda_1^* z^{(\nu)}}{|z^{(\nu+1)} + \lambda_1^* z^{(\nu)}|} \approx x_1,$$

$$x_2^* = \frac{z^{(\nu+1)} - \lambda_1^* z^{(\nu)}}{|z^{(\nu+1)} - \lambda_1^* z^{(\nu)}|} \approx x_2.$$

Bei der praktischen Durchführung macht sich das Auftreten dieses Falles dadurch bemerkbar, daß gleiches Konvergenzverhalten nur für solche Quotienten eintritt, bei denen die zum Zähler und Nenner gehörigen Spalten durch genau eine Spalte des Rechenschemas getrennt sind. Die Fälle 2 und 3 gelten auch für betragsnahe EWe $|\lambda_i| \approx |\lambda_j|$ für i $\neq$ j.

7.3.2 Bestimmung des betragskleinsten Eigenwertes

In (7.2) wird $\lambda = 1/\kappa$ gesetzt. Dann lautet die transformierte EWA

$$A^{-1}x = \kappa x.$$

Mit dem Verfahren nach v. Mises bestimmt man nach der Vorschrift

(7.12) $$z^{(\nu+1)} = A^{-1} z^{(\nu)}$$

den betragsgrößten EW $\hat{\kappa}$ von A^{-1}. Für den betragskleinsten EW $\hat{\lambda}$ von A erhält man so die Beziehung

$$|\hat{\lambda}| = \frac{1}{|\hat{\kappa}|}.$$

Zur Bestimmung von A^{-1} kann der Gaußsche Algorithmus verwendet werden (Abschnitt 4.6). Die Berechnung von A^{-1} sollte aber besser umgangen werden, indem die Vektoren $z^{(\nu+1)}$ jeweils aus der Beziehung $A\, z^{(\nu+1)} = z^{(\nu)}$, die aus (7.12) folgt, berechnet werden - etwa mit Hilfe des

Gaußschen Algorithmus, wobei die Zerlegung von **A** nur einmal, die Vorwärts- und Rückwärtselimination in jedem Iterationsschritt durchgeführt wird. Ist **A** symmetrisch und det **A** $= 0$, so verschwindet mindestens ein EW, so daß $\hat{\lambda} = 0$ ist ([ENGE87], S.160).

7.3.3 Bestimmung weiterer Eigenwerte und Eigenvektoren

A sei eine symmetrische Matrix, die EVen $\mathbf{x}_i$ seien orthonormiert. Dann gilt mit (7.9) $c_1 = \mathbf{z}^{(0)T}\mathbf{x}_1$. Man bildet

$$\mathbf{y}^{(0)} := \mathbf{z}^{(0)} - c_1\mathbf{x}_1 = c_2\mathbf{x}_1 + c_3\mathbf{x}_3 + \ldots + c_n\mathbf{x}_n$$

und verwendet $\mathbf{y}^{(0)}$ als Ausgangsvektor für das Verfahren von v. Mises. Wegen

$$\mathbf{y}^{(0)T}\mathbf{x}_1 = \mathbf{z}^{(0)T}\mathbf{x}_1 - c_1 = 0$$

ist $\mathbf{y}^{(0)}$ orthogonal zu $\mathbf{x}_1$, und der Fall 1.b) des Abschnittes 7.3.1 tritt ein, d.h. die Quotienten $q_{i}^{(\nu)}$ streben gegen λ_2. Da $\mathbf{x}_1$ nur näherungsweise bestimmt wurde, wird $\mathbf{y}^{(0)}$ nicht vollständig frei von Komponenten in Richtung von $\mathbf{x}_1$ sein, so daß man bei jedem Schritt des Verfahrens die $\mathbf{y}^{(\nu)}$ von Komponenten in Richtung $\mathbf{x}_1$ säubern muß. Das geschieht, indem man

$$\tilde{\mathbf{y}}^{(\nu)} = \mathbf{y}^{(\nu)} - (\mathbf{y}^{(\nu)T}\mathbf{x}_1)\mathbf{x}_1 \quad \text{mit} \quad \tilde{\mathbf{y}}^{(\nu)T} = (\tilde{y}_1^{(\nu)}, \tilde{y}_2^{(\nu)}, \ldots, \tilde{y}_n^{(\nu)})$$

bildet und danach $\mathbf{y}^{(\nu+1)} = \mathbf{A}\,\tilde{\mathbf{y}}^{(\nu)}$ berechnet. So fortfahrend erhält man für hinreichend großes ν Näherungswerte λ_2^* für λ_2 und $\mathbf{x}_2^*$ für $\mathbf{x}_2$

$$\lambda_2^* = q_i^{(\nu)} = \frac{\tilde{y}_i^{(\nu+1)}}{\tilde{y}_i^{(\nu)}} \approx \lambda_2; \quad \mathbf{x}_2^* = \frac{\tilde{\mathbf{y}}^{(\nu)}}{|\tilde{\mathbf{y}}^{(\nu)}|} \approx \mathbf{x}_2.$$

Zur Berechnung weiterer EWe und EVen wird ganz analog vorgegangen. Sollen etwa der im Betrag drittgrößte EW und der zugehörige EV bestimmt werden, so wird als Ausgangsvektor mit bekannten EVen $\mathbf{x}_1, \mathbf{x}_2$

$$\mathbf{y}^{(0)} := \mathbf{z}^{(0)} - c_1\mathbf{x}_1 - c_2\mathbf{x}_2$$

gebildet mit $c_1 = \mathbf{z}^{(0)T}\mathbf{x}_1$, $c_2 = \mathbf{z}^{(0)T}\mathbf{x}_2$.

Da $\mathbf{x}_1, \mathbf{x}_2$ wieder nur näherungsweise durch $\mathbf{x}_1^*, \mathbf{x}_2^*$ gegeben sind, müssen hier die $\mathbf{y}^{(\nu)}$ entsprechend von Komponenten in Richtung von $\mathbf{x}_1, \mathbf{x}_2$ gesäubert werden usw. .

LITERATUR zu 7.3: [COLL73] I, 2.2; [ENGE87], 5.3-5.4, 5.6; [FADD79], §53; [McCA67], 5.10; [NIEM87], 7.2; [NITS68], §15; [NOBL73] I, 6.2-6.3; [SPEL85], 2.5; [ZURM65], §10.1-10.2; [ZURM84], §40.1.

7.4 Konvergenzverbesserung mit Hilfe des Rayleigh-Quotienten im Falle hermitescher Matrizen

Für den betragsgrößten EW λ_1 einer hermiteschen Matrix läßt sich bei nur unwesentlich erhöhtem Rechenaufwand eine gegenüber (7.10) verbesserte Näherung angeben. Man benötigt dazu den Rayleigh-Quotienten.

DEFINITION 7.3 (*Rayleigh-Quotient*).
Ist **A** eine beliebige (n,n)-Matrix, so heißt

$$R[\mathbf{x}] = \frac{\bar{\mathbf{x}}^T \mathbf{A} \mathbf{x}}{\bar{\mathbf{x}}^T \mathbf{x}}$$

der *Rayleigh-Quotient* von **A**.

Wegen $\mathbf{A}\mathbf{x}_i = \lambda_i \mathbf{x}_i$ gilt $R[\mathbf{x}_i] = \lambda_i$, d.h. der Rayleigh-Quotient zu einem EV $\mathbf{x}_i$ ist gleich dem zugehörigen EW λ_i. Ist **A** hermitesch, so gilt der

---

SATZ 7.4. Der Rayleigh-Quotient nimmt für die EVen einer hermiteschen Matrix **A** seine Extremalwerte an. Für $|\lambda_1| \geq |\lambda_2| \geq \cdots \geq |\lambda_n|$ gilt $|R[\mathbf{x}]| \leq |\lambda_1|$.

Der Rayleigh-Quotient zu dem iterierten Vektor $\mathbf{z}^{(\nu)}$ lautet

$$R[\mathbf{z}^{(\nu)}] = \frac{\bar{\mathbf{z}}^{(\nu)T} \mathbf{z}^{(\nu+1)}}{\bar{\mathbf{z}}^{(\nu)T} \mathbf{z}^{(\nu)}}.$$

Wegen Satz 7.4 gilt die Ungleichung $|R[\mathbf{z}^{(\nu)}]| \leq |\lambda_1|$, so daß man mit $|R[\mathbf{z}^{(\nu)}]|$ eine *untere Schranke* für $|\lambda_1|$ erhält.

Der Rayleigh-Quotient, gebildet zu der Näherung $z^{(\nu)}$ für den EV x_1, liefert einen besseren Näherungswert für den zugehörigen EW λ_1 als die Quotienten $q_i^{(\nu)}$. Es gilt nämlich

$$R[z^{(\nu)}] = \lambda_1 + O\left(\left|\frac{\lambda_2}{\lambda_1}\right|^{2\nu}\right),$$

hier ist die Ordnung des Restgliedes $O(|\lambda_2/\lambda_1|^{2\nu})$ im Gegensatz zur Ordnung $O(|\lambda_2/\lambda_1|^\nu)$ bei dem Quotienten $q_i^{(\nu)}$.

LITERATUR zu 7.4: [BERE71] Bd.2, S.221; [ENGE87], 5.5; [FADD79], §61; [ISAA73], S.149; [NITS68], S.69; [SCHW72], 4.3; [ZURM65], §10.3; [ZURM84], §13.6.

7.5 Das Verfahren von Krylov

Es sei eine EWA (7.2) vorgelegt mit einer diagonalähnlichen reellen Matrix **A** (über den Fall nichtdiagonalähnlicher Matrizen s. [ZURM84], S.175); gesucht sind sämtliche EWe und EVen.

7.5.1 Bestimmung der Eigenwerte

1.Fall. Sämtliche EWe λ_i, $i = 1(1)n$, seien einfach.
Das charakteristische Polynom $P(\lambda)$ der Matrix **A** sei in der Form

(7.13) $$P(\lambda) = \sum_{j=0}^{n-1} a_j \lambda^j + \lambda^n$$

dargestellt. Dann können die a_j aus dem folgenden linearen Gleichungssystem bestimmt werden:

(7.14) $$\mathbf{Z}\mathbf{a} + \mathbf{z}^{(n)} = \mathbf{0}$$

mit

$$\begin{aligned}
\mathbf{Z} &= (\mathbf{z}^{(0)}, \mathbf{z}^{(1)}, \ldots, \mathbf{z}^{(n-1)}), \\
\mathbf{z}^{(\nu)} &= \mathbf{A}\mathbf{z}^{(\nu-1)}, \quad \nu = 1(1)n, \\
\mathbf{a}^T &= (a_0, a_1, \ldots, a_{n-1}).
\end{aligned}$$

7.5 Das Verfahren von Krylov

Dabei ist $z^{(0)}$ ein Ausgangsvektor mit der Darstellung (7.9), der bis auf die folgenden Ausnahmen willkürlich ist:

(a) $c_i \neq 0$ für $i = 1(1)n$: Dann ist det $Z \neq 0$ und das System (7.14) ist eindeutig lösbar. Einschließlich $z^{(0)}$ gibt es n linear unabhängige Vektoren $z^{(\nu)}$, $\nu = 1(1)n-1$.

(b) $c_i = 0$ für $i = q+1(1)n$, wobei die c_i o.B.d.A. so numeriert werden: Dann gilt

$$z^{(0)} = c_1 x_1 + c_2 x_2 + \ldots + c_q x_q \quad \text{mit} \quad c_i \neq 0 \quad \text{für} \quad i = 1(1)q, q < n.$$

Die q+1 Vektoren $z^{(0)}$ und $z^{(\nu+1)} = A\, z^{(\nu)}$, $\nu = 0(1)q-1$, sind linear abhängig: det $Z = 0$. Die (n,q)-Matrix

$$Z_q = (z^{(0)}, z^{(1)}, \ldots, z^{(q-1)})$$

besitzt den Rang q, so daß sich mit

$$\mathbf{b} = (b_0, b_1, \ldots, b_{q-1})^T$$

das inhomogene lineare Gleichungssystem von n Gleichungen für q Unbekannte b_j, $j = 0(1)q-1$, ergibt

(7.15) $$Z_q \mathbf{b} + z^{(q)} = 0,$$

von denen q widerspruchsfrei sind und ausgewählt werden können. Die b_j, $j = 0(1)q-1$, $b_q = 1$ sind die Koeffizienten eines Teilpolynoms $P_q(\lambda)$ von $P(\lambda)$:

(7.16) $$P_q(\lambda) = \sum_{j=0}^{q} b_j \lambda^j.$$

Aus $P_q(\lambda) = 0$ lassen sich q der insgesamt n EWe λ_i bestimmen. Um sämtliche voneinander verschiedene λ_i zu erhalten, muß das gleiche Verfahren für verschiedene (höchstens n) linear unabhängige $z^{(0)}$ durchgeführt werden.

2.Fall. Es treten mehrfache EWe auf.

A besitze s verschiedene EWe λ_j, j = 1(1)s, s < n, der Vielfachheiten p_j mit $p_1 + p_2 + \ldots + p_s = n$; dann geht man so vor: Zunächst ist festzustellen, wieviele linear unabhängige iterierte Vektoren $z^{(\nu+1)} = A\, z^{(\nu)}$, $\nu = 0,1,2,\ldots$, zu einem willkürlich gewählten Ausgangsvektor der Darstellung

(7.17) $\qquad z^{(0)} = c_1 x_1 + c_2 x_2 + \ldots + c_s x_s, \quad x_r \ \text{EV zu} \ \lambda_r,$

bestimmt werden können. Sind etwa

$$z^{(0)}, z^{(1)}, \ldots, z^{(s)}$$

linear unabhängig, so liefert das lineare Gleichungssystem von n Gleichungen für s < n Unbekannte $\hat{b}_j$

(7.18) $\qquad \begin{cases} \hat{Z}\hat{b} + z^{(s)} = 0 & \text{mit} \ \hat{b} = (\hat{b}_0, \hat{b}_1, \ldots, \hat{b}_{s-1})^T \\ \text{und} \ \hat{Z} = (z^{(0)}, z^{(1)}, \ldots, z^{(s-1)}) \end{cases}$

die Koeffizienten $\hat{b}_j$ des Minimalpolynoms

(7.19) $\qquad m(\lambda) = \sum_{j=0}^{s-1} \hat{b}_j \lambda^j + \lambda^s = \prod_{k=1}^{s}(\lambda - \lambda_k).$

$m(\lambda)$ hat die s verschiedenen EWe von **A** als einfache Nullstellen. Sind in (7.17) einige der $c_i = 0$, so ist analog zu 1.b) vorzugehen.

7.5.2 Bestimmung der Eigenvektoren

1.Fall. Sämtliche EW λ_i, i = 1(1)n, seien einfach. Die EVen lassen sich als Linearkombinationen der iterierten Vektoren $z^{(\nu)}$ gewinnen. Es gilt

$$x_i = \sum_{j=0}^{n-1} \tilde{a}_{ij} z^{(j)},$$

wobei die $\tilde{a}_{ij}$ die Koeffizienten des Polynoms

$$P_i(\lambda) = \frac{P(\lambda)}{\lambda - \lambda_i} = \sum_{j=0}^{n-1} \tilde{a}_{ij} \lambda^j$$

sind. Die $\tilde{a}_{ij}$ lassen sich leicht mit dem einfachen Horner-Schema bestimmen.

2.Fall. Es treten mehrfache EWe auf.
Das eben beschriebene Verfahren ist auch dann noch anwendbar. Hier erhält man jedoch zu einem Ausgangsvektor $z^{(0)}$ jeweils nur einen EV, d.h. die Vielfachheit bleibt unberücksichtigt. Man muß deshalb entsprechend der Vielfachheit p_j des EWes λ_j genau p_j linear unabhängige Ausgangsvektoren $z^{(0)}$ wählen und erhält damit alle p_j EVen zu λ_j.

Das Verfahren von Krylov sollte nur angewandt werden, wenn die Systeme (7.14), (7.15) und (7.18) gut konditioniert sind, da sonst Ungenauigkeiten bei der Bestimmung der Koeffizienten in (7.13), (7.16) und (7.19) zu wesentlichen Fehlern bei der Bestimmung der λ_j führen.

LITERATUR zu 7.5: [BERE71] Bd.2, 8.2; [FADD79], §§42, 43; [GOOS76]; [WILK65]; [ZURM84], §14.

7.6 Bestimmung der Eigenwerte positiv definiter, symmetrischer, tridiagonaler Matrizen mit Hilfe des QD-Algorithmus

Für positiv definite, *symmetrische*, tridiagonale Matrizen **A** (vgl. Abschnitt 4.10.2) mit $c_i \neq 0$, i = 1(1)n, lassen sich die Eigenwerte mit Hilfe des QD-Algorithmus bestimmen. Das *QD-Schema* ist zeilenweise auszufüllen und hat die Form:

ν	$e_0^{(\nu)}$	$q_1^{(\nu)}$	$e_1^{(\nu)}$	$q_2^{(\nu)}$	$e_2^{(\nu)}$	$q_3^{(\nu)}$	$e_3^{(\nu)}$	$\cdots$	$q_n^{(\nu)}$	$e_n^{(\nu)}$
1		$q_1^{(1)}$		0		0		$\cdots$	0	
	0		$e_1^{(1)}$		$e_2^{(1)}$		$e_3^{(1)}$	$\cdots$		0
2		$q_1^{(2)}$		$q_2^{(2)}$		$q_3^{(2)}$		$\cdots$	$q_n^{(2)}$	
	0		$e_1^{(2)}$		$e_2^{(2)}$		$e_3^{(2)}$	$\cdots$		0
3		$q_1^{(3)}$		$q_2^{(3)}$		$q_3^{(3)}$		$\cdots$	$q_n^{(3)}$	
	0		$e_1^{(3)}$		$e_2^{(3)}$		$e_3^{(3)}$	$\cdots$		0
$\vdots$	$\vdots$	$\vdots$	$\vdots$	$\vdots$	$\vdots$	$\vdots$	$\vdots$	$\cdots$	$\vdots$	$\vdots$
$\downarrow$	$\downarrow$	$\downarrow$	$\downarrow$	$\downarrow$	$\downarrow$	$\downarrow$	$\downarrow$		$\downarrow$	$\downarrow$
∞	0	λ_1	0	λ_2	0	λ_3	0	$\cdots$	λ_n	0

Setzt man das QD-Schema mit den Werten

$$q_1^{(1)} = d_1, q_{k+1}^{(1)} = d_{k+1} - e_k^{(1)}, e_k^{(1)} = c_k^2/q_k^{(1)}, \quad k = 1(1)n - 1,$$

für die beiden ersten Zeilen an und setzt $e_0^{(\nu)} = e_n^{(\nu)} = 0$, so erhält man die weiteren Zeilen des Schemas nach den Regeln

$$e_k^{(\nu+1)} = q_{k+1}^{(\nu)} e_k^{(\nu)}/q_k^{(\nu+1)}, q_k^{(\nu+1)} = e_k^{(\nu)} + q_k^{(\nu)} - e_{k-1}^{(\nu+1)}.$$

Hierbei berechnet man für festes ν nacheinander

$$q_1^{(\nu)}, e_1^{(\nu)}, q_2^{(\nu)}, e_2^{(\nu)}, \ldots, e_{n-1}^{(\nu)}, q_n^{(\nu)}.$$

Dann sind durch $\lim_{\nu \to \infty} q_k^{(\nu)} = \lambda_k$ die der Größe nach geordneten EWe von **A** gegeben. Es gilt auch $\lim_{\nu \to \infty} e_k^{(\nu)} = 0$. Die Matrix **A** hat lauter positive verschiedene EWe λ_i ([SCHW72], S.139 und 168).

BEMERKUNG. Eine für DVA geeignete direkte Methode stellt die Jakobi-Methode in der ihr durch Neumann gegebenen Form dar ([RALS79] Bd. I, Kap. 7; ferner [BERE71] Bd. 2, §8.8; [FADD79], §81; [SCHW72], 4.4; [COLL73] I, S.56 ff.; [SELD79], 5.5).

LITERATUR zu 7.6: [RALS78], 10.3; [RUTI57], III; [SCHW72], 4.6; [WILK65], S.564.

7.7 Transformationen auf Hessenbergform, LR- und QR-Verfahren

LR- und QR-Verfahren dienen zur gleichzeitigen Berechnung sämtlicher Eigenwerte einer (n,n)-Matrix **A**. Die Durchführbarkeit des LR-Verfahrens ist im allgemeinen nicht gesichert, dagegen ist das QR-Verfahren immer durchführbar, wenn auch mit sehr großem Rechenaufwand.

Für beide Verfahren nimmt der Rechenaufwand stark ab, wenn die Matrix **A** vor Anwendung der Verfahren auf obere Hessenbergform transformiert wird. Die Hessenbergmatrix hat dann die gleichen Eigenwerte wie **A**; nach Wilkinson werden bei der Transformation die Eigenwerte kaum durch Rundungsfehler gestört.

7.7.1 Transformation einer Matrix auf obere Hessenbergform

Jede (n,n)-Matrix $\mathbf{A} = (a_{ik})$, $a_{ik} \in \mathbb{R}$, läßt sich mit Hilfe von symmetrischen, orthogonalen Householdermatrizen (vgl. Satz 4.9) auf obere Hessenbergform $\hat{\mathbf{A}}$ transformieren:

$$\hat{\mathbf{A}} = \begin{pmatrix} * & * & * & \cdots & * \\ * & * & * & \cdots & * \\ 0 & * & * & \cdots & * \\ \vdots & \ddots & \ddots & \ddots & \vdots \\ 0 & \cdots & 0 & * & * \end{pmatrix} = (\tilde{a}_{ik})$$

mit $\tilde{a}_{ik} = 0$ für $i \geq k+2$.

Ist **A** symmetrisch, d.h. $\mathbf{A}^T = \mathbf{A}$, so ist die zugehörige Hessenbergmatrix symmetrisch und tridiagonal.

Durchführung des Verfahrens.
Man setzt zunächst $\mathbf{A}_1 := \mathbf{A} = (a_{ik}^{(1)})$, i,k = 1(1)n.
Als erste Transformationsmatrix wählt man

$$\mathbf{H_1} := \begin{pmatrix} 1 & 0 & \ldots & 0 \\ 0 & & & \\ \vdots & & \tilde{\mathbf{H}}_1 & \\ 0 & & & \end{pmatrix}$$

mit einer (n-1,n-1) Householdermatrix $\tilde{\mathbf{H}}_1$, die gemäß Satz 4.9 wie folgt gebildet wird:

$$\tilde{\mathbf{H}}_1 = \mathbf{E}_{n-1} - \frac{2}{\|\mathbf{v}_1\|^2}\mathbf{v}_1\mathbf{v}_1^T$$

mit

$$\mathbf{v}_1 = \begin{pmatrix} a_{21}^{(1)} + \text{sign}(a_{21}^{(1)})\|\mathbf{a}_1^{(1)}\| \\ a_{31}^{(1)} \\ \vdots \\ a_{n1}^{(1)} \end{pmatrix}, \quad \mathbf{a}_1^{(1)} = \begin{pmatrix} a_{21}^{(1)} \\ a_{31}^{(1)} \\ \vdots \\ a_{n1}^{(1)} \end{pmatrix},$$

$\mathbf{v}_1, \mathbf{a}_1^{(1)} \in \mathbb{R}^{n-1}$, $\mathbf{a}_1^{(1)}$ ist die erste Spalte der Ausgangsmatrix $\mathbf{A}_1$ ohne $a_{11}^{(1)}$.
Mit

$$\mathbf{A}_1 = \begin{pmatrix} a_{11}^{(1)} & a_{12}^{(1)} & \ldots & a_{1n}^{(1)} \\ a_{21}^{(1)} & & & \\ \vdots & & \tilde{\mathbf{A}}_1 & \\ a_{n1}^{(1)} & & & \end{pmatrix}$$

ergibt sich dann eine Matrix

$$\mathbf{A}_2 := \mathbf{H}_1\mathbf{A}_1\mathbf{H}_1 = \begin{pmatrix} a_{11}^{(1)} & * & \ldots & * \\ * & & & \\ 0 & & \tilde{\mathbf{H}}_1\tilde{\mathbf{A}}_1\tilde{\mathbf{H}}_1 & \\ \vdots & & & \\ 0 & & & \end{pmatrix}.$$

Auf $\tilde{\mathbf{H}}_1\tilde{\mathbf{A}}_1\tilde{\mathbf{H}}_1$ wird das Verfahren erneut angewandt, und man erhält nach n-2 Transformationen die obere Hessenbergform. Es wird nach dem folgenden Algorithmus verfahren (s. auch [NIEM87], 8.5):

7.7 Transformationen auf Hessenbergform

ALGORITHMUS 7.5 (*Transformation auf Hessenbergform*).

Gegeben: $\mathbf{A}_1 = (a_{ik}^{(1)}) := \mathbf{A}$, i,k = 1(1)n ,

Gesucht: $\mathbf{A}$ auf obere Hessenbergform transformiert .

Für jedes i = 1(1)n-2 sind dann folgende Schritte auszuführen:

1. Berechnung der (n-i)-reihigen Householdermatrix $\mathbf{H}_i$ nach der Vorschrift

$$\tilde{\mathbf{H}}_i = \mathbf{E}_{n-i} - \frac{2}{\|\mathbf{v}_i\|^2} \mathbf{v}_i \mathbf{v}_i^T$$

mit

$$\mathbf{v}_i = \begin{pmatrix} a_{i+1,i}^{(i)} + \text{sign}(a_{i+1,i}^{(i)})\|\mathbf{a}_i^{(i)}\| \\ a_{i+2,i}^{(i)} \\ \vdots \\ a_{n,i}^{(i)} \end{pmatrix}, \quad \mathbf{a}_i^{(i)} = \begin{pmatrix} a_{i+1,i}^{(i)} \\ a_{i+2,i}^{(i)} \\ \vdots \\ a_{n,i}^{(i)} \end{pmatrix}.$$

2. Man setze

$$\mathbf{H}_i = \begin{pmatrix} \mathbf{E_i} & 0 \\ 0 & \tilde{\mathbf{H}}_i \end{pmatrix} \begin{matrix} \} & i \\ \} & n-i \end{matrix}$$

und berechne $\mathbf{A}_{i+1} := \mathbf{H}_i \mathbf{A}_i \mathbf{H}_i = (a_{jk}^{(i+1)})$

Dann besitzt $\mathbf{A}_{n-1}$ obere Hessenbergform, und der Rechenaufwand beträgt nach [WERN82] $(5/3)n^3 + O(n^2)$ Punktoperationen.

7.7.2 LR - Verfahren

Das LR-Verfahren läuft nach dem folgenden Algorithmus ab.

ALGORITHMUS 7.6 (*LR-Verfahren*).

Gegeben: (n,n)-Matrix $\mathbf{A}$

Gesucht: Sämtliche Eigenwerte λ_i, i = 1(1)n, von $\mathbf{A}$

1. Setze $\mathbf{A}_1 := \mathbf{A}$
2. Führe für jedes i = 1,2,3,... durch:

   2.1 Die Faktorisierung $\mathbf{A}_i = \mathbf{L}_i \mathbf{R}_i$ (sofern durchführbar) mit einer normierten unteren Dreiecksmatrix $\mathbf{L}_i$ und einer oberen Dreiecksmatrix $\mathbf{R}_i$ (vgl. Abschnitt 4.2).

   2.2 Die Matrizenmultiplikation $\mathbf{A}_{i+1} = \mathbf{R}_i \mathbf{L}_i$. Die Matrizen $\mathbf{A}_i$ sind ähnlich zu $\mathbf{A}$.

Dann gilt unter gewissen Voraussetzungen

$$\lim_{i\to\infty} \mathbf{A}_i = \lim_{i\to\infty} \mathbf{R}_i = \begin{pmatrix} \lambda_1 & \cdots & * \\ & \ddots & \vdots \\ 0 & & \lambda_n \end{pmatrix}, \quad \lim_{i\to\infty} \mathbf{L}_i = \mathbf{E}.$$

SATZ 7.7. Sei $\mathbf{A}$ eine (n,n)-Matrix, gelte für ihre Eigenwerte

$$|\lambda_1| > |\lambda_2| > \ldots > |\lambda_n| > 0$$

und sei die LR-Zerlegung durchführbar. Dann gilt für die zu $\mathbf{A}$ ähnlichen Matrizen $\mathbf{A}_i$

$$\lim_{i\to\infty} \mathbf{A}_i = \lim_{i\to\infty} \mathbf{R}_i = \begin{pmatrix} \lambda_1 & \cdots & * \\ & \ddots & \vdots \\ 0 & & \lambda_n \end{pmatrix} \quad \text{und} \quad \lim_{i\to\infty} \mathbf{L}_i = \mathbf{E}.$$

Die Voraussetzungen dieses Satzes sind sehr stark. Nicht einmal für reguläre Matrizen ist eine LR-Zerlegung gesichert, da keine Zeilenvertauschungen zugelassen sind.

Deshalb ist es zu empfehlen, die Matrix zunächst auf Hessenbergform zu transformieren und dann den LR-Algorithmus anzuwenden. Die Matrizen $\mathbf{A}_i$ haben dann alle Hessenbergform, der Rechenaufwand für jede LR-Zerlegung wird deutlich geringer ($O(n^2)$ Punktoperationen); er wird besonders gering, wenn $\mathbf{A}$ symmetrisch ist, da dann die Hessenbergmatrizen symmetrisch und tridiagonal sind.

7.7.3 QR - Verfahren

Die QR-Zerlegung einer Matrix **A** mit Hilfe der Householder-Transformation wurde in Abschnitt 4.14 besprochen; sie ist Grundlage für das QR-Verfahren. Die QR-Zerlegung ist dann eindeutig, wenn die (n,n)-Matrix **A** nichtsingulär ist und die Vorzeichen der Diagonalelemente der Superdiagonalmatrix **R** fest vorgeschrieben sind (vgl. [WERN82]). Will man die QR-Zerlegung auch für allgemeinere Eigenwertprobleme verwenden, etwa für komplexe Matrizen **A**, so muß **Q** nicht nur orthogonal ($\mathbf{Q}^{-1} = \mathbf{Q}^T$), sondern unitär vorausgesetzt werden ($\mathbf{Q}^{-1} = \bar{\mathbf{Q}}^T$).

Das QR-Verfahren verläuft nun analog zum LR-Verfahren, lediglich wird die LR-Zerlegung durch eine QR-Zerlegung ersetzt. Auch hier ist es empfehlenswert, vor Anwendung des Verfahrens die (n,n)-Matrix **A** auf obere Hessenbergform zu transformieren, um den erheblichen Rechenaufwand herabsetzen zu können.

ALGORITHMUS 7.8 (*QR-Verfahren von Rutishauser*).

Gegeben: (n,n)-Matrix **A**

Gesucht: Sämtliche Eigenwerte von **A**

1. Setze $\mathbf{A}_1 := \mathbf{A}$
2. Führe für jedes $i = 1,2,3,...$ folgende Schritte durch:

   2.1 Faktorisierung $\mathbf{A}_i = \mathbf{Q}_i \mathbf{R}_i$ mit der unitären Matrix $\mathbf{Q}_i$ (d.h. $\mathbf{Q}_i^{-1} = \bar{\mathbf{Q}}_i^T$) und der oberen Dreiecksmatrix $\mathbf{R}_i$.

   2.2 Die Matrizenmultiplikation $\mathbf{A}_{i+1} = \mathbf{R}_i \mathbf{Q}_i$.

Dann gilt unter gewissen Voraussetzungen (etwa für $|\lambda_1|>|\lambda_2|>...>|\lambda_n|>0$)

$$\lim_{i \to \infty} \mathbf{A}_i = \begin{pmatrix} \lambda_1 & \cdots & * \\ & \ddots & \vdots \\ 0 & & \lambda_n \end{pmatrix}.$$

Konvergenzsätze zum QR-Verfahren siehe in [NIEM87], 8.; [WERN82], IV.; [WILK65]. Zum QR-Verfahren nach Peters und Wilkinson s. Abschnitt 7.8.

LITERATUR zu 7.7: [GOLU84], Sec.7.4; [MAES84], 4.4; [MART70]; [NIEM87], 8.4, 8.5; [RALS78], 10.5; [SCHM76], 6; [TÖRN79] Bd.2; [WERN82].

7.8 Eigenwerte und Eigenvektoren einer Matrix nach den Verfahren von Martin, Parlett, Peters, Reinsch und Wilkinson

Besitzt die Matrix $\mathbf{A} = (a_{ik})$, $i,k = 1(1)n$, keine spezielle Struktur, so kann man sie durch sukzessive auszuführende Transformationen in eine Form bringen, die eine leichte Bestimmung der Eigenwerte und Eigenvektoren zuläßt. Unter Verwendung der Arbeiten [MART68], [PARL69], [PETE70] ergibt sich ein Algorithmus, der im wesentlichen die folgenden Schritte beinhaltet:

1. Schritt. Vorbehandlung der Matrix $\mathbf{A}$ zur Konditionsverbesserung nach einem von B.N. Parlett und C. Reinsch angegebenen Verfahren [PARL69].

2. Schritt. Transformation der Matrix $\mathbf{A}$ auf obere *Hessenbergform* $\mathbf{B}$ (s. [WERN82], S.223) mit

$$(7.20) \qquad \mathbf{B} = (b_{ik}) = \begin{pmatrix} b_{11} & b_{12} & \cdots & b_{1n} \\ b_{21} & b_{22} & \cdots & b_{2n} \\ & \ddots & \ddots & \vdots \\ & & b_{nn-1} & b_{nn} \end{pmatrix},$$

d.h. $b_{ik} = 0$ für $i > k+1$, nach einem Verfahren von R.S. Martin und J.H. Wilkinson [MART68].
Gesucht ist zu der gegebenen Matrix eine nichtsinguläre Matrix $\mathbf{C}$, so daß gilt

$$(7.21) \qquad \mathbf{B} = \mathbf{C}^{-1}\mathbf{A}\mathbf{C}.$$

Diese Transformation gelingt durch Überführung des Systems (7.1) $\mathbf{A}\mathbf{x} = \lambda\mathbf{x}$ in ein dazu äquivalentes gestaffeltes System

$$(7.22) \qquad \mathbf{B}\mathbf{y} = \lambda\mathbf{y} \quad \text{mit} \quad \mathbf{y} = \mathbf{C}^{-1}\mathbf{x}$$

in einer Weise, die dem Gaußschen Algorithmus, angewandt auf (4.2), entspricht. Anstelle des bekannten Vektors $\mathbf{a}$ in (4.2) tritt hier der unbekannte Vektor $\lambda\mathbf{x}$.
Mit (7.21) folgt

$$\det(\mathbf{B} - \lambda\mathbf{E}) = \det(\mathbf{A} - \lambda\mathbf{E}),$$

d.h. $\mathbf{B}$ und $\mathbf{A}$ besitzen dieselben Eigenwerte λ_i.

Wegen der einfachen Gestalt (7.20) von **B** lassen sich die λ_i damit leichter bestimmen.

3. Schritt. Die Bestimmung der Eigenwerte λ_i wird nun mit dem *QR-Algorithmus* nach G. Peters und J.H. Wilkinson [PETE70] vorgenommen. Ausgehend von $\mathbf{B}_1 := \mathbf{B}$ wird eine Folge $\{\mathbf{B}_s\}$, s = 1,2,3,... , von oberen Hessenbergmatrizen konstruiert, die gegen eine obere Dreiecksmatrix $\mathbf{R} = (r_{ik})$, i,k = 1(1)n, konvergiert (Konvergenzbedingungen s. [WERN82], S.255). Es gilt dann für alle i: $r_{ii} = \lambda_i$.

Mit $\mathbf{B}_1 := \mathbf{B}$ lautet die *Konstruktionsvorschrift* für jedes s = 1,2,3,...:

(i) $\mathbf{B}_s - k_s \mathbf{E} = \mathbf{Q}_s \mathbf{R}_s$,

(ii) $\mathbf{B}_{s+1} = \mathbf{R}_s \mathbf{Q}_s + k_s \mathbf{E}$.

Die Vorschrift (i) beinhaltet die Zerlegung der Hessenbergmatrix $\mathbf{B}_s - k_s \mathbf{E}$ in das Produkt aus einer Orthogonalmatrix $\mathbf{Q}_s$ ($\mathbf{Q}_s^T = \mathbf{Q}_s^{-1}$) und einer oberen Dreiecksmatrix $\mathbf{R}_s$. Danach wird $\mathbf{B}_{s+1}$ nach der Vorschrift (ii) gebildet, $\mathbf{B}_{s+1}$ anstelle von $\mathbf{B}_s$ gesetzt und zu (i) zurückgegangen. Durch geeignete Wahl des sogenannten *Verschiebungsparameters* k_s wird eine erhebliche Konvergenzbeschleunigung erreicht. Mit $k_s = 0$ für alle s ergibt sich der QR-Algorithmus von Rutishauser in Abschnitt 7.7.3 .

4. Schritt. Die Bestimmung der Eigenvektoren erfolgt ebenfalls nach [PETE70]. Wegen (7.22) gilt

$$\mathbf{B}\mathbf{y}_i = \lambda_i \mathbf{y}_i \quad \text{mit} \quad \mathbf{x}_i = \mathbf{C}\mathbf{y}_i.$$

Zu jedem λ_i lassen sich daraus rekursiv bei willkürlich gegebenem y_{in} die Komponenten y_{ik}, k = n-1(-1)1, von $\mathbf{y}_i$ berechnen. Mit $\mathbf{x}_i = \mathbf{C}\mathbf{y}_i$ ergeben sich die gesuchten Eigenvektoren $\mathbf{x}_i$, i = 1(1)n.

5. Schritt. Normierung der Eigenvektoren $\mathbf{x}_i$.

LITERATUR zu 7.8: [MART68]; [PARL69]; [PETE70]; [WERN82]; [WILK71].

7.9 Entscheidungshilfen

Das Verfahren von v. Mises kann dann verwendet werden, wenn man im Falle diagonalähnlicher Matrizen nur etwa den betragsgrößten oder den betragskleinsten Eigenwert und den zugehörigen Eigenvektor zu ermitteln hat. Will

man jedoch sämtliche Eigenwerte und Eigenvektoren einer Matrix berechnen, so ist die Transformation der Matrix auf obere Hessenbergform mit anschließender Anwendung des QR-Verfahrens zu empfehlen.
Das Programm EIGEN im Anhang ist nach dem in Abschnitt 7.8 beschriebenen Algorithmus verfaßt und für beliebige Matrizen anwendbar und uneingeschränkt zu empfehlen.

LITERATUR zu Kapitel 7: [HÄMM89], 3.; [MAES84], 4.; [MART68]; [NIEM87]; [PARL69]; [PARL80]; [PETE70]; [SCHW72]; [SCHW86], 6.; [WERN82]; [WILK71] .

Kapitel 8

Lineare und nichtlineare Approximation

Es sei f eine auf [a,b] stetige Funktion, die durch eine sogenannte *Approximationsfunktion* $\Phi \in C[a,b]$ angenähert werden soll. Φ ist von $x \in [a,b]$ und von freien Parametern $c_0, c_1, ..., c_n$

$$\Phi(x) := \Phi(x, c_0, c_1, \ldots, c_n) = \Phi(x, \mathbf{c}), \quad \mathbf{c} = (c_0, c_1, \ldots, c_n)^T$$

abhängig. Die Parameter $c_0, c_1, ..., c_n$ sind so zu bestimmen, daß der Abstand zwischen f und Φ in noch vorzuschreibender Weise minimiert wird.

Es werden zwei Aufgabenstellungen unterschieden:

1. Eine gegebene Funktion f ist durch eine Funktion Φ zu ersetzen, deren formelmäßiger Aufbau für den geforderten Zweck besser geeignet ist, d.h. die sich z.B. einfacher differenzieren oder integrieren läßt oder deren Funktionswerte leichter berechenbar sind. Man spricht hier von *kontinuierlicher* Approximation.

2. Eine empirisch gegebene Funktion f, von der endlich viele Wertepaare $(x_i, y_i = f(x_i))$ an den paarweise verschiedenen (diskreten) Stützstellen x_i bekannt sind, ist durch eine formelmäßig gegebene Funktion Φ zu ersetzen. Wenn f graphisch durch eine Kurve gegeben ist, kann man sich Wertepaare $(x_i, y_i = f(x_i))$ verschaffen. Hier spricht man von *diskreter* Approximation.

Je nach Art des Ansatzes für die Approximationsfunktion Φ wird außerdem zwischen *linearer* und *nichtlinearer* Approximation unterschieden. Die Approximation heißt linear, wenn der Ansatz für Φ die Form

$$\Phi(x,\mathbf{c}) = c_0\varphi_0(x) + c_1\varphi_1(x) + \ldots + c_n\varphi_n(x) = \sum_{k=0}^{n} c_k\varphi_k(x)$$

mit vollständig bestimmten, linear unabhängigen Funktionen $\varphi_k \in C[a,b]$ besitzt, andernfalls heißt sie nichtlinear.

BEISPIEL: Die Funktion

$$\Phi_1(x, c_0, c_1, c_2, c_3) = c_0 + c_1 e^{2x} + c_2 \ln x + c_3(x^2 + 1)$$

ist eine lineare Approximationsfunktion, dagegen läßt sich etwa die Funktion

$$\Phi_2(x, c_0, c_1, c_2, c_3, c_4) = c_0 \cosh(c_1 x) + c_2 e^{-c_3(x - 2c_4)^3}$$

nicht in der Form $\Sigma\, c_k\, \varphi_k(\mathrm{x})$ darstellen. Es handelt sich bei Φ_2 um eine nichtlineare Approximationsfunktion (oder ein nichtlineares Modell).

Wir behandeln im folgenden die lineare kontinuierliche Approximation und die lineare diskrete Approximation im quadratischen Mittel (diskrete L_2-Approximation oder diskrete Gaußsche Fehlerquadratmethode oder diskreter linearer Ausgleich genannt), die (lineare) gleichmäßige Approximation durch Tschebyscheff-Polynome und die nichtlineare diskrete Approximation im quadratischen Mittel (nichtlineare diskrete L_2-Approximation oder nichtlinearer diskreter Ausgleich).

Sowohl beim linearen als auch beim nichtlinearen diskreten Ausgleich wird zusätzlich der Einsatz der Householdertransformation behandelt, um eine Verschlechterung der Kondition bei der Lösung der Normalgleichungen zu vermeiden und damit eine größere Genauigkeit der Lösungen erwarten zu können.

8.1 Lineare Approximation

8.1.1 Approximationsaufgabe und beste Approximation

Jeder Funktion f ∈ C[a,b] ordnen wir eine reelle nichtnegative Zahl $\|f\|$ zu, genannt *Norm* von f, die den folgenden *Normaxiomen* genügt:

$$(8.1) \quad \begin{cases} 1. & \|f\| \geq 0. \\ 2. & \|f\| = 0 \text{ genau dann, wenn f = 0 überall in } [a,b]. \\ 3. & \|\alpha f\| = |\alpha|\,\|f\| \text{ für beliebige Zahlen } \alpha \in \mathbb{R}. \\ 4. & \|f + g\| \leq \|f\| + \|g\| \text{ für } f, g \in C[a,b]. \end{cases}$$

Für je zwei Funktionen $f_1, f_2 \in$ C[a,b] kann mit Hilfe einer Norm ein *Abstand*

$$\varrho(f_1, f_2) := \|f_1 - f_2\|$$

erklärt werden, für den die folgenden *Abstandsaxiome* gelten:

1. $\varrho(f_1, f_2) \geq 0$.
2. $\varrho(f_1, f_2) = 0$ genau dann, wenn $f_1 = f_2$ überall in [a,b].
3. $\varrho(f_1, f_2) = \varrho(f_2, f_1)$.
4. $\varrho(f_1, f_3) \leq \varrho(f_1, f_2) + \varrho(f_2, f_3)$ für $f_1, f_2, f_3 \in$ C[a,b].

Nun wird ein System von n+1 linear unabhängigen Funktionen $\varphi_0, \varphi_1, ..., \varphi_n \in$ C[a,b] vorgegeben. Die Funktionen $\varphi_0, \varphi_1, ..., \varphi_n$ heißen *linear abhängig*, wenn es Zahlen $c_0, c_1, ..., c_n$ gibt, die nicht alle Null sind, so daß für alle x ∈ [a,b] gilt

$$c_0 \varphi_0(x) + c_1 \varphi_1(x) + \ldots + c_n \varphi_n(x) = 0,$$

andernfalls heißen $\varphi_0, \varphi_1, ..., \varphi_n$ *linear unabhängig*. Mit den Funktionen φ_k, k =0(1)n, werden als Approximationsfunktionen die Linearkombinationen

$$(8.2) \quad \begin{cases} \Phi(x) := \Phi(x, c_0, c_1, \ldots, c_n) = \Phi(x, \mathbf{c}) = \sum_{k=0}^{n} c_k \varphi_k(x), \\ x \in [a,b], \quad c_k = const., \quad c_k \in \mathbb{R}, \quad \mathbf{c} = (c_0, c_1, \ldots, c_n)^T, \end{cases}$$

gebildet. Φ heißt *Approximationsfunktion* oder *Modellfunktion*, eine Approximation der Form (8.2) heißt *lineare Approximation*.

$\bar{C}$ sei die Menge aller Φ. Jede Linearkombination Φ ist durch das (n+1)-Tupel $(c_0, c_1, ..., c_n)$ ihrer Koeffizienten bestimmt. Der Abstand von Φ und einer Funktion f ∈ C[a,b] hängt bei festgehaltenem f nur von Φ ab; es ist

(8.3) $$\varrho(f,\Phi) = \|f - \Phi\| =: D(c_0, c_1, \ldots, c_n).$$

Häufig verwendete Funktionensysteme $\varphi_0, \varphi_1, \ldots, \varphi_n$ sind:

1. $\varphi_0 = 1$, $\varphi_1 = x$, $\varphi_2 = x^2, \ldots$, $\varphi_n = x^n$; die Approximationsfunktionen Φ sind dann algebraische Polynome vom Höchstgrad n.

2. $\varphi_0 = 1$, $\varphi_1 = \cos x$, $\varphi_2 = \sin x$, $\varphi_3 = \cos 2x$, $\varphi_4 = \sin 2x$, ... ; die Approximationsfunktionen Φ sind dann trigonometrische Polynome.

3. $\varphi_0 = 1$, $\varphi_1 = e^{\alpha_1 x}$, $\varphi_2 = e^{\alpha_2 x}, \ldots$, $\varphi_n = e^{\alpha_n x}$ mit paarweise verschiedenen reellen Zahlen α_i.

4. $\varphi_0 = 1$, $\varphi_1 = \dfrac{1}{(x-\alpha_1)^{p_1}}$, $\varphi_2 = \dfrac{1}{(x-\alpha_2)^{p_2}}, \ldots$, $\varphi_n = \dfrac{1}{(x-\alpha_n)^{p_n}}$, $\alpha_i \in \mathbb{R}$, $p_i \in \mathbb{N}$;
mehrere Werte α_j (bzw. p_j) können gleich sein, dann müssen die zugehörigen Werte p_j (bzw. α_j) verschieden sein. Die Approximationsfunktionen Φ sind dann spezielle rationale Funktionen (s. auch Bemerkung 8.2).

5. Orthogonale Funktionensysteme, s. dazu Sonderfälle in Abschnitt 8.1.2 und in Abschnitt 8.1.3 .

Ein Kriterium für die lineare Unabhängigkeit eines Funktionensystems $\varphi_0, \varphi_1, \ldots, \varphi_n \in C^n[a,b]$ ist das Nichtverschwinden der *Wronskischen Determinante* für $x \in [a,b]$

$$W(\varphi_0, \varphi_1, \ldots, \varphi_n) = \begin{vmatrix} \varphi_0 & \varphi_1 & \cdots & \varphi_n \\ \varphi_0' & \varphi_1' & \cdots & \varphi_n' \\ \vdots & \vdots & & \vdots \\ \varphi_0^{(n)} & \varphi_1^{(n)} & \cdots & \varphi_n^{(n)} \end{vmatrix} \not\equiv 0.$$

Approximationsaufgabe:
Zu einer gegebenen Funktion $f \in C[a,b]$ und zu einem vorgegebenen Funktionensystem $\varphi_0, \varphi_1, \ldots, \varphi_n \in C[a,b]$ ist unter allen Funktionen $\Phi \in \bar{C}$ der Gestalt (8.2) eine Funktion

(8.4) $$\Phi^{(0)}(x) := \Phi^{(0)}(x, c_0^{(0)}, c_1^{(0)}, \ldots, c_n^{(0)}) = \sum_{k=0}^{n} c_k^{(0)} \varphi_k(x)$$

zu bestimmen mit der Eigenschaft

(8.5) $$\begin{cases} D(c_0^{(0)}, c_1^{(0)}, \ldots, c_n^{(0)}) = \|f - \Phi^{(0)}\| &= \min_{\Phi \in \bar{C}} \|f - \Phi\| \\ &= \min_{\Phi \in \bar{C}} D(c_0, c_1, \ldots, c_n). \end{cases}$$

8.1 Lineare Approximation

$\Phi^{(0)}$ heißt eine *beste Approximation* von f bezüglich des vorgegebenen Systems $\varphi_0, \varphi_1, ..., \varphi_n$ und im Sinne der gewählten Norm $\|.\|$.

SATZ 8.1 (*Existenzsatz*).
Zu jeder Funktion $f \in C[a,b]$ existiert für jedes System linear unabhängiger Funktionen $\varphi_0, \varphi_1, ..., \varphi_n \in C[a,b]$ und jede Norm $\|.\|$ mindestens eine beste Approximation $\Phi^{(0)}$ der Gestalt (8.4) mit der Eigenschaft (8.5).

Das Funktionensystem $\varphi_0, \varphi_1, ..., \varphi_n$ wird im Hinblick auf die jeweilige Aufgabenstellung gewählt, z.B. sind zur Bestimmung einer besten Approximation für eine 2π-periodische Funktion trigonometrische Polynome als Modellfunktionen zweckmäßig.

BEMERKUNG 8.2 (*Rationale Approximation*).
Bei manchen Aufgabenstellungen, z.B. dann, wenn bekannt ist, daß f für Werte x_j außerhalb [a,b] Pole besitzt, empfiehlt sich als Approximationsfunktion eine Funktion der Gestalt

$$(8.6) \qquad \Psi(x) = \frac{\sum\limits_{k=0}^{m} a_k \varphi_k(x)}{\sum\limits_{k=0}^{j} b_k \varphi_k(x)}, \qquad \varphi_k \in C[a,b].$$

Für $\varphi_k(x) = x^k$ liefert der Ansatz eine rationale Funktion, deren Zähler den Höchstgrad m, deren Nenner den Höchstgrad j besitzt. Wird o.B.d.A. $a_0 = 1$ gesetzt, so ist unter allen Funktionen $\Psi \in \overline{\overline{C}}$ der Gestalt (8.6) eine beste Approximation $\psi^{(0)}$ mit der Eigenschaft

$$D(a_1^{(0)}, a_2^{(0)}, ..., a_m^{(0)}, b_0^{(0)}, b_1^{(0)}, ..., b_j^{(0)}) = \|f - \Psi^{(0)}\| =$$

$$= \min_{\Psi \in \overline{\overline{C}}} \|f - \Psi\| = \min_{\Psi \in \overline{\overline{C}}} D(a_1, a_2, ..., a_m, b_0, b_1, ..., b_j)$$

zu bestimmen (siehe auch Abschnitt 8.2 und 9.7).

8.1.2 Kontinuierliche lineare Approximation im quadratischen Mittel

Man legt für eine Funktion g die folgende L_2-Norm zugrunde

$$(8.7) \qquad \|g\|_2 = \left(\int_a^b w(x)g^2(x)dx\right)^{\frac{1}{2}}, \quad g \in C[a,b];$$

dabei ist w(x) > 0 eine gegebene, auf [a,b] integrierbare *Gewichtsfunktion*. Setzt man g = f - Φ und betrachtet das Quadrat des Abstandes (8.3), so lautet die (8.5) entsprechende Bedingung

$$(8.8) \quad \|f - \Phi^{(0)}\|_2^2 = \min_{\Phi \in \bar{C}} \|f - \Phi\|_2^2 = \min_{\Phi \in \bar{C}} \int_a^b w(x)(f(x) - \Phi(x))^2 dx$$
$$= \min_{\Phi \in \bar{C}} D^2(c_0, c_1, \ldots, c_n),$$

d.h. das Integral über die gewichteten Fehlerquadrate ist zum Minimum zu machen. Die notwendigen Bedingungen $\partial D^2/\partial c_j = 0$ für j = 0(1)n liefern mit (8.2) und $\partial\Phi/\partial c_j = \varphi_j(x)$ n+1 lineare Gleichungen zur Bestimmung der n+1 Koeffizienten $c_k^{(0)}$ einer besten Approximation (8.4):

$$(8.9) \quad \sum_{k=0}^n c_k^{(0)} \int_a^b w(x)\varphi_j(x)\varphi_k(x)dx = \int_a^b w(x)f(x)\varphi_j(x)dx, \quad j = 0(1)n,$$

oder in Matrizenform

$$(8.10) \qquad \mathbf{Gc}^{(0)} = \mathbf{a} \quad \text{mit}$$

$$\mathbf{G} := \begin{pmatrix} (\varphi_0, \varphi_0) & (\varphi_0, \varphi_1) & \cdots & (\varphi_0, \varphi_n) \\ (\varphi_1, \varphi_0) & (\varphi_1, \varphi_1) & \cdots & (\varphi_1, \varphi_n) \\ \vdots & \vdots & & \vdots \\ (\varphi_n, \varphi_0) & (\varphi_n, \varphi_1) & \cdots & (\varphi_n, \varphi_n) \end{pmatrix},$$

$$\mathbf{c}^{(0)} = \begin{pmatrix} c_0^{(0)} \\ c_1^{(0)} \\ \vdots \\ c_n^{(0)} \end{pmatrix}, \mathbf{a} = \begin{pmatrix} (f, \varphi_0) \\ (f, \varphi_1) \\ \vdots \\ (f, \varphi_n) \end{pmatrix}$$

und den Abkürzungen (Skalarprodukten)

$$(\varphi_k, \varphi_j) := \int_a^b w(x)\varphi_k(x)\varphi_j(x)dx; \quad (f, \varphi_j) := \int_a^b w(x)f(x)\varphi_j(x)dx.$$

8.1 Lineare Approximation

Die Gleichungen (8.9) heißen *Gaußsche Normalgleichungen*.

Wegen $(\varphi_j,\varphi_k) = (\varphi_k,\varphi_j)$ gilt $\mathbf{G} = \mathbf{G}^T$. Die Determinante det $\mathbf{G}$ des Gleichungssystems (8.10) heißt *Gramsche Determinante* des Systems $\varphi_0, \varphi_1,..., \varphi_n$. Es gilt der

---

HILFSSATZ 8.3. Ein Funktionensystem $\varphi_0, \varphi_1,..., \varphi_n \in C[a,b]$ ist genau dann linear abhängig, wenn seine Gramsche Determinante verschwindet (s. [BERE71] Bd.1, S.319; [STUM82], S.133).

SATZ 8.4. Zu jeder Funktion $f \in C[a,b]$ existiert für jedes System linear unabhängiger Funktionen $\varphi_0, \varphi_1,..., \varphi_n \in C[a,b]$ und die Norm (8.7) genau eine beste Approximation $\Phi^{(0)}$ der Gestalt (8.4) mit der Eigenschaft (8.8), deren Koeffizienten $c_k^{(0)}$ sich aus (8.9) ergeben.

Sonderfälle.

1. Algebraische Polynome.
Die Approximationsfunktionen Φ sind mit $\varphi_k(x) = x^k$ algebraische Polynome vom Höchstgrad n

$$(8.11) \qquad \Phi(x,\mathbf{c}) = \sum_{k=0}^{n} c_k x^k.$$

Die Normalgleichungen (8.9) zur Bestimmung der $c_k^{(0)}$ lauten hier

$$(8.12) \qquad \sum_{k=0}^{n} c_k^{(0)} \int_a^b w(x) x^{j+k} dx = \int_a^b w(x) f(x) x^j dx, \qquad j = 0(1)n,$$

und mit $w(x) \equiv 1$ (siehe Bemerkung 8.5) ergibt sich für (8.10)

$$(8.13) \qquad \mathbf{Gc} = \mathbf{a} \quad \text{mit}$$

$$\mathbf{G} = \begin{pmatrix} \int_a^b dx & \int_a^b x\,dx & \int_a^b x^2\,dx & \cdots & \int_a^b x^n\,dx \\ \int_a^b x\,dx & \int_a^b x^2\,dx & \int_a^b x^3\,dx & \cdots & \int_a^b x^{n+1}\,dx \\ \int_a^b x^2\,dx & \int_a^b x^3\,dx & \int_a^b x^4\,dx & \cdots & \int_a^b x^{n+2}\,dx \\ \vdots & \vdots & \vdots & & \vdots \\ \int_a^b x^n\,dx & \int_a^b x^{n+1}\,dx & \int_a^b x^{n+2}\,dx & \cdots & \int_a^b x^{2n}\,dx \end{pmatrix},$$

$$\mathbf{c} = \begin{pmatrix} c_0^{(0)} \\ c_1^{(0)} \\ c_2^{(0)} \\ \vdots \\ c_n^{(0)} \end{pmatrix}, \quad \mathbf{a} = \begin{pmatrix} \int_a^b f(x)\,dx \\ \int_a^b f(x)x\,dx \\ \int_a^b f(x)x^2\,dx \\ \vdots \\ \int_a^b f(x)x^n\,dx \end{pmatrix}$$

2. Orthogonale Funktionensysteme.
Die Funktionen φ_k bilden ein orthogonales System, wenn gilt

$$(\varphi_j, \varphi_k) = \int_a^b w(x)\varphi_j(x)\varphi_k(x)\,dx = 0 \quad \text{für} \quad j \neq k.$$

Dann erhält (8.9) die besonders einfache Gestalt

(8.14) $\qquad (\varphi_j, \varphi_j) c_j^{(0)} = (f, \varphi_j), \quad j = 0(1)n.$

Bei einer Erhöhung von n auf n+1 im Ansatz (8.2) bleiben also hier im Gegensatz zu nicht orthogonalen Funktionensystemen die $c_j^{(0)}$ für j=0(1)n unverändert und $c_{n+1}^{(0)}$ errechnet sich aus (8.14) für $j = n+1$.

Zum diskreten Ausgleich durch orthogonale Polynome siehe Abschnitt 8.1.3.2.

Beispiele orthogonaler Funktionensysteme.

a) $\varphi_k(x) = \cos kx$, $x \in [0, 2\pi]$, $k = 0(1)n$, $w(x) = 1$.

8.1 Lineare Approximation

b) $\varphi_k(x) = \sin kx$, $x \in [0, 2\pi]$, $k = 1(1)n$, $w(x) = 1$.

c) Legendresche Polynome P_k für $x \in [-1,+1]$ mit
$$P_{k+1}(x) = \frac{1}{k+1}((2k+1)xP_k(x) - kP_{k-1}(x)),$$
$k = 1, 2, 3, \ldots,$ $P_0(x) = 1$, $P_1(x) = x$, $w(x) = 1$.

d) Tschebyscheffsche Polynome T_k für $x \in [-1,+1]$ mit
$T_{k+1}(x) = 2xT_k(x) - T_{k-1}(x)$, $k = 1, 2, 3, \ldots,$
$T_0(x) = 1$, $T_1(x) = x$, $w(x) = 1/\sqrt{1-x^2}$ (vgl. Abschnitt 8.1.4.2).

e) Orthogonalisierungsverfahren von E. Schmidt:
Es seien $\varphi_0, \varphi_1, \ldots, \varphi_n \in C[a,b]$ n+1 vorgegebene linear unabhängige Funktionen. Dann läßt sich ein diesem System zugeordnetes orthogonales Funktionensystem $\tilde\varphi_0, \tilde\varphi_1, \ldots, \tilde\varphi_n \in C[a,b]$ konstruieren. Man bildet dazu die Linearkombinationen

$$\tilde\varphi_k = a_{k0}\tilde\varphi_0 + a_{k1}\tilde\varphi_1 + \ldots + a_{k,k-1}\tilde\varphi_{k-1} + \varphi_k, \quad k = 0(1)n\,,$$

und bestimmt die konstanten Koeffizienten a_{kj} der Reihe nach so, daß die Orthogonalitätsrelationen $(\tilde\varphi_j, \tilde\varphi_k) = 0$ für $j \neq k$ erfüllt sind; man erhält

$$a_{kj} = -(\varphi_k, \tilde\varphi_j)/(\tilde\varphi_j, \tilde\varphi_j), \quad k = 0(1)n, \quad j = 0(1)k-1\,.$$

Für $\varphi_k = x^k$, $x \in [-1,+1]$, liefert das Verfahren die Legendreschen Polynome.

BEMERKUNG 8.5. Als Gewichtsfunktion wird in vielen Fällen $w(x) = 1$ für alle $x \in [a,b]$ gewählt. Bei manchen Problemen sind jedoch andere Gewichtsfunktionen sinnvoll. Erhält man z.B. mit $w(x) = 1$ eine beste Approximation $\Phi^{(0)}$, für die $(f(x) - \Phi^{(0)}(x))^2$ etwa in der Umgebung von $x = a$ und $x = b$ besonders groß wird, so wählt man statt $w(x) = 1$ ein $\tilde w(x)$, das für $x \to a$ und $x \to b$ besonders groß wird. Dann erhält man eine zu dieser Gewichtsfunktion $\tilde w(x)$ gehörige beste Approximation $\tilde\Phi^{(0)}$, für die $(f(x) - \tilde\Phi^{(0)}(x))^2$ für $x \to a$ und $x \to b$ klein wird. Für $a = -1$ und $b = +1$ kann z.B. $\tilde w(x) = 1/\sqrt{1-x^2}$ eine solche Gewichtsfunktion sein.

ALGORITHMUS 8.6 (*Kontinuierliche Gaußsche Fehlerquadratmethode*)
Gegeben sei eine Funktion $f \in C[a,b]$; gesucht ist für f die beste Approximation $\Phi^{(0)}$ nach der kontinuierlichen Gaußschen Fehlerquadratmethode.

1. Schritt. Wahl eines geeigneten Funktionensystems φ_0, φ_1, ..., φ_n zur Konstruktion der Approximationsfunktion Φ.
2. Schritt. Wahl einer geeigneten Gewichtsfunktion w(x) > 0; vgl. dazu Bemerkung 8.5.
3. Schritt. Aufstellung und Lösung des linearen Gleichungssystems (8.9) bzw. (8.10) für die Koeffizienten $c_k^{(0)}$ der besten Approximation (8.4). Sind die Approximationsfunktionen Φ speziell algebraische Polynome, so ist das System (8.12) bzw. für w(x) $\equiv$ 1 das System (8.13) zu lösen; bilden die φ_k ein orthogonales System, so ist (8.14) zu lösen.

8.1.3 Diskrete lineare Approximation im quadratischen Mittel

8.1.3.1 Normalgleichungen für den diskreten linearen Ausgleich

Hier wird eine beste Approximation $\Phi^{(0)}$ der Gestalt (8.4) gesucht für eine Funktion f $\in$ C[a,b], von der an N+1 diskreten Stellen $x_i \in$ [a,b], i = 0(1)N, N $\geq$ n, die Funktionswerte y_i = f(x_i) gegeben sind. Es wird für eine Funktion g die Seminorm (für eine Seminorm gelten die Axiome (8.1) mit Ausnahme von 2.)

$$(8.15) \qquad \|g\|_2 = \left(\sum_{i=0}^{N} w_i g^2(x_i) \right)^{\frac{1}{2}}$$

zugrunde gelegt mit den Zahlen w_i > 0 als Gewichten.

Setzt man g = f - Φ und betrachtet das Quadrat des Abstandes (8.3), so lautet die (8.5) entsprechende Bedingung für eine beste Approximation unter Verwendung der Seminorm

$$(8.16)\ \|f - \Phi^{(0)}\|_2^2 = \min_{\Phi \in \bar{C}} \|f - \Phi\|_2^2 = \min_{\Phi \in \bar{C}} \sum_{i=0}^{N} w_i \left(f(x_i) - \Phi(x_i, c) \right)^2$$

$$= \min_{\Phi \in \bar{C}} D^2(c_0, c_1, \ldots, c_n),$$

8.1 Lineare Approximation

d.h. die Summe der gewichteten Fehlerquadrate ist zum Minimum zu machen.

Die notwendigen Bedingungen $\partial D^2/\partial c_j = 0$ für $j = 0(1)n$ liefern n+1 lineare Gleichungen zur Bestimmung der n+1 Koeffizienten $c_k^{(0)}$ einer besten Approximation. Mit

$$\Phi(x_i, \mathbf{c}) = \Phi(x_i, c_0, \ldots, c_n) = \sum_{k=0}^{n} c_k \varphi_k(x_i), \quad \frac{\partial \Phi(x_i)}{\partial c_j} = \varphi_j(x_i)$$

erhält man das lineare Gleichungssystem (*Gaußsche Normalgleichungen*)

$$(8.17) \quad \sum_{k=0}^{n} c_k^{(0)} \sum_{i=0}^{N} w_i \varphi_j(x_i) \varphi_k(x_i) = \sum_{i=0}^{N} w_i f(x_i) \varphi_j(x_i), \quad j = 0(1)n, N \geq n,$$

das unter Verwendung der Skalarprodukte

$$(8.18) \quad \begin{cases} (\varphi_j, \varphi_k) &:= \sum_{i=0}^{N} w_i \varphi_j(x_i) \varphi_k(x_i), \\ (f, \varphi_j) &:= \sum_{i=0}^{N} w_i f(x_i) \varphi_j(x_i) \end{cases}$$

die Form besitzt:

$$(8.19) \quad \begin{cases} \mathbf{Gc} = \mathbf{a} \quad \text{mit} \\ \mathbf{G} = \begin{pmatrix} (\varphi_0, \varphi_0) & \cdots & (\varphi_0, \varphi_n) \\ \vdots & & \vdots \\ (\varphi_n, \varphi_0) & \cdots & (\varphi_n, \varphi_n) \end{pmatrix}, \mathbf{c} = \begin{pmatrix} c_0^{(0)} \\ \vdots \\ c_n^{(0)} \end{pmatrix}, \mathbf{a} = \begin{pmatrix} (f, \varphi_0) \\ \vdots \\ (f, \varphi_n) \end{pmatrix}. \end{cases}$$

Es gilt $\mathbf{G} = \mathbf{G}^T$ wegen $(\varphi_j, \varphi_k) = (\varphi_k, \varphi_j)$.

Die Normalgleichungen (8.19) sind oft sehr schlecht konditioniert. Die Berechnung der Lösungen kann zu einer Verstärkung der Rundungsfehler führen und damit zur Verfälschung der Ergebnisse. In diesen Fällen sollte man z.B. mit der Householdertransformation arbeiten (s. Abschnitt 8.1.3.4).

DEFINITION 8.7. Jeder Funktion $\varphi_k \in C[a,b]$ wird im Falle $w_i = 1$ für alle i der Vektor

$$\boldsymbol{\varphi}_k := (\varphi_k(x_0), \varphi_k(x_1), \ldots, \varphi_k(x_N))^T$$

zugeordnet bzw. im Falle beliebiger $w_i > 0$ der Vektor

$$\varphi_k := (\sqrt{w_0}\varphi_k(x_0), \ \sqrt{w_1}\varphi_k(x_1), \ldots, \sqrt{w_N}\varphi_k(x_N))^T.$$

Mit dieser Definition gilt für die Skalarprodukte (8.18)

(8.18′) $\qquad\qquad (\varphi_j, \varphi_k) = \varphi_j^T \varphi_k, \quad (f, \varphi_j) = \mathbf{f}^T \varphi_j$

unter Verwendung von $\mathbf{f} := (f(x_0), f(x_1), \ldots, f(x_N))^T$ bzw.

$$\mathbf{f} := (\sqrt{w_0}f(x_0), \ldots, \sqrt{w_N}f(x_N))^T.$$

SATZ 8.8. Die Gaußschen Normalgleichungen (8.17) sind genau dann eindeutig lösbar, wenn die Vektoren φ_k linear unabhängig sind. Notwendig dafür ist die Bedingung $n \leq N$.

Im Falle $n > N$ sind die Vektoren φ_k immer linear abhängig, so daß die Eindeutigkeitsaussage entfällt, im Falle $n = N$ liegt Interpolation vor.

BEMERKUNG 8.9. In den meisten Fällen werden die Gewichte $w_i = 1$ gewählt. Eine andere Wahl ist sinnvoll, wenn bekannt ist, daß die Werte $f(x_i)$ für verschiedene x_i unterschiedlich genau sind. Dann werden im allgemeinen den weniger genauen Funktionswerten kleinere Gewichte zugeordnet. Normiert man die Gewichte w_i außerdem so, daß $\sum w_i = 1$ ist, kann man sie als die Wahrscheinlichkeiten für das Auftreten der Werte $f(x_i)$ an den Stellen x_i deuten. Man kann auch in (8.16) für die Gewichte $w_i = 1/f^2(x_i)$ setzen. Dies ist gleichbedeutend damit, daß man die Quadratsumme der relativen Fehler minimiert:

$$\sum_{i=0}^{N} \left(\frac{f(x_i) - \Phi(x_i)}{f(x_i)} \right)^2 \overset{!}{=} \text{ Min.}$$

8.1 Lineare Approximation

> **ALGORITHMUS 8.10** (*Diskrete Gaußsche Fehlerquadratmethode*).
>
> Von $f \in C[a,b]$ sind an $N+1$ diskreten Stellen $x_i \in [a,b]$, $i = 0(1)N$, die Werte $f(x_i)$ gegeben. Gesucht ist für f die beste Approximation $\Phi^{(0)}$ nach der diskreten Gaußschen Fehlerquadratmethode.
>
> 1. Schritt. Wahl eines geeigneten Funktionensystems $\varphi_0, \varphi_1, ..., \varphi_n$ zur Konstruktion der Approximationsfunktionen (8.2), wobei $n \leq N$ gelten muß.
> 2. Schritt. Festlegen der geeigneten Gewichte $w_i > 0$, vgl. dazu Bemerkung 8.9.
> 3. Schritt. Aufstellen der Normalgleichungen (8.17) bzw. (8.19) mit den Abkürzungen (8.18) bzw. (8.18') zur Berechnung der Koeffizienten $c_k^{(0)}$ der besten Approximation $\Phi^{(0)}$.
>
> Die Forderung $x_i \neq x_k$ für $i \neq k$ kann fallengelassen werden, sofern $N'+1$ Stützstellen x_i paarweise verschieden voneinander sind und $n \leq N' \leq N$ gilt.

BEMERKUNG 8.11. Nur unter der Voraussetzung, daß der Ansatz für die Modellfunktion Φ im Sinne der Anwendung vernünftig ist, ist mit der Fehlerquadratmethode eine gute Approximation zu erwarten. Ist keine Modellvorstellung vorhanden, so sollten Ausgleichssplines verwendet werden. Liegen mehrere geeignete Modelle vor, so wählt man unter den besten Approximationen $\Phi^{(0)}$ diejenige aus, die die kleinste Fehlerquadratsumme besitzt.

8.1.3.2 Diskreter Ausgleich durch algebraische Polynome unter Verwendung orthogonaler Polynome

Werden als Approximationsfunktionen Φ algebraische Polynome (8.11) verwendet, dann lautet (8.17) mit $\varphi_k(x_i) = x_i^k$

$$(8.20) \qquad \sum_{k=0}^{n} c_k^{(0)} \sum_{i=0}^{N} w_i x_i^{k+j} = \sum_{i=0}^{N} w_i f(x_i) x_i^j, \quad j = 0(1)n.$$

Für gleiche Gewichte $w_i = 1$ gilt speziell

$$(8.21)\begin{pmatrix} N+1 & \sum x_i & \sum x_i^2 & \cdots & \sum x_i^n \\ \sum x_i & \sum x_i^2 & \sum x_i^3 & \cdots & \sum x_i^{n+1} \\ \sum x_i^2 & \sum x_i^3 & \sum x_i^4 & \cdots & \sum x_i^{n+2} \\ \vdots & \vdots & \vdots & & \vdots \\ \sum x_i^n & \sum x_i^{n+1} & \sum x_i^{n+2} & \cdots & \sum x_i^{2n} \end{pmatrix} \begin{pmatrix} c_0^{(0)} \\ c_1^{(0)} \\ c_2^{(0)} \\ \vdots \\ c_n^{(0)} \end{pmatrix} = \begin{pmatrix} \sum f(x_i) \\ \sum f(x_i)x_i \\ \sum f(x_i)x_i^2 \\ \vdots \\ \sum f(x_i)x_i^n \end{pmatrix}$$

wobei jede Summe über $i = 0(1)N$ läuft. Die Matrix in (8.20) bzw. (8.21) ist oft schlecht konditioniert. Dann ergeben sich wegen der Rechnung mit endlicher Stellenzahl total verfälschte Lösungen. Deshalb sollte man grundsätzlich nicht das System (8.21) lösen, sondern mit einem Ansatz über diskrete orthogonale Polynome $\varphi_k \equiv Q_k$ für die Approximationsfunktion Φ arbeiten:

$$\Phi : \quad \Phi(x) = \sum_{k=0}^{n} c_k Q_k(x)$$
$$= c_0 Q_0(x) + c_1 Q_1(x) + \ldots + c_n Q_n(x).$$

Wegen $(\varphi_j, \varphi_k) \equiv (Q_j, Q_k) = 0$ für $j \neq k$ haben dann die Gaußschen Normalgleichungen (8.17) Diagonalgestalt, und man kann direkt nach den $c_j^{(0)}$ auflösen:

$$c_j^{(0)} = \frac{(f, Q_j)}{(Q_j, Q_j)}, \qquad j = 0(1)n,$$

mit den Skalarprodukten

$$(f, Q_j) := \sum_{i=0}^{N} w_i f(x_i) Q_j(x_i),$$

$$(Q_j, Q_j) := \sum_{i=0}^{N} w_i Q_j(x_i) Q_j(x_i).$$

Die orthogonalen Polynome Q_k lassen sich rekursiv wie folgt berechnen:

$$\begin{aligned}
Q_0(x) &= 1 \\
Q_1(x) &= x - b_1 \\
Q_k(x) &= (x - b_k)Q_{k-1}(x) - d_k Q_{k-2}(x), \quad k \geq 2 \quad \text{mit} \\
b_k &= \frac{(xQ_{k-1}, Q_{k-1})}{(Q_{k-1}, Q_{k-1})}, \quad k \geq 1, \\
d_k &= \frac{(Q_{k-1}, Q_{k-1})}{(Q_{k-2}, Q_{k-2})}, \quad k \geq 2,
\end{aligned}$$

8.1 Lineare Approximation

wobei für das Skalarprodukt im Zähler von b_k gilt

$$(xQ_{k-1}, Q_{k-1}) := \sum_{i=0}^{N} w_i x_i Q_{k-1}(x_i) Q_{k-1}(x_i),$$

die übrigen Skalarprodukte ergeben sich gemäß der Definition für die (Q_j, Q_j). Mit Hilfe der b_k, d_k und c_k kann man das Ausgleichspolynom Φ an jeder beliebigen Stelle x (hornerartig) wie folgt berechnen:

1. $s_n = c_n$
   $s_{n-1} = c_{n-1} + s_n(x - b_n)$

2. Für jedes k = n-2, n-3, ..., 0
   $s_k = c_k + s_{k+1}(x - b_{k+1}) - s_{k+2} d_{k+2}$

$\Rightarrow \Phi(x) = s_0$.

Ein Vorteil dieser Art des polynomialen Ausgleichs ist die Tatsache, daß man mit dem Ausgleichspolynom $\Phi(x) = \Phi_n(x)$ n-ten Grades auch jedes Ausgleichspolynom Φ_m m-ten Grades mit m $\leq$ n kennt:

$$\Phi_m(x) = \sum_{k=0}^{m} c_k Q_k(x);$$

es hat dieselben Koeffizienten c_k wie Φ_n.

8.1.3.3 Lineare Regression. Ausgleich durch lineare algebraische Polynome

Als Beispiel für den diskreten Ausgleich durch lineare algebraische Polynome wird die lineare Regression behandelt.
Gegeben sind in der x,y-Ebene N+1 Punkte (x_i, y_i), i = 0(1)N, die Ausprägungen der Merkmale x,y in der Merkmalsebene. Gesucht sind zur Beschreibung des Zusammenhangs beider Merkmale in der Merkmalsebene zwei Regressionsgeraden, je eine für die Abhängigkeit des Merkmals y von x bzw. x von y, mit den Gleichungen

$$g_1 : y = \Phi^{(0)}(x) = c_0^{(0)} + c_1^{(0)} x \quad \text{(Regression von y auf x)},$$

$$g_2 : x = \tilde{\Phi}^{(0)}(y) = \tilde{c}_0^{(0)} + \tilde{c}_1^{(0)} y \quad \text{(Regression von x auf y)}.$$

Die Koeffizienten $c_0^{(0)}$, $c_1^{(0)}$ zu g_1 ergeben sich aus den Normalgleichungen (8.17) mit $w_i = 1$, $\varphi_0(x) = 1$, $\varphi_1(x) = x$ bzw. (8.21) für n = 1.

Die Normalgleichungen zur Berechnung von $c_0^{(0)}$ und $c_1^{(0)}$ lauten:

$$\begin{pmatrix} N+1 & \sum x_i \\ \sum x_i & \sum x_i^2 \end{pmatrix} \begin{pmatrix} c_0^{(0)} \\ c_1^{(0)} \end{pmatrix} = \begin{pmatrix} \sum y_i \\ \sum x_i y_i \end{pmatrix} \quad \text{mit} \quad \sum := \sum_{i=0}^{N}.$$

Da sie im allgemeinen schlecht konditioniert sind, sollte man die in Abschnitt 8.1.3.2 beschriebene Methode verwenden.

Faßt man nun y als unabhängige und x als abhängige Variable auf, so ergeben sich entsprechend die Koeffizienten $\tilde{c}_0^{(0)}$, $\tilde{c}_1^{(0)}$ für g_2. Der Schwerpunkt $(\bar{x}, \bar{y})$ ist mit

$$\bar{x} = \frac{1}{N+1} \sum_{i=0}^{N} x_i, \quad \bar{y} = \frac{1}{N+1} \sum_{i=0}^{N} y_i$$

stets Schnittpunkt der beiden Regressionsgeraden. Die Abweichung der Geraden voneinander ist dafür maßgebend, ob mit Recht näherungsweise von einem linearen Zusammenhang der Merkmale x,y gesprochen werden kann.

8.1.3.4 Householder-Transformation zur Lösung des linearen Ausgleichsproblems

Gegeben seien N+1 Wertepaare $(x_i, f(x_i))$, i = 0(1)N, und N+1 Gewichte $w_i > 0$. Gesucht ist die lineare Approximationsfunktion

$$\Phi(x, \mathbf{c}) = c_0 \varphi_0(x) + c_1 \varphi_1(x) + \ldots + c_n \varphi_n(x)$$

so, daß

$$\sum_{i=0}^{N} w_i \left(f(x_i) - \Phi(x_i, c_0, c_1, \ldots, c_n) \right)^2$$

minimiert wird.

Wir setzen ohne Beschränkung der Allgemeinheit zwecks einfacherer Darstellung $w_i = 1$ für alle i. Mit $\mathbf{c} = (c_0, c_1, \ldots, c_n)^T$ und wegen

$$\Phi(x_i, \mathbf{c}) = c_0 \varphi_0(x_i) + c_1 \varphi_1(x_i) + \ldots + c_n \varphi_n(x_i)$$

8.1 Lineare Approximation

für i = 0(1)N gilt

$$(8.22) \quad \begin{pmatrix} \Phi(x_0, c) \\ \Phi(x_1, c) \\ \vdots \\ \Phi(x_N, c) \end{pmatrix} = \begin{pmatrix} \varphi_0(x_0) & \varphi_1(x_0) & \cdots & \varphi_n(x_0) \\ \varphi_0(x_1) & \varphi_1(x_1) & \cdots & \varphi_n(x_1) \\ \vdots & \vdots & & \vdots \\ \varphi_0(x_N) & \varphi_1(x_N) & \cdots & \varphi_n(x_N) \end{pmatrix} \begin{pmatrix} c_0 \\ c_1 \\ \vdots \\ c_n \end{pmatrix} =: \mathbf{Ac}$$

mit der (N+1,n+1)-Matrix **A**, die spaltenweise aus den Vektoren

$$\varphi_j := (\varphi_j(x_0), \varphi_j(x_1), \ldots, \varphi_j(x_N))^T, \quad j = 0(1)n$$

aufgebaut ist. Mit

$$(8.23) \quad \mathbf{f} := (f(x_0), f(x_1), \ldots, f(x_N))^T$$

gilt für die Skalarprodukte (8.18) für $w_i = 1$ die Aussage (8.18') und es ergibt sich für die Normalgleichungen (8.19) wegen $\mathbf{G} = \mathbf{A}^T \mathbf{A}$ und $\mathbf{a} = \mathbf{A}^T \mathbf{f}$

$$(8.24) \quad \mathbf{A}^T \mathbf{A} \mathbf{c} = \mathbf{A}^T \mathbf{f}.$$

Im Falle $w_i > 0$ beliebig müssen in (8.22) die Vektoren

$$\varphi_j := \begin{pmatrix} \sqrt{w_0}\, \varphi_j(x_0) \\ \vdots \\ \sqrt{w_N}\, \varphi_j(x_N) \end{pmatrix}, \quad \mathbf{f} := \begin{pmatrix} \sqrt{w_0}\, f(x_0) \\ \vdots \\ \sqrt{w_N}\, f(x_N) \end{pmatrix}$$

verwendet werden, vgl. Definition 8.7 und Satz 8.8 . Es ist nun

$$\sum_{i=0}^{N} (f(x_i) - \Phi(x_i))^2 \stackrel{!}{=} \text{Min.}$$

gleichbedeutend mit

$$(8.25) \quad \|\mathbf{f} - \mathbf{Ac}\|_2^2 \stackrel{!}{=} \text{Min,}$$

d.h. **c** ist genau dann Lösung der Normalgleichungen (8.24), wenn **c** auch Optimallösung von (8.25) ist. (Beweis siehe [STOE83]).

Dann ergibt sich das Problem, das überbestimmte lineare Gleichungssystem

$$\mathbf{Ac} = \mathbf{f}$$

zu lösen. Geschieht dies mit Hilfe der Householdertransformation, treten dabei die vorgenannten Konditionsprobleme nicht auf, die Kondition von **A** wird nicht verschlechtert.

Mit dem folgenden Algorithmus wird hier eine kurze Beschreibung des Verfahrens angegeben.

> **ALGORITHMUS 8.12** *(Linearer Ausgleich mit Householdertransformation).*
>
> Gegeben: $(N+1,n+1)$-Matrix $\mathbf{A}$, $N \geq n$,
> $\mathbf{f} \in \mathbb{R}^{N+1}$, Rang$(\mathbf{A}) = n+1$, $\mathbf{A}$ gemäß (8.22)
>
> Gesucht: Optimale Lösung des überbestimmten Systems $\mathbf{Ac} = \mathbf{f}$ bezüglich des mittleren quadratischen Fehlers
>
> Man setze $\mathbf{A}^{(0)} := \mathbf{A}$, $\mathbf{f}^{(0)} := \mathbf{f}$ und berechne für jedes $i = 0(1)n$
>
> 1. $\mathbf{A}^{(i+1)} = \mathbf{H}_i \mathbf{A}^{(i)}$ 2. $\mathbf{f}^{(i+1)} = \mathbf{H}_i \mathbf{f}^{(i)}$
>
> mit den Householdertransformationen $\mathbf{H}_i$. $\mathbf{H}_i$ sind orthogonale $(N+1,n+1)$-Matrizen, die gemäß Abschnitt 4.14 konstruiert werden.
> Es gilt wegen der unitären Transformationen
>
> $$\|\mathbf{f} - \mathbf{Ac}\|_2 = \|\mathbf{f}^{(n+1)} - \mathbf{A}^{(n+1)}\mathbf{c}\|_2.$$
>
> Man erhält mit
>
> $$\mathbf{f}^{(n+1)} = \begin{pmatrix}\mathbf{b}_1\\\mathbf{b}_2\end{pmatrix}, \quad \mathbf{A}^{(n+1)} = \begin{pmatrix}\mathbf{B}\\\mathbf{0}\end{pmatrix}$$
> $$\mathbf{f}^{(n+1)} - A^{(n+1)}\mathbf{c} = \begin{pmatrix}\mathbf{b}_1 - \mathbf{Bc}\\\mathbf{b}_2\end{pmatrix},$$
>
> wobei $\mathbf{B}$ eine $(n+1,n+1)$-Matrix von oberer Dreiecksgestalt ist, $\mathbf{0}$ eine $(N+1,n+1)$-Nullmatrix, $\mathbf{b}_1 \in \mathbb{R}^{n+1}$, $\mathbf{b}_2 \in \mathbb{R}^{N-n}$.
> $\|\mathbf{f} - \mathbf{Ac}\|_2$ wird minimiert, wenn $\mathbf{c}$ so gewählt wird, daß
>
> $$\mathbf{Bc} = \mathbf{b}_1$$
>
> gilt. Dieses gestaffelte Gleichungssystem kann rekursiv gelöst werden.
>
> Wegen Rang$(\mathbf{A}) = n+1$ gilt $\det(\mathbf{B}) \neq 0$, und es existiert immer eine eindeutige Lösung $\mathbf{c}$ des linearen Ausgleichsproblems.

8.1.4 Approximation von Polynomen durch Tschebyscheff-Polynome

Für die Berechnung von Funktionswerten wird eine Funktion f durch eine Funktion Φ so approximiert, daß für alle Argumente x eines Intervalls [a,b]

8.1 Lineare Approximation

und mit einer Schranke $\varepsilon > 0$ für den absoluten Fehler $|f(x) - \Phi(x)| \leq \varepsilon$ gilt. Bei der Approximation im quadratischen Mittel kann eine solche von x unabhängige Schranke für den absoluten Fehler nicht angegeben werden, dagegen ist dies bei der sogenannten *gleichmäßigen* oder *Tschebyscheffschen Approximation* möglich.

Hier wird nur der Fall der gleichmäßigen Approximation von Polynomen durch *Tschebyscheff-Polynome* angegeben. Auf diesen Fall läßt sich die gleichmäßige Approximation einer Funktion f durch eine Approximationsfunktion Φ wie folgt zurückführen:

Die nach einem bestimmten Glied abgebrochene Taylorentwicklung von f, deren Restglied im Intervall [a,b] nach oben abgeschätzt wird und den Abbruchfehler liefert, stellt ein Polynom dar, das mit Hilfe einer Linearkombination von Tschebyscheff-Polynomen gleichmäßig approximiert werden kann. Abbruch- und Approximationsfehler sollen dabei die gleiche Größenordnung haben und eine unterhalb der vorgegebenen Schranke ε liegende Summe besitzen.

Der Grad des Approximationspolynoms ist kleiner als der des Polynoms, das durch Abbrechen der Taylorentwicklung entsteht. Also ist auch die Berechnung von Werten des Approximationspolynoms weniger aufwendig als die von Werten der abgebrochenen Taylorentwicklung. Die Ermittlung des Approximationspolynoms erfordert einen einmaligen Rechenaufwand, der sich allerdings nur dann lohnt, wenn zahlreiche Funktionswerte nach der geschilderten Methode berechnet werden sollen.

8.1.4.1 Beste gleichmässige Approximation, Definition

Als Norm einer Funktion g wird die sogenannte *Maximumnorm*

$$\|g\|_\infty = \max_{x \in [a,b]} |g(x)| w(x), \quad g(x), w(x) \in C[a,b],$$

zugrunde gelegt mit der Gewichtsfunktion $w(x) > 0$; zur Gewichtsfunktion vergleiche Bemerkung 8.9. Mit $\bar{C}$ wird die Menge aller Linearkombinationen Φ der Gestalt (8.2) zu einem gegebenen System linear unabhängiger Funktionen $\varphi_0, \varphi_1, ..., \varphi_n \in C[a,b]$ bezeichnet. Eine beste Approximation $\Phi^{(0)}$ der Gestalt (8.4) unter allen Funktionen $\Phi \in \bar{C}$ besitzt im Sinne der Maximumnorm und gemäß (8.5) die Eigenschaft

$$\|f - \Phi^{(0)}\|_\infty = \max_{x \in [a,b]} |f(x) - \Phi^{(0)}(x)| w(x)$$
(8.26)
$$= \min_{\Phi \in \bar{C}} (\max_{x \in [a,b]} |f(x) - \Phi(x)| w(x)),$$

so daß das Maximum des gewichteten absoluten Fehlers $|f(x) - \Phi^{(0)}(x)|$ einer besten Approximation $\Phi^{(0)}$ auf dem ganzen Intervall $[a, b]$ minimal wird. Damit ist gewährleistet, daß der absolute Fehler $\|f - \Phi^{(0)}\|$ für alle $x \in [a, b]$ einen Wert $\varepsilon > 0$ nicht überschreitet; es gilt also $|f(x) - \Phi^{(0)}(x)| \leq \varepsilon$ für alle $x \in [a, b]$, d.h. f wird durch $\Phi^{(0)}$ mit der *Genauigkeit* ε approximiert.

Eine beste Approximation $\Phi^{(0)}$ im Sinne der Maximumnorm heißt deshalb *beste gleichmäßige Approximation* für f in der Funktionenklasse $\bar{C}$.

Im Falle der gleichmäßigen Approximation einer beliebigen Funktion $f \in C[a, b]$ gibt es im Gegensatz zur Approximation im quadratischen Mittel kein allgemeines Verfahren zur Bestimmung der in $\Phi^{(0)}$ auftretenden Koeffizienten $c_k^{(0)}$ (über Näherungsverfahren vgl. [BERE71] Bd.1, 4.5; [MEIN67], §7; [WERN79], II, §§4-6). Hier wird nur der für die Praxis wichtige Sonderfall der gleichmäßigen Approximation von Polynomen durch sogenannte Tschebyscheff-Polynome angegeben.

8.1.4.2 Approximation durch Tschebyscheff-Polynome

A. *Einführung der Tschebyscheff-Polynome.*

Als Funktionensystem $\varphi_0, \varphi_1, ..., \varphi_n$ werden die *Tschebyscheff- Polynome* T_k mit

(8.27) $\quad T_k(x) = \cos(k \arccos x), \quad k = 0(1)n, \quad x \in [-1, +1],$

gewählt, es sind

(8.28) $\quad \begin{cases} T_0(x) = 1 & , \; T_3(x) = 4x^3 - 3x, \\ T_1(x) = x & , \; T_4(x) = 8x^4 - 8x^2 + 1, \\ T_2(x) = 2x^2 - 1 & , \; T_5(x) = 16x^5 - 20x^3 + 5x. \end{cases}$

Allgemein lassen sich die Tschebyscheff-Polynome mit Hilfe der Rekursionsformel

(8.29) $\quad T_{k+1} = 2xT_k - T_{k-1}, \quad T_0 = 1, \quad T_1 = x, \quad k = 1(1)\ldots,$

berechnen. Wichtige *Eigenschaften* der Tschebyscheff-Polynome sind:

8.1 Lineare Approximation

1. T_k ist ein Polynom in x vom Grade k.
2. Der Koeffizient von x^k in T_k ist 2^{k-1}.
3. Für alle k und für $x \in [-1,+1]$ gilt $|T_k(x)| \leq 1$.
4. Die Werte $T_k(x_j) = \pm 1$ werden an k+1 Stellen $x_j = \cos\frac{\pi j}{k}$, j = 0(1)k, angenommen.
5. T_k besitzt in [-1,+1] genau k reelle Nullstellen $x_j = \cos\frac{2j+1}{k}\frac{\pi}{2}$, j = 0(1)k-1 .

(Siehe auch [SAUE69] Bd. III, S.356-360).

B. *Darstellung von Polynomen als Linearkombination von Tschebyscheff-Polynomen.*

Die Potenzen von x lassen sich wegen (8.28) bzw. (8.29) als Linearkombinationen von Tschebyscheff-Polynomen schreiben. Es sind

$$(8.30) \quad \begin{cases} 1 = T_0 & , \quad x^3 = 2^{-2}(3T_1 + T_3), \\ x = T_1 & , \quad x^4 = 2^{-3}(3T_0 + 4T_2 + T_4), \\ x^2 = 2^{-1}(T_0 + T_2) & , \quad x^5 = 2^{-4}(10T_1 + 5T_3 + T_5), \end{cases}$$

und allgemein gilt für k = 0,1,2,...

$$(8.31) \quad x^k = 2^{1-k}(T_k + \binom{k}{1}T_{k-2} + \binom{k}{2}T_{k-4} + \ldots + T^*),$$

wobei das letzte Glied T^* für ungerades k die Form

$$T^* = \binom{k}{\frac{k-1}{2}} T_1$$

besitzt und für gerades k die Form

$$T^* = \frac{1}{2}\binom{k}{\frac{k}{2}} T_0.$$

Jedes Polynom in x vom Grad m

$$(8.32) \quad P_m(x) = \sum_{i=0}^{m} a_i x^i, \quad a_i \in \mathbb{R},$$

läßt sich eindeutig als Linearkombination (T-Entwicklung)

(8.33)
$$P_m(x) = \sum_{j=0}^{m} b_j T_j(x)$$

von Tschebyscheff-Polynomen ausdrücken. Man erhält (8.33), indem man in (8.32) die Potenzen von x durch (8.30) bzw. (8.31) ersetzt.

Zur Bestimmung der Koeffizienten b_j der T-Entwicklung (8.33) aus den Koeffizienten a_i von (8.32) dienen für i, j = 0(1)10 die folgenden Rechenschemata.

RECHENSCHEMA 8.13.

a_0	1					
$\frac{a_2}{2}$	1	1				
$\frac{a_4}{8}$	3	4	1			
$\frac{a_6}{32}$	10	15	6	1		
$\frac{a_8}{128}$	35	56	28	8	1	
$\frac{a_{10}}{512}$	126	210	120	45	10	1
	b_0	b_2	b_4	b_6	b_8	b_{10}

8.1 Lineare Approximation

RECHENSCHEMA 8.14.

a_1	1				
$\frac{a_3}{4}$	3	1			
$\frac{a_5}{16}$	10	5	1		
$\frac{a_7}{64}$	35	21	7	1	
$\frac{a_9}{256}$	126	84	36	9	1
	b_1	b_3	b_5	b_7	b_9

Die (außer a_0) durch 2^{i-1} dividierten Koeffizienten a_i (linke Spalte) werden jeweils mit derjenigen Zahl in der zugehörigen Zeile multipliziert, die in der Spalte über dem gesuchten Koeffizienten b_j steht und auch dort eingetragen. Die Spaltensumme der eingetragenen Zahlen liefert dann den Koeffizienten b_j der T-Entwicklung.

C. Beste gleichmässige Approximation.

Es ist zweckmäßig, neben der T-Entwicklung (8.33) auch deren Teilsummen

$$S_n(x) = \sum_{j=0}^{n} b_j T_j(x), \quad n \leq m,$$

zu betrachten. Insbesondere ist

$$P_m(x) = S_m(x) = S_{m-1}(x) + b_m T_m(x).$$

Als Approximationsfunktionen für P_m werden die Linearkombinationen Φ mit

$$\Phi(x) = \sum_{k=0}^{n} c_k T_k(x), \quad n < m,$$

gewählt. Die Frage nach einer besten gleichmäßigen Approximation $\Phi^{(0)}$ mit

$$\Phi^{(0)}(x) = \sum_{k=0}^{n} c_k^{(0)} T_k(x), \quad n < m,$$

für P_m im Sinne von (8.26) beantwortet der

> **SATZ 8.15.** Die beste gleichmäßige Approximation $\Phi^{(0)}$ eines Polynoms P_m durch ein Polynom (m-1)-ten Grades im Intervall [-1,+1] ist mit $c_k^{(0)} = b_k$ für k = 0(1)m-1 die eindeutig bestimmte Teilsumme
>
> $$\Phi^{(0)}(x) = S_{m-1}(x) = \sum_{k=0}^{m-1} b_k T_k(x)$$
>
> von dessen T-Entwicklung S_m. Für w(x) ≡ 1 gilt
>
> $$\|P_m - S_{m-1}\|_\infty = \max_{x \in [-1,+1]} |P_m(x) - S_{m-1}(x)| \leq |b_m|$$
>
> (s. [DEMI68] I, §12; [STIE76], S.202).

Um $\Phi^{(0)}$ zu erhalten, streicht man also nur in der T-Entwicklung S_m das letzte Glied $b_m T_m$.

D. *Gleichmässige Approximation.*

Da die Koeffizienten b_j der T-Entwicklung mit wachsendem j in den meisten Fällen dem Betrage nach rasch abnehmen, wird auch beim Weglassen von mehr als einem Glied der T-Entwicklung S_m noch eine sehr gute Approximation des Polynoms P_m erreicht, die nur wenig von der besten gleichmäßigen Approximation S_{m-1} abweicht. Ist dann

$$S_n(x) = \sum_{j=0}^{n} b_j T_j(x), \quad n \leq m-1,$$

eine Teilsumme der T-Entwicklung S_m, so gilt wegen Eigenschaft 3

$$\|P_m - S_n\|_\infty = \max_{x \in [-1,+1]} |P_m(x) - S_n(x)| \leq \sum_{j=n+1}^{m} |b_j| = \varepsilon_1.$$

Da ε_1 unabhängig von x ist, ist S_n eine gleichmäßige Approximation für P_m, für n = m-1 ist es die beste gleichmäßige Approximation.

Um für eine genügend oft differenzierbare Funktion f im Intervall [-1,+1] eine entsprechende Approximationsfunktion Φ zu finden, geht man aus von ihrer Taylorentwicklung an der Stelle x = 0

$$f(x) = P_m(x) + R_{m+1}(x),$$

8.1 Lineare Approximation

die sich aus einem Polynom P_m und dem Restglied R_{m+1} zusammensetzt. Für $x \in [-1,+1]$ gelte mit dem von x unabhängigen *Abbruchfehler* ε_2

$$|R_{m+1}(x)| \leq \varepsilon_2.$$

Als Approximationsfunktion für f wählt man die Teilsumme S_n der T-Entwicklung S_m für P_m ($n \leq m-1$). Dann ist

$$\max_{x \in [-1,+1]} |f(x) - S_n(x)| = \|f - S_n\|_\infty = \|P_m + R_{m+1} - S_n\|_\infty$$
$$\leq \|P_m - S_n\|_\infty + \|R_{m+1}\|_\infty \leq \varepsilon_1 + \varepsilon_2.$$

Der maximale absolute Fehler bei der Approximation von f durch S_n setzt sich somit aus dem Fehler ε_1 bei der gleichmäßigen Approximation von P_m durch S_n und dem Abbruchfehler ε_2 zusammen. Wenn bei vorgegebener Genauigkeit ε die Ungleichung $\varepsilon_1 + \varepsilon_2 \leq \varepsilon$ erfüllt ist, dann wird wegen $\|f - S_n\| \leq \varepsilon$ die Funktion f durch das Polynom S_n im Intervall $[-1,+1]$ gleichmäßig approximiert.

ALGORITHMUS 8.16 *(Gleichmäßige Approximation durch Tschebyscheff-Polynome).*

Gegeben ist eine für $x \in [-1,+1]$ genügend oft differenzierbare Funktion f. Gesucht ist für f ein Approximationspolynom S_n mit $|f(x) - S_n(x)| \leq \varepsilon$ für alle $x \in [-1,+1]$.

1. Schritt. Taylorentwicklung für f an der Stelle $x = 0$

$$f(x) = P_m(x) + R_{m+1}(x) = \sum_{i=0}^{m} a_i x^i + R_{m+1}(x), \quad a_i = \frac{f^{(i)}(0)}{i!},$$

wobei sich das kleinste m aus der Forderung $|R_{m+1}(x)| \leq \varepsilon_2 < \varepsilon$ für alle $x \in [-1,+1]$ ergibt.

2. Schritt. T-Entwicklung für P_m unter Verwendung der Rechenschemata 8.13 bzw. 8.14:

$$P_m(x) = \sum_{j=0}^{m} b_j T_j(x) \equiv S_m(x).$$

3. Schritt. Wahl des kleinstmöglichen $n \leq m-1$, so daß gilt

$$|f(x) - S_n(x)| \leq \varepsilon_2 + |b_{n+1}| + |b_{n+2}| + \ldots + |b_m| \leq \varepsilon_2 + \varepsilon_1 \leq \varepsilon.$$

> S_n ist das gesuchte Approximationspolynom für f mit der für das ganze
> Intervall [-1,+1] gültigen Genauigkeit ε. Zur Berechnung von Näherungs-
> werten für die Funktion f mit Hilfe von S_n wird S_n mit (8.27) bzw. (8.28)
> nach Potenzen von x umgeordnet; man erhält
>
> $$S_n(x) = \sum_{j=0}^{n} b_j T_j(x) \equiv \sum_{k=0}^{n} \tilde{a}_k x^k = \tilde{P}_n(x).$$
>
> Ein Intervall [a,b] $\neq$ [-1,+1] wird durch eine lineare Transformation in das
> Intervall [-1,+1] übergeführt. Durch x = 2x'/(b-a) - (b+a)/(b-a) geht das
> x'-Intervall [a,b] in das x-Intervall [-1,+1] über.

BEMERKUNG. Nach den Approximationssätzen von Weierstraß läßt sich jede Funktion f $\in$ C[a,b] für alle x $\in$ [a,b] durch ein algebraisches Polynom vom Grade n = n(ε) mit vorgeschriebener Genauigkeit ε gleichmäßig approximieren und jede 2π-periodische stetige Funktion für alle x $\in$ (-∞, +∞) durch ein trigonometrisches Polynom (8.35) mit n = n(ε) mit vorgeschriebener Genauigkeit ε gleichmäßig approximieren ([ISAA73], 5.1; [WERN79] II, §1). Die Sätze von Weierstraß sind Existenzsätze; sie liefern keine Konstruktionsmethode für die Approximationsfunktionen. In diesem Kapitel bzw. in [MEIN67] §5 sind spezielle Methoden zur Erzeugung einer gleichmäßigen Approximation durch algebraische bzw. trigonometrische Polynome angegeben, s.a. [RALS79] Bd. I,I; [BEZI72], §21. Über einen Algorithmus zur gleichmäßigen Approximation durch gebrochene rationale Funktionen s. [WERN79], II, §5; [BEZI72], §22; Tabellen der Koeffizienten für gleichmäßige Approximationen wichtiger transzendenter Funktionen s. [ABRA72]; [HART68].

8.1.5 Approximation periodischer Funktionen

Eine 2π-periodische Funktion läßt sich unter gewissen Voraussetzungen (s. z.B. [BJÖR79], 9.2, 9.4) durch ihre Fouriersche Reihe darstellen:

$$f(x) = \frac{\alpha_0}{2} + \sum_{k=1}^{\infty} (\alpha_k \cos kx + \beta_k \sin kx) \quad \text{mit}$$

8.1 Lineare Approximation

$$(8.34) \quad \begin{cases} \alpha_k = \frac{1}{\pi} \int\limits_{-\pi}^{+\pi} f(x) \cos kx \; dx, & k = 0(1),\ldots, \\ \beta_k = \frac{1}{\pi} \int\limits_{-\pi}^{+\pi} f(x) \sin kx \; dx, & k = 1(1),\ldots. \end{cases}$$

Für gerade Funktionen (f(-x) = f(x)) gilt $\beta_k \equiv 0$, für ungerade Funktionen (f(-x) = -f(x)) gilt $\alpha_k \equiv 0$ für alle k. Soweit die Integrale (8.34) elementar ausführbar sind, kann die mit einem endlichen k = n abgebrochene Fouriersche Reihe zur Approximation von f benutzt werden. Ist aber schon f so beschaffen, daß die entsprechenden unbestimmten Integrale nicht in geschlossener Form darstellbar sind oder ist f nur in Form einer Wertetabelle gegeben, dann wird ein trigonometrisches Polynom gesucht, das f approximiert:

$$(8.35) \quad \Phi(x) = \frac{a_0}{2} + \sum_{k=1}^{n}(a_k \cos kx + b_k \sin kx)$$

8.1.5.1 Approximation periodischer Funktionen im quadratischen Mittel

Gesucht ist eine beste Approximation $\Phi^{(0)}$ der Gestalt (8.35) für eine 2π-periodische Funktion f, von der an 2N äquidistanten diskreten Stützstellen $x_j = j\,(\pi/N)$, $j = 0(1)2N-1$, die Funktionswerte $f(x_j)$ gegeben sind. In der Praxis arbeitet man immer mit einer geraden Anzahl von Stützstellen. Indem man die Norm (8.15) mit $w_i = 1$ zugrundelegt, erhält man im Falle 2n+1 < 2N ein zu (8.17) analoges lineares Gleichungssystem für die 2n+1 Koeffizienten $a_0^{(0)}$, $a_k^{(0)}$, $b_k^{(0)}$, k = 1(1)n; sie sind für 2n+1 < 2N nach Satz 8.8 eindeutig bestimmt.

Die Approximationsfunktion (8.35) hat dann die Gestalt

$$\Phi^{(0)}(x) = \frac{a_0^{(0)}}{2} + \sum_{k=1}^{n}(a_k^{(0)} \cos kx + b_k^{(0)} \sin kx)$$

mit

$$a_0^{(0)} = \frac{1}{N}\sum_{j=1}^{2N} y_j, \quad a_k^{(0)} = \frac{1}{N}\sum_{j=1}^{2N} y_j \cos kx_j, \quad b_k^{(0)} = \frac{1}{N}\sum_{j=1}^{2N} y_j \sin kx_j,$$

für k = 1(1)n. Bei festem N ändern sich die schon berechneten Koeffizienten $a_0^{(0)}$, $a_k^{(0)}$, $b_k^{(0)}$ nicht, wenn n vergrößert wird.

Für n = N ergibt sich $b_N^{(0)} = 0$, so daß statt der 2n+1 Koeffizienten nur noch 2n Koeffizienten in $\Phi^{(0)}$ auftreten. Jetzt ist die Anzahl 2n der Koeffizienten gleich der Anzahl 2N der Stützstellen, es liegt der Fall der trigonometrischen Interpolation vor.

8.1.5.2 Trigonometrische Interpolation

Das trigonometrische Interpolationspolynom hat die Gestalt

$$\Phi(x) = \frac{a_0}{2} + \sum_{k=1}^{N-1}(a_k \cos kx + b_k \sin kx) + \frac{a_N}{2} \cos Nx.$$

Für die Koeffizienten gilt

$$(8.36) \begin{cases} a_0 = \frac{1}{N}\sum_{j=1}^{2N} y_j, \quad a_N = \frac{1}{N}\sum_{j=1}^{2N}(-1)^j y_j, \\ a_k = \frac{1}{N}\sum_{j=1}^{2N} y_j \cos kx_j, \quad b_k = \frac{1}{N}\sum_{j=1}^{2N} y_j \sin kx_j, \quad k = 1(1)N-1. \end{cases}$$

Für DVA geeignete Algorithmen zur Berechnung der Koeffizienten nach den Vorschriften (8.36) s. [SAUE69] Bd. III, S.432 ff.; [STOE83], 2.3.; [WERN79], S.50 ff. Hier wird ein sowohl für Handrechnung als auch für DVA geeignetes Verfahren angeführt, für das ein Algol-Programm in [ZURM65], S. 368-370 angegeben ist (vgl. auch [BERE71] Bd. 1, Abschnitt 5.12). Die Anzahl 2N der Stützstellen sei durch 4 teilbar, es gelte hier 2N = 12, also $x_j = j(2\pi/12) = j(\pi/6)$.

Man erhält das trigonometrische Interpolationspolynom

$$\Phi(x) = \frac{a_0}{2} + \sum_{k=1}^{5}(a_k \cos kx + b_k \sin kx) + \frac{a_6}{2} \cos 6x$$

mit den Koeffizienten ([WILL71], S.231 ff.; [ZURM65], S.364):

8.1 Lineare Approximation

$$a_k = \frac{1}{6}\sum_{j=1}^{12} y_j \cos kx_j, \quad k = 0(1)6, \quad b_k = \frac{1}{6}\sum_{j=1}^{12} y_j \sin kx_j, \quad k = 1(1)5.$$

Zur Berechnung der a_k, b_k dienen die folgenden Rechenschemata.

RECHENSCHEMA 8.17 *(Numerische harmonische Analyse nach Runge).*

1. Faltung (der y_j):	-	y_1	y_2	y_3	y_4	y_5	y_6		
	y_{12}	y_{11}	y_{10}	y_9	y_8	y_7	-		
Summe s_j	s_0	s_1	s_2	s_3	s_4	s_5	s_6		
Differenz d_j	-	d_1	d_2	d_3	d_4	d_5	-		

2. Faltung (der s_j):	s_0	s_1	s_2	s_3	2. Faltung (der d_j):	d_1	d_2	d_3
	s_6	s_5	s_4	-		d_5	d_4	-
Summe S_j	S_0	S_1	S_2	S_3	Summe $\bar{S}_j$	$\bar{S}_1$	$\bar{S}_2$	$\bar{S}_3$
Differenz D_j	D_0	D_1	D_2	-	Differenz $\bar{D}_j$	$\bar{D}_1$	$\bar{D}_2$	-

Zur *Berechnung der Koeffizienten der Cosinusglieder* sind in jeder Zeile s_j, D_j mit den links davor stehenden Cosinuswerten zu multiplizieren.

$\cos 0 = 1$	$+S_0$ $+S_2$	$+S_1$ $+S_3$	$+D_0$	-	$+S_0$	$-S_3$	$+D_0$	$-D_2$
$\cos\left(\frac{\pi}{6}\right) = \frac{\sqrt{3}}{2}$	-	-	-	$\frac{\sqrt{3}}{2}D_1$	-	-	-	-
$\cos\frac{\pi}{3} = \frac{1}{2}$	-	-	$\frac{1}{2}D_2$	-	$-\frac{1}{2}S_2$	$\frac{1}{2}S_1$	-	-
Summen	Σ_1	Σ_2	Σ_1	Σ_2	Σ_1	Σ_2	Σ_1	Σ_2
$\Sigma_1 + \Sigma_2$	$6a_0$		$6a_1$		$6a_2$		$6a_3$	
$\Sigma_1 - \Sigma_2$	$6a_6$		$6a_5$		$6a_4$		-	

Zur *Berechnung der Koeffizienten der Sinusglieder* sind in jeder Zeile die $\bar{S}_j$, $\bar{D}_j$ mit den links davor stehenden Sinuswerten zu multiplizieren.

$\sin\frac{\pi}{6} = \frac{1}{2}$	$\frac{1}{2}\bar{S}_1$	-	-	-	-	-
$\sin\frac{\pi}{3} = \frac{\sqrt{3}}{2}$	-	$\frac{\sqrt{3}}{2}\bar{S}_2$	$\frac{\sqrt{3}}{2}\bar{D}_1$	$\frac{\sqrt{3}}{2}\bar{D}_2$	-	-
$\sin\frac{\pi}{2} = 1$	$+\bar{S}_3$	-	-	-	$+\bar{S}_1$	$-\bar{S}_3$
Summen	Σ_1	Σ_2	Σ_1	Σ_2	Σ_1	Σ_2
$\Sigma_1 + \Sigma_2$	$6b_1$		$6b_2$		$6b_3$	
$\Sigma_1 - \Sigma_2$	$6b_5$		$6b_4$		-	

8.1.5.3 Komplexe diskrete Fourier-Transformation (FFT)*

Ist f eine reell- oder komplexwertige Funktion mit der Periode $L = x_N - x_0$ (d.h. $f(x+L) = f(x)$ für alle x) und sind abweichend von Abschnitt 8.1.5.2 an den $N = 2^\tau$ mit $\tau \in \mathbb{N}$ äquidistanten Stützstellen

$$x_j = x_0 + j\frac{L}{N}, \qquad j = 0(1)N - 1,$$

die Funktionswerte $f_j := f(x_j)$ vorgegeben, dann läßt sich die Funktion f durch ihre diskrete, ebenfalls L-periodische Fourierteilsumme

$$\sum_{k=-N/2+1}^{N/2-1} c_k e^{i\left(k\frac{2\pi}{L}x\right)} + c_{N/2} \cos\left((N/2)\frac{2\pi}{L}x\right)$$

($i = \sqrt{-1}$, $e^{i\xi} = \cos\xi + i\sin\xi$) annähern; die Fourierteilsumme interpoliert f an den Stellen $(x_j, f(x_j))$.

Die N komplexen Koeffizienten sind die diskreten Fourierkoeffizienten

$$c_k = \frac{1}{N} \sum_{j=0}^{N-1} f_j e^{-i\left(k\frac{2\pi}{L}x_j\right)};$$

sie beschreiben diejenigen harmonischen Schwingungsanteile in der Funktion f, die das k-fache der Grundfrequenz $2\pi/L$ sind; für wachsende k wird dieser Anteil immer kleiner. Eine effektive Berechnung der diskreten Fourierkoeffizienten geschieht mit der sogenannten *Schnellen Fouriertransformation* oder *Fast Fourier Transform* (FFT), die im obigen Fall $N = 2^\tau$, $\tau \in \mathbb{N}$, am effektivsten ist. Die Anzahl der nötigen (komplexen) Multiplikationen reduziert sich damit von $2^\tau \cdot 2^\tau$ auf $(\tau/2)\, 2^\tau$.

Ist die Funktion f reellwertig (d.h. $f_j \in \mathbb{R}$), so ist auch ihre diskrete Fourierteilsumme reell und gegeben durch

$$a_0 + 2\sum_{k=1}^{N/2-1} \left\{ a_k \cos\left(k\frac{2\pi}{L}x\right) + b_k \sin\left(k\frac{2\pi}{L}x\right) \right\} + a_{N/2} \cos\left((N/2)\frac{2\pi}{L}x\right)$$

mit den diskreten Fourierkoeffizienten

---
* Siehe auch Bemerkung in Abschnitt 8.3

$$a_k = \frac{1}{N}\sum_{j=0}^{N-1} f_j \cos\left(k\frac{2\pi}{L}x_j\right) = Re(c_k),$$

$$b_k = \frac{1}{N}\sum_{j=0}^{N-1} f_j \sin\left(k\frac{2\pi}{L}x_j\right) = -Im(c_k).$$

Die Koeffizienten $2a_k$, $2b_k$ und $a_{N/2}$ beschreiben die Anteile der entsprechenden harmonischen Schwingungen

$$\cos\left(k\frac{2\pi}{L}x\right), \quad \sin\left(k\frac{2\pi}{L}x\right) \quad \text{und} \quad \cos\left(\frac{N}{2}\frac{2\pi}{L}x\right)$$

in der periodischen Funktion f. Die Bestimmung der Funktionswerte f_j aus den diskreten Fourierkoeffizienten c_k über die Beziehung

$$f_j = \sum_{k=0}^{N/2} c_k e^{i\left(j\frac{2\pi}{L}x_k\right)} + \sum_{k=N/2+1}^{N-1} c_{k-N} e^{i\left(j\frac{2\pi}{L}x_k\right)},$$

auch Umkehrtransformation genannt, kann mit demselben Algorithmus erfolgen, wenn man die Normierung durch die Division durch N unterläßt und die N-te Einheitswurzel

$$e^{-i\frac{2\pi}{N}} \quad \text{durch} \quad e^{i\frac{2\pi}{N}} \quad \text{ersetzt.}$$

Siehe auch die Bemerkungen in den Entscheidungshilfen (Abschnitt 8.3).

LITERATUR zu 8.1: [BERE71], Bd.1, §4.5; [BJÖR79], 4; [BOOR79]; [COLL68], §25; [COLL73], 3.3, 3.4; [HÄMM78], Kap.1; [HAND66], 3.4, 4; [ISAA73], 5; [KRAB75]; [MEIN67]; [NIED84], 13; [NITS68], II; [POLO64], I, II; [SCHW86], 4.3; [SELD79], 11; [SPÄ74]; [STIE76], 3.1, 7.2; [TÖRN79] Bd. 2, 11.4-11.8; [WERN79], II; [ZURM65], §§22-24 .

8.2 Nichtlineare Approximation

Ist die Approximationsfunktion Φ nicht von der Gestalt (8.2):

$$\Phi(x, c_0, c_1, \ldots, c_n) = c_0\varphi_0(x) + \ldots + c_n\varphi_n(x)$$

mit vollständig bestimmten, linear unabhängigen Funktionen φ_k, sondern hängen die φ_k ihrerseits wieder von freien Parametern ab (z.B. $\Phi(x,c) = c_0 + c_1 e^{c_2(x-c_n)^4} + c_4\ln(c_5 x)$), so führt die Minimierung

8.2 Nichtlineare Approximation

(8.37) $\quad D^2(c_0, c_1, \ldots, c_n) = \sum_{i=0}^{N} w_i(f(x_i) - \Phi(x_i, \mathbf{c}))^2 \stackrel{!}{=}$ Min.

im allgemeinen auf ein nichtlineares Gleichungssystem für die $c_k^{(0)}$:

(8.38) $\quad\quad\quad\quad \dfrac{\partial D^2}{\partial c_j} = 0 \quad \text{für} \quad j = 0(1)n.$

In einigen Spezialfällen läßt sich die nichtlineare Modellfunktion Φ durch eine geeignete Transformation in ein lineares Modell der Gestalt (8.2) überführen (s. Abschnitt 8.2.1), in den anderen Fällen kann das nichtlineare System z.B. mit dem gedämpften Newton-Verfahren bzw. mit einer Kombination aus der Householdertransformation und dem gedämpften Newton-Verfahren (s. Abschnitt 8.1.3) gelöst werden.

8.2.1 Transformationsmethode beim nichtlinearen Ausgleich

Liegt ein nichtlineares Modell $\Phi(x,c)$ z.B. der Gestalt

$$\Phi_1(x, c_0, c_1) = 1/(c_0 + c_1 \ln x)$$

oder

$$\Phi_2(x, \mathbf{c}) = e^{c_0 + c_1 x + c_2 x^2 + c_3 x^3}$$

vor, dann würde die Minimierung (8.37) auf ein nichtlineares System für die c_k führen. Transformiert man jedoch das Modell Φ_1 mit $T(\Phi_1) = 1/\Phi_1 = \tilde{\Phi}_1$, so erhält man das lineare Modell

$$\tilde{\Phi}_1(x, c_0, c_1) = c_0 + c_1 \ln x;$$

transformiert man Φ_2 mit $T(\Phi_2) = \ln \Phi_2 = \tilde{\Phi}_2$, so erhält man das lineare Modell

$$\tilde{\Phi}_2(x, \mathbf{c}) = c_0 + c_1 x + c_2 x^2 + c_3 x^3.$$

Statt der Fehlerquadratsumme

$$D^2(c_0, c_1, \ldots, c_n) = \sum_{i=0}^{N} w_i(f(x_i) - \Phi(x_i, \mathbf{c}))^2$$

mit der nichtlinearen Modellfunktion Φ minimiert man jetzt die transformierte Fehlerquadratsumme

$$\tilde{D}^2(c_0, c_1, \ldots, c_n) = \sum_{i=0}^{N} \tilde{w}_i (T(f(x_i)) - T(\Phi(x_i)))^2$$

$$=: \sum_{i=0}^{N} \tilde{w}_i (\tilde{f}(x_i) - \tilde{\Phi}(x_i, c))^2,$$

mit der linearen Modellfunktion $\tilde{\Phi}$, so daß sich die Koeffizienten $c_k^{(0)}$ der besten Approximation $\tilde{\Phi}^{(0)}$ aus einem linearen Gleichungssystem ergeben. Um dabei die Forderung

$$D^2(c_0, c_1, \ldots, c_n) \stackrel{!}{=} \tilde{D}^2(c_0, c_1, \ldots, c_n)$$

wenigstens näherungsweise zu erfüllen, muß man mit Gewichten $\tilde{w}_i$ arbeiten, die sich aus der folgenden Formel ergeben (vgl. [SPÄT74]).

(8.39)
$$\tilde{w}_i = \frac{w_i}{T'^2(\Phi)|_{\Phi=y_i}}.$$

ALGORITHMUS 8.18 (*Transformationsmethode*).

Gegeben: Wertepaare $(x_i, y_i = f(x_i))$, $i = 0(1)N$, Gewichte $w_i > 0$, $i = 0(1)N$ und eine nichtlineare Modellfunktion Φ.

Gesucht: Beste Approximation $\Phi^{(0)}$ mit
$$D^2(c_0, c_1, \ldots, c_n) = \sum_{i=0}^{N} w_i (f(x_i) - \Phi(x_i, c))^2 \stackrel{!}{=} \text{Min.}$$

1. Schritt: Wahl einer Transformation T so, daß gilt
$$T(\Phi) =: \tilde{\Phi} \text{ mit } \tilde{\Phi}(x) = \sum_{k=0}^{N} c_k \, \tilde{\varphi}_k(x) \text{ (lineares Modell).}$$

2. Schritt: Berechnung der transformierten Gewichte $\tilde{w}_i$ aus der Formel (8.39).

3. Schritt: Berechnung der Koeffizienten $c_k^{(0)}$ von $\tilde{\Phi}^{(0)}$ aus den Normalgleichungen

8.2 Nichtlineare Approximation

$$\begin{pmatrix} (\tilde{\varphi}_0,\tilde{\varphi}_0) & (\tilde{\varphi}_0,\tilde{\varphi}_1) & \cdots & (\tilde{\varphi}_0,\tilde{\varphi}_n) \\ (\tilde{\varphi}_1,\tilde{\varphi}_0) & (\tilde{\varphi}_1,\tilde{\varphi}_1) & \cdots & (\tilde{\varphi}_1,\tilde{\varphi}_n) \\ \vdots & \vdots & & \vdots \\ (\tilde{\varphi}_n,\tilde{\varphi}_0) & (\tilde{\varphi}_n,\tilde{\varphi}_1) & \cdots & (\tilde{\varphi}_n,\tilde{\varphi}_n) \end{pmatrix} \begin{pmatrix} c_0^{(0)} \\ c_1^{(0)} \\ \vdots \\ c_n^{(0)} \end{pmatrix} = \begin{pmatrix} (\tilde{f},\tilde{\varphi}_0) \\ (\tilde{f},\tilde{\varphi}_1) \\ \vdots \\ (\tilde{f},\tilde{\varphi}_n) \end{pmatrix}$$

mit $(\tilde{\varphi}_j,\tilde{\varphi}_k) := \sum_{i=0}^{N} \tilde{w}_i \, \tilde{\varphi}_j(x_i) \, \tilde{\varphi}_k(x_i)$

$(\tilde{f},\tilde{\varphi}_j) := \sum_{i=0}^{N} \tilde{w}_i \, \tilde{f}_i \, \tilde{\varphi}_j(x_i)$ mit $\tilde{f}_i = T(f(x_i))$.

4. Schritt: Einsetzen der $c_k^{(0)}$ in $\Phi^{(0)}$.

Gegebenenfalls sollte die Lösung der Normalgleichungen im 3. Schritt mit Hilfe der Householdertransformation (s. Abschnitt 8.1.3.3) erfolgen, um eine (das Ergebnis verfälschende) Anhäufung von Rundungsfehlern bei der Lösung der Normalgleichungen zu vermeiden.

Weitere Spezialfälle zur Erzeugung eines linearen Ausgleichs sind in [SPÄT74] zu finden.

8.2.2 Nichtlinearer Ausgleich im quadratischen Mittel

Läßt sich eine geeignete Transformation der in den Koeffizienten c_k nichtlinearen Approximationsfunktion

$$\Phi(x,\mathbf{c}) = \Phi(x,c_0,c_1,\ldots,c_n)$$

gemäß Abschnitt 8.2.1 nicht finden, so führt bei gegebenen Wertepaaren (x_i,y_i), $i = 0(1)N$, $N \geq n$, die Minimierung (8.37) auf ein nichtlineares Gleichungssystem (8.38) für die optimalen Koeffizienten der nichtlinearen Approximationsfunktion Φ.

Dieses nichtlineare Gleichungssystem kann z.B. mit dem gedämpften Newton-Verfahren gelöst werden, wobei die dabei entstehenden linearen Systeme entweder mit dem Gaußschen Algorithmus oder mit der Householder-Transformation (vgl. Abschnitt 4.14) behandelt werden können. Der zweite Weg ist vorzuziehen, da durch die Householder-Transformation die Kondition der Matrix des linearen Systems nicht verschlechtert wird.

Vom Anwender müssen n+1 Startwerte für die Koeffizienten c_k, k = 0(1)n, vorgegeben werden, sowie N+1 Gewichte w_i zu den Wertepaaren (x_i, y_i), i = 0(1)N, sofern nicht für alle w_i = 1 gesetzt werden soll. Die partiellen Ableitungen, die für den Aufbau der Funktionalmatrix im Newton-Verfahren benötigt werden, können gegebenenfalls auch über einen Differenzenquotienten angenähert werden.

LITERATUR zu 8.2: [KRAB75], III; [SPÄT74] .

8.3 Entscheidungshilfen

Bei der diskreten linearen und nichtlinearen Approximation im quadratischen Mittel, kommt es in erster Linie auf die Qualität der Modellfunktion an. Kann ein gutes Modell nicht mit ausreichender Sicherheit angegeben werden, so sollte man unbedingt mit Ausgleichssplines arbeiten (s. Kapitel 11). In den wenigsten Fällen werden sich algebraische Polynome als Modellfunktion eignen. Ist dies aber der Fall, so sollte der Ausgleich unter Verwendung orthogonaler Polynome (vgl. Abschnitt 8.1.3.2) durchgeführt werden.

Im Falle der nichtlinearen Approximation kann die Lösung eines nichtlinearen Gleichungssystems umgangen werden, wenn sich die Modellfunktion durch eine Transformation in ein lineares Modell überführen läßt. In allen anderen Fällen muß nichtlinear gerechnet werden, möglichst unter Verwendung der Householdertransformation (Abschnitt 8.2.2).

Ist eine reell- oder komplexwertige periodische Funktion an diskreten äquidistanten Stützstellen gegeben, so ist die diskrete schnelle Fourier-Transformation (FFT) zu empfehlen (Abschnitt 8.1.5.3). Im Anhang sind zu diesem Thema drei Programme zu finden. Das Programm FFT berechnet die diskreten Fourierkoeffizienten zu einer Reihe von allgemeinen komplexen Funktionswerten einer periodischen Funktion an im Periodenintervall gleichverteilten Stellen, wobei die Anzahl der Funktionswerte eine Zweierpotenz ist.

Im Falle rein reeller Funktionswerte läßt sich diese Transformation über einen Ansatz mit echt komplexen Werten halber Anzahl vom Rechenaufwand her in etwa halbieren; dies leistet das Programm RFFT.

Hat man allgemeine komplexe Funktionswerte einer periodischen Funktion an im Periodenintervall gleichverteilten Stellen, wobei deren Anzahl im Prinzip

8.3 Entscheidungshilfen

beliebig, also nicht an eine Zweierpotenz gebunden ist, so kann man diese Situation über den Trick mit einer diskreten Faltung in die von umfangreicheren Transformationen für Zweierpotenzen (FFT) überführen; dies nutzt das Programm FFTB.

LITERATUR zu Kapitel 8: [CONT80], 6.; [HÄMM89], 4.; [MAES88], 6.; [NIED87], 6.; [SCHW86], 7.

Kapitel 9

Polynomiale und rationale Interpolation

9.1 Aufgabenstellung zur Interpolation durch algebraische Polynome

Gegeben sind n+1 *Wertepaare* (x_i, y_i) mit $x_i, y_i \in \mathbb{R}$, i=0(1)n, in Form einer Wertetabelle:

i	0	1	2	...	n
x_i	x_0	x_1	x_2	...	x_n
y_i	y_0	y_1	y_2	...	y_n

Die *Stützstellen* x_i seien paarweise verschieden, aber nicht notwendig äquidistant oder in der natürlichen Reihenfolge angeordnet. Die Wertepaare (x_i, y_i) heißen *Interpolationsstellen*.

Gesucht ist ein algebraisches Polynom $\Phi \equiv P_m$ möglichst niedrigen Grades m, das an den Stützstellen x_i die zugehörigen *Stützwerte* y_i annimmt. Es gilt der

SATZ 9.1 (*Existenz- und Eindeutigkeitssatz*).
Zu n+1 Interpolationsstellen (x_i, y_i) mit den paarweise verschiedenen Stütz-

stellen x_i, i=0(1)n, gibt es genau ein Polynom Φ:

$$\Phi(x) \equiv P_n(x) = \sum_{k=0}^{n} c_k x^k, \qquad c_k \in \mathbb{R},$$

mit der Eigenschaft

$$\Phi(x_i) \equiv P_n(x_i) = \sum_{k=0}^{n} c_k x_i^k = y_i, \qquad i = 0(1)n.$$

Φ heißt das *Interpolationspolynom* zu dem gegebenen System von Interpolationsstellen; $\Phi(x_i) = y_i$ für i = 0(1)n heißt *Interpolationsbedingung*.

Sind von einer Funktion f $\in$ C[a,b] an den n+1 Stützstellen x_i die Stützwerte f(x_i) bekannt, und ist $\Phi \in$ C[a,b] das Interpolationspolynom zu den Interpolationsstellen (x_i, y_i=f(x_i)), d.h. es gilt $\Phi(x_i)$=f(x_i)=y_i, so trifft man die Annahme, daß Φ die Funktion f in [a,b] annähert. Die Ermittlung von Werten $\Phi(\bar{x})$ zu Argumenten $\bar{x} \in$ [a,b], $\bar{x} \neq x_i$, nennt man *Interpolation*; liegt $\bar{x}$ außerhalb [a,b], so spricht man von *Extrapolation*.

Im folgenden werden verschiedene Darstellungsformen (*Interpolationsformeln*) für das eindeutig bestimmte Interpolationspolynom zu n+1 Interpolationsstellen angegeben.

BEMERKUNG (*Hermite-Interpolation*). Ist zu jedem x_i, i = 0(1)n, $x_i \in$ [a,b], statt des einen Stützwertes y_i ein (m_i+1)-Tupel von Zahlen ($y_i, y'_i, \ldots, y_i^{(m_i)}$) gegeben, dann heißt das Interpolationspolynom H mit

$$H^{(k)}(x_i) = y_i^{(k)} \qquad \text{für} \quad k = 0(1)m_i, \quad i = 0(1)n,$$

Hermitesches Interpolationspolynom (s. [WERN79], S.7-16).

LITERATUR zu 9.1: [BERE71] Bd.1, 2.1; [BJÖR79], 7.31; [BROS76], §21; [COLL73] I, 3.1; [ENGE87], 7.1; [HENR72] Bd.2, 9.1; [McCA67], 6.0-1; [MEIN79], 3; [POLO64], III §1; [SAUE69] H §1; [SCHW86], 3.1-3.3; [STOE83], 2.1.1; [STUM82], 3.1; [WERN79], I §1; [ZURM65], §11.1.

9.2 Interpolationsformeln von Lagrange

9.2.1 Lagrangesche Formel für beliebige Stützstellen

Φ wird mit von y_k unabhängigen L_k in der Form angesetzt

(9.1) $$\Phi(x) \equiv L(x) = \sum_{k=0}^{n} L_k(x) y_k.$$

An den Stützstellen x_i muß wegen der Interpolationsbedingung $\Phi(x_i) = y_i$ gelten $L(x_i) = y_i$, i=0(1)n.

Für die L_k gelten die Beziehungen

$$L_k(x_i) = \begin{cases} 1 & \text{für} \quad k = i, \\ 0 & \text{für} \quad k \neq i \end{cases}$$

und allgemein

(9.2) $$\begin{cases} L_k(x) &= \dfrac{(x-x_0)(x-x_1)\ldots(x-x_{k-1})(x-x_{k+1})\ldots(x-x_n)}{(x_k-x_0)(x_k-x_1)\ldots(x_k-x_{k-1})(x_k-x_{k+1})\ldots(x_k-x_n)} \\ &= \displaystyle\prod_{\substack{i=0 \\ i \neq k}}^{n} \dfrac{x-x_i}{x_k-x_i}. \end{cases}$$

Die L_k sind Polynome vom Grad n, so daß $\Phi \equiv L$ ein Polynom vom Höchstgrad n ist. (9.1) ist die *Interpolationsformel von Lagrange für beliebige Stützstellen*.

ALGORITHMUS 9.2 (*Interpolationsformel von Lagrange*).

Gegeben: (x_i, y_i), i = 0(1)n, $y_i = f(x_i)$, $x_i \neq x_k$ für i $\neq$ k

Gesucht: Interpolationsformel von Lagrange

1. Schritt: Ermittlung der L_k nach Formel (9.2).

2. Schritt: Aufstellen der Interpolationsformel L gemäß Formel (9.1).

Lineare Interpolation.

Für die Interpolationsstellen (x_0, y_0), (x_1, y_1) wird die Interpolationsformel von Lagrange mit dem Höchstgrad n = 1 bestimmt. Mit (9.2) wird

$$L_0(x) = \frac{x - x_1}{x_0 - x_1}, \qquad L_1(x) = \frac{x - x_0}{x_1 - x_0},$$

so daß die Interpolationsformel lautet

$$(9.3) \quad L(x) = \sum_{k=0}^{1} L_k(x) y_k = \frac{x - x_1}{x_0 - x_1} y_0 + \frac{x - x_0}{x_1 - x_0} y_1 = \frac{\begin{vmatrix} y_0 & x_0 - x \\ y_1 & x_1 - x \end{vmatrix}}{x_1 - x_0}.$$

9.2.2 Lagrangesche Formel für äquidistante Stützstellen

Die Stützstellen x_i seien äquidistant mit der festen *Schrittweite* h = x_{i+1}-x_i, i = 0(1)n-1. Dann ist x_i = x_0 + hi, i = 0(1)n, und es wird gesetzt

$$x = x_0 + ht, \qquad t \in [0, n].$$

Damit erhält man für (9.2)

$$L_k(x) = \prod_{\substack{i=0 \\ i \neq k}}^{n} \frac{t - i}{k - i} =: \tilde{L}_k(t) = \frac{t(t-1)\ldots(t-k+1)(t-k-1)\ldots(t-n)}{k!(-1)^{n-k}(n-k)!}.$$

Die *Interpolationsformel von Lagrange für äquidistante Stützstellen* lautet somit

$$\tilde{L}(t) = \sum_{k=0}^{n} \tilde{L}_k(t) y_k = \left(\prod_{i=0}^{n} (t - i) \right) \left(\sum_{k=0}^{n} \frac{(-1)^{n-k} y_k}{k!(n-k)!(t-k)} \right).$$

LITERATUR zu 9.2: [BERE71], 2.2-4; [BJÖR79], 7.36; [CARN69], 1.7; [COLL73], S.89; [CONT80], 3.1-2; [ENGE87], 7.2; [HÄMM78], 6; [HENR72] Bd.2, 10.2; [McCA67], 6.2; [POLO64], III §1; [RICE83], Kap.5; [SAUE69], II §2.2; [STIE76], 7.11; [STOE83], 2.1.1; [STUM82], 3.1.1; [TÖRN79] Bd.2, 11.1; [WILL71], §8.6-9; [ZURM65], §11.3.

9.3 Das Interpolationsschema von Aitken für beliebige Stützstellen

Wenn zu n+1 gegebenen Interpolationsstellen (x_i, y_i) mit nicht notwendig äquidistanten Stützstellen x_i nicht das Interpolationspolynom Φ selbst, sondern nur sein Wert $\Phi(\bar{x})$ an einer Stelle $\bar{x}$ benötigt wird, so benutzt man zu dessen Berechnung zweckmäßig das *Interpolationsschema von Aitken*.

Den Wert $\Phi(\bar{x})$ des Interpolationspolynoms findet man durch fortgesetzte Anwendung der linearen Interpolation (9.3). Das zu (x_0, y_0) und (x_1, y_1) gehörige lineare Interpolationspolynom wird mit P_{01} bezeichnet. Es gilt

$$P_{01}(x) = \frac{1}{x_1 - x_0} \begin{vmatrix} y_0 & x_0 - x \\ y_1 & x_1 - x \end{vmatrix}.$$

Sind x_0, x_i zwei verschiedene Stützstellen, so gilt für das zugehörige lineare Interpolationspolynom P_{0i}:

$$(9.4) \quad P_{0i}(x) = \frac{1}{x_i - x_0} \begin{vmatrix} y_0 & x_0 - x \\ y_i & x_i - x \end{vmatrix} = P_{i0}(x), \quad i = 1(1)n, \; i \text{ fest},$$

und es sind $P_{0i}(x_0) = y_0$, $P_{0i}(x_i) = y_i$, d.h. P_{0i} löst die Interpolationsaufgabe für die beiden Wertepaare (x_0, y_0), (x_i, y_i).

Unter Verwendung zweier linearer Polynome P_{01} und P_{0i} für $i \geq 2$ werden Polynome P_{01i} vom Höchstgrad zwei erzeugt mit

$$(9.5) \quad P_{01i}(x) = \frac{1}{x_i - x_1} \begin{vmatrix} P_{01}(x) & x_1 - x \\ P_{0i}(x) & x_i - x \end{vmatrix}, \quad i = 2(1)n, \; i \text{ fest}.$$

P_{01i} ist das Interpolationspolynom, das die Interpolationsaufgabe für die drei Interpolationsstellen (x_0, y_0), (x_1, y_1), (x_i, y_i) löst. Die fortgesetzte Anwendung der linearen Interpolation führt auf Interpolationspolynome schrittweise wachsenden Grades. Das Interpolationspolynom vom Höchstgrad n zu n+1 Interpolationsstellen erhält man durch lineare Interpolation, angewandt auf zwei verschiedene Interpolationspolynome vom Höchstgrad n-1, von denen jedes für n der gegebenen n+1 Stützstellen aufgestellt ist. Allgemein berechnet man bei bekannten Funktionswerten der Polynome $P_{012...(k-1)i}$ vom Grade k-1 die Funktionswerte der Polynome $P_{012...ki}$ vom Grade k nach der Formel

$$(9.6) \; P_{012...(k-1)ki}(x) = \frac{1}{x_i - x_k} \begin{vmatrix} P_{012...(k-1)k}(x) & x_k - x \\ P_{012...(k-1)i}(x) & x_i - x \end{vmatrix}, \begin{array}{l} k=0(1)n-1, \\ i=(k+1)(1)n \end{array}.$$

Dabei lösen die Polynome $P_{012...ki}$ vom Grade k die Interpolationsaufgabe zu den Interpolationsstellen $(x_0, y_0), (x_1, y_1), \ldots, (x_k, y_k), (x_i, y_i)$.

RECHENSCHEMA 9.3 (*Interpolationsschema von Aitken*).

i	x_i	y_i	$P_{0i}(\bar{x})$	$P_{01i}(\bar{x})$	$P_{012i}(\bar{x})$	$\cdots$	$P_{0123\ldots n}(\bar{x})$	$x_i-\bar{x}$
0	x_0	y_0						$x_0-\bar{x}$
1	x_1	y_1	P_{01}					$x_1-\bar{x}$
2	x_2	y_2	P_{02}	P_{012}				$x_2-\bar{x}$
3	x_3	y_3	P_{03}	P_{013}	P_{0123}			$x_3-\bar{x}$
$\vdots$	$\vdots$	$\vdots$	$\vdots$	$\vdots$	$\vdots$			$\vdots$
k	x_k	y_k	P_{0k}	P_{01k}	P_{012k}			$x_k-\bar{x}$
$\vdots$	$\vdots$	$\vdots$	$\vdots$	$\vdots$	$\vdots$	$\ddots$		$\vdots$
n	x_n	y_n	P_{0n}	P_{01n}	P_{012n}	$\cdots$	$P_{0123\ldots n}$	$x_n-\bar{x}$

$P_{012\ldots n}$ löst die Interpolationsaufgabe zu den n+1 Interpolationsstellen (x_i,y_i), i = 0(1)n. Im obigen Schema erhält man den Wert $P_{012\ldots n}(\bar{x})$ an einer festen Stelle $\bar{x}$.

ALGORITHMUS 9.4 (*Interpolationsschema von Aitken*).

Gegeben: (x_i,y_i), i = 0(1)n, y_i = f(x_i), $x_i \neq x_k$ für i $\neq$ k

Gesucht: Wert des zugehörigen Interpolationspolynoms $\Phi(\bar{x}) = P_{012\ldots n}(\bar{x})$ an einer nichttabellierten Stelle $\bar{x} \neq x_i$, der als Näherungswert für f($\bar{x}$) benutzt wird.

1. Schritt: In dem Rechenschema 9.3 sind zunächst für i=0(1)n die Spalte der x_i, die der y_i und die der x_i-$\bar{x}$ auszufüllen.

2. Schritt: Berechnung der $P_{0i}(\bar{x})$ nach Formel (9.4) für i=1(1)n und x = $\bar{x}$.

3. Schritt: Berechnung der $P_{01i}(\bar{x})$ nach Formel (9.5) für i=2(1)n und x = $\bar{x}$.

4. Schritt: Berechnung aller weiteren $P_{012\ldots ki}(\bar{x})$ nach Formel (9.6) für k=3(1)n-1 und i=(k+1)(1)n bis zum Wert $P_{0123\ldots n}(\bar{x}) = \Phi(\bar{x})$.

Nützlich für die praktische Anwendung des Aitken-Schemas ist, daß nicht im voraus entschieden werden muß, mit wievielen Interpolationsstellen (x_i,y_i) gearbeitet wird. Es ist möglich, stufenweise neue Interpolationsstellen hinzuzunehmen, das Schema also *zeilenweise* auszufüllen. Die Stützstellen müssen nicht monoton angeordnet sein.

LITERATUR zu 9.3: [BERE71] Bd.1, 2.2.3; [CONT80], 3.3; [ENGE87], 7.3; [HÄMM78], 8a; [HENR72] Bd.2, 10.4.5; [ISAA73], 6.2; [McCA67], 6.4; [NOBL73] II, 8.4; [POLO64] III §1.2; [SAUE69], H §2.4; [WERN79], S.47.

9.4 Inverse Interpolation nach Aitken

Ist für eine in Form einer Wertetabelle $(x_i, y_i=f(x_i))$ vorliegende Funktion $f \in C[a,b]$ zu einem nichttabellierten Wert $\bar{y} = f(\bar{x})$ das Argument $\bar{x}$ zu bestimmen oder sind die Nullstellen einer tabellierten Funktion zu bestimmen, d.h. die zu $\bar{y} = 0$ gehörigen Argumente $\bar{x}$, so kann das Aitken-Schema verwendet werden, indem man dort die Rollen von x und y vertauscht. Voraussetzung dafür ist, daß die Umkehrfunktion $x = f^{-1}(y)$ als eindeutige Funktion existiert, d.h. f in [a,b] streng monoton ist.

Man bestimmt dann den Wert $\bar{x} = \Phi^*(\bar{y})$ des Interpolationspolynoms Φ^* zu den Interpolationsstellen $(y_i, x_i=f^{-1}(y_i))$.

RECHENSCHEMA 9.5 (*Inverse Interpolation nach Aitken*).

i	y_i	x_i	x_{0i}	x_{01i}	$\cdots$	$x_{012\ldots n}$	$y_i-\bar{y}$
0	y_0	x_0					$y_0-\bar{y}$
1	y_1	x_1	x_{01}				$y_1-\bar{y}$
2	y_2	x_2	x_{02}	x_{012}			$y_2-\bar{y}$
$\vdots$	$\vdots$	$\vdots$	$\vdots$	$\vdots$	$\ddots$		$\vdots$
n	y_n	x_n	x_{0n}	x_{01n}	$\cdots$	$x_{012\ldots n}$	$y_n-\bar{y}$

Man geht nach Algorithmus 9.4 vor, indem dort x und y vertauscht, sowie P_{0i} durch x_{0i}, P_{01i} durch x_{01i} usw. ersetzt werden.

LITERATUR zu 9.4: [BERE71] Bd.1, 2.15; [BJÖR79], 7.38; [CONT80], 3.4; [ENGE87], 7.4; [HENR72] Bd.2, 10.6-7; [ISAA73], 6.2; [SCHW86], 3.5.

9.5 Interpolationsformeln von Newton

9.5.1 Newtonsche Formel für beliebige Stützstellen

Sind n+1 Interpolationsstellen (x_i, y_i), i = 0(1)n, gegeben, so lautet der Ansatz für das Newtonsche Interpolationspolynom N:

$$(9.7)\ \Phi(x) \equiv N(x) = b_0 + b_1(x - x_0) + b_2(x - x_0)(x - x_1) + \ldots + b_n(x - x_0)(x - x_1)(x - x_2)\ldots(x - x_{n-1}).$$

Aus den Forderungen $\Phi(x_i) \equiv N(x_i) = y_i$ für i = 0(1)n ergibt sich ein System von n+1 linearen Gleichungen für die n+1 Koeffizienten b_k. Mit Hilfe der dividierten Differenzen erster und höherer Ordnung

$$[x_i x_k] := \frac{y_i - y_k}{x_i - x_k},$$

$$[x_i x_k x_h] := \frac{[x_i x_k] - [x_k x_h]}{x_i - x_h},$$

$$[x_i x_k x_h x_m] := \frac{[x_i x_k x_h] - [x_k x_h x_m]}{x_i - x_m}, \ldots,$$

die bei jeder Permutation der paarweise verschiedenen Stützstellen ungeändert bleiben ([WILL71], S.65 f.; [ZURM65], §11.4), ergeben sich für die gesuchten Koeffizienten die Beziehungen

$$(9.8) \begin{cases} b_0 = y_0, \\ b_1 = [x_1 x_0] = \dfrac{y_1 - y_0}{x_1 - x_0}, \\ b_2 = [x_2 x_1 x_0] = \dfrac{[x_2 x_1] - [x_1 x_0]}{x_2 - x_0}, \\ b_3 = [x_3 x_2 x_1 x_0] = \dfrac{[x_3 x_2 x_1] - [x_2 x_1 x_0]}{x_3 - x_0}, \\ \vdots \\ b_n = [x_n x_{n-1} \ldots x_2 x_1 x_0] = \dfrac{[x_n x_{n-1} \ldots x_2 x_1] - [x_{n-1} x_{n-2} \ldots x_1 x_0]}{x_n - x_0}. \end{cases}$$

Die b_k lassen sich besonders bequem nach dem folgenden Rechenschema bestimmen, dabei ist die Reihenfolge der Stützstellen x_i beliebig.

9.5 Interpolationsformeln von Newton

RECHENSCHEMA 9.6 (*Interpolation nach Newton*).

i	x_i	y_i				
0	x_0	$y_0 = \underline{b_0}$				
			$[x_1 x_0] = \underline{b_1}$			
1	x_1	y_1		$[x_2 x_1 x_0] = \underline{b_2}$		
			$[x_2 x_1]$		$[x_3 x_2 x_1 x_0] = \underline{b_3}$	$\cdots$
2	x_2	y_2		$[x_3 x_2 x_1]$		
			$[x_3 x_2]$		$\vdots$	
3	x_3	y_3		$\vdots$		
			$\vdots$			
$\vdots$	$\vdots$	$\vdots$				

ALGORITHMUS 9.7 (*Interpolationsformel von Newton*).

Gegeben: (x_i, y_i), $i = 0(1)n$, $y_i = f(x_i)$, $x_i \neq x_k$ für $i \neq k$

Gesucht: Zugehöriges Interpolationspolynom in der Form von Newton

1. Schritt: Berechnung der b_k mit dem Rechenschema 9.6 unter Verwendung von (9.8).
2. Schritt: Aufstellen der Interpolationsformel N(x) gemäß (9.7).

Zur Newtonschen Interpolationsformel s. [BERE71], Bd.1, S.81ff.; [POLO64], S.119; [STUM82], S.52/53; [WERN79], S.35/36; [WILL71] §8; [ZURM65], §11.4.

9.5.2 Newtonsche Formel für äquidistante Stützstellen

Die Stützstellen x_i seien äquidistant mit der festen Schrittweite $h = x_{i+1}-x_i$, $i = 0(1)n-1$. Dann ist $x_i = x_0+hi$, $i = 0(1)n$, und es wird gesetzt

$$x = x_0 + ht, \qquad t \in [0, n].$$

Für die Koeffizienten b_i in Rechenschema 9.6 führt man mit sogenannten *Differenzen* Δ_i^k eine abkürzende Schreibweise ein. Dabei beziehen sich die Differenzen Δ_i^k hier grundsätzlich auf y-Werte, so daß statt $\Delta_i^k\, y$ kurz Δ_i^k geschrieben wird. Die Differenzen sind wie folgt definiert:

(9.9)
$$\left\{\begin{array}{ll} \Delta_i^0 = y_i, & \\ \Delta_{i+1/2}^{k+1} = \Delta_{i+1}^k - \Delta_i^k, & k = 0, 2, 4, \ldots, \\ \Delta_i^{k+1} = \Delta_{i+1/2}^k - \Delta_{i-1/2}^k, & k = 1, 3, 5, \ldots. \end{array}\right.$$

Dann ist z.B.

$$\Delta_{i+1/2}^1 = y_{i+1} - y_i, \Delta_i^2 = \Delta_{i+1/2}^1 - \Delta_{i-1/2}^1 = y_{i+1} - 2y_i + y_{i-1},$$
$$\Delta_{i+1/2}^3 = \Delta_{i+1}^2 - \Delta_i^2 = y_{i+2} - 3y_{i+1} + 3y_i - y_{i-1}.$$

Die Differenzen Δ_i^k werden nach dem folgendem Rechenschema bestimmt:

RECHENSCHEMA 9.8 (*Differenzenschema*).

i	y_i	$\Delta_{i+1/2}^1$	Δ_i^2	$\Delta_{i+1/2}^3$	$\cdots$
0	y_0				
		$y_1 - y_0 = \Delta_{1/2}^1$			
1	y_1		$\Delta_{3/2}^1 - \Delta_{1/2}^1 = \Delta_1^2$		
		$y_2 - y_1 = \Delta_{3/2}^1$		$\Delta_{3/2}^3$	
2	y_2		$\Delta_{5/2}^1 - \Delta_{3/2}^1 = \Delta_2^2$	$\vdots$	
		$y_3 - y_2 = \Delta_{5/2}^1$	$\vdots$		
3	y_3	$\vdots$			
$\vdots$	$\vdots$				

Das Schema kann beliebig fortgesetzt werden. Für die b_i gilt dann mit $h = x_{i+1} - x_i$

$$b_i = [x_i x_{i-1} \ldots x_1 x_0] = \frac{1}{i!h^i}\Delta_{i/2}^i, \quad i = 1(1)n,$$

und für (9.7) unter Verwendung der Binomialkoeffizienten $\begin{pmatrix} t \\ k \end{pmatrix}$

$$N(x) = \tilde{N}(t) = y_0 + \binom{t}{1}\Delta^1_{1/2} + \binom{t}{1}\Delta^2_1 + \ldots + \binom{t}{n}\Delta^n_{n/2};$$

N(x) bzw. Ñ(t) ist die *Newtonsche Interpolationsformel für absteigende Differenzen*, sie wird mit N$_+$(x) bzw. Ñ$_+$(t) bezeichnet.

LITERATUR zu 9.5: [BERE71] Bd.1, 2.5-6; [BJÖR79], 7.33-34; [BOOR79] I; [CARN69], 1.6; [COLL73], 3.1; [CONT80], 3.6; [ENGE87], 7.5; [HÄMM78], 6.7; [ISAA73], 6.1; [McCA67], 6.3; [POLO64], III §1.5-6; [RICE83], Kap.5; [SAUE69], H §2.6; [SCHW86], 3.4; [STOE83], 2.1.3; [STUM82] 3.1.2; [TÖRN79] Bd.2, 11.2; [WERN79], I §3; [WILL71], §9; [ZURM65], §11.4-5.

9.6 Restglied der Interpolation und Aussagen zur Abschätzung und Schätzung des Interpolationsfehlers

Das Interpolationspolynom $\Phi \in C(I_x)$, gebildet zu n+1 Interpolationsstellen $(x_i, y_i=f(x_i))$, $x_i \in I_x$, $i = 0(1)n$ nimmt an den Stützstellen x_i die Stützwerte $f(x_i)$ an, während es im allgemeinen an allen anderen Stellen $x \in I_x$ von $f \in C(I_x)$ abweicht. Dann ist R mit

$$R(x) = f(x) - \Phi(x), \quad x \in I_x,$$

der wahre *Interpolationsfehler*, und R heißt *Restglied der Interpolation*. Während das Restglied R also an den Stützstellen verschwindet, kann man über seinen Verlauf in I_x für $x \neq x_i$ im allgemeinen nichts aussagen, denn man kann f an den Stellen $x \neq x_i$ beliebig ändern, ohne damit Φ zu verändern. Ist jedoch f in I_x (n+1)-mal stetig differenzierbar, so gilt für den Fall beliebiger Stützstellen die *Lagrangesche Restgliedformel*

$$(9.10) \begin{cases} R(x) &= \dfrac{1}{(n+1)!} f^{(n+1)}(\xi)\pi(x) \quad \text{mit} \quad \pi(x) = \prod_{i=0}^{n}(x - x_i), \\ \xi &= \xi(x) \in I_x, \end{cases}$$

bzw. im Falle äquidistanter Stützstellen $x_i = x_0 + hi$, $x = x_0 + ht$, $t \in I_t = [0,n]$

$$(9.11) \begin{cases} R(x) = R(x_0 + ht) = h^{n+1}\dfrac{1}{(n+1)!}f^{(n+1)}(\tilde{\xi})\pi^*(t) =: \tilde{R}(t) \quad \text{mit} \\ \pi^*(t) = \displaystyle\prod_{i=0}^{n}(t-i), \quad \tilde{\xi} = \tilde{\xi}(t) \in I_t. \end{cases}$$

Die Untersuchung des Verlaufs von $\pi(x)$ aus (9.10) zur Abschätzung des Interpolationsfehlers ist bei beliebiger Wahl der Stützstellen in I_x recht schwierig. Im Falle äquidistanter Stützstellen erhält man für $\pi^*(t)$ aus (9.11) folgendes Ergebnis:

Die Beträge der Extremwerte von $\pi^*(t)$ nehmen bis zur Mitte des Intervalls [0,n] ab und danach wieder zu, sie wachsen außerhalb dieses Intervalls stark an. Man entnimmt daraus: $\tilde{R}(t)$ wird besonders groß für Werte, die außerhalb des Interpolationsintervalls liegen (Extrapolation); das Interpolationsintervall erstreckt sich von der ersten bis zur letzten der zur Interpolation verwendeten Stützstellen. Diese Aussage ist von Bedeutung für die Auswahl der für eine bestimmte Aufgabe geeigneten Interpolationsstellen für das Interpolationspolynom. Man wählt die für ein Interpolationspolynom zu verwendenden Wertepaare (x_i, y_i) so aus, das die Interpolationsstelle $\bar{x}$ etwa in der Mitte des Interpolationsintervalls liege.

Eine mögliche *Schätzung des Restgliedes* $R(x) = R(x_0 + th) = \tilde{R}(t)$ für den Fall, daß auch außerhalb des Interpolationsintervalls Interpolationsstellen bekannt sind und somit die (n+1)-ten Differenzen Δ^{n+1} gebildet werden können, ist

$$\tilde{R}(t) \approx \frac{1}{(n+1)!}\Delta^{n+1}\pi^*(t),$$

falls sich die Differenzen Δ^{n+1} nur wenig voneinander unterscheiden; es ist dann gleichgültig, welche der (n+1)-ten Differenzen verwendet wird, vgl. [POLO64], S.136/137; [ZURM65], S.218.

Als Schätzwert mit dem *Newton-Restglied für beliebige Stützstellen* erhält man für den Interpolationsfehler $R(\bar{x})$ an einer Stelle $\bar{x} \in [a,b]$

$$(9.12) \qquad R(\bar{x}) \approx [x_{n+1}, x_n, x_{n-1}, \ldots, x_1, x_0]\prod_{i=0}^{n}(\bar{x} - x_i),$$

wenn außer den für Φ verwendeten Interpolationsstellen (x_i, y_i), i=0(1)n, noch eine weitere Stelle (x_{n+1}, y_{n+1}) bekannt ist.

LITERATUR zu 9.6: [BERE71] Bd.1, 2.3-2.4; [CONT80], 3.2; [ENGE87], 7.7; [ISAA73], 6.3.1-2; [NOBL73] II, 8.2; [POLO64], III, §1.10; [ZURM65], §11.4-5.

9.7 Rationale Interpolation

Algebraische Polynome sind wegen ihrer im allgemeinen starken Schwankungen nicht gut zur Darstellung glatter Kurven geeignet. Abhilfe kann hier mit Splines geschaffen werden. Will man jedoch zur Interpolation einer glatten Kurve eine einzige Funktion benutzen (und nicht wie bei den Splines eine stückweise aus Polynomen zusammengesetzte Funktion), so bietet sich die Interpolation durch rationale Funktionen an, da sich rationale Funktionen im allgemeinen besser anpassen als Polynome.

Gegeben seien n+1 Interpolationsstellen (x_i, y_i), $i = 0(1)n$, $y_i = f(x_i)$, $x_i \neq x_k$ für $i \neq k$.
Gesucht wird dann eine interpolierende rationale Funktion R mit

$$(9.13) \qquad R(x) = \frac{P_k(x)}{Q_j(x)},$$

wo P_k und Q_j algebraische Polynome vom Höchstgrad k bzw. j sind und $Q_j(x) \neq 0$ gilt. R erfüllt die n+1 Interpolationsbedingungen

$$(9.14) \qquad R(x_i) = \frac{P_k(x_i)}{Q_j(x_i)} = y_i, \qquad i = 0(1)n.$$

Die Polynome Q_j und P_k haben zusammen k+j+2 Koeffizienten; da man noch normieren kann, hängt R von insgesamt k+j+1 Parametern ab, so daß man, um aus (9.14) die k+j+1 Parameter berechnen zu können, fordern muß:

$$n := k + j.$$

Falls R die Bedingungen (9.14) erfüllt, müssen gleichzeitig die Beziehungen

$$(9.15) \qquad P_k(x_i) - Q_j(x_i) y_i = 0, \qquad i = 0(1)n,$$

gelten. Sind die Gleichungen (9.15) erfüllt, so gilt (9.14) aber nur dann, wenn $Q_j(x_i) \neq 0$, andernfalls, also wenn $Q_j(x_i) = 0$ ist, folgt aus (9.15) auch $P_k(x_i) = 0$.

In [WERN79] wird neben anderen Verfahren eine sehr einfach darstellbare Methode zur Berechnung einer speziellen rationalen Funktion R in Kettenbruchdarstellung angegeben.

Dazu werden *inverse Differenzenquotienten* zu den Wertepaaren (x_i, y_i), $i = 0(1)n$, definiert:

(9.16)
$$\begin{cases} \nabla^1(x_0, x_i)y = \dfrac{x_i - x_0}{y_i - y_0} \quad \text{für} \quad i = 1(1)n, \\ \nabla^m(x_0, x_1, \ldots, x_{m-1}, x_i)y = \\ \dfrac{x_i - x_{m-1}}{\nabla^{m-1}(x_0, x_1, \ldots, x_{m-2}, x_i)y - \nabla^{m-1}(x_0, x_1, \ldots, x_{m-1})y} \\ \text{für} \quad i = m(1)n, \quad m \geq 2. \end{cases}$$

Diese Differenzen lassen sich leicht nach dem folgenden inversen Differenzenschema berechnen.

RECHENSCHEMA 9.9 (*Inverses Differenzenschema*)

i	x_i	y_i	∇_y^1	∇_y^2	$\ldots$	∇_y^n
0	x_0	y_0				
			$\nabla^1(x_0, x_1)y = \alpha_1$			
1	x_1	y_1		$\nabla^2(x_0, x_1, x_2)y = \alpha_2$	$\ddots$	
			$\nabla^1(x_0, x_2)y$			
2	x_2	y_2		$\nabla^2(x_0, x_1, x_3)y$		
			$\nabla^1(x_0, x_3)y$			
3	x_3	y_3		$\vdots$		$\nabla^n(x_0, x_1, \ldots, x_n)y = \alpha_n$
$\vdots$	$\vdots$	$\vdots$	$\nabla^1(x_0, x_{n-1})y$			
$n-1$	x_{n-1}	y_{n-1}		$\nabla^2(x_0, x_1, x_n)y$	$\iddots$	
			$\nabla^1(x_0, x_n)y$			
n	x_n	y_n				

Mit (9.16) erhält man für die zu interpolierende Funktion $y = f(x)$

(9.17)
$$y = f(x) = y_0 + \frac{x - x_0}{\nabla^1(x_0, x)y}.$$

9.7 Rationale Interpolation

Weiter ergeben sich aus (9.16) für $x_i := x$ die Beziehungen

$$(9.18) \begin{cases} \nabla^1(x_0, x)y = \nabla^1(x_0, x_1)y + \dfrac{x - x_1}{\nabla^2(x_0, x_1, x)y}, \\ \nabla^2(x_0, x_1, x)y = \nabla^2(x_0, x_1, x_2)y + \dfrac{x - x_2}{\nabla^3(x_0, x_1, x_2, x)y}, \\ \vdots \\ \nabla^n(x_0, x_1, \ldots, x_{n-1}, x)y = \nabla^n(x_0, x_1, \ldots, x_n)y + \dfrac{x - x_n}{\nabla^{n+1}(x_0, x_1, \ldots, x_n, x)y}. \end{cases}$$

Setzt man sukzessive die Formeln (9.18) in (9.17) ein, so erhält man für f die Darstellung

$$(9.19) \begin{cases} f(x) = y_0 + \cfrac{x - x_0}{\nabla^1(x_0, x_1)y + \cfrac{x - x_1}{\nabla^2(x_0, x_1, x_2)y + \cfrac{\ddots}{+ \cfrac{x - x_n}{\underbrace{\nabla^{n+1}(x_0, x_1, \ldots, x_n, x)y}_{(*)}}}}} \end{cases}$$

Läßt man den Term (*) in (9.19) weg, so bleibt eine rationale Funktion R, für die die Interpolationsbedingungen $R(x_i) = y_i$ für $i = 0(1)n$ erfüllt sind; dies läßt sich durch Induktion zeigen. Wir haben somit eine mögliche Darstellung für die rationale Interpolationsfunktion R in Form eines Kettenbruches gefunden:

$$(9.20) \begin{cases} R(x) = y_0 + \cfrac{x - x_0}{\nabla^1(x_0, x_1)y + \cfrac{x - x_1}{\nabla^2(x_0, x_1, x_2)y + \cfrac{\ddots}{+ \cfrac{x - x_{n-1}}{\nabla^n(x_0, x_1, \ldots, x_n)y}}}} \\ = y_0 + \cfrac{x - x_0}{\alpha_1 + \cfrac{x - x_1}{\alpha_2 + \cfrac{x - x_2}{\ddots \alpha_{n-1} + \cfrac{x - x_{n-1}}{\alpha_n}}}} \\ \text{mit} \quad \alpha_m := \nabla^m(x_0, x_1, \ldots, x_m)y \quad \text{für} \quad m = 1(1)n. \end{cases}$$

Die Größen y_0, α_m, x_i, $m = 1(1)n$, $i = 0(1)n$ ergeben sich aus dem inversen Differenzenschema 9.9.

Zur Umrechnung der Formeln (9.20) in einen Bruch (9.13) berechnet man den Vektor **R** nach

(9.21) $\begin{cases} \mathbf{R}(x) = \begin{pmatrix} P_k(x) \\ Q_j(x) \end{pmatrix} = \begin{pmatrix} y_0 & x-x_0 \\ 1 & 0 \end{pmatrix} \begin{pmatrix} \alpha_1 & x-x_1 \\ 1 & 0 \end{pmatrix} \begin{pmatrix} \alpha_2 & x-x_2 \\ 1 & 0 \end{pmatrix} \cdots \\ \cdots \begin{pmatrix} \alpha_{n-1} & x-x_{n-1} \\ 1 & 0 \end{pmatrix} \begin{pmatrix} \alpha_n \\ 1 \end{pmatrix}. \end{cases}$

BEISPIEL: Seien die Interpolationsstellen (x_i, y_i), $i = 0(1)4$, gegeben, so ergibt sich mit n = 4 gemäß (9.20) eine rationale Funktion R der Gestalt

$$R(x) = y_0 + \cfrac{x-x_0}{\alpha_1 + \cfrac{x-x_1}{\alpha_2 + \cfrac{x-x_2}{\alpha_3 + \cfrac{x-x_3}{\alpha_4}}}}$$

wobei sich die $\alpha_m = \nabla^m(x_0, x_1, \ldots, x_m)y$ für m = 1(1)4 aus dem inversen Differenzenschema ergeben. Mit (9.21) erhält man dann

$$\mathbf{R}(x) = \begin{pmatrix} P_k(x) \\ Q_j(x) \end{pmatrix} \begin{pmatrix} y_0 & x-x_0 \\ 1 & 0 \end{pmatrix} \begin{pmatrix} \alpha_1 & x-x_1 \\ 1 & 0 \end{pmatrix} \begin{pmatrix} \alpha_2 & x-x_2 \\ 1 & 0 \end{pmatrix}$$
$$\begin{pmatrix} \alpha_3 & x-x_3 \\ 1 & 0 \end{pmatrix} \begin{pmatrix} \alpha_4 \\ 1 \end{pmatrix}.$$

ALGORITHMUS 9.10 (*Rationale Interpolation*).

Gegeben: (x_i, y_i), $i = 0(1)n$, $y_i = f(x_i)$, $x_i \neq x_k$ für $i \neq k$

Gesucht: Spezielle rationale Interpolationsfunktion R (9.13) in Kettenbruchdarstellung (9.20)

1. Berechnung der inversen Differenzen $\alpha_m = \nabla^m(x_0, x_1, \ldots, x_m)y$ für m = 1(1)n gemäß Schema 9.9 unter Verwendung der Formeln (9.16).
2. Berechnung der Polynome P_k, Q_j gemäß (9.21); k und j ergeben sich aus der Matrizenmultiplikation in (9.21); es gilt $k = \left[\frac{n+1}{2}\right]$, $j = \left[\frac{n}{2}\right]$. ([A] heißt : größte ganze Zahl $\leq$ A)

In [WERN79], S.75, wird ein weiterer Algorithmus angegeben, der es erlaubt, eine rationale Interpolationsfunktion (9.13) zu konstruieren, für die der Grad k des Zählerpolynoms P_k mit $k \geq j$ vorgegeben werden kann; der Grad j des Nennerpolynoms Q_j ergibt sich dann aus $k + j = n$. Zu diesem Algorithmus ist im Anhang ein Programm von H. Werner zu finden.

LITERATUR zu 9.7: [MEIN79], 4.1; [SAUE65], H §5; [STOE83], 2.2; [WERN79], I §5.

9.8 Interpolation bei Funktionen mehrerer Veränderlichen

Hier wird nur der Fall zweier unabhängiger Veränderlichen x und y betrachtet mit Funktionen f: z = f(x,y), (x,y) ∈ B, (x,y,z) ∈ $\mathbb{R}^3$. Gegeben seien N+1 Interpolationsstellen, die o.B.d.A. mit $(x_j, y_j, z_j = f(x_j, y_j))$ bezeichnet werden, mit den paarweise verschiedenen Stützstellen (x_j, y_j), j=0(1)N. Gesucht ist eine interpolierende Funktion ϕ mit z = ϕ(x,y),(x,y) ∈ B, (x,y,z) ∈ $\mathbb{R}^3$, so, daß für alle j = 0(1)N gilt

$$\phi(x_j, y_j) = f(x_j, y_j) \quad \text{für} \quad j = 0(1)N.$$

9.8.1 Interpolationsformel von Lagrange bei Funktionen von zwei Veränderlichen

Zu den N+1 Interpolationsstellen $(x_j, y_j, z_j = f(x_j, y_j))$ ist ein algebraisches Polynom möglichst niedrigen Grades r = max {p+q}

$$P_r(x, y) = \sum_{p,q} a_{pq} x^p y^q \quad \text{mit} \quad P_r(x_j, y_j) \stackrel{!}{=} f(x_j, y_j), \quad j = 0(1)N$$

gesucht. Hier sind Existenz und Eindeutigkeit der Lösung im allgemeinen nicht gesichert ([BERE71] Bd.1, S.130; [ISAA73], Abschnitt 6.6; [SAUE69] Bd.III, S.292).

Sind speziell die Stützstellen Gitterpunkte eines rechtwinkligen Netzes und bezeichnet man die Stützstellen mit (x_i, y_k), i=0(1)m, k=0(1)n, die Funktionswerte $f(x_i, y_k)$ mit f_{ik}, so ist die Anordnung der Interpolationsstellen wie folgt gegeben:

	y_0	y_1	$\cdots$	y_n
x_0	f_{00}	f_{01}	$\cdots$	f_{0n}
x_1	f_{10}	f_{11}	$\cdots$	f_{1n}
$\vdots$	$\vdots$	$\vdots$		$\vdots$
x_m	f_{m0}	f_{m1}	$\cdots$	f_{mn}

Diese spezielle Interpolationsaufgabe ist eindeutig lösbar durch

$$\Phi(x,y) = \sum_{i=0}^{m}\sum_{k=0}^{n} a_{ik} x^i y^k$$

([SAUE69] Bd.III, S.292). Die Interpolationsformel von Lagrange für die obige Stützstellenverteilung erhält mit

(9.22) $\begin{cases} L_i^{(1)}(x) = \dfrac{(x-x_0)\ldots(x-x_{i-1})(x-x_{i+1})\ldots(x-x_m)}{(x_i-x_0)\ldots(x_i-x_{i-1})(x_i-x_{i+1})\ldots(x_i-x_m)}, \\ L_k^{(2)}(y) = \dfrac{(y-y_0)\ldots(y-y_{k-1})(y-y_{k+1})\ldots(y-y_n)}{(y_k-y_0)\ldots(y_k-y_{k-1})(y_k-y_{k+1})\ldots(y_k-y_n)} \end{cases}$

die Form

$$\Phi(x,y) \equiv L(x,y) = \sum_{i=0}^{m}\sum_{k=0}^{n} L_i^{(1)}(x) L_k^{(2)}(y) f_{ik}.$$

In (9.22) müssen die Stützstellen zwar nicht äquidistant sein, jedoch ist

$$x_{i+1} - x_i = h_i^{(1)} = \text{const. für alle } y_k \text{ und festes } i,$$
$$y_{k+1} - y_k = h_k^{(2)} = \text{const. für alle } x_i \text{ und festes } k.$$

Zur Approximation von Funktionen mehrerer Veränderlichen vgl. noch [COLL68], §25; [SAUE69] Band III, S. 348-350; die Verfahren sind weniger weit entwickelt als bei Funktionen einer Veränderlichen. Es empfiehlt sich die Verwendung mehrdimensionaler Splines (vgl. Kapitel 12).

LITERATUR zu 9.8.1: [BERE71] Bd.1, 2.12; [ENGE87], 7.11; [ISAA73], 6.6; [SAUE69], H §6; [WILL71], §13.

9.8.2 Shepard-Interpolation

Bilden die Stützstellen (x_j,y_j), $j = 0(1)N$, $(x_j,y_j) \in B$, kein Rechteckgitter, sondern sind völlig beliebig und ungeordnet verteilt, so empfiehlt sich der Einsatz der Methode von Shepard [SHEP68]. Diese Methode wird gern bei der graphischen Darstellung von Oberflächen verwendet. Sie ist unabhängig von der Anordnung der Stützstellen (x_j,y_j) eindeutig bestimmt.
Die Funktion f: $z = f(x,y)$, $(x,y) \in B$ (B ist ein beliebiger Bereich der x,y-Ebene, in dem die vorgegebenen Stützstellen (x_j,y_j) liegen) wird durch die folgende Funktion ϕ mit

$$(9.23) \qquad \phi(x,y) = \sum_{j=0}^{N} w_j(x,y) f_j$$

interpoliert; es gilt $\phi(x_j,y_j) = f(x_j,y_j)$ für $j = 0(1)N$. Dabei sind f_j die vorgegebenen Funktionswerte $f(x_j,y_j)$ an den Stützstellen (x_j,y_j), $j = 0(1)N$, und $w_j = w_j(x,y)$ Gewichtsfunktionen, die mit

$$(9.24) \qquad r_j(x,y) = \sqrt{(x-x_j)^2 + (y-y_j)^2}, \quad j = 0(1)N,$$

wie folgt definiert sind

$$(9.25) \qquad w_j(x,y) = \frac{\dfrac{1}{r_j^{\mu}}}{\displaystyle\sum_{i=0}^{N} \dfrac{1}{r_i^{\mu}}}, \quad 0 < \mu < \infty.$$

Für die Shepard-Funktion ϕ ergibt sich mit (9.25) die Darstellung

$$(9.26) \qquad \phi(x,y) = \frac{\displaystyle\sum_{j=0}^{N} \dfrac{1}{r_j^{\mu}} f_j}{\displaystyle\sum_{i=0}^{N} \dfrac{1}{r_i^{\mu}}}$$

Der Exponent μ in (9.25) ist frei wählbar. Für $0 < \mu \leq 1$ weist die Funktion ϕ an den Stützstellen Spitzen auf, für $\mu > 1$ sind es Flachpunkte. Für die Gewichte w_j gilt

$$w_j(x,y) = \begin{cases} \geq 0 & \text{für alle } (x,y) \in B \\ = 1 & \text{für } (x,y) = (x_j,y_j) \\ = 0 & \text{für } (x,y) = (x_k,y_k), k \neq j \end{cases}$$

und $\sum_{j=0}^{N} w_j(x,y) = 1$. Die Interpolationsbedingung $\phi(x_j,y_j) = f_j$ ist für alle j erfüllt.

Der Ansatz (9.23) für ϕ bedeutet, daß zur Berechnung jedes neuen Funktionswertes $\phi(x,y)$ alle N+1 Interpolationsstellen (x_j,y_j,f_j), j = 0(1)N, verwendet werden (*globale* Methode); dies erfordert einen sehr hohen Rechenaufwand. Durch eine lokale Variante läßt sich dieser Aufwand stark vermindern. In [SHEP68] wird für die Berechnung der $w_j(x,y)$ eine Modifikation angegeben, bei der zur Berechnung eines neuen Funktionswertes $\phi(x,y)$ nur Interpolationsstellen zu Stützstellen (x_j,y_j) innerhalb eines Kreises mit dem Radius R um den neuen Punkt (x,y) verwendet werden. Der Radius dieses Kreises ist so zu wählen, daß genügend viele der Stützstellen (x_j,y_j) innerhalb dieses Kreises liegen. Für diesen *lokalen* Shepard ist die Formel (9.25) wie folgt zu ersetzen:

$$(9.27) \quad \begin{cases} w_j(x,y) = \dfrac{\dfrac{1}{\psi_j^\mu}}{\sum_{i=0}^{N} \dfrac{1}{\psi_i^\mu}} \quad, 0 < \mu < \infty \\ \text{mit} \\ \psi_j(x,y) = \begin{cases} \dfrac{R}{r_j} - 1 & \text{für } 0 < r_j < R \\ 0 & \text{für } r_j \geq R \end{cases} \end{cases}$$

Die r_j in (9.27) werden gemäß (9.24) berechnet.

BEMERKUNG zu Formel (9.27): Die ψ_j werden hier in Abwandlung der Shepard-Gewichtsfunktion verwendet, die mit

$$\psi_j(x,y) = \begin{cases} \dfrac{1}{r_j(x,y)} & \text{für } 0 < r_j(x,y) < \dfrac{R}{3} \\ \dfrac{27}{4R} \cdot \left(\dfrac{r_j(x,y)}{R} - 1\right)^2 & \text{für } \dfrac{R}{3} < r_j(x,y) \leq R \\ 0 & \text{für } R < r_j(x,y) \end{cases}$$

arbeitet. Tests in [KÜHN90] mit beiden Gewichtsfunktionen haben gezeigt, daß es nur geringe Unterschiede im Ergebnis gibt, man sich aber aus Gründen der Ersparnis von Rechenzeit für (9.27) entscheiden sollte.

In der praktischen Anwendung ergeben sich allerdings Schwierigkeiten bezüglich der Wahl von R bei unterschiedlicher Skalierung auf den beiden Achsen. In [KÜHN90] wird deshalb folgende Variante zur Berechnung der r_j vorgeschlagen:

9.8 Interpolation bei Funktionen mehrerer Veränderlichen

(9.28) $\begin{cases} r_j(x,y) &= \sqrt{\left(\frac{x-x_j}{x_e}\right)^2 + \left(\frac{y-y_j}{y_e}\right)^2} \\ x_e &:= \max_j x_j - \min_j x_j \\ y_e &:= \max_j y_j - \min_j y_j \end{cases}$

Dann gilt $0 < R \leq \sqrt{2}$. Für die Shepard-Interpolationsfunktion ergibt sich damit die Darstellung

(9.29) $$\phi(x,y) = \frac{\sum_{j=0}^{N} \frac{1}{\psi_j^\mu} f_j}{\sum_{i=0}^{N} \frac{1}{\psi_i^\mu}} ,$$

wobei die ψ_j gemäß (9.27) mit (9.28) verwendet werden.

ALGORITHMUS 9.11 (*Globale und lokale Shepard-Interpolation*).

Gegeben: N+1 Interpolationsstellen (x_j,y_j,z_j = f(x_j,y_j)), j = 0(1)N, (x_j,y_j) $\in$ B.

Gesucht: Interpolierende Funktion ϕ der Form (9.23) mit $\phi(x_j,y_j)$ = f(x_j,y_j), j = 0(1)N.

Für jedes Wertepaar (x,y) $\in$ B mit (x,y) $\neq$ (x_j,y_j) sind folgende Schritte durchzuführen:

1. Schritt: Wahl eines geeigneten Exponenten μ mit $0 < \mu < \infty$ sowie im Falle der lokalen Methode Wahl eines geeigneten R > 0. (siehe folgende Empfehlung)

2. Schritt: Berechnung der $r_j(x,y)$ für j = 0(1)N gemäß Formel (9.24) im Falle der globalen Methode bzw. (9.24) oder (9.28) bei der lokalen Methode.

3. Schritt: Berechnung der Gewichte $w_j(x,y)$ für j = 0(1)N

    - im Falle der globalen Methode gemäß (9.25)
    - im Falle der lokalen Methode gemäß (9.27)

4. Schritt: Berechnung des Funktionswertes $\phi(x,y) \approx$ f(x,y) gemäß Formel (9.23).

Empfehlung: Aus Gründen des Rechenzeitverbrauchs ist die lokale Methode der globalen in jedem Falle vorzuziehen. Zur Wahl des Parameters μ ist zur Vermeidung von Spitzen an den Stützstellen $\mu \geq 2$ zu empfehlen. Im Falle (9.28) ist R mit $0.3 < R < 0.5$ empfehlenswert.

Variante. Eine sehr brauchbare lokale Variante ergibt sich bei Verwendung der Franke-Little-Gewichte ([FRAN82], [HOSC89], 9.).

$$(9.30) \qquad \xi_j(x,y) = \begin{cases} 1 - \dfrac{r_j(x,y)}{R} & \text{für } 0 < r_j(x,y) < R \\ 0 & \text{für } r_j(x,y) \geq R \end{cases}$$

Für die Gewichtsfunktion w_j gilt damit

$$(9.31) \qquad w_j(x,y) = \frac{\xi_j^\mu(x,y)}{\sum_{i=0}^{N} \xi_i^\mu(x,y)}$$

Mit (9.30) und (9.31) ergibt sich für die lokale Shepard-Funktion die Darstellung

$$(9.32) \qquad \phi(x,y) = \sum_{j=0}^{N} w_j(x,y) f_j = \frac{\sum_{j=0}^{N} \left(1 - \dfrac{r_j(x,y)}{R}\right)^\mu f_j}{\sum_{i=0}^{N} \left(1 - \dfrac{r_i(x,y)}{R}\right)^\mu}$$

ALGORITHMUS 9.12: (*Lokale Shepard-Funktion mit Franke-Little-Gewichten*)

Gegeben: N+1 Wertetrippel $(x_j, y_j, f_j = f(x_j, y_j))$, $j = 0(1)N$, $(x_j, y_j) \in B$
Gesucht: Shepard-Funktion ϕ der Form (9.32)

Für jedes Wertepaar $(x,y) \in B$ mit $(x,y) \neq (x_j, y_j)$ sind folgende Schritte durchzuführen:

1. Schritt: Wahl geeigneter Werte für μ und R (siehe Empfehlung)
2. Schritt: Berechnung der $r_j(x,y)$ für $j = 0(1)N$ mit (9.24) bzw. (9.28)
3. Schritt: Berechnung der Gewichte $w_j(x,y)$ für $j = 0(1)N$ gemäß (9.31) mit (9.30)

> 4. Schritt: Berechnung des Funktionswertes $\phi(x,y) \approx f(x,y)$ gemäß (9.32)

LITERATUR zu 9.8.2: [FRAN82]; [FOLE84]; [HOSC89]; [KÜHN90]; [SCHU76]; [SCHUM76]; [SHEP68].

9.9 Entscheidungshilfen für die Auswahl des zweckmäßigen Interpolationsverfahrens

Grundsätzlich ist zu bemerken, daß die Interpolation durch Polynome stark an Bedeutung verloren hat seit es interpolierende Splines und Subsplines gibt, die nicht das bei den Polynomen so unangenehme Oszillationsverhalten zeigen und sich besser an die vorgegebene Wertemenge anpassen lassen.

Wenn doch Interpolation durch Polynome gefragt ist, so wird man algebraische Polynome bis höchstens zum fünften Grade verwenden, da Polynome höheren Grades zu starker Welligkeit neigen. Viel besser als Polynome eignen sich rationale Funktionen zur Interpolation glatter Kurven (Abschnitt 9.7); damit ist Interpolation auch noch in der Nähe von Polstellen möglich. Die Bestimmung der Koeffizienten ist bei rationaler Interpolation jedoch weitaus komplizierter als bei Polynominterpolation. In Abschnitt 9.7 ist eine spezielle Möglichkeit der rationalen Interpolation in Kettenbruchdarstellung angegeben.

Bemerkung zur Auswahl des geeigneten algebraischen Interpolationspolynoms:

Da es zu n+1 Interpolationsstellen (x_i, y_i), $i = 0(1)n$, genau ein Interpolationspolynom vom Grad $\leq n$ gibt, ist es im Grunde gleichgültig, in welcher Darstellung es benutzt wird. Die Darstellung in der Form von Lagrange hat mehr theoretische als praktische Bedeutung, weil bei Hinzunahme einer Interpolationsstelle alle $L_k(x)$ neu berechnet werden müssen; da ist die Newtonsche Interpolationsformel der Lagrangeschen unbedingt vorzuziehen. Interessiert nicht das Interpolationspolynom Φ in allgemeiner Gestalt, sondern nur sein Wert $\Phi(\bar{x})$ an einer (oder wenigen) Stelle(n) $\bar{x}$, so benutzt man zu dessen Berechnung zweckmäßig das Interpolationsschema von Aitken (Abschnitt 9.4). Das Verfahren erlaubt, stufenweise neue Interpolationsstellen hinzuzunehmen; dabei müssen die Stützstellen (wie auch bei den anderen Formeln) nicht monoton angeordnet sein.

Liegt eine umfangreiche Wertetabelle (x_i, y_i), $i = 0(1)n$, vor und will man durch ein Polynom m-ten Grades interpolieren, so wählt man in der Umgebung einer Stelle $\bar{x} \in [x_0, x_n]$, an der ein Näherungswert $\bar{y}$ für $f(\bar{x})$ gesucht ist, m+1 benachbarte Stützstellen x_i so aus, daß x etwa in der Mitte dieser Stützstellen liegt, weil dann der Interpolationsfehler am kleinsten wird (vgl. Abschnitt 9.6).

Im Falle mehrdimensionaler Interpolation sind im allgemeinen unbedingt Splinemethoden (Kapitel 12) vorzuziehen. Die Shepard-Interpolation (Abschnitt 9.8.2) eignet sich jedoch gut zur graphischen Darstellung von Oberflächen.

LITERATUR zu Kapitel 9: [BJÖR79], 7.; [CONT80], 2.; [FOLE84]; [FRAN82]; [HÄMM89], 5.; [HILD74]; [HOSC89]; [NIED87]; [SCHUM76]; [SCHW86], 3.; [SHEP68]; [STOE83], 2.

Kapitel 10

Interpolierende Polynomsplines zur Konstruktion glatter Kurven

10.1 Polynomsplines dritten Grades

Von der Funktion f ∈ C[a,b] seien an n+1 Stützstellen (Knoten) x_i ∈ [a,b], i = 0(1)n, die Stützwerte y_i = f(x_i) gegeben. Ziel ist die Konstruktion einer möglichst "glatten" Kurve durch die vorgegebenen Punkte (x_i,y_i) mit Hilfe von Polynomsplines dritten Grades (kurz: kubischen Splines). Unter der Voraussetzung

$$a = x_0 < x_1 < x_2 < \ldots < x_n = b,$$

d.h. bei streng monotoner Anordnung der Knoten, kann die gesuchte Kurve durch eine Splinefunktion S mit S(x) ≈ f(x) dargestellt werden, die sich stückweise aus kubischen Polynomen S_i für x ∈ [x_i,x_{i+1}], i = 0(1)n-1, zusammensetzt. Die S_i müssen dann gewissen Anschlußbedingungen genügen. Je nach Vorgabe der Randbedingungen ergeben sich die unter I. aufgelisteten verschiedenen Arten von Splinefunktionen S.

I. *Arten von Splinefunktionen S auf [a,b]* :

(i)   Natürliche kubische Splines.

(ii) Periodische kubische Splines.

(iii) Kubische Splines mit not-a-knot-Randbedingung.

(iv) Verallgemeinerte natürliche kubische Splines (kubische Splines mit vorgegebener zweiter Randableitung).

(v)   Kubische Splines mit vorgegebener erster Randableitung.

(vi) Kubische Splines mit vorgegebener dritter Randableitung.

10. Interpolierende Polynomsplines zur Konstruktion glatter Kurven

II. Parametrische kubische Splines.

Läßt sich die Bedingung der strengen Monotonie der Knoten nicht erfüllen, so müssen parametrische Splines verwendet werden. Hier wird die Parameterdarstellung $\{x(t), y(t)\}$ der gesuchten ebenen Kurve durch die Punkte (x_i, y_i) bzw. die Parameterdarstellung $\{x(t), y(t), z(t)\}$ der gesuchten Raumkurve durch die Punkte (x_i, y_i, z_i) angenähert durch eine vektorielle Splinefunktion

$$\begin{pmatrix} S_x(t) \\ S_y(t) \end{pmatrix} \approx \begin{pmatrix} x(t) \\ y(t) \end{pmatrix}, \quad \text{bzw.} \quad \begin{pmatrix} S_x(t) \\ S_y(t) \\ S_z(t) \end{pmatrix} \approx \begin{pmatrix} x(t) \\ y(t) \\ z(t) \end{pmatrix},$$

t = Kurvenparameter, bei der jede der Komponenten S_x, S_y bzw. S_x, S_y, S_z eine Splinefunktion ist. S_x ist eine zu den Wertepaaren (t_i, x_i), S_y eine zu den Wertepaaren (t_i, y_i) und S_z eine zu den Wertepaaren (t_i, z_i) für i=0(1)n und $t_0 < t_1 < \ldots < t_n$ ermittelte Splinefunktion. Je nach Vorgabe der Randbedingungen gehört das Paar S_x, S_y bzw. das Tripel S_x, S_y, S_z von Splinefunktionen zu einer der unter I. genannten Arten. Die Parameterwerte t_i sind im allgemeinen näherungsweise zu ermitteln.

10.1.1 Definition der Splinefunktionen

Die in Abschnitt 10.1 unter I. genannten Splinefunktionen zu den Interpolationsstellen (x_i, y_i), i=0(1)n, n $\geq$ 2, mit streng monoton angeordneten Knoten x_i (a = $x_0 < x_1 < \ldots < x_n$ = b) werden wie folgt definiert:

(1) S ist in [a,b] zweimal stetig differenzierbar.

(2) S ist in jedem Intervall $[x_i, x_{i+1}]$, i=0(1)n-1, durch ein kubisches Polynom S_i gegeben.

(3) S erfüllt die Interpolationsbedingung $S(x_i) = y_i$, i=0(1)n.

(4) (i) Für $x \in (-\infty, a]$ bzw. $x \in [b, \infty)$ reduziert sich S auf die Tangente an den Graphen von S an der Stelle a=x_0 bzw. b=x_n; es gilt $S''(x_0) = S''(x_n) = 0$. S heißt mit diesen Randbedingungen *natürliche kubische Splinefunktion*.

(ii) Mit den Randbedingungen $S(x_0) = S(x_n)$, $S'(x_0) = S'(x_n)$, $S''(x_0) = S''(x_n)$ heißt S *periodische kubische Splinefunktion* mit der Periode $x_n - x_0$.

10.1 Polynomsplines dritten Grades

(iii) Mit den Randbedingungen $S_0(x_1) = S_1(x_1)$, $S_{n-2}(x_{n-1}) = S_{n-1}(x_{n-1})$ heißt S kubische *Splinefunktion mit not-a-knot-Randbedingung*. Diese Bedingung besagt, daß die 3. Ableitung der Splinefunktion in den Knoten x_1 und x_{n-1} stetig ist. Damit sind x_1 und x_{n-1} keine "echten" Knoten der Splinefunktion ("not a knot").

(iv) Mit den Randbedingungen $S''(x_0) = \alpha$, $S''(x_n) = \beta$ heißt S *verallgemeinerte natürliche kubische Splinefunktion*.

(v) Mit den Randbedingungen $S'(x_0) = \alpha$, $S'(x_n) = \beta$ heißt S *kubische Splinefunktion mit vorgegebener erster Randableitung*.

(vi) Mit den Randbedingungen $S'''(x_0) = \alpha$, $S'''(x_n) = \beta$ heißt S *kubische Splinefunktion mit vorgegebener dritter Randableitung*.

Zur Konstruktion von S gemäß Eigenschaften (1) und (2) wird angesetzt

(10.1) $\quad S(x) \equiv S_i(x) := a_i + b_i(x - x_i) + c_i(x - x_i)^2 + d_i(x - x_i)^3$
$\quad\quad\quad\quad$ für $x \in [x_i, x_{i+1}]$, $i = 0(1)n - 1$.

Dieser 4-parametrige Ansatz ergibt sich aus der Forderung $S \in C^2[a,b]$.

Die Polynom-Splines dritten Grades (zweimal stetig differenzierbar, 4-parametrig) gehören zur Klasse der Splinefunktionen von ungeradem Grad 2k-1 (k-mal stetig differenzierbar, 2k-parametrig). In besonderen Fällen benutzt man auch Splinefunktionen von geradem Grad 2k, z.B. zum flächentreuen Ausgleich von Histogrammen oder empirischen Häufigkeitsverteilungen (s. [SPÄT86] und [SPÄT68]).

Die Eigenschaften (1) und (3) von S führen z.B. im Fall (i) zu folgenden 4n Bedingungen für die S_i:

(a) $\quad S_i(x_i) = y_i$, $i = 0(1)n$,

(b) $\quad S_i(x_i) = S_{i-1}(x_i)$, $i = 1(1)n$,

(c) $\quad S_i'(x_i) = S_{i-1}'(x_i)$, $i = 1(1)n-1$,

(d) $\quad S_i''(x_i) = S_{i-1}''(x_i)$, $i = 1(1)n$,

wobei formal gesetzt wird $S_n(x_n) = a_n$, $S_n''(x_n) = 2c_n$, dazu kommen noch zwei Randbedingungen. Man hat also 4n+2 Bedingungen für die 4n+2 Koeffizienten a_i, b_i, c_i, d_i für i=0(1)n-1 und a_n, c_n. Analog sieht es bei den anderen Splinearten aus. Die Eigenschaft (1), aus der sich die Bedingungen (c) und (d) ergeben, stellt die stärkste Forderung an die Splinefunktion S dar. Sie bewirkt den glatten Anschluß der Polynome S_i und S_{i-1} an dem Knoten x_i, i=1(1)n-1; dort haben die Graphen der benachbarten Polynome S_{i-1} und

S_i die gleiche Krümmung. Diese Eigenschaft macht die Splinefunktion S besonders geeignet zur Approximation einer Funktion f, über deren Verlauf man empirisch (z.B. durch Messungen) Informationen besitzt und von der bekannt ist, daß sich ihr Verlauf zeichnerisch gut mit Hilfe eines biegsamen Kurvenlineals (Spline) beschreiben läßt. Zur Berechnung der nichtparametrischen Splinefunktion siehe Abschnitt 10.1.2 .

Die in Abschnitt 10.1 unter II. genannten *parametrischen kubischen Splines* verwendet man dort, wo sich die Bedingung der strengen Monotonie der Knoten x_i nicht erfüllen läßt, z.B. bei der Interpolation von geschlossenen Kurven, von Kurven mit Doppelpunkt oder anderen Kurven, die sich nicht in expliziter Form y = S(x) näherungsweise durch Splines der Art I. beschreiben lassen. Zur Berechnung der parametrischen Splinefunktion siehe Abschnitt 10.1.3 .

10.1.2 Berechnung der nichtparametrischen kubischen Splines

ALGORITHMUS 10.1 (*Natürliche kubische Splinefunktion*).

Gegeben: (x_i, y_i), i = 0(1)n, n ≥ 2, a = x_0 < x_1 < ...< x_n = b
Gesucht: Koeffizienten a_i, b_i, c_i, d_i der kubischen Polynome S_i (10.1)

1. $a_i = y_i$,   i = 0(1)n,

2. $c_0 = c_n = 0$,

3. $h_{i-1}c_{i-1} + 2c_i(h_{i-1} + h_i) + h_i c_{i+1} = \frac{3}{h_i}(a_{i+1} - a_i)$
   $- \frac{3}{h_{i-1}}(a_i - a_{i-1})$ für   i = 1(1)n - 1

   mit $h_i = x_{i+1} - x_i$ für   i = 0(1)n - 1,

4. $b_i = \frac{1}{h_i}(a_{i+1} - a_i) - \frac{h_i}{3}(c_{i+1} + 2c_i)$,   i = 0(1)n - 1,

5. $d_i = \frac{1}{3h_i}(c_{i+1} - c_i)$,   i = 0(1)n - 1.

Die Gleichungen 3. in Algorithmus 10.1 stellen ein lineares Gleichungssystem von n-1 Gleichungen für die n-1 Unbekannten $c_1, c_2, ..., c_{n-1}$ dar. In der

10.1 Polynomsplines dritten Grades

Matrixschreibweise besitzt es die Form

$$Ac = g$$

mit

$$A = \begin{pmatrix} 2(h_0+h_1) & h_1 & & & & \\ h_1 & 2(h_1+h_2) & h_2 & & & \\ & h_2 & 2(h_2+h_3) & h_3 & & \\ & & \ddots & \ddots & \ddots & \\ & & & h_{n-3} & 2(h_{n-3}+h_{n-2}) & h_{n-2} \\ & & & & h_{n-2} & 2(h_{n-2}+h_{n-1}) \end{pmatrix},$$

$$c = \begin{pmatrix} c_1 \\ c_2 \\ \vdots \\ c_{n-1} \end{pmatrix}, \quad g = \begin{pmatrix} \frac{3}{h_1}(a_2 - a_1) - \frac{3}{h_0}(a_1 - a_0) \\ \frac{3}{h_2}(a_3 - a_2) - \frac{3}{h_1}(a_2 - a_1) \\ \vdots \\ \frac{3}{h_{n-1}}(a_n - a_{n-1}) - \frac{3}{h_{n-2}}(a_{n-1} - a_{n-2}) \end{pmatrix}.$$

Eigenschaften der Matrix **A**.

Die Matrix **A** ist tridiagonal, symmetrisch, stark diagonal dominant und besitzt nur positive Elemente, d.h. sie ist streng regulär und positiv definit. Da eine tridiagonale, diagonal dominante Matrix stets invertierbar ist (det $A \neq 0$), sind Gleichungssysteme mit solchen Matrizen stets eindeutig lösbar. Bei der numerischen Lösung sollte man den Gaußschen Algorithmus bzw. das Cholesky-Verfahren für tridiagonale Matrizen (s. Abschnitt 4.10) verwenden. Das System ist gut konditioniert; Pivotsuche und Nachiteration sind nicht erforderlich.

ALGORITHMUS 10.2 (*Periodische kubische Splinefunktion*).

Gegeben: (x_i, y_i), $i = 0(1)n$, $a = x_0 < x_1 < \ldots < x_n = b$

Gesucht: Koeffizienten a_i, b_i, c_i, d_i der kubischen Polynome S_i (10.1) der periodischen Splinefunktion S mit $S(x) = S(x+kp)$, $k \in \mathbb{Z}$, Periodenlänge $p = b - a = x_n - x_0$

1. $a_i = y_i$, $\quad i = 0(1)n - 1$,

2. $a_0 = a_n$, $b_0 = b_n$, $c_0 = c_n$,

3. Gleichungssystem zur Bestimmung der c_i, $i = 1(1)n$, $n \geq 3$,

   $\mathbf{Ac} = \mathbf{g}$ mit

$$\mathbf{A} = \begin{pmatrix} 2(h_0+h_1) & h_1 & & & & h_0 \\ h_1 & 2(h_1+h_2) & h_2 & & & \\ & h_2 & 2(h_2+h_3) & h_3 & & \\ & & \ddots & \ddots & \ddots & \\ & & & h_{n-2} & 2(h_{n-2}+h_{n-1}) & h_{n-1} \\ h_0 & & & & h_{n-1} & 2(h_{n-1}+h_n) \end{pmatrix}$$

$$\mathbf{c} = \begin{pmatrix} c_1 \\ c_2 \\ \vdots \\ c_n \end{pmatrix}, \quad \mathbf{g} = \begin{pmatrix} \frac{3}{h_1}(a_2 - a_1) - \frac{3}{h_0}(a_1 - a_0) \\ \frac{3}{h_2}(a_3 - a_2) - \frac{3}{h_1}(a_2 - a_1) \\ \vdots \\ \frac{3}{h_n}(a_{n+1} - a_n) - \frac{3}{h_{n-1}}(a_n - a_{n-1}) \end{pmatrix}$$

mit $a_{n+1} = a_1, a_n = a_0, c_n = c_0, h_n = h_0, h_i = x_{i+1} - x_i$ für $i \geq 3$.

Für n=2 hat die Matrix $\mathbf{A}$ die Gestalt

$$\mathbf{A} = \begin{pmatrix} 2(h_0 + h_1) & h_0 + h_1 \\ h_0 + h_1 & 2(h_0 + h_1) \end{pmatrix}.$$

4. $b_i = \frac{1}{h_i}(a_{i+1} - a_i) - \frac{h_i}{3}(c_{i+1} + 2c_i)$, $i = 0(1)n - 1$,

5. $d_i = \frac{1}{3h_i}(c_{i+1} - c_i)$, $i = 0(1)n - 1$.

Eigenschaften der Matrix $\mathbf{A}$.

Die Matrix $\mathbf{A}$ ist zyklisch tridiagonal, symmetrisch, diagonal dominant und besitzt nur positive Elemente; $\mathbf{A}$ ist damit streng regulär, positiv definit und gut konditioniert. Ein Algorithmus zur Lösung von Gleichungssystemen mit zyklisch tridiagonalen Matrizen ist in Abschnitt 4.11 angegeben.

10.1 Polynomsplines dritten Grades

ALGORITHMUS 10.3 (*Kubische Splines mit not-a-knot-Randbedingung*).

Gegeben: (x_i, y_i), $i = 0(1)n$, $a = x_0 < x_1 < \ldots < x_n = b$

Gesucht: Koeffizienten a_i, b_i, c_i, d_i der kubischen Polynome S_i (10.1)

1. $a_i = y_i, \quad i = 0(1)n,$

2. $(h_0 + 2h_1)c_1 + (h_1 - h_0)c_2 = \dfrac{3}{h_1 + h_0}[(a_2 - a_1) - \dfrac{h_1}{h_0}(a_1 - a_0)]$

   $h_{i-1}c_{i-1} + 2c_i(h_{i-1} + h_i) + h_i c_{i+1} = \dfrac{3}{h_i}(a_{i+1} - a_i) -$

   $- \dfrac{3}{h_{i-1}}(a_i - a_{i-1}),$

   für $i = 2(1)n - 2,$

   $(h_{n-2} - h_{n-1})c_{n-2} + (2h_{n-2} + h_{n-1})c_{n-1} = \dfrac{3}{h_{n-1} + h_{n-2}}$

   $\cdot \left[\dfrac{h_{n-2}}{h_{n-1}}(a_n - a_{n-1}) - (a_{n-1} - a_{n-2})\right]$

   mit $h_i = x_{i+1} - x_i, \quad i = 1(1)n - 1,$

3. $c_0 = c_1 + \dfrac{h_0}{h_1}(c_1 - c_2),$

   $c_n = c_{n-1} + \dfrac{h_{n-1}}{h_{n-2}}(c_{n-1} - c_{n-2}),$

4. $b_i = \dfrac{1}{h_i}(a_{i+1} - a_i) - \dfrac{h_i}{3}(c_{i+1} + 2c_i), \quad i = 0(1)n - 1,$

5. $d_i = \dfrac{1}{3h_i}(c_{i+1} - c_i), \quad i = 0(1)n - 1.$

ALGORITHMUS 10.4 (*Verallgemeinerte natürliche kubische Splines*).

Gegeben: (x_i, y_i), $i = 0(1)n$, $S''(x_0) = \alpha$, $S''(x_n) = \beta$,
$a = x_0 < x_1 < \ldots < x_n = b$

Gesucht: Koeffizienten a_i, b_i, c_i, d_i der kubischen Polynome S_i (10.1)

Es gilt der Algorithmus 10.1, lediglich 2. und 3. werden wie folgt ersetzt:

2. $c_0 = \frac{\alpha}{2}$, $\quad c_n = \frac{\beta}{2}$,

3. Für $i = 1 : 2(h_0 + h_1)c_1 + h_1 c_2 = \frac{3}{h_1}(a_2 - a_1) - \frac{3}{h_0}(a_1 - a_0) - h_0 \frac{\alpha}{2}$

für $i = n - 1 : h_{n-2} c_{n-2} + 2(h_{n-2} + h_{n-1}) c_{n-1}$

$= \frac{3}{h_{n-1}}(a_n - a_{n-1}) - \frac{3}{h_{n-2}}(a_{n-1} - a_{n-2}) - h_{n-1} \frac{\beta}{2}$

ALGORITHMUS 10.5 *(Kubische Splines mit vorgegebener erster Randableitung).*

Gegeben: (x_i, y_i), $i = 0(1)n$, $S'(x_0) = \alpha$, $S'(x_n) = \beta$,
$a = x_0 < x_1 < \ldots < x_n = b$

Gesucht: Koeffizienten a_i, b_i, c_i, d_i der kubischen Polynome S_i (10.1)

Es gilt der Algorithmus 10.1, lediglich 2. und 3. werden dort wie folgt ersetzt:

2. entfällt

3. $i = 1 : (\frac{3}{2} h_0 + 2h_1) c_1 + h_1 c_2 = 3 \left[\frac{a_2 - a_1}{h_1} - \frac{1}{2}(3 \frac{a_1 - a_0}{h_0} - \alpha) \right]$

für $i = n - 1 : (2h_{n-2} + \frac{3}{2} h_{n-1}) c_{n-1} + h_{n-2} c_{n-2}$

$= 3 \left[\frac{1}{2}(3 \frac{a_n - a_{n-1}}{h_{n-1}} - \beta) - \frac{a_{n-1} - a_{n-2}}{h_{n-2}} \right]$

zusätzlich: $c_0 = \frac{1}{2h_0}(\frac{3}{h_0}(a_1 - a_0) - 3\alpha - c_1 h_0)$,

$c_n = -\frac{1}{2h_{n-1}}(\frac{3}{h_{n-1}}(a_n - a_{n-1}) - 3\beta + c_{n-1} h_{n-1})$

10.1 Polynomsplines dritten Grades

ALGORITHMUS 10.6   (*Kubische Splines mit vorgegebener dritter Randableitung*).

Gegeben: (x_i, y_i), $i = 0(1)n$, $S'''(x_0) = \alpha$, $S'''(x_n) = \beta$,
$a = x_0 < x_1 < \ldots < x_n = b$

Gesucht: Koeffizienten a_i, b_i, c_i, d_i der kubischen Polynome S_i (10.1)

Es gilt der Algorithmus 10.1, lediglich 2. und 3. werden dort wie folgt ersetzt:

2. entfällt

3. $i = 1 : (3h_0 + 2h_1)c_1 + h_1 c_2 = \dfrac{3}{h_1}(a_2 - a_1) - \dfrac{3}{h_0}(a_1 - a_0) + \dfrac{\alpha h_0^2}{2}$

$i = n - 1 : h_{n-2} c_{n-2} + (2h_{n-2} + 3h_{n-1})c_{n-1}$

$= \dfrac{3}{h_{n-1}}(a_n - a_{n-1}) - \dfrac{3}{h_{n-2}}(a_{n-1} - a_{n-2}) - \dfrac{\beta h_{n-1}^2}{2}$

zusätzlich: $c_0 = c_1 - \dfrac{\alpha h_0}{2}$, $c_n = c_{n-1} + \dfrac{\beta h_{n-1}}{2}$.

10.1.3   Berechnung der parametrischen kubischen Splines

Bei nicht monotoner Anordnung der Knoten x_i muß parametrisch gerechnet werden. Die Splinesegmente besitzen dann für $i = 0(1)n-1$ die Darstellung

$$S_i(t) = a_i + b_i(t - t_i) + c_i(t - t_i)^2 + d_i(t - t_i)^3,$$

$a_i, b_i, c_i, d_i \in \mathbb{R}^m$ mit $m = 2$ oder $m = 3$, $t \in [t_i, t_{i+1}]$.

Wegen der Interpolationsbedingungen sind

$$S_i(t_i) = a_i = P_i, \quad i = 0(1)n - 1,$$

sowie P_n die vorgegebenen Stützpunkte, durch die die Splinekurve verlaufen soll. Diesen Stützpunkten P_i müssen demnach die Parameterwerte t_i mit

$$t_0 < t_1 < \ldots < t_n$$

zugeordnet werden. Aufgrund dieser Parametrisierung gehört zu dem Splinesegment $\mathbf{S}_i(t)$ ein Parameterintervall der Länge $h_i = t_{i+1} - t_i > 0$. Das Segment kann auch in der Form

$$\mathbf{S}_i(t) = \mathbf{a}_i + \mathbf{b}_i t + \mathbf{c}_i t^2 + \mathbf{d}_i t^3, \quad t \in [0, h_i],$$

dargestellt werden. In den Formeln für die Koeffizienten (vgl. Algorithmus 10.1 bis 10.6) treten die Intervallängen h_i, nicht aber die Parameterwerte (Knoten) t_i auf. Nach Wahl von t_0 sind

$$t_{i+1} = t_i + h_i, \quad i = 0(1)n-1 \,.$$

Somit ist die Aufgabe gestellt, jedem Segment $\mathbf{S}_i(t)$, i = 0(1)n-1, ein Parameterintervall der Länge $h_i > 0$ zuzuordnen.

Jede Parametrisierung kann normiert werden, z.B. mit

$$\bar{h}_i = h_i / \sum_{i=0}^{n-1} h_i \,,$$

so daß $\sum_{i=0}^{n-1} \bar{h}_i = 1$ ist. Die Verhältnisse der Intervallängen ändern sich dadurch nicht.

Am einfachsten ist die äquidistante Parametrisierung mit $h_i = h = $ const, z.B. $h = 1$. Sie liefert jedoch im allgemeinen keine zufriedenstellenden Ergebnisse.

Günstiger ist eine Parametrisierung, die sich an der Bogenlänge der Kurvensegmente orientiert. Die häufig angewendete chordale Parametrisierung benutzt als Länge eines Parameterintervalls die Länge der Sehne zwischen benachbarten Stützpunkten,

$$h_i = |P_{i+1} - P_i|, \quad i = 0(1)n - 1,$$

und damit eine grobe Annäherung der Bogenlänge des betreffenden Segmentes.

Im Fall einer ebenen Kurve (m = 2) ist

$$h_i = \sqrt{(x_{i+1} - x_i)^2 + (y_{i+1} - y_i)^2}, \quad i = 0(1)n - 1 \,,$$

und im Fall einer Raumkurve (m = 3)

$$h_i = \sqrt{(x_{i+1} - x_i)^2 + (y_{i+1} - y_i)^2 + (z_{i+1} - z_i)^2}, \quad i = 0(1)n - 1 \,.$$

10.1 Polynomsplines dritten Grades

Wenn drei aufeinanderfolgende Stützpunkte annähernd kollinear sind, liefert die chordale Parametrisierung Intervalle, die von den Bogenlängen der Segmente nur wenig abweichen werden. Wenn dagegen die Stützpunkte stärker gekrümmte Segmente erwarten lassen, wäre es günstiger, diesen Segmenten Intervalle zuzuordnen, die länger als die Sehnen sind. Eine Variante der chordalen Parametrisierung, die diese Aspekte berücksichtigt, ergibt sich wie folgt.[1]

Durch drei aufeinanderfolgende nicht kollineare Stützpunkte wird der durch sie bestimmte Kreis gelegt. Die Länge des Kreisbogens zwischen zwei Stützpunkten wird zur Erzeugung der Länge des zugehörigen Parameterintervalls benutzt.

Sind P, Q, R drei aufeinanderfolgende Punkte eines Kreises, ist $|R - Q|$ die Länge der Sehne zwischen Q und R und ist γ der Winkel zwischen PQ und PR, also der Umfangswinkel dieser Sehne bei P, dann ist die Länge des Kreisbogens zwischen Q und R

$$B = |R - Q|\frac{\gamma}{\sin \gamma}, \quad 0 \leq \gamma < \pi \ .$$

Wegen $\lim_{\gamma \to 0}(\gamma/\sin \gamma) = 1$ gilt die Formel auch im Grenzfall kollinearer Punkte P, Q, R.

Für die Punkte $P = P_{i-1}, Q = P_i, R = P_{i+1}$ ergibt sich mit γ_i als Winkel zwischen $P_{i-1}P_i$ und $P_{i-1}P_{i+1}$ für die Länge B_i des Kreisbogens zwischen P_i und P_{i+1}

$$B_i = |P_{i+1} - P_i|\frac{\gamma_i}{\sin \gamma_i} \ .$$

Für die Punkte $P = P_{i+2}, Q = P_{i+1}, R = P_i$ und γ_{i+1} als Winkel zwischen $P_{i+2}P_{i+1}$ und $P_{i+2}P_i$ folgt analog für die Länge B_{i+1} des Kreisbogens zwischen P_i und P_{i+1}

$$B_{i+1} = |P_{i+1} - P_i|\frac{\gamma_{i+1}}{\sin \gamma_{i+1}} \ .$$

Aus der Länge $|P_{i+1} - P_i|$ der Sehne und dem Mittel der Längen B_i und B_{i+1} wird mit dem Gewicht σ, $\sigma \geq 0$, die Intervallänge

$$\begin{aligned} h_i &= (1-\sigma)|P_{i+1} - P_i| + \sigma\frac{1}{2}(B_i + B_{i+1}) \\ &= |P_{i+1} - P_i|(1 + \sigma(\frac{1}{2}(\frac{\gamma_i}{\sin \gamma_i} + \frac{\gamma_{i+1}}{\sin \gamma_{i+1}}) - 1)) \end{aligned}$$

---
[1] unveröffentlichte Mitteilung von R. Wodicka

erzeugt. Es ist $h_i \geq |P_{i+1} - P_i|$.

Für $\sigma = 0$ entsteht die chordale Parametrisierung. Aufgrund der Konstruktion ist für $\sigma > 0$ der Beitrag der Kreisbogenlängen dort größer, wo die Stützpunkte stärker gekrümmte Kurvensegmente erwarten lassen und längere Intervalle deshalb zweckmäßig sind. Mit der Änderung des Gewichtes σ kann die Gestalt der Splinekurve beeinflußt werden.

Mit den Vektoren $\mathbf{s} := Q - P$ und $\mathbf{t} := R - P$ kann der im Ausdruck für B enthaltene Sinus des von $\mathbf{s}$ und $\mathbf{t}$ eingeschlossenen Winkels γ mit Hilfe von Skalarprodukten wie folgt berechnet werden:

$$\sin \gamma = \sqrt{1 - \cos^2 \gamma} = \sqrt{1 - \frac{(\mathbf{s}^T \mathbf{t})^2}{(\mathbf{s}^T \mathbf{s})(\mathbf{t}^T \mathbf{t})}} \ .$$

Im Fall einer ebenen Kurve (m = 2) gilt außerdem

$$\sin \gamma = \frac{|\det(\mathbf{s}, \mathbf{t})|}{\sqrt{(\mathbf{s}^T \mathbf{s})(\mathbf{t}^T \mathbf{t})}} \ .$$

Um die Formel für h_i auch an den Rändern einer nicht geschlossenen Kurve anwenden zu können, werden zwei zusätzliche Punkte P_{-1} und P_{n+1} benötigt. P_{-1} ergibt sich durch Spiegelung von P_2 an der Gerade bzw. Ebene, die durch den Mittelpunkt von P_0 und P_1 geht und zu $P_0 P_1$ senkrecht ist. Analog wird P_{n-2} an der Gerade bzw. Ebene, die durch den Mittelpunkt von P_{n-1} und P_n geht und zu $P_{n-1} P_n$ senkrecht ist, gespiegelt, um P_{n+1} zu erhalten.

ALGORITHMUS 10.7 (*Berechnung der Intervallängen und Parameterwerte*)

Gegeben: Stützpunkte $P_i = (x_i, y_i)$ bzw. $P_i = (x_i, y_i, z_i)$, i = 0(1)n, n $\geq$ 3, $P_i \neq P_{i+1} \neq P_{i+2} \neq P_i$ für i = 0(1)n-2, Gewicht $\sigma \geq 0$.

Gesucht: Intervallängen $h_i > 0$, i = 0(1)n - 1, und Parameterwerte t_i, i = 0(1)n.

1. Erzeugung der Sehnenvektoren für i = 0(1)n-1: $\mathbf{s}_i := P_{i+1} - P_i \neq \mathbf{0}$.

2. $\sigma = 0$: $h_i := |\mathbf{s}_i|$, i = 0(1)n-1, weiter bei 3.
   $\sigma > 0$:

   2.1 Bereitstellung weiterer Sehnenvektoren.

10.1 Polynomsplines dritten Grades

(a) $P_n = P_0$ (geschlossene Kurve)
$$\mathbf{s}_{-1} := \mathbf{s}_{n-1},$$
$$\mathbf{s}_n := \mathbf{s}_0.$$

(b) $P_n \neq P_0$ (nicht geschlossene Kurve)
$$\mathbf{s}_{-1} := 2\frac{\mathbf{s}_0^T \mathbf{s}_1}{|\mathbf{s}_0|^2}\mathbf{s}_0 - \mathbf{s}_1 ,$$

$$\mathbf{s}_n := 2\frac{\mathbf{s}_{n-1}^T \mathbf{s}_{n-2}}{|\mathbf{s}_{n-1}|^2}\mathbf{s}_{n-1} - \mathbf{s}_{n-2} .$$

2.2 Für i=0(1)n-1 werden berechnet:

(A) Berechne C mit 4. für
$\mathbf{s} := \mathbf{s}_{i-1}, \mathbf{t} := \mathbf{s}_{i-1} + \mathbf{s}_i$ und setze $C_i := C$.

(B) Berechne C mit 4. für
$\mathbf{s} := \mathbf{s}_i + \mathbf{s}_{i+1}, \mathbf{t} := \mathbf{s}_{i+1}$ und setze $C_{i+1} := C$.

$h_i := |\mathbf{s}_i|(1 + \sigma(0.5(C_i + C_{i+1}) - 1))$.

3. $t_0 := 0$; für i = 0(1)n-1 werden berechnet: $t_{i+1} := t_i + h_i$.

4. Berechne mit s und t (s $\neq$ 0, t $\neq$ 0)
$Z := \mathbf{s}^T \mathbf{t}$
$N := (\mathbf{s}^T \mathbf{s})(\mathbf{t}^T \mathbf{t})$
$S := \sqrt{1 - Z^2/N}$
Wenn $S = 0 : C := 1$
Wenn $S > 0 : \gamma := \arcsin(S)$
   Wenn $Z < 0 : \gamma := \pi - \gamma$
$C := \gamma/S$.

Erfahrungsgemäß ergeben sich geeignete Splinekurven mit $0 \leq \sigma \leq 2$.

Nachdem streng monotone Werte des Parameters t_i berechnet sind, wird wie folgt vorgegangen.

Ebene Kurve durch die Punkte $P_i = (x_i, y_i)$, i = 0(1)n, n$\geq$ 3:

Zu der Wertetabelle (t_i, x_i), i = 0(1)n wird eine Splinefunktion S_x der Darstellung (10.3) berechnet, zur Wertetabelle (t_i, y_i), i = 0(1)n eine Splinefunktion

258   10. Interpolierende Polynomsplines zur Konstruktion glatter Kurven

S_y der Darstellung (10.4):

$$(10.2) \begin{cases} S_x(t) \equiv S_{ix}(t) = a_{ix} + b_{ix}(t - t_i) + c_{ix}(t - t_i)^2 + d_{ix}(t - t_i)^3 \\ \text{für } t \in [t_i, t_{i+1}], \end{cases}$$

$$(10.3) \begin{cases} S_y(t) \equiv S_{iy}(t) = a_{iy} + b_{iy}(t - t_i) + c_{iy}(t - t_i)^2 + d_{iy}(t - t_i)^3 \\ \text{für } t \in [t_i, t_{i+1}]. \end{cases}$$

Je nach Vorgabe der Randbedingungen werden S_x und S_y nach dem entsprechenden Algorithmus in Abschnitt 10.1.2 berechnet.

Raumkurven durch die Punkte $P_i = (x_i, y_i, z_i)$, i = 0(1)n, n $\geq$ 3:

Zur Wertetabelle (t_i, x_i), i = 0(1)n, wird eine Splinefunktion S_x der Darstellung (10.3) berechnet, zur Wertetabelle (t_i, y_i), i = 0(1)n, eine Splinefunktion S_y der Darstellung (10.4) und zur Wertetabelle (t_i, z_i), i = 0(1)n, eine Splinefunktion S_z mit

$$(10.4) \begin{cases} S_z(t) \equiv S_{iz}(t) = a_{iz} + b_{iz}(t - t_i) + c_{iz}(t - t_i)^2 + d_{iz}(t - t_i)^3 \\ \text{für } t \in [t_i, t_{i+1}]. \end{cases}$$

Im Falle einer nicht geschlossenen Kurve ($P_n \neq P_0$) ist zur Berechnung von S_x, S_y bzw. S_x, S_y, S_z eine der in Abschnitt 10.1.2 angegebenen Arten nicht periodischer Splines zu verwenden.
Im Falle einer geschlossenen Kurve ($P_n = P_0$) sind periodische Splines zu verwenden, wenn die Kurve überall glatt sein soll, andernfalls eine der anderen Splinearten, die dann in $P_0 = P_n$ eine Unstetigkeit in der Tangente erzeugen, also eine Ecke.

BEMERKUNG. Die linearen Gleichungssysteme zur Berechnung der c_{ix}, c_{iy} bzw. c_{ix}, c_{iy}, c_{iz} haben die gleiche Matrix, aber verschiedene rechte Seiten. Deshalb ist die Dreieckszerlegung der Matrix nur einmal durchzuführen, die Vorwärts- und Rückwärtselimination zweimal im ebenen Fall, dreimal im räumlichen Fall. Dies bringt eine erhebliche Einsparung an Rechenzeit.

Berechnung der Krümmung einer ebenen Kurve mit Splines.

Gegeben sei die Wertetabelle (x_i, y_i) einer überall glatten Kurve C, die nur durch parametrische Splines angenähert werden kann, da die x_i nicht monoton angeordnet sind:

10.1 Polynomsplines dritten Grades

$$\mathbf{x}(t) = \begin{pmatrix} x(t) \\ y(t) \end{pmatrix} \approx \begin{pmatrix} S_x(t) \\ S_y(t) \end{pmatrix} = \mathbf{S}(t).$$

Für die Krümmung von C gilt dann

$$\kappa = \frac{\dot{\mathbf{x}}^T \ddot{\mathbf{x}}}{|\dot{\mathbf{x}}|^3} \approx \frac{\dot{\mathbf{S}}^T \ddot{\mathbf{S}}}{|\dot{\mathbf{S}}|^3}$$

d.h. es gehen beide Parameterfunktionen S_x, S_y in die Rechnung ein. Da der Parameter t nicht exakt gegeben ist, sondern nur näherungsweise die Bogenlänge approximiert, erhält man große Abweichungen bei der Berechnung der Krümmung κ über den parametrischen Spline.

Abhilfe: Man berechnet aus den (x_i, y_i), $i = 0(1)n$, eine Wertetabelle (φ_i, r_i) mit

$$\varphi_i = \arctan(y_i/x_i), \qquad r_i = \sqrt{x_i^2 + y_i^2}.$$

Sind dann die φ_i monoton angeordnet und ist $r = r(\varphi)$, $\varphi \in [\varphi_0, \varphi_1]$ eindeutig bestimmt, so kann r durch einen Spline $S(\varphi)$ zur Wertetabelle (φ_i, r_i), $i = 0(1)n$, angenähert werden und die Krümmung aus der Formel

$$\kappa(\varphi) = \frac{2\dot{r}^2 - r\ddot{r} + r^2}{(\dot{r}^2 + r^2)^{3/2}}$$

mit $r(\varphi) \approx S(\varphi)$ berechnet werden.

Der Spline $S(\varphi)$ muß periodisch sein, wenn C eine geschlossene, überall glatte Kurve ist, d.h. $\varphi \in [0, 2\pi]$ oder $[\varphi_0, \varphi_1]$ ist ein Periodenintervall, wenn φ nicht unbedingt der Winkel als Parameter ist.

10.1.4 Kombinierte interpolierende Polynom-Splines

Eine natürliche polynomiale Splinefunktion dritten Grades $S \in C^2[x_0, x_n]$ ist durch n+1 gegebene Interpolationsstellen (x_i, y_i), $i = 0(1)n$, und die Randbedingungen $S''(x_0) = S''(x_n) = 0$ eindeutig bestimmt (vgl. Abschnitt 10.1.1). Insbesondere sind damit $S'(x_0)$ und $S'(x_n)$ festgelegt.

Wenn eine Splinefunktion S im Intervall $[x_0, x_n] \subset [a, b]$ so bestimmt werden soll, daß sich zusammen mit je einer analytisch gegebenen Funktion $f \in C^2[a, x_0]$ und $g \in C^2[x_n, b]$ eine im ganzen Intervall $[a, b]$ zweimal stetig ableitbare Funktion ergibt, müssen außer $f(x_0) = S(x_0)$ und

$S(x_n) = g(x_n)$ die Bedingungen $f'(x_0) = S'(x_0)$, $f''(x_0) = S''(x_0)$ und $S'(x_n) = g'(x_n)$, $S''(x_n) = g''(x_n)$ erfüllt sein. Z.B. kann die Aufgabe gestellt sein, S zweimal stetig ableitbar an lineare Funktionen f und g anzuschließen. Bei der Herstellung faserverstärkter Kunststoff-Hohlkörper werden z.B. häufig rotationssymmetrische Wickelkerne verwendet, deren Meridiankurve sich aus geradlinigen und aus punktweise gegebenen krummlinigen Abschnitten zusammensetzt, die tangential aneinander anschließen. Bei der Beschreibung der krummlinigen Abschnitte mittels interpolierender Splines müssen daher die Tangenten in deren Endpunkten vorgeschrieben werden können.

In [WODI77] ist eine kombinierte Splinemethode angegeben, die die genannten Bedingungen erfüllt, indem anstelle kubischer Polynome in den Intervallen $[x_0,x_1]$ und $[x_{n-1},x_n]$ Polynome vierten Grades verwendet werden. Diese Variante zu den Polynomsplines dritten Grades hat nur geringe Änderungen bei der Berechnung der Polynomkoeffizienten zur Folge, aber den Vorteil, daß man Tangente *und* Krümmung in den Randpunkten vorschreiben kann.

Gegeben seien die n+1 Knoten $x_i \in \mathbb{R}$ mit

$$x_0 < x_1 < \ldots < x_i < x_{i+1} < \ldots < x_n$$

und die zugehörigen Stützwerte $y_i \in \mathbb{R}$

$$y_0, y_1, \ldots, y_i, y_{i+1}, \ldots, y_n,$$

sowie

$$y_0'', y_n'' \in \mathbb{R}, \qquad n \geq 3.$$

Gesucht ist eine Splinefunktion S für $x \in [x_0,x_n]$ mit den Eigenschaften

(1) $S \in C^2[x_0,x_n]$,

(2) $S(x_i) = y_i$, $i = 0(1)n$,

(3) $S''(x_0) = y_0''$, $S''(x_n) = y_n''$,

(4) Zusatzbedingungen. Es werden vier Fälle unterschieden:

(α) Keine weiteren Bedingungen an S,

(β) Zusatzbedingung $S'(x_0) = y_0'$,

(γ) Zusatzbedingung $S'(x_n) = y_n'$,

(δ) Zusatzbedingungen $S'(x_0) = y_0'$, $S'(x_n) = y_n'$.

10.1 Polynomsplines dritten Grades

Zu (α): Keine weiteren Bedingungen an S.

Die Splinefunktion S mit den Eigenschaften (1), (2), (3) entspricht der verallgemeinerten Splinefunktion (s. Abschnitt 10.1). Sie ist wie dort definiert durch

$$S(x) \equiv S_i(x) = a_i + b_i(x - x_i) + c_i(x - x_i)^2 + d_i(x - x_i)^3$$

für $x \in [x_i, x_{i+1}]$, $i = 0(1)n - 1$.

Die Gleichung zur Bestimmung der Polynomkoeffizienten werden hier noch einmal zusammenhängend angegeben:

1. $c_0 = \frac{y_0''}{2}$, $h_i = x_{i+1} - x_i$ für $i = 0(1)$n-1.

2. Die c_i, $i = 1(1)$n-1, sind die Lösungen des linearen Gleichungssystems

$$2(h_0 + h_1)c_1 + h_1 c_2 = \frac{3}{h_1}(y_2 - y_1) - \frac{3}{h_0}(y_1 - y_0) - h_0 \frac{y_0''}{2},$$

$$h_i c_i + 2(h_i + h_{i+1})c_{i+1} + h_{i+1}c_{i+2} = \frac{3}{h_{i+1}}(y_{i+2} - y_{i+1}) - \frac{3}{h_i}(y_{i+1} - y_i),$$

$$i = 1(1)n - 3 \quad \text{und} \quad n > 3,$$

$$h_{n-2}c_{n-2} + 2(h_{n-2} + h_{n-1})c_{n-1} = \frac{3}{h_{n-1}}(y_n - y_{n-1})$$
$$- \frac{3}{h_{n-2}}(y_{n-1} - y_{n-2}) - h_{n-2}\frac{y_n''}{2}.$$

Für n = 3 besteht das System nur aus der ersten und letzten Gleichung.

3. $d_0 = \frac{1}{3h_0}\left(c_1 - \frac{y_0''}{2}\right)$,

   $d_i = \frac{1}{3h_i}(c_{i+1} - c_i)$, $i = 1(1)n - 2$,

   $d_{n-1} = \frac{1}{3h_{n-1}}\left(\frac{y_n''}{2} - c_{n-1}\right)$.

4. $b_0 = \frac{1}{h_0}(y_1 - y_0) - \frac{h_0}{3}(c_1 + y_0'')$,

   $b_i = \frac{1}{h_i}(y_{i+1} - y_i) - \frac{h_i}{3}(c_{i+1} + 2c_i)$, $i = 1(1)n - 2$,

   $b_{n-1} = \frac{1}{h_{n-1}}(y_n - y_{n-1}) - \frac{h_{n-1}}{3}\left(\frac{y_n''}{2} + 2c_{n-1}\right)$.

5. $a_i = y_i$, $i = 0(1)n - 1$.

10. Interpolierende Polynomsplines zur Konstruktion glatter Kurven

Für $y_0'' = y_n'' = 0$ erhält man natürliche kubische Splines, vgl. Abschnitt 10.1.2.

Zu (β): Zusatzbedingung $S'(x_0) = y_0'$.

Die Splinefunktion S mit den Eigenschaften (1), (2), (3), (4)(β) sei definiert durch

$$S_0(x) = a_0 + b_0(x - x_0) + c_0(x - x_0)^2 + d_0(x - x_0)^3 + e_0(x - x_0)^4$$

für $x \in [x_0, x_1]$

$$S_i(x) = a_i + b_i(x - x_i) + c_i(x - x_i)^2 + d_i(x - x_i)^3$$

für $x \in [x_i, x_{i+1}]$, $i = 1(1)n - 1$.

Bestimmung der Polynomkoeffizienten erfolgt nach den Gleichungen:

1. $c_0 = \frac{y_0''}{2}$, $h_i = x_{i+1} - x_i$ für i = 0(1)n-1.

2. Die c_i, i = 1(1)n-1, sind die Lösungen des linearen Gleichungssystems

$$(h_0 + 2h_1)c_1 + h_1 c_2 = \frac{3}{h_1}(y_2 - y_1) - \frac{6}{h_0}(y_1 - y_0) + 3y_0' + h_0\frac{y_0''}{2},$$

$$h_i c_i + 2(h_i + h_{i+1})c_{i+1} + h_{i+1} c_{i+2} = \frac{3}{h_{i+1}}(y_{i+2} - y_{i+1})$$
$$- \frac{3}{h_i}(y_{i+1} - y_i), \quad i = 1(1)n - 3 \text{ und } n > 3,$$

$$h_{n-2}c_{n-2} + 2(h_{n-2} + h_{n-1})c_{n-1} = \frac{3}{h_{n-1}}(y_n - y_{n-1})$$
$$- \frac{3}{h_{n-2}}(y_{n-1} - y_{n-2}) - h_{n-1}\frac{y_n''}{2}.$$

Für n = 3 besteht das System nur aus der ersten und letzten Gleichung.

3. $e_0 = \frac{1}{3h_0^2}(c_1 + y_0'') + \frac{1}{h_0^3}y_0' - \frac{1}{h_0^4}(y_1 - y_0)$,

4. $d_0 = \frac{1}{3h_0}(c_1 - \frac{y_0''}{2}) - 2h_0 e_0$,

   $d_i = \frac{1}{3h_i}(c_{i+1} - c_i)$, $i = 1(1)n - 2$,

   $d_{n-1} = \frac{1}{3h_{n-1}}\left(\frac{y_n''}{2} - c_{n-1}\right)$.

5. $b_0 = y_0'$,

10.1 Polynomsplines dritten Grades

$$b_i = \frac{1}{h_i}(y_{i+1} - y_i) - \frac{h_i}{3}(c_{i+1} + 2c_i), \quad i = 1(1)n-2,$$

$$b_{n-1} = \frac{1}{h_{n-1}}(y_n - y_{n-1}) - \frac{h_{n-1}}{3}\left(\frac{y_n''}{2} + 2c_{n-1}\right).$$

6. $a_i = y_i, \quad i = 0(1)n-1$.

Zu (γ): Zusatzbedingung $S'(x_n) = y_n'$.

Die Splinefunktion S mit den Eigenschaften (1), (2), (3), (4)(γ) sei definiert durch

$$S_i(x) = a_i + b_i(x-x_i) + c_i(x-x_i)^2 + d_i(x-x_i)^3 \text{ für } x \in [x_i, x_{i+1}], \, i = 0(1)n-2,$$

$$\begin{aligned}S_{n-1}(x) &= a_{n-1} + b_{n-1}(x - x_{n-1}) + c_{n-1}(x - x_{n-1})^2 + d_{n-1}(x - x_{n-1})^3 \\ &+ e_{n-1}(x - x_{n-1})^4 \text{ für } x \in [x_{n-1}, x_n].\end{aligned}$$

Bestimmung der Polynomkoeffizienten erfolgt nach den Gleichungen:

1. $c_0 = \frac{y_0''}{2}$, $h_i = x_{i+1} - x_i$ für $i = 0(1)$n-1.

2. Die c_i, $i = 1(1)$n-1, sind die Lösungen des linearen Gleichungssystems

$$2(h_0 + h_1)c_1 + h_1 c_2 = \frac{3}{h_1}(y_2 - y_1) - \frac{3}{h_0}(y_1 - y_0) - h_0\frac{y_0''}{2},$$

$$h_i c_i + 2(h_i + h_{i+1})c_{i+1} + h_{i+1} c_{i+2} = \frac{3}{h_{i+1}}(y_{i+2} - y_{i+1}) - \frac{3}{h_i}(y_{i+1} - y_i),$$

$$i = 1(1)n-3 \text{ und } n > 3,$$

$$h_{n-2}c_{n-2} + (2h_{n-2} + h_{n-1})c_{n-1} = \frac{6}{h_{n-1}}(y_n - y_{n-1})$$

$$- \frac{3}{h_{n-2}}(y_{n-1} - y_{n-2}) - 3y_n' + h_{n-1}\frac{y_n''}{2}.$$

Für n = 3 besteht das System nur aus der ersten und letzten Gleichung.

3. $e_{n-1} = \frac{1}{3h_{n-1}^2}(y_n'' + c_{n-1}) - \frac{1}{h_{n-1}^3}y_n' + \frac{1}{h_{n-1}^4}(y_n - y_{n-1})$.

4. $d_0 = \frac{1}{3h_0}\left(c_1 - \frac{y_0''}{2}\right)$,

$$d_i = \frac{1}{3h_i}(c_{i+1} - c_i), \quad i = 1(1)n-2,$$

$$d_{n-1} = \frac{1}{3h_{n-1}}\left(\frac{y_n''}{2} - c_{n-1}\right) - 2h_{n-1}e_{n-1}.$$

5. $b_0 = \frac{1}{h_0}(y_1 - y_0) - \frac{h_0}{3}(c_1 + y_0'')$,

$b_i = \frac{1}{h_i}(y_{i+1} - y_i) - \frac{h_i}{3}(c_{i+1} + 2c_i)$, $\quad i = 1(1)n - 2$,

$b_{n-1} = y_n' - h_{n-1}\left(\frac{y_n''}{2} + c_{n-1}\right) + 2h_{n-1}^3 e_{n-1}$.

6. $a_i = y_i$, $\quad i = 0(1)n - 1$.

Zu (δ): Zusatzbedingungen: $S'(x_0) = y_0'$, $S'(x_n) = y_n'$.

Die Splinefunktion S mit den Eigenschaften (1), (2), (3), (4)(δ) sei definiert durch

$S_0(x) = a_0 + b_0(x - x_0) + c_0(x - x_0)^2 + d_0(x - x_0)^3 + e_0(x - x_0)^4$

für $x \in [x_0, x_1]$,

$S_i(x) = a_i + b_i(x - x_i) + c_i(x - x_i)^2 + d_i(x - x_i)^3$

für $x \in [x_i, x_{i+1}]$, $i = 1(1)n - 2$,

$S_{n-1}(x) = a_{n-1} + b_{n-1}(x - x_{n-1}) + c_{n-1}(x - x_{n-1})^2 + d_{n-1}(x - x_{n-1})^3$
$\qquad\qquad + e_{n-1}(x - x_{n-1})^4$

für $x \in [x_{n-1}, x_n]$.

Bestimmung der Polynomkoeffizienten erfolgt nach den Gleichungen:

1. $c_0 = \frac{y_0''}{2}$, $h_i = x_{i+1} - x_i$ für $i = 0(1)$n-1.

2. Die c_i, $i = 1(1)$n-1, sind die Lösungen des linearen Gleichungssystems

$(h_0 + 2h_1)c_1 + h_1 c_2 = \frac{3}{h_1}(y_2 - y_1) - \frac{6}{h_0}(y_1 - y_0) + 3y_0' + h_0 \frac{y_0''}{2}$,

$h_i c_i + 2(h_i + h_{i+1})c_{i+1} + h_{i+1}c_{i+2} = \frac{3}{h_{i+1}}(y_{i+2} - y_{i+1}) - \frac{3}{h_i}(y_{i+1} - y_i)$,

$\qquad\qquad\qquad i = 1(1)n - 3 \quad \text{und} \quad n > 3$.

$h_{n-2}c_{n-2} + (2h_{n-2} + h_{n-1})c_{n-1} = \frac{6}{h_{n-1}}(y_n - y_{n-1})$
$\qquad\qquad - \frac{3}{h_{n-2}}(y_{n-1} - y_{n-2}) - 3y_n' + h_{n-1}\frac{y_n''}{2}$.

Für n = 3 besteht das System nur aus der ersten und letzten Gleichung.

3. $e_0 = \frac{1}{3h_0^2}(c_1 + y_0'') + \frac{1}{h_0^3}y_0' - \frac{1}{h_0^4}(y_1 - y_0)$,

$e_{n-1} = \frac{1}{3h_{n-1}^2}(y_n'' + c_{n-1}) - \frac{1}{h_{n-1}^3}y_n' + \frac{1}{h_{n-1}^4}(y_n - y_{n-1})$.

4. $d_0 = \frac{1}{3h_0}\left(c_1 - \frac{y_0''}{2}\right) - 2h_0 e_0$,

$d_i = \frac{1}{3h_i}(c_{i+1} - c_i), \quad i = 1(1)n - 2$,

$d_{n-1} = \frac{1}{3h_{n-1}}\left(\frac{y_n''}{2} - c_{n-1}\right) - 2h_{n-1}e_{n-1}$.

5. $b_0 = y_0'$,

$b_i = \frac{1}{h_i}(y_{i+1} - y_i) - \frac{h_i}{3}(c_{i+1} + 2c_i), \quad i = 1(1)n - 2$,

$b_{n-1} = y_n' - h_{n-1}\left(\frac{y_n''}{2} + c_{n-1}\right) + 2h_{n-1}^3 e_{n-1}$.

6. $a_i = y_i, \quad i = 0(1)n - 1.$

LITERATUR zu 10.1.4: [WODI77]; [NITS90].

10.1.5 Konvergenz und Fehlerabschätzungen interpolierender kubischer Splines

Im Gegensatz zur unbestimmten Konvergenz bei der Interpolation ist die Konvergenz interpolierender Splines und ihrer Ableitungen gegen die anzunähernde Funktion (und ihre Ableitungen) immer gewährleistet, wenn die Knoten x_k entsprechend enger werdend gewählt werden.

Sei
$$Z: \quad a = x_0 < x_1 < \ldots < x_n = b$$
eine Zerlegung des Intervalls [a,b] und
$$h = \max_{0 \leq i < n}(x_{i+1} - x_i),$$
so gilt für die interpolierenden kubischen Splines der folgende Satz (siehe [NIED87], S.176 ff.; [STOE83], 2.4.3; [STOE91]).

SATZ 10.8. Sei f ∈ $C^4(a,b)$, $|f^{(4)}(x)| \leq M$ und S interpolierender kubischer Spline zu der Zerlegung Z. Dann gelten die Abschätzungen:

1. Ist S ein Spline mit vorgegebener 1. Randableitung (S'(a) = f'(a), S'(b) = f'(b)) bzw. mit vorgegebener 2. Randableitung (S''(a) = f''(a), S''(b) = f''(b)), so gilt

$$|f^{(k)}(x) - S^{(k)}(x)| \leq C_k M h^{4-k}$$

für x ∈ [a,b], k = 0,1,2, C_0 = 5/384, C_1 = 1/24, C_2 = 3/8 .

2. Ist f periodisch mit der Periode b-a und S zugehöriger periodischer Spline, so gilt

$$|f^{(k)}(x) - S^{(k)}(x)| \leq 3/8 M h^{4-k}$$

für x ∈ [a,b] und k = 0,1,2 .

BEMERKUNG. Zu den interpolierenden natürlichen Splines gilt global nur die Approximationsgüte $|f(x) - S(x)| = O(h^2)$ im Gegensatz zu $|f(x) - S(x)| = O(h^4)$ für die Splines mit vorgegebener 1. bzw. 2. Randableitung und die Splines mit not-a-knot-Bedingung.

LITERATUR zu 10.1: [AHLB67]; [BEZI72]; [BÖHM74]; [BÖHM75]; [BOOR79]; [ENGE72]; [GREV69]; [HÄMM78], 9; [NIED87], 6.3; [NITS90]; [RALS79] Bd.II, 8; [SAUE69], H §4; [SPÄT73], 1.7; [SPÄT86]; [STOE83], 2.4; [STUM82], III; [WERN79], III; [WODI77].

10.2 Hermite-Splines fünften Grades

10.2.1 Definition der Hermite-Splines

Von der Funktion f seien an n+1 Stützstellen x_i neben den Funktionswerten $y_i = f(x_i)$ auch die Steigungen $y'_i = f'(x_i)$ gegeben, d.h. es liegen n+1 Wertetripel (x_i, y_i, y'_i) für i=0(1)n vor. Hier läßt sich durch Hermite-Splines eine besonders gute Anpassung erreichen, denn es ist jetzt das Ziel die Konstruktion einer möglichst "glatten" Kurve durch die vorgegebenen Punkte (x_i, y_i)

10.2 Hermite-Splines fünften Grades

mit den Steigungen y'_i mit Hilfe von Polynomsplines fünften Grades (Hermite-Splines). Unter der Voraussetzung monotoner Anordnung der x_i

$$a = x_0 < x_1 < \ldots < x_n = b$$

kann die gesuchte Kurve durch eine Splinefunktion S mit $S(x) \approx f(x)$ dargestellt werden, die sich stückweise aus Polynomen S_i fünften Grades für $x \in [x_i, x_{i+1}]$, $i = 0(1)n-1$, zusammensetzt.

Die S_i müssen dann gewissen Randbedingungen genügen, und es ergeben sich je nach Vorgabe der Randbedingungen die unter I. aufgeführten verschiedenen Arten von Hermite-Splinefunktionen S. Läßt sich die Bedingung der strengen Monotonie der Knoten x_i nicht erfüllen, so müssen auch hier parametrische Hermite-Splines verwendet werden, s. dazu auch Abschnitt 10.1 unter II. Die parametrischen Hermite-Splines mit verschiedenen Randbedingungen sind unter II. in diesem Abschnitt angegeben.

I. Arten von Hermite-Splinefunktionen.

Gesucht ist auf $[a,b] = [x_0, x_n]$ eine Splinefunktion S mit den Eigenschaften:

(1) S ist in [a,b] dreimal stetig differenzierbar.

(2) S ist in jedem Intervall $[x_i, x_{i+1}]$ für $i = 0(1)n-1$ durch ein Polynom S_i fünften Grades gegeben.

(3) S erfüllt die Interpolationsbedingungen $S(x_i) = y_i$, $S'(x_i) = y'_i$, $i = 0(1)n$.

(4) Es sei eine der folgenden Randbedingungen (i) bis (v) vorgegeben:

(i) $S''(x_0) = S''(x_n) = 0$, dann heißt S eine *natürliche Hermite-Splinefunktion*.

(ii) $S(x_0) = S(x_n)$, $S'(x_0) = S'(x_n)$, $S''(x_0) = S''(x_n)$, $S'''(x_0) = S'''(x_n)$, dann heißt S eine *periodische Hermite-Splinefunktion*.

(iii) $S''(x_0) = y''_0$, $S''(x_n) = y''_n$ mit $y''(x_0) = y''_0$, $y''(x_n) = y''_n$.

(iv) Krümmungsradien r_0 und r_n an den Stellen x_0 bzw. x_n.

(v) $S'''(x_0) = y'''(x_0) = y'''_0$, $S'''(x_n) = y'''(x_n) = y'''_n$.

II. Parametrische Hermite-Splines.

Sind die x_i nicht monoton angeordnet, so muß analog zu den in Abschnitt 10.1 beschriebenen parametrischen kubischen Splines verfahren werden.

10.2.2 Berechnung der nichtparametrischen Hermite-Splines

Es werden die unter I. in Abschnitt 10.2.1 beschriebenen Hermite-Splines berechnet. Zur Konstruktion von S gemäß Eigenschaft (2) in I. in Abschnitt 10.2.1 wird angesetzt

(10.5)
$$\begin{cases} S(x) \equiv S_i(x) := a_i + b_i(x - x_i) + c_i(x - x_i)^2 \\ \quad + d_i(x - x_i)^3 + e_i(x - x_i)^4 + f_i(x - x_i)^5, \\ x \in [x_i, x_{i+1}], \quad i = 0(1)n - 1. \end{cases}$$

Der 6-parametrige Ansatz ergibt sich aus der Forderung $S \in C^3[a,b]$. Die Eigenschaften (1) und (3) von S führen zu folgenden Anschlußbedingungen:

(a) $S_i(x_i) = y_i,$ $i = 0(1)n,$

(b) $S'_i(x_i) = y'_i,$ $i = 0(1)n,$

(c) $S_i(x_i) = S_{i-1}(x_i),$ $i = 1(1)n,$

(d) $S'_i(x_i) = S'_{i-1}(x_i),$ $i = 1(1)n - 1,$

(e) $S''_i(x_i) = S''_{i-1}(x_i),$ $i = 1(1)n - 1,$

(f) $S'''_i(x_i) = S'''_{i-1}(x_i),$ $i = 1(1)n - 1,$

wobei formal $S_n(x_n) = a_n$, $S'_n(x_n) = b_n$ gesetzt wird.

ALGORITHMUS 10.9   (*Nichtperiodische Hermite-Splines*).

Gegeben: (x_i, y_i, y'_i), $i = 0(1)n$, x_i streng monoton angeordnet

Gesucht: Koeffizienten a_i, b_i, c_i, d_i, e_i, f_i der Polynome (10.6)

1. $a_i = y_i$, $b_i = y'_i$ für $i = 0(1)n$.
2. (i) $c_0 = c_n = 0$

10.2 Hermite-Splines fünften Grades

(iii) $c_0 = \frac{1}{2} y_0''$, $\quad c_n = \frac{1}{2} y_n''$

(iv) $c_0 = (1 + b_0^2)^{3/2}/2r_0$, $\quad c_n = (1 + b_n^2)^{3/2}/2r_n$

(v) $c_0 = \frac{1}{3} \left[\dfrac{10(a_1 - a_0)}{h_0^2} - \dfrac{2(2b_1 + 3b_0)}{h_0} - \dfrac{y_0''' h_0}{6} + c_1 \right]$

$\quad c_n = \frac{1}{3} \left[\dfrac{10(a_{n-1} - a_n)}{h_{n-1}^2} + \dfrac{2(2b_{n-1} + 3b_n)}{h_{n-1}} + \dfrac{y_n''' h_{n-1}}{6} + c_{n-1} \right]$

3. Gleichungssysteme für $c_1, c_2, \ldots, c_{n-1}$ mit $h_i = x_{i+1} - x_i$:

$$3 \left(\frac{\alpha}{h_0} + \frac{1}{h_1} \right) c_1 - \frac{1}{h_1} c_2 = 10 \left[\frac{a_2 - a_1}{h_1^3} - \frac{a_1 - a_0}{h_0^3} \right]$$

$$+ 4 \left[\frac{b_0}{h_0^2} - \frac{3}{2} \left(\frac{1}{h_1^2} - \frac{1}{h_0^2} \right) b_1 - \frac{b_2}{h_1^2} \right] + \beta_1$$

$$-\frac{c_{i-1}}{h_{i-1}} + 3 \left(\frac{1}{h_{i-1}} + \frac{1}{h_i} \right) c_i - \frac{1}{h_i} c_{i+1} = 10 \left[\frac{a_{i+1} - a_i}{h_i^3} - \frac{a_i - a_{i-1}}{h_{i-1}^3} \right]$$

$$+ 4 \left[\frac{b_{i-1}}{h_{i-1}^2} - \frac{3}{2} \left(\frac{1}{h_i^2} - \frac{1}{h_{i-1}^2} \right) b_i - \frac{b_{i+1}}{h_i^2} \right] \quad \text{für } i = 2(1)n - 2$$

$$-\frac{c_{n-2}}{h_{n-2}} + 3 \left(\frac{1}{h_{n-2}} + \frac{\alpha}{h_{n-1}} \right) c_{n-1} = 10 \left[\frac{a_n - a_{n-1}}{h_{n-1}^3} - \frac{a_{n-1} - a_{n-2}}{h_{n-2}^3} \right]$$

$$+ 4 \left[\frac{b_{n-2}}{h_{n-2}^2} - \frac{3}{2} \left(\frac{1}{h_{n-1}^2} - \frac{1}{h_{n-2}^2} \right) b_{n-1} - \frac{b_n}{h_{n-1}^2} \right] + \beta_2$$

Dabei sind die Größen α, β_1 und β_2 je nach Wahl der Randbedingungen (RB) (i), (iii), (iv), (v) wie folgt zu setzen:

$$\alpha = \begin{cases} 1 & \text{für } RB(i), (iii), (iv) \\ 8/9 & \text{für } RB(v) \end{cases}$$

$$\beta_1 = \begin{cases} 0 & \text{für } RB(i) \\ y_0''/2h_0 & \text{für } RB(iii) \\ (1 + b_0^2)^{3/2}/2h_0 r_0 & \text{für } RB(iv) \\ \dfrac{10}{3h_0^3}(a_1 - a_0) - \dfrac{2}{3h_0^2}(2b_1 + 3b_0) - \dfrac{y_0'''}{18} & \text{für } RB(v) \end{cases}$$

$$\beta_2 = \begin{cases} 0 & \text{für } RB(i) \\ y_n''/2h_{n-1} & \text{für } RB(iii) \\ (1+b_n^2)^{3/2}/2h_{n-1}r_n & \text{für } RB(iv) \\ -\dfrac{10}{3h_{n-1}^3}(a_n - a_{n-1}) + \dfrac{2}{3h_{n-1}^2}(3b_n + 2b_{n-1}) + \dfrac{y_n'''}{18} & \text{für } RB(v) \end{cases}$$

4. $d_i = \dfrac{10}{h_i^3}(a_{i+1} - a_i) - \dfrac{2}{h_i^2}(2b_{i+1} + 3b_i) + \dfrac{1}{h_i}(c_{i+1} - 3c_i)$, $i = 0(1)n-1$

$d_n = d_{n-1} - \dfrac{2}{h_{n-1}^2}(b_n - b_{n-1}) + \dfrac{2}{h_{n-1}}(c_n + c_{n-1})$

5. $e_i = \dfrac{1}{2h_i^3}(b_{i+1} - b_i) - \dfrac{1}{h_i^2}c_i - \dfrac{1}{4h_i}(d_{i+1} + 5d_i)$, $i = 0(1)n-1$

6. $f_i = \dfrac{1}{10h_i^3}(c_{i+1} - c_i - 3d_i h_i - 6e_i h_i^2)$, $i = 0(1)n-1$

Das System 3. in Algorithmus 10.9 ist ein lineares Gleichungssystem für n−1 Koeffizienten $c_1, c_2, \ldots, c_{n-1}$; es hat die Form **Ac = g**, mit

$$\mathbf{A} = \begin{pmatrix} 3\left(\dfrac{\alpha}{h_0} + \dfrac{1}{h_1}\right) & -\dfrac{1}{h_1} & & & \\ -\dfrac{1}{h_1} & 3\left(\dfrac{1}{h_1} + \dfrac{1}{h_2}\right) & -\dfrac{1}{h_2} & & \\ & \ddots & \ddots & \ddots & \\ & & -\dfrac{1}{h_{n-3}} & 3\left(\dfrac{1}{h_{n-3}} + \dfrac{1}{h_{n-2}}\right) & -\dfrac{1}{h_{n-2}} \\ & & & -\dfrac{1}{h_{n-2}} & 3\left(\dfrac{1}{h_{n-2}} + \dfrac{\alpha}{h_{n-1}}\right) \end{pmatrix}$$

$$\mathbf{g} = \begin{pmatrix} 10\left[\dfrac{a_2-a_1}{h_1^3} - \dfrac{a_1-a_0}{h_0^3}\right] + 4\left[\dfrac{b_0}{h_0^2} - \dfrac{3}{2}\left(\dfrac{1}{h_1^2} - \dfrac{1}{h_0^2}\right)b_1 - \dfrac{b_2}{h_1^2}\right] + \beta_1 \\ 10\left[\dfrac{a_3-a_2}{h_2^3} - \dfrac{a_2-a_1}{h_1^3}\right] + 4\left[\dfrac{b_1}{h_1^2} - \dfrac{3}{2}\left(\dfrac{1}{h_2^2} - \dfrac{1}{h_1^2}\right)b_2 - \dfrac{b_3}{h_2^2}\right] \\ \vdots \\ 10\left[\dfrac{a_n-a_{n-1}}{h_{n-1}^3} - \dfrac{a_{n-1}-a_{n-2}}{h_{n-2}^3}\right] + 4\left[\dfrac{b_{n-2}}{h_{n-2}^2} - \dfrac{3}{2}\left(\dfrac{1}{h_{n-1}^2} - \dfrac{1}{h_{n-2}^2}\right)b_{n-1} - \dfrac{b_n}{h_{n-1}^2}\right] + \beta_2 \end{pmatrix}$$

$$\mathbf{c} = (c_1, c_2, \ldots, c_{n-1})^T.$$

10.2 Hermite-Splines fünften Grades

Eigenschaften der Matrix **A**.

Die Matrix **A** ist tridiagonal, symmetrisch, stark diagonal dominant, besitzt positive Hauptdiagonalelemente und negative, von Null verschiedene Nebendiagonalelemente; sie ist also positiv definit und damit streng regulär. Das Gleichungssystem ist folglich eindeutig lösbar nach der in Abschnitt 4.10 beschriebenen Methode. Pivotisierung und Nachiteration sind überflüssig.

ALGORITHMUS 10.10 (*Periodische Hermite-Splines*).

Gegeben: (x_i, y_i, y'_i), $i = 0(1)n$, x_i streng monotone Anordnung der x_i

Gesucht: Koeffizienten a_i, b_i, c_i, d_i, e_i, f_i der Polynome (10.6) mit den Randbedingungen $S^{(k)}(x_0) = S^{(k)}(x_n)$ für $k = 0(1)3$

1. $a_i = y_i$, $b_i = y'_i$ für $i = 0(1)n$
2. $c_0 = c_n$, $c_1 = c_{n+1}$, $a_1 = a_{n+1}$, $b_1 = b_{n+1}$, $h_0 = h_n$
3. Gleichungssystem für $c_1, c_2, \ldots, c_n$ mit $h_i = x_{i+1} - x_i$:

$$3\left(\frac{1}{h_0} + \frac{1}{h_1}\right) c_1 - \frac{1}{h_1} c_2 - \frac{1}{h_0} c_n = 10\left[\frac{a_2 - a_1}{h_1^3} - \frac{a_1 - a_0}{h_0^3}\right]$$

$$+ 4\left[\frac{b_0}{h_0^3} - \frac{3}{2}\left(\frac{1}{h_1^2} - \frac{1}{h_0^2}\right) b_1 - \frac{b_2}{h_1^2}\right]$$

$$-\frac{c_{i-1}}{h_{i-1}} + 3\left(\frac{1}{h_{i-1}} + \frac{1}{h_i}\right) c_i - \frac{1}{h_i} c_{i+1} = 10\left[\frac{a_{i+1} - a_i}{h_i^3} - \frac{a_i - a_{i-1}}{h_{i-1}^3}\right]$$

$$+ 4\left[\frac{b_{i-1}}{h_{i-1}^3} - \frac{3}{2}\left(\frac{1}{h_i^2} - \frac{1}{h_{i-1}^2}\right) b_i - \frac{b_{i+1}}{h_i^2}\right], \quad i = 2(1)n-1$$

$$-\frac{c_1}{h_0} - \frac{1}{h_{n-1}} c_{n-1} + 3\left(\frac{1}{h_{n-1}} + \frac{1}{h_0}\right) c_n = 10\left[\frac{a_1 - a_n}{h_0^3} - \frac{a_n - a_{n-1}}{h_{n-1}^3}\right]$$

$$+ 4\left[\frac{b_{n-1}}{h_{n-1}^3} - \frac{3}{2}\left(\frac{1}{h_0^2} - \frac{1}{h_{n-1}^2}\right) b_n - \frac{b_1}{h_0^2}\right]$$

4. $d_i = \frac{10}{h_i^3}(a_{i+1} - a_i) - \frac{2}{h_i^2}(2b_{i+1} + 3b_i) + \frac{1}{h_i}(c_{i+1} - 3c_i)$, $i = 0(1)n - 1$

$$d_n = d_{n-1} - \frac{2}{h_{n-1}^2}(b_n - b_{n-1}) + \frac{2}{h_{n-1}}(c_n + c_{n-1})$$

5. $e_i = \frac{1}{2h_i^3}(b_{i+1} - b_i) - \frac{1}{h_i^2} c_i - \frac{1}{4h_i}(d_{i+1} + 5d_i)$, $i = 0(1)n - 1$

6. $f_i = \dfrac{1}{10h_i^3}(c_{i+1} - c_i - 3d_ih_i - 6e_ih_i^2)$, $i = 0(1)n - 1$

Das System 3. in Algorithmus 10.10 ist ein lineares Gleichungssystem von n Gleichungen für die n Unbekannten c_1, c_2,..., c_n mit einer zyklisch tridiagonalen, symmetrischen, stark diagonal dominanten Matrix mit positiven Hauptdiagonalelementen und negativen, von Null verschiedenen Elementen außerhalb der Hauptdiagonalen; die Matrix ist also positiv definit und damit streng regulär. Das System sollte nach dem Gaußschen Algorithmus bzw. Cholesky-Verfahren für zyklisch tridiagonale Matrizen gemäß Abschnitt 4.11 gelöst werden.

10.2.3 Berechnung der parametrischen Hermite-Splines

Sind Wertetripel (x_i, y_i, y_i'), i=0(1)n einer Kurve C gegeben, die x_i aber nicht streng monoton angeordnet, so wird näherungsweise eine Parameterdarstellung $\{x(t), y(t)\} \approx \{S_x(t), S_y(t)\}$ von C ermittelt, indem die Hermite-Splinefunktion S_x und S_y zu den Wertetripeln $(t_i, x_i, \dot{x}_i)$ bzw. $(t_i, y_i, \dot{y}_i)$ gemäß I. berechnet werden mit monoton angeordneten Parameterwerten t_i; ihre Berechnung erfolgt gemäß Abschnitt 10.1.3. Die $\dot{x}_i, \dot{y}_i$ sind nur aus den vorgegebenen y_i', i=0(1)n, wegen $\dot{x}_i^2 + \dot{y}_i^2 = 1$ und $y' = \dot{y}_i/\dot{x}_i$ wie folgt zu ermitteln:

$$\dot{x}_i = \frac{\sigma_i}{+\sqrt{1 + y_i'^2}} \quad \text{mit} \quad \begin{cases} \sigma_i = \operatorname{sgn}(\mathbf{x}_{i+1} - \mathbf{x}_i)^T \dot{\mathbf{x}}_{i+} \text{ für } i = 0(1)n-1, \\ \sigma_i = \operatorname{sgn}(\mathbf{x}_n - \mathbf{x}_{n-1})^T \dot{\mathbf{x}}_{n+} \text{ für } i = n, \end{cases}$$

$\dot{y}_i = \dot{x}_i y_i'$ für $i = 0(1)n$,

mit den Bezeichnungen

$$\mathbf{x}_i := \begin{pmatrix} x_i \\ y_i \end{pmatrix}, \quad \dot{\mathbf{x}}_i := \begin{pmatrix} \dot{x}_i \\ \dot{y}_i \end{pmatrix}, \quad \dot{\mathbf{x}}_{i+} := \begin{pmatrix} |\dot{x}_i| \\ |\dot{x}_i| y_i' \end{pmatrix}.$$

Das Vorzeichen σ_i von $\dot{x}_i$ wurde so bestimmt, daß der von $(\mathbf{x}_{i+1}-\mathbf{x}_i)$ und $\dot{\mathbf{x}}_i$ eingeschlossene Winkel immer $< \pi/2$ ist, d.h. für das Skalarprodukt $(\mathbf{x}_{i+1}-\mathbf{x}_i)^T \dot{\mathbf{x}}_i > 0$ gilt. Falls für ein festes i das Skalarprodukt $(\mathbf{x}_{i+1}-\mathbf{x}_i)^T \dot{\mathbf{x}}_{i+}$ verschwindet, wird $\sigma_i = \operatorname{sgn}(\mathbf{x}_i - \mathbf{x}_{i-1})^T \dot{\mathbf{x}}_{i+}$ gewählt, sofern $(\mathbf{x}_i - \mathbf{x}_{i-1})^T \dot{\mathbf{x}}_{i+} \neq 0$ gilt, andernfalls ist das Problem nicht eindeutig lösbar. Ebenfalls nicht eindeutig ist die Vorgabe von $\mathbf{x}_0$, $\mathbf{x}_1$ und y_0', wenn $(\mathbf{x}_1-\mathbf{x}_0)^T \dot{\mathbf{x}}_{0+} = 0$ gilt.

10.2 Hermite-Splines fünften Grades

Im Falle einer vertikalen Tangente wird gesetzt:

$$\dot{\mathbf{x}}_{i+} = \begin{pmatrix} 0 \\ 1 \end{pmatrix} \quad \text{mit} \quad \dot{\mathbf{x}}_i = \sigma_i \dot{\mathbf{x}}_{i+}.$$

Die Berechnung der Splinefunktionen S_x bzw. S_y erfolgt nun analog zu I. in Abschnitt 10.2.1. Dabei wird S_x zu den Wertetripeln $(t_i, x_i, \dot{x}_i)$ und S_y zu den Wertetripeln $(t_i, y_i, \dot{y}_i)$ berechnet. Die $\dot{x}_i$, $\dot{y}_i$ sind aus den y'_i wie zuvor beschrieben zu ermitteln. Als Randbedingungen können hier vorgegeben werden:

(1) natürliche Randbedingungen ,

(2) periodische Randbedingungen ,

(3) y''_0, y''_n ,

(4) $(\ddot{x}_0, \ddot{y}_0)$, $(\ddot{x}_n, \ddot{y}_n)$,

(5) Krümmungsradien r_0, r_n ,

(6) $(\dddot{x}_0, \dddot{y}_0)$, $(\dddot{x}_n, \dddot{y}_n)$.

Die Splinefunktionen S_x und S_y mit den Randbedingungen (1) bis (6) werden wie folgt berechnet:

Zu (1): S_x, S_y sind natürlich. Die Berechnung von S_x zu den Wertetripeln $(t_i, x_i, \dot{x}_i)$ erfolgt nach Algorithmus 10.9 mit (i), indem in den Formeln x_i durch t_i, y_i durch x_i, y'_i durch $\dot{x}_i$ ersetzt wird. Die Berechnung von S_y zu den Wertetripeln $(t_i, y_i, \dot{y}_i)$ erfolgt nach Algorithmus 10.9 mit (i), indem man in den Formeln x_i durch t_i, y'_i durch $\dot{y}_i$ ersetzt wird, y_i bleibt.

Zu (2): S_x, S_y sind periodisch. Die Berechnung von S_x erfolgt nach Algorithmus 10.10, in den Formeln ist zunächst x_i durch t_i, y_i durch x_i und y'_i durch $\dot{x}_i$ zu ersetzen. Die Berechnung von S_y erfolgt nach Algorithmus 10.10 mit t_i statt x_i, y_i bleibt, $\dot{y}_i$ statt y'_i .

Zu (3): Berechnung von S_x gemäß Algorithmus 10.9 (iii), dort ist t_i statt x_i, x_i statt y_i, $\dot{x}_i$ statt y'_i zu setzen, und es sind die Randbedingungen $\ddot{x}_0 = 1$, $\ddot{x}_n = 1$ statt y''_0, y''_n zu verwenden, wobei $\dot{x}_0$, $\dot{x}_n \neq 0$ sei. Berechnung von S_y gemäß Algorithmus 10.9 (iii) mit t_i statt x_i, y_i bleibt, $\dot{y}_i$ statt y'_i und den Randbedingungen $\ddot{y}_0$, $\ddot{y}_n$ statt y''_0, y''_n. Dabei werden $\ddot{y}_0$, $\ddot{y}_n$ wie folgt berechnet:

$$\ddot{y}_0 = \frac{1}{\dot{x}_0}(\dot{x}_0^3 y''_0 + \dot{y}_0), \quad \ddot{y}_n = \frac{1}{\dot{x}_n}(\dot{x}_n^3 y''_n + \dot{y}_n)$$

Zu (4): Berechnung von S_x gemäß Algorithmus 10.9 (iii) mit t_i statt x_i, x_i statt y_i, $\dot{x}_i$ statt y'_i, $\ddot{x}_0$ statt y''_0 und $\ddot{x}_n$ statt y''_n.
Berechnung von S_y gemäß Algorithmus 10.9 (iii), indem dort t_i statt x_i, $\dot{y}_i$ statt y'_i, $\ddot{y}_0$ statt y''_0 und $\ddot{y}_n$ statt y''_n gesetzt wird.

Zu (5): Die Berechnung von S_x erfolgt gemäß Algorithmus 10.9 (iii), dort ist t_i statt x_i, x_i statt y_i, $\dot{x}_i$ statt y'_i, $\ddot{x}_0$ statt y'''_0, $\ddot{x}_n$ statt y'''_n zu setzen. Dabei werden $\ddot{x}_0$, $\ddot{x}_n$ wie folgt ermittelt

$$\ddot{x}_0 = \begin{cases} -1/(r_0 \dot{y}_0) & \text{für } \dot{x}_0 = 0, \\ 1 & \text{sonst.} \end{cases}$$

$$\ddot{x}_n = \begin{cases} -1/(r_n \dot{y}_n) & \text{für } \dot{x}_n = 0, \\ 1 & \text{sonst.} \end{cases}$$

Die Berechnung von S_y erfolgt gemäß Algorithmus 10.9 (iii) mit t_i statt x_i, y_i bleibt, $\dot{y}_i$ statt y'_i, $\ddot{y}_0$ statt y''_0, $\ddot{y}_n$ statt y''_n. Dabei sind $\ddot{y}_0$ und $\ddot{y}_n$ aus den folgenden Formeln zu berechnen:

$$\ddot{y}_0 = \begin{cases} 1 & \text{für } \dot{x}_0 = 0, \\ \left(\frac{1}{r_0} + \dot{y}_0\right)/\dot{x}_0 & \text{sonst.} \end{cases}$$

$$\ddot{y}_n = \begin{cases} 1 & \text{für } \dot{x}_n = 0, \\ \left(\frac{1}{r_n} + \dot{y}_n\right)/\dot{x}_n & \text{sonst.} \end{cases}$$

Zu (6): Die Berechnung von S_x erfolgt nach Algorithmus 10.9 (v) mit t_i statt x_i, x_i statt y_i, $\dot{x}_i$ statt y'_i, $\dddot{x}_0$ statt y'''_0 und $\dddot{x}_n$ statt y'''_n. Die Berechnung von S_y wird nach dem Algorithmus 10.9 (v) mit t_i statt x_i, y_i bleibt, $\dot{y}_i$ statt y'_i, $\dddot{y}_0$ statt y'''_0, $\dddot{y}_n$ statt y'''_n vorgenommen.

Bei Vorgabe anderer Randbedingungen müssen die Formeln entsprechend umgerechnet werden. Die Formeln für den Fall der Vorgabe von Wertequadrupeln (x_i, y_i, y'_i, y''_i) sind in [SPÄT86], S.55 ff. zu finden.

LITERATUR zu 10.2: [AHLB67], IV; [BÖHM74], 5.2; [SPÄT86], S.52 ff.

10.3 Entscheidungshilfen zur Auswahl der geeigneten interpolierenden oder approximierenden Splinemethode

Im allgemeinen sind die kubischen Splines den Hermite-Splines bei der analytischen Darstellung glatter Kurven überlegen, da der kubische Spline im wesentlichen das Straken analytisch beschreibt und die Biegungsenergie minimiert, während der Hermite-Spline aufgrund seiner Zusammensetzung aus Polynomen fünften Grades stärker schwingt. Will man jedoch unbedingt neben den Interpolationsstellen dort auch die Ableitungen in Übereinstimmung mit denen des zu berechnenden Splines bringen und benötigt man die höhere Differenzierbarkeit, so muß man mit Hermite-Splines arbeiten.

Für approximierende kubische Splines (Ausgleichssplines), die in Kapitel 11 behandelt werden, gelten im Prinzip die gleichen Aussagen bezüglich ihrer Anwendbarkeit wie für interpolierende kubische Splines. Man verwendet die Ausgleichssplines vor allem dann, wenn die gegebenen Funktionswerte mit Fehlern behaftet sind und die zugehörigen Punkte nicht durch eine glatte Kurve verbunden, sondern durch eine glatte Kurve möglichst gut ausgeglichen werden sollen.

Hat man Anhaltspunkte für eine mögliche Modellfunktion der anzunähernden Kurve, so sollte man die diskrete Fehlerquadratmethode (s. Abschnitt 8.1.3) verwenden. Existiert jedoch keine Modellvorstellung, so verwendet man zweckmäßig Ausgleichssplines.

Neben der Wahl der geeigneten Splineart ist unbedingt auch die Zerlegung Z: $x_0 < x_1 < x_2 < \ldots < x_n$ des Intervalls [a,b] angemessen festzulegen. In Bereichen starker Steigung sind die Knoten x_i enger zu wählen, in Bereichen geringer Steigung können sie weiter auseinander liegen. Eine äquidistante Zerlegung ist im allgemeinen ungeeignet.

Generell läßt sich sagen, daß sich die fest vorgegebenen 2. Randableitungen ($S''(x_0) = S''(x_n) = 0$) der natürlichen Splines oft ungünstig auswirken und deshalb die Splines mit frei vorzuschreibenden 1. oder 2. Randableitungen weitaus bessere Approximationseigenschaften aufweisen. Hat man keine Informationen über die Randableitungen, so kann man zur Bestimmung der Ableitungen mit Interpolation arbeiten. Man legt z.B. durch die ersten vier (drei) und durch die letzten vier (drei) vorgegebenen Punkte (x_i, y_i) je ein Interpolationspolynom 3. Grades (2. Grades) und bestimmt in den Randknoten x_0 und x_n die Ableitungen des zugehörigen Interpolationspolynoms. Dann wendet man die entsprechende Splinemethode an. Will man Geradenstücke auch als Geraden haben und Ecken als Ecken, so sollte man die Akima-Subsplines bzw. Renner-Subsplines verwenden, siehe Kapitel 13.

Die Formel zur Berechnung der Parameterwerte bei den Renner-Subsplines eignet sich ausgezeichnet zur näherungsweisen Berechnung der Bogenlänge einer Kurve.

Parametrische Splines.

Bei *nicht* monotoner Anordnung der Knoten x_i muß *parametrisch* gerechnet werden. Für die Berechnung der Parameterwerte können die in Abschnitt 10.1.3 angegebenen Möglichkeiten verwendet werden.

Weitere Literatur über Splines höheren Grades, rationale Splines, verallgemeinerte kubische Splines (4-parametrige Splines mit nichtpolynomialen Ansatzfunktionen) siehe [AHLB67]; [GREV69]; [RALS79], II.; [BÖHM74]; [BÖHM75]; [NITS90]; [SPÄT86].

Die folgende (sehr grobe) Orientierungstabelle soll einen Eindruck vermitteln, welche der interpolierenden kubischen Splinearten sich zur Darstellung eines bestimmten Kurventyps eignet. Dabei werden die kubischen Bézier-Splines, die in Kapitel 12.3 behandelt werden, mit berücksichtigt sowie die Akima- und Renner-Subsplines, die in Kapitel 13 vorgestellt werden. Zusätzlich zu den Informationen in der Tabelle sollte man unbedingt die entsprechenden Aussagen in den zugehörigen Abschnitten beachten.
In der Orientierungstabelle werden Abkürzungen benutzt, welche im Anschluß an die Tabelle näher erläutert werden.

Nr.	Verfahren Kurventyp (z.B. von der Form...)	n. k. S.	p. k. S.	k. S. 1.R.	par. n. k.S.	par. p. k.S.	par. k. 1.R.	kub. Bez. S.	A. Ss.	R. Ss.
1	konvex, offen, m.A.d.St.	+	- -	++	+	- -	+	+	+	+

10.3 Entscheidungshilfen

Nr.	Verfahren Kurventyp (z.B. von der Form...)	n. k. S.	p. k. S.	k. S. 1.R.	par. n. k.S.	par. p. k.S.	par. k. 1.R.	kub. Bez. S.	A. Ss.	R. Ss.
2	konvex, offen, k.m.A.d.St.	- -	- -	- -	+	- -	++	+	- -	+
3	konkav–konvex, offen, m.A.d.St.	+	- -	++	+	- -	+	++	++	+
4	konkav–konvex, offen, k.m.A.d.St.	- -	- -	- -	+	- -	+	++	- -	++
5	konkav–konvex, periodisch in f(x) und f'(x), m.A.d.St.	- -	+	- -	- -	- -	- -	- -	++	+

10. Interpolierende Polynomsplines zur Konstruktion glatter Kurven

Nr.	Verfahren / Kurventyp (z.B. von der Form...)	n. k. S.	p. k. S.	k. S. 1.R.	par. n. k.S.	par. p. k.S.	par. k. 1.R.	kub. Bez. S.	A. Ss.	R. Ss.
6	konvex bzw. konkav-konvex, gl. geschl.	- -	- -	- -	- -	++	- -	+	- -	++
7	konvex bzw. konkav-konvex, n. glatt geschlossen	- -	- -	- -	+	- -	++	+	- -	- -
8	konvex, offen, k.m.A.d.St.	- -	- -	- -	+	- -	++	+	- -	++
9	konvex, offen, m.A.d.St., starke Steigung	-	- -	++	-	- -	+	++	++	+

10.3 Entscheidungshilfen

Nr.	Verfahren Kurventyp (z.B. von der Form...)	n. k. S.	p. k. S.	k. S. 1.R.	par. n. k.S.	par. p. k.S.	par. k. 1.R.	kub. Bez. S.	A. Ss.	R. Ss.
10		--	--	--	--	--	--	-	++	+
11		--	--	--	--	--	--	-	--	++

Abkürzung	Bedeutung
++	gut geeignet
+	geeignet
-	Anwendung möglich, Ergebnisse nicht gut
--	ungeeignet
gl.	glatt
m. A. d. St.	monotone Anordnung der Stützstellen
k. m. A. d. St.	keine monotone Anordnung der Stützstellen
n. k. S.	natürlicher kubischer Spline
p. k. S.	periodischer kubischer Spline
k. S. 1. R.	kubischer Spline mit vorgegebener 1. Randableitung
par. n. k. S.	parametrischer natürlicher kubischer Spline
par. p. k. S.	parametrischer periodischer kubischer Spline
par. S. 1. R.	parametrischer kubischer Spline mit vorgeg. 1. Randabl.
kub. Bez. S.	kubischer Bézier-Spline
A. Ss.	Akima-Subspline
R. Ss.	Renner-Subspline

LITERATUR zu Kapitel 10: [BÖHM74]; [BÖHM75]; [ENGE87]; [GREV67]; [GREV69]; [HÄMM89], 6.; [HOSC89]; [MAES88], 6.2; [NIED87], 6.3; [NITS90]; [RALS79], IV. 8; [SCHW86], 3.7; [SHAM73], II. 1.3; [SPÄT86]; [WODI77].

Kapitel 11

Polynomiale Ausgleichssplines dritten Grades zur Konstruktion glatter Kurven

11.1 Problemstellung

Von der Funktion $f \in C\,[a,b]$ seien an n+1 Stützstellen (Knoten) x_i die Stützwerte $u_i = f(x_i)$ gegeben. Sind die u_i durch Messungen gewonnen, die im allgemeinen mit Fehlern behaftet sind, so macht die Streuung der u_i eine vernünftige Annäherung mit Hilfe interpolierender Methoden unmöglich, man benötigt eine fehlerausgleichende Ersatzfunktion S, deren Graph möglichst glatt durch den Punktehaufen (x_i, u_i) verläuft.

Unter der Voraussetzung monoton angeordneter Knoten

(11.1) $$a = x_0 < x_1 < \ldots < x_n = b$$

kann die gesuchte Kurve durch eine Splinefunktion der Darstellung $S(x) \approx f(x)$ dargestellt werden, die sich stückweise aus kubischen Polynomen S_i für $x \in [x_i, x_{i+1}]$, $i = 0(1)n-1$, zusammensetzt. Die S_i müssen dann gewissen Anschlußbedingungen genügen. Je nach Vorgabe der Randbedingungen ergeben sich die unter I. aufgelisteten verschiedenen Arten ausgleichender Splinefunktionen S.

I. Arten nichtparametrischer kubischer Ausgleichssplines S auf [a,b]:

(i) Kubischer Ausgleichsspline mit vorgegebener 1. Randableitung.

(ii) Kubischer Ausgleichsspline mit vorgegebener 2. Randableitung.

(Ist die 2. Randableitung Null, so ergibt sich der natürliche kubische Ausgleichsspline).

(iii) Kubischer Ausgleichsspline mit vorgegebener 3. Randableitung.

(iv) Periodischer kubischer Ausgleichsspline.

Läßt sich die Bedingung (11.1) der Monotonie der Knoten nicht erfüllen, so werden parametrische Splines verwendet, siehe dazu Abschnitt 11.4.

II. *Parametrische kubische Ausgleichssplines S auf [a,b].*

11.2 Definition der Splinefunktionen

Die in Abschnitt 11.1 unter I. genannten nichtparametrischen Splinefunktionen zu den Meßstellen (x_i, u_i), $i = 0(1)n$, $n \geq 2$, mit monoton angeordneten Knoten werden wie folgt definiert:

1. S ist in [a,b] zweimal stetig differenzierbar.

2. S ist in jedem Intervall $[x_i, x_{i+1}]$, $i = 0(1)n-1$, durch ein kubisches Polynom S_i gegeben:

$$S(x) \equiv S_i(x) = a_i + b_i(x - x_i) + c_i(x - x_i)^2 + d_i(x - x_i)^3$$

für $x \in [x_i, x_{i+1}]$, $i = 0(1)n - 1$.

3. $S(x_i) = y_i$, $i = 0(1)n$.

4. $w_i(u_i - y_i) = r_i$, $i = 0(1)n$, $w_i > 0$, w_i = Gewichte. Es gilt

$$\begin{aligned} r_0 &= S_0'''(x_0), \\ r_i &= S_i'''(x_i) - S_{i-1}'''(x_i), \quad i = 1(1)n - 1, \\ r_n &= -S_{n-1}'''(x_n). \end{aligned}$$

5. Randbedingungen für die Arten unter I.

   (i) Kubischer Ausgleichsspline mit vorgegebener 1. Randableitung:

   $$S'(x_0) = \alpha, \ S'(x_n) = \beta.$$

   (ii) Kubischer Ausgleichsspline mit vorgegebener 2. Randableitung:

   $$S''(x_0) = \alpha, \quad S''(x_n) = \beta;$$

   für $\alpha = \beta = 0$ ergibt sich der natürliche Ausgleichsspline.

11.3 Nichtparametrische kubische Ausgleichssplines

(iii) Kubischer Ausgleichsspline mit vorgegebener 3. Randableitung:

$$S'''(x_0) = \alpha, \qquad S'''(x_n) = \beta.$$

(iv) Periodischer kubischer Ausgleichsspline:

Periodenintervall : $[x_0, x_n] = [a, b]$,

Voraussetzungen : $u_0 = u_n, \quad w_0 = w_n$,

Bedingungen : $S^{(k)}(x_0) = S^{(k)}(x_n), \quad k = 0, 1, 2.$

BEMERKUNG ZUR WAHL DER GEWICHTE.
Es läßt sich zeigen, daß sich für $w_i \to \infty$ die interpolierende kubische Splinefunktion zu den Wertepaaren (x_i, u_i) ergibt und für $w_i \to 0$ die im Sinne der Fehlerquadratmethode ausgleichende Gerade. Man kann also durch entsprechende Wahl der Gewichte erreichen, daß die sich ergebende Splinefunktion nahe an den Meßwerten u_i verläuft (große w_i) oder mehr ausgleicht (kleine w_i). In der Praxis geschieht dies interaktiv mit einem Computer-Display. Bei gleichbleibenden Versuchsbedingungen kann man dann Erfahrungswerte für die Gewichte verwenden.

11.3 Berechnung der nichtparametrischen kubischen Ausgleichssplines

Im folgenden werden die Algorithmen zur Berechnung der unter I. in Abschnitt 11.1 genannten Splinefunktionen angegeben, vgl. [PALM88].

(i) **Ausgleichsspline mit vorgegebener 1. Randableitung.**

Zur Berechnung der Koeffizienten a_i, b_i, c_i, d_i der kubischen Polynome S_i sind folgende Gleichungen in der angegebenen Reihenfolge auszuwerten:

1. *Gleichungssystem für* $c_1, c_2, ..., c_{n-1}$:

Mit $h_i = x_{i+1} - x_i$ für $i = 0(1)n-1$, $W_i = \dfrac{6}{w_i}$ für $i = 0(1)n$,

$H_i = \dfrac{1}{h_i} + \dfrac{1}{h_{i+1}}$ für $i = 0(1)n - 2$ und den Abkürzungen

$$F_1 = \frac{h_0 - \frac{W_0}{h_0^2} - \frac{W_1}{h_0}H_0}{2h_0^2 + \frac{1}{h_0}(W_0 + W_1)}, \quad F_2 = \frac{\frac{W_1}{h_0 h_1}}{2h_0^2 + \frac{1}{h_0}(W_0 + W_1)},$$

$$F_3 = \frac{\frac{W_{n-1}}{h_{n-2}h_{n-1}}}{2h_{n-1}^2 + \frac{1}{h_{n-1}}(W_{n-1} + W_n)}, \quad F_4 = \frac{h_{n-1} - \frac{W_{n-1}}{h_{n-1}}H_{n-2} - \frac{W_n}{h_{n-1}^2}}{2h_{n-1}^2 + \frac{1}{h_{n-1}}(W_{n-1} + W_n)}$$

$$G_1 = W_1 H_0 + \frac{W_0}{h_0} - h_0^2, \quad G_2 = \frac{W_1}{h_1}, \quad G_3 = 3\left((u_1 - u_0) - \alpha h_0\right),$$

$$G_4 = \frac{W_{n-1}}{h_{n-2}}, \quad G_5 = \frac{W_n}{h_{n-1}} + W_{n-1}H_{n-2} - h_{n-1}^2, \quad G_6 = 3\left(\beta h_{n-1} - (u_n - u_{n-1})\right),$$

ergibt sich das folgende fünfdiagonale lineare Gleichungssystem:

$$\left(F_1 G_1 + 2(h_0 + h_1) + \frac{W_0}{h_0^2} + W_1 H_0^2 + \frac{W_2}{h_1^2}\right) c_1 + \left(h_1 - \frac{W_1}{h_1}H_0 - \frac{W_2}{h_1}H_1 - F_1 G_2\right) c_2 +$$

$$+ \left(\frac{W_2}{h_1 h_2}\right) c_3 = 3\left(\frac{u_2 - u_1}{h_1} - \frac{u_1 - u_0}{h_0}\right) - F_1 G_3,$$

$$\left(h_1 - \frac{W_1}{h_1}H_0 - \frac{W_2}{h_1}H_1 - F_1 G_2\right) c_1 + \left(2(h_1 + h_2) + \frac{W_1}{h_1^2} + W_2 H_1^2 + \frac{W_3}{h_2^2} - F_2 G_2\right) c_2 +$$

$$+ \left(h_2 - \frac{W_2}{h_2}H_1 - \frac{W_3}{h_2}H_2\right) c_3 + \left(\frac{W_3}{h_2 h_3}\right) c_4 = 3\left(\frac{u_3 - u_2}{h_2} - \frac{u_2 - u_1}{h_1}\right) - F_2 G_3,$$

$$\left(\frac{W_{i-1}}{h_{i-2}h_{i-1}}\right) c_{i-2} + \left(h_{i-1} - \frac{W_{i-1}}{h_{i-1}}H_{i-2} - \frac{W_i}{h_{i-1}}H_{i-1}\right) c_{i-1} +$$

$$+ \left(2(h_{i-1} + h_i) + \frac{W_{i-1}}{h_{i-1}^2} + W_i H_{i-1}^2 + \frac{W_{i+1}}{h_i^2}\right) c_i + \left(h_i - \frac{W_i}{h_i}H_{i-1} - \frac{W_{i+1}}{h_i}H_i\right) c_{i+1} +$$

$$+ \left(\frac{W_{i+1}}{h_i h_{i+1}}\right) c_{i+2} = 3\left(\frac{u_{i+1} - u_i}{h_i} - \frac{u_i - u_{i-1}}{h_{i-1}}\right), \quad i = 3(1)n - 3,$$

$$\left(\frac{W_{n-3}}{h_{n-4}h_{n-3}}\right) c_{n-4} + \left(h_{n-3} - \frac{W_{n-3}}{h_{n-3}}H_{n-4} - \frac{W_{n-2}}{h_{n-3}}H_{n-3}\right) c_{n-3} +$$

$$+ \left(2(h_{n-3} + h_{n-2}) + \frac{W_{n-3}}{h_{n-3}^2} + W_{n-2}H_{n-3}^2 + \frac{W_{n-1}}{h_{n-2}^2} - F_3 G_4\right) c_{n-2} +$$

11.3 Nichtparametrische kubische Ausgleichssplines

$$\left(\frac{W_{n-2}}{h_{n-3}h_{n-2}}\right)c_{n-3} + \left(h_{n-2} - \frac{W_{n-2}}{h_{n-2}}H_{n-3} - \frac{W_{n-1}}{h_{n-2}}H_{n-2}\right)c_{n-2} +$$

$$+ \left(2(h_{n-2} + h_{n-1}) + \frac{W_{n-2}}{h_{n-2}^2} + W_{n-1}H_{n-2}^2 + \frac{W_n}{h_{n-1}^2}\right)c_{n-1} =$$

$$= 3\left(\frac{u_n - u_{n-1}}{h_{n-1}} - \frac{u_{n-1} - u_{n-2}}{h_{n-2}}\right) - \frac{\beta}{2}\left(h_{n-1} - \frac{W_{n-1}}{h_{n-1}}H_{n-2} - \frac{W_n}{h_{n-1}^2}\right).$$

2. $c_0 = \frac{\alpha}{2}, \quad c_n = \frac{\beta}{2}.$

3. *Berechnung der* a_i, $i = 0(1)n$:

$$\begin{aligned}
a_0 &= u_0 + \frac{2}{w_0 h_0}(c_0 - c_1), \\
a_i &= u_i - \frac{2}{w_i}\left[\frac{1}{h_{i-1}}c_{i-1} - \left(\frac{1}{h_{i-1}} + \frac{1}{h_i}\right)c_i + \frac{1}{h_i}c_{i+1}\right], \quad i = 1(1)n-1, \\
a_n &= u_n - \frac{2}{w_n h_{n-1}}(c_{n-1} - c_n).
\end{aligned}$$

4. *Berechnung der* b_i :

$$b_i = \frac{1}{h_i}(a_{i+1} - a_i) - \frac{h_i}{3}(c_{i+1} + 2c_i), \quad i = 0(1)n-1.$$

5. *Berechnung der* d_i :

$$d_i = \frac{1}{3h_i}(c_{i+1} - c_i), \quad i = 0(1)n-1.$$

(iii) Ausgleichsspline mit vorgegebener 3. Randableitung.

Zur Berechnung der Koeffizienten a_i, b_i, c_i, d_i der kubischen Polynome S_i sind folgende Gleichungen in der angegebenen Reihenfolge auszuwerten:

1. *Gleichungssystem für* $c_1, c_2, ..., c_{n-1}$:

Mit $h_i = x_{i+1} - x_i$ für $i = 0(1)n-1$, $W_i = \frac{6}{w_i}$ für $i = 0(1)n$, $H_i = \frac{1}{h_i} + \frac{1}{h_{i+1}}$ für $i = 0(1)n-2$ lautet das fünfdiagonale lineare Gleichungssystem:

$$\left(3h_0 + 2h_1 + \frac{W_1}{h_1}H_0 + \frac{W_2}{h_1^2}\right)c_1 + \left(h_1 - \frac{W_1}{h_1}H_0 - \frac{W_2}{h_1}H_1\right)c_2 +$$

$$+ \left(\frac{W_2}{h_1 h_2}\right) c_3 = 3 \left(\frac{u_2 - u_1}{h_1} - \frac{u_1 - u_0}{h_0}\right) + \frac{\alpha}{2} \left(h_0^2 - \frac{W_0}{h_0} - W_1 H_0\right),$$

$$\left(h_1 - \frac{W_1}{h_1^2} - \frac{W_2}{h_1} H_1\right) c_1 + \left(2(h_1 + h_2) + \frac{W_1}{h_1^2} + W_2 H_1^2 + \frac{W_3}{h_2^2}\right) c_2 +$$
$$+ \left(h_2 - \frac{W_2}{h_2} H_1 - \frac{W_3}{h_2} H_2\right) c_3 + \left(\frac{W_3}{h_2 h_3}\right) c_4 = 3 \left(\frac{u_3 - u_2}{h_2} - \frac{u_2 - u_1}{h_1}\right) + \frac{\alpha}{2} \left(\frac{W_1}{h_1}\right),$$

$$\left(\frac{W_{i-1}}{h_{i-2} h_{i-1}}\right) c_{i-2} + \left(h_{i-1} - \frac{W_{i-1}}{h_{i-1}} H_{i-2} - \frac{W_i}{h_{i-1}} H_{i-1}\right) c_{i-1} +$$
$$+ \left(2(h_{i-1} + h_i) + \frac{W_{i-1}}{h_{i-1}^2} + W_i H_{i-1}^2 + \frac{W_{i+1}}{h_i^2}\right) c_i + \left(h_i - \frac{W_i}{h_i} H_{i-1} - \frac{W_{i+1}}{h_i} H_i\right) c_{i+1} +$$
$$+ \left(\frac{W_{i+1}}{h_i h_{i+1}}\right) c_{i+2} = 3 \left(\frac{u_{i+1} - u_i}{h_i} - \frac{u_i - u_{i-1}}{h_{i-1}}\right), \qquad i = 3(1)n - 3,$$

$$\left(\frac{W_{n-3}}{h_{n-4} h_{n-3}}\right) c_{n-4} + \left(h_{n-3} - \frac{W_{n-3}}{h_{n-3}} H_{n-4} - \frac{W_{n-2}}{h_{n-3}} H_{n-3}\right) c_{n-3} +$$
$$+ \left(2(h_{n-3} + h_{n-2}) + \frac{W_{n-3}}{h_{n-3}^2} + W_{n-2} H_{n-3}^2 + \frac{W_{n-1}}{h_{n-2}^2}\right) c_{n-2} +$$
$$+ \left(h_{n-2} - \frac{W_{n-2}}{h_{n-2}} H_{n-3} - \frac{W_{n-1}}{h_{n-2}^2}\right) c_{n-1} =$$
$$= 3 \left(\frac{u_{n-1} - u_{n-2}}{h_{n-2}} - \frac{u_{n-2} - u_{n-3}}{h_{n-3}}\right) - \frac{\beta}{2} \left(\frac{W_{n-1}}{h_{n-2}}\right),$$

$$\left(\frac{W_{n-2}}{h_{n-3} h_{n-2}}\right) c_{n-3} + \left(h_{n-2} - \frac{W_{n-2}}{h_{n-2}} H_{n-3} - \frac{W_{n-1}}{h_{n-2}} H_{n-2}\right) c_{n-2} +$$
$$+ \left(2h_{n-2} + 3h_{n-1} + \frac{W_{n-2}}{h_{n-2}^2} + \frac{W_{n-1}}{h_{n-2}} H_{n-2}\right) c_{n-1} +$$
$$= 3 \left(\frac{u_n - u_{n-1}}{h_{n-1}} - \frac{u_{n-1} - u_{n-2}}{h_{n-2}}\right) - \frac{\beta}{2} \left(h_{n-1}^2 - W_{n-1} H_{n-2} - \frac{W_n}{h_{n-1}}\right).$$

2. $c_0 = c_1 - \frac{\alpha}{2} h_0$, $\quad c_n = c_{n-1} + \frac{\beta}{2} h_{n-1}$.

3. *Berechnung der a_i, $i = 0(1)n$:*

11.3 Nichtparametrische kubische Ausgleichssplines

$$a_0 = u_0 + \frac{2}{w_0 h_0}(c_0 - c_1),$$

$$a_i = u_i - \frac{2}{w_i}\left[\frac{1}{h_{i-1}}c_{i-1} - \left(\frac{1}{h_{i-1}} + \frac{1}{h_i}\right)c_i + \frac{1}{h_i}c_{i+1}\right], \quad i = 1(1)n-1,$$

$$a_n = u_n - \frac{2}{w_n h_{n-1}}(c_{n-1} - c_n).$$

4. Berechnung der b_i :

$$b_i = \frac{1}{h_i}(a_{i+1} - a_i) - \frac{h_i}{3}(c_{i+1} + 2c_i), \quad i = 0(1)n-1.$$

5. Berechnung der d_i :

$$d_i = \frac{1}{3h_i}(c_{i+1} - c_i), \quad i = 0(1)n-1.$$

(iv) Periodischer Ausgleichsspline.

Zur Berechnung der Koeffizienten a_i, b_i, c_i, d_i der kubischen Polynome S_i sind folgende Gleichungen in der angegebenen Reihenfolge auszuwerten:

1. *Gleichungssystem für $c_1, c_2, ..., c_n$:*

Mit $h_i = x_{i+1} - x_i$ für i = 0(1)n-1, $W_i = \frac{6}{w_i}$ für i = 0(1)n, $H_i = \frac{1}{h_i} + \frac{1}{h_{i+1}}$
für i = 0(1)n-2 erhält man ein fast zyklisch fünfdiagonales Gleichungssystem der Form:

$$\left(\frac{W_{i-1}}{h_{i-2}h_{i-1}}\right)c_{i-2} + \left(h_{i-1} - \frac{W_{i-1}}{h_{i-1}}H_{i-2} - \frac{W_i}{h_{i-1}}H_{i-1}\right)c_{i-1} +$$

$$+ \left(2(h_{i-1} + h_i) + \frac{W_{i-1}}{h_{i-1}^2} + W_i H_{i-1}^2 + \frac{W_{i+1}}{h_i^2}\right)c_i + \left(h_i - \frac{W_i}{h_i}H_{i-1} - \frac{W_{i+1}}{h_i}H_i\right)c_{i+1} +$$

$$+ \left(\frac{W_{i+1}}{h_i h_{i+1}}\right)c_{i+2} = 3\left(\frac{u_{i+1} - u_i}{h_i} - \frac{u_i - u_{i-1}}{h_{i-1}}\right), \quad i = 1(1)n.$$

Wegen der Periodizität sind hierin sämtliche negativen Indizes (-k) zu ersetzen durch (n-k) und sämtliche Indizes (n+k) durch (k), $k \in \mathbb{N}$.

2. $c_0 = c_n$.

3. *Berechnung der a_i, i = 0(1)n :*

$$a_0 = u_0 - \frac{2}{w_0}\left[\frac{1}{h_0}(c_1 - c_0) + \frac{1}{h_{n-1}}(c_n - c_{n-1})\right], \quad a_n = a_0,$$

$$a_i = u_i - \frac{2}{w_i}\left[\frac{1}{h_{i-1}}c_{i-1} - \left(\frac{1}{h_{i-1}} + \frac{1}{h_i}\right)c_i + \frac{1}{h_i}c_{i+1}\right], \quad i = 1(1)n-1,$$

4. Berechnung der b_i :

$$b_i = \frac{1}{h_i}(a_{i+1} - a_i) - \frac{h_i}{3}(c_{i+1} + 2c_i), \quad i = 0(1)n-1.$$

5. Berechnung der d_i :

$$d_i = \frac{1}{3h_i}(c_{i+1} - c_i), \quad i = 0(1)n-1.$$

11.4 Berechnung der parametrischen kubischen Ausgleichssplines

Eine ebene Kurve C mit der Parameterdarstellung (x(t),y(t)), die näherungsweise durch die Meßpunkte (x_i,u_i) gegeben ist, wird angenähert durch einen vektoriellen Ausgleichsspline mit t = Kurvenparameter, i = 0(1)n-1

$$\begin{pmatrix} S_x(t) \\ S_y(t) \end{pmatrix} \equiv \begin{pmatrix} S_{ix}(t) \\ S_{iy}(t) \end{pmatrix} \equiv \begin{pmatrix} a_{ix} + b_{ix}(t-t_i) + c_{ix}(t-t_i)^2 + d_{ix}(t-t_i)^3 \\ a_{iy} + b_{iy}(t-t_i) + c_{iy}(t-t_i)^2 + d_{iy}(t-t_i)^3 \end{pmatrix},$$

wobei S_x der Ausgleichsspline zu den Wertepaaren (t_i,x_i), i = 0(1)n, S_y der Ausgleichsspline zu den Werten (t_i,u_i), i = 0(1)n, ist. Je nach Wahl der Splineart müssen dann zur Berechnung von S_x und S_y die entsprechenden Algorithmen aus Abschnitt 11.3 verwendet werden. Berechnet man S_x, so sind in den Algorithmen die x_i durch t_i und die u_i durch x_i zu ersetzen, berechnet man S_y, so sind nur die x_i durch t_i zu ersetzen.
Zweckmäßig haben sich als Parameterwerte solche erwiesen, die die Bogenlänge approximieren, etwa die chordale Parametrisierung

$$t_0 = 0, \quad t_{i+1} = t_i + \sqrt{(x_{i+1} - x_i)^2 + (u_{i+1} - u_i)^2}, \quad i = 0(1)n-1.$$

oder die in Algorithmus 10.7 beschriebene Methode.
Analog kann im Falle von Raumkurven C* mit der Parameterdarstellung (x(t),y(t),z(t)) vorgegangen werden, die näherungsweise durch die Meßpunkte (x_i,u_i,v_i) gegeben sind. Dann wird C* durch den vektoriellen Ausgleichsspline

$$\begin{pmatrix} S_x(t) \\ S_y(t) \\ S_z(t) \end{pmatrix} \equiv \begin{pmatrix} S_{ix}(t) \\ S_{iy}(t) \\ S_{iz}(t) \end{pmatrix} \approx \begin{pmatrix} x(t) \\ y(t) \\ z(t) \end{pmatrix}, \quad i = 0(1)n-1,$$

der durch die Punkte (x_i,y_i,z_i) verläuft, angenähert (in der Nähe der Punkte (x_i,u_i,v_i)), wobei S_x der Spline zu den Wertepaaren (t_i,x_i), S_y der zu den Wertepaaren (t_i,u_i), S_z der zu (t_i,v_i) ist.
Hier muß dann der gewählte Algorithmus aus Abschnitt 11.3 dreimal durchlaufen werden zur Berechnung von S_x, S_y und S_z , allerdings ist die Zerlegung der Matrix bei der Lösung des linearen Systems für c_i nur einmal durchzuführen. Für die Berechnung der Parameterwerte gilt:

$$t_0 = 0, \quad t_{i+1} = t_i + \sqrt{(x_{i+1} - x_i)^2 + (u_{i+1} - u_i)^2 + (v_{i+1} - v_i)^2}.$$

11.5 Entscheidungshilfen

Die Entscheidungshilfen zu diesem Kapitel sind in Abschnitt 10.3 mit denen zu Kapitel 10, 12 und 13 zusammengefaßt.

LITERATUR zu Kapitel 11: [BÖHM74], 6; [ENGE87], S.235 ff.; [PALM88]; [REIN71]; [SPÄT73]; [SPÄT74]; [SPÄT86], S.74-85.

Kapitel 12

Zweidimensionale Splines, Oberflächensplines, Bézier-Splines, B-Splines

12.1 Interpolierende zweidimensionale Polynomsplines dritten Grades zur Konstruktion glatter Flächen

Gegeben seien in der x,y-Ebene ein Rechteckgitter

$$G = \left\{ (x_i, y_j) \;\middle|\; \begin{array}{l} a = x_0 < x_1 < \ldots < x_n = b \\ c = y_0 < y_1 < \ldots < y_m = d \end{array} \right\}$$

und den Gitterpunkten (x_i, y_j) zugeordnete Höhen über der x,y-Ebene

$$u_{ij} := u(x_i, y_j), \quad i = 0(1)n, \quad j = 0(1)m.$$

Gesucht ist eine die Ordinaten u_{ij} interpolierende möglichst glatte Fläche über dem Rechteckbereich $R = \{(x, y) | a \leq x \leq b, c \leq y \leq d\}$ der x,y-Ebene, die durch eine zweidimensionale Splinefunktion $S = S(x,y)$, $(x,y) \in R$, beschrieben wird und die wie folgt eingeführt werden kann.

Die bikubische Splinefunktion $S = S(x,y)$ wird für $(x,y) \in R$ durch die folgenden Eigenschaften definiert:

(1) S erfüllt die Interpolationsbedingungen

$$S(x_i, y_j) = u_{ij}, \quad i = 0(1)n, \quad j = 0(1)m.$$

(2) S sei auf R einmal stetig differenzierbar, $\partial^2 S/\partial x \partial y$ sei stetig auf R.

(3) In jedem Teilrechteck R_{ij} mit

$$R_{ij} := \left\{ (x,y) \ \middle| \ \begin{array}{l} x_i \leq x \leq x_{i+1} \\ y_j \leq y \leq y_{j+1} \end{array} \right\} \quad \begin{array}{l} i = 0(1)n-1, \\ j = 0(1)m-1 \end{array}$$

ist S identisch mit einem bikubischen Polynom $f_{ij} = f_{ij}(x,y)$.

(4) S erfülle gewisse (noch vorzugebende) Randbedingungen.

Gemäß der Eigenschaft (3) hat die bikubische Splinefunktion die Darstellung

(12.1)
$$S(x,y) \equiv f_{ij}(x,y) = \sum_{k=0}^{3} \sum_{s=0}^{3} a_{ijks}(x-x_i)^k(y-y_j)^s$$

für $(x,y) \in R_{ij}$, $i = 0(1)n-1$, $j = 0(1)m-1$.

Gleichung (12.1) lautet ausführlich geschrieben:

$$f_{ij}(x,y) = \sum_{k=0}^{3}\sum_{s=0}^{3} a_{ijks}(x-x_i)^k(y-y_j)^s =$$

a_{ij00} $\qquad\qquad +a_{ij10}(x-x_i)$ $\qquad +a_{ij01}(y-y_j)+$

$a_{ij20}(x-x_i)^2$ $\qquad +a_{ij11}(x-x_i)(y-y_j)$ $\quad +a_{ij02}(y-y_j)^2+$

$a_{ij30}(x-x_i)^3$ $\qquad +a_{ij21}(x-x_i)^2(y-y_j)$ $\quad +a_{ij12}(x-x_i)(y-y_j)^2+$

$a_{ij03}(y-y_j)^3$ $\qquad +a_{ij31}(x-x_i)^3(y-y_j)$ $\quad +a_{ij22}(x-x_i)^2(y-y_j)^2+$

$a_{ij13}(x-x_i)(y-y_j)^3$ $\quad +a_{ij32}(x-x_i)^3(y-y_j)^2$ $+a_{ij23}(x-x_i)^2(y-y_j)^3+$

$a_{ij33}(x-x_i)^3(y-y_j)^3$.

Die 16 m·n Koeffizienten a_{ijks} von (12.1) müssen nun so bestimmt werden, daß S die Bedingungen (1) und (2) erfüllt. Zur eindeutigen Bestimmung der a_{ijks} müssen dann noch (wie bei den eindimensionalen Splines) gewisse Randbedingungen auf R vorgegeben werden; eine Möglichkeit ist die Vorgabe der folgenden partiellen Ableitungen von S

12.1 Interpolierende zweidimensionale Polynomsplines

(12.2) $\begin{cases} \frac{\partial}{\partial x}S(x_i,y_j) &=: \; p_{ij} = a_{ij10}, \quad i=0,n, \quad j=0(1)m, \\ \frac{\partial}{\partial y}S(x_i,y_j) &=: \; q_{ij} = a_{ij01}, \quad i=0(1)n, \quad j=0,m, \\ \frac{\partial^2}{\partial x \partial y}S(x_i,y_j) &=: \; s_{ij} = a_{ij11}, \quad i=0,n, \quad j=0,m. \end{cases}$

Sie können auch mit Hilfe eindimensionaler kubischer Splines oder anderer Interpolationsmethoden näherungsweise berechnet werden. Je nach Vorgabeart der Randbedingungen wird einer der folgenden Algorithmen eingesetzt. In Carl de Boor: Bicubic Spline Interpolation, J. Math. Phys. 41 (1962), 215 wird nachgewiesen, daß zu gegebenen u_{ij} und gegebenen Randableitungen (12.2) genau eine bikubische Splinefunktion (12.1) existiert, welche die gegebenen u_{ij} interpoliert.

Berechnung der bikubischen Splinefunktion S.

Im folgenden werden drei Algorithmen zur Berechnung von S angegeben.

ALGORITHMUS 12.1 (*Bikubische Splinefunktion*).

Gegeben: (i) $u_{ij} = u(x_i,y_j) = a_{ij00}$ für i=0(1)n, j=0(1)m
(ii) die Randwerte für die partiellen Ableitungen (12.2).
Gesucht: Die bikubische Splinefunktion S der Form (12.1).

1. Schritt. Berechnung der $a_{ij10} = p_{ij}$ für i=1(1)n-1, j=0(1)m nach

(12.3) $\begin{cases} a_{i-1,j10}\dfrac{1}{h_{i-1}} + 2a_{ij10}\left(\dfrac{1}{h_{i-1}} + \dfrac{1}{h_i}\right) + a_{i+1,j10}\dfrac{1}{h_i} = \\ \quad = \dfrac{3}{h_{i-1}^2}(a_{ij00} - a_{i-1,j00}) + \dfrac{3}{h_i^2}(a_{i+1,j00} - a_{ij00}), \\ \text{für } i=1(1)n-1, \quad j=0(1)m, \\ \text{mit } h_i = x_{i+1} - x_i \quad \text{für } i=0(1)n-1. \end{cases}$

Dies sind (m+1) lineare Gleichungssysteme mit je (n-1) Gleichungen für (n+1) Unbekannte. Durch Vorgabe der 2(m+1) Größen a_{ij10}, i=0,n, j=0(1)m, sind diese Systeme eindeutig lösbar.

2. Schritt. Bestimmung der $a_{ij01} = q_{ij}$ für i=0(1)n, j=1(1)m-1 mit

(12.4)
$$\begin{cases} a_{ij-1,01}\dfrac{1}{k_{j-1}} + 2a_{ij01}\left(\dfrac{1}{k_{j-1}} + \dfrac{1}{k_j}\right) + a_{i,j+1,01}\dfrac{1}{k_j} = \\ = \dfrac{3}{k_{j-1}^2}(a_{ij00} - a_{i,j-1,00}) + \dfrac{3}{k_j^2}(a_{i,j+1,00} - a_{ij00}), \\ \text{für } i = 0(1)n, \quad j = 1(1)m-1, \\ \text{mit } k_j = y_{j+1} - y_j, i = 0(1)m - 1. \end{cases}$$

Mit den vorgegebenen 2(n+1) Randwerten a_{ij01}, i=0(1)n, j=0,m sind die Systeme eindeutig lösbar.

3. Schritt. Berechnung der $a_{ij11} = s_{ij}$ für i=1(1)n-1, j=0,m aus den Gleichungssystemen

(12.5)
$$\begin{cases} \dfrac{1}{h_{i-1}}a_{i-1,j11} + 2a_{ij11}\left(\dfrac{1}{h_{i-1}} + \dfrac{1}{h_i}\right) + \dfrac{1}{h_i}a_{i+1,j11} = \\ = \dfrac{3}{h_{i-1}^2}(a_{ij01} - a_{i-1,j01}) + \dfrac{3}{h_i^2}(a_{i+1,j01} - a_{ij01}), \\ \text{mit } h_i = x_{i+1} - x_i. \end{cases}$$

Die vier Eckwerte a_{0011}, a_{n011}, a_{0m11} und a_{nm11} sind vorgegeben.

4. Schritt. Berechnung der Ableitungen $s_{ij} = a_{ij11}$, i=0(1)n, j=1(1)m-1 mit

(12.6)
$$\begin{cases} \dfrac{1}{k_{j-1}}a_{i,j-1,11} + 2a_{ij11}\left(\dfrac{1}{k_{j-1}} + \dfrac{1}{k_j}\right) + a_{i,j+1,11}\dfrac{1}{k_j} = \\ = \dfrac{3}{k_{j-1}^2}(a_{ij10} - a_{i,j-1,10}) + \dfrac{3}{k_j^2}(a_{i,j+1,10} - a_{ij10}), \\ \text{mit } k_j = y_{j+1} - y_j \text{ für } j = 0(1)m-1. \end{cases}$$

Die erforderlichen Randwerte a_{ij11} für i=1(1)n-1, j=0,m wurden mit dem 3. Schritt bestimmt, die a_{ij11}, i=0,n, j=0,m sind vorgegeben.

5. Schritt. Bestimmung der Matrizen $\{G(x_i)\}^{-1}$. Wegen

12.1 Interpolierende zweidimensionale Polynomsplines

(12.7)
$$\begin{cases} \mathbf{G}(x_i) := \begin{pmatrix} 1 & 0 & 0 & 0 \\ 0 & 1 & 0 & 0 \\ 1 & h_i & h_i^2 & h_i^3 \\ 0 & 1 & 2h_i & 3h_i^2 \end{pmatrix} \\ \text{mit} \quad \det \mathbf{G}(x_i) = h_i^4 \neq 0, \quad h_i = x_{i+1} - x_i, \\ i = 0(1)n - 1, \quad \text{existiert} \quad \mathbf{G}(x_i)^{-1}. \quad \text{Es gilt} \\ \{\mathbf{G}(x_i)\}^{-1} = \begin{pmatrix} 1 & 0 & 0 & 0 \\ 0 & 1 & 0 & 0 \\ -\frac{3}{h_i^2} & -\frac{2}{h_i} & \frac{3}{h_i^2} & -\frac{1}{h_i} \\ \frac{2}{h_i^3} & \frac{1}{h_i^2} & -\frac{2}{h_i^3} & \frac{1}{h_i^2} \end{pmatrix} \end{cases}$$

6. Schritt. Bestimmung der Matrizen $\{\mathbf{G}(y_j)^T\}^{-1}$. Wegen

(12.8)
$$\begin{cases} \mathbf{G}(y_j) := \begin{pmatrix} 1 & 0 & 0 & 0 \\ 0 & 1 & 0 & 0 \\ 1 & k_j & k_j^2 & k_j^3 \\ 0 & 1 & 2k_j & 3k_j^2 \end{pmatrix} \\ \text{mit} \quad \det \mathbf{G}(y_j) = k_j^4 \neq 0, \quad k_j = y_{j+1} - y_j, \\ j = 0(1)m - 1, \quad \text{existiert} \quad \{G(y_j)^T\}^{-1}. \quad \text{Es gilt} \\ \{[G(y_j)]^T\}^{-1} = \begin{pmatrix} 1 & 0 & -\frac{3}{k_j^2} & \frac{2}{k_j^3} \\ 0 & 1 & -\frac{2}{k_j} & \frac{1}{k_j^2} \\ 0 & 0 & \frac{3}{k_j^2} & -\frac{2}{k_j^3} \\ 0 & 0 & -\frac{1}{k_j} & \frac{1}{k_j^2} \end{pmatrix} \end{cases}$$

7. Schritt. Bestimmung der Matrizen $\mathbf{M}_{ij}$ nach

(12.9)
$$\begin{cases} \mathbf{M}_{ij} = \begin{pmatrix} a_{ij00} & a_{ij01} & a_{ij+1,00} & a_{ij+1,01} \\ a_{ij10} & a_{ij11} & a_{ij+1,10} & a_{ij+1,11} \\ a_{i+1,j00} & a_{i+1,j01} & a_{i+1,j+1,00} & a_{i+1,j+1,01} \\ a_{i+1,j10} & a_{i+1,j11} & a_{i+1,j+1,10} & a_{i+1,j+1,11} \end{pmatrix} \\ i = 0(1)n - 1, \quad j = 0(1)m - 1 \end{cases}$$

8. Schritt. Berechnung der Koeffizientenmatrizen $\mathbf{A}_{ij}$ für f_{ij} gemäß Gleichung

(12.10)
$$\mathbf{A}_{ij} = \{\mathbf{G}(x_i)\}^{-1}\mathbf{M}_{ij}\{[\mathbf{G}(y_j)]^T\}^{-1} = \{a_{ijks}\}$$
$$k = 0(1)3, \quad s = 0(1)3$$

9. Schritt. Aufstellung der bikubischen Splinefunktion S(x,y) $\equiv f_{ij}(x,y)$ für jedes Rechteck R_{ij} gemäß (12.1).

ALGORITHMUS 12.2 (*Bikubische Splinefunktion ohne Vorgabe von Randwerten*).

Gegeben: Funktionswerte $u_{ij} = u(x_i, y_j)$ für i = 0(1)n , j = 0(1)m in den Gitterpunkten (x_i, y_j).

Gesucht: Die zugehörige Splinefunktion S der Form (12.1).

Die zur Berechnung von S erforderlichen Randwerte für die partiellen Ableitungen $p_{ij} = a_{ij10}$, $q_{ij} = a_{ij01}$, $s_{ij} = a_{ij11}$ gemäß (12.2) werden hier mit Hilfe eindimensionaler (natürlicher) kubischer Splinefunktionen durch jeweils drei Punkte und deren Ableitungen ermittelt. Durch die Punkte (x_i, u_{ij}) werden für i=0,1,2 und i=n-2,n-1,n Splines für j=0(1)m gelegt und abgeleitet; sie liefern die p_{ij} am Rande. Durch die Punkte (y_j, u_{ij}) werden für j=0,1,2 und j=m-2,m-1,m Splines für i=0(1)n gelegt und abgeleitet; sie liefern die q_{ij} am Rande. Um diese Vorgehensweise im Algorithmus wiedererkennen zu können, wurden die folgenden Formeln (12.12) nicht in (12.11) eingearbeitet, (12.14) nicht in (12.13) und (12.16) nicht in (12.15), was zu Vereinfachungen geführt hätte.

Zur Berechnung der $s_{ij}=a_{ij11}$ für i=0,n , j=0,m werden eindimensionale natürliche Splines durch die Punkte (x_i, q_{ij}) für i=0,1,2 und i=n-2,n-1,n und j=0,m gelegt und abgeleitet. Die a_{ij00} sind durch die u_{ij} vorgegeben. Dann wird die bikubische Splinefunktion S gemäß (12.1) wie folgt berechnet:

1. Schritt. Berechnung der Randwerte a_{ij10} , i=0,n , j=0(1)m mit

12.1 Interpolierende zweidimensionale Polynomsplines

(12.11)
$$\begin{cases} a_{0j10} = S_x(x_0, y_j) = b_{oj} = \\ \qquad = \frac{1}{h_0}(a_{1j00} - a_{0j00}) - \frac{h_0}{3}c_{1j} \\ \qquad \text{mit} \quad j = 0(1)m \quad \text{und} \\ a_{nj10} = S_x(x_n, y_n) = b_{n-1,j} + 2c_{n-1,j}h_{n-1} + \\ \qquad + 3d_{n-1,j}h_{n-1}^2 \\ \qquad \text{mit} \quad j = 0(1)m, \quad h_i = x_{i+1} - x_i \end{cases}$$

mit den aus (12.12) zu ermittelnden Werten für die Koeffizienten b_{ij}, c_{ij} und d_{ij}

(12.12)
$$\begin{cases} 1. \; u_{ij} = a_{ij00}, \quad i = 0, 1, 2, (n-2), (n-1), n, \\ \qquad\qquad j = 0(1)m, \\ 2. \; c_{0j} = c_{2j} = c_{n-2,j} = c_{nj} = 0, \quad j = 0(1)m, \\ \qquad\qquad \text{(natürliche Splines)} \\ 3. \; c_{ij} = \frac{3}{2(h_i + h_{i-1})}\left[\frac{1}{h_i}(a_{i+1,j00} - a_{ij00}) - \right. \\ \qquad\qquad \left. - \frac{1}{h_{i-1}}(a_{ij00} - a_{i-1,j00})\right], \\ \qquad\qquad i = 1, (n-1), j = 0(1)m, \\ 4. \; b_{n-1,j} = \frac{1}{k_{n-1}}(a_{nj00} - a_{n-1,j00}) - \frac{2k_{n-1}}{3}c_{n-1,j}, \\ \qquad\qquad j = 0(1)m, \\ 5. \; d_{n-1,j} = \frac{1}{3k_{n-1}}c_{n-1,j}, \quad j = 0(1)m. \end{cases}$$

2. Schritt. Berechnung der Randwerte a_{ij01}, i=0(1)n, j=0,m mit

(12.13)
$$\begin{cases} a_{i001} = S_y(x_i, y_0) = \beta_{i0} = \frac{1}{k_0}(a_{i100} - a_{i000}) \\ \qquad - \frac{k_0}{3}\gamma_{i1}, \quad i = 0(1)n, \quad \text{und} \\ a_{im01} = S_y(x_i, y_m) = \beta_{im-1} + 2\gamma_{im-1}k_{m-1} + \\ \qquad + 3\delta_{im-1}k_{m-1}^2, \quad i = 0(1)n, \\ \qquad \text{mit} \quad k_j = y_{j+1} - y_j. \end{cases}$$

mit den gemäß (12.14) zu ermittelnden Koeffizienten

$$(12.14) \begin{cases} 1.\ u_{ij} &= \alpha_{ij} = a_{ij00}, \quad i = 0(1)n, \\ & j = 0, 1, 2, (m-2), (m-1), m \\ 2.\ \gamma_{i0} &= \gamma_{i2} = \gamma_{i,m-2} = \gamma_{im} = 0, \quad i = 0(1)n, \\ 3.\ \gamma_{ij} &= \dfrac{3}{2(k_{j-1} + k_j)} \left[\dfrac{1}{k_j}(a_{ij+1,00} - a_{ij00}) - \right. \\ & \left. \quad - \dfrac{1}{k_{j-1}}(a_{ij00} - a_{ij-1,00}) \right], \\ & i = 0(1)n, j = 1, (m-1). \\ 4.\ \beta_{i,m-1} &= \dfrac{1}{h_{m-1}}(a_{im00} - a_{i,m-1,00}) - \dfrac{2h_{m-1}}{3}\gamma_{i,m-1}, \\ & i = 0(1)n, \\ 5.\ \delta_{im-1} &= -\dfrac{1}{3k_{m-1}}\gamma_{im-1}, \quad i = 0(1)n. \end{cases}$$

3. Schritt. Berechnung der Randwerte a_{ij11}, i=0,n , j=0,m mit

$$(12.15) \begin{cases} a_{0j11} &= S_{yx}(x_0, y_j) = s_{0j} = \tilde{b}_{oj} = \\ &= \dfrac{1}{k_0}(a_{1j01} - a_{0j01}) - \dfrac{k_0}{3}\tilde{c}_{1j}, \\ & j = 0, m, \quad \text{und} \\ a_{nj11} &= S_{yx}(x_n, y_j) = s_{nj} = \\ &= \tilde{b}_{n-1,j} + 2\tilde{c}_{n-1,j}h_{n-1} + 3\tilde{d}_{n-1,j}h_{n-1}^2, \\ & j = 0, m \quad \text{mit} \quad h_i = x_{i+1} - x_i. \end{cases}$$

mit den gemäß (12.16) zu ermittelnden Koeffizienten

12.1 Interpolierende zweidimensionale Polynomsplines

(12.16)
$$\begin{cases}
1.\ q_{ij} = a_{ij01},\ i = 0, 1, 2, (n-2), (n-1), n, \\
\qquad\qquad j = 0, m \\
2.\ \tilde{c}_{0j} = \tilde{c}_{2j} = \tilde{c}_{n-2,j} = \tilde{c}_{n,j} = 0,\ j = 0, m \\
3.\ \tilde{c}_{ij} = \dfrac{3}{2}\dfrac{1}{(h_{i-1} + h_i)}\left[\dfrac{1}{h_i}(a_{i+1,j01} - a_{ij01})- \right. \\
\qquad\qquad \left. -\dfrac{1}{h_{i-1}}(a_{ij01} - a_{i-1,j01})\right], \\
\qquad\qquad i = 1, n-1, j = 0, m \\
4.\ \tilde{b}_{n-1,j} = \dfrac{1}{h_{n-1}}(a_{nj01} - a_{n-1,j01}) - \dfrac{2h_{n-1}}{3}\tilde{c}_{n-1,j}, \\
\qquad\qquad j = 0, m \\
5.\ \tilde{d}_{n-1,j} = -\dfrac{1}{3h_{n-1}}\tilde{c}_{n-1,j},\ j = 0, m
\end{cases}$$

4. Schritt. Berechnung der partiellen Ableitungen a_{ij10} für i=1(1)n-1, j=0(1)m mit (12.3).

5. Schritt. Lösung der Gleichungssysteme (12.4) zur Bestimmung der a_{ij01}, i=0(1)n , j=1(1)m-1.

6. Schritt. Bestimmung der Werte a_{ij11} , i=1(1)n-1 , j=0,m mit (12.5).

7. Schritt. Berechnung der partiellen Ableitungen a_{ij11}, i=0(1)n, j=1(1)m-1 mit (12.6).

8. Schritt. Bestimmung der Matrizen $\{\mathbf{G}(x_i)\}^{-1}$ mit (12.7).

9. Schritt. Bestimmung der Matrizen $\{[\mathbf{G}(y_j)]^T\}^{-1}$ mit (12.8).

10. Schritt. Bestimmung der Matrizen $\mathbf{M}_{ij}$ gemäß (12.9).

11. Schritt. Berechnung der Koeffizientenmatrizen $\mathbf{A}_{ij}$ nach (12.10), i=0(1)n-1, j=0(1)m-1.

12. Schritt. Aufstellung der bikubischen Splinefunktionen S(x,y) $\equiv$ f$_{ij}$(x,y), (x,y) $\in$ R$_{ij}$, gemäß (12.1).

In Algorithmus 12.2 werden eindimensionale Splines durch jeweils drei Punkte benutzt, man kann aber genauso jeweils eindimensionale Splines durch alle gegebenen Punkte (x_i, u_{ij}), i=0(1)n, j fest bzw. (y_j, u_{ij}), j=0(1)m, i fest, legen und ableiten.

ALGORITHMUS 12.3 (*Bikubische Splinefunktion mit Vorgabe der Normalen*).

Gegeben: (i) Funktionswerte $u_{ij} = u(x_i, y_j)$ für i=0(1)n, j=0(1)m in den Gitterpunkten (x_i, y_j);
(ii) Flächennormalen $\mathbf{n}_{ij}$ für jeden Gitterpunkt (x_i, y_j) mit $\mathbf{n}_{ij}^T = (n_{ij1}, n_{ij2}, n_{ij3})$, $n_{ij3} \neq 0$, i=0(1)n, j=0(1)m.

Gesucht: Die zugehörige Splinefunktion S der Form (12.1), die in den Gitterpunkten die Ordinaten (i) und die Normalen (ii) besitzt.

Aus den Komponenten der Normalenvektoren $\mathbf{n}_{ij}$ lassen sich die p_{ij} und q_{ij} über dem gesamten Gitter bestimmen, so daß deren Berechnung über eindimensionale Splines hier entfällt.

Für den Ortsvektor der Fläche gilt

$$\mathbf{x}(x,y) = \begin{pmatrix} x \\ y \\ u(x,y) \end{pmatrix}.$$

Mit den Tangentenvektoren

$$\mathbf{x}_x = \frac{\partial}{\partial x}\mathbf{x}(x,y) = \begin{pmatrix} 1 \\ 0 \\ u_x(x,y) \end{pmatrix} \quad \text{und} \quad \mathbf{x}_y = \frac{\partial}{\partial y}\mathbf{x}(x,y) = \begin{pmatrix} 0 \\ 1 \\ u_y(x,y) \end{pmatrix}$$

wird die Flächennormale $\mathbf{n}$ durch das vektorielle Produkt

$$\mathbf{n} = \mathbf{x}_x \times \mathbf{x}_y = \begin{pmatrix} -u_x \\ -u_y \\ 1 \end{pmatrix}$$

beschrieben. Wenn also die 3. Komponente der gegebenen Normalenvektoren $\mathbf{n}_{ij}$ zu Eins normiert wird, so ergibt sich

$$\frac{\mathbf{n}_{ij}}{n_{ij3}} = \begin{pmatrix} \frac{n_{ij1}}{n_{ij3}} \\ \frac{n_{ij2}}{n_{ij3}} \\ 1 \end{pmatrix} \stackrel{!}{=} \mathbf{n}(x_i, y_j) = \begin{pmatrix} -u_x(x_i, y_j) \\ -u_y(x_i, y_j) \\ 1 \end{pmatrix}.$$

Es gelten somit die Beziehungen

$$\left. \begin{array}{rcl} p_{ij} = a_{ij10} &=& -\dfrac{n_{ij1}}{n_{ij3}}, \\ q_{ij} = a_{ij01} &=& -\dfrac{n_{ij2}}{n_{ij3}}, \end{array} \right\} \quad \begin{array}{l} i = 0(1)n, \\ j = 0(1)m. \end{array}$$

Es sind also von den Ableitungen nur noch die $s_{ij} = a_{ij11}$ über eindimensionale Splines zu berechnen. Lösung:

1. *Schritt.* Berechnung der partiellen Ableitungen
   $p_{ij} = a_{ij10} = -n_{ij1}/n_{ij3}$ für i=0(1)n , j=0(1)m.
2. *Schritt.* Berechnung der partiellen Ableitungen
   $q_{ij} = a_{ij01} = -n_{ij2}/n_{ij3}$ für i=0(1)n , j=0(1)m.
3. *Schritt.* Berechnung der vier Randwerte für die gemischten partiellen Ableitungen $s_{ij} = a_{ij11}$ für i=0,n , j=0,m gemäß (12.15) und (12.16).
4. *Schritt.* Bestimmung der a_{ij11} für i=1(1)n-1 , j=0,m gemäß (12.5).
5. *Schritt.* Bestimmung der a_{ij11} für i=0(1)n , j=1(1)m-1 gemäß (12.6).
6. *Schritt.* Bestimmung der Matrizen $\{\mathbf{G}(x_i)\}^{-1}$ gemäß (12.7).
7. *Schritt.* Bestimmung der Matrizen $\{[\mathbf{G}(y_j)]^T\}^{-1}$ gemäß (12.8).
8. *Schritt.* Bestimmung der Matrizen $\mathbf{M}_{ij}$ gemäß (12.9).
9. *Schritt.* Bestimmung der Koeffizientenmatrizen $\mathbf{A}_{ij}$ für i=0(1)n-1, j=0(1)m-1 gemäß (12.10).
10. *Schritt.* Aufstellung der bikubischen Splinefunktion $S \equiv f_{ij}$ für jedes Rechteck R_{ij} in der Form (12.1).

LITERATUR zu 12.1: [BEZI72]; [GREV69], VII; [REIN71]; [RITT69]; [SHAH70]; [SPÄT71]; [SPÄT73]; [SPÄT86], 8; [BOXB79].

12.2 Zweidimensionale interpolierende Oberflächensplines

Zu beliebig vorgegebenen Wertetripeln (x_i,y_i,f_i), $i = 1(1)NX$, $f_i = f(x_i,y_i)$, wird eine glatte, zweidimensionale Fläche berechnet, die nicht wie bei den bikubischen Splines und den bikubischen Bézier-Splines aus eindimensionalen Splines erzeugt wird. Die Oberflächensplines lassen sich physikalisch-technisch so interpretieren, daß sie die Verbiegung einer dünnen (ebenen) Platte unendlicher Ausdehnung beschreiben, die an mehreren, voneinander unabhängigen Punkten senkrecht zur Ruhelage abgelenkt wird unter der Forderung, die Biegungsenergie zu minimieren. (Analogon zu den natürlichen Splines im eindimensionalen Fall).

Hier wird nur rezeptartig beschrieben, wie diese Oberflächensplines konstruiert werden. Um den Algorithmus verstehen zu können, muß unbedingt zusätzlich die am Ende des Abschnitts angegebene Literatur (insbesondere die Arbeit von J. Meinguet) angesehen werden. Die auftretenden linearen Gleichungssysteme sind im allgemeinen schlecht konditioniert.

Problemstellung.

Gegeben seien NX Wertepaare (x_i,y_i), $i = 1(1)NX$, die paarweise verschiedene Punkte in der x,y-Ebene darstellen und NX Funktionswerte f_i mit

$$f_i = f(x_i, y_i), \quad i = 1(1)NX.$$

Außerdem ist zur Festlegung der "Glattheit" der interpolierenden Fläche die Ableitungsordnung mit $M > 1$ vorzugeben. Nun seien $p_i^{(M)}$ zweidimensionale Monome bis zum Grad M; ihre Anzahl ist $(M+1)(M+2)/2$.

BEISPIEL für M = 2:

$$p_1^{(2)} = 1, \quad p_2^{(2)} = x, \quad p_3^{(2)} = y, \quad p_4^{(2)} = x^2,$$
$$p_5^{(2)} = xy, \quad p_6^{(2)} = y^2$$

Aus den gegebenen Wertepaaren (x_i,y_i) sind Punkte so auszuwählen, daß mit MM := $M(M+1)/2$, $M > 1$ folgende *Voraussetzung* erfüllt ist:

Es gibt eine Teilmenge $\{(x_{i_j},y_{i_j}), i_j \in \{1,2,...,NX\}, j = 1(1)MM\}$ der Wertepaare $\{(x_i,y_i), i = 1(1)NX\}$ so, daß die Matrix $\mathbf{P}_j^{(M-1)} := (p_j^{(M-1)}(x_{i_j},y_{i_j}))$ nichtsingulär ist.

12.2 Zweidimensionale interpolierende Oberflächensplines

BEISPIELE für M = 2:

1. Mit M = 2 gilt MM = 3. Wählt man die Teilmengen (x_{i_j}, y_{i_j}), $j = 1,2,3$, der Wertepaare (x_i, y_i) wie folgt

$$\{(x_1, y_1) = (0,0), \quad (x_2, y_2) = (0,1), \quad (x_3, y_3) = (1,0)\},$$

so ergibt sich für die Determinante der Matrix $\mathbf{P}_j^{(M-1)}$ wegen M = 2, $j = 1,2,3$.

$$\det\left(\mathbf{P}_j^{(M-1)}\right) = |p_j^{(1)}(x_{i_j}, y_{i_j})| = \begin{vmatrix} 1 & x_1 & y_1 \\ 1 & x_2 & y_2 \\ 1 & x_3 & y_3 \end{vmatrix} = \begin{vmatrix} 1 & 0 & 0 \\ 1 & 0 & 1 \\ 1 & 1 & 0 \end{vmatrix} = -1 \neq 0,$$

d.h. die Matrix ist nicht singulär.

2. Wählt man die Teilmenge (x_{i_j}, y_{i_j}), $i = 1,2,3$ wie folgt

$$\{(x_1, y_1) = (0,0), \quad (x_2, y_2) = (0.5, 0.5), \quad (x_3, y_3) = (1,1)\},$$

so folgt wegen M = 2, j = 1,2,3

$$\det\left(\mathbf{P}_j^{(M-1)}\right) = \begin{vmatrix} 1 & 0 & 0 \\ 1 & 0.5 & 0.5 \\ 1 & 1 & 1 \end{vmatrix} = 0,$$

d.h. in diesem Fall erfüllt die Teilmenge nicht die Voraussetzung an die Matrix $\mathbf{P}_j^{(M-1)}$.

Gesucht ist eine Funktion Φ der Gestalt

(12.17) $$\Phi(x, y) := \sum_{j=1}^{n} c_j \varphi_j(x, y)$$

so, daß die Interpolationsbedingungen

(12.18) $$\Phi(x_i, y_i) = \sum_{j=1}^{n} c_j \varphi_j(x_i, y_i) \stackrel{!}{=} f_i, \quad i = 1(1)NX,$$

und gewisse Minimaleigenschaften (vgl. [MEING79]) erfüllt sind. Man macht dazu folgenden Ansatz für die Funktionen φ_j:

$$(12.19) \begin{cases} 1) \quad \varphi_{j+NX}(x,y) = p_j^{(M-1)}(x,y), \ j = 1(1)MM \text{ (Monome bis zum Grad M-1)} \\ 2) \quad \varphi_j(x,y) = E(x - x_j, y - y_j), \ j = 1(1)NX, \\ \quad E(x,y) = (r^2)^{M-1} \ln r^2, \ r^2 = x^2 + y^2 \quad \text{(Kernfunktion)}. \end{cases}$$

Die obigen Bedingungen führen dann auf ein lineares Gleichungssystem mit NX + MM Zeilen und Spalten mit der (NX,NX)-Matrix **G** und der (NX,MM)-Matrix **P** von der Form

$$(12.20) \qquad \begin{pmatrix} \mathbf{G} & \mathbf{P} \\ \mathbf{P}^T & 0 \end{pmatrix} \begin{pmatrix} \mathbf{c}^{(1)} \\ \mathbf{c}^{(2)} \end{pmatrix} = \begin{pmatrix} \mathbf{f} \\ 0 \end{pmatrix}$$

$$(12.21) \qquad \mathbf{G} = (E(x_i - x_j, y_i - y_j)), \quad i,j = 1(1)NX,$$

$$(12.22) \qquad \mathbf{P} = \left(p_j^{(M-1)}(x_i, y_i) \right), \quad i = 1(1)NX, \ j = 1(1)MM$$

und den Vektoren

$$\mathbf{c}^{(1)} = \begin{pmatrix} c_1 \\ c_2 \\ \vdots \\ c_{NX} \end{pmatrix}, \ \mathbf{c}^{(2)} = \begin{pmatrix} c_{NX+1} \\ c_{NX+2} \\ \vdots \\ c_{NX+MM} \end{pmatrix}, \ \mathbf{f} = \begin{pmatrix} f_1 \\ f_2 \\ \vdots \\ f_{NX} \end{pmatrix}.$$

$\mathbf{P}^T$ ist die zu **P** transponierte Matrix. Mit wachsenden NX und M verschlechtert sich die Kondition des Systems (12.20) stark.

Interpolierende Oberflächensplines liegen vor, wenn die Elemente g_{ii} der Hauptdiagonalen von **G** identisch Null sind: $E(0,0) = 0$.

BEMERKUNG: Es ist zu empfehlen, die Knoten (x_i, y_i), i = 1(1)NX, auf den Einheitskreis zu transformieren:

$$(12.23) \begin{cases} (x_i, y_i) \to \frac{1}{r}\left[(x_i, y_i) - (\bar{x}, \bar{y})\right] \\ \text{mit} \quad \bar{x} = \frac{1}{NX} \sum_{i=1}^{NX} x_i, \quad \bar{y} = \frac{1}{NX} \sum_{i=1}^{NX} y_i, \\ r = \max_{1 \leq i \leq NX} \sqrt{(\bar{x} - x_i)^2 + (\bar{y} - y_i)^2} \end{cases}$$

LITERATUR zu 12.2: [DONG79]; [GORD69]; [GREV67]; [MEING79].

12.3 Bézier-Splines

12.3.1 Bézier-Spline-Kurven

Eine Bézier-Spline-Kurve setzt sich stückweise aus Bézier-Kurven zusammen, die glatt aneinanderschließen.
Eine Bézier-Kurve der Ordnung n, n $\geq$ 1, läßt sich mit Hilfe der Bernstein-Polynome n-ten Grades

$$B_j^n(v) = \binom{n}{j}(1-v)^{n-j}v^j, \qquad j = 0(1)n, \tag{12.24}$$

und der n+1 Bézier-Punkte b_j, j = 0(1)n, $b_j \in \mathbb{R}^2$ oder $b_j \in \mathbb{R}^3$, wie folgt darstellen:

$$\mathbf{P}(v) = \sum_{j=0}^{n} B_j^n(v)\mathbf{b}_j, \qquad v \in [0,1]. \tag{12.25}$$

Im folgenden werden nur Bézier-Kurven der Ordnung n=3 betrachtet. Eine solche Kurve besitzt nach (12.24) und (12.25) die Darstellung

$$\mathbf{P}(v) = (1-v)^3\mathbf{b}_0 + 3(1-v)^2 v\mathbf{b}_1 + 3(1-v)v^2\mathbf{b}_2 + v^3\mathbf{b}_3, \; v \in [0,1]. \tag{12.26}$$

$\mathbf{P}(0) = \mathbf{b}_0$ ist der Anfangspunkt, $\mathbf{P}(1) = \mathbf{b}_3$ ist der Endpunkt der Bézier-Kurve. Die Punkte $\mathbf{b}_1$ und $\mathbf{b}_2$ liegen nicht auf der Kurve. Die Ableitungen in den Randpunkten sind

$$\mathbf{P}'(0) = 3(\mathbf{b}_1 - \mathbf{b}_0), \qquad \mathbf{P}'(1) = 3(\mathbf{b}_3 - \mathbf{b}_2). \tag{12.27}$$

Daher ist die Verbindungsgerade der Punkte $\mathbf{b}_0$ und $\mathbf{b}_1$ ($\mathbf{b}_0 \neq \mathbf{b}_1$) die Tangente der Kurve im Punkt $\mathbf{b}_0$, und im Endpunkt $\mathbf{b}_3$ berührt die Kurve die Verbindungsgerade von $\mathbf{b}_2$ und $\mathbf{b}_3$ ($\mathbf{b}_2 \neq \mathbf{b}_3$). Ferner gilt: Die Bézier-Kurve liegt ganz im kleinsten konvexen Bereich, der die Bézier-Punkte $\mathbf{b}_0, \mathbf{b}_1, \mathbf{b}_2, \mathbf{b}_3$ enthält. Mit diesen Eigenschaften läßt sich der ungefähre Verlauf einer Bézier-Kurve aufgrund der vorgegebenen Bézier-Punkte abschätzen.
Für die 2. Ableitung von (12.26) ergeben sich in den Randpunkten

$$\begin{cases} \mathbf{P}''(0) &= 6(\mathbf{b}_0 - 2\mathbf{b}_1 + \mathbf{b}_2), \\ \mathbf{P}''(1) &= 6(\mathbf{b}_1 - 2\mathbf{b}_2 + \mathbf{b}_3). \end{cases} \tag{12.28}$$

Eine kubische Bézier-Spline-Kurve setzt sich stückweise aus m Bézier-Kurven 3. Ordnung zusammen. Die Spline-Segmente besitzen die Darstellung

$$\begin{aligned}\mathbf{P}_k(v) &= (1-v)^3 \mathbf{b}_{3k} + 3(1-v)^2 v\mathbf{b}_{3k+1} + 3(1-v)v^2 \mathbf{b}_{3k+2} \\ &+ v^3 \mathbf{b}_{3k+3}, \; v \in [0,1], \; k = 0(1)m-1, \; m \geq 2.\end{aligned} \tag{12.29}$$

Die Bézier-Punkte sind so numeriert, daß gilt

$$P_{k-1}(1) = b_{3(k-1)+3} = b_{3k} = P_k(0), \quad k = 1(0)m - 1.$$

Da die Spline-Kurve durch alle Randpunkte $b_0, b_3, \ldots, b_{3m}$ der m Kurvensegmente geht, werden diese im folgenden Interpolationspunkte der kubischen Bézier-Spline-Kurve genannt.

In den Punkten $b_3, b_6, \ldots, b_{3m-3}$ stoßen jeweils zwei Kurvensegmente aneinander. In diesen Punkten sollen die benachbarten Spline-Segmente bis zur 2. Ableitung übereinstimmen. Daher müssen die folgenden Bedingungen erfüllt sein:

(12.30) $\quad P'_{k-1}(1) = P'_k(0), \quad P''_{k-1}(1) = P''_k(0), \quad k = 1(1)m - 1.$

Für die erste Bedingung ergibt sich (vgl. (12.27))

(12.31) $\quad\quad\quad\quad b_{3k} - b_{3k-1} = b_{3k+1} - b_{3k}.$

Daraus folgt: Die Punkte $b_{3k-1}, b_{3k}, b_{3k+1}$ sind kollinear, und der Interpolationspunkt b_{3k} ist deren Mittelpunkt (Abb. 12.1).
Aus der zweiten Bedingung (12.30) folgt (vgl. 12.28))

(12.32) $\quad d_k := b_{3k-1} + (b_{3k-1} - b_{3k-2}) = b_{3k+1} - (b_{3k+2} - b_{3k+1})).$

Die Punkte d_k, k = 1(1)m-1, heißen Gewichtspunkte (oder auch kurz Gewichte). Ihre aus (12.32) folgende Lage zeigt Abb. 12.1.

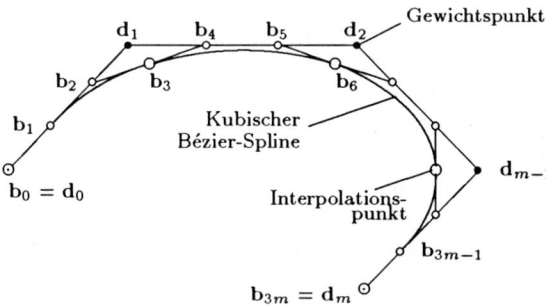

Abbildung 12.1: · Vorgabepunkte, o Interpolationspunkte

12.3 Bézier Splines

Mittels (12.32) und (12.31) können die Bézier-Punkte $\mathbf{b}_1, \mathbf{b}_2, \ldots, \mathbf{b}_{3m-2}, \mathbf{b}_{3m-1}$ mit Hilfe der m+1 Gewichtspunkte $\mathbf{d}_0, \mathbf{d}_1, \ldots, \mathbf{d}_{m-1}, \mathbf{d}_m$ wie folgt dargestellt werden:

$$(12.33) \quad \begin{cases} \mathbf{b}_{3k-2} = \frac{1}{3}(2\mathbf{d}_{k-1} + \mathbf{d}_k), & k = 1(1)m, \\ \mathbf{b}_{3k-1} = \frac{1}{3}(\mathbf{d}_{k-1} + 2\mathbf{d}_k), & k = 1(1)m, \\ \mathbf{b}_{3k} = \frac{1}{6}(\mathbf{d}_{k-1} + 4\mathbf{d}_k + \mathbf{d}_{k+1}), & k = 1(1)m-1. \end{cases}$$

Dies bedeutet, daß genau die m+1 Gewichtspunkte $\mathbf{d}_0, \ldots, \mathbf{d}_m$ vorgegeben werden müssen, um einen Bézier-Spline zu erzeugen; es werden also nicht die Interpolationspunkte vorgegeben.
Festzulegen sind noch die Randpunkte $\mathbf{b}_0$ und $\mathbf{b}_{3m}$. Mit der Wahl

$$(12.34) \quad \mathbf{b}_0 = \mathbf{d}_0, \quad \mathbf{b}_{3m} = \mathbf{d}_m$$

ergeben sich

$$\mathbf{P}_0''(0) = \mathbf{0}, \quad \mathbf{P}_{m-1}''(1) = \mathbf{0},$$

d.h. es liegt dann ein natürlicher kubischer Bézier-Spline vor.

ALGORITHMUS 12.4 (*Kubische Bézier-Spline-Kurve*)

Gegeben: m+1 Gewichtspunkte $\mathbf{d}_k$, $k = 0(1)m$, $m \geq 2$, $\mathbf{d}_k \in \mathbb{R}^2$ oder $\mathbf{d}_k \in \mathbb{R}^3$.

Gesucht: m kubische Polynome
$\mathbf{P}_k(v) = (1-v)^3 \mathbf{b}_{3k} + 3(1-v)^2 v \mathbf{b}_{3k+1} +$
$\quad + 3(1-v)v^2 \mathbf{b}_{3k+2} + v^3 \mathbf{b}_{3k}, \quad v \in [0,1],$
$k = 0(1)m-1.$

1. Schritt: Bestimmung der 3m-1 Bézier-Punkte
$\mathbf{b}_1, \mathbf{b}_2, \ldots, \mathbf{b}_{3m-1}$ mit (12.33).

2. Schritt: Wahl der Randpunkte mit (12.34).

VORTEIL: Die Änderung eines Gewichtspunktes $\mathbf{d}_k$ wirkt sich nur auf die Bézier-Punkte $\mathbf{b}_{3k-3}, \mathbf{b}_{3k-2}, \ldots, \mathbf{b}_{3k+2}, \mathbf{b}_{3k+3}$ aus und ruft daher nur eine lokale Änderung des Kurvenverlaufs hervor. Ähnliches gilt beim Hinzufügen neuer Gewichtspunkte. Deshalb können die kubischen Bézier-Splines in gut kontrollierter Weise zur Modellierung verwendet werden. Für die Erzeugung eines kubischen Bézier-Splines ist die Lösung eines linearen Gleichungssystems nicht erforderlich.

NACHTEIL: Es können nicht die Interpolationspunkte b_{3k}, k = 1(1)m-1, vorgegeben werden, sondern nur die recht unanschaulichen Gewichtspunkte d_k. Die Interpolationsstellen werden erst im Verlauf der Durchführung berechnet. Eine Modifizierung dazu ist in Abschnitt 12.3.3 zu finden; man erhält damit modifizierte (interpolierende) Bézier-Splines, siehe dazu auch andere Darstellungen in [HOSC89].

Besonderheiten der kubischen Bézier-Splines.

Will man mit Hilfe kubischer Bézier-Splines einen *Knick* erzeugen, so legt man einfach drei aufeinanderfolgende Gewichtspunkte (z.B. d_{i-1}, d_i, d_{i+1}) übereinander. Dann ist nämlich die Interpolationsstelle b_{3i} mit diesen Gewichtspunkten identisch und damit die Bézier-Kurve an der Stelle b_{3i} nicht mehr differenzierbar.

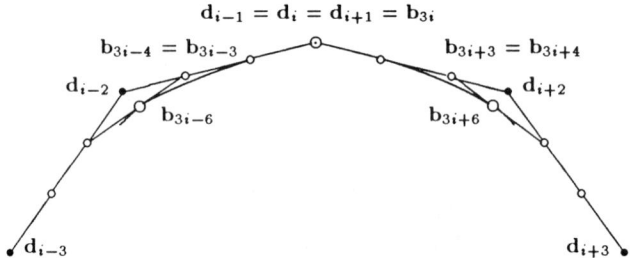

Abbildung 12.2

Die Kurvensegmente zwischen b_{3i-4} und d_i bzw. d_i und b_{3i+4} sind Geradenstücke.

12.3.2 Bézier-Spline-Flächen

Eine Bézier-Spline-Fläche setzt sich stückweise aus Bézier-Flächen, den sogenannten Pflastern (patches), zusammen. Im folgenden werden nur bikubische Bézier-Spline-Flächen und Pflaster betrachtet.
Eine bikubische Bézier-Fläche besitzt die Darstellung

$$(12.35) \quad \mathbf{P}(v,w) = \sum_{j=0}^{3}\sum_{s=0}^{3} B_j^3(v) B_s^3(w) \mathbf{b}_{js}, \quad v \in [0,1], w \in [0,1].$$

Dabei sind $B_j^3(v), B_s^3(w)$ Bernstein-Polynome 3. Grades, vgl. (12.24), und $\mathbf{b}_{js} \in \mathbb{R}^3, j = 0(1)3, s = 0(1)3$, sind die 16 Bézier-Punkte der Fläche.
Diese Darstellung ergibt sich aus der folgenden Erzeugung der Bézier-Fläche.
Im Raum sei eine kubische Bézier-Kurve

$$\mathbf{P}(v) = \sum_{j=0}^{3} B_j^3(v)\mathbf{b}_j, \quad v \in [0,1],$$

gegeben, vgl. (12.25), (12.26). Jeder Bézier-Punkt $\mathbf{b}_j$ durchlaufe nun selbst eine kubische Bézier-Kurve

$$\mathbf{b}_j(w) = \sum_{s=0}^{3} B_s^3(w)\mathbf{b}_{js}, \quad w \in [0,1], j = 0(1)3.$$

Die Kurve $\mathbf{P}(v)$ wird also, im allgemeinen bei gleichzeitiger Gestaltänderung, im Raum bewegt und überstreicht dabei eine Fläche mit der Darstellung

$$\begin{aligned}\mathbf{P}(v,w) &= \sum_{j=0}^{3} B_j^3(v)\mathbf{b}_j(w) \\ &= \sum_{j=0}^{3} B_j^3(v) \sum_{s=0}^{3} B_s^3(w)\mathbf{b}_{js}\end{aligned}$$

in Übereinstimmung mit (12.35).

Für w = const. ergeben sich die v-Kurven, für v = const. die w-Kurven der Bézier-Fläche. Aus den Eigenschaften der Bernstein-Polynome folgt, daß auf der Bézier-Fläche die Bézier-Punkte (Randpunkte) $\mathbf{P}(0,0) = \mathbf{b}_{00}$, $\mathbf{P}(1,0) = \mathbf{b}_{30}, \mathbf{P}(0,1) = \mathbf{b}_{03}, \mathbf{P}(1,1) = \mathbf{b}_{33}$ liegen, vgl. Abb. 12.3.
Die Punkte $b_{j0}, b_{j3}, j = 0(1)3, b_{0s}, b_{3s}, s = 0(1)3$, sind die Bézier-Punkte der Randkurven der Bézier-Fläche (Abb. 12.3).
Wegen (12.27), angewendet auf die Randkurven, sind die Tangentialebenen der Bézier-Fläche in den Randpunkten durch die folgenden (nicht kollinearen)

Punkttripel bestimmt: $(b_{00}, b_{10}, b_{01}), (b_{30}, b_{31}, b_{20}), (b_{03}, b_{02}, b_{13}), (b_{33}, b_{23}, b_{32})$.
Die 16 Bézier-Punkte sind im Raum so zu wählen, daß 9 (i.a. nicht ebene) Vierecke entstehen (Abb. 12.3).

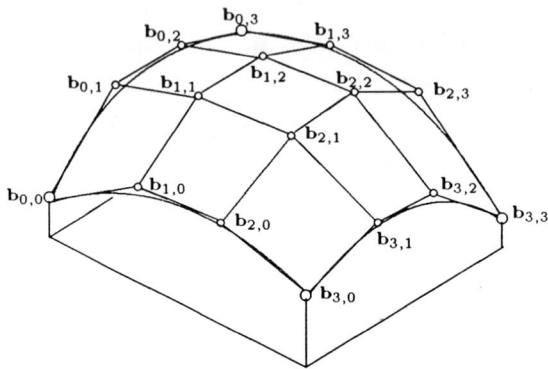

Abbildung 12.3: Bikubische Bézier-Fläche, gleichzeitig Pflaster
i=0, k=0 einer bikubischen Bézier-Spline-Fläche.

Eine bikubische Bézier-Spline-Fläche setzt sich aus $m \cdot n$ bikubischen Pflastern zusammen (Abb. 12.3):

(12.36)
$$P_{ik}(v, w) = \sum_{j=0}^{3} \sum_{s=0}^{3} B_j^3(v) B_s^3(w) \mathbf{b}_{3i+j, 3k+s},$$
$$i = 0(1)m-1, k = 0(1)n-1.$$

Ausführlich lautet diese Darstellung eines Pflasters

12.3 Bézier Splines

(12.37)
$$\begin{aligned}P_{ik}(v,w) &= \sum_{j=0}^{3}\left(\sum_{s=0}^{3}B_s^3(w)\mathbf{b}_{3i+j,3k+s}\right)B_j^3(v)\\ &= [\mathbf{b}_{3i,3k}(1-w)^3\\ &+ 3\mathbf{b}_{3i,3k+1}(1-w)^2w + 3\mathbf{b}_{3i,3k+2}(1-w)w^2\\ &+ \mathbf{b}_{3i,3k+3}w^3](1-v)^3 + 3[\mathbf{b}_{3i+1,3k}(1-w)^3\\ &+ 3\mathbf{b}_{3i+1,3k+1}(1-w)^2w + 3\mathbf{b}_{3i+1,3k+2}(1-w)w^2\\ &+ \mathbf{b}_{3i+1,3k+3}w^3](1-v)^2v + 3[\mathbf{b}_{3i+2,3k}(1-w)^3\\ &+ 3\mathbf{b}_{3i+2,3k+1}(1-w)^2w + 3\mathbf{b}_{3i+2,3k+2}(1-w)w^2\\ &+ \mathbf{b}_{3i+2,3k+3}w^3](1-v)v^2 + [\mathbf{b}_{3i+3,3k}(1-w)^3\\ &+ 3\mathbf{b}_{3i+3,3k+1}(1-w)^2w + 3\mathbf{b}_{3i+3,3k+2}(1-w)w^2\\ &+ \mathbf{b}_{3i+3,3k+3}w^3]v^3\end{aligned}$$

Die Numerierung der Bézier-Punkte ist so gewählt, daß sich für benachbarte Pflaster Randkurven mit denselben Bézier-Punkten ergeben. Damit ist gesichert, daß benachbarte Pflaster stetig aneinanderschließen.
Aus (12.37) folgt z.B., daß für die benachbarten Pflaster (i-1,k) und (i,k) gilt:

$$\begin{aligned}P_{i-1,k}(1,w) &= \sum_{s=0}^{3}B_s^3(w)\mathbf{b}_{3(i-1)+3,3k+s} =\\ &= \sum_{s=0}^{3}B_s^3(w)\mathbf{b}_{3i,3k+s} = P_{ik}(0,w).\end{aligned}$$

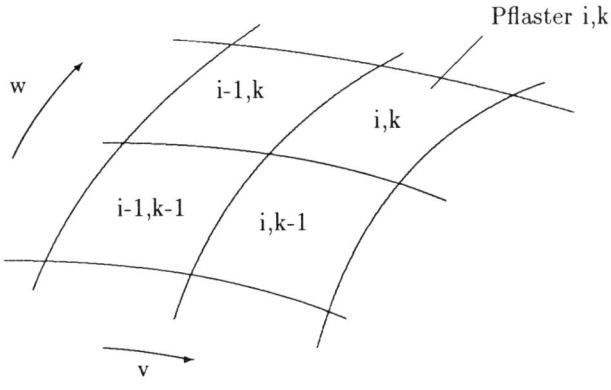

Abbildung 12.4

Mit Hilfe bikubischer Bézier-Splines können auch solche Flächen dargestellt werden, deren Stützpunkte nicht über einem Rechteckgitter angeordnet sind. Darzustellende Flächen $z = f(x,y)$ dürfen zu einer Stelle (x,y) mehrere z-Werte besitzen.

Berechnung der bikubischen Bézier-Splines

Für die hier zu konstruierende Bézier-Spline-Fläche wird vorausgesetzt, daß für die partiellen Ableitungen erster und zweiter Ordnung von (12.37) nach v bzw. w benachbarter Pflaster (i-1,k-1),(i-1,k), (i,k-1) und (i,k) die folgenden Bedingungen erfüllt sind:

$$(12.38) \quad \begin{cases} \mathbf{P}_{i-1,k-1}(1,1)|_v &= \mathbf{P}_{i,k-1}(0,1)|_v, \\ \mathbf{P}_{i-1,k}(1,0)|_v &= \mathbf{P}_{i,k}(0,0)|_v, \\ \mathbf{P}_{i-1,k-1}(1,1)|_w &= \mathbf{P}_{i-1,k}(1,0)|_w, \\ \mathbf{P}_{i,k-1}(0,1)|_w &= \mathbf{P}_{i,k}(0,0)|_w, \end{cases}$$

wobei $|_v$, $|_w$ die partiellen Ableitungen nach v bzw. w bedeuten und

$$(12.39) \quad \begin{cases} \mathbf{P}_{i-1,k-1}(1,1)|_{vv} &= \mathbf{P}_{i,k-1}(0,1)|_{vv}, \\ \mathbf{P}_{i-1,k-1}(1,1)|_{vw} &= \mathbf{P}_{i,k-1}(0,1)|_{vw}, \\ \mathbf{P}_{i-1,k}(1,0)|_{vv} &= \mathbf{P}_{i,k}(0,0)|_{vv}, \\ \mathbf{P}_{i-1,k}(1,0)|_{vw} &= \mathbf{P}_{i,k}(0,0)|_{vw}, \\ \mathbf{P}_{i-1,k-1}(1,1)|_{ww} &= \mathbf{P}_{i-1,k}(1,0)|_{ww}, \\ \mathbf{P}_{i-1,k-1}(1,1)|_{wv} &= \mathbf{P}_{i-1,k}(1,0)|_{wv}, \\ \mathbf{P}_{i,k-1}(0,1)|_{ww} &= \mathbf{P}_{i,k}(0,0)|_{ww}, \\ \mathbf{P}_{i,k-1}(0,1)|_{wv} &= \mathbf{P}_{i,k}(0,0)|_{wv}, \end{cases}$$

wobei $|_{vv}$, $|_{vw}$, $|_{ww}$, $|_{wv}$ die zweiten partiellen Ableitungen bezeichnen. Aus den Bedingungen (12.38) und (12.39) lassen sich mit den sogenannten Gewichtspunkten

$$\begin{aligned} \mathbf{d}_{ik} &:= \mathbf{b}_{3i-2,3k-2} - 2\mathbf{b}_{3i-2,3k-1} - 2\mathbf{b}_{3i-1,3k-2} + 4\mathbf{b}_{3i-1,3k-1} \\ &= 4\mathbf{b}_{3i+1,3k+1} - 3\mathbf{b}_{3i+1,3k+2} - 2\mathbf{b}_{3i+2,3k+1} + \mathbf{b}_{3i+2,3k+2} \\ &= -2\mathbf{b}_{3i-2,3k+1} + 4\mathbf{b}_{3i-1,3k+1} - 2\mathbf{b}_{3i-1,3k+2} + \mathbf{b}_{3i-2,3k+2} \\ &= -2\mathbf{b}_{3i+1,3k-2} + 4\mathbf{b}_{3i+1,3k-1} + \mathbf{b}_{3i+2,3k-2} - 2\mathbf{b}_{3i+2,3k-1} \end{aligned}$$

die Gleichungen ableiten:

12.3 Bézier Splines

$$(12.40) \begin{cases} b_{3i-2,3k-2} = \frac{4}{9}d_{i-1,k-1} + \frac{2}{9}d_{i-1,k} + \frac{2}{9}d_{i,k-1} + \frac{1}{9}d_{i,k} \\ \qquad \text{für} \quad i = 1(1)m, k = 1(1)n, \\ b_{3i-2,3k+2} = \frac{4}{9}d_{i-1,k+1} + \frac{2}{9}d_{i-1,k} + \frac{2}{9}d_{i,k+1} + \frac{1}{9}d_{i,k} \\ \qquad \text{für} \quad i = 1(1)m, k = 0(1)n-1, \\ b_{3i+2,3k-2} = \frac{4}{9}d_{i+1,k-1} + \frac{2}{9}d_{i,k-1} + \frac{2}{9}d_{i+1,k} + \frac{1}{9}d_{i,k} \\ \qquad \text{für} \quad i = 0(1)m-1, k = 1(1)n, \\ b_{3i+2,3k+2} = \frac{4}{9}d_{i+1,k+1} + \frac{2}{9}d_{i,k+1} + \frac{2}{9}d_{i+1,k} + \frac{1}{9}d_{i,k} \\ \qquad \text{für} \quad i = 0(1)m-1, k = 0(1)n-1, \\ b_{3i-2,3k} = \frac{1}{9}d_{i-1,k-1} + \frac{4}{9}d_{i-1,k} + \frac{1}{9}d_{i-1,k+1} + \\ \qquad + \frac{1}{18}d_{i,k-1} + \frac{2}{9}d_{i,k} + \frac{1}{18}d_{i,k+1} \\ \qquad \text{für} \quad i = 1(1)m, k = 1(1)n-1, \\ b_{3i,3k-2} = \frac{1}{9}d_{i-1,k-1} + \frac{4}{9}d_{i,k-1} + \frac{1}{9}d_{i+1,k-1} + \\ \qquad + \frac{1}{18}d_{i-1,k} + \frac{2}{9}d_{i,k} + \frac{1}{18}d_{i+1,k} \\ \qquad \text{für} \quad i = 1(1)m-1, k = 1(1)n, \\ b_{3i,3k+2} = \frac{1}{9}d_{i-1,k+1} + \frac{4}{9}d_{i,k+1} + \frac{1}{9}d_{i+1,k+1} + \\ \qquad + \frac{1}{18}d_{i-1,k} + \frac{2}{9}d_{i,k} + \frac{1}{18}d_{i+1,k} \\ \qquad \text{für} \quad i = 1(1)m-1, k = 0(1)n-1, \\ b_{3i+2,3k} = \frac{1}{9}d_{i+1,k-1} + \frac{4}{9}d_{i+1,k} + \frac{1}{9}d_{i+1,k+1} + \\ \qquad + \frac{1}{18}d_{i,k-1} + \frac{2}{9}d_{i,k} + \frac{1}{18}d_{i,k+1} \\ \qquad \text{für} \quad i = 0(1)m-1, k = 1(1)n-1, \\ b_{3i,3k} = \frac{1}{36}d_{i-1,k-1} + \frac{1}{9}d_{i,k-1} + \frac{1}{36}d_{i+1,k-1} + \\ \qquad + \frac{1}{9}d_{i-1,k} + \frac{4}{9}d_{i,k} + \frac{1}{9}d_{i+1,k} + \\ \qquad + \frac{1}{36}d_{i-1,k+1} + \frac{1}{9}d_{i,k+1} + \frac{1}{36}d_{i+1,k+1} \\ \qquad \text{für} \quad i = 1(1)m-1, k = 1(1)n-1. \end{cases}$$

Kennt man nun die d_{ik} in den Gleichungen (12.40), so lassen sich die nicht an den Rändern der Fläche gelegenen Bézier-Punkte mit Hilfe dieser Gleichungen bestimmen. Führt man also die (m+1)(n+1) Gewichtspunkte d_{ik} als unabhängige Größen ein, so sind folglich die inneren Bézier-Punkte bekannt. Für die Berechnung der bikubischen Polynome (12.37) fehlen nur noch die an den Rändern liegenden 6(m+n) Bézier-Punkte $b_{0,s}$, $b_{3m,s}$, $b_{j,0}$ und $b_{j,3n}$, s = 0(1)3n, j = 0(1)3m, welche ebenfalls als unabhängige Größen vorgegeben werden.

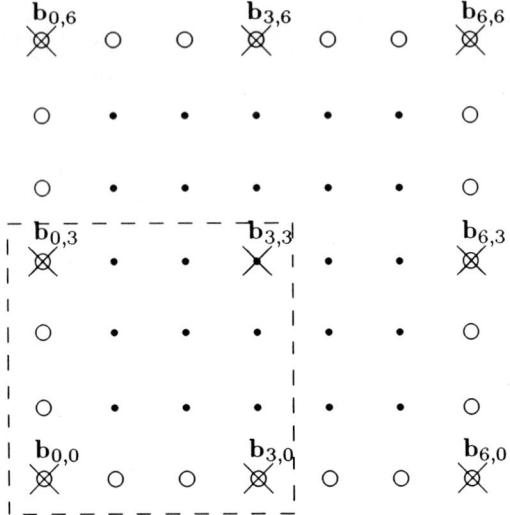

Abbildung 12.5: ○ vorzugebende Bézier-Punkte, · errechnete
Bézier-Punkte und X Interpolationsstellen in der
Parameterebene. Das Rechteckgitter gibt hier nur Aufschluß
über die Reihenfolge der Bézier-Punkte, nicht über
ihre relative Lage zueinander im Raum.

Korrektur bikubischer Bézier-Splines.

Verschiebt man einen Gewichtspunkt d_{ik} eines bikubischen Bézier-Splines um $36\mathbf{d}$, so ändern sich die Bézier-Punkte $\mathbf{b}_{js}$ in den angrenzenden Pflastern in der folgenden Weise: Aus den Gleichungen (12.40) ergeben sich die neuen Bézier-Punkte $\mathbf{b}_{js}^*$ zu

12.3 Bézier Splines

$$b^*_{3i-2,3k-2} = [4d_{i-1,k-1} + 2d_{i-1,k} + 2d_{i,k-1} + d_{i,k} + 36d]/9$$
$$= b_{3i-2,3k-2} + 4d,$$
$$b^*_{3i-2,3k+2} = [4d_{i-1,k+1} + 2d_{i-1,k} + 2d_{i,k+1} + d_{i,k} + 36d]/9$$
$$= b_{3i-2,3k+2} + 4d,$$
$$b^*_{3i+2,3k-2} = [4d_{i+1,k-1} + 2d_{i,k-1} + 2d_{i+1,k} + d_{i,k} + 36d]/9$$
$$= b_{3i+2,3k-2} + 4d,$$
$$b^*_{3i+2,3k+2} = [4d_{i+1,k+1} + 2d_{i,k+1} + 2d_{i+1,k} + d_{i,k} + 36d]/9$$
$$= b_{3i+2,3k+2} + 4d,$$
$$b^*_{3i-2,3k} = [2d_{i-1,k-1} + 8d_{i-1,k} + 2d_{i-1,k+1} + d_{i,k-1} +$$
$$+ 4(d_{i,k} + 36d) + d_{i,k+1}]/18 = b_{3i-2,3k} + 8d,$$
$$b^*_{3i,3k-2} = [2d_{i-1,k-1} + 8d_{i,k-1} + 2d_{i+1,k-1} + d_{i-1,k} +$$
$$+ 4(d_{i,k} + 36d) + d_{i+1,k}]/18 = b_{3i,3k-2} + 8d,$$
$$b^*_{3i,3k+2} = [2d_{i-1,k+1} + 8d_{i,k+1} + 2d_{i+1,k+1} + d_{i-1,k} +$$
$$+ 4(d_{i,k} + 36d) + d_{i+1,k}]/18 = b_{3i,3k+2} + 8d,$$
$$b^*_{3i+2,3k} = [2d_{i+1,k-1} + 8d_{i+1,k} + 2d_{i+1,k+1} + d_{i,k-1} +$$
$$+ 4(d_{i,k} + 36d) + d_{i,k+1}]/18 = b_{3i+2,3k} + 8d,$$
$$b^*_{3i,3k} = [d_{i-1,k-1} + 4d_{i,k-1} + d_{i+1,k-1} + 4d_{i-1,k} +$$
$$+ 16(d_{i,k} + 36d) + 4d_{i+1,k} + d_{i-1,k+1} + 4d_{i,k+1} +$$
$$+ d_{i+1,k+1}]/36 = b_{3i,3k} + 16d.$$

Die Änderungen der restlichen, in der nachstehenden Tabelle aufgeführten Bézier-Punkte errechnet man analog.

(12.41)

	3k-3	3k-2	3k-1	3k	3k+1	3k+2	3k+3
3i+3	+ d	+2d	+ 4d	+ 4d	+ 4d	+2d	+ d
3i+2	+2d	+4d	+ 8d	+ 8d	+ 8d	+4d	+2d
3i+1	+4d	+8d	+16d	+16d	+16d	+8d	+4d
3i	+4d	+8d	+16d	+16d	+16d	+8d	+4d
3i-1	+4d	+8d	+16d	+16d	+16d	+8d	+4d
3i-2	+2d	+4d	+ 8d	+ 8d	+ 8d	+4d	+2d
3i-3	+ d	+2d	+ 4d	+ 4d	+ 4d	+2d	+ d

Eine Änderung der äußeren Bézier-Punkte $b_{j,s}$ ($j \in \{0,...,3m\}$, $s \in \{0,...,3n\}$) ändert die übrigen Bézier-Punkte nicht.

Korrigiert man nun statt des Gewichtes d_{ik} den Bézier-Punkt $b_{3i,3k}$ um 16d, so ändern sich der Gewichtspunkt d_{ik} um 36d und die entsprechenden Bézier-Punkte $b_{j,s}$ um die in der Tabelle (12.41) aufgezeigten Werte. Als wesentliches

Ergebnis der Untersuchung des Verhaltens von bikubischen Bézier-Splines gegenüber Änderungen der Vorgabepunkte kann man feststellen, daß eine mittels des bikubischen Bézier-Verfahrens errechnete Splinefläche (im Gegensatz zu den bikubischen Splines in Abschnitt 12.1) *lokal änderbar* ist, was dem bikubischen Bézier-Verfahren für die praktische Anwendung gegenüber den bikubischen Splines erhebliche Vorteile einräumt.

NACHTEIL: Bei der praktischen Anwendung des kubischen bzw. bikubischen Bézier-Verfahrens wird dem Benutzer auffallen, daß er zwar den Verlauf der jeweils zu bestimmenden Splinekurve (-fläche) an den Rändern durch Vorgabe der äußeren Bézier-Punkte relativ exakt bestimmen kann, daß er aber auf den Verlauf der Splinekurven im Inneren der Fläche nur indirekt, d.h. durch die Wahl der sehr unanschaulichen Gewichtspunkte, Einfluß ausüben kann. Es liegt also nahe, diese Verfahren so zu modifizieren, daß man statt der Gewichtspunkte die Interpolationsstellen des kubischen bzw. bikubischen Bézier-Splines vorgeben kann, um ein für die Anwendung besser einsetzbares, echtes Interpolationsverfahren zu erhalten, vgl. Abschnitt 12.3.3 .

ALGORITHMUS 12.5 (*Berechnung der bikubischen Bézier-Splines*).

Gegeben: 1. $b_{0,s}$, $b_{3m,s}$, $b_{j,0}$, $b_{j,3n}$ für s = 0(1)3n, j = 0(1)3m
als äußere Bézier-Punkte.
2. d_{ik} , i = 0(1)m , k = 0(1)n , als Gewichtspunkte.

Gesucht: Bikubischer Bézier-Spline (12.36).

1. Schritt. Bestimmung der 9(m-1)(n-1) inneren Bézier-Punkte mit (12.40).

2. Schritt. Aufstellung der $m \cdot n$ bikubischen Polynome (12.37) für
i = 0(1)m-1, k = 0(1)n-1.

12.3.3 Modifizierte (interpolierende) kubische Bézier - Splines

Eine wegen der in Abschnitt 12.3.2 genannten Nachteile sinnvolle Modifikation der bisher behandelten Bézier-Verfahren ist z.B. in [STEU79] und [HOSC89] angegeben. In [STEU79] wird das bikubische Bézier-Verfahren zu einem "echten" Interpolationsverfahren ausgebaut, indem statt der Gewichtspunkte d_{ik} neben den 6(m+n) äußeren Bézier-Punkten $b_{0,s}$, $b_{3m,s}$, $b_{j,0}$, $b_{j,3n}$, j = 1(1)3m , s = 0(1)3n, die (m-1)(n-1) Bézier-Punkte $b_{3i,3k}$, i = 1(1)m-1 , k = 1(1)n-1, als Interpolationspunkte des bikubischen Bézier-Splines vorgegeben werden.

Zunächst werden diese Interpolationspunkte als Gewichtspunkte betrachtet, zu welchen man sich durch Mittelbildung sogenannte Pseudointerpolationspunkte errechnet, die unter Beachtung des Korrekturverhaltens bikubischer Bézier-Splines solange verschoben werden, bis sie um weniger als ein vorgegebenes $\varepsilon > 0$ von den gegebenen Interpolationspunkten abweichen.

LITERATUR zu 12.3: [BEZI72], [MICH69], [STEU79], [HOSC89] .

12.4 B-Splines

12.4.1 B-Spline-Kurven

Eine B-Spline-Kurve der Ordnung k zu den n+1 de Boor-Punkten[1] (Kontrollpunkten) $d_i, i = 0(1)n, n \geq 1, d_i \in \mathbf{R}^2$ oder $d_i \in \mathbf{R}^3$, sowie $1 \leq k \leq n+1$ wird mit Hilfe normalisierter B-Spline-Funktionen $N_{i,k}$ wie folgt erzeugt:

$$(12.42) \qquad \mathbf{P}(t) = \sum_{i=0}^{n} N_{i,k}(t)\mathbf{d}_i, \qquad t \in I.$$

Zunächst werden die Definition und einige Eigenschaften der B-Spline-Funktionen $N_{i,k}$ behandelt.
Gegeben seien k+1 reelle Parameterwerte t_j, j = i(1)i+k, $k \geq 1$, mit

$$t_i < t_{i+1} < \ldots < t_{i+k};$$

die t_j werden auch Knoten genannt. Je zwei benachbarte Knoten bestimmen ein Intervall. Die zu diesen Knoten gehörige normalisierte B-Spline-Funktion $N_{i,k}$ der Ordnung k wird wie folgt definiert:

$$(12.43) \quad \begin{cases} k = 1: \quad N_{i,1}(t) = \begin{cases} 1 & \text{für} \quad t_i \leq t < t_{i+1} \\ 0 & \text{für} \quad t < t_i \quad \text{und} \quad t \geq t_{i+1} \end{cases} \\ k \geq 2: \quad N_{i,k}(t) = \dfrac{t - t_i}{t_{i+k-1} - t_i} N_{i,k-1}(t) + \dfrac{t_{i+k} - t}{t_{i+k} - t_{i+1}} N_{i+1,k-1}(t). \end{cases}$$

---

[1] Die de Boor-Punkte d_i sind verschieden von den ebenso bezeichneten Gewichtspunkten der Bézier-Spline-Kurven.

Das Intervall $[t_i, t_{i+k}]$ heißt Träger von $N_{i,k}$. Die Ordnung k gibt an, aus wievielen Teilintervallen, beginnend bei t_i, der Träger besteht.
Die B-Spline-Funktion $N_{i,k}$ ist nur auf ihrem Träger von Null verschieden. Für $k \geq 2$ gilt:

(12.44)
$$N_{i,k}(t) > 0 \quad \text{für} \quad t_i < t < t_{i+k},$$
$$N_{i,k}(t) = 0 \quad \text{für} \quad t \leq t_i \text{ und } t \geq t_{i+k}.$$

Aufgrund der rekursiven Definition (12.43) gilt für $k \geq 2$:
$N_{i,k}(t)$ setzt sich stückweise aus k Polynomen (k-1)ten Grades zusammen (je eines in jedem Teilintervall des Trägers), die an den inneren Knoten t_j, $t_i < t_j < t_{i+k}$, des Trägers C^{k-2}-stetig aneinanderschließen.
Für einen glatten Anschluß muß $k - 2 \geq 1$, also $k \geq 3$ sein.
Nach (12.42) werden für eine B-Spline-Kurve mit den n+1 Kontrollpunkten $\mathbf{d}_i$, $i = 0(1)n$, ebenso viele B-Spline-Funktionen $N_{i,k}$ mit den insgesamt $n + 1 + k$ Knoten

$$t_0, t_1, \ldots, t_n, t_{n+1}, \ldots, t_{n+k}$$

benötigt.
Die Knoten können mittels $t_j := j$, $j = 0(1)n+k$, normiert werden:

$$0, 1, \ldots, n, n+1, \ldots, n+k;$$

alle Teilintervalle haben dann die Länge 1, und (12.43) lautet

(12.45)
$$\begin{cases} k = 1: & N_{i,1}(t) = \begin{cases} 1 & \text{für} \quad i \leq t < i+1 \\ 0 & \text{für} \quad t < i \text{ und } t \geq i+1 \end{cases} \\ k \geq 2: & N_{i,k}(t) = \dfrac{t-i}{k-1} N_{i,k-1}(t) + \dfrac{i+k-t}{k-1} N_{i+1,k-1}(t). \end{cases}$$

Eine B-Spline-Kurve mit normierten Knoten heißt uniforme B-Spline-Kurve.

Nun werde von einer B-Spline-Kurve (12.42) der Punkt $\mathbf{P}(t)$ mit $t \in [t_r, t_{r+1})$ berechnet. In der Summe müssen nur solche $N_{i,k}$ berücksichtigt werden, deren Träger das Teilintervall $[t_r, t_{r+1})$ enthalten. Diese sind $N_{r-k+1,k}$ mit dem Träger $[t_{r-k+1}, t_{r+1}]$ bis $N_{r,k}$ mit dem Träger $[t_r, t_{r+k}]$.
Also ist

(12.46)
$$\mathbf{P}(t) = \sum_{i=r-k+1}^{r} N_{i,k}(t) \mathbf{d}_i, \quad t \in [t_r, t_{r+1}).$$

Übrigens gilt $\sum\limits_{i=0}^{n} N_{i,k}(t) = 1$, für $t \in [t_r, t_{r+1})$ also $\sum\limits_{i=r-k+1}^{r} N_{i,k}(t) = 1$, d.h. an jeder Stelle dieses Teilintervalls wird das Gesamtgewicht 1 auf die k de

12.4 B-Splines

Boor-Punkte $\mathbf{d}_{r-k+1}$ bis $\mathbf{d}_r$ verteilt.

Die Berechnung von $\mathbf{P}(t)$ erfolgt zweckmäßig mit dem de Boor-Algorithmus, für dessen Formulierung

(12.47) $$\alpha_{i,k}^j := \frac{t - t_i}{t_{i+k-j} - t_i}$$

und

(12.48) $$\mathbf{D}_i^j := \alpha_{i,k}^j \mathbf{D}_i^{j-1} + (1 - \alpha_{i,k}^j)\mathbf{D}_{i-1}^{j-1}, \quad \mathbf{D}_i^0 := \mathbf{d}_i$$

für $k \geq 2, j \geq 1$ benötigt werden. Mit (12.47) lautet (12.43) für $k \geq 2$

(12.49) $$N_{i,k}(t) = \alpha_{i,k}^1 N_{i,k-1}(t) + (1 - \alpha_{i+1,k}^1)N_{i+1,k-1}(t).$$

Damit ergibt sich für (12.46)

$$\mathbf{P}(t) = \sum_{i=r-k+1}^{r} [N_{i,k-1}(t)\alpha_{i,k}^1 \mathbf{d}_i + N_{i+1,k-1}(t)(1 - \alpha_{i+1,k}^1)\mathbf{d}_i].$$

Wird im zweiten Summanden $i+1$ durch i ersetzt und beachtet, daß für die $N_{i,k-1}$ wegen $t \in [t_r, t_{r+1})$ die Summation ab $i = r - (k-1) + 1$ genügt, so folgen

$$\mathbf{P}(t) = \sum_{i=r-(k-1)+1}^{r} N_{i,k-1}(t)[\alpha_{i,k}^1 \mathbf{d}_i + (1 - \alpha_{i,k}^1)\mathbf{d}_{i-1}]$$

und mit (12.48) für j = 1

$$\mathbf{P}(t) = \sum_{i=r-(k-1)+1}^{r} N_{i,k-1}(t)\mathbf{D}_i^1.$$

Dieser Prozeß läßt sich fortsetzen. Mit $k - j + 1$ anstelle von k lautet (12.49)

$$N_{i,k-j+1}(t) = \alpha_{i,k-j+1}^1 N_{i,k-j}(t) + (1 - \alpha_{i+1,k-j+1}^1)N_{i+1,k-j}(t)$$

und wegen $\alpha_{i,k-j+1}^1 = \alpha_{i,k}^j$, vgl. (12.47),

$$N_{i,k-j+1}(t) = \alpha_{i,k}^j N_{i,k-j}(t) + (1 - \alpha_{i+1,k}^j)N_{i+1,k-j}(t).$$

Damit ergibt sich wie oben im ersten Schritt mit $r-(k-j+1)+1 = r-(k-j)$

$$\mathbf{P}(t) = \sum_{i=r-(k-j)}^{r} N_{i,k-(j-1)}(t)\mathbf{D}_i^{j-1}$$
$$= \sum_{i=r-(k-j)+1}^{r} N_{i,k-j}(t)[\alpha_{i,k}^j \mathbf{D}_i^{j-1} + (1-\alpha_{i,k}^j)\mathbf{D}_{i-1}^{j-1}]$$
$$= \sum_{i=r-(k-j)+1}^{r} N_{i,k-j}(t)\mathbf{D}_i^{j}.$$

Das Verfahren bricht ab, wenn die Summe nur noch einen Summanden enthält, wenn also $r-(k-j)+1 = r$ und somit $j = k-1$ ist. Dann ist wegen (12.43)

$$\mathbf{P}(t) = N_{r,k-j}(t)\mathbf{D}_r^j = N_{r,1}(t)\mathbf{D}_r^{k-1} = \mathbf{D}_r^{k-1}.$$

Der de Boor-Algorithmus läßt sich übersichtlich in dem folgenden Schema darstellen.

	$j=1$	$j=2$	...	$j=k-2$	$j=k-1$
$\mathbf{d}_{r-k+1} = \mathbf{D}_{r-k+1}^0$					
$\mathbf{d}_{r-k+2} = \mathbf{D}_{r-k+2}^0$	$\mathbf{D}_{r-k+2}^1$				
$\mathbf{d}_{r-k+3} = \mathbf{D}_{r-k+3}^0$	$\mathbf{D}_{r-k+3}^1$	$\mathbf{D}_{r-k+3}^2$			
$\vdots$					
$\mathbf{d}_{r-1} = \mathbf{D}_{r-1}^0$	$\mathbf{D}_{r-1}^1$	$\mathbf{D}_{r-1}^2$	...	$\mathbf{D}_{r-1}^{k-2}$	
$\mathbf{d}_r = \mathbf{D}_r^0$	$\mathbf{D}_r^1$	$\mathbf{D}_r^2$	...	$\mathbf{D}_r^{k-2}$	$\mathbf{D}_r^{k-1} = \mathbf{P}(t)$ $t \in [t_r, t_{r+1})$

Ein Punkt $\mathbf{D}_i^j$ der Spalte j entsteht aus dem links und links oben notierten Punkt $\mathbf{D}_i^{j-1}$ bzw. $\mathbf{D}_{i-1}^{j-1}$ der Spalte j−1 nach (12.48) mit (12.47). Beim horizontalen Fortschreiten wird mit $\alpha_{i,k}^j$, beim absteigenden mit $(1-\alpha_{i,k}^j)$ multipliziert. (Da in den Endformeln die $\alpha_{i,k}^j$ nur mit demselben Index k auftreten, kann auf die Angabe dieses Index verzichtet werden.)

Für den ersten de Boor-Punkt $\mathbf{d}_0$ ist $r-k+1 = 0$, also $r = k-1$, für $\mathbf{d}_n$, den letzten, ist $r = n$. Daher können mit dem de Boor-Algorithmus Punkte $\mathbf{P}(t)$ mit $t \in [t_r, t_{r+1})$ für $r = (k-1)(1)n$ berechnet werden, d.h. für $t_{k-1} \leq t < t_{n+1}$. Da stets k de Boor-Punkte benötigt werden, muß $n+1 \geq k$ sein.

12.4 B-Splines

Der de Boor-Algorithmus benutzt für $j=1$ $\alpha^1_{r-k+2,k}$ bis $\alpha^1_{r,k}$, d.h. wegen (12.47) die Knoten

$$t_{r-k+2},\ldots,t_r,t_{r+1},\ldots,t_{r+k-1}.$$

Für $r = k - 1$ bis $r = n$ sind das also $t_1,\ldots,t_{k-1},t_k,\ldots,t_n,t_{n+1},\ldots,t_{n+k-1}$. Die Randknoten t_0 und t_{n+k} werden demnach nicht benötigt.

Es können sowohl offene, d.h. nicht geschlossene, als auch geschlossene B-Spline-Kurven erzeugt werden. Da diese Kurven glatt sein sollen, wird $k \geq 3$ vorausgesetzt, die Kurven werden also mit mindestens 3 de Boor-Punkten erzeugt.

Offene B-Spline-Kurven

Eine offene B-Spline-Kurve soll ebenso wie eine Bézier-Kurve durch den ersten und letzten de Boor-Punkt $\mathbf{d}_0$ bzw. $\mathbf{d}_n$ gehen, und die Verbindungsgeraden von $\mathbf{d}_0$ und $\mathbf{d}_1$ bzw. von $\mathbf{d}_{n-1}$ und $\mathbf{d}_n$ sollen Tangenten der Kurve sein. Das läßt sich erreichen, indem die ersten und letzten k Knoten einander gleichgesetzt werden. Die Knoten einer offenen B-Spline-Kurve sind also

$$t_0 = t_1 = \ldots = t_{k-1} < t_k < \ldots < t_n < t_{n+1} = t_{n+2} = \ldots = t_{n+k}.$$

Zwischen t_{k-1} und t_{n+1} liegen $n - k + 2$ Intervalle, deren Länge von Null verschieden ist. Eine Kurve maximaler Ordnung $k = n + 1$ ist eine Bézier-Kurve mit dem Intervall $[t_n, t_{n+1}]$.

Für eine uniforme, offene B-Spline-Kurve der Ordnung $k \geq 3$ können die normierten Knoten wie folgt erzeugt werden:

$$(12.50) \quad \begin{cases} t_j = k - 1 & \text{für} \quad j = 0(1)k-1, \\ t_j = j & \text{für} \quad j = k(1)n, \\ t_j = n + 1 & \text{für} \quad j = n+1(1)n+k. \end{cases}$$

Falls beim de Boor-Algorithmus wegen zusammenfallender Knoten ein $\alpha^j_{i,k}$ mit verschwindendem Nenner auftritt, ist $\alpha^j_{i,k} = 0$ zu setzen.

Geschlossene B-Spline-Kurven

Eine geschlossene B-Spline-Kurve wird erzeugt mit

$$\mathbf{d}_{n+1} := \mathbf{d}_0, \quad \mathbf{d}_{n+2} := \mathbf{d}_1, \ldots,$$

so daß die de Boor-Punkte zyklisch durchlaufen werden können. Der de Boor-Algorithmus kann dann für insgesamt $n+1$ k-Tupel aufeinander folgender de Boor-Punkte $(\mathbf{d}_{r-k+1}, \ldots, \mathbf{d}_r)$, $r = k-1(1)n+k-1$, durchgeführt werden:

$$(\mathbf{d}_0, \mathbf{d}_1, \ldots, \mathbf{d}_{k-1}),$$
$$\vdots$$
$$(\mathbf{d}_{n-k+1}, \ldots, \mathbf{d}_{n-1}, \mathbf{d}_n),$$
$$(\mathbf{d}_{n-k+2}, \ldots, \mathbf{d}_n, \mathbf{d}_{n+1}),$$
$$\vdots$$
$$(\mathbf{d}_n, \mathbf{d}_{n+1}, \ldots, \mathbf{d}_{n+k-1}).$$

Dabei werden die Knoten $t_1, \ldots, t_{n+k-1}, t_{n+k}, \ldots, t_{n+2k-2}$ benötigt, die alle verschieden sein müssen.

Für eine geschlossene B-Spline-Kurve sind den $n+1$ de Boor Punkten $\mathbf{d}_0, \ldots, \mathbf{d}_n$ also die $k-1$ weiteren Punkte $\mathbf{d}_{n+1} = \mathbf{d}_0, \mathbf{d}_{n+2} = \mathbf{d}_1, \ldots, \mathbf{d}_{n+k-1} = \mathbf{d}_{k-2}$ hinzuzufügen.

Für t mit $t_{k-1} \leq t \leq t_{n+k}$ ergeben sich alle Punkte $\mathbf{P}(t)$ der geschlossenen B-Spline-Kurve. Die Anzahl der Teilintervalle ist $n+1$, unabhängig von k.

Für eine uniforme, geschlossene B-Spline-Kurve der Ordnung $k \geq 3$ sind die normierten Knoten:

(12.51) $\qquad t_j = j \quad \text{für} \quad j = 0(1)n + 2k - 1;$

der erste und der letzte Knoten werden nicht benötigt.

ALGORITHMUS 12.6 (*Uniforme B-Spline-Kurven*).

Gegeben: n+1 de Boor-Punkte $\mathbf{d}_i$, $i = 0(1)n$, $n \geq 2$, $\mathbf{d}_i \in \mathbb{R}^2$ oder $\mathbf{d}_i \in \mathbb{R}^3$; Ordnung k, $3 \leq k \leq n+1$; Typ der Kurve: offen oder geschlossen.

Gesucht: Punkte $\mathbf{P}(t)$ der uniformen B-Spline-Kurve.

1. Offene Kurve

   Bereitstellung der Knoten (12.50). Das Intervall $I = [k-1, n+1]$ enthält $n - k + 2$ Teilintervalle.

   Geschlossene Kurve

   Bereitstellung der Knoten (12.51). Das Intervall $I = [k-1, n+k]$ enthält $n+1$ Teilintervalle. Bereitstellung von $k-1$ weiteren de Boor-Punkten $\mathbf{d}_{n+1} = \mathbf{d}_0, \mathbf{d}_{n+2} = \mathbf{d}_1, \ldots, \mathbf{d}_{n+k-1} = \mathbf{d}_{k-2}$.

2. Für $t \in I$ wird das Teilintervall $[r, r+1]$ mit $r \leq t < r+1$ ermittelt.
3. Für $j = 1(1)k - 1$ sind zu berechnen, jeweils für
$i = (r - k + j + 1)(1)r$

$$\alpha_i^j = \frac{t - t_i}{t_{i+k-j} - t_i}, \quad (12.47)$$

$$\mathbf{D}_i^j = \alpha_i^j \mathbf{D}_i^{j-1} + (1 - \alpha_i^j)\mathbf{D}_{i-1}^{j-1}, \quad (12.48)$$

$$\mathbf{D}_i^0 = \mathbf{d}_i$$

4. $\mathbf{P}(t) = \mathbf{D}_r^{k-1}$.

Wie der de Boor-Algorithmus erkennen läßt, wird ein Kurvensegment einer B-Spline-Kurve zum Intervall $[t_r, t_{r+1}]$ nur von k de Boor-Punkten beeinflußt. Umgekehrt hat ein de Boor-Punkt $\mathbf{d}_i$ nur auf k Intervalle $[t_i, t_{i+1}]$ bis $[t_{i+k-1}, t_{i+k}]$ Einfluß.
Somit wirkt sich die Änderung eines Kontrollpunktes in vorteilhafter Weise nur lokal auf den Kurvenverlauf aus, und zwar umso weniger, je niedriger die Ordnung k ist. Außerdem verläuft eine Kurve niedriger Ordnung in der Nähe des Kontrollpolygons, so daß sich der Kurvenverlauf gut abschätzen läßt. Günstig ist die Verwendung kubischer B-Spline-Kurven der Ordnung 4, die C^2-stetig sind.
Im Gegensatz zu den B-Spline-Kurven sind bei den Bézier-Kurven die Anzahl n+1 der Kontrollpunkte $\mathbf{b}_i$ und der Grad n der Bernsteinpolynome $\mathbf{B}_i^n$ wechselseitig festgelegt. Die kubischen Bézier-Spline-Kurven erfordern die Vorgabe der Gewichtspunkte, deren Einfluß nicht so leicht überschaubar ist.
Ein weiterer Vorteil der B-Spline-Kurven ist die bequeme Erzeugung geschlossener Kurven.

12.4.2 B-Spline-Flächen

Analog zu den Bézier-Flächen können mit den B-Spline-Funktionen $N_{i,k}(v)$ und $N_{j,k}(w)$ der Ordnung k sowie den $(m+1) \cdot (n+1)$ Kontrollpunkten $\mathbf{d}_{ij} \in \mathbb{R}^3$ B-Spline-Flächen mit der Darstellung

$$(12.52) \quad \mathbf{P}(v, w) = \sum_{i=0}^{m} \sum_{j=0}^{n} N_{i,k}(v) N_{j,k}(w) \mathbf{d}_{ij}, \quad v \in I_v, w \in I_w$$

erzeugt werden. Die de Boor-Punkte $\mathbf{d}_{ij}$ sind die Ecken des de Boor Polyeders; vgl. das Bézier-Polyeder in Abb. 12.3.

Für $w = w^* = $ const ergibt sich eine v-Kurve der B-Spline-Fläche

$$\begin{aligned}(12.53) \qquad \mathbf{P}(v, w^*) &= \sum_{i=0}^{m} N_{i,k}(v)(\sum_{j=0}^{n} N_{j,k}(w^*)\mathbf{d}_{ij}) \\ &= \sum_{i=0}^{m} N_{i,k}(v)\mathbf{d}_i(w^*), \quad v \in I_v \; ;\end{aligned}$$

sie ist eine B-Spline-Kurve der Ordnung k zu den m+1 de Boor-Punkten

$$(12.54) \qquad \mathbf{d}_i(w^*) = \sum_{j=0}^{n} N_{j,k}(w^*)\mathbf{d}_{ij}, \quad i = 0(1)m \; .$$

Ebenso entsteht für $v = v^* = $ const eine w-Kurve

$$\begin{aligned}(12.55) \qquad \mathbf{P}(v^*, w) &= \sum_{j=0}^{n} N_{j,k}(w)(\sum_{i=0}^{m} N_{i,k}(v^*)\mathbf{d}_{ij}) \\ &= \sum_{j=0}^{n} N_{j,k}(w)\mathbf{d}_j(v^*), \quad w \in I_w \; ;\end{aligned}$$

sie ist eine B-Spline-Kurve der Ordnung k zu den n+1 de Boor-Punkten

$$(12.56) \qquad \mathbf{d}_j(v^*) = \sum_{i=0}^{m} N_{i,k}(v^*)\mathbf{d}_{ij}, \quad j = 0(1)n \; .$$

Wie bei den B-Spline-Kurven (vgl. Algorithmus 12.6) sei $3 \leq k \leq \text{Min}(m+1, n+1)$. Also muß für die Mindestordnung $k = 3$ ein de Boor-Polyeder mit mindestens 9 Ecken gegeben sein.

Im folgenden werden uniforme, offene B-Spline-Flächen betrachtet, deren v- und w-Kurven uniforme, offene B-Spline-Kurven der Ordnung k sind.
Nach (12.50) sind die normierten Knoten für $N_{i,k}(v)$

$$(12.57) \qquad \begin{cases} v_l = k - 1 & \text{für} \quad l = 0(1)k - 1, \\ v_l = l & \text{für} \quad l = k(1)m, \\ v_l = m + 1 & \text{für} \quad l = m + 1(1)m + k \end{cases}$$

und für $N_{j,k}(w)$

$$(12.58) \qquad \begin{cases} w_l = k - 1 & \text{für} \quad l = 0(1)k - 1, \\ w_l = l & \text{für} \quad l = k(1)n, \\ w_l = n + 1 & \text{für} \quad l = n + 1(1)n + k \; . \end{cases}$$

Die Intervalle für v und w sind $I_v = [k-1, m+1]$, $I_w = [k-1, n+1]$.

12.4 B-Splines

Nun werde von einer uniformen, offenen B-Spline-Fläche der Punkt $\mathbf{P}(v^*, w^*)$ mit $v^* \in I_v$ und $w^* \in I_w$ berechnet. Dann gibt es $r, s \in \mathbf{N}$, so daß gilt

$$k - 1 \leq r \leq v^* < r + 1 \leq m + 1,$$

$$k - 1 \leq s \leq w^* < s + 1 \leq n + 1.$$

Als Punkt der v-Kurve (12.53) ist wegen $v^* \in [r, r+1)$, vgl. (12.46),

$$(12.59) \qquad \mathbf{P}(v^*, w^*) = \sum_{i=r-k+1}^{r} N_{i,k}(v^*) \mathbf{d}_i(w^*) .$$

Es werden also k de Boor-Punkte (12.54) benötigt, die wegen $w^* \in [s, s+1)$ mittels

$$(12.60) \qquad \mathbf{d}_i(w^*) = \sum_{j=s-k+1}^{s} N_{j,k}(w^*) \mathbf{d}_{ij}, \quad i = r - k + 1(1)r ,$$

berechnet werden können. Sowohl diese k de Boor-Punkte als auch der Flächenpunkt $\mathbf{P}(v^*, w^*)$ können mit dem de Boor-Algorithmus ermittelt werden; vgl. (12.46) und Algorithmus 12.6. $\mathbf{P}(v^*, w^*)$ kann auch als Punkt der w-Kurve (12.55) berechnet werden:

$$(12.61) \qquad \mathbf{P}(v^*, w^*) = \sum_{j=s-k+1}^{s} N_{j,k}(w^*) \mathbf{d}_j(v^*) ,$$

$$(12.62) \qquad \mathbf{d}(v^*) = \sum_{i=r-k+1}^{r} N_{i,k}(v^*) \mathbf{d}_{ij}, \quad j = s - k + 1(1)s .$$

Auf beiden Wegen sind für $\mathbf{P}(v^*, w^*)$ $k + 1$ Anwendungen des de Boor-Algorithmus erforderlich.

ALGORITHMUS 12.7 (*Uniforme, offene B-Spline-Flächen*).

Gegeben: $(m+1) \cdot (n+1)$ de Boor-Punkte $\mathbf{d}_{ij} \in \mathbf{R}^3$, $i = 0(1)m$, $m \geq 2$, $j = 0(1)n$, $n \geq 2$; Ordnung k, $3 \leq k \leq \text{Min}(m+1, n+1)$.

Gesucht: Punkte $\mathbf{P}(v^*, w^*)$ der uniformen, offenen B-Spline-Fläche.

1. Bereitstellung der Knoten (12.57) und (12.58). Intervalle
$I_v = [k-1, m+1]$, $I_w = [k-1, n+1]$.

2. Für $v^* \in I_v$ wird das Teilintervall $[r, r+1]$ mit $r \leq v^* < r+1$, für $w^* \in I_w$ das Teilintervall $[s, s+1]$ mit $s \leq w^* < s+1$ ermittelt.

3. $\mathbf{P}(v^*, w^*)$ wird als Punkt der v-Kurve $w = w^*$ mit (12.60), (12.59) berechnet.

   3.1 Erzeugung der k de Boor-Punkte $\mathbf{d}_i(w^*)$ für
   $i = (r-k+1)(1)r$:
   Für $q = 1(1)k-1$ sind zu berechnen, jeweils für
   $p = (s-k+q+1)(1)s$

   $$\alpha_p^q = \frac{w^* - w_p}{w_{p+k-q} - w_p},$$
   $$D_p^q = \alpha_p^q D_p^{q-1} + (1 - \alpha_p^q) D_{p-1}^{q-1},$$
   $$D_p^0 = \mathbf{d}_{ip},$$
   $$\mathbf{d}_i(w^*) = D_s^{k-1}.$$

   3.2 Berechnung des Punktes $\mathbf{P}(v^*, w^*)$:
   Für $q = 1(1)k-1$ sind zu berechnen, jeweils für
   $p = (r-k+q+1)(1)r$

   $$\alpha_p^q = \frac{v^* - v_p}{v_{p+k-q} - v_p},$$
   $$D_p^q = \alpha_p^q D_p^{q-1} + (1 - \alpha_p^q) D_{p-1}^{q-1},$$
   $$D_p^0 = \mathbf{d}_p(w^*),$$
   $$\mathbf{P}(v^*, w^*) = D_r^{k-1}.$$

4. $\mathbf{P}(v^*, w^*)$ wird als Punkt der w-Kurve $v = v^*$ mit (12.62), (12.61) berechnet.

   4.1 Erzeugung der k de Boor-Punkte $\mathbf{d}_j(v^*)$ für $j = (s-k+1)(1)s$:
   Für $q = 1(1)k-1$ sind zu berechnen, jeweils für
   $p = (r-k+q+1)(1)r$

   $$\alpha_p^q = \frac{v^* - v_p}{v_{p+k-q} - v_p},$$
   $$D_p^q = \alpha_p^q D_p^{q-1} + (1 - \alpha_p^q) D_{p-1}^{q-1},$$
   $$D_p^0 = \mathbf{d}_{pj},$$
   $$\mathbf{d}_j(v^*) = D_r^{k-1}.$$

12.4 B-Splines

4.2 Berechnung des Punktes $\mathbf{P}(v^*, w^*)$:
Für $q = 1(1)k - 1$ sind zu berechnen, jeweils für
$p = (s - k + q + 1)(1)s$

$$\alpha_p^q = \frac{w^* - w_p}{w_{p+k-q} - w_p},$$

$$D_p^q = \alpha_p^q D_p^{q-1} + (1 - \alpha_p^q) D_{p-1}^{q-1},$$

$$D_p^0 = \mathbf{d}_p(v^*),$$

$$\mathbf{P}(v^*, w^*) = D_s^{k-1}.$$

Wenn viele Punkte einer v-Kurve erzeugt werden sollen, ist es zweckmäßig, zunächst alle de Boor-Punkte (12.54) zu ermitteln, um deren wiederholte Berechnung im Algorithmus 12.7 zu vermeiden. Für $v^* \in [r, r+1)$ sind dann unter 3.1 nur die in 3.2 benötigten de Boor-Punkte $\mathbf{d}_{r-k+1}(w^*)$ bis $\mathbf{d}_r(w^*)$ bereitzustellen. Analog ist vorzugehen, wenn viele Punkte einer w-Kurve zu ermitteln sind.

Ebenso wie bei den B-Spline-Kurven wirken sich Änderungen der de Boor-Punkte $\mathbf{d}_{ij}$ nur lokal auf den Verlauf der uniformen B-Spline-Fläche aus. Ein Punkt $\mathbf{P}(v^*, w^*)$ mit $v^* \in [r, r+1)$, $w^* \in [s, s+1)$ wird nach (12.59) bis (12.62) mit Hilfe der de Boor-Punkte $\mathbf{d}_{ij}$, $i = r - k + 1(1)r$, $j = s - k + 1(1)s$ berechnet. Die Punkte $\mathbf{P}(v^*, w^*)$ des Flächensegmentes $r \leq v^* < r+1$, $s \leq w^* < s+1$ werden also nur von den genannten $k \cdot k$ de Boor-Punkten beeinflußt. Umgekehrt hat ein de Boor-Punkt $\mathbf{d}_{ij}$ Einfluß auf die v-Intervalle $[i, i+1]$ bis $[i+k-1, i+k]$ und auf die w-Intervalle $[j, j+1]$ bis $[j+k-1, j+k]$, also auf $k \cdot k$ Flächensegmente.

Eine rohrförmige uniforme B-Spline-Fläche kann erzeugt werden, wenn z.B. für die v-Kurven offene und für die w-Kurven geschlossene uniforme B-Spline-Kurven der Ordnung k gewählt werden. Für die de Boor-Punkte der geschlossenen w-Kurven sind dann für $i = 0(1)m$ zu setzen:

$$\mathbf{d}_{i,n+1} := \mathbf{d}_{i,0}, \mathbf{d}_{i,n+2} := \mathbf{d}_{i,1}, \ldots, \mathbf{d}_{i,n+k-1} := \mathbf{d}_{i,k-2},$$

und zu den B-Spline-Funktionen $N_{j,k}(w)$ gehören analog zu (12.51) die Knoten $w_l = l$ für $l = 0(1)n + 2k - 1$.

LITERATUR zu 12.4: [BART87]; [BÖHM84]; [HOSC89].

12.5 Entscheidungshilfen

Bézier- und B-Spline-Kurven

Beide Kurven-Typen sind parametrisch und nicht interpolierend. Bei den Bézier-Splines ist in Abschnitt 12.3.3 eine interpolierende Variante angegeben (modifizierte interpolierende kubische Bézier-Splines). In der Orientierungstabelle für Spline-Kurven in Abschnitt 10.3 sind die kubischen Bézier-Splines enthalten.
Die uniformen B-Spline-Kurven sind gegenüber den Bézier-Spline-Kurven leichter zu handhaben, weil nur das de Boor-Polygon vorgegeben werden muß, das den Kurvenverlauf festlegt. Geschlossene Kurven sollte man nur mit B-Spline-Kurven erzeugen.

Flächendarstellung mit Splines

Zur Konstruktion glatter Flächen haben die bikubischen Splines (Abschnitt 12.1) den Nachteil, daß sie nur dann angewendet werden können, wenn die Funktionswerte auf einem Rechteckgitter mit monoton angeordneten Knoten in x- und y-Richtung gegeben sind; dies ist eine starke Einschränkung.

In der Reihenfolge völlig beliebig können die Wertetripel $(x_i, y_i, f_i = f(x_i, y_i))$ für die interpolierenden Oberflächensplines (Abschnitt 12.2) vorgegeben werden; dies ist für den praktischen Einsatz äußerst vorteilhaft. Allerdings muß gewährleistet sein, daß zu jedem Wertepaar (x_i, y_i) genau ein Funktionswert f_i existiert. Die Ableitungsordnung für die Oberflächensplines ist frei wählbar, aus Testrechnungen hat sich ergeben, daß im allgemeinen die Ableitungsordnungen 3, 4 oder 5 empfehlenswert sind. Bei wachsender Ableitungsordnung und zunehmender Zahl von Interpolationsstellen verschlechtert sich die Kondition der zu lösenden linearen Gleichungssysteme stark.

Bei den Bézier-Splines (Abschnitt 12.3) kann wegen ihrer parametrischen Darstellung die Monotonieforderung entfallen. Sie können deshalb auch zur Darstellung von geschlossenen, sich selbst durchdringenden Flächen benutzt werden, außerdem können bewußt Flächen mit Knick erzeugt werden, und lokale Änderungen sind möglich.

Die Vorteile der B-Spline-Kurven übertragen sich auch auf die B-Spline-Flächen; sie sind den Bézier-Flächen vorzuziehen, weil sie überall mindestens einmalig stetig differenzierbar sind (bei Ordnung $k \geq 3$).

LITERATUR zu Kapitel 12: [BART87]; [BEZI72]; [BÖHM84]; [BOXB79]; [DONG79]; [GORD69]; [GREV69]; [HOSC89]; [MEING79]; [MICH79]; [REIN71]; [RITT69]; [SHAH70]; [SPÄT71]; [SPÄT73]; [SPÄT86]; [STEU79].

Kapitel 13

Akima- und Renner-Subsplines

Wie die interpolierenden kubischen Splines setzen sich die interpolierenden Akima-Subsplines und Renner-Subsplines intervallweise aus kubischen Polynomen zusammen. Der wesentliche Unterschied besteht jedoch darin, daß für diese Subsplines nur einmalige stetige Differenzierbarkeit gefordert wird im Gegensatz zu den kubischen Splines, die zweimal stetig differenzierbar sind. Gegenüber den Originalarbeiten von Akima [AKIM70] und Renner [RENN81], [RENN82] wurden hier gemäß einer Mitteilung von R. Wodicka sinnvolle Modifikationen durchgeführt; unter anderem werden Ecken auch als Ecken dargestellt, so daß die stetige Differenzierbarkeit nur bis auf Ausnahmen besteht. Falls Ecken nicht erwünscht sind, können sie durch Einfügen weiterer Punkte vermieden werden. Ein wesentlicher Vorteil der Akima- und Renner-Subsplines ist, daß hier gegenüber den anderen Splines kein lineares Gleichungssystem gelöst werden muß.

13.1 Akima-Subsplines

Von einer (unbekannten oder bekannten) Funktion f $\in C^1$ [a,b] seien an den n+1 monoton angeordneten Stützstellen (Knoten)

$$a = x_0 < x_1 < \ldots < x_n = b$$

die Stützwerte y_i = f(x_i) gegeben; es sei n $\geq$ 4. Durch die n+1 Punkte P_i = (x_i,y_i) soll eine glatte Kurve gelegt werden. Diese soll durch die stückweise definierte Splinefunktion S mit

$$S(x) \equiv S_i(x) = a_i + b_i(x - x_i) + c_i(x - x_i)^2 + d_i(x - x_i)^3,$$
$$x \in [x_i, x_{i+1}], \quad i = 0(1)n - 1$$

dargestellt werden. S sei also in jedem Teilintervall durch ein Polynom höchstens dritten Grades gegeben. Die Koeffizienten a_i, b_i, c_i, d_i können für i = 0(1)n-1 berechnet werden, wenn in den Knoten x_i und x_{i+1} nicht nur die Funktionswerte

$$S_i(x_i) = y_i \quad , \quad S_i(x_{i+1}) = y_{i+1},$$

sondern auch die Ableitungen (also die Steigungen der Tangenten)

$$S_i'(x_i) = t_i \quad , \quad S_i'(x_{i+1}) = t_{i+1}$$

gegeben sind.

Da im allgemeinen die Funktion f unbekannt ist, müssen die Steigungen zunächst geeignet ermittelt werden.
Akima zieht zur Bestimmung der Steigung t_i im Punkt P_i nur die diesem Punkt benachbarten Punkte P_{i-2}, P_{i-1}, P_{i+1}, P_{i+2} heran, ähnlich wie der Zeichner einer punktweise gegebenen Kurve nur wenige Punkte in der Nachbarschaft eines Punktes berücksichtigt, um den Kurvenverlauf dort festzulegen. Da ein Zeichner drei (oder mehr) kollineare Punkte geradlinig verbinden wird, soll auch die Funktion S diese Eigenschaft besitzen.
Am Ende eines geradlinigen Abschnittes wird durch ihn auch die Tangentensteigung für den anschließenden krummlinigen Abschnitt festgelegt. Ein störendes Ausschwingen beim Anschluß eines gekrümmten Kurvenstückes an ein geradliniges (wie es bei den gewöhnlichen kubischen Splines zu beobachten ist) wird hier durch den Verzicht auf die Stetigkeit der zweiten Ableitung von S vermieden.

Wenn beiderseits eines Punktes P_i zwei geradlinige Abschnitte mit verschiedener Steigung liegen, entsteht zeichnerisch eine Ecke; das ist mit der Forderung nach stetiger Differenzierbarkeit nicht verträglich. Während Akima auf die Wiedergabe einer solchen Ecke zugunsten der stetigen Differenzierbarkeit verzichtet, sollen hier auch Ecken dargestellt werden. Dafür ist es erforderlich, an jedem Knoten eine links- und rechtsseitige Steigung zu notieren.

Mit den Sehnensteigungen

$$m_i = \frac{y_{i+1} - y_i}{x_{i+1} - x_i}$$

lautet die Steigungsformel von Akima

$$t_i = \frac{|m_{i+1} - m_i|m_{i-1} + |m_{i-1} - m_{i-2}|m_i}{|m_{i+1} - m_i| + |m_{i-1} - m_{i-2}|} .$$

13.1 Akima-Subsplines

Falls der Nenner nicht verschwindet, liefert sie

$$t_i = m_{i-1} \quad \text{für} \quad m_{i-2} = m_{i-1} \quad \text{und}$$
$$t_i = m_i \quad \text{für} \quad m_i = m_{i+1} \quad .$$

Falls $m_{i-1} \neq m_i$ ist und der Nenner verschwindet, liegt bei P_i eine Ecke vor.

Für t_0, t_1, t_{n-1}, t_n ist die Steigungsformel nur dann anwendbar, wenn weitere Steigungen $m_{-2}, m_{-1}, m_n, m_{n+1}$ bereitgestellt werden.

ALGORITHMUS 13.1 (*Akima-Subsplines*).

Gegeben: (x_i, y_i), $i = 0(1)n$, $n \geq 4$, $x_i < x_{i+1}$ für $i=0(1)n-1$,
  nicht periodisch bzw. (mit $y_n = y_0$) periodisch.

Gesucht: Koeffizienten a_i, b_i, c_i, d_i für $i = 0(1)n-1$.

1. Für $i = 0(1)n-1$ sind die Steigungen
   $m_i = (y_{i+1} - y_i)/(x_{i+1} - x_i)$ zu berechnen.

2. Bereitstellung weiterer Steigungen

   nicht periodisch
   $$m_{-2} := 3m_0 - 2m_1$$
   $$m_{-1} := 2m_0 - m_1$$
   $$m_n := 2m_{n-1} - m_{n-2}$$
   $$m_{n+1} := 3m_{n-1} - 2m_{n-2}$$

   periodisch
   $$m_{-2} := m_{n-2}$$
   $$m_{-1} := m_{n-1}$$
   $$m_n := m_0$$
   $$m_{n+1} := m_1 \quad .$$

3. Für jedes $i = 0(1)n$ werden die linksseitigen und rechtsseitigen Steigungen t_i^L bzw. t_i^R berechnet; t_0^L, t_n^R werden berechnet, aber unter 4. nicht benutzt.
   $$NE := |m_{i+1} - m_i| + |m_{i-1} - m_{i-2}|$$

$$NE > 0: \quad \alpha_i := |m_{i-1} - m_{i-2}|/NE$$
$$t_i^L := (1-\alpha_i)m_{i-1} + \alpha_i m_i = m_{i-1} + \alpha_i(m_i - m_{i-1})$$
$$t_i^R := t_i^L$$

$$NE = 0: \quad t_i^L := m_{i-1}$$
$$t_i^R := m_i$$

4. Für i = 0(1)n-1 Berechnung der gesuchten Koeffizienten a_i, b_i, c_i, d_i:

$$a_i := y_i$$
$$b_i := t_i^R$$
$$h_i := x_{i+1} - x_i$$
$$c_i := \frac{1}{h_i}\left(3m_i - 2t_i^R - t_{i+1}^L\right)$$
$$d_i := \frac{1}{h_i^2}\left(t_i^R + t_{i+1}^L - 2m_i\right)$$

Wenn die Knoten nicht monoton angeordnet sind, muß analog zur Vorgehensweise bei den Splines parametrisch gerechnet werden (vgl. Abschnitt 10.1.3). Nachteilig ist allerdings die grobe Approximation der Bogenlänge durch die Sehnenlängen. Die Renner-Subsplines nähern die Bogenlänge genauer an.

13.2 Renner-Subsplines

Gegeben seien n+1 Punkte $P_i = (x_i, y_i)$ oder $P_i = (x_i, y_i, z_i)$, i = 0(1)n, $n \geq 4$, mit $P_{i+1} \neq P_i$ für i = 0(1)n-1. Diese Punkte sollen in der Reihenfolge der Numerierung durch eine glatte Kurve verbunden werden, die im Fall $P_n = P_0$ geschlossen ist. Die Kurve soll durch die stückweise definierte Splinefunktion

(13.1) $\quad \mathbf{S}(t) \equiv \mathbf{S}_i(t) = \mathbf{a}_i + t\mathbf{b}_i + t^2\mathbf{c}_i + t^3\mathbf{d}_i, \quad \mathbf{a}_i, \mathbf{b}_i, \mathbf{c}_i, \mathbf{d}_i \in \mathbb{R}^m$
    mit $m = 2$ oder $m = 3$, $t \in [0, T_i]$, i = 0(1)n-1,

13.2 Renner-Subsplines

dargestellt werden. Das zwischen P_i und P_{i+1} verlaufende Kurvensegment ist also durch ein Polynom höchstens dritten Grades gegeben. Zu berechnen sind für i = 0(1)n-1 die Koeffizienten $\mathbf{a}_i, \mathbf{b}_i, \mathbf{c}_i, \mathbf{d}_i \in \mathbb{R}^m$ sowie die Länge T_i des Parameterintervalls. Dafür müssen außer den Punkten

$$\mathbf{S}_i(0) = P_i \quad , \quad \mathbf{S}_i(T_i) = P_{i+1}$$

auch die Tangenteneinheitsvektoren

$$\mathbf{S}'_i(0) = \mathbf{t}_i \quad , \quad \mathbf{S}'_i(T_i) = \mathbf{t}_{i+1}$$

bekannt sein. Wenn man fordert, daß auch $\|\mathbf{S}'_i(T_i/2)\| = 1$ ist, kann T_i berechnet werden.

Nach der Simpsonschen Formel (siehe 15.3.2) ist die Länge des Kurvensegments zwischen P_i und P_{i+1}

$$\int_0^{T_i} \|\mathbf{S}'_i(t)\| dt \approx \frac{T_i}{6} \left(\|\mathbf{S}'_i(0)\| + 4\|\mathbf{S}'_i(T_i/2)\| + \|\mathbf{S}'_i(T_i)\| \right) = T_i \ .$$

Darum ist t angenähert Bogenlängenparameter.

Falls die Kurventangenten in den Punkten P_i nicht bekannt sind, müssen zunächst die Tangenteneinheitsvektoren $\mathbf{t}_i$ geeignet bestimmt werden. Analog zu den Akima-Kurven sollen auch hier geradlinige Abschnitte und Ecken erzeugt werden. Mit den Sehnenvektoren

$$\mathbf{s}_i = P_{i+1} - P_i \neq \mathbf{0} \quad \text{und deren Einheitsvektoren} \quad \mathbf{s}_i^0 = \mathbf{s}_i/\|\mathbf{s}_i\|$$

lautet die Formel von Renner für den (zunächst nicht normierten) Tangentenvektor

$$\mathbf{t}_i = (1-\alpha_i)\mathbf{s}_{i-1} + \alpha_i \mathbf{s}_i = \mathbf{s}_{i-1} + \alpha_i(\mathbf{s}_i - \mathbf{s}_{i-1}) \quad \text{mit}$$

$$\alpha_i = \frac{F(\mathbf{s}_{i-2}^0, \mathbf{s}_{i-1}^0)}{F(\mathbf{s}_{i-2}^0, \mathbf{s}_{i-1}^0) + F(\mathbf{s}_i^0, \mathbf{s}_{i+1}^0)} \ .$$

Hier ist $F(\mathbf{s}, \mathbf{t})$ der Flächeninhalt des von den Vektoren $\mathbf{s}, \mathbf{t} \in \mathbb{R}^m$ aufgespannten Parallelogramms. Für $\mathbf{s}, \mathbf{t} \in \mathbb{R}^3$ ist

$$F^2(\mathbf{s}, \mathbf{t}) = \|\mathbf{s} \times \mathbf{t}\|^2 = \|\mathbf{s}\|^2 \|\mathbf{t}\|^2 - (\mathbf{s}^T \mathbf{t})^2$$

und für Einheitsvektoren $\mathbf{s}, \mathbf{t}$ also

$$F(\mathbf{s}, \mathbf{t}) = \sqrt{1 - (\mathbf{s}^T \mathbf{t})^2} \ .$$

Im Fall m = 2 gilt

$$F(\mathbf{s},\mathbf{t}) = \sqrt{1 - (\mathbf{s}^T\mathbf{t})^2} = |\det(\mathbf{s},\mathbf{t})|\,.$$

Die Formeln für $\mathbf{t}_i$ und α_i gelten für alle Punkte P_i, die "links" und "rechts" je zwei Nachbarpunkte besitzen. Für eine geschlossene Kurve ist das stets der Fall.

Wenn der Nenner von α_i nicht verschwindet, ist

$$\begin{aligned}\mathbf{t}_i &= \mathbf{s}_{i-1}\quad,\quad \text{falls}\quad P_{i-2},P_{i-1},P_i\quad \text{kollinear, und}\\ \mathbf{t}_i &= \mathbf{s}_i\quad,\quad \text{falls}\quad P_i,P_{i+1},P_{i+2}\quad \text{kollinear sind.}\end{aligned}$$

Ist der Nenner gleich Null, so liegt für $\sqrt{1-(\mathbf{s}_{i-1}^{0T}\mathbf{s}_i^0)^2} > 0$ eine Ecke vor. Um mit einem Renner-Subspline Ecken darstellen zu können, werden jedem Punkt P_i ein "linksseitiger" und ein "rechtsseitiger" Tangenteneinheitsvektor $\mathbf{t}_i^L$ bzw. $\mathbf{t}_i^R$ zugeordnet. In einer Ecke P_i werden $\mathbf{t}_i^L = \mathbf{s}_{i-1}^0$ und $\mathbf{t}_i^R = \mathbf{s}_i^0$ gesetzt, andernfalls ist $\mathbf{t}_i^L = \mathbf{t}_i^R = \mathbf{t}_i$.

ALGORITHMUS 13.2 (*Renner-Subsplines*)

Gegeben: n+1 Punkte $P_i = (x_i,y_i)$ oder $P_i = (x_i,y_i,z_i)$, i = 0(1)n, $n \geq 4$, mit $P_i \neq P_{i+1}$ für i = 0(1)n-1.

Gesucht: Renner-Subspline in der Darstellung (13.1).

1. Für i = 0(1)n-1 werden die Sehnenvektoren berechnet:
   $\mathbf{s}_i := P_{i+1} - P_i \neq \mathbf{0}$.

2. Bereitstellung weiterer Sehnenvektoren

   2.1 Kurve geschlossen ($P_n = P_0$)
   $$\begin{aligned}\mathbf{s}_{-2} &:= \mathbf{s}_{n-2}\\ \mathbf{s}_{-1} &:= \mathbf{s}_{n-1}\\ \mathbf{s}_n &:= \mathbf{s}_0\\ \mathbf{s}_{n+1} &:= \mathbf{s}_1\end{aligned}$$

   2.2 Kurve nicht geschlossen ($P_n \neq P_0$).
   $$\begin{aligned}\mathbf{s}_{-2} &:= 3\mathbf{s}_0 - 2\mathbf{s}_1\\ \mathbf{s}_{-1} &:= 2\mathbf{s}_0 - \mathbf{s}_1\\ \mathbf{s}_n &:= 2\mathbf{s}_{n-1} - \mathbf{s}_{n-2}\\ \mathbf{s}_{n+1} &:= 3\mathbf{s}_{n-1} - 2\mathbf{s}_{n-2}\end{aligned}$$

13.2 Renner-Subsplines

3. Für jedes $i = -2(1)n+1$ werden zu den Sehnenvektoren die Einheitsvektoren berechnet:

   $\|\mathbf{s}_i\| > 0 : \mathbf{s}_i^0 := \mathbf{s}_i/\|\mathbf{s}_i\|$

   $\|\mathbf{s}_i\| = 0 : \mathbf{s}_i^0 := \mathbf{0}$

   (Falls die Punkte P_0, P_1, P_2 bzw. P_{n-2}, P_{n-1}, P_n kollinear sind, kann sich in 2.2 für $\mathbf{s}_{-2}, \mathbf{s}_{-1}$ bzw. $\mathbf{s}_n, \mathbf{s}_{n+1}$ der Nullvektor ergeben.)

4. Ermittlung der links- und rechtsseitigen Tangenteneinheitsvektoren für $i = 0(1)n$:

   $NE := \sqrt{1 - (\mathbf{s}_{i-2}^{0T}\mathbf{s}_{i-1}^0)^2} + \sqrt{1 - (\mathbf{s}_i^{0T}\mathbf{s}_{i+1}^0)^2}$

   $NE > 0$:

   $\alpha_i := \sqrt{1 - (\mathbf{s}_{i-2}^{0T}\mathbf{s}_{i-1}^0)^2}/NE$

   $\mathbf{t}_i^L := \mathbf{s}_{i-1} + \alpha_i(\mathbf{s}_i - \mathbf{s}_{i-1})$

   $\mathbf{t}_i^L := \mathbf{t}_i^L/|\mathbf{t}_i^L|$

   $\mathbf{t}_i^R := \mathbf{t}_i^L$

   $NE = 0$:

   $\mathbf{t}_i^L := \mathbf{s}_{i-1}^0$

   $\mathbf{t}_i^R := \mathbf{s}_i^0$

   ($\mathbf{t}_0^L$ und $\mathbf{t}_n^R$ werden im folgenden nicht benutzt.)

5. Für $i=0(1)n-1$ werden die Längen T_i der Parameterintervalle berechnet:

   $A := 16 - \|\mathbf{t}_i^R + \mathbf{t}_{i+1}^L\|^2$

   $B := 6\mathbf{s}_i^T(\mathbf{t}_i^R + \mathbf{t}_{i+1}^L)$

   $C := 36\|\mathbf{s}_i\|^2$

   $T_i := (-B + \sqrt{B^2 + AC})/A$

6. Für $i = 0(1)n-1$ werden die Koeffizienten des Renner-Subspline berechnet:

   $\mathbf{a}_i := P_i$

   $\mathbf{b}_i := \mathbf{t}_i^R$

$$c_i := \frac{3}{T_i^2} s_i - \frac{1}{T_i}(2t_i^R + t_{i+1}^L)$$

$$d_i := \frac{1}{T_i^2}(t_i^R + t_{i+1}^L) - \frac{2}{T_i^3} s_i$$

13.3 Abrundung von Ecken bei Akima- und Renner-Kurven

Bei den Akima- und bei den Renner-Kurven wird genau dann bei P_i eine Ecke erzeugt, wenn sowohl die Punkte P_{i-2}, P_{i-1}, P_i als auch P_i, P_{i+1}, P_{i+2} kollinear sind, nicht jedoch die Punkte P_{i-1}, P_i, P_{i+1}.

Falls solche Ecken unerwünscht sind, können sie durch Einfügen je eines Punktes beseitigt und die Kurve damit abgerundet werden.
Falls bei P_i eine Ecke vorliegt, wird P_i einmal in Richtung P_{i-1} um $\lambda |P_i - P_{i-1}|$ mit $0 < \lambda < 1$, zum anderen in Richtung P_{i+1} um $\mu |P_{i+1} - P_i|$ mit $0 < \mu < 1$ verschoben. Der erste dieser neuen Punkte behält die Bezeichnung P_i; damit der zweite P_{i+1} heißen kann, müssen vorher die Punkte P_{i+1} bis P_n nach P_{i+2} bis P_{n+1} umgespeichert werden. Da nun sowohl P_{i-1}, P_i, P_{i+1} als auch P_i, P_{i+1}, P_{i+2} nicht kollinear sind, ist die Ecke beseitigt.
Die Zahlen λ und μ können so gewählt werden, daß als Abrundungssegment zwischen P_i und P_{i+1} ein Stück einer quadratischen Parabel eingefügt wird. Der Bereich des Abrundungssegmentes wird mittels der Zahl β, $0 < \beta < 1$, festgelegt.
Da bei n+1 gegebenen Punkten P_i, i = 0(1)n, einer nicht geschlossenen oder geschlossenen Kurve höchstens $\left\lceil \frac{n+1}{2} \right\rceil$ Ecken auftreten können, gibt es nach dem Abrundungsprozeß n+1+k Punkte P_i, i = 0(1)n+k, mit $0 \leq k \leq \left\lceil \frac{n+1}{2} \right\rceil$.

ALGORITHMUS 13.3

Gegeben: n+1 Punkte $P_i = (x_i, y_i)$ oder $P_i = (x_i, y_i, z_i)$, i = 0(1)n, $n \geq 4$, mit $P_i \neq P_{i+1}$ für i = 0(1)n-1 sowie β, $0 < \beta < 1$.

Gesucht: Maximal k = $\left\lceil \frac{n+1}{2} \right\rceil$ neue Punkte, so daß der zu den insgesamt n + 1 + k Punkten P_i zu berechnende Akima- oder Renner-Subspline keine Ecken aufweist.

1. Setze i := 2.
2. Falls bei Akima $|m_{i+1}-m_i| + |m_{i-1} - m_{i-2}| = 0$ und $|m_i - m_{i-1}| > 0$ bzw. bei Renner $\sqrt{1 - (s_{i-2}^{0T}s_{i-1}^0)^2} + \sqrt{1 - (s_i^{0T}s_{i+1}^0)^2} = 0$ und $\sqrt{1 - (s_{i-1}^{0T}s_i^0)^2} > 0$ gilt, liegt bei P_i eine Ecke und es wird mit 3. fortgefahren, andernfalls mit 4.
3. 3.1 Umspeichern der P_i bis P_n
    Für j = n(-1)i
    $P_{j+1} := P_j$
    (damit ist $P_{i+1} = P_i$)

    3.2 Verschiebung von P_i und P_{i+1} (= P_i)
    Akima: $L := 2(x_i - x_{i-1})$
    $\quad\quad\quad R := 2(x_{i+2} - x_{i+1})$

    Renner: $L := 2\|P_i - P_{i-1}\|$
    $\quad\quad\quad R := 2\|P_{i+2} - P_{i+1}\|$

    $B := \beta$ Min (L,R)
    $\lambda := B/L$
    $\mu := B/R$
    $P_i := P_i - \lambda(P_i - P_{i-1})$
    $P_{i+1} := P_{i+1} + \mu(P_{i+2} - P_{i+1})$

    3.3 n := n + 1.
4. i := i + 1
   Falls i ≤ n-2 Wiederholung der Rechnung ab 2., andernfalls Abbruch.

13.4 Näherungsweise Berechnung der Bogenlänge einer Kurve

Da die Länge T_i des Parameterintervalls einer Renner-Kurve angenähert die Bogenlänge zwischen den Punkten P_i und P_{i+1} ist, kann damit auch die gesamte Bogenlänge einer Kurve näherungsweise ermittelt werden. Dazu benutzt man die Schritte 1. bis 5. des Algorithmus 13.2 und erhält für die gesamte Bogenlänge der Renner-Kurve angenähert

$$L \approx \sum_{i=0}^{n-1} T_i \ .$$

Falls eine glatte ebene Kurve $(x(t), y(t))$ mit $(x'(t), y'(t)) \neq (0,0)$ oder eine Raumkurve $(x(t), y(t), z(t))$ mit $(x'(t), y'(t), z'(t)) \neq (0,0,0)$ in einer Parameterdarstellung für $t \in [a,b]$ vorliegt, erzeugt man mittels

$$a = t_0 < t_1 < \ldots < t_n = b$$

die n+1 Punkte

$$P_i = (x_i, y_i) = (x(t_i), y(t_i)), \quad i = 0(1)n \ ,$$

bzw.

$$P_i = (x_i, y_i, z_i) = (x(t_i), y(t_i), z(t_i)), \quad i = 0(1)n \ .$$

Die Schritte 2. bis 4. des Algorithmus 13.2 werden ersetzt durch

$$\mathbf{t}_i^R = \mathbf{t}_i^L = \frac{1}{\sqrt{x'^2(t_i) + y'^2(t_i)}}(x'(t_i), y'(t_i))^T, \quad i = 0(1)n \ ,$$

bzw.

$$\mathbf{t}_i^R = \mathbf{t}_i^L = \frac{1}{\sqrt{x'^2(t_i) + y'^2(t_i) + z'^2(t_i)}}(x'(t_i), y'(t_i), z'(t_i))^T, \quad i = 0(1)n \ .$$

Falls eine Kurve explizit in der Darstellung y = f(x), x $\in$ [a,b], gegeben ist, geht man nach folgendem Algorithmus vor:

ALGORITHMUS 13.4. (*Berechnung der Bogenlänge*).

Gegeben: Kurvendarstellung y = f(x), x $\in$ [a,b], f $\in$ C^1[a,b]

Gesucht: Bogenlänge der Kurve

1. Erzeugung von n+1 Punkten P_i gemäß

$$P_i = \begin{pmatrix} x_i \\ y_i = f(x_i) \end{pmatrix}, \quad i = 0(1)n, \text{ mit } a = x_0 < x_1 < \ldots < x_n = b$$

2. Berechnung der Tangentenvektoren

$$\mathbf{t}_i = \frac{1}{\sqrt{1+f'^2(x_i)}} \begin{pmatrix} 1 \\ f'(x_i) \end{pmatrix}, \quad i = 0(1)n$$

3. Berechnung der Näherungswerte T_i für die Bogenlänge zwischen P_i und P_{i+1} für i = 0(1)n-1 gemäß

$A := 16 - |\mathbf{t}_i + \mathbf{t}_{i+1}|^2$

$B := 6(P_{i+1} - P_i)^T(\mathbf{t}_i + \mathbf{t}_{i+1})$

$C := 36|P_{i+1} - P_i|^2$

$T_i := \left(-B + \sqrt{B^2 + AC}\right)/A$

4. Berechnung der gesamten Bogenlänge

$$L \approx \sum_{i=0}^{n-1} T_i$$

BEMERKUNG: Wäre hier z.B. die Ableitung von f im Punkt $x_0 = a$ unendlich, so müßte unter 2. für $\mathbf{t}_0$ der Vektor $(0,1)^T$ gewählt werden.

13.5 Entscheidungshilfen

Die Entscheidung für Akima- oder Renner-Subsplines hängt zunächst davon ab, ob eine einmalige stetige Differenzierbarkeit genügt. Wenn ja, spricht für die Verwendung dieser Subsplines, daß ein "Überschwingen", wie es bei sonstigen Splines zu beobachten ist, weitgehend vermieden wird. Ferner werden kollineare Stützpunkte geradlinig verbunden und bei aufeinander folgenden geradlinigen Abschnitten werden Ecken erzeugt; diese Ecken lassen sich allerdings auch abrunden (vgl. Algorithmus 13.3). Bei monotoner Anordnung der Knoten x_i verwendet man Akima-Subsplines, bei beliebig vorgegebenen Stützpunkten $P_i = (x_i, y_i)$ in der Ebene oder $P_i = (x_i, y_i, z_i)$ im Raum Renner-Subsplines.

Die Orientierungstabelle in Abschnitt 10.3 enthält auch Hinweise für den Einsatz von Akima- und Renner-Subsplines.

LITERATUR zu Kapitel 13: [AKIM70]; [RENN81]; [RENN82]; [WODI91].

Kapitel 14

Numerische Differentiation

14.1 Aufgabenstellung

Durch Anwendung von Differentiationsregeln kann praktisch jeder Ausdruck aus differenzierbaren Funktionen geschlossen abgeleitet werden. Eine näherungsweise Berechnung der Ableitungen ist nur dort unumgänglich, wo die zu differenzierende Funktion empirisch gegeben ist.

Es gibt nun etwa folgende Möglichkeiten, Näherungswerte für die Ableitungen einer differenzierbaren Funktion f zu berechnen:

- Differentiation eines Interpolationspolynoms Φ,

- Differentiation einer Splinefunktion S,

- Differentiation mit Hilfe der Richardson-Extrapolation (Romberg-Verfahren),

- Adaptive numerische Differentiation.

Die ersten drei Methoden werden hier besprochen, die adaptiven Verfahren können analog zur Beschreibung der adaptiven Quadraturverfahren (vgl. Abschnitt 15.12) konstruiert werden, siehe dazu [STEP79], [BJÖR79]. Von den angegebenen Methoden ist sicher die Differentiation eines Interpolationspolynoms am wenigsten zu empfehlen. Insgesamt ist gegenüber der numerischen Quadratur eine weitaus geringere Genauigkeit der Ergebnisse zu erwarten.

14.2 Differentiation mit Hilfe eines Interpolationspolynomes

Gegeben seien Wertepaare $(x_i, y_i = f(x_i))$, $x_i \in [a,b]$, $i = 0(1)n$, einer hinreichend oft differenzierbaren Funktion f.
Gesucht sind Näherungswerte für die Ableitungen von f. Dazu interpoliert man f durch ein algebraisches Polynom Φ vom Höchstgrad n, welches anstelle von f an einer beliebigen Stelle $x \in [a,b]$ differenziert wird. Man kann dazu jede Darstellung des eindeutig bestimmten Interpolationspolynoms Φ benutzen. Das Restglied der Differentiation ergibt sich durch Differentiation des Restglieds der Interpolationsformel. Rechnungsfehler wirken sich infolge Auslöschung sicherer Ziffern stark aus, sogar in den Stützstellen x_i, wo f und das Interpolationspolynom Φ übereinstimmen, kann Φ' stark von f' abweichen. Man muß also mindestens voraussetzen, daß Φ eine gute Polynomapproximation für f ist; trotzdem ist im allgemeinen die Genauigkeit von Φ' schlechter als die von Φ; man spricht von der aufrauhenden Wirkung der Differentiation.

Als Beispiel für eine abgeleitete Interpolationsformel wird die in Abschnitt 9.5 angegebene Newtonsche Interpolationsformel $N_+(t)$ für äquidistante Stützstellen mit $x = x_0 + ht$, $dx = h\,dt$ verwendet:

$$\Phi'(x) \equiv N'_+(x) = \frac{1}{h}\tilde{N}'_+(t) = \frac{1}{h}\left\{\Delta^1_{1/2} + \frac{2t-1}{2!}\Delta^2_1 + \frac{3t^2 - 6t + 2}{3!}\Delta^3_{3/2}\right.$$

$$\left. + \frac{4t^3 - 18t^2 + 22t - 6}{4!}\Delta^4_2 + \ldots + \frac{1}{n!}\sum_{k=0}^{n-1}\frac{\prod\limits_{i=0}^{n-1}(t-i)}{t-k}\Delta^n_{n/2}\right\}.$$

Analog läßt sich jede andere Interpolationsformel differenzieren.

Im Anschluß wird eine Tabelle zur näherungsweisen Berechnung der ersten und zweiten Ableitungen an Stützstellen x_i angegeben. Gesucht sind Näherungswerte Y'_i, Y''_i für die Ableitungen $y'_i = f'(x_i)$ und $y''_i = f''(x_i)$; es gilt

$$y'_i = Y'_i + \text{Restglied},$$
$$y''_i = Y''_i + \text{Restglied}.$$

Die Tabelle gibt die gesuchten Näherungswerte Y'_i bzw. Y''_i für $i = 0(1)n$, $n = 2(1)6$ bzw. $n = 2,3,4$ an. Sie werden über ein Interpolationspolynom gewonnen. Die Anzahl n+1 der verwendeten Stützstellen ist jeweils in der

14.2 Differentiation mit Hilfe eines Interpolationspolynomes

Tabelle angegeben. Die Restgliedkoeffizienten sind jeweils in den mittleren Stützstellen des Interpolationsintervalls $[x_0, x_n]$ am kleinsten. Es empfiehlt sich daher, wenn genügend Interpolationsstellen vorliegen, diese von Schritt zu Schritt durch Erhöhung des Index i um 1 so umzunumerieren, daß zur Ermittlung von Y_i' bzw. Y_i'' jeweils die Formeln für die mittleren Stützstellen verwendet werden. Doch auch hier wirken sich Rechnungsfehler infolge Auslöschung sicherer Stellen stark aus. Deshalb sind die im folgenden Abschnitt beschriebenen Ableitungen von Splinefunktionen und das Romberg-Verfahren für die Differentiation eher zu empfehlen als die Ableitung eines Interpolationspolynoms.

Anzahl d. Interpolationsstellen	Näherungswerte Y_i', Y_i''	Restglied $(\xi, \xi_1, \xi_2 \in [x_0, x_n])$
3	$Y_0' = \frac{1}{2h}(-3y_0 + 4y_1 - y_2)$	$\frac{h^2}{3}f'''(\xi)$
	$Y_1' = \frac{1}{2h}(-y_0 + y_2)$	$-\frac{h^2}{6}f'''(\xi)$
	$Y_2' = \frac{1}{2h}(y_0 - 4y_1 + 3y_2)$	$\frac{h^2}{3}f'''(\xi)$
	$Y_0'' = \frac{1}{h^2}(y_0 - 2y_1 + y_2)$	$-hf'''(\xi_1) + \frac{h^2}{6}f^{(4)}(\xi_2)$
	$Y_1'' = \frac{1}{h^2}(y_0 - 2y_1 + y_2)$	$-\frac{h^2}{12}f^{(4)}(\xi)$
	$Y_2'' = \frac{1}{h^2}(y_0 - 2y_1 + y_2)$	$hf'''(\xi_1) + \frac{h^2}{6}f^{(4)}(\xi_2)$
4	$Y_0' = \frac{1}{6h}(-11y_0 + 18y_1 - 9y_2 + 2y_3)$	$-\frac{h^3}{4}f^{(4)}(\xi)$
	$Y_1' = \frac{1}{6h}(-2y_0 - 3y_1 + 6y_2 - y_3)$	$\frac{h^3}{12}f^{(4)}(\xi)$
	$Y_2' = \frac{1}{6h}(y_0 - 6y_1 + 3y_2 + 2y_3)$	$-\frac{h^3}{12}f^{(4)}(\xi)$
	$Y_3' = \frac{1}{6h}(-2y_0 + 9y_1 - 18y_2 + 11y_3)$	$\frac{h^3}{4}f^{(4)}(\xi)$

Anzahl d. Interpolationsstellen	Näherungswerte Y_i', Y_i''	Restglied ($\xi, \xi_1, \xi_2 \in [x_0, x_n]$)
4	$Y_0'' = \frac{1}{6h^2}(12y_0 - 30y_1 + 24y_2 - 6y_3)$	$\frac{11}{12}h^2 f^{(4)}(\xi_1)$ $-\frac{h^3}{10}f^{(5)}(\xi_2)$
	$Y_1'' = \frac{1}{6h^2}(6y_0 - 12y_1 + 6y_2)$	$-\frac{h^2}{12}f^{(4)}(\xi_1)$ $+\frac{h^3}{30}f^{(5)}(\xi_2)$
	$Y_2'' = \frac{1}{6h^2}(6y_1 - 12y_2 + 6y_3)$	$-\frac{h^2}{12}f^{(4)}(\xi_1)$ $-\frac{h^3}{30}f^{(5)}(\xi_2)$
	$Y_3'' = \frac{1}{6h^2}(-6y_0 + 24y_1 - 30y_2 + 12y_3)$	$\frac{11}{12}h^2 f^{(4)}(\xi_1)$ $+\frac{h^3}{10}f^{(5)}(\xi_2)$
5	$Y_0' = \frac{1}{12h}(-25y_0 + 48y_1 - 36y_2 + 16y_3 - 3y_4)$	$\frac{h^4}{5}f^{(5)}(\xi)$
	$Y_1' = \frac{1}{12h}(-3y_0 - 10y_1 + 18y_2 - 6y_3 + y_4)$	$-\frac{h^4}{20}f^{(5)}(\xi)$
	$Y_2' = \frac{1}{12h}(y_0 - 8y_1 + 8y_3 - y_4)$	$\frac{h^4}{30}f^{(5)}(\xi)$
	$Y_3' = \frac{1}{12h}(-y_0 + 6y_1 - 18y_2 + 10y_3 + 3y_4)$	$-\frac{h^4}{20}f^{(5)}(\xi)$
	$Y_4' = \frac{1}{12h}(3y_0 - 16y_1 + 36y_2 - 48y_3 + 25y_4)$	$\frac{h^4}{5}f^{(5)}(\xi)$
	$Y_0'' = \frac{1}{24h^2}(70y_0 - 208y_1 + 228y_2 - 112y_3 + 22y_4)$	$-\frac{5}{6}h^3 f^{(5)}(\xi_1)$ $+\frac{h^4}{15}f^{(6)}(\xi_2)$
	$Y_1'' = \frac{1}{24h^2}(22y_0 - 40y_1 + 12y_2 + 8y_3 - 2y_4)$	$\frac{h^3}{12}f^{(5)}(\xi_1)$ $-\frac{h^4}{60}f^{(6)}(\xi_2)$
	$Y_2'' = \frac{1}{24h^2}(-2y_0 + 32y_1 - 60y_2 + 32y_3 - 2y_4)$	$\frac{h^4}{90}f^{(6)}(\xi)$
	$Y_3'' = \frac{1}{24h^2}(-2y_0 + 8y_1 + 12y_2 - 40y_3 + 22y_4)$	$-\frac{h^3}{12}f^{(5)}(\xi_1)$ $-\frac{h^4}{60}f^{(6)}(\xi_2)$
	$Y_4'' = \frac{1}{24h^2}(22y_0 - 112y_1 + 228y_2 - 208y_3 + 70y_4)$	$\frac{5}{6}h^3 f^{(5)}(\xi_1)$ $+\frac{h^4}{15}f^{(6)}(\xi_2)$

14.2 Differentiation mit Hilfe eines Interpolationspolynomes

Anzahl d. Interpolationsstellen	Näherungswerte Y_i', Y_i''	Restglied $(\xi, \xi_1, \xi_2 \in [x_0, x_n])$
6	$Y_0' = \frac{1}{60h}(-137y_0 + 300y_1 - 300y_2 + 200y_3 - 75y_4 + 12y_5)$	$-\frac{h^5}{6}f^{(6)}(\xi)$
	$Y_1' = \frac{1}{60h}(-12y_0 - 65y_1 + 120y_2 - 60y_3 + 20y_4 - 3y_5)$	$\frac{h^5}{30}f^{(6)}(\xi)$
	$Y_2' = \frac{1}{60h}(3y_0 - 30y_1 - 20y_2 + 60y_3 - 15y_4 + 2y_5)$	$-\frac{h^5}{60}f^{(6)}(\xi)$
	$Y_3' = \frac{1}{60h}(-2y_0 + 15y_1 - 60y_2 + 20y_3 + 30y_4 - 3y_5)$	$\frac{h^5}{60}f^{(6)}(\xi)$
	$Y_4' = \frac{1}{60h}(3y_0 - 20y_1 + 60y_2 - 120y_3 + 65y_4 + 12y_5)$	$-\frac{h^5}{30}f^{(6)}(\xi)$
	$Y_5' = \frac{1}{60h}(-12y_0 + 75y_1 - 200y_2 + 300y_3 - 300y_4 + 137y_5)$	$\frac{h^5}{6}f^{(6)}(\xi)$
7	$Y_0' = \frac{1}{60h}(-147y_0 + 360y_1 - 450y_2 + 400y_3 - 225y_4 + 72y_5 - 10y_6)$	$\frac{h^6}{7}f^{(7)}(\xi)$
	$Y_1' = \frac{1}{60h}(-10y_0 - 77y_1 + 150y_2 - 100y_3 + 50y_4 - 15y_5 + 2y_6)$	$-\frac{h^6}{42}f^{(7)}(\xi)$
	$Y_2' = \frac{1}{60h}(2y_0 - 24y_1 - 35y_2 + 80y_3 - 30y_4 + 8y_5 - y_6)$	$\frac{h^6}{105}f^{(7)}(\xi)$
	$Y_3' = \frac{1}{60h}(-y_0 + 9y_1 - 45y_2 + 45y_4 - 9y_5 + y_6)$	$-\frac{h^6}{140}f^{(7)}(\xi)$
	$Y_4' = \frac{1}{60h}(y_0 - 8y_1 + 30y_2 - 80y_3 + 35y_4 + 24y_5 - 2y_6)$	$\frac{h^6}{105}f^{(7)}(\xi)$
	$Y_5' = \frac{1}{60h}(-2y_0 + 15y_1 - 50y_2 + 100y_3 - 150y_4 + 77y_5 + 10y_6)$	$-\frac{h^6}{42}f^{(7)}(\xi)$
	$Y_6' = \frac{1}{60h}(10y_0 - 72y_1 + 225y_2 - 400y_3 + 450y_4 - 360y_5 + 147y_6)$	$\frac{h^6}{7}f^{(7)}(\xi)$

LITERATUR zu 14.2: [BERE71] Bd.1, 3.2.1-2; [CARN69], 2.11; [CONT80], 4.1; [ENGE87], 8.1; [HÄMM78], 13; [HENR72] Bd.2, 12.1,2; [ISAA73], 6.5; [POLO64], IV, §1.3; [SELD79], 7; [STIE76], 6.1; [STUM82], 3.3-4; [WILL71].

14.3 Differentiation mit Hilfe interpolierender kubischer Polynom-Splines

Die Grundlage für die Verwendung der Splinefunktionen S zur näherungsweisen Differentiation einer Funktion f bildet Satz 10.1. Unter den dort getroffenen Voraussetzungen streben für n $\to \infty$ und $h_i = x_{i+1}-x_i \to 0$ für $x \in$ [a,b] S gegen f, S' gegen f' und S'' gegen f''. Durch Differentiation der Splinefunktion (10.1) folgen für $x \in [x_i,x_{i+1}]$ die Beziehungen

$$S'(x) \equiv P_i'(x) = b_i + 2c_i(x - x_i) + 3d_i(x - x_i)^2, \qquad i = 0(1)n - 1,$$

$$S''(x) \equiv P_i''(x) = 2c_i + 6d_i(x - x_i), \qquad i = 0(1)n - 1,$$

so daß P_i' bzw. P_i'' Näherungsfunktionen für f' bzw. f'' sind für alle $x \in [x_i,x_{i+1}]$, $i = 0(1)$n-1. An den Stützstellen $x = x_i$ gilt

$$S'(x_i) = b_i, \quad S''(x_i) = 2c_i.$$

Die Genauigkeit der Annäherung für f'' läßt sich erhöhen, wenn man mit den erhaltenen Werten für f'(x_i) als Funktionswerten noch einmal eine Spline-Interpolation durchführt und die zugehörige Splinefunktion erneut ableitet ("spline on spline", [AHLB67], S.43 und 49).

Die numerische Differentiation mit Hilfe kubischer Splines läßt im allgemeinen eine bessere Übereinstimmung von S' und f' erwarten, als sie durch die Differentiation eines Interpolationspolynoms erreicht werden kann.

LITERATUR zu 14.3: [AHLB67], 2.3, 2.5; [ENGE87], 8.2; [GREV69], S.10-15; [RALS79] Bd.II, 8.2; [SAUE69] Bd.III, S.265; [STOE83], 2.4.3; [WERN79], III §5.

14.4 Differentiation nach dem Romberg-Verfahren

Gegeben seien eine Funktion $f \in C^{2n}$[a,b] und eine Schrittweite $h = h_0$. Gesucht ist ein Näherungswert für f'(x) an einer festen Stelle $x = x_0 \in$ [a,b]. Das Verfahren von Romberg (Richardson Extrapolation) erzeugt nun durch fortgesetzte Halbierung der Schrittweite h und geeignete Linearkombination

14.4 Differentiation nach dem Romberg-Verfahren

zugehöriger Approximationen für f'(x_0) Näherungswerte höherer Fehlerordnung für f'(x_0). Mit $h_j = h/2^j$ für $j = 0,1,2,\ldots$, (d.h. $h_{j+1} = h_j/2$) werden sogenannte zentrale Differenzenquotienten

$$(14.1) \qquad D_j^{(0)}(f) := \frac{f(x_0 + h_j) - f(x_0 - h_j)}{2h_j}$$

gebildet und mit ihnen Linearkombinationen

$$(14.2) \qquad D_j^{(k)}(f) := D_{j+1}^{(k-1)}(f) + \frac{1}{4^k - 1}\left(D_{j+1}^{(k-1)}(f) + D_j^{(k-1)}(f)\right)$$

für $j = 0,1,2,\ldots$ und $k = 1,2,\ldots$, wobei sich das größtmögliche k aus der Voraussetzung $f \in C^{2n}[a,b]$ ergibt. Dann gilt

$$f'(x_0) = D_j^{(k)}(f) + O(h_j^{2k+2}),$$

so daß $D_j^{(k)}(f)$ ein Näherungswert der Fehlerordnung h_j^{2k+2} für f'(x_0) ist. Die Rechnung wird zeilenweise nach dem folgenden Schema durchgeführt, d.h. es werden für jedes $i = 0(1)m$ nacheinander die Elemente $D_s^{(t)}$ einer Zeile i von links nach rechts mit $D_s^{(t)}$ für $s = i(-1)0$ und $t = 0(1)i$ berechnet.

RECHENSCHEMA 14.1 (*Romberg-Verfahren zur numerischen Differentiation*).

$D_j^{(0)}$	$D_j^{(1)}$	$D_j^{(2)}$	$\cdots$	$D_j^{(m-1)}$	$D_j^{(m)}$
$D_0^{(0)}$					
$D_1^{(0)}$	$D_0^{(1)}$				
$D_2^{(0)}$	$D_1^{(1)}$	$D_0^{(2)}$			
$\vdots$	$\vdots$	$\vdots$	$\ddots$		
$D_{m-1}^{(0)}$	$D_{m-2}^{(1)}$	$D_{m-3}^{(2)}$	$\cdots$	$D_0^{(m-1)}$	
$D_m^{(0)}$	$D_{m-1}^{(1)}$	$D_{m-2}^{(2)}$	$\cdots$	$D_1^{(m-1)}$	$D_0^{(m)}$

Das Schema ist solange fortzusetzen bis zu vorgegebenen $\varepsilon > 0$ die Ungleichung

$$|D_0^{(m)} - D_1^{(m-1)}| < \varepsilon$$

erfüllt ist, sofern m ≤ n ist. Dann ist $D_0^{(m)}$ der gesuchte Näherungswert für f'(x_0) mit

$$f'(x_0) = D_0^{(m)}(f) + O(h^{2m+2}).$$

Bei zu kleinen Werten von h wird das Resultat durch Rechnungsfehler infolge Auslöschung sicherer Stellen bei der Bildung der $D_j^{(k)}$ verfälscht. Solange sich die Werte $D_j^{(k)}$ mit wachsendem j monoton verhalten, kann man die Rechnung fortsetzen; wenn sie zu oszillieren beginnen, ist die Rechnung abzubrechen, auch wenn die geforderte Genauigkeit noch nicht erreicht ist. Benötigt man eine größere Genauigkeit, so müssen die Funktionswerte genauer angegeben werden. Ein wesentlicher Vorzug des Verfahrens liegt darin, daß sich durch die fortgesetzte Halbierung der Schrittweite schließlich einmal der Wert h_j einstellt, für den Verfahrensfehler und Rundungsfehler etwa gleich groß werden. Wenn die Oszillation beginnt, ist dieser Wert bereits überschritten, und es überwiegen die Rundungsfehler.

LITERATUR zu 14.4: [BJÖR79], 7.22; [CONT80], 4.2; [ENGE87], 8.4; [HÄMM78], 13; [HENR72] Bd.2, 12.3; [WERN79], III §8.

14.5 Entscheidungshilfen

Wegen der aufrauhenden Wirkung der Differentiation sind hier bei weitem nicht so gute Ergebnisse zu erwarten wie bei der numerischen Quadratur. Die Berechnung von Ableitungen über Splines ist der über Interpolationspolynome vorzuziehen. Lassen sich die Funktionswerte an den für das Romberg-Verfahren erforderlichen Stützstellen berechnen, so ist dieses Verfahren einzusetzen. Es ist empfehlenswert hier analog zur Adaption bei der Quadratur (vgl. Abschnitt 15.12) vorzugehen, um die Anzahl der erforderlichen Funktionsauswertungen möglichst klein zu halten.

Kapitel 15

Numerische Quadratur

15.1 Vorbemerkungen

Jede auf einem Intervall I_x stetige Funktion f besitzt dort Stammfunktionen F, die sich nur durch eine additive Konstante unterscheiden, mit

$$\frac{dF(x)}{dx} = F'(x) = f(x), \qquad x \in I_x.$$

Die Zahl I(f;α,β) heißt das *bestimmte Integral* der Funktion f über [α,β]; es gilt der *Hauptsatz der Integralrechnung*

$$(15.1) \qquad I(f;\alpha,\beta) := \int_\alpha^\beta f(x)dx = F(\beta) - F(\alpha), \quad [\alpha,\beta] \subset I_x,$$

f heißt *integrierbar* auf [α,β].

In der Praxis ist man in den meisten Fällen auf eine näherungsweise Berechnung bestimmter Integrale I(f;α,β) mit Hilfe sogenannter *Quadraturformeln* Q angewiesen. Die Ursachen dafür können sein:

1. f hat eine Stammfunktion F, die nicht in geschlossener (integralfreier) Form darstellbar ist (z.B. f(x) = (sin x)/x, f(x) = e^{-x^2}).

2. f ist nur an diskreten Stellen $x_k \in [\alpha,\beta]$ bekannt.

3. F ist in geschlossener Form darstellbar, jedoch ist die Ermittlung von F oder auch die Berechnung von F(α) und F(β) mit Aufwand verbunden.

Mögliche Ersatzprobleme für die Integration sind z.B. Linearkombinationen Q aus Funktionswerten f(x_k) des Integranden an diskreten *Stützstellen* (Knoten) x_k des Integrationsintervalls [α,β] mit *Gewichten* A_k

$$Q(f;\alpha,\beta) = \sum_k A_k f(x_k) \approx \int_\alpha^\beta f(x)dx, \quad x_k \in [\alpha,\beta]$$

oder entsprechende Linearkombinationen aus Funktionswerten und Ableitungswerten von f an den Stellen x_k. Die Quadraturformeln Q liefern Näherungswerte für das bestimmte Integral I(f;α,β).
Zum Beispiel ist

$$Q^R(f;a,b) = (b-a)f(a) \approx \int_a^b f(x)dx$$

die sogenannte *Rechteckformel*, konstruiert für das *Referenzintervall* [a,b]; es könnte als Referenzintervall z.B. auch [-1,1], [0,h], [-h,h] gewählt werden. Will man mit Hilfe der Rechteckformel einen Näherungswert für I(f;α,β) ermitteln, so zerlegt man das Integrationsintervall [α,β] mit

$$Z : \alpha = t_0 < t_1 < t_2 < \ldots < t_N = \beta$$

in Teilintervalle [t_k,t_{k+1}] der Länge $h_k := t_{k+1} - t_k$. Z heißt *Zerlegung* des Integrationsintervalls. Wegen

$$\int_\alpha^\beta f(x)dx = \int_{t_0}^{t_1} f(x)dx + \int_{t_1}^{t_2} f(x)dx + \ldots + \int_{t_{N-1}}^{t_N} f(x)dx$$

wendet man auf jedes Teilintervall [t_k,t_{k+1}] die auf dieses Intervall als Referenzintervall transformierte Rechteckformel Q^R an.
Man erhält so als Näherungswert für I(f;α,β) die *summierte Rechteckformel*

$$Q_{h_k}^R(f;\alpha,\beta) = \sum_{k=0}^{N-1} (t_{k+1} - t_k)f(t_k) \approx \int_\alpha^\beta f(x)dx.$$

Eine so aus einer für ein Referenzintervall konstruierten Quadraturformel zusammengesetzte Formel heißt *summierte* oder *zusammengesetzte Quadraturformel*.

Die Differenz aus Integralwert und Quadraturformel für das Referenzintervall liefert den sogenannten *lokalen Quadraturfehler*, die Differenz aus Integralwert und summierter Quadraturformel den *globalen Quadraturfehler*. Bei geeigneter Zerlegung des Integrationsintervalls kann der Fehler beliebig klein gemacht werden. Insofern könnte die Kenntnis *einer* Quadraturformel theoretisch ausreichen. Da aber gleichzeitig der Rechenaufwand minimiert werden soll, werden im folgenden verschiedene Quadraturformeln angegeben. Eine feinere Unterteilung würde mehr Funktionsauswertungen erfordern. Deshalb muß man zur Minimierung des Rechenaufwandes optimale Gewichte A_k und geeignete Knoten x_k wählen, so daß $Q(f;\alpha,\beta) = \sum_k A_k f(x_k)$ das Integral $\int_\alpha^\beta f(x)dx$ schon mit einer geringeren Anzahl von Termen gut approximiert. Entscheidungshilfen für die Auswahl der geeigneten Methode sind in Abschnitt 15.14 gegeben.

LITERATUR zu 15.1: [BRON69], III; [ENGE87], 9.1; [MAES84]; [McCR72], 5.7; [NIED87], 11.1; [NITS68], §2; [SELD79], 8.1; [STUM82], S.70.

15.2 Konstruktion von Interpolationsquadraturformeln

Es sollen nun Quadraturformeln Q für ein Referenzintervall [a,b] konstruiert werden, die Polynome möglichst hohen Grades exakt integrieren. Von dem Integranden f eines bestimmten Integrals I(f;a,b) seien an n+1 paarweise verschiedenen und nicht notwendig äquidistanten Stützstellen (Knoten) x_k, k = 0(1)n, des Referenzintervalles [a,b], die Stützwerte $y_k = f(x_k)$ bekannt.

Dann liegt es nahe, durch die n+1 Stützpunkte $(x_k, y_k=f(x_k))$ das zugehörige Interpolationspolynom Φ vom Höchstgrad n zu legen und das bestimmte Integral von Φ über [a,b]: I(Φ;a,b) als Näherungswert für das gesuchte Integral I(f;a,b) zu benutzen. Mit dem Restglied R(x) der Interpolation gilt

$$f(x) = \Phi(x) + R(x), \quad x \in [a,b].$$

Für das Integral I(f;a,b) erhält man somit

$$(15.2) \quad \begin{cases} I(f;a,b) &= \int_a^b f(x)dx = Q(f;a,b) + E(f;a,b) \quad \text{mit} \\ Q(f;a,b) &= I(\Phi;a,b) = \int_a^b \Phi(x)dx, \\ E(f;a,b) &= I(R;a,b) = \int_a^b R(x)dx. \end{cases}$$

Nach Ausführung der Integration über Φ bzw. R liefert Q(f;a,b) die Quadraturformel und E(f;a,b) das zugehörige *Restglied der Quadratur*. Die Summe aus Q und E wird als *Integrationsregel* bezeichnet. Für das Restglied gilt mit (15.2)

$$E(f;a,b) = \int_a^b R(x)dx = \int_a^b (f(x) - \Phi(x))dx.$$

Falls also f-Φ in [a,b] das Vorzeichen mehrfach wechselt, heben sich positive und negative Fehler teilweise auf, so daß der resultierende Fehler selbst dann klein werden kann, wenn Φ *keine* gute Approximation von f darstellt, d.h. zwischen den Stützstellen stark von f abweicht. Durch Integration werden also Fehler geglättet.

Für die Interpolationsquadraturformel erhält man die Darstellung

$$(15.3) \quad Q(f;a,b) = \sum_{k=0}^{n} A_k f(x_k) = A_0 f(x_0) + A_1 f(x_1) + \ldots + A_n f(x_n).$$

Aus der Forderung, daß die Quadraturformel (15.3) auf dem Referenzintervall [a,b] Polynome bis zum Grade $M \geq n$ exakt integrieren soll, ergibt sich ein Gleichungssystem

$$(15.4) \quad \sum_{k=0}^{n} A_k x_k^m = \frac{1}{m+1}(b^{m+1} - a^{m+1}), \quad m = 0(1)M,$$

welches linear in den A_k und nichtlinear in den x_k für k = 0(1)n ist. Je nachdem, ob die x_k oder die A_k oder weder die x_k noch die A_k vorgegeben werden, erhält man bestimmte Arten von Quadraturformeln unterschiedlicher Konvergenzordnung.

Interpolationsquadraturformeln (15.3) können höchstens für Polynome bis zum Grad M = 2n+1 exakt sein (Beweis siehe [NIED87], 11.3).

Lokale und globale Fehlerordnung.

Ist eine für ein Referenzintervall [a,b] konstruierte Quadraturformel Q exakt für alle Polynome vom Grad M und gilt $f \in C^{M+1}[a,b]$, so beträgt die lokale Fehlerordnung q = M + 2.

Ist $f \in C^{M+1}[\alpha,\beta]$ und ist h_{max} die Länge des größten Teilintervalles der Zerlegung Z von $[\alpha,\beta]$, so beträgt die Fehlerordnung der aus Q zusammengesetzten (summierten) Quadraturformel $O(h_{max}^{M+1})$, d.h. die globale Fehlerordnung ist q = M+1 (Beweis s. [NIED87], 11.2).

Sind a,b und sämtliche Stützstellen x_k, k = 0(1)n, im Referenzintervall [a,b] gegeben, so ist (15.4) ein lineares Gleichungssystem von n+1 Gleichungen für die n+1 Gewichte A_k; es ergeben sich die *Newton-Cotes-Formeln*, die für gerade Anzahl n+1 von Stützstellen Polynome bis zum n-ten Grade exakt integrieren und für ungerades n+1 Polynome bis zum (n+1)-ten Grade.

Sind a,b mit a = -h, b = h und sämtliche Gewichte A_k mit $A_k = 2h/(n+1)$ vorgegeben, so ist (15.4) ein nichtlineares Gleichungssystem für die Stützstellen x_k; man erhält die *Tschebyscheffschen Quadraturformeln*, die Polynome bis zum (n+1)-ten Grade exakt integrieren.

Schreibt man für ein Referenzintervall weder die Stützstellen x_k noch die Gewichte A_k vor und fordert, daß die Quadraturformel (15.3) Polynome bis zum (2n+1)-ten Grade exakt integriert, so ist (15.4) ein nichtlineares Gleichungssystem für die x_k und A_k, und es ergeben sich die *optimalen Gauß-Formeln*.

Die genannten und weitere Quadraturverfahren werden in den folgenden Abschnitten angegeben.

LITERATUR zu 15.2: [BERE71] Bd.1, 3.3.1; [COLL73] I, 3.2; [CONT80], 5.2; [MEIN79], 6.4; [STIE76], 6.2 .

15.3 Newton-Cotes-Formeln

Mit Hilfe des linearen Gleichungssystems (15.4) lassen sich für ein Referenzintervall [a,b] spezielle *Quadraturformeln für äquidistante Stützstellen* aufstellen. Die Randpunkte des Referenzintervalls [a,b] fallen dabei jeweils mit Stützstellen des zu integrierenden Interpolationspolynoms zusammen. So konstruierte Formeln gehören zur Klasse der Newton-Cotes-Formeln.

Man erhält die Gewichte A_k der Newton-Cotes-Formeln aus (15.4) für m = 0(1)n. Das lineare Gleichungssystem lautet ausgeschrieben

$$(15.5) \begin{pmatrix} 1 & 1 & 1 & \cdots & 1 \\ x_0 & x_1 & x_2 & \cdots & x_n \\ x_0^2 & x_1^2 & x_2^2 & \cdots & x_n^2 \\ \vdots & \vdots & \vdots & & \vdots \\ x_0^n & x_1^n & x_2^n & \cdots & x_n^n \end{pmatrix} \begin{pmatrix} A_0 \\ A_1 \\ A_2 \\ \vdots \\ A_n \end{pmatrix} = \begin{pmatrix} b-a \\ \frac{1}{2}(b^2-a^2) \\ \frac{1}{3}(b^3-a^3) \\ \vdots \\ \frac{1}{n+1}(b^{n+1}-a^{n+1}) \end{pmatrix}$$

Die Matrix des Systems (15.5) heißt *Vandermonde-Matrix*. Für paarweise verschiedene Stützstellen x_k ist ihre Determinante verschieden von Null und das System (15.4) bzw. (15.5) eindeutig lösbar, d.h. die Gewichte A_k sind durch die Vorgabe der Stützstellen x_k eindeutig bestimmt.
Mit dieser Methode kann also zu einem gegebenen Referenzintervall [a,b] und n+1 gegebenen paarweise verschiedenen und nicht notwendig äquidistanten Stützstellen $x_k \in$ [a,b] jeweils eine Interpolationsquadraturformel hergeleitet werden. Sind dann an diesen Stützstellen $x_k \in$ [a,b] Funktionswerte f(x_k) einer über [a,b] zu integrierenden Funktion f bekannt, so liefert die Quadraturformel (15.3) einen Näherungswert für das Integral I(f;a,b).

Mit dem Restglied der Interpolation (9.10) und $f \in C^{n+1}$[a,b] erhält man für E(f;a,b) die Darstellung

$$E(f;a,b) = \frac{1}{(n+1)!} \int_a^b f^{(n+1)}(\xi)\pi(x)dx \quad \text{mit}$$
$$\xi = \xi(x, x_0, x_1, \ldots, x_n) \in [a,b], \quad \pi(x) = (x-x_0)(x-x_1)\ldots(x-x_n)$$

bzw.

(15.6) $$E(f;a,b) = \frac{1}{(n+1)!} f^{(n+1)}(\xi^*) \int_a^b \pi(x)dx, \quad \xi^* \in [a,b],$$

falls überall in [a,b] gilt $\pi(x) \geq 0$ oder $\pi(x) \leq 0$. Da die (n+1)-te Ableitung eines Polynoms P n-ten Grades verschwindet, wird für f(x) = P(x) E(P;a,b) = 0, d.h. die zugehörige Quadraturformel Q zu n+1 vorgegebenen Stützstellen im Referenzintervall integriert Polynome bis zum n-ten Grade exakt. Bei geeigneter Wahl der Stützstellen x_k können außerdem durch dieselbe Quadraturformel auch Polynome noch höheren Grades integriert werden (vgl. Simpsonsche Formel).

Mit einem oberen Index an Q und E wird im folgenden der Name der Quadraturformel gekennzeichnet, mit dem unteren Index die gewählte Schrittweite. Auf die Angabe von f in Q(f;a,b) bzw. E(f;a,b) wird verzichtet.

15.3.1 Die Sehnentrapezformel

Sehnentrapezformel für das Referenzintervall [a,b].

Betrachtet man das Integral von f über das Referenzintervall [a,b] = [0,h] und wählt die Randpunkte $x_0 = 0$, $x_1 = h$ als Stützstellen, so ergeben sich aus (15.4) wegen n = 1, a = 0, b = h die Gewichte $A_0 = A_1 = h/2$, so daß die Quadraturformel (15.3) lautet

$$Q^{ST}(0,h) = A_0 f(x_0) + A_1 f(x_1) = \frac{h}{2}(f(0) + f(h)).$$

$Q^{ST}(0,h)$ heißt *Sehnentrapezformel* (ST-Formel). Für das zugehörige Restglied folgt mit (15.6) die Darstellung

$$E^{ST}(0,h) = \frac{1}{2}f''(\xi^*)\int_0^h x(x-h)dx = -\frac{h^3}{12}f''(\xi^*), \quad \xi^* \in [0,h], \quad f \in C^2[0,h].$$

Die ST-Formel besitzt somit die *lokale Fehlerordnung* O(h³), sie integriert Polynome 1. Grades exakt. Geometrisch bedeutet $Q^{ST}(0,h)$ die Fläche des der Kurve y = f(x) für x ∈ [0,h] einbeschriebenen Sehnentrapezes. Zusammengefaßt folgt die *Sehnentrapezregel*

$$\int_0^h f(x)dx = Q^{ST}(0,h) + E^{ST}(0,h) = \frac{h}{2}(f(0)+f(h)) - \frac{h^3}{12}f''(\xi^*), \quad \xi^* \in [0,h].$$

Summierte Sehnentrapezformel bei äquidistanter Zerlegung.

Ist die Integration über ein ausgedehntes Intervall [α,β] auszuführen, so zerlegt man [α,β] in N Teilintervalle der Länge h = (β-α)/N; h heißt *Schrittweite*. Für das Integral von f über [α,β] gilt dann die *summierte Sehnentrapezregel*

$$\begin{aligned}
\int_\alpha^\beta f(x)dx &= Q_h^{ST}(\alpha,\beta) + E_h^{ST}(\alpha,\beta) \quad \text{mit} \\
Q_h^{ST}(\alpha,\beta) &= \frac{h}{2}\left(f(\alpha) + f(\beta) + 2\sum_{k=1}^{N-1} f(\alpha+kh)\right) \\
E_h^{ST}(\alpha,\beta) &= -\frac{\beta-\alpha}{12}h^2 f''(\eta), \quad \eta \in [\alpha,\beta], \quad f \in C^2[\alpha,\beta].
\end{aligned}$$

Dabei sind $Q_h^{ST}(\alpha,\beta)$ die *summierte ST-Formel* und $E_h^{ST}(\alpha,\beta)$ das *Restglied der summierten ST-Formel*; die *globale Fehlerordnung* ist O(h²).

Summierte Sehnentrapezformel bei nichtäquidistanter Zerlegung.

Mit $h_k = t_{k+1} - t_k$ und $h_{max} := \max\limits_{0 \leq k \leq N-1} \{h_k\}$ erhält man für ein Integrationsintervall $[\alpha,\beta]$ bei der Zerlegung $\alpha = t_0 < t_1 < ... < t_N = \beta$

$$\int_\alpha^\beta f(x)dx = Q_{h_k}^{ST}(\alpha,\beta) + E_{h_k}^{ST}(\alpha,\beta) \quad \text{mit}$$

$$Q_{h_k}^{ST}(\alpha,\beta) = \frac{1}{2}\sum_{k=0}^{N-1}(t_{k+1}-t_k)(f(t_k)+f(t_{k+1})) =$$

$$= \frac{t_1-t_0}{2}f(t_0) + \frac{1}{2}\sum_{k=1}^{N-1}(t_{k+1}-t_k)f(t_k) + \frac{t_N-t_{N-1}}{2}f(t_N)$$

$$E_{h_k}^{ST}(\alpha,\beta) = O(h_{max}^2).$$

Sehnentrapezformel für periodische Funktionen f.

Sei f eine auf $[\alpha,\beta]$ (2m)-mal stetig differenzierbare periodische Funktion mit der Periode $\beta-\alpha$ und sei $[\alpha,\beta]$ in N Teilintervalle der Länge $h = (\beta-\alpha)/N$ unterteilt, dann gilt mit der summierten Euler-Maclaurinformel wegen

$$f^{(2k-1)}(\alpha) = f^{(2k-1)}(\beta)$$

für die Sehnentrapezregel

$$\int_\alpha^\beta f(x)dx = h\sum_{k=0}^{N-1} f(\alpha+kh) + O(h^{2m}).$$

15.3.2 Die Simpsonsche Formel

Simpsonsche Formel für das Referenzintervall [0,2h].

Betrachtet man das Integral von f über $[a,b] = [0,2h]$ und wählt $x_0 = 0$, $x_1 = h$, $x_2 = 2h$ als Stützstellen, so ergeben sich aus (15.5) wegen $n = 2$, $a = 0$, $b = 2h$ die Gewichte $A_0 = A_2 = h/3$, $A_1 = 4h/3$, so daß die Quadraturformel (15.3) lautet

$$Q^S(0,2h) = A_0 f(x_0) + A_1 f(x_1) + A_2 f(x_2) = \frac{h}{3}\left(f(0) + 4f(h) + f(2h)\right).$$

$Q^S(0,2h)$ heißt *Simpsonsche Formel* (S-Formel). Für das Restglied der S-Formel gilt

$$E^S(0,2h) = -\frac{h^5}{90}f^{(4)}(\xi^*), \quad \xi^* \in [0,2h], \quad f^{(4)} \in C[0,2h].$$

Die S-Formel besitzt somit die lokale Fehlerordnung O(h^5), sie integriert Polynome bis 3-ten Grades exakt. Zusammengefaßt folgt die *Simpsonsche Regel*

$$\begin{aligned}
\int_0^{2h} f(x)dx &= Q^S(0,2h) + E^S(0,2h) \\
&= \tfrac{h}{3}(f(0) + 4f(h) + f(2h)) - \tfrac{h^5}{90}f^{(4)}(\xi^*), \quad \xi^* \in [0,2h].
\end{aligned}$$

Summierte Simpsonsche Formel für äquidistante Zerlegung.

Zur Bestimmung des Integrals von f über ein ausgedehntes Intervall [α,β] zerlegt man [α,β] in 2N Teilintervalle der Länge h = (β-α)/(2N), so daß die *summierte Simpsonsche Regel* lautet

$$\begin{aligned}
\int_\alpha^\beta f(x)dx &= Q_h^S(\alpha,\beta) + E_h^S(\alpha,\beta) \quad \text{mit} \\
Q_h^S(\alpha,\beta) &= \tfrac{h}{3}\left(f(\alpha) + f(\beta) + 4\sum_{k=0}^{N-1} f(\alpha + (2k+1)h) + 2\sum_{k=1}^{N-1} f(\alpha + 2kh)\right), \\
E_h^S(\alpha,\beta) &= -\tfrac{\beta-\alpha}{180}h^4 f^{(4)}(\eta), \quad \eta \in [\alpha,\beta], \quad f^{(4)} \in C[\alpha,\beta].
\end{aligned}$$

Dabei ist $Q_h^S(\alpha,\beta)$ die *summierte S-Formel* und $E_h^S(\alpha,\beta)$ das *Restglied der summierten S-Formel*. Die summierte S-Formel besitzt die globale Fehlerordnung O(h^4).

Ein Nachteil der S-Formel für äquidistante Zerlegung ist, daß immer eine gerade Anzahl von Teilintervallen der Länge h erforderlich ist, um die Formel anwenden zu können. Dieser Nachteil läßt sich aber durch Kombination der S-Formel mit der 3/8-Formel im Falle einer ungeraden Zahl von Teilintervallen immer vermeiden, vgl. dazu die Bemerkung in Abschnitt 15.3.3.

Summierte Simpsonsche Formel für nichtäquidistante Zerlegung.

Mit der Zerlegung

$$Z: \alpha = t_0 < t_1 < t_2 < \ldots < t_m = \beta$$

des Integrationsintervalls [α,β] und $h_k := t_{k+1} - t_k$, $h_{max} = \max_{0 \leq k \leq m-1}\{h_k\}$, erhält man die Simpsonsche Formel

$$\int_\alpha^\beta f(x)dx = Q_{h_k}^S(\alpha,\beta) + E_{h_k}^S(\alpha,\beta) \quad \text{mit}$$

$$Q_{h_k}^S(\alpha,\beta) = \frac{1}{6}\sum_{k=0}^{m-1}(t_{k+1}-t_k)\left[f(t_k) + 4f\left(\frac{t_k+t_{k+1}}{2}\right) + f(t_{k+1})\right],$$

$$E_{h_k}^S(\alpha,\beta) = O(h_{\max}^4).$$

15.3.3 Die 3/8-Formel

3/8-Formel für das Referenzintervall [0,3h].

Betrachtet man das Integral von f über [a,b] = [0,3h] und wählt $x_0 = 0$, $x_1 = h$, $x_2 = 2h$, $x_3 = 3h$ als Stützstellen, so ergeben sich aus (15.4) wegen n = 3, a = 0, b = 3h die Gewichte $A_0 = 3h/8$, $A_1 = 9h/8$, $A_2 = 9h/8$, $A_3 = 3h/8$. Die Quadraturformel (15.3) lautet damit

$$\begin{aligned}Q^{3/8}(0,3h) &= A_0 f(x_0) + A_1 f(x_1) + A_2 f(x_2) + A_3 f(x_3) \\ &= \frac{3h}{8}\left(f(0) + 3f(h) + 3f(2h) + f(3h)\right).\end{aligned}$$

$Q^{3/8}(0,3h)$ heißt *3/8-Formel*. Für das Restglied der 3/8-Formel gilt

$$E^{3/8}(0,3h) = -\frac{3}{80}h^5 f^{(4)}(\xi^*), \quad \xi^* \in [0,3h], \quad f^{(4)} \in C[0,3h].$$

Die lokale Fehlerordnung ist somit $O(h^5)$, die Quadraturformel integriert Polynome 3.Grades exakt. Zusammengefaßt folgt die *3/8-Regel*

$$\begin{aligned}\int_0^{3h} f(x)dx &= Q^{3/8}(0,3h) + E^{3/8}(0,3h) \\ &= \tfrac{3h}{8}(f(0) + 3f(h) + 3f(2h) + f(3h)) - \tfrac{3}{80}h^5 f^{(4)}(\xi^*), \quad \xi^* \in [0,3h].\end{aligned}$$

Summierte 3/8-Formel bei äquidistanter Zerlegung.

Zur Bestimmung des Integrals von f über ein ausgedehntes Intervall $[\alpha,\beta]$ zerlegt man $[\alpha,\beta]$ in 3N Teilintervalle der Länge h = $(\beta-\alpha)/(3N)$, so daß die *summierte 3/8-Regel* lautet

15.3 Newton-Cotes-Formeln

$$\int_\alpha^\beta f(x)dx = Q_h^{3/8}(\alpha,\beta) + E_h^{3/8}(\alpha,\beta) \quad \text{mit}$$

$$Q_h^{3/8}(\alpha,\beta) = \frac{3h}{8}\left(f(\alpha) + f(\beta) + 3\sum_{k=1}^{N} f(\alpha + (3k-2)h) + \right.$$
$$\left. + 3\sum_{k=1}^{N} f(\alpha + (3k-1)h) + 2\sum_{k=1}^{N-1} f(\alpha + 3kh)\right),$$

$$E_h^{3/8}(\alpha,\beta) = -\frac{\beta-\alpha}{80}h^4 f^{(4)}(\eta), \quad \eta \in [\alpha,\beta], \quad f^{(4)} \in C[\alpha,\beta].$$

Dabei ist $Q_h^{3/8}(\alpha,\beta)$ die *summierte 3/8-Formel* und $E_h^{3/8}(\alpha,\beta)$ das *Restglied der summierten 3/8-Formel*. Die summierte 3/8-Formel besitzt die globale Fehlerordnung $O(h^4)$.

BEMERKUNG. Soll das Integral $I(f;\alpha,\beta)$ von f über $[\alpha,\beta]$ mit der globalen Fehlerordnung $O(h^4)$ bei vorgegebenem konstantem h berechnet werden, und ist es nicht möglich, das Intervall $[\alpha,\beta]$ in 2N oder 3N Teilintervalle der Länge h zu zerlegen, so empfiehlt es sich, die Simpsonsche Formel mit der 3/8-Formel zu kombinieren, da beide die Fehlerordnung $O(h^4)$ besitzen.

Summierte 3/8-Formel bei nichtäquidistanter Zerlegung.

Mit der Zerlegung:

$$Z: \alpha = t_0 < t_1 < t_2 < \ldots < t_m = \beta$$

des Integrationsintervalls $[\alpha,\beta]$ und $h_k := t_{k+1} - t_k$, $h_{max} = \max_{0 \le k \le m-1}\{h_k\}$, erhält man die summierte 3/8 Formel

$$\int_\alpha^\beta f(x)dx = Q_{h_k}^{3/8}(\alpha,\beta) + E_{h_k}^{3/8}(\alpha,\beta) \quad \text{mit}$$

$$Q_{h_k}^{3/8}(\alpha,\beta) = \frac{3}{8}\sum_{k=0}^{m-1}(t_{k+1}-t_k)\left[f(t_k) + 3f\left(\frac{2t_k+t_{k+1}}{3}\right) + \right.$$
$$\left. + 3f\left(\frac{t_k+2t_{k+1}}{3}\right) + f(t_{k+1})\right]$$

$$E_{h_k}^{3/8}(\alpha,\beta) = 0(h_{max}^4).$$

15.3.4 Weitere Newton-Cotes-Formeln

Bisher wurden drei Newton-Cotes-Formeln angegeben, die sich jeweils durch Integration des Interpolationspolynoms für f zu 2 bzw. 3 bzw. 4 Stützstellen ergaben. Hier werden vier weitere Formeln angegeben zu 5,6,7 und 8 Stützstellen. Diese Formeln werden sofort zusammen mit den Restgliedern aufgeschrieben, so daß sich folgende Regeln ergeben:

4/90-Regel (5 Stützstellen für das Referenzintervall [0,4h].

$$\int_0^{4h} f(x)dx = \frac{4h}{90}(7f(0) + 32f(h) + 12f(2h) + 32f(3h) + 7f(4h)) - \frac{8h^7}{945}f^{(6)}(\xi^*), \quad \xi^* \in [0, 4h], \quad f^{(6)} \in C[0, 4h].$$

Summierte 4/90-Regel bei äquidistanter Zerlegung. Mit $h = \frac{(\beta-\alpha)}{4N}$ ist

$$\int_\alpha^\beta f(x)dx = \frac{4h}{90}\left(7f(\alpha) + 7f(\beta) + 32\sum_{k=1}^N f(\alpha + (4k-3)h) + \right.$$
$$+ 12\sum_{k=1}^N f(\alpha + (4k-2)h) + 32\sum_{k=1}^N f(\alpha + (4k-1)h) +$$
$$\left. + 14\sum_{k=1}^{N-1} f(\alpha + 4kh)\right) - \frac{2(\beta-\alpha)}{945}h^6 f^{(6)}(\eta),$$
$$\eta \in [\alpha, \beta], \quad f^{(6)} \in C[\alpha, \beta].$$

5/288-Regel für das Referenzintervall [0,5h] (6 Stützstellen).

$$\int_0^{5h} f(x)dx = \frac{5h}{288}(19f(0) + 75f(h) + 50f(2h) + 50f(3h) + 75f(4h) + 19f(5h)) - \frac{275}{12096}h^7 f^{(6)}(\xi^*),$$
$$\xi^* \in [0, 5h], \quad f^{(6)} \in C[0, 5h].$$

Summierte 5/288-Regel bei äquidistanter Zerlegung. Mit $h = \frac{(\beta-\alpha)}{5N}$ ist

$$\int_\alpha^\beta f(x)dx = \frac{5h}{288}\left(19f(\alpha) + 19f(\beta) + 75\sum_{k=1}^N f(\alpha + (5k-4)h) + \right.$$
$$+ 50\sum_{k=1}^N f(\alpha + (5k-3)h) + 50\sum_{k=1}^N f(\alpha + (5k-2)h) +$$
$$\left. + 75\sum_{k=1}^N f(\alpha + (5k-1)h) + 38\sum_{k=1}^{N-1} f(\alpha + 5kh)\right) -$$
$$- \frac{55(\beta-\alpha)}{12096}h^6 f^{(6)}(\eta), \quad \eta \in [\alpha, \beta], \quad f^{(6)} \in C[\alpha, \beta].$$

15.3 Newton-Cotes-Formeln

6/840-Regel für das Referenzintervall [0,6h] (7 Stützstellen).

$$\int_0^{6h} f(x)dx = \frac{6h}{840}(41f(0) + 216f(h) + 27f(2h) + 272f(3h) +$$
$$+ 27f(4h) + 216f(5h) + 41f(6h)) - \frac{9}{1400}h^9 f^{(8)}(\xi^*),$$
$$\xi^* \in [0, 6h], \quad f^{(8)} \in C[0, 6h].$$

Summierte 6/840-Regel bei äquidistanter Zerlegung. Mit $\frac{(\beta-\alpha)}{6N}$ ist

$$\int_\alpha^\beta f(x)dx = \frac{6h}{840}\Bigg(41f(\alpha) + 41f(\beta) + 216\sum_{k=1}^N f(\alpha + (6k-5)h) +$$
$$+ 27 \sum_{k=1}^N f(\alpha + (6k-4)h) + 272 \sum_{k=1}^N f(\alpha + (6k-3)h) +$$
$$+ 27 \sum_{k=1}^N f(\alpha + (6k-2)h) + 216 \sum_{k=1}^N f(\alpha + (6k-1)h) +$$
$$+ 82 \sum_{k=1}^{N-1} f(\alpha + 6kh)\Bigg) - \frac{3(\beta-\alpha)}{2800}h^8 f^{(8)}(\eta),$$
$$\eta \in [\alpha, \beta], \quad f^{(8)} \in C[\alpha, \beta].$$

7/17280-Regel für das Referenzintervall [0,7h] (8 Stützstellen).

$$\int_0^{7h} f(x)dx = \frac{7h}{17280}(751f(0) + 3577f(h) + 1323f(2h) + 2989f(3h) +$$
$$+ 2989f(4h) + 1323f(5h) + 3577f(6h) + 751f(7h)) -$$
$$- \frac{8163}{518400}h^9 f^{(8)}(\xi^*), \quad \xi^* \in [0, 7h], \quad f^{(8)} \in C[0, 7h].$$

Summierte 7/17280-Regel bei äquidistanter Zerlegung. Mit $h = \frac{(\beta-\alpha)}{7N}$ ist

$$\int_\alpha^\beta f(x)dx = \frac{7h}{17280}\Bigg(751f(\alpha) + 751f(\beta) + 3577\sum_{k=1}^N f(\alpha + (7k-6)h) +$$
$$+ 1323 \sum_{k=1}^N f(\alpha + (7k-5)h) + 2989 \sum_{k=1}^N f(\alpha + (7k-4)h) +$$
$$+ 2989 \sum_{k=1}^N f(\alpha + (7k-3)h) + 1323 \sum_{k=1}^N f(\alpha + (7k-2)h) +$$
$$+ 3577 \sum_{k=1}^N f(\alpha + (7k-1)h) + 1502 \sum_{k=1}^{N-1} f(\alpha + 7kh)\Bigg) +$$
$$- \frac{8163(\beta-\alpha)}{3628800}h^8 f^{(8)}(\eta), \quad \eta \in [\alpha, \beta], \quad f^{(8)} \in C[\alpha, \beta].$$

Eine Herleitung der Restglieder aller Newton-Cotes-Formeln ist in [FADD79] Bd.1, 3.4.2; [ISAA73], S.323/4; [KRYL62], 6.1 und [WILL71], S.144-146 zu finden.

15.3.5 Zusammenfassung zur Fehlerordnung von Newton-Cotes-Formeln

Sei n+1 die Anzahl der Stützstellen x_k im Referenzintervall und sei f in $[\alpha,\beta]$ genügend oft stetig differenzierbar. Die lokale Fehlerordnung sei $O(h^q)$.

Dann gelten folgende Aussagen:

1. *Für gerades n+1:* q = n+2, d.h. es werden Polynome bis zum n-ten Grade exakt integriert, die globale Fehlerordnung ist $O(h^{n+1})$.

    Beispiel 1 (ST-Formel): n+1 = 2 Stützstellen, d.h. n = 1, lokale Fehlerordnung $O(h^3)$, globale Fehlerordnung $O(h^2)$.

    Beispiel 2 (3/8-Formel): n+1 = 4 Stützstellen, d.h. n = 3, lokale Fehlerordnung $O(h^5)$, globale Fehlerordnung $O(h^4)$.

2. *Für ungerades n+1:* q = n+3, d.h. es werden Polynome bis zum (n+1)-ten Grade exakt integriert, die globale Fehlerordnung ist $O(h^{n+2})$.

    Beispiel (S-Formel): n+1 = 3, d.h. n = 2, daraus ergibt sich die lokale Fehlerordnung $O(h^5)$, die globale Fehlerordnung $O(h^4)$. Zur Fehlerschätzung siehe Abschnitt 15.11 .

Die genannten Newton-Cotes-Formeln sind Formeln vom geschlossenen Typ; Newton-Cotes-Formeln vom offenen Typ sind in [CARN69], S.75 zu finden. Bei wachsendem Grad des integrierten Interpolationspolynoms, d.h. bei wachsender Anzahl (>8) verwendeter Stützstellen, treten negative Gewichte auf, so daß die Quadraturkonvergenz nicht mehr gesichert ist (s. Abschnitt 15.13). Außerdem differieren die Koeffizienten bei zunehmendem Grad immer stärker voneinander, was zum unerwünschten Anwachsen von Rundungsfehlern führen kann. Deshalb werden zur Integration über große Intervalle anstelle von Formeln höherer Ordnung besser summierte Formeln niedrigerer Fehlerordnung mit hinreichend feiner Zerlegung oder ein anderes Verfahren verwendet.

LITERATUR zu 15.3: [BERE71] Bd.1, 3.4; [CARN69], 2.1-2.6; [CONT80], 5.3; [ISAA73], 7.1; [McCA67], 8.2; [NIED87], 11.4; [SAUE69], H §7.3; [SELD79], 8.4; [STOE83], 3.1; [WEIS84], 4.1, 4.2; [WILL71], §16 A; [ZURM65], §13.1-5.

15.4 Quadraturformeln von Maclaurin

Bei den Formeln von Maclaurin liegen die Stützstellen jeweils in der Mitte eines Teilintervalls der Länge h, es sind also Formeln vom offenen Typ. Gewichte und Restglieder können z.B. mittels Taylorabgleich bestimmt werden.

15.4.1 Die Tangententrapezformel

Tangententrapezformel für das Referenzintervall [0,h]:

Betrachtet man das Integral von f über das Referenzintervall [a,b] = [0,h], wählt nur eine Stützstelle x_0 in [0,h] und fordert, daß diese möglichst günstig liegt, so daß sich Polynome vom Grad 0 und 1 exakt integrieren lassen, so ergeben sich aus (15.4) mit n = 1 und M = 1 die Lösungen $A_0 = h$, $x_0 = h/2$. Die Quadraturformel (15.3) lautet

$$Q^{TT}(0,h) = A_0 f(x_0) = hf(h/2).$$

$Q^{TT}(0,h)$ heißt *Tangententrapezformel* (TT-Formel), da sie geometrisch den Flächeninhalt des Trapezes bedeutet, dessen vierte Seite von der Tangente an f(x) im Punkt (h/2 , f(h/2)) gebildet wird.
Für das zugehörige Restglied folgt

$$E^{TT}(0,h) = \frac{h^3}{24} f''(\xi^*), \quad \xi^* \in [0,h], \quad f'' \in C[0,h].$$

Die lokale Fehlerordnung ist somit $O(h^3)$.

Zusammengefaßt folgt die *Tangententrapezregel* für das Referenzintervall [0,h]

$$\begin{aligned}
\int_0^h f(x)dx &= Q^{TT}(0,h) + E^{TT}(0,h) \quad \text{mit} \\
Q^{TT}(0,h) &= hf\left(\frac{h}{2}\right), \\
E^{TT}(0,h) &= \frac{h^3}{24} f''(\xi^*), \quad \xi^* \in [0,h], \quad f'' \in C[0,h].
\end{aligned}$$

Summierte Tangententrapezformel für äquidistante Zerlegung.

Zur Bestimmung des Integrals von f über ein ausgedehntes Intervall $[\alpha,\beta]$ zerlegen wir $[\alpha,\beta]$ in N Teilintervalle der Länge $h = (\beta-\alpha)/N$, so daß die *summierte Tangententrapezregel* bei äquidistanter Zerlegung lautet

$$\int_\alpha^\beta f(x)dx = Q_h^{TT}(\alpha,\beta) + E_h^{TT}(\alpha,\beta) \quad \text{mit}$$

$$Q_h^{TT}(\alpha,\beta) = h\sum_{k=0}^{N-1} f(\alpha + (2k+1)\tfrac{h}{2}),$$

$$E_h^{TT}(\alpha,\beta) = \tfrac{h^2}{24}(\beta-\alpha)f''(\eta), \quad \eta \in [\alpha,\beta], f'' \in C[\alpha,\beta].$$

Die globale Fehlerordnung ist somit $O(h^2)$.

Summierte Tangententrapezformel für nichtäquidistante Zerlegung.

Mit der Zerlegung

$$Z: \alpha = t_0 < t_1 < t_2 < \ldots < t_N = \beta,$$

$$h_k = t_{k+1} - t_k, h_{\max} := \max_{0 \le k \le N-1}\{h_k\}, \quad \text{erhält man}$$

$$\int_\alpha^\beta f(x)dx = Q_{h_k}^{TT}(\alpha,\beta) + E_{h_k}^{TT}(\alpha,\beta) \quad \text{mit}$$

$$Q_{h_k}^{TT}(\alpha,\beta) = \sum_{k=0}^{N-1}(t_{k+1}-t_k)f\left(\frac{t_k+t_{k+1}}{2}\right),$$

$$E_{h_k}^{TT}(\alpha,\beta) = O(h_{\max}^2).$$

BEMERKUNG. Die beiden Trapezformeln (ST und TT) sind von derselben Fehlerordnung. Der Restgliedkoeffizient der TT-Formel ist nur halb so groß wie der der ST-Formel. Außerdem ist bei der Integration nach der TT-Formel stets ein Funktionswert weniger zu berechnen, da als Stützstellen die Intervallmitten genommen werden.

15.4.2 Weitere Maclaurin-Formeln

Im folgenden werden noch die Formeln für 2,3,4 und 5 Stützstellen zusammen mit den zugehörigen Restgliedern als Integrationsregeln angegeben:

Regel zu zwei Stützstellen für das Referenzintervall [0,2h]:

$$\int_0^{2h} f(x)dx = h\left(f\left(\tfrac{h}{2}\right) + f\left(\tfrac{3h}{2}\right)\right) + \tfrac{h^3}{12}f''(\xi^*), \quad \xi^* \in [0,2h], \quad f'' \in C[0,2h].$$

15.4 Quadraturformeln von Maclaurin

Summierte Regel bei äquidistanter Zerlegung. Mit $h = \frac{(\beta-\alpha)}{2N}$ ist

$$\int_\alpha^\beta f(x)dx = h \sum_{k=1}^{2N} f\left(\alpha + (2k-1)\frac{h}{2}\right) + \frac{\beta-\alpha}{24} h^2 f''(\eta), \quad \begin{array}{l} \eta \in [\alpha,\beta], \\ f'' \in C[\alpha,\beta]. \end{array}$$

Regel zu drei Stützstellen für das Referenzintervall [0,3h].

$$\int_0^{3h} f(x)dx = \frac{3h}{8}\left(3f\left(\frac{h}{2}\right) + 2f\left(\frac{3h}{2}\right) + 3f\left(\frac{5h}{2}\right)\right) + \frac{21}{640} h^5 f^{(4)}(\xi^*),$$
$\xi^* \in [0, 3h], \quad f^{(4)} \in C[0, 3h], \quad$ vgl. [LAUX88].

Summierte Regel bei äquidistanter Zerlegung. Mit $h = \frac{(\beta-\alpha)}{3N}$ ist

$$\begin{aligned}\int_\alpha^\beta f(x)dx &= \frac{3h}{8} \sum_{k=1}^{N-1} \left(3f(\alpha + (6k+1)\tfrac{h}{2}) + 2f(\alpha + (6k+3)\tfrac{h}{2}) + \right. \\ &\quad \left. + 3f(\alpha + (6k+5)\tfrac{h}{2})\right) + \frac{1701}{20480}(\beta-\alpha)h^4 f^{(4)}(\eta),\end{aligned}$$
$\eta \in [\alpha,\beta], \quad f^{(4)} \in C[\alpha,\beta].$

Regel zu vier Stützstellen für das Referenzintervall [0,4h].

$$\begin{aligned}\int_0^{4h} f(x)dx &= \frac{h}{12}\left(13f(\tfrac{h}{2}) + 11f(\tfrac{3h}{2}) + 11f(\tfrac{5h}{2}) + 13f(\tfrac{7h}{2})\right) + \\ &\quad + \frac{103}{1440} h^5 f^{(4)}(\xi^*), \quad \xi^* \in [0, 4h], \quad f^{(4)} \in C[0, 4h].\end{aligned}$$

Summierte Regel bei äquidistanter Zerlegung. Mit $h = \frac{(\beta-\alpha)}{4N}$ ist

$$\begin{aligned}\int_\alpha^\beta f(x)dx &= \frac{h}{12} \sum_{k=0}^{N-1} \left(13f(\alpha + (8k+1)\tfrac{h}{2}) + 11f(\alpha + (8k+3)\tfrac{h}{2}) + \right. \\ &\quad \left. +11f(\alpha + (8k+5)\tfrac{h}{2}) + 13f(\alpha + (8k+7)\tfrac{h}{2})\right) + \\ &\quad + \frac{103}{5760}(\beta-\alpha)h^4 f^{(4)}(\eta), \quad \eta \in [\alpha,\beta], \quad f^{(4)} \in C[\alpha,\beta].\end{aligned}$$

Regel zu fünf Stützstellen für das Referenzintervall [0,5h].

$$\begin{aligned}\int_0^{5h} f(x)dx &= \frac{5h}{1152}\left(275f(\tfrac{h}{2}) + 100f(\tfrac{3h}{2}) + 402f(\tfrac{5h}{2}) + 100f(\tfrac{7h}{2}) + \right. \\ &\quad \left. +275f(\tfrac{9h}{2})\right) + \frac{435\,546\,875}{3\,170\,893\,824} h^7 f^{(6)}(\xi^*),\end{aligned}$$
$\xi^* \in [0, 5h], \quad f^{(6)} \in C[0, 5h].$

Summierte Regel bei äquidistanter Zerlegung. Mit h = $\frac{(\beta-\alpha)}{5N}$ ist

$$\int_\alpha^\beta f(x)dx = \frac{5h}{1152}\sum_{k=0}^{N-1}\left(275f(\alpha+(10k+1)\tfrac{h}{2}) + 100f(\alpha+(10k+3)\tfrac{h}{2})+\right.$$
$$+ 402f(\alpha+(10k+5)\tfrac{h}{2}) + 100f(\alpha+(10k+7)\tfrac{h}{2})+$$
$$\left.+ 275f(\alpha+(10k+9)\tfrac{h}{2})\right) + \frac{87\,109\,375}{3170\,893\,824}(\beta-\alpha)h^6 f^{(6)}(\eta),$$
$$\eta \in [\alpha,\beta], \quad f^{(6)} \in C[\alpha,\beta].$$

Aus der Aufstellung ist erkennbar, daß die Formeln mit ungerader Stützstellenzahl ebenso wie bei den Newton-Cotes-Formeln die günstigeren Formeln sind. Die Formel für n = 6 wird nicht mehr angegeben, da sie dieselbe Fehlerordnung hat wie die für n = 5. In der Formel für n = 7 ist bereits ein negatives Gewicht (nämlich A_0), so daß die Quadraturkonvergenz nicht mehr gesichert ist.

LITERATUR zu 15.4: [ENGE80], 6.1; [HÄMM78], 10; [STUM82], 4.1.2; [WILL71], S.147.

15.5 Die Euler-Maclaurin-Formeln

Euler-Maclaurin-Formeln für das Referenzintervall [0,h].

Die Euler-Maclaurin-Formeln entstehen durch Integration der Newtonschen Interpolationsformel $\tilde{N}_+(t)$ für absteigende Differenzen. Es sei f 2n-mal stetig differenzierbar auf dem Referenzintervall [0,h]. Betrachtet man das Integral von f über [0,h] und wählt als Stützstellen $x_0 = 0$, $x_1 = h$, so ergibt sich für jedes n $\in \mathbb{N}$ mit f $\in C^{2n}[0,h]$ eine *Euler-Maclaurin-Formel* (EM_n-Formel)

(15.7) $\quad Q^{EM_n}(0,h) = \frac{h}{2}(f(0)+f(h)) + \sum_{j=1}^{n-1}\frac{B_{2j}}{(2j)!}h^{2j}\left(f^{(2j-1)}(0) - f^{(2j-1)}(h)\right)$

mit den Bernoullischen Zahlen

$B_0 = 1, B_1 = -\frac{1}{2}, B_2 = \frac{1}{6}, B_4 = -\frac{1}{30}, B_6 = \frac{1}{42},\ldots;\ B_{2j+1} = 0$ für $j = 1,2,\ldots$.

Das zugehörige Restglied lautet

(15.8) $\quad E^{EM_n}(0,h) = -\frac{B_{2n}}{(2n)!}h^{2n+1}f^{(2n)}(\xi^*),\quad \xi^* \in [0,h],$

15.5 Die Euler-Maclaurin-Formeln

d.h. die lokale Fehlerordnung ist $O(h^{2n+1})$.

Zusammengefaßt folgt mit (15.7) und (15.8) für jedes n eine *Euler-Maclaurin-Regel*

$$\int_0^h f(x)dx = Q^{EM_n}(0,h) + E^{EM_n}(0,h).$$

Summierte Euler-Maclaurin-Formeln für äquidistante Zerlegung.

Ist die Integration über ein ausgedehntes Intervall $[\alpha,\beta]$ zu erstrecken, so zerlegt man etwa $[\alpha,\beta]$ in N Teilintervalle der Länge $h = (\beta-\alpha)/N$ und wendet eine EM_n-Formel und das zugehörige Restglied auf jedes Teilintervall an. Man erhält so die *summierte Euler-Maclaurin-Regel*

$$\int_\alpha^\beta f(x)dx = Q_h^{EM_n}(\alpha,\beta) + E_h^{EM_n}(\alpha,\beta),$$

mit der *summierten Euler-Maclaurin-Formel*

$$(15.9) \quad Q_h^{EM_n}(\alpha,\beta) = \frac{h}{2}\left(f(\alpha) + 2\sum_{\nu=1}^{N-1} f(\alpha+\nu h) + f(\beta)\right) +$$
$$+ \sum_{j=1}^{n-1} \frac{B_{2j}}{(2j)!} h^{2j}\left(f^{(2j-1)}(\alpha) - f^{(2j-1)}(\beta)\right)$$

und dem *Restglied der summierten Euler-Maclaurin-Formel*

$$E_h^{EM_n}(\alpha,\beta) = -\frac{\beta-\alpha}{(2n)!} B_{2n} h^{2n} f^{(2n)}(\eta), \quad \eta \in [\alpha,\beta],$$

die globale Fehlerordnung ist somit $O(h^{2n})$.

BEMERKUNG. Mit der Sehnentrapezformel kann man für (15.7) auch schreiben

$$Q^{EM_n}(0,h) = Q^{ST}(0,h) + \sum_{k=1}^{n-1} \tilde{c}_{2k} h^{2k}$$

und mit der summierten Sehnentrapezformel für (15.9)

$$Q_h^{EM_n}(\alpha,\beta) = Q_h^{ST}(\alpha,\beta) + \sum_{k=1}^{n-1} c_{2k} h^{2k},$$

wobei die $\tilde{c}_{2k}$ und c_{2k} unabhängig von h sind. Die einfache bzw. summierte Euler-Maclaurin-Formel setzt sich also aus der einfachen bzw. summierten Sehnentrapezformel und einem Korrekturglied zusammen. Für n = 1 sind die ST-Formel und die EM_n-Formel identisch.

LITERATUR zu 15.5: [BRAS77], V.2; [BROS76], §29; [HÄMM78], S.103; [STRO74], 3.11; [STUM82], 4.2.1; [WILL71], §15 .

15.6 Tschebyscheffsche Quadraturformeln

Bei der Konstruktion aller bisher behandelten Quadraturformeln vom Typ (15.3) wurden die n+1 Stützstellen $x_k \in$ [a,b] vorgegeben und die Gewichte A_k als Lösungen des für sie linearen Gleichungssystems (15.4) erhalten. Sind die Funktionswerte f(x) des Integranden empirisch bestimmt und alle mit gleichen Fehlern behaftet, so wird der dadurch bedingte Fehler des Integralwertes am kleinsten, wenn alle Gewichte der Quadraturformel gleich sind. Die Tschebyscheffschen Formeln haben die Form (15.3) mit gleichen Gewichten.

Tschebyscheff-Formeln für das Referenzintervall [-h,h].

Man betrachtet das Integral von f über das Referenzintervall [-h,h] und setzt die *Tschebyscheffschen Regeln* in der Form an:

$$I(f;-h,h) = \int_{-h}^{h} f(x)dx = Q^{Ch_{n+1}}(-h,h) + E^{Ch_{n+1}}(-h,h),$$

wobei n+1 die Anzahl der Stützstellen $x_k \in$ [-h,h] ist. $Q^{Ch_{n+1}}$(-h,h) heißt *Tschebyscheffsche Formel* (Ch_{n+1}-Formel) zu n+1 Stützstellen und $E^{Ch_{n+1}}$(-h,h) ist das *Restglied der Ch_{n+1}-Formel*. Die Gewichte A_k werden gleich groß vorgegeben:

$$A_k = \frac{2h}{n+1}, \quad k = 0(1)n.$$

15.6 Tschebyscheffsche Quadraturformeln

Es wird gefordert, daß die Quadraturformel $Q^{Ch_{n+1}}$(-h,h) Polynome bis zum Grad M = n+1 exakt integriert. So erhält man aus (15.4) mit m=1(1)n+1 für die n+1 Stützstellen x_k n+1 nichtlineare Gleichungen. Es muß also vorausgesetzt werden, daß sich die Funktionswerte f(x) an den Stützstellen x_k berechnen oder aus einer Tabelle ablesen lassen; ist von f nur eine Wertetabelle bekannt, so sind die Tschebyscheffschen Formeln im allgemeinen nicht anwendbar.

Für n = 1 sind in (15.4) a = -h, b = h, m = 1,2, und wegen A_k = 2h/(n+1), $A_0 = A_1$ = h zu setzen. Man erhält die Lösungen $x_0 = -h/\sqrt{3}$, $x_1 = h/\sqrt{3}$, so daß die zugehörige *Tschebyscheffsche Regel für 2 Stützstellen* lautet:

$$\int_{-h}^{h} f(x)dx = Q^{Ch_2}(-h,h) + E^{Ch_2}(-h,h) \quad \text{mit}$$
$$Q^{Ch_2}(-h,h) = A_0 f(x_0) + A_1 f(x_1) = h(f(-h/\sqrt{3}) + f(h/\sqrt{3})),$$
$$E^{Ch_2}(-h,h) = O(h^5);$$

sie besitzt die lokale Fehlerordnung $O(h^5)$.

Allgemein haben die Tschebyscheffschen Formeln mit 2ν und $2\nu+1$ Stützstellen die lokale Fehlerordnung $O(h^{2\nu+3})$. Die Restgliedkoeffizienten sind in [BERE71] Bd.1, S.219 zu finden.

Tabelle der Stützstellenwerte für das Referenzintervall [-h,h]:

n	x_k für $k = 0(1)n$		
1	$x_{0,1} = \pm 0.577350\,h$		
2	$x_{0,2} = \pm 0.707107\,h$	$x_1 = 0$	
3	$x_{0,3} = \pm 0.794654\,h$	$x_{1,2} = \pm 0.187592\,h$	
4	$x_{0,4} = \pm 0.832498\,h$	$x_{1,3} = \pm 0.374541\,h$	$x_2 = 0$
5	$x_{0,5} = \pm 0.866247\,h$ $x_{2,3} = \pm 0.266635\,h$	$x_{1,4} = \pm 0.422519\,h$	
6	$x_{0,6} = \pm 0.883862\,h$ $x_{2,4} = \pm 0.323912\,h$	$x_{1,5} = \pm 0.529657\,h$ $x_3 = 0$	

Reelle Werte x_k ergeben sich nur für n = 0(1)6 und n = 8.

Summierte Tschebyscheff-Formeln für äquidistante Zerlegung.

Ist die Integration über ein ausgedehntes Intervall [α,β] zu erstrecken, so teilt man [α,β] in N Teilintervalle der Länge 2h mit h = (β-α)/2N und wendet auf jedes Teilintervall die entsprechende Ch_{n+1}-Formel an. Die Stützstellen x_k des Referenzintervalls sind dabei wie folgt zu transformieren:

$$x_k \to \alpha + (2j+1)h + x_k, \quad j = 0(1)N-1, k = 0(1)n.$$

Man erhält so z.B. für n = 1 bei äquidistanter Zerlegung folgende *summierte Tschebyscheffsche Regel*

$$\int_\alpha^\beta f(x)dx = Q_h^{Ch_2}(\alpha,\beta) + E_h^{Ch_2}(\alpha,\beta) \quad \text{mit}$$

$$Q_h^{Ch_2}(\alpha,\beta) = h \sum_{j=0}^{N-1} \left(f(\alpha + (2j+1)h - h/\sqrt{3}) + f(\alpha + (2j+1)h + h/\sqrt{3}) \right),$$

$$E_h^{Ch_2}(\alpha,\beta) = O(h^4).$$

Dabei ist $Q_h^{Ch_2}(\alpha,\beta)$ die *summierte Tschebyscheffsche Formel zu zwei Stützstellen* und $E_h^{Ch_2}(\alpha,\beta)$ das *Restglied der summierten Ch_2-Formel*, die globale Fehlerordnung beträgt somit $O(h^4)$.

Summierte Tschebyscheff-Formeln für nichtäquidistante Zerlegung.

Mit der Zerlegung

$$\alpha = t_0 < t_1 < t_2 < \ldots < t_m = \beta,$$

$h_j = t_{j+1} - t_j$, $h_{max} := \max_{0 \leq j \leq m-1}\{h_j\}$, sind die Stützstellen x_k des Referenzintervalles wie folgt zu transformieren:

$$x_k \to t_j + h_j/2 + x_k \quad \text{für} \quad j = 0(1)m-1, \quad k = 0(1)n.$$

Für n = 1 z.B. erhält man die summierte Regel

$$\int_\alpha^\beta f(x)dx = Q_{h_j}^{Ch_2}(\alpha,\beta) + E_{h_j}^{Ch_2}(\alpha,\beta) \quad \text{mit}$$

$$Q_{h_j}^{Ch_2}(\alpha,\beta) = \sum_{j=0}^{m-1} h_j \left[f\left(t_j + \frac{h_j}{2} - \frac{h_j}{2\sqrt{3}}\right) + f\left(t_j + \frac{h_j}{2} + \frac{h_j}{2\sqrt{3}}\right) \right],$$

$$E_{h_j}^{Ch_2}(\alpha,\beta) = O(h_{max}^4).$$

Die Tschebyscheffschen Formeln haben für eine gerade Anzahl von Stützstellen eine günstigere Fehlerordnung als die Newton-Cotes-Formeln. Zur Fehlerschätzung vergleiche Abschnitt 15.11.

LITERATUR zu 15.6: [BERE71] Bd.1, 3.6; [ENGE87], 9.4; [KRYL62], 10; [WILL71], §16 B.

15.7 Quadraturformeln von Gauß

Um die Gaußschen Formeln optimaler Genauigkeit zu erhalten, werden weder die Stützstellen x_k noch die Gewichte A_k in (15.3) vorgeschrieben, so daß in (15.4) insgesamt 2(n+1) = 2n+2 freie Parameter enthalten sind. Die Forderung, daß die Quadraturformel Polynome bis zum Grad M = 2n+1 exakt integriert, führt hier auf ein System von 2n+2 Gleichungen für die n+1 Gewichte A_k und die n+1 Stützstellen x_k, k = 0(1)n; es lautet

$$(15.10) \quad \frac{1}{m+1}(b^{m+1} - a^{m+1}) = \sum_{k=0}^{n} A_k x_k^m, \quad m = 0(1)2n+1;$$

und ist linear bzgl. der Gewichte A_k und nichtlinear bzgl. der Stützstellen x_k. Man muß hier also voraussetzen, daß sich die Funktionswerte f(x) an den sogenannten *Gaußschen Stützstellen* $x_k \in$ [a,b] berechnen oder aus einer Tabelle ablesen lassen. Ist von der Funktion f nur eine Wertetabelle bekannt, in der die Gaußschen Stützstellen im allgemeinen nicht auftreten werden, so berechnet man das Integral bei äquidistanten Stützstellen mittels einer Newton-Cotes-Formel oder einer Maclaurin-Formel und bei beliebigen Stützstellen mittels einer mit Hilfe des Systems (15.4) konstruierten Quadraturformel.

Für das Integral von f über [a,b] = [-1,+1] läßt sich zeigen, daß die n+1 Gaußschen Stützstellen x_k gerade die Nullstellen der *Legendreschen Polynome* $P_{n+1}(x)$ in [-1,+1] sind (s. hierzu z.B. [POLO64], S.209; [STRO66], 1.2; [STUM82], S.86/87 sowie [ENGE87], S.277).

Gaußsche Formel für das Referenzintervall [-h,+h].

Betrachtet man nun das Integral von f über das Referenzintervall [-h,+h] und setzt

$$\int_{-h}^{+h} f(x)dx = Q^{G_{n+1}}(-h,h) + E^{G_{n+1}}(-h,h) = \sum_{k=0}^{n} A_k f(x_k) + O(h^q),$$

so bezeichnet man diese Beziehung als *Gaußsche Regel*, $Q^{G_{n+1}}(-h,+h)$ als *Gaußsche Formel* (G_{n+1}-Formel) und $E^{G_{n+1}}(-h,+h)$ als *Restglied der G_{n+1}-Formel* zu n+1 Gaußschen Stützstellen.

Das Intervall [-1,+1] muß zunächst immer auf [-h,+h] transformiert werden. Dann ergeben sich für einige spezielle Gaußsche Quadraturformeln die folgenden Gewichte A_k und Stützstellen x_k , k = 0(1)n.

Tabelle der Gaußschen Stützstellenwerte und Gewichte:

n	x_k, k = 0(1)n	A_k, k = 0(1)n
0	$x_0 = 0$	$A_0 = 2h$
1	$x_{0,1} = \pm h/\sqrt{3}$ ($1/\sqrt{3} = 0.577350269$)	$A_0 = A_1 = h$
2	$x_{0,2} = \pm\sqrt{0.6}\,h$ $x_1 = 0$ ($\sqrt{0.6} = 0.774596669$)	$A_0 = A_2 = \frac{5}{9}h = 0.\bar{5}h$ $A_1 = \frac{8}{9}h = 0.\bar{8}h$
3	$x_{0,3} = \pm 0.86113631\,h$ $x_{1,2} = \pm 0.33998104\,h$	$A_0 = A_3 = 0.34785485\,h$ $A_1 = A_2 = 0.65214515\,h$
4	$x_{0,4} = \pm 0.90617985\,h$ $x_{1,3} = \pm 0.53846931\,h$ $x_2 = 0$	$A_0 = A_4 = 0.23692689\,h$ $A_1 = A_3 = 0.47862867\,h$ $A_2 = \frac{128}{225}h = 0.56\bar{8}h$
5	$x_{0,5} = \pm 0.93246951\,h$ $x_{1,4} = \pm 0.66120939\,h$ $x_{2,3} = \pm 0.23861919\,h$	$A_0 = A_5 = 0.17132449\,h$ $A_1 = A_4 = 0.36076157\,h$ $A_2 = A_3 = 0.46791393\,h$

15.7 Quadraturformeln von Gauß

Weitere Werte sind in [ABRA65], Tabelle 25.4 angegeben.

Das Restglied besitzt die allgemeine Form

$$E^{G_{n+1}}(-h,h) = \frac{2^{2n+3}((n+1)!)^4}{(2n+3)((2n+2)!)^3} h^{2n+3} f^{(2n+2)}(\xi^*),$$
$$\xi^* \in [-h,h], f^{(2n+2)} \in C[-h,h],$$

d.h. die *lokale Fehlerordnung* bei n+1 Stützstellen im Referenzintervall [-h,+h] ist $O(h^{2n+3})$.

Im folgenden werden zwei der Gaußschen Regeln explizit aufgeschrieben und zwar die für 2 und 3 Stützstellen $x_k \in [-h,+h]$:

1. n = 1 (2 Stützstellen):

$$\int_{-h}^{+h} f(x)dx = Q^{G_2}(-h,h) + E^{G_2}(-h,h) \quad \text{mit}$$
$$Q^{G_2}(-h,h) = h\left(f(-h/\sqrt{3}) + f(h/\sqrt{3})\right),$$
$$E^{G_2}(-h,h) = \frac{h^5}{135} f^{(4)}(\xi^*), \quad \xi^* \in [-h,h], \quad f^{(4)} \in C[-h,h].$$

2. n = 2 (3 Stützstellen):

$$\int_{-h}^{+h} f(x)dx = Q^{G_3}(-h,h) + E^{G_3}(-h,h) \quad \text{mit}$$
$$Q^{G_3}(-h,h) = \frac{h}{9}\left(5f(-\sqrt{0.6}h) + 8f(0) + 5f(\sqrt{0.6}h)\right),$$
$$E^{G_3}(-h,h) = \frac{h^7}{15750} f^{(6)}(\xi^*), \quad \xi^* \in [-h,h], \quad f^{(6)} \in C[-h,h].$$

Mit zwei Stützstellen erhält man eine Formel der lokalen Fehlerordnung $O(h^5)$, mit drei Stützstellen eine Formel der lokalen Fehlerordnung $O(h^7)$. Die Newton-Cotes-Formeln der lokalen Fehlerordnungen $O(h^5)$ und $O(h^7)$ erfordern dagegen drei bzw. fünf Stützstellen.

Für n=4 und n=5 lassen sich die Formeln an Hand der Tabelle der x_k, A_k leicht bilden. Dabei ist

$$E^{G_4} = \frac{h^9}{3472875} f^{(8)}(\xi^*), \quad E^{G_5} = \frac{h^{11}}{1237732650} f^{(10)}(\xi^*), \quad \xi^* \in [-h,+h].$$

Summierte Gaußsche Quadraturformeln bei äquidistanter Zerlegung.

Zur Bestimmung des Integrals von f über ein Intervall $[\alpha,\beta]$ teilt man $[\alpha,\beta]$ in N Teilintervalle der Länge 2h: $h = (\beta-\alpha)/2N$. Die Stützstellen sind dabei wie folgt zu transformieren:

$$x_k \to \alpha + (2j+1)h + x_k, \quad j = 0(1)N-1, \quad k = 0(1)n.$$

Man erhält für $n = 1$ und $n = 2$ die folgenden summierten Gaußschen Regeln:

$$\int_\alpha^\beta f(x)dx = Q_h^{G_2}(\alpha,\beta) + E_h^{G_2}(\alpha,\beta) \quad \text{mit}$$

$$Q_h^{G_2}(\alpha,\beta) = h \sum_{j=0}^{N-1} \left(f(\alpha + (2j+1)h - h/\sqrt{3}) + f(\alpha + (2j+1)h + h/\sqrt{3}) \right),$$

$$E_h^{G_2}(\alpha,\beta) = \frac{\beta-\alpha}{270} h^4 f^{(4)}(\eta), \quad \eta \in [\alpha,\beta], \quad f^{(4)} \in C[\alpha,\beta].$$

$$\int_\alpha^\beta f(x)dx = Q_h^{G_3}(\alpha,\beta) + E_h^{G_3}(\alpha,\beta) \quad \text{mit}$$

$$Q_h^{G_3}(\alpha,\beta) = \frac{h}{9} \sum_{j=0}^{N-1} \Big(5f(\alpha + (2j+1)h - \sqrt{3/5}h) + 8f(\alpha + (2j+1)h) +$$

$$+ 5f(\alpha + (2j+1)h + \sqrt{3/5}h) \Big),$$

$$E_h^{G_3}(\alpha,\beta) = \frac{\beta-\alpha}{31500} h^6 f^{(6)}(\eta), \quad \eta \in [\alpha,\beta], \quad f^{(6)} \in C[\alpha,\beta].$$

Summierte Gaußsche Quadraturformeln bei nichtäquidistanter Zerlegung.

Mit der Zerlegung

$$\alpha = t_0 < t_1 < t_2 < \ldots < t_m = \beta,$$

$h_j = t_{j+1} - t_j$, $h_{max} = \max_{0 \leq j \leq m-1}\{h_j\}$ sind die Stützstellen x_k des Referenzintervalles wie folgt zu transformieren:

$$x_k \to t_j + h_j/2 + x_k \quad \text{für} \quad j = 0(1)m-1, \quad k = 0(1)n.$$

Man erhält z.B. für n=1 die summierte Regel:

$$n = 1: \quad \int_\alpha^\beta f(x)dx = Q_{h_j}^{G_2}(\alpha, \beta) + E_{h_j}^{G_2}(\alpha, \beta) \quad \text{mit}$$

$$Q_{h_j}^{G_2}(\alpha, \beta) = \sum_{j=0}^{m-1} h_j \left[f\left(t_j + \frac{h_j}{2} - \frac{h_j}{2\sqrt{3}}\right) + f\left(t_j + \frac{h_j}{2} + \frac{h_j}{2\sqrt{3}}\right) \right]$$

$$E_{h_j}^{G_2}(\alpha, \beta) = O(h_{\max}^4),$$

und für n = 2 die Regel

$$n = 2: \quad \int_\alpha^\beta f(x)dx = Q_{h_j}^{G_3}(\alpha, \beta) + E_{h_j}^{G_3}(\alpha, \beta) \quad \text{mit}$$

$$Q_{h_j}^{G_3}(\alpha, \beta) = \sum_{j=0}^{m-1} h_h \left\{ \frac{5h_j}{18} \left[f\left(t_j + h_j/2 - \sqrt{0.6}/2 h_j\right) + \right. \right.$$
$$\left. \left. + f\left(t_j + h_j/2 + \sqrt{0.6}/2 h_j\right) \right] + 4/9 h_j f(t_j + h_j/2) \right\}$$

$$E_{h_j}^{G_3}(\alpha, \beta) = O(h_{\max}^6).$$

Die Gaußschen Formeln $Q^{G_{n+1}}$ sind optimal bezüglich der Fehlerordnung. Gegenüber den Newton-Cotes-Formeln gleicher Fehlerordnung benötigen sie nur etwa die Hälfte der Rechenzeit. Schwierig ist jedoch die Berechnung der Gewichte A_k und der Stützstellen x_k aus dem nichtlinearen Gleichungssystem (15.10). Die Fehlerschätzung verläuft gemäß der Beschreibung in Abschnitt 15.11 .

LITERATUR zu 15.7: [BERE71] Bd.1, 3.5; [CARN69], 2.10; [COLL73] I, 3.2.3; [CONT80], 4.6; [DAVI75], 2.7; [ENGE87], 9.4; [HÄMM78], 12; [ISAA73], 7.3; [NIED87], 11.5; [NOBL73] II, 9.5; [SAUE69], H §7,9; [STOE83], 3.5; [STRO66]; [STUM82], 4.3; [WEIS84], 4.3; [WERN79], III §6 V; [WILL71], §16.6; [ZURM65], §13.6.

15.8 Einfache Berechnung von Gewichten und Stützstellen verallgemeinerter Gauß-Quadraturformeln

Im folgenden ist eine Berechnungsmethode für die Gewichte und Stützstellen der verallgemeinerten Gaußschen Quadraturformeln für das Referenzintervall [a,b] angegeben, die die Lösung eines nichtlinearen Gleichungssystems umgeht.

Die Quadraturformel

$$Q(f,g;a,b) = \sum_{i=1}^{n} A_i f(x_i)$$

soll eine Näherung für das Integral $\int_a^b f(x)g(x)dx$ liefern, die alle Polynome bis zum Grad 2n-1 exakt integriert. Darin ist g eine Gewichtsfunktion mit $g(x) > 0$ in (a,b); $\int g(x) dx$ ist integrierbar für alle Teilintervalle aus [a,b].

Das Polynom

$$Q_n(x) = x^n + \sum_{k=0}^{n-1} q_k x^k$$

wird so bestimmt, daß Q_n orthogonal zu allen Monomen x^j mit $0 \leq j \leq$ n-1 ist:

$$\int_a^b Q_n(x) x^j g(x) dx = \int_a^b x^{n+j} g(x) dx + \sum_{k=0}^{n-1} q_k \int_a^b x^{k+j} g(x) dx = 0.$$

Dies ist ein lineares Gleichungssystem zur Bestimmung der q_k, wenn die Integrale $A_j = \int_a^b x^j g(x) dx$ für $0 \leq j \leq$ 2n-1 vorgegeben sind. Nach der Lösung dieses Systems werden die Nullstellen x_i, i = 1(1)n, von $Q_n(x)$ bestimmt.

Ein beliebiges Polynom P(x) bis zum Grad 2n-1 kann mit Polynomdivision in der Form

$$P(x) = S(x) Q_n(x) + R(x)$$

dargestellt werden, dabei sind S(x) und R(x) Polynome vom Grad $\leq$ n-1. Setzt man hier die Nullstellen x_i von Q_n ein, so gilt: $P(x_i) = R(x_i)$, da $Q_n(x_i) = 0$. Da R(x) maximal vom Grad n-1 ist, ist die Lagrangesche Interpolation exakt:

$$R(x) = \sum_{i=1}^{n} R(x_i) L_i(x) \quad \text{mit} \quad L_i(x) = \prod_{\substack{j=1 \\ j \neq i}}^{n} \frac{x - x_j}{x_i - x_j}.$$

Aus dem Grad $\leq$ n-1 von S(x) folgt aus Orthogonalitätsgründen

$$\int_a^b S(x)Q_n(x)g(x)dx = \sum_{j=0}^{n-1} s_j \int_a^b x^j Q_n(x)g(x)dx = 0,$$

und es gilt

$$\begin{aligned}\int_a^b P(x)g(x)dx &= \int_a^b R(x)g(x)dx = \sum_{i=1}^n R(x_i) \int_a^b L_i(x)g(x)dx \\ &=: \sum_{i=1}^n P(x_i)A_i \quad \text{mit} \quad A_i = \int_a^b L_i(x)g(x)dx.\end{aligned}$$

Die Lagrangeschen Interpolationspolynome können wegen

$$Q_n(x) = \prod_{i=1}^n (x - x_i)$$

folgendermaßen bestimmt werden:

$$\begin{aligned}L_i^*(x) &:= Q_n(x)/(x - x_i) \\ L_i(x) &= L_i^*(x)/L_i^*(x_i) = \sum_{j=0}^{n-1} L_{i,j} x^j,\end{aligned}$$

wobei die $L_{i,j}$ die Koeffizienten des Polynoms $L_i(x)$ sind.

Für die Gewichte A_i gilt darum:

$$A_i = \int_a^b L_i(x)g(x)dx = \sum_{j=0}^{n-1} L_{i,j} \int_a^b x^j g(x)dx.$$

ALGORITHMUS 15.1 (*Verallgemeinerte Gauß-Formeln*).

Gegeben: n und die exakten Integralwerte $\int_a^b x^i g(x)dx$ für i = 0(1)2n-1

Gesucht: Gaußsche Quadraturformel für das Referenzintervall [a,b]

$$Q(f, g; a, b) = \sum_{i=1}^n A_i f(x_i) \quad \text{mit} \quad \int_a^b f(x)g(x)dx \approx Q(f, g; a, b),$$

g ist Gewichtsfunktion mit g(x) > 0 in (a,b).

1. Lösung des linearen Gleichungssystems $\mathbf{Aq} - \mathbf{a} = \mathbf{0}$ mit

$$\mathbf{A} = \begin{pmatrix} \int g(x)dx & \int xg(x)dx & \cdots & \int x^{n-1}g(x)dx \\ \int xg(x)dx & \int x^2 g(x)dx & & \int x^n g(x)dx \\ \vdots & \vdots & & \vdots \\ \int x^{n-1}g(x)dx & \int x^n g(x)dx & & \int x^{2n-2}g(x)dx \end{pmatrix},$$

$$\mathbf{q} = \begin{pmatrix} q_0 \\ q_1 \\ \vdots \\ q_{n-1} \end{pmatrix}, \quad \mathbf{a} = \begin{pmatrix} \int x^n g(x)dx \\ \int x^{n+1} g(x)dx \\ \vdots \\ \int x^{2n-1} g(x)dx \end{pmatrix}.$$

2. Berechnung der Nullstellen x_i, $i = 1(1)n$, von

$$Q_n(x) = x^n + \sum_{k=0}^{n-1} q_k x^k.$$

3. (a) Berechnung der Koeffizienten $L^*_{i,j}$ von $L^*_i(x)$ mit Hilfe des Hornerschemas (Division von Q_n durch $x-x_i$),

   (b) Berechnung von $L^*_i(x_i)$ unter Verwendung der Koeffizienten $L^*_{i,j}$ mit dem Hornerschema,

   (c) Berechnung der $L_{i,j} = L^*_{i,j}/L^*_i(x_i)$.

4. Berechnung der Gewichte A_i aus den Formeln

$$A_i = \sum_{j=0}^{n-1} L_{i,j} \int_a^b x^j g(x) dx$$

BEMERKUNG. Da die Randpunkte des Referenzintervalles [a,b] nicht in die Berechnung der Gewichte A_i eingehen, sind auch Gaußsche Quadraturformeln für uneigentliche Integrale möglich.

15.9 Quadraturformeln von Clenshaw-Curtis

Will man Quadraturformeln verwenden, deren Knoten sich im Falle höherer Ordnung leichter berechnen lassen als die der Gaußschen Quadraturformeln, so ist der Einsatz von *Clenshaw-Curtis-Formeln* zu empfehlen.

Clenshaw-Curtis-Formeln für das Referenzintervall [-1,+1].

Es handelt sich dabei um Interpolationsquadraturformeln der Form

$$Q^{CC_n}(f;-1,1) := \sum_{k=0}^{n} A_k^{(n)} f(x_k), \quad n \geq 2, \quad \text{n gerade,}$$

für das Referenzintervall [-1,+1] mit den Tschebyscheff-Knoten

$$x_k = \cos(k\pi/n), \quad k = 0(1)n,$$

als Stützstellen, die für alle Polynome (n+1)-ten Grades das Integral

$$I(f;-1,1) = \int_{-1}^{1} f(x)dx$$

exakt integrieren. Die Gewichte $A_k^{(n)}$ sind sämtlich positiv; es gilt

$$A_0^{(n)} = A_n^{(n)} = \frac{1}{n^2-1},$$

$$A_k^{(n)} = 2\frac{n^2-1-(-1)^k}{n(n^2-1)} - \frac{4}{n}\sum_{j=1}^{n/2-1} \frac{\cos(2jk\pi/n)}{4j^2-1}, \quad k = 1(1)n-1.$$

Will man die Formeln für ein Referenzintervall [a,b] statt [-1,1] verwenden, so erhält man die transformierte Clenshaw-Curtis-Formel

$$Q^{CC_n}(f;a,b) = \frac{b-a}{2}\sum_{k=0}^{n} A_k^{(n)} f\left(\frac{b-a}{2}\cos\left(\frac{k\pi}{n}\right) + \frac{b+a}{2}\right).$$

Die lokale Fehlerordnung beträgt $O(h^{n+3})$ bei geradem n und $f \in C^{n+2}([a,b])$.

Zusammengesetzte Clenshaw-Curtis-Formeln.

Mit der Zerlegung Z des Integrationsintervalles [α,β]:

$$Z : \alpha = t_0 < t_1 < t_2 < \ldots < t_m = \beta, \quad h_j := t_{j+1} - t_j, h_{\max} = \max_{0 \le j \le m-1} \{h_j\}$$

sind die Stützstellen x_k des Referenzintervalles [-1,1] wie folgt zu transformieren

$$x_k \to \frac{t_{j+1} + t_j}{2} + \frac{h_j}{2} x_k$$

und man erhält die zusammengesetzten Clenshaw-Curtis-Formeln

$$Q_{h_j}^{CC_n}(f;\alpha,\beta) = \frac{1}{2} \sum_{j=0}^{m-1} (t_{j+1} - t_j) \sum_{k=0}^{n} A_k^{(n)} f\left(\frac{t_{j+1} - t_j}{2} \cos(k\pi/n) + \frac{t_{j+1} + t_j}{2}\right).$$

Für den globalen Fehler gilt bei $f \in C^{n+2}([\alpha,\beta])$

$$E_{h_j}^{CC_n}(f;\alpha,\beta) = O(h_{\max}^{n+2}).$$

Zur Fehlerschätzung siehe Abschnitt 15.11.

LITERATUR zu 15.9: [BRAS77]; [CLEN60]; [ENGE80], 7.7.4; [NIED87], 11.6 .

15.10 Das Verfahren von Romberg

Das Verfahren von Romberg beruht auf der Approximation des Integrals I(f;α,β) durch die Sehnentrapezformel. Durch fortgesetzte Halbierung der Schrittweite und geeignete Linearkombination zugehöriger Approximationen für das Integral werden Quadraturformeln von höherer Fehlerordnung erzeugt (s. [ENGE87], S.281 ff.).

Man zerlegt [α,β] zunächst in N_0 Teilintervalle der Länge $h_0 = (\beta-\alpha)/N_0$ und setzt

$$N_j = 2^j N_0, \quad h_j = \frac{\beta - \alpha}{2^j N_0} = \frac{h_0}{2^j}, \quad j = 0, 1, 2, \ldots,$$

was der fortgesetzten Halbierung der Schrittweiten entspricht.

Das Integral von f über [α,β] erhält man in der Darstellung

15.10 Das Verfahren von Romberg

$$I(f;\alpha,\beta) = \int_\alpha^\beta f(x)dx = L_j^{(k)}(f) + O(h_j^{2(k+1)}),$$

dabei ist $L_j^{(k)}(f)$ die Quadraturformel der Fehlerordnung $O(h_j^{2(k+1)})$.

Die Rechnung wird *zeilenweise* nach dem folgenden Schema durchgeführt, d.h. es werden für jede Zeile i, i = 0(1)m, nacheinander die Elemente $L_s^{(t)}$ von links nach rechts mit s = i(-1)0 und t = 0(1)i berechnet.

RECHENSCHEMA 15.2 (*Verfahren von Romberg*).

$L_j^{(0)} = Q_{h_j}^{ST}(\alpha,\beta)$	$L_j^{(1)}$	$L_j^{(2)}$	$\cdots$	$L_j^{(m-1)}$	$L_j^{(m)}$
$L_0^{(0)}$					
$L_1^{(0)}$	$L_0^{(1)}$				
$L_2^{(0)}$	$L_1^{(1)}$	$L_0^{(2)}$			
$\vdots$	$\vdots$	$\vdots$	$\ddots$		
$L_{m-1}^{(0)}$	$L_{m-2}^{(1)}$	$L_{m-3}^{(2)}$	$\cdots$	$L_0^{(m-1)}$	
$L_m^{(0)}$	$L_{m-1}^{(1)}$	$L_{m-2}^{(2)}$	$\cdots$	$L_1^{(m-1)}$	$L_0^{(m)}$

Dabei können die $L_j^{(0)}$ nach der Formel

$$L_j^{(0)}(f) := Q_{h_j}^{ST}(\alpha,\beta) = \frac{h_j}{2}\left(f(\alpha) + f(\beta) + 2\sum_{\nu=1}^{N_j-1} f(\alpha + \nu h_j)\right)$$

berechnet werden. Besser und schneller ist es, diese Formel nur für j=0 zu verwenden und für j = 1,2,3,... die sich daraus ergebende Formel

$$\begin{aligned}L_j^{(0)}(f) &= \tfrac{1}{2}L_{j-1}^{(0)} + h_j\{f(\alpha+h_j) + f(\alpha+3h_j) + \ldots + f(\beta-h_j)\} \\ &= \tfrac{1}{2}L_{j-1}^{(0)} + h_j \sum_{k=0}^{N_{j-1}-1} f(\alpha + (2k+1)h_j).\end{aligned}$$

Die $L_j^{(k)}$ für $k \geq 1$ und $j = 0,1,2,\ldots$ werden nach der Formel

$$L_j^{(k)}(f) = L_{j+1}^{(k-1)}(f) + \frac{1}{4^k - 1}\left(L_{j+1}^{(k-1)}(f) - L_j^{(k-1)}(f)\right)$$

berechnet. Das Schema wird solange fortgesetzt, bis zu vorgegebenem $\varepsilon > 0$ gilt: $|L_0^{(m)} - L_1^{(m-1)}| < \varepsilon$. Dann wird $L_0^{(m)}(f)$ als bester erreichter Näherungswert für $I(f;\alpha,\beta)$ verwendet; es gilt mit $m \leq n-1$ die Romberg-Regel

$$I(f;\alpha,\beta) = \int_\alpha^\beta f(x)dx = L_0^{(m)}(f) + E^{R_m}(f;\alpha,\beta) \quad \text{mit}$$

$$E^{R_m}(f;\alpha,\beta) = (-1)^{m+1}\frac{\beta - \alpha}{2^{m(m+1)}}\frac{B_{2m+2}}{(2m+2)!}h_0^{2m+2}f^{(2m+2)}(\xi), \quad \xi \in [\alpha,\beta],$$

bzw. umgerechnet mit $h_0 = 2^m h_m$ gilt

$$\begin{aligned}E^{R_m}(f;\alpha,\beta) &= (-1)^{m+1}(\beta - \alpha)\frac{B_{2m+2}}{(2m+2)!}2^{m(m+1)}h_m^{2m+2}f^{(2m+2)}(\xi) \\ &= O(h_m^{2m+2}), \quad \xi \in [\alpha,\beta],\end{aligned}$$

d.h. das Restglied E^{R_m} ist von der Ordnung $O(h_m^{2m+2})$ für $h_m \to 0$.

Unter der Voraussetzung $f \in C^{2n}[\alpha,\beta]$ konvergieren die Spalten $L_j^{(k)}$ des Schemas für jedes feste k und $j \to \infty$ linear gegen $I(f;\alpha,\beta)$. Ist f analytisch, so konvergieren die absteigenden Diagonalen des Schemas $L_j^{(k)}$ für festes j und $k \to \infty$ superlinear gegen $I(f;\alpha,\beta)$. Es läßt sich zeigen, daß sowohl die Spalten als auch die absteigenden Diagonalen $L_j^{(k)}$ gegen $I(f;\alpha,\beta)$ konvergieren, wenn nur die Stetigkeit von f vorausgesetzt wird.

LITERATUR zu 15.10: [CARN69], 2.7; [CONT80], 4.4; [DAVI75], 6.3; [ENGE87], 9.5; [HÄMM78], 11; [HENR72], 13.7; [McCA67], 8.4; [McCR72], 5.11; [MEIN79], 6.3; [SAUE69], H §7.2; [SELD79], 8.3; [STIE76], 6.2.2; [STOE83], 3.2-4; [STRO74], 3.10, 3.11; [STUM82], 4.2.2; [WEIS84], 5.3; [WERN79], III §8.

15.11 Fehlerschätzung und Rechnungsfehler

In der Regel ist eine Abschätzung des Quadraturfehlers nicht möglich, da die benötigten Ableitungen des Integranden unbekannt sind oder nur mit erheblichem Aufwand abgeschätzt werden können. Die genaue Kenntnis des

15.11 Fehlerschätzung und Rechnungsfehler

Restgliedkoeffizienten ist somit nur von theoretischem Nutzen. Wesentlich ist aber die Kenntnis der globalen Fehlerordnung O(h^q) einer Quadraturformel; sie reicht aus, um unter Verwendung von zwei zu verschiedenen Schrittweiten berechneten Näherungswerten für I(f;α,β) einen *Schätzwert für den wahren Fehler* angeben zu können.

Fehlerschätzung bei äquidistanter Zerlegung.

Wurde etwa das Integral I(f;α,β) näherungsweise mit der Schrittweite h_i nach einer Quadraturformel der globalen Fehlerordnung O(h_i^q) berechnet, so gilt

$$I(f;\alpha,\beta) = Q_{h_i}(\alpha,\beta) + E_{h_i}(\alpha,\beta) \quad \text{mit}$$

$$E_{h_i}(\alpha,\beta) = O(h_i^q).$$

Für i = 1 und i = 2, q fest, erhält man die folgende Fehlerschätzungsformel für den globalen Fehler $E_{h_1}(\alpha,\beta)$ des mit der Schrittweite h_1 berechneten Näherungswertes $Q_{h_1}(\alpha,\beta)$ für I(f;α,β):

$$(15.11) \qquad E_{h_1}(\alpha,\beta) \approx \frac{Q_{h_1}(\alpha,\beta) - Q_{h_2}(\alpha,\beta)}{\left(\frac{h_2}{h_1}\right)^q - 1} = E_{h_1}^*(\alpha,\beta).$$

Mit (15.11) läßt sich ein gegenüber $Q_{h_1}(\alpha,\beta)$ verbesserter Näherungswert $Q_{h_1}^*(\alpha,\beta)$ für I(f;α,β) angeben; es gilt

$$(15.12) \qquad \begin{aligned} Q_{h_1}^*(\alpha,\beta) &= Q_{h_1}(\alpha,\beta) + E_{h_1}^*(\alpha,\beta) \\ &= Q_{h_1}(\alpha,\beta) + \frac{1}{\left(\frac{h_2}{h_1}\right)^q - 1}(Q_{h_1}(\alpha,\beta) - Q_{h_2}(\alpha,\beta)). \end{aligned}$$

Wählt man speziell $h_2 = 2h_1$ und setzt $h_1 = h$, so erhält (15.11) die Form

$$(15.13) \qquad E_h(\alpha,\beta) \approx \frac{Q_h(\alpha,\beta) - Q_{2h}(\alpha,\beta)}{2^q - 1}$$

und für $Q_h^*(\alpha,\beta)$ ergibt sich aus (15.12) die Beziehung

$$(15.14) \qquad Q_h^*(\alpha,\beta) = Q_h(\alpha,\beta) + \frac{1}{2^q - 1}(Q_h(\alpha,\beta) - Q_{2h}(\alpha,\beta)).$$

Dabei sind $Q_h(\alpha,\beta)$ der mit der Schrittweite h berechnete Näherungswert, $Q_{2h}(\alpha,\beta)$ der mit der doppelten Schrittweite berechnete Näherungswert und $Q_h^*(\alpha,\beta)$ der gegenüber $Q_h(\alpha,\beta)$ verbesserte Näherungswert für I(f;α,β).

Für die Trapezformeln, die Simpsonsche Formel und die 3/8-Formel lauten die (15.13) entsprechenden Fehlerschätzungsformeln und die (15.14) entsprechenden verbesserten Näherungswerte Q_h^*

Sehnen- und Tangententrapezformel (q = 2):

$$E_h^{ST} \approx \tfrac{1}{3}(Q_h^{ST} - Q_{2h}^{ST}) \quad , \quad E_h^{TT} \approx \tfrac{1}{3}(Q_h^{TT} - Q_{2h}^{TT}),$$

$$Q_h^{*ST} = Q_h^{ST} + \tfrac{1}{3}(Q_h^{ST} - Q_{2h}^{ST}) \quad , \quad Q_h^{*TT} = Q_h^{TT} + \tfrac{1}{3}(Q_h^{TT} - Q_{2h}^{TT});$$

Simpsonsche Formel und 3/8-Formel (q = 4):

$$E_h^S \approx \tfrac{1}{15}(Q_h^S - Q_{2h}^S) \quad , \quad E_h^{3/8} \approx \tfrac{1}{15}(Q_h^{3/8} - Q_{2h}^{3/8}),$$

$$Q_h^{*S} = Q_h^S + \tfrac{1}{15}(Q_h^S - Q_{2h}^S) \quad , \quad Q_h^{*3/8} = Q_h^{3/8} + \tfrac{1}{15}(Q_h^{3/8} - Q_{2h}^{3/8}).$$

Mit Hilfe der Euler-Maclaurin-Formeln läßt sich zeigen, daß bei Verwendung der gegenüber Q_h^{ST} und Q_h^S verbesserten Näherungswerte Q_h^{*ST} und Q_h^{*S} für I sogar zwei h-Potenzen in der Fehlerordnung gewonnen werden; es gilt

$$I(f;\alpha,\beta) = Q_h^{*ST}(\alpha,\beta) + O(h^4) \quad \text{bzw.}$$
$$I(f;\alpha,\beta) = Q_h^{*S}(\alpha,\beta) + O(h^6),$$

vgl. auch Abschnitt 15.10.

Fehlerschätzung bei nichtäquidistanter Zerlegung.

Mit allen für ein Referenzintervall bestimmten und dann zusammengesetzten Quadraturformeln kann eine Fehlerschätzung so vorgenommen werden, daß man I(f;α,β) einmal für die Zerlegung Z: $\alpha = t_0 < t_1 < ... < t_m = \beta$ und einmal für die Zerlegung Z/2, wo jeweils die Intervallmitten von $[t_i,t_{i+1}]$ als zusätzliche Stützstellen verwendet werden, näherungsweise berechnet.

Dann gilt bei Verwendung einer Quadraturformel der globalen Fehlerordnung q, die Polynome bis zum Grade q-1 exakt integriert, für den globalen Fehler von $Q_{Z/2}$

$$E_{Z/2}(f;\alpha,\beta) \approx \frac{Q_{Z/2}(f;\alpha,\beta) - Q_Z(f;\alpha,\beta)}{2^q - 1} = E_{Z/2}^*(f;\alpha,\beta)$$

und man erhält einen gegenüber $Q_{Z/2}$ verbesserten Näherungswert

$$Q_{Z/2}^*(f;\alpha,\beta) = Q_{Z/2}(f;\alpha,\beta) + E_{Z/2}^*(f;\alpha,\beta)$$

von der globalen Fehlerordnung q+1.

RECHNUNGSFEHLER. Während der globale Verfahrensfehler z.B. im Falle der ST-Regel bzw. S-Regel von zweiter bzw. von vierter Ordnung mit h → 0 abnimmt, wächst der Rechnungsfehler in beiden Fällen von der Ordnung O(1/h), so daß der Gesamtfehler (Verfahrensfehler plus Rechnungsfehler) nicht beliebig klein gehalten werden kann. Diese Aussage gilt auch für andere Quadraturformeln. Es ist empfehlenswert, die Schrittweite h so zu wählen, daß Verfahrensfehler und Rechnungsfehler etwa von gleicher Größenordnung sind.

Im Falle der ST-Regel ergibt sich nach [McCR65], S.173, für den globalen Rechnungsfehler die Beziehung

$$r_h(\alpha,\beta) = \frac{1}{2h}(\beta-\alpha)^2 \varepsilon,$$

wobei ε der maximale absolute Rechnungsfehler pro Rechenschritt ist.

LITERATUR zu 15.11: [BRAS77], V.1, V.2; [ENGE80], 7.7.4; [NIED87], 11.6, 11.7; [STET76], 8.2, 8.3 .

15.12 Adaptive Quadraturverfahren

Bei den bisher behandelten Quadraturverfahren wird im allgemeinen das Integrationsintervall in äquidistante Teilintervalle zerlegt. Die Länge der Teilintervalle ergibt sich aus der Genauigkeitsforderung.

Je nach der Gestalt des Graphen der zu integrierenden Funktion kann es aber durchaus sinnvoll sein, bei gleichbleibender Genauigkeitsanforderung mit unterschiedlichen Schrittweiten zu arbeiten.

Berechnet man z.B. das Integral I(f;α,β) über das Romberg-Verfahren mit Adaption, so wird die fortlaufende Schrittweitenhalbierung einzelner Teilintervalle dann gestoppt, wenn die lokale Fehlerschätzung ausreichende Genauigkeit anzeigt. Es werden also nur noch die Teilintervalle weiter verfeinert, deren geschätzter Fehler oberhalb einer vorgegebenen Genauigkeitsschranke liegt. Im ungünstigsten Falle erhält man das in Abschnitt 15.10 beschriebene Romberg-Verfahren. Bei der Adaption wird also versucht, die Anzahl der Teilintervalle (und damit der Funktionsauswertungen) möglichst klein zu halten. Man kann natürlich ganz analog zur Sehnentrapezformel, die dem Romberg-Verfahren zugrundeliegt, Gaußsche oder andere Quadraturformeln zur Adaption benutzen.

LITERATUR zu 15.12: [KAHA72]; [KAHA83]; [RALS78], 4.11; [STOE83] .

15.13 Konvergenz der Quadraturformeln

SATZ 15.3. Eine Quadraturformel der Form

(15.15) $$Q^{(n)}(f;\alpha,\beta) = \sum_{k=0}^{n} A_k^{(n)} f(x_k^{(n)}), \quad x_k^{(n)} \in [\alpha,\beta],$$

konvergiert für n $\to \infty$ und für jede in $[\alpha,\beta]$ stetige Funktion f genau dann gegen I(f;α,β), d.h.

(15.16) $$\lim_{n \to \infty} Q^{(n)}(f;\alpha,\beta) = \lim_{n \to \infty} \sum_{k=0}^{n} A_k^{(n)} f(x_k^{(n)}) = I(f;\alpha,\beta),$$

wenn

1. (15.16) für jedes Polynom f $\equiv$ P der Form (8.11) erfüllt ist und

2. eine Konstante K existiert, so daß $\sum_{k=0}^{n} |A_k^{(n)}| < K$ für jedes n gilt.

Wendet man (15.15) auf f(x) = 1 an, so erhält man mit 1.

$$Q^{(n)}(1;\alpha,\beta) = \sum_{k=0}^{n} A_k^{(n)} = \int_{\alpha}^{\beta} dx = \beta - \alpha.$$

Sind alle Gewichte $A_k^{(n)} > 0$, so ist 2. sicher erfüllt; treten dagegen negative Gewichte auf, so kann $|A_0^{(n)}| + |A_1^{(n)}| + \ldots + |A_n^{(n)}|$ bei genügend großem n beliebig groß werden.

LITERATUR zu 15.13: [BERE71] Bd.I, 3.7; [BROS76], §28; [ENGE87], 9.6; [ISAA73], 7.5.2; [WERN79], III §7.

15.14 Entscheidungshilfen für die Auswahl der geeigneten Methode

Die Güte der Näherung für ein bestimmtes Integral hängt ab von

- der Fehlerordnung q der Quadraturformel,
- der Feinheit der Zerlegung Z,
- der Glattheit des Integranden.

Ist der Integrand beliebig oft differenzierbar, so wählt man die Formeln nach der Fehlerordnung aus und paßt die Zerlegung dem Verlauf des Integranden an: Man zerlegt dort feiner, wo sich der Integrand stark ändert und wählt größere Teilintervalle, wo sich der Integrand nur langsam ändert (siehe Beispiele in [NIED87] 11.2).

Für geringe Genauigkeitsansprüche sind von den behandelten Newton-Cotes-Formeln die Simpsonsche Formel und die 3/8-Formel zu empfehlen; sie sind der Trapezformel (Ausnahme periodische Funktionen: siehe Abschnitt 15.3.1) wegen der günstigeren Fehlerordnung vorzuziehen. Newton-Cotes-Formeln höherer Ordnung sind nur bedingt zu empfehlen, weil sich dort Rundungsfehler wegen der großen Gewichte stärker auswirken.

Die Tschebyscheffschen Quadraturformeln sind in Bezug auf die Auswirkung von Rundungsfehlern günstig, weil sie mit gleichen Gewichten arbeiten. Vergleicht man die Tschebyscheffschen Formeln, die Clenshaw-Curtis-Formeln und die Gaußschen Formeln miteinander, so erfordert die Berechnung der Gewichte und Stützstellen bei den Gaußschen Formeln den größten Aufwand. Sieht man davon ab, so sind die Gaußschen Formeln am effektivsten. Bei höherer Ordnung sind aus den genannten Gründen die Clenshaw-Curtis- Formeln vorzuziehen, weil sich Stützstellen und Gewichte sehr leicht berechnen lassen.

Ein sehr einfaches und dennoch äußerst effektives und stabiles Verfahren ist das Romberg-Verfahren.

Auf den Verlauf des Integranden nehmen die adaptiven Quadraturverfahren automatisch Rücksicht. Arbeitet man etwa mit den Gaußschen Formeln adaptiv, so ist dies bezüglich des Rechenaufwandes und der Genauigkeit die optimale Vorgehensweise.

LITERATUR zu 15.14: [BRAS77], I.3; [NIED87], 11.13; [STRO74], S.311 .

LITERATUR zu Kapitel 15: [BJÖR79], 7.4; [CONT80], 7.; [DAVI75]; [ENGE80]; [HÄMM89], 7.; [HILD74], 8.; [MAES88], 7.; [NIED87], 11.; [QUAD83]; [RALS79], IV.; [SCHM76], 8.; [SHAM73], II. 2.

Kapitel 16

Numerische Kubatur

16.1 Problemstellung

Es werden Integrale über beschränkte ebene Bereiche betrachtet. B sei ein Bereich der x,y-Ebene mit stückweise glattem Rand

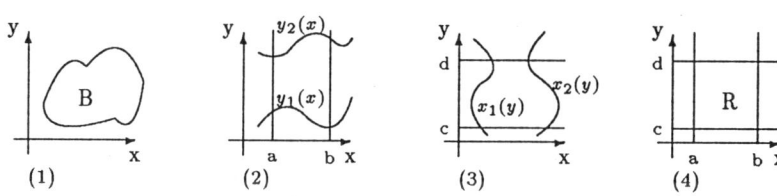

Abbildung 16.1

Die Funktion f: B → **R**, B *in* **R**^{2} = **R** × **R** sei stetig auf B. Dann heißt

(16.1) $$I(f;B) = \iint_B f(x,y)\,dxdy$$

das *Flächenintegral von f über B*.

Wenn f(x,y) ≥ 0 für alle (x,y) ∈ B gilt, so ist (16.1) das Volumen des Zylinders mit der Grundfläche B und mit der Deckfläche z = f(x,y) für (x,y) ∈ B.

Das Flächenintegral (16.1) läßt sich in den Fällen (2), (3), (4) aus Abbildung 16.1 durch Hintereinanderschaltung zweier eindimensionaler Integrale berechnen. Ist B ein Bereich vom Typ (2) mit

$$B = \{(x,y)|\ a \leq x \leq b, y_1(x) \leq y \leq y_2(x)\},$$

so gilt

$$\iint\limits_B f(x,y)dxdy = \int\limits_a^b \left(\int\limits_{y_1(x)}^{y_2(x)} f(x,y)dy\right) dx,$$

hat B die Gestalt (3) mit

$$B = \{(x,y)|\ x_1(y) \leq x \leq x_2(y), c \leq y \leq d\},$$

so gilt

$$\iint\limits_B f(x,y)dxdy = \int\limits_c^d \left(\int\limits_{x_1(y)}^{x_2(y)} f(x,y)dx\right) dy,$$

und im Falle eines rechteckigen Bereiches B = R mit

$$R = \{(x,y)|\ a \leq x \leq b,\ c \leq y \leq d\}$$

gilt

$$\iint\limits_R f(x,y)dxdy = \int\limits_a^b \left(\int\limits_c^d f(x,y)dy\right) dx,$$

(vgl. [FICHT87] III, XVI).

Zur näherungsweisen Berechnung von Flächenintegralen werden sogenannte *Kubaturformeln* C(f;B) verwendet. Der Name erklärt sich daraus, daß diese Formeln auch zur Volumenberechnung eingesetzt werden.
Zum Beispiel erhält man einen Näherungswert für I(f;B), wenn man B in Teilbereiche B_j, j = 1(1)N, zerlegt mit der Grundfläche F_j und zur Berechnung des Gesamtvolumens die N Volumina der einzelnen Zylinder über den B_j addiert.
Mit je einem beliebigen Punkt $(x_j,y_j) \in B_j$ erhält man für das Volumen

$$I(f;B) \approx \sum_{j=1}^{N} F_j f(x_j, y_j),$$

16.1 Problemstellung

die rechte Seite ist eine (summierte) Kubaturformel. Wählt man für die Punkte $\mathbf{x}_j$ die Schwerpunkte der Teilflächen B_j, so ergibt sich die sogenannte *Schwerpunkts-Kubaturformel*.

Analog zum eindimensionalen Fall lassen sich Kubaturformeln für Referenzbereiche (Elementarbereiche) B_r z.B. in der Form

$$(16.2) \quad C(f;B_r) = \sum_{i=0}^{m}\sum_{k=0}^{n} a_{ik} f(x_i, x_k) \approx \iint_{B_r} f(x,y) dx dy = I(f;B_r)$$

oder

$$(16.3) \quad C(f;B_r) = \sum_{j=1}^{N} A_j f(x_j, y_j) \approx \iint_{B_r} f(x,y) dx dy = I(f;B_r)$$

als Linearkombination aus N = (m+1)·(n+1) Funktionswerten des Integranden an N diskreten Knoten aus dem Referenzbereich B_r mit N Gewichten darstellen.

DEFINITION 16.1 (*Genauigkeitsgrad*).
Die Kubaturformel (16.2) bzw. (16.3) besitzt als Näherung für das Flächenintegral I(f;B) den Genauigkeitsgrad L, wenn sie für *alle* Polynome P_L mit

$$(16.4) \qquad P_L(x,y) = \sum_{0 \leq s+t \leq L} c_{st} x^s y^t$$

höchstens L-ten Grades exakt ist, jedoch nicht mehr für ein beliebiges Polynom P_{L+1} vom Grad L+1:

$$C(P_L;B) \stackrel{!}{=} I(P_L;B),$$
$$C(P_{L+1};B) \neq I(P_{L+1};B)$$

für mindestens ein Polynom P_{L+1} mit s+t = L+1 .

Ist eine für einen Referenzbereich B_r konstruierte Kubaturformel C exakt für alle Polynome P_L der Form (16.4) vom Grad $\leq$ L und ist f genügend oft differenzierbar in B_r, so beträgt die lokale Fehlerordnung q_l = L+2.

Will man ein Flächenintegral (16.1) über einem beliebigen Bereich B berechnen, so zerlegt man B in Teilbereiche B_j, die die Form des Referenzbereiches B_r besitzen und wendet auf jeden Teilbereich B_j die für B_r konstruierte und auf B_j transformierte Kubaturformel an und summiert über j (dies ist eventuell erst nach einer nichtlinearen Transformation möglich). Die so zusammengesetzte Formel heißt *summierte* oder *zusammengesetzte Kubaturformel*, sie besitzt die globale Fehlerordnung $q_g = L+1$.

Im folgenden werden nur Kubaturformeln zu rechteckigen und dreieckigen Referenzbereichen betrachtet. Bekanntlich lassen sich auch andere Bereiche durch nichtlineare Variablentransformationen auf Referenzrechtecke bzw. -dreiecke abbilden, siehe dazu [ENGE80]; [FICHT87], §4; [MAES88], 7.4.2 , [NIEM91], 7. .

16.2 Konstruktion von Interpolationskubaturformeln

B_r sei der Referenzbereich, für den eine Kubaturformel $C(f;B_r)$ durch Integration eines Interpolationspolynoms konstruiert werden soll. Dazu legt man durch $(m+1)\cdot(n+1)$ Stützpunkte

$$(x_i, y_k, f(x_i, y_k)), \quad i = 0(1)m, \quad k = 0(1)n$$

das zugehörige Interpolationspolynom Φ mit $\Phi(x_i,y_k) \stackrel{!}{=} f(x_i,y_k)$. Für ein Rechteckgitter ist diese Interpolationsaufgabe eindeutig gelöst. Im folgenden wählen wir als Referenzbereich ein Rechteck R_r. In der Form von Lagrange lautet Φ für R_r

$$\Phi(x,y) = \sum_{i=0}^{m} \sum_{i=0}^{n} L_i(x) L_k(y) f(x_i, y_k) \quad \text{mit}$$

$$L_i(x) = \prod_{\substack{j=0 \\ j \neq i}}^{m} \frac{x - x_j}{x_i - x_j}, \quad L_k(y) = \prod_{\substack{j=0 \\ j \neq k}}^{n} \frac{y - y_j}{y_k - y_j}.$$

Daraus folgt

16.2 Konstruktion von Interpolationskubaturformeln

$$\begin{aligned}
\int_a^b\int_c^d f(x,y)dxdy &\approx \int_a^b\int_c^d \Phi(x,y)dxdy \\
&= \int_a^b\int_c^d \sum_{i=0}^{m}\sum_{k=0}^{n} L_i(x)L_k(y)f(x_i,y_k)dxdy \\
(16.5)\qquad &= \sum_{i=0}^{m}\sum_{i=0}^{n} \underbrace{\int_a^b L_i(x)dx}_{A_i} \underbrace{\int_c^d L_k(y)dy}_{B_k} f(x_i,y_k) \\
&= \sum_{i=0}^{m}\sum_{k=0}^{n} A_i B_k f(x_i,y_k) \\
&=: \sum_{i=0}^{m}\sum_{k=0}^{n} a_{ik} f_{ik} =: C(f;R).
\end{aligned}$$

Die A_i bzw. B_k entsprechen den Gewichten eindimensionaler Interpolationsquadraturformeln. Die Kubaturgewichte $a_{ik} := A_i B_k$ ergeben sich als Matrizenprodukt $\mathbf{A}\mathbf{B}^T$ aus der (m+1,1)-Matrix $\mathbf{A}$ und der (1,n+1)-Matrix $\mathbf{B}^T$

$$\mathbf{A} = \begin{pmatrix} A_0 \\ A_1 \\ \vdots \\ A_m \end{pmatrix}, \quad \mathbf{B}^T = (B_0 B_1 \cdots B_n)$$

mit den Quadraturgewichten A_i, B_k; es gilt

$$(a_{ik}) := \begin{pmatrix} A_0 B_0 & A_0 B_1 & \cdots & A_0 B_n \\ A_1 B_0 & A_1 B_1 & \cdots & A_1 B_n \\ \vdots & & & \\ A_m B_0 & A_m B_1 & \cdots & A_m B_n \end{pmatrix}$$

(16.6)

$$= \begin{pmatrix} A_0 \\ A_1 \\ \vdots \\ A_m \end{pmatrix} (B_0 B_1 \cdots B_n) = \mathbf{A}\mathbf{B}^T$$

Die interpolatorische Kubaturformel (16.5) stellt somit eine Linearkombination aus (m+1)·(n+1) Gewichten a_{ik} sowie Funktionswerten f_{ik} von f an den (m+1)·(n+1) verschiedenen Knoten (x_i,y_k) dar, die auf einem Referenz-Rechteckgitter definiert sind.

Zur Berechnung der Knoten und Gewichte wird analog zum eindimensionalen Fall die Forderung gestellt, daß Polynome P_L möglichst hohen Grades L exakt integriert werden. Gibt man in (16.5) z.B. sämtliche Knoten des Referenzrechteckes vor, so ergibt sich aus der oben genannten Forderung für die Gewichte der Newton-Cotes-Kubaturformeln ein lineares Gleichungssystem mit $N = (m+1)\cdot(n+1)$ Gleichungen.

Schreibt man die Gewichte vor, ergeben sich die Knoten als Lösungen eines nichtlinearen Gleichungssystems; man erhält die *Tschebyscheffschen Kubaturformeln*.

Läßt man schließlich Knoten und Gewichte frei, so lassen sich über ein nichtlineares Gleichungssystem die optimalen *Gaußschen Kubaturformeln* ermitteln.

Wenn die Kubaturformel (16.5) alle Polynome P_L bis zu möglichst hohem Grad L exakt integrieren soll, so können speziell die Monome $x^s y^t$ zur Berechnung der Knoten und Gewichte verwendet werden, und aus der Forderung

$$C(x^s y^t; R_r) \stackrel{!}{=} I(x^s y^t; R_r) \quad \text{für} \quad s+t \leq L$$

ergibt sich mit (16.5)

(16.7)
$$\sum_{i=0}^{m}\sum_{k=0}^{n} a_{ik} x_i^s y_k^t \stackrel{!}{=} \int\int_{a\,c}^{b\,d} x^s y^t dy dx = \int_a^b x^s dx \int_c^d y^t dy$$
$$= \frac{1}{(s+1)(t+1)}(b^{s+1} - a^{s+1})(d^{t+1} - c^{t+1})$$

mit $s+t = 0, 1, 2, \ldots, L$

also für $s+t = 0, 1, 2, \ldots, L$ die Gleichungen

(16.7a)
$$\sum_{i=0}^{m}\sum_{k=0}^{n} a_{ik} x_i^s y_k^t = \frac{1}{(s+1)(t+1)}(b^{s+1} - a^{s+1})(d^{t+1} - c^{t+1})$$

bzw. mit $N = (m+1)\cdot(n+1)$

(16.7b)
$$\sum_{j=1}^{N} A_j x_j^s y_j^t = \frac{1}{(s+1)(t+1)}(b^{s+1} - a^{s+1})(d^{t+1} - c^{t+1}) \,.$$

Dies sind $\frac{1}{2}(L+1)(L+2)$ Bedingungen, die zum Erreichen des gewünschten Genauigkeitsgrades L erfüllt sein müssen. Die zu jedem Genauigkeitsgrad L gehörigen Monome $x^s y^t$ lassen sich aus der folgenden Tabelle ablesen:

Genauigkeits-grad L	Monome $x^s y^t$ mit $s+t \leq L$	Anzahl $\frac{1}{2}(L+1)(L+2)$ der Monome $s+t \leq L$
0	1	1
1	x y	3
2	x^2 xy y^2	6
3	x^3 x^2y xy^2 y^3	10
4	x^4 x^3y x^2y^2 xy^3 y^4	15
5	x^5 x^4y x^3y^2 x^2y^3 xy^4 y^5	21

Um z.B. den Genauigkeitsgrad $L = 1$ zu erreichen, muß die Kubaturformel alle Polynome vom Grad s+t $\leq$ 1 exakt integrieren. Mit den Monomen 1, x, y ergeben sich daraus drei Bedingungen für die freien Parameter. Eventuell fehlende Gleichungen stellt man mit Monomen $x^s y^t$ für s+t = L+1 auf, ohne daß die zu konstruierende Kubaturformel für alle Monome mit s+t = L+1 erfüllt ist (siehe dazu Abschnitt 16.3).

16.3 Newton-Cotes-Formeln für rechteckige Integrationsbereiche

Die Newton-Cotes-Kubaturformeln für ein rechteckiges Integrationsgebiet R_r sind interpolatorische Formeln der Gestalt

$$C(f; R_r) = \sum_{i=0}^{m} \sum_{k=0}^{n} a_{ik} f(x_i, y_k) \approx \iint_{R_r} f(x,y) dx dy$$

bei vorgegebenen $N = (m+1) \cdot (n+1)$ voneinander verschiedenen Knoten (x_i, y_k), die auf einem Referenz-Rechteck R_r mit konstanter Schrittweite h_x in x-Richtung bzw. h_y in y-Richtung definiert sind. Die N Gewichte a_{ik} ergeben sich aus dem linearen Gleichungssystem (16.7). Gleichzeitig lassen sich jedoch die Gewichte aus den entsprechenden Quadraturformeln (16.6) ableiten.

Zunächst stellen wir beispielhaft für die Referenzrechtecke in Abbildung 16.2 die Trapez-, Simpson- und 3/8-Kubaturformeln auf.

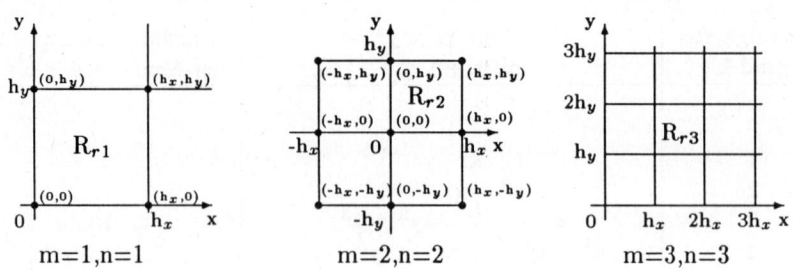

Abbildung 16.2

Trapez-Formel für das Referenzrechteck R_{r1}

Die N = 4 Gewichte a_{ik}, i,k = 0,1, ergeben sich aus den Gewichten der entsprechenden Quadraturformeln gemäß (16.6)

$$(a_{ik}) = \mathbf{AB}^T = \frac{h_x}{2}\begin{pmatrix} 1 \\ 1 \end{pmatrix}\frac{h_y}{2}(1, 1) = \frac{h_x h_y}{4}\begin{pmatrix} 1 & 1 \\ 1 & 1 \end{pmatrix}$$

und damit die Trapez-Kubaturformel zu

(16.8) $\quad C^T(f; R_{r1}) = \frac{h_x h_y}{4}\left[f(0,0) + f(h_x,0) + f(0,h_y) + f(h_x,h_y)\right]$.

Diese Kubaturformel integriert alle bilinearen Polynome P_1 mit s+t ≤ 1 exakt sowie zusätzlich alle Polynome mit s=1, t=1, aber nicht mehr die mit s=0, t=2 bzw. t=0, s=2, d.h. sie besitzt den Genauigkeitsgrad L = 1.

Simpsonsche Formel für das Referenzrechteck R_{r2}

Die N = 9 Gewichte a_{ik}, i,k = 0,1,2, ergeben sich aus

$$(a_{ik}) = \mathbf{AB}^T = \frac{h_x}{3}\begin{pmatrix} 1 \\ 4 \\ 1 \end{pmatrix}\frac{h_y}{3}(1, 4, 1) = \frac{h_x h_y}{9}\begin{pmatrix} 1 & 4 & 1 \\ 4 & 16 & 4 \\ 1 & 4 & 1 \end{pmatrix}$$

und daraus die Simpsonsche Kubaturformel zu

16.3 Newton-Cotes-Kubaturformeln

$$C^S(f; R_{r2}) = \frac{h_x h_y}{9} \{f(-h_x, -h_y) + f(-h_x, h_y) + f(h_x, -h_y)$$
(16.9)
$$+ f(h_x, h_y) + 4[f(0, -h_y) + f(h_x, 0) + f(0, h_y)$$
$$+ f(-h_x, 0)] + 16 f(0, 0)\}$$

Sie ist für alle Polynome P_3 mit s+t $\leq$ L = 3 (d.h. alle bikubischen Polynome) exakt, jedoch nicht mehr für alle Polynome mit L = 4.

3/8-Formel für das Referenzrechteck R_{r3}

Die N = 16 Gewichte a_{ik}, i,k = 0,1,2,3, ergeben sich aus

$$(a_{ik}) = \mathbf{A}\mathbf{B}^T = \frac{3h_x}{8}\begin{pmatrix}1\\3\\3\\1\end{pmatrix} \cdot \frac{3h_y}{8}(1, \quad 3, \quad 3, \quad 1) = \frac{9h_x h_y}{64}\begin{pmatrix}1 & 3 & 3 & 1\\3 & 9 & 9 & 3\\3 & 9 & 9 & 3\\1 & 3 & 3 & 1\end{pmatrix}$$

und damit die 3/8-Kubaturformel zu

$$C^{3/8}(f; R_{r3}) = \frac{9h_x h_y}{64} \{f(0,0) + f(3h_x, 0) + f(0, 3h_y)$$
$$+ f(3h_x, 3h_y) + 3[f(h_x, 0) + f(2h_x, 0) + f(3h_x, h_y)$$
(16.10)
$$+ f(3h_x, 2h_y) + f(2h_x, 3h_y) + f(h_x, 3h_y) + f(0, 2h_y)$$
$$+ f(0, h_y)] + 9[f(h_x, h_y) + f(2h_x, h_y) + f(h_x, 2h_y)$$
$$+ f(2h_x, 2h_y)]\}$$

Die 3/8-Formel integriert alle Polynome P_3 mit s+t $\leq$ 3 exakt sowie einzelne (aber nicht alle) Polynome mit s+t = 4. Sie besitzt somit den Genauigkeitsgrad L = 3.

Die *zusammengesetzten* bzw. *summierten* Newton-Cotes-Formeln ergeben sich wie folgt: Man zerlegt das rechteckige Integrationsgebiet

$$R = \{(x,y)| \ a \leq x \leq b, \ c \leq y \leq d\}$$

in Teilrechtecke, die jeweils auf das Referenzrechteck der entsprechenden Kubaturformel abgebildet werden. Die Summe der Kubaturformeln über alle Teilrechtecke ergibt dann die summierte Kubaturformel.

Summierte Trapez-Kubaturformel für das Rechteck R

Das Rechteck R wird in Teilrechtecke R_{pq} wie folgt zerlegt: Die Zerlegung in x-Richtung sei mit

$$Z_x : x_p = a + ph_x, \qquad p = 0(1)P, \qquad h_x = \frac{b-a}{P}$$

definiert, die Zerlegung in y-Richtung mit

$$Z_y : y_q = c + qh_y, \qquad q = 0(1)Q, \qquad h_y = \frac{d-c}{Q}.$$

Somit erhalten wir die P·Q Teilrechtecke

$$R_{pq} := \{(x,y)|\ x_p \leq x \leq x_{p+1},\ y_q \leq y \leq y_{q+1}\}$$
$$p = 0(1)P{-}1, \quad q = 0(1)Q{-}1.$$

Wenden wir nun auf jedes Teilrechteck R_{pq} die Trapez-Formel (16.8) an, so ergibt sich die summierte Trapez-Formel wie folgt:

(16.11)
$$\begin{aligned}
C^T_{h_x h_y}(f;R) &= \sum_{p=0}^{P-1}\sum_{q=0}^{Q-1} C^T(f;R_{pq}) \\
&= \frac{h_x h_y}{4}\{f(a,c) + f(b,c) + f(a,d) + f(b,d) \\
&\quad +2\sum_{p=1}^{P-1}(f(a+ph_x,c) + f(a+ph_x,d)) \\
&\quad +2\sum_{q=1}^{Q-1}(f(a,c+qh_y) + f(b,c+qh_y)) \\
&\quad +4\sum_{p=1}^{P-1}\sum_{q=1}^{Q-1} f(a+ph_x, c+qh_y)\}
\end{aligned}$$

Die globale Fehlerordnung beträgt $q_g = 2$. Es gilt die Trapez-Regel

$$\iint_R f(x,y)dxdy = C^T_{h_x h_y}(f;R) + E^T_{h_x h_y}(f;R) \qquad \text{mit}$$

$$\begin{aligned}
|E^T_{h_x h_y}(f;R)| &\leq \frac{(b-a)(d-c)}{12}\left\{h_x^2 \max_{(x,y)\in R}|f_{xx}| + h_y^2 \max_{(x,y)\in R}|f_{yy}|\right\} \\
&= O(h_{\max}^2)
\end{aligned}$$

mit $h_{\max} = \max\{h_x, h_y\}$.

16.3 Newton-Cotes-Kubaturformeln

Beweis zur Fehlerordnung in [MAES88], 7.4.3; [HAEM89], §6 .

Summierte Simpson-Kubaturformel

Hier benötigen wir Teilrechtecke der Größe [$2h_x \cdot 2h_y$]. Deshalb zerlegen wir R wie folgt:

$$Z_x: \quad x_p = a + ph_x, \quad p = 0(1)2P, \quad h_x = \frac{b-a}{2P}$$

$$Z_y: \quad y_q = c + qh_y, \quad q = 0(1)2Q, \quad h_y = \frac{d-c}{2Q}$$

Wir erhalten so P·Q Teilrechtecke

$$R_{pq}^S := \{(x,y) | x_{2p} \leq x \leq x_{2(p+1)}, y_{2q} \leq y \leq y_{2(q+1)}\}, \ p = 0(1)P-1, \ q = 0(1)Q-1,$$

auf die wir die Simpsonsche Formel (16.9) anwenden. Für die summierte Simpsonsche Formel ergibt sich

(16.12)
$$\begin{aligned}
C_{h_x h_y}^S(f;R) &= \sum_{p=0}^{P-1} \sum_{q=0}^{Q-1} C^S(f; R_{pq}^S) \\
&= \frac{h_x h_y}{9} \{f(a,c) + f(b,c) + f(a,d) + f(b,d) \\
&\quad + 4\sum_{p=0}^{P-1} (f(a+(2p+1)h_x, c) + f(a+(2p+1)h_x, d)) \\
&\quad + 4\sum_{q=0}^{Q-1} (f(a, c+(2q+1)h_y) + f(b, c+(2q+1)h_y)) \\
&\quad + 2\sum_{p=1}^{P-1} (f(a+2ph_x, c) + f(a+2ph_x, d)) \\
&\quad + 2\sum_{q=1}^{Q-1} (f(a, c+2qh_y) + f(b, c+2qh_y)) \\
&\quad + 4\sum_{p=1}^{P-1} \sum_{q=1}^{Q-1} f(a+2ph_x, c+2qh_y) \\
&\quad + 16\sum_{p=0}^{P-1} \sum_{q=0}^{Q-1} f(a+(2p+1)h_x, c+(2q+1)h_y) \\
&\quad + 8\sum_{p=1}^{P-1} \sum_{q=0}^{Q-1} f(a+2ph_x, c+(2q+1)h_y) \\
&\quad + 8\sum_{p=0}^{P-1} \sum_{q=1}^{Q-1} f(a+(2p+1)h_x, c+2qh_y) \}
\end{aligned}$$

Die globale Fehlerordnung beträgt $q_g = 4$; es gilt die Simpson-Regel

$$\iint_R f(x,y)dxdy = C^S_{h_x h_y}(f;R) + E^S_{h_x h_y}(f;R) \quad \text{mit}$$

$$|E^S_{h_x h_y}(f;R)| \le \frac{(b-a)(d-c)}{180}\{h_x^4 \max|f_{xxxx}| + h_y^4 \max|f_{yyyy}|\}$$

$$= O(h_{\max}^4)$$

mit $h_{\max} = \max\{h_x, h_y\}$. Beweis zur Fehlerordnung in [MAES88], 7.4.3 .

Analog kann mit der 3/8-Formel verfahren werden.

16.4 Newton-Cotes-Kubaturformeln für Dreieckbereiche

Analog zu der Behandlung der Integration über Rechtecke läßt sich die Integration über ein Referenzdreieck durchführen. Es sei $R\Delta_1$

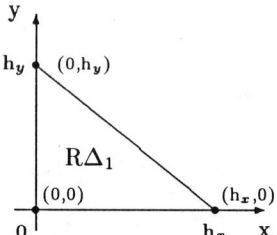

Abbildung 16.3

ein Referenzdreieck mit den drei Eckpunkten als Knoten. Dann lautet die Kubaturformel

(16.13) $\quad C(f; R\Delta_1) = \frac{h_x h_y}{2} \cdot \frac{1}{3} \{f(0,0) + f(h_x, 0) + f(0, h_y)\}$,

sie besitzt den Genauigkeitsgrad $L = 1$ und integriert damit alle Polynome P_1 vom Grad $s+t \le 1$ (d.h. mit den Monomen 1, x, y) exakt und hat die globale Fehlerordnung $O(h_{\max}^2)$.

Kubaturformeln vom Genauigkeitsgrad L = 2 ergeben sich unter Verwendung folgender Knoten des Referenzdreiecks:

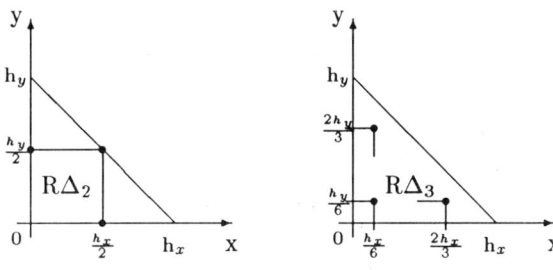

Abbildung 16.4

Die zugehörigen Formeln lauten:

(16.14a) $\qquad C(f; R\Delta_2) = \frac{h_x h_y}{2} \frac{1}{3} \left[f(\frac{h_x}{2}, 0) + f(\frac{h_x}{2}, \frac{h_y}{2}), f(0, \frac{h_y}{2}) \right]$

(16.14b) $\qquad C(f; R\Delta_3) = \frac{h_x h_y}{2} \frac{1}{3} \left[f(\frac{h_x}{6}, \frac{h_y}{6}) + f(\frac{2h_x}{3}, \frac{h_y}{6}), f(\frac{h_x}{6}, \frac{2h_y}{3}) \right]$

Es ist bemerkenswert, daß diese Formeln bei gleicher Knotenzahl wie (16.3) einen höheren Genauigkeitsgrad besitzen; sie integrieren alle Polynome P_2 vom Grad ≤ 2 exakt und besitzen die globale Fehlerordnung $O(h_{max}^3)$.
Die entsprechenden summierten Formeln ergeben sich, wenn man einen Bereich B in Dreiecke B_j zerlegt und auf jedes Dreieck eine der angegebenen Formeln anwendet und aufsummiert.

LITERATUR zu 16.4.: [MAES88] Bd.2, 7.4; [HAEM89] §6.; [ENGE80]; [ISAA73].

16.5 Das Romberg-Kubaturverfahren für Rechteckbereiche

Das Richardson-Extrapolationsprinzip ist für Flächenintegrale analog zum eindimensionalen Fall anwendbar. Durch fortgesetzte Intervallhalbierung und Berechnung von Näherungen für das Flächenintegral mit der Trapez-Formel und Extrapolation durch Linearkombinationen von Näherungen zu verschiedenen Schrittweiten erhält man fortlaufend verbesserte Näherungen für das Integral. Das Verfahren ist sehr gut in [ENGE80] bewiesen.

Die Trapez-Formel für das Referenzrechteck R_r mit

$$R = \{(x,y)| -1 \leq x \leq 1, -1 \leq y \leq 1\}$$

lautet zur Schrittweite $h_{x_0} = h_{y_0} = 2$

$$\begin{aligned} C^T(f;R) &= f(-1,-1) + f(1,-1) + f(1,1) + f(-1,1) \\ &=: L_0^{(0)}(f) \end{aligned}$$

Halbiert man fortlaufend sowohl in x- als auch in y-Richtung die Schrittweite: $h_j = h_0/2^j$, $j = 0,1,2,\ldots$, so ergibt sich für R die summierte Trapez-Kubaturformel zur Schrittweite h_j:

$$\begin{aligned} L_j^{(0)}(f) &= \tfrac{1}{4^j}\Big\{f(-1,-1) + f(-1,1) + f(1,-1) + f(1,1) \\ &+ 2\sum_{k=1}^{2^j-1}\Big[f(-1,-1+\tfrac{k}{2^{j-1}}) + f(1,-1+\tfrac{k}{2^{j-1}}) \\ &+ f(-1+\tfrac{k}{2^{j-1}},-1) + f(-1+\tfrac{k}{2^{j-1}},1)\Big] \\ &+ 4\sum_{k=1}^{2^j-1}\sum_{l=1}^{2^j-1}\Big[f(-1+\tfrac{2k+1}{2^{j-1}},-1+\tfrac{2l+1}{2^{j-1}})\Big]\Big\}. \end{aligned}$$

Hieraus ergibt sich die folgende Rekursionsformel für $j \geq 1$

$$\begin{aligned} L_j^{(0)}(f) &= \tfrac{1}{4}L_{j-1}^{(0)} + \tfrac{1}{2^{2j-1}}\Big\{\sum_{k=0}^{2^{j-1}-1}\Big[f(-1,-1+\tfrac{2k+1}{2^{j-1}}) \\ &+ f(1,-1+\tfrac{2k+1}{2^{j-1}}) + f(-1+\tfrac{2k+1}{2^{j-1}},-1) + f(-1+\tfrac{2k+1}{2^{j-1}},1)\Big] \\ &+ 2\sum_{l=1}^{2^{j-1}-1} f(-1+\tfrac{2k+1}{2^{j-1}},-1+\tfrac{l}{2^{k-1}})\Big\} \end{aligned}$$

Analog zum Romberg-Quadraturverfahren hat das Romberg-Schema die Form

16.5 Das Romberg-Kubaturverfahren

h_j	$L_j^{(0)}$	$L_j^{(1)}$	$L_j^{(2)}$	$\cdots$	$L_j^{(m-1)}$	$L_j^{(m)}$
h_0	$L_0^{(0)}$					
$h_1 = \frac{h_0}{2}$	$L_1^{(0)}$	$L_0^{(1)}$				
$h_2 = \frac{h_1}{2}$	$L_2^{(0)}$	$L_1^{(1)}$	$L_0^{(2)}$			
$\vdots$	$\vdots$	$\vdots$	$\vdots$	$\ddots$		
$h_{m-1} = \frac{h_{m-2}}{2}$	$L_{m-1}^{(0)}$	$L_{m-2}^{(1)}$	$L_{m-3}^{(2)}$	$\cdots$	$L_0^{(m-1)}$	
$h_m = \frac{h_{m-1}}{2}$	$L_m^{(0)}$	$L_{m-1}^{(1)}$	$L_{m-2}^{(2)}$	$\cdots$	$L_1^{(m-1)}$	$L_0^{(m)}$

Die extrapolierten Werte $L_j^{(k)}$ lassen sich wie folgt ermitteln:

$$L_j^{(k)} = L_{j+1}^{k-1} + \frac{1}{4^k - 1} \left(L_{j+1}^{k-1} - L_j^{k-1} \right) \quad \text{für} \quad k \geq 1 \quad \text{und} \quad j = 0, 1, 2, \ldots$$

Die Argumente $x' \in [-1,1]$, $y' \in [-1,1]$ in den Formeln für die $L_j^{(k)}$ müssen dann auf Wertepaare (x,y) aus dem aktuellen Rechteck transformiert werden mit

$$x = \frac{h_x}{2} x' + (j_x - 0.5) h_x + a, \qquad j_x = 1(1) j_{x\max}$$

$$y = \frac{h_y}{2} y' + (j_y - 0.5) h_y + c, \qquad j_y = 1(1) j_{y\max}$$

$$h_x = \frac{b-a}{j_{x\max}} \qquad h_y = \frac{d-c}{j_{y\max}}$$

Mit $A_x = h_x/2$, $A_y = h_y/2$, $B_x = (j_x - 0.5)h_x + a$, $B_y = (j_y - 0.5)h_y + c$ gelten dann die Transformationsgleichungen

$$x = A_x x' + B_x$$
$$y = A_y y' + B_y.$$

LITERATUR zu 16.5.: [ENGE80]

16.6 Gauß-Kubaturformeln für Rechteckbereiche

Ganz analog zur Ausführung bei den Newton-Cotes-Formeln lassen sich die Gauß-Formeln über Rechteckbereichen aus den eindimensionalen Gaußschen Quadraturformeln (vgl. Abschnitt 15.7) zusammensetzen.

Aus der eindimensionalen Quadraturformel $Q^{G_2}(f;-h,h)$ ergeben sich durch Multiplikation der Gewichtsmatrizen mit je zwei Elementen

$$(a_{ik}) = \mathbf{A}\mathbf{B}^T = h_x \begin{pmatrix} 1 \\ 1 \end{pmatrix} h_y(1,1) = h_x h_y \begin{pmatrix} 1 & 1 \\ 1 & 1 \end{pmatrix}$$

die vier Gewichte $a_{i,k}$, i,k = 1,2, der entsprechenden Kubaturformel und aus den je zwei Knoten x_i, y_k

in x-Richtung: $x_0 = -\dfrac{h_x}{\sqrt{3}}$, $x_1 = \dfrac{h_x}{\sqrt{3}}$

in y-Richtung: $y_0 = -\dfrac{h_y}{\sqrt{3}}$, $y_1 = \dfrac{h_y}{\sqrt{3}}$

die vier Knoten der Kubaturformel. Man erhält die Gauß-Formel für n = 1, m = 1, d.h. N = 4

$$C^{G_2}(f; R_{r_2}) = h_x h_y \left\{ f(-\frac{h_x}{\sqrt{3}}, -\frac{h_y}{\sqrt{3}}) + f(-\frac{h_x}{\sqrt{3}}, \frac{h_y}{\sqrt{3}}) + f(\frac{h_x}{\sqrt{3}}, -\frac{h_y}{\sqrt{3}}) + f(\frac{h_x}{\sqrt{3}}, \frac{h_y}{\sqrt{3}}) \right\}$$

Sie besitzt den Genauigkeitsgrad L = 3 und integriert damit alle bikubischen Polynome vom Grad s+t $\leq$ 3 exakt und hat die globale Fehlerordnung $O(h_{max}^4)$ mit $h_{max} = \max\{h_x, h_y\}$.

Aus der eindimensionalen Quadraturformel $Q^{G_3}(f;-h,h)$ ergeben sich die neun Gewichte der entsprechenden Kubaturformel wie folgt

$$(a_{ik}) = \mathbf{A}\mathbf{B}^T = \frac{h_x}{9} \begin{pmatrix} 5 \\ 8 \\ 5 \end{pmatrix} \frac{h_y}{9}(5, \quad 8, \quad 5) = \frac{h_x h_y}{81} \begin{pmatrix} 25 & 40 & 25 \\ 40 & 64 & 40 \\ 25 & 40 & 25 \end{pmatrix},$$

die neun Knoten der Kubaturformel ergeben sich aus den je drei Knoten x_i bzw. y_k, i,k = 0,1,2 in

x-Richtung: $x_0 = -\sqrt{0.6}h_x$, $x_1 = 0$, $x_2 = \sqrt{0.6}h_x$

y-Richtung: $y_0 = -\sqrt{0.6}h_y$, $y_1 = 0$, $y_2 = \sqrt{0.6}h_y$

16.6 Gauß-Kubaturformeln für Rechteckbereiche

Man erhält die Gauß-Kubaturformel (16.5) für n = 2, m = 2, d.h. N = 9

$$C^{G_3}(f; R_{r_2}) = \frac{h_x h_y}{81} \{25 \left[f(-\sqrt{0.6}h_x, -\sqrt{0.6}h_y) \right. $$
$$+ f(-\sqrt{0.6}h_x, \sqrt{0.6}h_y) + f(\sqrt{0.6}h_x, -\sqrt{0.6}h_y)$$
$$\left. + f(\sqrt{0.6}h_x, \sqrt{0.6}h_y) \right] + 40 \left[f(0, -\sqrt{0.6}h_y) + f(-\sqrt{0.6}h_x, 0) \right.$$
$$\left. + f(\sqrt{0.6}h_x, 0) + f(0, \sqrt{0.6}h_y) \right] + 64 f(0, 0) \}$$

Sie besitzt den Genauigkeitsgrad L = 5, integriert damit alle Polynome vom Grad s+t $\leq$ 5 exakt und besitzt die globale Fehlerordnung $O(h_{max}^6)$ mit $h_{max} = \max\{h_x, h_y\}$.

Weitere Formeln lassen sich analog aus den entsprechenden eindimensionalen Formeln herleiten, die in Abschnitt 15.7 "Tabelle der Gaußschen Knoten und Gewichte" angegeben sind.

Die summierten Formeln ergeben sich in gleicher Weise wie in Abschnitt 16.3 beschrieben: Zur Berechnung einer Fläche über einem Rechteck R : $\{(x, y) | a \leq x \leq b, c \leq y \leq d\}$ wird R in P·Q Teilrechtecke R_{pq} der Größen $2h_x \cdot 2h_y$ zerlegt. Auf jedes Teilrechteck wird eine Gaußsche Formel angewandt. Dabei sind die Knoten des Referenzrechteckes wie folgt zu transformieren

$$x_i \longrightarrow a + (2p+1)h_x + x_i, \quad p = 0(1)P-1, \quad i = 0(1)m$$
$$y_k \longrightarrow c + (2q+1)h_y + y_k, \quad q = 0(1)Q-1, \quad k = 0(1)n$$

Für n = m = 1 erhält man so z.B. die summierte Formel

$$C^{G_2}(f; R) = h_x h_y \sum_{p=0}^{P-1} \sum_{q=0}^{Q-1} \left[f(a + (2p+1)h_x - \frac{h_x}{\sqrt{3}}, c + (2q+1)h_y - \frac{h_y}{\sqrt{3}}) \right.$$
$$+ f(a + (2p+1)h_x - \frac{h_x}{\sqrt{3}}, c + (2q+1)h_y + \frac{h_y}{\sqrt{3}})$$
$$+ f(a + (2p+1)h_x + \frac{h_x}{\sqrt{3}}, c + (2q+1)h_y - \frac{h_y}{\sqrt{3}})$$
$$\left. + f(a + (2p+1)h_x + \frac{h_x}{\sqrt{3}}, c + (2q+1)h_y + \frac{h_y}{\sqrt{3}}) \right]$$

mit der globalen Fehlerordnung $q_g = 4$.

Die 17 Knoten und Gewichte (d.h. 51 Parameter x_j, y_j, A_j) der Gauß-Formel für L = 9 ergeben sich aus den $\frac{1}{2}(L+1)(L+2) = 55$ nichtlinearen Gleichungen (16.7b) und sind aus [ENGE80], S.257 entnommen:

I	X(I)	Y(I)	A(I)
1	.96884996636198E+00	.63068011973167E+00	.88879378170200E-01
2	-.96884996636198E+00	-.63068011973167E+00	.88879378170200E-01
3	-.63068011973167E+00	.96884996636198E+00	.88879378170200E-01
4	.63068011973167E+00	-.96884996636198E+00	.88879378170200E-01
5	.75027709997890E+00	.92796164595957E+00	.11209960212960E+00
6	-.75027709997890E+00	-.92796164595957E+00	.11209960212960E+00
7	-.92796164595957E+00	.75027709997890E+00	.11209960212960E+00
8	.92796164595957E+00	-.75027709997890E+00	.11209960212960E+00
9	.52373582021443E+00	.45333982113565E+00	.39828243926207E+00
10	-.52373582021443E+00	-.45333982113565E+00	.39828243926207E+00
11	-.45333982113565E+00	.52373582021443E+00	.39828243926207E+00
12	.45333982113565E+00	-.52373582021443E+00	.39828243926207E+00
13	.76208328192620E-01	.85261572933366E+00	.26905133763978E+00
14	-.76208328192620E-01	-.85261572933366E+00	.26905133763978E+00
15	-.85261572933366E+00	.76208328192620E-01	.26905133763978E+00
16	.85261572933366E+00	-.76208328192620E-01	.26905133763978E+00
17	0.00000000000000E+00	0.00000000000000E+00	.52674897119342E+00

16.7 Gauß-Kubaturformeln für Dreieckbereiche

16.7.1 Dreieckbereiche mit achsenparallelen Katheten

Je nach gefordertem Genauigkeitsgrad L ergeben sich aus einem zu (16.7b) äquivalenten nichtlinearen System für dreieckige Integrationsgebiete $\frac{1}{2}$(L+1)(L+2) Gleichungen für entsprechend viele Parameter x_j, y_j, A_j.
Für L = 1 z.B. ergeben sich folgende Formeln von der globalen Fehlerordnung $O(h_{max}^2)$:

1. Einpunkt-Kubaturformel für das Referenzdreieck R_Δ, die nur einen Knoten verwendet:

$$C^{G_1}(f; R_\Delta) = \frac{h_x h_y}{2} f(\frac{h_x}{3}, \frac{h_y}{3})$$

16.7 Gauß-Kubaturformeln für Dreieckbereiche

2. Zweipunkt-Kubaturformel für R_Δ, die zwei Knoten verwendet:

$$C^{G_2}(f; R_\Delta) = \frac{h_x h_y}{4} \left\{ f(\frac{h_x}{6}, \frac{h_y}{2}) + f(\frac{h_x}{2}, \frac{h_y}{6}) \right\}$$

Für L = 2 gelten die Drei-Punkt-Formeln aus Abschnitt 16.4: (16.14a) (16.14b)

Für L = 5 ist die folgende Sieben-Punkt-Formel aus [ENGE80] entnommen worden:

$$\begin{aligned}C^{G_7}(f; R_\Delta) &= \frac{h_x h_y}{2400} \left\{ 270 f(\frac{h_x}{3}, \frac{h_y}{3}) + (155 + \sqrt{15}) \left[f(\frac{h_x}{21}(6 + \sqrt{15}), \frac{h_y}{21}(6 + \sqrt{15})) \right.\right.\\ &\left. + f(\frac{h_x}{21}(9 - \sqrt{15}), \frac{h_y}{21}(6 + \sqrt{15})) + f(\frac{h_x}{21}(6 + \sqrt{15}), \frac{h_y}{21}(9 - \sqrt{15})) \right] \\ &+ (155 - \sqrt{15}) \left[f(\frac{h_x}{21}(6 - \sqrt{15}), \frac{h_y}{21}(6 - \sqrt{15})) \right.\\ &\left.\left. + f(\frac{h_x}{21}(9 + 2\sqrt{15}), \frac{h_y}{21}(6 - \sqrt{15})) + f(\frac{h_x}{21}(6 - \sqrt{15}), \frac{h_y}{21}(9 + 2\sqrt{15})) \right] \right\}\end{aligned}$$

Die globale Fehlerordnung ist $O(h_{max}^6)$.

16.7.2 Dreiecke in allgemeiner Lage

Bisher wurden nur Dreiecksbereiche mit achsenparallelen Katheten betrachtet. Will man die Kubatur aber über einem allgemeinen Dreieck PQR ausführen, so erhält man folgende Formel (hier am Beispiel der Drei-Punkte-Form 16.14b gezeigt):

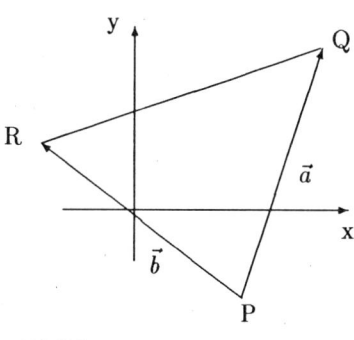

Abbildung 16.5

$$\mathbf{P} = \begin{pmatrix} p_1 \\ p_2 \end{pmatrix}$$

$$\mathbf{Q} = \begin{pmatrix} q_1 \\ q_2 \end{pmatrix}$$

$$\mathbf{R} = \begin{pmatrix} r_1 \\ r_2 \end{pmatrix}$$

$$\mathbf{a} = \mathbf{Q} - \mathbf{P} = \begin{pmatrix} q_1 - p_1 \\ q_2 - p_2 \end{pmatrix}$$

$$\mathbf{b} = \mathbf{R} - \mathbf{P} = \begin{pmatrix} r_1 - p_1 \\ r_2 - p_2 \end{pmatrix}$$

Faßt man die Argumente x und y der Funktion f zusammen zu einem Vektor $\mathbf{x} = (x_1, x_2)$, also

$$f(\mathbf{x}) , \quad \mathbf{x} \in \mathbb{R}^2,$$

so ergibt sich die Berechnungsformel zu

$$\begin{aligned} C^{G_3}(f; R_{PQR}) &= A_{PQR} \tfrac{1}{3} \left[f(\mathbf{P} + \tfrac{1}{6}\mathbf{a} + \tfrac{1}{6}\mathbf{b}) \right. \\ &\quad + f(\mathbf{P} + \tfrac{2}{3}\mathbf{a} + \tfrac{1}{6}\mathbf{b}) + f(\mathbf{P} + \tfrac{1}{6}\mathbf{a} + \tfrac{2}{3}\mathbf{b}) \Big] \\ &= A_{PQR} \tfrac{1}{3} \left[f(p_1 + \tfrac{a_1}{6} + \tfrac{b_1}{6}, p_2 + \tfrac{a_2}{6} + \tfrac{b_2}{6}) \right. \\ &\quad + f(p_1 + \tfrac{2a_1}{3} + \tfrac{b_1}{6}, p_2 + \tfrac{2a_2}{3} + \tfrac{b_2}{6}) \\ &\quad + f(p_1 + \tfrac{a_1}{6} + \tfrac{2b_1}{3}, p_2 + \tfrac{a_2}{6} + \tfrac{2b_2}{6}) \Big] \end{aligned}$$

mit $A_{PQR} = \tfrac{1}{2} (p_1(q_2 - r_2) + q_1(r_2 - p_2) + r_1(p_2 - q_2))$.

16.8 Berechnung des Riemannschen Flächenintegrals mit bikubischen Splines

Es sei das Flächenintegral

$$I(f; R) = \iint_R f(x, y) dx dy$$

über dem Rechteck $R = \{(x,y)|\ a \leq x \leq b,\ c \leq y \leq d\}$ zu berechnen. Dies kann mit Hilfe bikubischer Splines

$$S = S(x, y) \equiv f_{ij}(x, y) \quad \text{für} \quad (x, y) \in R_{ij}$$

gemäß Darstellung in Abschnitt 12.1, Algorithmen 12.1, 12.2, 12.3, geschehen, die für das Rechteck R berechnet wurden.

Für jedes Teilrechteck R_{ij} gilt dann

$$\int_{x_i}^{x_{i+1}} \int_{y_j}^{y_{j+1}} f(x,y) dy dx \approx \int_{x_i}^{x_{i+1}} \int_{y_j}^{y_{j+1}} f_{ij}(x,y) dy dx$$

$$= \int_{x_i}^{x_{i+1}} \int_{y_j}^{y_{j+1}} \sum_{k=0}^{3} \sum_{m=0}^{3} a_{ijkm}(x-x_i)^k (y-y_j)^m dy dx$$

$$= \sum_{k=0}^{3} \sum_{m=0}^{3} a_{ijkm} \int_{x_i}^{x_{i+1}} (x-x_i)^k dx \int_{y_j}^{y_{j+1}} (y-y_j)^m dy$$

$$= \sum_{k=0}^{3} \sum_{m=0}^{3} a_{ijkm} \frac{(x_{i+1}-x_i)^{k+1}}{k+1} \frac{(y_{j+1}-y_j)^{m+1}}{m+1}.$$

Der gesuchte Integralwert I ergibt sich näherungsweise aus der Summation der Integrale über alle Teilrechtecke (Programm FIBIKU, siehe Kap. P12).

Will man das Flächenintegral

$$I(f; RT) = \iint_{RT} f(x,y) dx dy$$

über ein Teilrechteck RT von R mit

$$RT = \{(x,y) | \alpha \leq x \leq \beta, \gamma \leq x \leq \delta\}$$

mit Hilfe bikubischer Splines berechnen, die für R berechnet wurden, und fallen die Grenzen α, β, γ, δ nicht notwendig mit Gitterpunkten zusammen, die für die Berechnung der Splinefunktion S benutzt wurden, so kann man Programm FIBIK2 benutzen (siehe Kap. P12).

16.9 Entscheidungshilfen

Hier sind nur Kubaturformeln für Rechteckgebiete und Gebiete, die sich aus Dreieckbereichen zusammensetzen lassen, behandelt. Zu allen Formeln sind im Anhang Programme zu finden. Die dort verwendete Fehlerschätzung verläuft analog zur Fehlerschätzung bei der Quadratur. (vgl. Abschnitt 15.11). Wie bei der Quadratur sind die optimalen Gauß-Formeln wegen der weitaus geringeren Anzahl erforderlicher Funktionsauswertungen bei gleicher Genauigkeitsforderung allen anderen Formeln überlegen; der Integrand muß an beliebiger Stelle des Integrationsbereiches auswertbar sein. Sind nur an diskreten

Knoten Funktionswerte gegeben, so sind die Newton-Cotes-Formeln einsetzbar.

Das Romberg-Verfahren ist ebenfalls empfehlenswert, es benötigt jedoch gegenüber den Gauß-Formeln bei gleicher Genauigkeit weitaus mehr Funktionsauswertungen. Hier sollte mit nicht zu kleiner Anfangsschrittweite gearbeitet werden (Tests dazu in [KRAU90]).

LITERATUR zu Kapitel 16.:   [ENGE80]; [HAEM89], §6.; [KRAU90]; [MAES88] Bd.2, 7.4; [NIEM91] 7.; [STRO71] .

Kapitel 17

Anfangswertprobleme bei gewöhnlichen Differentialgleichungen

17.1 Problemstellung

Es wird ein Anfangswertproblem (AWP) aus n gewöhnlichen Differentialgleichungen (DGLen) erster Ordnung für n Funktionen y_r, $r = 1(1)n$, und n Anfangsbedingungen (ABen) der Form

(17.1) $\quad\begin{cases} \mathbf{y}' = \mathbf{f}(x,\mathbf{y}), & x \in [x_0, \beta], \\ \mathbf{y}(x_0) = \mathbf{y}_0 \end{cases}$

betrachtet mit

$$\mathbf{y} = \begin{pmatrix} y_1(x) \\ y_2(x) \\ \vdots \\ y_n(x) \end{pmatrix}, \quad \mathbf{f} = \begin{pmatrix} f_1(x, y_1, y_2, \ldots, y_n) \\ f_2(x, y_1, y_2, \ldots, y_n) \\ \vdots \\ f_n(x, y_1, y_2, \ldots, y_n) \end{pmatrix}.$$

Das Intervall $I = [x_0, \beta]$ heißt *Integrationsintervall der Differentialgleichung.*

Für n = 1 ergibt sich das Anfangswertproblem

(17.2) $\quad\begin{cases} y' = f(x,y), & x \in [x_0, \beta], \\ y(x_0) = y_0. \end{cases}$

Existenz und Eindeutigkeit der Lösung.

Für das Anfangswertproblem (17.1) müssen folgende Voraussetzungen erfüllt sein:

(1) Die Funktionen f_r, $r = 1(1)n$, seien stetig in einem Gebiet G des $(x,y_1,\ldots,y_n)$-Raumes.
(2) Für die Funktionen f_r gelte für beliebige (x,y), $(x,\tilde{y})$ mit einer Lipschitzkonstante L

$$\|\mathbf{f}(x,\mathbf{y}) - \mathbf{f}(x,\tilde{\mathbf{y}})\| \leq L\|\mathbf{y} - \tilde{\mathbf{y}}\|.$$

Dann existiert in einem Gebiet $\tilde{G} \subset G$ genau eine Lösung $\mathbf{y}$ des AWPs zu den ABen $\mathbf{y}(x_0)$. Die Voraussetzung (2) ist insbesondere dann erfüllt, wenn die f_r in G beschränkte partielle Ableitungen nach den y_k besitzen:

$$L = \max_{\substack{1 \leq r,k \leq n \\ (x,\mathbf{y}) \in D}} \left|\frac{\partial f_r}{\partial y_k}\right|.$$

Jedes AWP aus einer Differentialgleichung n-ter Ordnung für eine Funktion y mit n Anfangsbedingungen der Form

$$AWP \begin{cases} y^{(n)}(x) &= f(x,y,y',\ldots,y^{(n-1)}) \\ y(x_0) &= y_0, y'(x_0) = y'_0, \ldots, y^{(n-1)}(x_0) = y_0^{(n-1)} \end{cases}$$

läßt sich durch die Substitution

$$y^{(k)}(x) =: y_{k+1}(x), \quad k = 0(1)n - 1,$$

auf ein System (17.1) zurückführen. Die zugehörigen ABen lauten dann

$$y^{(k)}(x_0) = y_{k+1}(x_0) \quad \text{für} \quad k = 0(1)n - 1.$$

Damit lassen sich alle im Anschluß behandelten Verfahren zur Lösung von AWPen 1.Ordnung auch auf AWPe für DGLen n-ter Ordnung anwenden.

LITERATUR zu 17.1: [ENGE87], 10.1; [FRIE79]; [GEAR71/1], 1.1, 3; [LUTH87], 1,2; [STET76], 9; [STOE78], 7.0, 7.1; [WERN79], §1.

17.2 Prinzip der numerischen Verfahren

Das Integrationsintervall $[x_0,\beta]$ der DGL in (17.1) wird in ein Gitter

(17.3) $\qquad x_0 < x_1 < x_2 < \ldots < x_N = \beta$

17.2 Prinzip der numerischen Verfahren

zerlegt mit lokalen Schrittweiten $h_i := x_{i+1} - x_i > 0$ für $i = 0(1)N-1$.

Gesucht sind nun an den diskreten Gitterpunkten x_i Näherungswerte Y_i für die exakten Lösungen $y(x_i)$

$$Y(x_i) = Y_i \approx y(x_i) = y_i.$$

Wir betrachten o.B.d.A. den Fall n=1 und integrieren (17.2) formal über $[x_i, x_{i+1}]$

$$\int_{x_i}^{x_{i+1}} y'(x)dx = \int_{x_i}^{x_{i+1}} f(x, y(x))dx,$$

und erhalten so die Beziehung

(17.4) $$y(x_{i+1}) = y(x_i) + \int_{x_i}^{x_{i+1}} f(x, y(x))dx, \quad i = 0(1)N - 1.$$

(Für n>1 müßten wir nur jeweils y durch $\mathbf{y}$ und f durch $\mathbf{f}$ ersetzen.)

Die numerischen Verfahren zur Lösung des AWPs (17.1) bzw. (17.2) unterscheiden sich im wesentlichen nur dadurch, welche Methode zur näherungsweisen Berechnung des Integrals in (17.4) verwendet wird; sie lassen sich einteilen in:

1. Einschrittverfahren (one-step methods),
2. Mehrschrittverfahren (multi-step methods),
3. Extrapolationsverfahren (extrapolation algorithms).

Die *Einschrittverfahren* verwenden zur Berechnung eines weiteren Näherungswertes Y_{i+1} nur *einen* vorangehenden Wert Y_i.

Die *Mehrschrittverfahren* verwenden s+1, s $\geq$ 1, vorangehende Werte $Y_{i-s}, Y_{i-s+1}, ..., Y_{i-1}, Y_i$ zur Berechnung von Y_{i+1}.

Das *Extrapolationsverfahren* stellt einen zum Verfahren von Romberg analogen Algorithmus für die numerische Lösung von AWPen bei DGLen dar.

Unter Ein- und Mehrschrittverfahren bilden außerdem die sogenannten *Praediktor-Korrektor-Verfahren* eine spezielle Klasse. Es sind Verfahren, die einen Näherungswert $Y_{i+1}^{(0)}$ zunächst nach einem Einschrittverfahren oder Mehrschrittverfahren bestimmen; die Vorschrift zur Bestimmung von $Y_{i+1}^{(0)}$ heißt *Praediktor*. Dieser Wert $Y_{i+1}^{(0)}$ wird dann mit einem sogenannten *Korrektor* verbessert. Die Verbesserungen heißen $Y_{i+1}^{(1)}$, $Y_{i+1}^{(2)}$, ...

Die Differenz

$$\varepsilon_{i+1} := \mathbf{y}(x_{i+1}) - \mathbf{Y}(x_{i+1}) \quad \text{mit} \quad \mathbf{Y}(x_{i+1}) \approx \mathbf{y}(x_{i+1})$$

ist unter der Annahme, daß $\mathbf{Y}(x_i)$ exakt ist, der *lokale Verfahrensfehler* am Gitterpunkt x_{i+1}, der bei der Integration der DGL über $[x_i, x_{i+1}]$ entsteht; $O(h_i^{q_1})$ die Ordnung des *lokalen Verfahrensfehlers*.

Die Differenz

$$\mathbf{e}_{i+1} := \mathbf{y}(x_{i+1}) - \mathbf{Y}(x_{i+1})$$

ist der *globale Verfahrensfehler* an dem Gitterpunkt x_{i+1}, der unter Berücksichtigung aller vorhergehenden Fehler bei der Integration der DGL über $[x_o, x_{i+1}]$ entsteht, $O(h_{max}^{q_g})$ ist die Ordnung des globalen Verfahrensfehlers, h_{max} die maximale lokale Schrittweite: $h_{max} = \max_{0 \leq i \leq N-1} h_i$. Die globale Fehlerordnung q_g eines Verfahrens wird sicher erreicht, wenn die Lösung $\mathbf{y}$ des AWPs (q_g+1)-mal stetig differenzierbar ist.

LITERATUR zu 17.2: [ENGE87], 10.2; [GEAR71/1], 1.2; [HALL76], 1; [HENR68], 0.3; [LAPI71], 1; [LUTH87], 3; [STET73], 1; [STOE78], 7.2; [STUM82], 11.1, 12.1; [WERN86], Kap.1, 2.

17.3 Einschrittverfahren

17.3.1 Das Polygonzugverfahren von Euler-Cauchy

Man berechnet das Integral in (17.4) nach der *Rechteckregel*

$$\int_{x_i}^{x_{i+1}} f(x)dx = h_i f(x_i) + \frac{h_i^2}{2} f'(\xi_i), \; \xi_i \in [x_i, x_{i+1}], \; x_{i+1} = x_i + h_i;$$

und man erhält so mit $Y_0 = y_0$ für $y_{i+1} = y(x_{i+1})$ die Darstellung

(17.5) $\begin{cases} y_{i+1} &= Y_{i+1} + \varepsilon_{i+1}^{EC} \quad \text{mit} \\ Y_{i+1} &= Y_i + h_i f(x_i, Y_i) \text{ mit } Y_i = y(x_i), \; i = 0(1)N-1, \\ \varepsilon_{i+1}^{EC} &= \frac{h_i^2}{2} y''(\xi_i) = O(h_i^2) \text{ lokal}, \; \xi_i \in [x_i, x_{i+1}]. \end{cases}$

17.3 Einschrittverfahren

Y_{i+1} ist der Näherungswert für $y(x_{i+1})$, und ε_{i+1}^{EC} ist der *lokale Verfahrensfehler*; er bezieht sich auf einen einzelnen Euler-Cauchy (E-C)- Schritt von x_i nach x_{i+1} unter der Annahme, daß $Y_i = y(x_i)$ ist und y zweimal stetig differenzierbar. Die Fehler vorhergehender Schritte werden erst durch den *globalen Verfahrensfehler*

$$e_{i+1}^{EC} := y_{i+1} - Y_{i+1} = O(h_{max}), \ i = 0(1)N - 1, \ h_{max} = \max_{0 \leq i \leq N-1}(x_{i+1} - x_i)$$

berücksichtigt. Für Systeme (17.1) gilt dann mit (17.5) der

ALGORITHMUS 17.1 (*Euler-Cauchy-Verfahren*).
Zur Lösung des AWPs (17.1) ist bei geeignet gewähltem Gitter (17.3) und ausgehend von $Y_0 = y(x_0)$ über die Rekursion

$$Y_{i+1} = Y_i + h_i f(x_i, Y_i), \quad i = 0(1)N - 1,$$

in jedem Gitterpunkt x_i ein Näherungswert Y_i für den exakten Wert $y(x_i)$ zu berechnen. Die globale Fehlerordnung ist $O(h_{max})$ mit $h_{max} = \max_{0 \leq i \leq N-1}\{h_i\}$; es gilt

$$y(x_{i+1}) = Y_{i+1} + O(h_{max}),$$

wenn y zweimal stetig differenzierbar ist. Zur geeigneten Gitterwahl bzw. Schrittweitensteuerung siehe Abschnitt 17.3.7.

17.3.2 Das verbesserte Euler-Cauchy-Verfahren

Das verbesserte Euler-Cauchy-Verfahren für ein AWP (17.1) und das Gitter (17.3) benutzt zur Berechnung von Y_{i+1} das Richtungsfeld in $(x_i + h_i/2, Y_{i+1/2})$ und erzielt damit eine wesentlich bessere Anpassung der Lösung an das Richtungsfeld der Differentialgleichung.

ALGORITHMUS 17.2 (*Verbessertes Euler-Cauchy-Verfahren*).
Zur Lösung des AWPs (17.1) ist bei geeignet gewähltem Gitter (17.3) und

> ausgehend von $\mathbf{Y}_0 = \mathbf{y}(x_0)$ über die Rekursion
>
> $$\begin{aligned}\mathbf{Y}_{i+1} &= \mathbf{Y}_i + h_i \mathbf{f}(x_i + (h_i/2), \mathbf{Y}_{i+1/2}) \\ &= \mathbf{Y}_i + h_i \mathbf{f}(x_i + (h_i/2), \mathbf{Y}_i + (h_i/2)\mathbf{f}(x_i, \mathbf{Y}_i)),\ i = 0(1)N - 1,\end{aligned}$$
>
> in jedem Gitterpunkt x_i ein Näherungswert $\mathbf{Y}_i$ für $\mathbf{y}(x_i)$ zu berechnen. Die globale Fehlerordnung ist $O(h_{max}^2)$ mit $h_{max} := \max\limits_{0 \le i \le N-1}(x_{i+1}-x_i)$, sofern $\mathbf{y}$ dreimal stetig differenzierbar ist; es gilt somit $\mathbf{y}(x_{i+1}) = \mathbf{Y}_{i+1} + O(h_{max}^2)$. Zur geeigneten Schrittweitensteuerung siehe Abschnitt 17.3.7 .

17.3.3 Praediktor-Korrektor-Verfahren von Heun

Unter Verwendung der Sehnentrapezformel zur Berechnung des Integrals in (17.4) erhält man für $\mathbf{Y}_{i+1}$ eine implizite Gleichung, die iterativ gelöst werden muß. Ein Startwert für die Iteration $\mathbf{Y}_{i+1}^{(0)}$ wird mit dem Euler-Cauchy-Verfahren ermittelt. Für das Gitter (17.3) ergibt sich das

Verfahren von Heun für n=1:

Ausgehend von $Y_0 = y(x_0)$ wird für jedes $i = 0(1)N-1$ berechnet:

Praediktor: $Y_{i+1}^{(0)} = Y_i + h_i\, f(x_i, Y_i)$,

Korrektor : $Y_{i+1}^{(\nu+1)} = Y_i + \frac{h_i}{2}(f(x_i, Y_i) + f(x_{i+1}, Y_{i+1}^{(\nu)}))$, $\nu = 0,1,2\ldots$

Für den lokalen Verfahrensfehler gilt:

$$\varepsilon_{i+1}^H = -\frac{h_i^3}{12} y'''(\xi_i),\ \xi_i \in [x_i, x_{i+1}],$$

sofern die Lösung y dreimal stetig differenzierbar ist.

Da sich nicht Y_{i+1}, sondern nur $Y_{i+1}^{(\nu+1)}$ ergibt, entsteht zusätzlich ein *Iterationsfehler*

$$\delta_{i+1}^H := Y_{i+1} - Y_{i+1}^{(\nu+1)}.$$

Damit folgt für den *eigentlichen lokalen Verfahrensfehler*

$$E_{i+1,\nu}^H := y_{i+1} - Y_{i+1}^{(\nu+1)} = \varepsilon_{i+1}^H + \delta_{i+1,\nu}^H.$$

17.3 Einschrittverfahren

Für $|E_{i+1,\nu}^H|$ gilt unter der Voraussetzung $K = h_i L_i < 1$ die Abschätzung

$$|E_{i+1,\nu}^H| \leq \frac{1 - h_i L_i + \left(\frac{h_i L_i}{2}\right)^{\nu+1}}{1 - h_i L_i} \frac{h_i^3}{12} |y'''(\xi_1)| + \frac{\left(\frac{h_i L_i}{2}\right)^{\nu+1}}{1 - h_i L_i} \frac{h_i^2}{2} |y''(\xi_2)|,$$

$\xi_1, \xi_2 \in [x_i, x_{i+1}]$, so daß bereits für $\nu = 0$ gilt

$$E_{i+1,0}^H = O(h_i^3),$$

sofern y dreimal differenzierbar ist, L_i sind die lokalen Lipschitzkonstanten für $x \in [x_i, x_{i+1}]$.

Die lokale Fehlerordnung des Korrektors wird schon nach einem Iterationsschritt erreicht; die Iteration muß nicht zum Stehen kommen. Die Erfahrung zeigt, daß bei hinreichend kleiner Schrittweite h_i ein bis höchstens zwei Iterationsschritte ausreichen, damit auch $|E_{i+1,\nu}^H|$ im wesentlichen gleich $|\varepsilon_{i+1}^H|$ ist. Um sicher zu gehen, wählt man deshalb die lokalen Schrittweiten h_i so, daß gilt

$$0.05 \leq K = h_i L_i \leq 0.20.$$

Für den globalen Verfahrensfehler e_{i+1}^H, der die Fehler vorangehender Schritte berücksichtigt, gilt

$$e_{i+1}^H := y_{i+1} - Y_{i+1} = O(h_{\max}^2), \quad h_{\max} = \max_{0 \leq i \leq N-1} h_i, \quad h_i = x_{i+1} - x_i.$$

ALGORITHMUS 17.3 (*Verfahren von Heun*).
Zur Lösung des AWPs (17.1) sind bei geeignet gewähltem Gitter (17.3) und ausgehend von $Y_0 = y(x_0)$ für jedes $i = 0(1)N-1$ folgende Schritte durchzuführen:
1. $Y_{i+1}^{(0)} = Y_i + h_i \, f(x_i, Y_i)$ (Praediktor)
2. Für $\nu = 0,1$: $Y_{i+1}^{(\nu+1)} = Y_i + \frac{h_i}{2}(f(x_i, Y_i) + f(x_{i+1}, Y_{i+1}^{(\nu)}))$ (Korrektor)

Die lokalen Schrittweiten h_i sind so zu wählen, daß $K = h_i L_i \leq 0.20$ gilt. Man setzt für jedes i dann nach der Iteration

$$Y_{i+1}^{(2)} =: Y_{i+1}.$$

Für den globalen Verfahrensfehler gilt

$$e_{i+1}^H = O(h_{\max}^2)$$

> mit $h_{max} = \max\limits_{0 \leq i \leq N-1} h_i$, $h_i = x_{i+1}-x_i$ und **y** dreimal stetig differenzierbar.

17.3.4 Explizite Runge-Kutta-Verfahren

17.3.4.1 Konstruktion von Runge-Kutta-Verfahren

Die wichtigste Klasse der Einschrittverfahren sind die Runge-Kutta- Verfahren (RK-Verfahren). Ein explizites m-stufiges Runge-Kutta-Verfahren hat die allgemeine Form

(17.6)
$$\begin{cases} \mathbf{Y}_{i+1} = \mathbf{Y}_i + h_i \sum_{j=1}^{m} A_j \mathbf{k}_j(x_i, \mathbf{Y}_i, h_i) \\ \text{mit} \\ \mathbf{k}_1(x, \mathbf{Y}, h) := \mathbf{f}(x, \mathbf{Y}), \\ \mathbf{k}_j(x, \mathbf{Y}, h) := \mathbf{f}(x + a_j h, \mathbf{Y} + h \sum_{s=1}^{j-1} b_{js} \mathbf{k}_s(x, \mathbf{Y}, h)), \; j = 2(1)m. \end{cases}$$

Für diesen Ansatz erhält man *explizite* RK-Formeln.

Für die expliziten m-stufigen RK-Verfahren mit $m \leq 4$ ist die lokale Fehlerordnung q_l = m+1, die globale Fehlerordnung q_g = m möglich. Für m > 4 ergibt sich q_g < m.
Zusammengefaßt gilt für die globale Fehlerordnung m-stufiger expliziter RK-Verfahren

m	1	2	3	4	5	6	7	8	9
q_g	1	2	3	4	4	5	6	6	7

Für m = 1 ergibt sich das Euler-Cauchy-Verfahren; es ist also ein einstufiges RK-Verfahren. Für m = 2 ergeben sich beispielsweise das verbesserte Euler-Cauchy-Verfahren und das Verfahren von Heun; sie sind somit 2-stufige RK-Verfahren. Für m = 4 erhält man unter anderem das sogenannte *klassische Runge-Kutta-Verfahren*.

17.3.4.2 Klassisches Runge Kutta Verfahren

Ein Runge-Kutta-Verfahren für m = 4 der Gestalt (17.6) bezeichnet man als das klassische RK-Verfahren.

> **ALGORITHMUS 17.4** (*Klassisches Runge-Kutta-Verfahren*).
> Zur Lösung des AWPs (17.1) ist bei geeignet gewähltem Gitter (17.3) und ausgehend von $\mathbf{Y}_0 = \mathbf{Y}(x_0)$ über die Rekursion
>
> $$\mathbf{Y}_{i+1} = \mathbf{Y}_i + h_i \left\{ \frac{1}{6}\mathbf{k}_1 + \frac{1}{3}\mathbf{k}_2 + \frac{1}{3}\mathbf{k}_3 + \frac{1}{6}\mathbf{k}_4 \right\}$$
>
> mit
> $$\begin{aligned}
> \mathbf{k}_1 &= \mathbf{f}(x_i, \mathbf{Y}_i), \\
> \mathbf{k}_2 &= \mathbf{f}(x_i + (h_i/2), \mathbf{Y}_i + h_i(\mathbf{k}_1/2)), \\
> \mathbf{k}_3 &= \mathbf{f}(x_i + (h_i/2), \mathbf{Y}_i + h_i(\mathbf{k}_2/2)), \\
> \mathbf{k}_4 &= \mathbf{f}(x_i + h_i, \mathbf{Y}_i + h_i\mathbf{k}_3)
> \end{aligned}$$
>
> in jedem Gitterpunkt x_i ein Näherungswert $\mathbf{Y}_i$ für den exakten Wert $\mathbf{y}(x_i)$ zu berechnen. Die lokale Fehlerordnung beträgt $O(h_i^5)$, die globale Fehlerordnung $O(h_{max}^4)$ mit $h_{max} := \max_{0 \le i \le N-1}(x_{i+1}-x_i)$ und $\mathbf{y}$ fünfmal stetig differenzierbar.

Bei der Durchführung des Verfahrens für n=1 kann man das folgende Rechenschema (sofern man jeden Schritt verfolgen will) verwenden, für n > 1 muß für jede Komponente entsprechend verfahren werden; im Zeitalter der programmierbaren Taschenrechner ist es eigentlich überflüssig.

RECHENSCHEMA 17.5 (*Klassisches RK-Verfahren für n = 1*).

i	x	y	$k_j(x_i, Y_i, h_i)$, $j = 1(1)4$	$k^{(i)}$
0	x_0 $x_0 + \frac{h_0}{2}$ $x_0 + \frac{h_0}{2}$ $x_0 + h_0$	y_0 $y_0 + h_0 \frac{k_1}{2}$ $y_0 + h_0 \frac{k_2}{2}$ $y_0 + h_0 k_3$	$k_1 = f(x_0, Y_0)$ $k_2 = f(x_0 + \frac{h_0}{2}, y_0 + h_0 \frac{k_1}{2})$ $k_3 = f(x_0 + \frac{h_0}{2}, y_0 + h_0 \frac{k_2}{2})$ $k_4 = f(x_0 + h_0, y_0 + h_0 k_3)$	k_1 $2k_2$ $2k_3$ k_4
	$x_1 = x_0 + h_0$	$Y_1 = y_0 + h_0 k^{(0)}$		$k^{(0)} = \frac{1}{6} \sum$
1	x_1 $x_1 + \frac{h_1}{2}$ $x_1 + \frac{h_1}{2}$ $x_1 + h_1$	Y_1 $Y_1 + h_1 \frac{k_1}{2}$ $Y_1 + h_1 \frac{k_2}{2}$ $Y_1 + h_1 k_3$	$k_1 = f(x_1, Y_1)$ $k_2 = f(x_1 + \frac{h_1}{2}, Y_1 + h_1 \frac{k_1}{2})$ $k_3 = f(x_1 + \frac{h_1}{2}, Y_1 + h_1 \frac{k_2}{2})$ $k_4 = f(x_1 + h_1, Y_1 + h_1 k_3)$	k_1 $2k_2$ $2k_3$ k_4
	$x_2 = x_1 + h_1$	$Y_2 = y_1 + h_1 k^{(1)}$		$k^{(1)} = \frac{1}{6} \sum$
2	x_2 $\vdots$	Y_2 $\vdots$	$k_1 = f(x_2, Y_2)$ $\vdots$	k_1 $\vdots$

Nachteile des klassischen RK-Verfahrens:

Man muß je Runge-Kutta-Schritt vier Funktionsauswertungen von **f** durchführen, bei höherstufigen Verfahren sind es entsprechend mehr.

Vorteile des klassischen RK-Verfahrens:

Die Gegenüberstellung von Rechenaufwand und Genauigkeit im Vergleich zu den übrigen bisher genannten Verfahren zeigt, daß das klassische Runge-Kutta-Verfahren (oder ein Runge-Kutta-Verfahren höherer Ordnung) unbedingt Verfahren wie dem Euler-Cauchy-Verfahren, dem verbesserten Euler-Cauchy- Verfahren oder dem Verfahren von Heun vorzuziehen ist. Eine überzeugende Übersicht dazu ist in [LUTH87], S.68 zu finden.

17.3.4.3 Zusammenstellung expliziter Runge-Kutta-Formeln

Im folgenden wird eine Koeffizientabelle für explizite RK-Verfahren (17.6) der Ordnungen m = 1(1)8 angegeben. Mit der lokalen Fehlerordnung q_l ergibt sich für die globale Fehlerordnung q_g grundsätzlich $q_g = q_l - 1$.

Die Formeln (17.6) lauten ausführlich:

$$\mathbf{Y}_{i+1} = \mathbf{Y}_i + h_i(A_1\mathbf{k}_1 + A_2\mathbf{k}_2 + \ldots + A_m\mathbf{k}_m)$$

mit

$$\begin{aligned}
\mathbf{k}_1(x_i, Y_i, h_i) &= \mathbf{f}(x_i, \mathbf{Y}_i) \\
\mathbf{k}_2(x_i, Y_i, h_i) &= \mathbf{f}(x_i + a_2 h_i, \mathbf{Y}_i + h_i b_{21}\mathbf{k}_1) \\
\mathbf{k}_3(x_i, Y_i, h_i) &= \mathbf{f}(x_i + a_3 h_i, \mathbf{Y}_i + h_i(b_{31}\mathbf{k}_1 + b_{32}\mathbf{k}_2)) \\
&\vdots \\
\mathbf{k}_m(x_i, Y_i, h_i) &= \mathbf{f}(x_i + a_m h_i, \mathbf{Y}_i + h_i(b_{m1}\mathbf{k}_1 + b_{m2}\mathbf{k}_2 + \ldots + b_{m,m-1}\mathbf{k}_{m-1}))
\end{aligned}$$

Die Koeffizienten A_j, a_j und b_{js} sind für j = 1(1)m, s = 1(1)m-1 und m = 1(1)8 in der folgenden Tabelle zu finden.

TABELLE 17.6 (*Koeffiziententabelle zu expliziten RK-Formeln*).

m	j	A_j	a_j	b_{js} für s = 1(1)m–1		q_g	Verfahrens-name
1	1	1	0			1	Euler-Cauchy
2	1	0	0			2	Verbess.
	2	1	1/2	1/2			E-C.-Verf.
2	1	1/2	0			2	Verfahren
	2	1/2	1	1			von Heun

3	1	1/6	0				3	RK I
	2	2/3	1/2	1/2				
	3	1/6	1	−1	2			3.Ordnung
3	1	1/4	0				3	RK II
	2	0	1/3	1/3				
	3	3/4	2/3	0	2/3			3.Ordnung
4	1	1/8	0				4	3/8–
	2	3/8	1/3	1/3				
	3	3/8	2/3	−1/3	1			Formel
	4	1/8	1	1	−1	1		
4	1	1/6	0				4	Klass.
	2	1/3	1/2	1/2				
	3	1/3	1/2	0	1/2			RK-Verf.
	4	1/6	1	0	0	1		
4	1	1/6	0				4	RK–Gill
	2	$\frac{2-\sqrt{2}}{6}$	1/2	1/2				
	3	$\frac{2+\sqrt{2}}{6}$	1/2	$-\frac{1}{2}+\frac{\sqrt{2}}{2}$	$\frac{1-\sqrt{2}}{2}$			Verfahren
	4	1/6	1	0	$-\frac{\sqrt{2}}{2}$	$1+\frac{\sqrt{2}}{2}$		
4	1	1/6	0				4	England
	2	0	1/2	1/2				
	3	4/6	1/2	1/4	1/4			I
	4	1/6	1	0	−1	2		

17.3 Einschrittverfahren

	i	b_i	c_i						Ordnung	Verfahren
5	1	$\frac{25}{216}$	0						4	RK-Fehlberg Verfahren 4.Ordnung
	2	0	1/4	1/4						
	3	$\frac{1408}{2565}$	$\frac{3}{8}$	$\frac{3}{32}$	$\frac{9}{32}$					
	4	$\frac{2197}{4104}$	$\frac{12}{13}$	$\frac{1932}{2197}$	$\frac{-7200}{2197}$	$\frac{7296}{2197}$				
	5	$\frac{-1}{5}$	1	$\frac{439}{216}$	-8	$\frac{3680}{513}$	$\frac{-845}{4104}$			
6	1	$\frac{16}{135}$	0						5	RK-Fehlberg Verfahren 5.Ordnung
	2	0	1/4	1/4						
	3	$\frac{6656}{12825}$	$\frac{3}{8}$	$\frac{3}{32}$	$\frac{9}{32}$					
	4	$\frac{28561}{56430}$	$\frac{12}{13}$	$\frac{1932}{2197}$	$\frac{-7200}{2197}$	$\frac{7296}{2197}$				
	5	$-\frac{9}{50}$	1	$\frac{439}{216}$	-8	$\frac{3680}{519}$	$\frac{-845}{4104}$			
	6	$\frac{2}{55}$	$\frac{1}{2}$	$-\frac{8}{27}$	2	$-\frac{3544}{2565}$	$\frac{1859}{4104}$	$-\frac{11}{40}$		
6	1	$\frac{14}{336}$	0						5	England II
	2	0	$\frac{1}{2}$	$\frac{1}{2}$						
	3	0	$\frac{1}{2}$	$\frac{1}{4}$	$\frac{1}{4}$					
	4	$\frac{35}{336}$	1	0	-1	2				
	5	$\frac{162}{336}$	$\frac{2}{3}$	$\frac{7}{27}$	$\frac{10}{27}$	0	$\frac{1}{27}$			
	6	$\frac{125}{336}$	$\frac{1}{5}$	$\frac{28}{625}$	$-\frac{125}{625}$	$\frac{546}{625}$	$\frac{54}{625}$	$-\frac{378}{625}$		
6	1	$\frac{23}{192}$	0						5	Kutta-Nyström-Verfahren
	2	0	$\frac{1}{3}$	$\frac{1}{3}$						
	3	$\frac{125}{192}$	$\frac{2}{5}$	$\frac{4}{25}$	$\frac{6}{25}$					
	4	0	1	$\frac{1}{4}$	$-\frac{12}{4}$	$\frac{15}{4}$				
	5	$-\frac{81}{192}$	$\frac{2}{3}$	$\frac{6}{81}$	$\frac{90}{81}$	$-\frac{50}{81}$	$\frac{8}{81}$			
	6	$\frac{125}{192}$	$\frac{4}{5}$	$\frac{6}{75}$	$\frac{36}{75}$	$\frac{10}{75}$	$\frac{8}{75}$	0		

	i	b_i	c_i							Ordnung	Verfahren
6	1	$\frac{31}{384}$	0							5	RK-Fehlberg I (F I)
	2	0	$\frac{1}{6}$	$\frac{1}{6}$							
	3	$\frac{1125}{2816}$	$\frac{4}{15}$	$\frac{4}{75}$	$\frac{16}{75}$						
	4	$\frac{9}{32}$	$\frac{2}{3}$	$\frac{5}{6}$	$-\frac{8}{3}$	$\frac{5}{2}$					
	5	$\frac{125}{768}$	$\frac{4}{5}$	$-\frac{8}{5}$	$\frac{144}{25}$	-4	$\frac{16}{25}$				
	6	$\frac{5}{66}$	1	$\frac{361}{320}$	$-\frac{18}{5}$	$\frac{407}{128}$	$-\frac{11}{80}$	$\frac{55}{128}$			
7	1	$\frac{11}{120}$	0							6	Verfahren von Butcher
	2	0	$\frac{1}{3}$	$\frac{1}{3}$							
	3	$\frac{27}{40}$	$\frac{2}{3}$	0	$\frac{2}{3}$						
	4	$\frac{27}{40}$	$\frac{1}{3}$	$\frac{1}{12}$	$\frac{1}{3}$	$-\frac{1}{12}$					
	5	$-\frac{4}{15}$	$\frac{1}{2}$	$-\frac{1}{16}$	$\frac{9}{8}$	$-\frac{3}{16}$	$-\frac{3}{8}$				
	6	$-\frac{4}{15}$	$\frac{1}{2}$	0	$\frac{9}{8}$	$-\frac{3}{8}$	$-\frac{3}{4}$	$\frac{1}{2}$			
	7	$\frac{11}{120}$	1	$\frac{9}{44}$	$-\frac{9}{11}$	$\frac{63}{44}$	$\frac{18}{11}$	0	$-\frac{16}{11}$		
8	1	$\frac{7}{1408}$	0								6	RK-Fehlberg II (F II)
	2	0	$\frac{1}{6}$	$\frac{1}{6}$							
	3	$\frac{1125}{2816}$	$\frac{4}{15}$	$\frac{4}{75}$	$\frac{16}{75}$						
	4	$\frac{9}{32}$	$\frac{2}{3}$	$\frac{5}{6}$	$-\frac{8}{3}$	$\frac{5}{2}$					
	5	$\frac{125}{768}$	$\frac{4}{5}$	$-\frac{8}{5}$	$\frac{144}{25}$	-4	$\frac{16}{25}$				
	6	0	1	$\frac{361}{320}$	$-\frac{18}{5}$	$\frac{407}{128}$	$-\frac{11}{80}$	$\frac{55}{128}$			
	7	$\frac{5}{66}$	0	$-\frac{11}{640}$	0	$\frac{11}{256}$	$-\frac{11}{160}$	$\frac{11}{256}$	0		
	8	$\frac{5}{66}$	1	$\frac{93}{640}$	$-\frac{18}{5}$	$\frac{803}{256}$	$-\frac{11}{160}$	$\frac{99}{256}$	0	1	

Weitere explizite Runge-Kutta-Formeln sind in [FEHL60] und in [FEHL66] zu finden, siehe auch Abschnitt 17.3.4.4 (RK-Einbettungsformeln).

17.3.4.4 Einbettungsformeln

Wenn von expliziten Runge-Kutta-Formeln der Stufen m und $\tilde{m}$ mit $m < \tilde{m}$ die $\mathbf{k}_j$-Werte für $j = 1(1)m$ übereinstimmen, so verwendet man beide Formeln als Paar und nennt das Paar *Einbettungsformel*.

In diesem Sinne sind das verbesserte EC-Verfahren ($q_g = 2$) mit dem RK-Verfahren 3.Ordnung, die RK-Fehlberg-Verfahren der globalen Fehlerordnungen 4 und 5, die Formeln England I und England II mit $q_g = 4$ bzw. $q_g = 5$ sowie die Fehlberg I- und Fehlberg II-Formeln mit $q_g = 5$ bzw. $q_g = 6$ Einbettungsformeln. Jede der beiden Formeln, die zu einem Paar zusammengefaßt werden, liefert einen Näherungswert $\mathbf{Y}$ bzw. $\tilde{\mathbf{Y}}$ für $\mathbf{y}(x_i+h)$; die beiden Näherungswerte werden für eine effektive Schrittweitensteuerung verwendet.

Allgemein gilt:

$$\begin{cases} \mathbf{Y} &= \mathbf{Y}_i + h \sum_{j=1}^{m} A_j \mathbf{k}_j \quad \text{globale Fehlerordnung } q_g \\ \tilde{\mathbf{Y}} &= \mathbf{Y}_i + h \sum_{j=1}^{\tilde{m}} \tilde{A}_j \mathbf{k}_j \quad \text{globale Fehlerordnung } \tilde{q}_g \\ \text{mit} & \\ \mathbf{k}_1 &= \mathbf{f}(x_i, \mathbf{Y}_i) \\ \mathbf{k}_2 &= \mathbf{f}(x_i + a_2 h, \mathbf{Y}_i + h b_{21} \mathbf{k}_1) \\ \vdots & \\ \mathbf{k}_j &= \mathbf{f}(x_i + a_j h, \mathbf{Y}_i + \sum_{s=1}^{j-1} h b_{js} \mathbf{k}_s), \quad j = 3(1)\tilde{m} \end{cases}$$

RK - Einbettungsformel 2. und 3. Ordnung. $(q_g = 2, \tilde{q}_g = 3, m = 2, \tilde{m} = 3)$

Koeffizientenschema:

j	$\tilde{A}_j$	A_j	a_j	b_{js} für $s = 1(1)\tilde{m} - 1$	
1	$\frac{1}{6}$	0	0		
2	$\frac{2}{3}$	1	$\frac{1}{2}$	$\frac{1}{2}$	
3	$\frac{1}{6}$		1	-1	2

(17.7)
$$\begin{cases} \mathbf{Y} = \mathbf{Y}_i + h\mathbf{k}_2 \\ \tilde{\mathbf{Y}} = \mathbf{Y}_i + h\left\{\frac{1}{6}\mathbf{k}_1 + \frac{2}{3}\mathbf{k}_2 + \frac{1}{6}\mathbf{k}_3\right\} \\ \text{mit} \\ \mathbf{k}_1 = \mathbf{f}(x_i, \mathbf{Y}_i) \\ \mathbf{k}_2 = \mathbf{f}(x_i + \frac{1}{2}h, \mathbf{Y}_i + \frac{1}{2}h\mathbf{k}_1) \\ \mathbf{k}_3 = \mathbf{f}(x_i + h, \mathbf{Y}_i - h\mathbf{k}_1 + 2h\mathbf{k}_2) \end{cases}$$

RK - Fehlberg - Einbettungsformel 4. und 5. Ordnung rkf5(4).
$(q_g = 4, \tilde{q}_g = 5, m = 5, \tilde{m} = 6)$

Koeffizientenschema:

j	$\tilde{A}_j$	A_j	a_j	b_{js} für $s = 1(1)\tilde{m} - 1$				
1	$\frac{16}{135}$	$\frac{25}{216}$	0					
2	0	0	$\frac{1}{4}$	$\frac{1}{4}$				
3	$\frac{6656}{12825}$	$\frac{1408}{2565}$	$\frac{3}{8}$	$\frac{3}{32}$	$\frac{9}{32}$			
4	$\frac{28561}{56430}$	$\frac{2197}{4104}$	$\frac{12}{13}$	$\frac{1932}{2197}$	$-\frac{7200}{2179}$	$\frac{7296}{2197}$		
5	$-\frac{9}{50}$	$-\frac{1}{5}$	1	$\frac{439}{216}$	-8	$\frac{3680}{513}$	$-\frac{845}{4104}$	
6	$\frac{2}{55}$		$\frac{1}{2}$	$-\frac{8}{28}$	2	$-\frac{3544}{2565}$	$\frac{1859}{4104}$	$-\frac{11}{40}$

(17.8)
$$\begin{cases} \mathbf{Y} = \mathbf{Y}_i + h\left\{\frac{25}{216}\mathbf{k}_1 + \frac{1408}{2565}\mathbf{k}_3 + \frac{2197}{4104}\mathbf{k}_4 - \frac{1}{5}\mathbf{k}_5\right\} \\ \tilde{\mathbf{Y}} = \mathbf{Y}_i + h\left\{\frac{16}{135}\mathbf{k}_1 + \frac{6656}{12825}\mathbf{k}_3 + \frac{28561}{56430}\mathbf{k}_4 - \frac{9}{50}\mathbf{k}_5 + \frac{2}{55}\mathbf{k}_6\right\} \\ \text{mit} \\ \mathbf{k}_1 = \mathbf{f}(x_i, \mathbf{Y}_i) \\ \mathbf{k}_2 = \mathbf{f}(x_i + \frac{1}{4}h, \mathbf{Y}_i + \frac{1}{4}h\mathbf{k}_1) \\ \mathbf{k}_3 = \mathbf{f}(x_i + \frac{3}{8}h, \mathbf{Y}_i + \frac{3}{32}h\mathbf{k}_1 + \frac{9}{32}h\mathbf{k}_2) \\ \mathbf{k}_4 = \mathbf{f}(x_i + \frac{12}{13}h, \mathbf{Y}_i + \frac{1932}{2197}h\mathbf{k}_1 - \frac{7200}{2197}h\mathbf{k}_2 + \frac{7296}{2197}h\mathbf{k}_3) \\ \mathbf{k}_5 = \mathbf{f}(x_i + h, \mathbf{Y}_i + \frac{439}{216}h\mathbf{k}_1 - 8h\mathbf{k}_2 + \frac{3680}{513}h\mathbf{k}_3 - \frac{845}{4104}h\mathbf{k}_4) \\ \mathbf{k}_6 = \mathbf{f}(x_i + \frac{1}{2}h, \mathbf{Y}_i - \frac{8}{27}h\mathbf{k}_1 + 2h\mathbf{k}_2 - \frac{3544}{2565}h\mathbf{k}_3 + \frac{1859}{4104}h\mathbf{k}_4 - \frac{11}{40}h\mathbf{k}_5) \end{cases}$$

17.3 Einschrittverfahren

> England - Formel 4. und 5. Ordnung rke5(4).
> ($q_g = 4$, $\tilde{q}_g = 5$, $m = 4$, $\tilde{m} = 6$)

Koeffizientenschema:

j	$\tilde{A}_j$	A_j	a_j	b_{js} für $s = 1(1)\tilde{m} - 1$			
1	$\frac{14}{336}$	$\frac{1}{6}$	0				
2	0	0	$\frac{1}{2}$	$\frac{1}{2}$			
3	0	$\frac{4}{6}$	$\frac{1}{2}$	$\frac{1}{4}$	$\frac{1}{4}$		
4	$\frac{35}{336}$	$\frac{1}{6}$	1	0	-1	2	
5	$\frac{162}{336}$		$\frac{2}{3}$	$\frac{7}{27}$	$\frac{10}{27}$	0	$\frac{1}{27}$
6	$\frac{125}{336}$		$\frac{1}{5}$	$\frac{28}{625}$	$-\frac{125}{625}$	$\frac{546}{625}$	$\frac{54}{625}$ $-\frac{378}{625}$

(17.9)
$$\begin{cases} \mathbf{Y} = \mathbf{Y}_i + h\left\{\frac{1}{6}\mathbf{k}_1 + \frac{4}{6}\mathbf{k}_3 + \frac{1}{6}\mathbf{k}_4\right\} \\ \tilde{\mathbf{Y}} = \mathbf{Y}_i + h\left\{\frac{14}{336}\mathbf{k}_1 + \frac{35}{336}\mathbf{k}_4 + \frac{162}{336}\mathbf{k}_5 + \frac{125}{336}\mathbf{k}_6\right\} \\ \text{mit} \\ \mathbf{k}_1 = \mathbf{f}(x_i, \mathbf{Y}_i) \\ \mathbf{k}_2 = \mathbf{f}(x_i + \frac{h}{2}, \mathbf{Y}_i + \frac{h}{2}\mathbf{k}_1) \\ \mathbf{k}_3 = \mathbf{f}(x_i + \frac{h}{2}, \mathbf{Y}_i + \frac{h}{4}\mathbf{k}_1 + \frac{h}{4}\mathbf{k}_2) \\ \mathbf{k}_4 = \mathbf{f}(x_i + h, \mathbf{Y}_i - h\mathbf{k}_2 + 2h\mathbf{k}_3) \\ \mathbf{k}_5 = \mathbf{f}(x_i + \frac{2}{3}h, \mathbf{Y}_i + \frac{7}{27}h\mathbf{k}_1 + \frac{10}{27}h\mathbf{k}_2 + \frac{1}{27}h\mathbf{k}_4) \\ \mathbf{k}_6 = \mathbf{f}(x_i + \frac{h}{5}, \mathbf{Y}_i + \frac{28}{625}h\mathbf{k}_1 - \frac{125}{625}h\mathbf{k}_2 + \frac{546}{625}h\mathbf{k}_3 \\ \qquad + \frac{54}{625}h\mathbf{k}_4 - \frac{378}{625}h\mathbf{k}_5); \end{cases}$$

RK - Fehlberg - Einbettungsformel 5. und 6. Ordnung rkf6(5).
$(q_g = 5,\ \tilde{q}_g = 6,\ m = 6,\ \tilde{m} = 8)$

Koeffizientenschema:

j	$\tilde{A}_j$	A_j	a_j	b_{js} für $s = 1(1)\tilde{m} - 1$				
1	$\frac{7}{1408}$	$\frac{31}{384}$	0					
2	0	0	$\frac{1}{6}$	$\frac{1}{6}$				
3	$\frac{1125}{2816}$	$\frac{1125}{2816}$	$\frac{4}{15}$	$\frac{4}{75}$	$\frac{16}{75}$			
4	$\frac{9}{32}$	$\frac{9}{32}$	$\frac{2}{3}$	$\frac{5}{6}$	$-\frac{8}{3}$	$\frac{5}{2}$		
5	$\frac{125}{768}$	$\frac{125}{768}$	$\frac{4}{5}$	$-\frac{8}{5}$	$\frac{144}{25}$	-4	$\frac{16}{25}$	
6	0	$\frac{5}{66}$	1	$\frac{361}{320}$	$-\frac{18}{5}$	$\frac{407}{128}$	$-\frac{11}{80}$	$\frac{55}{128}$
7	$\frac{5}{66}$		0	$-\frac{11}{460}$	0	$\frac{11}{256}$	$-\frac{11}{160}$	$\frac{11}{256}$	0
8	$\frac{5}{66}$		1	$\frac{93}{640}$	$-\frac{18}{5}$	$\frac{803}{256}$	$-\frac{11}{160}$	$\frac{99}{256}$	0	1

(17.10)
$$\mathbf{Y} = \mathbf{Y}_i + h\left\{\tfrac{31}{384}\mathbf{k}_1 + \tfrac{1125}{2816}\mathbf{k}_3 + \tfrac{9}{32}\mathbf{k}_4 + \tfrac{125}{768}\mathbf{k}_5 + \tfrac{5}{66}\mathbf{k}_6\right\}$$

$$\tilde{\mathbf{Y}} = \mathbf{Y}_i + h\left\{\tfrac{7}{1408}\mathbf{k}_1 + \tfrac{1125}{2816}\mathbf{k}_3 + \tfrac{9}{32}\mathbf{k}_4 + \tfrac{125}{768}\mathbf{k}_5 \right.$$
$$\left. + \tfrac{5}{66}\mathbf{k}_7 + \tfrac{5}{66}\mathbf{k}_8\right\}$$

mit

$\mathbf{k}_1 = \mathbf{f}(x_i, \mathbf{Y}_i)$

$\mathbf{k}_2 = \mathbf{f}(x_i + \tfrac{h}{6}, \mathbf{Y}_i + \tfrac{h}{6}\mathbf{k}_1)$

$\mathbf{k}_3 = \mathbf{f}(x_i + \tfrac{4}{15}h, \mathbf{Y}_i + \tfrac{4}{75}h\mathbf{k}_1 + \tfrac{16}{75}h\mathbf{k}_2)$

$\mathbf{k}_4 = \mathbf{f}(x_i + \tfrac{2}{3}h, \mathbf{Y}_i + \tfrac{5}{6}h\mathbf{k}_1 - \tfrac{8}{3}h\mathbf{k}_2 + \tfrac{5}{2}h\mathbf{k}_3)$

$\mathbf{k}_5 = \mathbf{f}(x_i + \tfrac{4}{5}h, \mathbf{Y}_i - \tfrac{8}{5}h\mathbf{k}_1 + \tfrac{144}{25}h\mathbf{k}_2 - 4h\mathbf{k}_3 + \tfrac{16}{25}h\mathbf{k}_4)$

$\mathbf{k}_6 = \mathbf{f}(x_i + h, \mathbf{Y}_i + \tfrac{361}{320}h\mathbf{k}_1 - \tfrac{18}{5}h\mathbf{k}_2 + \tfrac{407}{128}h\mathbf{k}_3 +$
$\quad\quad -\tfrac{11}{80}h\mathbf{k}_4 + \tfrac{55}{128}h\mathbf{k}_5)$;

$\mathbf{k}_7 = \mathbf{f}(x_i, \mathbf{Y}_i - \tfrac{11}{640}h\mathbf{k}_1 + \tfrac{11}{256}h\mathbf{k}_3 - \tfrac{11}{160}h\mathbf{k}_4 + \tfrac{11}{256}h\mathbf{k}_5)$

$\mathbf{k}_8 = \mathbf{f}(x_i + h, \mathbf{Y}_i + \tfrac{93}{640}h\mathbf{k}_1 - \tfrac{18}{5}h\mathbf{k}_2 + \tfrac{803}{256}h\mathbf{k}_3 -$
$\quad\quad -\tfrac{11}{160}h\mathbf{k}_4 + \tfrac{99}{256}h\mathbf{k}_5 + h\mathbf{k}_7)$.

17.3 Einschrittverfahren

Weitere Einbettungsformeln lassen sich ganz analog zu den zuvor aufgestellten Formeln aus den folgenden Koeffizientenschemata zusammensetzen.

Weitere Einbettungsformeln

RK - Fehlberg - Einbettungsformeln 3. und 4. Ordnung rkf4(3).
$(q_g = 3,\ \tilde{q}_g = 4,\ m = 4,\ \tilde{m} = 5)$

Koeffizientenschema:

j	$\tilde{A}_j$	A_j	a_j	b_{js} für $s = 1(1)\tilde{m} - 1$			
1	$\frac{229}{1470}$	$\frac{79}{490}$	0				
2	0	0	$\frac{2}{7}$	$\frac{2}{7}$			
3	$\frac{1125}{1813}$	$\frac{2175}{3626}$	$\frac{7}{15}$	$\frac{77}{900}$	$\frac{343}{900}$		
4	$\frac{13718}{81585}$	$\frac{2166}{9065}$	$\frac{35}{38}$	$\frac{805}{1444}$	$-\frac{77175}{54872}$	$\frac{97125}{54872}$	
5	$\frac{1}{18}$		1	$\frac{79}{490}$	0	$\frac{2175}{3626}$	$\frac{2166}{9065}$

Prince - Dormand - Einbettungsformel 5. und 4. Ordnung rk5(4)6m.
$(q_g = 4,\ \tilde{q}_g = 5,\ m = 6,\ \tilde{m} = 6)$

Koeffizientenschema:

j	$\tilde{A}_j$	A_j	a_j	b_{js} für $s = 1(1)\tilde{m} - 1$				
1	$\frac{19}{216}$	$\frac{31}{540}$	0					
2	0	0	$\frac{1}{5}$	$\frac{1}{5}$				
3	$\frac{1000}{2079}$	$\frac{190}{297}$	$\frac{3}{10}$	$\frac{3}{40}$	$\frac{9}{40}$			
4	$-\frac{125}{216}$	$-\frac{145}{108}$	$\frac{3}{5}$	$\frac{3}{10}$	$-\frac{9}{10}$	$\frac{6}{5}$		
5	$\frac{81}{88}$	$\frac{351}{220}$	$\frac{2}{3}$	$\frac{226}{729}$	$-\frac{25}{27}$	$\frac{880}{729}$	$\frac{55}{729}$	
6	$\frac{5}{56}$	$\frac{1}{20}$	1	$-\frac{181}{270}$	$\frac{5}{2}$	$-\frac{266}{297}$	$-\frac{91}{27}$	$\frac{189}{55}$

> Prince - Dormand - Einbettungsformel 4. und 5. Ordnung rk5(4)7 m̃.
> ($q_g = 4$, $\tilde{q}_g = 5$, $m = 7$, $\tilde{m} = 7$)

Koeffizientenschema:

j	$\tilde{A}_j$	A_j	a_j	b_{js} für $s = 1(1)m-1$				
1	$\frac{35}{384}$	$\frac{5179}{57600}$	0					
2	0	0	$\frac{1}{5}$	$\frac{1}{5}$				
3	$\frac{500}{1113}$	$\frac{7571}{16695}$	$\frac{3}{10}$	$\frac{3}{40}$	$\frac{9}{40}$			
4	$\frac{125}{192}$	$\frac{393}{640}$	$\frac{4}{5}$	$\frac{44}{45}$	$-\frac{56}{15}$	$\frac{32}{9}$		
5	$-\frac{2187}{6784}$	$\frac{-92097}{339200}$	$\frac{8}{9}$	$\frac{19372}{6561}$	$-\frac{25360}{2187}$	$\frac{64448}{6561}$	$-\frac{212}{729}$	
6	$\frac{11}{84}$	$\frac{187}{2100}$	1	$\frac{9017}{3168}$	$-\frac{355}{33}$	$\frac{46732}{5247}$	$\frac{49}{176}$	$-\frac{5103}{18656}$
7	0	$\frac{1}{40}$	1	$\frac{35}{384}$	0	$\frac{500}{1113}$	$\frac{125}{192}$	$-\frac{2187}{6784}$	$\frac{11}{84}$

> Prince - Dormand - Einbettungsformel 4. und 5. Ordnung rk5(4)7 m̃.
> ($q_g = 4$, $\tilde{q}_g = 5$, $m = 7$, $\tilde{m} = 7$)

Koeffizientenschema:

j	$\tilde{A}_j$	A_j	a_j	b_{js} für $s = 1(1)m-1$				
1	$\frac{19}{200}$	$\frac{431}{5000}$	0					
2	0	0	$\frac{2}{9}$	$\frac{2}{9}$				
3	$\frac{3}{5}$	$\frac{333}{500}$	$\frac{1}{3}$	$\frac{1}{12}$	$\frac{1}{4}$			
4	$-\frac{243}{400}$	$-\frac{7857}{10000}$	$\frac{5}{9}$	$\frac{55}{324}$	$-\frac{25}{108}$	$\frac{50}{81}$		
5	$\frac{33}{40}$	$\frac{957}{1000}$	$\frac{2}{3}$	$\frac{83}{330}$	$-\frac{13}{22}$	$\frac{61}{66}$	$\frac{9}{110}$	
6	$\frac{7}{80}$	$\frac{193}{2000}$	1	$-\frac{19}{28}$	$\frac{9}{4}$	$\frac{1}{7}$	$-\frac{27}{7}$	$\frac{22}{7}$
7	0	$-\frac{1}{50}$	1	$\frac{19}{200}$	0	$\frac{3}{5}$	$-\frac{243}{400}$	$\frac{33}{40}$	$\frac{7}{80}$

17.3 Einschrittverfahren

> *Prince - Dormand - Einbettungsformel 5. und 6. Ordnung rk6(5)8 m̃.*
> $(q_g = 5, \tilde{q}_g = 6, m = 7, \tilde{m} = 8)$

Koeffizientenschema:

j	$\tilde{A}_j$	A_j	a_j	b_{js} für $s = 1(1)m-1$						
1	$\frac{61}{864}$	$\frac{821}{10800}$	0							
2	0	0	$\frac{1}{10}$	$\frac{1}{10}$						
3	$\frac{98415}{321776}$	$\frac{19683}{71825}$	$\frac{2}{9}$	$-\frac{2}{81}$	$\frac{20}{81}$					
4	$\frac{16807}{146016}$	$\frac{175273}{912600}$	$\frac{3}{7}$	$\frac{615}{1372}$	$-\frac{270}{343}$	$\frac{1053}{1372}$				
5	$\frac{1375}{7344}$	$\frac{395}{3672}$	$\frac{3}{5}$	$\frac{3243}{5500}$	$-\frac{54}{55}$	$\frac{50949}{71500}$	$\frac{4998}{17875}$			
6	$\frac{1375}{5408}$	$\frac{785}{2704}$	$\frac{4}{5}$	$-\frac{26492}{37125}$	$\frac{72}{55}$	$\frac{2808}{23375}$	$-\frac{24206}{37125}$	$\frac{338}{495}$		
7	$-\frac{37}{1120}$	$\frac{3}{50}$	1	$\frac{5561}{2376}$	$-\frac{35}{11}$	$-\frac{24117}{31603}$	$\frac{899983}{200772}$	$-\frac{5225}{1836}$	$\frac{3925}{4056}$	
8	$\frac{1}{10}$		1	$\frac{465467}{266112}$	$-\frac{2945}{1232}$	$\frac{10513573}{3212352}$	$-\frac{5610201}{14158144}$	$-\frac{424325}{205632}$	$\frac{376225}{454272}$	0

> *Verner - Einbettungsformel 5. und 6. Ordnung rkv6(5).*
> $(q_g = 5, \tilde{q}_g = 6, m = 6, \tilde{m} = 8)$

Koeffizientenschema:

j	$\tilde{A}_j$	A_j	a_j	b_{js} für $s = 1(1)m-1$						
1	$\frac{57}{640}$	$\frac{3}{80}$	0							
2	0	0	$\frac{1}{18}$	$\frac{1}{18}$						
3	$-\frac{16}{65}$	$\frac{4}{25}$	$\frac{1}{6}$	$-\frac{1}{12}$	$\frac{1}{4}$					
4	$\frac{1377}{2240}$	$\frac{243}{1120}$	$\frac{2}{9}$	$-\frac{2}{81}$	$\frac{4}{27}$	$\frac{8}{81}$				
5	$\frac{212}{320}$	$\frac{77}{160}$	$\frac{2}{3}$	$\frac{40}{33}$	$-\frac{4}{11}$	$-\frac{56}{11}$	$\frac{54}{11}$			
6	0	$\frac{73}{700}$	1	$-\frac{369}{73}$	$\frac{72}{73}$	$\frac{5380}{219}$	$-\frac{12285}{584}$	$\frac{2695}{1752}$		
7	$\frac{891}{8320}$		$\frac{8}{9}$	$-\frac{8716}{891}$	$\frac{656}{297}$	$\frac{39520}{891}$	$-\frac{416}{11}$	$\frac{52}{27}$	0	
8	$\frac{2}{35}$		1	$\frac{3015}{256}$	$-\frac{9}{4}$	$-\frac{4219}{78}$	$\frac{5985}{128}$	$-\frac{539}{384}$	0	$\frac{693}{3328}$

17. Anfangswertprobleme bei gewöhnlichen Differentialgleichungen

Verner - Einbettungsformel 6. u. 7. Ordnung. ($q_g = 6, \tilde{q}_g = 7, m = 8, \tilde{m} = 10$)

Koeffizientenschema der Einbettungsformel rkv7(6):

j	$\tilde{A}_j$	A_j	a_j	b_{js} für $s = 1(1)m-1$								
1	$\frac{2881}{40320}$	$\frac{7}{90}$	0									
2	0	0	$\frac{1}{12}$	$\frac{1}{12}$								
3	0	0	$\frac{1}{6}$	0	$\frac{1}{6}$							
4	$\frac{1216}{2961}$	$\frac{16}{45}$	$\frac{1}{4}$	$\frac{1}{16}$	0	$\frac{3}{16}$						
5	$-\frac{2624}{4095}$	$\frac{16}{45}$	$\frac{3}{4}$	$\frac{21}{16}$	0	$-\frac{81}{16}$	$\frac{9}{2}$					
6	$\frac{24137569}{57482880}$	0	$\frac{16}{17}$	$\frac{1344688}{250563}$	0	$-\frac{1709184}{83521}$	$\frac{1365632}{83521}$	$-\frac{78208}{250563}$				
7	$-\frac{4}{21}$	$\frac{2}{15}$	$\frac{1}{2}$	$-\frac{559}{384}$	0	6	$-\frac{204}{47}$	$\frac{14}{39}$	$-\frac{4913}{78208}$			
8	0	$\frac{7}{90}$	1	$-\frac{625}{224}$	0	12	$-\frac{456}{47}$	$\frac{48}{91}$	$\frac{14739}{136864}$	$\frac{6}{7}$		
9	$\frac{4131}{3920}$		$\frac{2}{3}$	$-\frac{12253}{99144}$	0	$\frac{16}{27}$	$\frac{16}{459}$	$\frac{29072}{161109}$	$-\frac{2023}{75816}$	$\frac{112}{12393}$	0	
10	$-\frac{157}{1260}$		1	$\frac{30517}{2512}$	0	$-\frac{7296}{157}$	$\frac{268728}{7379}$	$\frac{2472}{2041}$	$-\frac{3522621}{10743824}$	$\frac{132}{157}$	0	$-\frac{12393}{4396}$

17.3 Einschrittverfahren

> **Verner - Einbettungsformel 7. und 8. Ordnung.** ($q_g = 7$, $\tilde{q}_g = 8$, $m = 11$, $\tilde{m} = 13$)

Koeffizientenschema der Einbettungsformel rkv8(7):

j	$\tilde{A}_j$	A_j	a_j	b_{js} für $s=1(1)m-1$
1	$\frac{31}{720}$	$\frac{13}{288}$	0	
2	0	0	$\frac{1}{4}$	$s{=}1:\ \frac{1}{4}$
3	0	0	$\frac{1}{12}$	$s{=}1:\ \frac{5}{72}$; $s{=}2:\ \frac{1}{72}$
4	0	0	$\frac{1}{8}$	$s{=}1:\ \frac{1}{32}$; $s{=}3:\ \frac{3}{32}$
5	0	0	$\frac{2}{5}$	$s{=}1:\ \frac{106}{125}$; $s{=}3:\ -\frac{408}{125}$; $s{=}4:\ \frac{352}{125}$
6	$\frac{16}{75}$	$\frac{32}{125}$	$\frac{1}{2}$	$s{=}1:\ \frac{1}{48}$; $s{=}4:\ \frac{8}{33}$; $s{=}5:\ \frac{125}{528}$
7	$\frac{16807}{79200}$	$\frac{31213}{144000}$	$\frac{6}{7}$	$s{=}1:\ -\frac{1263}{2401}$; $s{=}4:\ \frac{39936}{26411}$; $s{=}5:\ -\frac{64125}{26411}$; $s{=}6:\ \frac{5520}{2401}$
8	$\frac{16807}{79200}$	$\frac{2401}{12375}$	$\frac{1}{7}$	$s{=}1:\ \frac{37}{392}$; $s{=}5:\ \frac{1625}{9408}$; $s{=}6:\ -\frac{2}{15}$; $s{=}7:\ \frac{61}{6720}$
9	$\frac{243}{1760}$	$\frac{1701}{14080}$	$\frac{2}{3}$	$s{=}1:\ \frac{17176}{25515}$; $s{=}5:\ -\frac{47104}{25515}$; $s{=}6:\ \frac{1325}{504}$; $s{=}7:\ \frac{20237}{145800}$; $s{=}8:\ \frac{4312}{6075}$
10	0	$\frac{2401}{19200}$	$\frac{2}{7}$	$s{=}1:\ -\frac{23834}{180075}$; $s{=}5:\ \frac{77824}{1980825}$; $s{=}6:\ \frac{636635}{633864}$; $s{=}7:\ -\frac{183}{7000}$; $s{=}8:\ \frac{8}{11}$; $s{=}9:\ -\frac{324}{3773}$
11	0	$\frac{19}{450}$	1	$s{=}1:\ \frac{12733}{7600}$; $s{=}5:\ -\frac{20032}{5225}$; $s{=}6:\ \frac{456485}{80256}$; $s{=}7:\ \frac{339227}{912000}$; $s{=}8:\ -\frac{1029}{4180}$; $s{=}9:\ \frac{1701}{1408}$; $s{=}10:\ \frac{5145}{2432}$
12	$\frac{243}{1760}$		$\frac{1}{3}$	$s{=}1:\ -\frac{27061}{204120}$; $s{=}5:\ \frac{40448}{280665}$; $s{=}6:\ -\frac{1353775}{1197504}$; $s{=}7:\ \frac{17662}{25515}$; $s{=}8:\ -\frac{71687}{1166400}$; $s{=}9:\ \frac{98}{225}$; $s{=}10:\ \frac{1}{16}$; $s{=}11:\ \frac{3773}{11664}$
13	$\frac{31}{720}$		1	$s{=}1:\ \frac{11203}{8680}$; $s{=}5:\ -\frac{38144}{11935}$; $s{=}6:\ \frac{2354425}{458304}$; $s{=}7:\ -\frac{84046}{16275}$; $s{=}8:\ \frac{673309}{1636800}$; $s{=}9:\ \frac{4704}{8525}$; $s{=}10:\ \frac{9477}{10912}$; $s{=}11:\ -\frac{1029}{992}$; $s{=}12:\ \frac{729}{341}$

17

Prince - Dormand - Einbettungsformel 7. u. 8. Ordnung rk8(7)13m.
($q_g = 7, \tilde{q}_g = 8, m = 12, \tilde{m} = 13$)

Koeffizientenschema der Einbettungsformel rk8(7)13m:

j	$\hat{A}_j$	$\tilde{A}_j$	a_j	b_{js} für $s = 1(1)m-1$											
1	$\frac{14005451}{335480064}$	$\frac{13451932}{455176623}$	0												
2	0	0	$\frac{1}{18}$	$\frac{1}{18}$											
3	0	0	$\frac{1}{12}$	$\frac{1}{48}$	$\frac{1}{16}$										
4	0	0	$\frac{1}{8}$	$\frac{1}{32}$	0	$\frac{3}{32}$									
5	0	0	$\frac{5}{16}$	$\frac{5}{16}$	0	$-\frac{75}{64}$	$\frac{75}{64}$								
6	$-\frac{59238493}{1068277825}$	$-\frac{808719846}{976000145}$	$\frac{3}{8}$	$\frac{3}{80}$	0	0	$\frac{3}{16}$	$\frac{3}{20}$							
7	$\frac{181606767}{758867731}$	$\frac{1757004468}{5645159321}$	$\frac{59}{400}$	$\frac{29443841}{614563906}$	0	0	$\frac{77736538}{692538347}$	$-\frac{28693883}{1125000000}$	$\frac{23124283}{1800000000}$						
8	$\frac{561292985}{797845732}$	$\frac{6560045339}{265891186}$	$\frac{93}{200}$	$\frac{16016141}{946692911}$	0	0	$\frac{61564180}{158732637}$	$\frac{22778713}{633445777}$	$\frac{545815736}{2771057229}$	$-\frac{180193667}{1043307555}$					
9	$-\frac{1041891430}{1371343529}$	$-\frac{3867574721}{1518517206}$	$\frac{5490023248}{9719169821}$	$\frac{39632708}{573591083}$	0	0	$-\frac{433636366}{683701615}$	$-\frac{421739975}{2616292301}$	$\frac{100302831}{723423059}$	$\frac{790204164}{839813087}$	$\frac{800635310}{3783071287}$				
10	$\frac{760417239}{1151165299}$	$\frac{465885868}{322736535}$	$\frac{13}{20}$	$\frac{246121993}{1340847787}$	0	0	$-\frac{37695042795}{15268766246}$	$-\frac{309121744}{1061227803}$	$-\frac{12992083}{490766935}$	$\frac{6005943493}{2108947869}$	$\frac{393006217}{1396673457}$	$\frac{123872331}{1001029789}$			
11	$\frac{118820643}{751138087}$	$\frac{53011238}{667516719}$	$\frac{1201146811}{1299019798}$	$\frac{1028468189}{846180014}$	0	0	$\frac{8478235783}{508512852}$	$\frac{1311729495}{1432422823}$	$-\frac{10304129995}{1701304382}$	$-\frac{48777925059}{3047939560}$	$\frac{15336726248}{1032824649}$	$-\frac{45442868181}{3398467696}$	$\frac{3065993473}{597172653}$		
12	$\frac{528747749}{2220607170}$	$\frac{2}{45}$	1	$\frac{185892177}{718116043}$	0	0	$-\frac{3185094517}{667107341}$	$-\frac{477755414}{1098053517}$	$-\frac{703635378}{230739211}$	$\frac{5731566787}{1027545527}$	$\frac{5232866602}{850066563}$	$\frac{4093664535}{808688257}$	$\frac{3962137247}{1805957418}$	$\frac{65686358}{487910083}$	
13	$\frac{1}{4}$		1	$\frac{403863854}{491063109}$	0	0	$-\frac{5068492393}{434740067}$	$-\frac{411421997}{543043805}$	$\frac{652783627}{914296604}$	$\frac{11173962825}{925320556}$	$-\frac{13158900841}{6184727034}$	$\frac{3936647629}{1978049680}$	$-\frac{160528059}{685178525}$	$\frac{248638103}{1413531060}$	0

17.3 Einschrittverfahren

> RK-Fehlberg - Einbettungsformel 7. u. 8. Ordnung. ($q_g = 7, \tilde{q}_g = 8$, $m = 11, \tilde{m} = 13$)

Koeffizientenschema der Einbettungsformel rkf8(7):

j	$\tilde{A}_j$	A_j	a_j	\multicolumn{12}{c}{b_{js} für $s=1(1)m-1$}											
				$s=1$	$s=2$	$s=3$	$s=4$	$s=5$	$s=6$	$s=7$	$s=8$	$s=9$	$s=10$	$s=11$	$s=12$
1	0	$\frac{41}{840}$	0												
2	0	0	$\frac{2}{27}$	$\frac{2}{27}$											
3	0	0	$\frac{1}{9}$	$\frac{1}{36}$	$\frac{1}{12}$										
4	0	0	$\frac{1}{6}$	$\frac{1}{24}$	0	$\frac{1}{8}$									
5	0	0	$\frac{5}{12}$	$\frac{5}{12}$	0	$-\frac{25}{16}$	$\frac{25}{16}$								
6	$\frac{34}{105}$	$\frac{34}{105}$	$\frac{1}{2}$	$\frac{1}{20}$	0	0	$\frac{1}{4}$	$\frac{1}{5}$							
7	$\frac{9}{35}$	$\frac{9}{35}$	$\frac{5}{6}$	$-\frac{25}{108}$	0	0	$\frac{125}{108}$	$-\frac{65}{27}$	$\frac{125}{54}$						
8	$\frac{9}{35}$	$\frac{9}{35}$	$\frac{1}{6}$	$\frac{31}{300}$	0	0	0	$\frac{61}{225}$	$-\frac{2}{9}$	$\frac{13}{900}$					
9	$\frac{9}{280}$	$\frac{9}{280}$	$\frac{2}{3}$	2	0	0	$-\frac{53}{6}$	$\frac{704}{45}$	$-\frac{107}{9}$	$\frac{67}{90}$	3				
10	$\frac{9}{280}$	$\frac{9}{280}$	$\frac{1}{3}$	$-\frac{91}{108}$	0	0	$\frac{23}{108}$	$-\frac{976}{135}$	$\frac{311}{54}$	$-\frac{19}{60}$	$\frac{17}{6}$	$-\frac{1}{12}$			
11	0	$\frac{41}{840}$	1	$\frac{2383}{4100}$	0	0	$-\frac{314}{164}$	$\frac{4496}{1025}$	$-\frac{301}{82}$	$\frac{2133}{4100}$	$\frac{45}{82}$	$\frac{45}{164}$	$\frac{18}{41}$		
12	$\frac{41}{840}$		0	$\frac{3}{205}$	0	0	0	0	$-\frac{6}{41}$	$-\frac{3}{205}$	$-\frac{3}{41}$	$\frac{3}{41}$	$\frac{6}{41}$	0	
13	$\frac{41}{840}$		1	$-\frac{1777}{4100}$	0	0	$-\frac{341}{164}$	$\frac{4496}{1025}$	$-\frac{289}{82}$	$\frac{2193}{4100}$	$\frac{51}{82}$	$\frac{33}{164}$	$\frac{12}{41}$	0	1

Verner - Einbettungsformel 8. u. 9. Ordnung. ($q_g = 8, \tilde{q}_g = 9, m = 14, \tilde{m} = 16$)

Koeffizientenschema der Einbettungsformel rkv9(8):

j	$\tilde{A}_j$	A_j	a_j	b_{js} für $s = 1(1)m-1$
1	$\frac{23}{525}$	$\frac{103}{1680}$	0	
2	0	0	$\frac{1}{12}$	$\frac{1}{12}$
3	0	0	$\frac{1}{9}$	$\frac{1}{27}$, $\frac{2}{27}$
4	0	0	$\frac{1}{6}$	$\frac{1}{24}$, 0, $\frac{1}{8}$
5	0	0	$\frac{2\cdot2}{15}$	$\frac{4,94}{375}$, 0, $\frac{-94,-84}{125}$, $\frac{328,208}{375}$
6	0	0	$\frac{6,1}{15}$	$\frac{9,-1}{150}$, 0, 0, $\frac{312,32}{1425}$, $\frac{69,29}{570}$
7	0	0	$\frac{6,-1}{15}$	$\frac{927,-347}{1250}$, 0, 0, $\frac{-16248,7328}{9375}$, $\frac{-489,179}{3750}$, $\frac{14268,-5798}{9375}$
8	$\frac{171}{1400}$	$\frac{27}{140}$	$\frac{2}{3}$	$\frac{2}{27}$, 0, 0, 0, 0, $\frac{16,-1}{54}$, $\frac{16,1}{54}$
9	$\frac{86}{525}$	$\frac{76}{105}$	$\frac{1}{2}$	$\frac{19}{256}$, 0, 0, 0, 0, $\frac{118,-23}{512}$, $\frac{118,23}{512}$, $\frac{-9}{256}$
10	$\frac{93}{280}$	$\frac{201}{280}$	$\frac{1}{3}$	$\frac{11}{144}$, 0, 0, 0, 0, $\frac{266,-1}{864}$, $\frac{266,1}{864}$, $\frac{-1}{16}$, $\frac{-8}{27}$
11	$-\frac{2048}{6825}$	$\frac{1024}{1365}$	$\frac{1}{4}$	$\frac{5034,-271}{61440}$, 0, 0, 0, 0, 0, $\frac{7859,-1626}{10240}$, $\frac{-2232,813}{20480}$, $\frac{-594,271}{960}$, $\frac{657,-813}{5120}$
12	$-\frac{3}{18200}$	$\frac{3}{7280}$	$\frac{4\cdot3}{5}$	$\frac{5996,-3794}{405}$, 0, 0, 0, 0, $\frac{-4342,-338}{9}$, $\frac{154922,-40458}{135}$, $\frac{-4176,3794}{45}$, $\frac{-340864,242816}{405}$, $\frac{26304,-15176}{45}$, $-\frac{26624}{81}$
13	$\frac{39}{175}$	$\frac{12}{35}$	$\frac{5,6}{6}$	$\frac{3793,2168}{103680}$, 0, 0, 0, 0, $\frac{4042,2263}{13824}$, $\frac{-2312178,40717}{69120}$, $\frac{7947,-2168}{11520}$, $\frac{1048,-542}{405}$, $\frac{-1383,542}{720}$, $\frac{2624}{1053}$, $\frac{3}{1664}$
14	0	$\frac{9}{280}$	1	$\frac{-137}{1296}$, 0, 0, 0, 0, $\frac{5642,-337}{864}$, $\frac{5642,337}{864}$, $\frac{299}{-48}$, $\frac{184}{81}$, $\frac{-44}{9}$, $\frac{-5120}{1053}$, $\frac{-11}{468}$, $\frac{16}{9}$
15	$\frac{9}{25}$	0	$\frac{1}{6}$	$\frac{33617,-2168}{518400}$, 0, 0, 0, 0, $\frac{-3846,31}{13824}$, $\frac{155338,-52807}{345600}$, $\frac{-12537,2168}{57600}$, $\frac{92,542}{2025}$, $\frac{-1797,-542}{3600}$, $\frac{320}{567}$, $-\frac{1}{1920}$, $\frac{4}{105}$, 0
16	$\frac{233}{4200}$	1	$\frac{-36487,-30352}{279600}$	$\frac{-29666,-4499}{7456}$, 0, 0, 0, 0, $\frac{4042,-337}{13824}$, $\frac{2779182,-615973}{186400}$, $\frac{-94329,91056}{93200}$, $\frac{-2321192,121408}{17475}$, $\frac{101226,-22764}{5825}$, $-\frac{169984}{9087}$, $\frac{87}{30290}$, $\frac{492}{1165}$, 0, $\frac{1260}{233}$

$\frac{a,b}{c} \rightarrow \frac{a+b\sqrt{6}}{c}$

17.3 Einschrittverfahren

Jede der Formeln eines solchen Formelpaares liefert einen Näherungswert $\mathbf{Y}$ bzw. $\tilde{\mathbf{Y}}$ für y an der Stelle $x_i + h$. Da die Formeln eines Paares von unterschiedlicher Fehlerordnung sind und nur ein Satz von $\mathbf{k}_j$-Werten für beide Formeln berechnet werden muß, eignen sich die Einbettungsformeln besonders gut zu einer bequemen Schrittweitensteuerung und damit zur Adaption. In Abschnitt 17.3.7.2 werden in den Algorithmen 17.12 und 17.13 Verfahren zur automatischen Schrittweitensteuerung angegeben, welche die Differenz $\mathbf{Y} - \tilde{\mathbf{Y}}$ aus beiden Formeln eines Paares benutzt.

Für die Einbettungsformeln (17.7) bis (17.10) ergeben sich die folgenden Ausdrücke für die Differenz $\mathbf{Y} - \tilde{\mathbf{Y}}$:

Für die RK-Einbettungsformel 2./3. Ordnung gilt

$$(17.7') \qquad \mathbf{Y} - \tilde{\mathbf{Y}} = h\left\{-\tfrac{1}{6}\mathbf{k}_1 + \tfrac{1}{3}\mathbf{k}_2 - \tfrac{1}{6}\mathbf{k}_3\right\},$$

für die RK-Fehlberg-Einbettungsformel 4./5. Ordnung erhält man

$$(17.8') \qquad \mathbf{Y} - \tilde{\mathbf{Y}} = h\left\{-\tfrac{1}{360}\mathbf{k}_1 + \tfrac{128}{4275}\mathbf{k}_3 + \tfrac{2197}{75240}\mathbf{k}_4 - \tfrac{1}{50}\mathbf{k}_5 - \tfrac{2}{55}\mathbf{k}_6\right\},$$

für die England-Einbettungsformel 4./5. Ordnung ergibt sich

$$(17.9') \qquad \mathbf{Y} - \tilde{\mathbf{Y}} = h\left\{\tfrac{42}{336}\mathbf{k}_1 + \tfrac{224}{336}\mathbf{k}_3 + \tfrac{21}{336}\mathbf{k}_4 - \tfrac{162}{336}\mathbf{k}_5 - \tfrac{125}{336}\mathbf{k}_6\right\},$$

und für die Fehlberg I/II-Einbettungsformel 5./6. Ordnung errechnet sich besonders einfach

$$(17.10') \qquad \mathbf{Y} - \tilde{\mathbf{Y}} = \tfrac{5}{66}h\left\{\mathbf{k}_1 + \mathbf{k}_6 - \mathbf{k}_7 - \mathbf{k}_8\right\}.$$

LITERATUR zu 17.3.4: [FEHL60]; [FEHL66]; [FEHL69]; [FEHL70]; [FEHL75]; [DORM80]; [DORM81]; [HULL72]; [LUTH87]; [VERN78].

17.3.5 Implizite Runge-Kutta-Verfahren vom Gauß-Typ

Mit einem *expliziten* RK-Verfahren zur Lösung eines AWPs (17.1) zum Gitter (17.3) erreicht man unter Verwendung von m Funktionswerten f_j, j = 1(1)m, pro RK-Schritt mit der Schrittweite h_i von x_i nach x_{i+1} eine lokale Fehlerordnung von maximal q_l = m+1 für m ≤ 4, für m > 4 höchstens q_l = m.

Mit einem *impliziten* RK-Verfahren, das sich durch eine zu (17.6) äquivalente Formel ergibt mit s = 1(1)m statt s = 1(1)j-1, läßt sich unter Verwendung von m Funktionswerten pro RK-Schritt maximal die lokale Fehlerordnung q_l = 2m+1 erreichen, falls die Argumente $x_i+a_j h_i$ mit den Stützstellen der Gaußschen Quadraturformeln, bezogen auf das Intervall $[x_i,x_{i+1}]$, identisch sind (*Verfahren vom Gauß-Typ*). In der folgenden Tabelle werden implizite RK- Formeln vom Gauß-Typ für m = 1,2,3 angegeben:

TABELLE 17.7 (*Implizite RK-Verfahren vom Gauß-Typ*).

m		q_l
1	$\mathbf{Y}_{i+1} = \mathbf{Y}_i + h_i \mathbf{k}_1(x_i, \mathbf{Y}_i, h_i)$ mit $\mathbf{k}_1 = \mathbf{f}(x_i + h_i/2, \mathbf{Y}_i + \mathbf{k}_1/2)$	3
2	$\mathbf{Y}_{i+1} = \mathbf{Y}_i + (h_i/2)(\mathbf{k}_1 + \mathbf{k}_2)$ mit $\mathbf{k}_1 = \mathbf{f}(x_i + (1/2)(1 - 1/\sqrt{3})h_i,$ $\qquad \mathbf{Y}_i + (1/4)\mathbf{k}_1 + (1/2)(1/2 - 1/\sqrt{3})\mathbf{k}_2),$ $\mathbf{k}_2 = \mathbf{f}(x_i + (1/2)(1 + 1/\sqrt{3})h_i,$ $\qquad \mathbf{Y}_i + (1/2)(1/2 + 1/\sqrt{3})\mathbf{k}_1 + (1/4)\mathbf{k}_2).$	5
3	$\mathbf{Y}_{i+1} = \mathbf{Y}_i + h_i((5/18)\mathbf{k}_1 + (4/9)\mathbf{k}_2 + (5/18)\mathbf{k}_3)$ mit $\mathbf{k}_1 = \mathbf{f}(x_i + (1/2)(1 - \sqrt{3/5})h_i,\ \mathbf{Y}_i + (5/36)\mathbf{k}_1 +$ $\qquad (2/9 - 1/\sqrt{15})\mathbf{k}_2 + (5/36) - 1/(2\sqrt{15}))\mathbf{k}_3),$ $\mathbf{k}_2 = \mathbf{f}(x_i + h_i/2,\ \mathbf{Y}_i + (5/36) + \sqrt{15/24})\mathbf{k}_1 +$ $\qquad (2/9)\mathbf{k}_2 + (5/36 - \sqrt{15/24})\mathbf{k}_3),$ $\mathbf{k}_3 = \mathbf{f}(x_i + (1/2)(1 + \sqrt{3/5})h_i,\ \mathbf{Y}_i + (5/36+$ $\qquad 1/(2\sqrt{15}))\mathbf{k}_1 + (2/9 + 1/\sqrt{15})\mathbf{k}_2 + (5/36)\mathbf{k}_3).$	7

17.3 Einschrittverfahren

Für $2 \leq m \leq 20$ sind Tabellen der Koeffizienten A_j, a_j, b_{js} in [GLAS66] angegeben.
Die oben genannten Gleichungen bzw. die Gleichungssysteme für die $\mathbf{k}_j$ sind nichtlinear und müssen iterativ gelöst werden. Entsprechende Systeme ergeben sich auch für $m > 3$.

Die iterative Auflösung wird hier am Beispiel $m = 2$ erläutert.
Dazu wird an den Werten $\mathbf{k}_j$ ein oberer Index als Iterationsindex angebracht. Als Startwerte verwendet man

$$\mathbf{k}_1^{(0)} = \mathbf{k}_2^{(0)} = \mathbf{f}(x_i, \mathbf{Y}_i).$$

Die *Iterationsvorschrift* lautet:

$$(17.11) \begin{cases} \mathbf{k}_1^{(\nu+1)} = \mathbf{f}\left(x_i + \tfrac{1}{2}(1 - \tfrac{1}{\sqrt{3}})h_i,\; \mathbf{Y}_i + \tfrac{1}{4}\mathbf{k}_1^{(\nu)} + \tfrac{1}{2}(\tfrac{1}{2} - \tfrac{1}{\sqrt{3}})\mathbf{k}_2^{(\nu)}\right), \\ \mathbf{k}_2^{(\nu+1)} = \mathbf{f}\left(x_i + \tfrac{1}{2}(1 + \tfrac{1}{\sqrt{3}})h_i,\; \mathbf{Y}_i + \tfrac{1}{2}(\tfrac{1}{2} + \tfrac{1}{\sqrt{3}})\mathbf{k}_1^{(\nu)} + \tfrac{1}{4}\mathbf{k}_2^{(\nu)}\right), \\ \qquad\qquad\qquad\qquad\qquad\qquad\qquad\qquad\qquad \nu = 1, 2, \ldots \end{cases}$$

Die Konvergenz ist für beliebige Startwerte $\mathbf{k}_1^{(0)}$, $\mathbf{k}_2^{(0)}$ gesichert ([GRIG77], S.40, s.a. [SOMM67], S.31), sofern h_i entsprechend der Bedingung

$$(17.12) \quad \max_{1 \leq j \leq m} h_i L_i \sum_{s=1}^{m} |b_{js}| < 1 \quad \text{mit} \quad L_i = \max_{x \in [x_i, x_{i+1}]} \left|\frac{\partial f_r}{\partial y_k}\right|,\; 1 \leq r, k \leq n,$$

gewählt ist. Zum Erreichen der lokalen Fehlerordnung $O(h_i^{2m+1})$ sind $2m-1$ Iterationsschritte erforderlich. Es sind also die Schrittweite h_i (gemäß 17.12) und die Anzahl m der Funktionswerte pro Integrationsschritt wählbar. Wie in [FILI68] und [SOMM67] gezeigt wird, läßt sich aber der zur Erzielung einer gewünschten Genauigkeit ε erforderliche Arbeitsaufwand AW (ε,m) in Abhängigkeit von m minimalisieren. Zu dem auf diese Weise ermittelten optimalen m läßt sich dann die Schrittweite $h_i = x_{i+1} - x_i = h_i(\varepsilon,m)$ für jeden Integrationsschritt berechnen. Von D. Sommer wurde für das gesamte Verfahren ein Rechenprogramm mit automatischer Schrittweitensteuerung entwickelt, das in einer Neufassung in [EUL85] angegeben wird. Seine Anwendung empfiehlt sich, wenn eine Genauigkeit von $10^{-20} \leq \varepsilon \leq 10^{-10}$ gefordert wird und ein großes Integrationsintervall vorliegt.

Entsprechende Formeln bzw. Koeffizienten für implizierte RK-Verfahren, bei denen die m Argumente $x_i + \alpha_j h_i$ mit den Stützstellen anderer Quadraturformeln (Newton - Cotes, Maclaurin u.a.) zusammenfallen, finden sich in [FILI68] bzw. [SOMM67]. Eine spezielle Form der Schrittweitensteuerung, die auf der Verwendung von zwei verschiedenen Quadraturformeln beruht, findet sich in [GRIG77], S.69/70.

LITERATUR zu 17.3.5: [EUL85]; [FILI68]; [GLAS66]; [GRIG77]; [SOMM67].

17.3.6 Gemeinsame Darstellung aller Einschrittverfahren. Verfahrensfunktion eines Einschrittverfahrens. Konsistenz

Wenn wir uns die Algorithmen der zuvor angegebenen Einschrittverfahren zur Lösung eines AWPs (17.1) zu einem Gitter (17.3) ansehen, so läßt sich für alle Verfahren folgende allgemeine Form für die Rekursion herauslesen:

(17.13) $\qquad \mathbf{Y}_{i+1} = \mathbf{Y}_i + h_i \Phi(x_i, \mathbf{Y}_i, h_i), \quad i = 0(1)N - 1,$

Φ heißt *Verfahrensfunktion*; jedes Einschrittverfahren ist durch die zugehörige Verfahrensfunktion eindeutig festgelegt. Zum Beispiel lautet die Verfahrensfunktion für das verbesserte Euler-Cauchy-Verfahren:

$$\Phi(x_i, \mathbf{Y}_i, h_i) = \mathbf{f}(x_i + h_i/2, \quad \mathbf{Y}_i + h_i/2\, \mathbf{f}(x_i, \mathbf{Y}_i))$$

und die für ein m-stufiges Runge-Kutta-Verfahren

$$\Phi(x_i, \mathbf{Y}_i, h_i) = \sum_{j=1}^{m} A_j \mathbf{k}_j(x_i, \mathbf{Y}_i, h_i)$$

mit den entsprechenden A_j und $\mathbf{k}_j$, siehe Tabelle in Abschnitt 17.3.4 .

DEFINITION 17.8 (*Diskretisierungsfehler, Abbruchfehler*).
Unter Verwendung der Verfahrensfunktion $\Phi(x,\mathbf{Y},h)$ eines Einschrittverfahrens läßt sich mit (17.4) und (17.13) der Diskretisierungsfehler im Gitterpunkt x_i wie folgt definieren:

$$\tau_i := \frac{1}{h_i}(\mathbf{y}(x_{i+1}) - \mathbf{y}(x_i)) - \Phi(x_i, \mathbf{y}(x_i), h_i)$$

τ_i heißt *Abbruchfehler* oder *Diskretisierungsfehler* an der Stelle x_i, $\mathbf{y}(x)$ ist die exakte Lösung des AWPs $\mathbf{y}' = \mathbf{f}(x,\mathbf{y})$.

17.3 Einschrittverfahren

> **DEFINITION 17.9** (*Konsistenz*).
> Ein Einschrittverfahren heißt *konsistent*, wenn die gewichtete Summe über die Diskretisierungsfehler zu allen Gitterpunkten x_i, $i = 0(1)N$,
>
> $$\sum_{i=0}^{N-1} h_i \|\tau_i\|$$
>
> für $h_{max} \to 0$ mit $h_{max} = \max_{0 \le i \le N-1} h_i$, $h_i = x_{i+1} - x_i > 0$, gegen Null strebt.

Ein Einschrittverfahren ist sicher konsistent, wenn für den maxmalen Diskretisierungsfehler gilt

$$\max_{0 \le i \le N-1} \{\|\tau_i\|\} \to 0 \quad \text{für} \quad h_{max} \to 0.$$

Damit sind alle in den vorherigen Abschnitten genannten Einschrittverfahren konsistent, sofern die Lösung **y** des AWPs (17.1) entsprechend oft stetig differenzierbar ist.

> **DEFINITION 17.10** (*Konsistenzordnung*).
> Die Ordnung $O(h_{max}^q)$, von der der Abbruchfehler bzw. Diskretisierungsfehler gegen Null strebt, heißt *Konsistenzordnung*.

Die Konsistenzordnung ist gleich der globalen Fehlerordnung. Zum Erreichen der Konsistenzordnung muß die Lösung **y** hinreichend oft stetig differenzierbar sein, für die Konsistenz reicht die zweimalige stetige Differenzierbarkeit.

> **SATZ 17.11** (*Konvergenz*).
> Ein konsistentes Einschrittverfahren mit der Konsistenzordnung $q > 0$, dessen Verfahrensfunktion Φ bezüglich **y** eine Lipschitzbedingung erfüllt, ist *konvergent* von der Ordnung q. Es gilt folglich auch
>
> $$\lim_{h_{max} \to 0} \|\mathbf{Y}_i - \mathbf{y}(x_i)\| = 0.$$

Beweis siehe [STOE78]; [WERN79].

17.3.7 Fehlerschätzung und automatische Schrittweitensteuerung

17.3.7.1 Fehlerschätzung

Sind $\mathbf{Y}_h(x)$ und $\mathbf{Y}_{\tilde{h}}(x)$ mit der Schrittweite h bzw. $\tilde{h}$ nach einem Verfahren der globalen Fehlerordnung q_g berechnete Näherungswerte für **y** an einer Stelle $x \in [x_0, \beta]$, so gilt für den globalen Verfahrensfehler die Schätzungsformel

(17.14) $$\mathbf{e}_h := \mathbf{y}(x) - \mathbf{Y}_h(x) \approx \frac{\mathbf{Y}_h(x) - \mathbf{Y}_{\tilde{h}}(x)}{(\tilde{h}/h)^{q_g} - 1} = \mathbf{e}_h^*.$$

Dann ist

$$\mathbf{Y}_h^*(x) = \mathbf{Y}_h(x) + \mathbf{e}_h^* = \frac{(\tilde{h}/h)^{q_g} \mathbf{Y}_h(x) - \mathbf{Y}_{\tilde{h}}(x)}{(\tilde{h}/h)^{q_g} - 1}$$

ein gegenüber $\mathbf{Y}_h(x)$ verbesserter Näherungswert für die exakte Lösung **y**(x); es gilt bei entsprechend oft differenzierbarer Lösung **y**

$$\mathbf{y}(x) = \mathbf{Y}_h^*(x) + O(h^{q_g+1}).$$

Die globale Fehlerordnung wird durch die Addition des geschätzten Fehlers auf den Näherungswert um mindestens eins erhöht (s. [STUM82], S.253).

Für $\tilde{h} = 2h$ ergeben sich die Beziehungen

$$\mathbf{e}_h(x) \approx \frac{\mathbf{Y}_h(x) - \mathbf{Y}_{2h}(x)}{2^{q_g} - 1} = e_h^*,$$

$$\mathbf{Y}_h^*(x) = \frac{2^{q_g}\mathbf{Y}_h(x) - \mathbf{Y}_{2h}(x)}{2^{q_g} - 1},$$

wobei $\mathbf{Y}_h$ der mit der Schrittweite h und $\mathbf{Y}_{2h}$ der mit der doppelten Schrittweite ermittelte Näherungswert für **y**(x) sind. Der verbesserte Näherungswert $\mathbf{Y}_h^*(x)$ ist dann um mindestens eine h-Potenz in der Fehlerordnung besser als $\mathbf{Y}_h(x)$.

Es ergeben sich z.B. folgende Schätzungsformeln und verbesserte Näherungswerte für spezielle Einschrittverfahren mit $\tilde{h} = 2h$.

1. Euler - Cauchy - Verfahren:

$$\mathbf{e}_h^{EC}(x) \approx \mathbf{Y}_h^{EC}(x) - \mathbf{Y}_{2h}^{EC}(x)$$

$$\mathbf{Y}_h^*(x) = 2\mathbf{Y}_h^{EC}(x) - \mathbf{Y}_{2h}^{EC}(x)$$

17.3 Einschrittverfahren

2. Verfahren von Heun und verbessertes Euler-Cauchy-Verfahren:

$$e_h^H(x) \approx \tfrac{1}{3}(Y_h^H(x) - Y_{2h}^H(x))$$

$$Y_h^{*H}(x) = \tfrac{1}{3}(4Y_h^H(x) - Y_{2h}^H(x))$$

3. Klassisches Runge-Kutta-Verfahren:

$$e_h^{RK}(x) \approx \tfrac{1}{15}(Y_h^{RK}(x) - Y_{2h}^{RK}(x))$$

$$Y_h^{*RK}(x) = \tfrac{1}{15}(16Y_h^{RK}(x) - Y_{2h}^{RK}(x))$$

17.3.7.2 Methoden zur automatischen Schrittweitensteuerung. Adaptive Anfangswertproblemlöser

Es ist im allgemeinen nicht sinnvoll, mit konstanter Schrittweite, also äquidistantem Gitter, zu rechnen. Es empfiehlt sich, die lokalen Schrittweiten an das lokale Verhalten der Lösung anzupassen. (Beispiele dazu s. [LUTH87], 4.3). Man sollte in Bereichen glatteren Verlaufs der Lösung verhältnismäßig große Schrittweiten wählen, in Bereichen starker Änderung der Lösung aber verhältnismäßig kleine Schrittweiten. Eine Steuerung der Schrittweitenwahl ist automatisch über eine Fehlerschätzung möglich. Dazu gibt es mehrere Möglichkeiten und Verfahrensweisen, von denen hier einige aufgeführt werden.

1. Möglichkeit zur Schrittweitensteuerung.

Man kann z.B. unter Verwendung der eben angegebenen Fehlerschätzungsformel (17.14) wie folgt verfahren: Nach je zwei Schritten mit der Schrittweite h führt man einen Schritt mit doppelter Schrittweite $2h$ unter Verwendung des gleichen Verfahrens durch. Liegt der geschätzte Fehler weit unterhalb der vorgegebenen Fehlerschranke, so kann man für den nächsten Schritt die Schrittweite vergrößern, liegt er darüber, so rechnet man das letzte Stück mit kleinerer Schrittweite noch einmal. War die Schrittweite richtig gewählt, verbessert man mit Hilfe der Fehlerschätzung den Näherungswert und rechnet mit dem verbesserten Wert weiter.

2. Möglichkeit zur Schrittweitensteuerung.

Noch wirkungsvoller ist folgende Verfahrensweise zur automatischen Schrittweitensteuerung: Man verwendet zwei Einschrittverfahren mit den Verfahrensfunktionen Φ und $\tilde{\Phi}$, eins von der globalen Konvergenzordnung q_g, eins mindestens von der Ordnung q_g+1 und berechnet mit beiden Verfahren ausgehend von einem Näherungswert Y_i an dem Gitterpunkt x_i und einer Schrittweite h die Näherungswerte Y und $\tilde{Y}$ an der Stelle $x = x_i+h$. Je nach Ausfall der Fehlerschätzung wird die gewählte Schrittweite h akzeptiert und damit $x =: x_{i+1}$ zum neuen Gitterpunkt erklärt oder muß der eben durchgeführte Integrationsschritt mit neuer Schrittweite wiederholt werden; es wird somit adaptiv gearbeitet. Folgender Algorithmus wird verwendet (Beweis s. [LUTH87], 4.3).

ALGORITHMUS 17.12 (*Automatische Schrittweitensteuerung, adaptive AWP-Löser*).
Es werden zwei Einschrittverfahren mit den Verfahrensfunktionen Φ und $\tilde{\Phi}$ der Fehlerordnung q_g bzw. (mindestens) q_g+1 gewählt. Y_i sei ein Näherungswert für die exakte Lösung y im Gitterpunkt x_i.
Dann geht man mit einer gewählten Schrittweite h wie folgt vor:

1. Man berechnet mit dem ersten Einschrittverfahren eine Näherungslösung Y, mit dem zweiten eine Näherungslösung $\tilde{Y}$ an der Stelle x_i+h:

$$Y = Y_i + h\Phi(x_i, Y_i, h), \quad \tilde{Y} = Y_i + h\tilde{\Phi}(x_i, Y_i, h)$$

und zu einer vorgegebenen Fehlerschranke $\varepsilon > 0$ die Größe

$$S := \left(\frac{h\varepsilon}{\|Y - \tilde{Y}\|}\right)^{1/q_g}.$$

2. Ist $S \geq 1$, so wird $Y_{i+1} := \tilde{Y}$ als neue Näherung im Gitterpunkt $x_{i+1} := x_i+h$ akzeptiert. Statt h wählt man für den nächsten Schritt, der gemäß 1. für i+1 an Stelle von i durchgeführt wird, die neue Schrittweite

$$h := \min\{2; S\} \cdot h.$$

Im Falle $S < 1$ muß man den ersten Schritt wiederholen mit der neuen Schrittweite

$$h := \max\{1/2; S\} \cdot h.$$

17.3 Einschrittverfahren

ALGORITHMUS 17.13 (*Automatische Schrittweitensteuerung nach* [HULL72]).
Es werden zwei Einschrittverfahren der Ordnungen q_g bzw. $\tilde{q}_g \geq q_g + 1$ gewählt. $\tilde{Y}_i$ sei ein Näherungswert für die exakte Lösung y im Gitterpunkt x_i.

1. Man berechnet mit dem ersten Einschrittverfahren eine Näherungslösung Y, mit dem zweiten eine Näherungslösung $\tilde{Y}$ an der Stelle $x_i + h$.
2. Man berechnet damit

$$S := 0.9h \left(\frac{\varepsilon}{\|Y - \tilde{Y}\|} \right)^{1/(q_g+1)}.$$

mit $\varepsilon = \|\tilde{Y}\| Relerr + Abserr$

3. Ist $\|Y - \tilde{Y}\| < \varepsilon$, so wird $Y_{i+1} := Y$ als neue Näherung im Gitterpunkt $x_{i+1} := x_i + h$ akzeptiert. Im nächsten Schritt wird mit der Schrittweite

$$h := \min\{S; 4h\}$$

gearbeitet.
Im Fall $\|Y - \tilde{Y}\| > \varepsilon$ muß der erste Schritt mit der neuen Schrittweite

$$h := \max\{S; \frac{1}{4}h\}$$

wiederholt werden.

BEMERKUNG zur Fehlerschätzung bei Einbettungsformeln.
In Abschnitt 17.3.4.4 wurden Einbettungsformeln angegeben; sie eignen sich besonders gut zur Adaption unter Verwendung der Schrittweitensteuerung aus Algorithmus 17.12 bzw. 17.13, weil sich der Näherungswert $\tilde{Y}$ mit nur geringem Mehraufwand gegenüber der Berechnung des Näherungswertes Y ermitteln läßt. Die k_j-Werte, die zur Berechnung von Y benötigt werden, können alle auch zur Berechnung von $\tilde{Y}$ verwendet werden.
Als Beispiele sind in Abschnitt 17.3.4.4 Einbettungsformeln bis zur 9. Ordnung angegeben. Die für Algorithmus 17.12 bzw. 17.13 erforderlichen Differenzen $Y - \tilde{Y}$ zu den Einbettungsformeln 17.7 bis 17.10 sind beispielhaft in den Formeln (17.7′) bis (17.10′) berechnet.

BEMERKUNG. Im Anhang ist ein Programm angegeben, welches adaptiv mit der Schrittweitensteuerung aus Algorithmus 17.12 arbeitet und wahlweise eine Runge-Kutta-Einbettungsformel 2./3. Ordnung bzw. die England-Formel 4./5. Ordnung benutzt. Ist ein AWP (17.1) gegeben und will man Näherungswerte für die Lösung y(x) an den Stellen $x_k = x_0 + kh$ für $k = 1(1)k_{end}$ berechnen, so ruft man das Programm zweckmäßig in einer Schleife so auf, daß die Lösung jeweils an den Stellen x_{k+1} berechnet wird, also bei jedem Schleifendurchlauf mit dem Anfangswert x_k, $Y(x_k)$ den Wert $Y(x_{k+1})$. Zwischen x_k und x_{k+1} wird dann eine Schrittweitensteuerung gemäß Algorithmus 17.12 durchgeführt. Es wird der kombinierte Fehlertest (1.6) verwendet und die Fehlerschranke ε wie folgt gesetzt

$$\varepsilon = \text{ABSERR} + \text{RELERR} \, \|\tilde{Y}\|,$$

so daß das S aus Algorithmus 17.12 in der Form benutzt wird

$$S = \left(h_k \frac{\text{ABSERR} + \text{RELERR} \, \|\tilde{Y}\|}{\|Y - \tilde{Y}\|} \right)^{1/q}$$

BEMERKUNG zur Auswahl der geeigneten Einbettungsformel.
Man kann hier natürlich auch jede beliebige andere Einbettungsformel aus Abschnitt 17.3.4.4 verwenden. In der 7. Auflage der FORTRAN-Ausgabe wird ein entsprechendes Programm angegeben, das adaptiv wahlweise mit einer beliebigen der angegebenen Einbettungsformeln arbeitet.
Hierauf und auf Testergebnisse zum Einsatz der Algorithmen 17.12 und 17.13 zur automatischen Schrittweitensteuerung wird in Abschnitt 17.8 (Entscheidungshilfen bei der Wahl des Verfahrens) eingegangen.

LITERATUR zu 17.3: [BJÖR79], 8.1-8.3; [COLL66], II, §2; [CONT80], 6; [DEMI68], III, §§4-7; [ENGE87], 10.3, 11.1; [GEAR71/1], 2; [GRIG77], Bd.1; [HENR68], part I; [LAPI71], 2,3; [LUTH87], 4.1-4.3; [NOBL73], II, 10.2-10.5; [RALS79] Bd.1, 9; [RICE77], S.257-276; [SCHW86], 9.1; [STET73], 3; [STUM82], 11; [WERN79], IV, §6,7; [WILL71], §36; [ZURM65], §25,27 .

17.4 Mehrschrittverfahren

17.4.1 Prinzip der Mehrschrittverfahren

Die Mehrschrittverfahren verwenden zur Berechnung eines Näherungswertes Y_{i+1} für $y(x_{i+1})$ s+1, s $\in \mathbb{N}$, vorangehende Werte $Y_{i-s}, Y_{i-s+1},..., Y_{i-1}, Y_i$.

17.4 Mehrschrittverfahren

Man betrachtet das AWP

$$(17.15) \begin{cases} \mathbf{y}' = \mathbf{f}(x,\mathbf{y}) = \mathbf{f}(x,\mathbf{y}(x)) = \mathbf{f}(x,y_1,y_2\ldots y_n), x \in [x_{-s},\beta] & \text{(DGL)} \\ \mathbf{y}(x_{-s}) = \mathbf{y}_{-s}. & \text{(AB)} \end{cases}$$

Im Integrationsintervall $[x_{-s},\beta]$ der DGL wird ein Gitter definiert

$$x_{-s} < x_{-s+1} < \ldots < x_{N-s} = \beta$$

mit den lokalen Schrittweiten $h_i := x_{i+1} - x_i > 0$ für i = -s(1)N-s, N > s.

Man nimmt an, daß die Werte von $\mathbf{y}$ und damit auch von $\mathbf{f}(x,\mathbf{y})$ bereits an den Stellen $x_{-s},x_{-s+1},\ldots,x_{-1},x_0$ bekannt sind. Die Wertepaare $(x_i,\mathbf{f}(x_i,\mathbf{y}_i))$ für i = -s(1)0 bilden das *Anlaufstück* zur Berechnung der Näherungswerte $\mathbf{Y}_i = \mathbf{Y}(x_i)$ für $\mathbf{y}_i = \mathbf{y}(x_i)$, i = 1(1)N-s, an den restlichen N-s Gitterpunkten $x_1,x_2,\ldots,x_{N-s}$. Die Werte von $\mathbf{y}$ für das Anlaufstück sind entweder vorgegeben (exakt oder näherungsweise) oder sie werden mit Hilfe eines Einschrittverfahrens (z.B. mit Hilfe des klassischen RK-Verfahrens) näherungsweise berechnet; es sind also $\mathbf{y}$-Werte bzw. $\mathbf{Y}$-Werte. Im folgenden werden die Werte des Anlaufstücks mit $(x_i,\mathbf{f}(x_i,\mathbf{y}_i)) = (x_i,\mathbf{f}_i)$ bezeichnet.

Man geht aus von der der DGL (17.15) für $[x_i,x_{i+1}]$ zugeordneten Integralgleichung (17.4). Bei einer Klasse von Mehrschrittverfahren wird nun die Funktion $\mathbf{f}$ in (17.4) durch das Interpolationspolynom Φ_s vom Höchstgrad s zu den s+1 Interpolationsstellen $(x_j,\mathbf{f}_j)$, j=(i-s)(1)i, ersetzt und Φ_s über $[x_i,x_{i+1}]$ integriert. Diese s+1 Interpolationsstellen werden auch als Startwerte bezeichnet. Man erhält so einen Näherungswert $\mathbf{Y}_{i+1}$ für $\mathbf{y}_{i+1}$. Im Falle i = 0 sind die Interpolationsstellen mit dem Anlaufstück identisch, für i > 0 kommen dann zu Werten des Anlaufstücks noch Wertepaare $(x_j,\mathbf{f}_j)$, j = 1(1)i, hinzu, die sich nacheinander mit den errechneten Näherungswerten $\mathbf{Y}_1,\mathbf{Y}_2,\ldots,\mathbf{Y}_i$ ergeben unter der Annahme, daß die Startwerte exakt seien. Da auf der rechten Seite von (17.4) dann nur Ordinaten von $\mathbf{Y}_{i-s}$ bis $\mathbf{Y}_i$ auftreten, erhält man eine *explizite* Formel zur Berechnung des Näherungswertes $\mathbf{Y}_{i+1}$. Der zugehörige Integrationsschritt ist ein Extrapolationsschritt.

In analoger Weise erhält man eine implizite Formel, wenn man zur Konstruktion des Interpolationspolynoms für f außer $x_{i-s},x_{i-s+1},\ldots,x_i$ auch die Stützstelle x_{i+1} verwendet. Dann tritt auf der rechten Seite von (17.4) neben den Ordinaten $\mathbf{Y}_{i-s},\mathbf{Y}_{i-s+1},\ldots,\mathbf{Y}_i$ auch $\mathbf{Y}_{i+1}$ auf. Eine Formel dieser Art ist z.B. die Korrektorformel des Verfahrens von Heun.

Wenn man eine explizite und eine implizite Formel als Paar benutzt, so heißen wieder die explizite Formel Praediktor, die implizite Formel Korrektor und das

Verfahren Praediktor-Korrektor-Verfahren.

LITERATUR: Besonders zu empfehlen ist für Mehrschrittverfahren zur Lösung von AWPen das Buch von L.F. Shampine und M.K. Gordon (siehe [SHAM84]). Es konzentriert sich auf die Klasse der Adams-Verfahren und gibt sehr effiziente Algorithmen und ausführlich dokumentierte und ausgefeilte FORTRAN-Programme an, die auf Diskette erhältlich sind; sie können bei Frau Prof. Dr. Engeln-Müllges (Adresse siehe Vorwort des Anhangs) angefordert werden.

17.4.2 Das explizite Verfahren von Adams-Bashforth

Bei der Herleitung des Verfahrens von Adams-Bashforth (A-B) wird in (17.4) f(x,y(x)) durch sein Interpolationspolynom $\Phi_s(x)$ zu den s+1 Interpolationsstellen (x_j, f_j), j = (i-s)(1)i, und das zugehörige Restglied $R_{s+1}(x)$ ersetzt. Die Integration über $[x_i, x_{i+1}]$ liefert

$$y_{i+1} = Y_{i+1} + \varepsilon_{i+1}^{AB} \quad \text{mit} \quad Y_{i+1} = Y_i + \int_{x_i}^{x_{i+1}} \Phi_s(x)dx,$$

$$\varepsilon_{i+1}^{AB} := y_{i+1} - Y_{i+1} = \int_{x_i}^{x_{i+1}} R_{s+1}(x)dx;$$

ε_{i+1}^{AB} ist der lokale Verfahrensfehler, der bei der Integration über $[x_i, x_{i+1}]$ unter der Annahme entsteht, daß die Startwerte exakt sind.

Man erhält so für jedes feste s mit den Startwerten (x_j, f_j), j = (i-s)(1)i, für den Integrationsschritt von x_i nach x_{i+1} eine A-B-Formel zur Berechnung von Y_{i+1} und den zugehörigen lokalen Verfahrensfehler $\varepsilon_{i+1}^{AB} = O(h^{ql})$.

Im folgenden werden die A-B-Formeln für s = 3(1)6 und für äquidistante Gitterpunkte angegeben: Mit $h_i = h$ = const. erhält man

17.4 Mehrschrittverfahren

$s = 3(q_l = 5):$ $\mathbf{Y}_{i+1} = \mathbf{Y}_i + \frac{h}{24}(55\mathbf{f}_i - 59\mathbf{f}_{i-1} + 37\mathbf{f}_{i-2} - 9\mathbf{f}_{i-3}),$
$i = 0(1)n - 4,$

$\varepsilon_{i+1}^{AB} = \frac{251}{720}h^5\mathbf{y}^{(5)}(\eta_i) = O(h^5),\ \eta_i \in [x_i, x_{i+1}];$

$s = 4(q_l = 6):$ $\mathbf{Y}_{i+1} = \mathbf{Y}_i + \frac{h}{720}(1901\mathbf{f}_i - 2774\mathbf{f}_{i-1} + 2616\mathbf{f}_{i-2}$
$- 1274\mathbf{f}_{i-3} + 251\mathbf{f}_{i-4}),$

$\varepsilon_{i+1}^{AB} = \frac{95}{288}h^6\mathbf{y}^{(6)}(\eta_i) = O(h^6),\ \eta_i \in [x_i, x_{i+1}],$
$i = 0(1)n - 5;$

$s = 5(q_l = 7):$ $\mathbf{Y}_{i+1} = \mathbf{Y}_i + \frac{h}{1440}(4277\mathbf{f}_i - 7923\mathbf{f}_{i-1} + 9982\mathbf{f}_{i-2}$
$- 7298\mathbf{f}_{i-3} + 2877\mathbf{f}_{i-4} - 475\mathbf{f}_{i-5}),$

$\varepsilon_{i+1}^{AB} = \frac{19087}{60480}h^7\mathbf{y}^{(7)}(\eta_i) = O(h^7),\ \eta_i \in [x_i, x_{i+1}],$
$i = 0(1)n - 6;$

$s = 6(q_l = 8):$ $\mathbf{Y}_{i+1} = \mathbf{Y}_i + \frac{h}{60480}(198721\mathbf{f}_i - 447288\mathbf{f}_{i-1} + 705549\mathbf{f}_{i-2}$
$- 688256\mathbf{f}_{i-3} + 407139\mathbf{f}_{i-4} - 134472\mathbf{f}_{i-5} + 19087\mathbf{f}_{i-6}),$

$\varepsilon_{i+1}^{AB} = \frac{5257}{17280}h^8\mathbf{y}^{(8)}(\eta_i) = O(h^8),\ \eta_i \in [x_i, x_{i+1}],$
$i = 0(1)n - 7.$

Für die globale Fehlerordnung $O(h^{q_g})$ gilt $q_g = q_l\text{-}1$.

NACHTEIL DER A-B-FORMELN: Es ist jeweils ein Anlaufstück mit s+1 Wertepaaren $(x_j, \mathbf{f}_j)$ erforderlich, das mit Hilfe eines anderen Verfahrens bestimmt werden muß. Dieses Verfahren sollte aber von der gleichen lokalen Fehlerordnung sein, was z.B. durch ein entsprechendes RK-Verfahren gewährleistet wäre. Dieser Sachverhalt würde dafür sprechen, das entsprechende RK-Verfahren für das ganze Intervall $[x_{-s}, \beta]$ anzuwenden und nicht die A-B-Formel mit der RK-Formel zu kombinieren.

VORTEIL DER A-B-FORMELN: Da bei einem A-B-Schritt von x_i nach x_{i+1} jedoch nur ein neuer Funktionswert $\mathbf{f}_i$ zu berechnen ist gegenüber m Funktionswerten bei einem RK-Schritt der Ordnung m, ist die A-B-Formel im Vergleich zur RK-Formel beträchtlich schneller, weil sie weniger Rechenzeit erfordert. Diese Tatsache spricht wiederum für eine Kombination von RK- und A-B-Formel.

Trotzdem sollte die A-B-Formel nicht allein verwendet werden, sondern als Praediktor zusammen mit einer impliziten Formel als Korrektor. Denn bei der Konstruktion der A-B-Formel ist $[x_{i-s}, x_i]$ das Interpolationsintervall für Φ_s, jedoch $[x_i, x_{i+1}]$ das Integrationsintervall von Φ_s, so daß der Integrationsschritt einem Extrapolationsschritt entspricht. Bekanntlich wächst jedoch das Restglied R_{s+1} der Interpolation stark an für Werte, die außerhalb des Interpolationsintervalls liegen (s. Abschnitt 9.6). Es ist also zu erwarten, daß auch der lokale Verfahrensfehler ε_{i+1}^{AB} bei zunehmendem h stark anwächst und größer als der lokale Verfahrensfehler eines RK-Verfahrens gleicher Fehlerordnung wird. Zur Fehlerschätzung vergleiche man Abschnitt 17.4.5.

Weitere Mehrschrittformeln können konstruiert werden, indem man wieder $f(x,y(x))$ in (17.4) durch das Interpolationspolynom Φ_s zu den s+1 Interpolationsstellen (x_j, f_j), j = (i-s)(1)i, ersetzt und über $[x_{i-r}, x_{i+1}]$ mit ganzzahligem $r \geq 0$ und $r \leq s$ integriert. Der Fall r = 0 liefert die angegebenen A-B-Formeln. Weitere Verfahren s. [COLL66], S.86-88; [HENR68], S.199-201, 241; [STUM82], S.273-276; [WERN79], S.290-294.; [SHAM84].

17.4.3 Das Praediktor-Korrektor-Verfahren von Adams-Moulton

Kombiniert man eine A-B-Extrapolationsformel mit einer impliziten Korrektorformel von mindestens gleicher Fehlerordnung (es empfiehlt sich, eine Korrektorformel zu wählen, deren Fehlerordnung um eins höher ist als die der Praediktorformel), so erhält man ein Praediktor-Korrektor-Verfahren. Einen Korrektor höherer Ordnung erhält man, indem man $f(x,y(x))$ in (17.4) durch sein Interpolationspolynom zu den s+2 Interpolationsstellen (x_j, f_j), j = (i-s)(1)i+1, ersetzt und analog zu Abschnitt 17.4.2 vorgeht.

Im Falle s = 3 erhält man für einen Integrationsschritt von x_i nach x_{i+1} bei äquidistantem Gitter

$$y_{i+1} = Y_{i+1} + \varepsilon_{i+1}^{AM_3} \quad \text{mit}$$

$$Y_{i+1} = Y_i + \frac{h}{720}(251f_{i+1} + 646f_i - 264f_{i-1} + 106f_{i-2} - 19f_{i-3}),$$

$$\varepsilon_{i+1}^{AM_3} = -\frac{3}{160}h^6 y^{(6)}(\eta_i) = O(h^6), \quad \eta_i \in [x_i, x_{i+1}].$$

Wegen $f_{i+1} = f(x_{i+1}, Y_{i+1})$ ist die Formel für Y_{i+1} implizit, so daß Y_{i+1} iterativ bestimmt werden muß. Die Iterationsstufe kennzeichnet ein oberer Index ν. Es ergibt sich die *A-M-Formel* für s = 3:

$$(17.16) \quad \begin{aligned} Y_{i+1}^{(\nu+1)} = Y_i &+ \frac{h}{720}(251f(x_{i+1}, Y_{i+1}^{(\nu)}) + 646f_i - 264f_{i-1} \\ &+ 106f_{i-2} - 19f_{i-3}). \end{aligned}$$

17.4 Mehrschrittverfahren

Sie wird als Korrektorformel benutzt zusammen mit der A-B-Formel für s=3 als Praediktor. Die Konvergenzbedingung für die Korrektorformel lautet

$$\frac{251}{720} hL = \kappa < 1 \quad \text{mit} \quad L = \max_{1 \leq k,r \leq n} \left| \frac{\partial f_r}{\partial y_k} \right|.$$

Bei hinreichend kleiner Schrittweite h reichen im allgemeinen ein bis höchstens zwei Iterationsschritte aus.

ALGORITHMUS 17.14 (*Praediktor-Korrektor-Verfahren nach Adams-Moulton für $s = 3$*).

Gegeben sind die DGL $\mathbf{y}' = \mathbf{f}(x,y)$, $x \in [x_{-3}, \beta = x_{N-3}]$, mit der AB $y(x_{-3}) = y_{-3}$, der Schrittweite h > 0, den Stützstellen $x_i = x_0 + ih$, i = -3(1)N-3, und dem Anlaufstück (x_i, f_i), i = -3(1)0.
Gesucht sind Näherungen $\mathbf{Y}_i$ für $y(x_i)$, i = 1(1)N-3. Es sind für einen Integrationsschritt von x_i nach x_{i+1} folgende Schritte durchzuführen:

1. Schritt: Berechnung von $\mathbf{Y}_{i+1}^{(0)}$ nach der A-B-Formel
   (Praediktorformel mit $q_l = 5$)
   $\mathbf{Y}_{i+1}^{(0)} = \mathbf{Y}_i + \frac{h}{24}(55\mathbf{f}_i - 59\mathbf{f}_{i-1} + 37\mathbf{f}_{i-2} - 9\mathbf{f}_{i-3})$.

2. Schritt: Berechnung von $\mathbf{f}(x_{i+1}, \mathbf{Y}_{i+1}^{(0)})$.

3. Schritt: Berechnung von $\mathbf{Y}_{i+1}^{(\nu+1)}$ für $\nu = 0$ und $\nu = 1$ nach der A-M-Formel (17.16) (Korrektorformel mit $q_l = 6$).

Um sicher mit höchstens zwei Iterationsschritten auszukommen, sollte h so gewählt werden, daß $K = hL \leq 0.20$ gilt. Man setzt dann für $\nu = 0$ bzw. $\nu = 1$

$$\mathbf{Y}_{i+1}^{(\nu+1)} = \mathbf{Y}_{i+1} \approx \mathbf{y}_{i+1}.$$

Ist im Verlaufe der Rechnung vor einem x_j eine Verkleinerung der Schrittweite erforderlich, so empfiehlt es sich im allgemeinen h zu halbieren. Dann ist natürlich das für die weitere Rechnung benötigte Anlaufstück mit i = j-2, j-3/2, j-1, j-1/2 neu zu berechnen.

RECHENSCHEMA 17.15 (*A-M-Verfahren für $s = 3$ und $n = 1$*).

	i	x_i	$Y_i = Y(x_i)$	$f_i = f(x_i, Y_i)$
Anlaufstück	-3 -2 -1 0	x_{-3} x_{-2} x_{-1} x_0	$Y_{-3} = y_{-3}$ Y_{-2} Y_{-1} Y_0	f_{-3} f_{-2} f_{-1} f_0
Extrapolation nach A–B	1	x_1	$Y_1^{(0)}$	$f(x_1, Y_1^{(0)})$
Interpolation nach A–M	1 1	x_1 x_1	$Y_1^{(1)}$ $Y_1^{(2)} =: Y_1$	$f(x_1, Y_1^{(1)})$ $f(x_1, Y_1)$
Extrapolation nach A–B	2	x_2	$Y_2^{(0)}$	$f(x_2, Y_2^{(0)})$
Interpolation nach A–M	2 2	x_2 x_2	$Y_2^{(1)}$ $Y_2^{(2)} =: Y_2$	$f(x_2, Y_2^{(1)})$

Weitere A-M-Verfahren.

Im folgenden werden weitere A-M-Verfahren angegeben, bei denen jeweils die Fehlerordnung des Praediktors um eins niedriger ist als die des Korrektors mit der Abkürzung $\mathbf{f}_{i+1}^{(\nu)} := \mathbf{f}(x_{i+1}, \mathbf{Y}_{i+1}^{(\nu)})$

17.4 Mehrschrittverfahren

$s = 4:$

$$Y_{i+1}^{(0)} = Y_i + \tfrac{h}{720}(1901f_i - 2774f_{i-1} + 2616f_{i-2} - 1274f_{i-3} + 251f_{i-4}),$$

$$Y_{i+1}^{(\nu+1)} = Y_i + \tfrac{h}{1440}(475f_{i+1}^{(\nu)} + 1427f_i - 798f_{i-1} + 482f_{i-2} - 173f_{i-3} + 27f_{i-4}),$$

$$\varepsilon_{i+1}^{AM_4} = -\tfrac{863}{60480}h^7 y^{(7)}(\eta_i) = O(h^7), \; \eta_i \in [x_i, x_{i+1}], \; i = 0(1)n - 4;$$

$s = 5:$

$$Y_{i+1}^{(0)} = Y_i + \tfrac{h}{1440}(4277f_i - 7923f_{i-1} + 9982f_{i-2} - 7298f_{i-3} + 2877f_{i-4} - 475f_{i-5}),$$

$$Y_{i+1}^{(\nu+1)} = Y_i + \tfrac{h}{60480}(19087f_{i+1}^{(\nu)} + 65112f_i - 46461f_{i-1} + 37504f_{i-2} - 20211f_{i-3} + 6312f_{i-4} - 863f_{i-5}),$$

$$\varepsilon_{i+1}^{AM_5} = -\tfrac{275}{24192}h^8 y^{(8)}(\eta_i) = O(h^8), \; \eta_i \in [x_i, x_{i+1}], \; i = 0(1)n - 5;$$

$s = 6:$

$$Y_{i+1}^{(0)} = Y_i + \tfrac{h}{60480}(198721f_i - 447288f_{i-1} + 705549f_{i-2} - 688256f_{i-3} + 407139f_{i-4} - 134472f_{i-5} + 19087f_{i-6}),$$

$$Y_{i+1}^{(\nu+1)} = Y_i + \tfrac{h}{120960}(36799f_{i+1}^{(\nu)} + 139849f_i - 121797f_{i-1} + 123133f_{i-2} - 88536f_{i-3} + 41499f_{i-4} - 11351f_{i-5} + 1375f_{i-6}),$$

$$\varepsilon_{i+1}^{AM_6} = -\tfrac{33953}{3628800}h^9 y^{(9)}(\eta_i) = O(h^9), \; \eta_i \in [x_i, x_{i+1}], \; i = 0(1)n - 6.$$

Da jeweils die Fehlerordnung des Korrektors um eins höher als die des Praediktors ist, kommt man meistens mit ein bis höchstens zwei Iterationsschritten aus. Allgemein gilt sogar für ein Praediktor-Korrektor-Verfahren, dessen Praediktor die Fehlerordnung r_1, dessen Korrektor die Fehlerordnung r_2 besitzt, für den eigentlichen lokalen Verfahrensfehler E_{i+1}^{PK} nach $\nu+1$ Iterationsschritten

$$E_{i+1}^{PK} := y_{i+1} - Y_{i+1}^{(\nu+1)} = O(h^{\min(r_2, r_1+\nu+1)}).$$

Es ist also mit $r_1 = r_2-1$ bereits nach einem Iterationsschritt die Fehlerordnung des Korrektors erreicht. Für beliebige $r_1 < r_2$ erreicht man die Fehlerordnung $O(h^{r_2})$ nach $\nu = r_2-r_1-1$ Iterationsschritten. Da jedoch der

Fehlerkoeffizient des Praediktors den des Korrektors für $s \geq 3$ um einen Faktor > 10 übertrifft, können eine oder mehrere weitere Iterationen erforderlich werden, um den Gesamtfehler auf den Fehler des Korrektors herabzudrücken. Begnügt man sich damit, die Fehlerordnung des Korrektors zu erreichen, so ist im Falle $r_1 = r_2\text{-}1$ nur eine Iteration erforderlich. Im Falle $r_1 = r_2$ wird man sich stets mit einem Iterationsschritt begnügen (s. auch [HENR68], S.196; [STUM82], S.271; [WERN79], S.299). Benötigt man mehr Iterationen, so ist es besser, die Schrittweite zu verkleinern, als die Iterationen fortzusetzen.

Im folgenden wird noch ein A-M-Verfahren angegeben, dessen Praediktor-Formel (A-B-Formel für $s = 3$) und Korrektor-Formel (A-M-Formel für $s = 2$) die gleiche lokale Fehlerordnung $O(h^5)$ besitzen:

Praediktor: $\quad \mathbf{Y}_{i+1}^{(0)} = \mathbf{Y}_i + \frac{h}{24}(55\mathbf{f}_i - 59\mathbf{f}_{i-1} + 37\mathbf{f}_{i-2} - 9\mathbf{f}_{i-3})$,
($A - B$ für $s = 3$)
Korrektor: $\quad \mathbf{Y}_{i+1}^{(\nu+1)} = \mathbf{Y}_i + \frac{h}{24}(9\mathbf{f}_{i+1}^{(\nu)} + 19\mathbf{f}_i - 5\mathbf{f}_{i-1} + \mathbf{f}_{i-2})$.
($A - M$ für $s = 2$)

Das Verfahren erfordert nur jeweils einen Iterationsschritt und erspart damit Rechenzeit.

Für dieses Praediktor-Korrektor-Paar kann eine besonders einfache Fehlerschätzung angegeben werden, vgl. dazu Abschnitt 17.4.5, Formeln (17.18), (17.19), so daß ohne großen Rechenaufwand und ohne zusätzliche Rechnung mit anderer Schrittweite jeder Wert $\mathbf{Y}_i$ sofort verbessert werden kann.

Anstelle der A-M-Formeln als Korrektor kann man Formeln besonders günstiger Fehlerfortpflanzung verwenden. Man setzt dazu den Korrektor mit $q_l = m+3$ allgemein in der Form

$$(17.17) \qquad \mathbf{Y}_{i+1} = \sum_{k=0}^{m} a_{i-k}\mathbf{Y}_{i-k} + h \sum_{k=-1}^{m} b_{i-k}\mathbf{f}(x_{i-k}, \mathbf{Y}_{i-k})$$

an. Es bezeichnet e_{i+1}^F den globalen Verfahrensfehler einer Formel (17.17), e_{i+1}^{AM} den entsprechenden Wert für die A-M-Formel gleicher Fehlerordnung. Dann stellt $\|e_{i+1}^F\| / \|e_{i+1}^{AM}\|$ ein Maß für die Güte des Korrektors (17.17) hinsichtlich der Fehlerfortpflanzung dar. Nach [FEHL61] ist durch

$$\mathbf{Y}_{i+1}^{(\nu+1)} = \tfrac{243}{1000}\mathbf{Y}_i + \tfrac{1}{8}\mathbf{Y}_{i-2} + \tfrac{79}{125}\mathbf{Y}_{i-5} + \tfrac{h}{400}(120\mathbf{f}(x_{i+1}, \mathbf{Y}_{i+1}^{(\nu)})$$
$$+ 567\mathbf{f}(x_i, \mathbf{Y}_i) + 600\mathbf{f}(x_{i-2}, \mathbf{Y}_{i-2}) + 405\mathbf{f}(x_{i-4}, \mathbf{Y}_{i-4})$$
$$+ 72\mathbf{f}(x_{i-5}, \mathbf{Y}_{i-5}))$$

17.4 Mehrschrittverfahren

ein Korrektor mit $q_l = 7$ gegeben, bei dem sich für $\|e_{i+1}^F\| / \|e_{i+1}^{AM}\|$ ca. 8% des globalen Verfahrensfehlers der A-M-Formel gleicher Fehlerordnung ergibt. Als Praediktor benötigt man eine Extrapolationsformel mit $q_l = 6$. Hierfür kann die A-B-Formel für s = 4 dienen. Wegen des sehr kleinen Fehlerkoeffizienten in (17.17) empfiehlt es sich, mehr als zwei Iterationsschritte durchzuführen.

17.4.4 Verfahren von Adams-Störmer

Im folgenden wird ein Mehrschrittverfahren zur unmittelbaren Behandlung eines AWPs der Form

$$y'' = g(x,y,y')$$
$$y(x_0) = y_0, \ y'(x_0) = y_0'$$

ohne Zurückführung auf ein AWP (17.1) angegeben.

ALGORITHMUS 17.16 (*Verfahren von Adams-Störmer*).
Gegeben sei das AWP $y'' = g(x,y,y')$, $y(x_{-3}) = y_{-3}$, $y'(x_{-3}) = y'_{-3}$. Sind $x_i = x_0 + ih$, i = -3(1)N-3 die Stützstellen im Integrationsintervall $[x_{-3}, x_{N-3} = \beta]$, so sind zur Berechnung des Näherungswertes Y_{i+1} für y_{i+1} für jedes i = 1(1)N-2 die folgenden Schritte auszuführen, nachdem das Anlaufstück aus den Wertetripeln (x_i, Y_i, Y'_i), i = -3(1)0, z.B. nach dem RK-Verfahren berechnet wurde.

1. Schritt. Berechnung der Werte $Y_{i+1}^{(0)}$, $Y_{i+1}^{\prime(0)}$ nach den Praediktorformeln der lokalen Fehlerordnung $O(h^5)$

   $$Y_{i+1}^{(0)} = Y_i + hY_i' + \tfrac{h^2}{360}(323g_i - 264g_{i-1} + 159g_{i-2} - 38g_{i-3}),$$

   $$Y_{i+1}^{\prime(0)} = Y_i' + \tfrac{h}{24}(55g_i - 59g_{i-1} + 37g_{i-2} - 9g_{i-3}),$$

   mit $g_i := g(x_i, Y_i, Y_i')$.

2. Schritt. Berechnung von $g(x_{i+1}, Y_{i+1}^{(0)}, Y_{i+1}^{\prime(0)})$.

3. Schritt. Berechnung von $Y_{i+1}^{(\nu+1)}$ und $Y_{i+1}^{\prime(\nu+1)}$ für $\nu = 0$ und $\nu = 1$ nach den Korrektorformeln ($q_l = 6$)

$$Y_{i+1}^{(\nu+1)} = Y_i + hY_i' + \tfrac{h^2}{1440}(135g(x_{i+1}, Y_{i+1}^{(\nu)}, Y_{i+1}'^{(\nu)}) + 752g_i - 264g_{i-1}$$
$$+ 96g_{i-2} - 17g_{i-3}),$$

$$Y_{i+1}'^{(\nu+1)} = Y_i' + \tfrac{h}{720}(251g(x_{i+1}, Y_{i+1}^{(\nu)}, Y_{i+1}'^{(\nu)}) + 646g_i - 264g_{i-1}$$
$$+ 106g_{i-2} - 19g_{i-3}).$$

BEMERKUNG. Ob es vorteilhafter ist, das AWP einer DGL zweiter bzw. höherer Ordnung

(1) unmittelbar nach dem Verfahren von Adams-Störmer (direktes Verfahren) bzw. einem entsprechenden direkten Verfahren für DGLen höherer Ordnung oder

(2) durch Zurückführung auf ein AWP eines Systems von DGLen erster Ordnung (indirektes Verfahren)

zu behandeln, läßt sich nicht generell entscheiden. Nach [RUTI60] kann die Vorgehensweise (1) bei Problemen mit zahlreichen Integrationsschritten zu einer wesentlich stärkeren Anhäufung von Rundungsfehlern führen (s.a. [ENGE87], 11.4); nach den Untersuchungen in [RUTI60] ist daher (2) im allgemeinen vorzuziehen.

Für DGLen höherer Ordnung wurde in [JANS75] allgemein nachgewiesen, daß die dem klassischen RK-Verfahren und dem A-M-Verfahren entsprechenden direkten Lösungsverfahren nur dann den geringeren gobalen Gesamtfehler ergeben, wenn in f die Ableitung $y^{(n-1)}$ nicht vorkommt; für $y^{(n)} = f(x,y,y',\ldots,y^{(n-1)})$ besitzen die indirekten Lösungsverfahren den geringeren globalen Gesamtfehler.

17.4.5 Fehlerschätzungsformeln für Mehrschrittverfahren

Mit den in Abschnitt 17.3.7 angegebenen Fehlerschätzungsformeln kann auch bei den Mehrschrittverfahren gearbeitet werden. Zum Beispiel ergeben sich mit (17.14) die Schätzwerte und verbesserten Näherungswerte für

17.4 Mehrschrittverfahren

1. Adams-Bashforth für s = 3:

$$e_h^{AB}(x) \approx \tfrac{1}{15}(Y_h(x) - Y_{2h}(x)),$$

$$Y_h^*(x) = \tfrac{1}{15}(16Y_h(x) - Y_{2h}(x));$$

2. Adams-Moulton für s = 3:

$$e_h^{AM}(x) \approx \tfrac{1}{31}(Y_h(x) - Y_{2h}(x)),$$

$$Y_h^*(x) = \tfrac{1}{31}(32Y_h(x) - Y_{2h}(x)).$$

Für den Fall, daß die A-B-Formel für s = 3 (lokale Fehlerordnung $O(h^5)$) als Praediktor mit der A-M-Formel für s = 2 (lokale Fehlerordnung $O(h^5)$) als Korrektor kombiniert wird, gilt die folgende Schätzungsformel für den globalen Verfahrensfehler (vgl. [CONT80] S.237)

$$q_l = 5: \quad e_h^{AM}(x) := y(x) - Y_h^{(1)}(x) \approx -\tfrac{1}{14}(Y_h^{(1)}(x) - Y_h^{(0)}(x)).$$

$$Y^*(x) = Y_h^{(1)}(x) - \tfrac{1}{14}(Y_h^{(1)}(x) - Y_h^{(0)}(x)) = \tfrac{1}{14}(13Y_h^{(1)}(x) + Y_h^{(0)}(x))$$

Diese Schätzungsformel ist sehr einfach zu handhaben, da sie keine Rechnung mit doppelter Schrittweite erfordert. Sie dient auch dazu, zu beurteilen, ob die gewählte Schrittweite für die gewünschte Genauigkeit ausreicht.

Analog kann man eine A-B-Formel mit einer A-M-Formel von jeweils gleicher Fehlerordnung $q_l = 6,7,8$ zu einem Praediktor-Korrektor-Paar verbinden, wobei jeweils nur eine Iteration erforderlich ist und erhält folgende Schätzungsformeln für den globalen Verfahrensfehler:

$$q_l = 6: \quad e_h^{AM}(x) := y(x) - Y_h^{(1)}(x) \approx -\tfrac{1}{18}(Y_h^{(1)}(x) - Y_h^{(0)}(x)),$$

$$q_l = 7: \quad e_h^{AM}(x) := y(x) - Y_h^{(1)}(x) \approx -\tfrac{1}{22}(Y_h^{(1)}(x) - Y_h^{(0)}(x)),$$

$$q_l = 8: \quad e_h^{AM}(x) := y(x) - Y_h^{(1)}(x) \approx -\tfrac{1}{26}(Y_h^{(1)}(x) - Y_h^{(0)}(x)).$$

HINWEIS: Für Mehrschrittverfahren ist eine effektive automatische Schrittweitensteuerung, wie sie in Abschnitt 17.3.7 für die Einschrittverfahren angegeben wurde, mit sehr viel komplexeren Verfahren auch möglich. Nähere Auskünfte hierüber gibt das Buch von Shampine/Gordon [SHAM84], dort sind auch ausgefeilte FORTRAN-Programme dazu angegeben, die auf Diskette erhältlich sind, vgl. Ende des Abschnittes 17.4.1.

17.4.6 Rechnungsfehler für Ein- und Mehrschrittverfahren

Während der globale Verfahrensfehler der behandelten Ein- und Mehrschrittverfahren mit h → 0 von der Ordnung q_g abnimmt, wächst der globale Rechnungsfehler mit abnehmender Schrittweite an. Der Gesamtfehler, die Summe aus Verfahrensfehler und Rechnungsfehler, kann also nicht beliebig klein gemacht werden. Man sollte deshalb die Schrittweite h so wählen, daß Verfahrensfehler und Rechnungsfehler von gleicher Größenordnung sind.

Ist $r_h(x)$ der globale Rechnungsfehler an der Stelle x, so gilt für Einschrittverfahren die grobe Abschätzung (n = 1)

$$|r_h(x)| \leq \begin{cases} \dfrac{\varepsilon}{h_{\max}}(x - x_0) & \text{für} \quad C = 0 \\ \dfrac{\varepsilon}{h_{\max}}\left(e^{C(x-x_0)} - 1\right) & \text{sonst.} \end{cases}$$

Dabei ist ε der maximale absolute Rechnungsfehler pro Rechenschritt und z.B. C = L für Euler-Cauchy und C ~ L für das klassische RK-Verfahren.

Für Mehrschrittverfahren (auch Praediktor-Korrektor-Verfahren) gilt

$$|r_h(x)| \leq \frac{\varepsilon}{h_{\max}} \cdot \frac{x_i - x_0}{1 - C_2 h_{\max} L} \cdot e^{\frac{C_1(x-x_0)}{1-C_2 h_{\max} L}},$$

wo C_1 und C_2 von den Koeffizienten der einzelnen Formeln abhängen, s. [HENR68], 5.3, 5.4. Der globale Rechnungsfehler ist also bei Ein- und Mehrschrittverfahren von der Ordnung $O(1/h_{max})$.

LITERATUR zu 17.4: [CARN69], 6.8-6.12; [COLL73], II, 4.2; [CONT80], 6.6-6.8, 6.11; [DEMI68], III, §§8-12; [ENGE87], 10.4; [GEAR71/1], 7-10; [HENR68], 5,6; [HENR72], 14.6-14.7; [LAPI71], 4.7; [LUTH87], 4.4; [McCA67], 9.2; [RALS79] Bd.1, 8.; [SCHW86], 9.2; [STET73], 4; [STOE78], 7.2.6-13; [STUM82], 12; [WERN79], IV, §§8-10; [WILL71], §35,36 .

17.5 Extrapolationsverfahren von Bulirsch-Stoer-Gragg

Gegeben sei das Anfangswertproblem (17.1); wir betrachten o.B.d.A. den Fall n = 1

17.5 Extrapolationsverfahren von Bulirsch-Stoer-Gragg

$$y' = f(x,y),\ y(x_0) = y_0.$$

Das Verfahren ist ganz analog auf Systeme übertragbar.

Gesucht sei ein Näherungswert $Y(\bar{x})$ für die exakte Lösung $y(\bar{x})$ des AWPs an der Stelle $\bar{x}$ mit

$$\bar{x} := x_0 + Nh,\quad h := \frac{\bar{x} - x_0}{N},\ N > 0.$$

Die *Graggsche Funktion* $S(\bar{x};h)$ liefert einen Näherungswert der globalen Fehlerordnung $O(h^2)$ für $y(\bar{x})$, sie wird gemäß [STOE78], 7.2 wie folgt berechnet.

Mit

$$(17.18)\quad \begin{cases} z_0 &:= y_0 \\ z_1 &:= z_0 + hf(x_0, y_0),\quad x_1 := x_0 + h \\ z_{i+1} &:= z_{i-1} + 2hf(x_i, z_i),\ x_{i+1} := x_i + h\ \text{für}\ i = 1(1)N-1 \end{cases}$$

ergibt sich S aus der Beziehung

$$(17.19)\quad S(\bar{x};h) := \frac{1}{2}[z_N + z_{N-1} + hf(x_N, z_N)].$$

Bei dem von Bulirsch-Stoer angegebenen Extrapolationsverfahren wählt man nun eine Folge von natürlichen Zahlen

$$(17.20)\quad \{n_0, n_1, n_2, \ldots\}$$

mit $0 < n_0 < n_1 < \ldots$ und berechnet für jedes

$$(17.21)\quad h_j := \frac{\bar{x} - x_0}{n_j}$$

die Graggsche Funktion $S(\bar{x};h_j)$.

Die Zahlen n_j dürfen nur gerade oder nur ungerade sein. Die Berechnung der Werte $S(\bar{x};h_j)$ erfolgt analog zu (17.18) und (17.19); man erhöht für jedes $j = 0,1,\ldots$ mit

$$\begin{aligned}
z_0 &:= y_0 \\
z_1 &:= z_0 + h_j f(x_0, y_0), & x_1 &:= x_0 + h_j \\
z_{i+1} &:= z_{i-1} + 2h_j f(x_i, z_i), & x_{i+1} &:= x_i + h_j,\ i = 1(1)n_j - 1
\end{aligned}$$

einen Wert

$$S(\bar{x};h_j) := \frac{1}{2}[z_{n_j} + z_{n_j - 1} + h_j f(x_{n_j}, z_{n_j})].$$

Es gilt $y(\bar{x}) = S(\bar{x};h_j) + O(h_j^2)$.

Da sich für S eine asymptotische Entwicklung nach Potenzen von h_j^2 angeben läßt, kann man analog zum Romberg-Verfahren mit Hilfe der Richardson Extrapolation Näherungswerte höherer Fehlerordnung konstruieren, indem man ein "Romberg-Schema" wie folgt aufbaut (vgl. Abschnitt 14.10):

Für die Zahlen der ersten Spalte setzt man

$$L_j^{(0)} := S(\bar{x}; h_j) \quad \text{für} \quad j = 0, 1, \ldots .$$

Dann berechnet man nacheinander die Werte für die Spalten $k = 1, 2, \ldots$ nach der Formel

(17.22) $$L_j^{(k)} = \frac{1}{\left(\dfrac{h_j}{h_{j+k}}\right)^2 - 1} \left[\left(\frac{h_j}{h_{j+k}}\right)^{2k} L_{j+1}^{(k-1)} - L_j^{(k-1)} \right]$$

$$\text{für} \quad j = 0, 1, \ldots .$$

Die Spalten des Romberg-Schemas konvergieren für ein genügend oft differenzierbares y gegen $y(\bar{x})$:

$$\lim_{j \to \infty} L_j^{(k)} = y(\bar{x}), \quad k \quad \text{fest};$$

die Konvergenzordnung beträgt für die k-te Spalte $q_g = 2k+2$, $k = 0,1,2,\ldots$.

BEMERKUNG. Die Anzahl der Spalten sollte nur so groß gewählt werden, daß keine Oszillation auftritt. Oszillation kann durch den beginnenden Einfluß der Rundefehler bedingt sein wie auch dadurch, daß f nicht genügend glatt, d.h. nicht ausreichend oft stetig differenzierbar ist.

Romberg-Folge.

Wählt man speziell $n_j = 2^j N$ mit N gerade, so heißt die Folge (17.20)

$$N \cdot \{1, 2, 4, 8, 16, 32, \ldots\}$$

Romberg-Folge. Für die h_j-Werte erhält man mit (17.21)

(17.23) $$h_j := \frac{\bar{x} - x_0}{2^j N} = \frac{h}{2^j}.$$

Die Berechnung der $L_j^{(k)}$ für $k = 1, 2, \ldots$ erfolgt dann wegen (17.22) mit (17.23) nach der Formel

17.5 Extrapolationsverfahren von Bulirsch-Stoer-Gragg

$$L_j^{(k)} = \frac{1}{2^{2k}-1}\left[2^{2k}L_{j+1}^{(k-1)} - L_j^{(k-1)}\right] \quad \text{für} \quad j = 0, 1, \ldots$$

Bulirsch-Folge.

Wählt man für (17.20) die Bulirsch-Folge $\{2,4,6,8,12,16,\ldots\}$, so ergeben sich für $j > 0$ und $h_0 := h$ mit

$$h_j = \begin{cases} \dfrac{h_0}{2^{(j+1)/2}} & \text{für } j \text{ ungerade,} \\ \dfrac{h_0}{3 \cdot 2^{(j-2)/2}} & \text{für } j \text{ gerade} \end{cases}$$

die h_j-Werte $\{h_0, h_1, \ldots\} = h\,\{1, 1/2, 1/3, 1/4, 1/6, 1/8, 1/12, 1/16, \ldots\}$.

Unter Verwendung dieser h_j-Werte vereinfacht sich ebenfalls die Rechenarbeit bei der Aufstellung des Schemas gemäß (17.22).

Schrittweitensteuerung.

Auch beim Extrapolationsverfahren sollte unbedingt mit einer Schrittweitensteuerung gearbeitet werden. Dies kann mit einer der in Abschnitt 17.3.7 angegebenen Methoden geschehen, die in den Algorithmen 17.12 und 17.13 formuliert sind. Das Programm zu Abschnitt 17.5 arbeitet mit der Burlisch-Folge und der Schrittweitensteuerung in [HALL76], S.113.

BEMERKUNG.
Statt des vorstehend beschriebenen Verfahrens, das auf polynomialer Extrapolation beruht (Prinzip von Richardson, s. z.B. [BJÖR79], 7.22; [STUM82], S.253; [WERN79] III, §7), kann auch ein auf rationaler Extrapolation beruhender Algorithmus zu Grunde gelegt werden. Damit haben sich bei Testbeispielen noch günstigere numerische Resultate ergeben ([BULI66]; [GRAG65]).

LITERATUR zu 17.5: [GEAR71/1], 6; [GRIG77], 5,2; [HALL76], 6; [LAPI71], 5; [STET73], 6.3; [STOE78], 7.2.13.

17.6 Stabilität

17.6.1 Vorbemerkungen

Es liege das AWP (17.1) vor. Die Integration des AWP mit Hilfe eines numerischen Verfahrens liefert an den Gitterpunkten $x_0 < x_1 < ... < x_n = \beta$ Näherungslösungen $Y_i = Y(x_i)$ zu den unbekannten exakten Lösungen $y_i = y(x_i)$. Für alle behandelten Einschrittverfahren läßt sich zeigen, daß die Näherungswerte Y_i für $h_{max} \to 0$ gegen den exakten Wert $y(x_i)$ konvergieren unter der Annahme, daß die Verfahrensfunktion einer Lipschitzbedingung genügt und ohne Rundungen gerechnet wird.

Es ist erforderlich, die Verfahren auch bezüglich ihres Verhaltens bei der Fortpflanzung von Rundefehlern zu betrachten; es hat nur Sinn, mit sogenannten stabilen Algorithmen zu arbeiten. Ein Algorithmus heißt *stabil*, wenn ein für einen Rechenschritt zugelassener Fehler in den Folgeschritten abnimmt oder von gleicher Größenordnung bleibt; er heißt *instabil*, wenn für eine beliebig große Anzahl von Schritten die Näherungen Y_i von den gesuchten Werten y_i unbegrenzt abwandern, so daß die Lösung total verfälscht wird. Die Ursachen für eine Instabilität können in der DGL selbst oder aber im numerischen Verfahren begründet liegen. Im ersten Fall ist die Instabilität eine Eigenschaft des durch die DGL beschriebenen Zusammenhanges; im zweiten Fall kann die Instabilität durch die Wahl eines geeigneten numerischen Verfahrens vermieden werden. Alle Betrachtungen in Abschnitt 17.6 werden o.B.d.A. für n = 1 gemacht, d.h. für ein AWP $y' = f(x,y)$ mit $y(x_0) = y_0$.

17.6.2 Stabilität der Differentialgleichung

Es sei y die Lösung des AWPs (17.1) für n = 1

$$\text{DGL:} \quad y' = f(x,y), \quad \text{AB:} \quad y(x_0) = y_0$$

und u eine zu y benachbarte Lösung, die derselben DGL wie y genügt, jedoch unter einer durch Rundungs- und Verfahrensfehler abweichenden AB. Verfahrensfehler können auftreten, wenn z.B. der Anfangswert schon mit Hilfe eines numerischen Verfahrens berechnet wurde.

Für u setzen wir o.B.d.A.

$$u(x) := y(x) + \varepsilon \eta(x).$$

Dabei ist η eine sogenannte Störfunktion und ε ein Parameter mit $0 < \varepsilon \ll 1$.

17.6 Stabilität

Für η gilt dann die sogenannte *Differentialvariationsgleichung*:

$$\eta' = f_y \eta.$$

Unter der Annahme $f_y = c = $ const. besitzt sie die Lösung

$$n(x) = \eta_0 e^{c(x-x_0)}, \quad n(x_0) = \eta_0.$$

Im Falle $f_y = c < 0$ klingt $\eta(x)$ für wachsendes x ab; die DGL heißt dann *stabil*, andernfalls heißt sie *instabil*. Bei einer stabilen DGL verringert sich also der Abstand der Lösungskurven zu verschiedenen Anfangswerten für wachsendes x, so daß ein an einer Stelle gemachter Fehler (z.B. ein Rundungsfehler im Anfangswert) abklingt.

17.6.3 Stabilität des numerischen Verfahrens

Die Einschritt- und Mehrschrittverfahren haben allgemein für ein äquidistantes Gitter die Gestalt (n = 1)

$$(17.24) \quad \sum_{k=0}^{M} a_{M-k} Y_{i+1-k} = h \sum_{k=0}^{M} b_{M-k} f_{i+1-k},$$

sie sind für $b_M = 0$ explizit, für $b_M \neq 0$ implizit. Die Koeffizienten genügen den Bedingungen

$$\sum_{k=0}^{M} a_k = 0, \quad \sum_{k=0}^{M} b_k = 1.$$

Beim E-C-Verfahren gilt mit M = 1:

$$a_0 = -1, \quad a_1 = 1, \quad b_0 = 1, \quad b_1 = 0,$$

beim Verfahren von Heun mit M = 2:

$$a_0 = 0, \quad a_1 = -1, \quad a_2 = 1, \quad b_0 = 0, \quad b_1 = 1/2, \quad b_2 = 1/2.$$

Eine Gleichung der Form (17.24) heißt *Differenzengleichung*, M heißt ihre *Ordnung*.

Bei sämtlichen Mehrschrittverfahren ist M > 1, da mehrere vorhergehende Werte Y_i, Y_{i-1}, ... zur Berechnung von Y_{i+1} verwendet werden. Das RK-Verfahren ist kein Mehrschrittverfahren, obwohl M = 3 ist; denn die zu b_1, b_2

gehörigen Werte Y_i, Y_{i-1} sind durch $f(x_{i-2}, Y_{i-2})$ festgelegt. Es entspricht nämlich in Algorithmus 17.4 Y_{i-2} der Wert Y_i, Y_{i-1} der Wert $Y_i + h_i k_1/2$ und Y_i der Wert $Y_i + h_i k_2/2$.

Die DGL $y' = f(x,y)$ wird also durch eine Differenzengleichung der Form (17.24) ersetzt, der eine *Differenzenvariationsgleichung* zugeordnet wird mit $U_i = Y_i + \varepsilon H_i$

$$(17.25) \quad \sum_{k=0}^{M} a_{M-k} H_{i+1-k} = h \sum_{k=0}^{M} b_{M-k} H_{i+1-k} f_y(x_{i+1-k}, U_{i+1-k}).$$

Dabei ist U_i eine zur Näherungslösung Y_i benachbarte Näherungslösung, H_i eine Störlösung und ε ein Parameter mit $0 < \varepsilon \ll 1$. Zur Lösung von (17.25) machen wir den Ansatz

$$H(x_j) := H_j = \lambda^j, \quad j \text{ ganzzahlig.}$$

Unter der Annahme $f_y = c = \text{const.}$ (Streng gelten diese Überlegungen nur für lineare DGLen mit konstanten Koeffizienten. Über allgemeinere Ansätze siehe [DAHL74]), folgt durch Einsetzen in (17.25)

$$(17.26) \quad \sum_{k=0}^{M} a_{M-k} \lambda^{i+1-k} - hc \sum_{k=0}^{M} b_{M-k} \lambda^{i+1-k} = 0.$$

Es ist $\lambda \neq 0$; denn $\lambda = 0$ würde $H = 0$ zur Folge haben, d.h. die Näherungswerte Y_i würden keine Störungen (durch Rundungsfehler und fortgepflanzte Abbruchfehler an vorhergehenden Stützstellen) erfahren. Dann läßt sich (17.26) mit λ^{M-1-i} multiplizieren; es folgt für λ die Polynomgleichung

$$P(\lambda) := \sum_{k=0}^{M} a_{M-k} \lambda^{M-k} - hc \sum_{k=0}^{M} b_{M-k} \lambda^{M-k} = 0,$$

die sich mit

$$\varrho(\lambda) := \sum_{k=0}^{M} a_{M-k} \lambda^{M-k} = \sum_{k=0}^{M} a_k \lambda^k$$
$$\sigma(\lambda) := \sum_{k=0}^{M} a_{M-k} \lambda^{M-k} = \sum_{k=0}^{M} b_k \lambda^k$$

in der Form

$$(17.27) \quad P(\lambda) = \varrho(\lambda) - hc\sigma(\lambda) = 0$$

schreiben läßt.
$P(\lambda) := \varrho(\lambda) - hc\,\sigma(\lambda)$ heißt *charakteristisches Polynom*.

17.6 Stabilität

Die M Lösungen von (17.27) werden mit λ_ν, $\nu = 1(1)M$, bezeichnet. Zu jedem Wert von ν gehört eine Störlösung $(H_\nu)_j = (\lambda_\nu)^j$ von (17.25). Die Störwerte $(H_\nu)_j$ nehmen nur dann mit fortschreitendem Index j nicht zu, wenn $|\lambda_\nu| \leq 1$ für alle ν gilt.

Im Falle $|\lambda_\nu| < 1$ liegt *starke Stabilität* vor, im Falle $|\lambda_\nu| = 1$ darf λ_ν nur eine einfache Nullstelle von (17.27) sein.

Da (17.25) in den H_j linear ist, stellt auch jede Linearkombination der $(H_\nu)_j$ eine Lösung dar. Sind alle λ_ν verschieden, so sind die M Lösungen $(H_\nu)_j = (\lambda_\nu)^j$, $\nu = 1(1)M$, linear unabhängig, die allgemeine Lösung von (17.25) hat dann die Form

$$H_j = \sum_{v=1}^{M} c_\nu (\lambda_\nu)^j$$

mit willkürlichen reellen Konstanten c_ν. Die Lösungsmannigfaltigkeit von (17.25) ist also ∞^M, wo M die Ordnung der Differenzengleichung bedeutet. Daraus folgt: Im Falle M > 1 ist (abgesehen von RK-Verfahren) die Ordnung der Differenzengleichung größer als die der DGL. Die Differenzengleichung liefert dann eine größere Lösungsmannigfaltigkeit als sie der DGL zukommt. Durch das numerische Verfahren werden "parasitäre Lösungen" eingeschleppt. Nur eine der Lösungen der Differenzengleichung wird (vorausgesetzt, daß das zugrundeliegende Mehrschrittverfahren überhaupt konvergiert) für $h \to 0$ gegen die Lösung des AWP (17.1) konvergieren. Je höher die Ordnung M der Differenzengleichung ist, umso günstiger ist die lokale Fehlerordnung $O(h^q)$ des Verfahrens. Jedoch kann man mittels einer Differenzengleichung (17.24) M-ter Ordnung ein numerisch stabiles Integrationsverfahren höchstens von der lokalen Fehlerordnung $O(h^{M+3})$ für gerades M, $O(h^{M+2})$ für ungerades M gewinnen. Verfahren höherer Fehlerordnung sind numerisch instabil. ([WERN79], §9). Im folgenden werden nur lokale Aussagen gemacht und es wird lokal $f_y = c = $ const. gesetzt. Es werden folgende Arten von Stabilität unterschieden:

- Asymptotische Stabilität,

- absolute Stabilität,

- A-Stabilität,

- steife Stabilität .

17. Anfangswertprobleme bei gewöhnlichen Differentialgleichungen

DEFINITION 17.17 (*Asymptotische Stabilität, Stabilität für h → 0*).
Ein Algorithmus zur numerischen Integration eines AWPs (17.1) heißt für h → 0 *asymptotisch stabil*, falls das Polynom $\varrho(\lambda)$ die *Wurzelbedingung* erfüllt, d.h. nur Wurzeln λ_ν mit $|\lambda_\nu| \leq 1$ besitzt und $|\lambda_\nu| = 1$ nur einfache Wurzel ist.

Konsistente Einschrittverfahren sind stets asymptotisch stabil, wenn die Verfahrensfunktion lipschitzbeschränkt ist. Wegen $\varrho(1) = \Sigma\, a_k = 0$ gibt es für jedes Verfahren mindestens ein $\lambda_\nu = 1$, so daß man niemals von starker asymptotischer Stabilität sprechen kann. Bei der praktischen Rechnung ist aber nicht gewährleistet, daß man mit einem im Sinne des obigen Kriteriums genügend kleinen h arbeitet. Man benötigt deshalb Stabilitätsaussagen für h ≠ 0, um das Stabilitätsverhalten für die gewählte Schrittweite h beurteilen zu können.

DEFINITION 17.18 (*Absolute Stabilität, Stabilität für h ≠ 0, h fest*).
Ein Algorithmus zur numerischen Integration eines AWPs (17.1) heißt für ein festes h ≠ 0 *stark absolut stabil*, falls für alle λ_ν gilt $|\lambda_\nu| < 1$, er heißt *schwach absolut stabil*, wenn die Wurzelbedingung erfüllt ist, andernfalls heißt er *instabil*.
Eine Kurve, die den Bereich der absoluten Stabilität eines Verfahrens begrenzt, wird *Stabilitätsgrenze* genannt, s. dazu [ENGE87], S.458.

Für absolut stabile Verfahren ist gewährleistet, daß stabile Lösungen der Differentialgleichung durch stabile Lösungen der Differenzengleichung approximiert werden. Dabei ist aber folgendes Verhalten möglich:

$$\lim_{x \to \infty} y(x) = 0, \quad \text{aber} \quad \lim_{\substack{x \to \infty \\ h \neq 0}} Y(x_0 + ih) = d > 0.$$

Soll jedoch mit $\lim\limits_{x \to \infty} y(x) = 0$ auch $\lim\limits_{\substack{i \to \infty \\ h \neq 0}} Y(x_0 + ih) = 0$ gelten, so muß Stabilität für beliebige hc mit Re(hc) < 0, $|hc| \to \infty$ (sogenannte A-Stabilität) gefordert werden.

17.6 Stabilität

> **DEFINITION 17.19** (*A-Stabilität, Stabilität für beliebige hc mit* $|hc| \to \infty$).
> Ein Verfahren zur numerischen Integration eines AWPs (17.1) heißt *A-stabil*, falls für beliebige hc mit Re(hc) < 0 die Wurzelbedingung für $P(\lambda) = \varrho(\lambda) + hc\,\sigma(\lambda) = 0$ erfüllt ist.

Der Stabilitätsbereich muß somit für A-stabile Verfahren die linke Halbebene der komplexen hc-Ebene, d.h. die gesamte negative reelle Achse der hc-Ebene enthalten. Über die A-Stabilität von Einschritt- und von Mehrschrittverfahren gelten folgende Aussagen:

(1) Explizite Einschrittverfahren sind nicht A-stabil.

(2) Es gibt A-stabile implizite Einschrittverfahren. Dazu zählen z.B. die impliziten RK-Formeln vom Gauß-Typ oder Rosenbrock-Verfahren (s. [HALL76], S.148 ff.), aber keineswegs beliebige implizite RK-Verfahren.

(3) Ein explizites Mehrschrittverfahren kann nicht A-stabil sein.

(4) Die globale Fehlerordnung (Konsistenzordnung) eines A-stabilen Mehrschrittverfahrens ist höchstens zwei.

(5) Unter den A-stabilen Mehrschrittverfahren der Konsistenzordnung zwei hat das Verfahren von Heun den kleinsten Fehlerkoeffizienten.

Die Extrapolationsmethode (Abschnitt 17.5) besitzt nicht die Eigenschaft der A-Stabilität. Die vorstehende Aufstellung läßt erkennen, daß außer den unter (2) genannten Verfahren keines angegeben werden kann, das bei Forderung einer globalen Fehlerordnung $q_g > 2$ die notwendige Forderung der A-Stabilität für alle Werte c mit Re(hc) < 0 (negative Halbebene) erfüllt.

Der Begriff der "steifen Stabilität" wird in Abschnitt 17.7 definiert.

LITERATUR zu 17.6.: [HALL76], 2; [JELT76]; [JELT 78]; [LINI77]; [LUTH87], 12; [RUTI52]; [WERN79], §9-11 .

17.7 Steife Differentialgleichungssysteme

17.7.1 Problemstellung

Es gibt eine Klasse von AWPen (17.1), für deren numerischen Behandlung nur spezielle Verfahren geeignet sind. Man bezeichnet die zugehörigen DGL-Systeme $\mathbf{y}' = \mathbf{f}(x,y)$ als *steif*, man spricht auch von *steifen Problemen*.

> **DEFINITION 17.20.** Ein System von DGLen $\mathbf{y}' = \mathbf{f}(x,y)$ heißt *steif*, wenn die Lösungsfunktionen $y_i(x)$ des AWPs (17.1) ein stark unterschiedliches Wachstumsverhalten zeigen: Für wachsendes x gibt es z.B. stark abklingende und schwachabklingende oder zunehmende Funktionen y_i.

Forderungen an ein für steife Systeme geeignetes Verfahren:

Von einem für steife Probleme geeigneten Verfahren ist zu fordern, daß Bestandteile der Näherungslösungen, die abgeklungen sind, beim weiteren Fortschreiten des Integrationsprozesses keinen Einfluß mehr auf die Lösungen haben dürfen. D.h. die steifen Komponenten müssen mit einem Verfahren integriert werden, für das für beliebige $h > 0$ und alle (im allgemeinen komplexen) c mit $\text{Re}(c) < 0$ gilt

$$\lim_{\substack{i \to \infty \\ h \neq 0}} \mathbf{Y}(x_0 + ih) \to 0.$$

A-Stabilität ist (zumindest eingeschränkt) für ein numerisches Verfahren zur Integration steifer Differentialgleichungssysteme erforderlich, da die numerische Lösung das Abklingen der steifen Lösungskomponenten richtig wiedergeben muß (insofern eignen sich die in Abschnitt 17.3.5 behandelten impliziten RK-Verfahren vom Gauß-Typ zur Integration steifer Systeme).

17.7.2 Kriterien für Steifheit eines Systems

(A) Ausgehend von dem DGL-System (17.1) sei zunächst $\mathbf{f}(x,y) = \mathbf{Ay}$ mit der (n,n)-Matrix $\mathbf{A} = (a_{ik})$, i,k = 1(1)n, a_{ik} = const., d.h. es liege ein System

(17.28) $$\mathbf{y}' = \mathbf{Ay}$$

17.7 Steife Differentialgleichungssysteme

von linearen Differentialgleichungen mit konstanten Koeffizienten vor.
Nehmen wir an, **A** sei diagonlähnlich, so läßt sich **A** auf Hauptdiagonalform transformieren. Dies ist immer möglich, wenn **A** nur voneinander verschiedene Eigenwerte hat. Das System (17.28) läßt sich dann entkoppeln in n skalare DGLen $y_i' = \lambda_i y_i$, i = 1(1)n. Für den Fall, daß **A** mehrfache Eigenwerte besitzt, läßt sich die Überführung in die Jordansche Normalform ausführen. Da in der Numerik die Aussage, daß zwei Eigenwerte gleich sind, ohnehin im allgemeinen eine wegen der numerischen Ungenauigkeiten unscharfe Aussage ist, beschränken wir unsere weiteren Überlegungen auf die Annahme, daß das System (17.28) entkoppelt sei. Damit läßt es sich rechtfertigen, daß wir uns im folgenden nur mit dem skalaren Modellproblem weiter befassen, zu dessen numerischer Integration wir Verfahren mit den erforderlichen Stabilitätseigenschaften heranziehen.

Das System (17.28) heißt nun steif, wenn für die Eigenwerte λ_i von **A** gilt:

$$(17.29) \quad \frac{-\min\limits_{i,x \in I} \operatorname{Re}(\lambda_i(x,y))}{|\max\limits_{i,x \in I} \operatorname{Re}(\lambda_i(x,y))|} \gg 1 .$$

(B) Jedem beliebigen System (17.1) läßt sich nun für $x \in I$ lokal ein System (17.28) zuordnen, wo **A** die Funktionalmatrix (Jacobi-Matrix) von (17.1) ist mit

$$(17.30) \quad \begin{cases} \mathbf{A} := \left(\dfrac{\partial f_i(x,\mathbf{y})}{\partial y_k}\right) = \mathbf{A}(x,\mathbf{y}), & i,k = 1(1)n, \\ f_i = f_i(x,\mathbf{y}) = f_i(x, y_1, y_2, \ldots, y_n). \end{cases}$$

Sind λ_i , i = 1(1)n, die Eigenwerte von (17.30) an der Stelle (x,y), so ist (17.29) ein Kriterium dafür, daß das System (17.1) in der Umgebung von (x,y) steif ist. Die Matrix (17.30) kann allerdings über das Integrationsintervall stark variieren.

17.7.3 Das Verfahren von Gear zur Integration steifer Systeme

Der Stabilitätsbereich eines A-stabilen Verfahrens umfaßt die negative hc-Halbebene. Die Forderung der A-Stabilität hat die starke Einschränkung der globalen Fehlerordnung der zur Integration steifer Systeme geeigneten Verfahren zur Folge. Daher sind verschiedene modifizierte Stabilitätsbegriffe aufgestellt worden, die zwar der A-Stabilität verwandt sind, aber durch Einschränkung der Forderung der vollen A-Stabilität eine Erhöhung der globalen Fehlerordnung erlauben. (s. hierzu [GEAR71/2]; [GEAR71/1]; [GRIG77] Bd. 2)

Zur Konstruktion des Verfahrens von Gear wird von dem charakteristischen Polynom ausgegangen:

(17.31) $$P(\lambda) = \varrho(\lambda) - hc\sigma(\lambda)$$

Zunächst wird $\sigma(\lambda)$ so angesetzt, daß $P(\lambda) \to 0$ geht für $|hc| \to \infty$: Division von (17.31) mit hc und Grenzübergang $|hc| \to \infty$ führt auf $\sigma(\lambda) = 0$. Der einfachste Ansatz, der dieser Forderung entspricht, ist

(17.32) $$\sigma(\lambda) = \lambda^M.$$

Daher hat $P(\lambda)$ für $hc = \infty$ (Fernpunkt der komplexen Ebene $hc = u + iv$) die bestmögliche Stabilitätseigenschaft: Für $|hc| = \infty$ liegt eine M-fache Wurzel im Punkte $\lambda = 0$ vor, die Bedingung für starke absolute Stabilität (Definition 17.18) ist für $|hc| = \infty$ erfüllt. Um das Verhalten der endlichen Punkte der hc-Ebene zu bestimmen, muß 1. das vollständige Polynom $P(\lambda)$ konstruiert, also $\varrho(\lambda)$ ermittelt werden und 2. der Stabilitätsbereich bestimmt werden.

1. Zu (17.32) wird das zugehörige $\varrho(x)$ über die Konsistenzbedingungen berechnet: Ein lineares Mehrschrittverfahren ist genau dann von der Konsistenzordnung q, wenn gilt ([GRIG77] Bd. 2, S.334)

(17.33) $$\begin{cases} (i) & \sum_{k=0}^{M} (a_k k^j - j b_k k^{j-1}) = 0, \; j = 1(1)q \\ (ii) & \sum_{k=0}^{M} a_k = 0. \end{cases}$$

(17.33) stellt ein System von q+1 linearen Gleichungen für die Koeffizienten a_k, k = 0(1)q, des Mehrschrittverfahrens dar.

2. Der Stabilitätsbereich des nach 1. gewonnenen Mehrschrittverfahrens ergibt sich für $\lambda := re^{i\varphi}$ mit $|\lambda| = r \leq 1$ als notwendige Stabilitätsbedingung aus

$$hc = \frac{\varrho(\lambda)}{\sigma(\lambda)} = \frac{\varrho(re^{i\varphi})}{\sigma(re^{i\varphi})} = u + iv, \; \varphi \in [0, 2\pi];$$

die Stabilitätsgrenze erhält man für r = 1.

17.7 Steife Differentialgleichungssysteme

Korrektorformeln der Gear-Verfahren für q = 1(1)6:

Die Iterationsvorschriften für die zugehörigen Verfahren lauten wegen $\sigma(\lambda) = \lambda^M$, M = 1(1)6, M = q, q = Konsistenzordnung:

M	Korrektorformeln der Gear–Verfahren für q = 1(1)6	
1	$\mathbf{Y}_{i+1}^{(\nu+1)} = \mathbf{Y}_i + h\mathbf{f}_{i+1}^{(\nu)} = \mathbf{Y}_i + h\mathbf{f}(x_{i+1}, \mathbf{Y}_{i+1}^{(\nu)})$,	$\nu = 0, 1, 2, \ldots$
2	$\mathbf{Y}_{i+1}^{(\nu+1)} = \frac{1}{3}(4\mathbf{Y}_i - \mathbf{Y}_{i-1} + 2h\mathbf{f}_{i+1}^{(\nu)})$,	$\nu = 0, 1, 2, \ldots$
3	$\mathbf{Y}_{i+1}^{(\nu+1)} = \frac{1}{11}(18\mathbf{Y}_i - 9\mathbf{Y}_{i-1} + 2\mathbf{Y}_{i-2} + 6h\mathbf{f}_{i+1}^{(\nu)})$,	$\nu = 0, 1, 2, \ldots$
4	$\mathbf{Y}_{i+1}^{(\nu+1)} = \frac{1}{25}(48\mathbf{Y}_i - 36\mathbf{Y}_{i-1} + 16\mathbf{Y}_{i-2}$ $-3\mathbf{Y}_{i-3} + 12h\mathbf{f}_{i+1}^{(\nu)})$,	$\nu = 0, 1, 2, \ldots$
5	$\mathbf{Y}_{i+1}^{(\nu+1)} = \frac{1}{137}(300\mathbf{Y}_i - 300\mathbf{Y}_{i-1} + 200\mathbf{Y}_{i-2}$ $-75\mathbf{Y}_{i-3} + 12\mathbf{Y}_{i-4} + 60h\mathbf{f}_{i+1}^{(\nu)})$,	$\nu = 0, 1, 2, \ldots$
6	$\mathbf{Y}_{i+1}^{(\nu+1)} = \frac{1}{147}(360\mathbf{Y}_i - 450\mathbf{Y}_{i-1} + 600\mathbf{Y}_{i-2}$ $-225\mathbf{Y}_{i-3} + 72\mathbf{Y}_{i-4} - 10\mathbf{Y}_{i-5} + 60h\mathbf{f}_{i+1}^{(\nu)})$,	$\nu = 0, 1, 2, \ldots$

Für q = 1(1)6 ist pro Iterationsschritt nur eine Auswertung der Funktion **f** erforderlich. Die Stabilitätsbereiche für q = 1(1)6 ergeben sich wie in den folgenden Abbildungen (vgl. [GEAR71/1], S.212 ff.). Alle diese Stabilitätsbereiche begrenzenden Kurven verlaufen durch den Punkt |hc| = ∞ der hc-Ebene, (vgl. Abbildungen 17.1 und 17.2). Das Verfahren für M = 2 ist (ebenso wie das Verfahren von Heun) schwach A-stabil, die Verfahren für M = 3(1)6 sind steif stabil.

17. Anfangswertprobleme bei gewöhnlichen Differentialgleichungen

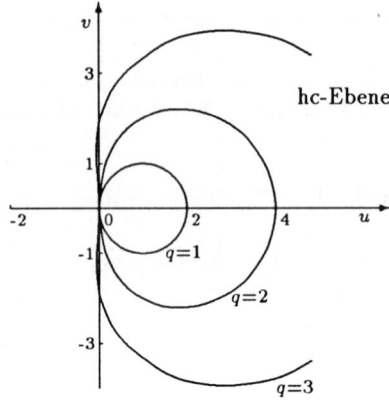

Abbildung 17.1: Stabilitätsbereiche der Gear–Verfahren für q = 1,2,3

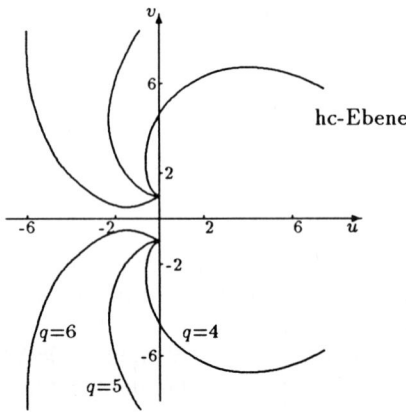

Abbildung 17.2: Stabilitätsbereiche der Gear–Verfahren für q = 4,5,6

Vereinfacht lassen sich die *Stabilitätsbereiche für die Gear-Verfahren* wie folgt darstellen:

17.7 Steife Differentialgleichungssysteme

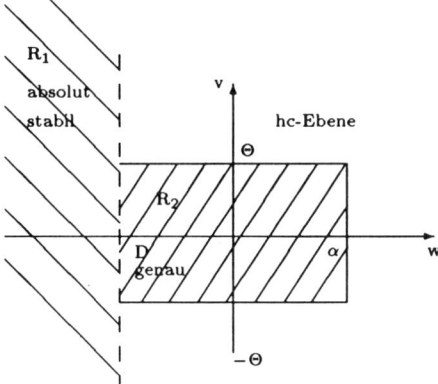

Abbildung 17.3: Bereiche steifer Stabilität
(für q = 6 gilt etwa D = -6.1, Θ = 0.5, α ≈ 0)

Die den jeweiligen Stabilitätsbereich begrenzenden Geraden sind Tangenten an die Kurven in Abbildung 17.1 und 17.2. Gear bezeichnete die durch Abbildung 17.3 gekennzeichneten schraffierten Gebiete als *Bereiche steifer Stabilität*. Er definierte ([GEAR71/2]):

DEFINITION 17.21 (*Steife Stabilität*).
Ein Verfahren heißt steif-stabil, wenn es im Bereich R_1 (Re(hc) $\leq$ D < 0) absolut stabil ist und im Bereich R_2 (D $\leq$ Re(hc) < α, |Im(hc)| < Θ) genau ist.

Konvergenz der Korrektorformel.

Allgemein hat die Korrektorformel eines Gear-Verfahrens (vgl. Tabelle der Korrektorformeln für q = 1(1)6) die Form

$$\mathbf{Y}_{i+1}^{(\nu+1)} = \sum_{k=1}^{M}(hb_{M-k}\mathbf{f}_{i+1-k} - a_{M-k}\mathbf{Y}_{i+1-k}) + hb_M\mathbf{f}_{i+1}^{(\nu)},$$

die sich aus (17.24) durch Auflösung nach $\mathbf{Y}_{i+1}$ ergibt. Die Konvergenz der Korrektor-Iteration ist gewährleistet für

$$\|hb_M\left(\frac{\partial f_i}{\partial y_k}\right)\| < 1,$$

wobei $\left(\frac{\partial f_i}{\partial y_k}\right)$ im Falle eines Systems (17.1) die Funktionalmatrix darstellt und $\|\cdot\|$ eine Matrixnorm bedeutet. Für steife Einzel-DGLen (auch bei entkoppelten Systemen) lautet die Konvergenzbedingung

$$h|b_M \frac{\partial f}{\partial y}| < 1.$$

Aus der Konvergenzbedingung für die Iteration ergibt sich möglicherweise ein kleineres h als es das angewandte steif-stabile Verfahren erfordern würde. Dann wendet man statt des allgemeinen Iterationsverfahrens zur Lösung der Korrektorgleichung das Newtonsche Verfahren an. Zur Verringerung des Rechenaufwandes kann es ausreichend sein, nach dem vereinfachten Newtonschen Verfahren zu rechnen, vorausgesetzt, daß die Konvergenz nicht wesentlich beeinträchtigt wird.

Der Praediktor.

Als Startwerte (Praediktoren) für die Korrektoriteration sind in der von Gear selbst gegebenen Implementierung die Werte $Y_{i+1}^{(0)} = Y_i$ verwendet. Durch geeignete Wahl von h entsprechend den vorgenannten Konvergenzbedingungen konvergiert die Korrektoriteration. Im allgemeinen sind drei Iterationen sinnvoll. Praediktoren, wie sie die A-B-Formeln für die A-M-Formeln darstellen, kann man hier für die Verfahren M-ter Ordnung M = 3(1)6 konstruieren, indem ausgehend von den Gleichungen (17.33) mit dem Ansatz $\sigma(\lambda) = \lambda^{M-1}$ ein explizites Verfahren ($b_M = 0$) konstruiert wird.

Bemerkungen zum Verfahren von Gear.

Das Verfahren wurde von Gear implementiert (SUBROUTINE DIFSUB, siehe [GEAR71/3]). Das Programm arbeitet mit automatischer Schrittweitensteuerung und automatischer Wahl der globalen Fehlerordnung für vorgegebene Genauigkeitsschranken. Neben DIFSUB gibt es eine neuere Version Gear 3 oder Gear Rev. 3 und ein von Byrne und Hindmarsh 1975 implementiertes Programmpaket EPISODE, das eine Weiterentwicklung von DIFSUB darstellt. Es handelt sich um eine Formulierung dieser im Programmpaket verwendeten MS-Verfahren in der sogenannten Nordsiek-Form ([GRIGG77], S.58), wobei sich sowohl q_g als auch h steuern lassen. Zugleich ist dafür ein numerisch brauchbares Verfahren entwickelt worden, bei dem man auf eine besondere Anlaufrechnung verzichten kann. Man beginnt die Rechnung mit einem einschrittigen Typ der verwendeten Verfahrensklasse ([GRIGG77], S. 90 ff.). Bei den in Frage kommenden Schrittweitenänderungen muß man unter Umständen vorsichtig sein, um die Stabilität nicht zu gefährden (nicht generell Halbierung vorschreiben). Siehe hierzu eine Arbeit von Gear und Tu

(SIAM J. Num. An. 11 (1974), p. 137-143 und 1025-1043). Weitere Verfahren für steife DGLs-Systeme sind in [GRIG77], S.236 ff. angegeben.

Das Verfahren von Gear liefert im allgemeinen keine brauchbaren Resultate für steife Probleme, bei denen die Eigenwerte λ_i von (f_y) nahe der imaginären Achse der hc-Ebene liegen. Sie liegen dann außerhalb oder nahe der Grenze des Bereiches der absoluten Stabilität. In diesem Falle erweisen sich Rosenbrock- oder modifizierte Rosenbrock-Methoden als brauchbar ([KAPS81]). An Stelle des Begriffs der steifen Stabilität müssen dabei je nach der Struktur des Verfahrens andere Modifikationen der A-Stabilität verwendet werden ([GRIG77, S.236 ff.; [JELT76]; [JELT78]). Voll A-stabile Verfahren sind die impliziten RK-Formeln mit Gaußschen Stützstellen (vgl. Abschnitt 17.3.5) sowie gewisse Typen von Rosenbrock-Methoden. Der Rechenaufwand ist jedoch erheblich größer als etwa beim Verfahren von Gear.

BEMERKUNG. Effektive Algorithmen zur Lösung steifer Systeme und die zugehörigen FORTRAN-Programme, die auf den Arbeiten von Gear, Krogh und Hull aufbauen, sind in dem Programmpaket DEPAC enthalten, das im Quellcode auf Diskette bei Frau Prof. Dr. Engeln-Müllges kostenlos gegen Einsendung einer Diskette im frankierten Rückumschlag erhältlich ist, siehe auch [SHAM84]. Ein weiteres effektives Verfahren ist das Verfahren von Enright für steife Systeme, siehe dazu [ENGE87], S.491.

LITERATUR zu 17.7.: [AHLB67]; [GEAR71/1]; [GEAR71/2]; [GEAR71/3]; [GRIG77] Bd.2, 3.3; [HALL76], Part 2; [HULL72]; [HULL75]; [LAPI71], 6; [LIND77]; [LINI77]; [LUTH87], 13; [SHAM84]; [WERN86], Kap. 5 .

17.8 Entscheidungshilfen bei der Wahl des Verfahrens

Keines der in diesem Kapitel behandelten Verfahren ist für ein beliebiges Problem durchweg besser als ein anderes. Man muß daher über die Vor- und Nachteile jedes Verfahrens informiert sein und im Einzelfall entscheiden, welchem Verfahren bei welchem Problem der Vorzug zu geben ist. Es ist nicht zu erwarten, daß man durch theoretische Untersuchungen strenge Kriterien gewinnen kann, die bei vorgegebener Genauigkeitsforderung optimale Verfahren zu wählen gestatten. Es lassen sich nur folgende allgemeine Aussagen auf Grund eines Vergleichs zwischen der Klasse der Einschritt- und der Extrapolationsverfahren einerseits und der Mehrschrittverfahren andererseits machen.

Wir wählen als Vertreter der Einschrittverfahren das *klassische RK-Verfahren*.

Vorteile: 1. Selbststartend, starre lokale Fehlerordnung $O(h^5)$, einfach zu handhaben.
2. Automatische Schrittweitensteuerung leicht möglich.
Nachteil: Jeder Integrationsschritt erfordert die Berechnung von vier Funktionswerten.

Extrapolationsverfahren.

Vorteile: 1. Selbststartend, keine starre Ordnung.
2. Schrittweitensteuerung möglich.
Nachteil: Oft ein erheblicher Rechenaufwand pro Schritt.

Mehrschrittverfahren.

Vorteile: Je Integrationsschritt einschließlich Iteration ist im allgemeinen die Berechnung von nur zwei bis drei Funktionswerten erforderlich. Formeln beliebig hoher Ordnung sind leicht konstruierbar.
Nachteile: 1. Nicht selbststartend. Berechnung eines Anlaufsstücks erforderlich.
2. Schrittweitensteuerung möglich ([GRIG77] Bd.2, S.92,98 ff.), aber aufwendig, da bei Änderung der Schrittweite das Anlaufstück neu berechnet werden muß (s. [GEAR80]).

Diese Aussagen sind unabhängig von dem Typus des zu behandelten AWPs. Für die problembezogenen Entscheidungshilfen unterscheiden wir AWPe bei nichtsteifen und bei steifen Systemen.

Entscheidungshilfen für nichtsteife DGLs-Systeme.

Es liegen umfassende vergleichende numerische Tests über die Anwendung der bekannten numerischen Verfahren zur Integration von AWPen bei Systemen von DGLn erster Ordnung vor. Neben der Prüfung, wie sich die Verfahren bei gegebenen Genauigkeitsanforderungen verhalten, wurden die Verhaltensweisen beim Auftreten von Steifheit, von Singularitäten u.a.m. nicht in die Untersuchung einbezogen. Zur Durchführung dieser Untersuchungen wurde ein allgemeines, auf alle Verfahren für AWPe bei gewöhnlichen DGLen anwendbares Programm mit Namen DETEST entwickelt (DETEST ist veröffentlicht in Hall, Enright, Hull, Sedgwick: Techn. Report No. 60 (1973), Dep. of Computer Science, University of Toronto. Kurzbeschreibung zum Programm und Testergebnisse sind in [HULL72] und [ENRI76] zu finden).

Die Testprobleme werden in fünf Klassen eingeteilt:

1. Einzel-DGLen 1. Ordnung
2. Kleine Systeme 1. Ordnung
3. Mittlere Systeme 1. Ordnung
4. Systeme zur Bahnberechnung 1. Ordnung
5. Systeme höherer Ordnung

Es wird jeweils eine Fehlerschranke ε für den lokalen Verfahrensfehler so vorgegeben, daß Rundungsfehler zumindest bei doppelter Wortlänge keine Rolle spielen. Die Schrittweite wird variiert, wenn die Einhaltung der vorgegebenen Schranke ε es erfordert. Als Maß für die Brauchbarkeit eines Verfahrens wird der unter den vorgegebenen Bedingungen (Problemklasse, Schranke ε) entstehende Rechenaufwand angesehen. Er wird unterteilt in

(a) Aufwand für die Berechnung der Funktionswerte f, der von deren Anzahl pro Schritt und der Struktur von f abhängt.
(b) Aufwand für die übrigen Operationen, abgesehen von (c).
(c) Aufwand für erforderliche Änderungen der Schrittweite.

Es wurden folgende Werte für ε vorgegeben:

$$(i)\ \varepsilon = 10^{-3}, \quad (ii)\ \varepsilon = 10^{-6}, \quad (iii)\ \varepsilon = 10^{-9}.$$

Testergebnisse aus [ENRI76], S.626-635:

Wenn der Aufwand für (a) nicht groß (einfach gebautes f) ist, ist das Extrapolationsverfahren von Bulirsch-Stoer-Gragg das günstigste Verfahren, s. Abschnitt 17.5. Ist dagegen die Anzahl der f-Werte groß und deren Berechnung aufwendig, so sind die Adams-Verfahren günstiger, obwohl hier der Aufwand (b) größer ist. Besonders günstig sind implizite Adams-Verfahren von variabler Ordnung, vgl. [KROG68]; dort wird die Verfahrensordnung zu Beginn der Rechnung aus dem vorgegebenen ε automatisch bestimmt, wobei h so groß als möglich gewählt wird, jedoch so, daß die Stabilität des Verfahrens gesichert ist. Bei Über- oder Unterschreitung von ε in einem Schritt wird die Ordnung erhöht oder erniedrigt. RK-Verfahren sind nur günstig, wenn der Aufwand (a) klein ist und geringe Genauigkeitsanforderungen gestellt werden, etwa $\varepsilon = 10^{-3}$. Zeittests für Einzel-DGLen sind in [ENRI76] zu finden.

Entscheidungshilfen für RK-Einbettungsformeln

Adaptive AWP-Löser sind in jedem Fall Methoden ohne Adaption vorzuziehen. Da jedoch die laufende Anpassung der Schrittweite über eine automatische Schrittweitensteuerung pro Schritt die Berechnung von zwei Näherungswerten Y und $\tilde{Y}$ für die Lösung y erfordert, muß der Aufwand zur Berechnung des zweiten Näherungswertes minimiert werden. Bei den RK-Einbettungsformeln ist dieser Aufwand deshalb minimal, weil bei der Berechnung von $\tilde{Y}$ die k-Werte für Y automatisch mit anfallen, es ist also nur ein geringer Mehraufwand zur Berechnung des Z-Näherungswertes erforderlich.
Umfangreiche Tests mit Einbettungsformeln in [KRÜG90] führen zu den folgenden Ergebnissen:

(1) Bei den Formeln 4. und 5. Ordnung ist das Verfahren rk5(4)6m (Prince-Dormand-Einbettungsformel 4. und 5. Ordnung) besonders zu empfehlen; weniger gut geeignet sind rk5(4)7m und rke5(4); rke5(4) erfordert einen besonders hohen Rechenaufwand.

(2) Unter den Formeln 6. und 7. Ordnung ist eindeutig rkv6(5) bezüglich Zuverlässigkeit und Genauigkeit vorzuziehen, wegen des geringen Rechenaufwandes sind die Verfahren rk6(5)8m und rkv7(6) besonders empfehlenswert.

(3) Unter den Formeln 8. und 9. Ordnung zeichnet sich rk8(7)13m durch hohe Zuverlässigkeit und Genauigkeit sowie geringen Rechenaufwand aus, ähnlich rkv8(7). Dagegen erfordert rkv9(8) einen hohen Rechenaufwand und hat gegenüber den Verfahren 8. Ordnung auch sonst keine Vorteile.

(4) Die Verfahren rkf6(5) und rkf8(7) lieferten bei den Testrechnungen keine vergleichbar guten Ergebnisse.

(5) Für steife Probleme sind alle expliziten RK-Verfahren völlig ungeeignet.

Entscheidungshilfen für steife Systeme.

Vor der Entscheidung für ein Verfahren sollte geprüft werden, ob ein steifes System vorliegt. Das läßt sich im allgemeinen nach den Kriterien in Abschnitt 17.7.2 entscheiden. Bei kleineren Systemen kann dies manchmal auch an der Gestalt der DGLen des Systems unmittelbar erkannt werden. Doch die im Abschnitt 17.7.2 angegebenen Kriterien können einen erheblichen Aufwand erfordern. Prüft man nicht vorher, so wird man gegebenenfalls mit einem Verfahren aus 17.7 ungenaue Ergebnisse bei langen Rechenzeiten erhalten.

17.8 Entscheidungshilfen

Daher wird angestrebt, numerische Tests zur Prüfung auf Steifheit zu entwickeln.

Ein solcher Test wurde von L.F. Shampine vorgeschlagen. Das vorgelegte AWP wird einmal nach einem expliziten RK-Verfahren, zum anderen nach dem E-C-Verfahren integriert bei vorgegebener Genauigkeitsforderung für den lokalen Verfahrensfehler. Als RK-Verfahren wird das von Fehlberg angegebene Verfahren mit $m = 5$, $q_g = 4$ mit den Koeffizienten aus Tabelle 17.6 gewählt. Eine gute Näherung für den lokalen Verfahrensfehler an der Stelle x_{i+1} ist durch (17.8') gegeben.

Hat einer der Tests ergeben, daß das zu lösende AWP steif ist, so bieten sich Entscheidungshilfen für die Auswahl eines geeigneten Verfahrens auf Grund einer Untersuchung [HULL75] an. Es handelt sich um systematische numerische Tests, in denen fünf verschiedene Methoden, die zur numerischen Lösung steifer Probleme geeignet sind, auf 25 ausgewählte steife Probleme angewandt werden. Zur Prüfung von Verfahren für steife Systeme wurde ein auf alle Verfahren für steife Systeme anwendbares Testprogramm STIFF DETEST entwickelt. Das Programm ist in dem entsprechenden Techn. Report von Bedet, Enright, Hull des Dep. of Computer Science der University of Toronto zu finden, Resultate der Tests sind in [HULL75] veröffentlicht. Als Maß für die Brauchbarkeit eines Verfahrens für eine bestimmte Problemklasse wird der zur Einhaltung einer vorgegebenen Genauigkeitsschranke erforderliche Rechenaufwand angesehen. Er setzt sich zusammen aus overhead, Aufwand für Funktionsaufrufe, für Berechnung von Jakobideterminanten und für Matrizeninversionen. Als allgemeine Entscheidungshilfen können dienen: Die steifstabilen Verfahren von Enright und Gear erwiesen sich als günstig für alle Probleme, bei denen die Eigenwerte aller Jakobi-Matrizen nicht in der Nähe der imaginären Achse der hc-Ebene liegen. Das Verfahren von Enright ist steif stabil. Mit Enright lassen sich genauere Resultate erzielen, dafür ist der Aufwand größer als bei Gear.

Für Probleme aus der Elektrotechnik, bei denen Eigenwerte nahe der imaginären Achse auftreten, sind das Verfahren von Gear nicht, das von Enright nur in eingeschränktem Maße brauchbar. Hier ist ein steif-stabiles Verfahren wegen $Im(hc) \gg 1$, $Re(hc)$ klein, offenbar nicht brauchbar. Daher sollte ein voll A-stabiles Verfahren herangezogen werden. Diese Eigenschaft haben z.B. implizite RK-Verfahren mit Gaußschen Stützstellen. Angenehmer zu handhaben sind Rosenbrock-Methoden zur Integration steifer Systeme, geeignete Rosenbrock-Methoden finden sich in [KAPS81]; von Kaps wurden 1977 modifizierte Rosenbrock-Methoden bis zur Ordnung 6 angegeben und von Kaps und Wanner [KAPS81] implementiert.

Eine kurze Darstellung der Tests [HULL75] ist in [GRIG77] Bd. 2, angegeben. FORTRAN-Codes für Gear-Verfahren sind in [SHAM84] zu finden, s. auch Bemerkung am Ende von Abschnitt 17.4.1 .

LITERATUR zu 17.8.: [ENRI76]; [GEAR71/1], 12; [HULL72]; [HULL75]; [KAPS81]; [KROG66]; [KROG68]; [WERN86], 4.8, 5.5.

Kapitel 18

Randwertprobleme bei gewöhnlichen Differentialgleichungen

18.1 Problemstellung

Gegeben sei die DGL

(18.1) $$y'' = g(x, y, y')$$

mit den Randbedingungen (Zwei-Punkt-Randwertproblem)

(18.2) $$\begin{cases} \alpha_1 y(a) + \alpha_2 y'(a) = A, \\ \beta_1 y(b) + \beta_2 y'(b) = B \end{cases} \quad |\alpha_1| + |\beta_1| > 0$$

mit $\alpha_i \neq 0$ und $\beta_j \neq 0$ für mindestens ein i bzw. j. Die Bedingungen (18.2) heißen *lineare Randbedingungen* (RBen), die DGL (18.1) zusammen mit den RBen (18.2) stellt ein *Randwertproblem* (RWP) zweiter Ordnung dar. An Stelle von (18.2) können auch nichtlineare RBen $r_1(y(a), y'(a)) = 0$ und $r_2(y(b), y'(b)) = 0$ treten. Dieser Fall wird hier jedoch nicht behandelt, kann aber mit dem Unterprogramm im Anhang bearbeitet werden.

Ein RWP n-ter Ordnung ist gegeben durch eine DGL

(18.3) $$y^{(n)} = f(x, y, y', \ldots, y^{(n-1)})$$

und n (linaren oder nichtlinearen) RBen, in die die Werte von y,y',...,$y^{(n-1)}$ an mindestens zwei Stellen eingehen. In den Anwendungen treten häufig RWPe zweiter und vierter Ordnung auf.

Zu einem Randwertproblem (18.3), dem ein Differentialgleichungssystem erster Ordnung

$$\mathbf{y}' = \mathbf{f}(x, \mathbf{y}), \quad x \in [a, b], \quad \mathbf{r}(\mathbf{y}(a), \mathbf{y}(b)) = 0$$

zugeordnet ist mit (linearen oder nichtlinearen) Randbedingungen, bestimmt das Unterprogramm RWP über das Schießverfahren (s. [LUTH87], 15.1) eine geeignete Näherung YANF für den Anfangswert $\mathbf{y}(a)$ einer Lösung $\mathbf{y}$ des RWPs. Die zugehörige Lösung $\mathbf{y}$ kann man über einen Anfangswertproblemlöser aus Kapitel 17, angewandt auf

$$\mathbf{y}' = \mathbf{f}(x, \mathbf{y}), \quad x \in [a, b], \quad \mathbf{y}(a) = \text{YANF},$$

näherungsweise bestimmen.

Das Lösen des nichtlinearen Gleichungssystems, auf das das Schießverfahren führt, geschieht iterativ mit Hilfe des Newton-Verfahrens, wobei fortlaufend dem Randwertproblem zugeordnete Anfangswertprobleme zu lösen sind. Dazu wird das Unterprogramm AWP, das ökonomisch mit Schrittweitensteuerung arbeitet, genutzt. Dieses Unterprogramm ist allerdings nicht zur Lösung steifer Anfangswertprobleme geeignet. Außerdem kann auch bei "harmlosen" Randwertproblemen das zugeordnete Anfangswertproblem sehr empfindlich auf Störungen in den Anfangswerten reagieren, so daß das Newton-Verfahren womöglich nur dann konvergiert, wenn der vorgegebene Startwert für den exakten Anfangswert $\mathbf{y}(a)$ schon ziemlich genau damit übereinstimmt.

18.2 Zurückführung des Randwertproblems auf ein Anfangswertproblem

18.2.1 Randwertprobleme für nichtlineare Differentialgleichungen zweiter Ordnung

Für die Existenz und Eindeutigkeit der Lösung des RWPs (18.1), (18.2) gilt folgende Aussage: Gegeben sei die DGL (18.1) mit den RBen (18.2). Die Funktion g habe stetige partielle erste Ableitungen für $a \leq x \leq b$, $y^2 + y'^2 < \infty$, und es gelten für $x \in [a,b]$ mit den Konstanten $0 < L$, $M < \infty$ folgende Ungleichungen

$$0 < \frac{\partial g}{\partial y} \leq L, \quad \left|\frac{\partial g}{\partial y'}\right| \leq M, \quad \alpha_1 \alpha_2 \leq 0, \quad \beta_1 \beta_2 \geq 0.$$

18.2 Zurückführung auf ein Anfangswertproblem

Dann besitzt das RWP (18.1), (18.2) für x ∈ [a,b] eine eindeutig bestimmte Lösung ([KELL68], S.9 und S.50).

Die Lösung des RWPs wird folgendermaßen konstruiert: Man geht aus von einem AWP, das aus der DGL (18.1) und den ABen

$$(18.4) \quad \begin{cases} \alpha_1 y(a) + \alpha_2 y'(a) = A, \\ \gamma_1 y(a) + \gamma_2 y'(a) = s \end{cases}$$

besteht. Dabei sind für (18.4) die Konstanten γ_1, γ_2 so zu wählen, daß $\alpha_2 \gamma_1 - \alpha_1 \gamma_2 = 1$ gilt.

Der Parameter s muß der Gleichung

$$(18.5) \quad f(s) = \beta_1 y(b,s) + \beta_2 y'(b,s) - B = 0$$

genügen. O.B.d.A. wird $\alpha_1 \geq 0$, $\alpha_2 \leq 0$, $\beta_i \geq 0$, i = 1,2, $\alpha_1 + \beta_1 > 0$ angenommen. Die Lösung des AWPs (18.1), (18.4) hängt von s ab, es gilt y = y(x,s). Aus (18.4) lassen sich y(a), y'(a) wie folgt berechnen

$$(18.6) \quad y(a) = \alpha_2 s - \gamma_2 A, \quad y'(a) = \gamma_1 A - \alpha_1 s.$$

Das AWP (18.1), (18.6) ist zu dem AWP (18.1), (18.4) äquivalent; es kann für jeden Wert von s nach einem der in Kapitel 17 angegebenen Verfahren behandelt werden, so daß man für jedes s Näherungswerte $Y(x_i,s)$, $Y'(x_i,s)$ für $y(x_i,s)$ bzw. $y'(x_i,s)$ erhält mit x_i = a + i(b-a)/N, x_i ∈ [a,b], i = 1(1)N, und damit Y(b,s) ≈ y(b,s) bzw. Y'(b,s) ≈ y'(b,s) berechnen kann.

Zur Bestimmung von s muß die Gleichung (18.5) iterativ gelöst werden. Dazu benötigt man die Werte von y(b,s) und y'(b,s), die sich nur numerisch berechnen lassen, so daß sich im Gegensatz zu den in Kapitel 2 behandelten Gleichungen (18.5) nicht als echte Beziehung in s ergibt.

Man beginnt mit einem beliebigen Startwert $s^{(0)}$ und löst dazu das AWP (18.1), (18.6). Die erhaltenen Werte $Y(b,s^{(0)})$, $Y'(b,s^{(0)})$ benutzt man zur Berechnung einer verbesserten Näherung $s^{(1)}$ für s nach der folgenden Vorschrift

(18.7)
$$\begin{cases} s^{(\nu+1)} = s^{(\nu)} - mF(s^{(\nu)}), \quad \nu = 0,1,2,\ldots \quad \text{mit} \\ F(s) = \beta_1 Y(b,s) + \beta_2 Y'(b,s) - B, \quad m = 2/(\Gamma + \gamma), \\ \gamma = \beta_1(\alpha_1 \frac{1 - e^{-M(b-a)}}{M} - \alpha_2) + \alpha_1 \beta_2 e^{-M(b-a)}, \\ \Gamma = \frac{e^{(M/2)(b-a)}}{2\sigma}\{(\alpha_1 - \alpha_2(\sigma - M/2))(\beta_1 \\ \quad + \beta_2(\sigma + M/2))e^{\sigma(b-a)} \\ \quad - (\alpha_1 + \alpha_2(\sigma + M/2))(\beta_1 - \beta_2(\sigma - M/2))e^{-\sigma(b-a)}\}, \\ \sigma = \frac{1}{2}\sqrt{4L + M^2}, \quad \text{mit} \quad \frac{\partial g}{\partial y} \leq L, \quad L > 0, \quad M > 0 \end{cases}$$

Mit $s^{(1)}$ löst man erneut das AWP (18.1), (18.6) und bestimmt anschliessend $s^{(2)}$ nach der Vorschrift (18.7) usw. Es muß also zu jedem Wert $s^{(\nu)}$ das AWP (18.1), (18.6) erneut gelöst werden. Das Verfahren wird abgebrochen, wenn sich zwei aufeinanderfolgende Näherungen $s^{(\nu)}$, $s^{(\nu+1)}$ innerhalb einer vorgegebenen Stellenzahl nicht mehr ändern. Unter den genannten hinreichenden Bedingungen für Existenz und Eindeutigkeit der Lösung des RWPs gibt es unabhängig von der Wahl des Startwertes $s^{(0)}$ genau eine Lösung $\bar{s} = \lim_{\nu \to \infty} s^{(\nu)}$
der Gleichung $F(s) = 0$.

Bei Anwendung eines Verfahrens der globalen Fehlerordnung $O(h^q)$ zur Lösung des AWPs (18.1), (18.6) gilt (s. [KELL68], §2.2) mit $\lambda = (\Gamma-\gamma)/(\Gamma+\gamma) < 1$, also $0 \leq \lambda < 1$ und $i \in [0,N]$

$$\begin{aligned} |\bar{s} - s^{(\nu)}| &\leq \lambda^\nu |F(s^{(0)})|/\gamma, \quad \nu = 1,2,3,\ldots, \\ |Y(x_i, s^{(\nu)}) - y(x_i)| &\leq O(h^q) + O(\lambda^\nu), \\ |Y'(x_i, s^{(\nu)}) - y'(x_i)| &\leq O(h^q) + O(\lambda^\nu). \end{aligned}$$

BEMERKUNG. Die Anwendung des Newtonschen Verfahrens zur iterativen Lösung von (18.5) nach der Vorschrift $s^{(\nu+1)} = s^{(\nu)} - F(s^{(\nu)})/F'(s^{(\nu)})$ erfordert die Kenntnis von $F'(s^{(\nu)})$. Eine näherungsweise Bestimmung von $F'(s^{(\nu)})$ ist in [KELL68], S.53 angegeben. Man kann auch das gedämpfte Newton-Verfahren verwenden unter Approximation der Ableitungen durch den vorderen Differenzenquotienten.

SONDERFALL. Für den Fall $\alpha_2 = \beta_2 = 0$ läßt sich o.B.d.A. $\alpha_1 = \beta_1 = 1$ setzen. Damit läßt sich das RWP (18.1), (18.2) auf das AWP der DGL (18.1) mit den ABen $y(a) = A$, $y'(a) = s$ zurückführen. Man wähle einen Startwert $s^{(0)}$. Durch numerische Lösung dieses AWPs ergibt sich $Y(b,s^{(0)})$;

18.2 Zurückführung auf ein Anfangswertproblem

mit einem zweiten Startwert $s^{(1)}$ ergibt sich $Y(b,s^{(1)})$. Einen verbesserten Wert $s^{(2)}$ liefert z.B. die Regula falsi mit

$$s^{(2)} = s^{(0)} + (s^{(1)} - s^{(0)}) \frac{B - Y(b, s^{(0)})}{Y(b, s^{(1)}) - Y(b, s^{(0)})}.$$

Man wähle dabei $s^{(0)}$, $s^{(1)}$ möglichst so, daß $Y(b,s^{(0)})$-B < 0, $Y(b,s^{(1)})$-B > 0 oder umgekehrt ist. Das Verfahren ist solange fortzusetzen, bis $|Y(b,s^{(\nu)})\text{-}B| < \varepsilon$ für vorgegebenes $\varepsilon > 0$ gilt.

18.2.2 Randwertprobleme für Systeme von Differentialgleichungen erster Ordnung

RWPe für DGLen (18.3) mit linearen RBen lassen sich durch die Substitutionen $y_{k+1} := y^{(k)}$, k = 0(1)n-1, auf RWPe für Systeme von DGLen erster Ordnung der Form

(18.8)
$$\begin{cases} \mathbf{y}' = \mathbf{f}(x,\mathbf{y}), \quad x \in [a,b], \\ \mathbf{A}\mathbf{y}(a) + \mathbf{B}\mathbf{y}(b) - \mathbf{a} = \mathbf{0}, \\ \text{mit} \quad \mathbf{y} = (y_1, y_2, \ldots, y_n)^T, \quad \mathbf{a} = (a_1, a_2, \ldots, a_n)^T \end{cases}$$

zurückführen, wobei $\mathbf{A} = (a_{jk})$, $\mathbf{B} = (b_{jk})$ (n,n)-Matrizen mit konstanten Elementen sind und $\mathbf{a}$ ein konstanter Vektor ist (vgl. Abschnitt 18.1).

Für die Existenz und Eindeutigkeit der Lösung eines RWPs (18.8) gilt eine den für das RWP (18.1), (18.2) genannten hinreichenden Bedingungen analoge Aussage ([KELL68], S.16). Sie ist jedoch für umfangreiche Systeme nur mit erheblichem Aufwand nachprüfbar und außerdem in praktisch wichtigen Fällen nicht immer erfüllt. Man versucht auch dann durch Anwendung des nachstehend beschriebenen Verfahrens oder aber des Mehrzielverfahrens (Abschnitt 18.2.3) zum Ziel zu kommen.

Zur Konstruktion der Lösung des RWPs (18.8) geht man aus von dem AWP

(18.9) $$\mathbf{y}' = \mathbf{f}(x,\mathbf{y}), \qquad \mathbf{y}(a) = \mathbf{s} = \begin{pmatrix} s_1 \\ \vdots \\ s_n \end{pmatrix};$$

seine Lösung sei $\mathbf{y} = \mathbf{y}(x,\mathbf{s})$. Der Vektor $\mathbf{s}$ ist so zu bestimmen, daß

(18.10) $\quad\quad\quad\quad \mathbf{f(s)} = \mathbf{As} + \mathbf{B}\mathbf{y}(b,\mathbf{s}) - \mathbf{a} = 0.$

Dies ist ein System von n im allgemeinen nichtlinearen Gleichungen für die n Komponenten s_k von **s**. Das AWP (18.9) kann für jeden Vektor **s** nach einem der in Kapitel 17 angegebenen Verfahren gelöst werden, so daß man für jedes **s** Näherungen $\mathbf{Y}(x_i,\mathbf{s})$ für die Lösungsvektoren $\mathbf{y}(x_i,\mathbf{s})$ des AWPs erhält mit $x_i = a + i(b-a)/N$, $i = 0(1)N$. Damit läßt sich $\mathbf{Y}(b,\mathbf{s}) \approx \mathbf{y}(b,\mathbf{s})$ ermitteln. Das System (18.10) muß iterativ gelöst werden. Man beginnt mit einem Startvektor $\mathbf{s}^{(0)}$ und löst zu $\mathbf{s}^{(0)}$ das AWP (18.9). Der Lösungsvektor $\mathbf{Y}(b,\mathbf{s}^{(0)})$, wird zur Berechnung eines verbesserten Näherungsvektors $\mathbf{s}^{(1)}$ für **s** nach der Vorschrift

$$(18.11) \quad \begin{cases} \mathbf{s}^{(\nu+1)} = \mathbf{s}^{(\nu)} - (\mathbf{A}+\mathbf{B})^{-1}(\mathbf{A}\mathbf{s}^{(\nu)} + \mathbf{B}\mathbf{Y}(b,\mathbf{s}^{(\nu)}) - \mathbf{a}), \\ \quad\quad\quad\quad \nu = 0, 1, 2, \ldots \end{cases}$$

benutzt. Dabei ist vorausgesetzt, daß $\det(\mathbf{A}+\mathbf{B}) \neq 0$. Dies ist sicher der Fall, wenn z.B. für die Elemente von $(\mathbf{A}+\mathbf{B})$ das Zeilensummenkriterium (5.5) erfüllt ist. Mit $\mathbf{s}^{(1)}$ löst man erneut das AWP (18.9), bestimmt anschließend $\mathbf{s}^{(2)}$ nach der Vorschrift (18.11) usw. Das Verfahren wird abgebrochen, wenn z.B. die Abfrage $\max\limits_{1 \leq j \leq n} |s_j^{(\nu+1)} - s_j^{(\nu)}| < \varepsilon$ erfüllt ist.

Zur Fehlerabschätzung s. [KELL68], S.56.

BEMERKUNG. Das Unterprogramm RWP des Anhanges löst RWPe (18.8) mit beliebigen, also auch nichtlinearen Randbedingungen.

18.2.3 Mehrzielverfahren

Die in 18.2.1 und 18.2.2 angeführten Verfahren sind zur angenäherten Lösung von RWPen nur brauchbar, wenn die Gleichung (18.5) bzw. das Gleichungssystem (18.10) gut konditioniert sind (s. Abschnitt 4.15.1 - gilt auch für nichtlineare Systeme). Andernfalls, oder wenn nicht alle hinreichenden Bedingungen für Existenz und Eindeutigkeit erfüllt sind, können die Näherungslösungen der AWPe (18.1), (18.6) bzw. (18.9) bei Integration über [a,b] stark anwachsen oder gar für bestimmte Werte der Iterationsfolge $\mathbf{s}^{(\nu)}$ Singularitäten für gewisse $x \in [a,b]$ aufweisen. Dann empfiehlt sich entweder die Anwendung eines *Differenzenverfahrens* (Abschnitt 18.3) oder des sogenannten *Mehrzielverfahrens* (Parallel shooting, s. [KELL68], S.61 ff.), das mit einer Aufteilung des Integrationsintervalls [a,b] in Teilintervalle $[\bar{x}_k, \bar{x}_{k+1}]$ arbeitet, wobei gelten muß

(18.12) $\qquad a = \bar{x}_0 < \bar{x}_1 < \ldots < \bar{x}_m < \bar{x}_{m+1} = b.$

Jedes $\bar{x}_k$, k = 0(1)m+1, fällt mit einer der Stützstellen x_i, i = 0(1)N, zusammen. Es gilt m+1 $\leq$ N. Je kleiner die Länge der Intervalle $[\bar{x}_k, \bar{x}_{k+1}]$ ist, desto geringer wirken sich durch schlechte Kondition von (18.5) bzw. (18.10) hervorgerufene Ungenauigkeiten aus.

ALGORITHMUS 18.1 (*Mehrzielverfahren*).

Gegeben sei das RWP (18.8). Sind x_i = a + ih, h = (b-a)/N, i = 0(1)N, die Stützstellen im Integrationsintervall [a,b] des RWPs, so sind zur Berechnung der Näherungswerte $Y(x_i)$ für die Lösungen $y(x_i)$ folgende Schritte durchzuführen:

I. Festlegung der Stützstellen $\bar{x}_k$, k = 0(1)m+1.

1. Schritt. An den Stützstellen x_i, beginnend mit x_1, bestimme man Näherungen $\tilde{Y}_1(x_i)$ für die Lösungen des AWPs

$$\mathbf{y}' = \mathbf{f}(x, \mathbf{y}), \mathbf{y}(a) = \tilde{\mathbf{s}},$$

wobei $\tilde{s}$ ein willkürlich gewählter Vektor ist. Man prüfe dabei für jedes i, ob zu vorgegebenem R mit $2 \leq R \leq 10^3$ die Ungleichung

(18.13) $\qquad \|\tilde{Y}_1(x_i)\| > R\|\tilde{Y}_1(a)\|,$

wobei $\|\tilde{Y}_1(x_i)\|$ eine der Vektornormen aus Kap. 5.2 bedeutet, erfüllt ist. Man breche die Rechnung dort ab, wo (18.13) für ein i = j_1 zum ersten Mal erfüllt ist.

BEMERKUNG. Es ist besser, statt des willkürlich gewählten Vektors $\tilde{s}$ für das RWP (18.8) nach dem in Abschnitt 18.2.2 beschriebenen Verfahren Näherungen $\bar{Y}(x_i)$ für $y(x_i)$ zu bestimmen und $\tilde{s} = \bar{Y}(a)$ zu setzen.

2. Schritt. Man setze $x_{j_1} = \bar{x}_1$ und bestimme an den Stützstellen x_i für i > j_1 Näherungen $\tilde{Y}_2(x_i)$ für die Lösungen des AWPs

$$\mathbf{y}' = \mathbf{f}(x, \mathbf{y}), \quad \mathbf{y}(\bar{x}_1) = \tilde{Y}_1(\bar{x}_1).$$

Man prüfe dabei für jedes i, ob zu dem im ersten Schritt festgelegten R die Ungleichung

$$\|\tilde{Y}_2(x_i)\| > R\|\tilde{Y}_2(\bar{x}_1)\|$$

erfüllt ist. Ist dies erstmals für ein i = j_2 der Fall, so breche man dort die Rechnung ab.

3. Schritt. Man setze $x_{j_2} = \bar{x}_2$ und bestimme an den Stützstellen x_i für $i > j_2$ Näherungen $\tilde{Y}_3(x_i)$ für die Lösungen des AWPs

$$y' = f(x, y), \quad y(\bar{x}_2) = \tilde{Y}_2(\bar{x}_2).$$

Man fahre analog zu den Schritten 1 und 2 fort, bis für einen Index j_k gilt $x_{j_k} = \bar{x}_k = x_{N-1}$. Dann setze man $m = j_k$, so daß sämtliche Teilpunkte (18.12) festliegen. Sind die Funktion $f(x,y)$ oder deren Ableitungen nur stückweise stetig, so sind die Unstetigkeitsstellen zu den Teilpunkten $\bar{x}_k$ hinzuzunehmen und diese entsprechend (18.12) umzuordnen.

II. Berechnung der $Y(x_i) \approx y(x_i)$.

4. Schritt. In jedem der Teilintervalle $[\bar{x}_k, \bar{x}_{k+1}]$ wird durch die Substitution

(18.14) $\qquad t = \dfrac{x - \bar{x}_k}{\bar{h}_k} \quad \text{mit} \quad \bar{h}_k = \bar{x}_{k+1} - \bar{x}_k, \quad k = 0(1)m,$

eine neue Veränderliche t eingeführt. Man setzt für $x \in [\bar{x}_k, \bar{x}_{k+1}]$

(18.15) $\mathbf{y}(x) = \mathbf{y}(\bar{x}_k + t\bar{h}_k) =: \mathbf{y}_k(t), \mathbf{f}_k(t, \mathbf{y}_k(t)) := \bar{h}_k \mathbf{f}(\bar{x}_k + t\bar{h}_k, \mathbf{y}_k(t)),$

so daß dort gilt

(18.16) $\qquad \dfrac{d\mathbf{y}_k(t)}{dt} = \mathbf{f}_k(t, \mathbf{y}_k(t)), \qquad 0 \le t \le 1, \quad k = 0(1)m$

mit den Anschlußbedingungen

(18.17) $\qquad \mathbf{y}_{k+1}(0) - \mathbf{y}_k(1) = \mathbf{0}, \qquad k = 0(1)m - 1,$

und der RB

(18.18) $\qquad\qquad \mathbf{A}\mathbf{y}_0(0) + \mathbf{B}\mathbf{y}_m(1) - \mathbf{a} = \mathbf{0}.$

5. Schritt. Die m+1 Systeme von DGLen erster Ordnung (18.16) werden als ein System von (m+1)n DGLen erster Ordnung geschrieben

(18.19) $\begin{cases} \dfrac{d}{dt}\hat{\mathbf{y}}(t) = \mathbf{F}(t, \hat{\mathbf{y}}(t)), \qquad 0 \le t \le 1, \quad \text{mit} \\[2mm] \hat{\mathbf{y}}(t) = \begin{pmatrix} \mathbf{y}_0(t) \\ \mathbf{y}_1(t) \\ \vdots \\ \mathbf{y}_m(t) \end{pmatrix}, \quad \mathbf{F}(t, \hat{\mathbf{y}}) = \begin{pmatrix} \mathbf{f}_0(t, \mathbf{y}_0) \\ \mathbf{f}_1(t, \mathbf{y}_1) \\ \vdots \\ \mathbf{f}_m(t, \mathbf{y}_m) \end{pmatrix} \end{cases}$

Die Bedingungen (18.17) und (18.18) lassen sich zu den RBen

18.2 Zurückführung auf ein Anfangswertproblem

(18.20) $$\hat{A}\hat{y}(0) + \hat{B}\hat{y}(1) = \hat{a}$$

zusammenfassen mit

$$\hat{A} = \begin{pmatrix} A & 0 & 0 & \ldots & 0 \\ 0 & E & 0 & \ldots & 0 \\ 0 & 0 & E & \ldots & 0 \\ \cdot & \cdot & \cdot & \ddots & \cdot \\ 0 & 0 & 0 & \ldots & E \end{pmatrix},$$

$$\hat{B} = \begin{pmatrix} 0 & 0 & 0 & \ldots & 0 & B \\ -E & 0 & 0 & \ldots & 0 & 0 \\ 0 & -E & 0 & \ldots & 0 & 0 \\ \cdot & \cdot & \cdot & \ldots & \cdot & \cdot \\ 0 & 0 & 0 & \ldots & -E & 0 \end{pmatrix}, \quad \hat{a} = \begin{pmatrix} a \\ 0 \\ 0 \\ \vdots \\ 0 \end{pmatrix}$$

wobei 0 die Nullmatrix bezeichnet. Die Vektoren $\hat{a}$ besitzen (m+1)n Komponenten, $\hat{A}$, $\hat{B}$ sind (m+1,m+1)-Matrizen, wobei jedes Element selbst eine (n,n)-Matrix ist.

Das RWP (18.19), (18.20) für $\hat{y}(t)$, $t \in [0,1]$ ist dem RWP (18.8) für $y(x)$, $x \in [a,b]$, äquivalent, wobei zwischen y und $\hat{y}$ die Beziehungen gemäß (18.15) und (18.19) bestehen.

6. Schritt. Das RWP (18.19), (18.20) ist durch Zurückführung auf das AWP

$$\frac{d\hat{y}(t)}{dt} = F(t,\hat{y}), \quad \hat{y}(0) = \hat{S} = \begin{pmatrix} s_0 \\ s_1 \\ \vdots \\ s_m \end{pmatrix},$$

nach dem in Abschnitt 18.2.2 beschriebenen Verfahren iterativ zu lösen.

BEMERKUNG. Eine Modifikation des oben beschriebenen Mehrzielverfahrens, welche die Transformation (18.14) vermeidet, ist in [STOE78], S.171 ff. skizziert. Dort finden sich auch Literaturangaben zu einer ausführlichen Darstellung des beschriebenen Verfahrens und über Algol- und Fortranprogramme dazu.

LITERATUR zu 18.2: [CARN69], 6.14; [COLL66], III §4.3; [CONT80], 7.3; [DEMI68], IV §3; [GOOS79]; [HALL76], 15, 17; [ISAA73], 8.7.1; [KELL68], 2; [KIOU78]; [LUTH87], 15.1; [POLO64], V §5; [SAUE69] III, E §4.6; [SELD79], 9.6.1; [STOE78], 7.3; [WERN86], 6; [ZURM65], §29.

18.3 Differenzenverfahren

18.3.1 Das gewöhnliche Differenzenverfahren

Dieses Verfahren wird in erster Linie bei linearen RWPen angewandt, d.h. an Stelle der DGLen (18.1), (18.3) treten lineare DGLen der Form

$$L(y) \equiv y^{(n)} + p_{n-1}(x)y^{(n-1)} + \ldots + p_1(x)y' + p_0(x)y = q(x).$$

Ein *lineares Randwertproblem zweiter Ordnung* hat die Form

(18.21) $$\begin{cases} L(y) \equiv y'' + p_1(x)y' + p_0(x)y = q(x), \\ \alpha_1 y(a) + \alpha_2 y'(a) = A, \\ \beta_1 y(b) + \beta_2 y'(b) = B. \end{cases}$$

Für q(x) = 0 ist die DGL *homogen*, für A = B = 0 sind die RBen homogen. Sind die DGL oder die RB homogen, so liegt ein *halbhomogenes* RWP vor. Sind gleichzeitig q(x) ≡ 0, A = B = 0, so liegt ein *vollhomogenes* Problem vor. Die Lösbarkeitsaussagen für inhomogene bzw. homogene RWPe, wie sie aus der Theorie der linearen DGLen bekannt sind, setzen die Kenntnis eines Fundamentalsystems von Lösungen der homogenen DGL und einer Partikulärlösung der inhomogenen DGL voraus. Bei der numerischen Lösung ergeben sich entsprechende Aussagen aufgrund der Lösbarkeitsbedingungen für das lineare Gleichungssystem, das durch die Diskretisierung dem gegebenen RWP zugeordnet wird. Die Konstruktion der numerischen Lösung erfolgt nach dem

---

ALGORITHMUS 18.2. (*Gewöhnliches Differenzenverfahren für lineare Randwertprobleme zweiter Ordnung*).
Gesucht sind Näherungswerte Y_i für die Lösungen $y(x_i)$ des RWPs (18.21) an den Stützstellen $x_i = x_0 + ih$, h = (b-a)/N, i = 0(1)N des Integrationsintervalls [a,b].
1. Schritt. Die Ableitungen an den Stellen x_i, $y'_i := y'(x_i)$, $y''_i := y''(x_i)$ werden durch mit den Näherungswerten $Y_j \approx y(x_j)$, j = i-1,i,i+1 gebildete Differenzenquotienten (Fehlerordnung $O(h^2)$) er-

18.3 Differenzenverfahren

setzt (Diskretisierung des RWPs):

$$y'_i = \frac{1}{2h}(-Y_{i-1} + Y_{i+1}) + O(h^2), \quad i \neq 0, \quad i \neq N,$$

$$y''_i = \frac{1}{h^2}(Y_{i-1} - 2Y_i + Y_{i+1}) + O(h^2).$$

2. Schritt. Es ist ein dem RWP (18.21) zugeordnetes lineares Gleichungssystem aufzustellen. Dazu schreibt man die diskretisierte DGL an den Stellen x_i, $i = 1(1)N-1$, an und multipliziert mit h^2 und ordnet nach Y_i. Mit $p_{ki} := p_k(x_i)$, $k = 0$ und 1, $q_i = q(x_i)$ erhält man N-1 lineare Gleichungen für N+1 unbekannte Werte Y_i, $i = 0(1)N$:

(18.22) $(1 - \frac{h}{2}p_{1i})Y_{i-1} + (-2 + h^2 p_{0i})Y_i + (1 + \frac{h}{2}p_{1i})Y_{i+1} = h^2 q_i,$
$$i = 1(1)N - 1.$$

Eine Gleichung der Form (18.22) heißt *Differenzengleichung*.

Die Diskretisierung der RBen ergibt

$$\alpha_1 Y_0 + \alpha_2 \frac{Y_1 - Y_{-1}}{2h} = A, \quad \beta_1 Y_n + \beta_2 \frac{Y_{N+1} - Y_{N-1}}{2h} = B.$$

Zur Elimination der Werte Y_{-1}, Y_{N+1} schreibt man die diskretisierte DGL auch an den Stellen x_0, x_N an (sogenannte zusätzliche RBen, s. [KREI72]):

$$(1 - (h/2)p_{10})Y_{-1} + (-2 + h^2 p_{00})Y_0 + (1 + (h/2)p_{10})Y_1 = h^2 q_0,$$

$$(1 - (h/2)p_{1N})Y_{N-1} + (-2 + h^2 p_{0N})Y_N + (1 + (h/2)p_{1N})Y_{N+1} = h^2 q_N.$$

Die erste dieser Gleichungen löst man nach Y_{-1}, die zweite nach Y_{N+1} auf und setzt diese Werte in die diskretisierten RBen ein. Man erhält mit den Abkürzungen

$$\tilde{\alpha}_1 = \alpha_1 h - \tilde{\alpha}_2(2 - h^2 p_{00})/2, \quad \tilde{\alpha}_2 = \frac{2\alpha_2}{2 - hp_{10}}, \quad \tilde{A} = A + \alpha_2 \frac{hq_0}{2 - hp_{10}},$$

$$\tilde{\beta}_1 = \beta_1 h + \tilde{\beta}_2(2 - h^2 p_{0N})/2, \quad \tilde{\beta}_2 = \frac{2\beta_2}{2 + hp_{1N}}, \quad \tilde{B} = B - \beta_2 \frac{hq_N}{2 + hp_{1N}},$$

die Gleichungen

$$\tilde{\alpha}_1 Y_0 + \tilde{\alpha}_2 Y_1 = \tilde{A}h, \quad -\tilde{\beta}_2 Y_{N-1} + \tilde{\beta}_1 Y_N = \tilde{B}h.$$

Zusammen mit (18.22) liegt damit ein System von N+1 linearen Gleichungen für die N+1 Näherungswerte Y_i vor von der Form

(18.23) $$\mathbf{Ay} = \mathbf{a}$$

mit

$$\mathbf{y} = (Y_0, Y_1, \ldots, Y_n)^T, \quad \mathbf{a} = (\tilde{A}h, h^2 q_1, \ldots, h^2 q_{N-1}, \tilde{B}h)^T,$$

$$\mathbf{A} = \begin{pmatrix} \tilde{\alpha}_1 & \tilde{\alpha}_2 & 0 & 0 & \ldots & 0 & 0 \\ 1-\frac{h}{2}p_{11} & -2+h^2 p_{01} & 1+\frac{h}{2}p_{11} & 0 & \ldots & 0 & 0 \\ \vdots & & & & & \vdots & \vdots \\ 0 & \ldots & 1-\frac{h}{2}p_{1N-1} & & & -2+h^2 p_{0N-1} & 1+\frac{h}{2}p_{1N-1} \\ 0 & \ldots & 0 & & & -\tilde{\beta}_2 & \tilde{\beta}_1 \end{pmatrix}$$

3. Schritt. Die Matrix **A** des linearen Gleichungssystems (18.23) ist tridiagonal. Das System ist nach dem Algorithmus in Abschnitt 4.10 aufzulösen. Die Lösbarkeitsbedingungen sind denen des RWPs (18.21) äquivalent. Ist das RWP inhomogen (q(x) $\not\equiv$ 0 oder wenigstens A $\neq$ 0 oder B $\neq$ 0), so hat das System, falls det **A** $\neq$ 0, eine eindeutig bestimmte Lösung. Mit q(x) $\equiv$ 0 sind alle q_i = 0. Ist dann auch A = B = 0, so liegt ein vollhomogenes RWP vor. Nur falls det **A** = 0, hat das System nichttriviale Lösungen. Die Lösungen Y_i des linearen Gleichungssystems konvergieren mit h $\to$ 0 gegen die exakten Werte $y(x_i)$ der Lösung des RWPs (18.21).

Genügt die Schrittweite h den Bedingungen $h|p_1(x)| < 2$ und $p_0(x) < 0$ für alle $x \in$ [a,b], so ist die Matrix **A** tridiagonal, diagonal dominant, und es gilt det **A** $\neq$ 0 (Abschnitt 4.10, s.a. [ISAA73], S.445).

Für den globalen Gesamtfehler (Verfahrensfehler plus Rundungsfehler) gilt, falls $y \in C^4[a,b]$

$$|Y_i - y(x_i)| \leq Ch^2 + D/h^2, \quad i = 1(1)N - 1,$$

doch läßt sich C im allgemeinen praktisch nicht ermitteln, D ist proportional zum maximalen lokalen Rundungsfehler ϱ. Um eine Gesamtfehlerschranke $O(h^2)$ zu erhalten, muß $\varrho = O(h^4)$ gelten ([COLL66], S.145, 177; [ISAA73], 8.7.2).

Fehlerschätzung. Ist $Y_h(x_i)$ der mit der Schrittweite h berechnete Näherungswert für $y(x_i)$ und $Y_{2h}(x_i)$ der mit der doppelten Schrittweite berechnete Näherungswert, so gilt für den globalen Verfahrensfehler $e_{i,h}$ des Näherungswertes $Y_h(x_i)$

(18.24) $$e_{i,h} := y(x_i) - Y_h(x_i) \approx \frac{1}{3}(Y_h(x_i) - Y_{2h}(x_i)).$$

18.3 Differenzenverfahren

Ein gegenüber $Y_h(x_i)$ verbesserter Näherungswert für $y(x_i)$ ist

$$Y_h^*(x_i) = Y_h(x_i) + e_{i,h} = y(x_i) + O(h^4).$$

Sonderfall: Ist in den RBen $\alpha_2 = \beta_2 = 0$, so wird $Y_0 = A/\alpha_1$, $Y_N = B/\beta_1$. Damit reduziert sich (18.23) auf ein tridiagonales System von N-1 Gleichungen für die N-1 Werte Y_i, i = 1(1)N-1.

Ein lineares RWP *vierter* Ordnung ist durch eine lineare DGL 4. Ordnung und je zwei (je linear unabhängige) RBen in folgender Form gegeben:

$$y^{(4)} + p_3(x)y''' + p_2(x)y'' + p_1(x)y' + p_0(x)y = q(x),$$

$$\alpha_{k0}y(a) + \alpha_{k1}y'(a) + \alpha_{k2}y''(a) + \alpha_{k3}y'''(a) = A_k,$$

$$\beta_{k0}y(b) + \beta_{k1}y'(b) + \beta_{k2}y''(b) + \beta_{k3}y'''(b) = B_k, \quad k = 1 \text{ und } k = 2.$$

Zur Aufstellung des diesem RWP bei Anwendung des Differenzenverfahrens zugeordneten linearen Gleichungssystems für die Näherungswerte Y_i benötigt man neben den Näherungswerten für y_i', y_i'' noch solche für $y_i''' := y'''(x_i)$, $y_i^{(4)} := y^{(4)}(x_i)$.

Je nachdem, ob x_i ein innerer oder ein Randpunkt von [a,b] ist, d.h. $i \neq 0$, $i \neq N$, oder i = 0 bzw. i = N gilt, benutzt man verschiedene Ausdrücke:

$$y_i''' = \frac{1}{2h^3}(-Y_{i-2} + 2Y_{i-1} - 2Y_{i+1} + Y_{i+2}) + O(h^2), \quad i \neq 0, \quad i \neq N,$$

$$y_0''' = \frac{1}{2h^3}(-3Y_{-1} + 10Y_0 - 12Y_1 + 6Y_2 - Y_3) + O(h^2),$$

$$y_N''' = \frac{1}{2h^3}(Y_{N-3} - 6Y_{N-2} + 12Y_{N-1} - 10Y_N + 3Y_{N+1}) + O(h^2),$$

$$y_i^{(4)} = \frac{1}{h^4}(Y_{i-2} - 4Y_{i-1} + 6Y_i - 4Y_{i+1} + Y_{i+2}) + O(h^2), \quad i \neq 0, \quad i \neq N,$$

$$y_0^{(4)} = \frac{1}{h^4}(Y_{-1} - 4Y_0 + 6Y_1 - 4Y_2 + Y_3) + O(h),$$

$$y_N^{(4)} = \frac{1}{h^4}(Y_{N-3} - 4Y_{N-2} + 6Y_{N-1} - 4Y_N + Y_{N+1}) + O(h).$$

Die Ausdrücke für y''' unterscheiden sich nur im Restgliedkoeffizienten. Durch Einsetzen der Näherungswerte für die Ableitungen in die an den Stellen x_i, i = 3(1)N-3, angeschriebene diskretisierte DGL erhält man ein System von N-5 linearen Gleichungen für N+1 unbekannte Werte Y_i, i=0(1)N. Vier weitere Gleichungen ergeben sich, indem man die diskretisierte DGL auch noch für i = 1,2,N-1,N-2 anschreibt. Dabei verwendet man in den Fällen i = 1, i = N-1 für y_0''', Y_N''' und $y_0^{(4)}$, $y_N^{(4)}$ die oben angegebenen Werte. In den vier so erhaltenen Gleichungen ("zusätzliche RBen", s. [KREI72]) treten zusätzlich die unbekannten Werte Y_{-1}, Y_{N+1} auf. Schließlich erhält man durch Einsetzen der Näherungswerte für die Ableitungen in die erste und zweite bzw. dritte und vierte RB je zwei in Y_0, Y_{-1}; Y_1, Y_2, Y_3 bzw. Y_N, Y_{N+1}; Y_{N-1}, Y_{N-2}, Y_{N-3} lineare Beziehungen, die nach Y_0, Y_{-1} bzw. Y_N, Y_{N+1} aufgelöst werden:

$$\begin{aligned}
Y_0 &= A_0 Y_1 + B_0 Y_2 + C_0 Y_3 + D_0, \\
Y_{-1} &= A_{-1} Y_1 + B_{-1} Y_2 + C_{-1} Y_3 + D_{-1}, \\
Y_N &= A_n Y_{N-1} + B_N Y_{N-2} + C_N Y_{N-3} + D_N, \\
Y_{N+1} &= A_{N+1} Y_{N-1} + B_{N+1} Y_{N-2} + C_{N+1} Y_{N-3} + D_{N+1}.
\end{aligned}$$

A_j, B_j, C_j, D_j, $j = 0,-1;N,N+1$, hängen von den Koeffizienten der jeweiligen RBen und von h ab. Setzt man die Werte für Y_0, Y_{-1} bzw. Y_N, Y_{N+1} in die aus der DGL erhaltenen N-1 Gleichungen ein, so erhält man folgendes System von N-1 linearen Gleichungen für die N-1 Näherungswerte $Y_i \approx y(x_i)$:

$$\begin{aligned}
\tilde{d}_1 Y_1 + \tilde{e}_1 Y_2 + \tilde{f}_1 Y_3 &= \tilde{q}_1, \\
\tilde{c}_2 Y_1 + \tilde{d}_2 Y_2 + \tilde{e}_2 Y_3 + f_2 Y_4 &= \tilde{q}_2, \\
b_i Y_{i-2} + c_i Y_{i-1} + d_i Y_i + e_i Y_{i+1} + f_i Y_{i+2} &= 2h^4 q_i \quad \text{für } i = 3(1)N-3, \\
b_{N-2} Y_{N-4} + \tilde{c}_{N-2} Y_{N-3} + \tilde{d}_{N-2} Y_{n-2} + \tilde{e}_{N-2} Y_{N-1} &= \tilde{q}_{N-2}, \\
\tilde{b}_{N-1} Y_{N-3} + \tilde{c}_{N-1} Y_{N-2} + \tilde{d}_{N-1} Y_{N-1} &= \tilde{q}_{N-1},
\end{aligned}$$

mit

$$\left. \begin{aligned}
b_i &= 2 - hp_{3i}, \quad f_i = 2 + hp_{3i}, \\
c_i &= -8 + 2hp_{3i} + 2h^2 p_{2i} - h^3 p_{1i}, \\
d_i &= 12 - 4h^2 p_{2i} + 2h^4 p_{0i}, \\
e_i &= -8 - 2hp_{3i} + 2h^2 p_{2i} + h^3 p_{1i},
\end{aligned} \right\} \quad i = 1(1)N-1;$$

$$\begin{aligned}
\tilde{d}_1 &= d_1 + b_1 A_{-1} + c_1 A_0, \quad \tilde{e}_1 = e_1 + b_1 B_{-1} + c_1 B_0, \\
\tilde{f}_1 &= f_1 + b_1 C_{-1} + c_1 C_0, \\
\tilde{c}_2 &= c_2 + b_2 A_0, \quad \tilde{d}_2 = d_2 + b_2 B_0, \quad \tilde{e}_2 = e_2 + b_2 C_0, \\
\tilde{c}_{N-2} &= c_{N-2} + f_{N-2} C_N, \tilde{d}_{N-2} = d_{N-2} + f_{N-2} B_N, \tilde{e}_{N-2} = e_{N-2} + f_{N-2} A_N, \\
\tilde{b}_{N-1} &= b_{N-1} + f_{N-1} C_{N+1} + e_{N-1} C_N, \tilde{c}_{N-1} = c_{N-1} + f_{N-1} B_{N+1} + e_{N-1} B_n, \\
\tilde{d}_{N-1} &= d_{n-1} + f_{N-1} A_{N+1} + e_{N-1} A_N;
\end{aligned}$$

$$\begin{aligned}
p_{ji} &= p_j(x_i), \quad j = 1,2,3; \quad q_i = q(x_i), \quad i = 1(1)N-1; \\
\tilde{q}_1 &= 2h^4 q_1 - b_1 D_{-1} - c_1 D_0, \quad \tilde{q}_2 = 2h^4 q_2 - b_2 D_0, \\
\tilde{q}_{N-1} &= 2h^4 q_{N-1} - f_{N-1} D_{N+1} - e_{N-1} D_n, \quad \tilde{q}_{N-2} = 2h^4 q_{N-2} - f_{N-2} D_N.
\end{aligned}$$

18.3 Differenzenverfahren

Die Matrix **A** des Gleichungssystems weist beiderseits der Hauptdiagonalen je zwei zur Hauptdiagonalen parallele Reihen auf, deren Elemente im allgemeinen von Null verschieden sind, außerhalb dieser Reihen sind alle Elemente 0 (fünfdiagonale Matrix):

$$\mathbf{A} = \begin{pmatrix} \tilde{d}_1 & \tilde{e}_1 & \tilde{f}_1 & 0 & 0 & 0 & 0 & \cdot & \cdot & \cdot & \cdot & \cdot & \cdot & 0 \\ \tilde{c}_2 & \tilde{d}_2 & \tilde{e}_2 & f_2 & 0 & 0 & 0 & \cdot & \cdot & \cdot & \cdot & \cdot & \cdot & 0 \\ b_3 & c_3 & d_3 & e_3 & f_3 & 0 & 0 & \cdot & \cdot & \cdot & \cdot & \cdot & \cdot & 0 \\ 0 & b_4 & c_4 & d_4 & e_4 & f_4 & 0 & \cdot & \cdot & \cdot & \cdot & \cdot & \cdot & 0 \\ \cdot & & \cdot & \cdot & \cdot & \cdot & \cdot & & & & & & & \cdot \\ \cdot & & & \cdot & \cdot & \cdot & \cdot & \cdot & & & & & & \cdot \\ \cdot & & & & \cdot & \cdot & \cdot & \cdot & \cdot & & & & & \cdot \\ \cdot & & & & & \cdot & \cdot & \cdot & \cdot & \cdot & & & & \cdot \\ \cdot & & & & & & \cdot & \cdot & \cdot & \cdot & \cdot & & & \cdot \\ 0 & \cdot & \cdot & \cdot & \cdot & \cdot & 0 & b_{N-4} & c_{N-4} & d_{N-4} & e_{N-4} & f_{N-4} & 0 \\ 0 & \cdot & \cdot & \cdot & \cdot & \cdot & 0 & 0 & b_{N-3} & c_{N-3} & d_{N-3} & e_{N-3} & f_{N-3} \\ 0 & \cdot & \cdot & \cdot & \cdot & \cdot & 0 & 0 & 0 & b_{N-2} & \tilde{c}_{N-2} & \tilde{d}_{N-2} & \tilde{e}_{N-2} \\ 0 & \cdot & \cdot & \cdot & \cdot & \cdot & 0 & 0 & 0 & 0 & \tilde{b}_{N-1} & \tilde{c}_{N-1} & \tilde{d}_{N-1} \end{pmatrix}$$

Man löst dieses Gleichungssystem

$$\mathbf{A}\mathbf{y} = \mathbf{a} = \begin{pmatrix} a_1 \\ \vdots \\ a_{N-1} \end{pmatrix}, \quad a_i = 2h^4 q_i \quad \text{für} \quad i = 3(1)N-3,$$

$$a_1 = \tilde{q}_1, \quad a_2 = \tilde{q}_2, \quad a_{N-2} = \tilde{q}_{N-2}, \quad a_{N-1} = \tilde{q}_{N-1}$$

durch analoge Schritte wie in Abschnitt 4.10 oder 4.12.

Mit

$$\begin{aligned}
\alpha_1 &= \tilde{d}_1, \alpha_2 = \tilde{d}_2 - \delta_2\beta_1, \alpha_{N-2} = \tilde{d}_{N-2} - b_{N-2}\gamma_{N-4} - \delta_{N-2}\beta_{N-3}, \\
\alpha_{N-1} &= \tilde{d}_{N-1} - \tilde{b}_{N-1}\gamma_{N-3} - \delta_{N-1}\beta_{N-2}, \\
\beta_1 &= \tilde{e}_1/\alpha_1, \quad \beta_2 = (\tilde{e}_2 - \delta_2\gamma_1)/\alpha_2, \\
\beta_{N-2} &= (\tilde{e}_{N-2} - \delta_{N-2}\gamma_{N-3})/\alpha_{N-2}, \quad \beta_{N-1} = 0, \\
\gamma_1 &= \tilde{f}_1/\alpha_1, \quad \gamma_2 = f_2/\alpha_2, \quad \gamma_{N-2} = \gamma_{N-1} = 0, \\
\delta_2 &= \tilde{c}_2, \delta_{N-2} = \tilde{c}_{N-2} - b_{N-2}\beta_{N-4}, \quad \delta_{N-1} = \tilde{c}_{N-1} - \tilde{b}_{N-1}\beta_{N-3}, \\
\alpha_i &= d_i - b_i\gamma_{i-2} - \delta_i\beta_{i-1}, \quad \beta_i = (e_i - \delta_i\gamma_{i-1})/\alpha_i, \quad i = 3(1)N - 3, \\
\gamma_i &= f_i/\alpha_i, \quad \delta_i = c_i - b_i\beta_{i-2}, \quad i = 3(1)N - 3, \\
g_0 &= 0, \quad g_1 = a_1/\alpha_1, \\
g_{N-2} &= (a_{N-2} - b_{N-2}g_{N-4} - \delta_{N-2}g_{N-3})/\alpha_{N-2}, \\
g_{N-1} &= (a_{N-1} - \tilde{b}_{N-1}g_{N-3} - \delta_{N-1}g_{N-2})/\alpha_{N-1}, \\
g_i &= (a_i - b_ig_{i-2} - \delta_ig_{i-1})/\alpha_i, \quad i = 2(1)N - 3,
\end{aligned}$$

erhält man die Lösungen

$$Y_{N-1} = g_{N-1}, \quad Y_{N-2} = g_{N-2} - \beta_{N-2}Y_{N-1}, Y_i = g_i - \beta_iY_{i+1} - \gamma_iY_{i+2},$$

$$i = (N - 3)(-1)1.$$

Die Fehlerordnung ist $O(h^2)$: $y(x_i) = Y_i + O(h^2)$. Für die Fehlerschätzung gilt (18.24).

Der Verfahrensfehler der nach dem gewöhnlichen Differenzenverfahren gewonnenen Näherungswerte Y_i ist umso größer, je größer die Schrittweite h ist. Verkleinerung von h führt aber zu einer größeren Zahl linearer Gleichungen für die Y_i und zu einem Anwachsen der Rundungsfehler.

18.3.2 Differenzenverfahren höherer Näherung

Verwendet man statt der Approximationen für $y_i^{(k)}$ in Abschnitt 18.3.1 sogenannte finite Ausdrücke höherer Näherung, so lassen sich, ohne h zu verkleinern bzw. N zu vergrößern, im allgemeinen genauere Näherungswerte Y_i erreichen. Allerdings enthält jede Gleichung des jetzt dem RWP zugeordneten linearen Gleichungssystems mehr unbekannte Werte Y_i als beim gewöhnlichen Differenzenverfahren.

18.3 Differenzenverfahren

Finite Ausdrücke der Fehlerordnungen O(h^4) und O(h^6) sind nachstehend in einer Tabelle zusammengestellt (Weitere finite Ausdrücke s. [SAUE69], Bd. III, E. Tabelle 28.31). Dabei gilt für die k-te Ableitung

$$y_i^{(k)} := y^{(k)}(x_i) = \quad \text{finiter Ausdruck} \quad + O(h^q), \quad q = 4 \text{ bzw. } 6 \text{ und}$$

$$|Y_i - y(x_i)| = O(h^q).$$

$y_i^{(k)}$	Finiter Ausdruck	Fehler-ordnung
y_i'	$\frac{1}{12h}(Y_{i-2} - 8Y_{i-1} + 8Y_{i+1} - Y_{i+2})$	$O(h^4)$
y_i''	$\frac{1}{12h^2}(-Y_{i-2} + 16Y_{i-1} - 30Y_i + 16Y_{i+1} - Y_{i+2})$	$O(h^4)$
y_i'''	$\frac{1}{8h^3}(Y_{i-3} - 8Y_{i-2} + 13Y_{i-1} - 13Y_{i+1} + 8Y_{i+2} - Y_{i+3})$	$O(h^4)$
$y_i^{(4)}$	$\frac{1}{6h^4}(-Y_{i-3} + 12Y_{i-2} - 39Y_{i-1} + 56Y_i - 39Y_{i+1}$ $+12Y_{i+2} - Y_{i+3})$	$O(h^4)$
y_i'	$\frac{1}{60h}(-Y_{i-3} + 9Y_{i-2} - 45Y_{i-1} + 45Y_{i+1} - 9Y_{i+2} + Y_{i+3})$	$O(h^6)$
y_i''	$\frac{1}{180h^2}(2Y_{i-3} - 27Y_{i-2} + 270Y_{i-1} - 490Y_i + 270Y_{i+1}$ $-27Y_{i+2} + 2Y_{i+3})$	$O(h^6)$

Wendet man finite Ausdrücke mit O(h^4) bei der numerischen Behandlung eines linearen RWPs zweiter Ordnung an, so erhält man ein lineares Gleichungssystem mit fünfdiagonaler Matrix. Bei Anwendung finiter Ausdrücke mit O(h^4) auf ein lineares RWP vierter Ordnung erhält man lineare Gleichungssysteme mit siebendiagonaler Matrix. Dabei wird die mit O(h^4) bzw. O(h^6) diskretisierte DGL für die Argumentstellen x$_i$, wobei i = 3(1)(N-3) bei RWPen zweiter Ordnung mit O(h^4)-Diskretisierung bzw. i = 4(1)(N-4) bei RWPen vierter Ordnung mit O(h^4)-Diskretisierung sowie bei RWPen zweiter Ordnung mit O(h^6)-Diskretisierung, angeschrieben. Bei der Diskretisierung der RBen treten (fiktive) Werte Y$_i$ mit i < 0, i > N, also außerhalb des Integrationsintervalls [a,b], auf. Zu deren Elimination dienen die "zusätzlichen

RBen". Man gewinnt sie, indem man die mit einer Fehlerordnung $O(h^q)$, q < 4 bzw. q < 6 diskretisierte DGL auch für die Stellen x_i mit

$$i = 0, 1, 2, N-2, N-1, N \quad \text{bzw.}$$
$$i = 0, 1, 2, 3, N-3, N-2, N-1, N$$

anschreibt. Dabei ist q so zu wählen, daß nach Elimination der fiktiven Werte Y_i gerade N+1 lineare Gleichungen für die N+1 Näherungswerte Y_i, i = 0(1)N, verbleiben (s. 18.3.1). Die Ordnung des dann erreichten globalen Verfahrens bedarf jedoch einer besonderen Untersuchung (Allgemeine Aussagen hierüber s. z.B. [ESSE77], [KREI72]). Sie hängt neben der Diskretisierungsordnung auch davon ab, welche Differenzierbarkeitseigenschaften die Lösungsfunktion besitzt. Die $O(h^4)$-Diskretisierung für das RWP zweiter Ordnung mit $\alpha_2 = \beta_2 = 0$ ergibt z.B. die globale Fehlerordnung $O(h^4)$ (s. hierzu [ESSE77], [KREI72]).

Wendet man das Differenzenverfahren auf ein nichtlineares RWP, z.B. (18.1), (18.2), an, so erhält man ein System nichtlinearer Gleichungen für die Näherungswerte Y_i.

Bei linearen DGLen speziellen Typs läßt sich mit einer geringeren Anzahl von Funktionswerten Y_i in den einzelnen Gleichungen des linearen Gleichungssystems auch schon die Fehlerordnung $O(h^4)$ oder $O(h^6)$ erreichen: Man stellt dabei Linearkombinationen von Werten der Ableitungen an benachbarten Stützstellen x_i als Linearkombinationen von Funktionswerten dar (*Hermitesche Verfahren* oder Mehrstellenverfahren, [COLL66], III §2.4).

18.3.3 Iterative Auflösung der linearen Gleichungssysteme zu speziellen Randwertproblemen

Treten bei der Behandlung von RWPen nach einem Differenzenverfahren höherer Näherung umfangreiche lineare Gleichungssysteme mit großer Bandbreite ($m \geq 3$) auf, so ist eine iterative Auflösung mit Relaxation zu empfehlen (Abschnitt 5.5). (Das kann für RWPe bei gewöhnlichen DGLen bei großem Integrationsintervall eintreten; es tritt meistens ein für RWPe bei partiellen DGLen, die hier nicht behandelt werden.) In manchen Fällen ist es nicht erforderlich, die hinreichenden Konvergenzbedingungen für die Koeffizienten des linearen Gleichungssystems nachzuprüfen; es läßt sich dann bereits an Hand des gegebenen RWPs entscheiden, ob eine iterative Auflösung möglich

18.3 Differenzenverfahren

ist. Ein Beispiel ist das inhomogene RWP einer linearen DGL zweiter Ordnung in der selbstadjungierten Form (s. z.B. [COLL66], S.208; [COLL68], §7.3; [ZURM65], S.476)

$$-(fy')' + gy = r, \quad y(a) = A, \quad y(b) = B.$$

Gilt f(x) > 0, g(x) ≥ 0 für x ∈ [a,b], so ist bei numerischer Behandlung nach dem gewöhnlichen Differenzenverfahren sowohl die Iteration in Gesamtschritten als auch die Iteration in Einzelschritten anwendbar ([COLL66], S.173ff.; [COLL68] §23.2). Zudem ist dann gewährleistet, daß det **A** ≠ 0.

18.3.4 Lineare Eigenwertprobleme

Das homogene lineare von einem Parameter λ abhängige RWP

$$y'' + p_1(x)y' + (p_0(x) - \lambda)y = 0$$
$$y(a) = 0, \quad y(b) = 0$$

soll mit Hilfe des gewöhnlichen Differenzenverfahrens näherungsweise numerisch gelöst werden. Es ergibt sich für Y_i, i=1(1)N-1, das homogene lineare Gleichungssystem ($Y_0 = Y_N = 0$)

$$(18.25) \quad (1 - \tfrac{h}{2}p_{1i})Y_{i-1} + (-2 + h^2 p_{0i})Y_i + (1 + \tfrac{h}{2}p_{1i})Y_{i+1} = h^2 \lambda Y_i,$$
$$i = 1(1)N - 1.$$

Die Matrix **A** des Systems (18.25) besteht aus den Zeilen 2(1)N-1 der Matrix **A** in Algorithmus 18.2. Dann läßt sich (18.25) in folgender Form schreiben

$$\mathbf{A}\mathbf{y} = \lambda \mathbf{y} \quad \text{mit} \quad \mathbf{y} = \begin{pmatrix} Y_1 \\ \vdots \\ Y_{N-1} \end{pmatrix}.$$

Es liegt die EWA einer Matrix vor. **A** ist eine tridiagonale Matrix, die allerdings nur für $p_1(x) \equiv 0$, x ∈ [a,b], symmetrisch ist. Dann läßt sich das Verfahren in Abschnitt 7.6 anwenden. Sonst wird man ein anderes der in Kap. 7 angegebenen Verfahren zur Bestimmung der EWe und EVen anwenden.

LITERATUR zu 18.3: [COLL66], III, §§1-3; [CONT80], 9.; [DEMI68], IV §4; [ESSE80]; [GOOS79]; [HENR68], part III; [ISAA73], 8.7.2-3; [KELL68], 3, 5.3; [KREI72]; [LUTH87], 15.2; [POLO64], V §6; [SAUE69] Bd.III, E §28.2,6,7, 29.1,2,4; [SELD79], 9.6.2; [STIE76], 6.52; [STOE78], 7.4; [TÖRN79] Bd.2, 15; [WERN86], 6; [ZURM65], §30.

ANHANG

ANSI C–Funktionen

von

Dr. Albert Becker

Jürgen Dietel

Uli Eggermann

Vorwort zum Anhang

Der Anhang enthält ANSI C-Funktionen zu fast allen im Textteil beschriebenen Algorithmen. Die Abschnittsnummern des Textteiles kehren im Programmteil wieder unter Voranstellung des Buchstabens P und mit den gleichen Überschriften. Die Funktionen enstanden zum großen Teil in Anlehnung an die 2. Auflage des Buches *Formelsammlung zur Numerischen Mathematik mit C-Programmen* und an die 7. Auflage des Buches *Numerik-Algorithmen mit FORTRAN 77-Programmen*. Ist zu einem Programm im Textteil kein Algorithmus abgedruckt, so wird die Quelle angegeben. Besonderer Wert wurde auf eine (im Rahmen des Möglichen) ausführliche Erklärung der formalen Parameter gelegt, um eine problemlose Schnittstellendefinition zu gewährleisten. Die Funktionen wurden in *ANSI C* geschrieben, um ein Höchstmaß an Kompatibilität und Komfort bei der Fehlersuche sicherzustellen.

In dieser Programmsammlung ist der Lesbarkeit der Quelltexte im Zusammenspiel mit den Algorithmen des Theorieteils der Vorrang gegeben worden gegenüber einer eventuell möglichen trickreicheren Programmierung. Dies ist ein Vorteil für den Anwender, der die Unterprogramme nicht nur einsetzt, sondern auch wissen möchte, wie der zugrundeliegende Algorithmus arbeitet. Selbstverständlich kann und soll diese Programmsammlung zu professionellen Bibliotheken, die wohl nur wenigen Benutzern dieser Formelsammlung zur Verfügung stehen, nicht in Konkurrenz treten; bei diesen Bibliotheken ist allerdings auch kein unmittelbarer Einblick in die verwendeten Algorithmen möglich.

Für den Typ `REAL`, der in den Funktionen durchgehend zur Aufnahme von Gleitkommagrößen eingesetzt wird, kann bei der Übersetzung einer der drei von ANSI C definierten Standardtypen `float`, `double` oder `long double` gewählt werden, wobei man aber beachten sollte, daß `long double` bei manchen Compilern leider keine höhere Genauigkeit bietet als `double`.

Entwickelt wurden die Funktionen größtenteils auf MS-DOS-Rechnern mit Hilfe von Borland-Compilern (Turbo C 2.0, Borland C++ 2.0, 3.0, 3.1). Umfangreiche Tests fanden jedoch auch mit anderen Compilern bzw. auf anderen Betriebssystemen statt, nämlich z. B. mit Microsoft QuickC 2.0 (unter MS-DOS), Microsoft C 6.00 (unter MS-DOS), GNU-C 2.2.2 (unter SunOS,

MS–DOS, AmigaOS2), Pure C 1.0, 1.1 (unter TOS 1.04), IBM C Set/2 1.0 (unter OS/2 2.0 und OS/2 2.1 BETA [12/92]).

Um die Tests ohne aufwendige Anpassungen mit möglichst vielen Compilern und Betriebssystemen ausführen zu können, enthält die Diskettenversion dieser Funktionen eine Beschreibungsdatei, nämlich `makefile.mk`, für das universelle Programmwartungsprogramm DMAKE 3.80, das frei kopierbar ist und auf vielen verschiedenen Betriebssystemen problemlos installiert werden kann. Außerdem finden sich auf den Disketten zu jedem Verfahren ein Testprogramm, Testfunktionen für Nullstellenverfahren und Differentialgleichungen und viele Eingabedateien mit Testmatrizen, Testpolynomen, Interpolationsstuetzpunkten usw. und für Turbo C–Compiler auch noch fast (je nach Compilerversion) vollständige Sätze von Projektdateien.

Die Funktionen werden laufend weiterentwickelt. Bekannt gewordene Fehler werden in der Diskettenversion sofort korrigiert, so daß hier immer die neueste Version versandt wird. Leider läßt es sich trotz größter Bemühungen nicht ausschließen, daß Fehler auftreten. Wir sind deshalb für jeden Hinweis auf Fehler und für Verbesserungsvorschläge außerordentlich dankbar.

April 1993
Gisela Engeln-Müllges
Jürgen Dietel

Informationen zum Versand von Disketten

mit dem Quelltext der Programme in verschiedenen Programmiersprachen (FORTRAN 77, ANSI C, Turbo Pascal, Quick-BASIC, Modula 2) und den Testprogrammen sowie Informationen über Campuslizenzen, die von Hochschulen, Forschungseinrichtungen und Firmen erworben werden können, sind nach dem Vorwort des Anhanges zu finden oder können *schriftlich oder per Fax* angefordert werden bei

Prof. Dr. Gisela Engeln–Müllges
Kesselstraße 88
D - 52076 Aachen–Lichtenbusch
Fax-Nr.: +49 2408 7812

Vorwort zum Anhang

Informationen für Hochschulangehörige und Studenten

Folgende Hochschulen und Firmen haben Campuslizenzen zu den Programmen in den Büchern von G. Engeln-Müllges/F. Reutter erworben. In den Rechenzentren dieser Hochschulen können Studenten und sonstige Angehörige *der betreffenden Hochschule* die Diskettensätze zu den jeweiligen Bedingungen erhalten. Weitere Campuslizenzen sind in Vorbereitung.

Hochschulen, Firmen	FDP	ANC	TP6	QBA	MOD
Fachhochschule Aalen			*		
Fachhochschule Aachen	*	*	*	*	*
Technische Hochschule Aachen	*	*	*	*	*
Technische Akademie Ahaus	*	*	*		
Technische Universität Berlin	*	*			
Humboldt-Universität Berlin	*	*			
Freie Universität Berlin		*			
Technische Universität Dresden	*	*	*	*	*
Hochschule für TuW Dresden	*	*	*	*	*
Fachhochschule Furtwangen		*	*		
TU Hamburg-Harburg	*	*			
Universität der Bundeswehr München	*		*		
Fachhochschule Reutlingen		*	*		
Technische Hochschule Zwickau	*	*	*		
IBM Deutschland GmbH			*		
KFA Jülich GmbH		*			

FDP = FORTRAN 77 DOUBLE PRECISION
ANC = ANSI C
TP6 = Turbo Pascal 6.0
QBA = QuickBASIC
MOD = Modula 2

Inhaltsverzeichnis des Anhangs

P 0 515
P 0.1 Grundlegende Deklarationen und Definitionen 515
P 0.2 Dynamische Vektoren und Matrizen 548

P 2 557
P 2.5.1 Das Newtonsche Verfahren für einfache Nullstellen 557
P 2.5.3 Das Newtonsche Verfahren für mehrfache Nullstellen 561
P 2.8.2 Das Pegasusverfahren 563
P 2.8.4 Das Verfahren von King und Anderson–Björck–King 565
P 2.8.5 Das Zeroin–Verfahren 570

P 3 576
P 3.3.2 Das Verfahren von Muller 576
P 3.3.3 Das Verfahren von Bauhuber 581
P 3.3.5 Das Verfahren von Laguerre 591

P 4 598
P 4.5.1   Gauß–Algorithmus mit Spaltenpivotsuche 598
P 4.15.4 Nachiteration 603
P 4.5.4   Gauß–Algorithmus für Systeme mit mehreren rechten Seiten . 605
P 4.7.2   Cholesky-Verfahren 609
P 4.7.3   Systeme mit symmetrischer, positiv definiter Matrix 613
P 4.9   Bestimmung einer inversen Matrix 616
P 4.10.1 Systeme mit tridiagonaler Matrix 619
P 4.10.2 Systeme mit symm., tridiagonaler, positiv definiter Matrix . 621
P 4.11.1 Systeme mit zyklisch tridiagonaler Matrix 626

P 4.11.2 Systeme mit symmetrischer, zyklisch tridiagonaler Matrix 628
P 4.12.1 Systeme mit fünfdiagonaler Matrix 634
P 4.12.1 Systeme mit fünfdiagonaler Matrix 639
P 4.12.2 Systeme mit symm., fünfdiagonaler, pos. definiter Matrix 643
P 4.12.2 Systeme mit symm., fünfdiagonaler, pos. definiter Matrix 648
P 4.13 Gleichungssysteme mit Bandmatrizen 652
P 4.13 Gleichungssysteme mit Bandmatrizen (mit Pivotisierung) 654
P 4.13 Gleichungssysteme mit Bandmatrizen (ohne Pivotisierung) 660
P 4.13 Choleskyverfahren für Bandmatrizen 665
P 4.14 Householdertransformation für lineare Systeme 670
P 4.15.1 Fehler und Kondition 675
P 4.15.2 Konditionsschätzung 676
P 4.17 Algorithmus von Cuthill-McKee 680

P 5 700
P 5.4 Das Iterationsverfahren in Einzelschritten 700
P 5.6.2 Adaptives SOR-Verfahren 702

P 6 710
P 6.2.1.2 Gedämpftes Newtonverfahren für Systeme 710
P 6.2.4 Das Verfahren von Brown für Systeme 720

P 7 730
P 7.3.1 Bestimmung des betragsgrößten Eigenwertes 730
P 7.8 Verfahren von Martin, Parlett, Peters, Reinsch und Wilkinson ... 731

P 8 751
P 8.1.3.1 Normalgleichungen für den diskreten linearen Ausgleich 752
P 8.1.3.2 Diskreter Ausgleich durch algebraische Polynome 754
P 8.1.3.4 Householdertransformation für lineare Ausgleichsprobleme ... 759
P 8.2.2 Nichtlinearer Ausgleich im quadratischen Mittel 762
P 8.1.5.3 Komplexe diskrete Fourier-Transformation 766

P 9 777
P 9.5.1 Newtonsche Formel für beliebige Stützstellen 777

Inhaltsverzeichnis des Anhangs

P 9.7 Rationale Interpolation 778

P 10 783

P 10.1 Polynomsplines dritten Grades 783

P 10.1.2 Berechnung der nichtparametrischen kubischen Splines 784

P 10.1.3 Berechnung der parametrischen kubischen Splines 789

P 10.2 Hermite-Splines fünften Grades 795

P 10.2.2 Berechnung der nichtparametrischen kub. Hermite-Splines.... 796

P 10.2.3 Berechnung der parametrischen kubischen Hermite-Splines ... 802

P 10 Auswertung von Polynomsplines 808

P 10 Tabellierung von Polynomsplines 816

P 11 833

P 11.3 Berechnung der nichtparametrischen kub. Ausgleichssplines 834

P 11.4 Berechnung der parametrischen kubischen Ausgleichssplines 853

P 12 861

P 12.1 Interpolierende zweidim. Polynomsplines dritten Grades 861

P 12.2 Zweidimensionale interpolierende Oberflächensplines 873

P 12.3.1 Bézier-Spline-Kurven 897

P 12.3.3 Bézier-Spline-Flächen 898

P 12.3.3 Modifizierte (interpolierende) kubische Bézier-Splines 906

P 12.4.1 B-Spline-Kurven 907

P 13 912

P 13.1 Akima-Subsplines 912

P 13.2 Renner-Subsplines 917

P 14 925

P 14.4 Differentiation nach dem Romberg-Verfahren 925

P 15 927

P 15.3 Newton-Cotes-Formeln 927

P 15.9 Quadraturformeln von Clenshaw-Curtis 929

P 15.10 Das Verfahren von Romberg 930

P 15.12 Adaptive Quadraturverfahren 932

P 16 952

P 16.3 Newton–Cotes–Formeln für rechteckige Integrationsbereiche 952

P 16.4 Newton–Cotes–Formeln für Dreieckbereiche 955

P 16.5 Das Romberg-Kubaturverfahren 956

P 16.6 Gauß–Kubaturformeln für Rechteckbereiche 963

P 16.7 Gauß–Kubaturformeln für Dreieckbereiche 967

P 16.8 Berechnung des Riemannschen Flächenintegrals 969

P 17 973

P 17.3 Einschrittverfahren 973

P 17.3.4.4 Einbettungsformeln 981

P 17.3.5 Implizite Runge–Kutta–Verfahren vom Gauß–Typ 1012

P 17.3.7.2 Adaptive Anfangswertproblemlöser 1032

P 17.4.3 Das Prädiktor–Korrektor–Verfahren 1044

P 17.5 Extrapolationsverfahren von Bulirsch–Stoer–Gragg 1057

P 18 1064

P 18.2 Zurückf. eines Randwertproblems auf ein Anfangswertproblem . 1064

Symbolverzeichnis des Anhangs 1069

P 0

P 0.1 Grundlegende Deklarationen und Definitionen

```
/* --------------------- DEKLARATIONEN basis.h --------------------- */
/***************************************************************************
 *                                                                         *
 * grundlegende Funktionen: Deklarationsdatei (mit Typen und Makros)       *
 * ----------------------------------------------------------------        *
 *                                                                         *
 * Programmiersprache: ANSI-C                                              *
 * Compiler:           Turbo C 2.0                                         *
 * Rechner:            IBM PS/2 70 mit 80387                               *
 * Autor:              Juergen Dietel, Rechenzentrum der RWTH Aachen       *
 * Datum:              MI 30. 9. 1992                                      *
 *                                                                         *
 ***************************************************************************/


/***************************************************************************
 * vorsorgen fuer den Fall, dass diese Deklarationsdatei mehrfach in       *
 * einen Quelltext aufgenommen wird                                        *
 ***************************************************************************/

#if !defined(BASIS_H)
#define BASIS_H


/***************************************************************************
 * einige andere hier benoetigte Deklarationsdateien aufnehmen.            *
 * Bei den Standarddeklarationsdateien geschieht das vor allem deshalb,    *
 * weil man dann in den C-Modulen nur diese Datei einfuegen muss, um       *
 * alle gewuenschten Standardnamen zur Verfuegung zu haben, und weil       *
 * sich dann Anpassungen bei Verwendung von Nichtstandardcompilern         *
 * (hoffentlich) auf diese Datei beschraenken.                             *
 ***************************************************************************/

#include <stdio.h>      /* wegen NULL, printf, scanf, fprintf, stderr, */
                        /*       freopen, stdin, stdout, fopen, fclose, */
                        /*       fclose, fseek, SEEK_END, SEEK_SET,     */
                        /*       ftell, fwrite, fread, size_t           */
#include <stdlib.h>     /* wegen free, malloc, abs                     */
#include <math.h>       /* wegen fabs, sqrt, pow, exp, sin, cos, log,  */
                        /*       atan, acos                            */
#include <float.h>      /* wegen DBL_EPSILON, DBL_MAX                  */
#ifdef sun              /* fuer den GNU-C-Compiler unter SunOS         */
#include <unistd.h>     /* wegen SEEK_END                              */
#else
#ifdef amigados         /* fuer den GNU-C-Compiler auf einem Amiga     */
#include <unistd.h>     /* wegen SEEK_END                              */
#endif
#endif
#ifndef SEEK_END        /* SEEK_END immer noch nicht definiert (z. B   */
                        /* bei GNU-C 2.1 fuer i386-MS-DOS-Rechner)?    */
#include <unistd.h>     /* wegen SEEK_END                              */
#endif


/***************************************************************************
 * die gewuenschte Genauigkeit fuer die Gleitkommarechnung einstellen:     *
 * Falls das Makro FLOAT definiert ist, wird mit einfacher Genauigkeit     *
```

```
*  (Datentyp float) gearbeitet, bei LDOUBLE mit der hoechstmoeglichen   *
*  Genauigkeit (Datentyp long double), sonst mit doppelter Genauigkeit  *
*  (Datentyp double). LDOUBLE bringt aber nur mit solchen Compilern     *
*  etwas, bei denen long double genauer ist als double (z. B. Turbo C,  *
*  aber nicht QuickC).                                                  *
*  Statt PRAE (sowohl fuer scanf() als auch printf() gedacht) sollten   *
*  besser LZS (Laengenzeichen fuer scanf()) bzw. LZP (Laengenzeichen    *
*  fuer printf()) verwendet werden, da laut ANSI-C-Standard bei der     *
*  Ausgabe von double-Werten im Gegensatz zur Eingabe das Laengenzei-   *
*  chen "l" weggelassen werden soll.                                    *
*  wichtig: Falls der benutzte Compiler die Makros FLT_MAX, LDBL_MAX,   *
*  ========  DBL_MAX bzw. FLT_MAX_EXP, LDBL_MAX_EXP, DBL_MAX_EXP        *
*            (i. a. in float.h zu finden) nicht kennt, muessen an den   *
*            durch !!!! markierten Stellen passende Werte eingesetzt    *
*            werden!                                                    *
*************************************************************************/

#ifdef FLOAT                    /* einfache Genauigkeit? ............*/

typedef float      REAL;        /* Standardgleitkommatyp float ......*/
typedef double     LONG_REAL;   /* genauerer Gleitkommatyp ..........*/

#ifdef FLT_EPSILON              /* ANSI-C-Compiler? .................*/
#define MACH_EPS  (REAL)FLT_EPSILON
#else                           /* kein ANSI-C-Compiler? ............*/
#define MACH_EPS  mach_eps()    /* die Maschinengenauigkeit .........*/
#endif

#ifdef FLT_MAX_EXP              /* ANSI-C-Compiler? .................*/
#define MAX_EXP    FLT_MAX_EXP  /* Binaerexponent von POSMAX ........*/
#else                           /* kein ANSI-C-Compiler? ............*/
#define MAX_EXP    128          /* muss angepasst werden!!!! ........*/
#endif

#ifdef FLT_MAX                  /* ANSI-C-Compiler? .................*/
#define POSMAX    (REAL)FLT_MAX /* groesste Gleitkommazahl ..........*/
#else                           /* kein ANSI-C-Compiler? ............*/
#define POSMAX    1e38f         /* muss angepasst werden!!!! ........*/
#endif

#ifdef FLT_MIN                  /* ANSI-C-Compiler? .................*/
#define POSMIN    (REAL)FLT_MIN /* kleinste positive Gleitkommazahl .*/
#else                           /* kein ANSI-C-Compiler? ............*/
#define POSMIN    posmin()
#endif

#define PRAE      ""            /* Groessenpraefix fuer formatierte  */
                                /* Ein-/Ausgabe von Gleitkommazahlen */
#define LZS       ""            /* Laengenzeichen fuer formatierte   */
                                /* Eingabe von Gleitkommazahlen      */
#define LZP       ""            /* Laengenzeichen fuer formatierte   */
                                /* Ausgabe von Gleitkommazahlen      */


#else
#ifdef LDOUBLE                  /* hoechste Genauigkeit? ............*/

typedef long double  REAL;      /* Standardgleitkommatyp long double */
typedef long double  LONG_REAL; /* "genauerer" Gleitkommatyp ........*/
#define LONG_DOUBLE_USED

#ifdef LDBL_EPSILON             /* ANSI-C-Compiler? .................*/
#define MACH_EPS  (REAL)LDBL_EPSILON
#else                           /* kein ANSI-C-Compiler? ............*/
#define MACH_EPS  mach_eps()    /* die Maschinengenauigkeit .........*/
#endif
```

```
#ifdef LDBL_MAX_EXP          /* ANSI-C-Compiler? .................*/
#define MAX_EXP   LDBL_MAX_EXP /* Binaerexponent von POSMAX ........*/
#else                        /* kein ANSI-C-Compiler? ............*/
#define MAX_EXP   1023        /* muss angepasst werden!!!! ........*/
#endif

#ifdef LDBL_MAX              /* ANSI-C-Compiler? .................*/
#define POSMAX    (REAL)LDBL_MAX /* groesste Gleitkommazahl ..........*/
#else                        /* kein ANSI-C-Compiler? ............*/
#define POSMAX    1e1001     /* muss angepasst werden!!!! ........*/
#endif

#ifdef LDBL_MIN              /* ANSI-C-Compiler? .................*/
#define POSMIN    (REAL)LDBL_MIN /* kleinste positive Gleitkommazahl .*/
#else                        /* kein ANSI-C-Compiler? ............*/
#define POSMIN    posmin()
#endif

#define PRAE      "L"        /* Groessenpraefix fuer formatierte  */
                             /* Ein-/Ausgabe von Gleitkommazahlen */
#define LZS       "L"        /* Laengenzeichen fuer formatierte   */
                             /* Eingabe von Gleitkommazahlen      */
#define LZP       "L"        /* Laengenzeichen fuer formatierte   */
                             /* Ausgabe von Gleitkommazahlen      */


#else                        /* doppelte Genauigkeit? ............*/

typedef double       REAL;   /* Standardgleitkommatyp double .....*/
typedef long double  LONG_REAL; /* genauerer Gleitkommatyp ..........*/

#ifdef DBL_EPSILON           /* ANSI-C-Compiler? .................*/
#define MACH_EPS  (REAL)DBL_EPSILON
#else                        /* kein ANSI-C-Compiler? ............*/
#define MACH_EPS  mach_eps() /* die Maschinengenauigkeit .........*/
#endif

#ifdef DBL_MAX_EXP           /* ANSI-C-Compiler? .................*/
#define MAX_EXP   DBL_MAX_EXP /* Binaerexponent von POSMAX ........*/
#else                        /* kein ANSI-C-Compiler? ............*/
#define MAX_EXP   1023        /* muss angepasst werden!!!! ........*/
#endif

#ifdef DBL_MAX               /* ANSI-C-Compiler? .................*/
#define POSMAX    (REAL)DBL_MAX /* groesste Gleitkommazahl ..........*/
#else                        /* kein ANSI-C-Compiler? ............*/
#define POSMAX    1e100      /* muss angepasst werden!!!! ........*/
#endif

#ifdef DBL_MIN               /* ANSI-C-Compiler? .................*/
#define POSMIN    DBL_MIN    /* kleinste positive Gleitkommazahl .*/
#else                        /* kein ANSI-C-Compiler? ............*/
#define POSMIN    posmin()
#endif

#define PRAE      "l"        /* Groessenpraefix fuer formatierte  */
                             /* Ein-/Ausgabe von Gleitkommazahlen */
#define LZS       "l"        /* Laengenzeichen fuer formatierte   */
                             /* Eingabe von Gleitkommazahlen      */
#define LZP       ""         /* Laengenzeichen fuer formatierte   */
                             /* Ausgabe von Gleitkommazahlen      */
#endif
#endif


/*************************************************************************
```

```
*  einige wichtige Datentypen vereinbaren                                *
***************************************************************************/

typedef enum {FALSE, TRUE} boolean;

/* Funktionszeigertypen fuer die Approximation in Kapitel 8 ..........*/
typedef REAL (*ansatzfnk) (int i, REAL x);
typedef REAL (*approxfnk) (REAL c[], REAL x);
typedef void (*ableitfnk) (REAL x, REAL c[], REAL *d);

/* Typ der Funktion, die die rechte Seite der expliziten       .......*/
/* gewoehnlichen Differentialgleichung  y' = f(x,y) auswertet .......*/
typedef REAL (*dglfnk)(REAL x, REAL y);

/* Typ der Funktion, die die rechte Seite des             ...........*/
/* Differentialgleichungssystems   y' = f(x,y) auswertet ............*/
typedef void (*dglsysfnk)(REAL x, REAL y[], REAL f[]);

/* Typ der Funktion, die den Wert der Randbedingung r(ya, yb) .......*/
/* eines Zwei-Punkt-Randwertproblems 1. Ordnung berechnet      .......*/
typedef void (*rndbedfnk)(REAL ya[], REAL yb[], REAL r[]);

typedef REAL abl_mat1[4][2];    /* werden zur Auswertung von Spline- */
typedef REAL abl_mat2[6][2];    /* funktionen in spliwert benoetigt  */

/*--------------------------------------------------------------------*
 * Typvereinbarungen von Albert Becker                                *
 *--------------------------------------------------------------------*/

/* Reelle Funktionen ................................................*/
typedef REAL (* REALFCT)  (REAL);

/* Reelle mehrdimensionale Funktionen ...............................*/
typedef int (* FNFCT)  (int, REAL [], REAL []);

/* Funktionen zur Bestimmung der Jacobi Matrix ......................*/
typedef int (* JACOFCT) (int, REAL [], REAL * []);


/***************************************************************************
*  einige wichtige Makros vereinbaren                                      *
*  Hinweis: Borland C++ bietet ab der Version 3.0 erstmals auch zum Typ    *
*           long double passende Gleitkommafunktionen (z. B. expl()        *
*           statt exp(), sinl() statt sin()). Da Borland C++ 3.0 aber      *
*           kein Makro zu definieren scheint, das eine Unterscheidung      *
*           von Borland C++ 2.0 erlaubt, muss man das selbst in die        *
*           Hand nehmen: Falls man unter Borland C++ 3.0 mit               *
*           long double arbeiten will, sollte man vor der Uebersetzung     *
*           das Makro BC3 definieren. Dann werden automatisch die neuen    *
*           genaueren Gleitkommafunktionen verwendet.                      *
***************************************************************************/
#define BASIS       basis()      /* die Basis der Zahlendarstellung */
#define EPSROOT     epsroot()    /* die Wurzel aus MACH_EPS         */
#define EPSQUAD     epsquad()    /* das Quadrat von MACH_EPS        */
#define MAXROOT     maxroot()    /* die Wurzel aus der              */
                                 /* groessten Gleitkommazahl        */
#ifndef PI
#define PI          pi()         /* die Kreiszahl                   */
#endif
#define EXP_1       exp_1()      /* die Eulersche Zahl              */

#define ZERO        (REAL)0.0    /* Namen fuer haeufig vorkommende  */
#define ONE         (REAL)1.0    /* Gleitkommakonstanten vereinbaren*/
#define TWO         (REAL)2.0
```

Grundlegende Deklarationen und Definitionen 519

```
#define THREE      (REAL)3.0
#define FOUR       (REAL)4.0
#define FIVE       (REAL)5.0
#define SIX        (REAL)6.0
#define EIGHT      (REAL)8.0
#define NINE       (REAL)9.0
#define TEN        (REAL)10.0
#define HALF       (REAL)0.5

#if defined(LDOUBLE) &&                  /* Borland C++ 3.0 oder   */\
    (defined(BC3) || defined(MC6))       /* Microsoft C 6.0 mit    */
                                         /* hoechster Genauigkeit? */
#define FABS(x)    fabsl((x))            /* die long double-Ver-   */
#define SQRT(x)    sqrtl((x))            /* sionen der wichtigsten */
#define POW(x, y)  powl((x), (y))        /* Gleitkommafunktionen   */
#define SIN(x)     sinl((x))             /* verwenden              */
#define COS(x)     cosl((x))
#define EXP(x)     expl((x))
#define LOG(x)     logl((x))
#define ATAN(x)    atanl((x))
#define ACOS(x)    acosl((x))
#define COSH(x)    coshl((x))

#else                                    /* geringere Genauigkeit  */
                                         /* oder kein BC3 und      */
                                         /* kein MC6?              */
#define FABS(x)    (REAL)fabs((double)(x))  /* Namen fuer wichtige */
#ifdef LONG_DOUBLE_USED                     /* Gleitkommafunktionen */
#define SQRT(x)    sqrtlong((x))            /* vereinbaren, die eine */
#else                                       /* Benutzung mit jeder  */
#define SQRT(x)    (REAL)sqrt((double)(x))  /* der drei moeglichen  */
#endif                                      /* Genauigkeiten erlauben */
#define POW(x, y)  (REAL)pow((double)(x), \
                             (double)(y))
#define SIN(x)     (REAL)sin((double)(x))
#define COS(x)     (REAL)cos((double)(x))
#define EXP(x)     (REAL)exp((double)(x))
#define LOG(x)     (REAL)log((double)(x))
#define ATAN(x)    (REAL)atan((double)(x))
#define ACOS(x)    (REAL)acos((double)(x))
#define COSH(x)    (REAL)cosh((double)(x))
#endif

#undef sign
#undef min
#undef max
#undef swap
#define sign(x, y) (((y) < ZERO) ? -FABS(x) :    /* |x| mal Vor-  */ \
                                   FABS(x))      /* zeichen von y */
#define min(a, b)       (((a) < (b)) ? (a) : (b))
#define max(a, b)       (((a) > (b)) ? (a) : (b))
#define swap(typ, a, b)                          /* zwei Objekte beliebi- */ \
   { typ temp; temp = a; a = b; b = temp; }      /* gen Typs vertauschen  */

/* ----------------- Makros von Albert Becker --------------------- */
#define ABS(X) (((X) >= ZERO) ? (X) : -(X))    /* Absolutbetrag von X */
#define SIGN(X,Y) \
              (((Y) < ZERO) ? -ABS(X) : ABS(X))   /* Vorzeichen von */
                                                  /* Y mal ABS(X)   */
#define SQR(X) ((X) * (X))                     /* Quadrat von X */
                                               /* swap x, y     */
#define SWAP(typ,x,y) \
       { typ TTT; TTT = x; x = y; y = TTT; }

#define FORMAT_IN      "%lg"              /* Input Format fuer REAL  */
#define FORMAT_LF      "% "LZP"f "        /* Format l fuer REAL      */
#define FORMAT_126LF   "% 12.6"LZP"f "    /* Format 12.6f fuer REAL  */
```

```
#define FORMAT_2010LF   "% 20.10"LZP"f "    /* Format 20.10f fuer REAL  */
#define FORMAT_2016LF   "% 20.16"LZP"f "    /* Format 20.16f fuer REAL  */
#define FORMAT_LE       "% "LZP"e "         /* Format e fuer REAL       */
#define FORMAT_2016LE   "% 20.16"LZP"e "    /* Format 20.16e fuer REAL  */


/**************************************************************************
* alle in basis.c definierten externen Funktionen deklarieren             *
**************************************************************************/

int  basis(void);             /* Basis der Zahlendarstellung bestimmen */

REAL mach_eps(void);          /* Maschinengenauigkeit bestimmen */

REAL epsroot(void);           /* Wurzel aus der Maschinengenauigkeit bestimmen */

REAL epsquad(void);           /* Quadrat der Maschinengenauigkeit bestimmen */

REAL maxroot(void);           /* Wurzel der groessten Maschinenzahl bestimmen */

REAL posmin(void);            /* kleinste positive Gleitkommazahl bestimmen */

REAL pi(void);                /* die Kreiszahl pi bestimmen */

REAL exp_1(void);             /* die Eulersche Zahl bestimmen */

REAL sqr(REAL x);             /* eine Gleitkommazahl quadrieren */

void fehler_melden            /* Fehlermeldung auf stdout und stderr schreiben */
         (
          char text[],        /* Fehlerbeschreibung .......*/
          int  fehlernummer,  /* Nummer des Fehlers .......*/
          char dateiname[],   /* Ort des Fehlers: .........*/
          int  zeilennummer   /* Dateiname, Zeilennummer ..*/
         );

int umleiten                  /* stdin und stdout eventuell auf Datei umleiten */
         (
          int   argc,         /* Argumentanzahl in der Kommandozeile ..*/
          char *argv[]        /* Vektor der Argumente ..................*/
         );                   /* Fehlercode ............................*/

void readln(void);            /* Zeilenrest in stdin ueberlesen */

void getline                  /* eine Zeile Text von stdin lesen ............*/
         (
          char kette[],       /* Vektor mit dem gelesenen Text .......*/
          int  limit          /* maximale Laenge von kette ...........*/
         );

int intervall                 /* Intervallnummer einer Zerlegung suchen ..........*/
         (
          int  n,             /* Zahl der Teilintervalle - 1 ..........*/
          REAL xwert,         /* Zahl, deren Intervall gesucht wird ...*/
          REAL x[]            /* Grenzen der Teilintervalle ...........*/
         );                   /* Index des gesuchten Teilintervalls ...*/

REAL horner                   /* Hornerschema zur Polynomauswertung ............*/
         (
          int  n,             /* Polynomgrad .........*/
          REAL a[],           /* Polynomkoeffizienten */
          REAL x              /* Auswertungsstelle ...*/
         );                   /* Polynomwert .........*/

REAL norm_max                 /* Maximumnorm eines REAL-Vektors bestimmen .......*/
         (
```

Grundlegende Deklarationen und Definitionen 521

```
                REAL vektor[],          /* Eingabevektor ..........*/
                int  n                  /* Zahl der Vektorelemente */
                );                      /* Maximumnorm ............*/

void copy_vector            /* einen REAL-Vektor kopieren ................*/
                (
                REAL ziel[],            /* Zielvektor ...............*/
                REAL quelle[],          /* Quellvektor ..............*/
                int  n                  /* Anzahl der Vektorelemente */
                );


/*-------------------------------------------------------------*
 * Basisfunktionen Kapitel 1 (von Albert Becker) ..............*
 *-------------------------------------------------------------*/

long double sqrtlong (long double x);

int comdiv (            /* Komplexe Division .........................*/
        REAL    ar,     /* Realteil Zaehler ..........................*/
        REAL    ai,     /* Imaginaerteil Zaehler .....................*/
        REAL    br,     /* Realteil Nenner ...........................*/
        REAL    bi,     /* Imaginaerteil Nenner ......................*/
        REAL *  cr,     /* Realteil Quotient .........................*/
        REAL *  ci      /* Imaginaerteil Quotient ...................*/
        );

REAL    comabs (        /* Komplexer Absolutbetrag ...................*/
        REAL    ar,     /* Realteil ..................................*/
        REAL    ai      /* Imaginaerteil .............................*/
        );

void quadsolv (         /* Komplexe quadratische Gleichung ...........*/
        REAL    ar,     /* Quadratischer Koeffizient .......*/
        REAL    ai,
        REAL    br,     /* Linearer Koeffizient ............*/
        REAL    bi,
        REAL    cr,     /* Konstanter Koeffizient ..........*/
        REAL    ci,
        REAL *  tr,     /* Loesung .........................*/
        REAL *  ti
        );

REAL * AllocVec (int n); /* Speicher fuer REAL Vektor allokieren ....*/

void FreeVec  (REAL x[]); /* Speicher fuer REAL Vektor freigeben .....*/

void SetVec              /* Vektor vorbesetzen .......................*/
        (int n, REAL x[], REAL val);

void CopyVec             /* Vektor kopieren ..........................*/
        (int n, REAL source[], REAL dest[]);

int ReadVec              /* Vektor von stdin einlesen ................*/
        (int n, REAL x[]);

int WriteVec             /* Vektor auf stdout ausgeben ...............*/
        (int n, REAL x[]);

REAL ** AllocMat         /* Speicher fuer Matrix allokieren ..........*/
        (int m, int n);

void FreeMat             /* Speicher fuer Matrix freigeben ...........*/
        (int m, REAL * a[]);

void SetMat              /* Matrix vorbesetzen .......................*/
        (int m, int n, REAL * a[], REAL val);
```

```
void CopyMat           /* Matrix kopieren .........................*/
            (int m, int n, REAL * source[], REAL * dest[]);

int ReadMat            /* Matrix von stdin einlesen ................*/
            (int m, int n, REAL * a[]);

int WriteMat           /* Matrix auf stdout ausgeben ...............*/
            (int m, int n, REAL * mat[]);

int WriteHead (char *s);        /* Header auf stdout schreiben .....*/

int WriteEnd  (void);           /* Separator auf stdout schreiben ..*/

void LogError          /* Error auf stdout ausgeben ................*/
            (char *s, int rc, char *file, int line);


#endif
/* ------------------------- ENDE basis.h ------------------------- */
/* --------------------- DEKLARATIONEN u_proto.h ------------------ */

/*-----------------------------------------------------------------*
 * Include Datei zur Vordeklaration aller Bibliotheksfunktionen.   *
 *                                                                 *
 *-----------------------------------------------------------------*/

#ifndef U_PROTO_INCLUDED

/* Gegen mehrfaches includieren absichern */

#define U_PROTO_INCLUDED


/*-----------------------------------------------------------------*
 * Vordeklaration aller externen Bibliotheksfunktionen             *
 *-----------------------------------------------------------------*/



/*-----------------------------------------------------------------*
 * P 2  Numerische Verfahren zur Loesung nichtlinearer Gleichungen *
 *-----------------------------------------------------------------*/

int newton (           /* Eindimensionales Newton Verfahren ........*/
            REALFCT  fct,      /* Funktion .........................*/
            REALFCT  fderv,    /* 1. Ableitung .....................*/
            REAL   * x,        /* Startwert / Loesung ..............*/
            REAL   * fval,     /* Funktionswert an Loesung.......... */
            int    * iter      /* Iterationszahl ...................*/
           );

int newpoly (          /* Newton Verfahren fuer Polynome ...........*/
            int      n,        /* Polynomgrad ......................*/
            REAL     coeff[],  /* Koeffizientenvektor ..............*/
            REAL *   x,        /* Startwert / Loesung ..............*/
            REAL *   fval,     /* Funktionswert an x ...............*/
            int  *   iter      /* Iterationszahl ...................*/
           );

int polval (           /* Newton Verfahren fuer Polynome ...........*/
            int      n,        /* Grad des Polynoms ................*/
            REAL     coeff[],  /* Koeffizientenvektor ..............*/
            REAL     x,        /* Auswertestelle ...................*/
            REAL *   val,      /* Wert des Polynoms an x ...........*/
            REAL *   dval      /* Wert der 1. Abl. an x ............*/
```

Grundlegende Deklarationen und Definitionen 523

```
int newmod (               /* Modifiziertes Newton Verfahren ............*/
        REALFCT   fct,     /* Funktion ..........................*/
        REALFCT   fderv1,  /* 1. Ableitung ......................*/
        REALFCT   fderv2,  /* 2. Ableitung ......................*/
        REAL  *   x,       /* Startwert / Loesung ...............*/
        REAL  *   fval,    /* Funktionswert an x ................*/
        int   *   iter,    /* Iterationszahl ....................*/
        int   *   mul      /* Vielfachheit der Nullst. .........*/
       );

int pegasus (              /* Pegasus Verfahren .........................*/
        REALFCT   fct,     /* Funktion ..........................*/
        REAL  *   x1,      /* Startwert 1 .......................*/
        REAL  *   x2,      /* Startwert 2 / Loesung .............*/
        REAL  *   f2,      /* Funktionswert an x2 ...............*/
        int   *   iter     /* Iterationszahl ....................*/
       );

int roots (                /* Pegasus, Anderson-Bjoerck-King Verfahren ..*/
        int       method,  /* Verfahren .........................*/
        REALFCT   fct,     /* Funktion ..........................*/
        int       quadex,  /* Quadratische Extrapolation........*/
        REAL  *   x1,      /* Startwert 1 .......................*/
        REAL  *   x2,      /* Startwert 2 / Loesung .............*/
        REAL  *   fx2,     /* Funktionswert an x2 ...............*/
        int   *   iter     /* Iterationszahl ....................*/
       );

/*---------------------------------------------------------------*
 * P 3   Verfahren zur Loesung algebraischer Gleichungen ..............*
 *---------------------------------------------------------------*/

int mueller (              /* Mueller Verfahren fuer reelle Polynome ....*/
        int       n,       /* Polynomgrad .......................*/
        REAL      a[],     /* Koeffizientenvektor ...............*/
        int       scaleit, /* Skalieren .........................*/
        REAL      zreal[], /* Realteile Loesung .................*/
        REAL      zimag[]  /* Imaginaerteile Loesung ...........*/
       );

void fmval (               /* (Komplexer) Polynomwert ...................*/
        int       n,       /* Hoechster Koeffizient .............*/
        int       iu,      /* Niedrigster Koeffizient ...........*/
        REAL      zre[],   /* Koeffizienten .....................*/
        REAL      zren,    /* Fuehrender Koeffizient ...........*/
        REAL      xre,     /* Realteil x ........................*/
        REAL      xim,     /* Imaginaerteil x ...................*/
        REAL  *   fre,     /* Realteil Funktionswert ...........*/
        REAL  *   fim      /* Imaginaerteil Funktionswert .....*/
       );

int bauhub (               /* Bauhuber Verfahren fuer komplexe Polynome .*/
        int       real,    /* Koeffizienten sind reell ? ......*/
        int       scale,   /* Skalieren ? .......................*/
        int       n,       /* Polynomgrad .......................*/
        REAL      ar[],    /* Realteile Koeffizienten .........*/
        REAL      ai[],    /* Imaginaerteile Koeffizienten ....*/
        REAL      rootr[], /* Realteile Nullstellen ...........*/
        REAL      rooti[], /* Imaginaerteile Nullstellen ......*/
        REAL      absf[]   /* Absolutbetraege der F-werte .....*/
       );

/*---------------------------------------------------------------*/
```

```
/*--------------------------------------------------------------*
 * P 4   Direkte Verfahren zur Loesung linearer Gleichungssysteme ..... *
 *--------------------------------------------------------------*/

int gauss (                 /* Gauss Verfahren zur Loesung von lin. GLS ..*/
          int       mod,    /* Modus: 0, 1, 2, 3 .........................*/
          int       n,      /* Dimension der Matrix ......................*/
          REAL *    mat[],  /* Eingabematrix .............................*/
          REAL *    lumat[],/* LU Zerlegung ..............................*/
          int       perm[], /* Zeilenvertauschungen ......................*/
          REAL      b[],    /* Rechte Seite des Systems ..................*/
          REAL      x[],    /* Loesung des Systems .......................*/
          int *     signd   /* Vorzeichen Determinante ...................*/
         );

int gaudec (                /* Gauss Zerlegung ...........................*/
          int       n,      /* Dimension der Matrix ......................*/
          REAL *    mat[],  /* Eingabematrix .............................*/
          REAL *    lumat[],/* Zerlegungsmatrix ..........................*/
          int       perm[], /* Zeilenvertauschungen ......................*/
          int *     signd   /* Vorzeichen Determinante ...................*/
         );

int gausol (                /* Gauss Loesung .............................*/
          int       n,      /* Dimension der Matrix ......................*/
          REAL *    lumat[],/* Eingabematrix (LU) ........................*/
          int       perm[], /* Zeilenvertauschungen ......................*/
          REAL      b[],    /* Rechte Seite ..............................*/
          REAL      x[]     /* Loesung ...................................*/
         );

int gausoli (               /* Gauss Loesung mit Nachiteration ...........*/
          int       n,      /* Dimension der Matrix ......................*/
          REAL *    mat[],  /* Ausgangsmatrix ............................*/
          REAL *    lumat[],/* Eingabematrix (LU) ........................*/
          int       perm[], /* Zeilenvertauschungen ......................*/
          REAL      b[],    /* Rechte Seite ..............................*/
          REAL      x[]     /* Loesung ...................................*/
         );

int mgauss (                /* Gauss Verfahren fuer mehrere rechte Seiten */
          int       n,      /* Dimension der Matrix ......................*/
          int       k,      /* Anzahl rechter Seiten .....................*/
          REAL *    mat[],  /* Eingabematrix .............................*/
          REAL *    rmat[]  /* Rechte Seiten /Loesungen ..................*/
         );

REAL   det (                /* Determinante ..............................*/
          int       n,      /* Dimension der Matrix ......................*/
          REAL *    mat[]   /* Eingabematrix .............................*/
         );

int choly (                 /* Cholesky Verfahren ........................*/
          int       mod,    /* Modus: 0, 1, 2 ............................*/
          int       n,      /* Dimension der Matrix ......................*/
          REAL *    mat[],  /* Eingabematrix .............................*/
          REAL      b[],    /* Rechte Seite des Systems ..................*/
          REAL      x[]     /* Loesung ...................................*/
         );

int chodec (                /* Cholesky Zerlegung ........................*/
          int       n,      /* Dimension der Matrix ......................*/
          REAL *    mat[]   /* Eingabematrix/LU Matrix ...................*/
         );

int chosol (                /* Cholesky Loesung ..........................*/
          int       n,      /* Dimension der Matrix ......................*/
          REAL *    lmat[], /* LU Matrix .................................*/
```

Grundlegende Deklarationen und Definitionen 525

```
              REAL     b[],         /* Rechte Seite des Systems ........*/
              REAL     x[]          /* Loesung ........................*/
            );
int pivot (                /* Bestimmung der Inversen (Austauschverf.) ..*/
              int      n,           /* Dimension der Matrix ............*/
              REAL *   mat[],       /* Eingabematrix ...................*/
              REAL *   inv[],       /* Inverse .........................*/
              REAL *   s,           /* Checksumme ......................*/
              REAL *   cond         /* Konditionzahl ...................*/
            );
int trdiag (               /* Tridiagonale Gleichungssysteme ...........*/
              int      n,           /* Dimension der Matrix ............*/
              REAL     lower[],     /* Subdiagonale ....................*/
              REAL     diag[],      /* Diagonale .......................*/
              REAL     upper[],     /* Superdiagonale ..................*/
              REAL     b[],         /* Rechte Seite / Loesung ..........*/
              int      rep          /* rep = 0, 1 .....................*/
            );
int tzdiag (               /* Zyklisch tridiagonale Gleichungssystem ....*/
              int      n,           /* Dimension der Matrix ............*/
              REAL     lower[],     /* Subdiagonale ....................*/
              REAL     diag[],      /* Diagonale .......................*/
              REAL     upper[],     /* Superdiagonale ..................*/
              REAL     lowrow[],    /* Untere Zeile ....................*/
              REAL     ricol[],     /* Rechte Spalte ...................*/
              REAL     b[],         /* Rechte Seite / Loesung ..........*/
              int      rep          /* rep = 0, 1 .....................*/
            );
int diag5 (                /* 5 diagonale Gleichungssysteme ............*/
              int      mod,         /* Modus: 0, 1, 2 ..................*/
              int      n,           /* # Matrixzeilen ..................*/
              REAL     ld2[],       /* 2. untere Subdiagonale ..........*/
              REAL     ld1[],       /* 1. untere Subdiagonale ..........*/
              REAL     d[],         /* Hauptdiagonale ..................*/
              REAL     ud1[],       /* 1. obere Superdiagonale .........*/
              REAL     ud2[],       /* 2. obere Superdiagonale .........*/
              REAL     b[]          /* Rechte Seite/Loesung ............*/
            );
int diag5dec (             /* Zerlegung des 5 diagonalen Systems .......*/
              int      n,           /* # Matrixzeilen ..................*/
              REAL     ld2[],       /* 2. untere Subdiagonale ..........*/
              REAL     ld1[],       /* 1. untere Subdiagonale ..........*/
              REAL     d[],         /* Hauptdiagonale ..................*/
              REAL     ud1[],       /* 1. obere Superdiagonale .........*/
              REAL     ud2[]        /* 2. obere Superdiagonale .........*/
            );
int diag5sol (             /* Loesung des 5 diagonalen Systems .........*/
              int      n,           /* # Matrixzeilen ..................*/
              REAL     ld2[],       /* 2. untere Subdiagonale ..........*/
              REAL     ld1[],       /* 1. untere Subdiagonale ..........*/
              REAL     d[],         /* Hauptdiagonale ..................*/
              REAL     ud1[],       /* 1. obere Superdiagonale .........*/
              REAL     ud2[],       /* 2. obere Superdiagonale .........*/
              REAL     b[]          /* Rechte Seite / Loesung ..........*/
            );
int diag5pd (              /* 5 diagonale pos. definite Matrizen .......*/
              int      mod,         /* Modus: 0, 1, 2 ..................*/
              int      n,           /* # Matrixzeilen ..................*/
              REAL     d[],         /* Hauptdiagonale ..................*/
              REAL     ud1[],       /* 1. obere Superdiagonale .........*/
```

```
                REAL    ud2[],          /* 2. obere Superdiagonale ........*/
                REAL    b[]             /* Rechte Seite des Systems .......*/
              );

int diag5pddec (                        /* Zerlegung 5 diagonaler pos. def. Matrizen .*/
                int     n,              /* # Matrixzeilen .................*/
                REAL    d[],            /* Hauptdiagonale .................*/
                REAL    ud1[],          /* 1. obere Superdiagonale ........*/
                REAL    ud2[]           /* 2. obere Superdiagonale ........*/
              );

int diag5pdsol (                        /* Loesung 5 diagonaler pos. def. GLS ........*/
                int     n,              /* # Matrixzeilen .................*/
                REAL    d[],            /* Hauptdiagonale .................*/
                REAL    ud1[],          /* 1. obere Superdiagonale ........*/
                REAL    ud2[],          /* 2. obere Superdiagonale ........*/
                REAL    b[]             /* Rechte Seite des Systems .......*/
              );

int pack (                              /* Zeile packen ...................*/
          int     n,                    /* Dimension der Matrix ...........*/
          int     ld,                   /* Anzahl Subdiagonalen ...........*/
          int     ud,                   /* Anzahl Superdiagonalen .........*/
          int     no,                   /* Zeilennummer ...................*/
          REAL    row[],                /* Zeile ..........................*/
          REAL    prow[]                /* Gepackte Zeile .................*/
        );

int unpack (                            /* Zeile entpacken ................*/
            int     n,                  /* Dimension der Matrix ...........*/
            int     ld,                 /* Anzahl Subdiagonalen ...........*/
            int     ud,                 /* Anzahl Superdiagonalen .........*/
            int     no,                 /* Zeilennummer ...................*/
            REAL    prow[],             /* Gepackte Zeile .................*/
            REAL    row[]               /* Entpackte Zeile ................*/
          );

int band (                              /* Gleichungssysteme mit Bandmatrizen ........*/
          int     mod,                  /* Modus: 0, 1, 2 .................*/
          int     n,                    /* # Zeilen .......................*/
          int     ld,                   /* # untere Diagonalen ............*/
          int     ud,                   /* # obere Diagonalen .............*/
          REAL *  pmat[],               /* gepackte Eingabematrix .........*/
          REAL    b[],                  /* rechte Seite des Systems .......*/
          int     perm[],               /* Zeilenvertauschungen ...........*/
          int *   signd                 /* Vorzeichen Determinante ........*/
        );

int banddec (                           /* Zerlegung der Bandmatrix .......*/
             int     n,                 /* # Zeilen .......................*/
             int     ld,                /* # untere Diagonalen ............*/
             int     ud,                /* # obere Diagonalen .............*/
             REAL *  pmat[],            /* gepackte Ein-/Ausgabematrix ....*/
             int     perm[],            /* rechte Seite des Systems .......*/
             int *   signd              /* Vorzeichen Determinante ........*/
           );

int bandsol (                           /* Loesung des Bandsystems ........*/
             int     n,                 /* # Zeilen .......................*/
             int     ld,                /* # untere Diagonalen ............*/
             int     ud,                /* # obere Diagonalen .............*/
             REAL *  pmat[],            /* gepackte Eingabematrix .........*/
             REAL    b[],               /* rechte Seite des Systems .......*/
             int     perm[]             /* Zeilenvertauschungen ...........*/
           );

int bando (                             /* GLS mit Bandmatrizen (ohne Pivot) .........*/
```

Grundlegende Deklarationen und Definitionen 527

```
                 int      mod,         /* Modus: 0, 1, 2 ................*/
                 int      n,           /* # Zeilen ......................*/
                 int      ld,          /* # untere Diagonalen ...........*/
                 int      ud,          /* # obere Diagonalen ............*/
                 REAL *   pmat[],      /* gepackte Eingabematrix ........*/
                 REAL     b[]          /* rechte Seite des Systems ......*/
                 );

int banodec (                          /* Zerlegung der Bandmatrix ......*/
                 int      n,           /* # Zeilen ......................*/
                 int      ld,          /* # untere Diagonalen ...........*/
                 int      ud,          /* # obere Diagonalen ............*/
                 REAL *   pmat[]       /* Ein-/Ausgabematrix ............*/
                 );

int banosol (                          /* Bandloesung ...................*/
                 int      n,           /* # Zeilen ......................*/
                 int      ld,          /* # untere Diagonalen ...........*/
                 int      ud,          /* # obere Diagonalen ............*/
                 REAL *   pmat[],      /* Eingabematrix .................*/
                 REAL     b[]          /* Rechte Seite / Loesung ........*/
                 );

int house (                            /* Householder Verfahren .........*/
                 int      m,           /* # Zeilen ......................*/
                 int      n,           /* # Spalten .....................*/
                 REAL *   mat[],       /* Eingabematrix .................*/
                 REAL     b[]          /* Rechte Seite, Loesung .........*/
                 );

int mhouse (                           /* Householder Verfahren (m. recht. Seiten) ..*/
                 int      m,           /* # Zeilen ......................*/
                 int      n,           /* # Spalten .....................*/
                 int      k,           /* # rechter Seiten ..............*/
                 REAL *   mat[],       /* Eingabematrix .................*/
                 REAL *   xmat[]       /* Rechte Seiten / Loesungsvektoren */
                 );

REAL   hcond (                         /* Hadamardsche Konditionszahl ...*/
                 int      n,           /* Dimension der Matrix ..........*/
                 REAL *   mat[]        /* Eingabematrix .................*/
                 );

REAL   ccond (                         /* Konditionszahl nach Cline .....*/
                 int      n,           /* Dimension der Matrix ..........*/
                 REAL *   mat[]        /* Eingabematrix .................*/
                 );

REAL   fcond (                         /* Konditionszahl nach Forsythe/Moler ........*/
                 int      n,           /* Dimension der Matrix ..........*/
                 REAL *   mat[]        /* Eingabematrix .................*/
                 );


/*-------------------------------------------------------------------*
 * P 5  Iterationsverfahren zur Loesung linearer Gleichungssysteme ...*
 *-------------------------------------------------------------------*/

int seidel (                           /* Gauss Seidel Iterationsverfahren ..........*/
                 int      crit,        /* crit = 0, 1, 2, 3 .............*/
                 int      n,           /* Dimension der Matrix ..........*/
                 REAL *   mat[],       /* Eingabematrix .................*/
                 REAL     b[],         /* Rechte Seite ..................*/
                 REAL     omega,       /* Relaxaktionskoeffizient .......*/
                 REAL     x[],         /* Loesung .......................*/
                 REAL     residu[],    /* Residuen ......................*/
                 int *    iter         /* # Iterationen .................*/
```

```
          );


/*---------------------------------------------------------------------*
 * P 6   Systeme nichtlinearer Gleichungen ............................*
 *---------------------------------------------------------------------*/

int newt (                  /* Mehrdimensionales Newton Verfahren ....*/
          int       n,      /* Dimension des Systems .................*/
          REAL      x[],    /* Start-/Loesungsvektor .................*/
          FNFCT     fct,    /* Funktion ..............................*/
          JACOFCT   jaco,   /* Funktion zur Best. der Jacobi Mat*/
          int       kmax,   /* Maximalzahl Daempfungsschritte ..*/
          int       prim,   /* Maximalzahl Primitivschritte ....*/
          char *    pfile,  /* Name der Protokolldatei .........*/
          REAL      fvalue[],/* Funktionswert an Loesung ........*/
          int *     iter,   /* Anzahl Iterationsschritte .......*/
          REAL      eps     /* Fehlerschranke ..................*/
         );


/*---------------------------------------------------------------------*
 * P 7   Eigenwerte und Eigenvektoren von Matrizen ....................*
 *---------------------------------------------------------------------*/

int mises (                 /* van Mises Verfahren zur Eigenwertbest..*/
           int      n,      /* Dimension der Matrix ..................*/
           REAL *   mat[],  /* Eingabematrix .........................*/
           REAL     x[],    /* Eigenvektor ...........................*/
           REAL *   ew      /* Betragsgroesster Eigenwert ......*/
          );

int eigen (                 /* Alle Eigenwerte/Eigenvektoren von Matrizen */
           int      vec,    /* Schalter fuer Eigenvektoren .....*/
           int      n,      /* Dimension der Matrix ............*/
           REAL *   mat[],  /* Eingabematrix ...................*/
           REAL *   eivec[],/* Eigenvektoren ...................*/
           REAL     valre[],/* Realteile der Eigenwerte ........*/
           REAL     valim[],/* Imaginaerteile der Eigenwerte ...*/
           int      cnt[]   /* Iterationzaehler ................*/
          );

#endif

/* ------------------------ ENDE u_proto.h ------------------------ */
/* ------------------------ MODUL basis.c ------------------------- */

/***********************************************************************
*                                                                      *
* grundlegende Funktionen: Definitionsdatei                            *
* ----------------------------------------                             *
*                                                                      *
* Programmiersprache: ANSI-C                                           *
* Compiler:           Turbo C 2.0                                      *
* Rechner:            IBM PS/2 70 mit 80387                            *
* Autor:              Juergen Dietel, Rechenzentrum der RWTH Aachen    *
* Datum:              MI 12. 8. 1992                                   *
*                                                                      *
***********************************************************************/

#include <basis.h>  /* wegen NULL, freopen, stdout, fprintf, stderr, */
                    /*       stdin, malloc, free, SQRT, EXP, sqrt    */
                    /*       MACH_EPS, POSMAX, epsquad, maxroot, pi, */
                    /*       ATAN, sqr, umleiten, readln, intervall, */
                    /*       horner, copy_vector, REAL, ONE, TWO,    */
                    /*       FOUR, ZERO, HALF, FABS, boolean, FOUR,  */
                    /*       basis, mach_eps, epsroot, exp_1, posmin,*/
```

Grundlegende Deklarationen und Definitionen 529

```
                  /*     sqrtlong, comdiv, comabs, quadsolv,       */
                  /*     AllocVec, SetVec, CopyVec, ReadVec,        */
                  /*     WriteVec, FreeVec, AllocMat, FreeMat,      */
                  /*     SetMat, CopyMat, ReadMat, WriteMat,        */
                  /*     WriteHead, WriteEnd, LogError              */


/*--------------------------------------------------------------*/
int basis(void)             /* Basis der Zahlendarstellung bestimmen */
/***************************************************************
* die Basis der Zahlendarstellung maschinenunabhaengig bestimmen, *
* falls nicht schon in frueheren Aufrufen geschehen, und als      *
* Funktionswert zurueckgeben                                      *
*                                                                 *
* benutzte globale Namen:                                         *
* =======================                                         *
* REAL, ONE, TWO                                                  *
***************************************************************/
{
  REAL x,
       eins,
       b;

  x = eins = b = ONE;

  while ((x + eins) - x == eins)
    x *= TWO;
  while ((x + b) == x)
    b *= TWO;

  return (int)((x + b) - x);
}



/*--------------------------------------------------------------*/
static int groesser1(REAL x)       /* Hilfsfunktion fuer mach_eps() */
/***************************************************************
* Hilfsfunktion fuer mach_eps() (noetig, um gewisse Compileroptimie- *
* rungen zu umgehen): melden, ob die uebergebene Zahl x groesser als *
* Eins ist                                                        *
*                                                                 *
* benutzte globale Namen:                                         *
* =======================                                         *
* REAL, ONE                                                       *
***************************************************************/
{
  return x > ONE;
}



/*--------------------------------------------------------------*/
REAL mach_eps(void)            /* Maschinengenauigkeit bestimmen */
/***************************************************************
* die Maschinengenauigkeit maschinenunabhaengig bestimmen, falls nicht *
```

```
 *   schon in frueheren Aufrufen geschehen, und als Funktionswert    *
 *   zurueckgeben                                                    *
 *                                                                   *
 *   benutzte globale Namen:                                         *
 *   ======================                                          *
 *   REAL, boolean, FALSE, ONE, HALF, TWO, TRUE                      *
 *********************************************************************/
{
  static REAL    epsilon;
  static boolean schon_berechnet = FALSE;

  if (! schon_berechnet)
  {
    for (epsilon = ONE; groesser1(ONE + epsilon); )
       epsilon *= HALF;
    epsilon          *= TWO;
    schon_berechnet   = TRUE;
  }

  return epsilon;
}



/*--------------------------------------------------------------------*/

REAL epsroot(void)      /* Wurzel aus der Maschinengenauigkeit bestimmen */

/*********************************************************************
 *   die Wurzel aus der Maschinengenauigkeit berechnen, falls nicht schon *
 *   in frueheren Aufrufen geschehen, und als Funktionswert zurueckgeben  *
 *                                                                   *
 *   benutzte globale Namen:                                         *
 *   ======================                                          *
 *   REAL, boolean, FALSE, TRUE, SQRT, MACH_EPS                      *
 *********************************************************************/
{
  static REAL    save_mach_eps_root;
  static boolean schon_berechnet   = FALSE;

  if (! schon_berechnet)
    schon_berechnet    = TRUE,
    save_mach_eps_root = SQRT(MACH_EPS);

  return save_mach_eps_root;
}



/*--------------------------------------------------------------------*/

REAL epsquad(void)      /* Quadrat der Maschinengenauigkeit bestimmen */

/*********************************************************************
 *   das Quadrat der Maschinengenauigkeit berechnen, falls nicht schon *
 *   in frueheren Aufrufen geschehen, und als Funktionswert zurueckgeben *
 *                                                                   *
 *   benutzte globale Namen:                                         *
 *   ======================                                          *
 *   REAL, boolean, FALSE, TRUE, MACH_EPS                            *
 *********************************************************************/
{
  static REAL    save_mach_eps_quad;
  static boolean schon_berechnet    = FALSE;
```

Grundlegende Deklarationen und Definitionen 531

```
  if (! schon_berechnet)
    schon_berechnet       = TRUE,
    save_mach_eps_quad = MACH_EPS * MACH_EPS;

  return save_mach_eps_quad;
}



/*--------------------------------------------------------------*/

REAL maxroot(void)       /* Wurzel der groessten Maschinenzahl bestimmen */

/****************************************************************
* die Wurzel der groessten Maschinenzahl berechnen, falls nicht schon *
* in frueheren Aufrufen geschehen, und als Funktionswert zurueckgeben: *
* Der Wert ist   2 ^ (MAX_EXP/2).                               *
*                                                                *
* benutzte globale Namen:                                        *
* ======================                                         *
* REAL, boolean, FALSE, TRUE, SQRT, POSMAX                       *
****************************************************************/

{
  static REAL         save_maxroot;
  static boolean      schon_berechnet = FALSE;
  REAL                faktor;
  unsigned long int   n;

  if (! schon_berechnet)
  {
    save_maxroot = ONE;
    faktor       = TWO;
    for (n = MAX_EXP / 2; n > 1; n /= 2, faktor *= faktor)
      if (n % 2 != 0)
        save_maxroot *= faktor;
    save_maxroot    *= faktor;
    schon_berechnet  = TRUE;
  }

  return save_maxroot;
}



/*--------------------------------------------------------------*/

REAL posmin(void)        /* kleinste positive Gleitkommazahl bestimmen */

/****************************************************************
* die kleinste positive Gleitkommazahl berechnen, falls nicht schon *
* in frueheren Aufrufen geschehen, und als Funktionswert zurueckgeben. *
* Der Algorithmus besteht darin, dass in y der Anfangswert Eins so *
* lange halbiert wird, bis er sich nicht mehr aendert oder zu Null *
* wird. Damit dabei keine Endlosschleife entsteht, wurde ein Zaehler *
* in die Iteration eingebaut, der nach 32767 Halbierungsversuchen auf *
* jeden Fall fuer den Abbruch der Schleife sorgt.               *
*                                                                *
* benutzte globale Namen:                                        *
* ======================                                         *
* REAL, boolean, FALSE, ONE, TWO, ZERO, HALF, TRUE              *
****************************************************************/

{
  static REAL   y; /* nach Schleifenende: kleinste Gleitkommazahl */
  REAL          x; /* in der Schleife:  2 * y (zum Vergleich mit y) */
```

```
     int          i;   /* Zaehler zur Verhinderung einer Endlosschleife */
     static boolean schon_berechnet = FALSE;

     if (! schon_berechnet)
     {
       for (i = 0, x = ONE, y = TWO; x != ZERO && x != y && i < 32767; i++)
         y = x,
         x *= HALF;
       schon_berechnet = TRUE;
     }

     return y;
   }



   /*---------------------------------------------------------------*/
   REAL pi(void)                         /* die Kreiszahl pi bestimmen */
   /****************************************************************
    * die Kreiszahl PI berechnen, falls nicht schon in frueheren Aufrufen *
    * geschehen, und als Funktionswert zurueckgeben                       *
    *                                                                     *
    * benutzte globale Namen:                                             *
    * ========================                                            *
    * REAL, boolean, FALSE, TRUE, FOUR, ATAN                              *
    ****************************************************************/
   {
     static REAL    save_pi;
     static boolean schon_berechnet = FALSE;

     if (! schon_berechnet)
       schon_berechnet = TRUE,
       save_pi         = FOUR * ATAN(ONE);

     return save_pi;
   }



   /*---------------------------------------------------------------*/
   REAL exp_1(void)                      /* die Eulersche Zahl bestimmen */
   /****************************************************************
    * die Eulersche Zahl berechnen, falls nicht schon in frueheren       *
    * Aufrufen geschehen, und als Funktionswert zurueckgeben             *
    *                                                                    *
    * benutzte globale Namen:                                            *
    * ========================                                           *
    * REAL, boolean, FALSE, TRUE, EXP, ONE                               *
    ****************************************************************/
   {
     static REAL    save_exp_1;
     static boolean schon_berechnet = FALSE;

     if (! schon_berechnet)
       schon_berechnet = TRUE,
       save_exp_1      = EXP(ONE);

     return save_exp_1;
   }
```

Grundlegende Deklarationen und Definitionen 533

```
/*----------------------------------------------------------------*/

REAL sqr(REAL x)                  /* eine Gleitkommazahl quadrieren */
/******************************************************************
* das Quadrat von x berechnen und als Funktionswert zurueckgeben  *
*                                                                 *
* benutzte globale Namen:                                         *
* =======================                                         *
* REAL                                                            *
******************************************************************/
{
  return x * x;
}




/*----------------------------------------------------------------*/

void fehler_melden    /* Fehlermeldung auf stdout und stderr schreiben */
                (
                     char  text[],         /* Fehlerbeschreibung .......*/
                     int   fehlernummer,   /* Nummer des Fehlers .......*/
                     char  dateiname[],    /* Ort des Fehlers: .........*/
                     int   zeilennummer    /* Dateiname, Zeilennummer ..*/
                )
/******************************************************************
* eine Fehlermeldung ausgeben, zusammen mit dem Namen der Quelldatei *
* und der Zeilennummer, wo der Fehler bemerkt wurde, eventuell auch *
* (falls fehlernummer > 0) mit der Fehlernummer einer Funktion, die *
* kurz vorher aufgerufen worden ist                                *
*                                                                 *
* benutzte globale Namen:                                         *
* =======================                                         *
* sprintf, fprintf, stderr, printf                                *
******************************************************************/
{
  char meldung[200];

  if (fehlernummer == 0)
    sprintf(meldung, "\n%s, Zeile %d: %s!\n",
                      dateiname, zeilennummer, text);
  else
    sprintf(meldung, "\n%s, Zeile %d: Fehler %d in %s!\n",
                      dateiname, zeilennummer, fehlernummer, text);

  fprintf(stderr, "%s", meldung);
  printf("%s", meldung);
}




/*----------------------------------------------------------------*/

int umleiten         /* stdin und stdout eventuell auf Datei umleiten */
             (
                  int   argc,     /* Argumentanzahl in der Kommandozeile ..*/
                  char  *argv[]   /* Vektor der Argumente ................*/
             )                    /* Fehlercode ..........................*/
/******************************************************************
* eine eventuelle Ein- bzw. Ausgabedatei der Standardeingabe (stdin) *
* bzw. der Standardausgabe (stdout) zuordnen                       *
*                                                                 *
```

```
 * benutzte globale Namen:                                              *
 * =======================                                              *
 * freopen, stdout, NULL, fprintf, stderr, stdin                        *
 ***********************************************************************/

{
  if (argc >= 3)                              /* mindestens 2 Argumente? */
    if (freopen(argv[2], "w", stdout) == NULL)/* Ausgabedatei oeffnen */
    {
      fprintf(stderr, "Fehler beim Oeffnen von %s!\n", argv[2]);
      return 1;
    }
  if (argc >= 2)                              /* mindestens 1 Argument? */
    if (freopen(argv[1], "r", stdin) == NULL) /* Eingabedatei oeffnen */
    {
      fprintf(stderr, "Fehler beim Oeffnen von %s!\n", argv[1]);
      return 2;
    }

  return 0;
}



/*----------------------------------------------------------------*/

void readln(void)               /* Zeilenrest in stdin ueberlesen */

/***********************************************************************
 * den Zeilenrest in der Standardeingabe einschliesslich des Zeilen-    *
 * trennzeichens ueberlesen                                             *
 *                                                                      *
 * benutzte globale Namen:                                              *
 * =======================                                              *
 * getchar, EOF                                                         *
 ***********************************************************************/
{
  int c;

  while ((c = getchar()) != '\n' && c != EOF)
    ;
}



/*----------------------------------------------------------------*/

void getline            /* eine Zeile Text von stdin lesen .............*/
              (
               char kette[],    /* Vektor mit dem gelesenen Text .......*/
               int limit        /* maximale Laenge von kette ...........*/
              )

/***********************************************************************
 * eine Zeile aus der Standardeingabe nach kette lesen, hoechstens je-  *
 * doch limit-1 Zeichen. Ein eventueller Zeilenrest (einschliesslich    *
 * des Zeilentrennzeichens) wird ueberlesen. limit ist die Hoechstzahl  *
 * an Zeichen, die in kette Platz finden. Da kette immer mit einem      *
 * Nullbyte abgeschlossen wird, werden also immer hoechstens limit-1    *
 * Zeichen aus der Eingabe in kette eingetragen.                        *
 *                                                                      *
 * benutzte globale Namen:                                              *
 * =======================                                              *
 * getchar, EOF                                                         *
 ***********************************************************************/
```

Grundlegende Deklarationen und Definitionen 535

```
{
  int c;

  for (c = 0; --limit >= 1 && (c = getchar()) != '\n' && c != EOF; )
    *kette++ = (char)c;
  *kette = '\0';                 /* mit einem Nullbyte abschliessen */
  while (c != '\n' && c != EOF)  /* einen eventuellen Zeilenrest    */
    c = getchar();               /* ueberlesen                      */
}


/*--------------------------------------------------------------------*/
int intervall     /* Intervallnummer einer Zerlegung suchen ........*/
         (
            int n,      /* Zahl der Teilintervalle - 1 ........*/
            REAL xwert, /* Zahl, deren Intervall gesucht wird ...*/
            REAL x[]    /* Grenzen der Teilintervalle .........*/
         )              /* Index des gesuchten Teilintervalls ...*/
/**********************************************************************
* Dies ist eine allgemein verwendbare Prozedur zum Suchen eines Inter- *
* valls, das einen vorgegebenen Wert xwert enthaelt. Gegeben ist eine  *
* streng monoton steigende Folge von Werten x[i], i=0(1)n. Gesucht ist *
* der Index ix derart, dass x[ix] <= xwert < x[ix+1] gilt. Falls       *
* xwert < x[0] bzw. xwert >= x[n-1], bekommt ix den Wert 0 bzw. n-1.   *
* ix hat also den Wertebereich 0, 1, ..., n-1. intervall findet ix mit *
* einem schnellen Binaersuchverfahren. Diese Aufgabe ist regelmaessig  *
* zu loesen, wenn polynomiale Splinefunktionen auszuwerten sind. Die   *
* x[i] sind dann die Stuetzstellen.                                    *
*                                                                      *
* Eingabeparameter:                                                    *
* =================                                                    *
* n:     Index der letzten Stuetzstelle in x                           *
* xwert: Wert, dessen Intervall gesucht wird                           *
* x:     [0..n]-Feld mit den Intervallgrenzen (siehe oben)             *
*                                                                      *
* Funktionswert:                                                       *
* ==============                                                       *
* gesuchter Index ix (siehe oben)                                      *
*                                                                      *
* benutzte globale Namen:                                              *
* =======================                                              *
* REAL                                                                 *
**********************************************************************/
{
  int ix,
      m;

  for (ix = 0; m = (ix + n) >> 1, m != ix; )
    if (xwert < x[m])
       n = m;
    else
       ix = m;

  return ix;
}


/*--------------------------------------------------------------------*/
REAL horner       /* Hornerschema zur Polynomauswertung ............*/
         (
            int n,                   /* Polynomgrad ........*/
```

```
                    REAL a[],                   /* Polynomkoeffizienten */
                    REAL x                      /* Auswertungsstelle ...*/
                  )                             /* Polynomwert .........*/
/****************************************************************************
* ein Polynom P in der Darstellung                                          *
*       P(x)  =  a[0] + a[1] * x + a[2] * x^2 + ... + a[n] * x^n            *
* nach dem Hornerschema auswerten                                           *
*                                                                           *
* Eingabeparameter:                                                         *
* =================                                                         *
* n: Grad des Polynoms                                                      *
* a: [0..n]-Vektor mit den Koeffizienten des Polynoms                       *
* x: Stelle, an der das Polynom auszuwerten ist                             *
*                                                                           *
* Funktionswert:                                                            *
* ==============                                                            *
* P(x)                                                                      *
*                                                                           *
* benutzte globale Namen:                                                   *
* =======================                                                   *
* REAL                                                                      *
****************************************************************************/
{
  REAL summe;

  for (summe = a[n], n--; n >= 0; n--)
    summe = summe * x + a[n];

  return summe;
}



/*--------------------------------------------------------------------*/

REAL norm_max           /* Maximumnorm eines REAL-Vektors bestimmen .......*/
              (
                REAL vektor[],                  /* Eingabevektor ..........*/
                int n                           /* Zahl der Vektorelemente */
              )                                 /* Maximumnorm ............*/
/****************************************************************************
* die Maximumnorm des [0..n-1]-Vektors v berechnen und als                  *
* Funktionswert zurueckgeben                                                *
*                                                                           *
* benutzte globale Namen:                                                   *
* =======================                                                   *
* REAL, FABS, ZERO                                                          *
****************************************************************************/
{
  REAL norm,            /* Vergleichswert fuer die Normberechnung */
       betrag;          /* Zwischenspeicher fuer den Betrag eines */
                        /* Vektorelements                         */

  for (n--, norm = ZERO; n >= 0; n--, vektor++)
    if ((betrag = FABS(*vektor)) > norm)
      norm = betrag;

  return norm;
}



/* ---------------------------------------------------------------- */
```

Grundlegende Deklarationen und Definitionen

```
void copy_vector         /* einen REAL-Vektor kopieren ................*/
         (
              REAL ziel[],       /* Zielvektor ...............*/
              REAL quelle[],     /* Quellvektor ..............*/
              int  n             /* Anzahl der Vektorelemente */
         )
/***************************************************************
* n Elemente des Vektors quelle in den Vektor ziel kopieren     *
*                                                               *
* benutzte globale Namen:                                       *
* =======================                                       *
* REAL                                                          *
****************************************************************/
{
  for (n--; n >= 0; n--)
    *ziel++ = *quelle++;
}



/* ------------------- Albert Beckers Funktionen ------------------ */

static char Separator[] =
"-----------------------------------------------------------------";

long double sqrtlong (long double x)
/*=================================================================*
*                                                                  *
*  Doppelt genaue Quadratwurzel                                    *
*                                                                  *
*==================================================================*
*                                                                  *
*   Eingabeparameter:                                              *
*   ================                                               *
*     x         long double x;                                     *
*               Zahl, deren Wurzel zu ziehen ist                   *
*                                                                  *
*   Rueckgabewert:                                                 *
*   =============                                                  *
*               Doppelt genaue Quadratwurzel                       *
*==================================================================*/
{
  long double y;
  long double yold;
  int i;

  y = (long double) sqrt ((double) (x));
  for (i = 0; i < 10; i++)
  {
    if (y == 0.0L) return 0.0L;
    yold = y;
    y = (y + x / y) * 0.5L;
    if (ABS (y - yold) <= ABS (y) * MACH_EPS) break;
  }
  return y;
}


int comdiv                /* Komplexe Division ........................*/
         (
              REAL   ar,        /* Realteil Zaehler ................*/
              REAL   ai,        /* Imaginaerteil Zaehler ...........*/
              REAL   br,        /* Realteil Nenner .................*/
```

```
                      REAL     bi,           /* Imaginaerteil Nenner ............*/
                      REAL *   cr,           /* Realteil Quotient ................*/
                      REAL *   ci            /* Imaginaerteil Quotient ..........*/
                    )
/*========================================================================*
 *                                                                        *
 *   Komplexe Division c = a / b                                          *
 *                                                                        *
 *========================================================================*
 *                                                                        *
 *   Eingabeparameter:                                                    *
 *   ================                                                     *
 *       ar,ai     REAL    ar, ai;                                        *
 *                 Real-,Imaginaerteil des Dividenden                     *
 *       br,bi     REAL    br, bi;                                        *
 *                 Real-,Imaginaerteil des Divisors                       *
 *                                                                        *
 *   Ausgabeparameter:                                                    *
 *   ================                                                     *
 *       cr,ci     REAL    *cr, *ci;                                      *
 *                 Real- u. Imaginaerteil des Divisionsergebnisses        *
 *                                                                        *
 *   Rueckgabewert:                                                       *
 *   =============                                                        *
 *       = 0       Ergebnis ok                                            *
 *       = 1       Division durch 0                                       *
 *                                                                        *
 *   Benutzte Macros: ABS                                                 *
 *   ===============                                                      *
 *                                                                        *
 *========================================================================*/
{
  REAL tmp;

  if (br == ZERO && bi == ZERO) return (1);

  if (ABS (br) > ABS (bi))
  {
    tmp  = bi / br;
    br   = tmp * bi + br;
    *cr  = (ar + tmp * ai) / br;
    *ci  = (ai - tmp * ar) / br;
  }
  else
  {
    tmp  = br / bi;
    bi   = tmp * br + bi;
    *cr  = (tmp * ar + ai) / bi;
    *ci  = (tmp * ai - ar) / bi;
  }

  return (0);
}


REAL comabs                   /* Komplexer Absolutbetrag ..................*/
                    (
                      REAL    ar,            /* Realteil .......................*/
                      REAL    ai             /* Imaginaerteil ..................*/
                    )
/*========================================================================*
 *                                                                        *
 *   Komplexer Absolutbetrag von a                                        *
 *                                                                        *
 *========================================================================*
 *                                                                        *
 *   Eingabeparameter:                                                    *
```

Grundlegende Deklarationen und Definitionen

```
 *    ================                                               *
 *       ar,ai      REAL    ar, ai;                                  *
 *                  Real-,Imaginaerteil von a                        *
 *                                                                   *
 *    Rueckgabewert:                                                 *
 *    =============                                                  *
 *       Absolutbetrag von a                                         *
 *                                                                   *
 *    Benutzte Macros: SQRT, ABS, SWAP                               *
 *    ===============                                                *
 *                                                                   *
 *===================================================================*/
{
  if (ar == ZERO && ai == ZERO) return (ZERO);

  ar = ABS (ar);
  ai = ABS (ai);

  if (ai > ar)              /* Tausche ai und ar .....................*/
    SWAP (REAL, ai, ar)

  return ((ai == ZERO) ? (ar) : (ar * SQRT (ONE + ai / ar * ai / ar)));
}


void quadsolv            /* Komplexe quadratische Gleichung .........*/
           (
             REAL    ar,   /* Quadratischer Koeffizient .......*/
             REAL    ai,
             REAL    br,   /* Linearer Koeffizient ............*/
             REAL    bi,
             REAL    cr,   /* Konstanter Koeffizient ..........*/
             REAL    ci,
             REAL *  tr,   /* Loesung .........................*/
             REAL *  ti
           )
/*===================================================================*
 *                                                                   *
 *    Berechnung der betragsmaessig kleinsten Loesung der Gleichung  *
 *    a*t**2 + b*t + c = 0. a, b, c und t sind komplex.              *
 *                         2                                         *
 *    Formel dazu: t = 2c / (-b +/- sqrt (b  - 4ac)).                *
 *    Die Formel ist auch fuer a=0 gueltig!                          *
 *                                                                   *
 *===================================================================*
 *                                                                   *
 *    Eingabeparameter:                                              *
 *    ================                                               *
 *       ar, ai   a Faktor von t**2         REAL    ar, ai;          *
 *       br, bi   b Faktor von t            REAL    br, bi;          *
 *       cr, ci   c konstanter Term         REAL    cr, ci;          *
 *                                                                   *
 *    Ausgabeparameter:                                              *
 *    ================                                               *
 *       tr, ti   t komplexe Loesung        REAL    *tr, *ti;        *
 *                                                                   *
 *    Benutzte Macros: SQRT                                          *
 *    ===============                                                *
 *                                                                   *
 *===================================================================*/
{
  REAL pr, pi, qr, qi, h;

  pr = br * br - bi * bi;
  pi = TWO * br * bi;                   /* p = b * b              */

  qr = ar * cr - ai * ci;
```

```
    qi = ar * ci + ai * cr;                  /* q = a * c                */

    pr = pr - (REAL)4.0 * qr;
    pi = pi - (REAL)4.0 * qi;                /* p = b * b - 4 * a * c    */

    h  = SQRT (pr * pr + pi * pi);           /* q = sqrt (p)             */

    qr = h + pr;
    if (qr > ZERO)
      qr = SQRT (qr * HALF);
    else
      qr = ZERO;

    qi = h - pr;
    if (qi > ZERO)
      qi = SQRT (qi * HALF);
    else
      qi = ZERO;

    if (pi < ZERO) qi = -qi;

    h = qr * br + qi * bi;     /* p = -b +/- q, so dass Betrag p gross  */
    if (h > ZERO)
    {
      qr = -qr;
      qi = -qi;
    }

    pr = qr - br;
    pi = qi - bi;
    h = pr * pr + pi * pi;                   /* t = (2 * c) / p          */

    if (h == ZERO)
    {
      *tr = ZERO;
      *ti = ZERO;
    }
    else
    {
      *tr = TWO * (cr * pr + ci * pi) / h;
      *ti = TWO * (ci * pr - cr * pi) / h;
    }
}


REAL * AllocVec (int n)
/*====================================================================*
 *                                                                    *
 *  Speicher fuer Vektor der Laenge n allokieren.                     *
 *                                                                    *
 *====================================================================*
 *                                                                    *
 *   Eingabeparameter:                                                *
 *   ================                                                 *
 *      n         int n;                                              *
 *                Dimension des Vektors                               *
 *                                                                    *
 *   Rueckgabewert:                                                   *
 *   =============                                                    *
 *      = NULL    Kein Speicher verfuegbar                            *
 *      sonst     Zeiger auf den allokierten Speicherbereich          *
 *                mit Platz fuer n REAL Zahlen                        *
 *                                                                    *
 *   Benutzte Funktionen aus der C-Bibliothek: malloc ()              *
 *                                                                    *
 *====================================================================*/
```

Grundlegende Deklarationen und Definitionen 541

```
{
  if (n < 1) return (NULL);
  return ( (REAL *) malloc (n * sizeof (REAL)) );
}

void SetVec (int n, REAL x[], REAL val)
/*====================================================================*
 *                                                                    *
 * Vektor der Laenge n mit konstanter Zahl vorbesetzen.                *
 *                                                                    *
 *====================================================================*
 *                                                                    *
 * Eingabeparameter:                                                  *
 * ================                                                   *
 *      n         int n;                                              *
 *                Dimension des Vektors                               *
 *      x         REAL x[];                                           *
 *                Eingabevektor.                                      *
 *      val       Zuzuweisender Wert.                                 *
 *                                                                    *
 * Ausgabeparameter:                                                  *
 * ================                                                   *
 *      x         Mit val vorbesetzter Vektor                         *
 *                                                                    *
 *====================================================================*/
{
  int i;

  for (i = 0; i < n; i++)
    x[i] = val;
}


void CopyVec (int n, REAL source[], REAL dest[])
/*====================================================================*
 *                                                                    *
 * Vektor source der Laenge n auf Vektor dest kopieren.                *
 *                                                                    *
 *====================================================================*
 *                                                                    *
 * Eingabeparameter:                                                  *
 * ================                                                   *
 *      n         int n;                                              *
 *                Dimension des Vektors                               *
 *      source    REAL source[];                                      *
 *                Eingabevektor.                                      *
 *      dest      REAL dest[];                                        *
 *                Vektor auf den kopiert wird.                        *
 *                                                                    *
 * Ausgabeparameter:                                                  *
 * ================                                                   *
 *      dest      Gleiche Inhalte wie source                          *
 *                                                                    *
 * Achtung: Es wird fuer dest kein Speicher allokiert.                *
 *                                                                    *
 *====================================================================*/
{
  int i;

  for (i = 0; i < n; i++)
    dest[i] = source[i];
}


int ReadVec (int n, REAL x[])
```

```
/*==========================================================================*
 *                                                                          *
 *   Vektor x der Laenge n von stdin einlesen.                              *
 *                                                                          *
 *==========================================================================*
 *                                                                          *
 *   Eingabeparameter:                                                      *
 *   ================                                                       *
 *                                                                          *
 *      n          int n;                                                   *
 *                 Dimension des Vektors                                    *
 *      x          REAL x[];                                                *
 *                 Eingabevektor.                                           *
 *                                                                          *
 *   Ausgabeparameter:                                                      *
 *   ================                                                       *
 *      x          Eingelesene Inhalte                                      *
 *                                                                          *
 *   Achtung: Es wird fuer x kein Speicher allokiert.                       *
 *                                                                          *
 *==========================================================================*/
{
  int i;
  double tmp;

  for (i = 0; i < n; i++)
  {
    if (scanf (FORMAT_IN, &tmp) <= 0) return (-1);
    x[i] = (REAL) tmp;
  }

  return (0);
}


int WriteVec (int n, REAL x[])
/*==========================================================================*
 *                                                                          *
 *   Vektor x der Laenge n auf stdout ausgeben.                             *
 *                                                                          *
 *==========================================================================*
 *                                                                          *
 *   Eingabeparameter:                                                      *
 *   ================                                                       *
 *                                                                          *
 *      n          int n;                                                   *
 *                 Dimension des Vektors                                    *
 *      x          REAL x[];                                                *
 *                 Eingabevektor.                                           *
 *                                                                          *
 *   Rueckgabewert:                                                         *
 *   =============                                                          *
 *      =  0       Alles ausgegeben.                                        *
 *      = -1       Fehler beim Schreiben auf stdout                         *
 *                                                                          *
 *==========================================================================*/
{
  int i;

  for (i = 0; i < n; i++)
    if (printf (FORMAT_126LF, x[i]) <= 0) return (-1);
  if (printf ("\n") <= 0) return (-1);

  return 0;
}
```

Grundlegende Deklarationen und Definitionen 543

```
void FreeVec (REAL x[])
/*====================================================================*
*                                                                      *
*  Speicher fuer den Vektor x freigeben.                               *
*                                                                      *
*======================================================================*
*                                                                      *
*  Eingabeparameter:                                                   *
*  ================                                                    *
*                                                                      *
*      x          REAL x[];                                            *
*                 Eingabevektor.                                       *
*                                                                      *
*  Benutzte Funktionen aus der C-Bibliothek: free ()                   *
*                                                                      *
*====================================================================*/
{
  if (x) free (x);
}


REAL ** AllocMat (int m, int n)
/*====================================================================*
*                                                                      *
*  Speicher fuer m x n Matrix allokieren.                              *
*                                                                      *
*======================================================================*
*                                                                      *
*  Eingabeparameter:                                                   *
*  ================                                                    *
*      m          int m;   ( m > 0 )                                   *
*                 Zeilenzahl der Matrix.                               *
*      n          int n;   ( n > 0 )                                   *
*                 Spaltenzahl der Matrix.                              *
*                                                                      *
*  Rueckgabewert:                                                      *
*  =============                                                       *
*      = NULL    Kein Speicher verfuegbar                              *
*      sonst     Zeiger auf den allokierten Speicherbereich            *
*                mit Platz fuer m*n REAL Zahlen                        *
*                                                                      *
*  Benutzte Funktionen aus der C-Bibliothek: malloc ()                 *
*                                                                      *
*====================================================================*/
{
  int i, j;
  REAL **a;
#ifdef FAST_ALLOC
  REAL *tmp;
#endif

  if (n < 1 || m < 1) return NULL;

  a = (REAL **) malloc (m * sizeof (REAL *));
  if (a == NULL) return NULL;

#ifndef FAST_ALLOC              /* Sichere aber teuere Allokation ....*/

  for (i = 0; i < m; i++)
    if ((a[i] = (REAL *) malloc (n * sizeof (REAL))) == NULL)
    {
      for (j = 0; j < i; j++)
        if (a[j]) free (a[j]);
      return NULL;
    }
```

```
#else                           /* setzt linearen Adressraum voraus ..*/

  tmp = (REAL *) malloc (m * n * sizeof (REAL));
  if (tmp == NULL) return NULL;

  for (i = j = 0; i < m; i++, j += n)
    a[i] = tmp + j;

#endif

  return (a);
}


void FreeMat (int m, REAL * a[])
/*====================================================================*
 *                                                                    *
 *  Speicher fuer Matrix a freigeben.                                 *
 *                                                                    *
 *====================================================================*
 *                                                                    *
 *  Eingabeparameter:                                                 *
 *  ================                                                  *
 *                                                                    *
 *     m         int m; ( m > 0 )                                     *
 *               Zeilenzahl der Matrix                                *
 *     a         REAL * a[];                                          *
 *               Eingabematrix.                                       *
 *                                                                    *
 *  Benutzte Funktionen aus der C-Bibliothek: free ()                 *
 *                                                                    *
 *  Achtung: Es darf nur Speicher freigegeben werden, der mit         *
 *           AllocMat besorgt wurde !                                 *
 *                                                                    *
 *===================================================================*/
{
  int i;
#ifdef FAST_ALLOC
  REAL *tmp;
#endif

#ifndef FAST_ALLOC

  for (i = 0; i < m; i++)
    if (a[i]) free (a[i]);

#else

  tmp = a[0];                   /* Suche Zeiger mit kleinster Adresse */
  for (i = 1; i < m; i++)
    if (a[i] < tmp) tmp = a[i];
  if (tmp) free (tmp);

#endif

  if (a) free (a);
}


void SetMat (int m, int n, REAL * a[], REAL val)
/*====================================================================*
 *                                                                    *
 *  m x n Matrix mit konstanter Zahl val vorbesetzen.                 *
 *                                                                    *
 *====================================================================*
 *                                                                    *
 *  Eingabeparameter:                                                 *
```

Grundlegende Deklarationen und Definitionen

```
 *   ================
 *      m         int m; ( m > 0 )
 *                Zeilenzahl der Matrix.
 *      n         int n; ( n > 0 )
 *                Spaltenzahl der Matrix.
 *      a         REAL * a[];
 *                EingabeMatrix.
 *      val       Zuzuweisender Wert.
 *
 *   Ausgabeparameter:
 *   ================
 *      a         Mit val vorbesetzte Matrix.
 *
 *===================================================================*/
{
  int i, j;

  for (i = 0; i < m; i++)
    for (j = 0; j < n; j++)
      a[i][j] = val;
}


void CopyMat (int m, int n, REAL * source[], REAL * dest[])
/*===================================================================*
 *
 *   m x n Matrix source auf m x n Matrix dest kopieren.
 *
 *===================================================================*
 *
 *   Eingabeparameter:
 *   ================
 *      m         int m; ( m > 0 )
 *                Zeilenzahl der Matrix.
 *      n         int n; ( n > 0 )
 *                Spaltenzahl der Matrix.
 *      source    REAL * source[];
 *                Eingabematrix.
 *      dest      REAL * dest[];
 *                Matrix, auf die kopiert wird.
 *
 *   Ausgabeparameter:
 *   ================
 *      dest      Gleiche Inhalte wie source
 *
 *   Achtung: Es wird fuer dest kein Speicher allokiert.
 *
 *===================================================================*/
{
  int i, j;

  for (i = 0; i < m; i++)
    for (j = 0; j < n; j++)
      dest[i][j] = source[i][j];
}


int ReadMat (int m, int n, REAL * a[])
/*===================================================================*
 *
 *   m x n Matrix von stdin einlesen.
 *
 *===================================================================*
 *
 *   Eingabeparameter:
 *   ================
 *      m         int m; ( m > 0 )
```

```
 *                      Zeilenzahl der Matrix.                         *
 *         n            int n; ( n > 0 )                               *
 *                      Spaltenzahl der Matrix.                        *
 *         a            REAL * a[];                                    *
 *                      Eingabematrix.                                 *
 *                                                                     *
 *   Ausgabeparameter:                                                 *
 *   ================                                                  *
 *         a            Enthaelt die eingelesenen Inhalte              *
 *                                                                     *
 *   Achtung: Es wird fuer a kein Speicher allokiert.                  *
 *                                                                     *
 *=====================================================================*/
{
  int i, j;
  double x;

  for (i = 0; i < m; i++)
    for (j = 0; j < n; j++)
    {
      if (scanf (FORMAT_IN, &x) <= 0) return (-1);
      a[i][j] = (REAL) x;
    }

  return (0);
}


int WriteMat (int m, int n, REAL * a[])
/*=====================================================================*
 *                                                                     *
 *   m x n Matrix auf stdout ausgeben.                                 *
 *                                                                     *
 *=====================================================================*
 *                                                                     *
 *   Eingabeparameter:                                                 *
 *   ================                                                  *
 *         m            int m; ( m > 0 )                               *
 *                      Zeilenzahl der Matrix.                         *
 *         n            int n; ( n > 0 )                               *
 *                      Spaltenzahl der Matrix.                        *
 *         a            REAL * a[];                                    *
 *                      Auszugebende Matrix.                           *
 *                                                                     *
 *   Rueckgabewert:                                                    *
 *   =============                                                     *
 *         =  0         Alles ausgegeben.                              *
 *         = -1         Fehler beim Schreiben auf stdout               *
 *                                                                     *
 *=====================================================================*/
{
  int i, j;

  if (printf ("\n") <= 0) return (-1);

  for (i = 0; i < m; i++)
  {
    for (j = 0; j < n; j++)
      if (printf (FORMAT_126LF, a[i][j]) <= 0) return (-1);

    if (printf ("\n") <= 0) return (-1);
  }
  if (printf ("\n") <= 0) return (-1);

  return (0);
}
```

Grundlegende Deklarationen und Definitionen 547

```
int WriteHead (char * string)
/*==================================================================*
 *                                                                  *
 * Header mit Text string auf stdout ausgeben                       *
 *                                                                  *
 *==================================================================*
 *                                                                  *
 *   Eingabeparameter:                                              *
 *   ================                                               *
 *       string    char *string;                                    *
 *                 Headertext (0 terminiert)                        *
 *                                                                  *
 *   Rueckgabewert:                                                 *
 *   =============                                                  *
 *       =  0      Alles ausgegeben.                                *
 *       = -1      Fehler beim Schreiben auf stdout                 *
 *       = -2      Ungueltiger Headertext                           *
 *                                                                  *
 *==================================================================*/
{
  if (string == NULL) return (-2);

  if (printf ("\n%s\n%s\n%s\n\n", Separator, string, Separator) <= 0)
     return (-1);

  return 0;
}


int WriteEnd ()
/*==================================================================*
 *                                                                  *
 * Begrenzer auf stdout ausgeben                                    *
 *                                                                  *
 *==================================================================*
 *                                                                  *
 *   Rueckgabewert:                                                 *
 *   =============                                                  *
 *       =  0      Alles ausgegeben.                                *
 *       = -1      Fehler beim Schreiben auf stdout                 *
 *                                                                  *
 *==================================================================*/
{
  if (printf ("\n%s\n\n", Separator) <= 0) return (-1);
  return 0;
}


void LogError (char * string, int rc, char * file, int line)
/*==================================================================*
 *                                                                  *
 * Fehler auf stdout ausgeben                                       *
 *                                                                  *
 *==================================================================*
 *                                                                  *
 *   Eingabeparameter:                                              *
 *   ================                                               *
 *       string    char *string;                                    *
 *                 Fehlertext (0 terminiert)                        *
 *       rc        int rc;                                          *
 *                 Fehler Code                                      *
 *       file      char *file;                                      *
 *                 Name der C Datei, in der der Fehler auftrat      *
 *       line      int line;                                        *
 *                 Zeilennummer der C Datei, in der der Fehler auftrat *
 *                                                                  *
```

```
*=======================================================================*/
{
  if (string == NULL)
  {
    printf ("Unknown ERROR in file %s at line %d\n", file, line);
    WriteEnd ();
    return;
  }

  if (rc == 0)
    printf ("ERROR: %s, File %s, Line %d\n", string, file, line);
  else
    printf ("ERROR: %s, rc = %d, File %s, Line %d\n",
            string, rc, file, line);

  WriteEnd ();
  return;
}

/* ----------------------- ENDE basis.c ----------------------- */
```

P 0.2 Dynamische Vektoren und Matrizen

```
/* -------------------- DEKLARATIONEN vmblock.h -------------------- */

#define VEKTOR   0            /* fuer einen REAL-Vektor              */
#define VVEKTOR  1            /* fuer einen Vektor mit Elementen     */
                              /* von angegebener Groesse             */
#define MATRIX   2            /* fuer eine REAL-Matrix               */
#define IMATRIX  3            /* fuer eine int-Matrix                */

void *vminit(void           /* eine leere Vektor-Matrix-Liste erzeugen */
            );               /* Adresse der Liste                      */

void *vmalloc               /* dynamischen Vektor bzw. Matrix erzeugen */
            (
              void   *vmblock,    /* Adr. einer Vektor-Matrix-Liste ..*/
              int    typ,         /* Art des neuen Objekts: VEKTOR,   */
                                  /* VVEKTOR, MATRIX, IMATRIX ........*/
              size_t zeilen,      /* Elementanzahl (Vektor) bzw.      */
                                  /* Zeilenzahl (Matrix) ............*/
              size_t spalten      /* Spaltenzahl (Matrix) bzw. Ele-   */
                                  /* mentgroesse (Nicht-REAL-Vektor) .*/
            );                    /* Adresse des geschaffenen Objekts */

boolean vmcomplete    /* Vektor-Matrix-Liste auf Speichermangel testen */
            (
              void *vmblock       /* Adresse der Liste ........*/
            );                    /* kein Speichermangel? .....*/

void vmfree           /* Speicher einer Vektor-Matrix-Liste freigeben */
            (
              void *vmblock                 /* Adresse der Liste */
            );

/* ----------------------- ENDE vmblock.h ----------------------- */
/* ----------------------- MODUL vmblock.c ---------------------- */

/***********************************************************************
*                                                                      *
* Verwaltung eines Satzes von dynamischen Vektoren und Matrizen        *
* -------------------------------------------------------------------- *
*                                                                      *
* Idee:   In vielen Unterprogrammen der Numerikbibliothek werden immer *
*         wieder dynamisch vereinbarte Vektoren und Matrizen benoe-    *
*         tigt. Dabei tritt jedoch manchmal das Problem auf, dass nur  *
```

```
*               fuer einen Teil der Vektoren und Matrizen Speicher vorhanden  *
*               ist, so dass der schon belegte Speicher zurueckgegeben und    *
*               auf den Speichermangel geeignet reagiert werden muss. Dies    *
*               kostet viel Muehe und stellt eine haeufige Fehlerquelle dar,  *
*               wenn man es jedesmal neu formulieren muss. Zur Vereinfachung  *
*               dieser Arbeit wurde daher dieses C-Modul geschrieben. Es      *
*               verwaltet alle zusammengehoerigen Speicheranforderungen fuer  *
*               Vektoren und Matrizen in einer einfach verketteten Liste.     *
*               Dazu werden dem Benutzer folgende vier Funktionen zur Ver-    *
*               fuegung gestellt:                                             *
*               - vminit(), das einen typlosen Listenanfangszeiger liefert,   *
*                 mit dem alle weiteren Funktionen arbeiten,                  *
*               - vmalloc() zur Anforderung von Speicher fuer einen neuen     *
*                 Vektor oder eine neue Matrix,                               *
*               - vmcomplete() zur nachtraeglichen Pruefung, ob alle bishe-   *
*                 rigen in der Liste vorgenommenen Speicheranforderungen zum  *
*                 Erfolg fuehrten, und                                        *
*               - vmfree(), das den von einer Vektor-Matrix-Liste bean-       *
*                 spruchten Speicher wieder vollstaendig freigibt.            *
*               Ausserdem werden noch die vier Makros VEKTOR (fuer REAL-      *
*               Vektoren), VVEKTOR (fuer variable Vektoren), MATRIX (fuer     *
*               REAL-Matrizen) und IMATRIX (fuer int-Matrizen) exportiert,    *
*               mit denen der Benutzer beim Aufruf von vmalloc() den Typ der  *
*               anzufordernden Datenstruktur waehlen kann.                    *
*                                                                             *
*               Achtung: 1. Der von einer Vektor-Matrix-Liste beanspruch-     *
*                           te Speicher darf nur durch vmfree() freigege-     *
*                           ben werden!                                       *
*                        2. vmfree() gibt immer nur den gesamten schon an-    *
*                           geforderten Speicher frei, der zu einer Liste     *
*                           gehoert, laesst sich also nicht auf einzelne      *
*                           Vektoren oder Matrizen der Liste anwenden!        *
*                                                                             *
* Aufruf: Der Benutzer vereinbart einen typlosen Zeiger, der zualler-         *
*               erst durch einen Aufruf von vminit() initialisiert werden     *
*               muss und von da an einen gueltigen Zugang zur Speicherliste   *
*               darstellt. Ueber diesen Zeiger koennen nun mit Hilfe von      *
*               vmalloc() Vektoren und Matrizen dynamisch angelegt werden.    *
*               Wurden alle Speicheranforderungen getaetigt, sollte man mit   *
*               vmcomplete() pruefen, ob sie auch gelungen sind, und dann     *
*               entsprechend reagieren. Wenn die zur Liste gehoerenden Vek-   *
*               toren und Matrizen nicht mehr benoetigt werden, empfiehlt es  *
*               sich, denn davon beanspruchten Speicher durch Aufruf von      *
*               vmfree() der Allgemeinheit wieder zur Verfuegung zu stellen.  *
*               Beispiel:                                                     *
*                   ...                                                       *
*                   void *vmblock;                                            *
*                   REAL *vektor1;    /+ REAL-Vektor mit n1 Elementen    +/   *
*                   REAL *vektor2;    /+ REAL-Vektor mit n2 Elementen    +/   *
*                   int  *vektor3;    /+ int-Vektor mit n3 Elementen     +/   *
*                   REAL **matrix1;   /+ Matrix mit m1 Zeilen, n1 Spalten +/  *
*                   int  **matrix2;   /+ Matrix mit m2 Zeilen, n2 Spalten +/  *
*                   ...                                                       *
*                   vmblock = vminit();                                       *
*                   vektor1 = (REAL *)vmalloc(vmblock, VEKTOR, n1, 0);        *
*                   vektor2 = (REAL *)vmalloc(vmblock, VEKTOR, n2, 0);        *
*                   vektor2 = (int  *)vmalloc(vmblock, VVEKTOR, n2,           *
*                                             sizeof(int));                   *
*                   ...                                                       *
*                   matrix1 = (REAL *)vmalloc(vmblock, MATRIX, m1, n1);       *
*                   matrix2 = (int  *)vmalloc(vmblock, IMATRIX, m2, n2);      *
*                   ...                                                       *
*                   if (! vmcomplete(vmblock))   /* teilweise misslungen? +/  *
*                   {                                                         *
*                     vmfree(vmblock);           /+ Block ganz freigeben  +/  *
*                     return 99;                 /+ Fehler melden         +/  *
*                   }                                                         *
```

```
*                      ...                                              *
*              vmfree(vmblock);                                          *
*                      ...                                              *
*                                                                        *
* Programmiersprache: ANSI-C                                             *
* Compiler:           Borland C++ 2.0                                    *
* Rechner:            IBM PS/2 70 mit 80387                              *
* Autor:              Juergen Dietel, Rechenzentrum der RWTH Aachen      *
* Datum:              DO 10. 9. 1992                                     *
*                                                                        *
*************************************************************************/

#include <basis.h>        /* wegen size_t, NULL, malloc, free, calloc, */
                          /*       boolean, FALSE, TRUE, REAL          */
#include <vmblock.h>      /* wegen vmalloc, vmcomplete, vmfree, vminit, */
                          /*       VEKTOR, VVEKTOR, MATRIX, IMATRIX     */



/*--------------------------------------------------------------------*/

typedef struct VML           /* Element einer Vektor-Matrix-Liste    */
{
  void      *vmzeiger;       /* Zeiger auf den Vektor bzw. die Matrix */
  int        typ;            /* Typ des Zeigers: Vektor oder Matrix   */
                             /* (moegliche Werte: VEKTOR, VVEKTOR,    */
                             /*                   MATRIX, IMATRIX)    */
  size_t     groesse;        /* im Ankerelement die Anzahl der fuer   */
                             /* Vektoren oder Matrizen genutzten      */
                             /* Listenelemente, sonst ungenutzt       */
                             /* ausser bei Matrizen, wo groesse fuer  */
                             /* die Zeilenzahl missbraucht wird       */
  struct VML *naechst;       /* Zeiger auf das naechste Listenelement */
} vmltyp;

#define VMALLOC  (vmltyp *)malloc(sizeof(vmltyp))   /* Speicher fuer */
                                                    /* ein neues     */
                                                    /* Listenelement */
                                                    /* anfordern     */

#define LISTE    ((vmltyp *)vmblock)        /* zur Abkuerzung        */
                                            /* der Schreibweise      */
#define MAGIC    410     /* soll ein gueltiges Ankerelement anzeigen */



/*--------------------------------------------------------------------*/

void *vminit(void          /* eine leere Vektor-Matrix-Liste erzeugen */
            )                                  /* Adresse der Liste  */

/*************************************************************************
* eine leere Vektor-Matrix-Liste erzeugen. Diese besteht aus einem       *
* Ankerelement, das nur dazu benoetigt wird, die Zahl der angeforder-    *
* ten Listenelemente und einen magischen Wert fuer Plausibilitaetskon-   *
* trollen aufzunehmen. So kann man spaeter in vmcomplete() pruefen, ob   *
* der Funktionswert NULL von vmalloc() daher kommt, dass die Liste       *
* nicht mehr verlaengert werden konnte oder dass fuer den Vektor bzw.    *
* die Matrix kein Speicher mehr vorhanden war. Als Funktionswert wird    *
* die Adresse des Ankers zurueckgegeben, im Fehlerfall natuerlich        *
* NULL. Um in den nachfolgenden Aufrufen von vmalloc(), vmcomplete()     *
* und vmfree() pruefen zu koennen, ob der uebergebene typlose Zeiger     *
* wirklich auf eine Vektor-Matrix-Liste zeigt, wird die Komponente typ   *
* des Ankerelements dazu missbraucht, einen magischen Wert aufzuneh-     *
* men, der ein gueltiges Ankerelement anzeigen soll.                     *
*                                                                        *
* benutzte globale Namen:                                                *
```

Dynamische Vektoren und Matrizen

```
 *  ========================                                            *
 *  vmltyp, VMALLOC, MAGIC, NULL, malloc                                 *
 ************************************************************************/
{
  vmltyp *liste;               /* Zeiger auf das Ankerelement der Liste */

  if ((liste = VMALLOC) == NULL) /* Speicher fuer den Anker anfordern */
     return NULL;              /* misslungen? => Fehler melden       */
  liste->vmzeiger = NULL;      /* damit vmfree() sich nicht vertut   */
  liste->typ      = MAGIC;     /* ein gueltiges Ankerelement anzeigen */
  liste->groesse  = 0;         /* Zahl der eigentlichen Listenelemente */
  liste->naechst  = NULL;      /* noch kein Nachfolgerelement         */


  return (void *)liste;
}



/*----------------------------------------------------------------------*/
  static REAL **malloc_realmatrix
                      (
                        size_t m,
                        size_t n
                      )
/************************************************************************
 * Speicherplatz fuer eine rechteckige [0..m-1,0..n-1]-Matrix mit Ele-   *
 * menten vom Typ REAL anfordern und ihre Anfangsadresse als Funktions-  *
 * wert zurueckgeben, falls die Anforderung zum Erfolg fuehrte, sonst    *
 * NULL. Dabei wird fuer jede Zeile der Matrix ein eigener Zeiger        *
 * angelegt.                                                             *
 *                                                                       *
 * benutzte globale Namen:                                               *
 * ========================                                              *
 * REAL, size_t, NULL, calloc                                            *
 ************************************************************************/
{
  REAL    **matrix;            /* Zeiger auf die Zeilenvektoren */
  size_t  i;                   /* laufender Zeilenindex         */

  matrix = (REAL **)calloc(m, sizeof(REAL *));    /* fuer jede der */
                                                  /* m Zeilen      */
                                                  /* einen Zeiger  */

  if (matrix == NULL)                      /* nicht genug Speicher? */
     return NULL;                          /* Speichermangel melden */
  for (i = 0; i < m; i++)       /* fuer jeden Zeilenzeiger eine Zeile */
  {                             /* mit je n Elementen anfordern       */
     matrix[i] = (REAL *)calloc(n, sizeof(REAL));
     if (matrix[i] == NULL)                /* nicht genug Speicher? */
     {
        while (i != 0)          /* schon reservierte Zeilen freigeben */
           free(matrix[--i]);
        free(matrix);           /* Vektor der Zeilenzeiger freigeben */
        return NULL;            /* Speichermangel melden             */
     }
  }

  return matrix;
```

}

/*--*/
```
static int **malloc_intmatrix
                    (
                     size_t m,
                     size_t n
                    )
```
/***
* Speicherplatz fuer eine rechteckige [0..m-1,0..n-1]-Matrix mit Ele- *
* menten vom Typ int anfordern und ihre Anfangsadresse als Funktions- *
* wert zurueckgeben, falls die Anforderung zum Erfolg fuehrte, sonst   *
* NULL. Dabei wird fuer jede Zeile der Matrix ein eigener Zeiger   *
* angelegt.   *
*   *
* benutzte globale Namen: *
* =======================   *
* size_t, NULL, calloc   *
***/
```
{
  int    **matrix;              /* Zeiger auf die Zeilenvektoren */
  size_t i;                     /* laufender Zeilenindex         */

  matrix = (int **)calloc(m, sizeof(int *));     /* fuer jede der */
                                                 /* m Zeilen      */
                                                 /* einen Zeiger  */

  if (matrix == NULL)           /* nicht genug Speicher?     */
    return NULL;                /* Speichermangel melden     */

  for (i = 0; i < m; i++)       /* fuer jeden Zeilenzeiger eine Zeile */
  {                             /* mit je n Elementen anfordern       */
    matrix[i] = (int *)calloc(n, sizeof(int));
    if (matrix[i] == NULL)      /* nicht genug Speicher?              */
    {
      while (i != 0)            /* schon reservierte Zeilen freigeben */
        free(matrix[--i]);
      free(matrix);             /* Vektor der Zeilenzeiger freigeben  */
      return NULL;              /* Speichermangel melden              */
    }
  }

  return matrix;
}
```

/*--*/
```
void *vmalloc               /* dynamischen Vektor bzw. Matrix erzeugen */
            (
             void   *vmblock,    /* Adr. einer Vektor-Matrix-Liste ..*/
             int    typ,         /* Art des neuen Objekts: VEKTOR,   */
                                 /* VVEKTOR, MATRIX, IMATRIX ........*/
             size_t zeilen,      /* Elementanzahl (Vektor) bzw.      */
                                 /* Zeilenzahl (Matrix) .............*/
             size_t spalten      /* Spaltenzahl (Matrix) bzw. Ele-   */
                                 /* mentgroesse (Nicht-REAL-Vektor) .*/
            )                    /* Adresse des geschaffenen Objekts */
```

Dynamische Vektoren und Matrizen

```
/**************************************************************************
 * ein durch typ bestimmtes Element (Vektor oder Matrix), dessen          *
 * Groesse durch zeilen und spalten festgelegt wird, erzeugen und vorne   *
 * in die bei vmblock beginnende einfach verkettete Liste einfuegen.      *
 * Die Adresse des neuen Vektors bzw. der neuen Matrix wird als Funk-     *
 * tionswert zurueckgegeben. Bei einem REAL-Vektor (Typ VEKTOR) ent-      *
 * haelt der Parameter zeilen die Laenge, spalten wird nicht benutzt.     *
 * Beim Typ VVEKTOR (variabler Vektor) muss in spalten die Groesse        *
 * eines einzelnen Vektorelements stehen. Bei einer Matrix (Typ MATRIX    *
 * oder IMATRIX) enthaelt zeilen die Zeilen- und spalten die Spaltenan-   *
 * zahl der Matrix.                                                       *
 *                                                                        *
 * benutzte globale Namen:                                                *
 * ======================                                                 *
 * vmltyp, VMALLOC, LISTE, MAGIC, malloc_realmatrix, malloc_intmatrix,    *
 * REAL, VEKTOR, VVEKTOR, MATRIX, IMATRIX, NULL, size_t, malloc, calloc   *
 **************************************************************************/
{
  vmltyp *element;                  /* Zeiger auf das neue Listenelement */

  if (LISTE == NULL)                            /* ungueltige Liste? */
    return NULL;                                /* Fehler melden     */

  if (LISTE->typ != MAGIC)                      /* ungueltiges Ankerelement? */
    return NULL;                                /* Fehler melden             */

  LISTE->groesse++;                 /* neue Anforderung registrieren */

  if ((element = VMALLOC) == NULL)  /* neues Listenelement anfordern */
    return NULL;                    /* misslungen? => Fehler melden  */

  switch (typ)   /* Speicher fuer die gewuenschte Datenstruktur anfor- */
  {              /* dern (Vektor oder Matrix) und ihre Adresse in das  */
                 /* neue Listenelement eintragen                       */
    case VEKTOR:         /* ---------- REAL-Vektor?         ---------- */
      element->vmzeiger = calloc(zeilen, sizeof(REAL));
      break;

    case VVEKTOR:        /* ---------- beliebiger Vektor? ---------- */
      element->vmzeiger = calloc(zeilen, spalten);
      break;

    case MATRIX:         /* ---------- REAL-Matrix?         ---------- */
      element->vmzeiger = (void *)malloc_realmatrix(zeilen, spalten);
      element->groesse  = zeilen; /* fuer vmfree() hier unter groesse */
      break;                      /* die Zeilenanzahl eintragen       */

    case IMATRIX:        /* ---------- int-Matrix?          ---------- */
      element->vmzeiger = (void *)malloc_intmatrix(zeilen, spalten);
      element->groesse  = zeilen; /* fuer vmfree() hier unter groesse */
      break;                      /* die Zeilenanzahl eintragen       */

    default:             /* ---- ungueltiger Datenstrukturtyp? ---- */
      element->vmzeiger = NULL;              /* Nullzeiger eintragen */
  }

  element->typ = typ;               /* Datenstrukturtyp im            */
                                    /* Listenelement notieren         */
  element->naechst = LISTE->naechst;/* neues Element einfuegen vor    */
                                    /* dem ersten Element und ...     */

  LISTE->naechst = element;         /* ... hinter dem Ankerelement */
```

```
        return element->vmzeiger;
}



/*--------------------------------------------------------------------*/

boolean vmcomplete    /* Vektor-Matrix-Liste auf Speichermangel testen */
               (
                    void *vmblock           /* Adresse der Liste .......*/
               )                            /* kein Speichermangel? ....*/
/***********************************************************************
* die bei vmblock beginnende Liste durchlaufen und dabei pruefen, ob   *
* allen darin notierten Vektoren und Matrizen Speicher zugeordnet wer- *
* den und ob fuer alle angeforderten Vektoren bzw. Matrizen ueberhaupt *
* Listenelemente angelegt werden konnten. Der Funktionswert zeigt an,  *
* ob diese Pruefung erfolgreich war (TRUE) oder nicht (FALSE).         *
*                                                                      *
* benutzte globale Namen:                                              *
* ========================                                             *
* vmltyp, LISTE, MAGIC, boolean, FALSE, TRUE, NULL, size_t              *
***********************************************************************/
{
    vmltyp *element;         /* Zeiger zum Durchlaufen der Liste       */
    size_t elementzahl;      /* Zahl der Listenelemente, die tatsaechlich */
                             /* angelegt werden konnten (im Gegensatz zu  */
                             /* denjenigen, die angefordert wurden und de-*/
                             /* ren Anzahl im Ankerelement der Liste steht,*/
                             /* und zwar in groesse)                      */

    if (LISTE == NULL)                    /* ungueltige Liste?         */
        return FALSE;                     /* Fehler melden             */

    if (LISTE->typ != MAGIC)              /* ungueltiges Ankerelement? */
        return FALSE;                     /* Fehler melden             */

    for (element = LISTE->naechst,        /* die Liste durchlaufen und dabei */
         elementzahl = 0;                 /* mitzaehlen, wieviele Elemente   */
         element != NULL;                 /* sie wirklich enthaelt           */
         element = element->naechst,
         elementzahl++)
        if (element->vmzeiger == NULL)    /* Element ohne Speicherzuordnung? */
            return FALSE;                 /* Misserfolg melden               */

    if (elementzahl != LISTE->groesse)    /* Konnten nicht genuegend   */
                                          /* Elemente erzeugt werden?  */
        return FALSE;                     /* Misserfolg melden         */

    return TRUE;                          /* erfolgreiche Pruefung melden */
}


/*--------------------------------------------------------------------*/

static void free_matrix
               (
                    void    **matrix,
                    size_t  m
               )
```

Dynamische Vektoren und Matrizen   555

```
/**************************************************************************
* eine wie in malloc_realmatrix() oder malloc_intmatrix() erzeugte        *
* Matrix mit m Zeilen freigeben                                           *
*                                                                         *
* benutzte globale Namen:                                                 *
* =======================                                                 *
* size_t, NULL, free                                                      *
**************************************************************************/
{
  if (matrix != NULL)
  {
    while (m != 0)
      free(matrix[--m]);
    free(matrix);
  }
}



/*------------------------------------------------------------------------*/

void vmfree            /* Speicher einer Vektor-Matrix-Liste freigeben */
          (
             void *vmblock               /* Adresse der Liste */
          )
/**************************************************************************
* saemtlichen dynamischen Speicher der bei vmblock beginnenden Liste      *
* freigeben                                                               *
*                                                                         *
* benutzte globale Namen:                                                 *
* =======================                                                 *
* vmltyp, LISTE, MAGIC, free_matrix, VEKTOR, VVEKTOR, MATRIX, NULL,       *
* free                                                                    *
**************************************************************************/
{
  vmltyp *hilf;            /* Zwischenspeicher fuer einen Zeigerwert */

  if (LISTE == NULL)                  /* ungueltige Liste?          */
    return;                           /* nichts tun                 */

  if (LISTE->typ != MAGIC)            /* ungueltiges Ankerelement?  */
    return;                           /* nichts tun                 */

  for ( ; LISTE != NULL; vmblock = (void *)hilf)
  {
    switch (LISTE->typ)
    {
      case VEKTOR:
      case VVEKTOR: if (LISTE->vmzeiger != NULL)
                      free(LISTE->vmzeiger);
                    break;
      case MATRIX:
      case IMATRIX: free_matrix((void **)LISTE->vmzeiger,
                                LISTE->groesse);
    }

    hilf = LISTE->naechst;            /* Nachfolgerzeiger retten    */
    free(LISTE);                      /* Listenelement freigeben    */
  }
}
```

```
/* ----------------------- ENDE vmblock.c ----------------------- */
```

P 2

P 2.5.1 Das Newtonsche Verfahren für einfache Nullstellen

```
/* ------------------------ MODUL fnewton.c ---------------------- */
#include <basis.h>
#include <u_proto.h>

#define ITERMAX 300                   /* Maximale Iterationszahl      */

#define ABSERR ZERO                   /* Zugelassener Absolutfehler   */
                                      /* Zugelassener Relativfehler */
#define RELERR (REAL)((REAL)128.0 * MACH_EPS)
                                      /* Max. Fehler im Funktionwert */
#define FCTERR (REAL)((REAL)4.0 * MACH_EPS)


int newton              /* Eindimensionales Newton Verfahren ........*/
          (
           REALFCT    fct,    /* Funktion .........................*/
           REALFCT    fderv,  /* 1. Ableitung .....................*/
           REAL *     x,      /* Startwert / Loesung ..............*/
           REAL *     fval,   /* Funktionswert an Loesung.........*/
           int  *     iter    /* Iterationszahl ..................*/
          )
/*====================================================================*
 *                                                                    *
 *  Die Funktion newton realisiert das Newton-Iterationsverfahren     *
 *  zur Loesung der Gleichung fct(x) = 0.                             *
 *  Die Funktion fct und deren 1. Ableitung muessen als Parameter     *
 *  uebergeben werden.                                                *
 *                                                                    *
 *====================================================================*
 *                                                                    *
 *  Anwendung:                                                        *
 *  =========                                                         *
 *     Bestimmung von Nullstellen der stetig differenzierbaren Funk-  *
 *     tion fct. Dabei muss ein geeigneter Startwert fuer die Itera-  *
 *     tion vorgegeben werden.                                        *
 *                                                                    *
 *====================================================================*
 *                                                                    *
 *  Eingabeparameter:                                                 *
 *  ================                                                  *
 *     fct      REAL fct (REAL);                                      *
 *              Funktion, deren Nullstelle zu bestimmen ist.          *
 *              fct hat die Form:                                     *
 *              REAL fct (REAL x)                                     *
 *              { REAL f;                                             *
 *                  f = ...;                                          *
 *                  return (f);                                       *
 *              }                                                     *
 *     fderv    REAL fderv (REAL);                                    *
 *              1. Ableitung der Funktion fct; die Funktion fderv     *
 *              hat den gleichen Aufbau wie fct.                      *
 *     x        REAL *x;                                              *
 *              Startwert der Iteration.                              *
 *                                                                    *
 *  Ausgabeparameter:                                                 *
 *  ================                                                  *
```

```
*     x         REAL    *x;
*                 Gefundene Naeherungsloesung fuer eine Nullstelle
*                 von fct.
*     fval      REAL    *fval;
*                 Funktionswert an der gefundenen Naeherungsloesung,
*                 der fast 0 sein muss.
*     iter      int *iter;
*                 Anzahl der durchgefuehrten Iterationsschritte.
*
*   Rueckgabewert:
*   =============
*     = 0       Nullstelle mit abs(fct) < FCTERR gefunden
*     = 1       Abbruch mit abs(xnew-xold) < ABSERR + xnew * RELERR
*     = 2       Iterationsmaximum erreicht
*     = 3       Unzulaessige Eingabefunktionen
*
*===================================================================*
*
*   Benutzte Funktionen:
*   ===================
*
*     REAL    fct ():  Funktion, deren Nullstelle zu bestimmen ist
*     REAL    fderv(): 1. Ableitung von fct
*
*===================================================================*
*
*   Benutzte Konstanten: ABSERR, RELERR, MACH_EPS, FCTERR, ITERMAX,
*   ==================   EPSROOT
*
*===================================================================*/
{
  REAL fs, diff, y;
  int rc;

  *iter = 0;

  if (fct == NULL || fderv == NULL) return (3);

  rc = 2;
  while (*iter < ITERMAX)                       /* Newton-Iteration   */
  {
    y = (*fct) (*x);                            /* Funktionswert an x */

    if (ABS (y) < FCTERR)                       /* Fkt.wert < FCTERR -> fertig */
    {
      rc = 0;
      break;
    }

    fs = (*fderv) (*x);                         /* 1. Ableitung an x */

    if (ABS (fs) < EPSROOT) fs = EPSROOT;

    (*iter)++;

    diff = y / fs;
    *x -= diff;                                 /* xnew = xold - fval / fs */

    if (ABS (diff) < ABS (*x) * RELERR + ABSERR)
    {
      rc = 1;
      break;
    }
  }

  *fval = y;
  return (rc);
```

}

```
int newpoly                    /* Newton Verfahren fuer Polynome .........*/
         (
          int         n,       /* Polynomgrad ....................*/
          REAL        coeff[], /* Koeffizientenvektor ............*/
          REAL *      x,       /* Startwert / Loesung ............*/
          REAL *      fval,    /* Funktionswert an x .............*/
          int  *      iter     /* Iterationszahl .................*/
         )
/*====================================================================*
 *                                                                    *
 * Die Funktion newpoly realisiert das Newton-Iterationsverfahren     *
 * zur Loesung der Gleichung fct(x) = 0, falls fct durch ein Polynom  *
 * gegeben ist.                                                       *
 *                                                                    *
 *====================================================================*
 *                                                                    *
 *   Anwendung:                                                       *
 *   =========                                                        *
 *     Bestimmung einer Nullstelle des Polynoms:                      *
 *                                          n-1             n         *
 *     coeff[0] + coeff[1] * x +...+ coeff[n-1] * x   + coeff[n] * x  *
 *                                                                    *
 *====================================================================*
 *                                                                    *
 *   Eingabeparameter:                                                *
 *   ================                                                 *
 *     n          int n; (n > 0)                                      *
 *                Grad des Polynoms.                                  *
 *     coeff      REAL *coeff;                                        *
 *                Koeffizientenvektor des Polynoms mit den Komponenten*
 *                coeff[0],..,coeff[n];                               *
 *     x          REAL *x;                                            *
 *                Startwert der Iteration.                            *
 *                                                                    *
 *   Ausgabeparameter:                                                *
 *   ================                                                 *
 *     x          REAL *x;                                            *
 *                Gefundene Naeherungsloesung fuer eine Nulllstelle   *
 *                von fct.                                            *
 *     fval       REAL *fval;                                         *
 *                Funktionswert an der gefundenen Naeherungsloesung,  *
 *                der fast 0 sein muss.                               *
 *     iter       int *iter;                                          *
 *                Anzahl der durchgefuehrten Iterationsschritte.      *
 *                                                                    *
 *   Rueckgabewert:                                                   *
 *   =============                                                    *
 *     = 0        Nullstelle mit abs(fct) < FCTERR gefunden           *
 *     = 1        Abbruch mit abs(xnew-xold) < ABSERR + xnew * RELERR *
 *     = 2        Iterationsmaximum erreicht                          *
 *     = 3        Unzulaessige Eingabeparameter                       *
 *                                                                    *
 *====================================================================*
 *                                                                    *
 *   Benutzte Funktionen:                                             *
 *   ===================                                              *
 *                                                                    *
 *     REAL    polval (): Hornerschema zur Berechnung des Polynoms    *
 *                        und dessen 1. Ableitung.                    *
 *                                                                    *
 *====================================================================*
 *                                                                    *
 *   Benutzte Konstanten: ABSERR, RELERR, MACH_EPS, FCTERR, ITERMAX,  *
```

```
*   ==================  EPSROOT                                            *
*                                                                         *
*=========================================================================*/
{
  REAL fs, diff, y;

  if (n < 1 || coeff[n] == ZERO) return (3); /* falsche Parameter       */
  if (coeff == NULL) return (3);

  *iter = 0;                        /* Iterationszaehler initialisieren */

  while (*iter < ITERMAX)
  {
    polval (n, coeff, *x, &y, &fs);   /* Polynomwert val und           */
                                      /* 1. Ableitung berechnen        */
    if (ABS (y) <= FCTERR)            /* Genau genug ?                 */
    {
      *fval = y;
      return (0);
    }

    if (ABS (fs) < EPSROOT)           /* Um Overflow zu verhindern, 1.Ab- */
       fs = EPSROOT;                  /* leitung auf EPSROOT begrenzen    */

    (*iter)++;                        /* Iterationszaehler erhoehen    */

    diff = y / fs;                    /* neue Schrittweite             */
    *x -= diff;                       /* xnew = xold - Fktwert/1.Abl.  */

    if (ABS (diff) <= ABS (*x) * RELERR + ABSERR)
    {                                 /* Schrittweite klein genung ?   */
      *fval = y;
      return (1);
    }
  }

  *fval = y;
  return (2);
}


int polval              /* Newton Verfahren fuer Polynome ...........*/
       (
           int     n,           /* Grad des Polynoms .................*/
           REAL    coeff[],     /* Koeffizientenvektor ...............*/
           REAL    x,           /* Auswertestelle ....................*/
           REAL *  val,         /* Wert des Polynoms an x ............*/
           REAL *  dval         /* Wert der 1. Abl. an x .............*/
       )
/*=========================================================================*
*                                                                         *
* polval wertet ein Polynom, das durch den Koeffizientenvektor            *
* coeff in aufsteigender Reihenfolge gegeben ist, an der Stelle x         *
* aus. Zusaetzlich wird die 1. Ableitung an x berechnet.                  *
*                                                                         *
*=========================================================================*
*                                                                         *
*   Eingabeparameter:                                                     *
*   ================                                                      *
*     n         int n;                                                    *
*               Grad des Polynoms.                                        *
*     coeff     REAL *coeff;                                              *
*               Koeffizientenvektor des Polynoms mit den n+1 Kompo-       *
*               nenten coeff[0],...,coeff[n].                             *
*     x         REAL *x;                                                  *
*               Stelle, an der der Polynomwert zu berechnen ist.          *
*                                                                         *
```

Das Newtonsche Verfahren für mehrfache Nullstellen

```
*    Ausgabeparameter:                                              *
*    ================                                               *
*       val       REAL     *val;                                    *
*                 Polynomwert an x.                                 *
*       dval      REAL     *dval;                                   *
*                 Wert der 1. Ableitung des Polynoms an x.          *
*                                                                   *
*    Rueckgabewert:                                                 *
*    =============                                                  *
*       = 0       ok                                                *
*       = 1       n < 0 gewaehlt                                    *
*                                                                   *
*===================================================================*/
{
  int i;

  if (n < 0) return (1);

  if (n == 0)
  {
    *val = coeff[0];
    *dval = ZERO;
    return (0);
  }
                                       /* Horner-Schema            */
  for (*val = *dval = ZERO, i = n; i >= 1; i--)
  {
    *val = *val * x + coeff[i];        /* val  : Polynomwert       */
    *dval = *dval * x + *val;          /* dval : 1. Ableitung      */
  }

  *val = *val * x + coeff[0];

  return (0);
}
```

P 2.5.3 Das Newtonsche Verfahren für mehrfache Nullstellen. Das modifizierte Newtonsche Verfahren

```
int newmod              /* Modifiziertes Newton Verfahren ..........*/
           (
            REALFCT     fct,     /* Funktion ......................*/
            REALFCT     fderv1,  /* 1. Ableitung ..................*/
            REALFCT     fderv2,  /* 2. Ableitung ..................*/
            REAL *      x,       /* Startwert / Loesung ...........*/
            REAL *      fval,    /* Funktionswert an x ............*/
            int *       iter,    /* Iterationszahl ................*/
            int *       mul      /* Vielfachheit der Nullst. ......*/
           )
/*====================================================================*
*                                                                     *
*  newmod berechnet eine Nullstelle der 2-mal stetig differenzier-    *
*  bare Funktion fct.                                                 *
*  Die Funktion fct und deren 1. Ableitung und 2. Ableitung muessen   *
*  uebergeben werden. Besteht Verdacht auf eine mehrfache Nullstel-   *
*  so sollte die i.a. aufwendigere Prozedur newmod dem einfachen      *
*  Newton-Verfahren vorgezogen werden.                                *
*                                                                     *
*=====================================================================*
*                                                                     *
*  Anwendung:                                                         *
*  =========                                                          *
*       Bestimmung von Nullstellen der mindestens 2-mal stetig dif-   *
```

```
*     ferenzierbaren Funktion fct, insbesondere wenn die gesuchte   *
*     Nullstelle eine Vielfachheit > 1 hat.                         *
*                                                                   *
*===================================================================*
*                                                                   *
*   Eingabeparameter:                                                *
*   ================                                                 *
*     fct       REAL fct (REAL);                                     *
*               Funktion, deren Nullstelle zu bestimmen ist          *
*               fct hat die gleiche Form wie in newton.              *
*     fderv1    REAL fderv (REAL);                                   *
*               1. Ableitung der Funktion fct; Form wie fct.         *
*     fderv2    REAL fderv (REAL);                                   *
*               2. Ableitung der Funktion fct; Form wie fct.         *
*     x         REAL  *x;                                            *
*               Startwert der Iteration.                             *
*                                                                   *
*   Ausgabeparameter:                                                *
*   ================                                                 *
*     x         REAL  *x;                                            *
*               Gefundene Naeherungsloesung fuer eine Nullstelle     *
*               von fct.                                             *
*     fval      REAL  *fval;                                         *
*               Funktionswert an der gefundenen Naeherungsloesung,   *
*               der fast 0 sein muss.                                *
*     iter      int *iter;                                           *
*               Anzahl der durchgefuehrten Iterationsschritte.       *
*     mul       int *mul;                                            *
*               Vielfachheit der Nullstelle                          *
*                                                                   *
*   Rueckgabewert:                                                   *
*   =============                                                    *
*     = 0       Nullstelle mit abs(fct) < FCTERR gefunden            *
*     = 1       Abbruch mit abs(xnew-xold) < ABSERR + xnew * RELERR  *
*     = 2       Iterationsmaximum erreicht                           *
*     = 3       Unzulaessige Funktionsadressen                       *
*                                                                   *
*===================================================================*
*                                                                   *
*   Benutzte Funktionen:                                             *
*   ===================                                              *
*                                                                   *
*     REAL   fct ():    Funktion, deren Nullstelle zu bestimmen ist  *
*     REAL   fderv1():  1. Ableitung von fct                         *
*     REAL   fderv2():  2. Ableitung von fct                         *
*                                                                   *
*===================================================================*
*                                                                   *
*   Benutzte Konstanten: ABSERR, RELERR, MACH_EPS, FCTERR, ITERMAX,  *
*   ==================   EPSROOT                                     *
*                                                                   *
*==================================================================*/
{
  REAL fs, fss, diff, xj, y;
  int  rc = 2;

  if (fct == NULL || fderv1 == NULL || fderv2 == NULL)
    return (3);

  *iter = 0;                      /* Iterationszaehler initialisieren */

  while (*iter < ITERMAX)    /* Newton-Iteration bis ITERMAX erreicht */
  {
    y = (*fct) (*x);                                /* Funktionswert */

    if (ABS (y) < FCTERR)
    {
```

Das Pegasusverfahren

```
      rc = 0;
      break;
    }

    fs = (*fderv1) (*x);                /* 1. Ableitung   */
    fss = (*fderv2) (*x);               /* 2. Ableitung   */

    (*iter)++;

    if (ABS (fs) < EPSROOT) fs = SIGN (EPSROOT, fs); /* 0 div. ?    */

    xj = ONE / (ONE - y * fss / (fs * fs));

    diff = xj * y / fs;
    *x -= diff;                         /* xnew = xold - xj * fs / 1.Abl.  */

    if (ABS (diff) < ABS (*x) * RELERR + ABSERR)
    {
      rc = 1;
      break;
    }
  }

  *fval = y;
  *mul = (int) (xj + HALF);

  return (rc);
}

/* -------------------- ENDE fnewton.c -------------------- */
```

P 2.8.2   Das Pegasusverfahren

```
/* -------------------- MODUL fpegasus.c -------------------- */

#include <basis.h>
#include <u_proto.h>

#define ITERMAX 300                 /* Maximale Iterationszahl      */

#define ABSERR ZERO                 /* Zugelassener Absolutfehler   */
#define RELERR ((REAL)4.0 * MACH_EPS) /* Zugelassener Relativfehler */
#define FCTERR EPSQUAD              /* Max. Fehler im Funktionwert  */


int pegasus                 /* Pegasus Verfahren ........................*/
           (
            REALFCT    fct,         /* Funktion ........................*/
            REAL *     x1,          /* Startwert 1 .....................*/
            REAL *     x2,          /* Startwert 2 / Loesung ...........*/
            REAL *     f2,          /* Funktionswert an x2 .............*/
            int *      iter         /* Iterationszahl ..................*/
           )
/*====================================================================*
 *                                                                    *
 * pegasus berechnet eine Nullstelle der stetigen Funktion fct,       *
 * falls fuer die beiden Startwerte x1 und x2 die Bedingung:          *
 *    fct(x1) * fct(x2) <= 0   erfuellt ist.                          *
 *                                                                    *
 *====================================================================*
 *                                                                    *
 *   Anwendung:                                                       *
 *   =========                                                        *
 *      Bestimmung einer Nullstelle der stetigen Funktion fct, wenn   *
 *      ein Einschlussintervall [x1, x2] fuer die Nullstelle bekannt  *
```

```
*        ist.                                                           *
*                                                                       *
*=======================================================================*
*                                                                       *
*   Eingabeparameter:                                                   *
*   ================                                                    *
*      fct       REAL    fct (REAL);                                    *
*                Funktion, deren Nullstelle zu bestimmen ist.           *
*                fct hat die Form:                                      *
*                     REAL   fct (REAL x)                               *
*                     { REAL f;                                         *
*                       f = ...;                                        *
*                       return(f);                                      *
*                     }                                                 *
*      x1,x2     REAL   *x1, *x2;                                       *
*                Anfangswerte mit fct(x1) * fct(x2) <= 0.               *
*                                                                       *
*   Ausgabeparameter:                                                   *
*   ================                                                    *
*      x2        REAL   *x2;                                            *
*                Gefundene Naeherungsloesung fuer eine Nullstelle       *
*                von fct.                                               *
*      f2        REAL   *f2;                                            *
*                Funktionswert an der gefundenen Naeherungsloesung,     *
*                der fast 0 sein muss.                                  *
*      iter      int *iter;                                             *
*                Anzahl der durchgefuehrten Iterationsschritte.         *
*                                                                       *
*   Rueckgabewert:                                                      *
*   =============                                                       *
*      = -1      Kein Einschluss: fct(x2) * fct(x1) > 0                 *
*      =  0      Nullstelle mit ABS(f2) < FCTERR gefunden               *
*      =  1      Abbruch mit ABS(xnew-xold) < ABSERR + xnew * RELERR,   *
*                Funktionswert pruefen                                  *
*      =  2      Iterationsmaximum erreicht                             *
*      =  3      Unzulaessige Eingabeparameter                          *
*                                                                       *
*=======================================================================*
*                                                                       *
*   Benutzte Konstanten: ABSERR, RELERR, MACH_EPS, EPSROOT, ITERMAX     *
*   ==================                                                  *
*                                                                       *
*=======================================================================*/
{
  REAL f1, x3, f3, s12;
  int rc = 2;

  *iter = 0;                        /* Iterationszaehler initialisieren */

  if (fct == NULL) return (3);

  f1  = (*fct)(*x1);                /* Funktionswerte an *x1, *x2 */
  *f2 = (*fct)(*x2);

  if (f1 * (*f2) > ZERO) return (-1);  /* kein Einschluss -> Fehler  */

  if (f1 * (*f2) == ZERO)              /* ein Startwert ist Loesung  */
  {
    if (f1 == ZERO)
    {
      *x2 = *x1;
      *f2 = ZERO;
    }
    return (0);
  }

  while (*iter <= ITERMAX)             /* Pegasus-Iteration          */
```

```
{
  (*iter)++;

  s12 = (*f2 - f1) / (*x2 - *x1);    /* Sekantensteigung          */

  x3  = *x2 - *f2 / s12;             /* neuer Naeherungswert      */
  f3  = (*fct)(x3);

  if (*f2 * f3 <= ZERO)              /* neues Einschlussintervall */
  {
    *x1 = *x2;
     f1 = *f2;
  }
  else
     f1 *= *f2 / ( *f2 + f3 );

  *x2 = x3;
  *f2 = f3;

  if ( ABS(*f2) < FCTERR )           /* Nullstelle gefunden       */
  {
    rc = 0;
    break;
  }
                                     /* Abbruch mit kleiner Schrittweite */
  if ( ABS(*x2 - *x1) <= ABS(*x2) * RELERR + ABSERR )
  {
    rc = 1;
    break;
  }
}

if ( ABS(f1) < ABS(*f2) )            /* Stelle mit betragsmaessig klei-  */
{                                    /* nerem Funktionswert auswaehlen   */
  *x2 = *x1;
  *f2 = f1;
}

return (rc);
}
/* ----------------------- ENDE fpegasus.c ----------------------- */
```

P 2.8.4 Die Verfahren von King und Anderson–Björck–King. Das Illinois-Verfahren

```
/* ----------------------- MODUL froots.c ----------------------- */

#include <basis.h>
#include <u_proto.h>

#define ITERMAX 300                 /* Maximale Anzahl der Funktions- */
                                    /* auswertungen                   */
#define ABSERR  (REAL)0.0           /* Zugelassener Absolutfehler     */
#define RELERR  ((REAL)4.0 * MACH_EPS)  /* Zugelassener Relativfehler */
#define FCTERR  EPSQUAD             /* Max. Fehler im Funktionwert    */


static void swap2 (REAL * x, REAL * y, REAL * fx, REAL * fy);


int roots                   /* Pegasus, Anderson-Bjoerck-King Verfahren ..*/
         (
          int       method,        /* Verfahren ........................*/
          REALFCT   fct,           /* Funktion .........................*/
```

```
            int      quadex,    /* Quadratische Extrapolation......*/
            REAL *   x1,        /* Startwert 1 ....................*/
            REAL *   x2,        /* Startwert 2 / Loesung ..........*/
            REAL *   fx2,       /* Funktionswert an x2 ............*/
            int *    iter       /* Iterationszahl .................*/
           )
/*====================================================================*
 *                                                                    *
 *  Die Funktion roots bestimmt eine Nullstelle der stetigen Funk-    *
 *  Funktion fct. Genuegen die Startwerte x1 und x2 der Bedingung:    *
 *  fct(x1) * fct(x2) <= 0.0, so ist jedes der vier Verfahren -       *
 *  Pegasus, Pegasus-King, Anderson-Bjoerck, Anderson-Bjoerck-King -  *
 *  konvergent.                                                       *
 *                                                                    *
 *====================================================================*
 *                                                                    *
 *  Anwendung:                                                        *
 *  =========                                                         *
 *     Bestimmung einer Nullstelle der stetigen Funktion fct. Ist     *
 *     ein Einschlussintervall [x1, x2] fuer die Nullstelle bekannt,  *
 *     so konvergiert das Verfahren in jedem Fall.                    *
 *                                                                    *
 *====================================================================*
 *                                                                    *
 *  Eingabeparameter:                                                 *
 *  ================                                                  *
 *     method    int method;                                          *
 *               Gewaehltes Verfahren:                                *
 *          =1   Pegasus-Verfahren                                    *
 *          =2   Pegasus-King-Verfahren                               *
 *          =3   Anderson-Bjoerck-Verfahren                           *
 *        sonst  Anderson-Bjoerck-King-Verfahren                      *
 *     fct       REAL    fct (REAL);                                  *
 *               Funktion, deren Nullstelle zu bestimmen ist.         *
 *               fct hat die Form:                                    *
 *                    REAL   fct (REAL x)                             *
 *                    { REAL    f;                                    *
 *                      f = ...;                                      *
 *                      return(f);                                    *
 *                    }                                               *
 *     quadex    int quadex;                                          *
 *          =0   nur linearen Extrapolation zugelassen, falls die     *
 *               die Startwerte die Nullstelle nicht einschliessen;   *
 *               sinnvoll, falls eine mehrfache Nullstelle vermutet   *
 *               wird.                                                *
 *        sonst  quadratische Extrapolation.                          *
 *     x1,x2     REAL    *x1, *x2;                                    *
 *               Anfangswerte fuer die Iteration; ist nur ein Start-  *
 *               wert bekannt, so kann *x1 = *x2 gesetzt werden. Das  *
 *               Verfahren konstruiert dann kuenstlich einen zweiten  *
 *               Startwert.                                           *
 *                                                                    *
 *  Ausgabeparameter:                                                 *
 *  ================                                                  *
 *     x2        REAL    *x2;                                         *
 *               Gefundene Naeherungsloesung fuer eine Nulllstelle    *
 *               von fct.                                             *
 *     f2        REAL    *f2;                                         *
 *               Funktionswert an der gefundenen Naeherungsloesung,   *
 *               der fast 0 sein muss.                                *
 *     iter      int *iter;                                           *
 *               Anzahl der durchgefuehrten Iterationsschritte.       *
 *                                                                    *
 *  Rueckgabewert:                                                    *
 *  =============                                                     *
 *     =  0      Nullstelle mit ABS(f2) < FCTERR gefunden             *
 *     =  1      Abbruch mit ABS(xnew-xold) < ABSERR + xnew * RELERR, *
```

```
*                         Funktionswert pruefen                       *
*            =  2         Iterationsmaximum erreicht                  *
*            =  3         Unzulaessige Eingabefunktion                *
*                                                                     *
*=====================================================================*
*                                                                     *
*   Benutzte Funktionen:                                              *
*   ===================                                               *
*                                                                     *
*      swap2 (): Tauscht zwei x- und zwei Funktionswerte              *
*                                                                     *
*=====================================================================*
*                                                                     *
*   Benutzte Konstanten: ABSERR, RELERR, MACH_EPS, EPSROOT, FCTERR    *
*   ==================  ITERMAX                                       *
*                                                                     *
*====================================================================*/
{
  REAL  f1, x3, f3, fquot, q, x3new;
  int   sec = 0, neg, incl, rc = 2;

  if (fct == NULL) return (3);

  if (*x1 == *x2)                /* Falls *x1 = *x2, wird *x2 abgeaendert */
    *x2 = (REAL) ((ONE + EPSROOT) * (*x2) + EPSROOT);

  f1  = (*fct) (*x1);            /* Funktionswerte an den Startpunkten    */
  *fx2 = (*fct) (*x2);
                                 /* Zaehler fuer die Anzahl der Funk-    */
  *iter = 2;                     /* tionsauswertungen besetzen.          */

  if ( ABS (f1) < ABS (*fx2) )   /* Betragsmaessig kleineren             */
    swap2 (x1, x2, &f1, fx2);    /* Funktionswert in f2 speichern        */

  if ( ABS (*fx2) < FCTERR )     /* *x2 schon Nullstelle ?               */
    return (0);

  if (f1 * (*fx2) > ZERO)        /* incl = 0: kein Einschluss,           */
  {
    incl = 0;
    f3 = *fx2;
  }
  else                           /* sonst Einschluss                     */
  {
    incl = 1;                    /* sec = 1: Naechster Schritt           */
    sec = 1;                     /* ist Sekantenschritt                  */
  }

  while ( *iter <= ITERMAX )     /* Iterationsbeginn .............*/
  {
    if (!incl)                   /* Falls *x1, *x2 die Nullstelle */
    {
      fquot = f1 / *fx2;         /* nicht einschliessen           */
      if (fquot > ONE)
      {
        if ( quadex && (fquot - f1 / f3 > ONE) )
          f1 *= ONE - *fx2 / f3;
      }
      else
      if (fquot < ZERO)
      {
        incl = 1;
        if ( ABS (*x1 - *x2) <= ABS (*x2) * RELERR + ABSERR )
        {
          rc = 1;
```

```
        break;
      }
      else sec = 1;
    }
    else return (2);            /* Nullstelle nicht gefunden */
  }

  q = *fx2 / (*fx2 - f1);
  x3 = *x2 + q * (*x1 - *x2);

  if (!incl)                /* Liegt kein Einschluss vor, so wird ein  */
    if ( *x2 == x3 )        /* neues x3 konstruiert, das von *x2 u.*x1 */
    {                       /* verschieden ist; ex. kein solches x3,   */
                            /* so liegt die Nullstelle bei *x2.        */
      x3new = *x2 + (*x1 - *x2) / THREE;
      if (x3new == *x2)
      {
        rc = 1;
        break;
      }
      else
      {
        do
        {
          q += q;
          x3new = *x2 + q * (*x1 - *x2);
        }
        while (x3new == *x2);

        if (x3new == *x1)
        {
          rc = 1;
          break;
        }
        else x3 = x3new;
      }
    }
    else
    if ( *x1 == x3 )
    {
      x3new = *x1 + (*x2 - *x1) / THREE;
      if (x3new == *x1)
      {
        rc = 1;
        break;
      }
      else
      {
        q = f1 / (f1 - *fx2);
        do
        {
          q += q;
          x3new = *x1 + q * (*x2 - *x1);
        }
        while (x3new == *x1);

        if (x3new == *x2)
        {
          rc = 1;
          break;
        }
        else x3 = x3new;
      }
    }
                            /* nun gilt: x1 != x3 u. *x2 != x3.        */
  f3 = (*fct) (x3);         /* Berechnung des Funktionswertes an x3.   */
  (*iter)++;                /* Zaehler fuer f-Berechnungen erhoehen.   */
```

```
    if ( ABS(f3) < FCTERR )                 /* x3 Nullstelle ? */
    {
      rc = 0;
      swap2 (x2, &x3, fx2, &f3);            /* tauschen, fertig */
      return (0);
    }
    if (!incl) swap2 (x1, x2, &f1, fx2);
    else
    if ( *fx2 * f3 < ZERO )
    {
      neg = 1;                              /* neg = 1: *x2 u. x3 schlies- */
      swap2 (x1, x2, &f1, fx2);             /* sen die Nullstelle ein      */
    }
    else neg = 0;

    swap2 (x2, &x3, fx2, &f3);

    if (!incl) continue;       /* kein Einschluss => weiter bei while */
                               /* sonst: *x1 o. *x2 Nullstelle ?      */
    if ( ABS (*x1 - *x2) <= ABS (*x2) * RELERR + ABSERR )
    {
      rc = 1;
      break;
    }

    /* Ansonsten wird die gewaehlte Methode zur Bestimmung eines   */
    /* neuen Wertes fuer f1 angewandt:                             */

    switch (method)
    {
      case 1: if (!neg)          /* Pegasus-Verfahren                    */
                 f1 *= f3 / (*fx2 + f3);
              break;

      case 2: if (sec)           /* Pegasus-King-Verfahren               */
              {
                 f1 *= f3 / (*fx2 + f3);
                 sec = 0;
              }
              else if ( !neg )
                  f1 *= f3 / (*fx2 + f3);
                  else sec = 1;
              break;

      case 3: if (!neg)          /* Anderson-Bjoerck-Verfahren           */
              {
                 q = ONE - *fx2 / f3;
                 if (q <= ZERO) q = HALF;
                 f1 *= q;
              }
              break;

      default: if (sec)          /* Anderson-Bjoerck-King-Verfahren */
              {
                 q = ONE - *fx2 / f3;
                 f1 *= (q > ZERO) ? q : HALF;
                 sec = 0;
              }
              else if ( !neg )
              {
                 q = ONE - *fx2 / f3;
                 f1 *= (q > ZERO) ? q : HALF;
              }
              else sec = 1;
```

```
                    break;
        }
   } /* ende while ( *iter < ITERMAX ) */

   if ( ABS (f1) < ABS (*fx2) )     /* Betragsmaessig kleinsten Funk- */
     swap2 (x1, x2, &f1, fx2);      /* tionswert und zugeh. x-Wert auf */
                                    /* *x2 bzw. *fx2 zuweisen         */
   return (rc);
}


static void swap2 (REAL * x,
                   REAL * y,
                   REAL * fx,
                   REAL * fy)
/*====================================================================*
 *                                                                    *
 * Die Prozedur swap2 tauscht die Werte der Speicherstellen x,y und   *
 * fx,fy.                                                             *
 *                                                                    *
 *====================================================================*/
{
  REAL tmp;

  tmp = *x;    *x = *y;    *y = tmp;
  tmp = *fx;   *fx = *fy;  *fy = tmp;
}

/* -------------------------- ENDE froots.c ------------------------- */
```

P 2.8.5   Das Zeroin–Verfahren

```
/* --------------------- DEKLARATIONEN fzeroin.h ------------------- */

int zeroin            /* Nullstellenberechnung nach dem Zeroin-Verfahren */
          (
            REALFCT fkt,      /* Funktion ...........................*/
            REAL    *abserr,  /* absolute Fehlerschranke ............*/
            REAL    *relerr,  /* relative Fehlerschranke ............*/
            int     fmax,     /* maximale Aufrufzahl von fkt() ......*/
            char    *protnam, /* Name der Protokolldatei ............*/
            REAL    a,        /* [a,b] = Einschlussintervall ........*/
            REAL    *b,       /* rechter Rand bzw. Nullstelle .......*/
            REAL    *fb,      /* Funktionswert an der Nullstelle b ..*/
            int     *fanz     /* tatsaechliche Aufrufzahl von fkt() .*/
          );                  /* Fehlercode .........................*/

/* ------------------------- ENDE fzeroin.h ------------------------ */
/* ------------------------- MODUL fzeroin.c ----------------------- */

/**********************************************************************
*                                                                     *
* Berechnung einer Nullstelle einer stetigen reellen Funktion mit     *
* ------------------------------------------------------              *
* dem Zeroin-Verfahren                                                *
* --------------------                                                *
*                                                                     *
* exportierte Funktion:                                               *
*   - zeroin():  Zeroin-Verfahren fuer reelle Funktionen              *
*                                                                     *
* Programmiersprache: ANSI-C                                          *
* Compiler:           Borland C++ 2.0                                 *
* Rechner:            IBM PS/2 70 mit 80387                           *
* Autor:              Siegmar Neuner                                  *
* Bearbeiter:         Juergen Dietel, Rechenzentrum der RWTH Aachen   *
```

```
* Vorlage:          bereits existierender FORTRAN-Quelltext       *
* Datum:            FR 27. 11. 1992                               *
*                                                                 *
******************************************************************/

#include <basis.h>       /* wegen REAL, REALFCT, FOUR, MACH_EPS, ZERO, */
                         /*       FABS, HALF, NULL, TWO, ONE, THREE,   */
                         /*       FILE, fprintf, REALFCT               */
#include <fzeroin.h>     /* wegen zeroin                               */


/* ------------------------------------------------------------- */

int zeroin           /* Nullstellenberechnung nach dem Zeroin-Verfahren */
       (
        REALFCT fkt,         /* Funktion .........................*/
        REAL    *abserr,     /* absolute Fehlerschranke ..........*/
        REAL    *relerr,     /* relative Fehlerschranke ..........*/
        int     fmax,        /* maximale Aufrufzahl von fkt() ....*/
        char    *protnam,    /* Name der Protokolldatei ..........*/
        REAL    a,           /* [a,b] = Einschlussintervall ......*/
        REAL    *b,          /* rechter Rand bzw. Nullstelle .....*/
        REAL    *fb,         /* Funktionswert an der Nullstelle b.*/
        int     *fanz        /* tatsaechliche Aufrufzahl von fkt()*/
       )
                             /* Fehlercode .......................*/
/******************************************************************
* eine Nullstelle ungerader Ordnung einer im Intervall [a,b] stetigen *
* reellen Funktion berechnen unter der Voraussetzung, dass diese Funk- *
* tion f an den Intervallraendern entgegengesetzte Vorzeichen besitzt: *
*              f(a) * f(b) < 0.                                   *
* Das Zeroin-Verfahren kombiniert dabei Bisektion, Sekantenverfahren *
* und inverse quadratische Interpolation.                         *
*                                                                 *
* Eingabeparameter:                                               *
* =================                                               *
* fkt       Funktion f, deren Nullstelle bestimmt werden soll     *
* abserr\   Fehlerschranken mit abserr >= 0 und relerr >= 0. Ihre *
* relerr/   Summe muss groesser als Null sein. Es wird folgender Test *
*           angewandt (Abbruchkriterium):                         *
*              |xm|  <= 0.5 * (abserr + |b| * relerr),            *
*           wobei xm die halbe Laenge des Intervalls ist. Wird also *
*           relerr = 0 gewaehlt, so ist es ein Test auf den absoluten *
*           Fehler, wird abserr = 0 gewaehlt, so ist es ein Test auf *
*           den relativen Fehler.                                 *
*           abserr und relerr werden nur dann unveraendert gelassen, *
*           wenn beide Werte groesser als das Vierfache der Maschinen- *
*           genauigkeit oder einer Null und der andere groesser als das *
*           Vierfache der Maschinengenauigkeit sind. Falls dies nicht *
*           zutrifft, werden beide bzw. der jeweils falsche auf diesen *
*           Wert korrigiert.                                      *
* fmax      obere Schranke fuer die Anzahl der Aufrufe von fkt()  *
* protnam   Name einer Protokolldatei, auf die die Zwischenschritte der *
*           Iteration geschrieben werden. Falls hierfuer ein Nullzeiger *
*           uebergeben wird, unterbleibt die Protokollierung.     *
* a,b       Grenzen des Intervalls, das die Nullstelle einschliesst *
*                                                                 *
* Ausgabeparameter:                                               *
* =================                                               *
* abserr\   tatsaechlich verwendete Fehlerschranken               *
* relerr/                                                         *
* b         Naeherungswert fuer die Nullstelle                    *
* fb        Wert der Funktion f an der Stelle b                   *
* fanz      Anzahl der Aufrufe von fkt()                          *
*                                                                 *
* Funktionswert:                                                  *
```

```
*  ==============                                                          *
*  = -2: abserr oder relerr ist negativ, oder beide sind gleich Null,      *
*        oder fmax < 1.                                                    *
*  = -1: Die notwendige Voraussetzung  f(a) * f(b) < 0  ist verletzt.      *
*  =  0: Die gewuenschte Genauigkeit wurde erreicht:                       *
*            |xm|  <=  0.5 * (abserr + |b| * relerr).                      *
*  =  1: b ist Nullstelle mit  fkt(b) = 0.                                 *
*  =  2: Einer der Eingabewerte a oder b ist bereits Nullstelle.           *
*  =  3: Nach fmax Aufrufen von fkt() konnte keine passende Nullstelle     *
*        gefunden werden.                                                  *
*  =  4: Fehler beim Oeffnen der Protokolldatei                            *
*                                                                          *
*  benutzte globale Namen:                                                 *
*  =======================                                                 *
*  REAL, REALFCT, FOUR, MACH_EPS, ZERO, FABS, HALF, NULL, bi, TWO, ONE,    *
*  THREE, FILE, fprintf                                                    *
***************************************************************************/
{
  REAL fa,              /* Funktionswert fkt(a)                         */
       fc,              /* Funktionswert fkt(c)                         */
       eps,             /* minimaler Wert fuer die Fehlerschranken      */
                        /* abserr und relerr                            */
       tol1,            /* Hilfsvariable zur gemischten Abfrage auf     */
                        /* den relativen und absoluten Fehler           */
       xm,              /* die halbe Intervallaenge                     */
       c,               /* ein Wert im Intervall [a,b]                  */
       d,               /* Differenz zum naechsten Naeherungswert       */
       e,               /* eventuell aelterer Wert von d                */
       p,
       q,
       r,
       s,
       tmp;             /* Hilfsvariable zum Testen der Voraus-         */
                        /* setzung  f(a) * f(b) < 0                     */
  int  fehler;          /* Fehlercode dieser Funktion                   */
  FILE *prodat;         /* Protokolldatei                               */


  /* ---------------- einige Variablen vorbesetzen ---------------- */
  eps = FOUR * MACH_EPS;

  fa   = fkt(a);                       /* fkt() an den Intervallraendern */
  *fb  = fkt(*b);                      /* a und b auswerten              */
  *fanz = 2;

  /* ---------- die Voraussetzung  f(a) * f(b) < 0  pruefen --------- */
  if ((tmp = fa * *fb) > ZERO)
    return -1;
  else if (tmp == ZERO)
    return 2;

  /* ---------- die Korrektheit der Fehlerschranken pruefen --------- */
  if (*abserr < ZERO || *relerr < ZERO || *abserr + *relerr <= ZERO ||
      fmax < 1)
    return -2;
  if (*relerr == ZERO && *abserr < eps)
    *abserr = eps;
  else if (*abserr == ZERO && *relerr < eps)
    *relerr = eps;
  else
  {
    if (*abserr < eps)
      *abserr = eps;
```

Das Zeroin-Verfahren

```
      if (*relerr < eps)
         *relerr = eps;
   }

   prodat = NULL;
   if (protnam != NULL &&                      /* mit Protokollierung? */
       (prodat = fopen(protnam, "w")) == NULL) /* Fehler beim Oeffnen  */
      return 4;                                /* der Protokolldatei?  */

   for (fc = *fb; TRUE; )                      /* mit der Iteration beginnen */
   {
      if (*fb * (fc / FABS(fc)) > ZERO)    /* kein Einschluss zwischen */
      {                                    /* b und c?                 */
         c  = a,
         fc = fa,                          /* c nun so aendern, dass   */
         e  = d    = *b - a;               /* b und c die Nullstelle   */
      }                                    /* einschliessen            */

      if (FABS(fc) < FABS(*fb))            /* Falls fc der betragskleinere */
      {                                    /* Funktionswert ist, werden die */
         a   = *b,                         /* Intervallgrenzen vertauscht.  */
         *b  = c,
         c   = a,
         fa  = *fb,
         *fb = fc,
         fc  = fa;
      }
      if (prodat != NULL)                  /* Protokollierung gewuenscht? */
      {
         fprintf(prodat, "a = %20.14"LZP"f   b = %20.14"LZP"f  "
                         "c = %20.14"LZP"f\n", a, *b, c);
         fprintf(prodat, "fa= %20.14"LZP"f   fb= %20.14"LZP"f  "
                         "fc= %20.14"LZP"f\n", fa, *fb, fc);
      }

      tol1 = HALF * (*abserr + *relerr * FABS(*b));
      xm   = HALF * (c - *b);

      if (FABS(xm) <= tol1)                /* gewuenschte Genauigkeit erreicht? */
      {
         fehler = 0;
         break;
      }
      if (*fb == ZERO)                     /* f beim bisher besten Nae- */
      {                                    /* herungswert b schon Null? */
         fehler = 1;
         break;
      }

      r = ZERO;

      if (FABS(e) < tol1 || FABS(fa) <= FABS(*fb))
      {
         e = d = xm;
         if (prodat != NULL)
            fprintf(prodat, "Bisektion\n");
      }
      else
      {
         if (a != c)                       /* a verschieden von c?                  */
         {
            q = fa / fc,                   /* Zusammen mit b stehen nun drei Punkte */
            r = *fb / fc,                  /* fuer die inverse quadratische         */
            s = *fb / fa,                  /* Interpolation zur Verfuegung.         */
            p = s * (TWO * xm * q * (q - r) - (*b - a) * (r - ONE)),
```

```
          q = (q - ONE) * (r - ONE) * (s - ONE);

       else                       /* a gleich c?                              */
         s = *fb / fa,            /* das Sekantenverfahren oder lineare       */
         p = TWO * xm * s,        /* Interpolation anwenden                   */
         q = ONE - s;

       if (p > ZERO)              /* das Vorzeichen des Ausdrucks p/q fuer    */
         q = -q;                  /* die nachfolgende Division wechseln       */
       else
         p = FABS(p);

       if ((TWO * p  >= THREE * xm * q - FABS(tol1 * q)) ||
           (p         >= FABS(HALF * e * q))
          )
       {
         e = d = xm;
         if (prodat != NULL)
           fprintf(prodat, "Bisektion\n");
       }

       else
       {
         e = d;              /* fuer beide Interpolationen den Quotienten    */
         d = p / q;          /* p/q berechnen, der spaeter zu b addiert wird */

         if (prodat != NULL)         /* Protokollierung gewuenscht? */
           if (r == ZERO)
             fprintf(prodat, "Sekantenverfahren\n");
           else
             fprintf(prodat, "inverse quadratische Interpolation\n");
       }
     }

     a  = *b;          /* den bisher besten Naeherungswert b fuer die     */
     fa = *fb;         /* Nullstelle nach a kopieren, analog fb nach fa   */

     if (FABS(d) > tol1)            /* d gross genug?                 */
     {
       *b += d;                     /* d zu b addieren                */

       if (prodat != NULL)          /* Protokollierung gewuenscht? */
         fprintf(prodat, "Differenz d zum neuen b:   "
                         "d = %20.14"LZP"f", d);
     }

     else                           /* d zu klein?                     */
     {                              /* die Fehlerschranke              */
       *b += sign(tol1, xm);        /* tol1 zu b addieren              */

       if (prodat != NULL)          /* Protokollierung gewuenscht? */
         if (xm < ZERO)
           fprintf(prodat, "Fehlerschranke wird subtrahiert: "
                           "d = %20.14"LZP"f\n", -tol1);
         else
           fprintf(prodat, "Fehlerschranke wird addiert:     "
                           "d = %20.14"LZP"f\n", tol1);
     }

     *fb = fkt(*b);         /* den neuen Funktionswert bei b berechnen */
     ++*fanz;               /* und die Funktionsauswertung mitzaehlen  */

     if (prodat != NULL)             /* Protokollierung gewuenscht? */
       fprintf(prodat, "b = %20.14"LZP"f  fb= %20.14"LZP"f\n"
                       "Anzahl der Funktionsauswertungen = %4d",
                       *b, *fb, *fanz);
```

```
      if (*fanz > fmax)                /* zuviele Funktionsauswertungen? */
      {
        fehler = 3;
        break;
      }
  }                                    /* Ende der Iteration */

  if (protnam != NULL)                 /* Falls eine Protokolldatei gefuehrt */
    fclose(prodat);                    /* wurde, wird sie jetzt geschlossen. */

  return fehler;
}

/* ------------------------ ENDE fzeroin.c ------------------------ */
```

P 3

P 3.3.2 Das Verfahren von Muller

```
/* ---------------------- MODUL fmueller.c ---------------------- */
#include <basis.h>
#include <u_proto.h>

#define SABS(A,B) (ABS(A) + ABS(B))    /* Summe der Absolutbetraege */

#define ITERMAX 500                    /* Iterationsmaximum,        */
                                       /* bei hohem Polynomgrad     */
                                       /* eventl. erhoehen          */
#define START (REAL)0.125              /* Startwert bei skaleit = 0 */

int mueller                /* Mueller Verfahren fuer reelle Polynome ....*/
         (
            int   n,             /* Polynomgrad ......................*/
            REAL  a[],           /* Koeffizientenvektor ..............*/
            int   scaleit,       /* Skalieren ........................*/
            REAL  zreal[],       /* Realteile Loesung ................*/
            REAL  zimag[]        /* Imaginaerteile Loesung ...........*/
         )
/*====================================================================*
 *                                                                    *
 * mueller bestimmt saemtliche reellen und komplexen Nullstellen      *
 * eines Polynoms P vom Grade n mit                                   *
 *              n           n-1                                       *
 *   P(x) = a[n] * x  + a[n-1] * x    + ... + a[1] * x + a[0],        *
 *                                                                    *
 * wobei a[i], i=0..n, reell sind.                                    *
 *                                                                    *
 * Die Startwerte fuer das Mueller-Verfahren werden durch die         *
 * Konstante START = 0.125 vorgegeben. Diese Wahl hat sich            *
 * als guenstig erwiesen, kann aber gegebenenfalls abgeaendert        *
 * werden.                                                            *
 *                                                                    *
 *====================================================================*
 *                                                                    *
 *   Anwendung:                                                       *
 *   =========                                                        *
 *      Beliebige Polynome mit reellen Koeffizienten.                 *
 *      Mehrfache Nullstellen liegen in einem kleinen Kreis           *
 *      um den wahren Wert, der etwa mit dem Mittelwert der berech-   *
 *      neten Naeherungen uebereinstimmt.                             *
 *                                                                    *
 *====================================================================*
 *                                                                    *
 *   Literatur:                                                       *
 *   =========                                                        *
 *      Mueller, D.E., A method for solving algebraic equations       *
 *      using an automatic computer, Math. Tables Aids Comp. 10,      *
 *      p. 208-251, (1956).                                           *
 *                                                                    *
 *====================================================================*
 *                                                                    *
 *   Eingabeparameter:                                                *
 *   ================                                                 *
 *      n        Grad des Polynoms ( >= 1 )      int     n;           *
 *      a        Vektor der Koeffizienten        REAL    a[];         *
 *               ( a[0],..,a[n] )                                     *
 *      scaleit  = 0, keine Skalierung           int     scaleit;     *
 *               != 0 automatische Skalierung                         *
```

Das Verfahren von Muller

```
*                                                                     *
*    Ausgabeparameter:                                                *
*    ================                                                 *
*      zreal      Vektor der Laenge n,         REAL    zreal[];       *
*                 zreal[0],..,zreal[n-1] sind                         *
*                 die Realteile der n Nullstellen                     *
*      zimag      zimag[0],..,zimag[n-1] ent-  REAL    zreal[];       *
*                 halten die Imaginaerteile der                       *
*                 berechneten Nullstellen                             *
*                                                                     *
*    Rueckgabewert:                                                   *
*    =============                                                    *
*      = 0        alles ok                                            *
*      = 1        Unzulaessige Eingabeparameter                       *
*      = 2        Iterationsmaximum ITERMAX ueberschritten            *
*                                                                     *
*=====================================================================*
*                                                                     *
*    Benutzte Funktionen:                                             *
*    ===================                                              *
*                                                                     *
*      fmval():    Bestimmt den Funktionswert des aktuellen Polynoms  *
*      quadsolv(): Loesst eine quadratische Geichung mit komplexen    *
*                  Koeffizienten                                      *
*                                                                     *
*    Aus der C-Bibliothek: pow()                                      *
*                                                                     *
*=====================================================================*
*                                                                     *
*    Benutzte Konstanten: MACH_EPS, EPSROOT, EPSQUAD, ITERMAX, START  *
*    ===================                                              *
*                                                                     *
*=====================================================================*/
{
  register i;
  int iu, iter;

  REAL  p, q, temp, scale, start, zrealn,
        x0real, x0imag, x1real, x1imag, x2real, x2imag,
        f0r,    f0i,    f1r,    f1i,    f2r,    f2i,
        h1real, h1imag, h2real, h2imag, hnr,    hni,
        fdr,    fdi,    fd1r,   fd1i,   fd2r,   fd2i,
        fd3r,   fd3i,
        b1r,    b1i,
        pot;

  if (zreal == NULL || zimag == NULL || a == NULL) return (1);

  for (i = 0; i < n; i++)
  {
    zreal[i] = a[i];                    /* a auf zreal kopieren  */
    zimag[i] = ZERO;                    /* zimag mit 0 besetzen  */
  }

  if ((n <= 0) || (ABS(a[n]) <= ZERO))
    return (1);                         /* unzulaessige Parameter */

  scale = ZERO;            /* Skaliere Polynom, wenn ( scaleit != 0 ) */

  if (scaleit != 0)         /* scale                                 */
  {                         /*              a[i]   1/(n-i)           */
    p = ABS(a[n]);          /*   = max{ ABS( ---- )        ,i=0..n-1} */
    for (i = 0; i < n; i++) /*              a[n]                     */
      if (zreal[i] != ZERO)
      {
        zreal[i] /= p;
        pot = POW (ABS(zreal[i]), ONE / (REAL) (n - i));
```

```
            scale = max (scale, pot);
          }
       zrealn = a[n] / p;                    /* zrealn = +/-1         */
                                /*                 n-i                */
       if ( scale != ONE &&     /* a[i] = a[i] / ( scale   ), i=0..n-1 */
            scale != ZERO )
          for (p = ONE, i = n - 1; i >= 0; i--)
          {
            p *= scale;
            zreal[i] /= p;
          }
    }     /* end if (scaleit.. */
    else
    {
      scale = ONE;
      zrealn = a[n];
    }

    iu = 0;

    do
    {   /* Muellerverfahren bis iu == n-1 */
       while (ABS(zreal[iu]) < EPSQUAD)         /* Nulloesungen des    */
       {                                        /* Rest-Polynoms       */
          zreal[iu] = zimag[iu] = ZERO;
          iu++;
          if (iu == n - 1) break;
       }

       if (iu >= n - 1)                         /* Wenn iu == n-1 --> Ende */
       {
          zreal[n-1] *= -scale / zrealn;
          zimag[n-1] = ZERO;
          return (0);
       }

       if (scaleit)                             /* Wenn Skalierung, Start- */
       {                                        /* wert neu berechnen      */
          for (start = ZERO, i = n - 1; i >= iu; i--)
             start = max (start, ABS(zreal[i]));

          start /= (REAL)128.0;                 /* Alle Nullstellen liegen im */
       }                                        /* Kreis um (0,0) mit Radius  */
       else                                     /* r = 1 + max{ABS(a[i]),i=..} */
          start = START;

       iter = 0;                        /* Iterationszaehler initialisieren */

       x0real = -start;                 /* Startwerte fuer Mueller-Verf.    */
       x0imag = ZERO;

       x1real = start;
       x1imag = ZERO;

       x2real = ZERO;
       x2imag = ZERO;

       h1real = x1real - x0real; h1imag = ZERO;   /* h1 = x1 - x0 */
       h2real = x2real - x1real; h2imag = ZERO;   /* h2 = x2 - x1 */

       f0r = zrealn;    f0i = ZERO;     /* zugehoerige Funktionswerte */
       f1r = f0r;       f1i = ZERO;

       for (i = n; i > iu; )
```

Das Verfahren von Muller

```
    {
      f0r = f0r * x0real + zreal[--i];
      f1r = f1r * x1real + zreal[i];
    }
    f2r = zreal[iu];
    f2i = ZERO;

    fd1r = (f1r - f0r) / h1real;      /* 1. dividierte Differenz Nr.1 */
    fd1i = ZERO;                      /* fd1 = (f1 - f0) / h1         */
    do /* Mueller-Iteration */
    {
      if ( SABS(f0r,f0i) < EPSQUAD            /* Startwert ist gute  */
         || SABS(f1r,f1i) < EPSQUAD )         /* Naeherung           */
      {
        x1real = x0real;
        x1imag = x0imag;

        f2r = f0r;
        f2i = f0i;
        break;
      }
                                  /* 1. dividierte Differenz Nr.2 */
                                  /* fd2 = (f2 - f1) / h2         */
      temp = h2real * h2real + h2imag * h2imag;
      fdr = f2r - f1r;
      fdi = f2i - f1i;

      fd2r = ( fdr * h2real + fdi * h2imag ) / temp;
      fd2i = ( fdi * h2real - fdr * h2imag ) / temp;

      fdr = fd2r - fd1r;           /* 2. dividierte Differenz        */
      fdi = fd2i - fd1i;           /* fd3 = (fd2 - fd1) / (h1 + h2) */

      hnr = h1real + h2real; hni = h1imag + h2imag;
      temp = hnr * hnr + hni * hni;
      fd3r = ( fdr * hnr + fdi * hni ) / temp;
      fd3i = ( fdi * hnr - fdr * hni ) / temp;

      b1r = h2real * fd3r - h2imag * fd3i + fd2r;     /* h2 * f3   */
      b1i = h2real * fd3i + h2imag * fd3r + fd2i;

      h1real = h2real;             /* letzte Korrek. merken,         */
      h1imag = h2imag;
                                   /* neue berechnen                 */
      if ( (fd3r != ZERO) || (fd3i != ZERO) ||
           (b1r != ZERO) || (b1i != ZERO)       )
        quadsolv (fd3r, fd3i, b1r, b1i, f2r, f2i, &h2real, &h2imag);
      else
      {
        h2real = HALF;
        h2imag = ZERO;
      }

      x1real = x2real;             /* alte Loesung merken,           */
      x1imag = x2imag;
      x2real += h2real;            /* neue berechnen:                */
      x2imag += h2imag;            /* x2 = x2 + h2                   */

      f1r = f2r;                   /* genauso fuer Funktionswerte */
      f1i = f2i;
      fd1r = fd2r;
      fd1i = fd2i;

      fmval (n, iu, zreal, zrealn, x2real, x2imag, &f2r, &f2i);
```

```c
                        /* Uneffektive Richtungen und damit over- */
                        /* flow vermeiden                         */
      i = 0;
      while (SABS(f2r,f2i) > n * SABS(f1r,f1i))
      {
                                 /* gegen underflow sichern       */
        if (i > 10) break;
        else
          i++;

        h2real *= HALF;          /* h halbieren; x2,f2 korrig.    */
        h2imag *= HALF;

        x2real -= h2real;
        x2imag -= h2imag;

        fmval (n, iu, zreal, zrealn, x2real, x2imag, &f2r, &f2i);
      }

      iter++;
      if (iter > ITERMAX) return (2);   /* ITERMAX ueberschritten */
    }                                   /* Ende Mulleriteration   */
    while ( (SABS(f2r,f2i) > EPSQUAD) &&
            (SABS(h2real,h2imag) > MACH_EPS * SABS(x2real,x2imag)) );

    if (SABS(f1r,f1i) < SABS(f2r,f2i))  /* bessere Naeherung      */
    {                                   /* aussuchen              */
      x2real = x1real;
      x2imag = x1imag;
    }

    if (ABS(x2imag) > EPSROOT * ABS(x2real))
    {                                   /* Abdividieren einer kom- */
                                        /* plexen Nullstelle u. der */
                                        /* komplex konjugierten     */
      p =  x2real + x2real;
      q = -x2real * x2real - x2imag * x2imag;

      zreal[n-1] += p * zrealn;
      zreal[n-2] += p * zreal[n-1] + q * zrealn;

      for (i = n - 3; i > iu + 1; i--)
        zreal[i] += p * zreal[i+1] + q * zreal[i+2];

      x2real *= scale;
      x2imag *= scale;

      zreal [iu+1] =  x2real;
      zimag [iu+1] =  x2imag;
      zreal [iu]   =  x2real;
      zimag [iu]   = -x2imag;
      iu += 2;                          /* Grad um 2 erniedrigen  */
    }
    else
    {
      zreal[n-1] += zrealn * x2real;    /* reelle Nullstelle ab-  */
                                        /* dividieren             */
      for (i = n - 2; i > iu; i--)
        zreal[i] += zreal[i+1] * x2real;

      zreal[iu] = x2real * scale;
      zimag[iu] = ZERO;
      iu++;                             /* Grad um 1 erniedrigen  */
    }
  }
```

```
  while (iu < n);                          /* Ende Mullerverfahren  */
  return (0);
}


void fmval                    /* (Komplexer) Polynomwert ...................*/
         (
         int       n,         /* Hoechster Koeffizient ...........*/
         int       iu,        /* Niedrigster Koeffizient .........*/
         REAL      zre[],     /* Koeffizienten ...................*/
         REAL      zren,      /* Fuehrender Koeffizient ..........*/
         REAL      xre,       /* Realteil x ......................*/
         REAL      xim,       /* Imaginaerteil x .................*/
         REAL *    fre,       /* Realteil Funktionswert ..........*/
         REAL *    fim        /* Imaginaerteil Funktionswert .....*/
         )
/*====================================================================*
 *                                                                    *
 * fmval bestimmt den Funktionswert eines Polynoms vom Grade n-iu     *
 * mit den reellen Koeffizienten zre[iu],..,zre[n-1],zren an          *
 * der (komplexen) Stelle (xre, xim).                                 *
 *                                                                    *
 *====================================================================*
 *                                                                    *
 * Eingabeparameter:                                                  *
 * ================                                                   *
 *     zre    Vektor der Koeffizienten         REAL    zre[];         *
 *     zren   fuehrender Koeffizient           REAL    zren;          *
 *     xre    Realteil der Auswertungsstelle   REAL    xre;           *
 *     xim    Imaginaerteil Auswertungsstelle  REAL    xim;           *
 *                                                                    *
 * Ausgabeparameter:                                                  *
 * ================                                                   *
 *     fre    Realteil des Polynomwerts        REAL    *fre:          *
 *     fim    Imaginaerteil des Polynomwerts   REAL    *fim;          *
 *                                                                    *
 *====================================================================*/
{
  register i;
  REAL     tmp;

  *fre = zren;
  *fim = ZERO;

  if (xim == ZERO)                          /* Funktionwert reell    */
    for (i = n; i > iu; )
      *fre = *fre * xre + zre[--i];
  else
    for (i = n; i > iu; )                   /* Funktionswert komplex */
    {
      tmp  = *fre;
      *fre = *fre * xre - *fim * xim + zre[--i];
      *fim = tmp * xim + xre * *fim;
    }
}
/* -------------------------- ENDE fmueller.c ------------------------ */
```

P 3.3.3 Das Verfahren von Bauhuber

```
/* -------------------------- MODUL fbauhube.c ----------------------- */

#include <basis.h>
#include <u_proto.h>
```

```
#define ITERMAX 1000              /* Maximale Anzahl der Funktions-  */
                                  /* auswertungen pro Nullstelle     */
#define EPS \
  (REAL)((REAL)64.0 * MACH_EPS)   /* Genauigkeit im Funktionswert    */
#define BETA (REAL)((REAL)8.0 * EPS)
#define QR (REAL)0.1              /* Real-/Imaginaerteil des         */
#define QI (REAL)0.9              /* Spiralisierungsfaktors          */


static void scpoly
                   (int     n,       /* Vektorlaenge ................*/
                    REAL    ar[],    /* Realteil des Vektors ........*/
                    REAL    ai[],    /* Imaginaerteil des Vektors ...*/
                    REAL *  scal);   /* Skalierungsfaktor ...........*/

static int bauroot
                   (int     n,       /* Hoechstgrad .................*/
                    int     iu,      /* Niedrigster Grad ............*/
                    REAL    ar[],    /* Realteile Koeffizienten .....*/
                    REAL    ai[],    /* Imaginaerteile Koeffizienten.*/
                    REAL *  x0r,     /* Realteil Nullstelle .........*/
                    REAL *  x0i);    /* Imaginaerteil Nullstelle ....*/

static void chorner
                   (int     n,       /* Hoechster Polynomkoeff. .....*/
                    int     iu,      /* Niedrigster Polynomkoeff ....*/
                    REAL    ar[],    /* Realteile Koeff. ............*/
                    REAL    ai[],    /* Imaginaerteile Koeff. .......*/
                    REAL    xr,      /* Realteil x ..................*/
                    REAL    xi,      /* Imaginaerteil x .............*/
                    REAL *  pr,      /* Realteil Funktionswert ......*/
                    REAL *  pi,      /* Imaginaerteil F-wert ........*/
                    REAL *  p1r,     /* Realteil 1. Abl. ............*/
                    REAL *  p1i,     /* Imaginaerteil 1. Abl. .......*/
                    REAL *  p2r,     /* Realteil 2. Abl. ............*/
                    REAL *  p2i,     /* Imaginaerteil 2. Abl. .......*/
                    REAL *  rf1);    /* Fehlerschaetzung 1. Abl. ....*/

static void polydiv
                   (int     n,       /* Hoechstgrad .................*/
                    int     iu,      /* Kleinster Grad ..............*/
                    REAL    ar[],    /* Realteile Koeffizienten .....*/
                    REAL    ai[],    /* Imaginaerteile Koeffizienten.*/
                    REAL    x0r,     /* Realteil x ..................*/
                    REAL    x0i);    /* Imaginaerteil x .............*/


int bauhub                 /* Bauhuber Verfahren fuer komplexe Polynome .*/
          (
           int     real,    /* Koeffizienten sind reell ? ......*/
           int     scale,   /* Skalieren ? .....................*/
           int     n,       /* Polynomgrad .....................*/
           REAL    ar[],    /* Realteile Koeffizienten .........*/
           REAL    ai[],    /* Imaginaerteile Koeffizienten ....*/
           REAL    rootr[], /* Realteile Nullstellen ...........*/
           REAL    rooti[], /* Imaginaerteile Nullstellen ......*/
           REAL    absf[]   /* Absolutbetraege der F-werte .....*/
          )
/*====================================================================*
 *                                                                    *
 *  bauhub bestimmt mit dem Verfahren von Bauhuber saemtliche reellen *
 *  und komplexen Nullstellen eines Polynoms P vom Grade n mit        *
 *                            n-1              n                      *
 *   P(x) = a[0] + a[1] * x + ... + a[n-1] * x    + a[n] * x ,        *
 *                                                                    *
 *  wobei a[i], i=0..n, komplex sind.                                 *
 *                                                                    *
```

Das Verfahren von Bauhuber

```
/*====================================================================*
 *                                                                    *
 *   Anwendung:                                                       *
 *   =========                                                        *
 *   Beliebige Polynome mit komplexen Koeffizienten.                  *
 *   Ist das Polynom schlecht konditioniert (kleine Aenderungen       *
 *   in den Koeffizienten fuehren zu grossen Aenderungen in den       *
 *   Nullstellen), so sollte das Polynom nicht skaliert werden;       *
 *   ansonsten ist eine Skalierung fuer Stabilitaet und Perfor-       *
 *   mance von Vorteil.                                               *
 *                                                                    *
 *====================================================================*
 *                                                                    *
 *   Eingabeparameter:                                                *
 *   ================                                                 *
 *      real        int real;                                         *
 *         = 0      Polynomkoeffizienten sind komplex                 *
 *         != 0     Polynomkoeffizienten sind reell                   *
 *      scale       int scale;                                        *
 *         = 0      keine Skalierung                                  *
 *         != 0     Skalierung des Polynoms, s. polysc()              *
 *      n           int n;                                            *
 *                  Grad des Polynoms ( >= 1 )                        *
 *      ar, ai      REAL   ar[], ai[];                                *
 *                  Real-/Imaginaerteile der Polynomkoeffizienten     *
 *                  ( ar[0],..,ar[n] )                                *
 *                                                                    *
 *   Ausgabeparameter:                                                *
 *   ================                                                 *
 *      rootr       REAL   rootr[];  (Vektor der Laenge n+1 !!!)      *
 *                  rootr[0],..,rootr[n-1] sind die Realteile der     *
 *                  n Nullstellen                                     *
 *      rooti       REAL   rooti[];  (Vektor der Laenge n+1 !!!)      *
 *                  rooti[0],..,rooti[n-1] enthalten die Imaginaerteile *
 *                  der berechneten Nullstellen                       *
 *      absf        REAL   absf[];                                    *
 *                  absf[0],..,absf[n-1] sind die Absolutbetraege     *
 *                  der Polynomwerte an den gefundenen Nullstellen    *
 *                                                                    *
 *   Rueckgabewert:                                                   *
 *   =============                                                    *
 *      = 0         alles ok                                          *
 *      = 1         n < 1 oder ungueltige Eingabeparameter            *
 *      = 2         ar[n] = 0.0 und ai[n] = 0.0 gewaehlt              *
 *      = 3         Iterationsmaximum ITERMAX ueberschritten          *
 *                                                                    *
 *====================================================================*
 *                                                                    *
 *   Benutzte Funktionen:                                             *
 *   ===================                                              *
 *      bauroot():  Bestimmt eine Nullstelle des Polynoms             *
 *      scpoly():   Skaliert das Polynom                              *
 *      chorner():  Berechnung des Polynomwerts                       *
 *      polydiv():  Abdividieren einer Nullstelle                     *
 *      comabs():   Komplexer Absolutbetrag                           *
 *                                                                    *
 *====================================================================*/
{
  int    i, res;
  REAL x0r, x0i, tempr, tempi, t1, t2, t3, t4, t5;
  REAL scalefak = ONE;

  if (n < 1) return (1);

  if (ar == NULL || ai == NULL) return (1);
  if (rootr == NULL || rooti == NULL) return (1);
```

```
      if (ar[n] == ZERO && ai[n] == ZERO)   /* Fuehrender Koeffizient muss */
         return (2);                        /* verschieden von 0 sein      */

      for (i = 0; i <= n; i++)              /* Kopiere die Originalkoeffizien- */
      {                                     /* ten auf root                    */
         rootr[i] = ar[i];
         rooti[i] = ai[i];
         if (i < n) absf[i] = ZERO;
      }

      scalefak = ONE;
      if (scale)                            /* Skaliere Polynom, falls gewuenscht */
         scpoly (n, rootr, rooti, &scalefak);

      x0r = ZERO;                                           /* Startwert */
      x0i = ZERO;

      for (i = 0; i < n; i++)
      {                                     /* i-te Nullstelle berechnen */
         res = bauroot (n, i, rootr, rooti, &x0r, &x0i);

         rootr[i] = scalefak * x0r;         /* Nullstelle merken */
         rooti[i] = scalefak * x0i;

         if (res) return (3);               /* Iterationsmaximum erreicht */

         /* Polynomwert des Originalpolynoms an (rootr[i], rooti[i]) */

         chorner (n, 0, ar, ai, rootr[i], rooti[i],
                  &tempr, &tempi, &t1, &t2, &t3, &t4, &t5);

         absf[i] = comabs (tempr, tempi);   /* Fehler merken */

         polydiv (n, i, rootr, rooti, x0r, x0i);  /* Abdividieren */

         if (real)                          /* Neuer Startwert in Abhaen- */
            x0i = -x0i;                     /* gigkeit von real           */
         else
            x0r = x0i = ZERO;
      }

      return (0);
   }


   static void scpoly
                    (int     n,     /* Vektorlaenge ..................*/
                     REAL    ar[],  /* Realteil des Vektors ..........*/
                     REAL    ai[],  /* Imaginaerteil des Vektors .....*/
                     REAL *  scal   /* Skalierungsfaktor .............*/
                    )
/*====================================================================*
 *                                                                    *
 *  scalpoly skaliert das Polynom P mit                               *
 *                                  n-1          n                   *
 *     P(x) = a[0] + a[1] * x + ... + a[n-1] * x    + a[n] * x  ,     *
 *                                                                    *
 *  wobei a[i], i=0..n, komplex sind.                                 *
 *                                                                    *
 *====================================================================*
 *                                                                    *
 *   Eingabeparameter:                                                *
 *   ================                                                 *
 *      n         int n;                                              *
 *                Grad des Polynoms ( >= 1 )                          *
 *      ar, ai    REAL   ar[], ai[];                                  *
 *                Real-/Imaginaerteile der Koeffizienten a[0],..,a[n] *
```

Das Verfahren von Bauhuber

```
*                                                                    *
*   Ausgabeparameter:                                                 *
*   ================                                                  *
*     ar, ai    REAL    ar[], ai[];                                   *
*                       Real-/Imaginaerteile der Koeffizienten a[0],..,a[n]  *
*                       des skalierten Polynoms.                      *
*     scal     REAL    *scal;                                         *
*                       Skalierungsfaktor                             *
*                                                                    *
*====================================================================*
*                                                                    *
*   Benutzte Funktionen:                                              *
*   ===================                                               *
*        comabs():   Komplexer Absolutbetrag                          *
*                                                                    *
*   Aus der C - Bibliothek: pow()                                     *
*                                                                    *
*   Macros:       max                                                 *
*===================================================================*/
{
  REAL p, pot;
  int     i;

  *scal = ZERO;
                          /* scal =                                      */
  p = comabs (ar[n], ai[n]); /*                   a[i]    1/(n-i)        */
  for (i = 0; i < n; i++)    /*        max{ cabs( ----  )      ,i=0..n-1} */
                          /*                   a[n]                      */
    if (ar[i] != ZERO || ai[i] != ZERO)
    {
      ai[i] /= p;
      ar[i] /= p;

      pot = POW (comabs (ar[i],ai[i]), 1.0/(n-i));
      *scal = max (*scal, pot);
    }

  ar[n] /= p;              /* Betrag von a[n] = 1                      */
  ai[n] /= p;

  if (*scal == ZERO) *scal = ONE;

  for (p = ONE, i = n-1; i >= 0; i--)
  {
    p *= *scal;            /*                          n-i              */
    ar[i] /= p;            /* a[i] = a[i] / (scal    ), i=0..n-1        */
    ai[i] /= p;            /*                                            */
  }
}


static void chorner        /* Komplexes Hornerschema ................*/
                (
                  int      n,      /* Hoechster Polynomkoeff..*/
                  int      iu,     /* Niedrigster Polynomkoeff */
                  REAL     ar[],   /* Realteile Koeff. ........*/
                  REAL     ai[],   /* Imaginaerteile Koeff. ...*/
                  REAL     xr,     /* Realteil x .............*/
                  REAL     xi,     /* Imaginaerteil x ........*/
                  REAL *   pr,     /* Realteil Funktionswert ..*/
                  REAL *   pi,     /* Imaginaerteil F-wert ....*/
                  REAL *   p1r,    /* Realteil 1. Abl. ........*/
                  REAL *   p1i,    /* Imaginaerteil 1. Abl. ...*/
                  REAL *   p2r,    /* Realteil 2. Abl. ........*/
                  REAL *   p2i,    /* Imaginaerteil 2. Abl. ...*/
                  REAL *   rf1     /* Fehlerschaetzung 1. Abl. */
                )
```

```
/*=========================================================================*
 *                                                                         *
 *  Hornerschema fuer Polynome mit komplexen Koeffizienten; berechnet      *
 *  werden:                                                                *
 *    1. Polynomwert des Polynoms P (komplex) vom Grade n - iu,            *
 *    2. die 1. Ableitung,                                                 *
 *    3. die 2. Ableitung an der Stelle x,                                 *
 *    4. eine Fehlerschaetzung der 1. Ableitung.                           *
 *                                                                         *
 *=========================================================================*
 *                                                                         *
 *  Eingabeparameter:                                                      *
 *  ================                                                       *
 *      n         int n;                                                   *
 *                Maximalgrad des Polynoms ( >= 1 )                        *
 *      ar, ai    REAL   ar[], ai[];                                       *
 *                Real-/Imaginaerteile der Koeffizienten des Polynoms      *
 *                mit Koeffizienten a[iu],..,a[n]                          *
 *      x0r,x0i   REAL   x0r, x0i;                                         *
 *                Real-/Imaginaerteil der Auswertungsstelle                *
 *                                                                         *
 *  Ausgabeparameter:                                                      *
 *  ================                                                       *
 *      pr, pi    REAL   *pr, *pi;                                         *
 *                Real-/Imaginaerteil des Polynomwerts                     *
 *      p1r, p1i  REAL   *p1r, *p1i;                                       *
 *                Real-/Imaginaerteil der 1. Ableitung                     *
 *      p2r, p2i  REAL   *p2r, *p2i;                                       *
 *                Real-/Imaginaerteil der 2. Ableitung                     *
 *      rf1       REAL   *rf1;                                             *
 *                Fehlerschaetzung fuer die 1. Ableitung                   *
 *                                                                         *
 *=========================================================================*
 *                                                                         *
 *  Benutzte Funktionen:                                                   *
 *  ===================                                                    *
 *      comabs():   Komplexer Absolutbetrag                                *
 *      pow ():     Potenzfunktion                                         *
 *=========================================================================*
 *                                                                         *
 *  Benutzte Konstanten:  EPS                                              *
 *  ===================                                                    *
 *                                                                         *
 *=========================================================================*/
{
  register i, j;
  int      i1;
  REAL     temp, temp1;

  *p2r = ar[n];
  *p2i = ai[n];

  *pr = *p1r = *p2r;
  *pi = *p1i = *p2i;

  *rf1 = comabs (*pr, *pi);
  i1 = n - iu;

  for (j = n - iu, i = n - 1; i >= iu; i--, j--)
  {
    temp = *pr;                        /* Polynomwert (pr,pi)       */
    *pr = *pr * xr - *pi * xi + ar[i];
    *pi = *pi * xr + temp * xi + ai[i];
    if ( i == iu ) break;

    temp = *p1r;                       /* 1. Ableitung (p1r,p1i)    */
    *p1r = *p1r * xr - *p1i * xi;
```

Das Verfahren von Bauhuber

```
      *p1i = *p1i * xr + temp * xi;

      temp = comabs (*p1r, *p1i);       /* Fehlerschaetzung fuer die  */
      *p1r += *pr;                      /* Ableitung des Polynoms     */
      *p1i += *pi;

      temp1 = comabs (*pr, *pi);
      temp = max (temp, temp1);
      if ( temp > *rf1 )
      {
        *rf1 = temp;
        i1 = j - 1;
      }

      if (i - iu <= 1) continue;

      temp = *p2r;                      /* 2. Ableitung (p2r,p2i)     */
      *p2r = *p2r * xr - *p2i * xi + *p1r;
      *p2i = *p2i * xr + temp * xi + *p1i;
  }

  temp = comabs (xr, xi);
  if ( temp != ZERO )
      *rf1 *= POW (temp, (REAL) i1) * (i1 + 1);
  else
      *rf1 = comabs (*p1r, *p1i);

  *rf1 *= EPS;

  *p2r += *p2r;
  *p2i += *p2i;
}


static int bauroot
                 (
                  int     n,        /* Hoechstgrad ................*/
                  int     iu,       /* Niedrigster Grad ...........*/
                  REAL    ar[],     /* Realteile Koeffizienten ....*/
                  REAL    ai[],     /* Imaginaerteile Koeffizienten*/
                  REAL *  x0r,      /* Realteil Nullstelle ........*/
                  REAL *  x0i       /* Imaginaerteil Nullstelle ...*/
                 )
/*====================================================================*
 *                                                                    *
 *  bauroot berechnet eine Nullstelle des Polynoms P vom Grad n-iu:   *
 *                                                n-iu               *
 *      P(x) = a[iu] + a[iu+1] * x + ... + a[n] * x      mit          *
 *                                                                    *
 *  komplexen Koeffizienten a[i], i=iu..n.                            *
 *  Dabei wird das Newtonverfahren auf die Funktion P(x) / P'(x) an-  *
 *  gewandt, die Iteration durch Spiralisierung und Extrapolation     *
 *  stabilisiert.                                                     *
 *                                                                    *
 *====================================================================*
 *                                                                    *
 *   Eingabeparameter:                                                *
 *   ================                                                 *
 *      n        int n;                                               *
 *               Maximalgrad des Polynoms ( >= 1 )                    *
 *      iu       int iu;                                              *
 *               Index des konstanten Terms im Polynom, n-iu ist der  *
 *               Grad des Polynoms mit Koeff. a[iu],...,a[n]          *
 *      ar, ai   REAL  ar[], ai[];                                    *
 *               Real-/Imaginaerteile der Koeffizienten               *
 *                                                                    *
 *   Ausgabeparameter:                                                *
```

```
*      ================                                                *
*         x0r,x0i   REAL    *x0r, x0i;                                 *
*                   Real-/Imaginaerteil der gefundenen Nullstelle      *
*                                                                      *
*      Rueckgabewert:                                                  *
*      =============                                                   *
*         = 0       alles ok                                           *
*         = 1       Division durch 0                                   *
*         = 2       Iterationsmaximum ITERMAX ueberschritten           *
*         = 3       Unzulaessige Eingabeparameter                      *
*                                                                      *
*======================================================================*
*                                                                      *
*      Benutzte Funktionen:                                            *
*      ===================                                             *
*         chorner():     Berechnung des Polynomwerts                   *
*         comabs():      Komplexer Absolutbetrag                       *
*         comdiv():      Komplexe Division                             *
*         quadsolv():    Quadratische Gleichung loesen                 *
*                                                                      *
*      Benutzte Konstanten: TRUE, FALSE, ITERMAX,                      *
*      ===================  QR, QI, MACH_EPS, EPS, EPSROOT, BETA       *
*                                                                      *
*=====================================================================*/
{
  int   rc, result = 2, endit = FALSE,
        iter = 0, i = 0;

  REAL  xoldr = ZERO, xoldi = ZERO,
        xnewr, xnewi, h, h1, h2, h3, h4, dzmax, dzmin,
        dxr = ZERO, dxi = ZERO, tempr, tempi,
        abs_pold, abs_pnew, abs_p1new, temp, ss, u, v, bdze = ZERO,
        pr, pi, p1r, p1i, p2r, p2i;

  if (n < 1) return (3);

  if (n - iu == 1)                          /* Polynom vom Grad 1   */
  {
    quadsolv (ZERO, ZERO, ar[n], ai[n], ar[n-1], ai[n-1], x0r, x0i);
    return (0);
  }

  if (n - iu == 2)                          /* Polynom vom Grad 2   */
  {
    quadsolv (ar[n],ai[n], ar[n-1],ai[n-1], ar[n-2],ai[n-2], x0r,x0i);
    return (0);
  }

  xnewr = *x0r;  xnewi = *x0i;
  endit = FALSE;

  chorner (n, iu, ar, ai, xnewr, xnewi,    /* Polynomwert berechnen */
           &pr, &pi, &p1r, &p1i, &p2r, &p2i, &ss);
  iter++;

  abs_pnew = comabs (pr, pi);
  if (abs_pnew < EPS) return (0);          /* Startwert ist gute Naeherung */

  abs_pold = abs_pnew;
  dzmin = BETA * (EPSROOT + comabs (xnewr, xnewi));

  while ( iter < ITERMAX )    /* Bauhuber-Iteration */
  {
    abs_p1new = comabs (p1r, p1i);

    if (abs_pnew > abs_pold)               /* Spiralisierungsschritt */
    {
```

Das Verfahren von Bauhuber

```
      i = 0;                          /* dx = dx * q           */
      iter++;
      temp = dxr;

      dxr = QR * dxr - QI * dxi;
      dxi = QR * dxi + QI * temp;
    }
    else
    {
      dzmax = ONE + comabs (xnewr, xnewi);
      h1 = p1r * p1r - p1i * p1i - pr * p2r + pi * p2i;
      h2 = TWO * p1r * p1i - pr * p2i - pi * p2r;
      if (      abs_p1new > (REAL)10.0 * ss
           && comabs (h1, h2) > (REAL)100.0 * ss * ss)
      {
        i++;
        if ( i > 2 ) i = 2;
        tempr = pr * p1r - pi * p1i;
        tempi = pr * p1i + pi * p1r;

        rc = comdiv (-tempr, -tempi, h1, h2, &dxr, &dxi);
        if (rc != 0) return (1);

        if ( comabs (dxr, dxi) > dzmax )
        {
          temp = dzmax / comabs (dxr, dxi);    /* Newton-Schritt  */
          dxr *= temp;
          dxi *= temp;
          i = 0;
        }

        if (      i == 2
             && comabs (dxr, dxi) < dzmin / EPSROOT
             && comabs (dxr, dxi) > ZERO)
        {
          i = 0;                        /* Extrapolationsschritt */
          rc = comdiv (xnewr - xoldr, xnewi - xoldi,
                       dxr, dxi, &h3, &h4);
          if (rc != 0) return (1);

          h3 += ONE;
          h1 = h3 * h3 - h4 * h4;
          h2 = TWO * h3 * h4;
          rc = comdiv (dxr, dxi, h1, h2, &h3, &h4);
          if (rc != 0) return (1);

          if ( comabs (h3, h4) < (REAL)50.0 * dzmin )
          {
            dxr += h3;
            dxi += h4;
          }
        }

        xoldr = xnewr;
        xoldi = xnewi;
        abs_pold = abs_pnew;
      }
      else
      {
        i = 0;                          /* Sattelpunktnaehe      */
        h = dzmax / abs_pnew;
        dxr = h * pr;
        dxi = h * pi;

        xoldr = xnewr;
        xoldi = xnewi;
        abs_pold = abs_pnew;
```

```
         do
         {
           chorner (n, iu, ar, ai, xnewr+dxr, xnewi+dxi,
                    &u, &v, &h, &h1, &h2, &h3, &h4);
           iter++;

           dxr += dxr;
           dxi += dxi;                              /* dx = dx * 2.0       */
         }
         while ( ABS (comabs (u,v) / abs_pnew - ONE) < EPSROOT );
      }

      if (endit)
      {
        if ( comabs (dxr, dxi) < (REAL)0.1 * bdze )
        {
          xnewr += dxr;   xnewi += dxi;
        }

        result = 0;
        break;                                  /* Iteration beenden */
      }
      else
      {
        xnewr = xoldr + dxr;
        xnewi = xoldi + dxi;
        dzmin = BETA * (EPSROOT + comabs (xnewr, xnewi));
        chorner (n, iu, ar, ai, xnewr, xnewi,
                 &pr, &pi, &p1r, &p1i, &p2r, &p2i, &ss);
        iter++;
        abs_pnew = comabs ( pr, pi);

        if (abs_pnew == ZERO)
        {
          result = 0;
          break;
        }

        if (comabs (dxr, dxi) < dzmin || abs_pnew < EPS)
        {
          endit = TRUE;
          bdze = comabs (dxr, dxi);
        }
      }
   } /* Ende Bauhuber-Iteration */

   *x0r = xnewr;
   *x0i = xnewi;

   return (result);
}


static void polydiv
              (
                int    n,        /* Hoechstgrad ..................*/
                int    iu,       /* Kleinster Grad ...............*/
                REAL   ar[],     /* Realteile Koeffizienten ......*/
                REAL   ai[],     /* Imaginaerteile Koeffizienten .*/
                REAL   x0r,      /* Realteil x ...................*/
                REAL   x0i       /* Imaginaerteil x ..............*/
              )
/*====================================================================*
 *                                                                    *
 *  polydiv berechnet die Koeffizienten des Polynoms Q, das durch     *
```

```
 *   Division des Polynoms P durch x - x0 entsteht, falls x0 eine      *
 *   Nullstelle von P ist: P(x) = Q(x) * ( x - x0 ). Alle Groessen     *
 *   sind komplex.                                                     *
 *                                                                     *
 *=====================================================================*
 *                                                                     *
 *   Eingabeparameter:                                                 *
 *   ================                                                  *
 *      n          int n;                                              *
 *                 Maximalgrad des Polynoms ( >= 1 )                   *
 *      ar, ai     REAL   ar[], ai[];                                  *
 *                 Real-/Imaginaerteile der Koeffizienten des Polynoms *
 *                 P vom Grade n-iu mit a[iu],..,a[n]                  *
 *      x0r,x0i    REAL   x0r, x0i;                                    *
 *                 Real-/Imaginaerteil der abzudividierenden Nullstelle *
 *                                                                     *
 *   Ausgabeparameter:                                                 *
 *   ================                                                  *
 *      ar, ai     REAL   ar[], ai[];                                  *
 *                 Real-/Imaginaerteile der Koeffizienten              *
 *                 ar[iu+1],..,ar[n] des Quotientenpolynoms Q          *
 *                                                                     *
 *=====================================================================*/
{
  register i;
  REAL     temp;

  for (i = n - 1; i > iu; i--)
  {
    temp = ar[i+1];
    ar[i] += temp * x0r - ai[i+1] * x0i;
    ai[i] += ai[i+1] * x0r + temp * x0i;
  }
}
/* ----------------------- ENDE fbauhube.c ----------------------- */
```

P 3.3.5 Das Verfahren von Laguerre

```
/* -------------------- DEKLARATIONEN flaguer.h -------------------- */

int laguerre       /* reelle Polynomnullstellen, Verfahren von Laguerre */
              (
               int   n,       /* Polynomgrad (>= 3) ..................*/
               REAL  a[],     /* Polynomkoeffizienten (aufsteigend) ..*/
               REAL  abserr,  /* absolute Fehlerschranke .............*/
               REAL  relerr,  /* relative Fehlerschranke .............*/
               int   maxit,   /* maximale Iterationszahl .............*/
               REAL  x[],     /* reelle Nullstellen ..................*/
               int   iter[],  /* Iterationen je Nullstelle ...........*/
               int   *nulanz  /* Anzahl der gefundenen Nullstellen ...*/
              );               /* Fehlercode ..........................*/
/* ----------------------- ENDE flaguer.h ----------------------- */
/* ----------------------- MODUL flaguer.c ----------------------- */

/**********************************************************************
 *                                                                     *
 * Berechnung aller reellen Nullstellen eines Polynoms mit reellen     *
 * ------------------------------------------------------------        *
 * Koeffizienten mit dem Verfahren von Laguerre                        *
 * --------------------------------------------                        *
 *                                                                     *
 * exportierte Funktion:                                               *
 *   - laguerre():  Verfahren von Laguerre fuer alle reellen           *
 *                  Nullstellen eines Polynoms                         *
```

```
/***********************************************************************
*                                                                      *
* Programmiersprache: ANSI-C                                           *
* Compiler:          Borland C++ 2.0                                   *
* Rechner:           IBM PS/2 70 mit 80387                             *
* Autorin:           Gisela Engeln-Muellges                            *
* Bearbeiter:        Juergen Dietel, Rechenzentrum der RWTH Aachen     *
* Vorlage:           bereits existierender FORTRAN-Quelltext           *
* Datum:             MO 19. 10. 1992                                   *
*                                                                      *
***********************************************************************/

#include <basis.h>         /* wegen REAL, ZERO, FOUR, FABS, SQRT, TWO, */
                           /*       MACH_EPS, copy_vector, SIGN        */
#include <vmblock.h>       /* wegen vminit, vmalloc, VEKTOR, vmcomplete, */
                           /*       vmfree                             */
#include <flaguer.h>       /* wegen laguerre                           */



/* ------------------------------------------------------------------ */

static void abdiv         /* die Nullstelle eines Polynoms abdividieren */
             (
              int n,       /* Polynomgrad ........................*/
              REAL a[],    /* altes bzw. abdividiertes Polynom ...*/
              REAL x0      /* abzudividierende Nullstelle ........*/
             )
/***********************************************************************
* die Koeffizienten des abdividierten Polynoms pab vom Grad n-1 von p  *
* vom Grad n berechnen                                                 *
*                                                                      *
* Eingabeparameter:                                                    *
* =================                                                    *
* n    Grad des Polynoms p                                             *
* a    [0..n]-Vektor mit den Koeffizienten des Polynoms p mit          *
*         p(x)  =  a[0] + a[1] * x + ... + a[n] * x^n                  *
* x0   Nullstelle im Linearfaktor x - x0, der von p abdividiert        *
*      wird                                                            *
*                                                                      *
* Ausgabeparameter:                                                    *
* =================                                                    *
* a    [0..n]-Vektor mit den Koeffizienten des abdividierten Polynoms  *
*      pab mit                                                         *
*         pab(x)  =  a[1] + a[2] * x + ... + a[n] * x^(n-1)            *
*                                                                      *
* benutzte globale Namen:                                              *
* =======================                                              *
* REAL                                                                 *
***********************************************************************/
{
  REAL tmp;                /* Zwischensumme beim Hornerschema */

  for (tmp = a[n--]; n >= 0; n--)
    a[n] = tmp = tmp * x0 + a[n];
}



/* ------------------------------------------------------------------ */

static void horner2       /* Hornerschema fuer Ableitungen p, p', p'' */
             (
              int n,       /* Grad des Polynoms p ................*/
              REAL a[],    /* Polynomkoeffizienten (aufst.) ..*/
              REAL x,      /* Auswertungsstelle ..............*/
```

Das Verfahren von Laguerre   593

```
                   REAL *p0,       /* p(x) ...........................*/
                   REAL *p1,       /* p'(x) ..........................*/
                   REAL *p2,       /* p''(x) .........................*/
                   REAL hilf[]     /* abdividierte Polynome ..........*/
                  )
/***************************************************************************
* den Funktionswert, die erste und die zweite Ableitung eines Polynoms *
* p vom Grad n ermitteln                                               *
*                                                                      *
* Eingabeparameter:                                                    *
* =================                                                    *
* n       Grad des Polynoms p                                          *
* a       [0..n]-Vektor mit den Koeffizienten des Polynoms p mit       *
*              p(x) = a[0] + a[1] * x + ... + a[n] * x^n               *
* x       Stelle, an der p, p', p'' berechnet werden soll              *
*                                                                      *
* Ausgabeparameter:                                                    *
* =================                                                    *
* hilf    [0..n-1]-Hilfsvektor, der in hilf[0], hilf[1], hilf[2] die   *
*         Werte p(x), p'(x), p''(x) enthaelt und an den Indizes 3..(n-1) *
*         mit Zwischensummen des Hornerschemas ueberschrieben wird     *
* p0      p(x)                                                         *
* p1      p'(x)                                                        *
* p2      p''(x)                                                       *
*                                                                      *
* benutzte globale Namen:                                              *
* =======================                                              *
* REAL, copy_vector                                                    *
***************************************************************************/
{
  int i,                   /* Schleifenzaehler fuer das Hornerschema */
      k;                   /* Zaehler fuer den Grad der Ableitung    */
  REAL tmp;                /* Zwischensumme beim Hornerschema        */

  copy_vector(hilf, a, n);

  for (k = 0; k < 3; k++)                     /* k. Ableitung berechnen */
    for (tmp = a[n], i = n - 1; i >= k; i--)
       hilf[i] = tmp = tmp * x + hilf[i];

  *p0 =         hilf[0];
  *p1 =         hilf[1];
  *p2 = TWO *   hilf[2];
}



/* ---------------------------------------------------------------- */
static int quaglei           /* reelle Loesungen einer quadrat. Gleichung */
                  (
                   REAL a[],      /* Koeffizienten (aufsteigend) .....*/
                   REAL eps,      /* numerische Null .................*/
                   REAL *x1,      /* 1. Nullstelle ...................*/
                   REAL *x2       /* 2. Nullstelle ...................*/
                  )               /* Fehlercode ......................*/
/***************************************************************************
* die Loesung der quadratischen Gleichung                              *
*             a[2] * x^2 + a[1] * x + a[0]  =  0                       *
* mit a[2] verschieden von Null, die ausschliesslich reelle Loesungen  *
* besitzt, berechnen                                                   *
*                                                                      *
* Eingabeparameter:                                                    *
```

```
*  ==================                                                       *
*  a       [0..2]-Vektor mit den reellen Koeffizienten der quadratischen    *
*          Gleichung                                                        *
*  eps     Fehlerschranke fuer die Erkennung einer numerischen Null         *
*                                                                           *
*  Ausgabeparameter:                                                        *
*  ==================                                                       *
*  x1 \    die beiden reellen Loesungen                                     *
*  x2 /    der quadratischen Gleichung                                      *
*                                                                           *
*  Funktionswert:                                                           *
*  ==============                                                           *
*  Fehlercode.                                                              *
*  = 0: alles in Ordnung                                                    *
*  = 1: a[2] ist Null, oder es gibt komplexe Loesungen.                     *
*                                                                           *
*  benutzte globale Namen:                                                  *
*  =======================                                                  *
*  REAL, ZERO, FOUR, FABS, SQRT, TWO                                        *
*****************************************************************************/

{
    REAL diskr,              /* Diskriminante der quadratischen Gleichung */
         wurzel;             /* Wurzel aus der Diskriminante              */

    if (a[2] == ZERO)                /* keine quadratische Gleichung? */
        return 1;

    diskr = a[1] * a[1] - FOUR * a[2] * a[0];

    if (FABS(diskr) <= eps)          /* Betrag der Diskriminante zu klein? */
        diskr = ZERO;                /* auf Null setzen                    */
    if (diskr < ZERO)                /* Diskriminante negativ?             */
        return 1;                    /* Fehler: komplexe Loesungen!        */

    wurzel = SQRT(diskr);

    if (a[1] < ZERO)                         /* die beiden reellen   */
        *x1 = (-a[1] + wurzel) / (TWO * a[2]);  /* Nullstellen so    */
    else                                     /* berechnen, dass      */
        *x1 = (-a[1] - wurzel) / (TWO * a[2]);  /* keine Ausloeschung */
                                             /* eintritt             */
    if (*x1 == ZERO)
        *x2 = -a[1] / a[2];
    else
        *x2 = a[0] / (*x1 * a[2]);

    return 0;
}


/* -------------------------------------------------------------------- */

int laguerre       /* reelle Polynomnullstellen, Verfahren von Laguerre */
           (
            int    n,          /* Polynomgrad (>= 3) .....................*/
            REAL   a[],        /* Polynomkoeffizienten (aufsteigend) ...*/
            REAL   abserr,     /* absolute Fehlerschranke ................*/
            REAL   relerr,     /* relative Fehlerschranke ................*/
            int    maxit,      /* maximale Iterationszahl ................*/
            REAL   x[],        /* reelle Nullstellen .....................*/
            int    iter[],     /* Iterationen je Nullstelle ..............*/
            int    *nulanz     /* Anzahl der gefundenen Nullstellen ....*/
           )                   /* Fehlercode .............................*/
```

Das Verfahren von Laguerre

```
/***********************************************************************
* saemtliche Nullstellen eines Polynoms p vom Grad n mit reellen Ko-   *
* effizienten und ausschliesslich reellen Nullstellen nach dem Ver-    *
* fahren von Laguerre berechnen                                        *
*                                                                      *
* Eingabeparameter:                                                    *
* ================                                                     *
* n         Grad des Polynoms p (>= 3)                                 *
* a         [0..n]-Vektor mit den Koeffizienten des Polynoms p mit     *
*               p(x) = a[0] + a[1] * x + ... + a[n] * x^n              *
* abserr\   Fehlerschranken, die beide groesser oder gleich Null ge-   *
* relerr/   waehlt werden muessen. Ihre Summe muss groesser als Null   *
*           sein. Es wird der folgende gemischte Test auf zwei aufein- *
*           anderfolgende Naeherungswerte x1 und x2 angewandt:         *
*               |x1 - x2|  <=  |x2| * relerr + abserr.                 *
*           Wird also relerr = 0 gewaehlt, so handelt es sich um       *
*           einen Test auf den absoluten Fehler, waehlt man            *
*           abserr = 0, so ist es ein Test auf den relativen Fehler.   *
*           Die eingegebenen Werte fuer abserr und relerr werden nur   *
*           dann unveraendert uebernommen, wenn sie beide groesser als *
*           das Vierfache der Maschinengenauigkeit sind oder einer Null*
*           und der andere groesser als das Vierfache der Maschinenge- *
*           nauigkeit ist. Ist dies nicht der Fall, so werden beide    *
*           bzw. einer auf diesen Wert gesetzt.                        *
* maxit     maximale Anzahl von Iterationen pro Nullstelle (maxit >= 1)*
*                                                                      *
* Ausgabeparameter:                                                    *
* ================                                                     *
* x         [0..n-1]-Vektor mit den n reellen Nullstellen von p        *
* iter      [0..n-1]-Vektor mit der Anzahl der Iterationen pro Null-   *
*           stelle: iter[i] enthaelt die Iterationszahl fuer x[i].     *
* nulanz    Anzahl der gefundenen Nullstellen                          *
*                                                                      *
* Funktionswert:                                                       *
* =============                                                        *
* Fehlercode.                                                          *
* = 0: Alle Nullstellen wurden gefunden.                               *
* = 1: nicht erlaubte Eingabeparameter abserr, relerr, maxit oder n    *
* = 2: Die maximale Iterationszahl maxit wurde ueberschritten. Die     *
*      gefunden Nullstellen stehen in x[0],...,x[nulanz-1].            *
* = 3: Die Groesse S des Laguerre-Verfahrens ist negativ, so dass die  *
*      Wurzel daraus nicht gezogen werden kann.                        *
* = 4: Bei der Bestimmung der beiden letzten Nullstellen mit Hilfe der *
*      Funktion quaglei() ist ein Fehler passiert: keine quadratische  *
*      Gleichung oder komplexe Loesungen.                              *
* = 5: Speichermangel                                                  *
*                                                                      *
* benutzte globale Namen:                                              *
* ======================                                               *
* REAL, ZERO, vminit, vmalloc, VEKTOR, vmcomplete, vmfree, TWO,        *
* MACH_EPS, copy_vector, horner2, FABS, SQRT, SIGN, abdiv, quaglei     *
***********************************************************************/
{
  REAL *p_akt,     /* [0..nakt]-Vektor mit den Koeffizienten des    */
                   /* aktuellen Polynoms, das durch Abdividieren der*/
                   /* schon gefundenen Nullstellen entstanden ist.  */
                   /* Nach jeder Abdivision einer Nullstelle wird   */
                   /* der Zeiger p_akt um Eins erhoeht, damit das   */
                   /* neue Polynom genauso angesprochen werden kann */
                   /* wie das urspruengliche.                       */
        x_akt,     /* neuster Naeherungswert fuer die aktuelle      */
                   /* Nullstelle                                    */
        p0,        /* Wert des aktuellen Polynoms bei x_akt         */
        p1,        /* Ableitung des aktuellen Polynoms bei x_akt    */
        p2,        /* 2. Ableitung des aktuellen Polynoms bei x_akt */
```

```
              S,            /* (nakt-1) * ((nakt-1) * p1*p1 - nakt * p0*p2)  */
              WurzelS,      /* Quadratwurzel aus S                           */
              diff,         /* Schrittweite zwischen zwei aufeinanderfol-    */
                            /* genden Naeherungswerten fuer eine Nullstelle  */
              nenner,       /* Nenner der Schrittweite                       */
              x1, x2,       /* Nullstellen der zum Schluss uebrigbleibenden  */
                            /* quadratischen Gleichung                       */
              eps;          /* untere Schranke zur eventuellen Korrektur von */
                            /* abserr und relerr und zur Erkennung einer     */
                            /* numerischen Null                              */
       int    nakt,         /* Grad des aktuellen Polynoms                   */
              iter_akt,     /* Schrittzaehler fuer die aktuelle Nullstelle   */
              i;            /* Schleifenzaehler fuer die n-2 durch die       */
                            /* Laguerre-Iteration zu bestimmenden Nullstellen */
       void *vmblock;       /* Liste der dynamischen Vektoren                */


       /* -- die Plausibilitaet von abserr, relerr, maxit und n pruefen -- */

       if (abserr < ZERO || relerr < ZERO || abserr + relerr <= ZERO ||
           maxit < 1 || n <= 2)
         return 1;


       /* ------------- einen dynamischen Hilfsvektor anlegen ------------ */

       vmblock = vminit();
       p_akt = (REAL *)vmalloc(vmblock, VEKTOR, n + 1, 0);
       if (! vmcomplete(vmblock))
         return 5;


       /* --------- die Fehlerschranken korrigieren, falls noetig -------- */

       eps = TWO * MACH_EPS;
       if (relerr == ZERO && abserr < eps)
         abserr = eps;
       else if (abserr == ZERO && relerr < eps)
         relerr = eps;
       else
       {
         if (abserr < eps)
           abserr = eps;
         if (relerr < eps)
           relerr = eps;
       }


       /* ---------- Schleife zur Berechnung von n-2 Nullstellen --------- */

       copy_vector(p_akt,                 /* das aktuelle Polynom mit dem  */
                   a, n + 1);             /* Ausgangspolynom vorbesetzen   */

       for (*nulanz = 0, nakt = n, i = 0; i < n - 2; i++, nakt--, p_akt++)
       {
         x_akt    = ZERO;     /* den Startwert fuer die Nullstelle und den */
         iter_akt = 0;        /* Iterationszaehler mit Null vorbesetzen    */

         do         /* mit der Iteration fuer die naechste Nullstelle beginnen */
         {
           if (iter_akt >= maxit)                /* zuviele Schritte? */
           {
             vmfree(vmblock);
             return 2;                           /* Fehler melden     */
           }
```

Das Verfahren von Laguerre

```
        iter_akt++;                     /* den Schritt zaehlen       */
        horner2(nakt, p_akt, x_akt,     /* Polynom und Ableitungen   */
               &p0, &p1, &p2, x + i);   /* bei x_akt auswerten       */

        S = (nakt - 1) * ((nakt - 1) * p1 * p1 - nakt * p0 * p2);
        if (FABS(S) <= eps)
          S = ZERO;
        if (S < ZERO)                   /* S negativ?                */
        {
          vmfree(vmblock);
          return 3;                     /* Fehler melden             */
        }
        WurzelS = SQRT(S);
        WurzelS = SIGN(WurzelS, p1);    /* das Vorzeichen von WurzelS */
                                        /* so waehlen, dass der Nenner */
                                        /* moeglichst gross wird     */

        nenner = p1 + WurzelS;
        if (FABS(nenner) < eps)         /* Nenner zu klein?          */
          nenner = SIGN(eps, nenner);   /* dem Nenner den Betrag     */
                                        /* von eps geben             */

        diff   = nakt * p0 / nenner;    /* Schrittweite berechnen    */
        x_akt -= diff;                  /* und anwenden auf x_akt    */
      }
      while (FABS(diff) >               /* gewuenschte Genauigkeit   */
             FABS(x_akt) * relerr + abserr);  /* noch nicht erreicht? */

      x[i]    = x_akt;                  /* die gefundene Nullstelle und die */
      iter[i] = iter_akt;               /* benoetigte Schrittzahl eintragen */
      ++*nulanz;                        /* und die Nullstelle zaehlen */

      abdiv(nakt, p_akt, x_akt);        /* die Nullstelle x_akt vom  */
                                        /* Polynom p_akt abdividieren */
    }                                   /* Ende der Schleife fuer die n-2 ersten Nullstellen */

  /* -------- die beiden letzten Nullstellen als Loesung der -------- */
  /* -------- verbleibenden quadratischen Gleichung          -------- */
  /* -------- p_akt[2] * x^2 + p_akt[1] * x + p_akt[0] = 0   -------- */
  /* -------- berechnen                                      -------- */

  if (quaglei(p_akt, eps, &x1, &x2))    /* Fehler? */
  {
    vmfree(vmblock);
    return 4;
  }

  x[n - 2]    = x1;                     /* auch die beiden letzten   */
  x[n - 1]    = x2;                     /* Nullstellen eintragen     */
  iter[n - 2] = 0;                      /* und zaehlen               */
  iter[n - 1] = 0;
  *nulanz    += 2;


  vmfree(vmblock);
  return 0;
}
/* ------------------------ ENDE flaguer.c ------------------------ */
```

P 4

P 4.5.1 Gauß-Algorithmus mit Spaltenpivotsuche

```
/* ------------------------ MODUL fgauss.c ------------------------ */

#include <basis.h>
#include <u_proto.h>

#define MAXITER 30          /* Maximalzahl von Nachiterationen ..........*/

int gauss                   /* Gauss Verfahren zur Loesung von lin. GLS ..*/
         (
          int     mod,      /* Modus: 0, 1, 2, 3 ...............*/
          int     n,        /* Dimension der Matrix ............*/
          REAL *  mat[],    /* Eingabematrix ...................*/
          REAL *  lumat[],  /* LU Zerlegung ....................*/
          int     perm[],   /* Zeilenvertauschungen ............*/
          REAL    b[],      /* Rechte Seite des Systems ........*/
          REAL    x[],      /* Loesung des Systems .............*/
          int *   signd     /* Vorzeichen Determinante .........*/
         )
/*====================================================================*
 *                                                                    *
 *  Die Funktion gauss dient zur Loesung eines linearen Gleichungs-   *
 *  systems:  mat * x = b.                                            *
 *  Dabei sind: mat die regulaere n x n Koeffizientenmatrix,          *
 *              b die rechte Seite des Systems (n-Vektor),            *
 *              x der Loesungsvektor des Gleichungssystems.           *
 *                                                                    *
 *  gauss arbeitet nach dem Gauss-Algorithmus mit Dreieckzerlegung    *
 *  und skalierter Spaltenpivotsuche (Crout-Verfahren mit Zeilen-     *
 *  vertauschung).                                                    *
 *                                                                    *
 *====================================================================*
 *                                                                    *
 *   Anwendung:                                                       *
 *   =========                                                        *
 *      Beliebige lineare Gleichungssysteme mit regulaerer n x n      *
 *      Koeffizientenmatrix.                                          *
 *                                                                    *
 *====================================================================*
 *                                                                    *
 *   Steuerparameter:                                                 *
 *   ===============                                                  *
 *      mod        int mod;                                           *
 *                 Aufrufart von gauss:                               *
 *       = 0       Bestimmung der Zerlegungsmatrix und Berechnung     *
 *                 der Loesung des Gleichungssystems.                 *
 *       = 1       Nur Berechnung der Zerlegungsmatrix lumat.         *
 *                                                                    *
 *       = 2       Nur Loesung des Gleichungssystems; zuvor muss je-  *
 *                 doch die Zerlegungsmatrix bestimmt sein. Diese     *
 *                 Aufrufart wird verwendet, falls bei gleicher       *
 *                 Matrix lediglich die rechte Seite des Systems vari-*
 *                 iert, z. B. zur Berechnung der Inversen.           *
 *                                                                    *
 *       = 3       wie 2; zusaetzlich wird die Loesung durch Nach-    *
 *                 iteration verbessert.                              *
 *                                                                    *
 *   Eingabeparameter:                                                *
 *   ================                                                 *
 *      n          int n;  ( n > 0 )                                  *
 *                 Dimension von mat und lumat,                       *
```

```
*                       Anzahl der Komponenten des b-Vektors, des Loe-    *
*                       sungsvektors x, des Permutationsvektors perm.    *
*         mat           REAL    *mat[];                                   *
*                       Matrix des Gleichungssystems. Diese wird als Vektor *
*                       von Zeigern uebergeben.                           *
*         lumat         REAL    *lumat[];       ( bei mod = 2, 3 )        *
*                       LU-Dekompositionsmatrix, die die Zerlegung von    *
*                       mat in eine untere und obere Dreieckmatrix ent-   *
*                       haelt.                                            *
*                       mat u. lumat koennen gleich gewaehlt werden; dann *
*                       geht der urspruengliche Inhalt von mat verloren.  *
*         perm          int perm[];             ( bei mod = 2, 3 )        *
*                       Permutationsvektor, der die Zeilenvertauschungen  *
*                       von lumat enthaelt.                               *
*         b             REAL    b[];            ( bei mod = 0, 2, 3 )     *
*                       Rechte Seite des Gleichungssystems.               *
*         signd         int *signd;             ( bei mod = 2, 3 )        *
*                       Vorzeichen der Determinante von mat; die De-      *
*                       terminante kann durch das Produkt der Diagonal-   *
*                       elemente mal signd bestimmt werden.               *
*                                                                          *
*   Ausgabeparameter:                                                      *
*   ================                                                       *
*         lumat         REAL    *lumat[];       ( bei mod = 0, 1 )        *
*                       LU-Dekompositionsmatrix, die die Zerlegung von    *
*                       mat in eine untere und obere Dreieckmatrix ent-   *
*                       haelt.                                            *
*         perm          int perm[];             ( bei mod = 0, 1 )        *
*                       Permutationsvektor, der die Zeilenvertauschungen  *
*                       von lumat enthaelt.                               *
*         x             REAL    x[];            ( bei mod = 0, 2, 3 )     *
*                       Loesungsvektor des Systems.                       *
*         signd         int *signd;             ( bei mod = 0, 1 )        *
*                       Vorzeichen der Determinante von mat; die De-      *
*                       terminante kann durch das Produkt der Diagonal-   *
*                       elemente mal signd bestimmt werden.               *
*                                                                          *
*   Rueckgabewert:                                                         *
*   =============                                                          *
*         =-1           Max. Nachiterationszahl (MAXITER) erreicht   (mod = 3)*
*         = 0           alles ok                                           *
*         = 1           n < 1 gewaehlt oder unzulaessige Eingabeparameter *
*         = 2           zu wenig Speicherplatz                            *
*         = 3           Matrix ist singulaer                              *
*         = 4           Matrix rechnerisch singulaer                      *
*         = 5           Falsche Aufrufart                                 *
*                                                                          *
*=========================================================================*
*                                                                          *
*   Benutzte Funktionen:                                                   *
*   ==================                                                    *
*                                                                          *
*         int gaudec  (): Bestimmt die LU-Dekomposition                    *
*         int gausol  (): Loest das lineare Gleichungssystem               *
*         int gausoli (): Loest das Gleichungssystem mit Nachiteration    *
*                                                                          *
*=========================================================================*/
{
  int rc;

  if (n < 1) return (1);

  switch (mod)
  {
    case 0: /* Zerlegung bestimmen und Gleichungssystem loesen .......*/
            rc = gaudec (n, mat, lumat, perm, signd);
            if (rc == 0)
```

```
                    return (gausol (n, lumat, perm, b, x));
                else
                    return (rc);

        case 1: /* Nur Zerlegung berechnen ...........................*/
                return (gaudec (n, mat, lumat, perm, signd));

        case 2: /* Nur Loesung bestimmen .............................*/
                return (gausol (n, lumat, perm, b, x));

        case 3: /* Loesung bestimmen und Nachiteration durchfuehren ..*/
                return (gausoli (n, mat, lumat, perm, b, x));
    }

    return (5);                             /* Falsche Aufrufart */
}


int gaudec                  /* Gauss Zerlegung ........................*/
        (
            int     n,           /* Dimension der Matrix ............*/
            REAL *  mat[],       /* Eingabematrix ...................*/
            REAL *  lumat[],     /* Zerlegungsmatrix ................*/
            int     perm[],      /* Zeilenvertauschungen ............*/
            int *   signd        /* Vorzeichen Determinante .........*/
        )
/*====================================================================*
 *                                                                    *
 *  gaudec berechnet die Zerlegung einer n x n Matrix in eine         *
 *  untere und eine obere Dreieckmatrix. Diese Zerlegung wird zur     *
 *  Loesung eines linearen Gleichungssystems benoetigt. Die Zerlegung *
 *  befindet sich nach Aufruf von gaudec in der n x n Matrix lumat.   *
 *                                                                    *
 *====================================================================*
 *                                                                    *
 *  Eingabeparameter:                                                 *
 *  ================                                                  *
 *    n         int n;  ( n > 0 )                                     *
 *              Dimension von mat und lumat,                          *
 *              Anzahl der Komponenten des b-Vektors, des Loe-        *
 *              sungsvektors x, des Permutationsvektors perm.         *
 *    mat       REAL    *mat[];                                       *
 *              Matrix des Gleichungssystems. Diese wird als Vektor   *
 *              von Zeigern uebergeben.                               *
 *                                                                    *
 *  Ausgabeparameter:                                                 *
 *  ================                                                  *
 *    lumat     REAL    *lumat[];                                     *
 *              LU-Dekompositionsmatrix, die die Zerlegung von        *
 *              mat in eine untere und obere Dreieckmatrix ent-       *
 *              haelt.                                                *
 *    perm      int perm[];                                           *
 *              Permutationsvektor, der die Zeilenvertauschungen      *
 *              von lumat enthaelt.                                   *
 *    signd     int *signd;                                           *
 *              Vorzeichen der Determinante von mat; die De-          *
 *              terminante kann durch das Produkt der Diagonal-       *
 *              elemente mal signd bestimmt werden.                   *
 *                                                                    *
 *  Rueckgabewert:                                                    *
 *  =============                                                     *
 *    = 0       alles ok                                              *
 *    = 1       n < 1 gewaehlt oder unzulaessige Eingabeparameter     *
 *    = 2       zu wenig Speicherplatz                                *
 *    = 3       Matrix ist singulaer                                  *
 *    = 4       Matrix rechnerisch singulaer                          *
 *                                                                    *
```

Gauß-Algorithmus mit Spaltenpivotsuche

```
*===================================================================*
*                                                                   *
*   Benutzte Funktionen:                                            *
*   ===================                                             *
*                                                                   *
*     void AllocVec (): Speicher fuer Vektor allokieren.            *
*     void FreeVec  (): Speicher fuer Vektor freigeben.             *
*                                                                   *
*===================================================================*
*                                                                   *
*   Benutzte Konstanten: NULL, MACH_EPS                             *
*   ==================                                              *
*                                                                   *
*   Macros: SWAP, ABS                                               *
*   ======                                                          *
*                                                                   *
*===================================================================*/
{
  int  m, j, i, j0;
  REAL piv, tmp, *d = NULL, zmax;

  if (n < 1) return (1);                   /* Unzulaessige Parameter */

  if (mat == NULL || lumat == NULL) return (1);
  if (perm == NULL) return (1);

  for (i = 0; i < n; i++)
    if (mat[i] == NULL || lumat[i] == NULL) return (1);

                                           /* d = Skalierungsvektor    */
                                           /* fuer Pivotsuche          */
  d = AllocVec (n);                        /* Speicher allokieren      */
  if (d == NULL) return (2);               /* zu wenig Speicher        */

  if (lumat != mat)                        /* Falls lumat u. mat ver-  */
    CopyMat (n, n, mat, lumat);            /* schieden gewaehlt sind,  */
                                           /* kopiere mat auf lumat.   */
  for (i = 0; i < n; i++)
  {
    perm[i] = i;                           /* Initialisiere perm       */
    zmax = ZERO;
    for (j = 0; j < n; j++)                /* Zeilenmaximum bestimmen  */
    {
      tmp = ABS (lumat[i][j]);
      if (tmp > zmax) zmax = tmp;
    }

    if (zmax == ZERO)                      /* mat singulaer            */
    {
      FreeVec (d);
      return (3);
    }
    d[i] = ONE / zmax;
  }

  *signd = 1;                              /* Vorzeichen der Determinante */
  for (i = 0; i < n; i++)
  {
    piv = ABS (lumat[i][i]) * d[i];
    j0 = i;                                /* Suche aktuelles Pivotelement */
    for (j = i + 1; j < n; j++)
    {
      tmp = ABS (lumat[j][i]) * d[j];
      if (piv < tmp)
      {
        piv = tmp;                         /* Merke Pivotelement u.    */
        j0 = j;                            /* dessen Index             */
```

```
        }
      }
      if (piv < MACH_EPS)                 /* Wenn piv zu klein, so ist    */
      {                                   /* mat nahezu singulaer         */
        *signd = 0;
        FreeVec (d);
        return (4);
      }

      if (j0 != i)
      {
        *signd = - *signd;                /* Vorzeichen Determinante *(-1)*/
        SWAP (int, perm[j0], perm[i]);    /* Tausche Pivoteintraege       */
                                          /* Tausche Eintraege im         */
        SWAP (REAL, d[j0], d[i])          /* Skalierungsvektor            */

        SWAP (REAL *, lumat[j0], lumat[i]);  /* Tausch j0-te u. i-te      */
                                             /* Zeile von lumat           */
      }

      for (j = i + 1; j < n; j++)         /* Gauss Eliminationsschritt    */
      {
        if (lumat[j][i] != ZERO)
        {
          lumat[j][i] /= lumat[i][i];
          tmp = lumat[j][i];
          for (m = i + 1; m < n; m++)
            lumat[j][m] -= tmp * lumat[i][m];
        }
      }
    } /* end i */

    FreeVec (d);                /* Speicher fuer Skalierungsvektor freigeben */
    return (0);
  }


  int gausol                    /* Gauss Loesung ..........................*/
           (
            int    n,           /* Dimension der Matrix ...................*/
            REAL * lumat[],     /* Eingabematrix (LU) .....................*/
            int    perm[],      /* Zeilenvertauschungen ...................*/
            REAL   b[],         /* Rechte Seite ...........................*/
            REAL   x[]          /* Loesung ................................*/
           )
  /*====================================================================*
   *                                                                    *
   * gausol bestimmt die Loesung x des linearen Gleichungssystems        *
   * lumat * x = b mit der n x n Koeffizientenmatrix lumat, wobei        *
   * lumat in zerlegter Form ( LU - Dekomposition ) vorliegt, wie        *
   * sie von gaudec als Ausgabe geliefert wird.                          *
   *                                                                    *
   *====================================================================*
   *                                                                    *
   *   Eingabeparameter:                                                 *
   *   ================                                                  *
   *     n          int n;  ( n > 0 )                                    *
   *                Dimension von lumat,                                 *
   *                Anzahl der Komponenten des b-Vektors, des Loe-       *
   *                sungsvektors x, des Permutationsvektors perm.        *
   *     lumat      REAL   *lumat[];                                     *
   *                LU-Dekompositionsmatrix, wie sie von gaudec          *
   *                geliefert wird.                                      *
   *     perm       int perm[];                                          *
   *                Permutationsvektor, der die Zeilenvertauschungen     *
```

```
 *                    von lumat enthaelt.                               *
 *      b       REAL    b[];                                            *
 *                    Rechte Seite des Gleichungssystems.               *
 *                                                                      *
 *   Ausgabeparameter:                                                  *
 *   ================                                                   *
 *      x       REAL    x[];                                            *
 *                    Loesungsvektor des Systems.                       *
 *                                                                      *
 *   Rueckgabewert:                                                     *
 *   =============                                                      *
 *      = 0       alles ok                                              *
 *      = 1       n < 1 gewaehlt oder unzulaessige Eingabeparameter     *
 *      = 3       ungueltige Zerlegungsmatrix                           *
 *                                                                      *
 *======================================================================*/
{
  int  j, k;
  REAL sum;

  if (n < 1) return (1);                  /* Unzulaessige Parameter */

  if (lumat == NULL || b == NULL || perm == NULL) return (1);

  for (j = 0; j < n; j++)
    if (lumat[j] == NULL) return (1);

  for (k = 0; k < n; k++)                 /* Vorwaertselimination   */
  {
    x[k] = b[perm[k]];
    for (j = 0; j < k; j++)
      x[k] -= lumat[k][j] * x[j];
  }

  for (k = n - 1; k >= 0; k--)            /* Rueckwaertselimination */
  {
    sum = ZERO;
    for (j = k + 1; j < n; j++)
      sum += lumat[k][j] * x[j];

    if (lumat[k][k] == ZERO) return (3);
    x[k] = (x[k] - sum) / lumat[k][k];
  }

  return (0);
}
```

P 4.15.4 Nachiteration

```
int gausoli              /* Gauss Loesung ..........................*/
          (
           int    n,     /* Dimension der Matrix ...........*/
           REAL * mat[], /* Ausgangsmatrix .................*/
           REAL * lumat[], /* Eingabematrix (LU) ...........*/
           int    perm[],/* Zeilenvertauschungen ...........*/
           REAL   b[],   /* Rechte Seite ...................*/
           REAL   x[]    /* Loesung ........................*/
          )
/*====================================================================*
 *                                                                    *
 * gausoli bestimmt die Loesung x des linearen Gleichungssystems      *
 * lumat * x = b mit der n x n Koeffizientenmatrix lumat, wobei       *
 * lumat in zerlegter Form ( LU - Dekomposition ) vorliegt, wie       *
 * sie von gaudec als Ausgabe geliefert wird.                         *
```

```
*  Die Loesung wird durch Nachiteration verbessert.                    *
*  Die Nachiteration wird abgebrochen, wenn die relative Ver-          *
*  besserung kleiner als 2*MACH_EPS ist oder die Norm der Re-          *
*  siduen ansteigt oder die maximale Iterationszahl erreicht ist.      *
*                                                                      *
*======================================================================*
*                                                                      *
*  Eingabeparameter:                                                   *
*  ================                                                    *
*      n         int n;  ( n > 0 )                                     *
*                Dimension von lumat,                                  *
*                Anzahl der Komponenten des b-Vektors, des Loe-        *
*                sungsvektors x, des Permutationsvektors perm.         *
*      mat       REAL    *mat[];                                       *
*                Matrix des Gleichungssystems. Diese wird als Vektor   *
*                von Zeigern uebergeben.                               *
*      lumat     REAL    *lumat[];                                     *
*                LU-Dekompositionsmatrix, wie sie von gaudec           *
*                geliefert wird.                                       *
*                Achtung: mat und lumat muessen hierbei verschieden    *
*                         gewahlt sein !!!                             *
*      perm      int perm[];                                           *
*                Permutationsvektor, der die Zeilenvertauschungen      *
*                von lumat enthaelt.                                   *
*      b         REAL    b[];                                          *
*                Rechte Seite des Gleichungssystems.                   *
*                                                                      *
*  Ausgabeparameter:                                                   *
*  ================                                                    *
*      x         REAL    x[];                                          *
*                Loesungsvektor des Systems.                           *
*                                                                      *
*  Rueckgabewert:                                                      *
*  =============                                                       *
*      =-1       Maximale Nachiterationszahl (MAXITER) erreicht        *
*      = 0       alles ok                                              *
*      = 1       n < 1 gewaehlt oder unzulaessige Eingabeparameter     *
*      = 2       zu wenig Speicherplatz                                *
*      = 3       unzulaessige Zerlegungsmatrix                         *
*                                                                      *
*======================================================================*
*                                                                      *
*  Benutzte Funktionen:                                                *
*  ===================                                                 *
*                                                                      *
*      int gausol ():     Ausgangsloesung bestimmen                    *
*      void AllocVec (): Speicher fuer Vektor allokieren.              *
*      void FreeVec ():  Speicher fuer Vektor freigeben.               *
*                                                                      *
*======================================================================*
*                                                                      *
*  Benutzte Konstanten: NULL, MAXROOT, MACH_EPS, MAXITER               *
*  ==================                                                  *
*                                                                      *
*=====================================================================*/
{
  int       i, j, k, rc;
  REAL      *r, *z, maxx, maxz, oldmaxz, eps;
  LONG_REAL sumld;

  if (n < 1) return (1);
  if (mat == lumat) return (1);
                              /* Loesen des Systems mit gauss .....*/
  if ((rc = gausol (n, lumat, perm, b, x)) != 0)
    return rc;

  eps = (REAL) (TWO * MACH_EPS);
```

```
    oldmaxz = MAXROOT;

    z = AllocVec (2 * n);
    if (z == NULL) return 2;
    r = z + n;

    for (k = 1; ; k++)
    {
      maxx = ZERO;
      for (i = 0; i < n; i++)      /* Residuen "genauer" bestimmen .....*/
      {
        sumld = (LONG_REAL) b[i];
        for (j = 0; j < n; j++)
          sumld -= (LONG_REAL) mat[i][j] * (LONG_REAL) x[j];

        r[i] = (REAL) sumld;
        if (ABS (x[i]) > maxx) maxx = ABS (x[i]);
      }

      rc = gausol (n, lumat, perm, r, z);   /* Loese mat * z = r ......*/
      if (rc) break;

      maxz = ZERO;         /* x korrigieren, max (ABS(z[i])) bestimmen */
      for (i = 0; i < n; i++)
      {
        x[i] += z[i];
        if (ABS (z[i]) > maxz) maxz = ABS (z[i]);
      }

      if (maxz < eps * maxx)    /* Ende pruefen ........................*/
      {
        rc = 0;
        break;
      }

      if (oldmaxz < maxz)       /* Divergenz ? .........................*/
      {
        rc = 0;
        break;
      }

      if (k >= MAXITER)         /* Maximale Iterationszahl erreicht ....*/
      {
        rc = -1;
        break;
      }

      oldmaxz = maxz;           /* Letzte Maximumnorm von z merken .....*/
    } /* end of k */

    FreeVec (z);                /* Allokierten Speicher freigeben ......*/

    return rc;
  }
```

P 4.5.4 Der Gauß–Algorithmus für Systeme mit mehreren rechten Seiten

```
int mgauss                  /* Gauss Verfahren fuer mehrere rechte Seiten */
           (
            int     n,      /* Dimension der Matrix ............*/
            int     k,      /* Anzahl rechter Seiten ...........*/
            REAL *  mat[],  /* Eingabematrix ...................*/
            REAL *  rmat[]  /* Rechte Seiten /Loesungen ........*/
```

```
            )
/*=================================================================*
 *                                                                 *
 * mgauss  bestimmt die Loesungen x der linearen Gleichungssysteme *
 * mat * x = rmat mit der n x n Koeffizientenmatrix mat und der    *
 * n x k Matrix rmat, die die rechten Seiten enthaelt.             *
 * Die Eingabematrix muss regulaer sein.                           *
 *                                                                 *
 *=================================================================*
 *                                                                 *
 * Eingabeparameter:                                               *
 * ================                                                *
 *      n          int n;  ( n > 0 )                               *
 *                 Dimension von mat.                              *
 *      k          int k;  ( k > 0 )                               *
 *                 Anzahl rechter Seiten.                          *
 *      mat        REAL    *mat[];                                 *
 *                 n x n Eingabematrix.                            *
 *      rmat       REAL    *rmat[];                                *
 *                 Rechte Seiten des Systems.                      *
 *                                                                 *
 * Ausgabeparameter:                                               *
 * ================                                                *
 *      rmat       REAL    *rmat[];                                *
 *                 Loesungsvektoren des Systems.                   *
 *                 Die Eingabe wird ueberschrieben.                *
 *                                                                 *
 * Rueckgabewert:                                                  *
 * =============                                                   *
 *      = 0        alles ok                                        *
 *      = 1        n < 1 oder k < 1 oder unzulaessige Eingabeparameter *
 *      = 2        zu wenig Speicher                               *
 *      = 3        numerisch singulaere Eingabematrix              *
 *                                                                 *
 *=================================================================*
 *                                                                 *
 * Benutzte Funktionen:                                            *
 * ===================                                             *
 *                                                                 *
 *      int  gaudec  ():  Zerlegung von mat in LU-Form.            *
 *      void AllocMat (): Speicher fuer Matrix allokieren.         *
 *      void FreeMat  (): Speicher fuer Matrix freigeben.          *
 *      void AllocVec (): Speicher fuer Vektor allokieren.         *
 *      void FreeVec  (): Speicher fuer Vektor freigeben.          *
 *                                                                 *
 *      Aus der C Bibliothek: malloc (), free ()                   *
 *                                                                 *
 *=================================================================*/
{
  register i, j;
  int      m, *perm, signd, rc;
  REAL     **lu, *x, sum;

  if (n < 1 || k < 1) return (1);           /* Unzulaessige Parameter */

  if (mat == NULL || rmat == NULL) return (1);
  if (mat == rmat) return (1);

  for (j = 0; j < n; j++)
    if (mat[j] == NULL || rmat[j] == NULL) return (1);

  lu = AllocMat (n, n);                     /* Speicher fuer die      */
  if (lu == NULL) return (2);               /* Gauss-Zerlegung al-    */
                                            /* lokieren               */

  if ((perm = (int *) malloc (n * sizeof (int))) == NULL)
  {
```

```
      FreeMat (n, lu);
      return (2);
    }

    if ((x = AllocVec (n)) == NULL)
    {
      FreeMat (n, lu);
      if (perm) free (perm);
      return (2);
    }

    rc = gaudec (n, mat, lu, perm, &signd);   /* Zerlegung in lu      */
                                              /* berechnen            */
    if (rc != 0 || signd == 0)                /* Existiert nicht      */
    {
      FreeMat (n, lu);                        /* Speicher freigeben   */
      if (perm) free (perm);
      FreeVec (x);
      return (3);
    }

    for (m = 0; m < k; m++)                   /* Fuer jede rechte Seite: */
    {
      for (i = 0; i < n; i++)                 /* Vorwaertselimination */
      {
        x[i] = rmat[perm[i]][m];
        for (j = 0; j < i; j++)
          x[i] -= lu[i][j] * x[j];
      }

      for (i = n - 1; i >= 0; i--)            /* Rueckwaertselimination */
      {
        sum = ZERO;
        for (j = i + 1; j < n; j++)
          sum += lu[i][j] * x[j];

        if (lu[i][i] == ZERO)                 /* Sollte nie passieren */
        {
          rc = 2;
          break;
        }
        x[i] = (x[i] - sum) / lu[i][i];
      }

      for (j = 0; j < n; j++)                 /* Sichere Ergebnis     */
        rmat[j][m] = x[j];
    }

    FreeMat (n, lu);                          /* Speicher freigeben   */
    if (perm) free (perm);
    FreeVec (x);

    return (rc);
  }


  REAL det                 /* Determinante ............................*/
          (
           int     n,      /* Dimension der Matrix ....................*/
           REAL *  mat[]   /* Eingabematrix ...........................*/
          )
  /*====================================================================*
   *                                                                    *
   *  det berechnet die Determinante einer n x n Matrix.                *
   *                                                                    *
   *====================================================================*
   *
```

```
*    Eingabeparameter:                                                  *
*    ================                                                   *
*       n          int n;  ( n > 0 )                                    *
*                  Dimension von mat.                                   *
*       mat        REAL    *mat[];                                      *
*                  n x n Matrix, deren Determinante zu bestimmen ist.   *
*                                                                       *
*    Rueckgabewert:                                                     *
*    =============                                                      *
*       REAL       Determinante von mat.                                *
*                  Ist der Rueckgabewert = 0, so ist die Matrix ent-    *
*                  weder singulaer oder es ist nicht genuegend Speicher *
*                  vorhanden.                                           *
*                                                                       *
*=======================================================================*
*                                                                       *
*    Benutzte Funktionen:                                               *
*    ===================                                                *
*                                                                       *
*       int gaudec ():    Zerlegung von mat in LU-Form.                 *
*       void AllocMat (): Speicher fuer Matrix allokieren.              *
*       void FreeMat ():  Speicher fuer Matrix freigeben.               *
*                                                                       *
*    Aus der C Bibliothek: free(), malloc()                             *
*                                                                       *
*=======================================================================*
*                                                                       *
*    Benutzte Konstanten: NULL, MAXROOT, EPSQUAD                        *
*    ===================                                                *
*                                                                       *
*=======================================================================*/
{
  int    i, rc, signd, *perm;
  REAL   **lu, tmpdet;

  if (n < 1) return (ZERO);

  lu = AllocMat (n, n);                    /* Speicher fuer die        */
  if (lu == NULL) return (ZERO);           /* Gauss-Zerlegung al-      */
                                           /* lokieren                 */

  if ((perm = (int *) malloc (n * sizeof (int))) == NULL)
  {
    FreeMat (n, lu);
    return (ZERO);
  }

  rc = gaudec (n, mat, lu, perm, &signd);  /* Zerlegung in lu          */
                                           /* berechnen                */
  if (rc != 0 || signd == 0)
  {
    FreeMat (n, lu);
    if (perm) free (perm);
    return (ZERO);
  }

  tmpdet = (REAL) signd;
  for (i = 0; i < n; i++)
  {
    if (ABS(tmpdet) < EPSQUAD)
    {
      FreeMat (n, lu);
      if (perm) free (perm);
      return (ZERO);
    }
    else
      if (ABS(tmpdet) > MAXROOT || ABS(lu[i][i]) > MAXROOT)
```

```
    {
      FreeMat (n, lu);
      if (perm) free (perm);
      return (MAXROOT);
    }
    else
      tmpdet *= lu[i][i];                /* Berechne det          */
  }

  FreeMat (n, lu);
  if (perm) free (perm);

  return (tmpdet);
}
/* ------------------------ ENDE fgauss.c ------------------------ */
```

P 4.7.2 Systeme mit symmetrischer, positiv definiter Matrix. Cholesky-Verfahren

```
/* ------------------------ MODUL fcholy.c ------------------------ */

#include <basis.h>
#include <u_proto.h>

int choly                /* Cholesky Verfahren ........................*/
         (
          int      mod,       /* Modus: 0, 1, 2 .....................*/
          int      n,         /* Dimension der Matrix ...............*/
          REAL *   mat[],     /* Eingabematrix ......................*/
          REAL     b[],       /* Rechte Seite des Systems ...........*/
          REAL     x[]        /* Loesung ............................*/
         )
/*====================================================================*
 *                                                                    *
 * Die Funktion cholesky dient zur Loesung eines linearen             *
 * Gleichungssystems:   mat * x = b                                   *
 * mit der n x n Koeffizientenmatrix mat und der rechten Seite b      *
 * nach dem Cholesky-Verfahren.                                       *
 *                                                                    *
 * Die Eingabematrix muss symmetrisch und positiv definit sein,       *
 * d.h. fuer alle n Vektoren y != 0 muss gelten:                      *
 *                                  T                                 *
 *                                 y * mat * y > 0.                   *
 *                                                                    *
 * cholesky arbeitet nur auf der unteren Dreieckmatrix incl. der      *
 * Diagonalen, so dass gegenueber dem Gaussverfahren eine erhebliche  *
 * Reduktion des Speicherplatzes erreicht wird; es genuegt daher      *
 * diesen Teil der Matrix an cholesky zu uebergeben.                  *
 *                                                                    *
 *====================================================================*
 *                                                                    *
 *   Anwendung:                                                       *
 *   =========                                                        *
 *                                                                    *
 *      Lineare Gleichungssysteme mit n x n Koeffizientenmatrix,      *
 *      die symmetrisch und positiv definit ist.                      *
 *                                                                    *
 *====================================================================*
 *                                                                    *
 *   Steuerparameter:                                                 *
 *   ===============                                                  *
 *      mod       int mod;                                            *
 *                Aufrufart von cholesky:                             *
```

```
*           = 0       Bestimmung der Zerlegungsmatrix und Berechnung         *
*                     der Loesung des Gleichungssystems.                     *
*           = 1       Nur Berechnung der Zerlegungsmatrix; wird auf          *
*                     mat ueberspeichert.                                    *
*           = 2       Nur Loesung des Gleichungssystems; zuvor muss je-      *
*                     doch die Zerlegungsmatrix bestimmt sein. Diese         *
*                     Aufrufart wird verwendet, falls bei gleicher           *
*                     Matrix lediglich die rechte Seite des Systems vari-    *
*                     iert, z. B. zur Berechnung der Inversen.               *
*                                                                            *
*     Eingabeparameter:                                                      *
*     ================                                                       *
*           n         int n;    ( n > 0 )                                    *
*                     Dimension von mat, Anzahl der Komponenten              *
*                     des b-Vektors u. des Loesungsvektors x.                *
*           mat       REAL   *mat[n];                                        *
*                         mod = 0, 1: Matrix des Gleichungssystems.          *
*                         mod = 2   : Zerlegungsmatrix.                      *
*           b         REAL   b[n];          ( bei mod = 0, 2 )               *
*                     Rechte Seite des Gleichungssystems.                    *
*                                                                            *
*     Ausgabeparameter:                                                      *
*     ================                                                       *
*           mat       REAL   *mat[n];       ( bei mod = 0, 1 )               *
*                     Dekompositionsmatrix, die die Zerlegung von            *
*                     mat enthaelt.                                          *
*           x         REAL   x[n];          ( bei mod = 0, 2 )               *
*                     Loesungsvektor des Systems.                            *
*                                                                            *
*     Rueckgabewert:                                                         *
*     =============                                                          *
*           = 0       alles ok                                               *
*           = 1       n < 1 gewaehlt oder falsche Eingabeparameter           *
*           = 2       Matrix ist nicht positiv definit                       *
*           = 3       Falsche Aufrufart                                      *
*                                                                            *
*============================================================================*
*                                                                            *
*     Benutzte Funktionen:                                                   *
*     ===================                                                    *
*        int chodec()  : Bestimmt die Dekomposition                          *
*        int chosol()  : Loest das lineare Gleichungssystem                  *
*                                                                            *
*============================================================================*
*                                                                            *
*     Benutzte Konstanten: NULL                                              *
*     ===================                                                    *
*                                                                            *
*===========================================================================*/
{
  int rc;

  if (mat == NULL || n < 1) return (1);

  switch (mod)
  {
    case 0: /* Zerlegung bestimmen und Gleichungssystem loesen .......*/
            rc = chodec (n, mat);
            if (rc == 0)
              return (chosol (n, mat, b, x));
            else
              return (rc);

    case 1: /* Nur Zerlegung berechnen ...............................*/
            return (chodec (n, mat));

    case 2: /* Nur Loesung bestimmen .................................*/
```

```
      return (chosol (n, mat, b, x));
  }
  return (3);                              /* Falsche Aufrufart */
}

int chodec               /* Cholesky Zerlegung ........................*/
           (
            int    n,             /* Dimension der Matrix .............*/
            REAL * mat[]          /* Eingabematrix/LU Matrix ..........*/
           )
/*====================================================================*
 *                                                                    *
 *  chodec berechnet die Zerlegungsmatrix einer symmetrischen, posi-  *
 *  tiv definiten Matrix. Die Zerlegungsmatrix wird auf mat ueber-    *
 *  speichert.                                                        *
 *                                                                    *
 *====================================================================*
 *                                                                    *
 *  Eingabeparameter:                                                 *
 *  ================                                                  *
 *      n         int n;  ( n > 0 )                                   *
 *                Dimension von mat,                                  *
 *                Anzahl der Komponenten des b-Vektors.               *
 *      mat       REAL  *mat[n];                                      *
 *                Matrix des Gleichungssystems.                       *
 *                                                                    *
 *  Ausgabeparameter:                                                 *
 *  ================                                                  *
 *      mat       REAL  *mat[n];                                      *
 *                Dekompositionsmatrix, die die Zerlegung von         *
 *                mat enthaelt.                                       *
 *                                                                    *
 *  Rueckgabewert:                                                    *
 *  =============                                                     *
 *      = 0       alles ok                                            *
 *      = 1       n < 1 gewaehlt                                      *
 *      = 2       Matrix ist nicht positiv definit                    *
 *                                                                    *
 *====================================================================*
 *                                                                    *
 *  Benutzte Funktionen:                                              *
 *  ===================                                               *
 *                                                                    *
 *  Aus der C Bibliothek: sqrt()                                      *
 *                                                                    *
 *====================================================================*
 *                                                                    *
 *  Benutzte Konstanten:  EPSQUAD                                     *
 *  ===================                                               *
 *                                                                    *
 *====================================================================*/
{
  register j, k, i;
  REAL     sum;

  if (n < 1) return (1);                     /* n < 1  Fehler !    */
  if (mat == NULL) return (1);
  for (j = 0; j < n; j++)
    if (mat[j] == NULL) return (1);

  if (mat[0][0] < EPSQUAD) return (2);       /* mat ist nicht      */
                                             /* positiv definit.   */
  mat[0][0] = SQRT (mat[0][0]);
  for (j = 1; j < n; j++) mat[j][0] /= mat[0][0];
```

```
  for (i = 1; i < n; i++)
  {
    sum = mat[i][i];
    for (j = 0; j < i; j++)  sum -= SQR (mat[i][j]);

    if (sum < EPSQUAD) return(2);          /* nicht positiv definit */
    mat[i][i] = SQRT (sum);
    for (j = i + 1; j < n; j++)
    {
      sum = mat[j][i];
      for (k = 0; k < i; k++)
        sum -= mat[i][k] * mat[j][k];
      mat[j][i] = sum / mat[i][i];
    }
  }

  return(0);
}


int chosol                  /* Cholesky Loesung ........................*/
          (
           int     n,       /* Dimension der Matrix ............*/
           REAL *  lmat[],  /* LU Matrix .......................*/
           REAL    b[],     /* Rechte Seite des Systems ........*/
           REAL    x[]      /* Loesung .........................*/
          )
/*====================================================================*
 *                                                                    *
 *  chosol bestimmt die Loesung x des linearen Gleichungssystems      *
 *  B * x = b mit der unteren Dreieckmatrix B wie sie als Ausgabe     *
 *  von chodec bestimmt wird.                                         *
 *                                                                    *
 *====================================================================*
 *                                                                    *
 *   Eingabeparameter:                                                *
 *   ================                                                 *
 *      n          int n;  ( n > 0 )                                  *
 *                 Dimension von lmat, Anzahl der Komponenten         *
 *                 des b-Vektors u. des Loesungsvektors x.            *
 *      lmat       REAL   *lmat[n];                                   *
 *                 untere Dreieckmatrix, wie sie von chodec als Aus-  *
 *                 gabe geliefert wird.                               *
 *      b          REAL    b[n];                                      *
 *                 Rechte Seite des Gleichungssystems.                *
 *                                                                    *
 *   Ausgabeparameter:                                                *
 *   ================                                                 *
 *      x          REAL    x[n];                                      *
 *                 Loesungsvektor des Systems.                        *
 *                                                                    *
 *   Rueckgabewert:                                                   *
 *   =============                                                    *
 *      = 0        alles ok                                           *
 *      = 1        Zerlegungsmatrix unzulaessig oder n < 1            *
 *                                                                    *
 *====================================================================*/
{
  register j, k;
  REAL     sum;

  if (n < 1) return (1);
  if (lmat == NULL || b == NULL || x == NULL) return (1);

  for (j = 0; j < n; j++)
    if (lmat[j] == NULL) return (1);
```

```
    if (lmat[0][0] == ZERO) return (1); /* Unzulaessige Zerlegungsmatrix*/
    x[0] = b[0] / lmat[0][0];            /* Vorwaertselimination       */
    for (k = 1; k < n; k++)
    {
      for (sum = ZERO, j = 0; j < k; j++)
        sum += lmat[k][j] * x[j];
      if (lmat[k][k] == ZERO) return (1);
      x[k] = (b[k] - sum) / lmat[k][k];
    }

    x[n-1] /= lmat[n-1][n-1];            /* Rueckwaertselimination     */
    for (k = n - 2; k >= 0; k--)
    {
      for (sum = ZERO, j = k + 1; j < n; j++)
        sum += lmat[j][k] * x[j];
      x[k] = (x[k] - sum) / lmat[k][k];
    }

    return (0);
  }
  /* -------------------- ENDE fcholy.c -------------------- */
```

P 4.7.3 Systeme mit symmetrischer, positiv definiter Matrix. Verfahren der konjugierten Gradienten (CG-Verfahren)

```
/* -------------------- DEKLARATIONEN cg.h -------------------- */
int cg_verfahren           /* Verfahren der konjugierten Gradienten ....*/
            (
                int     n,     /* Ordnung des Gleichungssystems ........*/
                REAL    *a[],  /* Matrix des Gleichungssystems .........*/
                REAL    y[],   /* rechte Seite .........................*/
                REAL    x[]    /* Loesung ..............................*/
            );                 /* Fehlercode ...........................*/

/* -------------------- ENDE cg.h -------------------- */
/* -------------------- MODUL cg.c -------------------- */
/***************************************************************
*                                                              *
* Verfahren der konjugierten Gradienten (CG-Verfahren)         *
* ---------------------------------------------------          *
*                                                              *
* Programmiersprache: ANSI-C                                   *
* Compiler:           Turbo C 2.0                              *
* Rechner:            IBM PS/2 70 mit 80387                    *
* Quellen:            [BUNS85], [SCHW], [MAES84]               *
* Bemerkung:          Umsetzung einer aequivalenten TP-Unit    *
* Autor:              Juergen Dietel, Rechenzentrum der RWTH Aachen *
* Datum:              FR 31. 7. 1992                           *
*                                                              *
***************************************************************/

#include <basis.h>         /* wegen REAL, NULL, ZERO, MACH_EPS, sqr   */
#include <vmblock.h>       /* wegen vminit, vmalloc, vmcomplete, vmfree, */
                           /*       VEKTOR                            */
#include <cg.h>            /* wegen cg_verfahren                      */


/* -------------------------------------------------------------- */
```

```
int cg_verfahren         /* Verfahren der konjugierten Gradienten ....*/
         (
                   int  n,      /* Ordnung des Gleichungssystems ........*/
                   REAL *a[],   /* Matrix des Gleichungssystems .........*/
                   REAL y[],    /* rechte Seite .........................*/
                   REAL x[]     /* Loesung ..............................*/
         )                      /* Fehlercode ...........................*/
/***************************************************************************
* CG loest das lineare Gleichungssystem                                    *
*                    A * X = Y                                             *
* mit symmetrischer, positiv definiter Matrix A nach dem Verfahren der     *
* konjugierten Gradienten (CG-Verfahren).                                  *
*                                                                          *
* Eingabeparameter:                                                        *
* =================                                                        *
* n   Ordnung des Gleichungssystems                                        *
* a   [0..n-1,0..n-1]-Matrix des Gleichungssystems. Von A wird nur das     *
*     obere Dreieck benutzt.                                               *
* y   [0..n-1]-Vektor mit der rechten Seite des Gleichungssystems          *
*                                                                          *
* Ausgabeparameter:                                                        *
* =================                                                        *
* x   [0..n-1]-Vektor mit der Loesung des Gleichungssystems                *
*                                                                          *
* Funktionswert:                                                           *
* ==============                                                           *
* = 0: alles in Ordnung                                                    *
* = 1: n < 2 gewaehlt oder unzulaessige Eingabeparameter                   *
* = 2: zuwenig Speicherplatz                                               *
*                                                                          *
* benutzte globale Namen:                                                  *
* =======================                                                  *
* REAL, NULL, vminit, vmalloc, VEKTOR, vmcomplete, vmfree, ZERO, sqr,      *
* MACH_EPS                                                                 *
***************************************************************************/
{
         REAL *d,              /* [0..n-1]-Hilfsvektor                    */
              *g,              /* [0..n-1]-Hilfsvektor                    */
              *AmalD,          /* [0..n-1]-Hilfsvektor a * d              */
              alpha,           /* Hilfskoeffizient                        */
              beta,            /* Hilfskoeffizient                        */
              dividend,        /* Zaehler und Nenner des Bruches zur Berechnung */
              divisor,         /* von alpha bzw. beta                     */
              hilf,            /* Hilfsvariable zum Zwischenspeichern     */
              hilf2,           /* von Feldelementen                       */
              abstand,         /* Abstand zweier aufeinanderfolgender     */
                               /* Naeherungswerte fuer die Loesung X      */
                               /* in der Euklidischen Norm                */
              xnorm;           /* Euklidische Norm von x                  */
         int  k, i, j;         /* Laufvariablen                           */
         void *vmblock;        /* Liste der dynamisch vereinbarten Vektoren */

         if (n < 2)                           /* unzulaessiger Parameter? */
           return 1;

         for (i = n - 1; i >= 0; i--)         /* Matrix mit Nullzeigern?  */
           if (a[i] == NULL)                  /* unzulaessig!             */
             return 1;

         vmblock = vminit();
         d     = (REAL *)vmalloc(vmblock, VEKTOR, n, 0);
         g     = (REAL *)vmalloc(vmblock, VEKTOR, n, 0);
         AmalD = (REAL *)vmalloc(vmblock, VEKTOR, n, 0);
```

Systeme mit symmetrischer, positiv definiter Matrix

```
  if (! vmcomplete(vmblock))
  {
    vmfree(vmblock);
    return 2;
  }

  /*--------------------------------------------------------------*/
  /* den Ursprung als Startpunkt x festlegen                      */
  /*--------------------------------------------------------------*/
  for (i = n - 1; i >= 0; i--)
    x[i] = ZERO;


  /*--------------------------------------------------------------*/
  /* die beiden Hilfsvektoren d und g vorbesetzen:                */
  /* d = -g = -(a*x - y) = y (da x = 0 gewaehlt wurde)            */
  /*--------------------------------------------------------------*/
  for (i = n - 1; i >= 0; i--)
    hilf = y[i],
    d[i] = hilf,
    g[i] = -hilf;


  /*--------------------------------------------------------------*/
  /* die maximal n Schritte des CG-Verfahrens ausfuehren          */
  /*--------------------------------------------------------------*/
  for (k = n; k > 0; k--)
  {

    /*--------------------------------------------------------------*/
    /* neues alpha berechnen:                                       */
    /* alpha = -(d(transp) * g) / (d(transp) * (a * d))             */
    /*--------------------------------------------------------------*/

    dividend = ZERO;
    divisor  = ZERO;

    for (i = n - 1; i >= 0; i--)
    {
      dividend += d[i] * g[i];
      for (j = 0, hilf = ZERO; j < i; j++)
        hilf += a[j][i] * d[j];
      for (j = i; j < n; j++)
        hilf += a[i][j] * d[j];
      AmalD[i] = hilf;
      divisor += d[i] * hilf;
    }

    if (divisor == ZERO)
    {
      vmfree(vmblock);        /* Speicher fuer Hilfsvektoren freigeben */
      return 0;
    }

    alpha = -dividend / divisor;


    /*--------------------------------------------------------------*/
    /* die Norm von x und   alpha * d   und ein neues x berechnen:  */
    /* x  =  x + alpha * d  und abfragen, ob x schon genau genug ist,*/
```

```
          /* um die Iteration eventuell schon frueher abbrechen zu koennen */
          /*--------------------------------------------------------------*/

          xnorm   = ZERO;
          abstand = ZERO;

          for (i = n - 1; i >= 0; i--)
            hilf    = x[i],
            xnorm  += sqr(hilf),
            hilf2   = alpha * d[i],
            abstand += sqr(hilf2),
            x[i]    = hilf + hilf2;

          if (abstand < MACH_EPS * xnorm)
          {
            vmfree(vmblock);        /* Speicher fuer Hilfsvektoren freigeben */
            return 0;
          }


          /*--------------------------------------------------------------*/
          /* neues g berechnen:   g  =  g + alpha * (a * d)               */
          /*--------------------------------------------------------------*/

          for (i = n - 1; i >= 0; i--)
            g[i] += alpha * AmalD[i];


          /*--------------------------------------------------------------*/
          /* neues beta berechnen:                                        */
          /* beta = (g(transp) * (a * d)) / (d(transp) * (a * d))         */
          /*--------------------------------------------------------------*/

          dividend = ZERO;

          for (i = n - 1; i >= 0; i--)
            dividend += g[i] * AmalD[i];

          beta = dividend / divisor;


          /*--------------------------------------------------------------*/
          /* neues d berechnen:  d = -g + beta * d                        */
          /*--------------------------------------------------------------*/

          for (i = n - 1; i >= 0; i--)
            d[i] = -g[i] + beta * d[i];

        }

        vmfree(vmblock);          /* Speicher fuer Hilfsvektoren freigeben */
        return 0;
      }
      /* ------------------------- ENDE cg.c ------------------------ */
```

P 4.9 Bestimmung der zu einer Matrix inversen Matrix mit dem Austauschverfahren

```
/* ----------------------- MODUL fpivot.c ---------------------- */

#include <basis.h>
#include <u_proto.h>
```

Bestimmung einer inversen Matrix

```
int pivot                    /* Bestimmung der Inversen (Austauschverf.) ..*/
        (
        int     n,           /* Dimension der Matrix .............*/
        REAL *  mat[],       /* Eingabematrix ....................*/
        REAL *  inv[],       /* Inverse ..........................*/
        REAL *  s,           /* Checksumme .......................*/
        REAL *  cond         /* Konditionzahl ....................*/
        )
/*====================================================================*
*                             -1                                      *
*  pivot berechnet die inverse Matrix A    einer regulaeren           *
*  n x n Matrix A mit dem Austauschverfahren.                         *
*  Es wird Spalten- und Zeilenpivotsuche benutzt, um das Verfahren    *
*  moeglichst stabil zu halten.                                       *
*                                                                     *
*=====================================================================*
*                                                                     *
*   Anwendung:                                                        *
*   =========                                                         *
*                                                                     *
*     Regulaere n x n Matrizen, deren Inverse explizit zu bestim-     *
*     men ist.                                                        *
*                                                                     *
*=====================================================================*
*                                                                     *
*   Eingabeparameter:                                                 *
*   ================                                                  *
*   n         int n;  ( n > 0 )                                       *
*             Dimension von mat und inv.                              *
*   mat       REAL  *mat[n];                                          *
*             Matrix des Gleichungssystems. Diese wird als Vektor     *
*             von Zeigern uebergeben.                                 *
*                                                                     *
*   Ausgabeparameter:                                                 *
*   ================                                                  *
*   inv       REAL  *inv[n];                                          *
*             Inverse von mat.                                        *
*   s         REAL  *s;                                               *
*             Spur ( mat * inv ) - n, die fast 0 sein muss.           *
*   cond      REAL  *cond;                                            *
*             Konditionszahl von mat im Sinne der Max-Norm;           *
*             ist cond = 1.E+k, so gehen bei der Durchfuehrung von    *
*             pivot ca. k Dezimalstellen verloren.                    *
*                                                                     *
*   Rueckgabewert:                                                    *
*   =============                                                     *
*     = 0     Inverse bestimmt                                        *
*     = 1     n < 1 gewaehlt oder unzulaessige Eingabeparamer         *
*     = 2     zu wenig Speicherplatz                                  *
*     = 3     Matrix ist singulaer oder rechnerisch singulaer         *
*                                                                     *
*=====================================================================*
*                                                                     *
*   Benutzte Funktionen:                                              *
*   ===================                                               *
*                                                                     *
*   Aus der C Bibliothek: free(), malloc()                            *
*                                                                     *
*=====================================================================*
*                                                                     *
*   Benutzte Macros:                                                  *
*   ===============                                                   *
*     SWAP, ABS                                                       *
*                                                                     *
*=====================================================================*
*                                                                     *
```

```
*    Benutzte Konstanten: NULL, MACH_EPS                               *
*    ==================                                                *
*                                                                      *
*======================================================================*/
{
  int       *permx,                      /* Zeilenpermutationen    */
            *permy;                      /* Spaltenpermutationen   */

  register k, j, i, ix, iy;              /* Schleifenindizes       */
  int       nx, ny;                      /* Pivotindizes           */
  REAL      piv,                         /* Hilfsgroessen          */
            tmp, norma, normb,
            faktor, h1, h2;

  if (n < 1) return (1);                 /* Unzulaessige Eingabeparameter */

  if (mat == NULL || inv == NULL) return (1);

  for (k = 0; k < n; k++)
    if (mat[k] == NULL || inv[k] == NULL) return (1);

                                         /* Speicher allokieren    */
  permx = (int *) malloc (2 * n * sizeof(int));
  if (permx == NULL) return (2);

  permy = permx + n;

  for (i = 0; i < n; i++)
  {
    permx[i] = permy[i] = -1;            /* permx, permy initial.*/
    for (j = 0; j < n; j++)              /* Kopiere mat auf inv   */
      inv[i][j] = mat[i][j];
  }

  for (i = 0; i < n; i++)
  {
    for (piv = ZERO, ix = 0; ix < n; ix++)  /* Suche aktuelles    */
      if (permx[ix] == -1)                  /* Pivotelement       */
      {
        for (iy = 0; iy < n; iy++)
          if (permy[iy] == -1 && ABS(piv) < ABS(inv[ix][iy]))
          {
            piv = inv[ix][iy];            /* merke aktuelle Pivotpos. */
            nx = ix;                      /* u. deren Indizes         */
            ny = iy;
          }
      }

    if ( ABS(piv) < MACH_EPS )            /* Wenn piv zu klein, so ist */
    {                                     /* mat nahezu singulaer      */
      if (permx) free (permx);
      return (3);
    }

    permx[nx] = ny;                       /* Tausche Pivotpositionen  */
    permy[ny] = nx;

    tmp = ONE / piv;                      /* Pivotschritt ...         */
    for (j = 0; j < n; j++)
      if (j != nx)
      {
        faktor = inv[j][ny] * tmp;
        for (k = 0; k < n; k++)           /* ... ausserhalb von Pivot- */
                                          /*     zeile u. -spalte      */

          inv[j][k] -= inv[nx][k] * faktor;
```

```
        inv[j][ny] = faktor;           /* ... in der Pivotspalte  */
    }
    for (k = 0; k < n; k++)
        inv[nx][k] *= -tmp;            /* ... in der Pivotzeile   */
    inv[nx][ny] = tmp;                 /* ... fuers Pivotelement  */
} /* end i */
              /* Zeilen- u. Spaltenvertauschungen rueckgaengig machen */
for (i = 0; i < n; i++)
{                                      /* Bestimme j mit permx[j] = i */
    for (j = i; j < n; j++)
        if (permx[j] == i) break;

    if (j != i)                        /* Zeilenvertauschung      */
    {                                  /* nur die Zeiger !        */
        SWAP (REAL*, inv[i], inv[j])
        permx[j]  = permx[i];
        permx[i]  = i;
    }
                                       /* Bestimme j mit permy[j] = i */
    for (j = i; j < n; j++)
        if (permy[j] == i) break;

    if (j != i)
    {
        for (k = 0; k < n; k++)        /* Spaltenvertauschung     */
        {
            SWAP (REAL, inv[k][i], inv[k][j])
        }
        permy[j] = permy[i];
        permy[i] = i;
    }
} /* end i */

if (permx) free (permx);               /* Speicher freigeben      */

*s = norma = normb = ZERO;
for (i = 0; i < n; i++)
{                                      /* mat * inv bilden        */
    h1 = h2 = ZERO;                    /* und alle Elemente       */
    for (j = 0; j < n; j++)            /* betragsmaessig aufaddieren */
    {                                  /* *s muss nahezu n sein   */
        for (tmp = ZERO, k = 0; k < n; k++)
            tmp += mat[i][k] * inv[k][j];
        *s += ABS (tmp);

        h1 += ABS (mat[i][j]);
        h2 += ABS (inv[i][j]);
    }
    norma = max (h1, norma);           /* Konditionszahl von mat  */
    normb = max (h2, normb);           /* im Sinne der Maxnorm be- */
    *cond = norma * normb;             /* rechnen                 */

} /* end i */

*s -= (REAL) n;                        /* *s nahezu 0 ?           */
return (0);
}

/* -------------------------- ENDE fpivot.c -------------------------- */
```

P 4.10.1 Systeme mit tridiagonaler Matrix

```
/* ----------------------- MODUL ftdiag.c ----------------------- */
#include <basis.h>
#include <u_proto.h>

int trdiag                  /* Tridiagonale Gleichungssysteme ............*/
         (
            int     n,       /* Dimension der Matrix ............*/
            REAL    lower[], /* Subdiagonale ....................*/
            REAL    diag[],  /* Diagonale .......................*/
            REAL    upper[], /* Superdiagonale ..................*/
            REAL    b[],     /* Rechte Seite / Loesung ..........*/
            int     rep      /* rep = 0, 1 ......................*/
         )
/*====================================================================*
 *                                                                    *
 * trdiag bestimmt die Loesung x des linearen Gleichungssystems       *
 * A * x = b mit tridiagonaler n x n Koeffizientenmatrix A, die in    *
 * den 3 Vektoren lower, upper und diag wie folgt abgespeichert ist:  *
 *                                                                    *
 *          ( diag[0]  upper[0]    0        0    .    .    0      )   *
 *          ( lower[1] diag[1]   upper[1]   0         .           )   *
 *          (    0     lower[2]  diag[2]  upper[2]    0     .     )   *
 *   A =    (    .       0       lower[3]   .    .                )   *
 *          (    .               .          .              0      )   *
 *          (    .                    .          .                )   *
 *          (    .                         .         . upper[n-2] )   *
 *          (    0 .    .    0          lower[n-1]      diag[n-1] )   *
 *                                                                    *
 *====================================================================*
 *                                                                    *
 *   Anwendung:                                                       *
 *   =========                                                        *
 *      Vorwiegend fuer diagonaldominante Tridiagonalmatrizen, wie    *
 *      sie bei der Spline-Interpolation auftreten.                   *
 *      Fuer diagonaldominante Matrizen existiert immer eine LU-      *
 *      Zerlegung; fuer nicht diagonaldominante Tridiagonalmatrizen   *
 *      sollte die Funktion band vorgezogen werden, da diese mit      *
 *      Spaltenpivotsuche arbeitet und daher numerisch stabiler ist.  *
 *                                                                    *
 *====================================================================*
 *                                                                    *
 *   Eingabeparameter:                                                *
 *   ================                                                 *
 *      n       Dimension der Matrix ( > 1 )     int n                *
 *                                                                    *
 *      lower   untere Nebendiagonale            REAL  lower[n]       *
 *      diag    Hauptdiagonale                   REAL  diag[n]        *
 *      upper   obere Nebendiagonale             REAL  upper[n]       *
 *                                                                    *
 *              bei rep != 0 enthalten lower, diag und upper die      *
 *              Dreieckzerlegung der Ausgangsmatrix.                  *
 *                                                                    *
 *      b       rechte Seite des Systems         REAL  b[n]           *
 *      rep     = 0  erstmaliger Aufruf          int   rep            *
 *              !=0  wiederholter Aufruf                              *
 *                   fuer gleiche Matrix,                             *
 *                   aber verschiedenes b.                            *
 *                                                                    *
 *   Ausgabeparameter:                                                *
 *   ================                                                 *
 *      b       Loesungsvektor des Systems;      REAL  b[n]           *
 *              die urspruengliche rechte Seite wird ueberspeichert   *
 *                                                                    *
 *      lower  ) enthalten bei rep = 0 die Zerlegung der Matrix;      *
 *      diag   ) die urspruenglichen Werte von lower u. diag werden   *
```

```
*       upper    ) ueberschrieben                                *
*                                                                *
*  Die Determinante der Matrix ist bei rep = 0 durch             *
*       det A = diag[0] * ... * diag[n-1] bestimmt.              *
*                                                                *
*  Rueckgabewert:                                                *
*  =============                                                 *
*       = 0         alles ok                                     *
*       = 1         n < 2 gewaehlt                               *
*       = 2         Die Dreieckzerlegung der Matrix existiert nicht *
*                                                                *
*===============================================================*/
{
  register i;

  if (n < 2) return (1);                /* n mindestens 2        */

  if (lower == NULL || diag == NULL || upper == NULL ||
      b == NULL) return (1);

                                        /* Wenn rep = 0 ist,     */
                                        /* Dreieckzerlegung der  */
  if (rep == 0)                         /* Matrix u. det be-     */
  {                                     /* stimmen               */
    for (i = 1; i < n; i++)
    {
      if (ABS(diag[i-1]) < MACH_EPS)    /* Wenn ein diag[i] = 0  */
        return (2);                     /* ist, ex. keine Zerle- */
      lower[i] /= diag[i-1];            /* gung.                 */
      diag[i] -= lower[i] * upper[i-1];
    }
  }

  if (ABS(diag[n-1]) < MACH_EPS) return (2);

  for (i = 1; i < n; i++)               /* Vorwaertselimination  */
    b[i] -= lower[i] * b[i-1];

  b[n-1] /= diag[n-1];                  /* Rueckwaertselimination */
  for (i = n-2; i >= 0; i--)
    b[i] = ( b[i] - upper[i] * b[i+1] ) / diag[i];

  return (0);
}
/* -------------------------- ENDE ftdiag.c --------------------- */
```

P 4.10.2 Systeme mit symmetrischer, tridiagonaler, positiv definiter Matrix

```
/* -------------------- DEKLARATIONEN ftrdiasy.h ---------------- */
int trdiasy       /* tridiagonales, symmetrisches Gleichungssystem ....*/
        (
         int  modus,   /* Aufrufart: 0, 1, 2 ........................*/
         int  n,       /* Ordnung des Gleichungssystems .............*/
         REAL diag[],  /* Hauptdiagonale bzw. RDR-Zerlegung .........*/
         REAL oben[],  /* Nebendiagonale bzw. RDR-Zerlegung .........*/
         REAL rs[]     /* rechte Seite bzw. Loesung .................*/
        );             /* Fehlercode ................................*/
/* -------------------------- ENDE ftrdiasy.h ------------------- */
/* -------------------------- MODUL ftrdiasy.c ------------------ */
/****************************************************************
```

```
/*************************************************************
*                                                             *
* Loesung eines linearen Gleichungssystems mit tridiagonaler, *
* ----------------------------------------------------------- *
* symmetrischer, positiv definiter Matrix                     *
* ---------------------------------------                     *
*                                                             *
* exportierte Funktion:                                       *
*   - trdiasy(): Loesung eines Gleichungssystems mit tridiagonaler, *
*                symmetrischer, positiv definiter Matrix      *
*                                                             *
* Programmiersprache: ANSI-C                                  *
* Compiler:           Borland C++ 2.0                         *
* Rechner:            IBM PS/2 70 mit 80387                   *
* Autorin:            Gisela Engeln-Muellges (FORTRAN)        *
* Bearbeiter:         Juergen Dietel, Rechenzentrum der RWTH Aachen *
* Vorlage:            bereits existierender FORTRAN-Quelltext *
* Datum:              FR 27. 11. 1992                         *
*                                                             *
***************************************************************/

#include <basis.h>    /* wegen REAL, MACH_EPS, FABS, ZERO, ONE, FOUR */
#include <ftrdiasy.h> /* wegen trdiasy                               */



/* ----------------------------------------------------------------- */

static int ztrdiasy
                (
                  int  n,
                  REAL diag[],
                  REAL oben[]
                )

/***************************************************************
* die tridiagonale, symmetrische, positiv definite Matrix A, die durch *
* die beiden Vektoren diag und oben beschrieben wird (siehe Funktion  *
* ftrdiasy()) in ihre Faktoren  R(tr) * D * R  nach dem Choleskyver-  *
* fahren fuer tridiagonale Matrizen zerlegen                          *
*                                                                     *
* Eingabeparameter:                                                   *
* =================                                                   *
* n         Anzahl der Gleichungen (n > 2)                            *
* diag      [0..n-1]-Vektor mit der Hauptdiagonale der Matrix         *
* oben      [0..n-2]-Vektor mit der oberen Nebendiagonale der Matrix  *
*                                                                     *
* Ausgabeparameter:                                                   *
* =================                                                   *
* diag \    die Matrizen der Choleskyzerlegung von A in gepackter Form. *
* oben /    Die Nebendiagonale der normierten oberen tridiagonalen Drei- *
*           ecksmatrix R wird in oben[0..n-2] abgelegt, die Diagonal-  *
*           matrix D in diag[0..n-1].                                  *
*                                                                     *
* Funktionswert:                                                      *
* ==============                                                      *
* Fehlercode.                                                         *
* = 0: kein Fehler                                                    *
* = 2: Die Matrix A ist numerisch nicht streng regulaer, d. h. die    *
*      Matrix ist nicht positiv definit.                              *
* = 3: Die Matrix A ist nicht positiv definit.                        *
*                                                                     *
* benutzte globale Namen:                                             *
* =======================                                             *
* REAL, FOUR, MACH_EPS, ZERO, FABS, ONE                               *
***********************************************************************/

{
```

```
  REAL eps,       /* Schranke fuer den relativen Fehler              */
       zeile,     /* Summe der Betraege der Elemente einer Matrixzeile */
       d,         /* Kehrwert von zeile                               */
       oben_alt,  /* in der i-Schleife: urspruengliches Nebendiagonal- */
                  /* element aus der vorherigen Matrixzeile           */
       oben_neu;  /* in der i-Schleife: Nebendiagonalelement aus der  */
                  /* aktuellen Matrixzeile                            */
  int  i;         /* Laufvariable: Nummer der Matrixzeile             */

  eps = FOUR * MACH_EPS;

  zeile = FABS(diag[0]) + FABS(oben[0]);  /* versuchen, die Matrix    */
  if (zeile == ZERO)                      /* schon anhand der ersten  */
    return 2;                             /* Zeile als nicht positiv  */
  d = ONE / zeile;                        /* definit bzw. als nicht   */
  if (diag[0] < ZERO)                     /* streng regulaer zu       */
    return 3;                             /* erkennen                 */
  if (FABS(diag[0]) * d <= eps)
    return 2;

  oben_alt = oben[0];                     /* die Zerlegung ausfuehren */
  oben_neu = oben[1];
  oben[0] /= diag[0];

  for (i = 1; i < n; i++)
  {
    zeile   = FABS(diag[i]) + FABS(oben_neu) + FABS(oben_alt);
    diag[i] -= oben_alt * oben[i - 1];

    if (zeile == ZERO)          /* die positive Definitheit und die   */
      return 2;                 /* strenge Regularitaet von A pruefen */
    d = ONE / zeile;
    if (diag[i] < ZERO)
      return 3;
    if (FABS(diag[i]) * d <= eps)
      return 2;

    if (i < n - 1)              /* noch nicht die letzte Matrixzeile? */
      oben_alt = oben[i],       /* => Es gibt noch ein unteres Neben- */
      oben[i] /= diag[i];       /*    diagonalement in der naechsten  */
                                /*    Zeile.                          */

    if (i < n - 2)              /* noch nicht die vorletzte Zeile?    */
      oben_neu = oben[i + 1];   /* => Es gibt noch ein oberes         */
                                /*    Nebendiagonalelement in der     */
                                /*    naechsten Zeile                 */
    else                        /* vorletzte oder letzte Zeile?       */
      oben_neu = ZERO;          /* => Das obere Nebendiagonalelement  */
  }                             /*    fuer die naechste Zeile         */
                                /*    existiert nicht.                */
  return 0;
}


/* ------------------------------------------------------------ */

static int ltrdiasy
              (
               int  n,
               REAL diag[],
               REAL oben[],
               REAL rs[]
              )
```

```
/***************************************************************
* die Loesung des linearen Gleichungssystems                   *
*                    A * X = RS                                *
* mit tridiagonaler, symmetrischer, positiv definiter Matrix A be- *
* rechnen, nachdem die Zerlegung A = R(tr) * D * R  von A mit Hilfe *
* der Funktion ztrdiasy() bestimmt wurde                       *
*                                                              *
* Eingabeparameter:                                            *
* =================                                            *
* n      Anzahl der Gleichungen (n > 2)                        *
* diag   [0..n-1]-Vektor mit der Hauptdiagonale der Diagonalmatrix D *
* oben   [0..n-2]-Vektor mit der oberen Nebendiagonale der oberen *
*        Dreiecksmatrix R                                      *
* rs     [0..n-1]-Vektor mit der rechten Seite des Gleichungssystems *
*                                                              *
* Ausgabeparameter:                                            *
* =================                                            *
* rs     [0..n-1]-Vektor mit der Loesung des Gleichungssystems *
*                                                              *
* Funktionswert:                                               *
* ==============                                               *
* Fehlercode.                                                  *
* = 0: kein Fehler                                             *
* = 4: ungueltige Zerlegung: Die Diagonalmatrix ist singulaer. *
*                                                              *
* benutzte globale Namen:                                      *
* =======================                                      *
* REAL, ZERO                                                   *
***************************************************************/
{
  REAL rsi1;        /* Zwischenspeicher fuer das im vorigen      */
                    /* Schleifendurchlauf berechnete Element des */
                    /* Loesungsvektors der Vorwaertselimination vor der */
                    /* Division durch das zugehoerige Diagonalelement */
                    /* (noetig, damit man die beiden Schritte der */
                    /* Vorwaertselimination in einer einzigen Schleife */
                    /* ausfuehren kann)                          */
  int  i;           /* Laufvariable                              */

  if (diag[0] == ZERO)
    return 4;
  rsi1  = rs[0];                              /* Vorwaertselimination  */
  rs[0] = rsi1 / diag[0];

  for (i = 1; i < n; i++)
  {
    if (diag[i] == ZERO)
      return 4;
    rsi1  = rs[i] - oben[i - 1] * rsi1;
    rs[i] = rsi1 / diag[i];
  }

  for (i = n - 2; i >= 0; i--)                /* Rueckwaertselimination */
    rs[i] -= oben[i] * rs[i + 1];

  return 0;
}


/* ---------------------------------------------------------------- */
```

```
int trdiasy          /* tridiagonales, symmetrisches Gleichungssystem ....*/
     (
      int  modus,    /* Aufrufart: 0, 1, 2 .....................*/
      int  n,        /* Ordnung des Gleichungssystems ...........*/
      REAL diag[],   /* Hauptdiagonale bzw. RDR-Zerlegung .......*/
      REAL oben[],   /* Nebendiagonale bzw. RDR-Zerlegung .......*/
      REAL rs[]      /* rechte Seite bzw. Loesung ...............*/
     )               /* Fehlercode ..............................*/
```

```
/***************************************************************
* ein lineares Gleichungssystem                                *
*                        A * X = RS                            *
* mit tridiagonaler, symmetrischer, positiv definiter Matrix A loesen. *
* Die Matrix A wird durch die beiden Vektoren diag und oben    *
* beschrieben. Damit hat das Gleichungssystem die Form:        *
*                                                              *
*                  diag[0]  *x[0]    + oben[0]*x[1]   = rs[0]  *
* oben[i-1]*x[i-1] + diag[i]  *x[i]  + oben[i]*x[i+1] = rs[i]  *
* oben[n-2]*x[n-2] + diag[n-1]*x[n-1]                 = rs[n-1] *
*                                                              *
* fuer i=1(1)n-2. Die Matrix kann man sich daher wie folgt aus oben *
* und diag zusammengesetzt denken:                             *
*                                                              *
*   ( diag[0]  oben[0]    0    .    .    .    .       0    )  *
*   (                                              .       )  *
*   ( oben[0]  diag[1]  oben[1]    0                  .    )  *
*   (                                              .       )  *
*   (   0      oben[1]  diag[2]  oben[2]    0      .       )  *
*   (   .        .        .        .        .      .       )  *
*   (   .            .        .        .        .    0     )  *
*   (   .                .        .        .    oben[n-2]  )  *
*   (   .                    .      .                      )  *
*   (   0      .      .      .      0    oben[n-2] diag[n-1] ) *
*                                                              *
* Eingabeparameter:                                            *
* =================                                            *
* modus   Aufrufart dieser Funktion:                           *
*         = 0: die Matrix faktorisieren und das Gleichungssystem loesen *
*         = 1: nur die Matrix faktorisieren                    *
*         = 2: nur das Gleichungssystem loesen. Die Faktorisierung muss *
*              schon in oben und diag bereitstehen. Diese Aufrufart *
*              wird verwendet, falls bei gleicher Matrix lediglich die *
*              rechte Seite des Systems variiert, z. B. zur Inversion *
*              der Matrix.                                     *
* n       Anzahl der Gleichungen (n > 2)                       *
* diag    modus = 0,1: [0..n-1]-Vektor mit der Hauptdiagonale der *
*                      Matrix                                  *
*         modus = 2:   [0..n-2]-Vektor mit dem einen Teil der Cholesky- *
*                      zerlegung der Matrix in gepackter Form (siehe *
*                      Funktion ztrdiasy())                    *
*                      Die Choleskyzerlegung der Matrix erhaelt man i. a. durch *
*                      einen Aufruf dieser Funktion mit modus=0 oder modus=1. *
* oben    modus = 0,1: [0..n-2]-Vektor mit der oberen Nebendiagonale *
*                      der Matrix                              *
*         modus = 2:   [0..n-1]-Vektor mit dem anderen Teil der *
*                      Choleskyzerlegung der Matrix in gepackter Form *
*                      (siehe Funktion ztrdiasy())             *
* rs      modus = 0,2: [0..n-1]-Vektor mit der rechten Seite des *
*                      Gleichungssystems                       *
*         modus = 1:   unbenutzt                               *
*                                                              *
* Ausgabeparameter:                                            *
```

```
*  ==================                                                      *
*  diag \   die Matrizen der Choleskyzerlegung von A in gepackter Form     *
*  oben /                                                                  *
*  rs        modus = 0,2:  [0..n-1]-Vektor mit der Loesung des Gleichungs- *
*                          systems                                         *
*            modus = 1:    unbenutzt                                       *
*                                                                          *
*  Funktionswert:                                                          *
*  ==============                                                          *
*  Fehlercode.                                                             *
*  = 0: kein Fehler                                                        *
*  = 1: falsche Eingabeparameter (n <= 2  oder  modus != 0,1,2)            *
*  = 2: Die Matrix A ist numerisch nicht streng regulaer, d. h. die        *
*       Matrix ist nicht positiv definit.                                  *
*  = 3: Die Matrix A ist nicht positiv definit.                            *
*  = 4: ungueltige Zerlegung im Fall  modus = 2:  Die Diagonalmatrix       *
*       ist singulaer.                                                     *
*  Nach einem fehlerfreien Ablauf kann die Determinante von A wie folgt    *
*  berechnet werden:                                                       *
*            det(A) = diag[0] * diag[1] * ... * diag[n-1].                 *
*                                                                          *
*  benutzte globale Namen:                                                 *
*  =======================                                                 *
*  REAL, ztrdiasy, ltrdiasy                                                *
***************************************************************************/
{
  int fehler;                         /* Fehlercode von zzytrdsy() */

  if (n <= 2)                         /* zu kleine Matrix? */
    return 1;

  switch (modus)
  {
    case 0:                           /* faktorisieren und */
                                      /* loesen?           */
      fehler = ztrdiasy(n, diag, oben);
      if (fehler)
        return fehler;
      return ltrdiasy(n, diag, oben, rs);

    case 1:                           /* nur faktorisieren? */
      return ztrdiasy(n, diag, oben);

    case 2:                           /* nur loesen? */
      return ltrdiasy(n, diag, oben, rs);

    default:                          /* falscher Modus? */
      return 1;
  }
}
/* ------------------------- ENDE ftrdiasy.c ------------------------- */
```

P 4.11.1 Systeme mit zyklisch tridiagonaler Matrix

```
/* ------------------------- MODUL fzdiag.c ------------------------- */
#include <basis.h>
#include <u_proto.h>


int tzdiag              /* Zyklisch tridiagonale Gleichungssystem ....*/
          (
           int    n,    /* Dimension der Matrix ..................*/
```

Systeme mit zyklisch tridiagonaler Matrix

```
              REAL   lower[],        /* Subdiagonale ....................*/
              REAL   diag[],         /* Diagonale .......................*/
              REAL   upper[],        /* Superdiagonale ..................*/
              REAL   lowrow[],       /* Untere Zeile ....................*/
              REAL   ricol[],        /* Rechte Spalte ...................*/
              REAL   b[],            /* Rechte Seite / Loesung ..........*/
              int    rep             /* rep = 0, 1 ......................*/
             )
/*=====================================================================*
*                                                                       *
* tzdiag bestimmt die Loesung x des linearen Gleichungssystems          *
* A * x = b mit zyklisch tridiagonaler n x n Koeffizienten-             *
* matrix A, die in den 5 Vektoren lower, upper, diag, lowrow und        *
* ricol wie folgt abgespeichert ist:                                    *
*                                                                       *
*       ( diag[0]   upper[0]     0        0  .   0   ricol[0]  )        *
*       ( lower[1]  diag[1]    upper[1]   0   .      .   0     )        *
*       (    0      lower[2]   diag[2]  upper[2]  0      .     )        *
* A =   (    .         0       lower[3]   .      .    .        )        *
*       (    .                   .       .     .     .     0   )        *
*       (    .                     .       .     .     .       )        *
*       (    0                       .       .  upper[n-2]     )        *
*       ( lowrow[0]  0  .   .  0        lower[n-1]  diag[n-1]  )        *
*                                                                       *
* Speicherplatz fuer lowrow[1],..,lowrow[n-3] und ricol[1],...,         *
* ricol[n-3] muss zusaetzlich bereitgestellt werden, da dieser          *
* fuer die Aufnahme der Zerlegungsmatrix verfuegbar sein muss, die      *
* auf die 5 genannten Vektoren ueberspeichert wird.                     *
*                                                                       *
*=======================================================================*
*                                                                       *
* Anwendung:                                                            *
* =========                                                             *
*    Vorwiegend fuer diagonaldominante zyklische Tridiagonalmatri-      *
*    zen wie sie bei der Spline-Interpolation auftreten.                *
*    Fuer diagonaldominante Matrizen existiert immer eine LU-           *
*    Zerlegung.                                                         *
*                                                                       *
*=======================================================================*
*                                                                       *
* Eingabeparameter:                                                     *
* ================                                                      *
*    n          Dimension der Matrix ( > 2 )       int n                *
*    lower      untere Nebendiagonale              REAL   lower[n]      *
*    diag       Hauptdiagonale                     REAL   diag[n]       *
*    upper      obere Nebendiagonale               REAL   upper[n]      *
*    b          rechte Seite des Systems           REAL   b[n]          *
*    rep        = 0   erstmaliger Aufruf           int rep              *
*               !=0   wiederholter Aufruf                               *
*                     fuer gleiche Matrix,                              *
*                     aber verschiedenes b.                             *
*                                                                       *
* Ausgabeparameter:                                                     *
* ================                                                      *
*    b          Loesungsvektor des Systems,        REAL   b[n]          *
*               die urspruengliche rechte Seite wird ueberspeichert     *
*                                                                       *
*    lower     ) enthalten bei rep = 0 die Zerlegung der Matrix;        *
*    diag      ) die urspruenglichen Werte von lower u. diag werden     *
*    upper     ) ueberschrieben                                         *
*    lowrow    )                                   REAL   lowrow[n-2]   *
*    ricol     )                                   REAL   ricol[n-2]    *
*                                                                       *
* Die Determinante der Matrix ist bei rep = 0 durch                     *
*    det A = diag[0] * ... * diag[n-1]    bestimmt.                     *
*                                                                       *
* Rueckgabewert:                                                        *
```

```
 *    =============                                                     *
 *       = 0       alles ok                                             *
 *       = 1       n < 3 gewaehlt oder ungueltige Eingabeparameter      *
 *       = 2       Die Zerlegungsmatrix existiert nicht                 *
 *                                                                      *
 *======================================================================*/
{
  REAL     tmp;
  register i;

  if (n < 3) return (1);
  if (lower == NULL || diag == NULL || upper == NULL ||
      lowrow == NULL || ricol == NULL) return (1);

  if (rep == 0)                            /* Wenn rep = 0 ist,      */
  {                                        /* Zerlegung der          */
    lower[0] = upper[n-1] = ZERO;          /* Matrix berechnen.      */

    if (ABS (diag[0]) < MACH_EPS) return (2);
                                           /* Ist ein Diagonalelement */
    tmp = ONE / diag[0];                   /* betragsmaessig kleiner  */
    upper[0] *= tmp;                       /* MACH_EPS, so ex. keine  */
    ricol[0] *= tmp;                       /* Zerlegung.              */

    for (i = 1; i < n-2; i++)
    {
      diag[i] -= lower[i] * upper[i-1];
      if (ABS(diag[i]) < MACH_EPS) return (2);
      tmp = ONE / diag[i];
      upper[i] *= tmp;
      ricol[i] = -lower[i] * ricol[i-1] * tmp;
    }

    diag[n-2] -= lower[n-2] * upper[n-3];
    if (ABS(diag[n-2]) < MACH_EPS) return (2);

    for (i = 1; i < n-2; i++)
      lowrow[i] = -lowrow[i-1] * upper[i-1];

    lower[n-1] -= lowrow[n-3] * upper[n-3];
    upper[n-2] = ( upper[n-2] - lower[n-2] * ricol[n-3] ) / diag[n-2];

    for (tmp = ZERO, i = 0; i < n-2; i++)
      tmp -= lowrow[i] * ricol[i];
    diag[n-1] += tmp - lower[n-1] * upper[n-2];

    if (ABS (diag[n-1]) < MACH_EPS) return (2);
  } /* end if ( rep == 0 ) */

  b[0] /= diag[0];                         /* Vorwaertselemination   */
  for (i = 1; i < n - 1; i++)
    b[i] = ( b[i] - b[i-1] * lower[i] ) / diag[i];

  for (tmp = ZERO, i = 0; i < n - 2; i++)
    tmp -= lowrow[i] * b[i];

  b[n-1] = ( b[n-1] + tmp - lower[n-1] * b[n-2] ) / diag[n-1];

  b[n-2] -= b[n-1] * upper[n-2];           /* Rueckwaertselimination */
  for (i = n - 3; i >= 0; i--)
    b[i] -= upper[i] * b[i+1] + ricol[i] * b[n-1];

  return (0);
}

/* -------------------------- ENDE fzdiag.c -------------------------- */
```

P 4.11.2 Systeme mit symmetrischer, zyklisch tridiagonaler Matrix

```
/* -------------------- DEKLARATIONEN fzytrdsy.h -------------------- */

int zytrdsy       /* zyklisch tridiagonales, symm. Gleichungssystem .....*/
         (
          int  modus,     /* Aufrufart: 0, 1, 2 ....................*/
          int  n,         /* Ordnung des Gleichungssystems .........*/
          REAL diag[],    /* Hauptdiagonale bzw. RDR-Zerlegung .....*/
          REAL oben[],    /* Nebendiagonale bzw. RDR-Zerlegung .....*/
          REAL rechts[],  /* rechte Spalte von R ...................*/
          REAL rs[]       /* rechte Seite bzw. Loesung .............*/
         );               /* Fehlercode ............................*/

/* ----------------------- ENDE fzytrdsy.h ------------------------- */
/* ----------------------- MODUL fzytrdsy.c ------------------------ */

/***************************************************************************
*                                                                          *
* Loesung eines linearen Gleichungssystems mit zyklisch tridiagonaler,     *
* ------------------------------------------------------------             *
* symmetrischer, positiv definiter Matrix                                  *
* ----------------------------------------                                 *
*                                                                          *
* exportierte Funktion:                                                    *
*   - zytrdsy(): Loesung eines Gleichungssystems mit zyklisch tridia-      *
*                gonaler, symmetrischer, positiv definiter Matrix          *
*                                                                          *
* Programmiersprache: ANSI-C                                               *
* Compiler:           Borland C++ 2.0                                      *
* Rechner:            IBM PS/2 70 mit 80387                                *
* Autorin:            Gisela Engeln-Muellges (FORTRAN)                     *
* Bearbeiter:         Juergen Dietel, Rechenzentrum der RWTH Aachen        *
* Vorlage:            bereits existierender FORTRAN-Quelltext              *
* Datum:              DI 12. 1. 1993                                       *
*                                                                          *
***************************************************************************/

#include <basis.h>       /* wegen REAL, FOUR, MACH_EPS, FABS, ZERO, */
                         /* ONE, sqr                                */
#include <fzytrdsy.h>    /* wegen zytrdsy                           */


/* ------------------------------------------------------------------ */

static int zzytrdsy
              (
               int  n,
               REAL diag[],
               REAL oben[],
               REAL rechts[]
              )

/***************************************************************************
* die zyklisch tridiagonale, symmetrische, positiv definite Matrix A,      *
* die durch die beiden Vektoren diag und oben beschrieben wird (siehe      *
* Funktion fzytrdsy()) in ihre Faktoren  R(tr) * D * R  nach dem           *
* Choleskyverfahren fuer tridiagonale Matrizen zerlegen                    *
*                                                                          *
* Eingabeparameter:                                                        *
* =================                                                        *
* n       Anzahl der Gleichungen (n > 2)                                   *
* diag    [0..n-1]-Vektor mit der Hauptdiagonale der Matrix                *
```

```
 * oben       [0..n-1]-Vektor, der bei den Indizes 0..n-2 die obere Neben-  *
 *            diagonale der Matrix und in oben[n-1] das Nichtdiagonal-      *
 *            element A[0][n-1] enthaelt                                    *
 *                                                                          *
 * Ausgabeparameter:                                                        *
 * =================                                                        *
 * diag   \   die Matrizen der Choleskyzerlegung von A in gepackter Form.   *
 * oben   >   Die Nebendiagonale der normierten oberen tridiagonalen        *
 * rechts/    Dreiecksmatrix R wird in oben[0..n-2] abgelegt, die           *
 *            Diagonalmatrix D in diag[0..n-1] und die rechte Spalte von    *
 *            R in rechts[0..n-3].                                          *
 *                                                                          *
 * Funktionswert:                                                           *
 * ==============                                                           *
 * Fehlercode.                                                              *
 * = 0: kein Fehler                                                         *
 * = 2: Die Matrix A ist numerisch nicht streng regulaer, d. h. die         *
 *      Matrix ist nicht positiv definit.                                   *
 * = 3: Die Matrix A ist nicht positiv definit.                             *
 *                                                                          *
 * benutzte globale Namen:                                                  *
 * =======================                                                  *
 * REAL, FOUR, MACH_EPS, FABS, ZERO, ONE, sqr                               *
 ***************************************************************************/
{
  REAL eps,       /* Schranke fuer den relativen Fehler                  */
       zeile,     /* Summe der Betraege der Elemente einer Matrixzeile   */
       d,         /* Kehrwert von zeile                                  */
       unten,     /* unteres Nebendiagonalelement in Matrixzeile i       */
       summe;     /* Summationsvariable zur Berechnung von diag[n-1]     */
  int  i;         /* Laufvariable: Nummer der Matrixzeile                */

  eps = FOUR * MACH_EPS;

  zeile = FABS(diag[0]) + FABS(oben[0]) +   /* versuchen, die Matrix    */
          FABS(oben[n - 1]);                /* schon anhand der ersten  */
  if (zeile == ZERO)                        /* Zeile als nicht positiv  */
    return 2;                               /* definit bzw. als nicht   */
  d = ONE / zeile;                          /* streng regulaer zu       */
  if (diag[0] < ZERO)                       /* erkennen                 */
    return 3;
  if (FABS(diag[0]) * d <= eps)
    return 2;


  unten    = oben[0];                       /* die Zerlegung ausfuehren */
  oben[0] /= diag[0];
  rechts[0] = oben[n - 1] / diag[0];

  for (i = 1; i < n - 1; i++)
  {
    zeile    = FABS(diag[i]) + FABS(oben[i]) + FABS(unten);
    diag[i] -= unten * oben[i - 1];

    if (zeile == ZERO)              /* die positive Definitheit und die */
      return 2;                     /* strenge Regularitaet von A pruefen */
    d = ONE / zeile;
    if (diag[i] < ZERO)
      return 3;
    if (FABS(diag[i]) * d <= eps)
      return 2;

    if (i < n - 2)
      rechts[i] = -unten * rechts[i - 1] / diag[i],
      unten     = oben[i],
```

Systeme mit symmetrischer, zyklisch tridiagonaler Matrix

```
      oben[i]    /= diag[i];
    else
      oben[i] = (oben[i] - unten * rechts[i - 1]) / diag[i];
  }

  zeile       = FABS(oben[n - 1]) + FABS(diag[n - 1]) +
                FABS(oben[n - 2]);
  diag[n - 1] -= diag[n - 2] * sqr(oben[n - 2]);
  for (summe = ZERO, i = 0; i < n - 2; i++)
    summe += diag[i] * sqr(rechts[i]);
  diag[n - 1] -= summe;

  if (zeile == ZERO)
    return 2;
  d = ONE / zeile;
  if (diag[n - 1] < ZERO)
    return 3;
  if (FABS(diag[n - 1]) * d <= eps)
    return 2;

  return 0;
}


/* ------------------------------------------------------------------ */

static int lzytrdsy
            (
             int  n,
             REAL diag[],
             REAL oben[],
             REAL rechts[],
             REAL rs[]
            )

/***********************************************************************
* die Loesung des linearen Gleichungssystems                           *
*                       A * X = RS                                     *
* mit zyklisch tridiagonaler, symmetrischer, positiv definiter         *
* Matrix A berechnen, nachdem die Zerlegung  A  =  R(tr) * D * R       *
* von A mit Hilfe der Funktion zzytrdsy() bestimmt wurde               *
*                                                                      *
* Eingabeparameter:                                                    *
* ================                                                     *
* n         Anzahl der Gleichungen (n > 2)                             *
* diag      [0..n-1]-Vektor mit der Hauptdiagonale der Diagonalmatrix D *
* oben      [0..n-2]-Vektor mit der oberen Nebendiagonale der oberen   *
*           Dreiecksmatrix R                                           *
* rechts    [0..n-3]-Vektor mit der rechten Spalte der oberen          *
*           Dreiecksmatrix R                                           *
* rs        [0..n-1]-Vektor mit der rechten Seite des Gleichungssystems *
*                                                                      *
* Ausgabeparameter:                                                    *
* ================                                                     *
* rs    [0..n-1]-Vektor mit der Loesung des Gleichungssystems          *
*                                                                      *
* Funktionswert:                                                       *
* =============                                                        *
* Fehlercode.                                                          *
* = 0: kein Fehler                                                     *
* = 4: ungueltige Zerlegung: Die Diagonalmatrix ist singulaer.         *
*                                                                      *
* benutzte globale Namen:                                              *
* ======================                                               *
* REAL, ZERO                                                           *
```

```
*****************************************************************/
{
  REAL rsi1,      /* Vorwaertselimination: Zwischenspeicher fuer das  */
                  /* im vorigen Schleifendurchlauf berechnete Element */
                  /* des Loesungsvektors vor der Division durch das   */
                  /* zugehoerige Diagonalelement (noetig, damit man   */
                  /* die beiden Schritte der Vorwaertselimination in  */
                  /* einer einzigen Schleife ausfuehren kann)         */
                  /* Rueckwaertselimination: Zwischenspeicher fuer das*/
                  /* im vorigen Schleifendurchlauf berechnete Element */
                  /* rs[i+1] des Loesungsvektors                      */
       summe,     /* Summe, die am Ende der Vorwaertselimination      */
                  /* benoetigt wird                                   */
       rsn1;      /* Rueckwaertselimination: Zwischenspeicher fuer das*/
                  /* in der Schleife immer wieder benoetigte letzte   */
                  /* Element rs[n-1] des Loesungsvektors              */
  int  i;         /* Laufvariable                                     */

  if (diag[0] == ZERO)
    return 4;
  rsi1  = rs[0];                              /* Vorwaertselimination */
  rs[0] = rsi1 / diag[0];
  summe = rechts[0] * rsi1;

  for (i = 1; i < n - 1; i++)
  {
    if (diag[i] == ZERO)
      return 4;
    rsi1  = rs[i] - oben[i - 1] * rsi1;
    rs[i] = rsi1 / diag[i];
    if (i < n - 2)
      summe += rechts[i] * rsi1;
  }

  if (diag[n - 1] == ZERO)
    return 4;
  rsi1     = rs[n - 1] - oben[n - 2] * rsi1 - summe;
  rs[n - 1] = rsi1 / diag[n - 1];

  rsn1 = rs[n - 1];                         /* Rueckwaertselimination */
  rsi1 = rs[n - 2] -= oben[n - 2] * rsn1;
  for (i = n - 3; i >= 0; i--)
    rsi1 = rs[i] -= oben[i] * rsi1 + rechts[i] * rsn1;

  return 0;
}


/* ------------------------------------------------------------------ */

int zytrdsy      /* zyklisch tridiagonales, symm. Gleichungssystem ...*/
       (
              int   modus,    /* Aufrufart: 0, 1, 2 .....................*/
              int   n,        /* Ordnung des Gleichungssystems ..........*/
              REAL  diag[],   /* Hauptdiagonale bzw. RDR-Zerlegung ......*/
              REAL  oben[],   /* Nebendiagonale bzw. RDR-Zerlegung ......*/
              REAL  rechts[], /* rechte Spalte von R ....................*/
              REAL  rs[]      /* rechte Seite bzw. Loesung ..............*/
       )                      /* Fehlercode .............................*/
/*****************************************************************
* ein lineares Gleichungssystem                                  *
```

```
*                        A * X = RS                                   *
* mit zyklisch tridiagonaler, symmetrischer, positiv definiter        *
* Matrix A loesen. Die Matrix A wird durch die beiden Vektoren oben   *
* und diag beschrieben. Damit hat das Gleichungssystem die Form:      *
*                                                                     *
* diag[0]  *x[0]   + oben[0]  *x[1]   + oben[n-1]*x[n-1] = rs[0]      *
* oben[i-1]*x[i-1] + diag[i]  *x[i]   + oben[i]  *x[i+1] = rs[i]      *
* oben[n-1]*x[0]   + oben[n-2]*x[n-2] + diag[n-1]*x[n-1] = rs[n-1]    *
*                                                                     *
* fuer i=1(1)n-2. Die Matrix kann man sich daher wie folgt aus oben   *
* und diag zusammengesetzt denken:                                    *
*                                                                     *
* ( diag[0]  oben[0]   0      .      .      .      0    oben[n-1] )   *
* (                                                               )   *
* ( oben[0]  diag[1]  oben[1]   0                         0       )   *
* (                                                           .   )   *
* ( 0        oben[1]  diag[2]  oben[2]   0                        )   *
* ( .           .        .        .         .                 )   *
* ( .           .            .        .          .                )   *
* ( .           .               .         .         .     0    )   *
* ( .                                     .          .        .   )   *
* ( 0                                          .         oben[n-2] )  *
* (                                               .    .     .    )   *
* ( oben[n-1] 0      .      .      .      0    oben[n-2] diag[n-1] )  *
*                                                                     *
* Eingabeparameter:                                                   *
* =================                                                   *
* modus    Aufrufart dieser Funktion:                                 *
*          = 0: die Matrix faktorisieren und das Gleichungssystem loesen *
*          = 1: nur die Matrix faktorisieren                          *
*          = 2: nur das Gleichungssystem loesen. Die Faktorisierung muss *
*               schon in oben, diag und rechts bereitstehen. Diese    *
*               Aufrufart wird verwendet, falls bei gleicher Matrix   *
*               lediglich die rechte Seite des Systems variiert, z. B.*
*               zur Inversion der Matrix.                             *
* n        Anzahl der Gleichungen (n > 2)                             *
* diag     modus = 0,1: [0..n-1]-Vektor mit der Hauptdiagonale der    *
*                       Matrix                                        *
*          modus = 2:   [0..n-1]-Vektor mit einem Teil der Cholesky-  *
*                       zerlegung der Matrix in gepackter Form (siehe *
*                       Funktion zzytrdsy())                          *
* oben     modus = 0,1: [0..n-1]-Vektor, der bei den Indizes 0..n-2 die *
*                       obere Nebendiagonale der Matrix und in oben[n-1] *
*                       das Nichtdiagonalelement A[0][n-1] enthaelt.  *
*                       oben[n-1] wird fuer temporaere Werte gebraucht. *
*          modus = 2:   [0..n-2]-Vektor mit einem Teil der Cholesky-  *
*                       zerlegung der Matrix in gepackter Form (siehe *
*                       Funktion zzytrdsy())                          *
* rechts   modus = 0,1: unbenutzt                                     *
*          modus = 2:   [0..n-3]-Vektor mit einem Teil der Cholesky-  *
*                       zerlegung der Matrix in gepackter Form (siehe *
*                       Funktion zzytrdsy())                          *
*          Die Choleskyzerlegung der Matrix erhaelt man i. a. durch   *
*          einen Aufruf dieser Funktion mit modus=0 oder modus=1.     *
* rs       modus = 0,2: [0..n-1]-Vektor mit der rechten Seite des     *
*                       Gleichungssystems                             *
*          modus = 1:   unbenutzt                                     *
*                                                                     *
* Ausgabeparameter:                                                   *
* =================                                                   *
* diag  \  die Matrizen der Choleskyzerlegung von A in gepackter Form *
* oben  >  (siehe Funktion zzytrdsy())                                *
* rechts/                                                             *
* rs       modus = 0,2: [0..n-1]-Vektor mit der Loesung des           *
```

```
 *                    Gleichungssystems                              *
 *         modus = 1:  unbenutzt                                     *
 *                                                                   *
 * Funktionswert:                                                    *
 * ==============                                                    *
 * Fehlercode.                                                       *
 * = 0: kein Fehler                                                  *
 * = 1: falsche Eingabeparameter (n <= 2  oder  modus != 0,1,2)      *
 * = 2: Die Matrix A ist numerisch nicht streng regulaer, d. h. die  *
 *      Matrix ist nicht positiv definit.                            *
 * = 3: Die Matrix A ist nicht positiv definit.                      *
 * = 4: ungueltige Zerlegung im Fall  modus = 2:  Die Diagonalmatrix *
 *      ist singulaer.                                               *
 * Nach einem fehlerfreien Ablauf kann die Determinante von A wie folgt *
 * berechnet werden:                                                 *
 *         det(A) = diag[0] * diag[1] * ... * diag[n-1].             *
 *                                                                   *
 * benutzte globale Namen:                                           *
 * ======================                                            *
 * REAL, zzytrdsy, lzytrdsy                                          *
 ********************************************************************/

{
  int fehler;                       /* Fehlercode von zzytrdsy() */

  if (n <= 2)                       /* zu kleine Matrix?         */
    return 1;

  switch (modus)
  {
    case 0:                         /* faktorisieren und         */
                                    /* loesen?                   */
      fehler = zzytrdsy(n, diag, oben, rechts);
      if (fehler)
        return fehler;
      return lzytrdsy(n, diag, oben, rechts, rs);

    case 1:                         /* nur faktorisieren?        */
      return zzytrdsy(n, diag, oben, rechts);

    case 2:                         /* nur loesen?               */
      return lzytrdsy(n, diag, oben, rechts, rs);

    default:                        /* falscher Modus?           */
      return 1;
  }
}

/* ---------------------- ENDE fzytrdsy.c ------------------------ */
```

P 4.12.1 Systeme mit fünfdiagonaler Matrix

```
/* ---------------------- MODUL fdiag5.c ------------------------- */

#include <basis.h>
#include <u_proto.h>

int diag5             /* 5 diagonale Gleichungssysteme ............*/
        (
         int   mod,   /* Modus: 0, 1, 2 ...........................*/
         int   n,     /* # Matrixzeilen ...........................*/
         REAL  ld2[], /* 2. untere Subdiagonale ...................*/
         REAL  ld1[], /* 1. untere Subdiagonale ...................*/
         REAL  d[],   /* Hauptdiagonale ...........................*/
```

Systeme mit fünfdiagonaler Matrix 635

```
              REAL  ud1[],        /* 1. obere Superdiagonale ........*/
              REAL  ud2[],        /* 2. obere Superdiagonale ........*/
              REAL  b[]           /* Rechte Seite/Loesung ...........*/
             )
/*====================================================================*
 *                                                                    *
 *  diag5 bestimmt die Loesung x des linearen Gleichungssystems       *
 *  A * x = b mit 5-diagonaler n x n Koeffizientenmatrix A, die in    *
 *  den 5 Vektoren ld2, ld1, d, ud1, ud2 wie folgt abgespeichert ist: *
 *                                                                    *
 *         ( d[0]    ud1[0]   ud2[0]   0    .    .    .    0     )    *
 *         ( ld1[1]  d[1]     ud1[1]   ud2[1]  0   .    .    0   )    *
 *         ( ld2[2]  ld1[2]   d[2]     ud1[2]  ud2[2]  0 .. 0    )    *
 *   A  =  (  0      ld2[3]   ld1[3]   d[3]      .    .    .    0 )   *
 *         (   .       .        .        .       .    .    .      )   *
 *         (    .       .        .        .        .     .    ud2[n-3] )  *
 *         (     .       .        .        .         .     ud1[n-2]    ) *
 *         (  0   .   .   0     ld2[n-1]         ld1[n-1]  d[n-1]  )   *
 *                                                                    *
 *  A ist strikt regulaer.                                            *
 *                                                                    *
 *====================================================================*
 *                                                                    *
 *  Anwendung:                                                        *
 *  =========                                                         *
 *    Vorwiegend fuer diagonaldominante 5-Diagonalmatrizen, wie       *
 *    sie bei der Spline-Interpolation auftreten.                     *
 *    Fuer diagonaldominante Matrizen existiert immer eine LU-        *
 *    Zerlegung; fuer nicht diagonaldominante 5-Diagonalmatrizen      *
 *    sollte die Funktion band vorgezogen werden, da diese mit        *
 *    Spaltenpivotsuche arbeitet und daher numerisch stabiler ist.    *
 *                                                                    *
 *====================================================================*
 *                                                                    *
 *  Steuerparameter:                                                  *
 *  ===============                                                   *
 *     mod       int mod;                                             *
 *               Aufrufart von diag5:                                 *
 *      = 0      Bestimmung der Zerlegungsmatrix und Berechnung       *
 *               der Loesung des Gleichungssystems.                   *
 *      = 1      Nur Berechnung der Zerlegungsmatrix; wird auf        *
 *               ld2, ld1, d, ud1, ud2 ueberspeichert.                *
 *      = 2      Nur Loesung des Gleichungssystems; zuvor muss je-    *
 *               doch die Zerlegungsmatrix bestimmt sein. Diese       *
 *               Aufrufart wird verwendet, falls bei gleicher         *
 *               Matrix lediglich die rechte Seite des Systems vari-  *
 *               iert, z. B. zur Berechnung der Inversen.             *
 *                                                                    *
 *  Eingabeparameter:                                                 *
 *  ================                                                  *
 *     n         Dimension der Matrix ( >= 4 )   int n                *
 *                                                                    *
 *     ld2       2. untere Nebendiagonale       REAL   ld2[n]         *
 *     ld1       1. untere Nebendiagonale       REAL   ld1[n]         *
 *     d         Hauptdiagonale                 REAL   d  [n]         *
 *     ud1       1. obere Nebendiagonale        REAL   ud1[n]         *
 *     ud2       2. obere Nebendiagonale        REAL   ud2[n]         *
 *                                                                    *
 *               bei mod = 2 enthalten ld2, ld1, d, ud1, ud2          *
 *               die LU Zerlegung der Ausgangsmatrix.                 *
 *                                                                    *
 *     b         rechte Seite des Systems       REAL   b[n]           *
 *                                                                    *
 *  Ausgabeparameter:                                                 *
 *  ================                                                  *
 *     ld1       )                                                    *
 *     ld2       ) enthalten bei mod = 0, 1 die Zerlegung der Matrix; *
```

```
*      d          ) die urspruenglichen Werte von ld1, ld2, d, ud1  *
*      ud1        ) und ud2 werden ueberschrieben                   *
*      ud2        )                                                 *
*                                                                   *
*      b          Loesungsvektor des Systems;  REAL   b[n]          *
*                 die urspruengliche rechte Seite wird ueberspeichert *
*                                                                   *
*   Die Determinante der Matrix ist durch                           *
*      det A = d[0] * ... * d[n-1] bestimmt.                        *
*                                                                   *
*   Rueckgabewert:                                                  *
*   ==============                                                  *
*      = 0        alles ok                                          *
*      = 1        n < 3 gewaehlt                                    *
*      = 2        Matrix ist numerisch singulaer                    *
*      = 3        Falsche Aufrufart                                 *
*                                                                   *
*===================================================================*
*                                                                   *
*   Benutzte Funktionen:                                            *
*   ===================                                             *
*                                                                   *
*         int diag5dec (): Bestimmt die LU-Dekomposition            *
*         int diag5sol (): Loest das lineare Gleichungssystem       *
*                                                                   *
*===================================================================*/
{
  int rc;

  switch (mod)
  {
    case 0: /* Zerlegung bestimmen und Gleichungssystem loesen .......*/
            rc = diag5dec (n, ld2, ld1, d, ud1, ud2);
            if (rc == 0)
              return (diag5sol (n, ld2, ld1, d, ud1, ud2, b));
            else
              return (rc);

    case 1: /* Nur Zerlegung berechnen ................................*/
            return (diag5dec (n, ld2, ld1, d, ud1, ud2));

    case 2: /* Nur Loesung bestimmen ..................................*/
            return (diag5sol (n, ld2, ld1, d, ud1, ud2, b));
  }
  return (3);
}


int diag5dec              /* Zerlegung des 5 diagonalen Systems ........*/
             (
              int    n,         /* # Matrixzeilen ....................*/
              REAL   ld2[],     /* 2. untere Subdiagonale ............*/
              REAL   ld1[],     /* 1. untere Subdiagonale ............*/
              REAL   d[],       /* Hauptdiagonale ....................*/
              REAL   ud1[],     /* 1. obere Superdiagonale ...........*/
              REAL   ud2[]      /* 2. obere Superdiagonale ...........*/
             )
/*===================================================================*
*                                                                   *
* diag5dec bestimmt die LU Zerl. der 5-diagonalen Matrix A, die in  *
* den 5 Vektoren ld2, ld1, d, ud1, ud2 wie folgt abgespeichert ist: *
*                                                                   *
*        ( d[0]      ud1[0]    ud2[0]    0    .   .     0     )    *
*        ( ld1[1]    d[1]      ud1[1]    ud2[1]  0  .   . 0   )    *
*        ( ld2[2]    ld1[2]    d[2]      ud1[2]  ud2[2] 0 .. 0 )    *
*   A =  (   0       ld2[3]    ld1[3]    d[3]     .     .   . )    *
```

Systeme mit fünfdiagonaler Matrix

```
*          (   .    .                  .                   .    .    .     0        )  *
*          (   .    .       .                    .    .        ud2[n-3]   )  *
*          (   .    .             .                    .         ud1[n-2] )  *
*          (   0 .    . 0         ld2[n-1]        ld1[n-1]    d[n]       )  *
*                                                                                          *
*===========================================================================*
*                                                                                          *
*     Eingabeparameter:                                                                    *
*     ================                                                                     *
*        n         Dimension der Matrix ( >= 3 )  int n                                    *
*                                                                                          *
*        ld2       2. untere Nebendiagonale       REAL    ld2[n]                           *
*        ld1       1. untere Nebendiagonale       REAL    ld1[n]                           *
*        d         Hauptdiagonale                 REAL    d  [n]                           *
*        ud1       1. obere Nebendiagonale        REAL    ud1[n]                           *
*        ud2       2. obere Nebendiagonale        REAL    ud2[n]                           *
*                                                                                          *
*                  wie oben angegeben; die uebrigen Elemente koennen                       *
*                  beliebig besetzt sein.                                                  *
*                                                                                          *
*     Ausgabeparameter:                                                                    *
*     ================                                                                     *
*        ld1       )                                                                       *
*        ld2       ) enthalten die LU Zerlegung der Matrix;                                *
*        d         ) die urspruenglichen Werte von ld1, ld2, d, ud1                        *
*        ud1       ) und ud2 werden ueberschrieben                                         *
*        ud2       )                                                                       *
*                                                                                          *
*     Rueckgabewert:                                                                       *
*     =============                                                                        *
*        = 0       alles ok                                                                *
*        = 1       n < 3 gewaehlt oder unzulaessige Eingabeparameter                       *
*        = 2       Matrix ist numerisch singulaer                                          *
*                                                                                          *
*===========================================================================*/
{
  register int i;

  if (n < 3) return (1);       /* Dimension zu klein ..................*/

  if (ld2 == NULL || ld1 == NULL || d == NULL || ud1 == NULL ||
      ud2 == NULL) return (1);

  if (ABS(d[0]) < MACH_EPS) return (2);   /* numerisch singulaer .....*/

  ud1[0] /= d[0];
  ud2[0] /= d[0];

  d[1] -= ld1[1] * ud1[0];

  if (ABS(d[1]) < MACH_EPS) return (2);   /* numerisch singulaer .....*/

  ud1[1] = (ud1[1] - ld1[1] * ud2[0]) / d[1];
  ud2[1] /= d[1];

  for (i = 2; i < n; i++)
  {
    ld1[i] -= ld2[i] * ud1[i-2];
    d[i]   -= (ld2[i] * ud2[i-2] + ld1[i] * ud1[i-1]);

    if (ABS(d[i]) < MACH_EPS) return (2); /* numerisch singulaer .....*/

    if (i < n - 1)
      ud1[i] = (ud1[i] - ld1[i] * ud2[i-1]) / d[i];

    if (i < n - 2)
      ud2[i] /= d[i];
```

```
    }
    return (0);
}

int diag5sol              /* Loesung des 5 diagonalen Systems ..........*/
       (
        int   n,          /* # Matrixzeilen ...................*/
        REAL  ld2[],      /* 2. untere Subdiagonale ...........*/
        REAL  ld1[],      /* 1. untere Subdiagonale ...........*/
        REAL  d[],        /* Hauptdiagonale ...................*/
        REAL  ud1[],      /* 1. obere Superdiagonale ..........*/
        REAL  ud2[],      /* 2. obere Superdiagonale ..........*/
        REAL  b[]         /* Rechte Seite / Loesung ...........*/
       )
/*====================================================================*
*                                                                      *
*  diag5sol bestimmt die Loesung des linearen Gleichungssystems        *
*  L * U * x = b, wobei die LU Dekomposition in den 5 Vektoren         *
*  ld2, ld1, d, ud1, ud2 abgespeichert ist (s. Ausgabe diag5dec)       *
*                                                                      *
*======================================================================*
*                                                                      *
*   Eingabeparameter:                                                  *
*   ================                                                   *
*      n         Dimension der Matrix ( >= 3 )   int n                 *
*                                                                      *
*      ld2       2. untere Nebendiagonale        REAL    ld2[n]        *
*      ld1       1. untere Nebendiagonale        REAL    ld1[n]        *
*      d         Hauptdiagonale                  REAL    d  [n]        *
*      ud1       1. obere Nebendiagonale         REAL    ud1[n]        *
*      ud2       2. obere Nebendiagonale         REAL    ud2[n]        *
*                                                                      *
*                LU Zerlegung einer 5-diagonalen Matrix                *
*                                                                      *
*      b         rechte Seite des 5-diagonalen Systems                 *
*                                                                      *
*   Ausgabeparameter:                                                  *
*   ================                                                   *
*      b         Loesungsvektor des Systems;   REAL    b[n]            *
*                die urspruengliche rechte Seite wird ueberspeichert   *
*                                                                      *
*   Rueckgabewert:                                                     *
*   =============                                                      *
*      = 0       alles ok                                              *
*      = 1       n < 3 gewaehlt                                        *
*      = 2       Matrix ist numerisch singulaer                        *
*                                                                      *
*====================================================================*/
{
  register int i;

  if (n < 3) return (1);

  if (ld2 == NULL || ld1 == NULL || d == NULL || ud1 == NULL ||
      ud2 == NULL || b == NULL) return (1);

  if (ABS(d[0]) < MACH_EPS) return (2);

  /* Vorwaertselemination ..........................................*/
  b[0] /= d[0];

  if (ABS(d[1]) < MACH_EPS) return (2);
  b[1] = (b[1] - ld1[1] * b[0]) / d[1];

  for (i = 2; i < n; i++)
```

Systeme mit fünfdiagonaler Matrix

```
    {
      if (ABS (d[i]) < MACH_EPS) return (2);
      b[i] = (b[i] - ld2[i] * b[i-2] - ld1[i] * b[i-1]) / d[i];
    }
  /* Rueckwaertselemination ........................................*/
  b[n-2] -= ud1[n-2] * b[n-1];

  for (i = n - 3; i >= 0; i--)
    b[i] -= (ud1[i] * b[i+1] + ud2[i] * b[i+2]);

  return (0);
}
/* --------------------- ENDE fdiag5.c --------------------- */
```

P 4.12.1 Systeme mit fünfdiagonaler Matrix

```
/* --------------------- DEKLARATIONEN fdiag.h --------------------- */

int fdiag  (int, REAL*, REAL*, REAL*, REAL*, REAL*, REAL*);

int fdiagz (int, REAL*, REAL*, REAL*, REAL*);

int fdiagl (int, REAL*, REAL*, REAL*, REAL*, REAL*, REAL*);

/* --------------------- ENDE fdiag.h --------------------- */
/* --------------------- MODUL fdiag.c --------------------- */

#include <basis.h>
#include <fdiag.h>

int fdiag (int     n,
           REAL*   ld2,
           REAL*   ld1,
           REAL*   md,
           REAL*   ud1,
           REAL*   ud2,
           REAL*   rs,
           REAL*   x
          )
/***************************************************************************
* berechnet die Loesung des linearen Gleichungssstems  A * x = rs          *
* mit einer fuenfdiagonalen, streng regulaeren Matrix  A  nach dem         *
* in Kapitel 4.12.1 angegebenen Algorithmus ohne Pivotisierung.            *
*                                                                          *
* Die Matrix A wird durch die Vektoren ld2, ld1, md, ud1 und ud2           *
* beschrieben.                                                             *
*                                                                          *
* Das Gleichungssystem hat die Form:                                       *
*                                                                          *
* md[1]*x[1] + ud1[1]*x[2] + ud2[1]*x[3]                  = rs[1]          *
* ld1[2]*x[1] + md[2]*x[2] + ud1[2]*x[3] + ud2[2]*x[4]    = rs[2]          *
* ld2[i]*x[i-2] + ld1[i]*x[i-1] + md[i]*x[i]                               *
*                       + ud1[i]*x[i+1] + ud2[i]*x[i+2]   = rs[i]          *
*                       fuer i=3(1)n-2                                     *
* ld2[n-1]*x[n-3] + ld1[n-1]*x[n-2] +                                      *
*                  + md[n-1]*x[n-1] + ud1[n-1]*x[n]       = rs[n-1]        *
* ld2[n]*x[n-2] + ld1[n]*x[n-1] + md[n]*x[n]              = rs[n]          *
*                                                                          *
* ======================================================================== *
*                                                                          *
* EINGABEPARAMETER:                                                        *
* ----------------                                                         *
*                                                                          *
*   Name    Typ/Laenge        Bedeutung                                    *
```

```
*   ------------------------------------------------------------  *
*    n          int/--              Anzahl der Gleichungen; es gilt: n > 3  *
*    ld2        REAL    /[n+1]      } Elemente der Matrix A                 *
*    ld1        REAL    /[n+1]      } (in Klammern jeweils die belegten     *
*    md         REAL    /[n+1]      }   Elemente, z.B. ud1[3] bis ud1[n])   *
*    ud1        REAL    /[n+1]      } ld2: unterste Diagonale (3 bis n)     *
*    ud2        REAL    /[n+1]      } ld1: Diagonale unterhalb von md       *
*    rs         REAL    /[n+1]      }      (2 bis n)                        *
*                                     md : Hauptdiagonale (1 bis n)         *
*                                     ud1: Diagonale oberhalb der Haupt-    *
*                                          diagonalen (1 bis n-1)           *
*                                     ud2: oberste Diagonale (1 bis n-1)    *
*                                     rs : rechte Seite (1 bis n)           *
*                                                                           *
*   AUSGABEPARAMETER:                                                       *
*   -----------------                                                       *
*                                                                           *
*    Name      Typ/Laenge           Bedeutung                               *
*   ------------------------------------------------------------            *
*                                                                           *
*    ld2        REAL    /[n+1]      }                                       *
*    ld1        REAL    /[n+1]      }                                       *
*    md         REAL    /[n+1]      } Eingabewerte werden ueberschrieben    *
*    ud1        REAL    /[n+1]      } mit Hilfelementen                     *
*    ud2        REAL    /[n+1]      }                                       *
*                                                                           *
*    x          REAL    /[n+1]      Loesung des Gleichungssystems (in den   *
*                                   Elementen 1 bis n)                      *
*                                                                           *
*   WERT DES UNTERPROGRAMMS:                                                *
*   ------------------------                                                *
*                                                                           *
*   =  0: kein Fehler                                                       *
*   =  1: Fehler: Matrix A ist nicht streng regulaer                        *
*   = -1: Fehler: n < 4                                                     *
*                                                                           *
*   ==================================================================      *
*                                                                           *
*   benutzte Unterprogramme:  fdiagz, fdiagl                                *
*   ------------------------                                                *
*                                                                           *
*   ==================================================================      *
*                                                                           *
*   Autorin:  Dorothee Seesing-Voelkel                                      *
*   --------                                                                *
*                                                                           *
****************************************************************************/
{
  int error;
  if (n < 4)    return (-1);

  error = fdiagz (n, ld2, ld1, md, ud1, ud2);

  if (error == 0)
    error = fdiagl (n, ld2, ld1, md, ud1, ud2, rs, x);

  return (error);
}

#define MACH4_EPS 4.*MACH_EPS

int fdiagz (int    n,
            REAL*  ld2,
            REAL*  ld1,
            REAL*  md,
```

Systeme mit fünfdiagonaler Matrix

```
                   REAL* ud1,
                   REAL* ud2
                  )
/*************************************************************
* zerlegt eine fuenfdiagonale, streng regulaere Matrix A, die durch *
* die Felder ld1, ld2, md, ud1 und ud2 beschrieben wird,            *
* nach dem Eliminiationsverfahren von Gauss fuer fuenfdiagonale     *
* Matrizen ohne Pivotisierung (siehe auch Modul fdiasy).            *
*                                                                   *
* ================================================================= *
*                                                                   *
* EINGABEPARAMETER:                                                 *
* ------------------                                                *
*                                                                   *
* Name     Typ/Laenge        Bedeutung                              *
* ----------------------------------------------------------------- *
* n        int/--            Anzahl der Gleichungen; es gilt: n > 3 *
* ld2      REAL   /[n+1]     } Elemente der Matrix A                *
* ld1      REAL   /[n+1]     } (in Klammern jeweils die belegten    *
* md       REAL   /[n+1]     }   Elemente, z.B. ud1[3] bis ud1[n])  *
* ud1      REAL   /[n+1]     } ld2: unterste Diagonale (3 bis n)    *
* ud2      REAL   /[n+1]     } ld1: Diagonale unterhalb von md      *
*                                  (2 bis n)                        *
*                            md : Hauptdiagonale (1 bis n)          *
*                            ud1: Diagonale oberhalb der Haupt-     *
*                                  diagonalen (1 bis n-1)           *
*                            ud2: oberste Diagonale (1 bis n-1)     *
*                                                                   *
*                                                                   *
* AUSGABEPARAMETER:                                                 *
* ------------------                                                *
*                                                                   *
* Name     Typ/Laenge        Bedeutung                              *
* ----------------------------------------------------------------- *
*                                                                   *
* ld2      REAL   /[n+1]     } Die Vektorem werden mit der Zerle-   *
* ld1      REAL   /[n+1]     } gungsmatrix ueberschrieben; die      *
* md       REAL   /[n+1]     } drei Diagonalen der unteren Drei-    *
* ud1      REAL   /[n+1]     } ecksmatrix sind in den Feldern ld2,  *
* ud2      REAL   /[n+1]     } ld1 und md abgespeichert, die zwei   *
*                              Nebendiagonalen der normierten obe-  *
*                              ren Dreiecksmatrix in den Feldern    *
*                              ud1 und ud2.                         *
*                                                                   *
* WERT DES UNTERPROGRAMMS:                                          *
* ------------------------                                          *
*                                                                   *
* =  0: kein Fehler                                                 *
* =  1: Fehler: Matrix A ist nicht streng regulaer                  *
* = -1: Fehler: n < 4                                               *
*                                                                   *
* ================================================================= *
*                                                                   *
* benutzte Konstanten:  MACH_EPS, MACH4_EPS (Schranke fuer den      *
* --------------------                        relativen Fehler)     *
*                                                                   *
* ================================================================= *
*                                                                   *
* Autorin: Dorothee Seesing-Voelkel                                 *
* --------                                                          *
*                                                                   *
*************************************************************/
{
 int i;
 REAL   def_reg;
 /*
```

```
        Ueberpruefung der Voraussetzung n > 3
*/
 if (n < 4)        return (-1);
/*
        Zerlegung der Matrix A bei gleichzeitiger
        Ueberpruefung der strengen Regularitaet
        zunaechst fuer n=1 und 2, anschliessend
        fuer alle weiteren n.
*/
 ld1 [1] = ld2 [1] = ld2 [2]   = 0.0;                    /* Initialisierungen */
 ud1 [n] = ud2 [n] = ud2 [n-1] = 0.0;

 def_reg = FABS (md[1]) + FABS (ud1[1]) + FABS (ud2[1]);
 if (def_reg == 0.0)                        return (1);
 def_reg = 1. / def_reg;
 if (FABS (md[1]) * def_reg <= MACH4_EPS)   return (1);

 ud1 [1] /= md[1];
 ud2 [1] /= md[1];
 def_reg = FABS (ld1[2]) + FABS (md[2]) + FABS (ud1[2]) + FABS (ud2[2]);
 if (def_reg == 0.0)                        return (1);
 def_reg = 1. / def_reg;
 md [2] -= ld1[2] * ud1[1];
 if (FABS (md[2])*def_reg <= MACH4_EPS)     return (1);

 ud1 [2] = (ud1[2] - ld1[2] * ud2[1]) / md[2];
 ud2 [2] /= md[2];
 for (i=3; i<=n; ++i)
   {def_reg = FABS (ld2[i]) + FABS (ld1[i]) + FABS (md[i])
            + FABS (ud1[i]) + FABS (ud2[i]);
    if (def_reg == 0.0)                     return (1);
    def_reg = 1. / def_reg;
    ld1 [i] -= ld2[i] * ud1[i-2];
    md  [i] -= (ld2[i] * ud2[i-2] + ld1[i] * ud1[i-1]);
    if (FABS (md[i]*def_reg) <= MACH4_EPS)  return (1);
    if (i < n)
       ud1 [i] = (ud1[i] - ld1[i] * ud2[i-1]) / md[i];
    if (i < n-1)
       ud2 [i] /= md[i];
   }
 return (0);
}

int fdiagl (int   n,
            REAL* ld2,
            REAL* ld1,
            REAL* md,
            REAL* ud1,
            REAL* ud2,
            REAL* rs,
            REAL* x
           )
/***************************************************************************
* berechnet die Loesung des linearen Gleichungssstems    A * x = rs        *
* mit einer fuenfdiagonalen, streng regulaeren Matrix A, welche in         *
* zerlegter Form vorliegt (siehe auch Modul fdiag und fdiagz).             *
*                                                                          *
* ======================================================================== *
*                                                                          *
* EINGABEPARAMETER:                                                        *
* ----------------                                                         *
*                                                                          *
* Name     Typ/Laenge            Bedeutung                                 *
* -------------------------------------------------------------------------*
* n        int/--                Anzahl der Gleichungen; es gilt: n > 3    *
* ld2      REAL /[n+1]           } Untere Dreiecksmatrix                   *
* ld1      REAL /[n+1]           }                                         *
```

```
*    md       REAL   /[n+1]     }                                       *
*    ud1      REAL   /[n+1]     } obere normierte Dreiecksmatrix        *
*    ud2      REAL   /[n+1]     }                                       *
*    rs       REAL   /[n+1]     rs : rechte Seite                       *
*                               (Nicht belegte Elemente: siehe fdiagz)  *
*                                                                       *
*                                                                       *
*  AUSGABEPARAMETER:                                                    *
*  ----------------                                                     *
*                                                                       *
*    Name     Typ/Laenge        Bedeutung                               *
*  ---------------------------------------------------------------      *
*                                                                       *
*    x        REAL   /[n+1]     Loesung des Gleichungssystems (in den   *
*                               Elementen 1 bis n)                      *
*                                                                       *
*  ==============================================================       *
*                                                                       *
*  Autorin: Dorothee Seesing-Voelkel                                    *
*  --------                                                             *
*                                                                       *
***********************************************************************/
{
  int i;
/*
     Vorwaertselimination
*/
  rs [1]  /= md[1];
  rs [2]   = (rs[2] - ld1[2] * rs[1]) / md[2];
  for (i=3; i<=n; ++i)
     {rs [i] = (rs[i] - ld2[i] * rs[i-2] - ld1[i] * rs[i-1]) / md[i];
     }
/*
     Rueckwaertselimination
*/
  x [n]   = rs[n];
  x[n-1] = rs[n-1] - ud1[n-1] * x[n];
  for (i=n-2; i>=1; --i)
     x [i] = rs[i] - ud1[i] * x[i+1] - ud2[i] * x[i+2];

  return 0;
}
/* ---------------------- ENDE fdiag.c ---------------------- */
```

P 4.12.2 Systeme mit symmetrischer, fünfdiagonaler, positiv definiter Matrix

```
/* ---------------------- MODUL fdiag5pd.c ---------------------- */

#include <basis.h>
#include <u_proto.h>

int diag5pd             /* 5 diagonale pos. definite Matrizen ........*/
          (
           int    mod,         /* Modus: 0, 1, 2 ....................*/
           int    n,           /* # Matrixzeilen ....................*/
           REAL   d[],         /* Hauptdiagonale ....................*/
           REAL   ud1[],       /* 1. obere Superdiagonale ...........*/
           REAL   ud2[],       /* 2. obere Superdiagonale ...........*/
           REAL   b[]          /* Rechte Seite des Systems ..........*/
          )
/*====================================================================*
 *                                                                    *
```

```
*   diag5pd bestimmt die Loesung x des linearen Gleichungssystems   *
*   A * x = b mit 5-diagonaler, positiv definiter, symmetrischer    *
*   n x n Koeffizientenmatrix A, die in den 3 Vektoren d, ud1, ud2  *
*   wie folgt abgespeichert ist:                                    *
*                                                                   *
*         ( d[0]     ud1[0]    ud2[0]    0    .    .        0   )   *
*         ( ud1[0]   d[1]      ud1[1]    ud2[1]   0   . .   0   )   *
*         ( ud2[0]   ud1[1]    d[2]      ud1[2]   ud2[2]  0 .. 0 )  *
*    A =  (  0       ud2[1]    ud1[2]    d[3]     .    .    .   )   *
*         (  .         .         .         .        .       0   )   *
*         (  .         .         .         .          .  ud2[n-3]) *
*         (  .         .         .         .             . ud1[n-2])*
*         (  0   .  .  0        ud2[n-3]           ud1[n-2] d[n-1]) *
*                                                                   *
*===================================================================*
*                                                                   *
*   Anwendung:                                                      *
*   =========                                                       *
*     Positiv definite symmetrisch 5-diagonale Matrizen,            *
*     wie sie bei der Spline-Interpolation auftreten.               *
*                                                                   *
*===================================================================*
*                                                                   *
*   Steuerparameter:                                                *
*   ===============                                                 *
*     mod       int mod;                                            *
*               Aufrufart von diag5pd;                              *
*       = 0     Bestimmung der Zerlegungsmatrix und Berechnung      *
*               der Loesung des Gleichungssystems.                  *
*       = 1     Nur Berechnung der Zerlegungsmatrix; wird auf       *
*               d, ud1, ud2 ueberspeichert.                         *
*       = 2     Nur Loesung des Gleichungssystems; zuvor muss je-   *
*               doch die Zerlegungsmatrix bestimmt sein. Diese      *
*               Aufrufart wird verwendet, falls bei gleicher        *
*               Matrix lediglich die rechte Seite des Systems vari- *
*               iert, z. B. zur Berechnung der Inversen.            *
*                                                                   *
*   Eingabeparameter:                                               *
*   ================                                                *
*     n         Dimension der Matrix ( >= 3 ) int n                 *
*                                                                   *
*     d         Hauptdiagonale              REAL    d   [n]         *
*     ud1       1. obere Nebendiagonale     REAL    ud1[n]          *
*     ud1       2. obere Nebendiagonale     REAL    ud2[n]          *
*                                                                   *
*               bei mod = 2 enthalten d, ud1, ud2                   *
*               die RDR Zerlegung der Ausgangsmatrix.               *
*                                                                   *
*     b         rechte Seite des Systems    REAL    b[n]            *
*                                                                   *
*   Ausgabeparameter:                                               *
*   ================                                                *
*     d         ) enthalten bei mod = 0, 1 die Zerlegung der Matrix;*
*     ud1       ) die urspruenglichen Werte von d, ud1 und ud2      *
*     ud2       ) werden ueberschrieben                             *
*                                                                   *
*     b         Loesungsvektor des Systems; REAL    b[n]            *
*               die urspruengliche rechte Seite wird ueberspeichert *
*                                                                   *
*   Die Determinante der Matrix ist bei rep = 0 durch               *
*     det A = d[0] * ... * d[n-1] bestimmt.                         *
*                                                                   *
*   Rueckgabewert:                                                  *
*   =============                                                   *
*       = 0     alles ok                                            *
*       = 1     n < 3 gewaehlt                                      *
*       = 2     Matrix ist numerisch singulaer                      *
```

```
*      = 3      Matrix ist nicht positiv definit                    *
*                                                                   *
*===================================================================*
*                                                                   *
*   Benutzte Funktionen:                                            *
*   ===================                                             *
*                                                                   *
*      int diag5pddec (): Bestimmt die LU-Dekomposition             *
*      int diag5pdsol (): Loest das lineare Gleichungssystem        *
*                                                                   *
*===================================================================*/
{
  int rc;

  if (n < 3) return (1);  /* unzulaessige Dimension ................*/

  switch (mod)
  {
    case 0: /* Zerlegung bestimmen und Gleichungssystem loesen ......*/
            rc = diag5pddec (n, d, ud1, ud2);
            if (rc == 0)
              return (diag5pdsol (n, d, ud1, ud2, b));
            else
              return (rc);

    case 1: /* Nur Zerlegung berechnen .............................*/
            return (diag5pddec (n, d, ud1, ud2));

    case 2: /* Nur Loesung bestimmen ...............................*/
            return (diag5pdsol (n, d, ud1, ud2, b));
  }
  return (3);
}


int diag5pddec          /* Zerlegung 5 diagonaler pos. def. Matrizen .*/
              (
                int   n,        /* # Matrixzeilen ...................*/
                REAL  d[],      /* Hauptdiagonale ...................*/
                REAL  ud1[],    /* 1. obere Superdiagonale ..........*/
                REAL  ud2[]     /* 2. obere Superdiagonale ..........*/
              )
/*====================================================================*
*                                                                    *
*  diag5pddec bestimmt die Zerl. der 5-diagonalen, symmetrischen     *
*  und positiv definiten Matrix A, die in den 3 Vektoren d, ud1, ud2 *
*  wie folgt abgespeichert ist:                                      *
*                                                                    *
*       ( d[0]      ud1[0]    ud2[0]    0    .     .    0    ) *
*       ( ud1[0]    d[1]      ud1[1]    ud2[1]   0   .   . 0 ) *
*       ( ud2[0]    ud1[1]    d[2]      ud1[2]   ud2[2] 0 .. 0 ) *
*  A =  ( 0         ud2[1]    ud1[2]    d[3]     .     .      0 ) *
*       ( .         .         .         .     .              ) *
*       ( .         .         .              .         .  ud2[n-3] ) *
*       ( .         .              .              .     ud1[n-2] ) *
*       ( 0  .   .  0          ud2[n-3]         ud1[n-2]  d[n-1]   ) *
*                                                                    *
*====================================================================*
*                                                                    *
*   Eingabeparameter:                                                *
*   ================                                                 *
*                                                                    *
*      n         Dimension der Matrix ( >= 3 )  int n                *
*                                                                    *
*      d         Hauptdiagonale                 REAL  d [n]          *
*      ud1       1. obere Nebendiagonale        REAL  ud1[n]         *
*      ud2       2. obere Nebendiagonale        REAL  ud2[n]         *
```

```
*                                                                      *
*   Ausgabeparameter:                                                   *
*   ================              T                                    *
*       d        ) enthalten die  R * D * R Zerlegung der Matrix;      *
*       ud1      ) die urspruenglichen Werte von d, ud1 und ud2        *
*       ud2      ) werden ueberschrieben                               *
*                                                                      *
*   Rueckgabewert:                                                      *
*   =============                                                       *
*       = 0       alles ok                                              *
*       = 1       n < 3 gewaehlt                                        *
*       = 2       Matrix ist numerisch singulaer                        *
*       = 3       Matrix ist nicht positiv definit                      *
*                                                                      *
*======================================================================*/
{
  register int i;
  REAL e_1, e_2, tmp, sum;

  if (n < 3) return (1);                   /* Dimension zu klein      */

  if (d == NULL || ud1 == NULL || ud2 == NULL) return (1);

  if (d[0] < MACH_EPS) return (3);         /* nicht positiv definit   */

  ud1[n-1] = ZERO;
  ud2[n-1] = ZERO;
  ud2[n-2] = ZERO;

  sum = ABS(d[0]) + ABS(ud1[0]) + ABS(ud2[0]);
  if (sum == ZERO) return (3);

  if (d[0] < sum * MACH_EPS) return (2);

  tmp      = ud1[0];
  ud1[0]  /= d[0];
  e_2      = ud2[0];
  ud2[0]  /= d[0];

  sum = ABS(tmp) + ABS(d[1]) + ABS(ud1[1]) + ABS(ud2[1]);
  if (sum == ZERO) return (2);             /* singulaer               */

  d[1] -= tmp * ud1[0];

  if (d[1] < MACH_EPS) return (3);         /* nicht positiv definit   */

  tmp      = ud1[1];
  ud1[1]   = (ud1[1] - e_2 * ud1[0]) / d[1];
  e_1      = ud2[1];
  ud2[1]  /= d[1];

  for (i = 2; i < n; i++)
  {
    sum = ABS(e_2) + ABS(tmp) + ABS(d[i]) + ABS(ud1[i]) + ABS(ud2[i]);
    if (sum == ZERO) return (2);

    d[i]  -= e_2 * ud2[i-2] + d[i-1] * SQR (ud1[i-1]);

    if (d[i] < ZERO) return (3);           /* nicht positiv definit   */
    else
      if (d[i] < sum * MACH_EPS) return (2);

    if (i < n - 1)
    {
      tmp = ud1[i];
      ud1[i]  = (ud1[i] - e_1 * ud1[i-1]) / d[i];
    }
```

```
      if (i < n - 2)
      {
        e_2   = e_1;
        e_1   = ud2[i];
        ud2[i] /= d[i];
      }
  }
  return (0);
}

int diag5pdsol           /* Loesung 5 diagonaler pos. def. GLS .......*/
           (
            int    n,          /* # Matrixzeilen ..................*/
            REAL   d[],        /* Hauptdiagonale ..................*/
            REAL   ud1[],      /* 1. obere Superdiagonale .........*/
            REAL   ud2[],      /* 2. obere Superdiagonale .........*/
            REAL   b[]         /* Rechte Seite des Systems ........*/
           )
/*====================================================================*
 *                                                                    *
 *  diag5pdsol bestimmt die Loesung des linearen Gleichungssystems    *
 *            T                                                       *
 *  R * D * R * x = b, wobei die Dekomposition in den 3 Vektoren      *
 *  d, ud1 und ud2 abgespeichert ist (s. Ausgabe diag5pddec)          *
 *                                                                    *
 *====================================================================*
 *                                                                    *
 *  Eingabeparameter:                                                 *
 *  ================                                                  *
 *      n         Dimension der Matrix ( >= 3 ) int n                 *
 *                                                                    *
 *      d         Hauptdiagonale                REAL   d [n]          *
 *      ud1       1. obere Nebendiagonale       REAL   ud1[n]         *
 *      ud2       2. obere Nebendiagonale       REAL   ud2[n]         *
 *                                                                    *
 *      Zerlegung sysmmetrischen, pos. definiten 5-diagonalen Matrix  *
 *                                                                    *
 *      b         rechte Seite des 5-diagonalen Systems               *
 *                                                                    *
 *  Ausgabeparameter:                                                 *
 *  ================                                                  *
 *      b         Loesungsvektor des Systems;   REAL   b[n]           *
 *                die urspruengliche rechte Seite wird ueberspeichert *
 *                                                                    *
 *  Rueckgabewert:                                                    *
 *  =============                                                     *
 *      = 0       alles ok                                            *
 *      = 1       n < 3 gewaehlt                                      *
 *      = 2       Matrix ist numerisch singulaer                      *
 *                                                                    *
 *===================================================================*/
{
  register int i;

  if (n < 3) return (1);

  if (d == NULL || ud1 == NULL || ud2 == NULL || b == NULL) return (1);

  /* Vorwaertselemination ...........................................*/

  if (ABS(d[1]) < MACH_EPS) return (2);
  b[1] -= ud1[0] * b[0];

  for (i = 2; i < n; i++)
```

```
    b[i] -= ud1[i-1] * b[i-1] + ud2[i-2] * b[i-2];

  for (i = 0; i < n; i++)
  {
    if (ABS (d[i]) < MACH_EPS) return (2);
    b[i] /= d[i];
  }

  /* Rueckwaertselemination ........................................*/

  b[n-2] -= ud1[n-2] * b[n-1];

  for (i = n - 3; i >= 0; i--)
    b[i] -= (ud1[i] * b[i+1] + ud2[i] * b[i+2]);

  return (0);
}
/* ----------------------- ENDE fdiag5pd.c ----------------------- */
```

P 4.12.2   Systeme mit symmetrischer, fünfdiagonaler, positiv definiter Matrix

```
/* --------------------- DEKLARATIONEN fdias.h -------------------- */
int fdiasy (int    n,
            REAL*  md,
            REAL*  ud1,
            REAL*  ud2,
            REAL*  rs,
            REAL*  x
           );
int fdiasz (int    n,
            REAL*  md,
            REAL*  ud1,
            REAL*  ud2
           );
int fdiasl (int    n,
            REAL*  md,
            REAL*  ud1,
            REAL*  ud2,
            REAL*  rs,
            REAL*  x
           );
/* ------------------------- ENDE fdias.h ------------------------- */
/* ------------------------- MODUL fdias.c ------------------------ */
#include <basis.h>
#include <stdlib.h>
#include <math.h>
#include <fdias.h>

int fdiasy (int    n,
            REAL*  md,
            REAL*  ud1,
            REAL*  ud2,
            REAL*  rs,
            REAL*  x
           )
/***********************************************************************
* berechnet die Loesung des linearen Gleichungssstems A * x = rs mit*
* einer fuenfdiagonalen, symmetrischen, positiv definiten Matrix A .  *
*                                                                     *
* Die Matrix A wird durch die Vektoren md, ud1 und ud2 beschrieben.   *
```

Systeme mit symm., fünfdiagonaler, pos. definiter Matrix

```
*   Das Gleichungssystem hat die Form:                               *
*                                                                    *
*   { md   ud1  ud2                        }   { x }    { rs }       *
*   { ud1  md   ud1  ud2             0     }   { x }    { rs }       *
*   { ud2  ud2  md   ud1  ud2              }   { x }    { rs }       *
*   {      ud2  ud1  md   ud1  ud2         }   { x }    { rs }       *
*   {           .    .    .    .    .      }   { . }    { . }        *
*   {                .    .    .    .    . } * { . }  = { . }        *
*   {                     .    .    .    . }   { . }    { . }        *
*   {           ud2  ud1  md   ud1  ud2    }   { x }    { rs }       *
*   {                ud2  ud1  md   ud1  ud2}  { x }    { rs }       *
*   {      0              ud2  ud1  md   ud1}  { x }    { rs }       *
*   {                          ud2  ud1  md } { x }     { rs }       *
*                                                                    *
*   EINGABEPARAMETER:                                                *
*   ----------------                                                 *
*                                                                    *
*   Name    Typ/Laenge       Bedeutung                               *
*   ----------------------------------------------------------       *
*   n       int/--           Anzahl der Gleichungen; es gilt: n > 3  *
*   md      REAL  /[n+1]     } Elemente der Matrix A                 *
*   ud1     REAL  /[n+1]     } (das erste Element wird jeweils       *
*   ud2     REAL  /[n+1]     }  nicht benutzt)                       *
*   rs      REAL  /[n+1]     } md : Hauptdiagonale                   *
*                              ud1: Diagonale oberhalb der Haupt-    *
*                                   diagonalen                       *
*                              ud2: oberste Diagonale                *
*                              rs : rechte Seite                     *
*                                                                    *
*                                                                    *
*   AUSGABEPARAMETER:                                                *
*   -----------------                                                *
*                                                                    *
*   Name    Typ/Laenge       Bedeutung                               *
*   ----------------------------------------------------------       *
*   md      REAL  /[n+1]     }                                       *
*   ud1     REAL  /[n+1]     } Eingabewerte werden ueberschrieben    *
*   ud2     REAL  /[n+1]     } mit Hilfelementen                     *
*   rs      REAL  /[n+1]     }                                       *
*   x       REAL  /[n+1]     Loesung des Gleichungssystems           *
*                              (in den Elementen 1 bis n)            *
*                                                                    *
*  Funktionsrueckgabewert:                                           *
*                                                                    *
*       0: kein Fehler                                               *
*       1: Fehler: Matrix A ist nicht positiv definit                *
*                   (weil nicht streng regulaer)                     *
*      -1: Fehler: Matrix A ist nicht positiv definit                *
*      -2: Fehler: n < 4                                             *
*                                                                    *
*  ================================================================  *
*                                                                    *
*   benutzte Unterprogramme:  fdiasz, fdiasl                         *
*                                                                    *
*   Bemerkung: Die Determinante von A kann nach dem erfolgreichen    *
*              Aufruf des Unterprogramms wie folgt berechnet werden: *
*                  det (A) = md[1] * md[2] * ...* md[n]              *
*                                                                    *
*********************************************************************/
{
   int  error;

   if (n < 4) return (-2);

   error = fdiasz (n, md, ud1, ud2);
```

```
    if (error == 0)
      error = fdiasl (n, md, ud1, ud2, rs, x);

    return error;
}


#define MACH4_EPS 4.*MACH_EPS

int fdiasz (int   n,
            REAL* md,
            REAL* ud1,
            REAL* ud2
           )
/****************************************************************************
* zerlegt eine fuenfdiagonale, symmetrische, positiv definiten Matrix       *
*                                                                            *
* A  in ihre Faktoren    BT  D  B nach dem Cholesky-Verfahren fuer          *
* fuenfdiagonale Matrizen.                                                   *
* (BT = B-transponiert, naehere Beschreibung siehe Modul fdiasy)            *
*                                                                            *
* EINGABEPARAMETER:                                                          *
* ----------------                                                           *
*                                                                            *
* Name      Typ/Laenge          Bedeutung                                    *
* -----------------------------------------------------------------         *
* n         int/--              Anzahl der Gleichungen; es gilt: n > 3      *
* md        REAL  /[n+1]        } Elemente der Matrix A                      *
* ud1       REAL  /[n+1]        } (das erste Element wird jeweils           *
* ud2       REAL  /[n+1]        } nicht benutzt)                             *
*                               md  : Hauptdiagonale                         *
*                               ud1 : Diagonale oberhalb der Haupt-         *
*                                     diagonalen                             *
*                               ud2 : oberste Diagonale                      *
*                                                                            *
*                                                                            *
* AUSGABEPARAMETER:                                                          *
* ----------------                                                           *
*                                                                            *
* Name      Typ/Laenge          Bedeutung                                    *
* -----------------------------------------------------------------         *
* md        REAL  /[n+1]        } Eingabewerte werden ueberschrieben         *
* ud1       REAL  /[n+1]        } mit Feldern, die die Zerlegungs-          *
* ud2       REAL  /[n+1]        } matrix enthalten:                          *
* rs        REAL  /[n+1]        } ud1, ud2: Diagonalen der normierten       *
*                                         obere tridiagonale                 *
*                                         Dreiecksmatrix B                   *
*                               md: Diagonalmatrix D                         *
*                                                                            *
* WERT DES UNTERPROGRAMMS:                                                   *
* -----------------------                                                    *
*                                                                            *
* = 0 : kein Fehler                                                          *
* = 1 : Fehler: Matrix A ist nicht positiv definit (, da nicht              *
*                                       streng regulaer)                     *
* = -1: Fehler: Matrix A ist nicht positiv definit                           *
* = -2: Fehler: n < 4                                                        *
*                                                                            *
* benutzte Konstanten:    MACH_EPS, MACH4_EPS (Schranke fuer den            *
*                                              relativen Fehler)             *
*                                                                            *
*****************************************************************************/
{
  int    i;
```

```
      REAL    h_var_1, h_var_2, h_var_3, def_reg;

      if (n < 4) return (-2);          /* Ueberpruefung der Voraussetzung */
      /*
         Fuer n=1 wird die Matrix auf positive Definitheit
         und strenge Regularitaet ueberprueft
      */
      ud1 [n] = ud2 [n] = ud2 [n-1] = 0.0;
      def_reg = FABS (md[1]) + FABS (ud1[1]) + FABS (ud2[1]);
      if (def_reg == 0.0)
        return (1);
      def_reg = 1. / def_reg;
      if (md[1] < 0.0)
        return (-1);
      if (FABS (md[1]) * def_reg <= MACH4_EPS)
        return (1);
      /*
         Zerlegung der Matrix bei gleichzeitiger Ueberpruefung
         der positiven Definitheit und der strengen Regularitaet.
      */
      h_var_1 = ud1[1];
      ud1 [1] /= md [1];
      h_var_2 = ud2[1];
      ud2 [1] /= md[1];
      def_reg = FABS(h_var_1) + FABS(md[2]) + FABS(ud1[2]) + FABS(ud2[2]);
      if (def_reg == 0.0)
        return (1);
      def_reg = 1. / def_reg;
      md [2] -= h_var_1 * ud1[1];
      if (md[2] < 0.0)
        return (-1);
      if (FABS (md[2]) <= MACH4_EPS)
        return (1);

      h_var_1 = ud1[2];
      ud1 [2] = (ud1[2] - h_var_2 * ud1[1]) / md[2];
      h_var_3 = ud2[2];
      ud2 [2] /= md[2];
      for (i=3; i<=n; ++i)
      {
        def_reg = FABS (h_var_2) + FABS (h_var_1) + FABS (md[i])
                + FABS (ud1[i]) + FABS (ud2[i]);
        if (def_reg == 0.0)
          return (1);
        def_reg = 1. / def_reg;

        md [i] -= (md[i-1] * ud1[i-1] * ud1[i-1] + h_var_2 * ud2[i-2]);
        if (md[i] < 0.0)
          return (-1);
        if (FABS (md[i]*def_reg) <= MACH4_EPS)
          return (1);
        if (i < n)
        {
          h_var_1 = ud1[i];
          ud1 [i] = (ud1[i] - h_var_3 * ud1[i-1]) / md[i];
        }
        if (i < n-1)
        {
          h_var_2  = h_var_3;
          h_var_3  = ud2[i];
          ud2 [i] /= md[i];
        }
      }
      return 0;
    }

    int fdiasl (int   n,
```

```
                    REAL*  md,
                    REAL*  ud1,
                    REAL*  ud2,
                    REAL*  rs,
                    REAL*  x
                   )
/****************************************************************
 * berechnet die Loesung des linearen Gleichungssstems A * x = rs mit*
 * einer fuenfdiagonalen, symmetrischen, positiv definiten Matrix A, *
 * die in zerlegter Form vorliegt.                                *
 * (Naehere Beschreibung siehe Modul fdiasy und fdiasz)           *
 *                                                                *
 * EINGABEPARAMETER:                                              *
 * -----------------                                              *
 *                                                                *
 * Name     Typ/Laenge       Bedeutung                            *
 * --------------------------------------------------------------- *
 *  n       int/--           Anzahl der Gleichungen; es gilt: n > 3 *
 *  md      REAL   /[n+1]    } Zerlegungsmatrix der Matrix A      *
 *  ud1     REAL   /[n+1]    } (siehe Modul fdiasz)               *
 *  ud2     REAL   /[n+1]    } md : Diagonalmatrix D              *
 *                             ud1: } obere Dreiecksmatrix B      *
 *                             ud2: }                              *
 *  rs      REAL   /[n+1]    rs : rechte Seite                    *
 *                                                                *
 *                                                                *
 * AUSGABEPARAMETER:                                              *
 * -----------------                                              *
 *                                                                *
 * Name     Typ/Laenge       Bedeutung                            *
 * --------------------------------------------------------------- *
 *                                                                *
 *  x       REAL   /[n+1]    Loesung des Gleichungssystems        *
 *                           (in denElementen 1 bis n)            *
 *                                                                *
 ****************************************************************/
{
  int i;
  REAL   h_var_1, h_var_2, h_var_3;

  h_var_1 = rs[1];                      /* Vorwaertselimination */
  rs [1] /= md[1];
  h_var_2 = rs[2] - ud1[1] * h_var_1;
  rs [2]  = h_var_2 / md[2];
  for (i=3; i<=n; ++i)
  {
    h_var_1 = rs[i] - ud1[i-1] * h_var_2 - ud2[i-2] * h_var_1;
    rs [i]  = h_var_1 / md[i];
    h_var_3 = h_var_2;
    h_var_2 = h_var_1;
    h_var_1 = h_var_3;
  }

  x [n] = rs[n];                        /* Rueckwaertselimination */
  x[n-1] = rs[n-1] - ud1[n-1] * x[n];
  for (i=n-2; i>=1; --i)
    x [i] = rs[i] - ud1[i] * x[i+1] - ud2[i] * x[i+2];

  return 0;
}
/* ------------------------ ENDE fdias.c ------------------------ */
```

P 4.13 Gleichungssysteme mit Bandmatrizen

```
/* ------------------------ MODUL fpack.c ------------------------ */
```

Gleichungssysteme mit Bandmatrizen

```
#include <basis.h>
#include <u_proto.h>

int pack                    /* Zeile packen ...........................*/
        (
        int     n,          /* Dimension der Matrix ............*/
        int     ld,         /* Anzahl Subdiagonalen ............*/
        int     ud,         /* Anzahl Superdiagonalen ..........*/
        int     no,         /* Zeilennummer ....................*/
        REAL    row[],      /* Zeile ...........................*/
        REAL    prow[]      /* Gepackte Zeile ..................*/
        )
/*====================================================================*
 *                                                                    *
 * pack konvertiert die no-te Zeile row einer n x n Matrix A           *
 * mit ld Subdiagonalen und ud Superdiagonalen auf die Zeile prow      *
 * der Laenge ld+ud+1 wie sie fuer band und bando benoetigt wird.      *
 * Die Zeile row ist dann die no-te Zeile der Eingabematrix            *
 * packmat fuer die Funktionen band und bando.                         *
 *                                                                    *
 *====================================================================*
 *                                                                    *
 *   Eingabeparameter:                                                *
 *   ================                                                 *
 *   n          int n;   ( n > 2 )                                    *
 *              Dimension der Matrix (Anzahl der Zeilen).             *
 *   ld         int ld; ( ld >= 0 )                                   *
 *              Anzahl der Subdiagonalen.                             *
 *   ud         int ud; ( ud >= 0 )                                   *
 *              Anzahl der Superdiagonalen.                           *
 *   no         int no;                                               *
 *              Zeilennummer der zu konvertierenden Zeile             *
 *   row        REAL    row[];                                        *
 *              no-te Zeile der Laenge n der Originalmatrix.          *
 *                                                                    *
 *   Ausgabeparameter:                                                *
 *   ================                                                 *
 *   prow       REAL    prow[];                                       *
 *              no-te Zeile in gepackter Form mit Laenge ld+ud+1.     *
 *                                                                    *
 *====================================================================*/
{
  register k, m, j;

  m = 0;
  k = ld - no;
  while ( k-- > 0 ) prow[m++] = ZERO;
  for (j = 0; j < n; j++)
    if ( (no - j <= ld) && (j - no <= ud) ) prow[m++] = row[j];

  k = ld + ud + 1 - m;
  while ( k-- > 0 ) prow[m++] = ZERO;
  return (0);
}


int unpack                  /* Zeile entpacken ........................*/
        (
        int     n,          /* Dimension der Matrix ............*/
        int     ld,         /* Anzahl Subdiagonalen ............*/
        int     ud,         /* Anzahl Superdiagonalen ..........*/
        int     no,         /* Zeilennummer ....................*/
        REAL    prow[],     /* Gepackte Zeile ..................*/
        REAL    row[]       /* Entpackte Zeile .................*/
        )
```

```
/*=========================================================================*
 *                                                                         *
 *  unpack konvertiert die no-te Zeile prow der (n x ld+ud+1)              *
 *  Bandmatrix in gepackter Form mit ld Subdiagonalen und ud Super-        *
 *  diagonalen auf die no-te Zeile der Laenge n einer Matrix A in Ori-     *
 *  ginalform. Damit wird die inverse Operation zu pack realisiert.        *
 *                                                                         *
 *=========================================================================*
 *                                                                         *
 *  Eingabeparameter:                                                      *
 *  ================                                                       *
 *     n         int n;  ( n > 2 )                                         *
 *               Dimension der Originalmatrix (Anzahl der Zeilen).         *
 *     ld        int ld; ( ld >= 0 )                                       *
 *               Anzahl der Subdiagonalen.                                 *
 *     ud        int ud; ( ud >= 0 )                                       *
 *               Anzahl der Superdiagonalen.                               *
 *     no        int no;                                                   *
 *               Zeilennummer der zu konvertierenden Zeile                 *
 *     prow      REAL   prow[];                                            *
 *               no-te Zeile in gepackter Form mit Laenge ld+ud+1.         *
 *                                                                         *
 *  Ausgabeparameter:                                                      *
 *  ================                                                       *
 *     row       REAL   row[];                                             *
 *               no-te Zeile der Laenge n der Originalmatrix.              *
 *                                                                         *
 *=========================================================================*
 *                                                                         *
 *  Benutzte Macros: min, max                                              *
 *  ===============                                                        *
 *                                                                         *
 *=========================================================================*/
{
  register  m, k;
  int       i, j;

  m = 0;
  k = i = no - ld;
  while ( k-- > 0 ) row[m++] = ZERO;

  k = min (n - m + ld, ud + ld);
  for (j = max (0, -i); j <= k; j++)
    row[m++] = prow[j];

  k = n - m;
  while ( k-- > 0 ) row[m++] = ZERO;
  return (0);
}

/* ----------------------- ENDE fpack.c ----------------------- */
```

P 4.13 Gleichungssysteme mit Bandmatrizen (mit Pivotisierung)

```
/* ----------------------- MODUL fband.c ----------------------- */

#include <basis.h>
#include <u_proto.h>

int band            /* Gleichungssysteme mit Bandmatrizen ........*/
       (
        int    mod,       /* # Modus: 0, 1, 2 ..................*/
        int    n,         /* # Zeilen ..........................*/
        int    ld,        /* # untere Diagonalen ...............*/
```

Gleichungssysteme mit Bandmatrizen (mit Pivotisierung) 655

```
              int        ud,          /* # obere Diagonalen ..............*/
              REAL   *  pmat[],       /* gepackte Eingabematrix ..........*/
              REAL       b[],         /* rechte Seite des Systems ........*/
              int        perm[],      /* Zeilenvertauschungen ............*/
              int    *   signd        /* Vorzeichen Determinante .........*/
             )
/*====================================================================*
 *                                                                    *
 *  Die Funktion band dient zur Loesung eines linearen Gleichungs-    *
 *  systems: pmat * x = b.                                            *
 *  Dabei sind: pmat die regulaere n x n Koeffizientenmatrix in       *
 *              gepackter Form (n-zeilige Bandmatrix mit              *
 *              ld+1+ud Spalten) mit ld Sub- u. ud Superdiagonalen,   *
 *              b die rechte Seite des Systems (n-Vektor),            *
 *              x der Loesungsvektor des Gleichungssystems.           *
 *                                                                    *
 *  band arbeitet nach dem Gauss-Algorithmus mit Dreieckzerlegung     *
 *  und Spaltenpivotsuche (Crout-Verfahren mit Zeilenvertauschung).   *
 *  Durch die Pivotsuche entstehen min( ud, ld) zusaetzliche Spalten, *
 *  so dass fuer pmat insgesamt n x (ld+1+ud+min(ld,ud))              *
 *  Speicherplaetze verfuegbar gemacht werden muessen.                *
 *                                                                    *
 *====================================================================*
 *                                                                    *
 *  Anwendung:                                                        *
 *  =========                                                         *
 *      Lineare Gleichungssysteme mit regulaerer n x n Matrix, die    *
 *      Bandstruktur besitzt.                                         *
 *      Insbesondere fuer Bandmatrizen mit grossem n (im Vergleich zu *
 *      ld+1+ud) bietet band Rechenzeit- und Speicherplatzvorteile    *
 *      gegenueber dem Standard-Gauss-Verfahren.                      *
 *                                                                    *
 *====================================================================*
 *                                                                    *
 *  Steuerparameter:                                                  *
 *  ===============                                                   *
 *      mod        int mod;                                           *
 *                 Aufrufart von band:                                *
 *      = 0        Bestimmung der Zerlegungsmatrix und Berechnung     *
 *                 der Loesung des Gleichungssystems.                 *
 *      = 1        Nur Berechnung der Zerlegungsmatrix, die auf       *
 *                 pmat ueberspeichert wird.                          *
 *      = 2        Nur Loesung des Gleichungssystems; zuvor muss je-  *
 *                 doch die Zerlegungsmatrix bestimmt sein. Diese     *
 *                 Aufrufart wird verwendet, falls bei gleicher       *
 *                 Matrix lediglich die rechte Seite des Systems vari-*
 *                 iert, z. B. zur Berechnung der Inversen.           *
 *                                                                    *
 *  Eingabeparameter:                                                 *
 *  ================                                                  *
 *      n          int n; ( n > 2 )                                   *
 *                 Dimension von pmat (Anzahl der Zeilen),            *
 *                 Anzahl der Komponenten des b-Vektors.              *
 *      ld         int ld; ( ld >= 0 )                                *
 *                 Anzahl der Subdiagonalen.                          *
 *      ud         int ud; ( ud >= 0 )                                *
 *                 Anzahl der Superdiagonalen.                        *
 *      pmat       REAL *pmat[n];                                     *
 *                 mod = 0, 1:                                        *
 *                 Matrix des Gleichungssystems. Diese wird als Vektor*
 *                 von Zeigern uebergeben. Die Zeilenlaenge betraegt  *
 *                 mindestens   ld + 1 + ud + min ( ld, ud ), wobei   *
 *                 die Spalten 0, .., ld-1 die Subdiagonalen,         *
 *                 die Spalte ld die Diagonale und die Spalten        *
 *                 ld+1, .., ld+ud die Superdiagonalen enthalten.     *
 *                 Ist A die Originalmatrix des Systems in ungepackter*
 *                 Form, so gilt:                                     *
```

```
 *                  A[i][k] = pmat[i][ld+k-i],                          *
 *                         fuer k,i aus dem Diagonalband                *
 *                  mod = 2:                                            *
 *                  Zerlegungsmatrix in gepackter Form.                 *
 *      b           REAL     b[n];          ( bei mod = 0, 2 )          *
 *                  Rechte Seite des Gleichungssystems.                 *
 *      perm        int  perm[n];           ( bei mod = 2 )             *
 *                  Permutationsvektor, der die Zeilenvertauschungen    *
 *                  von pmat enthaelt.                                  *
 *      signd       int *signd;             ( bei mod = 2 )             *
 *                  Vorzeichen der Determinante von pmat; die De-       *
 *                  terminante kann durch das Produkt der Diagonal-     *
 *                  elemente mal signd bestimmt werden.                 *
 *                                                                      *
 *   Ausgabeparameter:                                                  *
 *   ================                                                   *
 *      pmat        REAL    *pmat[n];       ( bei mod = 0, 1 )          *
 *                  Dekompositionsmatrix, die die Zerlegung von         *
 *                  matrix in eine untere oder obere Dreieckmatrix in   *
 *                  gepackter Form enthaelt; die Ausgangsmatrix wird    *
 *                  ueberspeichert.                                     *
 *      perm        int  perm[n];           ( bei mod = 0, 1 )          *
 *                  Permutationsvektor, der die Zeilenvertauschungen    *
 *                  von lumat enthaelt.                                 *
 *      b           REAL     b[n];          ( bei mod = 0, 2 )          *
 *                  Loesungsvektor des Systems, der auf die rechte Seite*
 *                  ueberspeichert wird.                                *
 *      signd       int *signd;             ( bei mod = 0, 1 )          *
 *                  Vorzeichen der Determinante von matrix; die De-     *
 *                  terminante kann durch das Produkt der Diagonal-     *
 *                  elemente mal signd bestimmt werden.                 *
 *                                                                      *
 *   Rueckgabewert:                                                     *
 *   =============                                                      *
 *      = 0         alles ok                                            *
 *      = 1         n < 3 gewaehlt oder unzulaessige Eingabeparameter   *
 *      = 2         zu wenig Speicherplatz                              *
 *      = 3         Matrix ist singulaer oder rechnerisch singulaer     *
 *      = 4         Falsche Aufrufart                                   *
 *                                                                      *
 *======================================================================*
 *                                                                      *
 *   Benutzte Funktionen:                                               *
 *   ===================                                                *
 *      int banddec() : Zerlegungsmatrix berechnen                      *
 *      int bandsol() : Gleichungssystem loesen                         *
 *                                                                      *
 *=====================================================================*/
{
  int rc;

  if (n < 1 || ld < 0 || ud < 0) return(1);

  switch (mod)
  {
    case 0: /* Zerlegung bestimmen und Gleichungssystem loesen .......*/
            rc = banddec (n, ld, ud, pmat, perm, signd);
            if (rc == 0)
               return (bandsol (n, ld, ud, pmat, b, perm));
            else
               return (rc);

    case 1: /* Nur Zerlegung berechnen ...............................*/
            return (banddec (n, ld, ud, pmat, perm, signd));

    case 2: /* Nur Loesung bestimmen .................................*/
            return (bandsol (n, ld, ud, pmat, b, perm));
```

```
  }
  return (4);
}


int banddec                 /* Zerlegung der Bandmatrix ..................*/
            (
                int     n,          /* # Zeilen ........................*/
                int     ld,         /* # untere Diagonalen .............*/
                int     ud,         /* # obere Diagonalen ..............*/
                REAL *  pmat[],     /* gepackte Ein-/Ausgabematrix .....*/
                int     perm[],     /* rechte Seite des Systems ........*/
                int *   signd       /* Vorzeichen Determinante .........*/
            )
/*====================================================================*
 *                                                                    *
 *   Eingabeparameter:                                                *
 *   ================                                                 *
 *      n         int n;  ( n > 2 )                                   *
 *                Dimension von pmat (Anzahl der Zeilen),             *
 *                Anzahl der Komponenten des b-Vektors.               *
 *      ld        int ld;  ( ld >= 0 )                                *
 *                Anzahl der Subdiagonalen.                           *
 *      ud        int ud;  ( ud >= 0 )                                *
 *                Anzahl der Superdiagonalen.                         *
 *      pmat      REAL *pmat[n];                                      *
 *                Matrix des Gleichungssystems. Diese wird als Vektor *
 *                von Zeigern uebergeben. Die Zeilenlaenge betraegt   *
 *                mindestens  ld + 1 + ud + min ( ld, ud ), wobei     *
 *                die Spalten 0,..,ld-1 die Subdiagonalen,            *
 *                die Spalte ld die Diagonale und die Spalten         *
 *                ld+1,..,ld+ud die Superdiagonalen enthalten.        *
 *                                                                    *
 *   Ausgabeparameter:                                                *
 *   ================                                                 *
 *      pmat      REAL *pmat[n];                                      *
 *                Dekompositionsmatrix, die die Zerlegung von         *
 *                matrix in eine untere oder obere Dreieckmatrix in   *
 *                gepackter Form enthaelt; die Ausgangsmatrix wird    *
 *                ueberspeichert.                                     *
 *      perm      int perm[n];                                        *
 *                Permutationsvektor, der die Zeilenvertauschungen    *
 *                von lumat enthaelt.                                 *
 *      signd     int *signd;                                         *
 *                Vorzeichen der Determinante von pmat; die De-       *
 *                terminante kann durch das Produkt der Diagonal-     *
 *                elemente mal signd bestimmt werden.                 *
 *                                                                    *
 *   Rueckgabewert:                                                   *
 *   =============                                                    *
 *      = 0       alles ok                                            *
 *      = 1       n < 3 gewaehlt oder unzulaessige Eingabeparameter   *
 *      = 2       zu wenig Speicherplatz                              *
 *      = 3       Matrix ist singulaer oder rechnerisch singulaer     *
 *                                                                    *
 *====================================================================*
 *                                                                    *
 *   Benutzte Konstanten: NULL, MACH_EPS                              *
 *   ==================                                               *
 *                                                                    *
 *   Benutzte Macros: min, max, SWAP                                  *
 *   ===============                                                  *
 *                                                                    *
 *====================================================================*/
{
  int     j0, mm, up, istart, iend, step, kstart,
```

```
                    kend, kjend, km, jm, jk;
     register k, j, i;
     REAL    piv;

     if (ld < 0 || ud < 0 || n < 1)
       return (1);                        /* Unzulaessige Parameter      */

     if (pmat == NULL) return (1);

     for (i = 0; i < n; i++)
       if (pmat[i] == NULL) return (1);
     mm = ld + 1 + ud + min (ld, ud);

     up = ld <= ud;                       /* up = 0 ==> Transformation   */
                                          /* auf untere Dreieckmatrix    */
     for (i = 0; i < n; i++)
       for (k = ld + ud + 1; k < mm; k++) /* eventl. benoetigte Zusatz-  */
         pmat[i][k] = ZERO;                /* spalten mit 0 initialisieren*/

     *signd = 1;                          /* Vorzeichen der Determ.      */
                                          /* initialisieren              */
     if (up)
     {
       istart = 0; iend = n-1; step = 1;  /* Anfang, Ende und Lauf-      */
       kstart = 1;                         /* richtung der Schleifen      */
     }                                     /* in Abhaengigkeit von        */
     else                                  /* up bestimmen                */
     {
       istart = n-1; iend = 0; step = -1;
       kstart = -1;
     }

     for (i = istart; i != iend; i += step) /* Schleife ueber alle        */
                                            /* Zeilen                     */
     {
       kend = (up ? min (ld+1, n-i) : max (-i-1, -ud-1));
       j0 = 0;
       piv = ABS (pmat[i][ld]);             /* Pivotelement waehlen       */
       for (k = kstart; k != kend; k += step)
         if ( ABS (pmat[k+i][ld-k]) > piv )
         {
           piv = ABS (pmat[k+i][ld-k]);
           j0 = k;
         }

       if (piv < MACH_EPS) return (3);      /* Ist piv = 0, so ist die    */
                                            /* Matrix singulaer           */
       perm[i] = j0;
       kjend =  (up ? min (j0+ud+1, n-i) : max ( -i-1, j0-ld-1));

       if (j0 != 0)
       {
         *signd = - *signd;                 /* Zeilenvertauschung         */
         for (k = 0; k != kjend; k += step)
         {
           km = k + ld;
           if (km < 0) km += mm;
           SWAP (REAL, pmat[i][km], pmat[i+j0][k+ld-j0])
         }
       }

       for (k = kstart; k != kend; k +=step)  /* Schleife ueber alle      */
       {                                      /* Zeilen unterhalb         */
         pmat[k+i][ld-k] /= pmat[i][ld];      /* von i                    */
         for (j = kstart; j != kjend; j += step)
         {                                    /* Schleife ueber alle      */
```

```
                jk = j + ld - k;                /* Spalten rechts von i*/
                jm = j + ld;
                                                /* Spalten, die durch die Pivot- */
                if (jk < 0) jk += mm;           /* suche zusaetzlich entstehen,  */
                if (jm < 0) jm += mm;           /* werden ab Spalte ud+ld+1 ge-  */
                                                /* speichert.                    */
                pmat[k+i][jk] -= pmat[k+i][ld-k] * pmat[i][jm];
            }
        }  /* end k */
    }  /* end i */
    piv = ABS (pmat[iend][ld]);                 /* Pivotelement waehlen          */
    if (piv < MACH_EPS) return(3);              /* Ist piv = 0, so ist die       */
                                                /* Matrix singulaer              */
    perm[iend] = 0;
    return (0);
}


int bandsol              /* Loesung des Bandsystems ...................*/
             (
              int     n,        /* # Zeilen ..........................*/
              int     ld,       /* # untere Diagonalen ...............*/
              int     ud,       /* # obere Diagonalen ................*/
              REAL *  pmat[],   /* gepackte Eingabematrix ............*/
              REAL    b[],      /* rechte Seite des Systems ..........*/
              int     perm[]    /* Zeilenvertauschungen ..............*/
             )
/*====================================================================*
*                                                                     *
*   Eingabeparameter:                                                 *
*   ================                                                  *
*      n          int n;  ( n > 2 )                                   *
*                 Dimension von pmat (Anzahl der Zeilen),             *
*                 Anzahl der Komponenten des b-Vektors.               *
*      ld         int ld; ( ld >= 0 )                                 *
*                 Anzahl der Subdiagonalen.                           *
*      ud         int ud; ( ud >= 0 )                                 *
*                 Anzahl der Superdiagonalen.                         *
*      pmat       REAL    *pmat[n];                                   *
*                 Zerlegungsmatrix in gepackter Form, wie sie von     *
*                 banddec geliefert wird.                             *
*      b          REAL    b[n];                                       *
*                 Rechte Seite des Gleichungssystems.                 *
*      perm       int perm[n];                                        *
*                 Permutationsvektor, der die Zeilenvertauschungen    *
*                 von pmat enthaelt; Ausgabe von banddec.             *
*                                                                     *
*   Ausgabeparameter:                                                 *
*   ================                                                  *
*      b          REAL    b[n];                                       *
*                 Loesungsvektor des Systems, der auf die rechte Seite*
*                 ueberspeichert wird.                                *
*                                                                     *
*   Rueckgabewert:                                                    *
*   =============                                                     *
*      = 0        alles ok                                            *
*      = 1        unzulaessige Eingabeparameter                       *
*                                                                     *
*=====================================================================*
*                                                                     *
*   Benutzte Konstanten: NULL                                         *
*   ===================                                               *
*                                                                     *
*   Benutzte Macros: min, max, SWAP                                   *
*   ===============                                                   *
```

```
 *                                                                      *
 *======================================================================*/
{
  register i, k;
  int      s, mm, up, istart, iend, step, kstart,
           kend, km;
                                        /* Unzulaessige Parameter       */
  if (ld < 0 || ud < 0 || n < 1)
    return (1);

  if (pmat == NULL || b == NULL || perm == NULL) return (1);

  for (i = 0; i < n; i++)
    if (pmat[i] == NULL) return (1);

  mm = ld + ud + 1 + min (ld, ud);      /* mm = max. Speicherbedarf     */
                                        /* pro Zeile                    */

  up = ld <= ud;                        /* up = 0 ==> Tranformation     */
                                        /* auf untere Dreieckmatrix     */
  if (up)
  {
    istart = 0; iend = n-1; step = 1;   /* Grenzen und Laufrichtung     */
    kstart = 1; s = -1;                 /* in Abhaengigkeit von up      */
  }                                     /* setzen                       */
  else
  {
    istart = n-1; iend = 0; step = -1;
    kstart = -1; s = 1;
  }

  for (i = istart; i != iend; i += step) /* b-Vektor gemaess perm       */
  {                                      /* anpassen                    */
    if (perm[i] != 0)
      SWAP (REAL, b[i], b[i+perm[i]]);

    kend = (up ? min (ld+1, n-i) : max (-i-1, -ud-1));

    for (k = kstart; k != kend; k += step)
      b[k+i] -= pmat[k+i][ld-k] * b[i];
  }

  for (i = iend; i != istart + s ; i -= step)
  {
    kend = (up ? min (ld+ud+1, n-i) : max (-i-1, -ud-ld));

    for (k = kstart; k != kend; k += step)
    {
      km = k + ld;                      /* Vor- bzw. Rueckwaerts-       */
      if (km < 0) km += mm;             /* transformation durchfuehren  */
      b[i] -= pmat[i][km] * b[i+k];
    }
    b[i] /= pmat[i][ld];
  }

  return (0);
}
/* ----------------------- ENDE fband.c ----------------------- */
```

P 4.13 Gleichungssysteme mit Bandmatrizen (ohne Pivotisierung)

```
/* ----------------------- MODUL fbando.c ----------------------- */
```

Gleichungssysteme mit Bandmatrizen (ohne Pivotisierung) 661

```
#include <basis.h>
#include <u_proto.h>

int bando                   /* GLS mit Bandmatrizen (ohne Pivot) ........*/
         (
            int    mod,     /* Modus: 0, 1, 2 ..................*/
            int    n,       /* # Zeilen ........................*/
            int    ld,      /* # untere Diagonalen .............*/
            int    ud,      /* # obere Diagonalen ..............*/
            REAL * pmat[],  /* gepackte Eingabematrix ..........*/
            REAL   b[]      /* rechte Seite des Systems ........*/
         )
/*====================================================================*
 *                                                                    *
 *  Die Funktion bando dient zur Loesung eines linearen Gleichungs-   *
 *  systems:  pmat * x = b.                                           *
 *  Dabei sind: pmat die regulaere Koeffizientenmatrix in gepackter   *
 *              Form (Bandmatrix mit ld+ud+1 Spalten),                *
 *              b die rechte Seite des Systems (n-Vektor),            *
 *              x der Loesungsvektor des Gleichungssystems.           *
 *                                                                    *
 *  bando arbeitet nach dem Gauss-Algorithmus mit Dreieckzerlegung,   *
 *  im Gegensatz zu band ohne Pivotsuche.                             *
 *                                                                    *
 *====================================================================*
 *                                                                    *
 *  Anwendung:                                                        *
 *  =========                                                         *
 *     Lineare Gleichungssysteme mit regulaerer Bandmatrix;           *
 *     insbesondere diagonaldominante u. positiv definite Band-       *
 *     matrizen.                                                      *
 *                                                                    *
 *====================================================================*
 *                                                                    *
 *  Steuerparameter:                                                  *
 *  ===============                                                   *
 *     mod        int mod;                                            *
 *                Aufrufart von bando:                                *
 *        = 0     Bestimmung der Zerlegungsmatrix und Berechnung      *
 *                der Loesung des Gleichungssystems.                  *
 *        = 1     Nur Berechnung der Zerlegungsmatrix, die auf        *
 *                pmat ueberspeichert wird.                           *
 *        = 2     Nur Loesung des Gleichungssystems; zuvor muss je-   *
 *                doch die Zerlegungsmatrix bestimmt sein. Diese      *
 *                Aufrufart wird verwendet, falls bei gleicher        *
 *                Matrix lediglich die rechte Seite des Systems vari- *
 *                iert, z. B. zur Berechnung der Inversen.            *
 *                                                                    *
 *  Eingabeparameter:                                                 *
 *  ================                                                  *
 *     n          int n;   ( n > 2 )                                  *
 *                Dimension von pmat (Anzahl der Zeilen),             *
 *                Anzahl der Komponenten des b-Vektors.               *
 *     ld         int ld;  ( ld >= 0 )                                *
 *                Anzahl der Subdiagonalen.                           *
 *     ud         int ud;  ( ud >= 0 )                                *
 *                Anzahl der Superdiagonalen.                         *
 *     pmat       REAL *pmat[n];                                      *
 *                mod = 0, 1:                                         *
 *                Matrix des Gleichungssystems. Diese wird als Vektor *
 *                von Zeigern uebergeben. Die Zeilenlaenge betraegt   *
 *                mindestens    ld + 1 + ud, wobei                    *
 *                die Spalten 0,..,ld-1 die Subdiagonalen,            *
 *                die Spalte ld die Diagonale und die Spalten         *
 *                ld+1,..,ld+ud die Superdiagonalen enthalten.        *
 *                Ist A die Originalmatrix des Systems in ungepackter *
```

```
 *                   Form, so gilt:                                   *
 *                   A[i][k] = pmat[i][ld+k-i],                       *
 *                             fuer k,i aus dem Diagonalband          *
 *                   mod = 2:                                         *
 *                   Zerlegungsmatrix in gepackter Form.              *
 *      b            REAL     b[n];         ( bei mod = 0, 2 )        *
 *                   Rechte Seite des Gleichungssystems.              *
 *                                                                    *
 *   Ausgabeparameter:                                                *
 *   ================                                                 *
 *      pmat   REAL   *pmat[n];   ( bei mod = 0, 1 )                  *
 *                   Dekompositionsmatrix, die die Zerlegung von      *
 *                   matrix in eine obere Dreieckmatrix in gepackter  *
 *                   Form enthaelt; die Ausgangsmatrix geht verloren. *
 *      b            REAL     b[n];         ( bei mod = 0, 2 )        *
 *                   Loesungsvektor des Systems, der auf die rechte Seite *
 *                   ueberspeichert wird.                             *
 *                                                                    *
 *   Rueckgabewert:                                                   *
 *   =============                                                    *
 *      = 0        alles ok                                           *
 *      = 1        n < 3 gewaehlt oder unzulaessige Eingabeparameter  *
 *      = 2        Matrix ist singulaer oder rechnerisch singulaer    *
 *      = 3        Falsche Aufrufart                                  *
 *                                                                    *
 *====================================================================*
 *                                                                    *
 *   Benutzte Funktionen:                                             *
 *   ===================                                              *
 *      int banodec() : Zerlegungsmatrix berechnen                    *
 *      int banosol() : Gleichungssystem loesen                       *
 *                                                                    *
 *====================================================================*/
{
  int rc;

  if (n < 3 || ld < 0 || ud < 0 || n < ld + 1 + ud) return (1);

  switch (mod)
  {
    case 0: /* Zerlegung bestimmen und Gleichungssystem loesen .......*/
            rc = banodec (n, ld, ud, pmat);
            if (rc == 0)
              return (banosol (n, ld, ud, pmat, b));
            else
              return (rc);

    case 1: /* Nur Zerlegung berechnen ...............................*/
            return (banodec (n, ld, ud, pmat));

    case 2: /* Nur Loesung bestimmen .................................*/
            return (banosol (n, ld, ud, pmat, b));
  }

  return (3);
}


int banodec              /* Zerlegung der Bandmatrix .................*/
                (
                 int    n,       /* # Zeilen ........................*/
                 int    ld,      /* # untere Diagonalen .............*/
                 int    ud,      /* # obere Diagonalen ..............*/
                 REAL * pmat[]   /* Ein-/Ausgabematrix ..............*/
                )
/*====================================================================*
 *                                                                    *
```

Gleichungssysteme mit Bandmatrizen (ohne Pivotisierung) 663

```
    *   Eingabeparameter:                                                   *
    *   =================                                                   *
    *      n          int n;  ( n > 2 )                                     *
    *                 Dimension von pmat (Anzahl der Zeilen),               *
    *                 Anzahl der Komponenten des b-Vektors.                 *
    *      ld         int ld; ( ld >= 0 )                                   *
    *                 Anzahl der Subdiagonalen.                             *
    *      ud         int ud; ( ud >= 0 )                                   *
    *                 Anzahl der Superdiagonalen.                           *
    *      pmat       REAL   *pmat[n];                                      *
    *                 Matrix des Gleichungssystems. Diese wird als Vektor   *
    *                 von Zeigern uebergeben. Die Zeilenlaenge betraegt     *
    *                 mindestens    ld + 1 + ud, wobei                      *
    *                 die Spalten 0,..,ld-1 die Subdiagonalen,              *
    *                 die Spalte ld die Diagonale und die Spalten           *
    *                 ld+1,..,ld+ud die Superdiagonalen enthalten.          *
    *                                                                       *
    *   Ausgabeparameter:                                                   *
    *   ================                                                    *
    *      pmat       REAL   *pmat[n];                                      *
    *                 Dekompositionsmatrix, die die Zerlegung von           *
    *                 pmat in eine obere Dreieckmatrix in                   *
    *                 gepackter Form enthaelt; die Ausgangsmatrix wird      *
    *                 ueberspeichert.                                       *
    *                                                                       *
    *   Rueckgabewert:                                                      *
    *   =============                                                       *
    *      = 0        alles ok                                              *
    *      = 1        n < 3 gewaehlt oder unzulaessige Eingabeparameter     *
    *      = 2        Matrix ist singulaer oder rechnerisch singulaer       *
    *                                                                       *
    *=======================================================================*
    *                                                                       *
    *   Benutzte Konstanten: NULL, MACH_EPS                                 *
    *   ==================                                                  *
    *                                                                       *
    *   Benutzte Macros:  min                                               *
    *   ===============                                                     *
    *=======================================================================*/
{
  int      kend, kjend, jm, jk;
  register k, j, i;

  if (ld == 0) return (0);              /* Matrix besitzt schon obere      */
                                        /* Dreieckgestalt                  */
  if (pmat == NULL) return (1);

  for (k = 0; k < n; k++)
    if (pmat[k] == NULL) return (1);

  for (i = 0; i < n - 1; i++)           /* Schleife ueber alle             */
  {                                     /* Zeilen                          */
    kend  = min (ld + 1, n - i);
    kjend = min (ud + 1, n - i);

    if (ABS(pmat[i][ld]) < MACH_EPS)    /* Zerlegung ex. nicht             */
      return (2);

    for (k = 1; k != kend; k++)         /* Schleife ueber alle             */
    {                                   /* Zeilen unterhalb                */
      pmat[k+i][ld-k] /= pmat[i][ld];   /* von i                           */

      for (j = 1; j != kjend; j++)
      {
        jk = j + ld - k;
        jm = j + ld;
        pmat[k+i][jk] -= pmat[k+i][ld-k] * pmat[i][jm];
```

```
        }
      } /* end k */
    } /* end i */

    return (0);
}

int banosol              /* Bandloesung ...........................*/
         (
           int    n,        /* # Zeilen .........................*/
           int    ld,       /* # untere Diagonalen ..............*/
           int    ud,       /* # obere Diagonalen ...............*/
           REAL * pmat[],   /* Eingabematrix ....................*/
           REAL   b[]       /* Rechte Seite / Loesung ...........*/
         )
/*====================================================================*
 *                                                                    *
 * Eingabeparameter:                                                  *
 * =================                                                  *
 *    n         int n;  ( n > 2 )                                     *
 *              Dimension von pmat (Anzahl der Zeilen),               *
 *              Anzahl der Komponenten des b-Vektors.                 *
 *    ld        int ld; ( ld >= 0 )                                   *
 *              Anzahl der Subdiagonalen.                             *
 *    ud        int ud; ( ud >= 0 )                                   *
 *              Anzahl der Superdiagonalen.                           *
 *    pmat      REAL   *pmat[n];                                      *
 *              Zerlegungsmatrix in gepackter Form, wie sie von       *
 *              banddec geliefert wird.                               *
 *    b         REAL   b[n];                                          *
 *              Rechte Seite des Gleichungssystems.                   *
 *                                                                    *
 * Ausgabeparameter:                                                  *
 * =================                                                  *
 *    b         REAL   b[n];                                          *
 *              Loesungsvektor des Systems, der auf die rechte Seite  *
 *              ueberspeichert wird.                                  *
 *                                                                    *
 * Rueckgabewert:                                                     *
 * ==============                                                     *
 *    = 0       alles ok                                              *
 *    = 1       n < 3 gewaehlt oder unzulaessige Eingabeparameter     *
 *                                                                    *
 *====================================================================*
 *                                                                    *
 * Benutzte Konstanten: NULL                                          *
 * ====================                                               *
 *                                                                    *
 * Benutzte Macros:  min                                              *
 * ===============                                                    *
 *                                                                    *
 *===================================================================*/
{
  int       kend;
  register  i, k;
                                  /* Unzulaessige Parameter   */
  if (n < 3 || ld < 0 || ud < 0 || ud + ld + 1 > n) return (1);

  if (pmat == NULL || b == NULL) return (1);

  for (i = 0; i < n; i++)
    if (pmat[i] == NULL) return (1);

  for (i = 0; i < n - 1; i++)
  {
    kend = min (ld + 1, n - i);
```

```
    for (k = 1; k != kend; k++)
      b[k+i] -= pmat[k+i][ld-k] * b[i];
  }

  for (i = n - 1; i >= 0 ; i--)             /* Rueckwaertstransformation */
  {
    kend = min (ud + 1, n - i);
    for (k = 1; k < kend; k++)
      b[i] -= pmat[i][k+ld] * b[i+k];
    b[i] /= pmat[i][ld];
  }

  return (0);
}

/* -------------------------- ENDE fbando.c ------------------------- */
```

P 4.13 Choleskyverfahren für Bandmatrizen

```
/* ------------------------ DEKLARATIONEN choband.h ------------------- */
int chobnd            /* Choleskyverfahren fuer gepackte Bandmatrizen ....*/
           (
            int   modus,    /* Aufrufart: 0, 1, 2 .....................*/
            int   n,        /* Ordnung des Matrix .....................*/
            int   m,        /* Anzahl der Nebendiagonalen .............*/
            REAL  *ap[],    /* gepackte Matrix: Eingabe bzw. Zerlegung.*/
            REAL  rs[]      /* rechte Seite bzw. Loesung ..............*/
           );               /* Fehlercode .............................*/

/* ------------------------ ENDE choband.h --------------------------- */
/* ------------------------ MODUL choband.c -------------------------- */
/***********************************************************************
*                                                                      *
* Loesung eines linearen Gleichungssystems mit symmetrischer, positiv  *
* -------------------------------------------------------------------- *
* definiter Bandmatrix nach dem modifizierten Choleskyverfahren        *
* -------------------------------------------------------------------- *
*                                                                      *
* exportierte Funktionen:                                              *
*   - chobnd(): Loesung eines Gleichungssystems nach Cholesky          *
*                                                                      *
* Programmiersprache: ANSI-C                                           *
* Compiler:           Borland C++ 2.0                                  *
* Rechner:            IBM PS/2 70 mit 80387                            *
* Autor:              Elmar Pohl (FORTRAN)                             *
* Bearbeiter:         Juergen Dietel, Rechenzentrum der RWTH Aachen    *
* Vorlage:            bereits existierender FORTRAN-Quelltext          *
* Datum:              FR 20. 3. 1992                                   *
*                                                                      *
***********************************************************************/

#include <basis.h>        /* wegen REAL, max, min, MACH_EPS, FABS, ZERO, */
                          /*       FOUR                                  */
#include <vmblock.h>      /* wegen vmalloc, vmcomplete, vmfree, vminit,  */
                          /*       VEKTOR                                */
#include <choband.h>      /* wegen chobnd                                */



/* ------------------------------------------------------------------- */

static int chobdz         /* Faktorisierung einer gepackten Bandmatrix */
           (
            int   n,      /* Ordnung der Matrix .....................*/
```

```
                 int   m,         /* Anzahl der Nebendiagonalen ........*/
                 REAL  *ap[]      /* Eingabe- bzw. Zerlegungsmatrizen ..*/
                )                 /* Fehlercode .......................*/

/***************************************************************************
* eine symmetrische, positiv definite Bandmatrix in gepackter Form in      *
* die Faktoren R(tr)*D*R nach dem modifizierten Choleskyverfahren zer-     *
* legen. Dabei ist D eine Diagonalmatrix und R eine normierte obere        *
* Band-Dreiecksmatrix mit ebensovielen oberen Nebendiagonalen wie die      *
* urspruengliche Matrix.                                                   *
*                                                                          *
* Eingabeparameter:                                                        *
* ================                                                         *
* n      Ordnung der Matrix des Gleichungssystems                          *
* m      Anzahl der oberen (oder unteren) Nebendiagonalen                  *
* ap     [0..n-1,0..m]-Matrix, die das obere Dreieck des Diagonalenbandes  *
*        von A in gepackter Form enthaelt (zum Packungsverfahren siehe     *
*        chobnd())                                                         *
*                                                                          *
* Ausgabeparameter:                                                        *
* ================                                                         *
* ap     ueberschrieben mit der Choleskyzerlegung R(tr)*D*R in gepackter   *
*        Form, wobei R eine normierte obere Band-Dreiecksmatrix mit m      *
*        oberen Nebendiagonalen und D eine Diagonalmatrix ist.             *
*        Die Diagonale von D steht in der ersten Spalte von ap. In den     *
*        weiteren Spalten stehen die oberen Nebendiagonalen von R. Die     *
*        Transponierte von R wird nicht gespeichert.                       *
*                                                                          *
* Funktionswert:                                                           *
* =============                                                            *
* = 0: kein Fehler                                                         *
* = 2: Speichermangel                                                      *
* = 3: Die Matrix ist numerisch nicht streng regulaer.                     *
* = 4: Die Matrix ist nicht positiv definit.                               *
*                                                                          *
* benutzte globale Namen:                                                  *
* ======================                                                   *
* REAL, MACH_EPS, max, min, FABS, vminit, vmalloc, vmcomplete, vmfree,     *
* VEKTOR, ZERO, FOUR                                                       *
***************************************************************************/

{
  REAL *z;              /* [0..n-1]-Hilfsvektor fuer die Betragssummen */
                        /* aller Zeilen                                */
  REAL eps;             /* Schranke fuer den relativen Fehler          */
  REAL tmp;             /* Summationsvariable fuer die Betragssumme    */
                        /* einer Matrixzeile, spaeter Zwischenspeicher */
                        /* bei der Faktorisierung                      */
  int  i;               /* Laufvariable                                */
  int  j;               /* Laufvariable                                */
  int  k;               /* Laufvariable                                */
  void *vmblock;        /* Liste der dynamisch vereinbarten Vektoren   */


  vmblock = vminit();
  z = (REAL *)vmalloc(vmblock, VEKTOR, n, 0);
  if (! vmcomplete(vmblock))
  {
    vmfree(vmblock);
    return 2;
  }

  eps = FOUR * MACH_EPS;

  for (i = 0; i < n; i++)  /* die Betragssummen aller Zeilen fuer die */
  {                        /* spaetere Pruefung auf Singularitaet im  */
```

Choleskyverfahren für Bandmatrizen

```
      tmp = ZERO;                   /* Hilfsvektor z merken           */
      k   = min(n, i + m + 1);
      for (j = i; j < k; j++)
        tmp += FABS(ap[i][j - i]);
      for (j = max(0, i - m); j < i; j++)
        tmp += FABS(ap[j][i - j]);
      if (tmp == ZERO)              /* Matrix numerisch singulaer? */
        return 3;
      z[i] = tmp;
    }

    for (j = 0; j < n; j++)         /* die Matrix nach Cholesky faktorisieren */
    {
      for (i = max(0, j - m); i < j; i++)
      {
        tmp          = ap[i][j - i];
        ap[i][j - i] = tmp / ap[i][0];
        for (k = i + 1; k <= j; k++)
          ap[k][j - k] -= tmp * ap[i][k - i];
      }

      if (ap[j][0] < ZERO)          /* Matrix nicht positiv definit? */
        return 4;
      else if (FABS(ap[j][0]) / z[j] <= eps)  /* Matrix numerisch nicht */
        return 3;                             /* streng regulaer?       */
    }

    vmfree(vmblock);
    return 0;                       /* Erfolg melden */
}


/* ------------------------------------------------------------- */

static int chobdl       /* Loesung durch Vor- und Rueckwaertselimination */
              (
               int   n,         /* Ordnung der Matrix ................*/
               int   m,         /* Anzahl der Nebendiagonalen ........*/
               REAL  *ap[],     /* gepackte Zerlegungsmatrizen .......*/
               REAL  x[]        /* rechte Seite bzw. Loesung .........*/
              )                 /* Fehlercode ........................*/
/***********************************************************************
* die Loesung eines linearen Gleichungssystems                         *
*                       A * X = RS                                     *
* mit symmetrischer, positiv definiter Bandmatrix A in gepackter Form  *
* nach dem Choleskyverfahren berechnen, nachdem die Matrix A durch     *
* chobdz() in ihre Choleskyfaktoren  A = R(tr)*D*R  zerlegt wurde      *
*                                                                      *
* Eingabeparameter:                                                    *
* ================                                                     *
* n   Ordnung der Matrix des Gleichungssystems                         *
* m   Anzahl der oberen (oder unteren) Nebendiagonalen                 *
* ap  [0..n-1,0..m]-Matrix, in der die von chobdz() berechnete Fakto-  *
*     risierung von A in gepackter Form steht                          *
* x   [0..n-1]-Vektor, der die rechte Seite des Gleichungssystems      *
*     enthaelt                                                         *
*                                                                      *
* Ausgabeparameter:                                                    *
* ================                                                     *
* x   [0..n-1]-Vektor, der mit der Loesung des Gleichungssystems       *
*     ueberschrieben wurde                                             *
*                                                                      *
```

```
 *  Funktionswert:                                                        *
 *  =============                                                         *
 *  Fehlercode.                                                           *
 *  = 0: kein Fehler                                                      *
 *  = 5: ungueltige Zerlegung: Die Diagonalmatrix ist singulaer.          *
 *                                                                        *
 *  benutzte globale Namen:                                               *
 *  =======================                                               *
 *  REAL, max, min                                                        *
 **************************************************************************/

{
    int i;                              /* Laufvariable      */
    int j;                              /* Laufvariable      */
    int l;                              /* Schleifenendwert  */

    for (j = 0; j < n; j++)             /* Vorwaertselimination:     */
      for (i = max(0, j - m); i < j; i++)  /* R(tr) * Z = RS  loesen. */
        x[j] -= ap[i][j - i] * x[i];    /* Dabei wird Z im           */
                                        /* Vektor x abgelegt.        */

    for (i = n; i-- != 0; )             /* Rueckwaertselimination:   */
    {
      if (ap[i][0] == ZERO)             /* ungueltige Zerlegung?     */
        return 5;                       /* Fehler melden             */
                                        /*          -1               */
      x[i] /= ap[i][0];                 /* R * X = D    * Z loesen.  */
      l    = min(n, i + m + 1);         /* Z steht dabei im Vektor x, der */
      for (j = i + 1; j < l; j++)       /* nach und nach mit der Loesung  */
        x[i] -= ap[i][j - i] * x[j];    /* des Gleichungssystems ueber-   */
    }                                   /* schrieben wird.                */

    return 0;
}


/* ---------------------------------------------------------------- */

int chobnd          /* Choleskyverfahren fuer gepackte Bandmatrizen ....*/
          (
           int modus,    /* Aufrufart: 0, 1, 2 ......................*/
           int n,        /* Ordnung des Matrix ......................*/
           int m,        /* Anzahl der Nebendiagonalen ..............*/
           REAL *ap[],   /* gepackte Matrix: Eingabe bzw. Zerlegung .*/
           REAL rs[]     /* rechte Seite bzw. Loesung ...............*/
          )              /* Fehlercode ..............................*/
/**************************************************************************
 *  ein lineares Gleichungssystem                                         *
 *                      A * X = RS                                        *
 *  mit symmetrischer, positiv definiter Bandmatrix A in gepackter Form   *
 *  nach dem modifizierten Choleskyverfahren loesen                       *
 *                                                                        *
 *  Eingabeparameter:                                                     *
 *  ================                                                      *
 *  modus   Aufrufart dieser Funktion:                                    *
 *          = 0: die Matrix faktorisieren und das Gleichungssystem loesen *
 *          = 1: nur die Matrix faktorisieren                             *
 *          = 2: nur das Gleichungssystem loesen. Die Faktorisierung muss *
 *               schon in ap bereitstehen. Diese Aufrufart wird verwen-   *
 *               det, falls bei gleicher Matrix lediglich die rechte Sei- *
 *               te des Systems variiert, z. B. zur Invertierung der     *
 *               Matrix.                                                  *
 *  n       Ordnung der Matrix des Gleichungssystems                      *
```

```
*  m          Anzahl der oberen (oder unteren) Nebendiagonalen       *
*  ap         [0..n-1,0..m]-Matrix, die fuer                         *
*                modus = 0: das obere Dreieck des Diagonalenbandes von A in *
*                      = 1: gepackter Form enthaelt. Bei der Packung werden *
*                           die Zeilen von A so gegeneinander verschoben, dass *
*                           die Diagonalen zu Spalten werden. Die letzten m+1 *
*                           Spalten davon bilden die Matrix ap. Die Hauptdia- *
*                           gonale von A steht also in der ersten Spalte von *
*                           ap.                                      *
*                           Folgendes Programmstueck wuerde das obere Halbband *
*                           von A in ap packen:                      *
*                               for (i = 0; i < n; i++)              *
*                                   for (j = i; j < min(n, i + m + 1); j++) *
*                                       ap[i][j - i] = A[i][j];      *
*                modus = 2: die Choleskyzerlegung in gepackter Form enthaelt *
*  rs         [0..n-1]-Vektor, der fuer  modus = 0, 2  die rechte Seite des *
*             Gleichungssystems enthaelt                             *
*                                                                    *
* Ausgabeparameter:                                                  *
* =================                                                  *
* ap          ueberschrieben mit der Choleskyzerlegung R(tr)*D*R in gepackter *
*             Form, wobei R eine normierte obere Band-Dreiecksmatrix mit m *
*             oberen Nebendiagonalen und D eine Diagonalmatrix ist.  *
*             Die Diagonale von D steht in der ersten Spalte von ap. In den *
*             weiteren Spalten stehen die oberen Nebendiagonalen von R. Die *
*             Transponierte von R wird nicht gespeichert.            *
* rs          [0..n-1]-Vektor, der fuer  modus = 0, 2  mit der Loesung des *
*             Gleichungssystems ueberschrieben wurde                 *
*                                                                    *
* Funktionswert:                                                     *
* ==============                                                     *
* = 0: kein Fehler                                                   *
* = 1: falsche Eingabeparameter                                      *
* = 2: Speichermangel                                                *
* = 3: Die Matrix ist numerisch nicht streng regulaer.               *
* = 4: Die Matrix ist nicht positiv definit.                         *
* = 5: ungueltige Zerlegung im Fall  modus = 2:  Die Diagonalmatrix  *
*      ist singulaer.                                                *
* Nach einem fehlerfreien Ablauf kann die Determinante von A wie folgt *
* berechnet werden:                                                  *
*             det(A) = ap[0][0] * ap[1][0] * ... * ap[n-1][0].       *
*                                                                    *
* benutzte globale Namen:                                            *
* =======================                                            *
* chobdz, chobdl, REAL                                               *
***********************************************************************/
{
    int fehler;                       /* Fehlercode von chobdz() */

    if (n <= 0 || m < 0)              /* unerlaubte Werte fuer n oder m? */
        return 1;

    switch (modus)
    {
        case 0:
            fehler = chobdz(n, m, ap);    /* Faktorisierung A = R(tr)*D*R */
                                          /* berechnen                  */
            if (fehler)                   /* Faktorisierung erfolglos?  */
                return fehler;            /* Fehler melden              */
            return chobdl(n, m, ap, rs);  /* das Gleichungssystem durch */
                                          /* Vorwaerts- und folgende Rueck- */
                                          /* waertselimination loesen   */

        case 1:
```

```
              return chobdz(n, m, ap);      /* Faktorisierung A = R(tr)*D*R   */
                                            /* berechnen und Ergebnis melden  */

       case 2:
              return chobdl(n, m, ap, rs);  /* das Gleichungssystem durch     */
                                            /* Vorwaerts- und folgende Rueck- */
                                            /* waertselimination loesen und   */
                                            /* Ergebnis dem Aufrufer melden   */

       default:                             /* unerlaubter Wert fuer modus?   */
              return 1;
       }
}

/* ----------------------- ENDE choband.c ------------------------ */
```

P 4.14 Lösung überbestimmter linearer Gleichungssysteme mit Householdertransformation

```
/* ----------------------- MODUL fhouse.c ------------------------ */
#include <basis.h>
#include <u_proto.h>


int house                /* Householder Verfahren ....................*/
       (
       int     m,        /* # Zeilen .................................*/
       int     n,        /* # Spalten ................................*/
       REAL *  mat[],    /* Eingabematrix ............................*/
       REAL    b[]       /* Rechte Seite, Loesung ....................*/
       )
/*====================================================================*
 *  Die Funktion house dient zur Loesung eines linearen Gleichungs-   *
 *  systems:  mat * x = b.                                            *
 *  Dabei sind: m die Zeilenzahl der Matrix,                          *
 *              n die Spaltenzahl der Matrix,                         *
 *              mat die m x n Koeffizientenmatrix des Systems,        *
 *              m >= n, mit rang (mat) = n,                           *
 *              b die rechte Seite des Systems (m-Vektor),            *
 *              x der Loesungsvektor des Gleichungssystems (n-Vektor).*
 *                                                                    *
 *  house benutzt die Householder Transformation zur Loesung des      *
 *  linearen, ueberbestimmten Gleichungssystems. x ist die            *
 *  Loesung des Minimierungsproblems mat * x - b im Sinne der         *
 *  euklidschen Norm. Diese Loesung des Minimierungproblems muss      *
 *  nicht notwendigerweise auch eine Loesung des Gleichungssystems    *
 *  sein (Pruefung !).                                                *
 *====================================================================*
 *                                                                    *
 *  Eingabeparameter:                                                 *
 *  ================                                                  *
 *      m         int m;  ( m > 0 )                                   *
 *                Anzahl der Zeilen von mat                           *
 *      n         int n;  ( n > 0 )                                   *
 *                Anzahl der Spalten von mat                          *
 *      mat       REAL    *mat[];                                     *
 *                Matrix des Gleichungssystems:                       *
 *                        mat[i][j], i = 0(1)m-1, j = 0(1)n-1.        *
 *      b         REAL    b[m];                                       *
 *                Rechte Seite des Gleichungssystems.                 *
 *                                                                    *
 *     mat und b werden in der Rechnung ueberschrieben !              *
 *                                                                    *
```

Householdertransformation für lineare Systeme

```
*      Ausgabeparameter:                                                *
*      =================                                                *
*         b           REAL    b[n];                                     *
*                     Loesungsvektor des Systems.                       *
*                                                                       *
*      Rueckgabewert:                                                   *
*      ==============                                                   *
*         = 0         alles ok                                          *
*         = 1         m oder n < 1 oder m < n                           *
*         = 2         mat hat nicht Rang n.                             *
*         = 3         Matrix hat Rang < n (numerisch).                  *
*         = 4         zu wenig Speicher.                                *
*                                                                       *
*=======================================================================*
*                                                                       *
*      Benutzte Funktionen:                                             *
*      ===================                                              *
*                                                                       *
*         void AllocVec (): Speicher fuer Vektor allokieren.            *
*         void FreeVec ():  Speicher fuer Vektor freigeben.             *
*                                                                       *
*=======================================================================*
*                                                                       *
*      Benutzte Konstanten: NULL, MACH_EPS                              *
*      ===================                                              *
*                                                                       *
*      Benutzte Macros: SQRT                                            *
*      ===============                                                  *
*                                                                       *
*======================================================================*/
{
  int i, j, k;
  REAL f, r, alpha, ak, eps, tmp, sum,
       norm, maxnorm;
  REAL *d;

  if ((m < 1) || (n < 1) || (m < n)) return (1);

  eps = (REAL)(TWO * MACH_EPS);

  d = AllocVec (n);
  if (d == NULL)
    return (4);

  for (i = 0; i < n; i++)            /* Householder Transformation    */
  {
    r = ZERO;
    for (k = i; k < m; k++)
      r += mat[k][i] * mat[k][i];

    if (r == ZERO)                   /* Matrix hat nicht Hoechstrang */
    {
      FreeVec (d);
      return (2);
    }

    if (mat[i][i] >= ZERO)
      alpha = SQRT (r);
    else
      alpha = - SQRT (r);

    ak = ONE / (r + alpha * mat[i][i]);
    mat[i][i] += alpha;

    d[i] = - alpha;

    maxnorm = ZERO;
```

```
      for (k = i + 1; k < n; k++)
      {
        norm = f = ZERO;
        for (j = i; j < m; j++)
        {
          tmp = mat[j][k];
          f += tmp * mat[j][i];
          norm += tmp * tmp;
        }

        if (norm > maxnorm)
          maxnorm = norm;

        f *= ak;
        for (j = i; j < m; j++)
          mat[j][k] -= f * mat[j][i];
      }

      if (ABS(alpha) < eps * SQRT (maxnorm))      /* Loesbar ?           */
      {
        FreeVec (d);
        return (3);
      }

      for (f = ZERO, j = i; j < m; j++) /* Rechte Seite transformieren */
        f += b[j] * mat[j][i];

      f *= ak;
      for (j = i; j < m; j++)
        b[j] -= f * mat[j][i];

    } /* for i */

    for (i = n - 1; i >= 0; i--)        /* Rueckwaertselimination      */
    {
      sum = ZERO;
      for (k = i + 1; k < n; k++)
        sum += mat[i][k] * b[k];

      b[i] = (b[i] - sum) / d[i];
    }

    FreeVec (d);

    return (0);
}


int mhouse                 /* Householder Verfahren (m. recht. Seiten) ..*/
          (
           int     m,      /* # Zeilen ..........................*/
           int     n,      /* # Spalten .........................*/
           int     k,      /* # rechter Seiten ..................*/
           REAL *  mat[],  /* Eingabematrix .....................*/
           REAL *  xmat[]  /* Rechte Seiten / Loesungsvektoren  */
          )
/*====================================================================*
 *  Die Funktion mhouse dient zur Loesung der linearen Gleichungs-    *
 *  systeme: mat * xmat = rs.                                         *
 *  Dabei sind: m die Zeilenzahl der Matrix,                          *
 *              n die Spaltenzahl der Matrix,                         *
 *              k die Anzahl rechter Seiten,                          *
 *              mat die m x n Koeffizientenmatrix des Systems,        *
 *              m >= n, mit rang (mat) = n,                           *
 *              rs die rechten Seiten des Systems (m x k Matrix), die *
 *              bei Eingabe in xmat abgelegt sind.                    *
 *              xmat die k Loesungsvektoren der Laenge n.             *
```

```
/*======================================================================
 *                                                                      *
 *    mhouse benutzt die Householder Transformation zur Loesung des     *
 *    linearen, ueberbestimmten Gleichungssystems. Genauer loest        *
 *    dieser Algorithmus die Minimierungsaufgaben:                      *
 *                       mat * xmat - rs                                *
 *    im Sinne der euklidschen Norm. Diese Loesungen des Minimierungs-  *
 *    problems muessen nicht notwendigerweise auch Loesungen der Glei-  *
 *    chungssysteme sein (Pruefung !).                                  *
 *======================================================================*
 *                                                                      *
 *    Eingabeparameter:                                                 *
 *    ================                                                  *
 *       n          int m;  ( m > 0 )                                   *
 *                  Anzahl der Zeilen von mat                           *
 *       n          int n;  ( n > 0 )                                   *
 *                  Anzahl der Spalten von mat                          *
 *       k          int k;  ( k > 0 )                                   *
 *                  Anzahl rechter Seiten des Systems                   *
 *       mat        REAL    *mat[];                                     *
 *                  Matrix des Gleichungssystems:                       *
 *                       mat[i][j], i = 0(1)m-1, j = 0(1)n-1.           *
 *       xmat       REAL    *xmat[];                                    *
 *                  Die rechten Seiten des Systems:                     *
 *                       xmat[i][j], i = 0(1)m-1, j = 0(1)k-1.          *
 *                                                                      *
 *    mat und xmat werden in der Rechnung ueberschrieben !              *
 *                                                                      *
 *                                                                      *
 *    Ausgabeparameter:                                                 *
 *    ================                                                  *
 *       xmat       REAL    *xmat[];                                    *
 *                  Loesungsvektoren                                    *
 *                                                                      *
 *    Rueckgabewert:                                                    *
 *    =============                                                     *
 *       = 0        alles ok                                            *
 *       = 1        m oder n < 1 oder m < n oder k < 1                  *
 *       = 2        mat hat nicht Rang n.                               *
 *       = 3        Matrix hat Rang < n (numerisch).                    *
 *       = 4        zu wenig Speicher.                                  *
 *                                                                      *
 *    Benutzte Funktionen:                                              *
 *    ===================                                               *
 *                                                                      *
 *       void AllocVec (): Speicher fuer Vektor allokieren.             *
 *       void FreeVec  (): Speicher fuer Vektor freigeben.              *
 *                                                                      *
 *======================================================================*
 *                                                                      *
 *    Benutzte Konstanten: NULL, MACH_EPS                               *
 *    ===================                                               *
 *                                                                      *
 *    Benutzte Macros: SQRT                                             *
 *    ===============                                                   *
 *                                                                      *
 *=====================================================================*/
{
  int   i, j, k0;
  REAL  f, r, alpha, ak, eps, tmp, sum, norm, maxnorm;
  REAL  *d;

  if ((m < 1) || (n < 1) || (k < 1) || (m < n))
    return (1);

  eps = (REAL)(TWO * MACH_EPS);
```

```c
  d = AllocVec (n);
  if (d == NULL) return (4);

  for (i = 0; i < n; i++)                 /* Householder Transformation   */
  {
    r = ZERO;
    for (k0 = i; k0 < m; k0++)
      r += mat[k0][i] * mat[k0][i];

    if (r == ZERO)                        /* Matrix hat nicht Hoechstrang */
    {
      FreeVec (d);
      return (2);
    }

    if (mat[i][i] >= ZERO)
      alpha = SQRT (r);
    else
      alpha = - SQRT (r);

    ak = ONE / (r + alpha * mat[i][i]);
    mat[i][i] += alpha;

    d[i] = - alpha;

    maxnorm = ZERO;                       /* Hoechstrang pruefen          */
    for (k0 = i + 1; k0 < n; k0++)
    {
      norm = f = ZERO;
      for (j = i; j < m; j++)
      {
        tmp = mat[j][k0];
        f += tmp * mat[j][i];
        norm += tmp * tmp;
      }
      if (norm > maxnorm)
        maxnorm = norm;

      f *= ak;
      for (j = i; j < m; j++)
        mat[j][k0] -= f * mat[j][i];
    }

    if (ABS(alpha) < eps * SQRT (maxnorm))  /* Ex. keine Loesung ?        */
    {
      FreeVec (d);
      return (3);
    }

    for (k0 = 0; k0 < k; k0++)            /* Rechte Seiten transformieren */
    {
      f = ZERO;
      for (j = i; j < m; j++)
        f += xmat[j][k0] * mat[j][i];
      f *= ak;
      for (j = i; j < m; j++)
        xmat[j][k0] -= f * mat[j][i];
    }
  } /* for i */

  for (j = 0; j < k; j++)                 /* Fuer jede rechte Seite       */
    for (i = n - 1; i >= 0; i--)          /* Rueckwaertselimination       */
    {
      for (sum = ZERO, k0 = i + 1; k0 < n; k0++)
        sum += mat[i][k0] * xmat[k0][j];

      xmat[i][j] = (xmat[i][j] - sum) / d[i];
```

Fehler und Kondition

```
    }
  FreeVec (d);

  return (0);
}

/* -------------------------- ENDE fhouse.c -------------------------- */
```

P 4.15.1 Fehler und Kondition

```
/* -------------------------- MODUL fcond.c -------------------------- */

#include <basis.h>
#include <u_proto.h>

REAL hcond                  /* Hadamardsche Konditionszahl ............*/
            (
             int    n,      /* Dimension der Matrix ...........*/
             REAL * mat[]   /* Eingabematrix ..................*/
            )
/*====================================================================*
 *                                                                    *
 *  hcond bestimmt die Hadamardsche Konditionszahl einer n x n        *
 *  Matrix. Ist der Rueckgabewert von hcond() sehr viel kleiner       *
 *  als 1, so ist die Matrix schlecht konditioniert. Die Loesung      *
 *  eines linearen Gleichungssystems wird dann ungenau.               *
 *                                                                    *
 *====================================================================*
 *                                                                    *
 *   Eingabeparameter:                                                *
 *   ================                                                 *
 *      n          int n;  ( n > 0 )                                  *
 *                 Dimension von mat.                                 *
 *      mat        REAL   *mat[n];                                    *
 *                 n x n Matrix, deren Konditionszahl bestimmen ist.  *
 *                                                                    *
 *   Rueckgabewert:                                                   *
 *   =============                                                    *
 *      REAL       < 0.0: Fehler                                      *
 *                 = -1.0 :  n < 1                                    *
 *                 = -2.0 :  zu wenig Speicher                        *
 *                 = -3.0 :  Matrix ist singulaer (det = 0.0)         *
 *                                                                    *
 *                 >= 0.0 :                                           *
 *                 Hadamardsche Konditionszahl von mat.               *
 *                                                                    *
 *====================================================================*
 *                                                                    *
 *   Benutzte Funktionen:                                             *
 *   ===================                                              *
 *                                                                    *
 *      int gaudec ():   Zerlegung von mat in LU-Form.                *
 *      void AllocMat (): Speicher fuer Matrix allokieren.            *
 *      void FreeMat (): Speicher fuer Matrix freigeben.              *
 *                                                                    *
 *   Aus der C Bibliothek: free(), malloc()                           *
 *                                                                    *
 *====================================================================*
 *                                                                    *
 *   Benutzte Konstanten: NULL                                        *
 *   ==================                                               *
 *                                                                    *
 *   Macros: ABS, SQRT                                                *
 *   ======                                                           *
```

```
*========================================================================*/
{
  register j, i;
  REAL     temp, cond, **lu;
  int      rc, signd, *perm;

  if (n < 1) return (-ONE);

  lu = AllocMat (n, n);                    /* Speicher fuer die       */
  if (lu == NULL) return (-TWO);           /* Gauss-Zerlegung al-     */
                                           /* lokieren                */
  if ((perm = (int *) malloc (n * sizeof (int))) == NULL)
  {
    FreeMat (n, lu);
    return (-TWO);
  }

  rc = gaudec (n, mat, lu, perm, &signd);  /* Zerlegung in lu         */
  if (rc != 0 || signd == 0)               /* berechnen               */
  {
    if (perm) free (perm);
    FreeMat (n, lu);
    return (-THREE);
  }

  cond = ONE;                              /* Konditionszahl          */
  for (i = 0; i < n; i++)                  /* bestimmen               */
  {
    for (temp = ZERO, j = 0; j < n; j++)
      temp += SQR (mat[i][j]);
    cond *= lu[i][i] / SQRT (temp);
  }

  if (perm) free (perm);                   /* Speicher freigeben */
  FreeMat (n, lu);

  return (ABS (cond));
}
```

P 4.15.2 Konditionsschätzung

```
REAL ccond               /* Konditionsschaetzung nach Cline ..........*/
         (
          int    n,      /* Dimension der Matrix ............*/
          REAL * mat[]   /* Eingabematrix ...................*/
         )
/*========================================================================*
 *                                                                        *
 * ccond bestimmt eine Schaetzung der Konditionszahl cond (mat) einer*
 * n x n Matrix mat nach dem Verfahren von Cline.                         *
 *                           -1                                           *
 * Es ist cond (A) = | A | * | A  |, wobei hier | | fuer die              *
 * Maximumnorm steht.                                                     *
 *                                                                        *
 * Ein grosser Wert fuer cond (A) deutet schlechte Kondition der          *
 * Matrix A an. Loesungen von Gleichungssystemen werden i.a. ungenau.*
 *                                                                        *
 *========================================================================*
 *                                                                        *
 *   Eingabeparameter:                                                    *
 *   ================                                                     *
 *      n           int n;  ( n > 0 )                                     *
 *                  Dimension von mat.                                    *
 *      mat         REAL   *mat[n];                                       *
```

```
*                n x n Matrix, deren Konditionszahl schaetzen ist.       *
*                                                                        *
*   Rueckgabewert:                                                       *
*   =============                                                        *
*      REAL     < 0.0: Fehler                                            *
*               = -1.0 :   n < 1                                         *
*               = -2.0 :   zu wenig Speicher                             *
*               = -3.0 :   Matrix ist singulaer (det = 0.0)              *
*                                                                        *
*               >= 0.0 :                                                 *
*               Cline's Schaetzung der Konditionszahl von mat.           *
*                                                                        *
*========================================================================*
*                                                                        *
*   Benutzte Funktionen:                                                 *
*   ===================                                                  *
*                                                                        *
*      int gaudec ():     Zerlegung von mat in LU-Form.                  *
*      void AllocMat ():  Speicher fuer Matrix allokieren.               *
*      void FreeMat ():   Speicher fuer Matrix freigeben.                *
*      void AllocVec ():  Speicher fuer Vektor allokieren.               *
*      void FreeVec ():   Speicher fuer Vektor freigeben.                *
*                                                                        *
*   Aus der C Bibliothek: free(), malloc()                               *
*                                                                        *
*========================================================================*
*                                                                        *
*   Benutzte Konstanten: NULL                                            *
*   ==================                                                   *
*                                                                        *
*   Macros: ABS                                                          *
*   ======                                                               *
*========================================================================*/
{
  register i, j, k;
  REAL     **lu, *x, *y, *z,
           v, smi, spl, sum, xnorm, znorm, matnorm;
  int      rc, signd, *perm;

  if (n < 1) return (-ONE);

  lu = AllocMat (n, n);                    /* Speicher fuer die        */
  if (lu == NULL) return (-TWO);           /* Gauss-Zerlegung al-      */
                                           /* lokieren                 */

  if ((perm = (int *) malloc (n * sizeof (int))) == NULL)
  {
    FreeMat (n, lu);
    return (-TWO);
  }

  rc = gaudec (n, mat, lu, perm, &signd);  /* Zerlegung in lu          */
  if (rc != 0 || signd == 0)               /* berechnen                */
  {
    if (perm) free (perm);                 /* Speicher freigeben       */
    FreeMat (n, lu);
    return (-THREE);
  }

  x = AllocVec (3 * n);
  if (x == NULL)                           /* kein Speicher .....*/
  {
    if (perm) free (perm);
    FreeMat (n, lu);
    return (-THREE);
  }
```

```
    y = x + n;
    z = y + n;
                                    /* Bestimme x = (+-1,+-1...,+-1) */
    x[0] = ONE;                     /* so, dass y "maximal" wird    */
    y[0] = ONE / lu[0][0];
    for (i = 1; i < n; i++)
      y[i] = - lu[0][i] * y[0] / lu[i][i];

    for (k = 1; k < n; k++)
    {
      v = ONE / lu[k][k];
      x[k] = y[k] - v;
      y[k] += v;
      smi = ABS (x[k]);
      spl = ABS (y[k]);
      for (i = k + 1; i < n; i++)
      {
        v = lu[k][i] / lu[i][i];
        x[i] = y[i] - v * x[k];
        y[i] -= v * y[k];
        smi += ABS (x[i]);
        spl += ABS (y[i]);
      }

      if (smi > spl)
      {
        for (i = k; i < n; i++) y[i] = x[i];
        x[k] = -ONE;
      }
      else
        x[k] = ONE;
    }

    for (i = n - 1; i >= 0; i--)    /* Rueckwaertselimination .....*/
    {
      z[i] = y[i];
      for (j = i + 1; j < n; j++)
        z[i] -= lu[j][i] * y[j];
    }

    znorm = ZERO;                   /* Normen bestimmen ..........*/
    xnorm = ZERO;
    matnorm = ZERO;
    for (i = 0; i < n; i++)
    {
      if (ABS (z[i]) > znorm)       /* Maximumnorm von z .........*/
        znorm = ABS (z[i]);
      if (ABS (x[i]) > xnorm)       /* Maximumnorm von x .........*/
        xnorm = ABS (x[i]);

      sum = ZERO;
      for (j = 0; j < n; j++)       /* Maximumnorm von mat ........*/
        sum += ABS (mat[i][j]);
      if (sum > matnorm)
        matnorm = sum;
    }

    FreeVec (x);                    /* Speicher freigeben */
    if (perm) free (perm);
    FreeMat (n, lu);

    return (matnorm * (znorm / xnorm));
  }


  REAL fcond                /* Konditionsschaetzung nach Forsythe/Moler ..*/
             (
```

Konditionsschätzung   679

```
                    int      n,          /* Dimension der Matrix ............*/
                    REAL *   mat[]       /* Eingabematrix ...................*/
                  )
/*====================================================================*
*                                                                      *
*  fcond bestimmt eine Schaetzung der Konditionszahl cond (mat) einer  *
*  n x n Matrix mat nach dem Verfahren von Forsythe/Moler.             *
*                      -1                                              *
*  Es ist cond (A) = | A | * | A  |, wobei hier | | fuer die           *
*  Maximumnorm steht.                                                  *
*                                                                      *
*  Ein grosser Wert fuer cond (A) deutet schlechte Kondition der       *
*  Matrix A an. Loesungen von Gleichungssystemen werden i.a. ungenau.  *
*                                                                      *
*======================================================================*
*                                                                      *
*  Eingabeparameter:                                                   *
*  ================                                                    *
*       n         int n;  ( n > 0 )                                    *
*                 Dimension von mat.                                   *
*       mat       REAL  *mat[n];                                       *
*                 n x n Matrix, deren Konditionszahl schaetzen ist.    *
*                                                                      *
*  Rueckgabewert:                                                      *
*  =============                                                       *
*       REAL      < 0.0: Fehler                                        *
*                    = -1.0 :  n < 1                                   *
*                    = -2.0 :  zu wenig Speicher                       *
*                    = -3.0 :  Matrix ist singulaer (det = 0.0)        *
*                                                                      *
*                 >= 0.0 :                                             *
*                 Schaetzung der Konditionszahl von mat nach           *
*                 Forsythe/Moler.                                      *
*                                                                      *
*======================================================================*
*                                                                      *
*  Benutzte Funktionen:                                                *
*  ===================                                                 *
*                                                                      *
*       int gauss () :    Loesung eines Gleichungssystems.             *
*       void AllocMat (): Speicher fuer Matrix allokieren.             *
*       void FreeMat (): Speicher fuer Matrix freigeben.               *
*       void AllocVec (): Speicher fuer Vektor allokieren.             *
*       void FreeVec (): Speicher fuer Vektor freigeben.               *
*                                                                      *
*       Aus der C Bibliothek: free(), malloc()                         *
*                                                                      *
*======================================================================*
*                                                                      *
*  Benutzte Konstanten: NULL                                           *
*  ==================                                                  *
*                                                                      *
*  Macros: ABS, MACH_EPS                                               *
*  ======                                                              *
*======================================================================*/
{
  register i, j;
  REAL     **lu, *x, *b, *r, nom, denom;
  int      rc, signd, *perm;
  LONG_REAL sum;

  if (n < 1) return (-ONE);

  lu = AllocMat (n, n);                      /* Speicher fuer die        */
  if (lu == NULL) return (-TWO);             /* Gauss-Zerlegung al-      */
                                             /* lokieren                 */
```

```c
  if ((perm = (int *) malloc (n * sizeof (int))) == NULL)
  {
    FreeMat (n, lu);
    return (-TWO);
  }

  x = AllocVec (3 * n);
  if (x == NULL)                      /* kein Speicher              */
  {
    if (perm) free (perm);
    FreeMat (n, lu);
    return (-THREE);
  }

  b = x + n;
  r = b + n;

  for (i = 0; i < n; i++) b[i] = ONE;   /* b = 1-Vektor             */

  /* Loese mat * x = b ...................................................*/
  rc = gauss (0, n, mat, lu, perm, b, x, &signd);

  if (rc)                             /* Matrix singulaer           */
  {
    FreeVec (x);
    if (perm) free (perm);
    FreeMat (n, lu);
    return (-THREE);
  }

  for (i = 0; i < n; i++)             /* Residuen bestimmen         */
  {                                   /* mit long double            */
    sum = (LONG_REAL) b[i];
    for (j = 0; j < n; j++)
      sum -= (LONG_REAL) mat[i][j] * (LONG_REAL) x[j];
    r[i] = (REAL) sum;
  }

  /* Loese mat * b = r, d.h. eine Nachiteration .........................*/
  rc = gauss (2, n, mat, lu, perm, r, b, &signd);

  if (rc != 0 || signd == 0)          /* Sollte nie passieren       */
  {
    FreeVec (x);
    if (perm) free (perm);
    FreeMat (n, lu);
    return (-THREE);
  }

  denom = nom = ZERO;                 /* Max-Normen bestimmen       */
  for (i = 0; i < n; i++)
  {
    if (denom < ABS (b[i])) denom = ABS (b[i]);
    if (nom   < ABS (x[i])) nom   = ABS (x[i]);
  }

  FreeVec (x);
  if (perm) free (perm);
  FreeMat (n, lu);

  return (denom / nom / MACH_EPS);
}

/* -------------------------- ENDE fcond.c -------------------------- */
```

P 4.17 Algorithmus von Cuthill-McKee für dünn besetzte, symmetrische Matrizen

```
/* -------------------- DEKLARATIONEN cuthill.h -------------------- */
int cutgaucho    /* duenn besetzte Matrizen nach Cuthill-McKee ......*/
             (
             boolean gauss,   /* Flagge: Gauss oder Cholesky .......*/
             int     n,       /* Ordnung der duenn besetzten symme- */
                              /* [0..n-1,0..n-1]-Matrix ............*/
             int     nv,      /* Zahl der von Null verschie-        */
                              /* denen Matrixelemente + n ..........*/
             int     ic[],    /* [0..nv-1]-Vektor mit den           */
                              /* Spaltenindizes der Elemente von v .*/
             REAL    v[],     /* [0..nv-1]-Vektor, der im wesentli- */
                              /* chen die von Null verschiedenen    */
                              /* Elemente der Matrix enthaelt ......*/
             int     nrs,     /* Zahl der rechten Seiten ...........*/
             REAL    rs[],    /* [0..n*nrs-1]-Vektor mit allen      */
                              /* rechten Seiten ....................*/
             REAL    x[],     /* [0..n*nrs-1]-Vektor mit allen      */
                              /* Loesungen .........................*/
             int    *m        /* Halbbandbreite der Matrix .........*/
             );               /* Fehlercode ........................*/
/* --------------------- ENDE cuthill.h --------------------- */
/* --------------------- MODUL cuthill.c -------------------- */

/***********************************************************************
*                                                                      *
* Loesung eines linearen Gleichungssystems mit duenn besetzter symme-  *
* -------------------------------------------------------------------- *
* trischer Koeffizientenmatrix mit Hilfe des Cuthill-McKee-Verfahrens  *
* -------------------------------------------------------------------- *
*                                                                      *
* exportierte Funktionen:                                              *
*   - cutgaucho(): Cuthill-McKee-Verfahren mit Gauss bzw. Cholesky     *
*                                                                      *
* Programmiersprache: ANSI-C                                           *
* Compiler:           Borland C++ 2.0                                  *
* Rechner:            IBM PS/2 70 mit 80387                            *
* Autor:              Elmar Pohl (FORTRAN)                             *
* Bearbeiter:         Juergen Dietel, Rechenzentrum der RWTH Aachen    *
* Vorlage:            bereits existierender FORTRAN-Quelltext          *
* Datum:              DI 31. 3. 1992                                   *
*                                                                      *
***********************************************************************/

#include <basis.h>       /* wegen REAL, abs, TRUE, FALSE, boolean, ZERO */
#include <vmblock.h>     /* wegen vmalloc, vmcomplete, vmfree, vminit,  */
                         /*       VEKTOR, VVEKTOR, MATRIX               */
#include <choband.h>     /* wegen chobnd                                */
#include <u_proto.h>     /* wegen band                                  */
#include <cuthill.h>     /* wegen cutgaucho                             */


/* -------------------------------------------------------------- */

static void srtdeg
               (
               int node[],
               int ideg[],
               int ibeg,
               int iend
               )
```

```
/**************************************************************************
 * eine Teilliste der Knoten im Vektor node nach steigendem Grad          *
 * sortieren                                                               *
 *                                                                         *
 * Eingabeparameter:                                                       *
 * =================                                                       *
 * node   [0..]-Vektor mit Knotennummern. Jedes Element muss ein guel-    *
 *        tiger Index in ideg sein.                                        *
 * ideg   [0..]-Vektor mit Knotengraden. Knoten node[i] hat den Grad      *
 *        ideg[node[i]].                                                   *
 * ibeg   Anfangsindex der zu sortierenden Knoten                          *
 * iend   Endindex der zu sortierenden Knoten                              *
 *                                                                         *
 * Ausgabeparameter:                                                       *
 * =================                                                       *
 * node   wie bei der Eingabe, eventuell umgeordnet                        *
 **************************************************************************/
{
  int node0;
  int ideg0;
  int i, j;                          /* Laufvariablen fuer node */
  int j0;

  for (i = ibeg + 1; i <= iend; i++)
  {
    node0 = node[i];
    ideg0 = ideg[node0];

    for (j = j0 = i; j-- != ibeg; j0 = j)
    {
      if (ideg0 >= ideg[node[j]])
        break;
      node[j + 1] = node[j];
    }
    node[j0] = node0;
  }
}


/* ---------------------------------------------------------------- */
static void cuth1k
             (
                int      iroot,
                int      istart,
                int      neighb[],
                int      inb[],
                int      ideg[],
                boolean  mark[],
                int      icm[]
             )

/**************************************************************************
 * die vom Knoten iroot induzierte Komponente eines Graphen und ihre      *
 * Cuthill-McKee-Numerierung bestimmen                                    *
 *                                                                         *
 * Um die Cuthill-McKee-Numerierung eines Graphen zu bestimmen, ruft      *
 * man nicht diese Funktion auf, sondern cuthill(), die diese Funktion    *
 * so oft aufruft, bis alle Komponenten des Graphen erfasst sind. Da-    *
 * durch funktioniert cuthill() auch fuer nichtzusammenhaengende          *
 * Graphen.                                                                *
 *                                                                         *
 * Durch sukzessive Aufrufe dieser Funktion mit entsprechend wachsenden   *
```

Algorithmus von Cuthill-McKee

```
 * istart-Werten werden nach und nach alle Elemente von icm und mark  *
 * ausgefuellt.                                                        *
 *                                                                     *
 * Eingabeparameter:                                                   *
 * =================                                                   *
 * iroot    Nummer des Startknotens der neuen Komponente des Graphen   *
 * istart   Anfangsnummer fuer die Cuthill-McKee-Numerierung dieser    *
 *          Komponente                                                 *
 * neighb   [0..nv-1]-Vektor mit Listen von Nachbarknoten.             *
 *          Fuer i=0(1)n-1 enthaelt neighb die Nummern der Nachbarn von*
 *          Knoten i in den Elementen neighb[k] mit                    *
 *          k=inb[i] (1) inb[i+1]-1.                                   *
 * inb      [0..n]-Vektor mit Indizes auf die Einzellisten in neighb.  *
 *          inb[n] muss gleich der Anzahl der Elemente in neighb sein. *
 * ideg     [0..n-1]-Vektor, der zu jedem Knoten seinen Grad enthaelt, *
 *          d. h. die Anzahl seiner Nachbarn                           *
 * mark     [0..n-1]-Vektor mit Knotenmarkierungen.                    *
 *          Falls mark[i] geloescht ist (FALSE), kann Knoten i fuer die*
 *          neue Komponente verwendet werden, ansonsten gehoert er zu  *
 *          einer anderen Komponente, die in einem frueheren Aufruf    *
 *          dieser Funktion bestimmt wurde.                            *
 * icm      [0..n-1]-Vektor, in dem eventuell schon Komponenten des    *
 *          Graphen erfasst wurden. Die Cuthill-McKee-Numerierung dieser*
 *          Komponenten steht bei den Indizes i=0(1)istart-1.          *
 *                                                                     *
 * Ausgabeparameter:                                                   *
 * =================                                                   *
 * mark     wie bei der Eingabe, aber zusaetzlich sind die Knoten der  *
 *          neuen Komponente mit TRUE markiert.                        *
 * icm      [0..n-1]-Vektor mit der Permutation der Knotennummern nach *
 *          Cuthill-McKee. Fuer i=0(1)n-1 ist icm[i] die urspruengliche*
 *          Nummer des Knotens und i seine Cuthill-McKee-Nummer.       *
 *          In einem Aufruf dieser Funktion werden die Elemente        *
 *          i=istart(1)istart+nnew-1 besetzt, wobei nnew die Anzahl der*
 *          Knoten der neuen Komponente ist.                           *
 *                                                                     *
 * benutzte globale Namen:                                             *
 * =======================                                             *
 * srtdeg, TRUE, boolean                                               *
 **********************************************************************/
{
    int newbeg;          /* Anfangsindex der Liste nichtmarkierter   */
                         /* Nachbarn eines Knoten                    */
    int newend;          /* Ende der neuen Komponente, waehrend diese*/
                         /* aufgebaut wird                           */
    int levbeg;          /* Beginn der letzten Stufe in icm          */
    int levend;          /* Ende der letzten Stufe in icm            */
    int i;               /* Laufvariable zur Indizierung von icm     */
    int j;               /* Laufvariable zur Indizierung von neighb  */

    /* -----------------------------------------------------------------
     * Das Verfahren aehnelt dem Algorithmus zur Konstruktion der Stufen-
     * struktur, die hier im Vektor icm gebildet wird. Zusaetzlich werden
     * jedoch Knotenlisten, die zu einer Stufe hinzukommen, nach
     * steigendem Grad geordnet.
     * --------------------------------------------------------------- */

    icm[istart] = iroot;
    newend      = istart;
    levend      = istart - 1;
    mark[iroot] = TRUE;

    do                   /* die Stufenstruktur zu iroot im Vektor icm bilden */
    {
       levbeg = levend + 1;
       levend = newend;
```

```
            /* Nun zeigt levbeg auf den Anfang, levend auf das Ende der */
            /* zuletzt gefundenen Stufe im Vektor icm. (Die erste Stufe */
            /* besteht nur aus iroot.)                                  */

            /* ----------------------------------------------------------
             * die Knoten der naechsten Stufe bestimmen:
             * alle noch nicht markierten Nachbarn von Knoten der letzten Stufe
             * finden und sie in icm eintragen
             * -------------------------------------------------------- */
            for (i = levbeg; i <= levend; i++)
            {
                /* ----------------------------------------------------------
                 * Liste nichtmarkierter Nachbarn des Knotens mit der Original-
                 * nummer icm[i] finden
                 * -------------------------------------------------------- */

                newbeg = newend + 1;        /* Anfangsindex dieser Liste in icm */
                /* newbeg zeigt auf den Anfang der jetzt neu zu bildenden Stufe */
                /* in icm. newend zeigt immer auf den zuletzt gefundenen Knoten */
                /* in icm.                                                    */

                for (j = inb[icm[i]]; j < inb[icm[i] + 1]; j++)
                    if (! mark[neighb[j]])        /* Knoten noch nicht markiert? */
                    {
                        newend++;
                        icm[newend]     = neighb[j];
                        mark[neighb[j]] = TRUE;
                    }

                /* die Vektorelemente icm[newbeg]..icm[newend] nach steigendem */
                /* Grad sortieren                                             */
                srtdeg(icm, ideg, newbeg, newend);
            }
        }
        while (newend > levend);    /* solange neue Knoten gefunden wurden */
    }


/* ------------------------------------------------------------------ */
static void lvstru
            (
                int         iroot,
                int         neighb[],
                int         inb[],
                boolean     mark[],
                int         *nlv,
                int         level[],
                int         ilv[],
                int         *lvnodes
            )
/********************************************************************
 * die Stufenstruktur der von iroot erzeugten Komponente eines Graphen *
 * konstruieren                                                        *
 *                                                                     *
 * Eingabeparameter:                                                   *
 * ================                                                    *
 * iroot    Nummer des Startknotens                                    *
 * neighb   [0..nv-1]-Vektor mit Listen von Nachbarknoten.             *
 *          Fuer i=0(1)n-1 enthaelt neighb die Nummern der Nachbarn von *
 *          Knoten i in den Elementen neighb[k] mit                    *
 *          k=inb[i] (1) inb[i+1]-1.                                   *
 * inb      [0..n]-Vektor mit Indizes auf die Einzellisten in neighb.  *
 *          inb[n] muss gleich der Anzahl der Elemente in neighb sein. *
 *                                                                     *
 * Ausgabeparameter:                                                   *
 * ================                                                    *
```

```
 *   mark       [0..n-1]-Vektor zum Markieren von Knoten             *
 *   nlv        Anzahl der Stufen                                     *
 *   level      [0..n-1]-Vektor mit Listen von Knoten gleicher Stufe. *
 *              Fuer i=0(1)nlv-1 enthaelt level die Nummern der Knoten der *
 *              Stufe i in den Elementen level[k] mit                 *
 *              k = ilv[i] (1) ilv[i+1]-1.                            *
 *   ilv        [0..nlv]-Vektor mit Indizes auf die Stufenlisten in level. *
 *              ilv[nlv] ist immer gleich der Anzahl der Elemente in level. *
 *              Wenn der Graph zusammenhaengend ist, ist dies gleich n. *
 *   lvnodes    Anzahl der Knoten in der Komponente                   *
 *                                                                    *
 *   benutzte globale Namen:                                          *
 *   ========================                                         *
 *   TRUE, FALSE, boolean                                             *
 ***********************************************************************/

{
    int my;           /* Anzahl der bisher gefundenen Knoten - 1      */
    int levbeg;       /* zeigt auf den Anfang der zuletzt gefundenen  */
                      /* Stufe (nlv-1) im Vektor level                */
    int levend;       /* zeigt auf das Ende der zuletzt gefundenen Stufe */
                      /* (nlv-1) im Vektor level                      */
    int i;            /* Laufvariable zur Indizierung von level       */
    int j;            /* Laufvariable zur Indizierung von neighb      */

    *nlv        = 0;
    level[0]    = iroot;
    mark[iroot] = TRUE;
    my          = 0;
    levend      = -1;
    do
    {
      levbeg    = levend + 1;
      levend    = my;
      ilv[*nlv] = levbeg;
      (*nlv)++;                    /* nlv ist nun die Anzahl der bisher */
                                   /* gefundenen Stufen. (Die erste Stufe */
                                   /* besteht nur aus iroot.)             */

      /* ----------------------------------------------------------------
       * die Knoten der naechsten Stufe nlv finden:
       * alle noch nicht markierten Nachbarn von Knoten der Stufe nlv-1
       * suchen und sie in level eintragen
       * ---------------------------------------------------------- */
      for (i = levbeg; i <= levend; i++)
         for (j = inb[level[i]]; j < inb[level[i] + 1]; j++)
            if (! mark[neighb[j]])
               my++,
               level[my]         = neighb[j],
               mark[neighb[j]]   = TRUE;
    }                              /* solange in der i-Schleife eben neue */
    while (my > levend);           /* Knoten gefunden wurden              */

    /* Nun ist die Stufenstruktur der von iroot erzeugten Komponente */
    /* fertig.                                                       */
    *lvnodes = levend + 1;  /* Anzahl der Knoten in dieser Komponente */
    ilv[*nlv] = *lvnodes;

    for (i = 0; i < *lvnodes; i++)   /* alle hier gesetzten Knoten-   */
       mark[level[i]] = FALSE;       /* markierungen wieder loeschen  */
}


/* -------------------------------------------------------------------- */
```

```
            static void fndroo
                      (
                       int      *iroot,
                       int      neighb[],
                       int      inb[],
                       int      ideg[],
                       boolean  mark[],
                       int      *nlv,
                       int      level[],
                       int      ilv[],
                       int      *lvnodes
                      )

/************************************************************************
 * die Stufenstruktur der von iroot erzeugten Komponente eines Graphen  *
 * konstruieren und dann versuchen, den Startknoten so zu waehlen, dass *
 * eine Struktur mit moeglichst vielen Stufen entsteht                  *
 *                                                                      *
 * Eingabeparameter:                                                    *
 * =================                                                    *
 * iroot    Nummer eines Knotens, der die Komponente erzeugt            *
 * neighb   [0..nv-1]-Vektor mit Listen von Nachbarknoten.              *
 *          Fuer i=0(1)n-1 enthaelt neighb die Nummern der Nachbarn von *
 *          Knoten i in den Elementen neighb[k] mit                     *
 *          k=inb[i] (1) inb[i+1]-1.                                    *
 * inb      [0..n]-Vektor mit Indizes auf die Einzellisten in neighb.   *
 *          inb[n] muss gleich der Anzahl der Elemente in neighb sein.  *
 * ideg     [0..n-1]-Vektor, der zu jedem Knoten seinen Grad enthaelt,  *
 *          d. h. die Anzahl seiner Nachbarn                            *
 * mark     [0..n-1]-Vektor zum Markieren von Knoten                    *
 *                                                                      *
 * Ausgabeparameter:                                                    *
 * =================                                                    *
 * iroot    ueberschrieben mit neu gefundenem Startknoten               *
 * mark     [0..n-1]-Vektor zum Markieren von Knoten                    *
 * nlv      Anzahl der Stufen                                           *
 * level    [0..n-1]-Vektor mit Listen von Knoten gleicher Stufe.       *
 *          Fuer i=0(1)nlv-1 enthaelt level die Nummern der Knoten der  *
 *          Stufe i in den Elementen level[k] mit                       *
 *          k = ilv[i] (1) ilv[i+1]-1.                                  *
 * ilv      [0..nlv]-Vektor mit Indizes auf die Stufenlisten in level.  *
 *          ilv[nlv] ist immer gleich der Anzahl der Elemente in level. *
 *          Wenn der Graph zusammenhaengend ist, ist dies gleich n.     *
 * lvnodes  Anzahl der Knoten in der Komponente                         *
 *                                                                      *
 * benutzte globale Namen:                                              *
 * =======================                                              *
 * lvstru, boolean                                                      *
 ************************************************************************/
{
   int nlvold;     /* die bisher gefundene maximale Stufenstrukturlaenge */
   int imin;       /* Index fuer level, so dass level[imin] die Nummer   */
                   /* eines Knotens minimalen Grades auf der letzten     */
                   /* Stufe ist                                          */
   int idegmin;    /* Grad des Knotens mit der Nummer imin               */
   int i;          /* Laufvariable zur Indizierung von level             */


   for (nlvold = 0; ; )
   {
      lvstru(*iroot, neighb, inb, mark, nlv, level, ilv, lvnodes);

      if (*nlv <= nlvold)   /* Konnte die Stufenstruktur im letzten   */
                            /* Schritt nicht mehr verlaengert werden? */
         return;            /* Algorithmus beenden                    */
```

Algorithmus von Cuthill-McKee

```
      nlvold = *nlv;
      imin    = ilv[*nlv - 1];            /* einen Knoten minimalen Grades */
      idegmin = ideg[level[imin]];        /* auf der letzten Stufe suchen  */
      for (i = ilv[*nlv - 1] + 1; i < ilv[*nlv]; i++)
        if (ideg[level[i]] < idegmin)
            imin    = i,
            idegmin = ideg[level[i]];

      *iroot = level[imin];  /* mit diesem Knoten als Startknoten eine */
    }                        /* neue Stufenstruktur bilden             */
}


/* ---------------------------------------------------------------- */
static int cuthill
                  (
                   int n,
                   int neighb[],
                   int inb[],
                   int ideg[],
                   int icm[],
                   int icmrev[]
                  )
/***************************************************************************
* die Cuthill-McKee-Numerierung eines Graphen bestimmen.                   *
* Die Cuthill-McKee-Numerierung kann bei der Loesung von Gleichungs-       *
* systemen mit duenn besetzter symmetrischer Koeffizientenmatrix ein-      *
* gesetzt werden, um Speicherplatz und Rechenzeit zu sparen. Wenn man      *
* die Cuthill-McKee-Permutation auf den Besetzungsgraphen einer symme-     *
* trischen Matrix anwendet, so wird die Matrix zu einer ebenfalls sym-     *
* metrischen Bandmatrix umgeformt, deren Bandbreite in der Regel ge-       *
* ringer als bei der Originalmatrix ist.                                   *
*                                                                          *
* Eingabeparameter:                                                        *
* =================                                                        *
* n        Anzahl der Knoten des Graphen. Der Graph selbst ist durch       *
*          die beiden folgenden Vektoren gegeben:                          *
* neighb   [0..nv-1]-Vektor mit Listen von Nachbarknoten.                  *
*          Fuer i=0(1)n-1 enthaelt neighb die Nummern der Nachbarn von     *
*          Knoten i in den Elementen neighb[k] mit                         *
*          k=inb[i] (1) inb[i+1]-1.                                        *
* inb      [0..n]-Vektor mit Indizes auf die Einzellisten in neighb.       *
*          inb[n] muss gleich der Anzahl der Elemente in neighb sein.      *
* ideg     [0..n-1]-Vektor, der zu jedem Knoten seinen Grad enthaelt,      *
*          d. h. die Anzahl seiner Nachbarn                                *
*                                                                          *
* Ausgabeparameter:                                                        *
* =================                                                        *
* icm      [0..n-1]-Vektor mit der Permutation der Knotennummern nach      *
*          Cuthill-McKee. Fuer i=0(1)n-1 ist icm[i] die urspruengliche     *
*          Nummer des Knotens und i seine Cuthill-McKee-Nummer.            *
* icmrev   [0..n-1]-Vektor mit der Umkehrpermutation zu icm.               *
*          Fuer i=0(1)n-1 ist icmrev[i] die Cuthill-McKee-Nummer des       *
*          Knotens mit der Originalnummer i.                               *
*                                                                          *
* Bemerkung: Einer der Vektoren icm und icmrev ist ueberfluessig. Zur      *
*            Aufstellung der permutierten Matrix in voller Form ge-        *
*            nuegt icm. Sinnvollerweise wird man jedoch die Matrix in      *
*            eine gepackte Form ueberfuehren. Bei dieser Ueberfuehrung     *
*            lassen sich aufwendige Suchprozesse im Vektor ic nicht        *
*            vermeiden, wenn man nicht auch die Umkehrpermutation hat.     *
*                                                                          *
* Funktionswert:                                                           *
```

```
*  ==============                                                       *
*  = 0: kein Fehler                                                     *
*  = 1: Speichermangel                                                  *
*                                                                       *
*  benutzte globale Namen:                                              *
*  =======================                                              *
*  fndroo, cuth1k, FALSE, boolean, vminit, vmalloc, vmcomplete, vmfree, *
*  VEKTOR                                                               *
*************************************************************************/
{
  boolean  *mark;       /* [0..n-1]-Vektor fuer Knotenmarkierungen   */
  int      *level;      /* [0..n-1]-Vektor fuer Stufenstruktur einer */
                        /* Komponente                                */
  int      *ilv;        /* [0..n-1]-Vektor fuer Anfangsindizes von   */
                        /* Stufen im Vektor level                    */
  int      lvnodes;     /* Anzahl der Knoten in der von fndroo()     */
                        /* erzeugten Stufenstruktur                  */
  int      nfound;      /* Anzahl aller Knoten der Komponenten, die  */
                        /* bisher von fndroo() gefunden wurden       */
  int      iroot;       /* Startknoten fuer eine Stufenstruktur      */
  int      nlv;         /* Anzahl der Stufen der in fndroo()         */
                        /* konstruierten Stufenstruktur              */
  int      i;           /* Laufvariable fuer mark, icm, icmrev       */
  void     *vmblock;    /* Liste der dynamisch vereinbarten Vektoren */

  vmblock = vminit();
  mark  = (boolean *)vmalloc(vmblock, VVEKTOR, n, sizeof(boolean));
  level = (int *)    vmalloc(vmblock, VVEKTOR, n, sizeof(int));
  ilv   = (int *)    vmalloc(vmblock, VVEKTOR, n, sizeof(int));
  if (! vmcomplete(vmblock))
  {
    vmfree(vmblock);
    return 1;
  }

  for (i = 0; i < n; i++)
    mark[i]    = FALSE,
    icm[i]     = 0,
    icmrev[i]  = 0;

  for (i = 0, nfound = 0; i < n; i++)
    if (! mark[i])                    /* Knoten i noch nicht markiert? */
    {                                 /* eine neue Komponente des Graphen beginnen */
      /* zu der von Knoten i induzierten Komponente des Graphen einen */
      /* Startknoten iroot suchen, der eine moeglichst lange Stufen-  */
      /* struktur hat                                                 */
      iroot = i;
      fndroo(&iroot, neighb, inb, ideg, mark, &nlv, level, ilv,
             &lvnodes);

      /* die Cuthill-McKee-Numerierung dieser Komponente mit dem */
      /* Startknoten iroot und der Anfangsnummer nfound berechnen */
      cuth1k(iroot, nfound, neighb, inb, ideg, mark, icm);

      nfound += lvnodes;
    }

  /* nun, da icm die Cuthill-McKee-Numerierung des ganzen Graphen */
  /* enthaelt, die Umkehrpermutation zu icm bilden                */
  for (i = 0; i < n; i++)
    icmrev[icm[i]] = i;

  vmfree(vmblock);
  return 0;                                       /* Erfolg melden */
```

}

/* -- */
static boolean symmetrisch
                (
                        int   i,
                        int   j,
                        REAL   v[],
                        int   ic[],
                        int   ir[],
                        boolean gauss
)
/***
* feststellen, ob die durch ic, ir und v beschriebene Matrix an der   *
* Stelle (ic[i],j) symmetrisch ist, d. h. herausfinden, ob das Matrix-   *
* element A[ic[i]][j] auch in v steht und mit A[j][ic[i]] ueberein-   *
* stimmt. Falls die Gausselimination zur Loesung des linearen Glei-   *
* chungssystems verwendet werden soll, genuegt die Pruefung der   *
* Existenz von A[ic[i]][j] in v (eine abgeschwaechte Form der Symme-   *
* trie, die hier zur Abkuerzung "Nullsymmetrie" genannt wird).   *
*   *
* Eingabeparameter: *
* ================   *
* i   Index fuer ic, so dass ic[i] der Zeilenindex fuer die   *
*   Matrix A ist   *
* j   Spaltenindex fuer die Matrix A   *
* v   [0..nv-1]-Vektor mit den von Null verschiedenen Matrix-   *
*   elementen. (nv ist hier die Laenge von v.)   *
* ic   [0..nv-1]-Vektor mit den Spaltenindizes der von Null ver-   *
*   schiedenen Matrixelemente.   *
* ir   [0..n]-Vektor mit den Indizes der Zeilenanfaenge in ic.   *
*   ir[n] muss gleich der Laenge des Vektors ic sein.   *
*   (n ist die Ordnung der Matrix.)   *
* gauss   Flagge, die das zu verwendende Loesungsverfahren fuer das   *
*   Gleichungssystem anzeigt: Gauss oder Cholesky.   *
*   *
* Funktionswert: *
* =============   *
* = FALSE: Die Matrix ist an der Stelle (ic[i],j) nicht symmetrisch   *
*   (Cholesky) bzw. nicht nullsymmetrisch (Gauss).   *
* = TRUE: Die Matrix ist an der Stelle (ic[i],j) in Ordnung.   *
*   *
* benutzte globale Namen: *
* ======================   *
* REAL   *
***/
{
    int k;   /* Laufvariable zur Indizierung von ic */
    int endwert;   /* Endwert der k-Schleife   */

    for (k = ir[ic[i]],   /* fuer alle von Null   */
         endwert = ir[ic[i] + 1];   /* verschiedenen Elemente der */
         k < endwert; k++)   /* Matrix in Zeile ic[i]   */
        if (ic[k] == j)   /* Matrixelement A[ic[i]][j] beim */
                                       /* Index k in v gefunden?   */
            if (gauss)   /* Gausselimination?   */
                return TRUE;   /* Existenz in v genuegt.   */
            else   /* Choleskyverfahren?   */
                return v[i] == v[k];   /* echte Symmetrie erforderlich   */

```
      return FALSE;   /* Element nicht in v => nicht einmal Nullsymmetrie */
}


/* ------------------------------------------------------------------ */
static int graphen_bauen
                        (
                         int     n,
                         REAL    v[],
                         int     ic[],
                         int     ir[],
                         boolean gauss,
                         int     neighb[],
                         int     inb[],
                         int     ideg[]
                        )
/**************************************************************************
* den Besetzungsgraphen einer symmetrischen Matrix konstruieren           *
* (Vorbereitung des Cuthill-McKee-Algorithmus)                            *
*                                                                         *
* Eingabeparameter:                                                       *
* =================                                                       *
* n       Ordnung der Matrix des Gleichungssystems                        *
* v       [0..nv-1]-Vektor mit den Nichtnullelementen der Matrix.         *
*         (nv ist hier die Laenge von v.)                                 *
* ic      [0..nv-1]-Vektor mit den Spaltenindizes der von Null ver-       *
*         schiedenen Matrixelemente                                       *
* ir      [0..n]-Vektor mit den Indizes der Zeilenanfaenge in ic.         *
*         ir[n] muss gleich der Laenge des Vektors ic sein.               *
* gauss   Flagge, die das zu verwendende Loesungsverfahren fuer das       *
*         Gleichungssystem anzeigt: Gauss oder Cholesky.                  *
*                                                                         *
* Ausgabeparameter:                                                       *
* =================                                                       *
* neighb  [0..nv-1]-Vektor mit Nummern benachbarter Knoten. Jeder         *
*         Zeile i entspricht Knoten i. Fuer i verschieden von k gilt      *
*         Knoten i als zu Knoten k benachbart, wenn das Matrixelement     *
*         a[i][k] verschieden von Null ist. Da die Matrix als symme-      *
*         trisch vorausgesetzt wird, ist dann auch k zu i benachbart.     *
*         Fuer i=0(1)n-1 enthaelt neighb ab Index inb[i] die Nummern      *
*         benachbarter Knoten (bis zum Index inb[i+1]-1).                 *
* inb     [0..n]-Vektor mit Indizes fuer den Vektor neighb.               *
*         Fuer i=0(1)n-1 ist inb[i] der Startindex der Liste der Nach-    *
*         barn von Knoten i in neighb. Diese Liste geht bis zum Index     *
*         inb[i+1]-1. inb[n] ist immer gleich der tatsaechlichen Laen-    *
*         ge des Vektors neighb, die meistens kleiner als nv ist.         *
* ideg    [0..n-1]-Vektor, der zu jedem der Knoten i=0(1)n-1 seinen       *
*         Grad angibt, d. h. die Anzahl seiner Nachbarn                   *
*                                                                         *
* Funktionswert:                                                          *
* ==============                                                          *
* = 0: kein Fehler                                                        *
* = 1: Die Matrix ist nicht symmetrisch (Cholesky) bzw. nicht null-       *
*      symmetrisch (Gauss).                                               *
*                                                                         *
* benutzte globale Namen:                                                 *
* =======================                                                 *
* Funktion symmetrisch                                                    *
*                                                                         *
* benutzte globale Namen:                                                 *
* =======================                                                 *
* REAL                                                                    *
***************************************************************************/
```

```
{
  int i;       /* Laufvariable fuer den Zeilenindex der Matrix         */
  int j;       /* Laufvariable zur Indizierung von ic                  */
  int my;      /* Zaehler fuer die von Null verschiedenen Matrixelemente,*/
               /* die nicht auf der Diagonale liegen (Index fuer neighb,*/
               /* Wert fuer inb)                                        */

  for (i = my = 0; i < n; i++)        /* fuer alle Knoten des Graphen */
  {
    inb[i] = my;                      /* Index des Anfangs der        */
                                      /* Nachbarliste von Knoten i    */
    for (j = ir[i]; j < ir[i + 1]; j++) /* fuer alle von Null ver-    */
                                        /* schiedenen Elemente der    */
                                        /* Matrix in Zeile i          */
      if (ic[j] != i)                 /* kein Diagonalelement?        */
      {
        neighb[my] = ic[j],           /* den Knoten ic[j] als Nachbar des */
        my++;                         /* Knotens i in neighb eintragen    */
        if (! symmetrisch(j, i, v, ic, ir, gauss))
          return 1;
      }
    ideg[i] = my - inb[i];            /* Zahl der Nachbarn von Knoten i */
  }
  inb[n] = my;        /* Zahl der Nichtnull-Nichtdiagonal-Matrixelemente */

  return 0;                                          /* Erfolg melden */
}


/* ---------------------------------------------------------------- */

static int zeilenindizes_bestimmen
  (
                    int    n,
                    int    *nv,
                    int    ic[],
                    REAL   v[],
                    int    ir[]
  )
/***************************************************************
* die Anfangsindizes der Matrixzeilen in v in den Vektor ir eintragen *
* und dabei alle Verwaltungsinformationen aus v und ic entfernen, so  *
* dass in v nur noch die von Null verschiedenen Matrixelemente uebrig-*
* bleiben. Dabei werden gleichzeitig die Indizes in ic um Eins ver-   *
* mindert, damit die Indizierung bei Null beginnt, wie es in C ueblich*
* ist.                                                                *
* Damit wird die Konstruktion des Besetzungsgraphen vorbereitet.      *
*                                                                     *
* Eingabeparameter:                                                   *
* ================                                                    *
* n    die Ordnung der Matrix                                         *
* nv   alte Laenge der Vektoren ic und v                              *
* ic   [0..nv-1]-Vektor mit den zeilenweise angeordneten Spaltenindizes*
*      der von Null verschiedenen Matrixelemente, die in v stehen. Zu-*
*      saetzlich enthaelt er am Ende jeder Folge von Indizes, die alle*
*      zu einer Zeile der Matrix gehoeren, den Wert Null.             *
* v    [0..nv-1]-Vektor, der ueberall dort, wo in ic ein von Null ver-*
*      schiedener Index steht, ein von Null verschiedenes Matrixelement*
*      enthaelt. Die uebrigen Elemente von v koennen ignoriert werden.*
*                                                                     *
* Ausgabeparameter:                                                   *
* ================                                                    *
```

```
 * nv   nun die tatsaechliche Anzahl der von Null verschiedenen Matrix- *
 *      elemente und damit die neue Laenge der Vektoren ic und v        *
 * ic   [0..nv-1]-Vektor mit den zeilenweise angeordneten Spaltenindizes *
 *      der von Null verschiedenen Matrixelemente, die in v stehen      *
 * v    [0..nv-1]-Vektor mit den von Null verschiedenen Matrixelementen *
 * ir   [0..n]-Vektor mit den Indizes, die man in v verwenden muss, um  *
 *      das jeweils erste von Null verschiedene Element einer Matrix-   *
 *      zeile zu erhalten. ir[n] enthaelt immer den Wert nv.            *
 *                                                                      *
 * Funktionswert:                                                       *
 * ==============                                                       *
 * = 0: kein Fehler                                                     *
 * = 1: ic enthaelt nicht genauso viele Nullindizes, wie n behauptet.   *
 * = 2: Es gibt eine Matrixzeile, fuer die die Spaltenindizes in ic     *
 *      nicht streng monoton wachsen oder in der ein Spaltenindex ver-  *
 *      wendet wurde, der groesser als n-1 ist.                         *
 *                                                                      *
 * benutzte globale Namen:                                              *
 * =======================                                              *
 * REAL                                                                 *
 ***********************************************************************/
{
    int i;      /* Index fuer ir (Zeilenzaehler fuer die Matrix)         */
    int j;      /* Schreibindex fuer ic und iv; enthaelt am Ende der     */
                /* ersten Schleife die Zahl der von Null verschiedenen   */
                /* Matrixelemente und damit die neue Laenge der beiden   */
                /* Vektoren ic und v.                                    */
    int k;      /* Leseindex fuer ic und iv                              */
    int maxic;  /* maximaler Spaltenindex in einer Zeile der Matrix      */
                /* (zur Pruefung der strengen Monotonie und des Werte-   */
                /* bereichs der Spaltenindizes in ic                     */

    if (ic[*nv - 1] != 0)               /* kein Nullindex am Ende von ic? */
        return 1;

    for (i = j = k = 0; k < *nv; k++, i++) /* fuer alle Elemente von ic */
    {
        ir[i] = j;   /* den fuer v benoetigten Index des ersten Elementes */
                     /* der Matrixzeile i in ir[i] eintragen              */
        for (maxic = 0; ic[k] != 0; k++, j++)  /* fuer alle von Null ver- */
        {                                      /* schiedenen Matrix-     */
                                               /* elemente in Zeile i    */
            if (ic[k] <= maxic)        /* strenge Monotonie verletzt?    */
                return 2;              /* Fehler melden                  */
            else                       /* neuer Index groesser als Maximum? */
                maxic = ic[k];         /* ihn als neues Maximum nehmen   */
            ic[j] = ic[k] - 1; /* Verwaltungsinformationen in ic und v loe- */
            v[j]  = v[k];      /* schen und die Indizes in ic korrigieren   */
        }
        if (maxic > n)                 /* ein Spaltenindex zu gross?    */
            return 2;                  /* Fehler melden                 */
    }

    if (i != n)                 /* ermittelte Zeilenzahl i stimmt nicht */
        return 1;               /* mit der angekuendigten in n ueberein? */
    ir[n] = j;
    *nv   = j;

    return 0;                                   /* Erfolg melden */
}
```

Algorithmus von Cuthill-McKee

```
/* ------------------------------------------------------------- */
static void permut
              (
                  int   n,
                  int   perm[],
                  REAL  xold[],
                  REAL  xnew[]
              )
/***************************************************************
* die durch perm gegebene Permutation auf den Vektor xold anwenden und *
* das Ergebnis in xnew ablegen                                  *
*                                                               *
* Eingabeparameter:                                             *
* =================                                             *
* n        Ordnung der Koeffizientenmatrix                      *
* perm     [0..n-1]-Vektor mit einer Permutation der Zahlen 0(1)n-1 *
* xold     [0..n-1]-Vektor mit den zu permutierenden Zahlen     *
*                                                               *
* Ausgabeparameter:                                             *
* =================                                             *
* xnew     [0..n-1]-Vektor mit dem Inhalt von xold nach der Permutation *
*                                                               *
* benutzte globale Namen:                                       *
* =======================                                       *
* REAL                                                          *
***************************************************************/
{
  while (n-- != 0)
    xnew[perm[n]] = xold[n];
}



/* ------------------------------------------------------------- */
static int ibdwid
              (
                  int n,
                  int neighb[],
                  int inb[],
                  int nold[],
                  int nnew[]
              )
/***************************************************************
* die Bandbreite einer Matrix mit gegebener Permutation der Knoten des *
* Besetzungsgraphen bestimmen                                   *
*                                                               *
* Eingabeparameter:                                             *
* =================                                             *
* n     \                                                       *
* neighb >   Beschreibung des Besetzungsgraphen                 *
* inb   /   (siehe graphen_bauen())                             *
* nold      [0..n-1]-Vektor mit der Permutation. Fuer i=0(1)n-1 ist *
*           nold[i] die urspruengliche Nummer des Knotens mit der *
*           neuen Nummer i.                                     *
* nnew      [0..n-1]-Vektor mit der Umkehrpermutation zu nold.  *
*           Fuer i=0(1)n-1 ist nnew[i] die neue Nummer des Knotens *
*           mit der alten Nummer i.                             *
*                                                               *
* Funktionswert:                                                *
* ==============                                                *
* Bandbreite, d. h. maximaler Abstand zweier Nachbarn           *
*                                                               *
```

```
 *  benutzte globale Namen:                                              *
 *  ======================                                               *
 *  abs                                                                  *
 ************************************************************************/
{
  int maxbw;
  int diff;
  int i;
  int j;


  for (i = 0, maxbw = 0; i < n - 1; i++)
    for (j = inb[nold[i]]; j < inb[nold[i] + 1]; j++)
      if ((diff = abs(i - nnew[neighb[j]])) > maxbw)
        maxbw = diff;

  return maxbw;
}



/* ------------------------------------------------------------------ */
static void cutpak
              (
                int     n,
                int     m,
                REAL    v[],
                int     ic[],
                int     ir[],
                int     icmrev[],
                REAL    *ap[]
              )
/***************************************************************************
 * die durch icm gegebene Cuthill-McKee-Permutation auf die durch v, ir    *
 * und ic gegebene Matrix anwenden und das obere Halbband der entste-      *
 * henden symmetrischen Bandmatrix in die Matrix ap packen, die dann       *
 * zur Loesung linearer Gleichungssysteme mit der Funktion chobnd()        *
 * verwendet werden kann                                                   *
 *                                                                         *
 * Eingabeparameter:                                                       *
 * ================                                                        *
 * n       Ordnung der Matrix                                              *
 * m       Anzahl der oberen Nebendiagonalen nach der Cuthill-McKee-       *
 *         Permutation                                                     *
 * v       Vektor, der zeilenweise die von Null verschiedenen Matrix-      *
 *         elemente enthaelt                                               *
 * ic      Vektor, der zu jedem Element in v seinen Spaltenindex fuer      *
 *         die Matrix enthaelt                                             *
 * ir      [0..n]-Vektor, der zu jeder Matrixzeile den Anfangsindex in     *
 *         v bzw. ic enthaelt. ir[n] muss gleich der Anzahl der ver-       *
 *         schwindenden Matrixelemente sein.                               *
 * icmrev  [0..n-1]-Vektor mit der Umkehrpermutation zur Cuthill-McKee-    *
 *         Numerierung. Fuer i=0(1)n-1 ist icmrev[i] die Cuthill-McKee-    *
 *         Nummer des Knotens mit der Originalnummer i.                    *
 *                                                                         *
 * Ausgabeparameter:                                                       *
 * ================                                                        *
 * ap      [0..n-1,0..m]-Matrix in gepackter Form                          *
 *                                                                         *
 * benutzte globale Namen:                                                 *
 * ======================                                                  *
 * REAL, ZERO                                                              *
 ***************************************************************************/
```

```
{
  int irev;
  int jrev;
  int i;
  int j;

  for (i = 0; i < n; i++)
    for (j = 0; j <= m; j++)
      ap[i][j] = ZERO;

  for (i = 0; i < n; i++)
    for (j = ir[i], irev = icmrev[i]; j < ir[i + 1]; j++)
      if ((jrev = icmrev[ic[j]]) >= irev)
        ap[irev][jrev - irev] = v[j];
}


/* ---------------------------------------------------------------- */
static void cutpk2
                  (
                   int   n,
                   int   m,
                   REAL  v[],
                   int   ic[],
                   int   ir[],
                   int   icmrev[],
                   REAL  *ap[]
                  )
/***************************************************************************
* die durch icm gegebene Cuthill-McKee-Permutation auf die durch v, ir     *
* und ic gegebene Matrix anwenden und die entstehende symmetrische         *
* Bandmatrix in die Matrix ap packen, die dann zur Loesung linearer        *
* Gleichungssysteme mit der Funktion band() verwendet werden kann          *
*                                                                          *
* Eingabeparameter:                                                        *
* =================                                                        *
* n       Ordnung der Matrix                                               *
* m       Anzahl der oberen Nebendiagonalen nach der Cuthill-McKee-        *
*         Permutation                                                      *
* v       Vektor, der zeilenweise die von Null verschiedenen Matrix-       *
*         elemente enthaelt                                                *
* ic      Vektor, der zu jedem Element in v seinen Spaltenindex fuer       *
*         die Matrix enthaelt                                              *
* ir      [0..n]-Vektor, der zu jeder Matrixzeile den Anfangsindex in      *
*         v bzw. ic enthaelt. ir[n] muss gleich der Anzahl der ver-        *
*         schwindenden Matrixelemente sein.                                *
* icmrev  [0..n-1]-Vektor mit der Umkehrpermutation zur Cuthill-McKee-     *
*         Numerierung. Fuer i=0(1)n-1 ist icmrev[i] die Cuthill-McKee-     *
*         Nummer des Knotens mit der Originalnummer i.                     *
*                                                                          *
* Ausgabeparameter:                                                        *
* =================                                                        *
* ap      [0..n-1,0..3*m]-Matrix in gepackter Form                         *
*                                                                          *
* benutzte globale Namen:                                                  *
* =======================                                                  *
* REAL, ZERO                                                               *
***************************************************************************/
{
  int irev;
  int i;
  int j;
```

```
    for (i = 0; i < n; i++)
      for (j = 0; j <= 2 * m; j++)
        ap[i][j] = ZERO;

    for (i = 0; i < n; i++)
      for (j = ir[i], irev = icmrev[i]; j < ir[i + 1]; j++)
        ap[irev][m + icmrev[ic[j]] - irev] = v[j];
}
```

/* -- */

```
int cutgaucho     /* duenn besetzte Matrizen nach Cuthill-McKee .......*/
          (
               boolean  gauss,    /* Flagge: Gauss oder Cholesky .......*/
               int      n,        /* Ordnung der duenn besetzten       */
                                  /* [0..n-1,0..n-1]-Matrix ...........*/
               int      nv,       /* Zahl der von Null verschie-       */
                                  /* denen Matrixelemente + n .........*/
               int      ic[],     /* [0..nv-1]-Vektor mit den          */
                                  /* Spaltenindizes der Elemente von v.*/
               REAL     v[],      /* [0..nv-1]-Vektor, der im wesentli-*/
                                  /* chen die von Null verschiedenen   */
                                  /* Elemente der Matrix enthaelt .....*/
               int      nrs,      /* Zahl der rechten Seiten ..........*/
               REAL     rs[],     /* [0..n*nrs-1]-Vektor mit allen     */
                                  /* rechten Seiten ...................*/
               REAL     x[],      /* [0..n*nrs-1]-Vektor mit allen     */
                                  /* Loesungen ........................*/
               int      *m        /* Halbbandbreite der Matrix ........*/
          )                       /* Fehlercode .......................*/
/*****************************************************************
* ein lineares Gleichungssystem mit duenn besetzter, symmetrischer *
* Koeffizientenmatrix mit Hilfe des Cuthill-McKee-Verfahrens und des *
* Gaussschen Eliminationsverfahrens mit Spaltenpivotsuche bzw., falls *
* vom Aufrufer gewuenscht, des Choleskyverfahrens loesen.         *
*                                                                  *
* Die nichtverschwindenden Elemente der Koeffizientenmatrix stehen zu-*
* sammen mit einigen Verwaltungsdaten im Vektor v. Darauf wird nach *
* der Entfernung der ueberfluessig gewordenen Verwaltungsdaten das *
* Cuthill-McKee-Verfahren angesetzt, um die Matrix zu einer Bandmatrix *
* moeglichst geringer Bandbreite zu verdichten. Die verdichtete Matrix *
* (bzw. ihr oberes Halbband) wird gepackt und mit dem allgemeinen *
* Gaussverfahren mit Spaltenpivotsuche fuer gepackte Bandmatrizen *
* (Funktion band()) bzw. dem Choleskyverfahren fuer gepackte symmetri-*
* sche Bandmatrizen (Funktion chobnd()) faktorisiert. Wenn die Fakto-*
* risierung gelungen ist, werden zu den rechten Seiten im Vektor rs *
* mit Hilfe von band() bzw. chobnd() Loesungen bestimmt, die im   *
* Vektor x abgelegt werden.                                       *
*                                                                  *
* Sollte die Koeffizientenmatrix nicht positiv definit sein, kann das *
* Choleskyverfahren nicht angewendet werden. In diesem Fall muss man *
* auf das allgemeine Gaussverfahren mit Spaltenpivotsuche zurueckgrei-*
* fen, bei dem allerdings gegenueber Cholesky neben erhoehtem Rechen-*
* aufwand etwa der dreifache Speicherbedarf fuer die gepackte Matrix *
* entsteht.                                                       *
*                                                                  *
* Eingabeparameter:                                                *
* =================                                                *
* gauss  Flagge, die anzeigt, ob zur Loesung des Gleichungssystems die *
*        Gausselimination (TRUE) oder das Choleskyverfahren (FALSE) *
*        angewandt werden soll                                    *
* n      Ordnung der duenn besetzten [0..n-1,0..n-1]-Matrix       *
```

Algorithmus von Cuthill-McKee

```
*  nv      Zahl der in ic stehenden Spaltenindizes von Matrixelementen     *
*          (= Zahl der nichtverschwindenden Matrixelement + n)             *
*  ic      [0..nv-1]-Vektor mit den Matrixspaltenindizes der Elemente      *
*          von. Sie sind zeilenweise angeordnet, und das Ende jeder        *
*          Folge von Indizes, die zu einer Zeile gehoeren, wird durch      *
*          den Nullindex gekennzeichnet.                                   *
*  v       [0..nv-1]-Vektor, der im wesentlichen die von Null verschie-    *
*          denen Elemente der Matrix enthaelt, und zwar zu jedem Index     *
*          in ic ein Matrixelement, wobei zum Nullindex gehoerige Zahlen   *
*          aber ignoriert werden muessen, da der Nullindex in ic nur als   *
*          Markierung dient.                                               *
*  nrs     Zahl der rechten Seiten des linearen Gleichungssystems          *
*  rs      [0..n*nrs-1]-Vektor mit allen rechten Seiten                    *
*                                                                          *
* Ausgabeparameter:                                                        *
* =================                                                        *
*  x       [0..n*nrs-1]-Vektor mit allen Loesungen zu den rechten Seiten   *
*  m       Anzahl oberer (oder unterer) Nebendiagonalen der verdichteten   *
*          Matrix                                                          *
*                                                                          *
* Funktionswert:                                                           *
* ==============                                                           *
* = 0: kein Fehler                                                         *
* = 1: n <= 0  oder  nv <= 0  oder  nrs <= 0  oder  m < 0                  *
* = 2: Speichermangel                                                      *
* = 3: Die Matrix ist numerisch singulaer (Gauss) bzw. nicht streng        *
*      regulaer (Cholesky).                                                *
* = 4: Die Matrix ist nicht positiv definit (Cholesky).                    *
* = 5: ic und n passen nicht zusammen.                                     *
* = 6: Es gibt eine Matrixzeile, fuer die die Spaltenindizes in ic         *
*      nicht streng monoton wachsen oder in der ein Spaltenindex ver-      *
*      wendet wurde, der groesser als n-1 ist.                             *
* = 7: Die Matrix ist nicht symmetrisch (Cholesky) bzw. nicht null-        *
*      symmetrisch (Gauss).                                                *
*                                                                          *
* benutzte globale Namen:                                                  *
* =======================                                                  *
* zeilenindizes_bestimmen, graphen_bauen, cuthill, ibdwid, cutpk2,         *
* cutpak, permut, REAL, vminit, vmalloc, vmcomplete, vmfree, VEKTOR,       *
* VVEKTOR, MATRIX, band, chobnd                                            *
***************************************************************************/
{
  void  *vmblock;      /* Liste der dynamisch vereinbarten Vektoren und */
                       /* Matrizen                                      */
  int   *ir;           /* [0..n]-Vektor mit den Anfangsindizes der      */
                       /* Zeilen in v                                   */
  int   *neighb;       /* [0..nv-1]-Vektor mit dem Besetzungsgraphen in */
                       /* Listenform                                    */
  int   *inb;          /* [0..n]-Vektor mit Zeigern auf Einzellisten in */
                       /* neighb                                        */
  int   *ideg;         /* [0..n-1]-Vektor mit den Graden der Knoten des */
                       /* Graphen                                       */
  int   *icm;          /* [0..n-1]-Vektor mit der Cuthill-McKee-        */
                       /* Numerierung                                   */
  int   *icmrev;       /* [0..n-1]-Vektor mit der Umkehrpermutation     */
                       /* zu icm                                        */
  REAL  *rshilf;       /* [0..n-1]-Hilfsvektor zum Rechnen mit einer    */
                       /* rechten Seite                                 */
  int   *perm;         /* [0..n-1]-Hilfsvektor fuer band()              */
                       /* (Zeilenpermutation bei der Pivotsuche)        */
  REAL  **ap;          /* [0..n-1,0..3*m]-Matrix mit dem Band der ver-  */
                       /* dichteten Matrix in gepackter Form. Eine      */
                       /* [0..n-1,0..2*m]-Matrix genuegt nicht, da bei  */
                       /* der Faktorisierung durch band() zusaetzliche  */
                       /* Spalten benoetigt werden (Gauss).             */
                       /* Cholesky: [0..n-1,0..m]-Matrix mit dem Halb-  */
```

```
          int   fehler;      /* band der verdichteten Matrix in gepackter Form */
          int   irs;         /* Fehlercode von cuthill() und chobnd()          */
          int   hilf;        /* Schleifenzaehler fuer die rechten Seiten       */
                             /* Spaltenzahl von ap, spaeter das Vorzeichen der */
                             /* Determinante der Matrix des Gleichungssystems, */
                             /* falls band() zum Einsatz kommt                 */


  /* ------ einige Eingabeparameter auf Plausibilitaet pruefen ------ */

  if (n <= 0 || nv <= 0 || nrs <= 0)
    return 1;


  /* ----------------- dynamische Vektoren anlegen ------------------ */

  vmblock = vminit();
  ir      = (int *) vmalloc(vmblock, VVEKTOR, n + 1, sizeof(int));
  neighb  = (int *) vmalloc(vmblock, VVEKTOR, nv,    sizeof(int));
  inb     = (int *) vmalloc(vmblock, VVEKTOR, n + 1, sizeof(int));
  ideg    = (int *) vmalloc(vmblock, VVEKTOR, n,     sizeof(int));
  icm     = (int *) vmalloc(vmblock, VVEKTOR, n,     sizeof(int));
  icmrev  = (int *) vmalloc(vmblock, VVEKTOR, n,     sizeof(int));
  rshilf  = (REAL *)vmalloc(vmblock, VEKTOR,  n,     0);
  if (gauss)
    perm  = (int *)  vmalloc(vmblock, VVEKTOR, n,    sizeof(int));
  if (! vmcomplete(vmblock))                    /* Speichermangel? */
  {
    vmfree(vmblock);
    return 2;
  }


  /* ---- das Cuthill-McKee-Verfahren vorbereiten und ausfuehren ---- */

  fehler = zeilenindizes_bestimmen(n, &nv,      /* ir bestimmen und ic */
                         ic, v, ir);  /* und v verkuerzen    */
  if (fehler)                                   /* inkonsistente Werte in ic und n? */
  {
    vmfree(vmblock);
    return fehler + 4;
  }

  if (graphen_bauen(n, v, ic, ir, gauss,        /* den Besetzungsgraphen */
                       neighb, inb, ideg))      /* konstruieren          */
    return 7;


  fehler = cuthill(n, neighb, inb,              /* die Cuthill-McKee-     */
                   ideg, icm, icmrev);          /* Permutation berechnen  */
  if (fehler)                                   /* Speichermangel?        */
  {
    vmfree(vmblock);
    return 2;
  }


  /* ----- die Cuthill-McKee-Numerierung auf die Matrix anwenden ---- */

  *m = ibdwid(n, neighb, inb,      /* die Halbbandbreite der verdichteten */
              icm, icmrev);        /* Matrix berechnen                    */

  if (gauss)                       /* die Spaltenzahl der gepackten Matrix */
    hilf = 3 * *m + 1;             /* passend zum gewuenschten Loesungs-   */
  else                             /* verfahren festlegen                  */
    hilf = *m + 1;
  ap = (REAL **)vmalloc(vmblock, MATRIX,        /* die Matrix ap dyna- */
```

```
                         n, hilf);           /* misch vereinbaren   */
  if (! vmcomplete(vmblock))                 /* Speichermangel?     */
  {
    vmfree(vmblock);
    return 2;
  }

  if (gauss)
    cutpk2(n, *m, v, ic, ir, icmrev, ap);  /* die Matrix fuer das   */
                                           /* Gaussverfahren packen */
  else
    cutpak(n, *m, v, ic, ir, icmrev, ap);  /* die Matrix fuer das   */
                                           /* Choleskyverfahren packen */


  /* ---------------- alle Gleichungssysteme loesen ---------------- */

  if (gauss)
    fehler = band(1, n, *m, *m, ap,        /* die Gaussfaktorisierung */
                  rshilf, perm, &hilf);    /* berechnen              */
  else
    fehler = chobnd(1, n, *m,              /* die Choleskyfaktorisierung */
                    ap, rshilf);           /* berechnen              */
  if (fehler)                              /* misslungen?            */
  {
    vmfree(vmblock);
    return fehler;
  }

  for (irs = 0; irs < nrs; irs++)          /* fuer alle rechten Seiten */
  {
    permut(n, icmrev, rs, rshilf);         /* die icmrev-Permutation von rs */
                                           /* nach rshilf kopieren   */
    if (gauss)
      (void)band(2, n, *m, *m,             /* das Gleichungssystem loesen */
                 ap, rshilf,               /* und dabei die Loesung in */
                 perm, &hilf);             /* rshilf ablegen         */
    else
      (void)chobnd(2, n, *m,               /* das Gleichungssystem loesen */
                   ap, rshilf);            /* und dabei die Loesung in */
                                           /* rshilf ablegen         */
    permut(n, icm,      /* die Permutation des Loesungsvektors rshilf */
           rshilf, x);  /* rueckgaengig machen und ihn dabei nach x   */
                        /* kopieren                                   */

    rs += n;                               /* die naechste rechte Seite betrachten */
    x  += n;                               /* die naechste Loesung betrachten */
  }


  vmfree(vmblock);
  return 0;                                /* Erfolg melden          */
}

/* -------------------- ENDE cuthill.c -------------------- */
```

P 5

P 5.4 Das Iterationsverfahren in Einzelschritten oder das Gauß–Seidelsche Iterationsverfahren

```
/* ----------------------- MODUL fseidel.c ----------------------- */

#include <basis.h>
#include <u_proto.h>

#define ITERMAX 300                   /* Maximale Iterationszahl    */

int seidel             /* Gauss Seidel Iterationsverfahren .........*/
           (
            int     crit,     /* crit = 0, 1, 2, 3 ................*/
            int     n,        /* Dimension der Matrix .............*/
            REAL *  mat[],    /* Eingabematrix ....................*/
            REAL    b[],      /* Rechte Seite .....................*/
            REAL    omega,    /* Relaxationskoeffizient ...........*/
            REAL    x[],      /* Loesung ..........................*/
            REAL    residu[], /* Residuen .........................*/
            int  *  iter      /* # Iterationen ....................*/
           )
/*====================================================================*
 *                                                                    *
 *  seidel dient zur iterativen Loesung eines linearen Gleichungs-    *
 *  systems  mat * x = b.                                             *
 *  Dabei sind: mat die regulaere n x n Koeffizientenmatrix,          *
 *              b die rechte Seite des Systems (n-Vektor),            *
 *              x der Loesungsvektor des Gleichungssystems.           *
 *                                                                    *
 *  seidel arbeitet nach dem Einzelschrittverfahren mit Relaxation,   *
 *  wobei der Relaxationskoeffizient 0<omega<2 bekannt sein muss.     *
 *  Im Spezialfall omega=1 erhaelt man das Gauss-Seidel-Verfahren.    *
 *                                                                    *
 *====================================================================*
 *                                                                    *
 *  Anwendung:                                                        *
 *  =========                                                         *
 *      Gleichungssysteme mit regulaerer n x n Matrix, die entweder   *
 *      dem Zeilensummenkriterium oder dem Spaltensummenkriterium     *
 *      oder dem Kriterium von Schmidt-v.Mises genuegt.               *
 *      Nur in diesen Faellen kann Konvergenz garantiert werden.      *
 *                                                                    *
 *====================================================================*
 *                                                                    *
 *  Eingabeparameter:                                                 *
 *  ================                                                  *
 *      crit     int crit;                                            *
 *               zu pruefendes Kriterium                              *
 *               =1 : Zeilensummenkriterium                           *
 *               =2 : Spaltensummenkriterium                          *
 *               =3 : Kriterium von Schmidt-v.Mises                   *
 *               sonst : keine Pruefung                               *
 *      n        int n;  ( n > 0 )                                    *
 *               Dimension von mat,                                   *
 *               Anzahl der Komponenten des b-Vektors, des Loe-       *
 *               sungsvektors x.                                      *
 *      mat      REAL   *mat[n];                                      *
 *               Matrix des Gleichungssystems. Diese wird als Vektor  *
 *               von Zeigern uebergeben. mat wird ueberschrieben.     *
 *      b        REAL    b[n];                                        *
 *               Rechte Seite des Gleichungssystems,                  *
 *               wird ueberspeichert.                                 *
```

Das Iterationsverfahren in Einzelschritten

```
*      omega      REAL    omega;  ( 0.0 < omega < 2.0 )         *
*                 Relaxationskoeffizient.                       *
*      x          REAL    x[n];                                 *
*                 Startvektor der Iteration.                    *
*                                                               *
*  Ausgabeparameter:                                            *
*  ================                                             *
*      x          REAL    x[n];                                 *
*                 Loesungsvektor des Systems.                   *
*      residu     REAL    residu[n];                            *
*                 Vektor der Residuen b - mat * x; muss nahezu 0*
*                 sein.                                         *
*      iter       int *iter;                                    *
*                 Durchgefuehrte Anzahl von Iterationen.        *
*                                                               *
*  Rueckgabewert:                                               *
*  =============                                                *
*      =  0       Loesung gefunden                              *
*      =  1       n < 1 gewaehlt oder omega <= 0 oder omega >= 2*
*      =  2       mat oder b oder x unzulaessig                 *
*      =  3       Ein Diagonalelement von mat = 0               *
*      =  4       Iterationsmaximum ueberschritten              *
*      = 11       Spaltensummenkriterium verletzt               *
*      = 12       Zeilensummenkriterium verletzt                *
*      = 13       Kriterium von Schmidt-v.Mises verletzt        *
*                                                               *
*===============================================================*
*                                                               *
*  Benutzte Konstanten: NULL, MACH_EPS                          *
*  ===================                                          *
*                                                               *
*  Benutzte Macros: ABS, SQR, SQRT                              *
*  ===============                                              *
*                                                               *
*==============================================================*/
{
  int    i, j, rc = 0;
  REAL   tmp, eps;

  *iter = 0;                            /* Iterationszaehler = 0    */

  if ( n < 1 ||                         /* Eingabeparameter pruefen */
       omega <= ZERO || omega >= TWO ) return (1);

  if (mat == NULL) return (2);

  for (i = 0; i < n; i++)
    if (mat[i] == NULL) return (2);

  if (x == NULL || b == NULL || residu == NULL) return (2);

  eps = (REAL) (MACH_EPS * (REAL) 128.0);

  for (i = 0; i < n; i++)               /* mat ueberschreiben,      */
  {                                     /* so dass Diagonalelemente */
    if (mat[i][i] == ZERO) return (3);  /* gleich 1 sind            */
    tmp = ONE / mat[i][i];
    for (j = 0; j < n; j++)
      mat[i][j] *= tmp;
    b[i] *= tmp;                        /* rechte Seite b angleichen */
  }

  switch (crit)                         /* Hinreichende Konvergenzkriterien */
  {                                     /* ueberpruefen:            */
    case 1: for (i = 0; i < n; i++)     /* Zeilensummenkriterium    */
            {
```

```c
              for (tmp = ZERO, j = 0; j < n; j++)
                tmp += ABS (mat[i][j]);
              if (tmp >= TWO) return (11);
            }
            break;

    case 2: for (j = 0; j < n; j++)             /* Spaltensummenkriterium */
            {
              for (tmp = ZERO, i = 0; i < n; i++)
                tmp += ABS (mat[i][j]);
              if (tmp >= TWO) return (12);
            }
            break;

    case 3: for (tmp = ZERO, i = 0; i < n; i++)
              for (j = 0; j < n; j++)           /* Kriterium von Schmidt,*/
                tmp += SQR (mat[i][j]);         /* v. Mises              */
            tmp = SQRT (tmp - ONE);
            if (tmp >= ONE) return (13);
            break;

    default: break;                             /* keine Pruefung        */
  }
  for (i = 0; i < n; i++) residu[i] = x[i];     /* x auf residu kopieren */
  while (*iter <= ITERMAX)                      /* Beginn Iteration      */
  {
    (*iter)++;

    for (i = 0; i < n; i++)
    {
      for (tmp = b[i], j = 0; j < n; j++)
        tmp -= mat[i][j] * residu[j];
      residu[i] += omega * tmp;
    }

    for (i = 0; i < n; i++)                     /* Abbruchkriterium ueberpruefen */
    {
      tmp = x[i] - residu[i];
      if (ABS (tmp) <= eps)
      {
        x[i] = residu[i];                       /* Ist am Ende der Schleife      */
        rc = 0;                                 /* rc = 0 -> Iterationsabbruch   */
      }
      else
      {
        for (j = 0; j < n; j++) x[j] = residu[j];
        rc = 4;
        break;
      }
    }
    if (rc == 0) break;                         /* Loesung gefunden      */
  }                                             /* Ende Iteration        */
  for (i = 0; i < n; i++)                       /* Residuum bestimmen    */
  {
    for (tmp = b[i], j = 0; j < n; j++)
      tmp -= mat[i][j] * x[j];
    residu[i] = tmp;
  }

  return (rc);
}

/* ---------------------- ENDE fseidel.c ------------------------ */
```

P 5.6.2 Schätzung des Relaxationskoeffizienten. Adaptives SOR-Verfahren

```
/* --------------------- DEKLARATIONEN fadsor.h -------------------- */
int adsor                     /* adaptives SOR-Verfahren .........*/
         (
           int   crit,        /* Konvergenzkriterium (0,1,2,3) ...*/
           int   n,           /* Dimension der Matrix ............*/
           REAL  *mat[],      /* Eingabematrix ...................*/
           REAL  b[],         /* rechte Seite ....................*/
           REAL  *omega,      /* Relaxationskoeffizient ..........*/
           REAL  x[],         /* Loesung .........................*/
           REAL  residu[],    /* Residuum ........................*/
           int   *iter,       /* Anzahl der Iterationen ..........*/
           int   l,           /* Schrittzahl ohne Anpassung ......*/
           REAL  eps,         /* Genauigkeit .....................*/
           int   maxit,       /* Maximalzahl der Iterationen .....*/
           int   methode      /* Verfahren (0,1,2) ...............*/
         );                   /* Fehlercode ......................*/
/* ----------------------- ENDE fadsor.h ------------------------ */
/* ----------------------- MODUL fadsor.c ----------------------- */

/***************************************************************
*                                                              *
* iterative Loesung eines linearen Gleichungssystems mit dem   *
* -----------------------------------------------------------  *
* adaptiven SOR-Verfahren                                      *
* ------------------------                                     *
*                                                              *
* exportierte Funktion:                                        *
*  - adsor():  adaptives SOR-Verfahren zur iterativen Loesung eines *
*              linearen Gleichungssystems                      *
*                                                              *
* Programmiersprache: ANSI-C                                   *
* Compiler:           Borland C++ 2.0                          *
* Rechner:            IBM PS/2 70 mit 80387                    *
* Autorin:            Gisela Engeln-Muellges (FORTRAN)         *
* Bearbeiter:         Juergen Dietel, Rechenzentrum der RWTH Aachen *
* Vorlagen:           bereits existierende FORTRAN-Quelltexte  *
* Datum:              MI 7. 10. 1992                           *
*                                                              *
***************************************************************/

#include <basis.h>      /* wegen REAL, ZERO, TWO, NULL, EIGHT, max,  */
                        /*       MACH_EPS, FABS, sqr, SQRT, ONE,     */
                        /*       seidel, TRUE, norm_max, copy_vector */
#include <vmblock.h>    /* wegen vminit, vmalloc, VEKTOR, vmcomplete, */
                        /*       vmfree                              */
#include <fadsor.h>     /* adsor                                     */


/* ------------------------------------------------------------- */

static void sub_vector
               (
                 REAL differenz[],
                 REAL minuend[],
                 REAL subtrahend[],
                 int  n
               )
/***************************************************************
* vom [0..n-1]-Vektor minuend den [0..n-1]-Vektor subtrahend abziehen *
```

```
 * und das Ergebnis im [0..n-1]-Vektor differenz ablegen          *
 *                                                                *
 * benutzte globale Namen:                                        *
 * =======================                                        *
 * REAL                                                           *
 ******************************************************************/

{
  for (n--; n >= 0; n--)
    *differenz++ = *minuend++ - *subtrahend++;
}




/* -------------------------------------------------------------- */
static void seidel                 /* Gauss-Seidel-Verfahren .....*/
                  (
                    int    n,      /* Dimension der Matrix .......*/
                    REAL   *mat[], /* modifizierte Eingabematrix .*/
                    REAL   b[],    /* modifizierte rechte Seite ..*/
                    REAL   omega,  /* Relaxationskoeffizient .....*/
                    REAL   x[]     /* Loesung ....................*/
                  )
/******************************************************************
 * einen Iterationsschritt mit dem Gauss-Seidel-Verfahren bei fest vor- *
 * gegebenem Relaxationskoeffizienten ausfuehren                  *
 *                                                                *
 * Eingabeparameter:                                              *
 * ================                                               *
 * n        Ordnung des Gleichungssystems                         *
 * mat      [0..n-1,0..n-1]-Matrix des Gleichungssystems (nach der *
 *          Korrektur, die alle Diagonalemente zu Eins normiert hat) *
 * b        [0..n-1]-Vektor mit der rechten Seite des Gleichungssystems *
 *          (parallel zur Matrix korrigiert)                      *
 * omega    Relaxationskoeffizient                                *
 *                                                                *
 * Ausgabeparameter:                                              *
 * ================                                               *
 * x        [0..n-1]-Vektor mit der Loesung des Gleichungssystems *
 *                                                                *
 * benutzte globale Namen:                                        *
 * =======================                                        *
 * REAL                                                           *
 ******************************************************************/
{
  int   i,                         /* Laufvariable              */
        j;                         /* Laufvariable              */
  REAL  tmp;                       /* Hilfsvariable zur Summation */

  for (i = 0; i < n; i++)
  {
    for (tmp = b[i], j = 0; j < n; j++)
      tmp -= mat[i][j] * x[j];
    x[i] += omega * tmp;
  }
}


/* -------------------------------------------------------------- */
int adsor                          /* adaptives SOR-Verfahren ...*/
         (
           int   crit,             /* Konvergenzkriterium (0,1,2,3) ...*/
           int   n,                /* Dimension der Matrix ......*/
```

Adaptives SOR-Verfahren

```
            REAL *mat[],        /* Eingabematrix ....................*/
            REAL b[],           /* rechte Seite .....................*/
            REAL *omega,        /* Relaxationskoeffizient ...........*/
            REAL x[],           /* Loesung ..........................*/
            REAL residu[],      /* Residuum .........................*/
            int  *iter,         /* Anzahl der Iterationen ...........*/
            int  l,             /* Schrittzahl ohne Anpassung .......*/
            REAL eps,           /* Genauigkeit ......................*/
            int  maxit,         /* Maximalzahl der Iterationen ......*/
            int  methode        /* Verfahren (0,1,2) ................*/
           )                    /* Fehlercode .......................*/
/***************************************************************************
* adsor dient zur iterativen Loesung eines linearen Gleichungssystems      *
*   mat * x = b.                                                           *
* Dabei sind: mat die regulaere (n,n)-Koeffizientenmatrix,                 *
*             b   die rechte Seite des Systems,                            *
*             x   der Loesungsvektor des Gleichungssystems.                *
*                                                                          *
* adsor arbeitet nach dem Einzelschrittverfahren mit Relaxation,           *
* wobei der Relaxationskoeffizient omega bei fortlaufender Iteration       *
* jeweils neu angepasst wird (adaptives SOR-Verfahren). Bei ent-           *
* sprechender Wahl einzelner Parameter (siehe Bemerkungen) kann auch       *
* das Gauss-Seidel-Verfahren bzw. das SOR-Verfahren ohne Adaption          *
* eingesetzt werden.                                                       *
*                                                                          *
* Anwendung:                                                               *
* ==========                                                               *
* Gleichungssysteme mit regulaerer (n,n)-Matrix, die entweder dem Zei-     *
* lensummenkriterium, dem Spaltensummenkriterium oder dem Kriterium        *
* von Schmidt-von-Mises genuegt.                                           *
* Nur in diesen Faellen kann Konvergenz garantiert werden.                 *
*                                                                          *
* Bemerkungen:                                                             *
* ============                                                             *
* Fuer das adaptive SOR-Verfahren (methode=0) ist es empfehlenswert,       *
* l=4 oder l=5 zu waehlen.                                                 *
* Bei Kenntnis des optimalen Ueberrelaxationsfaktors omega_opt sollte      *
* methode=1 und omega=omega_opt gesetzt werden, so dass das SOR-Ver-       *
* fahren mit festem Relaxationskoeffizienten verwendet wird.               *
*                                                                          *
* Eingabeparameter:                                                        *
* =================                                                        *
* crit      Schalter, der festlegt, welches Konvergenzkriterium ge-        *
*           prueft werden soll:                                            *
*           = 1:     Zeilensummenkriterium,                                *
*           = 2:     Spaltensummenkriterium,                               *
*           = 3:     Kriterium von Schmidt-von-Mises,                      *
*           sonst: keine Pruefung.                                         *
* n         Ordnung des Gleichungssystems                                  *
* mat       [0..n-1,0..n-1]-Matrix des Gleichungssystems                   *
* b         [0..n-1]-Vektor mit der rechten Seite des Gleichungssystems    *
* omega     im Fall von methode=1 der optimale Relaxationskoeffizient      *
*           (0 < omega < 2), sonst (als Eingabeparameter) unbenutzt        *
* x         [0..n-1]-Vektor mit dem Startvektor der Iteration              *
* l         Anzahl der Iterationsschritte, nach denen der Relaxations-     *
*           koeffizient jeweils neu angepasst werden soll                  *
* eps       gewuenschte Genauigkeit; die Iteration wird abgebrochen,       *
*           wenn der relative Fehler in der Maximumnorm kleiner oder       *
*           gleich eps ist.                                                *
* maxit     Maximalzahl der Iterationen                                    *
* methode   Schalter, der festlegt, welches Verfahren angewandt werden     *
*           soll:                                                          *
*           = 0: adaptives SOR-Verfahren,                                  *
*           = 1: SOR-Verfahren mit festem Relaxationskoeffizienten,        *
*           = 2: Gauss-Seidel-Verfahren.                                   *
*                                                                          *
```

```
*  Ausgabeparameter:                                                     *
*  =================                                                     *
*  x         [0..n-1]-Vektor mit der Loesung des Gleichungssystems       *
*  residu    [0..n-1]-Vektor mit dem Residuum (Fehlervektor)             *
*            b - mat * x; es wird auch dann berechnet, wenn die gefor-   *
*            derte Genauigkeit eps nicht erreicht wurde.                 *
*  iter      Anzahl der benoetigten Iterationsschritte                   *
*  mat       ueberspeicherte Eingabematrix:                              *
*            mat[i][j] /= mat[i][i]    (i,j=0,...n-1)                    *
*  b         ueberspeicherter Eingabevektor:                             *
*            b[i] /= a[i][i]           (i=0,...n-1)                      *
*  omega     methode = 0: der adaptiv berechnete Relaxationskoeffizient  *
*            methode = 1: der optimale Relaxationskoeffizient            *
*            methode = 2: Eins                                           *
*                                                                        *
*  Funktionswert:                                                        *
*  =============                                                         *
*  = 0: Loesung gefunden                                                 *
*  = 1: n < 1 oder 1 < 1 oder eps <= 0 oder maxit < 1 oder methode < 0   *
*       oder methode > 2 oder                                            *
*       (falls methode=1) omega <= 0 oder omega >= 2                     *
*  = 2: mat oder b oder x unzulaessig                                    *
*  = 3: Ein Diagonalemelement oder sogar eine Zeile der Matrix ist       *
*       Null.                                                            *
*  = 4: Die geforderte Genauigkeit wurde nach maxit Iterationen nicht    *
*       erreicht.                                                        *
*  = 5: Speichermangel                                                   *
*  = 11: Spaltensummenkriterium verletzt                                 *
*  = 12: Zeilensummenkriterium verletzt                                  *
*  = 13: Kriterium von Schmidt-von-Mises verletzt                        *
*                                                                        *
*  benutzte globale Namen:                                               *
*  =======================                                               *
*  REAL, ZERO, TWO, NULL, vminit, vmalloc, VEKTOR, vmcomplete, vmfree,   *
*  EIGHT, MACH_EPS, FABS, sqr, SQRT, ONE, seidel, TRUE, norm_max,        *
*  copy_vector, max, sub_vector                                          *
***************************************************************************/
{
  int  i,            /* Laufvariable                                    */
       j,            /* Laufvariable                                    */
       rc;           /* Fehlercode dieser Funktion                      */
  REAL q,            /* Schaetzwert fuer den Spektralradius der         */
                     /* Iterationsmatrix                                */
       relerr,       /* relativer Fehler bei der Pruefung der Matrix    */
       *diff0,       /* [0..n-1]-Vektor mit der Differenz der beiden    */
                     /* zweitneusten Naeherungsloesungen                */
       *diff1,       /* [0..n-1]-Vektor mit der Differenz der beiden    */
                     /* neusten Naeherungsloesungen                     */
       *hilf,        /* [0..n-1]-Hilfsvektor zur Berechnung von q       */
       tmp;          /* Hilfsvariable                                   */
  void *vmblock;     /* Liste der dynamisch vereinbarten Vektoren       */


  /* -------- die Plausibilitaet der Eingabeparameter pruefen -------- */

  if (n < 1 || 1 < 1 || eps <= ZERO || maxit < 1 ||
      methode < 0 || methode > 2)
    return 1;

  if (methode == 1 && (*omega <= ZERO || *omega >= TWO))
    return 1;

  if (mat == NULL)
    return 2;

  for (i = 0; i < n; i++)
```

Adaptives SOR-Verfahren

```
    if (mat[i] == NULL)
      return 2;
  if (x == NULL || b == NULL || residu == NULL)
    return 2;


  vmblock = vminit();       /* drei dynamische Hilfsvektoren anlegen */
  diff0 = (REAL *)vmalloc(vmblock, VEKTOR, n, 0);
  diff1 = (REAL *)vmalloc(vmblock, VEKTOR, n, 0);
  hilf  = (REAL *)vmalloc(vmblock, VEKTOR, n, 0);
  if (! vmcomplete(vmblock))
  {
    vmfree(vmblock);
    return 5;
  }

  relerr = EIGHT * MACH_EPS;     /* die Matrix des Gleichungssystems  */
  for (i = 0; i < n; i++)        /* auf Regularitaet und auf Null-    */
  {                              /* elemente auf der Diagonale pruefen */
    for (tmp = FABS(mat[0][0]), j = 1; j < n; j++)
      tmp += FABS(mat[i][j]);
    if (tmp == ZERO || FABS(mat[i][i]) / tmp < relerr)
      return 3;
  }

  switch (methode)          /* die Parameter l und omega in Abhaengig- */
  {                         /* keit vom gewaehlten Verfahren setzen    */
    case 0: *omega = ONE;
            break;
    case 1: l       = maxit;
            break;
    case 2: l       = maxit;
            *omega = ONE;
  }

  for (i = 0; i < n; i++)        /* die Matrix so ueberschreiben, dass */
  {                              /* alle Diagonalelemente Eins werden  */
    for (tmp = ONE / mat[i][i],
         j = 0; j < n; j++)
      mat[i][j] *= tmp;          /* die rechte Seite dabei genauso be- */
    b[i] *= tmp;                 /* handeln, als ob sie eine Spalte    */
  }                              /* der Matrix waere                   */

  switch (crit)                  /* das gewuenschte Konvergenz-        */
  {                              /* kriterium auf Gueltigkeit pruefen  */
    case 1: for (i = 0; i < n; i++)   /* Zeilensummenkriterium? */
            {
              for (tmp = ZERO, j = 0; j < n; j++)
                tmp += FABS(mat[i][j]);
              if (tmp >= TWO)
                return 11;
            }
            break;

    case 2: for (j = 0; j < n; j++)     /* Spaltensummenkriterium? */
            {
              for (tmp = ZERO, i = 0; i < n; i++)
                tmp += FABS(mat[i][j]);
              if (tmp >= TWO)
                return 12;
            }
            break;

    case 3: for (tmp = ZERO, i = 0; i < n; i++)
              for (j = 0; j < n; j++)      /* Kriterium von           */
                tmp += sqr(mat[i][j]);     /* Schmidt-von-Mises?      */
```

```
                    tmp = SQRT(tmp - ONE);
                    if (tmp >= ONE)
                      return 13;
                    break;

    default: break;                         /* keine Pruefung?          */
  }


  /* ----------------- die Iteration vorbereiten ----------------- */

  copy_vector(residu,    /* residu wird waehrend der Iteration dazu  */
              x, n);     /* verwendet, die vorige Naeherungsloesung  */
                         /* aufzunehmen. Daher wird residu jetzt mit */
                         /* dem Startvektor vorbesetzt.              */
  seidel(n, mat, b, *omega, x);  /* eine neue Naeherungsloesung x    */
                                 /* berechnen                        */
  sub_vector(diff0,              /* die Differenz der beiden neusten */
             x, residu, n);      /* Naeherungsloesungen berechnen    */


  /* ----------------- mit der Iteration beginnen ----------------- */

  for (rc = 0, *iter = 1; TRUE; )
  {
    if (norm_max(diff0, n) <= eps * norm_max(x, n))  /* Loesung      */
      break;                                         /* genau genug? */

    if (*iter >= maxit)              /* zuviele Iterationsschritte? */
    {
      rc = 4;                        /* Fehler melden               */
      break;
    }

    copy_vector(residu, x, n);   /* die vorige Naeherungsloesung     */
                                 /* in residu aufbewahren            */
    seidel(n, mat, b, *omega, x); /* eine neue Naeherungsloesung x   */
                                  /* berechnen                       */
    sub_vector(diff1,             /* die Differenz der beiden neusten */
               x, residu, n);     /* Naeherungsloesungen berechnen    */

    if (++*iter % l == 0)           /* nach l Schritten mit konstantem */
    {                               /* Relaxationskoeffizienten?       */
      for (i = 0; i < n; i++)       /* den Schaetzwert q fuer          */
        hilf[i] = ((FABS(diff0[i]) <  /* den Spektralradius der        */
                   TWO * MACH_EPS))   /* Iterationsmatrix be-          */
                  ? ONE               /* rechnen und damit             */
                  : (diff1[i] / diff0[i]); /* eventuell den Relaxa-    */
      if ((q = norm_max(hilf, n)) <= ONE)  /* tionskoeffizienten       */
        q      = max(q, *omega - ONE),     /* anpassen                 */
        *omega = TWO / (ONE +
                 SQRT(ONE - sqr((q + *omega - ONE) / *omega) / q));
    }

    copy_vector(diff0,      /* die neue Differenz fuer den naechsten */
                diff1, n);  /* Schritt als alte uebernehmen          */
  }


  for (i = 0; i < n; i++)                    /* Residuum bestimmen   */
  {
    for (tmp = b[i], j = 0; j < n; j++)
      tmp -= mat[i][j] * x[j];
    residu[i] = tmp;
  }
```

```
  vmfree(vmblock);
  return rc;
}
/* ------------------------ ENDE fadsor.c ------------------------ */
```

P 6

P 6.2.1.2 Gedämpftes Newtonverfahren für Systeme

```
/* ------------------------ MODUL fnewt.c ------------------------ */
#include <basis.h>
#include <u_proto.h>

#define ITERMAX 300             /* Maximale Iterationszahl         */

static FILE *fp;                /* Filepointer: Protokolldatei     */

static int japprox          /* Jacobi Matrix approximieren ........*/
            (int     n,
             REAL    x[],
             REAL *  jmat[],
             FNFCT   fct,
             REAL    f0[],
             REAL    tmpvec[]
            );

static REAL l2norm          /* L2 Vektornorm ......................*/
            (int     n,
             REAL    x[]
            );

static int protopen         /* Protokolldatei oeffnen .............*/
            (int     n,
             REAL    x[],
             int     kmax,
             int     prim,
             char *  pfile
            );

static int protwrite        /* Protokolldatei beschreiben .........*/
            (int     iter,
             REAL    fxnorm,
             REAL    dnorm,
             int     k
            );

static void protclose       /* Protokolldatei schliessen ..........*/
            (int     n,
             int     iter,
             REAL    x[],
             REAL    fvalue[],
             int     rc
            );

/* Macro zur Verkuerzung des 'return' in newt ......................*/

#define RETURN(code)                                            \
    if (flag) protclose (n, *iter, x, fvalue, code);            \
    FreeMat (n, jmat);                                          \
    if (perm) free (perm);                                      \
    FreeVec (deltax);                                           \
    return (code)


int newt                    /* Mehrdimensionales Newton Verfahren .*/
            (
```

Gedämpftes Newtonverfahren für Systeme

```
        int      n,            /* Dimension des Systems .........*/
        REAL     x[],          /* Start-/Loesungsvektor .........*/
        FNFCT    fct,          /* Funktion ......................*/
        JACOFCT  jaco,         /* Funktion zur Best. der Jacobi Mat*/
        int      kmax,         /* Maximalzahl Daempfungsschritte ..*/
        int      prim,         /* Maximalzahl Primitivschritte ....*/
        char *   pfile,        /* Name der Protokolldatei ........*/
        REAL     fvalue[],     /* Funktionswert an Loesung .......*/
        int *    iter,         /* Anzahl Iterationsschritte ......*/
        REAL     eps           /* Fehlerschranke .................*/
       )
/*====================================================================*
 *                                                                    *
 *  newt bestimmt eine Loesung des nichtlinearen Gleichungssystems    *
 *                                                                    *
 *                  f0 (x[0],...,x[n-1])   = 0                        *
 *                  f1 (x[0],...,x[n-1])   = 0                        *
 *                     :                                              *
 *                  f(n-1) (x[0],...,x[n-1]) = 0                      *
 *                                                                    *
 *  mit dem gedaempften Newton-Iterationsverfahren.                   *
 *  Zur Durchfuehrung muss die Funktion fct uebergeben werden,        *
 *  die Jacobi-Matrix (Matrix der partiellen Ableitungen) kann        *
 *  wahlweise als Funktion uebergeben werden; will man den Program-   *
 *  mieraufwand fuer diese Funktion sparen, so ist der NULL pointer   *
 *  zu uebergeben. In diesem Fall wird die Jacobi-Matrix durch die    *
 *  vorderen Differenzenquotienten ersetzt.                           *
 *                                                                    *
 *  Das Verfahren ist quadratisch konvergent, falls eine Loesung      *
 *  existiert und ein geeigneter Startwert vorgegeben wird.           *
 *                                                                    *
 *  Besitzt ein nichtlineares Gleichungssystem Loesungen,             *
 *  so kann das Newton-Verfahren abhaengig von den folgenden          *
 *  Parametern gegen eine dieser Loesungen konvergieren:              *
 *                                                                    *
 *     1. Startvektor der Iteration                                   *
 *     2. Anzahl der Iterationsschritte in Primitivform               *
 *     3. Maximalzahl der Daempfungsschritte                          *
 *                                                                    *
 *  Es werden drei Abbruchkriterien verwendet:                        *
 *                                                                    *
 *     1. Die L2 - Norm der Differenz deltax zwischen aktuellem       *
 *        x-Wert und dem zuvor bestimmten ist kleiner gleich          *
 *        eps * x-Wert oder                                           *
 *     2. die L2 - Norm des Funktionswertes an der Stelle der         *
 *        neuen Naeherung ist kleiner oder gleich eps oder            *
 *     3. die Maximalzahl der Iterationen ist erreicht.               *
 *                                                                    *
 *  wobei eps die geforderte Genauigkeit ist (eps >= MACH_EPS).       *
 *                                                                    *
 *  Zwischenergebnisse koennen auf eine Protokolldatei ausgege-       *
 *  ben werden, falls der Eingabeparameter pfile ungleich " "         *
 *  gewaehlt wird. Beginnt der Name der Protokolldatei mit 'a'        *
 *  oder 'A', so wird ein ausfuehrliches Protokoll, andernfalls       *
 *  ein Kurzprotokoll erstellt.                                       *
 *                                                                    *
 *====================================================================*
 *                                                                    *
 *  Anwendung:                                                        *
 *  =========                                                         *
 *     Nichtlineare Gleichungssysteme mit n Funktionen von n unab-    *
 *     haengigen Einflussgroessen.                                    *
 *                                                                    *
 *====================================================================*
 *                                                                    *
 *  Literatur:                                                        *
 *  =========                                                         *
```

```
*       Conte, S.D., de Boor, C.: Elementary Numerical Analysis, an    *
*       algorithmic approch. New York - Sidney - Toronto,              *
*       3. Aufl. 1980.                                                 *
*                                                                      *
*======================================================================*
*                                                                      *
*  Eingabeparameter:                                                   *
*  ================                                                    *
*    n          int n; (n > 1).                                        *
*               Anzahl der Gleichungen und Anzahl der Unbe-            *
*               kannten des Systems.                                   *
*    x          REAL   x[];                                            *
*               Startvektor der Iteration.                             *
*    fct        int fct();                                             *
*               Funktion, welche die n Funktionswerte f0,...,f(n-1)    *
*               berechnet.                                             *
*               Das Funktionsprogramm hat die folgende Form            *
*                                                                      *
*                   int fct (int n, REAL x[], REAL fvalue[])           *
*                   {                                                  *
*                     fval[0] = ......     ;                           *
*                         :                                            *
*                     fval[n-1] = ....     ;                           *
*                     return (0);                                      *
*                   }                                                  *
*                                                                      *
*               fct gibt einen Fehlerparameter zurueck, der bei er-    *
*               folgreicher Ausfuehrung der Funktion 0 sein muss.      *
*               fval enthaelt den Funktionswerte im Punkt x mit        *
*               x[i], i = 0(1)n-1.                                     *
*    jaco       int jaco();                                            *
*               Funktion, die vom Benutzer bereitgestellt              *
*               werden muss und welche die Jakobi-Matrix von f         *
*               berechnet. jaco hat die Form:                          *
*                                                                      *
*                   int jaco (int n, REAL x[], REAL *mem[])            *
*                   {                                                  *
*                     REAL **df;                                       *
*                     df = mem;                                        *
*                     for (i = 0; i < n; i++)                          *
*                       for (j = 0; j < n; j++)                        *
*                         df[i][j] = ...;                              *
*                     return (0);                                      *
*                   }                                                  *
*                                                                      *
*               Dabei ist ... durch die partielle Ableitung der        *
*               i-ten Funktionskomponente nach der j-ten x-Komponen-   *
*               te zu ersetzten. mem ist hierbei die Lokation fuer     *
*               den Speicherbereich, der nach Ausfuehrung die          *
*               Jacobimatrix beinhaltet. Der Rueckgabewert von         *
*               muss 0 sein, bei erfolgreicher Berechnung von jaco.    *
*               Alternativ kann NULL als Aktualparameter               *
*               uebergeben werden; in diesem Fall wird die Jacobi      *
*               Matrix durch die vorderen Differenzquotienten          *
*               ersetzt.                                               *
*    kmax       int kmax;  ( 0 <= kmax <= 10 )                         *
*               Maximalzahl der Daempfungsschritte.                    *
*               kmax = 0 ==> normales Newton-Verfahren; kmax = 4       *
*               ist eine gute Wahl zum Testen.                         *
*    prim       int prim;                                              *
*               Anzahl der Schritte in Primitivform, d.h. nach prim    *
*               Iterationsschritten wird die Jacobi-Matrix neu be-     *
*               stimmt (zum Testen 0, 1, 2, 3).                        *
*    pfile      char *pfile;                                           *
*               Name der Protokolldatei.                               *
*               = NULL oder                                            *
```

```
*                     = " "      : kein Protokoll.                    *
*                     = "A ..." oder                                  *
*                     = "a ...": Ausfuehrliches Protokoll mit Zwischener- *
*                                ergebnissen.                         *
*                     sonst    : Startwerte und Endergebnisse.        *
*           eps       geforderte Genauigkeit;                         *
*                     Ist eps <= 0.0, so wird eps = 4 * MACH_EPS gesetzt. *
*                                                                     *
*   Ausgabeparameter:                                                 *
*   ================                                                  *
*           x         Loesungsvektor des nichtlinearen Gleichungssystems. *
*           fvalue    REAL    fvalue[];                               *
*                     Funktionswerte am Loesungsvektor x.             *
*           iter      int *iter;                                      *
*                     Anzahl durchgefuehrter Iterationen.             *
*                                                                     *
*   Rueckgabewert:                                                    *
*   =============                                                     *
*           = -1      Warnung: Loesung mit L2-Norm von fvalue > 128 * eps *
*           = 0       Loesung gefunden mit L2-Norm von fvalue <= eps  *
*           = 1       Falsche Eingabeparameter: n<2 o. kmax<0 o. prim<0 *
*           = 2       zu wenig Speicherplatz                          *
*           = 3       Jacobi-Matrix ist singulaer                     *
*           = 4       Iterationsmaximum ueberschritten                *
*           = 5       Protokolldatei kann nicht eroeffnet werden      *
*           = 6       Protokolldatei kann nicht beschrieben werden    *
*           = 7       Benutzerfunktion liefert Fehler                 *
*           = 8       Fehler in der Berechnung der Jacobi Matrix      *
*           = 9       Norm der Funktionswerte > MAXROOT -> Divergenz  *
*                                                                     *
*=====================================================================*
*                                                                     *
*   Benutzte Funktionen:                                              *
*   ===================                                               *
*                                                                     *
*                  int  gauss ():    Bestimmt die Loesung des linearen *
*                                    GLSYS: jaco * deltax = f.        *
*    static        REAL l2norm():    Bestimmt die L2-Norm eines Vektors *
*    static        int  protopen (): Oeffnen der Protokolldatei.      *
*    static        int  protwrite(): Schreiben der Protokolldatei.    *
*    static        void protclose(): Schliessen der Protokolldatei.   *
*                  void AllocMat (): Speicher fuer Matrix allokieren. *
*                  void FreeMat  (): Speicher fuer Matrix freigeben.  *
*                  void AllocVec (): Speicher fuer Vektor allokieren. *
*                  void FreeVec  (): Speicher fuer Vektor freigeben.  *
*                                                                     *
*   Aus der C Bibliothek: free(), malloc()                            *
*                                                                     *
*=====================================================================*
*                                                                     *
*   Benutzte Konstanten: NULL, ITERMAX, MACH_EPS                      *
*   ===================                                               *
*                                                                     *
*   Benutzte Macros: RETURN                                           *
*   ===============                                                   *
*                                                                     *
*====================================================================*/
{
  int  i, k, rc, count, vordet, cas;
  int  flag, flag1, approx, *perm = NULL;

  REAL **jmat = NULL,          /* Fuer die LU-Dekomposition in gauss */
       *deltax = NULL, *xtemp, *fvalue0, *tmpvec,
       fxnorm, fxnorm1, dnorm, omega;

  if (n < 2 || kmax < 0 || prim < 0)     /* falsche Eingabeparameter */
```

```
    return (1);
  if (x == NULL || fct == NULL) return (1);

  if (eps < MACH_EPS)
    eps = (REAL) ((REAL)4.0 * MACH_EPS);
                                      /* Protokolldatei oeffnen,    */
  flag = flag1 = 0;                   /* falls gewuenscht           */
  if (pfile)
  {
    flag = (pfile[0] != ' ');
    flag1 = (pfile[0] == 'a') || (pfile[0] == 'A');
  }

  rc = 0;                             /* return code initial        */

  if (flag) rc = protopen (n, x, kmax, prim, pfile);

  if (rc)                             /* Protokolldatei kann nicht geoeffnet */
  {                                   /* werden.                    */
    flag = 0;
    RETURN (5);
  }

  if (jaco == NULL)                   /* Approximation ueber vorderen Dif-   */
    approx = 1;                       /* ferenzenquotienten         */
  else
    approx = 0;

  *iter = 0;                          /* Iterationszaehler initialisieren    */
  count = prim;                       /* prim Schritte mit fester Jacobi-Mat.*/
                                      /* im 1. Schritt Jacobi-Mat. berechnen */
  rc = (*fct) (n, x, fvalue);         /* Funktionswerte am Startvektor       */
  if (rc)
  {
    RETURN (7);
  }
                                      /* Speicher fuer die Vektoren: */
                                      /* deltax, xtemp, fvalue0,     */
  deltax = AllocVec (4 * n);          /* tmpvec                      */
  if (deltax == NULL)
  {
    RETURN (2);
  }

  xtemp = deltax + n;
  fvalue0 = xtemp + n;
  tmpvec = fvalue0 + n;

  perm = (int *) malloc (n * sizeof (int));
  if (perm == NULL)
  {
    RETURN (2);
  }
                                      /* Speicher fuer Jacobi Matrix */
  jmat = AllocMat (n, n);
  if (jmat == NULL)
  {
    RETURN (2);
  }

  fxnorm = l2norm (n, fvalue);        /* L2-Norm des Funktionswertes am */
                                      /* Startwert x.                   */

  if (fxnorm <= eps)                  /* Startwert ist schon Loesung.   */
  {
```

Gedämpftes Newtonverfahren für Systeme

```
    RETURN (0);
  }
  do   /* Newton-Iteration */
  {
    (*iter)++;                    /* Iterationszaehler erhoehen      */
    if (count < prim)             /* Wenn Zaehler < prim, dann Primi- */
    {                             /* tivform des Newton-Verfahrens    */
      count++;
      cas = 2;
    }
    else                          /* sonst: Jacobi-Matrix neu berechnen */
    {
      count = 0;
      cas = 0;

      if (approx)                 /* Approximation verwenden */
        rc = japprox (n, x, jmat, fct, fvalue, tmpvec);
      else
        rc = (*jaco) (n, x, jmat);   /* User Funktion             */

      if (rc)                     /* Jacobi-Matrix ungueltig */
      {
        RETURN (8);
      }
    }

    /* Loese lin. Gleichungssystem: jmat * deltax = fvalue      */
    /* nach deltax auf; jmat enthaelt die LU-Dekomposition, die bei */
    /* cas = 2 nicht neu berechnet wird.                        */

    rc = gauss (cas, n, jmat, jmat, perm, fvalue, deltax, &vordet);

    if (rc)                       /* singulaere Jacobi-Matrix bzw. */
    {                             /* keine Loesung aus gauss       */
      RETURN (3);
    }

    omega = TWO;                  /* Daempfungsfaktor initialisieren */
    k = -1;

    do   /* Daempfung */
    {
      k++;
      omega *= 0.5;                /* omega = 2 hoch -k */
      for (i = 0; i < n; i++)
        xtemp[i] = x[i] - omega * deltax[i];

      rc = (*fct) (n, xtemp, fvalue);   /* fct kann nicht be- */
      if (rc)                           /* stimmt werden      */
      {
        RETURN (7);
      }
      fxnorm1 = l2norm (n, fvalue);
      if (kmax == 0) break;            /* Falls keine Daempfung ver- */
                                        /* langt.                     */
      if (k == 0)                      /* Falls doch nicht zu daemp- */
        for (i = 0; i < n; i++)        /* fen ist, Funktionswerte in */
          fvalue0[i] = fvalue[i];      /* fvalue0 merken             */
                                        /* Solange daempfen bis */
    } while (fxnorm < fxnorm1 && k <= kmax);   /* k = kmax oder ein x */
                                                /* mit kleinerem f-Wert */
                                                /* gefunden.            */
```

```
      if ( (0 < k   && k <= kmax) || kmax == 0 )  /* falls Daempfung    */
      {                                           /* oder kmax = 0      */

        for (i = 0; i < n; i++)                   /* aktuelle Werte ver- */
          x[i] = xtemp[i];                        /* wenden,             */
        fxnorm = fxnorm1;
        dnorm = omega * l2norm (n, deltax);
      }
      else                                        /* sonst x = x - deltax */
      {
        for (i = 0; i < n; i++)
        {
          x[i] -= deltax[i];
          fvalue[i] = fvalue0[i];
        }
        fxnorm = l2norm (n, fvalue);
        dnorm = l2norm (n, deltax);
      }

      if (flag1)                /* Protokoll schreiben, falls verlangt */
      {
        rc = protwrite (*iter, fxnorm, dnorm, k);
        if (rc)
        {
          RETURN (6);
        }
      }

    }                                      /* solange erfuellt sind:     */
    while (dnorm > eps * l2norm (n, x)     /* Norm(deltax) > eps*Norm(x), */
           && fxnorm > eps                 /* Norm(fx) > eps,            */
           && fxnorm < MAXROOT             /* Norm(fx) < MAXROOT,        */
           && *iter < ITERMAX);            /* iter < Iterationsmax.      */

    if (*iter >= ITERMAX) rc = 4;          /* Iterationsmax. ueberschritten*/
    else
      if (fxnorm >= MAXROOT)               /* Fkt.werte zu gross, vermut- */
        rc = 9;                            /* lich Divergenz              */
      else
        if (fxnorm > (REAL)128.0 * eps)    /* Warnung: Schlechte Naeherung */
          rc = -1;

  RETURN (rc);
}


static REAL l2norm             /* L2 Vektornorm ......................*/
                   (
                    int  n,
                    REAL x[]
                   )
/*====================================================================*
 *                                                                    *
 * l2norm gibt die euklidsche Norm (L2-Norm) des n-dimensionalen      *
 * Vektors x = (x[0],x[1],...,x[n-1]) zurueck. Diese Routine ver-     *
 * meidet underflow in jedem Fall.                                    *
 *                                                                    *
 *====================================================================*
 *                                                                    *
 *   Benutzte Konstanten: EPSQUAD                                     *
 *   ===================                                              *
 *                                                                    *
 *   Macros: ABS, SQRT                                                *
 *   ======                                                           *
 *====================================================================*/
{
  int  i, j;
```

```
  REAL scale, sum, tmp, xiabs;
  if (n <= 0) return (ZERO);                    /* n <= 0 ==> Norm = 0 */

  for (i = 0; i < n; i++)
    if (x[i] != ZERO) break;

  if (i == n) return (ZERO);                    /* Nullvektor              */

  scale = ABS (x[i]);
  if (i == n - 1) return (scale);               /* Nur eine Komponente != 0 */

  j = i + 1;
  for (sum = ONE, i = j; i < n; i++)
  {
    xiabs = ABS (x[i]);
    if (xiabs <= scale)                         /* scale = bisheriges Max. */
    {                                           /* von ABS(x[i])           */
      tmp = xiabs / scale;
      if (tmp > EPSQUAD)
        sum += tmp * tmp;                       /* sum = sum + temp*temp   */
    }
    else
    {
      tmp = scale / xiabs;
      if (tmp <= EPSQUAD) tmp = ZERO;
      sum *= tmp * tmp;
      sum += ONE;                               /* sum = sum * temp * temp + 1 */
      scale = xiabs;
    }
  }

  return (scale * SQRT (sum));
}


static int japprox          /* Jacobi Matrix approximieren ............*/
               (
                int     n,
                REAL    x[],
                REAL *  jmat[],
                FNFCT   fct,
                REAL    f0[],
                REAL    tmpvec[]
               )
/*====================================================================*
 *                                                                    *
 * japprox naehert die Jacobi-Matrix eines Funktionsvektors durch     *
 * die vorderen Differenzenquotienten an. Die Funktion kann alter-    *
 * nativ zur Jacobi-Matrix an das Newton-Verfahren newt uebergeben    *
 * werden.                                                            *
 *                                                                    *
 *====================================================================*
 *                                                                    *
 * Eingabeparameter:                                                  *
 * ================                                                   *
 *      n       int n;                                                *
 *              Anzahl der Gleichungen und Anzahl der Unbe-           *
 *              kannten des Systems.                                  *
 *      x       REAL    x[];                                          *
 *              Vektor, an dem die Jacobi-Matrix bestimmt wird.       *
 *      jmat    REAL  * jmat[];                                       *
 *              Zeiger auf den Speicherbereich fuer die Ausgabe.      *
 *      fct     REAL  *fct();                                         *
 *              Funktion, welche die n Funktionswerte f0,...,f(n-1)   *
 *              berechnet (wie in newt).                              *
 *      f0      REAL    f0[];                                         *
```

```
 *                Vektor der Funktionswerte an der Stelle x.      *
 *        tmpvec      REAL    tmpvec[];                           *
 *                    Hilfsvektor                                 *
 *                                                                *
 *  Ausgabeparameter:                                             *
 *  ================                                              *
 *      jmat      REAL    *jmat[];                                *
 *                Beinhaltet die Approximation der Jacobi-Matrix. *
 *                                                                *
 *  Rueckgabewert:                                                *
 *  =============                                                 *
 *                = 0: ok, Jacobi Matrix bestimmt                 *
 *                     sonst Fehler in der Berechnung             *
 *================================================================*
 *                                                                *
 *  Benutzte Konstanten: NULL, EPSROOT                            *
 *  ==================                                            *
 *                                                                *
 *===============================================================*/
{
  REAL xj, *f1, h, denom;
  int  i, j, rc = 0;

  if (jmat == NULL) return (-1);

  f1 = tmpvec;
  if (f1 == NULL) return (-1);

  for (j = 0; j < n; j++)
  {
    xj = x[j];

    h = (REAL)(EPSROOT * HALF);   /* suche kleinstes h >= EPSROOT  */
    do                            /* mit xj != x[j]                */
    {
      h += h;
    } while (xj + h == x[j]);

    x[j] += h;                    /* temporaer: x[j] = x[j] + h    */
    denom = ONE / h;

    rc = (*fct) (n, x, f1);       /* f1 enthaelt die Funktions-    */
                                  /* werte am neuen x-Vektor       */

    x[j] = xj;                    /* Alte x Komp. zuruckspeichern  */

    if (rc) return (rc);

    for (i = 0; i < n; i++)       /* vordere Differenzenquotienten */
      jmat[i][j] = ( f1[i] - f0[i] ) * denom;
  }

  return (0);
}


static int protopen          /* Protokolldatei oeffnen ...........*/
                (int     n,
                 REAL    x[],
                 int     kmax,
                 int     prim,
                 char *  pfile
                )
/*==================================================================*
 *                                                                  *
 *  popen eroeffnet die Protokolldatei pfile im append-mode und     *
 *  schreibt die Eingabeparameter des Newtonverfahrens auf diese Datei.*
```

Gedämpftes Newtonverfahren für Systeme

```
 *                                                                    *
 *====================================================================*
 *                                                                    *
 *   Eingabe: Eingabewert n, x, kmax, prim, pfile aus newt.           *
 *   Rueckgabewert: =0 : Protokolldatei eroeffnet                     *
 *                  =1 : Datei kann nicht geoeffnet werden            *
 *                                                                    *
 *====================================================================*
 *                                                                    *
 *   Benutzte Konstanten: NULL                                        *
 *   ===================                                              *
 *                                                                    *
 *====================================================================*/
{
  int i;

  fp = fopen (pfile, "a");
  if (fp == NULL) return (1);

  fprintf (fp, "Gedaempftes Newton-Verfahren \n");
  fprintf (fp, "--------------------------- \n\n");
  fprintf (fp, "Dimension des Systems                     n    : %3d \n",n);
  fprintf (fp, "Anzahl der Schritte in Primitivform prim: %3d \n",prim);
  fprintf(fp, "Maximalzahl der Daempfungsschritte  kmax: %3d\n\n",kmax);

  fprintf (fp, "Startvektor x :\n");
  for (i = 0; i < n; i++)
  {
    fprintf (fp, "\t x[%2d] = ", i);
    fprintf (fp, FORMAT_LE, x[i]);
    fprintf (fp, "\n");
  }
  if ( pfile[0] == 'a' || pfile[0] == 'A' )
    fprintf (fp, "\n Iter\t Norm(f)\t Norm(deltax)\tk \n\n");
  else fprintf (fp, "\n");

  fflush (fp);
  return (0);
}


static int protwrite       /* Protokolldatei beschreiben ............*/
                   (int    iter,
                    REAL   fxnorm,
                    REAL   dnorm,
                    int    k
                   )
/*====================================================================*
 *                                                                    *
 *   protwrite beschreibt die Protokolldatei pfile mit der            *
 *     - aktuellen Iterationszahl,                                    *
 *     - L2-Norm des aktuellen Funktionswertes,                       *
 *     - L2-Norm der aktuellen Schrittweite,                          *
 *     - Daempfungszahl.                                              *
 *                                                                    *
 *====================================================================*
 *                                                                    *
 *   Eingabe: Eingabewerte iter, fxnorm, dnorm, k aus newt.           *
 *                                                                    *
 *====================================================================*
 *   Rueckgabewert: = 0: ok                                           *
 *                 != 0: Datei kann nicht beschrieben werden          *
 *                                                                    *
 *====================================================================*/
{
  int rc;
```

```
    rc = fprintf (fp, " %3d\t", iter);
    rc = fprintf (fp, FORMAT_LE, fxnorm);
    rc = fprintf (fp, "\t");
    rc = fprintf (fp, FORMAT_LE, dnorm);
    rc = fprintf (fp, "\t%2d \n", k);
    if (rc <= 0) return (rc);
    fflush (fp);
    return (0);
  }


  static void protclose        /* Protokolldatei schliessen ............*/
                      (int    n,
                       int    iter,
                       REAL   x[],
                       REAL   fvalue[],
                       int    rc
                      )
/*====================================================================*
 *                                                                    *
 * pclose beschreibt die Protokolldatei pfile mit                     *
 *    - der Dimension n des Problems,                                 *
 *    - der Gesamtzahl der Iterationen,                               *
 *    - der Loesung x des nichtlinearen Gleichungssystems,            *
 *    - dem Funktionswert fvalue an der Stelle x,                     *
 *    - dem Rueckgabewert von newt                                    *
 * und schliesst die Protokolldatei.                                  *
 *                                                                    *
 *====================================================================*
 *                                                                    *
 * Eingabe: Eingabewerte n, iter, x, fvalue, rc aus newt.             *
 *                                                                    *
 *====================================================================*/
  {
    int i;

    fprintf (fp,"\n\nDurchgefuehrte Newtonschritte  iter: %3d \n",iter);
    fprintf (fp,"Rueckgabewert                     rc : %3d \n\n",rc);
    fprintf (fp,"Naeherungsloesung x:\t\t Funktionswerte:\n\n");
    for (i = 0; i < n; i++)
    {
      fprintf (fp,"x[%2d] = ", i);
      fprintf (fp, FORMAT_LE, x[i]);
      fprintf (fp, "\t\t f(%2d) = ", i);
      fprintf (fp, FORMAT_LE, fvalue[i]);
      fprintf (fp, "\n");
    }
    fprintf (fp,
        "\n-------------------------------------------------------\n");
    fclose (fp);
  }

  /* ----------------------- ENDE fnewt.c ---------------------- */
```

P 6.2.4   Das Verfahren von Brown für Systeme

```
/* --------------------- DEKLARATIONEN brown.h -------------------- */

/* Typ einer Funktion, die die rechte Seite f der k. Gleichung eines  */
/* (im allgemeinen nichtlinearen) Gleichungssystems an der Stelle x   */
/* berechnet                                                          */
typedef int (*nlgls)(int k, REAL x[], REAL *f);

int brown       /* Verfahren von Brown fuer nichtl. Gleichungssysteme ....*/
          (
           nlgls  fkt,        /* Funktion ...........................*/
```

Das Verfahren von Brown für Systeme 721

```
                 int      n,        /* Anzahl der Gleichungen .............. */
                 REAL     x0[],     /* Startwert der Iteration ............. */
                 REAL     eps,      /* Fehlerschranke ...................... */
                 boolean  prot,     /* Protokollierungsschalter ............ */
                 int      maxit,    /* maximale Schrittzahl ................ */
                 REAL     x1[],     /* Nullstelle .......................... */
                 int      *itanz    /* tatsaechliche Schrittzahl ........... */
                );                  /* Fehlercode .......................... */

/* ------------------------- ENDE brown.h ------------------------- */
/* ------------------------- MODUL brown.c ------------------------ */

/***********************************************************************
*                                                                      *
* Verfahren von Brown fuer nichtlineare Gleichungssysteme              *
* ---------------------------------------------------------            *
*                                                                      *
* Programmiersprache: ANSI-C                                           *
* Compiler:           Borland C++ 2.0                                  *
* Rechner:            IBM PS/2 70 mit 80387                            *
* Quelle:             Brown, K. M.:                                    *
*                     A quadratically convergent Newton-like method    *
*                     based upon Gaussian elimination                  *
*                     SIAM J. Numer. Anal. Vol. 6 No 4                 *
*                     (Dez. 1969), 560                                 *
* Bemerkung:          Umsetzung eines aequivalenten QuickBASIC-Moduls  *
* Autor:              Johannes Karfusehr (FORTRAN)                     *
* Bearbeiter:         Juergen Dietel, Rechenzentrum der RWTH Aachen    *
* Datum:              MO 17. 8. 1992                                   *
*                                                                      *
***********************************************************************/

#include <basis.h>      /* wegen REAL, ZERO, printf, LZP, FALSE, TRUE, */
                        /*       MACH_EPS, copy_vector, boolean, FABS, */
                        /*       EIGHT, NULL                           */
#include <vmblock.h>    /* wegen vmalloc, vmcomplete, vmfree, vminit,  */
                        /*       VEKTOR, MATRIX, IMATRIX               */
#include <brown.h>      /* wegen nlgls, brown                          */


/* -------------------------------------------------------------- */

static void subst
                  (
                   int  n,
                   int  k,
                   int  *ihf[],
                   REAL *hf[],
                   REAL rslin[],
                   REAL x1[]
                  )
/***********************************************************************
* ein lineares Gleichungssystem loesen                                 *
*                                                                      *
* Eingabeparameter:                                                    *
* =================                                                    *
* n     Anzahl der Gleichungen (= Anzahl der Unbekannten) des ur-      *
*       spruenglichen nichtlinearen Gleichungssystems                  *
* k     Index der Koordinatenfunktion (Wertebereich: 0..n-1)           *
* ihf   [0..n-1,0..n]-Matrix, in der Zeilen- und Spaltenvertauschun-   *
*       gen notiert sind                                               *
* hf    [0..n-1,0..n-1]-Feld fuer die Matrix des linearen Gleichungs-  *
*       systems                                                        *
* rslin [0..n-1]-Vektor mit der rechten Seite des linearen             *
*       Gleichungssystems                                              *
```

```
*                                                                       *
* Ausgabeparameter:                                                     *
* =================                                                     *
* x1       [0..n-1]-Vektor mit der Loesung des linearen Gleichungs-     *
*          systems                                                      *
*                                                                       *
* benutzte globale Namen:                                               *
* =======================                                               *
* REAL, ZERO                                                            *
*************************************************************************/
{
  REAL sum;               /* Hilfsvariable zur Berechnung von x1[kmax] */
  int  km,                /* Laufvariable                              */
       kmax,              /* unvertauschter Zeilenindex                */
       jsub,              /* unvertauschter Spaltenindex               */
       j;                 /* Laufvariable                              */

  for (km = k; km > 0; km--)
  {
    kmax = ihf[km - 1][n];

    for (sum = ZERO, j = km; j < n; j++)
      jsub =  ihf[km][j],
      sum  += hf[km - 1][jsub] * x1[jsub];

    x1[kmax] = sum + rslin[km - 1];
  }
}



/* ---------------------------------------------------------------- */

/*************************************************************************
* Hilfsvektoren und -matrizen, die in iter4() benoetigt und in brown()   *
* dynamisch angelegt werden.                                             *
* Sie werden deswegen an dieser Stelle modulglobal vereinbart, damit     *
* sowohl iter4() (fuer Berechnungen) als auch brown() (fuer Speicher-    *
* anforderungen) darauf zugreifen koennen.                               *
* Eine lokale Vereinbarung in iter4() waere zwar moeglich, wuerde aber   *
* viele unoetige Speicheranforderungen und -freigaben erfordern.        *
*************************************************************************/
static
  int  **ihf;      /* [0..n-1,0..n]-Matrix, in der Zeilen- und Spalten- */
                   /* vertauschungen notiert werden                     */
static
  REAL *rslin,     /* [0..n-1]-Vektor mit der rechten Seite des linearen*/
                   /* Gleichungssystems                                 */
       *dquot,     /* [0..n-1]-Vektor fuer die berechneten Differenzen- */
                   /* quotienten                                        */
       **hf;       /* [0..n-1,0..n-1]-Feld fuer die Matrix des linearen */
                   /* Gleichungssystems                                 */



/* ---------------------------------------------------------------- */

static int iter4
            (
              nlgls    fkt,
              int      n,
              REAL     epsm,
              REAL     xalt[],
              REAL     x1[],
```

Das Verfahren von Brown für Systeme

```
                    boolean *sing
                   )
/***************************************************************
 * eine Naeherung mit dem Brownalgorithmus berechnen            *
 *                                                              *
 * Eingabeparameter:                                            *
 * =================                                            *
 * fkt    Funktion, die die rechte Seite einer der Gleichungen des *
 *        Gleichungssystems an der gewuenschten Stelle berechnet. Die *
 *        Funktionen sind dabei numeriert von 0 bis n - 1.      *
 * n      Anzahl der Gleichungen (= Anzahl der Unbekannten)     *
 * epsm   die Maschinengenauigkeit                              *
 * xalt   die alte Naeherung                                    *
 *                                                              *
 * Ausgabeparameter:                                            *
 * =================                                            *
 * x1     [0..n-1]-Vektor mit der neuen Naeherung fuer die Nullstelle *
 * sing   Fehlercode, der anzeigt, ob die Funktionalmatrix singulaer ist *
 *                                                              *
 * Funktionswert:                                               *
 * ==============                                               *
 * = 0: alles in Ordnung                                        *
 * = 1: Fehler beim Aufruf von fkt()                            *
 *                                                              *
 * benutzte globale Namen:                                      *
 * =======================                                      *
 * ihf, rslin, dquot, hf, nlgls, REAL, boolean, subst, FABS, FALSE, *
 * TRUE, ZERO, copy_vector                                      *
 ***************************************************************/
{
    int  i,         /* Laufvariable                              */
         j,         /* Laufvariable                              */
         k,         /* Nummer der gerade betrachteten Funktion im */
                    /* Funktionensystem                          */
         anzahl,    /* Zaehler fuer die Differenzenquotienten, die als */
                    /* Null zu betrachten sind                   */
         temp,      /* Hilfsvariable zur Indizierung             */
         kmax,      /* Index des betragsgroessten Differenzenquotienten */
         jsub;      /* Hilfsvariable zur Aufnahme eines Index aus ihf */
    REAL hold,      /* Hilfsvariable zum kurzzeitigen Aufbewahren von */
                    /* x1[temp]                                  */
         h,         /* Schrittweite zur Bildung des Differenzenquotienten */
                    /* in x1[temp]-Richtung                      */
         faktor,    /* das Verhaeltnis von h zu hold             */
         dermax,    /* betragsmaximaler Differenzenquotient      */
         sum,       /* Summationsvariable zur Berechnung von rslin[k] */
         f,         /* Wert der k. Funktion an der Stelle x1     */
         fplus;     /* Wert der k. Funktion an der Stelle        */
                    /* (x1[0],..., x1[temp]+h,...,x1[n-1])       */


    /* -------------------- Variablen vorbesetzen -------------------- */

    for (j = 0; j < n; j++)
        ihf[0][j] = j;
    copy_vector(x1, xalt, n);



    /* ----------- die k. Koordinatenfunktion linearisieren ---------- */

    for (k = 0; k < n; k++)
    {
        anzahl = 0;
```

```
        faktor = (REAL)0.001;

        for (j = 0; j < 3; j++)
        {
          if (k > 0)
            subst(n, k, ihf, hf, rslin, x1);
          if ((*fkt)(k, x1, &f))
            return 1;

          /* -------- die i. Diskretisierungsschrittweite und den ------- */
          /* -------- i. Differenzenquotienten berechnen         ------- */

          for (i = k; i < n; i++)
          {
            temp = ihf[k][i];
            hold = x1[temp];
            h    = faktor * hold;
            if (FABS(h) <= epsm)
              h = (REAL)0.001;
            x1[temp] = hold + h;
            if (k > 0)
              subst(n, k, ihf, hf, rslin, x1);
            if ((*fkt)(k, x1, &fplus))
              return 1;
            x1[temp] = hold;

            dquot[temp] = (fplus - f) / h;

            if (FABS(dquot[temp]) <= epsm)
              anzahl++;
            else if (FABS(f / dquot[temp]) >= (REAL)1.0e20)
              anzahl++;
          }

          if (anzahl < n - k)
          {
            *sing = FALSE;
            break;
          }
          else
          {
            *sing  = TRUE;
            faktor *= TEN;
            anzahl = 0;
          }
        }

        if (*sing)
          break;

      else if (k < n - 1)
      {
        kmax = ihf[k][k];

        /* --- den betragsgroessten Differenzenquotienten bestimmen --- */

        for (dermax = FABS(dquot[kmax]), i = k + 1; i < n; i++)
        {
          jsub = ihf[k][i];
          if (FABS(dquot[jsub]) < dermax)
            ihf[k + 1][i] = jsub;
          else
            ihf[k + 1][i] = kmax,
            kmax          = jsub;
```

```
      }
    if (FABS(dquot[kmax]) <= epsm)
      *sing = TRUE;

    ihf[k][n] = kmax;

    if (*sing)
      break;
    else
    {
      /* ---------- die k. Gleichung nach xmax aufloesen ---------- */
      for (sum = ZERO, j = k + 1; j < n; j++)
        jsub       = ihf[k + 1][j],
        hf[k][jsub] = -dquot[jsub] / dquot[kmax],
        sum        += dquot[jsub] * x1[jsub];
      rslin[k] = (sum - f) / dquot[kmax] + x1[kmax];
    }
  }
  else
  {
    /* ----- die (n-1). Koordinatenfunktion mit dem diskreten ----- */
    /* ----- Newtonverfahren einer Veraenderlichen loesen     ----- */

    if (FABS(dquot[temp]) <= epsm)
      *sing = TRUE;
    else
      kmax      = temp,
      rslin[k] = -f / dquot[kmax] + x1[kmax];
  }
}


if (! *sing)
{
  x1[kmax] = rslin[n - 1];              /* die Naeherung durch */
  if (n > 1)                            /* Ruecksubstitution   */
    subst(n, n - 1, ihf, hf, rslin, x1); /* berechnen           */
}

return 0;
}



/* ---------------------------------------------------------------- */

int brown    /* Verfahren von Brown fuer nichtl. Gleichungssysteme ....*/
       (
        nlgls   fkt,     /* Funktion ...............................*/
        int     n,       /* Anzahl der Gleichungen .................*/
        REAL    x0[],    /* Startwert der Iteration ................*/
        REAL    eps,     /* Fehlerschranke .........................*/
        boolean prot,    /* Protokollierungsschalter ...............*/
        int     maxit,   /* maximale Schrittzahl ...................*/
        REAL    x1[],    /* Nullstelle .............................*/
        int     *itanz   /* tatsaechliche Schrittzahl ..............*/
```

```
            )                 /* Fehlercode .........................*/
/***************************************************************
 * eine Nullstelle eines nichtlinearen Gleichungssystems mit n Glei- *
 * chungen und n Unbekannten nach dem Verfahren von Brown berechnen. *
 *                                                                   *
 * Um einen Iterationsschritt mit dem Brownalgorithmus auszufuehren, *
 * wird die Funktion iter4() aufgerufen. Die Iteration wird so lange *
 * fortgesetzt, bis die vorgegebene maximale Anzahl von Iterations-  *
 * schritten erreicht ist. Die Iteration wird vorzeitig beendet, wenn*
 * eine der folgenden Abbruchbedingungen erfuellt ist:               *
 * 1. Die relative Aenderung zweier aufeinanderfolgender Naeherungs- *
 *    werte ist kleiner als eps.                                     *
 * 2. Der Funktionswert bei der neuesten Naeherung ist kleiner oder  *
 *    gleich MACH_EPS.                                               *
 * 3. Die Grenzgenauigkeit wurde erreicht.                           *
 *                                                                   *
 * Auf Wunsch werden Zwischenergebnisse ausgegeben                   *
 * (siehe Parameter prot).                                           *
 *                                                                   *
 * Eingabeparameter:                                                 *
 * =================                                                 *
 * fkt    Funktion, die die rechte Seite einer der Gleichungen des   *
 *        Gleichungssystems an der gewuenschten Stelle berechnet. Die*
 *        Funktionen sind dabei numeriert von 0 bis n - 1.           *
 * n      Anzahl der Gleichungen (= Anzahl der Unbekannten)          *
 * x0     [0..n-1]-Vektor mit dem Startwert fuer die Iteration       *
 * eps    die gewuenschte Genauigkeit. Falls die kleiner oder gleich *
 *        Null ist, wird sie zu 0.8 * MACH_EPS korrigiert.           *
 * prot   Protokollierungsflagge. Ist sie gesetzt, werden nach jedem *
 *        Iterationsschritt die Differenz zur letzten Naeherung, die *
 *        Naeherung selbst und der Funktionswert bei der Naeherung auf*
 *        die Standardausgabe geschrieben; andernfalls erfolgen keine*
 *        Ausgaben.                                                  *
 * maxit  Maximalzahl der erlaubten Iterationsschritte               *
 *                                                                   *
 * Ausgabeparameter:                                                 *
 * =================                                                 *
 * x1     [0..n-1]-Vektor mit der berechneten Naeherung fuer die     *
 *        gesuchte Nullstelle                                        *
 * itanz  Anzahl der ausgefuehrten Iterationen                       *
 *                                                                   *
 * Funktionswert:                                                    *
 * ==============                                                    *
 * Fehlercode. Folgende Werte koennen auftreten:                     *
 * = 0: Die Iteration war erfolgreich.                               *
 * = 1: Die gewuenschte Genauigkeit konnte in maxit Schritten nicht  *
 *      erreicht werden.                                             *
 * = 2: Die Matrix des linearen Gleichungssystems war singulaer.     *
 * = 3: Speichermangel                                               *
 * = 4: falsche Eingabeparameter: fkt = NULL oder n < 1 oder maxit < 1*
 * = 5: Fehler beim Aufruf von fkt()                                 *
 *                                                                   *
 * benutzte globale Namen:                                           *
 * =======================                                           *
 * ihf, rslin, dquot, hf, nlgls, REAL, boolean, MACH_EPS, FALSE,     *
 * copy_vector, iter4, subst, vminit, vmalloc, vmcomplete, vmfree,   *
 * VEKTOR, IMATRIX, MATRIX, printf, LZP, FABS, EIGHT, NULL           *
 ***************************************************************/
{
    int     i,        /* Laufvariable                            */
            m,        /* Schrittzaehler                          */
            krit;     /* Nummer der Ursache, die zum Abbruch der */
                      /* Iteration gefuehrt hat:                 */
                      /* = 0: zuviele Schritte                   */
```

Das Verfahren von Brown für Systeme

```
                      /* = 1: Schrittweite klein genug              */
                      /* = 2: Funktionswert klein genug             */
                      /* = 3: Grenzgenauigkeit erreicht             */
  boolean sing;       /* Flagge, die anzeigt, ob das linearisierte  */
                      /* Gleichungssystem singulaer ist             */
  REAL     relf,      /* Hilfsvariable zur Berechnung der relativen */
                      /* Aenderung zweier aufeinanderfolgender      */
                      /* Naeherungsloesungen                        */
           fwert,     /* Hilfsvariable zur Aufnahme des Wertes einer der */
                      /* Funktionen des Funktionensystems an der    */
                      /* Stelle x1                                  */
           delta0,    /* die Maximumnorm des vorherigen Schrittvektors */
           delta1,    /* die Maximumnorm des aktuellen Schrittvektors  */
           epsm,      /* die Maschinengenauigkeit                   */
          *xalt;      /* [0..n-1]-Vektor zur Aufbewahrung der im vorhe- */
                      /* rigen Schritt berechneten Naeherung        */
  void    *vmblock;   /* Liste der dynamisch vereinbarten Vektoren  */
                      /* und Matrizen                               */


  /* --------------- falsche Eingabeparameter abfangen ------------- */
  if (fkt == NULL || n < 1 || maxit < 1)
    return 4;

  if (eps < MACH_EPS)          /* gewuenschte Genauigkeit zu klein? */
    eps = EIGHT * MACH_EPS;    /* korrigieren                       */


  /* ------- Hilfsvektoren und -matrizen dynamisch vereinbaren ----- */
  vmblock = vminit();
  xalt   = (REAL  *) vmalloc(vmblock, VEKTOR,  n, 0);
  ihf    = (int  **) vmalloc(vmblock, IMATRIX, n, n + 1);
  hf     = (REAL **) vmalloc(vmblock, MATRIX,  n, n);
  rslin  = (REAL  *) vmalloc(vmblock, VEKTOR,  n, 0);
  dquot  = (REAL  *) vmalloc(vmblock, VEKTOR,  n, 0);
  if (! vmcomplete(vmblock))                 /* Speichermangel? */
  {
    vmfree(vmblock);
    return 3;
  }


  epsm   = MACH_EPS;           /* Variablen vorbesetzen */
  sing   = FALSE;
  krit   = 0;
  delta0 = (REAL)0.01;
  copy_vector(xalt, x0, n);

  if (prot)
    printf("\n");

  for (m = 1; m <= maxit; m++)          /* mit der Iteration beginnen */
  {
    if (iter4(fkt, n, epsm, xalt, x1, &sing))
    {
      vmfree(vmblock);
      return 5;
    }


    /* ---------- jeden Iterationsschritt protokollieren, ---------- */
    /* ---------- falls dies vom Benutzer gewuenscht wurde --------- */
```

```
    if (prot)
    {
      printf("%3d. Iterationsschritt\n", m);
      if (! sing)
      {
        printf("      Differenz         Komp.      "
               "Naeherung            Funktionswert\n");
        for (i = 0; i < n; i++)
        {
          if ((*fkt)(i, x1, &fwert))
          {
            vmfree(vmblock);
            return 5;
          }
          printf("%22"LZP"e  %4d  %22"LZP"e  %22"LZP"e\n",
                 x1[i] - xalt[i], i, x1[i], fwert);
        }
      }
      else
        printf("Die Jacobimatrix ist singulaer!\n");
    }

    if (! sing)
    {
      /* ---------------- die Abbruchkriterien testen --------------- */

      for (i = 0; i < n; i++)    /* die relative Aenderung des neuesten */
      {                          /* Naeherungswertes testen             */
        relf = (x1[i] - xalt[i]) / (xalt[i] + eps);
        if (FABS(relf) >= eps)
          break;
      }
      if (FABS(relf) < eps)
      {
        krit = 1;
        break;
      }

      for (i = 0; i < n; i++)              /* den Funktionswert pruefen */
      {
        if ((*fkt)(i, x1, &fwert))
        {
          vmfree(vmblock);
          return 5;
        }
        if (FABS(fwert) > epsm)
          break;
      }
      if (FABS(fwert) <= epsm)
      {
        krit = 2;
        break;
      }

      delta1 = FABS(x1[0] - xalt[0]);      /* die Grenzgenauigkeit */
      for (i = 1; i < n; i++)              /* pruefen              */
        if (delta1 < FABS(x1[i] - xalt[i]))
          delta1 = FABS(x1[i] - xalt[i]);
      if (delta1 <= (REAL)0.001)
        if (delta0 <= delta1)
        {
          krit = 3;
          break;
        }
```

```
      delta0 = delta1;

    if (m < maxit)
      copy_vector(xalt, x1, n);
  }
  else
    break;
}

*itanz = m;

vmfree(vmblock);
if (sing)
  return 2;
else if (krit == 0)
  return 1;
else
  return 0;
}
/* ------------------------- ENDE brown.c ------------------------- */
```

P 7

P 7.3.1 Bestimmung des betragsgrößten Eigenwertes und des zugehörigen Eigenvektors

```
/* ------------------------- MODUL fmises.c ------------------------ */
#include <basis.h>
#include <u_proto.h>

#define MAXIT 200
#define eps   (REAL)256.0 * MACH_EPS


int mises              /* van Mises Verfahren zur Eigenwertbest. ...*/
        (
         int     n,            /* Dimension der Matrix ............*/
         REAL *  mat[],        /* Eingabematrix ...................*/
         REAL    x[],          /* Eigenvektor .....................*/
         REAL *  ew            /* Betragsgroesster Eigenwert ......*/
        )
/*====================================================================*
 *                                                                    *
 * Die Funktion mises bestimmt den betragsgroessten Eigenwert u. den  *
 * zugehoerigen Eigenvektor einer n x n Matrix mit                    *
 * dem Iterationsverfahren von v. Mises.                              *
 *                                                                    *
 *====================================================================*
 *                                                                    *
 *   Anwendung:                                                       *
 *   =========                                                        *
 *      Reelle n x n Matrizen, falls der betragsgroesste reelle       *
 *      Eigenwert die Vielfachheit 1 besitzt.                         *
 *                                                                    *
 *====================================================================*
 *                                                                    *
 *   Eingabeparameter:                                                *
 *   ================                                                 *
 *      n         int n;  ( n > 1 )                                   *
 *                Dimension von mat                                   *
 *      mat       REAL   *mat[n];                                     *
 *                Eingabematrix.                                      *
 *                                                                    *
 *   Ausgabeparameter:                                                *
 *   ================                                                 *
 *      x         REAL    x[n];                                       *
 *                Eigenvektor von mat zum betragsgroessten EW.        *
 *      ew        REAL   *ew;                                         *
 *                Betragsgroesster Eigenwert.                         *
 *                                                                    *
 *   Rueckgabewert:                                                   *
 *   =============                                                    *
 *      = 0       alles ok                                            *
 *      = 1       n < 2 gewaehlt                                      *
 *      = 2       zu wenig Speicher                                   *
 *      = 3       max. Iterationszahl erreicht                        *
 *                                                                    *
 *====================================================================*
 *                                                                    *
 *   Benutzte Funktionen:                                             *
 *   ===================                                              *
 *                                                                    *
 *      void AllocVec (): Speicher fuer Vektor allokieren.            *
 *      void FreeVec  (): Speicher fuer Vektor freigeben.             *
```

```
*                                                                    *
*====================================================================*
*                                                                    *
*      Benutzte Konstanten: NULL, MACH_EPS, MAXIT                    *
*      ==================                                            *
*                                                                    *
*      Macros: SQRT                                                  *
*      ======                                                        *
*                                                                    *
*====================================================================*/
{
  int i, j, iter;
  REAL *y, s, tmp;

  if (n < 2) return (1);                /* n muss > 1 sein           */
  y = AllocVec (n);                     /* Speicher allokieren       */
  if (y == NULL) return (2);

  s = ONE / SQRT ((double) n);          /* x initialisieren          */
  for (i = 0; i < n; i++)               /* mit Vektor der Norm 1     */
    x[i] = s;

  for (iter = 1; iter <= MAXIT; iter++) /* Iteration                 */
  {
    *ew = ZERO;
    tmp = ZERO;
    for (i = 0; i < n; i++)             /* mat * x berechnen         */
    {
      for (y[i] = ZERO, j = 0; j < n; j++)
        y[i] += mat[i][j] * x[j];
      *ew += x[i] * y[i];               /* x * mat * x bestimmen     */
      tmp += y[i] * y[i];               /* Norm y berechnen          */
    }

    if (tmp == ZERO)                    /* mat = Nullmatrix          */
    {
      FreeVec (y);
      return (0);
    }

    tmp = SQRT (tmp);
    for (s = ZERO, i = 0; i < n; i++)   /* Norm  mat * x - ew * x    */
    {                                   /* berechnen                 */
      s += (*ew * x[i] - y[i]) * (*ew * x[i] - y[i]);
      x[i] = y[i] / tmp;                /* x fuer naechste Itera.    */
    }                                   /* setzen                    */
    if (SQRT (s) < (REAL) (eps * (*ew)))  /* genau genug ?           */
    {
      FreeVec (y);
      return (0);
    }
  }

  FreeVec (y);
  return (3);
}

/* ---------------------- ENDE fmises.c ------------------------ */
```

P 7.8 Eigenwerte und Eigenvektoren einer Matrix nach den Verfahren von Martin, Peters, Reinsch und Wilkinson

```
/* ---------------------- MODUL feigen.c ----------------------- */

#include <basis.h>
```

```c
#include <u_proto.h>

#define MAXIT 50                    /* Max. Iterationszahl pro EW */


/*--------------------------------------------------------------------*
 * Hilfsfunktionen fuer eigen                                         *
 *--------------------------------------------------------------------*/

static int balance         /* Matrix balancieren ....................*/
           (int       n,       /* Dimension der Matrix ........*/
            REAL *    mat[],   /* Eingabematrix ...............*/
            REAL      scal[],  /* Skalierungsinfo .............*/
            int  *    low,     /* 1. relevante Zeile ..........*/
            int  *    high,    /* Letzte relevante Zeile ......*/
            int       basis    /* Basis der Zahlendarst. ......*/
           );

static int balback         /* Balancierung rueckgaengig machen .......*/
           (int       n,       /* Dimension der Matrix ........*/
            int       low,     /* Erste von 0 versch. Zeile ...*/
            int       high,    /* Letzte von 0 versch. Zeile ..*/
            REAL      scal[],  /* Skaleninfo ..................*/
            REAL *    eivec[]  /* Eigenvektoren ...............*/
           );

static int elmhes          /* Auf obere Hesseberg Form bringen .......*/
           (int       n,       /* Dimension der Matrix ........*/
            int       low,     /* Erste von 0 versch. Zeile ...*/
            int       high,    /* Letzte von 0 versch. Zeile ..*/
            REAL *    mat[],   /* Ein-/Ausgabematrix ..........*/
            int       perm[]   /* Permutationsvektor ..........*/
           );

static int elmtrans        /* Auf Hesseberg Matrix kopieren ..........*/
           (int       n,       /* Dimension der Matrix ........*/
            int       low,     /* Erste von 0 versch. Zeile ...*/
            int       high,    /* Letzte von 0 versch. Zeile ..*/
            REAL *    mat[],   /* Eingabematrix ...............*/
            int       perm[],  /* Zeilenpermutationen .........*/
            REAL *    h[]      /* Hesseberg Matrix ............*/
           );

static int hqr2            /* Eigenwerte berechnen ...................*/
           (int       vec,     /* Schalter fuer EV's ..........*/
            int       n,       /* Dimension der Matrix ........*/
            int       low,     /* Erste von 0 versch. Zeile ...*/
            int       high,    /* Letzte von 0 versch. Zeile ..*/
            REAL *    h[],     /* Hesseberg Eingabematrix .....*/
            REAL      wr[],    /* Realteile der EW's ..........*/
            REAL      wi[],    /* Imaginaerteile der EW's .....*/
            REAL *    eivec[], /* Matrix der Eigenvektoren ....*/
            int       cnt[]    /* Iterationszaehler ...........*/
           );

static int hqrvec          /* Eigenvektoren berechnen ................*/
           (int       n,       /* Dimension der Matrix ........*/
            int       low,     /* 1. von 0 versch. Zeile ......*/
            int       high,    /* Letzte von 0 versch. Zeile ..*/
            REAL *    h[],     /* Obere Hesseberg Matrix ......*/
            REAL      wr[],    /* Realteile der EW's ..........*/
            REAL      wi[],    /* Imaginaerteile der EW's .....*/
            REAL *    eivec[]  /* Eigenvektoren ...............*/
           );

static int norm_1          /* Eigenvektoren auf L1 Norm normieren ....*/
           (int       n,       /* Dimension der Eingabematrix ..*/
```

```
                        REAL  *   v[],     /* Matrix der Eigenvektoren ......*/
                        REAL      wi[]     /* Imaginaerteile der Eigenwerte .*/
                        );

int eigen                        /* Alle Eigenwerte/Eigenvektoren von Matrizen */
        (
            int       vec,       /* Schalter fuer Eigenvektoren .....*/
            int       n,         /* Dimension der Matrix ............*/
            REAL  *   mat[],     /* Eingabematrix ...................*/
            REAL  *   eivec[],   /* Eigenvektoren ...................*/
            REAL      valre[],   /* Realteile der Eigenwerte ........*/
            REAL      valim[],   /* Imaginaerteile der Eigenwerte ...*/
            int       cnt[]      /* Iterationzaehler ................*/
        )
/*====================================================================*
 *                                                                    *
 *  Die Funktion  eigen  bestimmt alle Eigenwerte und Eigenvektoren   *
 *  einer reellen n * n Matrix nach dem Verfahren von Parlett, Peters,*
 *  Reinsch und Wilkinson.                                            *
 *                                                                    *
 *====================================================================*
 *                                                                    *
 *  Anwendung:                                                        *
 *  =========                                                         *
 *     Reelle n x n Matrizen                                          *
 *                                                                    *
 *====================================================================*
 *                                                                    *
 *  Literatur:                                                        *
 *  =========                                                         *
 *     1) Peters, Wilkinson: Eigenvectors of real and complex         *
 *        matrices by LR and QR triangularisations,                   *
 *        Num. Math. 16, p.184-204, (1970).                           *
 *     2) Peters, Wilkinson: Similarity reductions of a general       *
 *        matrix to Hesseberg form, Num. Math. 12, p. 349-368,(1968).*
 *     3) Parlett, Reinsch: Balancing a matrix for calculations of    *
 *        eigenvalues and eigenvectors, Num. Math. 13, p. 293-304,    *
 *        (1969).                                                     *
 *                                                                    *
 *====================================================================*
 *                                                                    *
 *  Steuerparameter:                                                  *
 *  ===============                                                   *
 *      vec        int vec;                                           *
 *                 Aufrufart von eigen:                               *
 *      = 0        Nur Berechnung der Eigenwerte                      *
 *      = 1        Bestimmung aller Eigenvektoren u. Eigenwerte.      *
 *                                                                    *
 *  Eingabeparameter:                                                 *
 *  ================                                                  *
 *      n          int n;  ( n > 0 )                                  *
 *                 Dimension von mat und eivec, Anzahl der Eigenwerte *
 *      mat        REAL   *mat[n];                                    *
 *                 Eingabematrix, deren Eigenwerte (Eigenvektoren) zu *
 *                 berechnen sind.                                    *
 *                                                                    *
 *  Ausgabeparameter:                                                 *
 *  ================                                                  *
 *      eivec      REAL   *eivec[n];    ( bei vec = 1 )               *
 *                 Matrix, die bei vec = 1 die Eigenvektoren in folgen-*
 *                 der Weise enthaelt:                                *
 *                 Ist der j-te Eigenwert reell, so ist die j-te Spalte *
 *                 von eivec der zugehoerige reelle Eigenvektor;      *
 *                 Ist andernfalls der j-te Eigenwert komplex, so     *
 *                 enthaelt die j-te Spalte von eivec den Realteil des *
 *                 zugehoerigen Eigenvektors und die (j+1)-te Spalte  *
```

```
*                      den Imaginaerteil. Der zum (j+1)-ten Eigenwert ge-   *
*                      hoerige Eigenvektor ist dann der komplex konjugierte *
*                      des zuletzt genannten.                               *
*          valre       REAL    valre[n];                                    *
*                      Realteile der n Eigenwerte.                          *
*          valim       REAL    valim[n];                                    *
*                      Imaginaerteile der n Eigenwerte.                     *
*          cnt         int cnt[n];                                          *
*                      Anzahl der Iterationsschritte pro Eigenwert.         *
*                      Bei einem Paar komplex konjugierter Eigenwerte ist   *
*                      der zweite Wert negativ.                             *
*                                                                           *
*     Rueckgabewert:                                                        *
*     =============                                                         *
*         =   0        alles ok                                             *
*         =   1        n < 2 gewaehlt oder unzulaessige Eingabeparameter    *
*         =   2        zu wenig Speicherplatz                               *
*         = 10x        Fehler x aus balance()                               *
*         = 20x        Fehler x aus elmh()                                  *
*         = 30x        Fehler x aus elmtrans()    (nur bei vec = 1)         *
*         = 4xx        Fehler xx aus hqr2()                                 *
*         = 50x        Fehler x aus balback()     (nur bei vec = 1)         *
*         = 60x        Fehler x aus norm_1()      (nur bei vec = 1)         *
*                                                                           *
*===========================================================================*
*                                                                           *
*     Benutzte Funktionen:                                                  *
*     ===================                                                   *
*                                                                           *
*     static int balance (): Balancierung einer n x n Matrix                *
*     static int elmh    (): Transformation auf obere Hessebergform         *
*     static int elmtrans(): Vorbesetzung der Eigenvektoren                 *
*     static int hqr2    (): Eigenwerte/Eigenvektoren bestimmen             *
*     static int balback (): Rueckbalancierung fuer Eigenvektoren           *
*     static int norm_1  (): Normierung der Eigenvektoren                   *
*                                                                           *
*     void AllocVec (): Speicher fuer Vektor allokieren.                    *
*     void FreeVec  (): Speicher fuer Vektor freigeben.                     *
*                                                                           *
*===========================================================================*
*                                                                           *
*     Benutzte Konstanten:   NULL, BASIS                                    *
*     ===================                                                   *
*                                                                           *
*===========================================================================*/
{
  register i;
  int      low, high, rc;
  REAL     *scale;

  if (n < 1) return (1);                        /*  n >= 1 ............*/

  if (valre == NULL || valim == NULL || mat == NULL || cnt == NULL)
    return (1);

  for (i = 0; i < n; i++)
    if (mat[i] == NULL) return (1);

  for (i = 0; i < n; i++) cnt[i] = 0;

  if (n == 1)                                   /*  n = 1 .............*/
  {
    eivec[0][0] = ONE;
    valre[0]    = mat[0][0];
    valim[0]    = ZERO;
    return (0);
  }
```

```
if (vec)
{
  if (eivec == NULL) return (1);
  for (i = 0; i < n; i++)
    if (eivec[i] == NULL) return (1);
}
scale = AllocVec (n);
if (scale == NULL) return (2);              /* Speicherfehler      */

                                            /* mat balancieren, so */
rc = balance (n, mat, scale,                /* dass die l1-Norm von */
              &low, &high, BASIS);          /* Zeilen und Spalten   */
if (rc)                                     /* ungefaehr gleich ist */
{
  FreeVec (scale);
  return (100 + rc);
}

rc = elmhes (n, low, high, mat, cnt);       /* mat auf obere Hesse- */
if (rc)                                     /* berg-form bringen    */
{
  FreeVec (scale);
  return (200 + rc);
}
                                            /* eivec geeignet vorbe- */
if (vec)                                    /* setzen                */
{
  rc = elmtrans (n, low, high, mat, cnt, eivec);
  if (rc)
  {
    FreeVec (scale);
    return (300 + rc);
  }
}

rc = hqr2 (vec, n, low, high, mat,          /* QR-Algorithmus von    */
           valre, valim, eivec, cnt);       /* Francis ausfuehren u. */
if (rc)                                     /* Eigenwerte berechnen  */
{
  FreeVec (scale);
  return (400 + rc);
}

if (vec)
{
  rc = balback (n, low, high,               /* Balancierung rueck-   */
                scale, eivec);              /* gaengig machen, wenn  */
  if (rc)                                   /* EVs gewuenscht, dann  */
  {
    FreeVec (scale);
    return (500 + rc);
  }
  rc = norm_1 (n, eivec, valim);            /* Eigenvekt. normieren. */
  if (rc)
  {
    FreeVec (scale);
    return (600 + rc);
  }
}

FreeVec (scale);                            /* Speicher fuer scale   */
                                            /* freigeben             */
return (0);
}
```

```
         static int balance        /* Matrix balancieren .......................*/
                        (int       n,       /* Dimension der Matrix ........*/
                         REAL *    mat[],   /* Eingabematrix ...............*/
                         REAL      scal[],  /* Skalierungsinfo .............*/
                         int *     low,     /* 1. relevante Zeile ..........*/
                         int *     high,    /* Letzte relevante Zeile ......*/
                         int       basis    /* Basis der Zahlendarst. ......*/
                        )
         /*====================================================================*
          *                                                                    *
          * balance balanciert die Matrix mat so, dass Einheitsspalten iso-    *
          * liert werden und die uebrigen Spalten u. Zeilen der Matrix in      *
          * etwa gleiche 1-Norm erhalten.                                      *
          *                                                                    *
          *====================================================================*
          *                                                                    *
          * Eingabeparameter:                                                  *
          * ================                                                   *
          *   n           int n;  ( n > 0 )                                    *
          *               Dimension von mat                                    *
          *   mat         REAL    *mat[n];                                     *
          *               n x n Ausgangsmatrix                                 *
          *   basis       int basis;                                           *
          *               Basis der Zahlendarstellung (vgl BASIS)              *
          *                                                                    *
          * Ausgabeparameter:                                                  *
          * ================                                                   *
          *   mat         REAL    *mat[n];                                     *
          *               skalierte Matrix                                     *
          *   low         int *low;                                            *
          *   high        int *high;                                           *
          *               Die Zeilen von 0 bis low-1 bzw. die Zeilen von high  *
          *               bis n-1 enthalten die isolierten Eigenwerte.         *
          *   scal        REAL    scal[];                                      *
          *               Der Vektor scal enthaelt in den Positionen           *
          *               0..low-1 und high..n-1 die isolierten Eigenwerte, in *
          *               den uebrigen Komponenten die Skalierungsfaktoren,    *
          *               die zur Transformation von mat verwendet wurden.     *
          *                                                                    *
          *====================================================================*
          *                                                                    *
          * Benutzte Macros:                                                   *
          * ===============                                                    *
          *     SWAP, ABS                                                      *
          *                                                                    *
          *====================================================================*
          *                                                                    *
          * Benutzte Konstanten:    TRUE, FALSE                                *
          * ===================                                                *
          *                                                                    *
          *====================================================================*/
         {
           register int  i, j;
           int           iter, k, m;
           REAL          b2, r, c, f, g, s;

           b2 = (REAL) (basis * basis);
           m = 0;
           k = n - 1;

           do
           {
             iter = FALSE;
             for (j = k; j >= 0; j--)
             {
               for (r = ZERO, i = 0; i <= k; i++)
```

```
            if (i != j)   r += ABS (mat[j][i]);

        if (r == ZERO)
        {
          scal[k] = (REAL) j;
          if (j != k)
          {
            for (i = 0; i <= k; i++) SWAP (REAL, mat[i][j], mat[i][k])
            for (i = m; i < n; i++) SWAP (REAL, mat[j][i], mat[k][i])
          }
          k--;
          iter = TRUE;
        }
    }   /* end of j */
  }   /* end of do */
  while (iter);

  do
  {
    iter = FALSE;
    for (j = m; j <= k; j++)
    {
      for (c = ZERO, i = m; i <= k; i++)
        if (i != j) c += ABS (mat[i][j]);
        if (c == ZERO)
        {
          scal[m] = (REAL) j;
          if ( j != m )
          {
            for (i = 0; i <= k; i++) SWAP (REAL, mat[i][j], mat[i][m])
            for (i = m; i < n; i++) SWAP (REAL, mat[j][i], mat[m][i])
          }
          m++;
          iter = TRUE;
        }
    }   /* end of j */
  }   /* end of do */
  while (iter);

  *low = m;
  *high = k;
  for (i = m; i <= k; i++) scal[i] = ONE;

  do
  {
    iter = FALSE;
    for (i = m; i <= k; i++)
    {
      for (c = r = ZERO, j = m; j <= k; j++)
        if (j !=i)
        {
          c += ABS (mat[j][i]);
          r += ABS (mat[i][j]);
        }
      g = r / basis;
      f = ONE;
      s = c + r;

      while (c < g)
      {
        f *= basis;
        c *= b2;
      }

      g = r * basis;
      while (c >= g)
      {
```

```
        f /= basis;
        c /= b2;
      }

      if ((c + r) / f < (REAL)0.95 * s)
      {
        g = ONE / f;
        scal[i] *= f;
        iter = TRUE;
        for (j = m; j < n; j++ ) mat[i][j] *= g;
        for (j = 0; j <= k; j++ ) mat[j][i] *= f;
      }
    }
  }
  while (iter);

  return (0);
}


static int balback          /* Balancierung rueckgaengig machen .........*/
                (int    n,       /* Dimension der Matrix ........*/
                 int    low,     /* Erste von 0 versch. Zeile ...*/
                 int    high,    /* Letzte von 0 versch. Zeile ..*/
                 REAL   scal[],  /* Skaleninfo ..................*/
                 REAL * eivec[]  /* Eigenvektoren ...............*/
                )
/*====================================================================*
*                                                                     *
* balback macht die durch balance vorgenommene Balancierung in be-    *
* zug auf die Eigenvektoren rueckgaengig.                             *
*                                                                     *
*=====================================================================*
*                                                                     *
*   Eingabeparameter:                                                 *
*   ================                                                  *
*      n          int n;  ( n > 0 )                                   *
*                 Dimension von mat                                   *
*      low        int low;                                            *
*      high       int high;  vgl. balance                             *
*      eivec      REAL   *eivec[n];                                   *
*                 Matrix der Eigenvektoren, wie sie von qr2 geliefert *
*                 wird.                                               *
*      scal       REAL   scal[];                                      *
*                 Skalierungsinformationen aus balance                *
*                                                                     *
*   Ausgabeparameter:                                                 *
*   ================                                                  *
*      eivec      REAL   *eivec[n];                                   *
*                 Nicht normierte Eigenvektoren der Originalmatrix    *
*                                                                     *
*   Benutzte Macros:                                                  *
*   ===============                                                   *
*      SWAP() : Tausch-Funktion                                       *
*                                                                     *
*=====================================================================*/
{
  register int i, j, k;
  REAL s;

  for (i = low; i <= high; i++)
  {
    s = scal[i];
    for (j = 0; j < n; j++) eivec[i][j] *= s;
  }

  for (i = low - 1; i >= 0; i--)
```

```
    {
      k = (int) scal[i];
      if (k != i)
        for (j = 0; j < n; j++) SWAP (REAL, eivec[i][j], eivec[k][j])
    }

  for (i = high + 1; i < n; i++)
    {
      k = (int) scal[i];
      if (k != i)
        for (j = 0; j < n; j++) SWAP (REAL, eivec[i][j], eivec[k][j])
    }
  return (0);
}


static int elmhes         /* Auf obere Hesseberg Form bringen ..........*/
                    (int       n,      /* Dimension der Matrix ........*/
                     int       low,    /* Erste von 0 versch. Zeile ...*/
                     int       high,   /* Letzte von 0 versch. Zeile ..*/
                     REAL *    mat[],  /* Ein-/Ausgabematrix ..........*/
                     int       perm[]  /* Permutationsvektor ..........*/
                    )
/*====================================================================*
 *                                                                    *
 * elmhes transformiert die Matrix mat auf obere Hesseberg-form       *
 *                                                                    *
 *====================================================================*
 *                                                                    *
 *   Eingabeparameter:                                                *
 *   ================                                                 *
 *      n         int n;  ( n > 0 )                                   *
 *                Dimension von mat                                   *
 *      low       int low;                                            *
 *      high      int high; vgl. balance                              *
 *      mat       REAL  *mat[n];                                      *
 *                n x n Matrix, die zu transformieren ist             *
 *                                                                    *
 *   Ausgabeparameter:                                                *
 *   ================                                                 *
 *      mat       REAL  *mat[n];                                      *
 *                obere Hesseberg-Matrix; zusaetzliche Transformations-*
 *                informationen sind in den uebrigen Zeilen u. Spalten *
 *                enthalten.                                          *
 *      perm      int perm[];                                         *
 *                Permutationsvektor fuer elmtrans                    *
 *                                                                    *
 *====================================================================*
 *                                                                    *
 *   Benutzte Macros: SWAP, ABS                                       *
 *   ===============                                                  *
 *                                                                    *
 *====================================================================*/
{
  register int i, j, m;
  REAL    x, y;

  for (m = low + 1; m < high; m++)
    {
      i = m;
      x = ZERO;
      for (j = m; j <= high; j++)
        if (ABS (mat[j][m-1]) > ABS (x))
          {
            x = mat[j][m-1];
            i = j;
```

```
        }
      perm[m] = i;
      if (i != m)
      {
        for (j = m - 1; j < n; j++) SWAP (REAL, mat[i][j], mat[m][j])
        for (j = 0; j <= high; j++) SWAP (REAL, mat[j][i], mat[j][m])
      }

      if (x != ZERO)
      {
        for (i = m + 1; i <= high; i++)
        {
          y = mat[i][m-1];
          if (y != ZERO)
          {
            y = mat[i][m-1] = y / x;
            for (j = m; j < n; j++) mat[i][j] -= y * mat[m][j];
            for (j = 0; j <= high; j++) mat[j][m] += y * mat[j][i];
          }
        } /* end i */
      }
    } /* end m */

    return (0);
}


static int elmtrans          /* Auf Hesseberg Matrix kopieren .........*/
                 (int       n,         /* Dimension der Matrix ........*/
                  int       low,       /* Erste von 0 versch. Zeile ...*/
                  int       high,      /* Letzte von 0 versch. Zeile ..*/
                  REAL *    mat[],     /* Eingabematrix ...............*/
                  int       perm[],    /* Zeilenpermutationen .........*/
                  REAL *    h[]        /* Hesseberg Matrix ............*/
                 )
/*====================================================================*
 *                                                                    *
 *  elmtrans kopiert den Teil der Matrix mat auf h, der die obere     *
 *  Hesseberg-Matrix enthaelt.                                        *
 *                                                                    *
 *====================================================================*
 *                                                                    *
 *   Eingabeparameter:                                                *
 *   ================                                                 *
 *      n          int n;  ( n > 0 )                                  *
 *                 Dimension von mat und eivec                        *
 *      low        int low;                                           *
 *      high       int high; vgl. balance                             *
 *      mat        REAL   *mat[n];                                    *
 *                 n x n Eingabematrix                                *
 *      perm       int *perm;                                         *
 *                 Permutationsinformation aus elmhes                 *
 *                                                                    *
 *   Ausgabeparameter:                                                *
 *   ================                                                 *
 *      h          REAL   *h[n];                                      *
 *                 Hesseberg-Matrix.                                  *
 *                                                                    *
 *====================================================================*/
{
  register int k, i, j;

  for (i = 0; i < n; i++)
  {
    for (k = 0; k < n; k++) h[i][k] = ZERO;
    h[i][i] = ONE;
```

```
  }
  for (i = high - 1; i > low; i--)
  {
    j = perm[i];
    for (k = i + 1; k <= high; k++) h[k][i] = mat[k][i-1];
    if ( i != j )
    {
      for (k = i; k <= high; k++)
      {
        h[i][k] = h[j][k];
        h[j][k] = ZERO;
      }
      h[j][i] = ONE;
    }
  }

  return (0);
}


static int hqr2           /* Eigenwerte berechnen ................*/
          (int     vec,     /* Schalter fuer EV's ..........*/
           int     n,       /* Dimension der Matrix ........*/
           int     low,     /* Erste von 0 versch. Zeile ...*/
           int     high,    /* Letzte von 0 versch. Zeile ..*/
           REAL *  h[],     /* Hesseberg Eingabematrix .....*/
           REAL    wr[],    /* Realteile der EW's ..........*/
           REAL    wi[],    /* Imaginaerteile der EW's .....*/
           REAL *  eivec[], /* Matrix der Eigenvektoren ....*/
           int     cnt[]    /* Iterationszaehler ...........*/
          )
/*====================================================================*
 *                                                                    *
 * hqr2 berechnet die Eigenwerte und (falls vec != 0) die Eigenvek-   *
 * toren einer n * n Matrix, die obere Hesseberg-Form besitzt.        *
 *                                                                    *
 *====================================================================*
 *                                                                    *
 *   Steuerparameter:                                                 *
 *   ===============                                                  *
 *      vec        int vec;                                           *
 *                 Aufrufart von hqr2:                                *
 *      = 0        Nur Berechnung der Eigenwerte                      *
 *      = 1        Bestimmung aller Eigenvektoren u. Eigenwerte.      *
 *                                                                    *
 *   Eingabeparameter:                                                *
 *   ================                                                 *
 *      n          int n;   ( n > 0 )                                 *
 *                 Dimension von mat und eivec,                       *
 *                 Anzahl der Komponenten des Realteil wr und des     *
 *                 Imaginaerteils wi der Eigenwerte.                  *
 *      low        int low;                                           *
 *      high       int high; vgl. balance                             *
 *      h          REAL  *h[n];                                       *
 *                 Obere Hessebergmatrix (Dreieckmatrix + eine untere *
 *                 Diagonale).                                        *
 *                                                                    *
 *   Ausgabeparameter:                                                *
 *   ================                                                 *
 *      eivec      REAL  *eivec[n];    ( bei vec = 1 )                *
 *                 Matrix, die bei vec = 1 die Eigenvektoren in folgen-*
 *                 der Weise enthaelt:                                *
 *                 Ist der j-te Eigenwert reell, so ist die j-te Spalte*
 *                 von eivec der zugehoerige reelle Eigenvektor; ist  *
 *                 andernfalls der j-te Eigenwert komplex, so enthaelt *
 *                 die j-te Spalte von eivec den Realteil des zugehoe- *
```

```
*                     rigen Eigenvektors und die (j+1)-te Spalte den Ima- *
*                     ginaerteil. Der zum (j+1)-ten Eigenwert gehoerige   *
*                     Eigenvektor ist dann der komplex konjugierte des zu-*
*                     letzt genannten.                                    *
*       wr            REAL    wr[n];                                      *
*                     Realteile der n Eigenwerte.                         *
*       wi            REAL    wi[n];                                      *
*                     Imaginaerteile der n Eigenwerte.                    *
*       cnt           int cnt[n];                                         *
*                     Anzahl der Iterationsschritte pro Eigenwert.        *
*                     Bei einem Paar komplex konjugierter Eigenwerte ist  *
*                     der zweite Wert negativ.                            *
*                                                                         *
*    Rueckgabewert:                                                       *
*    =============                                                        *
*       =   0         alles ok                                            *
*       = 4xx         Iterationsmaximum bei der Berechnung von Eigenwert  *
*                     Nr. xx erreicht.                                    *
*       = 499         Nullmatrix                                          *
*                                                                         *
*=========================================================================*
*                                                                         *
*    Benutzte Funktionen:                                                 *
*    ===================                                                  *
*                                                                         *
*       int hqrvec(): Ruecktransformation der Eigenvektoren               *
*                                                                         *
*=========================================================================*
*                                                                         *
*    Benutzte Konstanten:    MACH_EPS, MAXIT                              *
*    ===================                                                  *
*                                                                         *
*    Benutzte Macros: SWAP, ABS, SQRT                                     *
*    ===============                                                      *
*                                                                         *
*=========================================================================*/
{
  int  i, j;
  int  na, en, iter, k, l, m;
  REAL p, q, r, s, t, w, x, y, z;

  for (i = 0; i < n; i++)
    if (i < low || i > high)
    {
      wr[i] = h[i][i];
      wi[i] = ZERO;
      cnt[i] = 0;
    }

  en = high;
  t = ZERO;

  while (en >= low)
  {
    iter = 0;
    na = en - 1;

    for ( ; ; )
    {
      for (l = en; l > low; l--)          /* kleines Subdiagonalelement */
        if ( ABS(h[l][l-1]) <=            /* suchen                     */
            MACH_EPS * (ABS(h[l-1][l-1]) + ABS(h[l][l])) ) break;

      x = h[en][en];
      if (l == en)                        /* einen EW gefunden          */
      {
        wr[en] = h[en][en] = x + t;
```

```
          wi[en] = ZERO;
          cnt[en] = iter;
          en--;
          break;
        }

      y = h[na][na];
      w = h[en][na] * h[na][en];
      if (l == na)                    /* zwei EWs gefunden     */
      {
        p = (y - x) * 0.5;
        q = p * p + w;
        z = SQRT (ABS (q));
        x = h[en][en] = x + t;
        h[na][na] = y + t;
        cnt[en] = -iter;
        cnt[na] = iter;
        if (q >= ZERO)
        {                             /* reelle Eigenwerte     */
          z = (p < ZERO) ? (p - z) : (p + z);
          wr[na] = x + z;
          wr[en] = s = x - w / z;
          wi[na] = wi[en] = ZERO;
          x = h[en][na];
          r = SQRT (x * x + z * z);

          if (vec)
          {
            p = x / r;
            q = z / r;
            for (j = na; j < n; j++)
            {
              z = h[na][j];
              h[na][j] = q * z + p * h[en][j];
              h[en][j] = q * h[en][j] - p * z;
            }

            for (i = 0; i <= en; i++)
            {
              z = h[i][na];
              h[i][na] = q * z + p * h[i][en];
              h[i][en] = q * h[i][en] - p * z;
            }

            for (i = low; i <= high; i++)
            {
              z = eivec[i][na];
              eivec[i][na] = q * z + p * eivec[i][en];
              eivec[i][en] = q * eivec[i][en] - p * z;
            }
          } /* end if (vec) */
        } /* end if (q >= ZERO) */
        else                          /* konj. komplexe EWs    */
        {
          wr[na] = wr[en] = x + p;
          wi[na] =   z;
          wi[en] = - z;
        }

        en -= 2;
        break;
      } /* end if (l == na) */

      if (iter >= MAXIT)
      {
        cnt[en] = MAXIT + 1;
```

```c
      return (en);              /* MAXIT Iterationsschritte        */
   }

   if ( (iter != 0) && (iter % 10 == 0) )
   {
      t += x;
      for (i = low; i <= en; i++) h[i][i] -= x;
      s = ABS (h[en][na]) + ABS (h[na][en-2]);
      x = y = (REAL)0.75 * s;
      w = - (REAL)0.4375 * s * s;
   }

   iter ++;

   for (m = en - 2; m >= l; m--)
   {
      z = h[m][m];
      r = x - z;
      s = y - z;
      p = ( r * s - w ) / h[m+1][m] + h[m][m+1];
      q = h[m + 1][m + 1] - z - r - s;
      r = h[m + 2][m + 1];
      s = ABS (p) + ABS (q) + ABS (r);
      p /= s;
      q /= s;
      r /= s;
      if (m == l) break;
      if ( ABS (h[m][m-1]) * (ABS (q) + ABS (r)) <=
              MACH_EPS * ABS (p)
              * ( ABS (h[m-1][m-1]) + ABS (z) + ABS (h[m+1][m+1])) )
         break;
   }

   for (i = m + 2; i <= en; i++) h[i][i-2] = ZERO;
   for (i = m + 3; i <= en; i++) h[i][i-3] = ZERO;

   for (k = m; k <= na; k++)
   {
      if (k != m)               /* Doppelter QR-Schritt, der die Zei- */
      {                         /* len l bis en u. die Spalten m bis  */
                                /* en betrifft                        */
         p = h[k][k-1];
         q = h[k+1][k-1];
         r = (k != na) ? h[k+2][k-1] : ZERO;
         x = ABS (p) + ABS (q) + ABS (r);
         if (x == ZERO) continue;          /*   naechstes k    */
         p /= x;
         q /= x;
         r /= x;
      }
      s = SQRT (p * p + q * q + r * r);
      if (p < ZERO) s = -s;

      if (k != m) h[k][k-1] = -s * x;
         else if (l != m)
            h[k][k-1] = -h[k][k-1];
      p += s;
      x = p / s;
      y = q / s;
      z = r / s;
      q /= p;
      r /= p;

      for (j = k; j < n; j++)             /* Zeilenmodifikation  */
      {
         p = h[k][j] + q * h[k+1][j];
         if (k != na)
```

```
        {
          p += r * h[k+2][j];
          h[k+2][j] -= p * z;
        }
        h[k+1][j] -= p * y;
        h[k]  [j] -= p * x;
      }

      j = (k + 3 < en) ? (k + 3) : en;
      for (i = 0; i <= j; i++)              /* Spaltenmodifikation  */
      {
        p = x * h[i][k] + y * h[i][k+1];
        if (k != na)
        {
          p += z * h[i][k+2];
          h[i][k+2] -= p * r;
        }
        h[i][k+1] -= p * q;
        h[i][k]   -= p;
      }

      if (vec)      /* falls Eigenvektoren ........................*/
      {
        for (i = low; i <= high; i++)
        {
          p = x * eivec[i][k] + y * eivec[i][k+1];
          if (k != na)
          {
            p += z * eivec[i][k+2];
            eivec[i][k+2] -= p * r;
          }
          eivec[i][k+1] -= p * q;
          eivec[i][k]   -= p;
        }
      }
    }   /* end k            */
  }     /* end for ( ; ;) */
}       /* while (en >= low)              Alle EW's gefunden   */

if (vec)                /* Ruecksubstitution der EV's ausfuehren  */
  if (hqrvec (n, low, high, h, wr, wi, eivec)) return (99);
return (0);
}


static int hqrvec         /* Eigenvektoren berechnen ..................*/
              (int      n,        /* Dimension der Matrix ......*/
               int      low,      /* 1. von 0 versch. Zeile ....*/
               int      high,     /* Letzte von 0 versch. Zeile */
               REAL *   h[],      /* Obere Hesseberg Matrix ....*/
               REAL     wr[],     /* Realteile der EW's ........*/
               REAL     wi[],     /* Imaginaerteile der EW's ...*/
               REAL *   eivec[]   /* Eigenvektoren .............*/
              )
/*====================================================================*
 *                                                                    *
 * hqrvec berechnet die Eigenvektoren zu den durch hqr2 berechneten   *
 * Eigenwerten.                                                       *
 *                                                                    *
 *====================================================================*
 *                                                                    *
 *   Eingabeparameter:                                                *
 *   ================                                                 *
 *      n          int n;  ( n > 0 )                                  *
 *                 Dimension von mat und eivec, Anzahl der Eigenwerte.*
```

```
*       low         int low;                                                *
*       high        int high; vgl. balance                                  *
*       h           REAL    *h[n];                                          *
*                   Obere Hessebergmatrix (Dreieckmatrix + eine untere      *
*                   Diagonale).                                             *
*       wr          REAL    wr[n];                                          *
*                   Realteile der n Eigenwerte.                             *
*       wi          REAL    wi[n];                                          *
*                   Imaginaerteile der n Eigenwerte.                        *
*                                                                           *
*   Ausgabeparameter:                                                       *
*   ================                                                        *
*       eivec       REAL    *eivec[n];    ( bei vec = 1 )                   *
*                   Matrix, die bei vec = 1 die Eigenvektoren spalten-      *
*                   weise enthaelt.                                         *
*                                                                           *
*   Rueckgabewert:                                                          *
*   ==============                                                          *
*       = 0         alles ok                                                *
*       = 1         h ist die Nullmatrix, also auch die Ausgangsmatrix      *
*                                                                           *
*===========================================================================*
*                                                                           *
*   Benutzte Funktionen:                                                    *
*   ====================                                                    *
*                                                                           *
*       int    comdiv(): Division zweier komplexer Zahlen                   *
*                                                                           *
*===========================================================================*
*                                                                           *
*   Benutzte Konstanten: MACH_EPS                                           *
*   ====================                                                    *
*                                                                           *
*   Benutzte Macros: SQR, ABS                                               *
*   ================                                                        *
*                                                                           *
*==========================================================================*/
{
  int   i, j, k;
  int   l, m, en, na;
  REAL  p, q, r, s, t, w, x, y, z,
        ra, sa, vr, vi, norm;

  for (norm = ZERO, i = 0; i < n; i++)         /* Norm von h bestimmen */
  {
    for (j = i; j < n; j++) norm += ABS(h[i][j]);
  }

  if (norm == ZERO) return (1);                /* Nullmatrix           */

  for (en = n - 1; en >= 0; en--)              /* Ruecktransformation  */
  {
    p = wr[en];
    q = wi[en];
    na = en - 1;
    if (q == ZERO)
    {
      m = en;
      h[en][en] = ONE;
      for (i = na; i >= 0; i--)
      {
        w = h[i][i] - p;
        r = h[i][en];
        for (j = m; j <= na; j++) r += h[i][j] * h[j][en];
        if (wi[i] < ZERO)
        {
          z = w;
```

```
        s = r;
      }
      else
      {
        m = i;
        if (wi[i] == ZERO)
          h[i][en] = -r / ((w != ZERO) ? (w) : (MACH_EPS * norm));
        else
        { /* Loese lineares Gleichungssystem:        */
          /* | w   x |   | h[i][en]   |   | -r |    */
          /* |       | * |            | = |    |    */
          /* | y   z |   | h[i+1][en] |   | -s |    */
          x = h[i][i+1];
          y = h[i+1][i];
          q = SQR (wr[i] - p) + SQR (wi[i]);
          h[i][en] = t = (x * s - z * r) / q;
          h[i+1][en] = ( (ABS(x) > ABS(z) ) ?
                        (-r -w * t) / x : (-s -y * t) / z);
        }
      } /* wi[i] >= 0 */
    } /* end i      */
  } /* end q = 0 */
  else if (q < ZERO)
  {
    m = na;
    if (ABS(h[en][na]) > ABS(h[na][en]))
    {
      h[na][na] = - (h[en][en] - p) / h[en][na];
      h[na][en] = - q / h[en][na];
    }
    else
      comdiv(-h[na][en], ZERO, h[na][na]-p, q, &h[na][na], &h[na][en]);

    h[en][na] = ONE;
    h[en][en] = ZERO;
    for (i = na - 1; i >= 0; i--)
    {
      w = h[i][i] - p;
      ra = h[i][en];
      sa = ZERO;
      for (j = m; j <= na; j++)
      {
        ra += h[i][j] * h[j][na];
        sa += h[i][j] * h[j][en];
      }

      if (wi[i] < ZERO)
      {
        z = w;
        r = ra;
        s = sa;
      }
      else
      {
        m = i;
        if (wi[i] == ZERO)
          comdiv (-ra, -sa, w, q, &h[i][na], &h[i][en]);
        else
        {
          /* loese komplexes Gleichungssystem:                        */
          /* | w + i*q   x   |   | h[i][na] + i*h[i][en]   |   | -ra+i*sa |  */
          /* |               | * |                         | = |          |  */
          /* | y    z+i*q    |   | h[i+1][na]+i*h[i+1][en] |   | -r+i*s   |  */
```

```
              x = h[i][i+1];
              y = h[i+1][i];
              vr = SQR (wr[i] - p) + SQR (wi[i]) - SQR (q);
              vi = TWO * q * (wr[i] - p);
              if (vr == ZERO && vi == ZERO)
                vr = MACH_EPS * norm *
                     (ABS (w) + ABS (q) + ABS (x) + ABS (y) + ABS (z));

              comdiv (x * r - z * ra + q * sa, x * s - z * sa -q * ra,
                      vr, vi, &h[i][na], &h[i][en]);
              if (ABS (x) > ABS (z) + ABS (q))
              {
                h[i+1][na] = (-ra - w * h[i][na] + q * h[i][en]) / x;
                h[i+1][en] = (-sa - w * h[i][en] - q * h[i][na]) / x;
              }
              else
                comdiv (-r - y * h[i][na], -s - y * h[i][en], z, q,
                                            &h[i+1][na], &h[i+1][en]);

          }  /* end wi[i] > 0  */
        }    /* end wi[i] >= 0 */
      }      /* end i          */
    }        /* if q < 0       */
  }          /* end en         */

  for (i = 0; i < n; i++)        /* Eigenvektoren zu den EW's < low und */
    if (i < low || i > high)     /* > high                              */
      for (k = i + 1; k < n; k++) eivec[i][k] = h[i][k];

  for (j = n - 1; j >= low; j--)
  {
    m = (j <= high) ? j : high;
    if (wi[j] < ZERO)
    {
      for (l = j - 1, i = low; i <= high; i++)
      {
        for (y = z = ZERO, k = low; k <= m; k++)
        {
          y += eivec[i][k] * h[k][l];
          z += eivec[i][k] * h[k][j];
        }

        eivec[i][l] = y;
        eivec[i][j] = z;
      }
    }
    else
      if (wi[j] == ZERO)
      {
        for (i = low; i <= high; i++)
        {
          for (z = ZERO, k = low; k <= m; k++)
            z += eivec[i][k] * h[k][j];
          eivec[i][j] = z;
        }
      }

  } /*  end j  */

  return (0);
}


static int norm_1           /* Eigenvektoren auf L1 Norm normieren ......*/
             (int      n,   /* Dimension der Eingabematrix ...*/
              REAL *   v[], /* Matrix der Eigenvektoren ......*/
              REAL     wi[] /* Imaginaerteile der Eigenwerte .*/
```

```
                     )
/*==================================================================*
 *                                                                  *
 *  norm_1 normiert die in der Matrix v spaltenweise abgelegten     *
 *  Eigenvektoren im Sinne der 1-Norm.                              *
 *                                                                  *
 *==================================================================*
 *                                                                  *
 *  Eingabeparameter:                                               *
 *  ================                                                *
 *     n          int n;  ( n > 0 )                                 *
 *                Dimension der Eingabematrix v                     *
 *     v          REAL    *v[];                                     *
 *                Matrix der Eigenvektoren                          *
 *     wi         REAL    wi[];                                     *
 *                Imaginaerteile der Eigenwerte                     *
 *                                                                  *
 *  Ausgabeparameter:                                               *
 *  ================                                                *
 *     v          REAL    *v[];                                     *
 *                Matrix der zu 1 normierten Eigenvektoren          *
 *                                                                  *
 *  Rueckgabewert:                                                  *
 *  =============                                                   *
 *     = 0        alles ok                                          *
 *     = 1        n < 1 gewaehlt                                    *
 *                                                                  *
 *==================================================================*
 *                                                                  *
 *  Benutzte Funktionen:                                            *
 *  ===================                                             *
 *     REAL   comabs():  Komplexer Absolutbetrag                    *
 *     int    comdiv():  Komplexe Division                          *
 *                                                                  *
 *  Benutzte Macros: ABS                                            *
 *  ===============                                                 *
 *                                                                  *
 *==================================================================*/
{
  int  i, j;
  REAL maxi, tr, ti;

  if (n < 1) return (1);

  for (j = 0; j < n; j++)
  {
    if (wi[j] == ZERO)
    {
      maxi = v[0][j];
      for (i = 1; i < n; i++)
        if (ABS (v[i][j]) > ABS (maxi))  maxi = v[i][j];

      if (maxi != ZERO)
      {
        maxi = ONE / maxi;
        for (i = 0; i < n; i++) v[i][j] *= maxi;
      }
    }
    else
    {
      tr = v[0][j];
      ti = v[0][j+1];
      for (i = 1; i < n; i++)
        if ( comabs (v[i][j], v[i][j+1]) > comabs (tr, ti) )
        {
          tr = v[i][j];
          ti = v[i][j+1];
```

```
            }
        if (tr != ZERO || ti != ZERO)
          for (i = 0; i < n; i++)
            comdiv (v[i][j], v[i][j+1], tr, ti, &v[i][j], &v[i][j+1]);

        j++;      /* j um 2 erhoehen */
      }
    }
    return (0);
}
/* ------------------------- ENDE feigen.c ------------------------- */
```

P 8

```
/* -------------------- DEKLARATIONEN approx.h -------------------- */

int gfq       /* Normalgleichungen fuer den diskr. lin. Ausgleich .......*/
       (
         int   n,    /* Hoechstgrad des Ausgleichspolynoms ...........*/
         int   m,    /* Zahl der Stuetzstellen - 1 ...................*/
         REAL  x[],  /* Stuetzstellen ................................*/
         REAL  y[],  /* Stuetzwerte ..................................*/
         REAL  w[],  /* Gewichte .....................................*/
         REAL  c[]   /* Koeffizienten des Ausgleichspolynoms .........*/
       );            /* Fehlercode ...................................*/

int pol_appr   /* diskr. lin. Ausgl. mit Hilfe orthog. Polynome .....*/
       (
         int   n,    /* Hoechstgrad des Ausgleichspolynoms ......*/
         int   m,    /* Zahl der Stuetzpunkte - 1 ...............*/
         REAL  x[],  /* Stuetzstellen ...........................*/
         REAL  y[],  /* Stuetzwerte .............................*/
         REAL  w[],  /* Gewichte ................................*/
         REAL  c[],  /* Koeffizienten des Ausgleichspolynoms ....*/
         REAL  b[],  /* Koeffizienten zur .......................*/
         REAL  d[]   /* Berechnung der Orthogonalpolynome .......*/
       );            /* Fehlercode ..............................*/

REAL opolwert  /* Auswert. des in pol_appr() berechn. Polynoms .......*/
       (
         int   n,    /* Grad des Polynoms .......................*/
         REAL  x,    /* Auswertungsstelle .......................*/
         REAL  b[],  /* Koeffizienten zur .......................*/
         REAL  d[],  /* Berechnung der Orthogonalpolynome .......*/
         REAL  c[]   /* Koeffizienten des Ausgleichspolynoms ...*/
       );            /* Polynomwert .............................*/

int lin_happr  /* lin. Ausgl. mit Householdertransformation .......*/
       (
         int         m,     /* Anzahl Stuetzpunkte ........*/
         int         n,     /* Anzahl Funktionen - 1 ......*/
         REAL        x[],   /* Stuetzpunktabszissen .......*/
         REAL        y[],   /* Stuetzpunktordinaten .......*/
         REAL        w[],   /* positive Gewichte ..........*/
         ansatzfnk   phi,   /* Ansatzfunktionen ...........*/
         REAL        c[],   /* optimale Koeffizienten .....*/
         REAL        *r     /* Fehler der Loesung .........*/
       );                   /* Fehlercode .................*/

REAL lin_hwert /* Auswert. der in lin_happr() best. Funktion .......*/
       (
         REAL        x0,    /* Auswertungsstelle ..........*/
         int         n,     /* Anzahl Funktionen - 1 ......*/
         ansatzfnk   phi,   /* Ansatzfunktionen ...........*/
         REAL        c[]    /* optimale Koeffizienten .....*/
       );                   /* Funktionswert ..............*/

int nli_happr  /* nichtlin. Ausgleich im quadratischen Mittel .......*/
       (
         int         m,      /* Anzahl der Stuetzpunkte ........*/
         int         n,      /* Koeffizientenzahl - 1 ..........*/
         REAL        x[],    /* Stuetzstellen ..................*/
         REAL        y[],    /* Stuetzwerte ....................*/
         REAL        w[],    /* positive Gewichte ..............*/
         approxfnk   PHI,    /* Ausgleichsfunktion .............*/
         int         ablOK,  /* Ableitung durch ABL? ...........*/
         ableitfnk   ABL,    /* partielle Abl. von PHI .........*/
         int         *maxIt, /* max. bzw. tats. Schrittzahl ....*/
         REAL        RelEps, /* relative Fehlerschranke ........*/
```

```
                  REAL      c[],       /* Startw. bzw. optim. Koeff. .....*/
                  REAL      *MiQuFe    /* Abweichung der Loesung .........*/
                 );                    /* Fehlercode ....................*/

/* ----------------------- ENDE approx.h ------------------------ */
/* ----------------------- MODUL approx.c ----------------------- */

/***********************************************************************
*                                                                      *
* Funktionen zur Approximation durch algebraische und trigonometrische *
* -------------------------------------------------------------------- *
* Polynome und zur nichtlinearen Approximation                         *
* -------------------------------------                                *
*                                                                      *
* Programmiersprache: ANSI-C                                           *
* Compiler:           Turbo C 2.0                                      *
* Rechner:            IBM PS/2 70 mit 80387                            *
* Autor:              Juergen Dietel, Rechenzentrum der RWTH Aachen    *
* Vorlagen:           bereits existierende C-, Pascal- und QuickBASIC- *
*                     Programme                                        *
* Datum:              DO 24. 9. 1992                                   *
*                                                                      *
***********************************************************************/

#include <basis.h>      /* wegen POW, NULL, MACH_EPS, sqr, PI, REAL,   */
                        /*       ansatzfnk, approxfnk, ableitfnk, ONE, */
                        /*       ZERO, TWO, HALF, THREE, FABS, SQRT,   */
                        /*       SIN, COS                              */
#include <vmblock.h>    /* wegen vmalloc, vmcomplete, vmfree, vminit,  */
                        /*       VEKTOR, MATRIX                        */
#include <u_proto.h>    /* wegen choly, fhouse                         */
#include <approx.h>     /* wegen gfq, pol_appr, opolwert, lin_happr,   */
                        /*       lin_hwert, nli_happr                  */
```

P 8.1.3.1 Normalgleichungen für den diskreten linearen Ausgleich

```
/* ------------------------------------------------------------------- */
int gfq     /* Normalgleichungen fuer den diskr. lin. Ausgleich .......*/
       (
          int   n,      /* Hoechstgrad des Ausgleichspolynoms .........*/
          int   m,      /* Zahl der Stuetzstellen - 1 .................*/
          REAL  x[],    /* Stuetzstellen ..............................*/
          REAL  y[],    /* Stuetzwerte ................................*/
          REAL  w[],    /* Gewichte ...................................*/
          REAL  c[]     /* Koeffizienten des Ausgleichspolynoms .......*/
       )                /* Fehlercode .................................*/
/***********************************************************************
* die Koeffizienten eines Ausgleichspolynoms n-ten Grades nach der     *
* diskreten Fehlerquadratmethode von Gauss berechnen. Das Verfahren    *
* beruht auf den Gaussschen Normalgleichungen, die mit dem Cholesky-   *
* verfahren geloest werden: Die Koeffizienten c[j] des Vektors         *
*                                                                      *
*        ( w[0] * (c[0] + c[1] * x[0]^1 + ... + c[n] * x[0]^n) )       *
*        ( w[1] * (c[0] + c[1] * x[1]^1 + ... + c[n] * x[1]^n) )       *
*        (  ...                      ...                       )       *
*        ( w[m] * (c[0] + c[1] * x[m]^1 + ... + c[n] * x[m]^n) )       *
*                                                                      *
* sollen so berechnet werden, dass er der rechten Seite                *
*                                                                      *
*                       ( w[0] * y[0] )                                *
```

```
*                   ( w[1] * y[1] )                              *
*                   (   ...       )                              *
*                   ( w[m] * y[m] )                              *
*                                                                *
* in der Euklidischen Norm moeglichst nahe kommt.                *
* c ergibt sich dann als Loesung des linearen Gleichungssystems  *
*                   a * c  =  b              (Normalgleichungen) *
* mit                                                            *
*      a[i][j] = w[0] * x[0]^(j+i)   + ... + w[m] * x[m]^(j+i),  *
*      b[i]    = w[0] * y[0] * x[0]^i + ... + w[m] * y[m] * x[m]^i *
* fuer i,j=0(1)n.                                                *
*                                                                *
* Eingabeparameter:                                              *
* ================                                               *
* m: Nummer der letzten Stuetzstelle                             *
* n: Hoechstgrad des algebraischen Ausgleichspolynoms            *
* x: [0..m]-Vektor mit den Stuetzstellen                         *
* y: [0..m]-Vektor mit den Funktionswerten zu den Stuetzstellen  *
* w: [0..m]-Vektor mit den Gewichten                             *
*                                                                *
* Ausgabeparameter:                                              *
* =================                                              *
* c: [0..n]-Vektor mit den Koeffizienten des Ausgleichspolynoms  *
*                                                                *
* Funktionswert:                                                 *
* ==============                                                 *
* 0: kein Fehler                                                 *
* 1: Fehler in den Eingabedaten: n zu klein oder m zu klein      *
* 2: Fehler in choly()                                           *
* 3: Speichermangel                                              *
*                                                                *
* benutzte globale Namen:                                        *
* =======================                                        *
* vminit, vmalloc, vmcomplete, vmfree, VEKTOR, MATRIX, REAL, choly, *
* ZERO                                                           *
******************************************************************/
{
    void *vmblock;          /* Liste der dynamisch vereinbarten Vektoren */
                            /* und Matrizen                              */
    REAL **a,               /* die [0..n,0..n]-Matrix des Gleichungssystems */
         *b,                /* [0..n]-Vektor mit der rechten Seite des    */
                            /* Gleichungssystems                          */
         summand;           /* Hilfsvariable zur Berechnung eines         */
                            /* Matrixelements                             */
    int i, j;               /* Laufvariablen                              */

    if (n < 0 || m < n)                    /* n oder m zu klein? */
        return 1;


    /* ------- Matrix a und rechte Seite b des Gleichungssystems ------ */
    /* -------                dynamisch vereinbaren            ------ */

    vmblock = vminit();                 /* Speicherblock initialisieren */
    a = (REAL **)vmalloc(vmblock, MATRIX, n + 1, n + 1);
    b = (REAL *) vmalloc(vmblock, VEKTOR, n + 1, 0);
    if (! vmcomplete(vmblock))    /* Ging eine der Speicheranforderungen */
        return 3;                 /* fuer den Block schief?              */

    for (i = 0; i <= n; i++)              /* die erste Spalte, die letzte */
        a[i][0] = a[n][i] = b[i] = ZERO;  /* Zeile der Matrix und die     */
                                          /* rechte Seite des             */
    for (j = 0; j <= m; j++)              /* Gleichungssystems berechnen  */
    {
```

```
      summand = w[j];
      for (i = 0; i < n; i++)
        a[i][0] += summand,
        b[i]    += summand * y[j],
        summand *= x[j];
      a[n][0] += summand;
      b[n]    += summand * y[j];
      for (i = 1; i <= n; i++)
        summand *= x[j],
        a[n][i] += summand;
  }

  for (i = n - 1; i >= 0; i--)       /* die Matrix vervollstaendigen,      */
    for (j = 0; j < n; j++)          /* indem immer wieder Zeile i + 1     */
      a[i][j + 1] = a[i + 1][j];     /* versetzt in Zeile i kopiert wird   */

  i = choly(0, n + 1, a, b, c);      /* das Gleichungssystem loesen        */

  vmfree(vmblock);                   /* den dynamischen belegten Speicher freigeben */
  if (i != 0)                        /* Fehler beim Loesen des Gleichungsystems?   */
    return 2;
  else                               /* kein Fehler?                                */
    return 0;
}
```

P 8.1.3.2 Diskreter Ausgleich durch algebraische Polynome unter Verwendung orthogonaler Polynome

```
/* ------------------------------------------------------------------ */
static REAL qwert
            (
              int   k,
              REAL  x,
              REAL  b[],
              REAL  d[]
            )
/***********************************************************************
* den Wert des Orthogonalpolynoms Q vom Grad k bei x berechnen          *
*                                                                      *
* Eingabeparameter:                                                    *
* =================                                                    *
* k: Grad des auszuwertenden Orthogonalpolynoms                        *
* x: Stelle, an der das Orthogonalpolynom ausgewertet werden soll      *
* b: [1..k]-Hilfsvektor \  zur Berechnung der Orthogonalpolynome       *
* d: [2..k]-Hilfsvektor /  bis zum Grad k                              *
*                                                                      *
* Funktionswert:                                                       *
* ==============                                                       *
* Qk(x)                                                                *
*                                                                      *
* benutzte globale Namen:                                              *
* =======================                                              *
* REAL, ONE                                                            *
***********************************************************************/
```

Diskreter Ausgleich durch algebraische Polynome

```c
{
  int  i;             /* Laufvariable                                    */
  REAL qi,            /* Funktionswert des Orthogonalpolynoms Qi bei x   */
       qi1,           /* Funktionswert von Qi-1 an der Stelle x          */
       qi2;           /* Funktionswert von Qi-2 an der Stelle x          */

  switch (k)
  {
    case 0:  return ONE;

    case 1:  return x - b[1];

    default: qi2 = ONE;
             qi1 = x - b[1];
             for (i = 2; i <= k; i++, qi2 = qi1, qi1 = qi)
               qi = (x - b[i]) * qi1 - d[i] * qi2;
             return qi;
  }
}


#define QQ   1  /* Flagge zur Berechnung der Skalarprodukte (Qk,Qk)   */
#define YQ   2  /* Flagge zur Berechnung der Skalarprodukte (y,Qk)   */
#define XQQ  3  /* Flagge zur Berechnung der Skalarprodukte (x*Qk,Qk) */

/* ------------------------------------------------------------------ */

static REAL skal
              (
                int   k,
                int   m,
                int   qq_yq_xqq,
                REAL  x[],
                REAL  y[],
                REAL  w[],
                REAL  b[],
                REAL  d[]
              )
/***********************************************************************
* die in pol_appr() benoetigten Skalarprodukte berechnen. Je nach Wert *
* der Flagge qq_yq_xqq wird eine der Formen (Qk,Qk), (f,Qk) oder       *
* (x*Qk,Qk) verwendet.                                                 *
*                                                                      *
* Eingabeparameter:                                                    *
* ================                                                     *
* k:         Grad des Polynoms Orthogonalpolynoms Q, fuer das das      *
*            Skalarprodukt berechnet werden soll                       *
* m:         Zahl der vorgegebenen Stuetzpunkte - 1                    *
* qq_yq_xqq: Flagge, die angibt, welche Art von Skalarprodukt          *
*            berechnet werden soll:                                    *
*            = QQ:  (Qk,Qk)                                            *
*            = YQ:  (y,Qk)                                             *
*            = XQQ: (x*Qk,Qk)                                          *
* x:         [0..m]-Vektor mit den Abszissen der Stuetzpunkte          *
* y:         [0..m]-Vektor mit den Ordinaten der Stuetzpunkte          *
* w:         [0..m]-Vektor mit den Gewichten                           *
* b: [1..k]-Hilfsvektor \ zur Berechnung der Orthogonalpolynome        *
* d: [2..k]-Hilfsvektor /  bis zum Grad k                              *
*                                                                      *
* Funktionswert:                                                       *
* ==============                                                       *
* Skalarprodukt                                                        *
*                                                                      *
```

```
* benutzte globale Namen:                                              *
* ========================                                             *
* qwert, QQ, YQ, XQQ, REAL, sqr, ZERO                                  *
***********************************************************************/
{
  int i;                         /* Laufvariable                      */
  REAL summe;                    /* Zwischensummen des Skalarprodukts */

  summe = ZERO;

  switch (qq_yq_xqq)
  {
    case QQ:
      for (i = 0; i <= m; i++)
        summe += w[i] * sqr(qwert(k, x[i], b, d));
      break;
    case YQ:
      for (i = 0; i <= m; i++)
        summe += w[i] * y[i] * qwert(k, x[i], b, d);
      break;
    case XQQ:
      for (i = 0; i <= m; i++)
        summe += w[i] * x[i] * sqr(qwert(k, x[i], b, d));
  }

  return summe;
}


/* ------------------------------------------------------------------ */

int pol_appr      /* diskr. lin. Ausgl. mit Hilfe orthog. Polynome ...*/
             (
              int  n,      /* Hoechstgrad des Ausgleichspolynoms .....*/
              int  m,      /* Zahl der Stuetzpunkte - 1 ..............*/
              REAL x[],    /* Stuetzstellen ..........................*/
              REAL y[],    /* Stuetzwerte ............................*/
              REAL w[],    /* Gewichte ...............................*/
              REAL c[],    /* Koeffizienten des Ausgleichspolynoms ...*/
              REAL b[],    /* Koeffizienten zur ......................*/
              REAL d[]     /* Berechnung der Orthogonalpolynome ......*/
             )             /* Fehlercode .............................*/
/***********************************************************************
* die Koeffizienten c, b und d fuer ein Ausgleichspolynom P n-ten      *
* Grades zu m+1 vorgegebenen Wertepaaren (x[i],y[i]), i=0(1)m, mit     *
* zugehoerigen positiven Gewichten w[i] durch eine Entwicklung nach    *
* diskreten orthogonalen Polynomen berechnen.                          *
*                                                                      *
* Das Ausgleichspolynom P hat dann die folgende Form:                  *
*                                                                      *
*     P(x) = c[0] * Q (x) + c[1] * Q (x) + .. + c[n] * Q (x),          *
*                   0              1                    n              *
*                                                                      *
* wobei                                                                *
*                                                                      *
*    Q (x) = 1;    Q (x) = x - b[1];                                   *
*     0             1                                                  *
*                                                                      *
*    Q (x) = (x - b[j]) * Q    (x) - d[j] * Q    (x),    j=2,..,n      *
*     j                    j-1               j-2                       *
* und                                                                  *
*     b[j] = (x * Q    (x), Q    (x)) / ( Q    (x), Q    (x)), j=1,..,n *
```

Diskreter Ausgleich durch algebraische Polynome

```
*                 j-1       j-1         j-1       j-1           *
*   d[j] = (Q   (x), Q   (x)) / (Q   (x), Q   (x)),      j=2,..,n *
*           j-1      j-1        j-2       j-2                    *
*                                                                *
*   c[j] = (y, Q (x)) / (Q (x), Q (x)),                  j=0,..,n *
*              j         j       j                               *
*                                                                *
* Dabei ist  (u, v)  das mit dem Vektor w gewichtete Skalarprodukt der *
* Vektoren u und v, also                                         *
*        (u, v) =  w[0] * u[0] * v[0] + ... + w[m] * u[m] * v[m]. *
*                                                                *
* Fuer die Auswertung des Polynoms P gilt:                       *
*                                                                *
*                      P(x) = s                                  *
*                             0                                  *
* mit                                                            *
*                                                                *
*    s  = c[n],       s    = c[n-1] + s  * (x - b[n]),           *
*     n                n-1             n                         *
*                                                                *
*    s  = c[j] + s    * (x - b[j+1]) - s    * d[j+2], j = n-2,..,0 *
*     j           j+1                   j+2                      *
*                                                                *
* Eingabeparameter:                                              *
* =================                                              *
* n: Grad des Ausgleichspolynoms                                 *
* m: Zahl der vorgegebenen Stuetzpunkte - 1                      *
* x: [0..m]-Vektor mit den Abszissen der vorgegebenen Stuetzpunkte *
* y: [0..m]-Vektor mit den Ordinaten der vorgegebenen Stuetzpunkte *
* w: [0..m]-Vektor mit den Gewichten                             *
*                                                                *
* Ausgabeparameter:                                              *
* =================                                              *
* c: [0..n]-Vektor mit den Koeffizienten des Ausgleichspolynoms  *
*    bezueglich der Darstellung durch die Orthogonalpolynome Qk  *
* b: [1..n]-Hilfsvektor \  zur Auswertung der Orthogonalpolynome; fuer *
* d: [2..n]-Hilfsvektor /  Qk benoetigt man b[1],...,b[k] und    *
*                          d[2],...,d[k].                        *
*                                                                *
* Funktionswert:                                                 *
* ==============                                                 *
* 0: kein Fehler                                                 *
* 1: n > m oder m < 1 oder n < 0                                 *
* 2: Im Falle m = n (Interpolation) sind zwei x-Werte gleich.    *
* 3: Nicht alle Gewichte sind positiv.                           *
*                                                                *
* benutzte globale Namen:                                        *
* =======================                                        *
* skal, QQ, YQ, XQQ, REAL, ZERO                                  *
******************************************************************/
{
    int  k, j;                  /* Laufvariablen                */
    REAL qk_qk,                 /* Skalarprodukt (Qk,Qk)        */
         qk_qk_m1,              /* Skalarprodukt (Qk-1,Qk-1)    */
         qk_qk_m2,              /* Skalarprodukt (Qk-2,Qk-2)    */
         summe1,                /* Skalarprodukt (xQ0,Q0)       */
         summe2;                /* Skalarprodukt (Q0,Q0)        */

    if (m < n || m < 1 || n < 0)   /* zuwenige Stuetzstellen oder */
        return 1;                  /* unerlaubter Polynomgrad?    */

    if (m == n)                    /* Fuer m = n muessen die x[k] */
```

```
        for (k = 1; k <= m; k++)       /* paarweise voneinander verschieden */
            for (j = 0; j < k; j++)    /* sein (Interpolation).             */
                if (x[k] == x[j])
                    return 2;

        for (k = 0; k <= n; k++)                /* ein Gewicht nichtpositiv ? */
            if (w[k] <= ZERO)
                return 3;

        for (j = 0, summe1 = ZERO; j <= m; j++)
            summe1 += w[j] * x[j];
        for (j = 0, summe2 = ZERO; j <= m; j++)
            summe2 += w[j];
        b[1] = summe1 / summe2;

        qk_qk_m2 = skal(0, m, QQ, x, y, w, b, d);
        qk_qk_m1 = skal(1, m, QQ, x, y, w, b, d);

        c[0]     = skal(0, m, YQ, x, y, w, b, d) / qk_qk_m2;
        c[1]     = skal(1, m, YQ, x, y, w, b, d) / qk_qk_m1;

        for (k = 2; k <= n; k++, qk_qk_m2 = qk_qk_m1, qk_qk_m1 = qk_qk)
            b[k]  = skal(k - 1, m, XQQ, x, y, w, b, d) / qk_qk_m1,
            d[k]  = qk_qk_m1 / qk_qk_m2,
            qk_qk = skal(k,     m, QQ,  x, y, w, b, d),
            c[k]  = skal(k,     m, YQ, x, y, w, b, d) / qk_qk;

        return 0;
    }

    #undef  QQ
    #undef  YQ
    #undef  XQQ


    /* ------------------------------------------------------------------- */

    REAL opolwert    /* Auswert. des in pol_appr() berechn. Polynoms .......*/
                (
                    int    n,        /* Grad des Polynoms ..................*/
                    REAL   x,        /* Auswertungsstelle ..................*/
                    REAL   b[],      /* Koeffizienten zur ..................*/
                    REAL   d[],      /* Berechnung der Orthogonalpolynome ..*/
                    REAL   c[]       /* Koeffizienten des Ausgleichspolynoms...*/
                )                    /* Polynomwert ........................*/
    /**************************************************************************
    * das in pol_appr() berechnete Polynom P an einer Stelle x auswerten.     *
    * Wegen der zweistufigen Rekursion der Auswertung entstuende in dieser    *
    * Routine das gleiche Problem wie in qwert(). Deswegen wurde auch hier    *
    * auf die zwar elegantere, aber wesentlich langsamere rekursive           *
    * Programmierung verzichtet.                                              *
    *                                                                         *
    * Eingabeparameter:                                                       *
    * =================                                                       *
    * n: Grad des Polynoms P                                                  *
    * x: Stelle, an der das Polynom P ausgewertet werden soll                 *
    * b: [1..n]-Hilfsvektor \   zur Auswertung der Orthogonalpolynome; fuer   *
    * d: [2..n]-Hilfsvektor /   Qk benoetigt man b[1],...,b[k] und            *
    *                           d[2],...,d[k] (siehe pol_appr()).             *
    * c: [0..n]-Vektor mit den Koeffizienten der Entwicklung des              *
    *    Polynoms P nach diskreten orthogonalen Polynomen                     *
    *                                                                         *
```

```
*  Funktionswert:                                                       *
*  ==============                                                       *
*  P(x)                                                                 *
*                                                                       *
*  benutzte globale Namen:                                              *
*  =======================                                              *
*  REAL                                                                 *
*************************************************************************/
{
  int   k;              /* Laufvariable                                 */
  REAL  sk,             /* aktueller Wert s[k] des hornerartigen Schemas */
        sk1,            /* s[k+1]                                       */
        sk2;            /* s[k+2]                                       */

  switch (n)
  {
    case 0:   return c[0];

    case 1:   return c[0] + c[1] * (x - b[1]);

    default:  sk2 = c[n];
              sk1 = c[n - 1] + c[n] * (x - b[n]);
              for (k = n - 2; k >= 0; k--, sk2 = sk1, sk1 = sk)
                sk = c[k] + sk1 * (x - b[k + 1]) - sk2 * d[k + 2];
              return sk;
  }
}
```

P 8.1.3.4 Householdertransformation zur Lösung des linearen Ausgleichsproblems

```
/* ------------------------------------------------------------------ */
int lin_happr        /* lin. Ausgl. mit Householdertransformation .....*/
            (
             int         m,          /* Anzahl Stuetzpunkte ...........*/
             int         n,          /* Anzahl Funktionen - 1 .........*/
             REAL        x[],        /* Stuetzpunktabszissen ..........*/
             REAL        y[],        /* Stuetzpunktordinaten ..........*/
             REAL        w[],        /* positive Gewichte .............*/
             ansatzfnk   phi,        /* Ansatzfunktionen ..............*/
             REAL        c[],        /* optimale Koeffizienten ........*/
             REAL        *r          /* Fehler der Loesung ............*/
                                     /* Fehlercode ....................*/
            )
/*************************************************************************
*  die Koeffizienten c der linearen Ausgleichsfunktion                   *
*                                                                       *
*         PHI(x) = c[0] * phi(0,x) + ... + c[n] * phi(n,x)               *
*                                                                       *
*  berechnen mit den gegebenen Ansatzfunktionen phi(0,.), ..., phi(n,.). *
*                                                                       *
*  Der Graph der reellen Funktion PHI soll dabei den m vorgegebenen      *
*  Stuetzpunkten (x[i],y[i]), i=0(1)m-1, (m >= n) bezueglich des         *
*  mittleren quadratischen Fehlers so nahe wie moeglich kommen, d. h.    *
*  der Ausdruck                                                          *
*    (*)       (y[0] - PHI(x[0]))^2 + ... + (y[m-1] - PHI(x[m-1]))^2     *
*  soll minimiert werden.                                                *
*                                                                       *
*  Zur Bestimmung der Ausgleichskoeffizienten wird eine Householder-     *
*  transformation verwendet, so dass die im allgemeinen schlecht         *
```

```
*   konditionierten Normalgleichungen vermieden werden.             *
*                                                                    *
*   Eingabeparameter:                                                 *
*   =================                                                *
*   m:   Anzahl der Stuetzpunkte                                      *
*   n:   Anzahl der Ansatzfunktionen - 1                              *
*   x:   [0..m-1]-Vektor mit den Abszissen der Stuetzpunkte           *
*   y:   [0..m-1]-Vektor mit den Ordinaten der Stuetzpunkte           *
*   w:   [0..m-1]-Vektor mit den positiven Gewichten                  *
*   phi: Zeiger auf eine Funktion, die den Wert einer beliebigen der  *
*        n Ansatzfunktionen liefern kann. phi muss wie folgt definiert*
*        werden:                                                      *
*                   REAL phi(int i, REAL x)                           *
*                   {                                                 *
*                      return <Wert der i. Ansatzfunktion bei x>      *
*                   }                                                 *
*                                                                    *
*   Ausgabeparameter:                                                 *
*   =================                                                *
*   c: [0..n]-Vektor mit den optimalen Ausgleichskoeffizienten        *
*   r: mittlerer quadratischer Fehler, der bei Verwendung der optimalen*
*      Koeffizienten entsteht, d. h. die Wurzel aus dem Wert des      *
*      Ausdrucks (*)                                                  *
*                                                                    *
*   Funktionswert:                                                    *
*   ==============                                                    *
*   0: alles in Ordnung, Koeffizienten bestimmt                       *
*   1: m <= n oder n < 1                                              *
*   2: Speichermangel                                                 *
*   3: Die Ansatzfunktionen phi(0,.),...,phi(n,.), sind (numerisch)   *
*      linear abhaengig.                                              *
*                                                                    *
*   benutzte globale Namen:                                           *
*   =======================                                           *
*   sqr, vminit, vmalloc, vmcomplete, vmfree, MATRIX, house, ansatzfnk,*
*   SQRT, REAL, ZERO                                                  *
***********************************************************************/
{
   void *vmblock;       /* Liste der dynamisch vereinbarten Vektoren und */
                        /* Matrizen                                      */
   int  i, j,           /* Laufvariablen                                 */
        res;            /* Fehlercode von house()                        */
   REAL **mat,          /* [0..m-1,0..n]-Matrix des ueberbestimmten Glei-*/
                        /* chungssystems                                 */
        *b,             /* [0..m-1]-Vektor mit der rechten Seite         */
        we,             /* Wurzel aus w[i]                               */
        msqe;           /* Quadrat des mittleren quadratischen Fehlers der*/
                        /* Loesung                                       */

   if (m <= n || n < 1)                 /* zuwenige Stuetzpunkte oder */
      return 1;                         /* zuwenige Ansatzfunktionen? */


   vmblock = vminit();                  /* Speicherblock initialisieren */
   mat = (REAL **)vmalloc(vmblock,      /* Matrix und rechte           */
                    MATRIX, m, n + 1);  /* Seite dynamisch             */
   b   = (REAL *)vmalloc(vmblock, VEKTOR, m, 0); /* vereinbaren        */
   if (! vmcomplete(vmblock))   /* Ging eine der Speicheranforderungen */
      return 2;                 /* fuer den Block schief?              */


   for (i = 0; i < m; i++)              /* das Gleichungssystem aufstellen: */
   {
      we = SQRT(w[i]);
      b[i] = we * y[i];                 /* die rechte Seite und ...    */
```

```
    for (j = 0; j <= n; j++)          /* ... die Matrix, wobei jede Zeile */
      mat[i][j] = we * (*phi)(j, x[i]);  /* mit dem zugehoerigen Ge-      */
  }                                   /* wicht multipliziert wird         */

  res = house(m, n + 1, mat, b);      /* das Gleichungssystem durch eine  */
                                      /* Householdertransformation loesen */
  for (i = 0; i <= n; i++)            /* den mit der Loesung ueberschrie- */
    c[i] = b[i];                      /* benen Teil der rechten Seite     */
                                      /* nach c kopieren                  */
  if (res != 0)                       /* Gleichungssystem                 */
  {                                   /* numerisch singulaer?             */
    vmfree(vmblock);
    return 3;
  }

  for (msqe = ZERO, i = n + 1; i < m; i++)  /* den mittleren quadrati- */
    msqe += sqr(b[i]);                      /* schen Fehler berechnen  */

  *r = SQRT(msqe);

  vmfree(vmblock);
  return 0;
}


/* ------------------------------------------------------------------ */

REAL lin_hwert      /* Auswert. der in lin_happr() best. Funktion ....*/
              (
               REAL       x0,         /* Auswertungsstelle ...........*/
               int        n,          /* Anzahl Funktionen - 1 .......*/
               ansatzfnk  phi,        /* Ansatzfunktionen ............*/
               REAL       c[]         /* optimale Koeffizienten ......*/
              )                       /* Funktionswert ...............*/
/***********************************************************************
* die durch lin_happr() bestimmte lineare Ausgleichsfunktion PHI an    *
* der Stelle x0 auswerten:                                             *
*                                                                      *
*         PHI(x0) = c[0] * phi(0,x0) + ... + c[n] * phi(n,0).          *
*                                                                      *
* Eingabeparameter:                                                    *
* ================                                                     *
* x0:  Auswertungsstelle                                               *
* n:   Anzahl der Funktionen - 1                                       *
* phi: Zeiger auf eine Funktion, die den Wert einer beliebigen der     *
*      n Ansatzfunktionen liefern kann. phi muss wie folgt definiert   *
*      werden:                                                         *
*                 REAL phi(int i, REAL x)                              *
*                 {                                                    *
*                   return <Wert der i. Ansatzfunktion bei x>          *
*                 }                                                    *
* c:   von lin_happr() gelieferte optimale Ausgleichskoeffizienten     *
*                                                                      *
* Funktionswert:                                                       *
* ==============                                                       *
* Wert der Approximationsfunktion PHI an der Stelle x0                 *
*                                                                      *
* benutzte globale Namen:                                              *
* ======================                                               *
* REAL, ansatzfnk, ZERO                                                *
***********************************************************************/
```

```
{
  int  i;
  REAL funktionswert;

  for (funktionswert = ZERO, i = 0; i <= n; i++)
    funktionswert += c[i] * (*phi)(i, x0);

  return funktionswert;
}
```

P 8.2.2 Nichtlinearer Ausgleich im quadratischen Mittel

```
/* ----------------------------------------------------------------- */
static REAL quadsum
             (
              int  n,
              REAL v[]
             )
/*****************************************************************************
* die Summe der Quadrate der Elemente des [0..n-1]-Vektors v berechnen        *
* und als Funktionswert zurueckgeben                                          *
*                                                                             *
* benutzte globale Namen:                                                     *
* ======================                                                      *
* REAL, ZERO, sqr                                                             *
*****************************************************************************/
{
  REAL quadratsumme;
  int  i;

  for (quadratsumme = ZERO, i = n; i != 0; i--, v++)
    quadratsumme += sqr(*v);

  return quadratsumme;
}


/* ----------------------------------------------------------------- */
int nli_happr     /* nichtlin. Ausgleich im quadratischen Mittel ....*/
            (
             int       m,        /* Anzahl der Stuetzpunkte ........*/
             int       n,        /* Koeffizientenzahl - 1 ..........*/
             REAL      x[],      /* Stuetzstellen ..................*/
             REAL      y[],      /* Stuetzwerte ....................*/
             REAL      w[],      /* positive Gewichte ..............*/
             approxfnk PHI,      /* Ausgleichsfunktion .............*/
             int       ablOK,    /* Ableitung durch ABL? ...........*/
             ableitfnk ABL,      /* partielle Abl. von PHI .........*/
             int       *maxIt,   /* max. bzw. tats. Schrittzahl ....*/
             REAL      RelEps,   /* relative Fehlerschranke ........*/
             REAL      c[],      /* Startw. bzw. optim. Koeff. .....*/
             REAL      *MiQuFe   /* Abweichung der Loesung .........*/
            )                    /* Fehlercode .....................*/
/*****************************************************************************
* Koeffizienten c fuer die (im allgemeinen) nichtlineare Funktion             *
```

```
*                       PHI(c[0],...,c[n],x)                          *
* berechnen, so dass der Ausdruck                                     *
*   (*)   (y[0] - PHI(c,x[0]))^2 + ... + (y[m-1] - PHI(c,x[m-1]))^2   *
* minimiert wird, d. h. so dass der Graph der reellen Funktion PHI den*
* m vorgegebenen Stuetzpunkten (x[i],y[i]), i=0(1)m-1, (m >= n)       *
* bezueglich des mittleren quadratischen Fehlers so nahe wie moeglich *
* kommt.                                                              *
*                                                                     *
* Ausgehend von einer Anfangsnaeherung werden mit dem gedaempften     *
* Newtonverfahren fuer nichtlineare Systeme die optimalen Parameter   *
* c[k] der Ausgleichsfunktion PHI bestimmt.                           *
* Dabei wird das in jedem Iterationsschritt auftretende lineare       *
* Minimierungsproblem mit Hilfe einer Householdertransformation       *
* geloest.                                                            *
*                                                                     *
* Eingabeparameter:                                                   *
* =================                                                   *
* m:      Anzahl der Stuetzpunkte                                     *
* n:      Anzahl der Koeffizienten der Ausgleichsfunktion - 1         *
* x:      [0..m-1]-Vektor mit den Abszissen der Stuetzpunkte          *
* y:      [0..m-1]-Vektor mit den Ordinaten der Stuetzpunkte          *
* w:      [0..m-1]-Vektor mit den positiven Gewichten                 *
* PHI:    Zeiger auf eine Funktion, die den Wert der Ausgleichs-      *
*         funktion mit den Koeffizienten c[0],...,c[n] an der Stelle  *
*         x liefert. Diese Funktion muss wie folgt definiert werden:  *
*              REAL PHI(REAL c[], REAL x)                             *
*              {                                                      *
*                  return <Wert der Ausgleichsfunktion bei x>         *
*              }                                                      *
* ablOK:  Flagge, die anzeigt, ob die partiellen Ableitungen der Aus- *
*         gleichsfunktion nach den Koeffizienten durch die Funktion   *
*         ABL() (wahr) berechnet oder mit Hilfe zentraler Differenzen-*
*         quotienten approximiert werden sollen (falsch)              *
* ABL:    Zeiger auf eine Funktion, die den Wert der partiellen Ab-   *
*         leitungen f[0],...,f[n] der Ausgleichsfunktion nach den     *
*         Koeffizienten c[0],...,c[n] an der Stelle x liefert. Diese  *
*         Funktion muss wie folgt definiert werden:                   *
*              void ABL(REAL x, REAL c[], REAL f[])                   *
*              {                                                      *
*                  f[0] = <Ableitung der Ausgleichsfunktion nach c[0]>*
*                  ...                                                *
*                  f[n] = <Ableitung der Ausgleichsfunktion nach c[n]>*
*              }                                                      *
*         Wenn diese Ableitungen jedoch nicht bekannt sind, setze man *
*         die Flagge ablOK auf Null (= falsch): In diesem Falle werden*
*         die partiellen Ableitungen mit Hilfe zentraler Differenzen- *
*         quotienten approximiert.                                    *
* maxIt:  maximale Anzahl von Iterationen                             *
* RelEps: relative Genauigkeitsschranke, mit der die optimalen        *
*         Parameter bestimmt werden sollen                            *
* c:      [0..n]-Vektor mit dem Startwert der Iteration zur Bestimmung*
*         der optimalen Koeffizienten                                 *
*                                                                     *
* Ausgabeparameter:                                                   *
* =================                                                   *
* c:      [0..n]-Vektor mit den optimalen Koeffizienten der           *
*         Ausgleichsfunktion                                          *
* maxIt   tatsaechlich benoetigte Zahl an Iterationen                 *
* MiQuFe: mittlerer quadratischer Fehler der Ausgleichsfunktion       *
*         bezueglich der vorgegebenen Stuetzpunkte                    *
*                                                                     *
* Funktionswert:                                                      *
* ==============                                                      *
* 0: kein Fehler                                                      *
* 1: m, maxIt oder RelEps zu klein                                    *
* 2: Fehler bei der Householdertransformation                         *
* 3: Speichermangel                                                   *
```

```
 * 4: Nach MaxIt Iterationen ist die gewuenschte Genauigkeit noch nicht *
 *    erreicht, d. h. RelEps ist zu klein oder die Iteration konver-    *
 *    giert wegen schlechter Anfangsnaeherung nicht.                    *
 *                                                                      *
 * benutzte globale Namen:                                              *
 * ======================                                               *
 * quadsum, REAL, approxfnk, ableitfnk, MACH_EPS, FABS, SQRT, POW, ONE, *
 * vminit, vmalloc, vmcomplete, vmfree, VEKTOR, MATRIX, house, ZERO,    *
 * TWO, HALF, THREE                                                     *
 ************************************************************************/
{
  void *vmblock;        /* Liste der dynamisch vereinbarten Vektoren  */
                        /* und Matrizen                               */
  int  Iteration,       /* Schrittzaehler fuer das Newtonverfahren    */
       i, k;            /* Laufvariablen                              */
  REAL **Ab,            /* [0..m-1,0..n]-Matrix A des linearen Minimie-*/
                        /* rungsproblems                              */
       *b,              /* [0..m-1]-Vektor mit der dazugehoerigen     */
                        /* rechten Seite des Gleichungssystems        */
       *s,              /* [0..n]-Schrittvektor des Newtonverfahrens  */
       *cneu,           /* [0..n]-Vektor mit einer neuen Naeherung    */
                        /* fuer die optimalen Koeffizienten           */
       *g,              /* [0..m-1]-Vektor mit den Wurzeln der Gewichte*/
       NeuerFehler,     /* neuster mittlerer quadratischer Fehler     */
       Daempfung,       /* Daempfungsfaktor fuer den Schrittvektor    */
       Faktor,          /* Hilfsvariablen                             */
       ck,              /* zur                                        */
       Hk,              /* Approximation                              */
       ZHk,             /* der                                        */
       DQ;              /* Funktionalmatrix                           */

  if (m <= n || *maxIt <= 0 || RelEps <= ZERO)
    return 1;


  vmblock = vminit();                     /* Speicherblock initialisieren */
  Ab   = (REAL **)vmalloc(vmblock, MATRIX, m, n + 1);    /* Hilfsfel- */
  s    = (REAL *) vmalloc(vmblock, VEKTOR, n + 1, 0);    /* der dyna- */
  cneu = (REAL *) vmalloc(vmblock, VEKTOR, n + 1, 0);    /* misch    */
  g    = (REAL *) vmalloc(vmblock, VEKTOR, m,     0);    /* verein-  */
  b    = (REAL *) vmalloc(vmblock, VEKTOR, m,     0);    /* baren    */
  if (! vmcomplete(vmblock))   /* Ging eine der Speicheranforderungen */
    return 3;                  /* fuer den Block schief?              */


  for (i = 0; i < m; i++)                 /* die Wurzeln der Gewichte */
    g[i] = SQRT(w[i]);                    /* im Vektor g ablegen      */

  Faktor = POW(MACH_EPS, ONE / THREE);

  /* --- Differenzen zwischen den gegebenen y-Werten und der    --- */
  /* --- Ausgleichsfunktion bilden (gewichtet) und als          --- */
  /* --- rechte Seite des linearen Gleichungssystems in b ablegen --- */

  for (i = 0; i < m; i++)
    b[i] = (y[i] - (*PHI)(c, x[i])) * g[i];

  *MiQuFe = quadsum(m, b);                /* Norm der rechten Seite */


  for (Iteration = 1; ; Iteration++)    /* das Newtonverfahren anwenden */
  {                                     /* auf die Funktion    f(c) =   */
                                        /* (  y[0]   - PHI(c,x[0])  )   */
                                        /* (          ...           )   */
                                        /* (  y[m-1] - PHI(c,x[m-1]))   */
```

```
if (ab1OK)                                /* die Funktional-    */
  for (i = 0; i < m; i++)                 /* matrix aufbauen    */
    (*ABL)(x[i], c, Ab[i]);               /* (entweder mit      */
                                          /* Hilfe von ABL()    */
else                                      /* oder durch         */
  for (k = 0; k <= n; k++)                /* Approximation      */
  {                                       /* durch zentrale     */
    ck = c[k];                            /* Differenzen-       */
    Hk = Faktor;                          /* quotienten)        */
    if (ck != ZERO)
      Hk *= FABS(ck);
    ZHk = HALF / Hk;
    for (i = 0; i < m; i++)
      c[k]       = ck + Hk,
      DQ         = (*PHI)(c, x[i]),
      c[k]       = ck - Hk,
      Ab[i][k] = (DQ - (*PHI)(c, x[i])) * ZHk;
    c[k] = ck;
  }

for (i = 0; i < m; i++)                   /* jede Zeile der Matrix mit */
  for (k = 0; k <= n; k++)                /* dem passenden Gewicht    */
    Ab[i][k] *= g[i];                     /* versehen                 */

if (house(m, n + 1, Ab, b))               /* den Schrittvektor s fuer das */
{                                         /* Newtonverfahren als Loesung des */
  vmfree(vmblock);                        /* linearen Minimierungsproblems */
  return 2;                               /* durch Householdertransformation */
}                                         /* berechnen                */
for (i = 0; i <= n; i++)                  /* den Teil der rechten Seite, der */
  s[i] = b[i];                            /* mit der Loesung ueberschrieben */
                                          /* wurde, nach s kopieren   */

for (Daempfung = ONE, k = 0;              /* versuchen, einen passenden */
     k <= 10;                             /* Daempfungsfaktor fuer den */
     k++, Daempfung /= TWO)               /* Schrittvektor zu finden  */
{
  for (i = 0; i <= n; i++)                /* eine neue Naeherung      */
    cneu[i] = c[i] + s[i] * Daempfung;    /* cneu berechnen           */
  for (i = 0; i < m; i++)                 /* Wert der zu minimie-     */
    b[i] = (y[i] - (*PHI)(cneu, x[i]))    /* renden Funktion bei      */
           * g[i];                        /* cneu berechnen           */
  NeuerFehler = quadsum(m, b);            /* Norm des Funktionswerts  */
  if (NeuerFehler <= *MiQuFe)             /* Daempfungsfaktor geeignet? */
  {
    for (i = 0; i <= n; i++)              /* den gedaempften Schrittvektor */
      s[i] = cneu[i] - c[i],              /* nach s bringen,          */
      c[i] = cneu[i];                     /* die neue Naeherung nach c */
    break;                                /* und die Schleife beenden */
  }
}

if (k > 10)                               /* Daempfungsversuch erfolglos? */
{                                         /* => ohne Daempfung arbeiten */
  for (i = 0; i <= n; i++)
    c[i] += s[i];
  for (i = 0; i < m; i++)                 /* Wert der zu minimien-    */
    b[i] = (y[i] - (*PHI)(c, x[i])) * g[i]; /* renden Funktion        */
                                          /* bei c berechnen          */
  NeuerFehler = quadsum(m, b);            /* Norm des Funktionswerts  */
}

if (quadsum(n + 1, s) <                   /* gewuenschte Genauigkeit  */
    RelEps * quadsum(n + 1, c))           /* erreicht?                */
  break;                                  /* Iteration beenden        */
```

```
    if (Iteration > *maxIt)           /* zuviele Iterationsschritte? */
    {                                 /* Iteration abbrechen         */
      vmfree(vmblock);
      return 4;
    }

    *MiQuFe = NeuerFehler;
  }

  *MiQuFe = SQRT(NeuerFehler);     /* mittlerer quadratischer Fehler */
  *maxIt = Iteration;   /* tatsaechlich benoetigte Zahl an Iterationen */

  vmfree(vmblock);

  return 0;
}
/* ------------------------- ENDE approx.c ------------------------- */
/* ---------------------- DEKLARATIONEN fft.h ---------------------- */
typedef struct { REAL x; REAL y; } complex;

int rfft          /* schnelle reelle Fouriertransformation ..........*/
    (
     int    tau,     /* 2^tau = Zahl der Stuetzwerte ............*/
     REAL   y[],     /* Stuetzwerte bzw. Fourierkoeffizienten....*/
     int    synthese /* Transformationsrichtung .................*/
    );               /* Fehlercode ..............................*/

int fft           /* schnelle komplexe Fouriertransformation ........*/
    (
     int     tau,    /* 2^tau = Zahl der Stuetzwerte ............*/
     complex y[],    /* Stuetzwerte bzw. Fourierkoeffizienten....*/
     int     synthese /* Transformationsrichtung ................*/
    );               /* Fehlercode ..............................*/

int fftb          /* komplexe FFT mit beliebiger Stuetzstellenzahl ..*/
    (
     int     N,      /* Anzahl der Stuetzwerte ..................*/
     complex y[],    /* Stuetzwerte bzw. Fourierkoeffizienten...*/
     int     synthese /* Transformationsrichtung ................*/
    );               /* Fehlercode ..............................*/

/* ------------------------- ENDE fft.h --------------------------- */
```

P 8.1.5.3 Komplexe diskrete Fourier-Transformation

```
/* ------------------------- MODUL fft.c -------------------------- */
/***************************************************************
*                                                              *
* Funktionen zur schnellen Fouriertransformation:              *
* ---------------------------------------------                *
* - reell:                                  rfft()             *
* - komplex:                                fft()              *
* - komplex mit beliebiger Koeffizientenanzahl: fftb()         *
*                                                              *
* Programmiersprache: ANSI-C                                   *
* Compiler:           Borland C++ 2.0                          *
* Rechner:            IBM PS/2 70 mit 80387                    *
* Autor:              Klaus Niederdrenk (FORTRAN)              *
* Bearbeiter:         Juergen Dietel, Rechenzentrum der RWTH Aachen *
```

Komplexe diskrete Fourier-Transformation

```
*  Quelle:           [NIED84]                                         *
*  Datum:            MO 28. 9. 1992                                   *
*                                                                     *
***********************************************************************/

#include <basis.h>       /* wegen PI, REAL, ONE, ZERO, TWO, HALF, SIN, */
                         /*       COS                                  */
#include <vmblock.h>     /* wegen vminit, vmalloc, MATRIX, vmfree      */
#include <fft.h>         /* wegen rfft, fft, fftb, complex             */



/* ------------------------------------------------------------------ */

int rfft           /* schnelle reelle Fouriertransformation .........*/
         (
          int   tau,    /* 2^tau = Zahl der Stuetzwerte ............*/
          REAL  y[],    /* Stuetzwerte bzw. Fourierkoeffizienten....*/
          int   synthese /* Transformationsrichtung ................*/
         )              /* Fehlercode .............................*/
/***********************************************************************
* fuer  synthese = 0  zu  N = 2^tau   gegebenen reellen Funktionswerten*
* y[0], ...., y[N-1] die diskreten Fourierkoeffizienten                *
*         a[0], ...., a[N/2]  und b[1], ...., b[N/2 - 1]               *
* der zugehoerigen diskreten Fourierteilsumme                          *
*    a[0] + Summe(k=1,2,...,N/2-1)   (a[k] * cos(k * omega * x) +      *
*                                     b[k] * sin(k * omega * x))       *
*                + a[N/2]*cos(N/2*omega*x)                             *
* berechnen mit:                                                       *
*            omega  =  2 * PI / L   (L = Periodenlaenge)               *
* und fuer  synthese = 1  die Umkehrtransformation (Fouriersynthese)   *
* ausfuehren.                                                          *
* Die (Umkehr-)Transformation erfolgt mit einer schnellen Fourier-     *
* transformation (Fast Fourier Transform, FFT) halber Laenge.          *
* Diese Funktion entstand in Anlehnung an das Buch:                    *
*       K. Niederdrenk: Die endliche Fourier- und Walsh-Transformation *
*                       mit einer Einfuehrung in die Bildverarbeitung, *
*                       2. Auflage 1984, Wiesbaden.                    *
* Dieses Buch enthaelt auch eine ausfuehrliche Herleitung des verwen-  *
* deten Algorithmus.                                                   *
*                                                                      *
* Eingabeparameter:                                                    *
* =================                                                    *
* tau:    Zweierlogarithmus der Anzahl der Funktionswerte oder,        *
*         anders ausgedrueckt: Die Anzahl der Funktionswerte ist       *
*         N = 2^tau. Es muss tau >= 1 sein.                            *
* y:      [0..N-1]-Vektor, der in Abhaengigkeit von synthese wie       *
*         folgt belegt sein muss:                                      *
*             synthese = 0: y enthaelt die Funktionswerte.             *
*             synthese = 1: y enthaelt die diskreten Fourier-          *
*                           koeffizienten wie folgt:                   *
*                              y[0] = a[0],                            *
*                              y[k] = a[(k+1)/2] fuer k=1,3, ..,N-1    *
*                              y[k] = b[k/2]     fuer k=2,4, ..,N-2    *
*                           also in der Reihenfolge                    *
*                              a[0], a[1], b[1], a[2], b[2], ...       *
* synthese: Flagge zur Steuerung der Richtung der auszufuehrenden      *
*           Transformation:                                            *
*             synthese = 0: Berechnung der diskreten Fourier-          *
*                           koeffizienten (Fourieranalyse)             *
*             synthese = 1: Berechnung der Funktionswerte              *
*                           (Fouriersynthese)                          *
*                                                                      *
* Ausgabeparameter:                                                    *
* =================                                                    *
* y: [0..N-1]-Vektor, der in Abhaengigkeit von synthese folgende Werte *
```

```
 *      enthaelt:                                                       *
 *         synthese = 0: y enthaelt die diskreten Fourierkoeffizienten  *
 *                       wie folgt:                                     *
 *                       y[0] = a[0],                                   *
 *                       a[k] = y[2*k-1] fuer k=1,2, ..,N/2             *
 *                       b[k] = y[2*k]   fuer k=1,2, ..,N/2-1           *
 *                       also in der Reihenfolge                        *
 *                       a[0], a[1], b[1], a[2], b[2], ...              *
 *         synthese = 1: y enthaelt die Funktionswerte.                 *
 *                                                                      *
 * Funktionswert:                                                       *
 * ==============                                                       *
 * 0: kein Fehler                                                       *
 * 1: tau < 1                                                           *
 * 2: tau zu gross (Ueberlauf bei der Berechnung von 2^tau)             *
 *                                                                      *
 * benutzte globale Namen:                                              *
 * =======================                                              *
 * REAL, PI, SIN, COS, ONE, ZERO, TWO, HALF                             *
 ************************************************************************/

{
    int   N,            /* Anzahl der Funktionswerte                   */
          Nd2,          /* N / 2                                       */
          Nd4,          /* N / 4                                       */
          sigma,        /* die Spiegelung der tau-1 Ziffern der Binaer-*/
                        /* darstellung von j an ihrer Mitte            */
          min_n,        /* 2 ^ (tau - 1 - n)                           */
          n_min_0,      /* 2 ^ n                                       */
          n_min_1,      /* 2 ^ (n - 1)                                 */
          ind1,         /* Zwischenspeicher fuer haeufig verwendete    */
          ind2,         /* komplizierte Indexausdruecke                */
          k, j,         /* Laufvariablen                               */
          n, l;         /* Laufvariablen                               */
    REAL  faktor,       /* Normierungsfaktor 2/N fuer die Fourier-     */
                        /* koeffizienten im Fall der Analyse, sonst 1  */
                        /* fuer die Synthese der Funktionswerte        */
          arg,          /* Winkel von (wr,wi)                          */
          arg_m,        /* Winkel der N. Einheitswurzel                */
          arg_md2,      /* Winkel der (N/2). Einheitwurzel             */
          ew_r,         /* Real- und Imaginaerteil                     */
          ew_i,         /* der N. Einheitswurzel                       */
          eps_r,        /* Real- und Imaginaerteil von                 */
          eps_i,        /* (N. Einheitswurzel) ^ k   bzw. von          */
                        /* ((N/2). Einheitswurzel) ^ (1 * 2^min_n)     */
          ur, ui,       /* Zwischenspeicher fuer eine komplexe Zahl    */
          wr, wi,       /* Real- bzw. Imaginaerteil von                */
                        /* ((N/2). Einheitswurzel) ^ (2^min_n)         */
          rett,         /* Zwischenspeicher fuer den alten Wert von eps_r */
          yhilf,        /* Hilfsvariable                               */
          hilf1,        /* Hilfsvariable                               */
          hilf2,        /* Hilfsvariable                               */
          hilf3,        /* Hilfsvariable                               */
          hilf4;        /* Hilfsvariable                               */

    if (tau < 1)                         /* zu kleiner Wert fuer tau?  */
       return 1;

    if (tau > 8 * sizeof(int) - 2)       /* zu grosser Wert fuer tau?  */
       return 2;                         /* (Ueberlaufgefahr bei 2^tau!) */

    N      = 1 << tau;                   /* N = 2 hoch tau             */
    Nd2    = N / 2;
    Nd4    = Nd2 / 2;
    faktor = ONE / Nd2;
```

Komplexe diskrete Fourier-Transformation

```
arg_md2 = TWO * PI * faktor;
arg_m   = HALF * arg_md2;

if (synthese)
  faktor = ONE;

if (synthese)                    /* die reellen Daten zusammenfassen zur */
{                                /* Ausfuehrung einer FFT halber Laenge  */
  yhilf =  y[1];
  y[1]  =  y[0] - y[N - 1];
  y[0] +=  y[N - 1];

  ew_r = COS(arg_m);             /* (ew_r,ew_i) = N. Einheitswurzel      */
  ew_i = SIN(arg_m);
  eps_r = ONE;                   /* (eps_r,eps_i) = (N. Einheitswurzel)^k */
  eps_i = ZERO;

  for (k = 1; k < Nd4; k++)
  {
    ind1 = 2 * k;
    ind2 = N - ind1;
    rett = eps_r;
    eps_r = rett * ew_r - eps_i * ew_i;
    eps_i = rett * ew_i + eps_i * ew_r;
    hilf1 = HALF * (eps_r * (yhilf    - y[ind2 - 1]) +
                    eps_i * (y[ind1] + y[ind2]));
    hilf2 = HALF * (eps_i * (yhilf    - y[ind2 - 1]) -
                    eps_r * (y[ind1] + y[ind2]));
    hilf3 = HALF * (yhilf    + y[ind2 - 1]);
    hilf4 = HALF * (y[ind1] - y[ind2]);
    yhilf = y[ind1 + 1];
    y[ind1]     = hilf3 - hilf2;
    y[ind1 + 1] = hilf1 - hilf4;
    y[ind2]     = hilf2 + hilf3;
    y[ind2 + 1] = hilf1 + hilf4;
  }
  y[Nd2 + 1] = y[Nd2];
  y[Nd2]     = yhilf;
}

for (j = 0; j < Nd2; j++)                      /* mit der Bit-       */
{                                              /* Umkehrfunktion     */
  for (k = j, n = 1, sigma = 0; n < tau; n++)  /* umspeichern, im    */
    sigma <<= 1,                               /* Fall der Analyse   */
    sigma |= k & 1,                            /* gleichzeitig       */
    k     >>= 1;                               /* normieren          */
  if (j <= sigma)
    ind1 = 2 * j,
    ind2 = 2 * sigma,
    ur = y[ind1],
    ui = y[ind1 + 1],
    y[ind1]     = y[ind2]     * faktor,
    y[ind1 + 1] = y[ind2 + 1] * faktor,
    y[ind2]     = ur          * faktor,
    y[ind2 + 1] = ui          * faktor;
}

for (min_n = Nd2, n_min_1 = 1, n = 1; n < tau; n++)  /* die FFT    */
{                                                    /* halber     */
  min_n   /= 2;                                      /* Laenge     */
  n_min_0 = 2 * n_min_1;                             /* ausfuehren */
  arg = arg_md2 * min_n;
  wr  = COS(arg);
  wi  = synthese ? ONE : -ONE;
```

```
      wi   *= SIN(arg);
      eps_r = ONE;                              /* (eps_r,eps_i) =             */
      eps_i = ZERO;                             /* ((N/2). Einheitswurzel) ^   */
                                                /* (1 * 2^min_n)               */
      for (l = 0; l < n_min_1; l++)
      {
        for (j = 0; j <= Nd2 - n_min_0; j += n_min_0)
        {
          ind1 = (j + 1) * 2;
          ind2 = ind1 + n_min_0;
          ur = y[ind2] * eps_r - y[ind2 + 1] * eps_i;
          ui = y[ind2] * eps_i + y[ind2 + 1] * eps_r;
          y[ind2]     = y[ind1]     - ur;
          y[ind2 + 1] = y[ind1 + 1] - ui;
          y[ind1]     += ur;
          y[ind1 + 1] += ui;
        }
        rett  = eps_r;
        eps_r = rett * wr - eps_i * wi;
        eps_i = rett * wi + eps_i * wr;
      }
      n_min_1 = n_min_0;
    }


    if (! synthese)                             /* die zusammengefasst trans-  */
    {                                           /* formierten Daten trennen    */
      yhilf = y[N - 1];                         /* im Fall der Fourieranalyse  */
      y[N - 1] = HALF * (y[0] - y[1]);
      y[0]     = HALF * (y[0] + y[1]);

      ew_r =  COS(arg_m);
      ew_i = -SIN(arg_m);

      eps_r = ONE;                              /* (eps_r,eps_i) =             */
      eps_i = ZERO;                             /* (N. Einheitswurzel) ^ k     */

      for (k = 1; k < Nd4; k++)
      {
        rett  = eps_r;
        eps_r = rett * ew_r - eps_i * ew_i;
        eps_i = rett * ew_i + eps_i * ew_r;
        ind1 = k * 2;
        ind2 = N - ind1;
        hilf1 = HALF * (eps_i * (y[ind1]     - y[ind2]) +
                        eps_r * (y[ind1 + 1] + yhilf));
        hilf2 = HALF * (eps_r * (y[ind1]     - y[ind2]) -
                        eps_i * (y[ind1 + 1] + yhilf));
        hilf3 = HALF * (y[ind1]     + y[ind2]);
        hilf4 = HALF * (y[ind1 + 1] - yhilf);
        yhilf = y[ind2 - 1];
        y[ind1 - 1] = hilf1 + hilf3;
        y[ind1]     = hilf2 - hilf4;
        y[ind2 - 1] = hilf3 - hilf1;
        y[ind2]     = hilf2 + hilf4;
      }
      y[Nd2 - 1] = y[Nd2];
      y[Nd2]     = yhilf;
    }


    return 0;
  }



  /* --------------- komplexe Multiplikation:  c = a * b  --------------- */
```

Komplexe diskrete Fourier-Transformation

```
#define COMMUL(c, a, b)              \
{                                    \
  REAL re, im;                       \
  re = a.x * b.x - a.y * b.y;        \
  im = a.x * b.y + a.y * b.x;        \
  c.x = re;                          \
  c.y = im;                          \
}
```

```
/* ---------------------------------------------------------------- */
int fft           /* schnelle komplexe Fouriertransformation .......*/
       (
        int       tau,      /* 2^tau = Zahl der Stuetzwerte .........*/
        complex   y[],      /* Stuetzwerte bzw. Fourierkoeffizienten.*/
        int       synthese  /* Transformationsrichtung ..............*/
       )                    /* Fehlercode ...........................*/
/*************************************************************************
* fuer synthese = 0 zu N = 2^tau gegebenen reellen oder komplexen        *
* Funktionswerten y(0),....,y(N-1) die diskreten Fourierkoeffizienten    *
* c(-N/2),....,c(N/2-1) der zugehoerigen diskreten Fourierteilsumme      *
*         Summe(k=-N/2,...,N/2-1) (c(k) * exp(i * k * omega * x))        *
* berechnen mit:                                                         *
*         omega    =  2 * PI / L  (L = Periodenlaenge)                   *
* und fuer synthese = 1 die Umkehrtransformation (Fouriersynthese)       *
* ausfuehren.                                                            *
*                                                                        *
* Eingabeparameter:                                                      *
* =================                                                      *
* tau:    Zweierlogarithmus der Anzahl der Funktionswerte oder,          *
*         anders ausgedrueckt: Die Anzahl der Funktionswerte ist         *
*         N = 2^tau. Es muss  tau >= 1  sein.                            *
* y:      [0..N-1,0..1]-Vektor fuer N komplexe Zahlen, der in Ab-        *
*         haengigkeit von synthese wie folgt belegt sein muss:           *
*                 synthese = 0: y enthaelt die Funktionswerte y(i).      *
*                 synthese = 1: y enthaelt die diskreten Fourier-        *
*                               koeffizienten c(i), und zwar            *
*                               i=0,...,N/2-1 in y[i] und fuer           *
*                               i=-N/2,...,-1 in y[i+N].                 *
* synthese: Flagge zur Steuerung der Richtung der auszufuehrenden        *
*           Transformation:                                              *
*                 synthese = 0: Berechnung der diskreten Fourier-        *
*                               koeffizienten (Fourieranalyse)           *
*                 synthese = 1: Berechnung der Funktionswerte            *
*                               (Fouriersynthese)                        *
*                                                                        *
* Ausgabeparameter:                                                      *
* =================                                                      *
* y: [0..N-1]-Vektor fuer N komplexe Zahlen, der in Abhaengigkeit von    *
*    synthese folgende Werte enthaelt:                                   *
*         synthese = 0: die diskreten Fourierkoeffizienten c(i), und zwar*
*                       fuer i=0,...,N/2-1 in y[i] und                   *
*                       fuer i=-N/2,...,-1 in y[i+N];                    *
*         synthese = 1: die Funktionswerte y(i).                         *
*                                                                        *
* Funktionswert:                                                         *
* ==============                                                         *
* 0: kein Fehler                                                         *
* 1: tau < 1                                                             *
* 2: tau zu gross (Ueberlauf bei der Berechnung von 2^tau)               *
*                                                                        *
* benutzte globale Namen:                                                *
* =======================                                                *
```

```
 * complex, REAL, PI, SIN, COS, ONE, ZERO, TWO, COMMUL              *
 ******************************************************************/
{
  int     N,          /* Anzahl der Funktionswerte                */
          n_min_0,    /* 2 ^ n                                    */
          n_min_1,    /* 2 ^ (n - 1)                              */
          sigma,      /* die Spiegelung der tau Ziffern der Binaer- */
                      /* darstellung von j an ihrer Mitte         */
          ind1,       /* Zwischenspeicher fuer mehrmals verwendete */
          ind2,       /* komplizierte Indexausdruecke             */
          j, n, l;    /* Laufvariablen                            */
  REAL    faktor,     /* Normierungsfaktor 1/N fuer die Fourier-  */
                      /* koeffizienten im Fall der Analyse, sonst Eins */
                      /* fuer die Synthese der Funktionswerte     */
          ewphi;      /* Winkel der N. Einheitswurzel             */
  complex ew,         /* N. Einheitswurzel                        */
          w,          /* ew ^ (2^(tau - n))                       */
          eps,        /* ew ^ (l * 2^(tau - n))                   */
          u;          /* Zwischenspeicher fuer eine komplexe Zahl */

  if (tau < 1)                    /* zu kleiner Wert fuer tau?    */
    return 1;

  if (tau > 8 * sizeof(int) - 2)  /* zu grosser Wert fuer tau     */
    return 2;                     /* (Ueberlaufgefahr bei 2^tau!) */

  N       = 1 << tau;             /* N = 2 hoch tau */
  faktor  = ONE / N;
  ewphi   = -TWO * PI * faktor;
  if (synthese)
    ewphi = -ewphi;
  ew.x = COS(ewphi);
  ew.y = SIN(ewphi);

  if (synthese)
    faktor = ONE;


  for (j = 0; j < N; j++)                 /* mit der Bit-         */
  {                                       /* Umkehrfunktion       */
    for (l = j, sigma = 0, n = tau; n > 0; n--)  /* umspeichern, im */
      sigma <<= 1,                        /* Fall der Analyse     */
      sigma |= l & 1,                     /* gleichzeitig         */
      l     >>= 1;                        /* normieren            */
    if (j <= sigma)
      u          = y[j],
      y[j].x     = y[sigma].x * faktor,
      y[j].y     = y[sigma].y * faktor,
      y[sigma].x = u.x        * faktor,
      y[sigma].y = u.y        * faktor;
  }

  /* ----- die Transformation (Analyse oder Synthese) ausfuehren ---- */
  for (n_min_1 = 1, n = 1; n <= tau; n++, n_min_1 = n_min_0)
  {
    for (w = ew, l = tau - n; l != 0; l--)  /* w = ew ^ (2^(tau-n)) */
      COMMUL(w, w, w);                      /* berechnen            */

    eps.x = ONE;                            /* eps mit Eins vorbesetzen */
    eps.y = ZERO;
    for (n_min_0 = n_min_1 + n_min_1, l = 0; l < n_min_1; l++)
    {
```

Komplexe diskrete Fourier-Transformation

```
        for (j = 0; j <= N - n_min_0; j += n_min_0)
        {
          ind1     = j + 1;
          ind2     = ind1 + n_min_1;
          COMMUL(u, y[ind2], eps);       /* u        = y(ind2) * eps */
          y[ind2].x = y[ind1].x - u.x;   /* y(ind2)  = y(ind1) - u   */
          y[ind2].y = y[ind1].y - u.y;
          y[ind1].x += u.x;              /* y(ind1) += u             */
          y[ind1].y += u.y;
        }
        COMMUL(eps, eps, w);             /* eps     *= w             */
      }
    }

    return 0;
}


/* ---------------------------------------------------------------- */

int fftb          /* komplexe FFT mit beliebiger Stuetzstellenzahl .....*/
      (
        int      N,        /* Anzahl der Stuetzwerte ................*/
        complex  y[],      /* Stuetzwerte bzw. Fourierkoeffizienten..*/
        int      synthese  /* Transformationsrichtung ...............*/
      )                    /* Fehlercode ............................*/

/***************************************************************************
* fuer  synthese = 0  zu einer beliebigen Anzahl N gegebener reeller       *
* oder komplexer Funktionswerte y(0),...,y(N-1) die diskreten              *
* Fourierkoeffizienten c(k) der zugehoerigen diskreten Fourierteil-        *
* summe                                                                    *
*        Summe(k=-N/2,...,N/2-1) (c(k) * exp(i * k * omega * x)),          *
* falls N gerade ist, bzw.                                                 *
*        Summe(k=-(N-1)/2,...,(N-1)/2) (c(k) * exp(i * k * omega * x)),    *
* falls N ungerade ist, berechnen mit:                                     *
*        omega   = 2 * PI / L       (L = Periodenlaenge),                  *
*        i       = komplexe Zahl (0,1),                                    *
* und fuer  synthese = 1  die Umkehrtransformation (Fouriersynthese)       *
* ausfuehren.                                                              *
* Die Berechnung erfolgt mit der FFT fuer Zweierpotenzen auf dem Umweg     *
* ueber eine diskrete Faltung.                                             *
*                                                                          *
* Eingabeparameter:                                                        *
* =================                                                        *
* N         Anzahl der Funktionswerte bzw. Fourierkoeffizienten.           *
*           Hier gilt es zu bedenken, dass jeder der unten benoetigten     *
*           Hilfsvektoren f1 und g fuer 2^tau komplexe Zahlen Platz        *
*           bieten muss, wobei N <= (2^tau + 1) / 3 gelten muss.           *
* y:        [0..N-1]-Vektor fuer N komplexe Zahlen, der in Abhaengig-      *
*           keit von synthese wie folgt belegt sein muss:                  *
*                synthese = 0: y enthaelt die Funktionswerte y(k).         *
*                synthese = 1: y enthaelt die diskreten Fourier-           *
*                              koeffizienten c(k), und zwar fuer           *
*                              k=0,...,N/2-1 (N gerade) bzw.               *
*                              k=0,...,(N-1)/2 (N ungerade) in y[k] und    *
*                              fuer k=-N/2,...,-1 (N gerade) bzw.          *
*                              fuer k=-(N-1)/2,...,-1 (N ungerade) in      *
*                              y[k+N].                                     *
* synthese: Flagge zur Steuerung der Richtung der auszufuehrenden          *
*           Transformation:                                                *
*                synthese = 0: Berechnung der diskreten Fourier-           *
*                              koeffizienten (Fourieranalyse)              *
*                synthese = 1: Berechnung der Funktionswerte               *
*                              (Fouriersynthese)                           *
```

```
*                                                                      *
* Ausgabeparameter:                                                    *
* =================                                                    *
* y: [0..N-1]-Vektor fuer N komplexe Zahlen, der in Abhaengigkeit von  *
*    synthese folgende Werte enthaelt:                                 *
*        synthese = 0: die diskreten Fourierkoeffizienten c(k), und zwar *
*                      fuer k=0,...,N/2-1 (N gerade) bzw.              *
*                      fuer k=0,...,(N-1)/2 (N ungerade) in y[k] und   *
*                      fuer k=-N/2,...,-1 (N gerade) bzw.              *
*                      fuer k=-(N-1)/2,...,-1 (N ungerade) y[k+N].     *
*        synthese = 1: die Funktionswerte y(k).                        *
*                                                                      *
* Funktionswert:                                                       *
* ==============                                                       *
* 0: kein Fehler                                                       *
* 1: N < 1                                                             *
* 2: N zu gross (Ueberlauf bei der Berechnung von tau)                 *
* 3: Speichermangel                                                    *
*                                                                      *
* benutzte globale Namen:                                              *
* =======================                                              *
* complex, fft, REAL, PI, SIN, COS, ONE, ZERO, TWO, vminit, vmalloc,   *
* MATRIX, vmcomplete, vmfree, COMMUL                                   *
***********************************************************************/

{
    int     tau,        /* [ln(3*N-2)/ln(2)+1]                    */
            l,          /* 2 ^ tau                                */
            k,          /* Laufvariable                           */
            fehler;     /* Fehlercode von fft()                   */
    complex ew1,        /* N. Einheitswurzel                      */
            ew2     =   ew1 ^ 2                                   */
            ew3,        /* Hilfsvariable                          */
            ew4,        /* Hilfsvariable                          */
            ewk     =   ew1 ^ (k^2),                              */
            *f1,        /* [0..2^tau-1]-Hilfsvektor               */
            *g;         /* [0..2^tau-1]-Hilfsvektor               */
    REAL    faktor,     /* Normierungsfaktor 1/N fuer die Fourier- */
                        /* koeffizienten im Fall der Analyse, sonst Eins */
                        /* fuer die Synthese der Funktionswerte   */
            faktl,      /* faktor * l                             */
            ew1phi;     /* Winkel der komplexen Zahl ew1          */
    void    *vmblock;   /* Liste der dynamisch vereinbarten Vektoren */

    if (N < 1)                          /* zu kleiner Wert fuer N? */
        return 1;

    /* ------------ eine geeignete Zweierpotenz als Laenge ------------ */
    /* ------------ der Hilfsvektoren f1 und g bestimmen   ------------ */

    tau = (int)(LOG(THREE * (REAL)N - TWO) / LOG(TWO)) + 1;

    if (tau > 8 * sizeof(int) - 2)      /* zu grosser Wert fuer tau? */
        return 2;                       /* (Ueberlaufgefahr bei 2^tau!) */

    l = 1 << tau;                       /* l = 2 hoch tau          */
    if (l / 2 >= 3 * N - 2)              /* l unnoetig gross?       */
    {
        l /= 2,                         /* halbieren und tau       */
        tau--;                          /* um Eins vermindern      */
    }

    /* ------------ die Hilfsvektoren dynamisch anlegen ------------ */

    vmblock = vminit();
    f1 = (complex *)vmalloc(vmblock, VVEKTOR, l, sizeof(*f1));
```

Komplexe diskrete Fourier-Transformation

```
  g   = (complex *)vmalloc(vmblock, VVEKTOR, 1, sizeof(*g));
  if (! vmcomplete(vmblock))
  {
    vmfree(vmblock);
    return 3;
  }

  faktor = ONE / N;
  ew1phi = -PI * faktor;
  if (synthese)
    ew1phi = -ew1phi;

  ew1.x = COS(ew1phi);                    /* ew1    = exp(i * ew1phi) */
  ew1.y = SIN(ew1phi);

  COMMUL(ew2, ew1, ew1);

  if (synthese)
    faktor = ONE;


  /* ------------- die Hilfsfelder f1 und g vorbesetzen ------------- */

  for (k = 0; k < 1; k++)
    f1[k].x = f1[k].y = g[k].x = g[k].y = ZERO;
  f1[0]       = y[0];
  g[N - 1].x = ONE;
  g[N - 1].y = ZERO;

  ewk = ew1;
  ew3 = ew1;

  for (k = 1; k < N; k++)
  {
    COMMUL(f1[k], y[k], ewk);             /* f1(k)    = y(k) * ewk    */
    g[N - 1 + k].x = ewk.x;               /* g(N-1+k) = CONJG(ewk)    */
    g[N - 1 + k].y = -ewk.y;
    g[N - 1 - k]   = g[N - 1 + k];
    COMMUL(ew3, ew3, ew2);                /* ew3      *= ew2          */
    COMMUL(ewk, ewk, ew3);                /* ewk      *= ew3          */
  }


  /* ----------- die diskrete Faltung der Felder f1 und g ----------- */
  /* ----------- mit Hilfe der FFT ausfuehren              ----------- */

  fehler = fft(tau, f1, FALSE);
  if (fehler)                             /* kann eigentlich nicht sein! */
  {
    vmfree(vmblock);
    return fehler;
  }

  fehler = fft(tau, g,  FALSE);
  if (fehler)                             /* kann eigentlich nicht sein! */
  {
    vmfree(vmblock);
    return fehler;
  }

  for (k = 0; k < 1; k++)
    COMMUL(f1[k], f1[k], g[k]);           /* f1(k)  *=  g(k) */

  fehler = fft(tau, f1, TRUE);
  if (fehler)                             /* kann eigentlich nicht sein! */
```

```
    {
      vmfree(vmblock);
      return fehler;
    }


  /* ------- die benoetigten Werte in den Vektor y umspeichern ------ */
  faktl = faktor * 1;

  y[0].x = f1[N - 1].x * faktl;        /* y(0)  =  f1(N-1) * faktor * 1  */
  y[0].y = f1[N - 1].y * faktl;
  ewk    = ew1;
  ew3    = ew1;

  for (k = 1; k < N; k++)
  {
    ew4.x = ewk.x * faktl;             /* y(k) = f1(k+N-1) * ewk * faktl */
    ew4.y = ewk.y * faktl;
    COMMUL(y[k], f1[k + N - 1], ew4);

    COMMUL(ew3, ew3, ew2);                             /* ew3 *=  ew2 */
    COMMUL(ewk, ewk, ew3);                             /* ewk *=  ew3 */
  }

  vmfree(vmblock);
  return 0;
}
/* -------------------------- ENDE fft.c -------------------------- */
```

P 9

P 9.5.1 Newtonsche Formel für beliebige Stützstellen

```
/* -------------------- DEKLARATIONEN newtip.h -------------------- */
/***************************************************************************
* Include-File zur Newton-Interpolation                                    *
***************************************************************************/
int  newtip (int   n, REAL* x, REAL* y, REAL* b);
REAL valnip (REAL t, REAL* x, REAL* b, int    n);

/***************************************************************************
* EOF Include-File zur Newton-Interpolation                                *
***************************************************************************/
/* ------------------------ ENDE newtip.h ------------------------ */
/* ------------------------ MODUL newtip.c ----------------------- */

#include <basis.h>
#include <newtip.h>

int newtip (
            int    n,
            REAL*  x,
            REAL*  y,
            REAL*  b
           )
/***************************************************************************
* berechnet die Koeffizienten eines Newtonschen Interpolationspolynoms.    *
* Anschliessend koennen mit der Funktion valnip Funktionswerte             *
* dieses Polynoms berechnet werden.                                        *
*                                                                          *
* Parameter:                                                               *
*   int     n         Grad des Interpolationspolynoms                      *
*   REAL    x[],y[]   Arrays mit den je n+1 x- bzw. y-Koordinaten          *
*                     der zu interpolierenden Wertepaare                   *
*   REAL    b[]       resultierende Polynom-Koeffizienten:                 *
*                     p[t] = b[0]                                          *
*                          + b[1] * (t-x[0])                               *
*                          + b[2] * (t-x[0]) * (t-x[1])                    *
*                          +  ...                                          *
*                          + b[n] * (t-x[0]) *...* (t-x[n-1])              *
*                                                                          *
* Funktions-Rueckgabe:                                                     *
*   0:                kein Fehler                                          *
*   1:                n negativ                                            *
*   2:                zwei Stuetzstellen sind gleich                       *
***************************************************************************/
{
  int i, k;
  REAL h;

  if (n < 0) return (1);                    /* Anzahl negativ */

  for (i = 0; i <= n; i++)
    b [i] = y [i];

  for (i = 1; i <= n; i++)
    for (k = n; k >= i; k--)
    {
      h = x [k] - x [k-i];
      if (h == ZERO)                        /* Stuetzstellen */
```

```
           return (2);                            /* verschieden ? */
      b [k] = (b [k] - b [k-1]) / h;
    }
  return (0);
}

REAL valnip (
             REAL    t,
             REAL*   x,
             REAL*   b,
             int     n
             )
/***********************************************************************
* REAL valnip (t, x, b, n)                                             *
* berechnet den Funktionswert des Newtonschen Interpolationspolynoms   *
* mit den Koeffizienten  b[i]  und den Interpolationspunkten  x[i],    *
* i=0..n, an der Stelle  t   nach einem verallgemeinerten Hornerschema.*
*                                                                      *
* Parameter:                                                           *
*   REAL t        Stelle, an der das Polynom ausgewertet wird          *
*   REAL x[]      Interpolationsstellen x[i], i=0..n                   *
*   REAL b[]      Koeffizienten zur Newtonschen Darstellung:           *
*                     p[t] = b[0]                                      *
*                          + b[1] * (t-x[0])                           *
*                          + b[2] * (t-x[0]) * (t-x[1])                *
*                          + ...                                       *
*                          + b[n] * (t-x[0]) *...* (t-x[n-1])          *
*   int n         Grad des Polynoms                                    *
*                                                                      *
* Funktions-Rueckgabe ist der Polynomwert an der Stelle t              *
***********************************************************************/
{
  int i;
  REAL v = b [n];
  for (i = n - 1; i >= 0; i--)
       v = v * (t - x [i]) + b [i];
  return (v);
}

/* -------------------------- ENDE newtip.c ------------------------ */
```

P 9.7   Rationale Interpolation

```
/* --------------------- DEKLARATIONEN ratint.h ------------------- */

/***********************************************************************
* Include-File zur Rationalen Interpolation                            *
***********************************************************************/

int ratint (int n, int    num, REAL* x, REAL* y, int* md,
            REAL eps);
REAL ratval (int n, REAL x0, REAL* x, REAL* y, int* md);

/***********************************************************************
* EOF Include-File zur Rationalen Interpolation                        *
***********************************************************************/

/* ------------------------- ENDE ratint.h ------------------------ */
/* ------------------------- MODUL ratint.c ----------------------- */

#include <basis.h>
#include <ratint.h>

int ratint (
            int n,
```

Rationale Interpolation 779

```
                  int    num,
                  REAL*  x,
                  REAL*  y,
                  int*   md,
                  REAL   eps
                 )
/***********************************************************************
* versucht, zu den gegebenen Wertepaaren (x[i], y[i]), i=0..n, die     *
* Koeffizienten einer rationalen Interpolationsfunktion zu bestimmen.  *
* Falls zu den gegebenen Daten ueberhaupt eine rationale Interpola-    *
* tionsfunktion existiert, so ist sie zu dem vorgegebenen Zaehlergrad  *
* eindeutig bestimmt.                                                  *
* Die Abszissen x[i] muessen paarweise verschieden sein.               *
*                                                                      *
* Parameter:                                                           *
*   int     n          n+1 ist die Anzahl der Stuetzstellen (n > 1)    *
*   int     num        Grad des Zaehlerpolynoms (num <= 2)             *
*   REAL    x[]        Stuetzstellen                                   *
*   REAL    y[]        Funktionswerte der Stuetzstellen                *
*   int     md[]       Multiplikation oder Division bei der            *
*                      Auswertung mit dem Hornerschema                 *
*   REAL    eps        Interpolationsgenauigkeit                       *
*                                                                      *
* Funktions-Rueckgabe:                                                 *
*   0: kein Fehler                                                     *
*   1: num > n  oder  n < 1                                            *
*   2: zwei Stuetzstellen sind identisch                               *
*   3: nicht genuegend Speicherplatz fuer Hilfsarrays                  *
*   4: Interpolationsfunktion existiert nicht:                         *
*         eventuell Zaehlergrad num > n / 2 waehlen                    *
*   5: Anzahl der noch zu interpolierenden Stellen und Grad            *
*         des Nennerpolynoms < 0: Zaehlergrad aendern                  *
*   6: Grad des Nennerpolynoms < 0: Zaehlergrad aendern                *
*   7: es wurden nicht alle Stuetzstellen durch das Interpolations-    *
*         polynom erfasst: eventuell Zaehlergrad aendern               *
*                                                                      *
* Lokale Unterprogramme:                                               *
*   ratval, sel_ymin                                                   *
*                                                                      *
* benutzte Konstanten:                                                 *
*   NULL, MACH_EPS                                                     *
*                                                                      *
* Bemerkung: Die rationale Funktion kann mit der Abkuerzung            *
*                  u[i] := (t - x[i])                                  *
*            in folgender Form dargestellt werden:                     *
*                                                                      *
*                                 u[n]*u[n-1]                          *
*   f(t) = y[n] + u[n]*y[n-1] + ---------------------------------      *
*                                                       u[n-2]*u[n-3]  *
*                               y[n-2] + u[n-2]*y[n-3] + ------------  *
*                                                         y[n-4] + ... *
***********************************************************************/

#define MULTIPLY   0
#define DIVIDE     1

{
  int    i, j, j1, denom, nend, ret;
  REAL   xj, yj, y2, x2;
  REAL   *x1, *y1, *z;
  void   sel_ymin (int n, REAL* xj, REAL* yj, REAL* x, REAL* y);
  REAL   ratval   (int n, REAL x0, REAL* x, REAL* y, int* md);

  if (num > n || n < 1) return (1);

  for (i = 0; i < n; i++)
    for (j = i + 1; j <= n; j++)
```

```
        if (x[i] == x[j]) return (2);

#define dArr(a)   (a = (REAL*) malloc ((n+1) * sizeof(REAL)))
  if (dArr (x1) == NULL)                              return (3);
  if (dArr (y1) == NULL) { free (x1);                 return (3); }
  if (dArr (z)  == NULL) { free (x1); free (y1); return (3); }

#undef dArr

  eps = max (eps, (REAL)128.0 * MACH_EPS);

  for (i = 0; i <= n; i++)           /* Wertepaare kopieren          */
  {
    x1 [i] = x [i];
    y1 [i] = y [i];
    md [i] = MULTIPLY;               /* Informationsfeldes vorbesetzen */
  }
  nend  = n;
  denom = n - num;                   /* denom: Grad des Nennerpolynoms */
  if (num < denom)
  {
    for (i = 0; i <= n; i++)
      if (y [i] != ZERO)   y [i] = ONE / y [i];
      else                 { ret = 4; goto FreeAll; }
    md [n] = DIVIDE;
    j = num; num = denom; denom = j;
  }

  while (nend > 0)
  {
    for (i = 1; i <= num-denom; i++)         /* Zahler-Grad groesser  */
    {                                        /* als Nenner-Grad:      */
      xj = x [nend];                         /*    dividierte Diffe-  */
      yj = y [nend];                         /*    renzen verwenden   */
      for (j = 0; j < nend; j++)
        y [j] = (y [j] - yj) / (x [j] - xj);
      nend--;
    }
    if (nend < 0 && denom < 0) { ret = 5; goto FreeAll; }
    if (nend > 0)
    {
      sel_ymin (nend, &xj, &yj, x, y);
      for (j1 = j = 0; j < nend; j++)
      {
        y2 = y [j] - yj;
        x2 = x [j] - xj;
        if (FABS (y2) <= FABS(x2) * eps)     /* automatisch           */
          z [j1++] = x [j];                  /* interpolierte Punkte  */
        else
        {
          y [j-j1] = x2 / y2;                /* Interpolation durch   */
          x [j-j1] = x [j];                  /* Bildung von inversen  */
        }                                    /* dividierten Differenzen*/
      }
      for (j = 0; j < j1; j++)
      {
        x [nend-1] = z [j];                  /* automatisch inter-    */
        y [nend-1] = ZERO;                   /* polierte Punkte in die */
        for (i = 0; i < nend; i++)           /* dividierten Differenzen*/
          y[i] *= x[i] - x[nend];            /* einbringen            */
        nend--;
      }
      if (nend > 0)
      {
        md [--nend] = DIVIDE;                /* Berechnung des neuen  */
        num         = denom;                 /* Endindex, des Zaehler- */
```

Rationale Interpolation

```
            denom = nend - num;             /* und des Nennergrades    */
        }
        if (denom < 0 && nend < 0) { ret = 6; goto FreeAll; }
    }
  }
  y2 = FABS (y[n]);                         /* Zum Abschluss der Interpolation */
  for (i = 0; i < n; i++)                   /* pruefen, ob alle Stuetzstellen  */
      y2 += FABS (y[i]);                    /* erfasst wurden                  */
  for (i = 0; i <= n; i++)
  {
      x2 = ratval (n, x1 [i], x, y, md);
      if (FABS (x2 - y1[i]) > n * eps * y2) { ret=7; goto FreeAll; }
  }
  ret = 0;
  FreeAll: free(x1); free(y1); free(z);
  return (ret);
}

void sel_ymin (
                int     nend,
                REAL*   xj,
                REAL*   yj,
                REAL*   x,
                REAL*   y
              )
/***************************************************************
 * es wird der betragsmaessig kleinste Funktionswert bestimmt und *
 * in  yj, die entsprechende Stuetzstelle in  xj  abgespeichert.  *
 * Diese Stuetzstelle mit Index  nend  wird in ratint als naechste *
 * interpoliert.                                                  *
 ***************************************************************/
{
  int j, k;
  *yj = y [nend];                           /* minimalen Betrag in yj suchen */
  j = nend;                                 /* und mit y[nend] vertauschen   */
  for (k = 0; k < nend; k++)
      if (FABS (y [k]) < FABS (*yj)) *yj = y [j = k];
  *xj = x [j]; x [j] = x [nend]; x [nend] = *xj;
               y [j] = y [nend]; y [nend] = *yj;
}

REAL ratval (
              int     n,
              REAL    x0,
              REAL*   x,
              REAL*   y,
              int*    md
            )
/***************************************************************
 * wertet eine rationale Interpolationsfunktion aus, deren        *
 * Koeffizienten zuvor mit ratint bestimmt wurden.                *
 *                                                                *
 * Parameter:                                                     *
 *    int    n         n+1 ist die Anzahl der Stuetzstellen (n > 1) *
 *    REAL   t         Auswertungsstelle                          *
 *    REAL   x[]       Stuetzstellen                              *
 *    REAL   y[]       Koeffizienten der Interpolationsfunktion   *
 *    int    md[]      Multiplikation oder Division bei der       *
 *                     Auswertung mit dem Hornerschema            *
 * Funktions-Rueckgabe:                                           *
 *    Funktionswert an der Stelle t,                              *
 *    er ist gleich MAXROOT, wenn durch Null dividiert werden soll *
 *                                                                *
 * verwendete Konstanten:                                         *
 *    EPSQUAD, MAXROOT                                            *
 ***************************************************************/
{
```

```
    int i;
    REAL res = y [0];
    for (i = 1; i <= n; i++)
    {
      if (md [i-1] == MULTIPLY)
            res = y [i] + (x0 - x [i]) * res;
      else if (FABS (res) > EPSQUAD)
            res = y [i] + (x0 - x [i]) / res;
          else
            return (MAXROOT);
    }
    if (md [n] == MULTIPLY) return (res);
    return ((FABS (res) > EPSQUAD) ? (ONE / res) : MAXROOT);
}

#undef MULTIPLY
#undef DIVIDE

/* ------------------------- ENDE ratint.c ------------------------- */
```

P 10

P 10.1 Polynomsplines dritten Grades

```
/* ------------------- DEKLARATIONEN kubsplin.h ------------------- */
int spline     /* nichtparametrischer kubischer Polynomspline ......*/
       (
       int   m,            /* Anzahl der Stuetzstellen ............*/
       REAL  x[],          /* Stuetzstellen .......................*/
       REAL  y[],          /* Stuetzwerte .........................*/
       int   marg_cond,    /* Art der Randbedingung ...............*/
       REAL  marg_0,       /* linke Randbedingung .................*/
       REAL  marg_n,       /* rechte Randbedingung ................*/
       int   save,         /* dynamische Hilfsfelder sichern? .....*/
       REAL  b[],          /* Splinekoeffizienten von (x-x[i]) ....*/
       REAL  c[],          /* Splinekoeffizienten von (x-x[i])^2 ..*/
       REAL  d[]           /* Splinekoeffizienten von (x-x[i])^3 ..*/
       );                  /* Fehlercode ..........................*/

int parspl     /* parametrischer kubischer Polynomspline .......*/
       (
       int   m,            /* Anzahl der Stuetzpunkte .............*/
       REAL  x[],          /* x-Koordinaten der Stuetzpunkte ......*/
       REAL  y[],          /* y-Koordinaten der Stuetzpunkte ......*/
       int   marg_cond,    /* Art der Randbedingung ...............*/
       REAL  marg_0[],     /* linke Randbedingungen ...............*/
       REAL  marg_n[],     /* rechte Randbedingungen ..............*/
       int   cond_t,       /* Parameterstuetzstellen vorgegeben? ..*/
       REAL  t[],          /* Parameterstuetzstellen ..............*/
       REAL  bx[],         /* x-Splinekoeffiz. fuer (t-t[i]) ......*/
       REAL  cx[],         /* x-Splinekoeffiz. fuer (t-t[i])^2 ....*/
       REAL  dx[],         /* x-Splinekoeffiz. fuer (t-t[i])^3 ....*/
       REAL  by[],         /* y-Splinekoeffiz. fuer (t-t[i]) ......*/
       REAL  cy[],         /* y-Splinekoeffiz. fuer (t-t[i])^2 ....*/
       REAL  dy[]          /* y-Splinekoeffiz. fuer (t-t[i])^3 ....*/
       );                  /* Fehlercode ..........................*/

int spltrans   /* transformiert-parametr. kub. Polynomspline .......*/
       (
       int   m,            /* Anzahl der Stuetzpunkte .............*/
       REAL  x[],          /* Stuetzstellen .......................*/
       REAL  y[],          /* Stuetzwerte .........................*/
       int   mv,           /* Art der Koordinatenverschiebung .....*/
       REAL  px[],         /* Koordinaten des .....................*/
       REAL  py[],         /* Verschiebepunktes P .................*/
       REAL  a[],          /* Splinekoeff. von (phi-phin[i])^0 ....*/
       REAL  b[],          /* Splinekoeff. von (phi-phin[i]) ......*/
       REAL  c[],          /* Splinekoeff. von (phi-phin[i])^2 ....*/
       REAL  d[],          /* Splinekoeff. von (phi-phin[i])^3 ....*/
       REAL  phin[],       /* Winkelkoordinaten der Stuetzpunkte ..*/
       REAL  *phid         /* Drehwinkel des Koordinatensystems ...*/
       );                  /* Fehlercode ..........................*/
/* ---------------------- ENDE kubsplin.h ---------------------- */
/* ---------------------- MODUL kubsplin.c ---------------------- */

/*****************************************************************
*                                                                *
* Funktionen zur Berechnung interpolierender kubischer Polynomsplines *
* -------------------------------------------------------------- *
*                                                                *
* Programmiersprache: ANSI-C                                     *
* Compiler:           Turbo C 2.0                                *
* Rechner:            IBM PS/2 70 mit 80387                      *
```

```
* Bemerkung:          Umsetzung eines aequivalenten QB-Moduls          *
* Autoren:            Elmar Pohl (QuickBASIC), Dorothee Seesing (C)    *
* Bearbeiter:         Juergen Dietel, Rechenzentrum der RWTH Aachen    *
* Datum:              DI 2. 2. 1993                                    *
*                                                                      *
***********************************************************************/

#include <basis.h>      /* wegen sign, MAXROOT, sqr, NULL, SQRT, ONE, */
                        /*       FABS, PI, REAL, ACOS, ZERO, THREE,   */
                        /*       HALF, TWO                            */
#include <vmblock.h>    /* wegen vmalloc, vmcomplete, vmfree, vminit, */
                        /*       VEKTOR                               */
#include <u_proto.h>    /* wegen trdiag, tzdiag                       */
#include <kubsplin.h>   /* wegen spline, parspl, spltrans             */
```

P 10.1.2 Berechnung der nichtparametrischen kubischen Splines

```
/* ------------------------------------------------------------------ */

int spline         /* nichtparametrischer kubischer Polynomspline ....*/
          (
           int    m,           /* Anzahl der Stuetzstellen ...........*/
           REAL   x[],         /* Stuetzstellen ......................*/
           REAL   y[],         /* Stuetzwerte ........................*/
           int    marg_cond,   /* Art der Randbedingung ..............*/
           REAL   marg_0,      /* linke Randbedingung ................*/
           REAL   marg_n,      /* rechte Randbedingung ...............*/
           int    save,        /* dynamische Hilfsfelder sichern? ....*/
           REAL   b[],         /* Splinekoeffizienten von (x-x[i]) ...*/
           REAL   c[],         /* Splinekoeffizienten von (x-x[i])^2 .*/
           REAL   d[]          /* Splinekoeffizienten von (x-x[i])^3 .*/
          )                    /* Fehlercode .........................*/
/***********************************************************************
* zu den vorgegebenen Wertepaaren                                      *
*             (x[i], y[i]), i = 0(1)m-1                                *
* die Koeffizienten eines nichtparametrischen interpolierenden         *
* kubischen Polynomlines berechnen.                                    *
* Die Art der Randbedingung wird durch den Parameter marg_cond         *
* festgelegt. Die x[i] muessen streng monoton wachsen.                 *
* Bei wiederholten Aufrufen mit gleichen Stuetzstellen, aber verschie- *
* denen Stuetzwerten besteht die Moeglichkeit, die erneute Aufstellung *
* und Zerlegung der Matrix des Gleichungssystems zu vermeiden, indem   *
* man den Parameter save von Null verschieden waehlt und so die Be-    *
* schreibung der Zerlegungsmatrizen fuer den naechsten Aufruf rettet.  *
* Wichtig: Damit der Speicher fuer die Hilfsfelder wieder frei wird    *
* --------  und bei weiteren Aufrufen nicht mit falschen Zerlegungs-   *
*           matrizen gearbeitet wird, muss der letzte Aufruf einer     *
*           zusammengehoerigen Aufruffolge mit save = 0 statt mit      *
*           save = 1 ausgefuehrt werden!                               *
*                                                                      *
* Eingabeparameter:                                                    *
* ================                                                     *
* m:         Anzahl der Stuetzstellen (mindestens 3)                   *
* x:         [0..m-1]-Vektor mit den x-Koordinaten der Wertepaare      *
*            (wird nicht benoetigt, falls der vorige Aufruf mit        *
*             save != 0 stattfand)                                     *
* y:         [0..m-1]-Vektor mit den y-Koordinaten der Wertepaare      *
* marg_cond: = 0: not-a-knot-Bedingung (=> marg_0, marg_n ohne         *
*                                          Bedeutung)                  *
*            = 1: marg_0, marg_n sind 1. Ableitungen.                  *
*            = 2: marg_0, marg_n sind 2. Ableitungen.                  *
```

```
*                         (Fuer marg_0 = marg_n = 0 erhaelt man einen      *
*                         natuerlichen Spline.)                            *
*                     = 3: marg_0, marg_n sind 3. Ableitungen.             *
*                     = 4: periodischer Spline (=> marg_0, marg_n ohne     *
*                                                 Bedeutung)               *
*   marg_0:           Randbedingung in x[0]                                *
*   marg_n:           Randbedingung in x[m-1]                              *
*   save:             Flagge, die anzeigt, ob der Speicher fuer die Hilfsfel- *
*                     der mit den Zerlegungsmatrizen fuer den naechsten Aufruf *
*                     aufbewahrt werden soll. Im Normalfall ist save = 0 zu *
*                     setzen. Wenn man mehrere Splinefunktionen mit denselben *
*                     Stuetzstellen x[i], aber anderen y[i] berechnen will *
*                     (z. B. bei parametrischen Splines), kann man ab dem  *
*                     zweiten Aufruf Rechenzeit sparen, indem man beim ersten *
*                     Aufruf save = 1 setzt. Dann wird naemlich die neuerliche *
*                     Aufstellung und Zerlegung der Tridiagonalmatrix umgangen *
*                     (=> ca. 4*m Punktoperationen weniger).               *
*                     Im letzten Aufruf muss man save = 0 waehlen, damit der *
*                     von den Hilfsfeldern beanspruchte dynamische Speicher *
*                     fuer andere Programmteile wieder verfuegbar wird.    *
*                                                                          *
*   Ausgabeparameter:                                                      *
*   =================                                                      *
*   b: \             [0..m-2]-Vektoren mit den Splinekoeffizienten nach dem Ansatz *
*   c:  >      s(x) = a[i] + b[i] * (x - x[i]) + c[i] * (x - x[i]) ^ 2     *
*   d: /                   + d[i] * (x - x[i]) ^ 3.                        *
*             a entspricht y,                                              *
*             c hat (wie a) noch ein zusaetzliches Element c[m-1].         *
*                                                                          *
*   Funktionswert:                                                         *
*   ==============                                                         *
*   =  0: kein Fehler                                                      *
*   = -i: Monotoniefehler: x[i-1] >= x[i]                                  *
*   =  1: falscher Wert fuer marg_cond                                     *
*   =  2: m < 3                                                            *
*   =  3: nicht genuegend Heapspeicher fuer die Hilfsfelder                *
*   =  4: marg_cond = 4: Eingabedaten nichtperiodisch                      *
*   >  4: Fehler in trdiag() oder tzdiag()                                 *
*   Im Fehlerfall sind die Werte der Ausgabeparameter unbestimmt, und      *
*   der Speicher fuer die Hilfsfelder wird freigegeben.                    *
*                                                                          *
*   benutzte globale Namen:                                                *
*   =======================                                                *
*   REAL, vminit, vmalloc, vmcomplete, vmfree, VEKTOR, trdiag, tzdiag,     *
*   NULL, ZERO, THREE, HALF, TWO                                           *
***************************************************************************/
{
#define ciao(fehler)            /* dafuer sorgen, dass vor dem Beenden */\
        {                       /* von spline() aufgeraeumt wird       */\
          vmfree(vmblock);      /* Speicherplatz fuer die Hilfsfelder freigeben */\
          vmblock = NULL;       /* und dies auch anzeigen              */\
          return fehler;        /* den Fehlercode an den Aufrufer weiterreichen */\
        }
  static
    void *vmblock = NULL;       /* Liste der dynamisch vereinbarten Vek- */
                                /* toren. Der Wert NULL zeigt an, dass  */
                                /* noch keine Hilfsvektoren aus eventu- */
                                /* ellen frueheren Aufrufen existieren, */
                                /* dass dies also der erste Aufruf einer */
                                /* zusammengehoerenden Folge mit glei-  */
                                /* chen Stuetzstellen ist.              */
  static
    REAL *h,                    /* [0..m-2]-Vektor mit den Laengen der Stuetz- */
                                /* stellenintervalle                    */
```

```
              *lower,      /* [0..m-2]-Vektor mit der unteren Nebendiago-  */
                           /* nale der Matrix, spaeter Zerlegungsmatrix    */
                           /* von trdiag() bzw. tzdiag()                   */
              *diag,       /* [0..m-2]-Vektor mit der Hauptdiagonale der   */
                           /* Matrix, spaeter Zerlegungsmatrix von         */
                           /* trdiag() bzw. tzdiag()                       */
              *upper,      /* [0..m-2]-Vektor mit der oberen Nebendiago-   */
                           /* nale der Matrix, spaeter Zerlegungsmatrix    */
                           /* von trdiag() bzw. tzdiag()                   */
              *lowrow,     /* [0..m-4]-Vektor mit der unteren Zeile der    */
                           /* Matrix, spaeter Zerlegungsmatrix von tzdiag() */
              *ricol;      /* [0..m-4]-Vektor mit der rechten Spalte der   */
                           /* Matrix, spaeter Zerlegungsmatrix von tzdiag() */
     int      n,           /* m - 1, Index der letzten Stuetzstelle        */
              fehler,      /* Fehlercode von trdiag() bzw. tzdiag()        */
              i,           /* Laufvariable                                 */
              erster_aufruf; /* Flagge, die anzeigt, dass gerade der       */
                           /* erste Aufruf einer Folge stattfindet         */

 n = m - 1;

 if (n < 2)                        /* zu kleinen Wert fuer n abfangen */
   ciao(2);

 if (marg_cond < 0 || marg_cond > 4)  /* falsches marg_cond abfangen */
   ciao(1);

 if (marg_cond == 4)               /* periodischer Spline?           */
   if (y[n] != y[0])               /* Periodizitaet ueberpruefen     */
     ciao(4);


 /* 1. Aufruf: Speicher fuer die Hilfsfelder anfordern: 4 [0..n-1]-  */
 /* Vektoren (im periodischen Fall noch 2 [0..n-3]-Vektoren)         */

 if (vmblock == NULL)              /* erster Aufruf einer Folge? */
 {
   erster_aufruf = 1;
   #define MYALLOC(l)   (REAL *)vmalloc(vmblock, VEKTOR, (l), 0)
   vmblock = vminit();             /* Speicherblock initialisieren */
   h     = MYALLOC(n);             /* Speicher fuer die            */
   lower = MYALLOC(n);             /* Hilfsvektoren anfordern      */
   diag  = MYALLOC(n);
   upper = MYALLOC(n);
   if (marg_cond == 4)             /* periodischer Spline mit      */
     if (n > 2)                    /* genuegend Stuetzstellen?     */
     {
       lowrow = MYALLOC(n - 2),    /* auch die zusaetzlichen       */
       ricol  = MYALLOC(n - 2);    /* Vektoren versorgen           */
     }
   #undef MYALLOC
 }
 else
   erster_aufruf = 0;
 if (! vmcomplete(vmblock))        /* Ging eine der Speicheranforderungen */
   ciao(3);                        /* fuer den Block schief?              */


 if (erster_aufruf)
   for (i = 0; i < n; i++)         /* Schrittweiten berechnen und dabei die */
   {                               /* Stuetzstellen auf Monotonie pruefen   */
     h[i] = x[i + 1] - x[i];       /* Schrittweiten berechnen               */
     if (h[i] <= ZERO)             /* Stuetzstellen nicht monoton wachsend  */
       ciao(-(i + 1));
   }
```

Berechnung der nichtparametrischen kubischen Splines

```
for (i = 0; i < n - 1; i++)         /* das Gleichungssystem aufstellen */
{
   c[i] = THREE * ((y[i + 2] - y[i + 1]) / h[i + 1]   /* rechte Seite */
                 - (y[i + 1] - y[i])    / h[i]);
   if (erster_aufruf)
      diag[i] = TWO * (h[i] + h[i + 1]),           /* Hauptdiagonale   */
      lower[i + 1] = upper[i] = h[i + 1];          /* untere und obere */
}                                                  /* Nebendiagonale   */

switch (marg_cond)  /* je nach Randbedingung einige Koeffizienten */
{                   /* des Gleichungssystems korrigieren          */
   case 0:                     /* not-a-knot-Bedingung?           */
      if (n == 2)              /* nur drei Stuetzstellen?         */
      {                        /* Da in diesem Fall das Gleichungssystem */
                               /* unterbestimmt ist, wird nur ein Polynom */
                               /* 2. Grades berechnet.            */
         c[0] /= THREE;                          /* rechte Seite  */
         if (erster_aufruf)
            diag[0] *= HALF;                    /* auch die Matrix */
      }
      else                     /* mehr als drei Stuetzstellen? */
      {
         c[0]     *= h[1]     / (h[0]     + h[1]);        /* rechte */
         c[n - 2] *= h[n - 2] / (h[n - 1] + h[n - 2]);    /* Seite  */
         if (erster_aufruf)
         {
            diag[0]     -= h[0],                 /* auch die */
            diag[n - 2] -= h[n - 1],             /* Matrix   */
            upper[0]    -= h[0],
            lower[n - 2] -= h[n - 1];
         }
      }
      break;

   case 1:                     /* erste Randableitungen vorgegeben? */
      c[0]     -= (REAL)1.5 * ((y[1] - y[0]) / h[0] - marg_0);
      c[n - 2] -= (REAL)1.5 * (marg_n - (y[n] - y[n - 1]) / h[n - 1]);
      if (erster_aufruf)
         diag[0]     -= HALF * h[0],             /* auch die Matrix */
         diag[n - 2] -= HALF * h[n - 1];         /* vorbesetzen     */
      break;

   case 2:                     /* zweite Randableitungen vorgegeben? */
      c[0]     -= h[0]     * HALF * marg_0;
      c[n - 2] -= h[n - 1] * HALF * marg_n;
      break;

   case 3:                     /* dritte Randableitungen vorgegeben? */
      c[0]     += HALF * marg_0 * h[0]     * h[0];
      c[n - 2] -= HALF * marg_n * h[n - 1] * h[n - 1];
      if (erster_aufruf)
         diag[0]     += h[0],                    /* auch die Matrix */
         diag[n - 2] += h[n - 1];                /* vorbesetzen     */
      break;

   case 4:                     /* periodischer Spline? */
      c[n - 1] = THREE * ((y[1] - y[0])   / h[0] -
                          (y[n] - y[n - 1]) / h[n - 1]);
      if (erster_aufruf)
         if (n > 2)
            diag[n - 1] = TWO * (h[0] + h[n - 1]),
            ricol[0] = lowrow[0] = h[0];
}

switch (n)                   /* das Gleichungssystem loesen und damit */
{                            /* die Splinekoeffizienten c[i] berechnen */
   case 2:                   /* nur drei Stuetzstellen =>             */
                             /* => Loesung direkt berechnen           */
```

```c
        if (marg_cond == 4)              /* periodischer Spline?          */
          c[1] = THREE * (y[0] - y[1]) / (x[2] - x[1]) / (x[1] - x[0]),
          c[2] = - c[1];
        else
          c[1] = c[0] / diag[0];
        break;

      default:                           /* mehr als drei Stuetzstellen? */
        if (marg_cond == 4)              /* periodischer Spline?          */
          fehler = tzdiag(n, lower, diag, upper, lowrow,
                          ricol, c, !erster_aufruf);
        else                             /* nichtperiodischer Spline? */
          fehler = trdiag(n - 1, lower, diag, upper, c, !erster_aufruf);

        if (fehler != 0)         /* Fehler in tzdiag() oder in trdiag()? */
          ciao(fehler + 4);
        for (i = n; i != 0; i--) /* die Elemente des Loesungsvektors     */
          c[i] = c[i - 1];       /* eine Position nach rechts schieben   */
    }

    switch (marg_cond)       /* in Abhaengigkeit von der Randbedingung den */
    {                        /* ersten und letzten Wert von c korrigieren  */
      case 0:                /* not-a-knot-Bedingung?                      */
        if (n == 2)          /* nur drei Stuetzstellen?                    */
          c[0] = c[2] = c[1];
        else                 /* mehr als drei Stuetzstellen? */
          c[0] = c[1] + h[0] * (c[1] - c[2]) / h[1],
          c[n] = c[n - 1] + h[n - 1] *
                 (c[n - 1] - c[n - 2]) / h[n - 2];
        break;

      case 1:                          /* erste Randableitungen vorgegeben? */
        c[0] = (REAL)1.5 * ((y[1] - y[0]) / h[0] - marg_0);
        c[0] = (c[0] - c[1] * HALF) / HALF;
        c[n] = (REAL)-1.5 * ((y[n] - y[n - 1]) / h[n - 1] - marg_n);
        c[n] = (c[n] - c[n - 1] * h[n - 1] * HALF) / h[n - 1];
        break;

      case 2:                          /* zweite Randableitungen vorgegeben? */
        c[0] = marg_0 * HALF;
        c[n] = marg_n * HALF;
        break;

      case 3:                          /* dritte Randableitungen vorgegeben? */
        c[0] = c[1]     - marg_0 * HALF * h[0];
        c[n] = c[n - 1] + marg_n * HALF * h[n - 1];
        break;

      case 4:                          /* periodischer Spline?               */
        c[0] = c[n];
    }


    for (i = 0; i < n; i++)                /* die restlichen              */
      b[i] = (y[i + 1] - y[i]) / h[i] - h[i] *  /* Splinekoeffizienten   */
             (c[i + 1] + TWO * c[i]) / THREE,   /* b[i] und d[i]         */
      d[i] = (c[i + 1] - c[i]) / (THREE * h[i]); /* berechnen            */


    if (!save)                             /* Hilfsfelder nicht aufbewahren */
      ciao(0);                             /* (letzter Aufruf einer Folge)? */

    return 0;
  #undef ciao
  }
```

P 10.1.3 Berechnung der parametrischen kubischen Splines

```
/* -------------------------------------------------------------- */
int parspl             /* parametrischer kubischer Polynomspline .......*/
   (
      int  m,          /* Anzahl der Stuetzpunkte .............*/
      REAL x[],        /* x-Koordinaten der Stuetzpunkte ......*/
      REAL y[],        /* y-Koordinaten der Stuetzpunkte ......*/
      int  marg_cond,  /* Art der Randbedingung ...............*/
      REAL marg_0[],   /* linke Randbedingungen ...............*/
      REAL marg_n[],   /* rechte Randbedingungen ..............*/
      int  cond_t,     /* Parameterstuetzstellen vorgegeben? ..*/
      REAL t[],        /* Parameterstuetzstellen ..............*/
      REAL bx[],       /* x-Splinekoeffiz. fuer (t-t[i]) ......*/
      REAL cx[],       /* x-Splinekoeffiz. fuer (t-t[i])^2 ....*/
      REAL dx[],       /* x-Splinekoeffiz. fuer (t-t[i])^3 ....*/
      REAL by[],       /* y-Splinekoeffiz. fuer (t-t[i]) ......*/
      REAL cy[],       /* y-Splinekoeffiz. fuer (t-t[i])^2 ....*/
      REAL dy[]        /* y-Splinekoeffiz. fuer (t-t[i])^3 ....*/
   )                   /* Fehlercode ..........................*/
/***************************************************************************
* zu den Wertepaaren                                                       *
*                   (x[i], y[i]), i = 0(1)m-1,                             *
* die Koeffizienten eines interpolierenden parametrischen kubischen        *
* Splines berechnen. Dabei kann die Art der Randbedingung durch den        *
* Parameter marg_cond vorgegeben werden. Die Parameterstuetzstellen  t     *
* koennen entweder angegeben oder berechnet lassen werden.                 *
*                                                                          *
* Eingabeparameter:                                                        *
* ================                                                         *
* m:         Anzahl der Wertepaare (mindestens 3)                          *
* x: \       [0..m-1]-Vektoren mit den                                     *
* y: /       Wertepaaren                                                   *
* marg_cond: Art der Randbedingung:                                        *
*            = 0: not-a-knot-Bedingung                                     *
*            = 1: Vorgabe der ersten Ableitung nach dem Parameter t,       *
*                 und zwar                                                 *
*                                 .         .                              *
*                 sx(t[0]) in marg_0[0], sy(t[0]) in marg_0[1]),           *
*                                   .           .                          *
*                 sx(t[m-1]) in marg_n[0], sy(t[m-1]) in marg_n[1]         *
*            = 2: Vorgabe der zweiten Ableitung (Man erhaelt einen         *
*                 natuerlichen Spline bei Vorgabe von marg_cond = 2        *
*                 und Randbedingungen = 0.), und zwar                      *
*                                 ..         ..                            *
*                 sx(t[0]) in marg_0[0], sy(t[0]) in marg_0[1]),           *
*                                   ..          ..                         *
*                 sx(t[m-1]) in marg_n[0], sy(t[m-1]) in marg_n[1]         *
*            = 3: periodischer Spline                                      *
*            = 4: Vorgabe der Randableitungen dy/dx, und zwar              *
*                 y'(x[0]) in marg_0[0] und y'(x[m-1]) in marg_n[0].       *
*                 (marg_0[1] und marg_n[1] bleiben hier unbenutzt.)        *
* marg_0:    [0..1]-Vektor mit den Randbedingungen in t[0] fuer            *
*            marg_cond = 1, 2, 4 (ohne Bedeutung fuer marg_cond = 0        *
*            und marg_cond = 3)                                            *
* marg_n:    [0..1]-Vektor mit den Randbedingungen in t[m-1]               *
* cond_t:    Vorgabe der Kurvenparameter t[i]:                             *
*            = 0: Die Parameterwerte t[i] werden hier berechnet.           *
*            != 0: Der Benutzer gibt die Werte selber vor.                 *
```

```
 *   t             [0..m-1]-Vektor mit den streng monoton steigenden      *
 *                 Parameterstuetzstellen fuer cond_t != 0                 *
 *                                                                        *
 *   Ausgabeparameter:                                                    *
 *   =================                                                    *
 *   t:            [0..m-1]-Vektor mit den Parameterwerten der Punktepaare fuer *
 *                 cond_t = 0                                             *
 *   bx: \         [0..m-2]-Vektoren mit den Splinekoeffizienten nach dem Ansatz *
 *   cx:  >           sx(t)   =   ax[i] + bx[i] * (t - t[i]) +   cx[i]    *
 *   dx: /                       * (t - t[i]) ^ 2 + dx[i] * (t - t[i]) ^ 3. *
 *                 ax entspricht x,                                       *
 *                 cx hat (wie ax) noch ein zusaetzliches Element cx[m-1]. *
 *   by: \         [0..m-2]-Vektoren mit den Splinekoeffizienten nach dem Ansatz *
 *   cy:  >           sy(t)   =   ay[i] + by[i] * (t - t[i]) +   cy[i]    *
 *   dy: /                       * (t - t[i]) ^ 2 + dy[i] * (t - t[i]) ^ 3. *
 *                 ay entspricht y,                                       *
 *                 cy hat (wie ay) noch ein zusaetzliches Element cx[m-1]. *
 *                                                                        *
 *   Funktionswert:                                                       *
 *   ==============                                                       *
 *   =  0: kein Fehler                                                    *
 *   = -i: Zwei aufeinanderfolgende Punkte sind gleich:                   *
 *         (x[i-1], y[i-1]) = (x[i], y[i]).                               *
 *   =  1: m < 3                                                          *
 *   =  2: falscher Wert fuer die Art der Randbedingung in marg_cond      *
 *   =  3: periodischer Spline: x[0] != x[m-1]                            *
 *   =  4: periodischer Spline: y[0] != y[m-1]                            *
 *   =  5: Die t[i] sind nicht streng monoton wachsend.                   *
 *   >  5: Fehler in spline()                                             *
 *                                                                        *
 *   benutzte globale Namen:                                              *
 *   =======================                                              *
 *   spline, REAL, sign, MAXROOT, sqr, FABS, SQRT, ONE, ZERO              *
 ***************************************************************************/
{
    int i,              /* Laufvariable                                   */
        n,              /* m - 1, Index des letzten Stuetzpunkts          */
        mess,           /* Art der Randbedingung fuer spline()            */
        fehler;         /* Fehlercode von spline() bzw. perspl()          */
    REAL deltx,         /* Hilfsvariable zur Berechnung der t[i]          */
         delty,         /* Hilfsvariable zur Berechnung der t[i]          */
         delt,          /* Hilfsvariable zur Berechnung der t[i]          */
         alfx,          /* linke Randbedingung von sx fuer spline()       */
         betx,          /* rechte Randbedingung von sx fuer spline()      */
         alfy,          /* linke Randbedingung von sy fuer spline()       */
         bety;          /* rechte Randbedingung von sy fuer spline()      */

    n = m - 1;

    if (n < 2)                          /* weniger als drei Stuetzpunkte? */
        return 1;
    if (marg_cond < 0 || marg_cond > 4)        /* falsches marg_cond?     */
        return 2;

    /* Falls t nicht vorgegeben wurde, werden die Werte nun berechnet:    */
    /* Es wird die chordale Parametrisierung angewandt, was bedeutet,     */
    /* dass als Abstand zwischen aufeinanderfolgenden Parameterwerten     */
    /* t[i] und t[i+1] die Laenge der Kurvensehne zwischen den beiden     */
    /* zugehoerigen Stuetzpunkten (x[i], y[i]) und (x[i+1], y[i+1])       */
    /* gewaehlt wird. Dadurch gewinnt man mit geringem Aufwand grob       */
    /* angenaehert eine Parametrisierung nach der Bogenlaenge.            */

    if (cond_t == 0)                /* Parameterwerte noch nicht vorhanden? */
```

```
  for (t[0] = ZERO, i = 1; i <= n; i++)
  {
    deltx = x[i] - x[i - 1];
    delty = y[i] - y[i - 1];
    delt  = deltx * deltx + delty * delty;
    if (delt <= ZERO)
      return -i;
    t[i] = t[i - 1] + SQRT(delt);
  }

  switch (marg_cond)      /* je nach Art der Randbedingung die Eingabe-  */
  {                       /* parameter mess, alfx, betx, alfy, bety fuer */
    case 0:               /* spline() vorbesetzen                        */
      mess = 0;                                      /* not-a-knot-Spline? */
      break;
    case 1:                    /* 1. Randableitungen nach t vorgegeben? */
    case 2:                    /* 2. Randableitungen nach t vorgegeben? */
      mess = marg_cond;
      alfx = marg_0[0];
      alfy = marg_0[1];
      betx = marg_n[0];
      bety = marg_n[1];
      break;
    case 3:                                /* periodischer Spline? */
      mess = 4;
      if (x[n] != x[0])        /* ungeeignete Stuetzpunkte fuer */
        return 3;
      if (y[n] != y[0])        /* einen periodischen Spline?    */
        return 4;
      alfx = betx = ZERO;      /* vorsichtshalber wegen IBM C Set/2 1.0 */
      alfy = bety = ZERO;
      break;
    case 4:                    /* 1. Randableitungen dy/dx vorgegeben */
      mess = 1;                /* fuer spline(): 1. Ableitungen vorgegeben */
      if (FABS(marg_0[0]) >= MAXROOT)     /* Ableitung zu gross? */
        alfx = ZERO,                      /* senkrechte Tangente */
        alfy = sign(ONE, y[1] - y[0]);
      else
        alfx = sign(SQRT(ONE / (ONE + sqr(marg_0[0]))), x[1] - x[0]),
        alfy = alfx * marg_0[0];
      if (FABS(marg_n[0]) >= MAXROOT)
        betx = ZERO,
        bety = sign(ONE, y[n] - y[n - 1]);
      else
        betx = sign(SQRT(ONE / (ONE + sqr(marg_n[0]))),x[n] - x[n - 1]),
        bety = betx * marg_n[0];
  }

  fehler = spline(n + 1, t, x, mess, alfx, betx, 1, bx, cx, dx);
  if (fehler < 0)
    return 5;
  else if (fehler > 0)
    return fehler + 5;

  fehler = spline(n + 1, t, y, mess, alfy, bety, 0, by, cy, dy);
  if (fehler != 0)
    return fehler + 20;

  return 0;
}
```

```
/* ---------------------------------------------------------------- */

    int spltrans      /* transformiert-parametr. kub. Polynomspline .......*/
                (
                 int    m,         /* Anzahl der Stuetzpunkte .............*/
                 REAL   x[],       /* Stuetzstellen .......................*/
                 REAL   y[],       /* Stuetzwerte .........................*/
                 int    mv,        /* Art der Koordinatenverschiebung .....*/
                 REAL   px[],      /* Koordinaten des .....................*/
                 REAL   py[],      /* Verschiebepunktes P .................*/
                 REAL   a[],       /* Splinekoeff. von (phi-phin[i])^0 ....*/
                 REAL   b[],       /* Splinekoeff. von (phi-phin[i])  ....*/
                 REAL   c[],       /* Splinekoeff. von (phi-phin[i])^2 ....*/
                 REAL   d[],       /* Splinekoeff. von (phi-phin[i])^3 ....*/
                 REAL   phin[],    /* Winkelkoordinaten der Stuetzpunkte ..*/
                 REAL   *phid      /* Drehwinkel des Koordinatensystems ...*/
                )                  /* Fehlercode ..........................*/
```

/***
 * die Koeffizienten einer transformiert-parametrischen interpolieren-
 * den kubischen Splinefunktion fuer eine geschlossene, ueberall glatte
 * Kurve berechnen.
 * Eine transformiert-parametrische kubische Splinefunktion ist eine
 * periodische kubische Splinefunktion wie in der Funktion spline(),
 * jedoch in Polarkoordinatendarstellung. Dies ermoeglicht in vielen
 * Faellen die Interpolation von Daten, deren Stuetzstellen nicht mono-
 * ton steigend angeordnet sind, ohne echte parametrische Splines (wie
 * in der Funktion parspl()) berechnen zu muessen.
 * Hierzu transformiert die Funktion die eingegebenen Punkte zunaechst
 * auf Polarkoordinaten (phin[i],a[i]), wobei phin[i] der Winkel und
 * a[i] die Laenge des Ortsvektors von (x[i],y[i]) ist, i=0(1)m-1. Dies
 * muss so moeglich sein, dass die Winkelwerte phin[i] streng monoton
 * steigen, andernfalls ist das transformiert-parametrische Verfahren
 * nicht anwendbar. Dann wird eine periodische kubische Splinefunktion
 * mit den Winkeln phin[i] als Stuetzstellen berechnet, die die Vektor-
 * laengen a[i] interpoliert. Um die Monotonie der phin[i] zu errei-
 * chen, kann es notwendig sein, den Koordinatenursprung auf einen
 * Punkt P = (px, py) zu verschieben und das Koordinatensystem um ei-
 * nen Winkel phid zu drehen. (px, py) muss so in der durch die
 * (x[i], y[i]) beschriebenen Flaeche liegen, dass jeder von P ausge-
 * hende Polarstrahl die Randkurve der Flaeche nur einmal schneidet.
 * P kann sowohl vom Benutzer vorgegeben als auch von der Funktion be-
 * rechnet werden. Der hier berechnete Wert ist allerdings als Vor-
 * schlagswert aufzufassen, der in unguenstigen Faellen nicht immer die
 * Bedingungen erfuellt. Ausserdem muessen die (x[i],y[i]) in der Rei-
 * henfolge angeordnet sein, die sich ergibt, wenn man die Randkurve
 * der Flaeche, beginnend bei i = 1, im mathematisch positiven Sinn
 * durchlaeuft. Da die Kurve geschlossen ist, muss x[m-1] = x[0] und
 * y[m-1] = y[0] sein.
 *
 * Eingabeparameter:
 * ==================
 * m: Anzahl der Stuetzstellen (mindestens 3)
 * x: [0..m-1]-Vektor mit den Stuetzstellen
 * y: [0..m-1]-Vektor mit den zu interpolierenden Stuetzwerten
 * mv: Marke fuer die Verschiebung des Koordinatenursprungs.
 *   mv > 0: Der Benutzer gibt die Koordinaten px, py vor.
 *   mv = 0: keine Verschiebung (d.h. px = py = 0)
 *   mv < 0: px und py werden hier berechnet.
 *   Es wird gesetzt:
 *   px = (xmax + xmin) / 2
 *   py = (ymax + ymin) / 2
 *   mit xmax = max(x[i]), xmin = min(x[i]),
 *   ymax = max(y[i]), ymin = min(y[i]), i=0(1)m-1.
 *   Zur Beachtung: Hierdurch ist nicht notwendigerweise
 *   sichergestellt, dass P die oben genannten Bedingungen
 *   erfuellt. Falls die Funktion mit dem Fehlercode -3

Berechnung der parametrischen kubischen Splines

```
*                endet, muss P vom Benutzer vorgegeben werden.      *
*                                                                    *
* px: \ fuer mv > 0: vorgegebene Koordinaten des Punktes P           *
* py: /                                                              *
*                                                                    *
* Ausgabeparameter:                                                  *
* =================                                                  *
* a: \   [0..m-1]-Vektoren mit Splinekoeffizienten in der Darstellung*
* b: \       S(phi) =  a[i]  +  b[i] * (phi - phin[i])               *
* c: /                       +  c[i] * (phi - phin[i]) ^ 2           *
* d: /                       +  d[i] * (phi - phin[i]) ^ 3           *
*          fuer  phin[i] <= phi <= phin[i+1],   i=0(1)m-2 .          *
*          Die a[i] sind die Vektorlaengen der (x[i],y[i]) in der Polar-*
*          koordinatendarstellung. b, c und d werden auch noch fuer  *
*          Zwischenergebnisse missbraucht.                           *
* phin: [0..m-1]-Vektor mit den Winkelkoordinaten der (x[i],y[i]) in *
*       der Polarkoordinatendarstellung.                             *
*       Es ist phin[0]   = 0,                                        *
*              phin[i]   = arctan((y[i] - py) / (x[i] - px)) - phid, *
*                          i=1(1)m-2                                 *
*              phin[m-1] = 2 * Pi                                    *
*                                                                    *
* px: \ Koordinaten des Verschiebungspunktes P                       *
* py: /                                                              *
* phid: Winkel, um den das Koordinatensystem eventuell gedreht wurde.*
*       Es ist phid = arctan(y[0] / x[0]).                           *
*                                                                    *
* Funktionswert:                                                     *
* ==============                                                     *
*  0: kein Fehler                                                    *
* -1: m < 3                                                          *
* -3: Die phin[i] sind nicht streng monoton steigend.                *
* -4: x[m-1] != x[0]   oder   y[m-1] != y[0]                         *
* >0: Fehler in spline()                                             *
*                                                                    *
* benutzte globale Namen:                                            *
* =======================                                            *
* spline, REAL, PI, sqr, SQRT, ACOS, ZERO, TWO                       *
**********************************************************************/

{
  REAL xmin,                 /* Minimum der x[i]                      */
       xmax,                 /* Maximum der x[i]                      */
       ymin,                 /* Minimum der y[i]                      */
       ymax,                 /* Maximum der y[i]                      */
       sa,                   /* sin(-phid)                            */
       ca;                   /* cos(-phid)                            */
  int  n,                    /* m - 1, Index der letzten Stuetzstelle */
       i;                    /* Laufvariable                          */

  n = m - 1;


  /* ---------------- die Vorbedingungen ueberpruefen --------------- */
  if (n < 2)
    return -1;
  if (x[0] != x[n] || y[0] != y[n])
    return -4;


  /* ---------------- die Koordinaten transformieren ---------------- */
  if (mv == 0)               /* das Koordinatensystem nicht verschieben? */
  {
    *px = *py = ZERO;
    for (i = 0; i <= n; i++)
      b[i] = x[i],
```

```
      c[i] = y[i];
  }
  else            /* den Koordinatenursprung nach (px, py) verschieben? */
  {
    if (mv < 0)              /* Sollen py und py berechnet werden? */
    {
      xmax = x[0];
      xmin = x[0];
      ymax = y[0];
      ymin = y[0];
      for (i = 1; i <= n; i++)
      {
        if (x[i] > xmax)
          xmax = x[i];
        if (x[i] < xmin)
          xmin = x[i];
        if (y[i] > ymax)
          ymax = y[i];
        if (y[i] < ymin)
          ymin = y[i];
      }
      *px = (xmax + xmin) / TWO;
      *py = (ymax + ymin) / TWO;
    }

    for (i = 0; i <= n; i++)     /* die verschoben Punkte (x[i],y[i]) */
      b[i] = x[i] - *px,         /* in (b[i],c[i]) aufgewahren        */
      c[i] = y[i] - *py;
  }


  /* ---- die transformierten Stuetzstellen berechnen:              ---- */
  /* ---- 1. die a[i] berechnen. Abbruch, wenn  a[i] = 0, d. h.     ---- */
  /* ----    wenn (px, py) mit einer Stuetzstelle zusammenfaellt    ---- */
  for (i = 0; i <= n; i++)
  {
    a[i] = SQRT(sqr(b[i]) + sqr(c[i]));
    if (a[i] == ZERO)
      return -3;
  }


  /*--------------------------------------------------------------------*/
  /* 2. die um alpha gedrehten Koordinaten X1, Y1 berechnen             */
  /*    nach den Gleichungen:                                           */
  /*                                                                    */
  /*   (X1)   ( cos(alpha)   -sin(alpha) ) (X)                          */
  /*   (  ) = (                          ) ( )                          */
  /*   (Y1)   ( sin(alpha)    cos(alpha) ) (Y)                          */
  /*                                                                    */
  /*   mit alpha = -phid                                                */
  /*--------------------------------------------------------------------*/
  *phid = ACOS(b[0] / a[0]);
  if (c[0] < ZERO)
    *phid = TWO * PI - *phid;
  ca = b[0] / a[0];
  sa = -c[0] / a[0];
  for (i = 0; i <= n; i++)              /* die gedrehten Koordinaten */
    d[i] = b[i] * ca - c[i] * sa,       /* (b[i],c[i]) in            */
    c[i] = b[i] * sa + c[i] * ca;       /* (d[i],c[i] ablegen        */


  /* ------ die Winkelkoordinaten phin[i] berechnen. Abbruch,       ---- */
  /* ------ wenn die Winkel nicht streng monoton steigend sind      ---- */
  phin[0] = ZERO;
  for (i = 1; i < n; i++)
```

```
    {
      phin[i] = ACOS(d[i] / a[i]);
      if (c[i] < ZERO)
        phin[i] = TWO * PI - phin[i];
      if (phin[i] <= phin[i - 1])
        return -3;
    }
    phin[n] = TWO * PI;


    /* --------------- die Splinekoeffizienten berechnen -------------- */
    return spline(n + 1, phin, a, 4, ZERO, ZERO, 0, b, c, d);
  }
  /* ----------------------- ENDE kubsplin.c ----------------------- */
```

P 10.2 Hermite–Splines fünften Grades

```
/* -------------------- DEKLARATIONEN hrmsplin.h -------------------- */
int hermit            /* nichtparametrischer Hermite-Spline .........*/
     (
      int    m,          /* Anzahl der Stuetzstellen .............*/
      REAL   x[],        /* Stuetzstellen ........................*/
      REAL   y[],        /* Stuetzwerte ..........................*/
      REAL   y1[],       /* 1. Ableitungen .......................*/
      int    marg_cond,  /* Art der Randbedingung ................*/
      REAL   marg_0,     /* linke Randbedingung ..................*/
      REAL   marg_n,     /* rechte Randbedingung .................*/
      int    save,       /* dynamische Hilfsfelder sichern? .....*/
      REAL   c[],        /* Splinekoeffizienten von (x-x[i])^2 ..*/
      REAL   d[],        /* Splinekoeffizienten von (x-x[i])^3 ..*/
      REAL   e[],        /* Splinekoeffizienten von (x-x[i])^4 ..*/
      REAL   f[]         /* Splinekoeffizienten von (x-x[i])^5 ..*/
     );                  /* Fehlercode ..........................*/

int parmit            /* parametrischer Hermite-Spline .........*/
     (
      int    m,          /* Anzahl der Stuetzpunkte .............*/
      REAL   x[],        /* x-Koordinaten der Stuetzpunkte ......*/
      REAL   y[],        /* y-Koordinaten der Stuetzpunkte ......*/
      int    richt,      /* Art der vorgegebenen Ableitungen ....*/
      REAL   xricht[],   /* Tangential- bzw. Normalenvektoren ...*/
      REAL   yricht[],   /* bzw. nur dy/dx in yricht ............*/
      int    marg,       /* Art der Randbedingung ................*/
      REAL   corn_1[],   /* linke Randbedingungen ...............*/
      REAL   corn_n[],   /* rechte Randbedingungen ..............*/
      REAL   cx[],       /* x-Splinekoeffiz. fuer (t-t[i])^2 ....*/
      REAL   dx[],       /* x-Splinekoeffiz. fuer (t-t[i])^3 ....*/
      REAL   ex[],       /* x-Splinekoeffiz. fuer (t-t[i])^4 ....*/
      REAL   fx[],       /* x-Splinekoeffiz. fuer (t-t[i])^5 ....*/
      REAL   cy[],       /* y-Splinekoeffiz. fuer (t-t[i])^2 ....*/
      REAL   dy[],       /* y-Splinekoeffiz. fuer (t-t[i])^3 ....*/
      REAL   ey[],       /* y-Splinekoeffiz. fuer (t-t[i])^4 ....*/
      REAL   fy[],       /* y-Splinekoeffiz. fuer (t-t[i])^4 ....*/
      REAL   t[],        /* Parameterstuetzstellen ..............*/
      REAL   xt[],       /* normierte Tangentialvektoren (x) ....*/
      REAL   yt[]        /* normierte Tangentialvektoren (y) ....*/
     );                  /* Fehlercode ..........................*/

/* --------------------- ENDE hrmsplin.h ------------------------ */
/* --------------------- MODUL hrmsplin.c ----------------------- */

/*******************************************************************
*                                                                  *
* Funktionen zur Berechnung interpolierender Hermite-Polynomsplines *
```

```
/* -------------------------------------------------------------- *
*                                                                 *
* Programmiersprache: ANSI-C                                      *
* Compiler:           Turbo C 2.0                                 *
* Rechner:            IBM PS/2 70 mit 80387                       *
* Bemerkung:          Umsetzung eines aequivalenten QB-Moduls     *
* Autoren:            Elmar Pohl (QuickBASIC), Dorothee Seesing (C) *
* Bearbeiter:         Juergen Dietel, Rechenzentrum der RWTH Aachen *
* Datum:              DI 2. 2. 1993                               *
*                                                                 *
******************************************************************/

#include <basis.h>      /* wegen sqr, MAXROOT, NULL, SQRT, FABS, REAL, */
                        /*       ZERO, ONE, TWO, THREE, HALF, FIVE,    */
                        /*       FOUR, TEN, EIGHT, NINE, SIX, TRUE,    */
                        /*       FALSE                                 */
#include <vmblock.h>    /* wegen vmalloc, vmcomplete, vmfree, vminit,  */
                        /*       VEKTOR                                */
#include <u_proto.h>    /* wegen trdiag, tzdiag                        */
#include <hrmsplin.h>   /* wegen hermit, parmit                        */
```

P 10.2.2 Berechnung der nichtparametrischen kubischen Hermite–Splines

```
/* -------------------------------------------------------------- */
static REAL fdext         /* Hilfsfunktion fuer hermit() ............*/
              (
               REAL a1,
               REAL a2,
               REAL a3,
               REAL b1,
               REAL b2,
               REAL b3,
               REAL rec1,
               REAL rec2
              )
/*****************************************************************
* Der Wert dieser Funktion ist ein Element der rechten Seite des *
* Gleichungssystems, das in  hermit()  aufgestellt wird.         *
*                                                                *
* benutzte globale Namen:                                        *
* =======================                                        *
* REAL, TEN, FOUR                                                *
*****************************************************************/
{
  REAL hilf,
       rec1h,
       rec2h;

  rec1h =  rec1 * rec1;
  rec2h =  rec2 * rec2;
  hilf  =  TEN * ((a3 - a2) * rec2 * rec2h - (a2 - a1) * rec1 * rec1h);
  hilf += FOUR * (b1 * rec1h - (REAL)1.5 * (rec2h - rec1h) * b2 -
          b3 * rec2h);

  return hilf;
}
```

Berechnung der nichtparametrischen kub. Hermite-Splines

```
/* -------------------------------------------------------------- */
int hermit             /* nichtparametrischer Hermite-Spline .............*/
     (
      int  m,          /* Anzahl der Stuetzstellen ............*/
      REAL x[],        /* Stuetzstellen ......................*/
      REAL y[],        /* Stuetzwerte ........................*/
      REAL y1[],       /* 1. Ableitungen .....................*/
      int  marg_cond,  /* Art der Randbedingung ..............*/
      REAL marg_0,     /* linke Randbedingung ................*/
      REAL marg_n,     /* rechte Randbedingung ...............*/
      int  save,       /* dynamische Hilfsfelder sichern? .....*/
      REAL c[],        /* Splinekoeffizienten von (x-x[i])^2 ..*/
      REAL d[],        /* Splinekoeffizienten von (x-x[i])^3 ..*/
      REAL e[],        /* Splinekoeffizienten von (x-x[i])^4 ..*/
      REAL f[]         /* Splinekoeffizienten von (x-x[i])^5 ..*/
     )                 /* Fehlercode .........................*/

/***************************************************************
* zu den Wertetripeln                                          *
*                   (x[i], y[i], y1[i]), i = 0(1)m-1,          *
* die Koeffizienten eines interpolierenden Hermite-Splines berechnen. *
* Dabei kann die Art der Randbedingung durch den Parameter marg_cond  *
* vorgegeben werden. Die x[i] muessen streng monoton wachsen.  *
* Bei Aufrufen mit gleichen Stuetzstellen, aber verschiedenen Funkti- *
* ons- und Ableitungswerten besteht die Moeglichkeit, die wiederholte *
* Aufstellung und Umformung des Gleichungssystems zu vermeiden, indem *
* man den Parameter save von Null verschieden waehlt und so Zerle-    *
* gungsmatrizen fuer den naechsten Aufruf rettet.              *
* Wichtig: Damit der Speicher fuer die Hilfsfelder wieder frei wird  *
* --------  und bei weiteren Aufrufen nicht mit falschen Zerlegungs- *
*           matrizen gearbeitet wird, muss der letzte Aufruf einer   *
*           zusammengehoerigen Aufruffolge mit save = 0 statt mit    *
*           save = 1 ausgefuehrt werden!                        *
*                                                               *
* Eingabeparameter:                                             *
* ================                                              *
* m:         Anzahl der Stuetzstellen (mindestens 3)            *
* x:         [0..m-1]-Vektor mit den Stuetzstellen              *
* y:         [0..m-1]-Vektor mit den Stuetzwerten               *
* y1:        [0..m-1]-Vektor mit den ersten Ableitungen an den *
*            Stuetzstellen                                      *
* marg_cond: Art der Randbedingung:                             *
*            = 1: periodischer Spline                           *
*            = 2: natuerlicher Spline                           *
*            = 3: 2. Ableitungen an den Raendern werden vorgegeben. *
*            = 4: Kruemmungsradien des Splines an den Raendern  *
*                 werden vorgegeben.                            *
*            = 5: 3. Ableitungen an den Raendern werden vorgegeben. *
* marg_0: \  Randbedingungen fuer                               *
* marg_n: /  marg_cond = 3, 4, 5                                *
* save:      Flagge, die anzeigt, ob der Speicher fuer die Hilfsfel- *
*            der mit den Zerlegungsmatrizen fuer den naechsten Aufruf *
*            aufbewahrt werden soll. Im Normalfall ist save = 0 zu *
*            setzen. Wenn man mehrere Splinefunktionen mit denselben *
*            Stuetzstellen x[i], aber anderen y[i] berechnen will *
*            (z. B. bei parametrischen Splines), kann man ab dem *
*            zweiten Aufruf Rechenzeit sparen, indem man beim ersten *
*            Aufruf save = 1 setzt. Dann wird naemlich die neuerliche *
*            Aufstellung und Zerlegung der Tridiagonalmatrix umgangen *
*            (=> ca. 4*m Punktoperationen weniger).             *
*            Im letzten Aufruf muss man save = 0 waehlen, damit der *
*            von den Hilfsfeldern beanspruchte Speicher auf dem Heap *
*            fuer andere Programmteile wieder verfuegbar wird.  *
*                                                               *
* Ausgabeparameter:                                             *
* ================                                              *
```

```
*  c:  \     [0..m-2]-Vektoren mit den Koeffizienten der Splinepolynome   *
*  d:  \     nach dem Ansatz   s(x)  =  a[i] + b[i] * (x - x[i])          *
*  e:  /            + c[i] * (x - x[i]) ^ 2 + d[i] * (x - x[i]) ^ 3       *
*  f:  /            + e[i] * (x - x[i]) ^ 4 + f[i] * (x - x[i]) ^ 5.      *
*            a entspricht y, b entspricht y1.                             *
*            c und d haben (wie a und b) noch ein zusaetzliches Element   *
*            c[m-1] und d[m-1].                                           *
*                                                                         *
* Funktionswert:                                                          *
*  ==============                                                         *
* = 0: kein Fehler                                                        *
* = 1: nicht erlaubter Wert fuer die Art der Randbedingung                *
* = 2: m < 3                                                              *
* = 3: bei marg_cond = 1: Periodizitaetsbedingungen nicht erfuellt        *
* = 4: Monotonie der Stuetzstellen verletzt                               *
* = 5: bei marg_cond = 4: Eine der Randbedingungen ist 0.                 *
* = 6: nicht genuegend Heapspeicher fuer die Hilfsfelder                  *
* = 7: Fehler in trdiag() oder tzdiag()                                   *
* Im Fehlerfall sind die Werte der Ausgabeparameter unbestimmt, und       *
* der Speicher fuer die Hilfsfelder wird freigegeben.                     *
*                                                                         *
* benutzte globale Namen:                                                 *
* =======================                                                 *
* fdext, sqr, REAL, SQRT, vminit, vmalloc, vmcomplete, vmfree, VEKTOR,    *
* trdiag, tzdiag, NULL, TRUE, FALSE, ZERO, ONE, TWO, THREE, HALF,         *
* FIVE, TEN, EIGHT, NINE, SIX                                             *
***************************************************************************/

{
#define ciao(fehler)          /* dafuer sorgen, dass vor dem Beenden   */\
  {                           /* von hermit() aufgeraeumt wird         */\
    vmfree(vmblock);          /* Speicherplatz fuer die Hilfsfelder freigeben */\
    vmblock = NULL;           /* und dies auch anzeigen                */\
    return fehler;            /* den Fehlercode an den Aufrufer weiterreichen */\
  }

  static
    void *vmblock = NULL;     /* Liste der dynamisch vereinbarten Vek- */
                              /* toren. Der Wert NULL zeigt an, dass   */
                              /* noch keine Hilfsvektoren aus eventu-  */
                              /* ellen frueheren Aufrufen existieren,  */
                              /* dass dies also der erste Aufruf einer */
                              /* zusammengehoerenden Folge mit glei-   */
                              /* chen Stuetzstellen ist.               */
  static
    REAL *h,                  /* [0..m-2]-Vektor mit den Laengen der Stuetz- */
                              /* stellenintervalle                     */
         *lower,              /* [0..m-2]-Vektor mit der unteren Nebendiago- */
                              /* nale der Matrix, spaeter Zerlegungsmatrix */
                              /* von trdiag() bzw. tzdiag()            */
         *diag,               /* [0..m-2]-Vektor mit der Hauptdiagonale der */
                              /* Matrix, spaeter Zerlegungsmatrix von  */
                              /* trdiag() bzw. tzdiag()                */
         *upper,              /* [0..m-2]-Vektor mit der oberen Nebendiago- */
                              /* nale der Matrix, spaeter Zerlegungsmatrix */
                              /* von trdiag() bzw. tzdiag()            */
         *lowrow,             /* [0..m-4]-Vektor mit der unteren Zeile der */
                              /* Matrix, spaeter Zerlegungsmatrix von tzdiag() */
         *ricol;              /* [0..m-4]-Vektor mit der rechten Spalte der */
                              /* Matrix, spaeter Zerlegungsmatrix von tzdiag() */
    int n,                    /* m - 1, Index der letzten Stuetzstelle */
        nm1,                  /* n - 1                                 */
        nm2,                  /* n - 2                                 */
        fehler,                /* Fehlercode von trdiag() bzw. tzdiag() */
        i,                    /* Laufvariable                          */
        erster_aufruf;        /* Flagge, die anzeigt, dass gerade der  */
```

```
              REAL alpha,          /* erste Aufruf einer Folge stattfindet */
                   beta1,          /* Parameter des Gleichungssystems,     */
                   beta2,          /* die von den Randbedingungen ab-      */
                                   /* haengen (alpha fuer die Matrix,      */
                                   /* beta1, beta2 fuer die rechte Seite)  */
                   y21,            /* c[0] bei gegebenem Kruemmungsradius  */
                   y2n,            /* c[n] bei gegebenem Kruemmungsradius  */
                   a1,             /* Zwischenspeicher fuer                */
                   a2,             /* Elemente von                         */
                   a3,             /* y                                    */
                   b1,             /* Zwischenspeicher fuer                */
                   b2,             /* Elemente von                         */
                   b3,             /* y1                                   */
                   hi,             /* h[i]                                 */
                   hsq,            /* h[0], h[nm2], y1[0], y1[n] hoch 2    */
                   rec1,           /* Hilfsvariablen fuer die Kehrwerte    */
                   rec2;           /* von Stuetzstellenintervallaengen     */

  n   = m   - 1;
  nm1 = n   - 1;
  nm2 = nm1 - 1;

  if (n < 2)                       /* weniger als drei Stuetzstellen? */
    ciao(2);

  if (marg_cond < 1 || marg_cond > 5)  /* nicht definierte Art von */
    ciao(1);                           /* Randbedingung?           */

  if (marg_cond == 1)                            /* periodischer Spline? */
    if (y[0] != y[n] || y1[0] != y1[n])          /* nichtperiodische     */
      ciao(3);                                   /* Randwerte?           */

  if (marg_cond == 4)                            /* Kruemmungsradien vorgegeben? */
    if (marg_0 == ZERO || marg_n == ZERO)        /* ein Radius gleich Null?      */
      ciao(5);

  /* 1. Aufruf: Speicher fuer die Hilfsfelder anfordern: 4 [0..n-1]- */
  /* Vektoren (im periodischen Fall noch 2 [0..n-3]-Vektoren)        */
  if (vmblock == NULL)             /* erster Aufruf einer Folge? */
  {
    erster_aufruf = TRUE;
    #define MYALLOC(l)  (REAL *)vmalloc(vmblock, VEKTOR, (l), 0)
    vmblock = vminit();            /* Speicherblock initialisieren */
    h       = MYALLOC(n);          /* Speicher fuer die            */
    lower   = MYALLOC(n);          /* Hilfsvektoren anfordern      */
    diag    = MYALLOC(n);
    upper   = MYALLOC(n);
    if (marg_cond == 1)            /* periodischer Spline mit      */
      if (n > 2)                   /* genuegend Stuetzstellen?     */
      {
        lowrow = MYALLOC(n - 2),   /* auch die zusaetzlichen       */
        ricol  = MYALLOC(n - 2);   /* Vektoren versorgen           */
      }
    #undef MYALLOC
  }
  else
    erster_aufruf = FALSE;
  if (! vmcomplete(vmblock))       /* Ging eine der Speicheranforderungen */
    ciao(6);                       /* fuer den Block schief?              */


  if (erster_aufruf)
  {
```

```
    for (i = 0; i <= nm1; i++)      /* Intervallaengen berechnen und */
    {                               /* dabei die Stuetzstellen auf   */
      hi = x[i + 1] - x[i];         /* Monotonie pruefen             */
      if (hi <= ZERO)
        ciao(4);
      h[i] = hi;
    }

    /* --------- die Matrix des Gleichungssystems aufstellen -------- */

    if (marg_cond == 5)
      alpha = EIGHT / NINE;
    else
      alpha = ONE;

    if (n == 2)
      diag[0] = THREE * alpha * (ONE / h[0] + ONE / h[1]);
    else
    {
      for (rec1 = alpha / h[0], i = 0; i < nm2; i++, rec1 = rec2)
        rec2     = ONE / h[i + 1],
        diag[i]  = THREE * (rec1 + rec2),
        upper[i] = lower[i + 1] = -rec2;
      diag[nm2] = THREE * (ONE / h[nm2] + alpha / h[nm1]);
    }

    if (marg_cond == 1)                  /* periodischer Spline? */
    {                                    /* In diesem Fall       */
      rec1 = ONE / h[nm1];               /* muessen einige       */
      rec2 = ONE / h[0];                 /* Elemente von diag,   */
      diag[nm1] = THREE * (rec1 + rec2); /* upper, lower         */
      if (n == 2)                        /* korrigiert und       */
        upper[0] = lower[1] = -rec1 - rec2;  /* lowrow[0], ricol[0] */
      else                               /* gesetzt werden.      */
        lowrow[0] = ricol[0] = -rec2,
        lower[nm1] = upper[nm2] = -rec1;
    }
  }

  switch (marg_cond)            /* die Parameter beta1 und beta2 des */
  {                             /* Gleichungssystems aus den         */
                                /* Randbedingungen berechnen         */
    case 1:                     /* periodischer Spline? */
    case 2:                     /* natuerlicher Spline? */
      beta1 = beta2 = ZERO;
      break;
    case 3:                     /* 2. Randableitungen gegeben? */
      beta1 = HALF * marg_0 / h[0];
      beta2 = HALF * marg_n / h[nm1];
      break;
    case 4:                     /* Kruemmungsradien gegeben?   */
      hsq = sqr(y1[0]);
      y21 = HALF * SQRT(sqr((ONE + hsq)) * (ONE + hsq)) / marg_0;
      hsq = sqr(y1[n]);
      y2n = HALF * SQRT(sqr((ONE + hsq)) * (ONE + hsq)) / marg_n;
      beta1 = y21 / h[0];
      beta2 = y2n / h[nm1];
      break;
    case 5:                     /* 3. Randableitungen gegeben? */
      hsq = sqr(h[0]);
      beta1 = TEN * (y[1] - y[0]) / THREE / h[0] / hsq -
              TWO * (TWO * y1[1] + THREE * y1[0]) / THREE / hsq -
              marg_0 / (REAL)18.0;
```

```
            hsq = sqr(h[nm1]);
            beta2 = -TEN * (y[n] - y[nm1]) / THREE / h[nm1] / hsq +
                    TWO * (THREE * y1[n] + TWO * y1[nm1]) / THREE / hsq +
                    marg_n / (REAL)18.0;
            break;
    }


    rec1 = ONE / h[0];                  /* die rechte Seite des         */
    a1   = y[0];                        /* Gleichungssystems aufstellen */
    a2   = y[1];
    b1   = y1[0];
    b2   = y1[1];
    for (i = 0; i <= nm2; i++, a1 = a2, b1 = b2, a2 = a3, b2 = b3,
                                rec1 = rec2)
    {
        rec2 = ONE / h[i + 1];
        a3   = y[i + 2];
        b3   = y1[i + 2];
        c[i] = fdext(a1, a2, a3, b1, b2, b3, rec1, rec2);
    c[0]   += beta1;
    c[nm2] += beta2;
    if (marg_cond == 1)                 /* periodischer Spline? */
        c[nm1] = fdext(a1, a2, y[1], b1, b2, y1[1], rec1, ONE / h[0]);


    switch (n)                          /* das Gleichungssystem loesen */
    {
        case 2:
            if (marg_cond == 1)                         /* periodischer Spline? */
                c[2] = (c[1] - lower[1] * c[0] / diag[0]) /
                       (diag[1] - lower[1] * upper[0] / diag[0]),
                c[1] = (c[0] - upper[0] * c[2]) / diag[0];
            else
                c[1] = c[0] / diag[0];
            break;
        default:
            if (marg_cond == 1)                         /* periodischer Spline? */
                fehler = tzdiag(n, lower, diag, upper, lowrow, ricol,
                                c, ! erster_aufruf);
            else
                fehler = trdiag(nm1, lower, diag, upper, c, ! erster_aufruf);
            if (fehler != 0)
                ciao(7);
            for (i = n; i != 0; i--)    /* die Elemente des Loesungsvektors */
                c[i] = c[i - 1];        /* eine Position nach rechts schieben */
    }


    switch (marg_cond)      /* je nach Art der Randbedingung die Koeffi- */
    {                       /* zienten c[0] und c[n] gesondert bestimmen */
        case 1:
            c[0] = c[n];
            break;
        case 2:
            c[0] = c[n] = ZERO;
            break;
        case 3:
            c[0] = HALF * marg_0;
            c[n] = HALF * marg_n;
            break;
        case 4:
            c[0] = y21;
            c[n] = y2n;
            break;
        case 5:
            c[0] = beta1 * h[0]    + c[1]   / THREE;
            c[n] = beta2 * h[nm1]  + c[nm1] / THREE;
```

```
    }

    /* -- die restlichen Koeffizienten d[i], e[i] und f[i] berechnen -- */

    for (i = 0; i <= nm1; i++)
    {
      d[i] = TEN * (y[i + 1] - y[i]) / h[i] -
             TWO * (TWO * y1[i + 1] + THREE * y1[i]);
      d[i] = (d[i] / h[i] + c[i + 1] - THREE * c[i]) / h[i];
    }

    d[n] = d[nm1] - (TWO * (y1[n] - y1[nm1]) / h[nm1] -
           TWO * (c[n] + c[nm1])) / h[nm1];

    for (i = 0; i <= nm1; i++)
      hi   = h[i],
      e[i] = (HALF * (y1[i + 1] - y1[i]) / hi - c[i]) / hi,
      e[i] = (e[i] - (REAL)0.25 * (d[i + 1] + FIVE * d[i])) / hi,
      f[i] = (((c[i + 1] - c[i]) / hi - THREE * d[i]) /
             hi - SIX * e[i]) / hi / TEN;

    if (!save)                       /* Hilfsfelder nicht aufbewahren    */
      ciao(0);                       /* (letzter Aufruf einer Folge)?    */

  return 0;
#undef ciao
}
```

P 10.2.3 Berechnung der parametrischen kubischen Hermite–Splines

```
/* ------------------------------------------------------------------- */

int parmit                 /* parametrischer Hermite-Spline ...........*/
         (
           int  m,         /* Anzahl der Stuetzpunkte .................*/
           REAL x[],       /* x-Koordinaten der Stuetzpunkte ..........*/
           REAL y[],       /* y-Koordinaten der Stuetzpunkte ..........*/
           int  richt,     /* Art der vorgegebenen Ableitungen ........*/
           REAL xricht[],  /* Tangential- bzw. Normalenvektoren .......*/
           REAL yricht[],  /* bzw. nur dy/dx in yricht ................*/
           int  marg,      /* Art der Randbedingung ...................*/
           REAL corn_1[],  /* linke Randbedingungen ...................*/
           REAL corn_n[],  /* rechte Randbedingungen ..................*/
           REAL cx[],      /* x-Splinekoeffiz. fuer (t-t[i])^2 ........*/
           REAL dx[],      /* x-Splinekoeffiz. fuer (t-t[i])^3 ........*/
           REAL ex[],      /* x-Splinekoeffiz. fuer (t-t[i])^4 ........*/
           REAL fx[],      /* x-Splinekoeffiz. fuer (t-t[i])^5 ........*/
           REAL cy[],      /* y-Splinekoeffiz. fuer (t-t[i])^2 ........*/
           REAL dy[],      /* y-Splinekoeffiz. fuer (t-t[i])^3 ........*/
           REAL ey[],      /* y-Splinekoeffiz. fuer (t-t[i])^4 ........*/
           REAL fy[],      /* y-Splinekoeffiz. fuer (t-t[i])^4 ........*/
           REAL t[],       /* Parameterstuetzstellen ..................*/
           REAL xt[],      /* normierte Tangentialvektoren (x) ........*/
           REAL yt[]       /* normierte Tangentialvektoren (y) ........*/
         )                 /* Fehlercode ..............................*/

/***************************************************************************
* die Koeffizienten einer parametrischen hermiteschen interpolierenden     *
* Splinefunktion berechnen.                                                *
* Dabei kann die Art der Randbedingung durch den Parameter marg            *
```

Berechnung der parametrischen kubischen Hermite-Splines 803

```
*    gewaehlt werden, und zur Festlegung der Richtung der Splinekurve in   *
*    den Stuetzpunkten koennen dort entweder Tangentialvektoren, Norma-    *
*    lenvektoren oder die Ableitungen von y nach x vorgegeben werden.      *
*                                                                          *
* Eingabeparameter:                                                        *
* =================                                                        *
* m:         Anzahl der Stuetzpunkte (mindestens 3)                        *
* x: \       [0..m-1]-Vektoren mit den Stuetzpunkten des Splines           *
* y: /                                                                     *
* richt:     Kennzahl fuer die Vorgabe der Ableitungen:                    *
*             = 1: durch Tangentialvektoren in (xricht[i], yricht[i])      *
*             = 2: durch Normalenvektoren  in (xricht[i], yricht[i])       *
*             = 3: durch Ableitungen y'(x)  in yricht[i]                   *
*            Die Laenge der Richtungsvektoren (xricht[i], yricht[i]) hat   *
*            auf den Spline keinen Einfluss, da sie auf 1 normiert         *
*            werden. Die normierten und ausgerichteten Tangentialvekto-    *
*            ren sind bei jeder Wahl von richt nach fehlerloser Ausfueh-   *
*            rung dieser Funktion in den Ausgabeparametern xt und yt       *
*            enthalten.                                                    *
* xricht:    [0..m-1]-Vektor mit den x-Komponenten der Tangential- bzw.    *
*            Normalenvektoren (fuer richt = 1, 2)                          *
* yricht:    [0..m-1]-Vektor mit den y-Komponenten der Tangential- bzw.    *
*            Normalenvektoren (fuer richt = 1, 2) bzw. den Ableitungen     *
*            y'(x) (fuer richt = 3).                                       *
*            Eine Ableitung y'(x), deren Betrag einen gewissen Schwel-     *
*            wert (hier MAXROOT, also die Wurzel aus der groessten         *
*            Gleitkommazahl) uebersteigt, wird als unendlich interpre-     *
*            tiert, so dass der Spline dort eine senkrechte Tangente       *
*            annimmt.                                                      *
* marg:      Art der Randbedingung:                                        *
*             = 1: periodischer Spline                                     *
*             = 2: natuerlicher Spline                                     *
*             = 3: Die 2. Ableitungen y''(x) an den Raendern werden        *
*                  vorgegeben, und zwar y''(x[0]) in corn_1[0] und         *
*                  y''(x[m-1]) in corn_n[0]                                *
*             = 4: Die 2. Ableitungen der Splinekomponenten nach dem       *
*                  Kurvenparameter an den Raendern werden vorgegeben, und  *
*                  zwar                                                    *
*                         ..                   ..                          *
*                        x(t[0]) in corn_1[0],  y(t[0]) in corn_n[1],      *
*                         ..                       ..                      *
*                        x(t[m-1]) in corn_n[0], y(t[m-1]) in corn_n[1].   *
*             = 5: Die Kruemmungskreisradien r1 und rn an den Raendern     *
*                  werden vorgegeben, und zwar r1 in corn_1[0] und rn in   *
*                  corn_n[0]. Der Kruemmungssinn wird durch das Vorzei-    *
*                  chen von r1 bzw. rn bestimmt. Ist der Radius positiv,   *
*                  so liegt der Kruemmungskreis in Richtung wachsenden     *
*                  Kurvenparameters gesehen links von der Kurve (Kurve     *
*                  konkav von links). Bei negativem Radius ist die Kruem-  *
*                  mung konkav von rechts. Bei der hier gewaehlten Para-   *
*                  trisierung wachsen die Kurvenparameter t[i] mit ihren   *
*                  Indizes i.                                              *
*             = 6: Die 3. Ableitungen der Splinekomponenten nach dem       *
*                  Kurvenparameter an den Raendern werden vorgegeben, und  *
*                  zwar                                                    *
*                        ...                  ...                          *
*                        x(t[0]) in corn_1[0],  y(t[0]) in corn_n[1],      *
*                        ...                      ...                     *
*                        x(t[m-1]) in corn_n[0], y(t[m-1]) in corn_n[1].   *
* corn_1:    [0..1]-Vektor mit den linken Randbedingungen des Splines      *
* corn_n:    [0..1]-Vektor mit den rechten Randbedingungen des Splines     *
*                                                                          *
* Ausgabeparameter:                                                        *
* =================                                                        *
* cx: \      [0..m-2]-Vektoren mit den Koeffizienten der Splinekomponente  *
* dx: \      sx(t) = ax[i] + bx[i] * (t - t[i]) + cx[i] * (t - t[i]) ^ 2   *
* ex: /             + dx[i] * (t - t[i]) ^ 3 + ex[i] * (t - t[i]) ^ 4      *
```

```
* fx: /              + fx[i] * (t - t[i]) ^ 5                         *
*           ax entspricht x, bx entspricht xt.                        *
*           cx und dx haben (wie ax und bx) noch ein zusaetzliches    *
*           Element cx[m-1] und dx[m-1].                              *
* cy: \     [0..m-2]-Vektoren mit den Koeffizienten der Splinekomponente *
* dy: \     sy(t) = ay[i] + by[i] * (t - t[i]) + cy[i] * (t - t[i]) ^ 2 *
* ey: /              + dy[i] * (t - t[i]) ^ 3 + ey[i] * (t - t[i]) ^ 4 *
* fy: /              + fy[i] * (t - t[i]) ^ 5                         *
*           ay entspricht y, by entspricht yt.                        *
*           cy und dy haben (wie ay und by) noch ein zusaetzliches    *
*           Element cy[m-1] und dy[m-1].                              *
* t:        [0..m-1]-Vektor mit den Werten des Kurvenparameters       *
* xt: \     [0..m-1]-Vektoren mit den normierten und ausgerichteten   *
* yt: /     Tangentialvektoren des Splines in den Stuetzpunkten       *
*                                                                     *
* Funktionswert:                                                      *
* ==============                                                      *
* =  0: kein Fehler                                                   *
* =  1: falscher Wert fuer die Art der Randbedingung in marg          *
* =  2: falscher Wert fuer die Art der Richtungsvektoren in richt     *
* =  3: m < 3, d. h. weniger als drei Stuetzpunkte                    *
* =  4: bei richt = 3: In einem Punkt ist die Berechnung eines sinn-  *
*          vollen Tangentialvektors aus den Ableitungen nach x wegen  *
*          mehrdeutiger Eingabedaten nicht moeglich. Dieser Fehler tritt *
*          z. B. dann auf, wenn drei aufeinanderfolgende Punkte auf einer *
*          Geraden liegen und die Tangente im mittleren Punkt senkrecht *
*          dazu vorgegeben wird.                                      *
* =  5: Zwei aufeinanderfolgende Stuetzpunkte sind gleich.            *
*          (Doppelpunkte sind sonst aber erlaubt.)                    *
* =  6: Ein Tangential- oder Normalvektor ist der Nullvektor.         *
* =  7: y''(x) wurde an den Raendern vorgegeben (marg = 3), aber die  *
*          Kurve hat dort eine senkrechte Tangente, was zu mathematischen *
*          Widerspruechen fuehrt.                                     *
* =  8: Einer der vorgegebenen Kruemmungsradien ist 0.                *
* =  9: Ein periodischer Spline wurde verlangt (marg = 1), aber die   *
*          Eingabedaten genuegen nicht den Periodizitaetsbedingungen. *
* = 10: Fehler im 1. Aufruf von hermit()                              *
* = 11: Fehler im 2. Aufruf von hermit()                              *
*                                                                     *
* benutzte globale Namen:                                             *
* ======================                                              *
* hermit, MAXROOT, sqr, REAL, FABS, SQRT, ZERO, ONE                   *
***********************************************************************/
{
  int n,                        /* m - 1, Index des letzten Stuetzpunkts */
      marg_herm,                /* Art der Randbedingung fuer hermit()   */
      fehler,                   /* Fehlercode von hermit()               */
      i;                        /* Laufvariable                          */
  REAL deltx,                   /* Hilfsvariable zur Berechnung der t[i] */
       delty,                   /* Hilfsvariable zur Berechnung der t[i] */
       delt,                    /* Hilfsvariable zur Berechnung der t[i] */
                                /* Skalarprodukt von Tangentialvektor und */
                                /* zugehoerigem Sehnenvektor             */
       corn_1_herm,             /* linke Randbedingung fuer hermit()     */
       corn_n_herm;             /* rechte Randbedingung fuer hermit()    */

  n = m - 1;

  if (marg < 1 || marg > 6)     /* unerlaubte Randbedingungsart?         */
    return 1;

  if (richt < 1 || richt > 3)   /* unerlaubte Richtungsvektorenart?      */
    return 2;
```

```
  if (n < 2)                        /* weniger als drei Stuetzpunkte?      */
    return 3;

  for (t[0] = ZERO, i = 1; i <= n; i++)  /* den Vektor t der Parame-       */
  {                                      /* terwerte berechnen             */
    deltx = x[i] - x[i - 1];
    delty = y[i] - y[i - 1];
    delt  = deltx * deltx +
            delty * delty;
    if (delt <= ZERO)               /* zwei gleiche Stuetzpunkte hintereinander? */
      return 5;
    t[i] = t[i - 1] + SQRT(delt);
  }

  switch (richt)    /* die Richtungsvektoren (xricht[i], yricht[i]) in     */
  {                 /* Tangentialvektoren (xt[i], yt[i]) umwandeln         */
    case 1:                         /* Tangentialvektoren schon gegeben?   */
      for (i = 0; i <= n; i++)      /* einfach nach xt und yt kopieren     */
        xt[i] = xricht[i],
        yt[i] = yricht[i];
      break;

    case 2:                         /* (xricht[i], yricht[i]) sind         */
      for (i = 0; i <= n; i++)      /* Normalenvektoren?                   */
        xt[i] = yricht[i],          /* die Richtungsvektoren um            */
        yt[i] = -xricht[i];         /* -90 Grad drehen und                 */
      break;                        /* eintragen                           */

    case 3:                         /* Ableitungen nach x in yricht?       */
      for (i = 0; i <= n; i++)      /* umwandeln in Ableitungen nach       */
                                    /* t in xt und yt                      */
        if (FABS(yricht[i]) >= MAXROOT)  /* Ableitung nach x               */
                                         /* zu gross?                      */
          xt[i] = ZERO,             /* eine senkrechte                     */
          yt[i] = ONE;              /* Tangente eintragen                  */
        else
          xt[i] = ONE,
          yt[i] = yricht[i];
      break;
  }

  if (marg == 1)                    /* periodischer Spline?                */
    if (y[0] != y[n] || y[0] != y[n] ||    /* Periodizitaetsbe-            */
        xt[0] != xt[n] || yt[0] != yt[n])  /* dingungen nicht              */
      return 9;                            /* erfuellt?                    */

  if (richt == 3)                   /* Waren Ableitungen nach x vorgeben?  */
  {
    /* Falls Tangentialvektoren und zugehoerige Sehnenvektoren in          */
    /* "entgegengesetzte" Richtung weisen, werden die betreffenden         */
    /* Tangentialvektoren um 180 Grad gedreht. Falls ein Tangential-       */
    /* vektor auf seinen beiden Sehnenvektoren senkrecht steht, wird       */
    /* dies als Fehler gewertet, da das Problem dann nicht eindeutig       */
    /* ist.                                                                */

    if ((delt =                     /* Winkel zwischen Tangential-         */
         (x[1] - x[0]) * xt[0] +    /* vektor und vorderem Sehnen-         */
         (y[1] - y[0]) * yt[0])     /* vektor groesser als 90 Grad?        */
        < ZERO)
      xt[0] = -xt[0],               /* Tangentialvektor umdrehen           */
      yt[0] = -yt[0];
```

```c
        else if (delt == ZERO)
           if (marg != 1)              /* kein periodischer Spline?         */
              return 4;
           else if ((delt =            /* Winkel zwischen Tan-              */
                    (x[0] - x[n - 1]) * xt[0] +  /* gentialvektor und      */
                    (y[0] - y[n - 1]) * yt[0])   /* hinterem Sehnenvektor  */
                    < ZERO)            /* groesser als 90 Grad?             */
              xt[0] = -xt[0],
              yt[0] = -yt[0];
           else if (delt == ZERO)
              return 4;

        for (i = 1; i < n; i++)        /* fuer alle inneren Stuetzpunkte   */
           if ((delt =                 /* Winkel zwischen Tan-             */
                (x[i + 1] - x[i]) * xt[i] +  /* gentialvektor und vor-    */
                (y[i + 1] - y[i]) * yt[i])   /* derem Sehnenvektor        */
                < ZERO)                /* groesser als 90 Grad?            */
              xt[i] = -xt[i],
              yt[i] = -yt[i];
           else if (delt == ZERO)
              if ((delt =              /* Winkel zwischen Tan-             */
                   (x[i] - x[i - 1]) * xt[i] +  /* gentialvektor und hin- */
                   (y[i] - y[i - 1]) * yt[i])   /* terem Sehnenvektor     */
                   < ZERO)             /* groesser als 90 Grad?            */
                 xt[i] = -xt[i],
                 yt[i] = -yt[i];
              else if (delt == ZERO)
                 return 4;

        if (marg == 1)                 /* periodischer Spline?              */
                                       /* Der letzte Tangentialvektor muss exakt */
           xt[n] = xt[0],              /* dem ersten gleichen, sonst koennte sich */
           yt[n] = yt[0];              /* hermit() beschweren.              */
        else if ((delt =
                  (x[n] - x[n - 1]) * xt[n] +
                  (y[n] - y[n - 1]) * yt[n])
                  < ZERO)
           xt[n] = -xt[n],
           yt[n] = -yt[n];
        else if (delt == ZERO)
           return 4;
     }

     for (i = 0; i <= n; i++)          /* die Tangentialvektoren            */
     {                                 /* (xt[i], yt[i]) normieren          */
        delt = SQRT(sqr(xt[i]) + sqr(yt[i]));
        if (delt <= ZERO)              /* Nullvektor?                       */
           return 6;
        xt[i] /= delt;
        yt[i] /= delt;
     }

     switch (marg)                     /* die noch fuer den 1. Aufruf von hermit() */
     {                                 /* benoetigten Werte vorbesetzen:    */
        case 1:                        /* Art der Randbedingung in marg_herm, */
           marg_herm = 1;              /* Randbedingungen selbst in         */
                                       /* corn_1_herm und corn_n_herm       */
           corn_1_herm = ZERO;         /* wegen IBM C Set/2 1.0             */
           corn_n_herm = ZERO;
           break;

        case 2:
           corn_1_herm = ZERO;         /* wegen IBM C Set/2 1.0             */
           corn_n_herm = ZERO;
           marg_herm = 2;
```

```
      break;
    case 3:
      if (xt[0] == ZERO || xt[n] == ZERO)
        return 7;
      corn_1_herm = corn_n_herm = ONE;
      marg_herm = 3;
      break;
    case 4:
      corn_1_herm = corn_1[0];
      corn_n_herm = corn_n[0];
      marg_herm = 3;
      break;
    case 5:
      if (corn_1[0] == ZERO || corn_n[0] == ZERO)
        return 8;
      corn_1_herm = corn_n_herm = ONE;
      if (xt[0] == ZERO)
        corn_1_herm = -ONE / corn_1[0] / yt[0];
      if (xt[n] == ZERO)
        corn_n_herm = -ONE / corn_n[0] / yt[n];
      marg_herm = 3;
      break;
    case 6:
      corn_1_herm = corn_1[0];
      corn_n_herm = corn_n[0];
      marg_herm = 5;
  }

  /* --------------- die Splinekomponente SX berechnen -------------- */

  fehler = hermit(n + 1, t, x, xt, marg_herm, corn_1_herm, corn_n_herm,
                  1, cx, dx, ex, fx);

  if (fehler != 0)                       /* Fehler in hermit()? */
    return 10;

  switch (marg)          /* die noch fuer den 2. Aufruf von hermit() */
  {                      /* benoetigten Randbedingungen vorbesetzen  */
    case 3:
      corn_1_herm = (xt[0] * sqr(xt[0]) * corn_1[0] + yt[0]) / xt[0];
      corn_n_herm = (xt[n] * sqr(xt[n]) * corn_n[0] + yt[n]) / xt[n];
      break;
    case 4:
    case 6:
      corn_1_herm = corn_1[1];
      corn_n_herm = corn_n[1];
      break;
    case 5:
      corn_1_herm = corn_n_herm = ONE;
      if (xt[0] != ZERO)
        corn_1_herm = (ONE / corn_1[0] + yt[0]) / xt[0];
      if (xt[n] != ZERO)
        corn_n_herm = (ONE / corn_n[0] + yt[n]) / xt[n];
  }

  /* --------------- die Splinekomponente SY berechnen -------------- */
```

```
        fehler = hermit(n + 1, t, y, yt, marg_herm, corn_1_herm, corn_n_herm,
                       0, cy, dy, ey, fy);

        if (fehler != 0)                        /* Fehler in hermit()? */
           return 11;


        return 0;
    }
    /* ----------------------- ENDE hrmsplin.c ----------------------- */
```

P 10   Auswertung von Polynomsplines

```
/* ------------------- DEKLARATIONEN spliwert.h ------------------- */

REAL spwert           /* Auswertung eines kubischen Polynomsplines ......*/
         (
          int    n,           /* Anzahl der Splinestuecke ..............*/
          REAL   xwert,       /* Auswertungsstelle .....................*/
          REAL   a[],         /* Splinekoeffizienten von (x-x[i])^0 ....*/
          REAL   b[],         /* Splinekoeffizienten von (x-x[i])^1 ....*/
          REAL   c[],         /* Splinekoeffizienten von (x-x[i])^2 ....*/
          REAL   d[],         /* Splinekoeffizienten von (x-x[i])^3 ....*/
          REAL   x[],         /* Stuetzstellen .........................*/
          REAL   ausg[]       /* 1., 2., 3. Ableitung des Splines ......*/
         );                   /* Funktionswert des Splines .............*/

void pspwert   /* Auswertung eines parametr. kub. Polynomsplines ......*/
         (
          int    n,           /* Anzahl der Splinestuecke ..............*/
          REAL   twert,       /* Auswertungsstelle .....................*/
          REAL   t[],         /* Stuetzstellen .........................*/
          REAL   ax[],        /* x-Splinekoeff. von (t-t[i])^0 .........*/
          REAL   bx[],        /* x-Splinekoeff. von (t-t[i])^1 .........*/
          REAL   cx[],        /* x-Splinekoeff. von (t-t[i])^2 .........*/
          REAL   dx[],        /* x-Splinekoeff. von (t-t[i])^3 .........*/
          REAL   ay[],        /* y-Splinekoeff. von (t-t[i])^0 .........*/
          REAL   by[],        /* y-Splinekoeff. von (t-t[i])^1 .........*/
          REAL   cy[],        /* y-Splinekoeff. von (t-t[i])^2 .........*/
          REAL   dy[],        /* y-Splinekoeff. von (t-t[i])^3 .........*/
          REAL   *sx,         /* x-Koordinate, .........................*/
          REAL   *sy,         /* y-Koordinate des Splinewerts ..........*/
          abl_mat1 ausp       /* 0. - 3. Ableitung des Splines .........*/
         );

REAL hmtwert          /* Auswertung eines Hermite-Polynomsplines .......*/
         (
          int    n,           /* Anzahl der Splinestuecke ..............*/
          REAL   x0,          /* Auswertungsstelle .....................*/
          REAL   a[],         /* Splinekoeffizient von (x-x[i])^0 ......*/
          REAL   b[],         /* Splinekoeffizient von (x-x[i])^1 ......*/
          REAL   c[],         /* Splinekoeffizient von (x-x[i])^2 ......*/
          REAL   d[],         /* Splinekoeffizient von (x-x[i])^3 ......*/
          REAL   e[],         /* Splinekoeffizient von (x-x[i])^4 ......*/
          REAL   f[],         /* Splinekoeffizient von (x-x[i])^5 ......*/
          REAL   x[],         /* n+1 Stuetzstellen .....................*/
          REAL   ausg[]       /* 1. - 5. Ableitung des Splines .........*/
         );                   /* Funktionswert des Splines .............*/

void pmtwert   /* Auswertung eines parametr. Hermite-Polynomsplines ...*/
         (
          int    n,           /* Anzahl der Splinestuecke ..............*/
          REAL   twert,       /* Auswertungsstelle .....................*/
          REAL   t[],         /* Stuetzstellen .........................*/
          REAL   ax[],        /* x-Splinekoeff. von (t-t[i])^0 .........*/
```

Auswertung von Polynomsplines 809

```
           REAL    bx[],      /* x-Splinekoeff. von (t-t[i])^1 .....*/
           REAL    cx[],      /* x-Splinekoeff. von (t-t[i])^2 .....*/
           REAL    dx[],      /* x-Splinekoeff. von (t-t[i])^3 .....*/
           REAL    ex[],      /* x-Splinekoeff. von (t-t[i])^4 .....*/
           REAL    fx[],      /* x-Splinekoeff. von (t-t[i])^5 .....*/
           REAL    ay[],      /* y-Splinekoeff. von (t-t[i])^0 .....*/
           REAL    by[],      /* y-Splinekoeff. von (t-t[i])^1 .....*/
           REAL    cy[],      /* y-Splinekoeff. von (t-t[i])^2 .....*/
           REAL    dy[],      /* y-Splinekoeff. von (t-t[i])^3 .....*/
           REAL    ey[],      /* y-Splinekoeff. von (t-t[i])^4 .....*/
           REAL    fy[],      /* y-Splinekoeff. von (t-t[i])^5 .....*/
           REAL    *sx,       /* x-Koordinate, ....................*/
           REAL    *sy,       /* y-Koordinate des Splinewerts .....*/
           abl_mat2 ausp      /* 0. - 5. Ableitung des Splines ....*/
          );

int strwert /* Auswertung eines transf.-param. kub. Polynomsplines ..*/
           (
           REAL    phi,       /* Auswertungsstelle ................*/
           int     n,         /* Anzahl der Splinestuecke .........*/
           REAL    phin[],    /* Stuetzstellen (Winkel) ...........*/
           REAL    a[],       /* Splinekoeff. von (phi-phin[i])^0 .*/
           REAL    b[],       /* Splinekoeff. von (phi-phin[i])^1 .*/
           REAL    c[],       /* Splinekoeff. von (phi-phin[i])^2 .*/
           REAL    d[],       /* Splinekoeff. von (phi-phin[i])^3 .*/
           REAL    phid,      /* Drehwinkel des Koordinatensystems */
           REAL    px,        /* Koordinaten des ..................*/
           REAL    py,        /* Verschiebepunktes P ..............*/
           REAL    ablei[],   /* 0. - 3. Ableitung nach x .........*/
           REAL    *xk,       /* x-Koordinate, ....................*/
           REAL    *yk,       /* y-Koordinate des Splinewertes ....*/
           REAL    *c1,       /* 1. Ableitung des Splines (dr/dphi)*/
           REAL    *ckr       /* Kruemmung der Splinekurve bei phi */
          );                  /* Fehlercode .......................*/

/* ---------------------- ENDE spliwert.h ------------------------ */
/* ---------------------- MODUL spliwert.c ----------------------- */

/***************************************************************
*                                                              *
* Funktionen zur Auswertung von Polynomsplinefunktionen        *
* ---------------------------------------------------          *
*                                                              *
* Programmiersprache: ANSI-C                                   *
* Compiler:           Turbo C 2.0                              *
* Rechner:            IBM PS/2 70 mit 80387                    *
* Bemerkung:          Umsetzung einer aequivalenten TP-Unit und eines *
*                     aequivalenten QuickBASIC-Moduls          *
* Autor:              Elmar Pohl (QuickBASIC)                  *
* Bearbeiter:         Juergen Dietel, Rechenzentrum der RWTH Aachen *
* Datum:              DI 13. 8. 1991                           *
*                                                              *
***************************************************************/

#include <basis.h>          /* wegen PI, sqr, intervall, FABS, POW, */
                            /*       COS, SIN, MACH_EPS, REAL, TWO, */
                            /*       THREE, ZERO, FIVE, FOUR, SIX   */
#include <spliwert.h>       /* wegen spwert, pspwert, hmtwert, pmtwert, */
                            /*       strwert                        */


/* -------------------------------------------------------------- */

REAL spwert       /* Auswertung eines kubischen Polynomsplines ....*/
           (
           int    n,        /* Anzahl der Splinestuecke ...........*/
```

```
          REAL   xwert,     /* Auswertungsstelle ......................*/
          REAL   a[],       /* Splinekoeffizienten von (x-x[i])^0 .....*/
          REAL   b[],       /* Splinekoeffizienten von (x-x[i])^1 .....*/
          REAL   c[],       /* Splinekoeffizienten von (x-x[i])^2 .....*/
          REAL   d[],       /* Splinekoeffizienten von (x-x[i])^3 .....*/
          REAL   x[],       /* Stuetzstellen ..........................*/
          REAL   ausg[]     /* 1., 2., 3. Ableitung des Splines .......*/
          )                 /* Funktionswert des Splines ..............*/
/***************************************************************************
* Funktions- und Ableitungswerte einer kubischen Polynomsplinefunktion      *
* berechnen                                                                 *
*                                                                           *
* Eingabeparameter:                                                         *
* =================                                                         *
* n:        Index der letzten Stuetzstelle in x                             *
* xwert:    Stelle, an der Funktions- und Ableitungswerte berechnet         *
*           werden sollen                                                   *
* a,b,c,d:  [0..n-1]-Felder mit den Splinekoeffizienten                     *
* x:        [0..n]-Feld mit den Stuetzstellen                               *
*                                                                           *
* Ausgabeparameter:                                                         *
* =================                                                         *
* ausg: [0..2]-Feld mit den Ableitungswerten.                               *
*       ausg[0] enthaelt die 1. Ableitung,                                  *
*       ausg[1] enthaelt die 2. Ableitung,                                  *
*       ausg[2] enthaelt die 3. Ableitung,                                  *
*       alle weiteren Ableitungen sind identisch 0.                         *
*                                                                           *
* Funktionswert:                                                            *
* ==============                                                            *
* Wert des Splines an der Stelle xwert                                      *
*                                                                           *
* benutzte globale Namen:                                                   *
* =======================                                                   *
* REAL, intervall, TWO, THREE                                               *
****************************************************************************/
{
    static int i = 0;    /* Nummer des Stuetzstellenintervalls von xwert */
    REAL       hilf1,    /* Zwischenspeicher fuer haeufig verwendete     */
               hilf2,    /* Ausdruecke bei der Polynomauswertung         */
               hilf3;

    /* -- Im Falle eines wiederholten Aufrufs dieser Funktion muss i  -- */
    /* -- durch intervall() nur dann neu bestimmt werden, wenn xwert  -- */
    /* -- nicht mehr im selben Intervall liegt wie im vorigen Aufruf.-- */

    if (xwert < x[i] || xwert >= x[i + 1])
        i = intervall(n, xwert, x);

    /* ------- das Splinepolynom nach dem Hornerschema auswerten ------ */

    xwert -= x[i];
    hilf1 = THREE * d[i];
    hilf2 = TWO   * c[i];
    hilf3 = TWO   * hilf1;
    ausg[0] = (hilf1 * xwert + hilf2) * xwert + b[i];
    ausg[1] = hilf3 * xwert + hilf2;
    ausg[2] = hilf3;

    return ((d[i] * xwert + c[i]) * xwert + b[i]) * xwert + a[i];
}


/* ---------------------------------------------------------------- */
```

Auswertung von Polynomsplines

```
void pspwert  /* Auswertung eines parametr. kub. Polynomsplines ......*/
         (
          int       n,         /* Anzahl der Splinestuecke ..........*/
          REAL      twert,     /* Auswertungsstelle .................*/
          REAL      t[],       /* Stuetzstellen .....................*/
          REAL      ax[],      /* x-Splinekoeff. von (t-t[i])^0 .....*/
          REAL      bx[],      /* x-Splinekoeff. von (t-t[i])^1 .....*/
          REAL      cx[],      /* x-Splinekoeff. von (t-t[i])^2 .....*/
          REAL      dx[],      /* x-Splinekoeff. von (t-t[i])^3 .....*/
          REAL      ay[],      /* y-Splinekoeff. von (t-t[i])^0 .....*/
          REAL      by[],      /* y-Splinekoeff. von (t-t[i])^1 .....*/
          REAL      cy[],      /* y-Splinekoeff. von (t-t[i])^2 .....*/
          REAL      dy[],      /* y-Splinekoeff. von (t-t[i])^3 .....*/
          REAL      *sx,       /* x-Koordinate, .....................*/
          REAL      *sy,       /* y-Koordinate des Splinewerts ......*/
          abl_mat1  ausp       /* 0. - 3. Ableitung des Splines .....*/
         )
/***********************************************************************
* Funktions- und Ableitungswerte einer parametrischen kubischen        *
* Splinefunktion berechnen                                             *
*                                                                      *
* Eingabeparameter:                                                    *
* =================                                                    *
* n:          Index des letzten Parameterwertes in t                   *
* twert:      Parameterwert, fuer den Funktions- und Ableitungswerte   *
*             berechnet werden sollen                                  *
* t:          [0..n]-Feld mit Parameterwerten der Wertepaare           *
*             (X[i],Y[i]), i = 0(1)n                                   *
* ax,bx,cx,dx:\                                                        *
* ay,by,cy,dy:/ [0..n-1]-Felder mit den Splinekoeffizienten            *
*                                                                      *
* Ausgabeparameter:                                                    *
* =================                                                    *
* sx:         Funktionswert der Splinekomponente SX fuer t = twert     *
* sy:         Funktionswert der Splinekomponente SY fuer t = twert     *
* ausp:       [0..3,0..1]-Feld mit Funktions- und Ableitungswerten.    *
*             Es ist ausp[0,0] = sx,   ausp[0,1] = sy                  *
*             und ausp[i,0] ist die i-te Ableitung der Spline-         *
*             komponente SX an der Stelle t = twert, i = 1(1)3.        *
*             (Alle weiteren Ableitungen sind identisch 0.)            *
*             Entsprechend enthalten die ausp[i,1] die Ableitungen     *
*             der Splinekomponente SY.                                 *
*                                                                      *
* benutzte globale Namen:                                              *
* =======================                                              *
* spwert, REAL                                                         *
***********************************************************************/
{
  REAL ausg[4];
  int  i;

  *sx = spwert(n, twert, ax, bx, cx, dx, t, ausg);
  ausp[0][0] = *sx;
  for (i = 1; i < 4; i++)
    ausp[i][0] = ausg[i - 1];
  *sy = spwert(n, twert, ay, by, cy, dy, t, ausg);
  ausp[0][1] = *sy;
  for (i = 1; i < 4; i++)
    ausp[i][1] = ausg[i - 1];
}


/* -------------------------------------------------------------- */
```

```
REAL hmtwert          /* Auswertung eines Hermite-Polynomsplines .......*/
    (
     int  n,          /* Anzahl der Splinestuecke ..............*/
     REAL x0,         /* Auswertungsstelle ......................*/
     REAL a[],        /* Splinekoeffizient von (x-x[i])^0 ......*/
     REAL b[],        /* Splinekoeffizient von (x-x[i])^1 ......*/
     REAL c[],        /* Splinekoeffizient von (x-x[i])^2 ......*/
     REAL d[],        /* Splinekoeffizient von (x-x[i])^3 ......*/
     REAL e[],        /* Splinekoeffizient von (x-x[i])^4 ......*/
     REAL f[],        /* Splinekoeffizient von (x-x[i])^5 ......*/
     REAL x[],        /* n+1 Stuetzstellen .....................*/
     REAL ausg[]      /* 1. - 5. Ableitung des Splines .........*/
    )                 /* Funktionswert des Splines .............*/
/***************************************************************************
* Funktions- und Ableitungswerte einer Hermite-Polynomsplinefunktion       *
* berechnen                                                                *
*                                                                          *
* Eingabeparameter:                                                        *
* =================                                                        *
* n:           Index der letzten Stuetzstelle in x                         *
* x0:          Stelle, an der Funktions- und Ableitungswerte berechnet     *
*              werden sollen                                               *
* a,b,c,d,e,f: [0..n-1]-Felder mit den Splinekoeffizienten                 *
* x:           [0..n]-Feld mit den Stuetzstellen                           *
*                                                                          *
* Ausgabeparameter:                                                        *
* =================                                                        *
* ausg: [0..4]-Feld mit den Ableitungswerten.                              *
*       ausg[0] enthaelt die 1. Ableitung,                                 *
*       ausg[1] enthaelt die 2. Ableitung,                                 *
*       ausg[2] enthaelt die 3. Ableitung,                                 *
*       ausg[3] enthaelt die 4. Ableitung,                                 *
*       ausg[4] enthaelt die 5. Ableitung,                                 *
*       alle weiteren Ableitungen sind identisch 0.                        *
*                                                                          *
* Funktionswert:                                                           *
* ==============                                                           *
* Wert des Splines an der Stelle x0                                        *
*                                                                          *
* benutzte globale Namen:                                                  *
* =======================                                                  *
* REAL, intervall, TWO, THREE, FIVE, FOUR, SIX                             *
***************************************************************************/
{
 int  i;              /* Nummer des Intervalls, in dem x0 liegt  */
 REAL B, C, D, E, F;  /* Splinekoeffizienten fuer das Intervall i */

 i = intervall(n, x0, x);
 x0 -= x[i];
 B = b[i];
 C = c[i];
 D = d[i];
 E = e[i];
 F = f[i];
 ausg[0] = (((FIVE * F * x0 + FOUR * E) * x0 + THREE * D) * x0 +
            TWO * C) * x0 + B;
 ausg[1] = (((REAL)20.0 * F * x0 + (REAL)12.0 * E) * x0 + SIX * D) *
            x0 + TWO * C;
 ausg[2] = ((REAL)60.0 * F * x0 + (REAL)24.0 * E) * x0 + SIX * D;
 ausg[3] = (REAL)120.0 * F * x0 + (REAL)24.0 * E;
 ausg[4] = (REAL)120.0 * F;
```

Auswertung von Polynomsplines

```
    return ((((F * x0 + E) * x0 + D) * x0 + C) * x0 + B) * x0 + a[i];
}
```

```
/* ------------------------------------------------------------ */

void pmtwert    /* Auswertung eines parametr. Hermite-Polynomsplines ...*/
            (
            int       n,         /* Anzahl der Splinestuecke ..........*/
            REAL      twert,     /* Auswertungsstelle .................*/
            REAL      t[],       /* Stuetzstellen .....................*/
            REAL      ax[],      /* x-Splinekoeff. von (t-t[i])^0 .....*/
            REAL      bx[],      /* x-Splinekoeff. von (t-t[i])^1 .....*/
            REAL      cx[],      /* x-Splinekoeff. von (t-t[i])^2 .....*/
            REAL      dx[],      /* x-Splinekoeff. von (t-t[i])^3 .....*/
            REAL      ex[],      /* x-Splinekoeff. von (t-t[i])^4 .....*/
            REAL      fx[],      /* x-Splinekoeff. von (t-t[i])^5 .....*/
            REAL      ay[],      /* y-Splinekoeff. von (t-t[i])^0 .....*/
            REAL      by[],      /* y-Splinekoeff. von (t-t[i])^1 .....*/
            REAL      cy[],      /* y-Splinekoeff. von (t-t[i])^2 .....*/
            REAL      dy[],      /* y-Splinekoeff. von (t-t[i])^3 .....*/
            REAL      ey[],      /* y-Splinekoeff. von (t-t[i])^4 .....*/
            REAL      fy[],      /* y-Splinekoeff. von (t-t[i])^5 .....*/
            REAL      *sx,       /* x-Koordinate, .....................*/
            REAL      *sy,       /* y-Koordinate des Splinewerts ......*/
            abl_mat2  ausp       /* 0. - 5. Ableitung des Splines .....*/
            )
/***************************************************************
* Funktions- und Ableitungswerte einer parametrischen Hermite-Spline-  *
* funktion 5. Grades berechnen, die von der Funktion parmit()          *
* berechnet wurde                                                      *
*                                                                      *
* Eingabeparameter:                                                    *
* =================                                                    *
* n:         Index des letzten Parameterwertes in t                    *
* twert:     Parameterwert, fuer den Funktions- und                    *
*            Ableitungswerte berechnet werden sollen                   *
* t:         [0..n]-Feld mit Parameterwerten der Wertepaare            *
*            (X[i],Y[i]), i = 0(1)n                                    *
* ax,bx,cx,dx,ex,fx:\  [0..n-1]-Felder mit den Splinekoeffizienten     *
* ay,by,cy,dy,ey,fy:/                                                  *
*                                                                      *
* Ausgabeparameter:                                                    *
* =================                                                    *
* sx:        Funktionswert der Splinekomponente SX fuer t = twert      *
* sy:        Funktionswert der Splinekomponente SY fuer t = twert      *
* ausp:      [0..5,0..1]-Feld mit Funktions- und Ableitungswerten.     *
*            Es ist ausp[0,0] = sx,   ausp[0,1] = sy, und ausp[i,0] ist die *
*            i. Ableitung der Splinekomponente SX an der Stelle t = twert, *
*            i = 1(1)5. (Alle weiteren Ableitungen sind identisch 0.)  *
*            Entsprechend enthalten die ausp[i,1] die Ableitungen der  *
*            Splinekomponente SY.                                      *
*                                                                      *
* benutzte globale Namen:                                              *
* ========================                                             *
* hmtwert, REAL                                                        *
***************************************************************/

{
  REAL ausg[6];
  int  i;

  *sx = hmtwert(n, twert, ax, bx, cx, dx, ex, fx, t, ausg);
  ausp[0][0] = *sx;
  for (i = 1; i < 6; i++)
```

```
        ausp[i][0] = ausg[i - 1];
    *sy = hmtwert(n, twert, ay, by, cy, dy, ey, fy, t, ausg);
    ausp[0][1] = *sy;
    for (i = 1; i < 6; i++)
        ausp[i][1] = ausg[i - 1];
}


/* ---------------------------------------------------------------- */

int strwert   /* Auswertung eines transf.-param. kub. Polynomsplines ..*/
    (
            REAL phi,         /* Auswertungsstelle ....................*/
            int  n,           /* Anzahl der Splinestuecke .............*/
            REAL phin[],      /* Stuetzstellen (Winkel) ...............*/
            REAL a[],         /* Splinekoeff. von (phi-phin[i])^0 .....*/
            REAL b[],         /* Splinekoeff. von (phi-phin[i])^1 .....*/
            REAL c[],         /* Splinekoeff. von (phi-phin[i])^2 .....*/
            REAL d[],         /* Splinekoeff. von (phi-phin[i])^3 .....*/
            REAL phid,        /* Drehwinkel des Koordinatensystems ....*/
            REAL px,          /* Koordinaten des ......................*/
            REAL py,          /* Verschiebepunktes P ..................*/
            REAL ablei[],     /* 0. - 3. Ableitung nach x .............*/
            REAL *xk,         /* x-Koordinate, ........................*/
            REAL *yk,         /* y-Koordinate des Splinewertes ........*/
            REAL *c1,         /* 1. Ableitung des Splines (dr/dphi) ...*/
            REAL *ckr         /* Kruemmung der Splinekurve bei phi ....*/
    )                         /* Fehlercode ...........................*/
/*************************************************************************
* eine transformiert-parametrische kubische Splinefunktion in der        *
* Darstellung                                                            *
*     s(phi) = a[i] + b[i](phi-phin[i]) + c[i](phi-phin[i])^2 +          *
*                                       + d[i](phi-phin[i])^3            *
* fuer phi aus [phin[i],phin[i+1]], i=0(1)n-1, auswerten.                *
* Berechnet werden der Funktionswert, 1., 2. und 3. Ableitung der        *
* Splinefunktion s(phi), die kartesischen Koordinaten (xk, yk) aus den   *
* Polarkoordinaten (phi, s(phi)), die 1. Ableitung und die Kruemmung     *
* der Kurve K an der Stelle phi.                                         *
* Bemerkung: Diese Auswertungsfunktion eignet sich nicht zur Erzeugung   *
*            einer Wertetabelle der Funktionswerte s(phi) oder der       *
*            Kurvenpunkte xk, yk.                                        *
*            Soll lediglich die Splinefunktion s(phi) ausgewertet        *
*            werden, sollte die Funktion spwert() benutzt werden.        *
*                                                                        *
* Eingabeparameter:                                                      *
* =================                                                      *
* phi:     Stelle, an der die Splinefunktion ausgewertet werden soll     *
*          (Winkel im Bogenmass)                                         *
* n:       Index der letzten Stuetzstelle in phin                        *
* phin:    [0..n]-Feld mit den Winkeln der Knoten in Polarkoordinaten-   *
*          darstellung                                                   *
* a,b,c,d: [0..n-1]-Felder mit den Splinekoeffizienten                   *
* phid:\   Angaben zur Drehung und Verschiebung des Koordinatensystems   *
* px:   >                                                                *
* py:  /                                                                 *
*                                                                        *
* Ausgabeparameter:                                                      *
* =================                                                      *
* ablei: [0..3]-Feld mit Funktions- und Ableitungswerten.                *
*        ablei[0] enthaelt den Funktionswert s(phi),       (S)           *
*        ablei[1] enthaelt die 1. Ableitung s'(phi),       (S1)          *
*        ablei[2] enthaelt die 2. Ableitung s''(phi),      (S2)          *
*        ablei[3] enthaelt die 3. Ableitung s'''(phi),                   *
*        alle weiteren Ableitungen sind identisch 0.                     *
* xk:\   kartesische Koordinaten der Kurve an der Stelle phi             *
```

Auswertung von Polynomsplines

```
*  yk:/                                                               *
*  c1:    1. Ableitung der Kurve an der Stelle phi, berechnet nach:   *
*                 c1 = (S1 * sin(rho) + S * cos(rho)) /               *
*                      (S1 * cos(rho) - S * sin(rho))                 *
*          mit rho = phi + phid                                       *
*  ckr:   Kruemmung der Kurve an der Stelle phi, berechnet nach:      *
*          ckr = (2 * S1^2 - S * S2 + S^2) / ((S1^2 + S^2) ^ 1.5)     *
*                                                                     *
*  Funktionswert:                                                     *
*  ==============                                                     *
*  fehler1 + 3 * fehler2.                                             *
*  Dabei ist fehler1 fuer c1 zustaendig und fehler2 fuer ckr.         *
*  fehler1 kann folgende Werte annehmen:                              *
*  0: kein Fehler                                                     *
*  1: Der Nenner in der Gleichung von c1 ist Null.                    *
*  2: Der Betrag des Nenners in der Gleichung von c1 ist groesser als *
*     Null, jedoch kleiner oder gleich dem Vierfachen der Maschinen-  *
*     genauigkeit und daher fuer weitere Berechnungen zu ungenau      *
*  Die gleichen Werte gelten fuer fehler2, nun aber bezueglich ckr.   *
*                                                                     *
*  benutzte globale Namen:                                            *
*  =======================                                            *
*  spwert, REAL, PI, MACH_EPS, sqr, FABS, POW, COS, SIN, TWO, ZERO,   *
*  FOUR                                                               *
***********************************************************************/

{
  int  fehler1,
       fehler2,
       l;
  REAL fmasch,
       phix,
       rho,
       cosa,
       sina,
       hz,
       hn;

  fehler1 = fehler2 = 0;
  fmasch  = FOUR * MACH_EPS;

  if (phi < ZERO)                    /* phi an die Hilfsvariable phix */
    l = (int)FABS(phi / TWO / PI)    /* zuweisen, wobei phix notfalls so */
        + 1,                         /* umgerechnet wird, dass phix im */
    phix = l * TWO * PI - phi;       /* Intervall  [0, 2 * pi]  liegt  */
  else if (phi > TWO * PI)
    l = (int)(phi / TWO * PI),
    phix = phi - l * TWO * PI;
  else
    phix = phi;

  /* --- den Funktionswert und die Ableitungen bei phix berechnen --- */
  ablei[0] = spwert(n, phix, a, b, c, d, phin, ablei + 1);

  rho  = phix + phid;              /* die Kurvenkoordinaten xk, yk, die */
  cosa = COS(rho);                 /* 1. Ableitung und die Kurven-      */
  sina = SIN(rho);                 /* kruemmung berechnen               */
  *xk  = ablei[0] * cosa + px;
  *yk  = ablei[0] * sina + py;
  hz   = ablei[1] * sina + ablei[0] * cosa;
  hn   = ablei[1] * cosa - ablei[0] * sina;
  if (hn == ZERO)
    fehler1 = 1;
  else
  {
    if (FABS(hn) <= fmasch)
```

```
      fehler1 = 2;
    *c1 = hz / hn;
  }
  hz = TWO * sqr(ablei[1]) - ablei[0] * ablei[2] + sqr(ablei[0]);
  hn = POW((sqr(ablei[1]) + sqr(ablei[0])), (REAL)1.5);
  if (hn == ZERO)
    fehler2 = 1;
  else
  {
    if (FABS(hn) <= fmasch)
      fehler2 = 2;
    *ckr = hz / hn;
  }


  return fehler1 + 3 * fehler2;
}
/* ---------------------- ENDE spliwert.c ---------------------- */
```

P 10   Tabellierung von Polynomsplines

```
/* -------------------- DEKLARATIONEN splintab.h -------------------- */
int sptab         /* Tabellierung eines kubischen Polynomsplines ......*/
       (
        int    n,         /* Anzahl der Splinestuecke ................*/
        REAL   xanf,      /* linker Intervallrand ....................*/
        REAL   xend,      /* rechter Intervallrand ...................*/
        REAL   deltx,     /* Schrittweite ............................*/
        int    anzahl,    /* maximale Tabellengroesse ................*/
        REAL   x[],       /* Stuetzstellen ...........................*/
        REAL   a[],       /* Splinekoeffizienten von (x-x[i])^0 ......*/
        REAL   b[],       /* Splinekoeffizienten von (x-x[i])^1 ......*/
        REAL   c[],       /* Splinekoeffizienten von (x-x[i])^2 ......*/
        REAL   d[],       /* Splinekoeffizienten von (x-x[i])^3 ......*/
        REAL   xtab[],    /* x-Koordinaten der Splinetabelle .........*/
        REAL   ytab[],    /* y-Koordinaten der Splinetabelle .........*/
        int    *lentab    /* tatsaechliche Tabellengroesse ...........*/
       );                 /* Fehlercode ..............................*/

int partab        /* Tabellierung eines parametr. kub. Polynomsplines ....*/
       (
        int    n,         /* Anzahl der Splinestuecke ................*/
        REAL   tanf,      /* linker Intervallrand ....................*/
        REAL   tend,      /* rechter Intervallrand ...................*/
        REAL   delt,      /* Schrittweite ............................*/
        int    anzahl,    /* maximale Tabellengroesse ................*/
        REAL   t[],       /* Stuetzstellen ...........................*/
        REAL   ax[],      /* x-Splinekoeffizienten von (t-t[i])^0 ...*/
        REAL   bx[],      /* x-Splinekoeffizienten von (t-t[i])^1 ...*/
        REAL   cx[],      /* x-Splinekoeffizienten von (t-t[i])^2 ...*/
        REAL   dx[],      /* x-Splinekoeffizienten von (t-t[i])^3 ...*/
        REAL   ay[],      /* y-Splinekoeffizienten von (t-t[i])^0 ...*/
        REAL   by[],      /* y-Splinekoeffizienten von (t-t[i])^1 ...*/
        REAL   cy[],      /* y-Splinekoeffizienten von (t-t[i])^2 ...*/
        REAL   dy[],      /* y-Splinekoeffizienten von (t-t[i])^3 ...*/
        REAL   xtab[],    /* x-Koordinaten der Splinetabelle .........*/
        REAL   ytab[],    /* y-Koordinaten der Splinetabelle .........*/
        int    *lentab    /* tatsaechliche Tabellengroesse ...........*/
       );                 /* Fehlercode ..............................*/

int hmtab         /* Tabellierung eines Hermite-Polynomsplines .......*/
       (
        int    n,         /* Anzahl der Splinestuecke ................*/
        REAL   xanf,      /* linker Intervallrand ....................*/
```

Tabellierung von Polynomsplines

```
              REAL  xend,        /* rechter Intervallrand ...................*/
              REAL  deltx,       /* Schrittweite ............................*/
              int   anzahl,      /* maximale Tabellengroesse ................*/
              REAL  x[],         /* Stuetzstellen ...........................*/
              REAL  a[],         /* Splinekoeffizienten von (x-x[i])^0 ......*/
              REAL  b[],         /* Splinekoeffizienten von (x-x[i])^1 ......*/
              REAL  c[],         /* Splinekoeffizienten von (x-x[i])^2 ......*/
              REAL  d[],         /* Splinekoeffizienten von (x-x[i])^3 ......*/
              REAL  e[],         /* Splinekoeffizienten von (x-x[i])^4 ......*/
              REAL  f[],         /* Splinekoeffizienten von (x-x[i])^5 ......*/
              REAL  xtab[],      /* x-Koordinaten der Splinetabelle .........*/
              REAL  ytab[],      /* y-Koordinaten der Splinetabelle .........*/
              int   *lentab      /* tatsaechliche Tabellengroesse ...........*/
            );                   /* Fehlercode ..............................*/

int pmtab     /* Tabellierung eines parametr. Hermite-Polynomsplines ...*/
            (
              int   n,           /* Anzahl der Splinestuecke ................*/
              REAL  tanf,        /* linker Intervallrand ....................*/
              REAL  tend,        /* rechter Intervallrand ...................*/
              REAL  delt,        /* Schrittweite ............................*/
              int   anzahl,      /* maximale Tabellengroesse ................*/
              REAL  t[],         /* Stuetzstellen ...........................*/
              REAL  ax[],        /* x-Splinekoeffizienten von (t-t[i])^0 ....*/
              REAL  bx[],        /* x-Splinekoeffizienten von (t-t[i])^1 ....*/
              REAL  cx[],        /* x-Splinekoeffizienten von (t-t[i])^2 ....*/
              REAL  dx[],        /* x-Splinekoeffizienten von (t-t[i])^3 ....*/
              REAL  ex[],        /* x-Splinekoeffizienten von (t-t[i])^4 ....*/
              REAL  fx[],        /* x-Splinekoeffizienten von (t-t[i])^5 ....*/
              REAL  ay[],        /* y-Splinekoeffizienten von (t-t[i])^0 ....*/
              REAL  by[],        /* y-Splinekoeffizienten von (t-t[i])^1 ....*/
              REAL  cy[],        /* y-Splinekoeffizienten von (t-t[i])^2 ....*/
              REAL  dy[],        /* y-Splinekoeffizienten von (t-t[i])^3 ....*/
              REAL  ey[],        /* y-Splinekoeffizienten von (t-t[i])^4 ....*/
              REAL  fy[],        /* y-Splinekoeffizienten von (t-t[i])^5 ....*/
              REAL  xtab[],      /* x-Koordinaten der Splinetabelle .........*/
              REAL  ytab[],      /* y-Koordinaten der Splinetabelle .........*/
              int   *lentab      /* tatsaechliche Tabellengroesse ...........*/
            );                   /* Fehlercode ..............................*/

int strtab    /* Tabellierung eines transf.-param. kub. Polynomspl. ...*/
            (
              int   n,           /* Anzahl der Splinestuecke ................*/
              REAL  panf,        /* Anfangswinkel ...........................*/
              REAL  pend,        /* Endwinkel ...............................*/
              REAL  phin[],      /* Winkelkoordinaten der Stuetzpunkte .....*/
              REAL  a[],         /* Splinekoeff. von (phi-phin[i])^0 .......*/
              REAL  b[],         /* Splinekoeff. von (phi-phin[i])^1 .......*/
              REAL  c[],         /* Splinekoeff. von (phi-phin[i])^2 .......*/
              REAL  d[],         /* Splinekoeff. von (phi-phin[i])^3 .......*/
              REAL  phid,        /* Drehwinkel des Koordinatensystems ......*/
              REAL  px,          /* x-Koordinate, ..........................*/
              REAL  py,          /* y-Koordinate des Verschiebungsvektors ..*/
              REAL  x[],         /* Stuetzstellen ..........................*/
              REAL  y[],         /* Stuetzwerte ............................*/
              int   nl,          /* maximale Tabellengroesse ...............*/
              int   *nt,         /* tatsaechliche Tabellengroesse ..........*/
              REAL  xtab[],      /* x-Koordinaten der Splinetabelle ........*/
              REAL  ytab[]       /* y-Koordinaten der Splinetabelle ........*/
            );                   /* Fehlercode .............................*/

/* ------------------------ ENDE splintab.h ------------------------- */
/* ------------------------ MODUL splintab.c ------------------------ */

/***************************************************************************
 *                                                                         *
 * Funktionen zur Tabellierung von Polynomsplinefunktionen                 *
```

```
/* --------------------------------------------------------  *
 *                                                            *
 * Programmiersprache: ANSI-C                                 *
 * Compiler:           Turbo C 2.0                            *
 * Rechner:            IBM PS/2 70 mit 80387                  *
 * Bemerkung:          Umsetzung einer aequivalenten TP-Unit und eines *
 *                     aequivalenten QuickBASIC-Moduls        *
 * Autor:              Elmar Pohl (QuickBASIC)                *
 * Bearbeiter:         Juergen Dietel, Rechenzentrum der RWTH Aachen *
 * Datum:              MO 8. 7. 1991                          *
 *                                                            *
 *************************************************************/

#include <basis.h>         /* wegen intervall, COS, SIN, REAL, ZERO, TWO */
#include <splintab.h>      /* wegen sptab, partab, hmtab, pmtab, strtab  */



/* -------------------------------------------------------------- */

static void sptabh          /* Hilfsfunktion fuer sptab() ................*/
               (
                 REAL xa,
                 REAL xe,
                 REAL dx,
                 REAL xi,
                 REAL a,
                 REAL b,
                 REAL c,
                 REAL d,
                 REAL xt[],
                 REAL yt[],
                 int  anzahl,
                 int  *lt
               )

/***************************************************************
 * Diese Hilfsfunktion fuer die Funktion sptab() tabelliert eine *
 * kubische Splinefunktion im Inneren eines Stuetzstellenintervalls von *
 * xa bis xe mit der Schrittweite dx.                           *
 *                                                              *
 * Eingabeparameter:                                            *
 * =================                                            *
 * xa:     linker Rand des zu tabellierenden Intervalls         *
 * xe:     rechter Rand des zu tabellierenden Intervalls        *
 * dx:     Schrittweite                                         *
 * xi:     linker Rand des Stuetzstellenintervalls              *
 * a,b,c,d: Koeffizienten des Splines im Stuetzstellenintervall *
 * xt:     [0..anzahl]-Feld mit alten x-Werten der Tabelle      *
 * yt:     [0..anzahl]-Feld mit alten y-Werten der Tabelle      *
 * anzahl: obere Indexgrenze von xtab und ytab                  *
 *                                                              *
 * Ausgabeparameter:                                            *
 * =================                                            *
 * xt: [0..anzahl]-Feld mit alten und neuen x-Werten der Tabelle *
 * yt: [0..anzahl]-Feld mit alten und neuen y-Werten der Tabelle *
 * lt: Index des letzten berechneten Tabellenpunktes            *
 *                                                              *
 * benutzte globale Namen:                                      *
 * =======================                                      *
 * REAL                                                         *
 ***************************************************************/

{
  REAL x0,
       x1;
```

```
   for (xt += *lt, yt += *lt, x0 = xa; x0 < xe; x0 += dx)
   {
     if (*lt >= anzahl)
        return;
     (*lt)++;
     x1 = x0 - xi;
     *++xt = x0;
     *++yt = ((d * x1 + c) * x1 + b) * x1 + a;
   }
}

/* ------------------------------------------------------------------ */

int sptab            /* Tabellierung eines kubischen Polynomsplines .......*/
         (
           int    n,         /* Anzahl der Splinestuecke ................*/
           REAL   xanf,      /* linker Intervallrand ....................*/
           REAL   xend,      /* rechter Intervallrand ...................*/
           REAL   deltx,     /* Schrittweite ............................*/
           int    anzahl,    /* maximale Tabellengroesse ................*/
           REAL   x[],       /* Stuetzstellen ...........................*/
           REAL   a[],       /* Splinekoeffizienten von (x-x[i])^0 ......*/
           REAL   b[],       /* Splinekoeffizienten von (x-x[i])^1 ......*/
           REAL   c[],       /* Splinekoeffizienten von (x-x[i])^2 ......*/
           REAL   d[],       /* Splinekoeffizienten von (x-x[i])^3 ......*/
           REAL   xtab[],    /* x-Koordinaten der Splinetabelle .........*/
           REAL   ytab[],    /* y-Koordinaten der Splinetabelle .........*/
           int    *lentab    /* tatsaechliche Tabellengroesse ...........*/
         )                   /* Fehlercode ..............................*/
/***********************************************************************
* eine Tabelle mit Funktionswerten einer kubischen Polynomspline-      *
* funktion erstellen.                                                  *
* Durch Rundungsfehler wegen einer unguenstig gewaehlten Schrittweite  *
* kann es vorkommen, dass an manchen Stuetzstellen und bei xend        *
* doppelt tabelliert wird.                                             *
*                                                                      *
* Eingabeparameter:                                                    *
* =================                                                    *
* n:         Index der letzten Stuetzstelle in x                       *
* xanf:\     legen das x-Intervall fest, in dem die Funktion           *
* xend:/     tabelliert werden soll.                                   *
* deltx:     Tabellenschrittweite. Die Tabellenwerte werden            *
*            fuer  x = xanf(deltx)xend  berechnet.                     *
* x:         [0..n]-Feld mit den Stuetzstellen                         *
* a,b,c,d:   [0..n-1]-Felder mit den Splinekoeffizienten.              *
*            Von a wird eventuell auch das Element a[n] benoetigt.     *
* anzahl:    obere Indexgrenze von xtab und ytab                       *
*                                                                      *
* Ausgabeparameter:                                                    *
* =================                                                    *
* xtab:      [0..anzahl]-Feld mit x-Werten der Tabelle. Die Dimension  *
*            anzahl sollte so gross gewaehlt werden, dass fuer alle    *
*            Tabellenwerte Platz ist.                                  *
* ytab:      [0..anzahl]-Feld mit y-Werten der Tabelle.                *
*            ytab[i] ist der Funktionswert zu xtab[i], i=0(1)lentab    *
* lentab: Index des letzten berechneten Tabellenwertes                 *
*                                                                      *
* Funktionswert:                                                       *
* ==============                                                       *
* 0: kein Fehler                                                       *
* 1: xanf > xend                                                       *
* 2: deltx <= 0                                                        *
*                                                                      *
* benutzte globale Namen:                                              *
* =======================                                              *
```

```
 *  sptabh, REAL, intervall, ZERO, TWO                                      *
 ****************************************************************************/
{
  int anf,       /* Index des zu xanf gehoerigen Splinepolynoms (0..n-1) */
      end,       /* Index des zu xend gehoerigen Splinepolynoms (0..n-1) */
      anf2,      /* Nummer der naechsten Stuetzstelle <= xanf (-1..n)    */
      end2,      /* Nummer der naechsten Stuetzstelle <= xend (-1..n)    */
      i;         /* Laufvariable                                         */
  if (xanf > xend)
    return 1;
  if (deltx <= ZERO)
    return 2;
  anf2 = anf = intervall(n, xanf, x);
  end2 = end = intervall(n, xend, x);
  if (xanf < x[0])         /* xanf links vom Interpolationsintervall? */
    anf2--;
  if (xend > x[n])         /* xend rechts vom Interpolationsintervall? */
    end2++;
  *lentab = -1;
  if (anf2 < end2)
  {
    sptabh(xanf, x[anf2 + 1], deltx, x[anf], a[anf], b[anf],
           c[anf], d[anf], xtab, ytab, anzahl, lentab);
    for (i = anf2 + 1; i < end2; i++)
      sptabh(x[i], x[i + 1], deltx, x[i], a[i], b[i], c[i], d[i],
             xtab, ytab, anzahl, lentab);
    xanf = x[end2];                /* bei xanf die Tabelle fortsetzen */
    if (end2 == n)                 /* dafuer sorgen, dass der        */
      if (*lentab < anzahl)        /* Funktionswert bei x[n]         */
      {
        xtab[++(*lentab)] = x[n];  /* exakt eingetragen wird,        */
        ytab[*lentab]     = a[n];  /* falls er im Tabellie-          */
        xanf += deltx;             /* rungsintervall liegt           */
      }
    sptabh(xanf, xend, deltx, x[end], a[end], b[end],
           c[end], d[end], xtab, ytab, anzahl, lentab);
  }
  else
    sptabh(xanf, xend, deltx, x[anf], a[anf], b[anf], c[anf],
           d[anf], xtab, ytab, anzahl, lentab);

  /* ----- den rechten Rand xend gesondert behandeln, da er oben ---- */
  /* ----- normalerweise unter den Tisch faellt                  ---- */
  sptabh(xend, xend + deltx / TWO, deltx, x[end], a[end], b[end],
         c[end], d[end], xtab, ytab, anzahl, lentab);

  return 0;
}


/* -------------------------------------------------------------------- */
static void partabh     /* Hilfsfunktion fuer partab() ................*/
                  (
                    REAL ta,
                    REAL te,
                    REAL dt,
                    REAL ti,
                    REAL ax,
                    REAL bx,
                    REAL cx,
                    REAL dx,
                    REAL ay,
                    REAL by,
                    REAL cy,
                    REAL dy,
```

Tabellierung von Polynomsplines   821

```
                    REAL   xt[],
                    REAL   yt[],
                    int    anzahl,
                    int    *lt
                    )
```

```
/*****************************************************************
* Diese Hilfsfunktion fuer die Funktion partab() tabelliert eine *
* parametrische kubische Splinefunktion im Inneren eines Parameter-*
* intervalls von ta bis te mit der Schrittweite dt.              *
*                                                                *
* Eingabeparameter:                                              *
* =================                                              *
* ta:            linker Rand des zu tabellierenden Intervalls    *
* te:            rechter Rand des zu tabellierenden Intervalls   *
* dt:            Schrittweite                                    *
* ti:            linker Rand des Stuetzstellenintervalls         *
* ax,bx,cx,dx:\  Koeffizienten des Splines im Stuetzstellenintervall *
* ay,by,cy,dy:/                                                  *
* xt:            [0..anzahl]-Feld mit alten x-Werten der Tabelle *
* yt:            [0..anzahl]-Feld mit alten y-Werten der Tabelle *
* anzahl:        obere Indexgrenze von xtab und ytab             *
*                                                                *
* Ausgabeparameter:                                              *
* =================                                              *
* xt: [0..anzahl]-Feld mit alten und neuen x-Werten der Tabelle  *
* yt: [0..anzahl]-Feld mit alten und neuen y-Werten der Tabelle  *
* lt: Index des letzten berechneten Tabellenpunktes              *
*                                                                *
* benutzte globale Namen:                                        *
* =======================                                        *
* REAL                                                           *
*****************************************************************/
{
  REAL t0,
       t1;

  for (xt += *lt, yt += *lt, t0 = ta; t0 < te; t0 += dt)
  {
    if (*lt >= anzahl)
      return;
    (*lt)++;
    t1 = t0 - ti;
    *++xt = ((dx * t1 + cx) * t1 + bx) * t1 + ax;
    *++yt = ((dy * t1 + cy) * t1 + by) * t1 + ay;
  }
}


/* ---------------------------------------------------------------- */

int partab    /* Tabellierung eines parametr. kub. Polynomsplines ....*/
           (
           int   n,        /* Anzahl der Splinestuecke ...............*/
           REAL  tanf,     /* linker Intervallrand ...................*/
           REAL  tend,     /* rechter Intervallrand ..................*/
           REAL  delt,     /* Schrittweite ...........................*/
           int   anzahl,   /* maximale Tabellengroesse ...............*/
           REAL  t[],      /* Stuetzstellen ..........................*/
           REAL  ax[],     /* x-Splinekoeffizienten von (t-t[i])^0 ...*/
           REAL  bx[],     /* x-Splinekoeffizienten von (t-t[i])^1 ...*/
           REAL  cx[],     /* x-Splinekoeffizienten von (t-t[i])^2 ...*/
           REAL  dx[],     /* x-Splinekoeffizienten von (t-t[i])^3 ...*/
           REAL  ay[],     /* y-Splinekoeffizienten von (t-t[i])^0 ...*/
           REAL  by[],     /* y-Splinekoeffizienten von (t-t[i])^1 ...*/
           REAL  cy[],     /* y-Splinekoeffizienten von (t-t[i])^2 ...*/
```

```
              REAL dy[],     /* y-Splinekoeffizienten von (t-t[i])^3 ...*/
              REAL xtab[],   /* x-Koordinaten der Splinetabelle ........*/
              REAL ytab[],   /* y-Koordinaten der Splinetabelle ........*/
              int  *lentab   /* tatsaechliche Tabellengroesse ..........*/
             )               /* Fehlercode .............................*/
/***************************************************************************
* eine Tabelle mit Funktionswerten einer parametrischen kubischen          *
* Polynomsplinefunktion erstellen.                                         *
* Durch Rundungsfehler wegen einer unguenstig gewaehlten Schrittweite      *
* kann es vorkommen, dass an manchen Stuetzstellen und bei tend            *
* doppelt tabelliert wird.                                                 *
*                                                                          *
* Eingabeparameter:                                                        *
* =================                                                        *
* n:            Index des letzten Parameterwertes in t                     *
* tanf:\        legen das Parameterintervall fest, in dem die              *
* tend:/        Funktion tabelliert werden soll.                           *
* delt:         Tabellenschrittweite. Die Tabellenwerte werden             *
*               fuer t = tanf(delt)tend berechnet.                         *
* t:            [0..n]-Feld mit den Parameterwerten des Splines            *
* ax,bx,cx,dx:\                                                            *
* ax,by,cy,dy:/ [0..n-1]-Felder mit den Splinekoeffizienten.               *
*               Von ax und ay werden eventuell auch die Elemente           *
*               ax[n] und ay[n] benoetigt.                                 *
* anzahl:       obere Indexgrenze von XTAB und YTAB                        *
*                                                                          *
* Ausgabeparameter:                                                        *
* =================                                                        *
* xtab:   [0..anzahl]-Feld mit x-Werten der Tabelle. Die Dimension         *
*         anzahl muss so gross gewaehlt werden, dass fuer alle             *
*         Tabellenwerte Platz ist.                                         *
* ytab:   [0..anzahl]-Feld mit y-Werten der Tabelle                        *
* lentab: Index des letzten berechneten Tabellenwertes                     *
*                                                                          *
* Funktionswert:                                                           *
* ==============                                                           *
* 0: kein Fehler                                                           *
* 1: tanf > tend                                                           *
* 2: delt <= 0                                                             *
*                                                                          *
* benutzte globale Namen:                                                  *
* =======================                                                  *
* partabh, REAL, intervall, ZERO, TWO                                      *
***************************************************************************/
{
  int anf,     /* Index des zu tanf gehoerigen Splinepolynoms (0..n-1) */
      end,     /* Index des zu tend gehoerigen Splinepolynoms (0..n-1) */
      anf2,    /* Nummer der naechsten Stuetzstelle <= tanf (-1..n)    */
      end2,    /* Nummer der naechsten Stuetzstelle <= tend (-1..n)    */
      i;       /* Laufvariable                                         */

  if (tanf > tend)
    return 1;
  if (delt <= ZERO)
    return 2;
  anf2 = anf = intervall(n, tanf, t);
  end2 = end = intervall(n, tend, t);
  if (tanf < t[0])        /* tanf links vom Interpolationsintervall? */
    anf2--;
  if (tend > t[n])        /* tend rechts vom Interpolationsintervall? */
    end2++;
  *lentab = -1;
  if (anf2 < end2)
  {
    partabh(tanf, t[anf2 + 1], delt, t[anf], ax[anf], bx[anf],
```

```
                   cx[anf], dx[anf], ay[anf], by[anf], cy[anf],
                   dy[anf], xtab, ytab, anzahl, lentab);
      for (i = anf2 + 1; i < end2; i++)
           partabh(t[i], t[i + 1], delt, t[i], ax[i], bx[i], cx[i],
                   dx[i], ay[i], by[i], cy[i], dy[i], xtab, ytab,
                   anzahl, lentab);
      tanf = t[end2];                    /* bei tanf die Tabelle fortsetzen */
      if (end2 == n)                     /* dafuer sorgen, dass der         */
         if (*lentab < anzahl)           /* Funktionswert bei t[n]          */
         {  xtab[++(*lentab)] = ax[n],   /* exakt eingetragen wird,         */
            ytab[*lentab]     = ay[n],   /* falls er im Tabellie-           */
            tanf += delt;                /* rungsintervall liegt            */
         partabh(tanf, tend, delt, t[end], ax[end], bx[end],
                 cx[end], dx[end], ay[end], by[end], cy[end],
                 dy[end], xtab, ytab, anzahl, lentab);
      }
      else
         partabh(tanf, tend, delt, t[anf], ax[anf], bx[anf],
                 cx[anf], dx[anf], ay[anf], by[anf], cy[anf],
                 dy[anf], xtab, ytab, anzahl, lentab);

    /* ----- den rechten Rand xend gesondert behandeln, da er oben ---- */
    /* ----- normalerweise unter den Tisch faellt                  ---- */
      partabh(tend, tend + delt / TWO, delt, t[end], ax[end], bx[end],
              cx[end], dx[end], ay[end], by[end], cy[end], dy[end],
              xtab, ytab, anzahl, lentab);

      return 0;
    }



/* -------------------------------------------------------------------- */
    static void hmtabh        /* Hilfsfunktion fuer hmtab() ............*/
                   (
                      REAL  xa,
                      REAL  xe,
                      REAL  dx,
                      REAL  xi,
                      REAL  a,
                      REAL  b,
                      REAL  c,
                      REAL  d,
                      REAL  e,
                      REAL  f,
                      REAL  xt[],
                      REAL  yt[],
                      int   anzahl,
                      int   *lt
                   )
/***********************************************************************
* Diese Hilfsfunktion fuer die Funktion hmtab() tabelliert eine        *
* Hermite-Splinefunktion im Inneren eines Stuetzstellenintervalls      *
* von xa bis xe mit der Schrittweite dx.                               *
*                                                                      *
* Eingabeparameter:                                                    *
* ================                                                     *
* xa:            linker Rand des zu tabellierenden Intervalls          *
* xe:            rechter Rand des zu tabellierenden Intervalls         *
* dx:            Schrittweite                                          *
* xi:            linker Rand des Stuetzstellenintervalls               *
* a,b,c,d,e,f:   Koeffizienten des Splines im Stuetzstellenintervall   *
* xt:            [0..anzahl]-Feld mit alten x-Werten der Tabelle       *
* yt:            [0..anzahl]-Feld mit alten y-Werten der Tabelle       *
* anzahl:        obere Indexgrenze von xtab und ytab                   *
```

```
*                                                                    *
* Ausgabeparameter:                                                  *
* =================                                                  *
* xt: [0..anzahl]-Feld mit alten und neuen x-Werten der Tabelle      *
* yt: [0..anzahl]-Feld mit alten und neuen y-Werten der Tabelle      *
* lt: Index des letzten berechneten Tabellenpunktes                  *
*                                                                    *
* benutzte globale Namen:                                            *
* =======================                                            *
* REAL                                                               *
**********************************************************************/
{
  REAL x0,
       x1;

  for (xt += *lt, yt += *lt, x0 = xa; x0 < xe; x0 += dx)
  {
    if (*lt >= anzahl)
      return;
    (*lt)++;
    x1 = x0 - xi;
    *++xt = x0;
    *++yt = ((((f * x1 + e) * x1 + d) * x1 + c) * x1 + b) * x1 + a;
  }
}


/* ------------------------------------------------------------- */

int hmtab            /* Tabellierung eines Hermite-Polynomsplines .......*/
         (
          int    n,         /* Anzahl der Splinestuecke ................*/
          REAL   xanf,      /* linker Intervallrand ....................*/
          REAL   xend,      /* rechter Intervallrand ...................*/
          REAL   deltx,     /* Schrittweite ............................*/
          int    anzahl,    /* maximale Tabellengroesse ................*/
          REAL   x[],       /* Stuetzstellen ...........................*/
          REAL   a[],       /* Splinekoeffizienten von (x-x[i])^0 ......*/
          REAL   b[],       /* Splinekoeffizienten von (x-x[i])^1 ......*/
          REAL   c[],       /* Splinekoeffizienten von (x-x[i])^2 ......*/
          REAL   d[],       /* Splinekoeffizienten von (x-x[i])^3 ......*/
          REAL   e[],       /* Splinekoeffizienten von (x-x[i])^4 ......*/
          REAL   f[],       /* Splinekoeffizienten von (x-x[i])^5 ......*/
          REAL   xtab[],    /* x-Koordinaten der Splinetabelle .........*/
          REAL   ytab[],    /* y-Koordinaten der Splinetabelle .........*/
          int    *lentab    /* tatsaechliche Tabellengroesse ...........*/
         )                  /* Fehlercode ..............................*/
/***********************************************************************
* eine Tabelle mit Funktionswerten einer Hermite-Polynomsplinefunktion *
* erstellen. Durch Rundungsfehler wegen einer unguenstig gewaehlten    *
* Schrittweite kann es vorkommen, dass an manchen Stuetzstellen und    *
* bei xend doppelt tabelliert wird.                                    *
*                                                                     *
* Eingabeparameter:                                                    *
* =================                                                    *
* n:             Index der letzten Stuetzstelle in x                   *
* xanf:\         legen das x-Intervall fest, in dem die Funktion       *
* xend:/         tabelliert werden soll.                               *
* deltx:         Tabellenschrittweite. Die Tabellenwerte werden        *
*                fuer x = xanf(deltx)xend  berechnet.                  *
* x:             [0..n]-Feld mit den Stuetzstellen                     *
* a,b,c,d,e,f:   [0..n-1]-Felder mit den Splinekoeffizienten.          *
*                Von a wird eventuell auch das Element a[n] benoetigt. *
* anzahl:        obere Indexgrenze von xtab und ytab                   *
*                                                                     *
```

Tabellierung von Polynomsplines

```
*  Ausgabeparameter:                                                         *
*  =================                                                         *
*  xtab:    [0..anzahl]-Feld mit x-Werten der Tabelle. Die Dimension         *
*           anzahl sollte so gross gewaehlt werden, dass fuer alle           *
*           Tabellenwerte Platz ist.                                         *
*  ytab:    [0..anzahl]-Feld mit y-Werten der Tabelle.                       *
*           ytab[i] ist der Funktionswert zu xtab[i], i=0(1)lentab           *
*  lentab:  Index des letzten berechneten Tabellenwertes                     *
*                                                                            *
*  Funktionswert:                                                            *
*  ==============                                                            *
*  0: kein Fehler                                                            *
*  1: xanf > xend                                                            *
*  2: deltx <= 0                                                             *
*                                                                            *
*  benutzte globale Namen:                                                   *
*  =======================                                                   *
*  hmtabh, REAL, intervall, ZERO, TWO                                        *
******************************************************************************/

{
  int anf,      /* Index des zu xanf gehoerigen Splinepolynoms (0..n-1) */
      end,      /* Index des zu xend gehoerigen Splinepolynoms (0..n-1) */
      anf2,     /* Nummer der naechsten Stuetzstelle <= xanf (-1..n)    */
      end2,     /* Nummer der naechsten Stuetzstelle <= xend (-1..n)    */
      i;        /* Laufvariable                                         */

  if (xanf > xend)
    return 1;
  if (deltx <= ZERO)
    return 2;
  anf2 = anf = intervall(n, xanf, x);
  end2 = end = intervall(n, xend, x);
  if (xanf < x[0])              /* xanf links vom Interpolationsintervall? */
    anf2--;
  if (xend > x[n])              /* xend rechts vom Interpolationsintervall? */
    end2++;
  *lentab = -1;
  if (anf2 < end2)
  {
    hmtabh(xanf, x[anf2 + 1], deltx, x[anf], a[anf], b[anf], c[anf],
           d[anf], e[anf], f[anf], xtab, ytab, anzahl, lentab);
    for (i = anf2 + 1; i < end2; i++)
      hmtabh(x[i], x[i + 1], deltx, x[i], a[i], b[i], c[i], d[i], e[i],
             f[i], xtab, ytab, anzahl, lentab);
    xanf = x[end2];                 /* bei xanf die Tabelle fortsetzen */
    if (end2 == n)                  /* dafuer sorgen, dass der        */
      if (*lentab < anzahl)         /* Funktionswert bei x[n]         */
        xtab[++(*lentab)] = x[n],   /* exakt eingetragen wird,        */
        ytab[*lentab]    = a[n],    /* falls er im Tabellie-          */
        xanf += deltx;              /* rungsintervall liegt           */
    hmtabh(xanf, xend, deltx, x[end], a[end], b[end], c[end], d[end],
           e[end], f[end], xtab, ytab, anzahl, lentab);
  }
  else
    hmtabh(xanf, xend, deltx, x[anf], a[anf], b[anf], c[anf], d[anf],
           e[anf], f[anf], xtab, ytab, anzahl, lentab);

  /* ----- den rechten Rand xend gesondert behandeln, da er oben ---- */
  /* ----- normalerweise unter den Tisch faellt                  ---- */
  hmtabh(xend, xend + deltx / TWO, deltx, x[end], a[end], b[end],
         c[end], d[end], e[end], f[end], xtab, ytab, anzahl, lentab);

  return 0;
}
```

```
/* ---------------------------------------------------------------- */
static void pmtabh      /* Hilfsfunktion fuer pmtab() ..............*/
                (
                    REAL ta,
                    REAL te,
                    REAL dt,
                    REAL ti,
                    REAL ax,
                    REAL bx,
                    REAL cx,
                    REAL dx,
                    REAL ex,
                    REAL fx,
                    REAL ay,
                    REAL by,
                    REAL cy,
                    REAL dy,
                    REAL ey,
                    REAL fy,
                    REAL xt[],
                    REAL yt[],
                    int  anzahl,
                    int  *lt
                )

/**************************************************************************
* Diese Hilfsfunktion fuer die Funktion partab() tabelliert eine          *
* parametrische Hermite-Splinefunktion im Inneren eines Parameter-        *
* intervalls von ta bis te mit der Schrittweite dt.                       *
*                                                                         *
* Eingabeparameter:                                                       *
* =================                                                       *
* ta:                   linker Rand des zu tabellierenden Intervalls      *
* te:                   rechter Rand des zu tabellierenden Intervalls     *
* dt:                   Schrittweite                                      *
* ti:                   linker Rand des Stuetzstellenintervalls           *
* ax,bx,cx,dx,ex,fx:\   Koeffizienten des Splines im                      *
* ay,by,cy,dy,ey,fy:/   Stuetzstellenintervall                            *
* xt:                   [0..anzahl]-Feld mit alten x-Werten der Tabelle   *
* yt:                   [0..anzahl]-Feld mit alten y-Werten der Tabelle   *
* anzahl:               obere Indexgrenze von xtab und ytab               *
*                                                                         *
* Ausgabeparameter:                                                       *
* =================                                                       *
* xt: [0..anzahl]-Feld mit alten und neuen x-Werten der Tabelle           *
* yt: [0..anzahl]-Feld mit alten und neuen y-Werten der Tabelle           *
* lt: Index des letzten berechneten Tabellenpunktes                       *
*                                                                         *
* benutzte globale Namen:                                                 *
* =======================                                                 *
* REAL                                                                    *
**************************************************************************/
{
  REAL t0,
       t;

  for (xt += *lt, yt += *lt, t0 = ta; t0 < te; t0 += dt)
  {
    if (*lt >= anzahl)
      return;
    (*lt)++;
    t = t0 - ti;
    *++xt = ((((fx * t + ex) * t + dx) * t + cx) * t + bx) * t + ax;
    *++yt = ((((fy * t + ey) * t + dy) * t + cy) * t + by) * t + ay;
  }
}
```

Tabellierung von Polynomsplines

```
}
/* ------------------------------------------------------------------ */
int pmtab      /* Tabellierung eines parametr. Hermite-Polynomsplines ...*/
       (
           int    n,          /* Anzahl der Splinestuecke ................*/
           REAL   tanf,       /* linker Intervallrand ....................*/
           REAL   tend,       /* rechter Intervallrand ...................*/
           REAL   delt,       /* Schrittweite ............................*/
           int    anzahl,     /* maximale Tabellengroesse ................*/
           REAL   t[],        /* Stuetzstellen ...........................*/
           REAL   ax[],       /* x-Splinekoeffizienten von (t-t[i])^0 ....*/
           REAL   bx[],       /* x-Splinekoeffizienten von (t-t[i])^1 ....*/
           REAL   cx[],       /* x-Splinekoeffizienten von (t-t[i])^2 ....*/
           REAL   dx[],       /* x-Splinekoeffizienten von (t-t[i])^3 ....*/
           REAL   ex[],       /* x-Splinekoeffizienten von (t-t[i])^4 ....*/
           REAL   fx[],       /* x-Splinekoeffizienten von (t-t[i])^5 ....*/
           REAL   ay[],       /* y-Splinekoeffizienten von (t-t[i])^0 ....*/
           REAL   by[],       /* y-Splinekoeffizienten von (t-t[i])^1 ....*/
           REAL   cy[],       /* y-Splinekoeffizienten von (t-t[i])^2 ....*/
           REAL   dy[],       /* y-Splinekoeffizienten von (t-t[i])^3 ....*/
           REAL   ey[],       /* y-Splinekoeffizienten von (t-t[i])^4 ....*/
           REAL   fy[],       /* y-Splinekoeffizienten von (t-t[i])^5 ....*/
           REAL   xtab[],     /* x-Koordinaten der Splinetabelle .........*/
           REAL   ytab[],     /* y-Koordinaten der Splinetabelle .........*/
           int    *lentab     /* tatsaechliche Tabellengroesse ...........*/
       )                      /* Fehlercode ..............................*/
/***************************************************************************
* eine Tabelle mit Funktionswerten einer parametrischen Hermite-           *
* Polynomsplinefunktion erstellen.                                         *
* Durch Rundungsfehler wegen einer unguenstig gewaehlten Schrittweite      *
* kann es vorkommen, dass an manchen Stuetzstellen und bei tend            *
* doppelt tabelliert wird.                                                 *
*                                                                          *
* Eingabeparameter:                                                        *
* =================                                                        *
* n:                    Index des letzten Parameterwertes in t             *
* tanf:\                legen das Parameterintervall fest, in dem die      *
* tend:/                Funktion tabelliert werden soll.                   *
* delt:                 Tabellenschrittweite. Die Tabellenwerte werden     *
*                       fuer t = tanf(delt)tend   berechnet.               *
* t:                    [0..n]-Feld mit den Parameterwerten des Splines    *
* ax,bx,cx,dx,ex,fx:\                                                      *
* ay,by,cy,dy,ey,fy:/   [0..n-1]-Felder mit den Splinekoeffizienten.       *
*                       Von ax und ay werden eventuell auch die Elemente   *
*                       ax[n] und ay[n] benoetigt.                         *
* anzahl:               obere Indexgrenze von XTAB und YTAB                *
*                                                                          *
* Ausgabeparameter:                                                        *
* =================                                                        *
* xtab:   [0..anzahl]-Feld mit x-Werten der Tabelle. Die Dimension         *
*         anzahl muss so gross gewaehlt werden, dass fuer alle             *
*         Tabellenwerte Platz ist.                                         *
* ytab:   [0..anzahl]-Feld mit y-Werten der Tabelle                        *
* lentab: Index des letzten berechneten Tabellenwertes                     *
*                                                                          *
* Funktionswert:                                                           *
* ==============                                                           *
* 0: kein Fehler                                                           *
* 1: tanf > tend                                                           *
* 2: delt <= 0                                                             *
*                                                                          *
* benutzte globale Namen:                                                  *
* =======================                                                  *
```

```
*   pmtabh, REAL, intervall, ZERO, TWO                                   *
***************************************************************************/
{
  int anf,    /* Index des zu tanf gehoerigen Splinepolynoms (0..n-1) */
      end,    /* Index des zu tend gehoerigen Splinepolynoms (0..n-1) */
      anf2,   /* Nummer der naechsten Stuetzstelle <= tanf (-1..n)    */
      end2,   /* Nummer der naechsten Stuetzstelle <= tend (-1..n)    */
      i;      /* Laufvariable                                         */
  if (tanf > tend)
    return 1;
  if (delt <= ZERO)
    return 2;
  anf2 = anf = intervall(n, tanf, t);
  end2 = end = intervall(n, tend, t);
  if (tanf < t[0])          /* tanf links vom Interpolationsintervall? */
    anf2--;
  if (tend > t[n])          /* tend rechts vom Interpolationsintervall? */
    end2++;
  *lentab = -1;
  if (anf2 < end2)
  {
    pmtabh(tanf, t[anf2 + 1], delt, t[anf], ax[anf], bx[anf],
           cx[anf], dx[anf], ex[anf], fx[anf], ay[anf], by[anf],
           cy[anf], dy[anf], ey[anf], fy[anf], xtab, ytab, anzahl,
           lentab);
    for (i = anf2 + 1; i < end2; i++)
      pmtabh(t[i], t[i + 1], delt, t[i], ax[i], bx[i], cx[i], dx[i],
             ex[i], fx[i], ay[i], by[i], cy[i], dy[i], ey[i], fy[i],
             xtab, ytab, anzahl, lentab);
    tanf = t[end2];                    /* bei tanf die Tabelle fortsetzen */
    if (end2 == n)                     /* dafuer sorgen, dass der        */
      if (*lentab < anzahl)            /* Funktionswert bei t[n]         */
      {  xtab[++(*lentab)] = ax[n],    /* exakt eingetragen wird,        */
         ytab[*lentab]    = ay[n],    /* falls er im Tabellie-          */
         tanf += delt;                 /* rungsintervall liegt           */
    pmtabh(tanf, tend, delt, t[end], ax[end], bx[end], cx[end],
           dx[end], ex[end], fx[end], ay[end], by[end], cy[end],
           dy[end], ey[end], fy[end], xtab, ytab, anzahl, lentab);
  }
  else
    pmtabh(tanf, tend, delt, t[anf], ax[anf], bx[anf], cx[anf],
           dx[anf], ex[anf], fx[anf], ay[anf], by[anf], cy[anf],
           dy[anf], ey[anf], fy[anf], xtab, ytab, anzahl, lentab);

  /* ----- den rechten Rand xend gesondert behandeln, da er oben ---- */
  /* ----- normalerweise unter den Tisch faellt                  ---- */
  pmtabh(tend, tend + delt / TWO, delt, t[end], ax[end], bx[end],
         cx[end], dx[end], ex[end], fx[end], ay[end], by[end],
         cy[end], dy[end], ey[end], fy[end], xtab, ytab, anzahl,
         lentab);

  return 0;
}


/* ---------------------------------------------------------------- */
static void strtabh    /* Hilfsfunktion fuer strtab() ...............*/
              (
               REAL pa,
               REAL pe,
               REAL dp,
               REAL pi,
               REAL a,
```

Tabellierung von Polynomsplines

```
                        REAL b,
                        REAL c,
                        REAL d,
                        REAL phid,
                        REAL px,
                        REAL py,
                        REAL xt[],
                        REAL yt[],
                        int  anzahl,
                        int  *lt
                       )
/***************************************************************************
* Diese Hilfsfunktion fuer die Funktion strtab() tabelliert eine           *
* transformiert-parametrische kubische Splinefunktion im Inneren eines    *
* Stuetzstellenintervalls von pa bis pe mit der Schrittweite dp.          *
*                                                                          *
* Eingabeparameter:                                                        *
* =================                                                        *
* pa:        linker Rand des zu tabellierenden Intervalls                  *
* pe:        rechter Rand des zu tabellierenden Intervalls                 *
* dp:        Schrittweite                                                  *
* pi:        linker Rand des Stuetzstellenintervalls                       *
* a,b,c,d:   Koeffizienten des Splines im Stuetzstellenintervall           *
* phid:      Drehwinkel des Koordinatensystems                             *
* py,py:     Verschiebungsvektor                                           *
* xt:        [0..anzahl]-Feld mit alten x-Werten der Tabelle               *
* yt:        [0..anzahl]-Feld mit alten y-Werten der Tabelle               *
* anzahl:    obere Indexgrenze von xtab und ytab                           *
*                                                                          *
* Ausgabeparameter:                                                        *
* =================                                                        *
* xt: [0..anzahl]-Feld mit alten und neuen x-Werten der Tabelle           *
* yt: [0..anzahl]-Feld mit alten und neuen y-Werten der Tabelle           *
* lt: Index des letzten berechneten Tabellenpunktes                        *
*                                                                          *
* benutzte globale Namen:                                                  *
* =======================                                                  *
* REAL, SIN, COS                                                           *
***************************************************************************/
{
  REAL p0,
       p1,
       s,
       rho;

  for (xt += *lt, yt += *lt, p0 = pa; p0 < pe; p0 += dp)
  {
    if (*lt >= anzahl)
      return;
    (*lt)++;
    p1   = p0 - pi;
    s    = ((d * p1 + c) * p1 + b) * p1 + a;
    rho  = p0 + phid;
    *++xt = s * COS(rho) + px;
    *++yt = s * SIN(rho) + py;
  }
}


/* -------------------------------------------------------------- */

int strtab     /* Tabellierung eines transf.-param. kub. Polynomspl. ...*/
          (
           int   n,      /* Anzahl der Splinestuecke ................*/
           REAL  panf,   /* Anfangswinkel ...........................*/
```

```
              REAL  pend,         /* Endwinkel .............................*/
              REAL  phin[],       /* Winkelkoordinaten der Stuetzpunkte ....*/
              REAL  a[],          /* Splinekoeff. von (phi-phin[i])^0 ......*/
              REAL  b[],          /* Splinekoeff. von (phi-phin[i])^1 ......*/
              REAL  c[],          /* Splinekoeff. von (phi-phin[i])^2 ......*/
              REAL  d[],          /* Splinekoeff. von (phi-phin[i])^3 ......*/
              REAL  phid,         /* Drehwinkel des Koordinatensystems .....*/
              REAL  px,           /* x-Koordinate, .........................*/
              REAL  py,           /* y-Koordinate des Verschiebungsvektors .*/
              REAL  x[],          /* Stuetzstellen .........................*/
              REAL  y[],          /* Stuetzwerte ...........................*/
              int   nl,           /* maximale Tabellengroesse ..............*/
              int   *nt,          /* tatsaechliche Tabellengroesse .........*/
              REAL  xtab[],       /* x-Koordinaten der Splinetabelle .......*/
              REAL  ytab[]        /* y-Koordinaten der Splinetabelle .......*/
              )                   /* Fehlercode ............................*/

/***************************************************************************
* eine transformiert-parametrische kubische Polynomsplinefunktion in       *
* der Darstellung                                                          *
*        s(phi) = a[i] + b[i](phi-phin[i]) + c[i](phi-phin[i])^2 +         *
*                                          + d[i](phi-phin[i])^3           *
* fuer phi aus  [phin[i], phin[i+1]], i=0(1)n-1, tabellieren.              *
* Es wird ein Tabelle mit den Wertepaaren                                  *
*        xtab = xtab(phi) = s(phi) * cos(phi + phid) + px,                 *
*        ytab = ytab(phi) = s(phi) * sin(phi + phid) + py,                 *
* phi aus [panf, pend] erstellt, wobei gilt:                               *
*    - Ist panf < phin[0], wird fuer alle Werte xtab(phi) mit              *
*      phi < phin[0] das Randpolynom p[0] ausgewertet.                     *
*    - Ist pend > phin[n], wird fuer alle Werte xtab(phi) mit              *
*      phi > phin[n] das Randpolynom p[n-1] ausgewertet.                   *
*    - Die Intervallgrenzen panf und pend und alle dazwischenliegenden     *
*      Stuetzstellen phin[i] werden auf jeden Fall tabelliert.             *
*    - In jedem Teilintervall [phin[i],phin[i+1]] wird die Tabelle mit     *
*      aequidistanter Schrittweite h erzeugt, wobei h jeweils von der      *
*      Intervallaenge und der gewaehlten Tabellenlaenge nl abhaengt.       *
*    - Der Eingabeparameter nl gibt die ungefaehre Tabellenlaenge vor;     *
*      die tatsaechliche Tabellenlaenge ist nt + 1. (nt ist der letzte     *
*      benutzte Tabellenindex.) Fuer nt gilt:                              *
*                      0 < nt < nl + n + 1.                                *
*                                                                          *
* Eingabeparameter:                                                        *
* =================                                                        *
* n:       Index des letzten Stuetzpunktes                                 *
* panf:\   legen das Parameterintervall fest, in dem die Funktion          *
* pend:/   tabelliert werden soll.                                         *
* phin:    [0..n]-Feld mit Parameterwerten der Splineknoten                *
* a,b,c,d: [0..n-1]-Felder mit den Splinekoeffizienten                     *
* phid:    Drehwinkel des Koordinatensystems                               *
* py,py:   Verschiebungsvektor                                             *
* nl:      obere Indexgrenze von xtab und ytab                             *
* x,y:     [0..n]-Vektoren mit den urspruenglichen Stuetzpunkten (wird     *
*          benoetigt, um an den Stuetzstellen phin[i] exakte Tabellen-     *
*          werte zu bekommen)                                              *
*                                                                          *
* Ausgabeparameter:                                                        *
* =================                                                        *
* nt:      Index des letzten berechneten Tabellenpunktes                   *
* xtab:    [0..nl]-Feld mit x-Werten der Tabelle                           *
* ytab:    [0..nl]-Feld mit y-Werten der Tabelle                           *
*                                                                          *
* Funktionswert:                                                           *
* ==============                                                           *
* 0: kein Fehler                                                           *
* 1: panf >= pend                                                          *
* 2: n < 1                                                                 *
*                                                                          *
```

Tabellierung von Polynomsplines

```
*  benutzte globale Namen:                                                  *
*  =======================                                                  *
*  strtabh, REAL, intervall, TWO                                            *
****************************************************************************/

{
  int  anf,       /* Index des zu panf gehoerigen Splinepolynoms (0..n-1) */
       end,       /* Index des zu pend gehoerigen Splinepolynoms (0..n-1) */
       anf2,      /* Nummer der naechsten Stuetzstelle <= panf (-1..n)    */
       end2,      /* Nummer der naechsten Stuetzstelle <= pend (-1..n)    */
       i;         /* Laufvariable                                         */
  REAL h;         /* Schrittweite                                         */

  if (pend <= panf)
    return 1;
  if (n < 1)
    return 2;

  anf2 = anf = intervall(n, panf, phin);
  end2 = end = intervall(n, pend, phin);
  if (panf < phin[0])        /* panf links vom Interpolationsintervall? */
    anf2--;
  if (pend > phin[n])        /* pend rechts vom Interpolationsintervall? */
    end2++;
                                   /* die Schrittweite gerade so         */
  h = (pend - panf) / (nl - n - 1);  /* klein waehlen, dass auch die    */
  *nt = -1;                        /* Stuetzpunkte in der Tabelle        */
                                   /* Platz finden                       */
  if (anf2 < end2)           /* Stuetzstellen im Tabellierungsintervall? */
  {
    if (panf == phin[anf])
      if (*nt < nl)
      {
        xtab[++(*nt)] = x[anf],          /* den Stuetzpunkt    */
        ytab[*nt]     = y[anf],          /* (x[anf],y[anf])    */
        panf += h;                       /* noetigenfalls      */
                                         /* exakt eintragen    */
    strtabh(panf, phin[anf2 + 1], h,     /* die Tabellenwerte von */
            phin[anf], a[anf],           /* panf bis phin[anf+1]  */
            b[anf], c[anf], d[anf],      /* berechnen             */
            phid, px, py, xtab, ytab,
            nl, nt);

    for (i = anf2 + 1; i < end2; i++)    /* die Tabellenwerte von */
    {                                    /* phin[anf2+1] bis      */
      panf = phin[i];                    /* phin[end2] berechnen  */
      if (*nt < nl)
      {
        xtab[++(*nt)] = x[i],            /* den Stuetzpunkt    */
        ytab[*nt]     = y[i];            /* (x[i],y[i]) exakt  */
        panf += h;                       /* eintragen          */
      strtabh(panf, phin[i + 1], h,
              phin[i], a[i], b[i],
              c[i], d[i], phid, px,
              py, xtab, ytab, nl, nt);
    }

    panf = phin[end2];
    if (*nt < nl)
      xtab[++(*nt)] = x[end2],           /* den Stuetzpunkt    */
      ytab[*nt]     = y[end2],           /* (x[end2],y[end2])  */
      panf += h;                         /* exakt eintragen    */
    strtabh(panf, pend, h, phin[end],    /* die Tabellenwerte von */
            a[end], b[end], c[end],      /* phin[end2] bis pend   */
            d[end], phid, px, py,        /* berechnen             */
            xtab, ytab, nl, nt);
  }
  else                 /* keine Stuetzstellen im Tabellierungsintervall? */
    strtabh(panf, pend, h, phin[anf], a[anf], b[anf], c[anf],
            d[anf], phid, px, py, xtab, ytab, nl, nt);
```

```
    /* ----- den rechten Rand xend gesondert behandeln, da er oben ---- */
    /* ----- normalerweise unter den Tisch faellt                  ---- */
    strtabh(pend, pend + h / TWO, h, phin[end], a[end], b[end],
            c[end], d[end], phid, px, py, xtab, ytab, nl, nt);

    return 0;
}

/* ----------------------- ENDE splintab.c ----------------------- */
```

P 11

```
/* -------------------- DEKLARATIONEN glsp.h -------------------- */
/**************************************************************
 * Header-File fuer Routinen zur Spline-Berechnung     Egg, 24.2.1991 *
 **************************************************************/
#ifndef __GLSP_H
#define __GLSP_H

   int glsp1a (int     n,        REAL* x,          REAL* f,
               REAL*   w,        REAL  marg_0,     REAL  marg_n,
               int     rep,      REAL* A,          REAL* B,
               REAL*   C,        REAL* D,          REAL* h,
               REAL*   h1,       REAL* h2,         REAL* md,
               REAL*   ud1,      REAL* ud2,        REAL* rs);

   int glsp2a (int     n,        REAL* x,          REAL* f,
               REAL*   w,        REAL  marg_0,     REAL  marg_n,
               int     rep,      REAL* A,          REAL* B,
               REAL*   C,        REAL* D,          REAL* h,
               REAL*   h1,       REAL* h2,         REAL* md,
               REAL*   ud1,      REAL* ud2,        REAL* rs);

   int glsp3a (int     n,        REAL* x,          REAL* f,
               REAL*   w,        REAL  marg_0,     REAL  marg_n,
               REAL*   A,        REAL* B,          REAL* C,
               REAL*   D,        REAL* ld1,        REAL* ld2,
               REAL*   ud1,      REAL* ud2,        REAL* rs,
               REAL*   h1,       REAL* h);

   int glspnp (int     n,        REAL* x,          REAL* f,
               REAL*   w,        int   marg_cond,  REAL  marg_0,
               REAL    marg_n,   REAL* a,          REAL* b,
               REAL*   c,        REAL* d);

   int glsptr (int     n,  REAL* x,          REAL* f,
               REAL*   w,  int   Verschieb,  REAL* px,
               REAL*   py, REAL* A,          REAL* B,
               REAL*   C,  REAL* D,          REAL* phi,
               REAL*   r,  REAL* Dphi,       REAL* help);

   int glsppa (int     n,        REAL* x,          REAL* f,
               REAL*   wx,       REAL* wf,         REAL* t,
               int     marke_t,  int   rand,       REAL* alpha,
               REAL*   beta,     int   marke_w,    REAL* ax,
               REAL*   bx,       REAL* cx,         REAL* dx,
               REAL*   ay,       REAL* by,         REAL* cy,
               REAL*   dy,       REAL* help);

   int glsppe (int     n,        REAL* x,          REAL* f,
               REAL*   w,        int   rep,        REAL* a,
               REAL*   b,        REAL* c,          REAL* d,
               REAL*   h,        REAL* h1,         REAL* h2,
               REAL*   h3,       REAL* rs,         REAL* hup);

   int fzyfsy (int     n,
               REAL*   md,       REAL* ud1,        REAL* ud2,
               REAL*   rs,
               REAL*   x,
               REAL*   cmd,
               REAL*   cld_1,    REAL* cld_2,
               REAL*   cld_12,   REAL* cld_11,
               REAL*   bud_1,    REAL* bud_2,
               REAL*   brs_2,    REAL* brs_1
              );
```

```
int fzyfsz (int    n,
            REAL*  md,       REAL* ud1, REAL* ud2,
            REAL*  cmd,
            REAL*  cld_1,    REAL* cld_2,
            REAL*  cld_12,   REAL* cld_11,
            REAL*  bud_1,    REAL* bud_2,
            REAL*  brs_2,    REAL* brs_1
           );
int fzyfsl (int    n,
            REAL*  rs,       REAL* x,
            REAL*  cmd,
            REAL*  cld_1,    REAL* cld_2,
            REAL*  cld_12,   REAL* cld_11,
            REAL*  bud_1,    REAL* bud_2,
            REAL*  brs_2,    REAL* brs_1
           );
#endif
/* ------------------------- ENDE glsp.h ------------------------- */
```

P 11.3 Berechnung der nichtparametrischen kubischen Ausgleichssplines

```
/* ------------------------- MODUL glspnp.c ------------------------- */

#include <basis.h>
#include <fdias.h>
#include <glsp.h>

int glspnp (int    n,
            REAL*  xn, REAL* fn, REAL* w,
            int    marg_cond,
            REAL   marg_0, REAL marg_n,
            REAL*  a, REAL* b, REAL* c, REAL* d
           )
/***************************************************************************
* berechnet die Koeffizienten eines nichtparametrischen kubischen          *
* Ausgleichssplines. Die Art der Randableitung wird durch den              *
* Paramter marg_cond festgelegt.                                           *
*                                                                          *
* Die Splinefunktion wird dargestellt in der Form:                         *
*                                                                          *
* s(x) = a[i] - b[i]*(x-xn[i]) + c[i]*(x-xn[i])^2 + d[i]*(x-xn[i])^3       *
*                                                                          *
* fuer x aus [ xn[i], xn[i+1] ] ,  i = 0 (1) n-1 .                         *
*                                                                          *
* Eingabeparameter:                                                        *
*                                                                          *
*   int    n            Index des letzten Knotens                          *
*                       es gilt: n > 4 fuer marg_cond = 1,2,3 (s.u.)       *
*                                n > 5 fuer marg_cond = 4     (s.u.)       *
*   REAL   xn [n+1]     Stuetzstellen des Splines; sie muessen             *
*                       streng monoton steigend angeordnet sein            *
*   REAL   fn [n+1]     Messwerte an den Stuetzstellen;                    *
*                       fuer marg_cond=4 gilt zusaetzlich: fn[0]=fn[n]     *
*   REAL   w  [n+1]     Gewichte zu den Messwerten;                        *
*                       die Gewichte muessen positiv sein;                 *
*                       fuer marg_cond=4 gilt zusaetzlich: w[0] = w[n]     *
*   int    marg_cond    Art der Randbedingung                              *
*                       = 1 : 1. Randableitung vorgegeben                  *
*                       = 2 : 2. Randableitung vorgegeben                  *
*                       = 3 : 3. Randableitung vorgegeben                  *
*                       = 4 : periodische Splinefunktion                   *
*   REAL   marg_0     : Randableitung in xn[0] bzw. x[n]                   *
```

```
*      REAL    marg_n      : (nicht von Bedeutung fuer marg_cond = 4)       *
*                                                                           *
*                                                                           *
*    Ausgabeparameter:                                                      *
*                                                                           *
*      REAL    a [n+1]     : Koeffizienten der Splinefunktion               *
*      REAL    b [n+1]     : fuer die Elemente  0 bis n-1                   *
*      REAL    c [n+1]     : (das letzte (n-te) Element dient jeweils       *
*      REAL    d [n+1]     :    als Hilfselement )                          *
*                                                                           *
*                                                                           *
*    Funktionsrueckgabewert:                                                *
*                                                                           *
*      0 : kein Fehler                                                      *
*      1 : Fehler: Abbruch bei der Zerlegung in den Unterprogrammen         *
*                  fdiasy, fdiag, fzyfsy                                    *
*      2 : Fehler: n < 5 bzw. n < 6                                         *
*      3 : Fehler: die Stuetzstellen sind nicht streng monotom              *
*      4 : Fehler: fn [0] ungleich fn [n] oder w [0] ungleich w [n]         *
*      5 : Fehler: unzulaessiges Gewicht                                    *
*      6 : Fehler: unzulaessiger Wert fuer marg_cond                        *
*      7 : Fehler: nicht genuegend Speicherplatz fuer die Hilfsfelder       *
*                                                                           *
*    benutzte Unterprogramme:  glsp1a, glsp2a, glsp3a, glsppe               *
*                                                                           *
*    aus der C-Bibliothek benutzte Unterprogramme:  malloc, free            *
*                                                                           *
*    benutzte Konstanten:  NULL                                             *
*                                                                           *
*    Bemerkung : Einen natuerlichen Ausgleichsspline erhaelt man mit        *
*                marg_cond = 2  und marg_0 = marg_n = 0.0                   *
*                                                                           *
***************************************************************************/
{
  int     error = 7, i;
  REAL   *h   = NULL, *h1  = NULL, *h2 = NULL, *md  = NULL,
         *ud1 = NULL, *ud2 = NULL, *rs = NULL, *hup = NULL;

  /* Plausibilitaetspruefung */

  if (n < 5)                            return (2);
  for (i=0; i<=n-1; ++i)
    if (xn [i] >= xn [i+1])             return (3);
  for (i=0; i<=n; ++i)
    if (w [i] <= 0.0)                   return (5);

  /* Bereitstellung der Hilfsfelder fuer die Unterprogramme */

  #define allo(x,n)   (x) = (REAL*) malloc ((n) * sizeof(REAL)); \
                      if ((x) == NULL) goto free_all

  switch (marg_cond)
  {
    case 1:
    case 2:
    case 3:  allo (h,   n);
             allo (h1,  n);
             allo (h2,  n);
             allo (md,  n);
             allo (ud1,n);
             allo (ud2,n);
             allo (rs,  n);
             break;
    case 4:  allo (h,   n+1);
             allo (h1,  n+1);
             allo (h2,  n+1);
             allo (md,  n+1);
```

```
                    allo (rs,  n+1);
                    allo (hup, 9*n-11);
                    break;
       default: return (6);
    }
    #undef allo

    /* Aufruf der Unterprogramme, je nach Art der Randbedingung */

    switch (marg_cond)
    {
       case 1: error = glsp1a (n, xn, fn, w, marg_0, marg_n, 0,
                               a, b, c, d, h, h1, h2, md, ud1, ud2, rs);
               break;
       case 2: error = glsp2a (n, xn, fn, w, marg_0, marg_n, 0,
                               a, b, c, d, h, h1, h2, md, ud1, ud2, rs);
               break;
       case 3: error = glsp3a (n, xn, fn, w, marg_0, marg_n, a, b, c, d,
                               h2, md, ud1, ud2, rs, h, h1);
               break;
       case 4: if (n < 6)
                  return (-1);
               error = glsppe (n, xn, fn, w, 0, a, b, c, d,
                               h, h1, h2, md, rs, hup);
               break;
    }
    #define fr(x)    if(x) free(x)

    free_all: fr(h);    fr(h1);  fr(h2);  fr(md);
              fr(ud1);  fr(ud2); fr(rs);  fr(hup);

    #undef fr
    return (error);
}

/* ------------------------- ENDE glspnp.c ------------------------- */
/* ------------------------- MODUL glsp1a.c ------------------------ */

#include <basis.h>
#include <fdias.h>

REAL hf[10];     /* Hilfsfeld, das nach dem ersten Aufruf nicht
                    veraendert werden darf                        */

int glsp1a (int    n,
            REAL*  xn, REAL* fn, REAL* w,
            REAL   marg_0, REAL marg_n,
            int    rep,
            REAL*  a, REAL* b, REAL* c, REAL* d,
            REAL*  h, REAL* h1, REAL* h2,
            REAL*  md, REAL* ud1, REAL* ud2,
            REAL*  rs
           )
/***************************************************************************
 * berechnet die Koeffizienten eines kubischen Ausgleichsplines mit        *
 * vorgegebener erster Randableitung.                                      *
 *                                                                         *
 * Die Splinefunktion wird dargestellt in der Form:                        *
 *                                                                         *
 * s(x) = a[i] - b[i]*(x-xn[i]) + c[i]*(x-xn[i])^2 + d[i]*(x-xn[i])^3      *
 *                                                                         *
 * fuer x aus [ xn[i], xn[i+1] ] ,  i = 0 (1) n-1 .                        *
 *                                                                         *
 * Eingabeparameter:                                                       *
 *                                                                         *
 *   int    n            Index des letzten Knotens, es gilt: n > 4         *
 *   REAL   xn [n+1]     Stuetzstellen des Splines; sie muessen            *
```

```
*                         streng monoton steigend angeordnet sein    *
*    REAL  fn [n+1]       Messwerte an den Stuetzstellen             *
*    REAL  w  [n+1]       Gewichte zu den Messwerten;                *
*                         die Gewichte muessen positiv sein;         *
*    REAL  marg_0         1. Randableitung in xn[0]                  *
*    REAL  marg_n         1. Randableitung in xn[n]                  *
*    int   rep            gibt an, ob es sich um einen Wiederholungsaufruf *
*                         handelt:                                   *
*                         0 : es handelt sich um den ersten Aufruf, d.h. *
*                             die Matrix zur Berechnung der c(i) wird *
*                             aufgebaut und mit Hilfe des Unterprogramms *
*                             fdiasy zerlegt.                        *
*                         1 : es handelt sich um einen Wiederholungs- *
*                             aufruf, d.h. es wird nur die rechte Seite *
*                             des Gleichungssystems aufgebaut. Daher *
*                             duerfen die Felder md,ud1, ud2, h, h1, h2 *
*                             nach dem ersten Aufruf nicht veraendert *
*                             werden!                                *
*                                                                    *
*  Ausgabeparameter:                                                 *
*                                                                    *
*    REAL  a [n+1]     : Koeffizienten der Splinefunktion             *
*    REAL  b [n+1]     : fuer die Elemente  0 bis n-1                 *
*    REAL  c [n+1]     : (das letzte (n-te) Element dient jeweils     *
*    REAL  d [n+1]     :    als Hilfselement )                        *
*                                                                    *
*  Funktionsrueckgabewert:                                           *
*                                                                    *
*    0 : kein Fehler                                                 *
*    1 : Fehler: Abbruch bei der Zerlegung in den Unterprogrammen    *
*                fdiasy, fdiag, fzyfsy                               *
*    2 : Fehler: n < 5 bzw. n < 6                                    *
*    3 : Fehler: die Stuetzstellen sind nicht streng monotom          *
*    4 : Fehler: fn [0] ungleich fn [n] oder w [0] ungleich w [n]    *
*    5 : Fehler: unzulaessiges Gewicht                               *
*    6 : Fehler: unzulaessiger Wert fuer marg_cond                   *
*    7 : Fehler: nicht genuegend Speicherplatz fuer die Hilfsfelder  *
*                                                                    *
*  benutzte Unterprogramme: glsp1a, glsp2a, glsp3a, glsppe            *
*                                                                    *
*  Hilfsfelder:                                                      *
*                                                                    *
*    REAL  h  [n]      :                                             *
*    REAL  h1 [n]      :                                             *
*    REAL  h2 [n]      :                                             *
*    REAL  md [n]      : (die null-ten Elemente der Felder md, ud1, ud2 *
*    REAL  ud1[n]      :  und rs werden nicht verwendet)              *
*    REAL  ud2[n]      :                                             *
*    REAL  rs [n]      :                                             *
*                                                                    *
*  Funktionsrueckgabewert:                                           *
*                                                                    *
*    0 : kein Fehler                                                 *
*    1 : Fehler: Abbruch in  fdiasy                                  *
*    2 : Fehler: n < 5                                               *
*    3 : Fehler: falscher Wert fuer rep                              *
*                                                                    *
*  benutzte Unterprogramme: fdiasy, fdiasl                           *
*                                                                    *
*  Bemerkung :  (i)  glsp1a  sollte von einem Programm aufgerufen    *
*                    werden, das die Voraussetzungen ueberprueft     *
*                    (z.B. glspnp, glsppa).                          *
*               (ii) Fuer parametrische Splines mit unterschiedlichen *
*                    Gewichten muss rep auf 0 gesetzt werden.        *
*                                                                    *
```

```
**********************************************************************/
{
  int i, k, error;
  REAL   h_var_1, h_var_2;

  if (rep != 0 && rep != 1)    return (3);
  if (!rep)
  /*
     Es handelt sich nicht um einen Wiederholungsaufruf, d. h. die
     Hilfsgroessen und die Elemente der Ober- und Hauptdiagonalen
     des Gleichungssystems muessen bestimmt werden.
  */
  {
    for (i=0; i<=n-1; ++i)
    {
      h  [i] = xn [i+1] - xn [i];
      h1 [i] = 1. / h [i];
      c  [i] = h1 [i] * h1 [i];
      b  [i] = 6. / w [i];
    }
    b [n] = 6. / w [n];
    for (i=0; i<=n-2; ++i)
      h2 [i] = h1 [i] + h1 [i+1];
  /*
     aeussere Oberdiagonale
  */
    for (i=1; i<=n-3; ++i)
      ud2 [i] = b [i+1] * h1 [i] * h1 [i+1];
  /*
     innere Unterdiagonale
  */
    for (i=1; i<=n-2; ++i)
      ud1 [i] = h [i] - b [i]   * h1 [i] * h2 [i-1]
                      - b [i+1] * h1 [i] * h2 [i];
  /*
     Hauptdiagonale
  */
    for (i=1; i<=n-1; ++i)
    {
      k = i - 1;
      md [i] = 2. * (h [k] + h [i]) + b [k] * c [k]
             + b [i] * h2 [k] * h2 [k] + b [i+1] * c [i];
    }
  /*
     Das globale Hilfsfeld hf wird zur Aenderung der Eckelemente
     der Matrix benoetigt. Auch auf diese 10 Elemente muss bei
     wiederholtem Aufruf des Unterprogramms zugegriffen werden koennen.
  */
    hf [ 0 ] = h  [ 0 ]  - b [ 0 ] * c [ 0 ]  - b [ 1 ] * h2[ 0] * h1[ 0];
    hf [ 1 ] = b  [ 1 ]  * h1[ 0 ] * h1[ 1 ];
    hf [ 2 ] = b  [n-1]  * h1[n-2] * h1[n-1];
    hf [ 3 ] = h  [n-1]  - b [n-1] * h2[n-2]  * h1[n-1] - b[ n ] * c[n-1];
    hf [ 4 ] = h1[ 0 ]  * (b[ 1 ] + b [ 0 ]) +   2.    * h [ 0 ] * h[ 0 ];
    hf [ 5 ] = h1[n-1]  * (b[ n ] + b [n-1]) +   2.    * h [n-1] * h[n-1];
    hf [ 6 ] = b [ 1 ]  * h2[ 0 ] + b [ 0 ]  * h1[ 0 ] - h [ 0 ] * h[ 0 ];
    hf [ 7 ] = b [n-1]  * h2[n-2] + b [ n ]  * h1[n-1] - h [n-1] * h[n-1];
    hf [ 8 ] = b [ 1 ]  * h1[ 1 ];
    hf [ 9 ] = b [n-1]  * h1[n-2];

    md  [ 1 ]  += hf [0] / hf [4] * hf [6];
    ud1 [ 1 ]  -= hf [0] / hf [4] * hf [8];
    md  [ 2 ]  -= hf [1] / hf [4] * hf [8];
    md  [n-2]  -= hf [2] / hf [5] * hf [9];
    ud1 [n-2]  += hf [2] / hf [5] * hf [7];
    md  [n-1]  += hf [3] / hf [5] * hf [7];
  }
  /*
```

```
        Berechnung der rechten Seite
*/
  h_var_1 = (fn[1] - fn[0]) * h1[0];
  for (i = 1; i <= n-1; ++i, h_var_1 = h_var_2)
    {
      h_var_2 = (fn[i+1] - fn[i]) * h1[i];
      rs [i]  = 3. * (h_var_2 - h_var_1);
    }

  h_var_1 = 3. * ((fn[1] - fn[0]) - marg_0 * h[0]);
  h_var_2 = 3. * (marg_n * h[n-1] - (fn[n] - fn[n-1]));

  rs [ 1 ] -= hf [0] / hf [4] * h_var_1;
  rs [ 2 ] -= hf [1] / hf [4] * h_var_1;
  rs [n-2] -= hf [2] / hf [5] * h_var_2;
  rs [n-1] -= hf [3] / hf [5] * h_var_2;
/*
       Berechnen der Koeffizienten c[i], i=1(1)n-1
       durch Loesen des Gleichungssystems mit Hilfe
       des Unterprogramms FDIASY
*/
  if (! rep)
    {
      error = fdiasy (n-1, md, ud1, ud2, rs, c);   /* mit vorheriger */
      if (error != 0)                              /* Zerlegung      */
        if (error == -2)
          return (2);
        else
          return (1);
    }
  else
    fdiasl (n-1, md, ud1, ud2, rs, c);   /* im Wiederholungsfall ist */
                                         /* keine Zerlegung notwendig */
/*
       Berechnung der restlichen Splinekoeffizienten
*/
  c [0] = (h_var_1 + c[ 1 ] * hf[6] - c[ 2 ] * hf[8]) / hf[4];
  c [n] = (h_var_2 + c[n-1] * hf[7] - c[n-2] * hf[9]) / hf[5];

  a [0] = fn[0] + 2. / w[0] * h1[0] * (c[0] - c[1]);
  for (i=1; i<=n-1; ++i)
    {
      k = i - 1;
      a [i] = fn[i] - 2. / w[i] * (c[k] * h1[k] - h2[k] * c[i]
              + c[i+1] * h1[i]);
    }
  a [n] = fn [n] - 2. / w[n] * h1[n-1] * (c[n-1] - c[n]);

  for (i=0; i<=n-1; ++i)
    {
      k = i + 1;
      b [i] = h1[i] * (a[k] - a[i]) - h1[i] / 3. * (c[k] + 2. * c[i]);
      d [i] = h1[i] / 3. * (c[k] - c[i]);
    }

  return (0);
}
/* ---------------------- ENDE glsp1a.c ---------------------- */
/* ---------------------- MODUL glsp2a.c ---------------------- */

#include <basis.h>
#include <fdias.h>

int glsp2a (int    n,
            REAL*  xn, REAL* fn, REAL* w,
            REAL   marg_0, REAL marg_n,
```

```
                      int     rep,
                      REAL*   a, REAL*  b, REAL*  c, REAL*  d,
                      REAL*   h, REAL*  h1, REAL*  h2,
                      REAL*   md, REAL*  ud1, REAL*  ud2,
                      REAL*   rs
                    )
/***************************************************************************
 * berechnet die Koeffizienten eines kubischen Ausgleichssplines mit        *
 * vorgegebener zweiter Randableitung.                                      *
 *                                                                          *
 * Die Splinefunktion wird dargestellt in der Form:                         *
 *                                                                          *
 * s(x) = a[i] - b[i]*(x-xn[i]) + c[i]*(x-xn[i])^2 + d[i]*(x-xn[i])^3       *
 *                                                                          *
 * fuer x aus  [ xn[i], xn[i+1] ] ,   i = 0 (1) n-1 .                       *
 *                                                                          *
 * Eingabeparameter:                                                        *
 *                                                                          *
 *  int     n             Index des letzten Knotens, es gilt: n > 4         *
 *  REAL    xn [n+1]      Stuetzstellen des Splines; sie muessen            *
 *                        streng monoton steigend angeordnet sein           *
 *  REAL    fn [n+1]      Messwerte an den Stuetzstellen                    *
 *  REAL    w  [n+1]      Gewichte zu den Messwerten;                       *
 *                        die Gewichte muessen positiv sein;                *
 *  REAL    marg_0        2. Randableitung in xn[0]                         *
 *  REAL    marg_n        2. Randableitung in xn[n]                         *
 *  int     rep           gibt an, ob es sich um einen Wiederholungsaufruf  *
 *                        handelt:                                          *
 *                        0 : es handelt sich um den ersten Aufruf, d.h.    *
 *                            die Matrix zur Berechnung der c[i] wird       *
 *                            aufgebaut und mit Hilfe des Unterprogramms    *
 *                            fdiasy zerlegt.                               *
 *                        1 : es handelt sich um einen Wiederholungs-       *
 *                            aufruf, d.h. es wird nur die rechte Seite     *
 *                            des Gleichungssystems aufgebaut. Daher        *
 *                            duerfen die Felder md, ud1, ud2, h, h1, h2    *
 *                            nach dem ersten Aufruf nicht veraendert       *
 *                            werden!                                       *
 *                                                                          *
 * Ausgabeparameter:                                                        *
 *                                                                          *
 *  REAL   a [n+1]    : Koeffizienten der Splinefunktion                    *
 *  REAL   b [n+1]    : fuer die Elemente 0 bis n-1                         *
 *  REAL   c [n+1]    : (das letzte (n-te) Element dient jeweils            *
 *  REAL   d [n+1]    :  als Hilfselement )                                 *
 *                                                                          *
 *                                                                          *
 * Funktionsrueckgabewert:                                                  *
 *                                                                          *
 *  0 : kein Fehler                                                         *
 *  1 : Fehler: Abbruch bei der Zerlegung in den Unterprogrammen            *
 *              fdiasy, fdiag, fzyfsy                                       *
 *  2 : Fehler: n < 5 bzw. n < 6                                            *
 *  3 : Fehler: die Stuetzstellen sind nicht streng monotom                 *
 *  4 : Fehler: fn [0] ungleich fn [n] oder w [0] ungleich w [n]            *
 *  5 : Fehler: unzulaessiges Gewicht                                       *
 *  6 : Fehler: unzulaessiger Wert fuer marg_cond                           *
 *  7 : Fehler: nicht genuegend Speicherplatz fuer die Hilfsfelder          *
 *                                                                          *
 * benutzte Unterprogramme: glsp1a, glsp2a, glsp3a, glsppe                  *
 *                                                                          *
 * Hilfsfelder:                                                             *
 *                                                                          *
 *  REAL   h  [n]     :                                                     *
 *  REAL   h1 [n]     :                                                     *
 *  REAL   h2 [n]     :                                                     *
 *  REAL   md [n]     : (die null-ten Elemente der Felder md, ud1, ud2      *
```

Berechnung der nichtparametrischen kub. Ausgleichssplines   841

```
*      REAL    ud1[n]    : und rs werden nicht verwendet)             *
*      REAL    ud2[n]    :                                            *
*      REAL    rs  [n]   :                                            *
*                                                                     *
*   Funktionsrueckgabewert:                                           *
*                                                                     *
*      0 : kein Fehler                                                *
*      1 : Fehler: Abbruch in  fdiasy                                 *
*      2 : Fehler: n < 5                                              *
*      3 : Fehler: falscher Wert fuer rep                             *
*                                                                     *
*   benutzte Unterprogramme:  fdiasy, fdiasl                          *
*                                                                     *
*   Bemerkung :    (i) glsp2a sollte von einem Programm aufgerufen    *
*                      werden, das die Voraussetzungen ueberprueft    *
*                      (z.B. glspnp, glsppa).                         *
*                 (ii) Fuer parametrische Splines mit unterschiedlichen *
*                      Gewichten muss rep auf 0 gesetzt werden.       *
*                (iii) Fuer einen natuerlichen Ausgleichsspline waehlt *
*                      man marg_0 = marg_n = 0.0 .                    *
*                                                                     *
***********************************************************************/
{
  int i, k, error;
  REAL   h_var_1, h_var_2;

  if (rep != 0 && rep != 1)     return (3);
  if (!rep)
  /* Bestimmung der Hilfsgroessen und der Element der
     Ober- und Hauptdiagonalen des Gleichungssystems     */
  {
    for (i=0; i<=n-1; ++i)
    {
      h  [i]  = xn [i+1] - xn [i];
      h1 [i]  = 1. / h [i];
      c  [i]  = h1 [i] * h1 [i];
      b  [i]  = 6. / w [i];
    }
    b [n] = 6. / w [n];

    for (i=0; i<=n-2; ++i)
      h2 [i] = h1 [i] + h1 [i+1];
  /*
    aeussere Diagonale
  */
    for (i=1; i<=n-3; ++i)
      ud2 [i] = b [i+1] * h1 [i] * h1 [i+1];
  /*
    innere Diagonale
  */
    for (i=1; i<=n-2; ++i)
      ud1 [i] = h [i] - b [i] * h1 [i] * h2 [i-1]
                      - b [i+1] * h1 [i] * h2 [i];
  /*
    Hauptdiagonale
  */
    for (i=1; i<=n-1; ++i)
    {
      k = i - 1;
      md [i] = 2. * (h [k] + h [i]) + b [k] * c [k]
             + b [i] * h2 [k] * h2 [k] + b [i+1] * c [i];
    }
  }
  /*
     Berechnung der rechten Seite
  */
```

```
  c [0] = 0.5 * marg_0;
  c [n] = 0.5 * marg_n;

  h_var_2 = (fn[2] - fn[1]) * h1[1];
  h_var_1 = (fn[3] - fn[2]) * h1[2];
  rs[1] = 3. * (h_var_2 - (fn[1] - fn[0]) * h1[0]) - c[0] *
          (h[0] - 6. / w[0] * h1[0] * h1[0] - 6. / w[1] * h1[0] * h2[0]);
  rs[2] = 3. * (h_var_1 - h_var_2) - c[0] * (6. / w[1]) * h1[0] * h1[1];
  for (i=3; i<=n-3; ++i, h_var_1=h_var_2)
  {
    h_var_2 = (fn[i+1] - fn[i]) * h1[i];
    rs [i]  = 3. * (h_var_2 - h_var_1);
  }
  h_var_2 = (fn[n-1] - fn[n-2]) * h1[n-2];
  rs [n-2] = 3. * (h_var_2 - h_var_1)
             - c[n] * 6. / w[n-1] * h1[n-2] * h1[n-1];
  rs [n-1] = 3. * ((fn[n] - fn[n-1]) * h1[n-1] - h_var_2)
             - c[n] * (h[n-1] - 6. / w[n-1] * h1[n-1] * h2[n-2]
                      - 6. / w[n] * c[n-1]);
/*
    Berechnen der Koeffizienten c[i], i=1(1)n-1
    durch Loesen des Gleichungssystems mit Hilfe
    des Unterprogramms FDIASY bzw. FDIASL
*/
  if (! rep)
  {
    error = fdiasy (n-1, md, ud1, ud2, rs, c);    /* mit vorheriger */
    if (error != 0)                               /* Zerlegung      */
      if (error == -2)
        return (2);
      else
        return (1);
  }
  else                                     /* im Wiederholungsfall ist */
    fdiasl (n, md, ud1, ud2, rs, c);       /* keine Zerlegung notwendig. */
/*
    Berechnung der restlichen Splinekoeffizienten
*/
  a [0] = fn[0] + 2. / w[0] * h1[0] * (c[0] - c[1]);
  for (i=1; i<=n-1; ++i)
  {
    k = i - 1;
    a [i] = fn[i] - 2. / w[i] * (c[k] * h1[k] - h2[k] * c[i]
            + c[i+1] * h1[i]);
  }
  a [n] = fn [n] - 2. / w[n] * h1[n-1] * (c[n-1] - c[n]);

  for (i=0; i<=n-1; ++i)
  {
    k = i + 1;
    b [i] = h1[i] * (a[k] - a[i]) - h1[i] / 3. * (c[k] + 2. * c[i]);
    d [i] = h1[i] / 3. * (c[k] - c[i]);
  }

  return (0);
}

/* ------------------------- ENDE glsp2a.c ------------------------- */
/* ----------------------- MODUL glsp3a.c ------------------------- */

#include <basis.h>
#include <fdiag.h>

int glsp3a (int    n,
            REAL*  xn, REAL* fn, REAL* w,
            REAL   marg_0, REAL marg_n,
            REAL*  a, REAL* b, REAL* c, REAL* d,
```

```
              REAL* ld1, REAL* ld2, REAL* ud1, REAL* ud2,
              REAL* rs, REAL* h1, REAL* h
              )
/***************************************************************
*                                                               *
* berechnet die Koeffizienten eines kubischen Ausgleichsplines mit *
* vorgegebener dritter Randableitung.                           *
*                                                               *
* Die Splinefunktion wird dargestellt in der Form:              *
*                                                               *
* s(x) = a[i] - b[i]*(x-xn[i]) + c[i]*(x-xn[i])^2 + d[i]*(x-xn[i])^3 *
*                                                               *
* fuer x aus [ xn[i], xn[i+1] ] ,   i = 0 (1) n-1 .             *
*                                                               *
* Eingabeparameter:                                             *
*                                                               *
*    int    n             Index des letzten Knotens, es gilt: n > 4 *
*    REAL   xn  [n+1]     Stuetzstellen des Splines; sie muessen *
*                          streng monoton steigend angeordnet sein *
*    REAL   fn  [n+1]     Messwerte an den Stuetzstellen        *
*    REAL   w   [n+1]     Gewichte zu den Messwerten;           *
*                          die Gewichte muessen positiv sein;   *
*    REAL   marg_0        3. Randableitung in xn[0]             *
*    REAL   marg_n        3. Randableitung in xn[n]             *
*                                                               *
* Ausgabeparameter:                                             *
*                                                               *
*    REAL   a [n+1]     : Koeffizienten der Splinefunktion      *
*    REAL   b [n+1]     : fuer die Elemente  0 bis n-1          *
*    REAL   c [n+1]     : (das letzte (n-te) Element dient jeweils *
*    REAL   d [n+1]     :   als Hilfselement )                  *
*                                                               *
* Hilfsfelder:                                                  *
*                                                               *
*    REAL   h   [n]     :                                       *
*    REAL   h1  [n]     :                                       *
*    REAL   ld1 [n]     :                                       *
*    REAL   ld2 [n]     : (die null-ten Elemente der Felder ld1, ld2, *
*    REAL   ud1 [n]     :   ud1, ud2 und rs werden nicht verwendet) *
*    REAL   ud2 [n]     :                                       *
*    REAL   rs  [n]     :                                       *
*                                                               *
* Funktionsrueckgabewert:                                       *
*                                                               *
*    0 : kein Fehler                                            *
*    1 : Fehler: Abbruch in fdiag                               *
*    2 : Fehler: n < 5                                          *
*                                                               *
* benutzte Unterprogramme:  fdiag                               *
*                                                               *
* Bemerkung : glsp3a sollte von einem Programm aufgerufen werden, *
*             das die Voraussetzungen ueberprueft (z.B. glspnp) *
*                                                               *
****************************************************************/
{
  int  i, k, error;
  REAL   h_var_1, h_var_2;
  /*
       Bestimmung der Hilfsgroessen
  */
  for (i=0; i<=n-1; ++i)
  {
    h  [i] = xn [i+1] - xn [i];
    h1 [i] = 1. / h [i];
    c  [i] = h1 [i] * h1 [i];
    b  [i] = 6. / w [i];
  }
```

```c
  b [n] = 6. / w [n];

  for (i=0; i<=n-2; ++i)
    d [i] = h1 [i] + h1 [i+1];
/*
    Berechnung der aeusseren- und inneren Diagonalen
    sowie der Hauptdiagonalen der fuenfdiagonalen Matrix
    und der rechten Seite des Gleichungssystems A * C = RS
*/
  for (i=3; i<=n-1; ++i)
  {
    ld2 [i]   = b [i-1] * h1 [i-2] * h1 [i-1];    /* Aeussere  */
    ud2 [i-2] = ld2 [i];                          /* Diagonalen */
  }

  h_var_1 = h[1] - b[2] * h1 [1] * d[1];          /* Innere    */
  ld1 [2] = h_var_1 - b[1] * c[1];                /* Diagonalen */
  ud1 [1] = h_var_1 - b[1] * h1[1] * d[0];
  for (i=3; i<=n-2; ++i)
    {k = i - 1;
      ld1 [i] = h [k] - b [k] * h1[k] * d[k-1]
                      - b [i] * h1 [k] * d [k];
      ud1 [k] = ld1 [i];
    }
  h_var_1   = h[n-2] - b[n-2] * h1 [n-2] * d[n-3];
  ld1 [n-1] = h_var_1 - b[n-1] * h1[n-2] * d[n-2];
  ud1 [n-2] = h_var_1 - b[n-1] * c[n-2];

  a [1] = 3. * h[0] + 2. * h[1] + b[1] * h1[1]*d[0] + b[2]*c[1];
  for (i=2; i<=n-2; ++i)
  {
    k = i - 1;
    a [i] = 2. * (h [k] + h [i]) + b [k] * c [k]    /* Haupt-    */
          + b [i] * d [k] * d [k] + b [i+1] * c [i]; /* diagonale */
  }
  a [n-1] = 3. * h[n-1] + 2. * h[n-2] + b[n-1] * h1[n-2]*d[n-2]
          + b[n-2] * c[n-2];
  c [0] = 0.5 * marg_0;                           /* rechte */
  c [n] = 0.5 * marg_n;                           /* Seite  */

  h_var_2 = (fn[2] - fn[1]) * h1[1];
  h_var_1 = (fn[3] - fn[2]) * h1[2];
  rs [1]  = 3. * (h_var_2 - (fn[1] - fn[0]) * h1[0])
          + c[0] * (h[0]*h[0] - b[0] * h1[0] - b[1] * d[0]);
  rs [2]  = 3. * (h_var_1 - h_var_2) + c[0] * b[1] * h1[1];
  for (i=3; i<=n-3; ++i, h_var_1=h_var_2)
  {
    h_var_2 = (fn[i+1] - fn[i]) * h1[i];
    rs [i]  = 3. * (h_var_2 - h_var_1);
  }
  h_var_2 = (fn[n-1] - fn[n-2]) * h1[n-2];
  rs [n-2] = 3. * (h_var_2 - h_var_1)
           - c[n] * b[n-1] * h1[n-2];
  rs [n-1] = 3. * ((fn[n] - fn[n-1]) * h1[n-1] - h_var_2)
           - c[n] * (h[n-1]*h[n-1] - b[n-1] * d[n-2] - b[n] * h1[n-1]);
/*
    Berechnen der Koeffizienten c[i], i=1(1)n-1
    durch Loesen des Gleichungssystems mit Hilfe
    des Unterprogramms FDIAG
*/
  error = fdiag (n-1, ld2, ld1, a, ud1, ud2, rs, c);
  if (error != 0)
    if (error == 1)
      return (1);
    else
      return (2);
```

Berechnung der nichtparametrischen kub. Ausgleichssplines 845

```
  c [0] = c[1] - c[0] * h[0];
  c [n] = c[n-1] + c[n] * h[n-1];
/*
    Berechnung der restlichen Splinekoeffizienten
*/
  a [0] = fn[0] + b[0] / 3. * h1[0] * (c[0] - c[1]);
  for (i=1; i<=n-1; ++i)
  {
    k = i - 1;
    a [i] = fn[i] - b[i] / 3. * (c[k] * h1[k] - d[k] * c[i]
          + c[i+1] * h1[i]);
  }
  a [n] = fn [n] - b[n] / 3. * h1[n-1] * (c[n-1] - c[n]);

  for (i=0; i<=n-1; ++i)
  {
    k = i + 1;
    b [i] = h1[i] * (a[k] - a[i]) - h1[i] / 3. * (c[k] + 2. * c[i]);
    d [i] = h1[i] / 3. * (c[k] - c[i]);
  }

  return (0);
}
/* ------------------------- ENDE glsp3a.c ------------------------- */
/* ------------------------- MODUL glsppe.c ------------------------ */

#include <basis.h>
#include <glsp.h>

int glsppe (int      n,
            REAL* xn, REAL* fn, REAL* w,
            int      rep,
            REAL* a, REAL* b, REAL* c, REAL* d,
            REAL* h, REAL* h1, REAL* h2, REAL* h3,
            REAL* rs, REAL* hup
           )
/***************************************************************
* berechnet die Koeffizienten eines periodischen kubischen     *
* Ausgleichsplines.                                            *
*                                                              *
* Die Splinefunktion wird dargestellt in der Form:             *
*                                                              *
*  S := S(X) = A(i) - B(i)*(X-XN(i)) + C(i)*(X-XN(i))**2       *
*                   + D(i)*(X-XN(i))**3                        *
*                                                              *
* fuer X Element aus [ XN(i) , XN(i+1) ] , i = 0 (1) n-1 .     *
*                                                              *
* ============================================================ *
*                                                              *
* EINGABEPARAMETER:                                            *
* -----------------                                            *
*                                                              *
* Name      Typ/Laenge        Bedeutung                        *
* -----------------------------------------------------------  *
* int       n                 Nummer des letzten Knotens, n > 5*
* REAL      xn[n+1]           Knoten, streng monoton steigend angeordnet *
* REAL      fn[n+1]           Messwerte an den Knoten mit fn[0] = fn[n] *
* REAL      w [n+1]           positive Gewichte der Messwerte mit w[0] = w[n] *
* int       rep               gibt an, ob es sich um einen Wiederholungs- *
*                             aufruf handelt:                  *
*                             0 : es handelt sich um den ersten*
*                                 Aufruf, d.h. die Matrix zur Be-*
*                                 rechnung der c(i) wird aufge-*
*                                 baut und mit Hilfe des Unter-*
*                                 programms fdiasy zerlegt.    *
*                             1 : es handelt sich um einen Wie-*
```

```
*                        derholungsaufruf, d.h. es wird             *
*                        nur die rechte Seite des Glei-             *
*                        chungssystems aufgebaut.                   *
*                        Daher duerfen die Felder h, h1,            *
*                        h2, h3 und hup nach dem ersten             *
*                        Aufruf nicht veraendert werden!            *
*                                                                    *
*   AUSGABEPARAMETER:                                                *
*   ----------------                                                 *
*                                                                    *
*     Name    Typ/Laenge            Bedeutung                        *
*    ---------------------------------------------------------       *
*     a       REAL  /[n+1]        } Koeffizienten der Splinefunktion *
*     b       REAL  /[n+1]        } fuer die Elemente  0 bis n-1     *
*     c       REAL  /[n+1]        } ( Das n-te Element dient jeweils *
*     d       REAL  /[n+1]        }   als Hilfselement )             *
*                                                                    *
*   HILFSFELDER                                                      *
*   -----------                                                      *
*                                                                    *
*     Name    Typ/Laenge            Bedeutung                        *
*    ---------------------------------------------------------       *
*     h       REAL  /[n+1]        }                                  *
*     h1      REAL  /[n+1]        } Hilfsfelder                      *
*     h2      REAL  /[n+1]        }                                  *
*     h3      REAL  /[n+1]        } (die null-ten Elemente der Felder*
*     rs      REAL  /[n+1]        }  rs und hup werden nicht benoetigt)*
*     hup     REAL  /[9*n-11]     }                                  *
*                                                                    *
*   WERT DES UNTERPROGRAMMS:                                         *
*   -----------------------                                          *
*                                                                    *
*     = 0 : kein Fehler                                              *
*     = 1 : Fehler: Abbruch in f z y f s y                           *
*     = 2 : Fehler: n < 6                                            *
*     = 3 : Fehler: falscher Wert fuer rep                           *
*     = 4 : Fehler: fn[0] ungleich fn[n] oder w[0] ungleich w[n]     *
*                                                                    *
*   ================================================================ *
*                                                                    *
*   benutzte Unterprogramme:  fzyfsy, fzyfsz, fzyfsl                 *
*   -----------------------                                          *
*                                                                    *
*   ================================================================ *
*                                                                    *
*   Bemerkung : (i)   g l s p p e  sollte von einem Programm aufgerufen *
*   ---------         werden, das auch die weiteren Voraussetzungen  *
*                     ueberprueft (z.B. glspnp, glsppa).             *
*               (ii) Fuer parametrische Splines mit unterschiedlichen*
*                    Gewichten muss rep auf 0 gesetzt werden.        *
*                                                                    *
************************************************************************/
{ int  i, k, error;
  REAL  h_var_1, h_var_2;

  if (rep != 0 && rep != 1)            return (3);
  /*
       Ueberpruefung der Voraussetzungen der Periodizitaet
  */
  if (fn[n] != fn[0]  ||  w[n] != w[0]) return (4);

  if (!rep)
  /*
       Es handelt sich nicht um einen Wiederholungsaufruf, d.h. die
```

Berechnung der nichtparametrischen kub. Ausgleichssplines

```
        Hilfsgroessen und die Elemente der symmetrischen, fast zyklisch
        fuenfdiagonalen Matrix muessen bestimmt werden.
*/
{
    for (i=0; i<=n-1; ++i)                     /* Hilfsgroessen */
    {
        h  [i] = xn [i+1] - xn [i];
        h1 [i] = 1. / h [i];
        c  [i] = h1 [i] * h1 [i];
        h2 [i] = 6. / w [i];
    }
    h [n] = h [0]; h1 [n] = h1 [0]; c [n] = c [0]; h2 [n] = h2 [0];
    for (i=0; i<=n-1; ++i)
        h3 [i] = h1[i] + h1[i+1];

    for (i=1; i<=n-1; ++i)                     /* aeussere Diagonale */
        d [i]  = h2[i+1] * h1[i] * h1[i+1];
    d [n] = h2[1] * h1[0] * h1[1];

    for (i=1; i<=n-1; ++i)                     /* innere Diagonale */
        b [i] = h[i] - h2[i] * h1[i] * h3[i-1] - h2[i+1] * h1[i] * h3[i];
    b [n] = h[0] - h2[0] * h1[0] * h3[n-1] - h2[1] * h1[0] * h3[0];

    for (i=1; i<=n-1; ++i)                     /* Hauptdiagonale */
    {
        k = i - 1;
        a [i] = 2. * (h[k] + h[i])
              + h2[k] * c[k]
              + h2[i] * h3[k] * h3[k]
              + h2[i+1] * c[i];
    }
    a [n] = 2. * (h[n-1] + h[n]) + h2[n-1] * c[n-1]
          + h2[n] * h3[n-1] * h3[n-1] + h2[1] * c[0];
}
/*
        Berechnung der rechten Seite
*/
h_var_1 = (fn[1] - fn[0]) * h1[0];
for (i=1; i<=n-1; ++i, h_var_1=h_var_2)
{
    h_var_2 = (fn[i+1] - fn[i]) * h1[i];
    rs [i]  = 3. * (h_var_2 - h_var_1);
}
rs [n] = 3. * ((fn[1] - fn[0]) * h1[0] - h_var_1);
/*
        Berechnen der Koeffizienten c[i], i=0(1)n
        durch Loesen des Gleichungssystems
*/
if (!rep)
{
    error = fzyfsy (n, a, b, d, rs, c,         /* mit Zerlegung */
                    &hup[0], &hup[n], &hup[2*n],
                    &hup[3*n], &hup[4*n-2], &hup[5*n-5],
                    &hup[6*n-5], &hup[7*n-5], &hup[8*n-9]);
            /* das jeweils null-te Elemente des uebergebenen Vektors
               wird dem vorherigen Vektor als letztes Element zuge-
               rechnet, da auf das Element ...[0] nicht zugegriffen
               wird                                                */
    if (error != 0)                   return (error);
}
else
    fzyfsl (n, rs, c, &hup[0], &hup[n] ,/* im Wiederholungsfall ist */
            &hup[2*n], &hup[3*n],       /* keine Zerlegung notwendig */
            &hup[4*n-2], &hup[5*n-5],
            &hup[6*n-5], &hup[7*n-5], &hup[8*n-9]);
    /* siehe Aufruf fzyfsy */
c [0] = c[n];
```

```
/*
    Berechnung der restlichen Splinekoeffizienten
*/
  a [0] = fn[0] - h2[0] / 3. * h1[0] * (c[1] - c[0])
                + h2[n] / 3. * h1[n-1] * (c[n] - c[n-1]);
  for (i=1; i<=n-1; ++i)
  {
    k = i - 1;
    a [i] = fn[i] - h2[i] / 3. * (c[k] * h1[k] - h3[k] * c[i]
                                  + c[i+1] * h1[i]);
  }
  a [n] = a[0];

  for (i=0; i<=n-1; ++i)
  {
    k = i + 1;
    b [i] = h1[i] * (a[k] - a[i]) - h[i] / 3. * (c[k] + 2. * c[i]);
    d [i] = h1[i] / 3. * (c[k] - c[i]);
  }

  return (0);
}

int fzyfsy (int    n,
            REAL*  md,        REAL* ud1,      REAL* ud2,
            REAL*  rs,
            REAL*  x,
            REAL*  cmd,
            REAL*  cld_1,     REAL* cld_2,
            REAL*  cld_l2,    REAL* cld_l1,
            REAL*  bud_1,     REAL* bud_2,
            REAL*  brs_2,     REAL* brs_1
            )
/*********************************************************************
*                                                                    *
*  f z y f s y   berechnet die Loesung eines linearen Gleichungssstems *
*  A * X = RS   mit symmetrischer, fast zyklisch fuenfdiagonaler     *
*  Matrix A.                                                         *
*                                                                    *
*  Die Matrix A wird durch die Vektoren md, ud1 und ud2 beschrieben. *
*  Das Gleichungssystem hat die Form:                                *
*                                                                    *
*  md[1]*x[1] + ud1[1]*x[2] + ud2[1]*x[3]                            *
*                          + ud2[n-1]*x[n-1] + ud1[n]*x[n]  = rs[1]  *
*  ud1[1]*x[1] + md[2]*x[2] + ud1[2]*x[3]                            *
*                          + ud2[2]*x[4] + ud2[n]*x[n]      = rs[2]  *
*  ud2[i-2]*x[i-2] + ud1[i-11]*x[i-1] + md[i]*x[i]                   *
*                          + ud1[i]*x[i+1] + ud2[i]*x[i+2]  = rs[i]  *
*                          fuer i=3(1)n-2                            *
*  ud2[n-1]*x[1] + ud2[n-3]*x[n-3] + ud1[n-2]*x[n-2]                 *
*                          + md[n-1]*x[n-1] + ud1[n-1]*x[n] = rs[n-1]*
*  ud1[n]*x[1] + ud2[n]*x[2] + ud2[n-2]*x[n-2]                       *
*                          + ud1[n-1]*x[n-1] + md[n]*x[n]   = rs[n]  *
*                                                                    *
*  ================================================================  *
*                                                                    *
*  EINGABEPARAMETER:                                                 *
*  ----------------                                                  *
*                                                                    *
*  Name    Typ/Laenge          Bedeutung                             *
*  ----------------------------------------------------------------  *
*  n       int/--              Anzahl der Gleichungen; es gilt: n > 5*
*  md      REAL  /[n+1]        } Matrixelemente (siehe oben)         *
*  ud1     REAL  /[n+1]        } (das null-te Elemente ist jeweils   *
*  ud2     REAL  /[n+1]        }   nicht besetzt)                    *
*  rs      REAL  /[n+1]        rechte Seite des Gleichungssystems    *
*                              (das 0-te Element wird nicht besetzt) *
```

Berechnung der nichtparametrischen kub. Ausgleichssplines

```
*                                                                      *
*                                                                      *
*   AUSGABEPARAMETER:                                                   *
*   -----------------                                                   *
*                                                                      *
*   Name      Typ/Laenge          Bedeutung                             *
*   --------------------------------------------------------------      *
*   cmd       REAL   /[n+1]       } Elemente der unteren Dreiecksmatrix *
*   cld_1     REAL   /[n+1]       } C bzw. der oberen Dreiecksmatrix B  *
*   cld_2     REAL   /[n+1]       } aus der Zerlegung A = C * B ;       *
*   cld_11    REAL   /[n-3]       } naehere Beschreibung siehe fzyfsz   *
*   cld_12    REAL   /[n-2]       } (Die ersten Elemente sind jeweils   *
*                                                                      *
*   bud_1     REAL   /[n+1]       }    unbenutzt.)                      *
*   bud_2     REAL   /[n+1]       }                                     *
*   brs_2     REAL   /[n-3]       }                                     *
*   brs_1     REAL   /[n-2]       }                                     *
*                                                                      *
*   x         REAL   /[n+1]       Loesung des Gleichungssystems (in den *
*                                 Elementen 1 bis n)                    *
*                                                                      *
*   WERT DES UNTERPROGRAMMS:                                            *
*   ------------------------                                            *
*                                                                      *
*   = 0 : kein Fehler                                                   *
*   = 1 : Fehler: Abbruch in f z y f s y                                *
*   = 2 : Fehler: n < 6                                                 *
*                                                                      *
*   ====================================================================*
*                                                                      *
*   benutzte Unterprogramme:  fzyfsz, fzyfsl                            *
*   ------------------------                                            *
*                                                                      *
************************************************************************/
{
  int error;

/* int i; */
  if (n < 6)      return (2);
/*
   Zerlegung der Matrix in eine obere und eine untere
   Dreiecksmatrix
*/
  error = fzyfsz (n, md, ud1, ud2, cmd, cld_1, cld_2, cld_12, cld_11,
          bud_1, bud_2, brs_2, brs_1);

  if (! error)               /* d.h. es ist kein Fehler aufgetreten */
    fzyfsl (n, rs, x, cmd, cld_1, cld_2, cld_12, cld_11,
            bud_1, bud_2, brs_2, brs_1);

  return (0);
}
#include <basis.h>

#define MACH4_EPS 4.*MACH_EPS

int fzyfsz (int    n,
            REAL*  md,         REAL* ud1,  REAL* ud2,
            REAL*  cmd,
            REAL*  cld_1,      REAL* cld_2,
            REAL*  cld_12,     REAL* cld_11,
            REAL*  bud_1,      REAL* bud_2,
            REAL*  brs_2,      REAL* brs_1
           )
/************************************************************************
*                                                                      *
```

```
*   f z y f s z   zerlegt eine symmetrische, fast zyklisch fuenfdiago-  *
*   nale Matrix A in eine untere Dreiecksmatrix C und eine obere        *
*   Dreiecksmatrix B.                                                   *
*   Die Matrix A wird durch die Vektoren md, ud1 und ud2 beschrieben    *
*   (siehe auch Modul fzyfsy).                                          *
*                                                                       *
*   ==================================================================  *
*                                                                       *
*   EINGABEPARAMETER:                                                   *
*   ----------------                                                    *
*                                                                       *
*   Name     Typ/Laenge              Bedeutung                          *
*   ------------------------------------------------------------------  *
*   n        int/--                  Anzahl der Gleichungen; es gilt: n > 5 *
*   md       REAL   /[n+1]           } Matrixelemente (siehe oben)      *
*   ud1      REAL   /[n+1]           } (das null-te Elemente ist jeweils *
*   ud2      REAL   /[n+1]           }  nicht besetzt)                  *
*                                                                       *
*   AUSGABEPARAMETER:                                                   *
*   -----------------                                                   *
*                                                                       *
*   Name     Typ/Laenge              Bedeutung                          *
*   ------------------------------------------------------------------  *
*   cmd      REAL   /[n+1]           } Elemente der unteren Dreiecksmatrix *
*   cld_1    REAL   /[n+1]           } C bzw. der oberen Dreiecksmatrix B *
*   cld_2    REAL   /[n+1]           } aus der Zerlegung  A = C * B ;   *
*   cld_11   REAL   /[n-3]           } naehere Beschreibung siehe fzyfsz *
*   cld_12   REAL   /[n-2]           } (Das null-ten Elemente ist jeweils *
*                                                                       *
*   bud_1    REAL   /[n+1]           }  unbenutzt.)                     *
*   bud_2    REAL   /[n+1]           }                                  *
*   brs_2    REAL   /[n-3]           }                                  *
*   brs_1    REAL   /[n-2]           }                                  *
*                                                                       *
*   Dabei beinhaltet                                                    *
*   cmd   : die Hauptdiagonale von C; die Elemente 1 bis n sind belegt  *
*   cld_1 : die erste Unterdiagonale von C; die Elemente 2 bis n sind   *
*           belegt                                                      *
*   cld_2 : die zweite Unterdiagonale von C; die Elemente 3 bis n sind  *
*           belegt                                                      *
*   cld_12: die zweitunterste Zeile von C; die Elemente 1 bis n-4 sind  *
*           belegt                                                      *
*   cld_11: die unterste Zeile von C; die Elemente 1 bis n-3 sind       *
*           belegt                                                      *
*   bud_1 : die erste Oberdiagonale von B; die Elemente 1 bis n-1 sind  *
*           belegt                                                      *
*   bud_2 : die zweite Oberdiagonale von B; die Elemente 1 bis n-2      *
*           sind belegt                                                 *
*   brs_2 : (n-1)-te Spalte von B; die Elemente 1 bis n-4 sind belegt   *
*   brs_1 : n-te Spalte von B; die Elemente 1 bis n-3 sind belegt       *
*                                                                       *
*                                                                       *
*   WERT DES UNTERPROGRAMMS:                                            *
*   ------------------------                                            *
*                                                                       *
*   = 0 : kein Fehler                                                   *
*   = 1 : Fehler: Ein Element der Hauptdiagonalen von C ist kleiner     *
*                 oder gleich dem Vierfachen der Maschinengenauigkeit.  *
*                 Dadurch ergeben sich Probleme bei der Division.       *
*                                                                       *
*   ==================================================================  *
*                                                                       *
*   benutzte Konstanten: MACH_EPS, MACH4_EPS                            *
*   -------------------                                                 *
*                                                                       *
```

```
**********************************************************************/
{
  int     i, j, k;
  REAL    h_var_1, h_var_2, h_var_3;
  /*
      Zerlegung der Matrix in eine untere und eine obere Dreiecks-
      matrix. Die Berechnung wird abgebrochen, wenn eines der Haupt-
      diagonalenelemente der unteren Dreiecksmatrix c kleiner oder
      gleich dem Vierfachen der Maschinengenauigkeit wird.
  */
  cmd [1] = md [1];
  if (cmd[1] <= MACH4_EPS)      return (1);
  bud_1 [1] = ud1[1] / cmd[1];
  brs_2 [1] = ud2[n-1] / cmd[1];
  brs_1 [1] = ud1[n] / cmd[1];
  cld_1 [2] = ud1[1];
  cmd   [2] = md[2] - cld_1[2] * bud_1[1];
  if (cmd[2] <= MACH4_EPS)      return (1);
  brs_2 [2] = - (brs_2[1] * cld_1[2]) / cmd[2];
  brs_1 [2] = (ud2[n] - cld_1[2] * brs_1[1]) / cmd[2];

  for (i=3; i<=n-2; ++i)
  {
     j = i - 2;
     k = i - 1;
     cld_2 [i] = ud2[i-2];
     bud_2 [j] = ud2[j] / cmd[j];
     bud_1 [k] = (ud1[k] - cld_1[k] * bud_2[j]) / cmd[k];
     cld_1 [i] = ud1[i-1] - cld_2[i] * bud_1[j];
     cmd   [i] = md[i] - cld_1[i] * bud_1[k] - cld_2[i] * bud_2[j];
     if (cmd[i] <= MACH4_EPS)     return (1);
  }

  for (i=3; i<=n-4; ++i)
     brs_2 [i] = - (cld_2[i] * brs_2[i-2]
                 + cld_1[i] * brs_2[i-1]) / cmd[i];

  for (i=3; i<=n-3; ++i)
     brs_1 [i] = - (cld_2[i] * brs_1[i-2]
                 + cld_1[i] * brs_1[i-1]) / cmd[i];

  bud_2 [n-3] = (ud2[n-3] - cld_1[n-3] * brs_2[n-4] -
                 cld_2[n-3] * brs_2[n-5]) / cmd[n-3];
  bud_2 [n-2] = (ud2[n-2] - cld_1[n-2] * brs_1[n-3] -
                 cld_2[n-2] * brs_1[n-4]) / cmd[n-2];
  bud_1 [n-2] = (ud1[n-2] - cld_1[n-2] * bud_2[n-3] -
                 cld_2[n-2] * brs_2[n-4]) / cmd[n-2];

  cld_12 [1] = ud2[n-1];
  cld_12 [2] = -cld_12[1] * bud_1[1];
  for (i=3; i<=n-4; ++i)
     cld_12 [i] = -(cld_12[i-2] * bud_2[i-2] + cld_12[i-1] * bud_1[i-1]);

  cld_11 [1] = ud1[n];
  cld_11 [2] = ud2[n] - cld_11[1] * bud_1[1];
  for (i=3; i<=n-3; ++i)
     cld_11 [i] = -(cld_11[i-2] * bud_2[i-2] + cld_11[i-1] * bud_1[i-1]);

  cld_2 [n-1] = ud2[n-3] - (cld_12[n-5] * bud_2[n-5]
                           + cld_12[n-4] * bud_1[n-4]);
  cld_2 [n]   = ud2[n-2] - (cld_11[n-4] * bud_2[n-4]
                           + cld_11[n-3] * bud_1[n-3]);
  cld_1 [n-1] = ud1[n-2] - (cld_12[n-4] * bud_2[n-4]
                           + cld_2[n-1] * bud_1[n-3]);

  h_var_1 = h_var_2 = h_var_3 = 0.0;
  for (i=1; i<=n-4; ++i)
```

```
      {
        h_var_1 += cld_11[i] * brs_2[i];
        h_var_2 += cld_12[i] * brs_2[i];
        h_var_3 += cld_12[i] * brs_1[i];
      }

      cld_1 [n] = ud1[n-1] - h_var_1 - cld_11[n-3] * bud_2[n-3]
                           - cld_2[n] * bud_1[n-2];

      cmd [n-1] = md[n-1] - h_var_2 - cld_2[n-1] * bud_2[n-3]
                          - cld_1[n-1] * bud_1[n-2];
      if (cmd[n-1] <= MACH4_EPS)      return (1);

      bud_1[n-1] = (ud1[n-1] - h_var_3 - cld_2[n-1] * brs_1[n-3]
                                       - cld_1[n-1] * bud_2[n-2]) /
                                         cmd[n-1];

      for (h_var_1=ZERO, i=1; i<=n-3; ++i)
        h_var_1 += cld_11[i] * brs_1[i];
      cmd [n] = md[n] - h_var_1 - cld_2[n] * bud_2[n-2]
                                - cld_1[n] * bud_1[n-1];
      if (cmd[n] <= MACH4_EPS)       return (1);

      return (0);
    }

    int fzyfsl (int    n,
                REAL*  rs,       REAL* x,
                REAL*  cmd,
                REAL*  cld_1,    REAL* cld_2,
                REAL*  cld_12,   REAL* cld_11,
                REAL*  bud_1,    REAL* bud_2,
                REAL*  brs_2,    REAL* brs_1
               )
    /*****************************************************************
     *                                                               *
     * f z y f s l  loest das Gleichungssystem A * X = RS mit der symme- *
     * trischen, fast zyklisch fuenfdiagonalen Matrix A, die zerlegt in *
     * die untere Dreiecksmatrix C und die obere Dreiecksmatrix B vorliegt *
     * (siehe auch Beschreibung zu fzyfsy und fzyfsz).               *
     *                                                               *
     * ============================================================= *
     *                                                               *
     * EINGABEPARAMETER:                                             *
     * ----------------                                              *
     *                                                               *
     * Name     Typ/Laenge            Bedeutung                      *
     * ------------------------------------------------------------- *
     * n        int/--                Anzahl der Gleichungen; es gilt: n > 5 *
     * rs       REAL  /[n+1]          rechte Seite des Gleichungssystems in *
     *                                den Elementen 1 bis n          *
     *                                                               *
     * cmd      REAL  /[n+1]          } Elemente der unteren Dreiecksmatrix *
     * cld_1    REAL  /[n+1]          } C bzw. der oberen Dreiecksmatrix B *
     * cld_2    REAL  /[n+1]          } aus der Zerlegung A = C * B ; *
     * cld_11   REAL  /[n-3]          } naehere Beschreibung siehe fzyfsl *
     * cld_12   REAL  /[n-2]          } (Das null-te Elemente ist jeweils *
     *                                                               *
     * bud_1    REAL  /[n+1]          }   unbenutzt.)                *
     * bud_2    REAL  /[n+1]          }                              *
     * brs_2    REAL  /[n-3]          }                              *
     * brs_1    REAL  /[n-2]          }                              *
     *                                                               *
     *                                                               *
     * AUSGABEPARAMETER:                                             *
     * ----------------                                              *
     *                                                               *
```

```
 *  Name      Typ/Laenge         Bedeutung                              *
 *  ---------------------------------------------------------------     *
 *                                                                      *
 *  x         REAL  /[n+1]       Loesung des Gleichungssystems in den   *
 *                                Elementen 1 bis n                     *
 *                                                                      *
 ************************************************************************/
{
  int i;
  REAL    h_var_1;
  /*
     Loesung des Gleichungssystems durch Vorwaerts- und
     Rueckwaertselimination
  */
  x[1] = rs[1] / cmd[1];                        /* Vorwaertselimination */
  x[2] = (rs[2] - x[1] * cld_1[2]) / cmd[2];
  for (i=3; i<=n-2; ++i)
    x [i] = (rs[i] - x[i-2] * cld_2[i] - x[i-1] * cld_1[i]) / cmd[i];

  for (h_var_1=0.0, i=1; i<=n-4; ++i)
    h_var_1 += x[i] * cld_12[i];
  x[n-1] = (rs[n-1] - h_var_1 - x[n-3] * cld_2[n-1]
                    - x[n-2] * cld_1[n-1]) / cmd[n-1];

  for (h_var_1=0.0, i=1; i<=n-3; ++i)
    h_var_1 += x[i] * cld_11[i];
  x[n] = (rs[n] - h_var_1 - x[n-2] * cld_2[n]
                          - x[n-1] * cld_1[n]) / cmd[n];

  x[n-1] -= bud_1[n-1] * x[n];                  /* Rueckwaertselimination */
  x[n-2] -= (bud_1[n-2] * x[n-1] + bud_2[n-2] * x[n]);
  x[n-3] -= (bud_1[n-3] * x[n-2] + bud_2[n-3] * x[n-1]
                                 + brs_1[n-3] * x[n]);
  for (i=n-4; i>=1; --i)
    x [i] -= (bud_1[i] * x[i+1] + bud_2[i] * x[i+2]
                                + brs_2 [i] * x[n-1] + brs_1[i] * x[n]);
  return 0;
}
/* -------------------------- ENDE glsppe.c -------------------------- */
```

P 11.4 Berechnung der parametrischen kubischen Ausgleichssplines

```
/* -------------------------- MODUL glsppa.c -------------------------- */

#include <basis.h>
#include <glsp.h>

int glsppa (int    n,
            REAL*  xn, REAL* fn,
            REAL*  wx, REAL* wf,
            REAL*  t,
            int    marke_t,
            int    rand,
            REAL*  alpha, REAL* beta,
            int    marke_w,
            REAL*  ax, REAL* bx, REAL* cx, REAL* dx,
            REAL*  ay, REAL* by, REAL* cy, REAL* dy,
            REAL*  help
           )
/************************************************************************
 * berechnet die Koeffizienten                                          *
 *     ax[i], bx[i], cx[i] und dx[i] sowie                              *
 *     ay[i], by[i], cy[i] und dy[i], i = 0 (1) n-1,                    *
```

```
* eines parametrischen kubischen Ausgleichssplines fuer verschiedene   *
* Randbedingungen, welche mittels des Parameters rand vorzugeben ist.  *
*                                                                      *
* Die parametrische Funktion mit den Kurvenparametern t[i], i=0(1)n,   *
* setzt sich vektoriell aus den Komponentenfunktionen sx und sy der    *
* folgenden Form zusammen; es gelte die Abkuerzung u := (t - t[i])     *
*                                                                      *
*   sx := sx(t) = ax[i] + bx[i] * u + cx[i] * u^2 + dx[i] * u^3        *
*   sy := sy(t) = ay[i] + by[i] * u + cy[i] * u^2 + dy[i] * u^3        *
*                                                                      *
* mit t aus dem Intervall [t[i],t[i+1]], i=0(1)n-1.                    *
*                                                                      *
* sx und sy sind nichtparametrische kubische Splines und werden nach   *
* den in Kapitel 11.3 angegebenen Algorithmen berechnet.               *
*                                                                      *
* Eingabeparameter:                                                    *
*                                                                      *
*    int   n              Nummer des letzten Knotens                   *
*    REAL  xn[n+1]        Knoten                                       *
*    REAL  fn[n+1]        Messwert an der Stelle xn[i]                 *
*    REAL  wx[n+1]        Gewicht des Knotens xn[i]                    *
*    REAL  wf[n+1]        Gewicht zum Messwert fn[i]                   *
*    REAL  t [n+1]        zu den xn[i] und fn[i] gehoerende Para-      *
*                         meterwerte; nur Eingabeparameter, falls      *
*                         marke_t=1                                    *
*    int   marke_t        Marke fuer Vorgabe der Kurvenparameter t[i]: *
*                           1 : Benutzer gibt die Werte selbst vor     *
*                           0 : keine Vorgabe der Werte t[i], sie werden*
*                               nach folgender Formel rekursiv berechnet:*
*                               t[ 0 ] = 0                             *
*                               t[i+1] = t[i] + sqrt((xn[i+1]-xn[i])^2 *
*                                               + (fn[i+1]-fn[i])^2)   *
*    int   rand           Art der Randbedingung                        *
*                           1 : 1.Randableitungen nach dem Parameter   *
*                               vorgegeben; es muss n>4 sein           *
*                           2 : 2.Randableitungen nach dem Parameter   *
*                               vorgegeben; es muss n>4 sein           *
*                           3 : 1.Randableitungen dy/dx vorgegeben;    *
*                               es muss n>4 sein                       *
*                           4 : periodische Splinefunktion;            *
*                               es muss n>5 sein und:                  *
*                                 xn[0]=xn[n]                          *
*                                 wx[0]=wx[n]                          *
*                                 fn[0]=fn[n]                          *
*                                 wf[0]=wf[n]                          *
*    REAL  alpha []    : rand=1 oder rand=2:                           *
*    REAK  beta  []    :   rand-te Ableitungen nach dem Parameter      *
*                            alpha[1] = sx[rand]*t[0]                  *
*                            alpha[2] = sy[rand]*t[0]                  *
*                            beta [1] = sx[rand]*t[n]                  *
*                            beta [2] = sy[rand]*t[n]                  *
*                          rand=3:                                     *
*                            1.Randableitung dy/dx                     *
*                            alpha[1] = dy/dx*xn[0]                    *
*                            alpha[2] = ohne Bedeutung                 *
*                            beta [1] = dy/dx*xn[n]                    *
*                            beta [2] = ohne Bedeutung                 *
*                          Wenn der Betrag von alpha[1] oder beta[1]   *
*                          zu groess ( >= 1E10), wird der entsprechende*
*                          Tangentialvektor wie folgt berechnet:       *
*                                  . .                                 *
*                               (x,y) = (0, sign (1, fn[1]-fn[0]))     *
*                                    fuer den linken Rand              *
*                                  . .                                 *
*                               (x,y) = (0, sign (1, fn[n]-fn[n-1]))   *
```

Berechnung der parametrischen kubischen Ausgleichssplines

```
*                           fuer den rechten Rand              *
*                  rand=4: ohne Bedeutung                      *
*                                                              *
*                  Einen natuerlichen parametrischen Ausgleichs-*
*                  spline erhaelt man mit rand=2 und           *
*                     alpha[1] = alpha[2] = beta[1] = beta[2] = 0 *
*                                                              *
*     int marke_w     Marke fuer die Vorgabe der Gewichte wx, wf *
*                       0 : keine Vorgabe der Gewichte;        *
*                           es wird wx[i] = wf[i] = 1 gesetzt  *
*                       1 : der Benutzer gibt die Gewichte wf vor; *
*                           es wird wx[i] = wf[i] gesetzt      *
*                       2 : der Benutzer gibt wx[i] und wf[i]  *
*                           selbst vor                         *
*     REAL help [14*n-9]  Hilfsfeld                            *
*                                                              *
* Ausgabeparameter:                                            *
*                                                              *
*     REAL ax [n+1]                                            *
*     REAL bx [n+1]                                            *
*     REAL cx [n+1]                                            *
*     REAL dx [n+1]                                            *
*     REAL ay [n+1]   Koeffizienten der Komponentenfunktion sy *
*     REAL by [n+1]                                            *
*     REAL cy [n+1]                                            *
*     REAL dy [n+1]                                            *
*     REAL t  [n+1]   nur Ausgabeparameter, falls marke_t = 0; *
*                     dann in glsppa berechnete Parameterwerte *
*                                                              *
* Funktionsrueckgabewert:                                      *
*                                                              *
*     0 : alles klar                                           *
*    -1 : n wurde zu klein gewaehlt                            *
*    -2 : Wetre rand oder marke_w unsinnig                     *
*    -3 : unzulaessiges Gewicht wx oder wf                     *
*    -4 : Monotoniefehler der Parameterwerte t (t[i] >= t[i+1]) *
*    -5 : fuer rand=4:       xn[0] != xn[n]                    *
*                     oder   fn[0] != fn[n]                    *
*                     oder   wx[0] != wx[n]                    *
*                     oder   wf[0] != wf[n]                    *
*     1 : Abbruch in fdiasy oder fzyfsy                        *
*                                                              *
* Benoetigte Unterprogramme:                                   *
*                                                              *
*     glsp1a : berechne kubischen Ausgleichsspline mit vorgegebener *
*              1. Randableitung                                *
*     glsp2a : berechne kubischen Ausgleichsspline mit vorgegebener *
*              2. Randableitung                                *
*     glsppe : berechne periodischen kubischen Ausgleichsspline *
*                                                              *
***************************************************************/
{ int i, mrp, error;
  REAL og, alphax, alphay, betax, betay, delta, deltx, delty, root;

  if (n < 5) return (-1);              /* Plausibilitaetsueberpruefungen */
  if (rand<1 || rand>4 || marke_w<0 || marke_w>2) return (-2);

  if (marke_w == 2)        /* Ueberpruefung der vorgegebenen Gewichte */
  {
    for (i=0; i<n+1; i++)
      if (wx[i] <= 0.0 || wf[i] <= 0.0) return (-3);
    mrp = 0;
  }
  else
  {
    if (marke_w == 1)
      for (i=0; i<n+1; i++)
```

```
        if (wf[i] <= 0.0)   return (-3);
     else               /* Zuweisung der Standardgewichte fuer wf */
        for (i=0; i<n+1; i++)
           wf[i] = 1.0;
     for (i=0; i<n+1; i++)
        wx[i] = wf[i];
     mrp = 1;
  }

  if (marke_t == 0)
     for (i=1,t[0]=0.0; i<n+1; i++)      /* Berechnung der Parameterwerte */
     {
        deltx = xn[i] - xn[i-1];
        delty = fn[i] - fn[i-1];
        delta = deltx*deltx + delty*delty;
        if (delta <= 0.0)   return (-4);
        t[i] = t[i-1] + SQRT(delta);
     }
  else
     for (i=0; i<n; i++)                 /* Ueberpruefung der vorgegebenen */
        if (t[i+1] <= t[i])  return (-4);         /* Parameterwerte */


                              /* Berechnung der Splinekoeffizienten */
  if (rand == 1)    /* 1. Randableitungen nach dem Parameter vorgegeben */
  {
     error = glsp1a (n,t,xn,wx,alpha[1],beta[1],0,ax,bx,cx,dx,&help[1],
             &help[n+1],&help[2*n+1],&help[3*n],&help[4*n-1],
             &help[5*n-2],&help[6*n-3]);
     if (error != 0)   return (error);
     error = glsp1a (n,t,fn,wf,alpha[2],beta[2],mrp,ay,by,cy,dy,&help[1],
             &help[n+1],&help[2*n+1],&help[3*n],&help[4*n-1],
             &help[5*n-2],&help[6*n-3]);
  }
  else if (rand == 2)       /* 2. Randabl. nach dem Param. vorgegeben */
  {
     error = glsp2a (n,t,xn,wx,alpha[1],beta[1],0,ax,bx,cx,dx,&help[1],
             &help[n+1],&help[2*n+1],&help[3*n],&help[4*n-1],
             &help[5*n-2],&help[6*n-3]);
     if (error != 0)   return (error);
     error = glsp2a (n,t,fn,wf,alpha[2],beta[2],mrp,ay,by,cy,dy,&help[1],
             &help[n+1],&help[2*n+1],&help[3*n],&help[4*n-1],&help[5*n-2],
             &help[6*n-3]);
  }
  else if (rand == 3)        /* 1. Randableitungen nach dy/dx vorgegeben */
  {
     og = 1.E10;
     if ( FABS(alpha[1]) >= og )
     {
        alphax = 0.0;
        alphay = (fn[1]-fn[0] >= 0.0)? 1.0:-1.0;
     }
     else
     {
        root = SQRT ( 1.0/(1.0+alpha[1]*alpha[1]) );
        alphax = (xn[1]-xn[0] >= 0.0)? root : -root;
        alphay = alphax*alpha[1];
     }
     if ( FABS(beta[1]) >= og )
     {
        betax = 0.0;
        betay = (fn[n]-fn[n-1] >= 0.0)? 1.0 : -1.0;
     }
     else
     {
        root = SQRT ( 1.0/(1.0+beta[1]*beta[1]) );
```

```
        betax = (xn[n]-xn[n-1] >= 0.0)? root : -root;
        betay = betax*beta[1];
      }
      error = glsp1a (n,t,xn,wx,alphax,betax,0,ax,bx,cx,dx,&help[1],
                     &help[n+1],&help[2*n+1],&help[3*n],&help[4*n-1],
                     &help[5*n-2],&help[6*n-3]);
      if (error != 0) return (error);
      error = glsp1a (n,t,fn,wf,alphay,betay,mrp,ay,by,cy,dy,&help[1],
                     &help[n+1],&help[2*n+1],&help[3*n],&help[4*n-1],
                     &help[5*n-2],&help[6*n-3]);
    }
    else                              /* periodische Splinefunktion */
    {
      if (n < 6)  return (-1);
      error = glsppe (n,t,xn,wx,0,ax,bx,cx,dx,&help[1],&help[n+2],
                     &help[2*n+3],&help[3*n+4],&help[4*n+4],&help[5*n+4]);
      if (error != 0) return (error);
      error = glsppe (n,t,fn,wf,mrp,ay,by,cy,dy,&help[1],&help[n+2],
                     &help[2*n+3],&help[3*n+4],&help[4*n+4],&help[5*n+4]);
    }
    return (error);
  }
/* ------------------------- ENDE glsppa.c ------------------------- */
/* ------------------------- MODUL glsptr.c ------------------------ */

#include <basis.h>
#include <glsp.h>

int glsptr (int    n,
            REAL*  x,     REAL*  f,   REAL*  w,
            int    marke_v,
            REAL*  px,    REAL*  py,
            REAL*  a,     REAL*  b,   REAL*  c,   REAL*  d,
            REAL*  phi,   REAL*  r,
            REAL*  phid,
            REAL*  help
           )
/****************************************************************
*                                                               *
* berechnet die Koeffizienten a[i], b[i], c[i] und d[i], i = 0(1)n-1, *
* eines transformierten parametrischen kubischen Ausgleichssplines fuer *
* eine geschlossene, ueberall glatte Kurve.                     *
* Das Programm berechnet zunaechst aus den gegebenen Punkten   *
* (x[i], f[i]) die transformierten Koordinaten (phi[i], r[i]),i=0(1)n, *
* die als Stuetzstellen zur Berechnung eines nichtparametrischen, *
* periodischen Ausgleichssplines s(t) nach Kapitel 11.3 dienen. *
*                                                               *
* Mit der Abkuerzung u := (t-phi[i]) wird s(t) so dargestellt:  *
*                                                               *
*     s(t) = a[i] + b[i] * u + c[i] * u^2 + d[i] * u^3          *
*                                                               *
* wobei t Element des Intervalls [phi[i], phi[i+1]], i=0(1)n-1, ist. *
*                                                               *
* Da die Stuetzstellen phi[i] streng monoton angeordnet sein muessen, *
* ist - je nach Lage der x[i], f[i] - zur Berechnung der phi[i] eine *
* Verschiebung des Koordinatenursprungs in einen Punkt P = (px,py) und *
* eine Drehung des Systems um einen Winkel phid notwendig.      *
*                                                               *
* Um die strenge Monotonie der phi[i] zu erreichen, muessen folgende *
* Voraussetzungen erfuellt sein:                                *
*    - Der Punkt P muss so in der durch die (x[i], f[i]) beschriebenen *
*      Flaeche F liegen, dass jeder von P ausgehende Polarstrahl die *
*      Randkurve dieser Flaeche nur einmal schneidet. ("sternkonvex", *
*      die Koordinaten von P (px, py) sollten vom Benutzer vorgegeben *
*      werden, siehe Eingabeparameter marke_v).                 *
```

```
*   - Die Punkte (x[i], f[i]) muessen in der Reihenfolge angeordnet
*     sein, die sich ergibt, wenn man die Randkurve von F, beginnend
*     bei (x[0], f[0]), im mathematisch positiven Sinn durchlaeuft.
*     Wegen der Periodizitaet von s[t] muss der Endpunkt (x[n], f[n])
*     gleich dem Startpunkt (x[0], f[0]) sein.
*
* Die Koordinaten (phi[i], r[i]) werden dann wie folgt berechnet:
*     phi[0] = 0.0
*     phi[i] = atan (y'(i)/x'(i)) - phid, i=1(1)n-1
*     phi[n] = 2*PI
*     r  [i] = sqrt (X'(i)^2 + Y'(i)^2), i=0(1)n
*     mit:  phid  = atan (f[0]/x[0])
*           X'(i) = x[i] - px,
*           Y'(i) = f[i] - py
*
* Eingabeparameter:
*
*     Name    Typ/Laenge      Bedeutung
*     -----------------------------------------------------------
*     int  n                  Nummer des letzten Knotens; n>5
*     REAL x [n+1]            Knoten
*     REAL f [n+1]            Messwert an der Stelle x[i]
*     REAL w [n+1]            Gewicht zum Messwert f[i]
*     int  marke_v            Marke fuer die Verschiebung des Koordinaten-
*                             ursprungs:
*                               1 : Benutzer gibt die Koordinaten (px, py)
*                                   selbst vor
*                               0 : keine Verschiebung (px = py = 0)
*                               2 : die Verschiebungskoordinaten (px, py)
*                                   werden von glsptr wie folgt berechnet:
*                                     px = (xmax+xmin)/2
*                                     py = (ymax+ymin)/2
*                                     mit: xmax=max(x(i)),
*                                          xmin=min(x(i)),
*                                          ymax=max(f(i)),
*                                          ymin=min(f(i)), i=0(1)n
*                                   zu beachten: hierdurch ist nicht
*                                   notwendigerweise sichergestellt,
*                                   dass o.a. Bedingung fuer die
*                                   Lage von P erfuellt ist => Fehler -4
*     REAL *px                x-Koordinaten des Punktes P (bei marke_v = 1)
*     REAL *py                y-Koordinaten des Punktes P (bei marke_v = 1)
*     REAL help [14*n-7]      Hilfsfeld
*
* Ausgabeparameter:
*
*     Name    Typ/Laenge      Bedeutung
*     -----------------------------------------------------------
*     REAL a [n+1]            Koeffizienten der Splinefunktion s(t)
*     REAL b [n+1]
*     REAL c [n+1]
*     REAL d [n+1]
*     REAL phi [n+1]          (phi,r)[i] sind die Winkelkoordinaten der
*     REAL r [n+1]            Punkte (x,f)[i] bezueglich des Punktes P
*     REAL *px                x-Koordinate des Punktes P
*     REAL *py                y-Koordinate des Punktes P
*     REAL *phid              Winkel, der die Drehung des Koordinatensystems
*                             angibt (im Bogenmass)
*
* Funktionsrueckgabewert:
*
*     0 : alles klar
*    -1 : zu kleines n
*    -3 : unzulaessiges Gewicht w
*    -4 : Monotoniefehler der Winkelkoordinaten: phi[i] >= phi[i+1]
*    -5 : x[0] != x[n]  oder  f[0] != f[n]  oder  w[0] != w[n]
*     1 : Abbruch in fzyfsy
```

```
*                                                                    *
*  Benoetigte Unterprogramme:                                        *
*                                                                    *
*    glsppe : berechnet periodischen kubischen Ausgleichsspline      *
*                                                                    *
**********************************************************************/
{
  int i, error;
  REAL    xmin, xmax, ymin, ymax, sin_alpha, cos_alpha;

  if (n < 6) return (-1);                  /* Plausibilitaetsueberpruefungen */
  if ( x[0] != x[n] || f[0] != f[n] || w[0] != w[n] ) return (-5);
  for (i=0; i<n+1; i++)
    if (w[i] <= 0.0)  return (-3);
  if (marke_v == 0)                             /* keine Verschiebung */
  {
    *px = *py = 0.0;
    for (i=0; i<n+1; i++)
    {
      b[i] = x[i];
      c[i] = f[i];
    }
  }
  else         /* Verschiebung des Koordinatenursprungs nach (px,py) */
  {
    if (marke_v == 2)
    {
      xmax = xmin = x[0];
      ymax = ymin = f[0];
      for (i=1; i<n+1; i++)
      {
        xmax = max(xmax,x[i]);
        xmin = min(xmin,x[i]);
        ymax = max(ymax,f[i]);
        ymin = min(ymin,f[i]);
      }
      *px = 0.5*(xmax+xmin);
      *py = 0.5*(ymax+ymin);
    }
    for (i=0; i<n+1; i++)
    {
      b[i] = x[i] - *px;
      c[i] = f[i] - *py;
    }
  }
  for (i=0; i<n+1; i++) /* Berechnung der r[i]; Abbruch, wenn (PX,PY) */
    if ( (r[i] = SQRT(b[i]*b[i]+c[i]*c[i])) == 0.0 )   /* mit einer  */
      return (-4);                    /* Stuetzstelle zusammenfaellt */

  *phid = ACOS (b[0]/r[0]);  /* Berechnung der um alpha gedrehten Ko- */
  if (c[0] < 0.0)            /* ordinaten X', Y' mit alpha = -phid    */
    *phid = 2*PI - *phid;
  cos_alpha = b[0]/r[0];
  sin_alpha = -c[0]/r[0];
  for (i=0; i<n+1; i++)
  {
    a[i] = b[i]*cos_alpha - c[i]*sin_alpha;
    d[i] = b[i]*sin_alpha + c[i]*cos_alpha;
  }
  phi[0] = 0.0;/* Berechnung der Winkelkoordinaten phi[i]; Abbruch, */
  for (i=1; i<n; i++)      /* wenn die Winkel nicht streng monoton */
  {
    phi[i] = ACOS(a[i]/r[i]);             /* steigend sind */
    if (d[i] < 0.0)
      phi[i] = 2*PI - phi[i];
    if (phi[i] <= phi[i-1])  return (-4);
  }
```

```
    phi[n] = 2*PI;
                              /* Berechnung der Splinekoeffizienten */
    error = glsppe (n,phi,r,w,0,a,b,c,d,&help[1],&help[n+2],&help[2*n+3],
                    &help[3*n+4],&help[4*n+4],&help[5*n+4]);
    return ( error );
}

/* ------------------------ ENDE glsptr.c ------------------------ */
```

P 12

```
/* --------------------- DEKLARATIONEN bikub.h --------------------- */
/***********************************************************************
 * Include File fuer die Files bikub1.c etc.                           *
 ***********************************************************************/

#ifndef BIKUB_H
#define BIKUB_H

typedef REAL smallmat [4][4];
typedef REAL array3   [ ][3];

void b_point (REAL*** b, REAL*** d, int m, int n);
int  bezier  (REAL*** b, REAL*** d, int typ, int m, int n, REAL eps);
void intpol  (REAL*d, int i, int j, REAL***b, REAL***h, int m, int n);

int  bik_st1 (int n, int m, REAL**** A, REAL* x, REAL* h);
int  bik_st2 (int n, int m, REAL**** A, REAL* y, REAL* h);
int  bik_st3 (int n, int m, REAL**** A, REAL* h);
int  bik_st4 (int n, int m, REAL**** A, REAL* h);
void bik_st5 (int i, smallmat g, REAL* x);
void bik_st6 (int i, smallmat g, REAL* x);

void bik_st5to9 (REAL**** A, REAL* x,REAL* y,int i,int j);

int  bik_st12 (int n, int m, REAL**** A, REAL* x, REAL* h);
int  bik_st22 (int n, int m, REAL**** A, REAL* y, REAL* h);
int  bik_st32 (int n, int m, REAL**** A, REAL* x, REAL* h);

int  bik_st13 (int n, int m, REAL**** A, REAL*** fn);

int  bikub1  (int n, int m, REAL**** mat, REAL* x, REAL* y);
int  bikub2  (int n, int m, REAL**** mat, REAL* x, REAL* y);
int  bikub3  (int n, int m, REAL**** mat,
              REAL* x, REAL* y, REAL*** fn);

int  xyintv (int n,   int m,   REAL* x,  REAL* y,
             int* i, int* j, REAL* xi, REAL* yj,
             REAL xcoord, REAL ycoord);
int  bsval  (int n, int m, REAL**** mat,
             REAL* x, REAL* y, REAL xcoord,
             REAL ycoord, REAL* value);
void kubbez (array3 b, array3 d, int m);
void mokube (array3 b, array3 d, int m, REAL eps);
void rechp  (REAL*** b, int m, int n,
             REAL vp, REAL wp, REAL* point);
void rechvp (REAL*** b, int m, int n, REAL vp,
             int num, array3 points);
void rechwp (REAL*** b, int m, int n, REAL wp,
             int num, array3 points);

int  trdiag (int n, REAL* b, REAL* d, REAL* c,
             REAL* a, int rep);
#endif

/* --------------------- ENDE bikub.h --------------------- */
```

P 12.1 Interpolierende zweidimensionale Polynomsplines dritten Grades zur Konstruktion glatter Flächen

```
/* --------------------- MODUL bikub1.c --------------------- */
```

```
#include <basis.h>
#include <bikub.h>

int bikub1 (int      m,
            int      n,
            REAL**** mat,
            REAL*    x,
            REAL*    y)
/***********************************************************************
* berechnet die Koeffizienten bikubischer Splines                       *
* (siehe Algorithmus 12.1).                                             *
*                                                                       *
* Eingabenparameter:                                                    *
*                                                                       *
*   int  m                     Anzahl der x-Intervalle                  *
*   int  n                     Anzahl der y-Intervalle                  *
*   REAL mat [m+1][n+1][4][4]  Feld von Zeigern!                        *
*                              Es muessen folgende Felder besetzt sein  *
*                              fuer i=0(1)m,j=0(1)n: mat [i][j][0][0]   *
*                                  enthaelt die Funktionswerte u [i][j] *
*                              fuer j=0 und j=n:     mat [i][j][1][0]   *
*                                  enthaelt die Ableitungen    p [i][j] *
*                              fuer i=0 und i=m:     mat [i][j][0][1]   *
*                                  enthaelt die Ableitungen    q [i][j] *
*                              fuer i=0 und i=m sowie j=0 und j=n:      *
*                                                    mat [i][j][1][1]   *
*                                  enthaelt die Ableitungen    r [i][j] *
*   REAL x [m+1]               Grenzen der x-Intervalle                 *
*   REAL y [n+1]               Grenzen der y-Intervalle                 *
*                                                                       *
* Ausgabeparameter:                                                     *
*                                                                       *
*   REAL mat [m+1][n+1][4][4]  Spline-Koeffizienten                     *
*                              (fuer i=0(1)m-1, j=0(1)n-1)              *
* Funktionsrueckgabewert:                                               *
*                                                                       *
*   0     : kein Fehler aufgetreten                                     *
*   1-2   : Fehler in trdiag in step_1                                  *
*   3     : nicht genuegend Speicherplatz fuer die Hilfsspeicher        *
*   4     : x[i] nicht monoton steigend angeordnet                      *
*   5-6   : Fehler in trdiag in step_2                                  *
*   7     : nicht genuegend Speicherplatz fuer die Hilfsspeicher        *
*   8     : y[i] nicht monoton steigend angeordnet                      *
*   9-10  : Fehler in trdiag in step_3                                  *
*   11    : nicht genuegend Speicherplatz fuer die Hilfsspeicher        *
*   12-13 : Fehler in trdiag in step_4                                  *
*   14    : nicht genuegend Speicherplatz fuer die Hilfsspeicher        *
*                                                                       *
* benutzte Unterprogramme:     trdiag                                   *
*                              step1, step_2, step_3, step_4,           *
*                              step_5, step_6, step_5to9 :              *
*                              Diese Unterprogramme realisieren die     *
*                              einzelnen Schritte des Algorithmus       *
*                              zur Berechnung bikubischer Splines       *
***********************************************************************/
{
  int  i, j, error;
  REAL *h1, *h2;

  i = max (n, m) + 1;

  if ((h1 = (REAL*) malloc (i*sizeof(REAL))) == NULL) return (9);
  if ((h2 = (REAL*) malloc (i*sizeof(REAL))) == NULL)
  {
    free (h1); return (9);
  }
```

Interpolierende zweidim. Polynomsplines dritten Grades 863

```
    if ((error = bik_st1 (m,n,mat,x,h1)) != 0) {            goto free_all;}
    if ((error = bik_st2 (m,n,mat,y,h2)) != 0) {error+= 4;  goto free_all;}
    if ((error = bik_st3 (m,n,mat,  h1)) != 0) {error+= 8;  goto free_all;}
    if ((error = bik_st4 (m,n,mat,  h2)) != 0) {error+=11;  goto free_all;}

    for (i=0; i<=m-1; i++)
      for (j=0; j<=n-1; j++)
        bik_st5to9 (mat, x, y, i, j);

    free_all: free (h2);
              free (h1);
    return (error);
}
/******************************************************************
*       Vorgehensweise in den Unterprogrammen bik_st1 bis bik_st4 :   *
*                                                                     *
*       1. Monotonie der x [i] bzw. y [i] pruefen                     *
*       2. Spalten des Tridiagonal-Systems bestimmen                  *
*       3. Die rechten Seiten der verschiedenen                       *
*          Gleichungssysteme berechnen, eine Korrektur                *
*          in der ersten und letzten Gleichung durchfuehren           *
*          und mit Hilfe des Unterprogramms trdiag die                *
*          Gleichungssysteme loesen. Dabei wird die                   *
*          Kennung fuer die Wiederholung nach dem                     *
*          ersten Durchlauf umgesetzt.                                *
*       4. Loesungsvektor in die Matrix mat uebertragen               *
*       5. Fehlermeldungen, die auftreten koennen, sind:              *
*          error = 1, 2 : Fehler in trdiag,                           *
*          error = 3   : nicht genuegend Speicherplatz fuer           *
*                        die Hilfsfelder vorhanden,                   *
*          error = 4   : Monotonie verletzt                           *
*******************************************************************/

#define allocate_abcd(j,k)                                          \
    error = k;                                                      \
    if ((a = (REAL*) malloc ((j)*sizeof(REAL))) == NULL) return(k); \
    if ((b = (REAL*) malloc ((j)*sizeof(REAL))) == NULL) goto end_a;\
    if ((c = (REAL*) malloc ((j)*sizeof(REAL))) == NULL) goto end_b;\
    if ((d = (REAL*) malloc ((j)*sizeof(REAL))) == NULL) goto end_c;\
    error = 0;

#define free_them     end_d: free (d); end_c: free (c); \
                      end_b: free (b); end_a: free (a); \
                      return (error);
int bik_st1 (int m, int n, REAL**** mat, REAL* x, REAL* h)
{
    int i, j, nm1, rep, error;
    REAL*a, *b, *c, *d;

    allocate_abcd (m-1, 3);

    for (nm1=m-1, i=0; i<=nm1; i++)
    {
      h [i] = x [i+1] - x [i];
      if (h [i] <= 0.0) { error = 4; goto free_all; }
    }
    for (i=0; i<=m-2; i++)
    {
      b [i] = ONE / h [i];
      c [i] = ONE / h [i+1];
      d [i] = TWO * (b [i] + c [i]);
    }
    for (rep=0, j=0; j<=n; j++, rep=1)
    {
      for (i=0; i<=m-2; i++)
```

```
              a [i] = THREE * ((mat [i+1][j][0][0] - mat [i][j][0][0]) /
                                                  (h [i] * h [i])
                             + (mat [i+2][j][0][0] - mat [i+1][j][0][0]) /
                                                  (h [i+1] * h [i+1]));
      a [ 0 ] -= mat [0][j][1][0] / h [ 0 ];
      a [m-2] -= mat [m][j][1][0] / h [nm1];

      error = trdiag (m-1, b, d, c, a, rep);
      if (error) break;

      for (i=0; i<=m-2; i++)
        mat [i+1][j][1][0] = a [i];
    }
    free_all: free_them;
}

int bik_st2 (int m, int n, REAL**** mat, REAL* y, REAL* h)
{
  int i, j, nn1, rep, error;
  REAL*a, *b, *c, *d;

  allocate_abcd (n-1, 3);

  for (nn1=n-1,i=0; i<=nn1; i++)
  {
    h [i] = y [i+1] - y [i];
    if (h [i] <= 0.) { error = 4; goto free_all; }
  }
  for (i=0; i<=n-2; i++)
  {
    b [i] = ONE / h [i];
    c [i] = ONE / h [i+1];
    d [i] = TWO * (b [i] + c [i]);
  }
  for (rep=0,i=0; i<=m; i++,rep=1)
  {
    for (j=0; j<=n-2; j++)
      a [j] = THREE * ((mat [i][j+1][0][0] - mat [i][j][0][0]) /
                                                  (h [j] * h [j])
                     + (mat [i][j+2][0][0] - mat [i][j+1][0][0]) /
                                                  (h [j+1] * h [j+1]));
    a [ 0 ] -= (mat [i][0][0][1] / h [ 0 ]);
    a [n-2] -= (mat [i][n][0][1] / h [nn1]);

    error = trdiag (n-1, b, d, c, a, rep);
    if (error) break;

    for (j=0; j<=n-2; j++)
      mat [i][j+1][0][1] = a [j];
  }
  free_all: free_them;
}

int bik_st3 (int m, int n, REAL**** mat, REAL* h)
{
  int i, j, rep, error;
  REAL*a, *b, *c, *d;

  allocate_abcd (m-1, 3);

  for (i=0; i<=m-2; i++)
  {
    b [i] = ONE / h [i];
    c [i] = ONE / h [i+1];
    d [i] = TWO * (b [i] + c [i]);
  }
  for (rep=0,j=0; j<=n; j+=n,rep=1)
```

```
  {
    for (i=0; i<=m-2; i++)
      a [i] = THREE * ((mat [i+1][j][0][1] - mat [i][j][0][1]) /
                                            (h [i] * h [i])
                      + (mat [i+2][j][0][1] - mat [i+1][j][0][1]) /
                                            (h [i+1] * h [i+1]));
    a [ 0 ] -= mat [0][j][1][1] / h [ 0 ];
    a [m-2] -= mat [m][j][1][1] / h [m-1];

    error = trdiag (m-1, b, d, c, a, rep);
    if (error) break;

    for (i=0; i<=m-2; i++)
      mat [i+1][j][1][1] = a [i];
  }
  free_them;
}

int bik_st4 (int m, int n, REAL**** mat, REAL* h)
{
  int i, j, nn2, rep, error;
  REAL*a, *b, *c, *d;

  allocate_abcd (n-1, 3);

  for (nn2=n-2,i=0; i<=nn2; i++)
  {
    b [i] = ONE / h [i];
    c [i] = ONE / h [i+1];
    d [i] = TWO * (b [i] + c [i]);
  }
  for (rep=0,i=0; i<=m; i++,rep=1)
  {
    for (j=0; j<=nn2; j++)
      a [j] = THREE * ((mat [i][j+1][1][0] - mat [i][j][1][0]) /
                                            (h [j] * h [j])
                      + (mat [i][j+2][1][0] - mat [i][j+1][1][0]) /
                                            (h [j+1] * h [j+1]));
    a [ 0 ] -= mat [i][0][1][1] / h [ 0 ];
    a [n-2] -= mat [i][n][1][1] / h [n-1];

    error = trdiag (n-1, b, d, c, a, rep);
    if (error) break;

    for (j=0; j<=nn2; j++)
      mat [i][j+1][1][1] = a [j];
  }
  free_them;
}
/***************************************************************
 *  in den folgenden Unterprogrammen werden die Schritte 5 bis 9  *
 *  des Algorithmus 12.1 realisiert.                              *
 ***************************************************************/

int  bik_ipt[4][4] = { {0,0,0,0}, {0,0,0,0}, { 2, 1,2, 1}, {3,2, 3,2} };
REAL bik_dat[4][4] = { {ONE,    ZERO,ZERO, ZERO}, {ZERO,ONE, ZERO,ZERO},
                       {-THREE,-TWO, THREE,-ONE}, {TWO, ONE,-TWO, ONE}
                     };

void bik_st5 (int i, smallmat g, REAL* x)
{
  int k, l;
  REAL hpt [4], h;

  h = x [i+1] - x [i];
  for (hpt[0]=1.,k=1; k<=3; k++)
    hpt [k] = hpt [k-1] / h;
```

```
      for (k=0; k<=3; k++)
        for (l=0; l<=3; l++)
          g [k][l] = bik_dat [k][l] * hpt [bik_ipt[k][l]];
    return;
  }

  void bik_st6 (int i, smallmat g, REAL* x)
  {
    int  k, l;
    REAL hpt [4], h;

    h = x [i+1] - x [i];
    for (hpt[0]=1.,k=1; k<=3; k++)
      hpt [k] = hpt [k-1] / h;
    for (k=0; k<=3; k++)
      for (l=0; l<=3; l++)
        g [l][k] = bik_dat [k][l] * hpt [bik_ipt[k][l]];
    return;
  }

  void bik_st5to9 (REAL**** mat,REAL* x,REAL* y,int i,int j)
  {
    int       k, l, kl;
    smallmat gx, gyt, w, wgyt;

    bik_st5 (i, gx, x);                    /* Schritt 5 */
    bik_st6 (j, gyt, y);                   /* Schritt 6 */

    for (l=0; l<=1; l++)                   /* Schritt 7 */
      for (k=0; k<=1; k++)
      {
        w [ k ][ l ]   = mat [ i ][ j ][k][l];
        w [k+2][ l ]   = mat [i+1][ j ][k][l];
        w [ k ][l+2]   = mat [ i ][j+1][k][l];
        w [k+2][l+2]   = mat [i+1][j+1][k][l];
      }

    for (k=0; k<=3; k++)                   /* Schritt 8 */
      for (l=0; l<=3; l++)
      {
        wgyt [k][l] = 0.;
        for (kl=0; kl<=3; kl++)
          wgyt [k][l] += (w [k][kl] * gyt [kl][l]);
      }

    for (k=0; k<=3; k++)
      for (l=0; l<=3; l++)
      {
        w [k][l] = 0.;
        for (kl=0; kl<=3; kl++)
          w [k][l] += (gx [k][kl] * wgyt [kl][l]);
      }

    for (k=0; k<=3; k++)                   /* Schritt 9 */
      for (l=0; l<=3; l++)
        mat [i][j][k][l] = w [k][l];

    return;
  }

/* ---------------------- ENDE bikub1.c ---------------------- */
/* ---------------------- MODUL bikub2.c ---------------------- */
#include <basis.h>
#include <bikub.h>

int bikub2 (int n, int m, REAL**** mat, REAL* x, REAL* y)
```

```
/***********************************************************************
 *  Berechnung der Koeffizienten bikubischer Splines ohne Vorgabe       *
 *  der Randwerte fuer die partiellen Ableitungen (Algorithmus 12.2)    *
 *  =================================================================   *
 *                                                                      *
 *  EINGABEPARAMETER:                                                   *
 *  ----------------                                                    *
 *                                                                      *
 *  Name     Typ/Laenge          Bedeutung                              *
 *  -------------------------------------------------------------       *
 *  n        int/---             Anzahl der x-Intervalle                *
 *  m        int/---             Anzahl der y-Intervalle                *
 *  mat      REAL  /[n+1][m+1][4][4]  mat[i][j][0]] ist fuer            *
 *                                i=0(1)n, j=0(1)m, mit den             *
 *                                Funktionswerten besetzt. Es           *
 *                                wird als Feld von Zeigern             *
 *                                uebergeben (****mat).                 *
 *  x        REAL  /[n+1]        Grenzen der x-Intervalle               *
 *  y        REAL  /[m+1]        Grenzen der y-Intervalle               *
 *                                                                      *
 *                                                                      *
 *  AUSGABEPARAMETER:                                                   *
 *  -----------------                                                   *
 *                                                                      *
 *  Name     Typ/Laenge          Bedeutung                              *
 *  -------------------------------------------------------------       *
 *  mat      REAL  /[n+1][m+1][4][4]  es werden alle mat[i][j][k][l]    *
 *                                berechnet fuer                        *
 *                                i=0(1)n-1, j=0(1)m-1,                 *
 *                                k=0(1)3,   l=0(1)3                    *
 *                                                                      *
 *                                                                      *
 *  WERT DES UNTERPROGRAMMS:                                            *
 *  ------------------------                                            *
 *                                                                      *
 *  = 0 : kein Fehler aufgetreten                                       *
 *  = 1 : nicht genuegend Speicherplatz fuer das Hilfsfeld vor-         *
 *        handen                                                        *
 *  = 2 : }                                                             *
 *  = 3 : } Monotoniefehler in x oder y                                 *
 *  = 4 : }                                                             *
 *  >= 5 : Fehler in bikub1                                             *
 *                                                                      *
 *  =================================================================   *
 *                                                                      *
 *  benutzte Unterprogramme:  step_12, step_22, step_32, bikub1         *
 *  -----------------------                                             *
 *                                                                      *
 *  aus der C-Bibliothek benutzte Unterprogramme:  malloc, free         *
 *  ---------------------------------------------                       *
 *                                                                      *
 *  benutzte Macros:  max                                               *
 *  ----------------                                                    *
 *                                                                      *
 *  benutzte Konstanten:  NULL                                          *
 *  --------------------                                                *
 *                                                                      *
 ***********************************************************************/
{
  int error;
  REAL*h;

  if ((h = (REAL*)malloc(max(n,m)*sizeof(REAL ) )) == NULL) return 1;

  if ((error = bik_st12(n,m,mat,x,h)) != 0) { free(h); return error+1; }

  if ((error = bik_st22(n,m,mat,y,h)) != 0) { free(h); return error+2; }
```

```
    if ((error = bik_st32(n,m,mat,x,h)) != 0) { free(h); return error+3; }

    free (h);

    if ((error = bikub1 (n, m, mat, x, y)) != 0) return error+4;

    return 0;
}
/***************************************************************************
 *   Die folgenden Unterprogramme realisieren die Schritte 1 bis 3 aus     *
 *   Algorithmus 12.2. Es wird jeweils zunaechst die strenge Monotonie     *
 *   ueberprueft. Falls diese gewaehrleistet ist, werden die Randwerte     *
 *   berechnet und in  mat  eingetragen.                                   *
 ***************************************************************************/
int bik_st12 (int n, int m, REAL**** mat, REAL* x, REAL* h)
{
  int k, l, i;

  for (k=0; k<=1; k++)
    for (l=0; l<=n-2; l+=n-2)
    {
      i = k + l;
      h [i] = x [i+1] - x [i];
      if (h [i] <= ZERO) return (1);
      if (n == 2) break;          /* sonst Endlos-Schleife bei n=2 */
    }
  for (i=0; i<=m; i++)
  {
    mat [0][i][1][0] =
       (mat [1][i][0][0]-mat [0][i][0][0])
                           * (ONE/h[0] + HALF/(h[0]+h[1]))
     - (mat [2][i][0][0]-mat [1][i][0][0])
                           * h[0] / (h[1]*TWO*(h[0]+h[1]));
    mat [n][i][1][0] =
       (mat [ n ][i][0][0]-mat [n-1][i][0][0])
                           * (HALF/(h[n-2]+h[n-1])+ONE/h[n-1])
     - (mat [n-1][i][0][0]-mat [n-2][i][0][0])
                           * h[n-1]/(TWO*(h[n-2]+h[n-1])*h[n-2]);
  }
  return (0);
}

int bik_st22 (int n, int m, REAL**** mat, REAL* y, REAL* h)
{
  int k, l, j;

  for (k=0; k<=1; k++)
    for (l=0; l<=m-2; l+=m-2)
    {
      j = k + l;
      h [j] = y [j+1] - y [j];
      if (h [j] <= ZERO) return (1);
      if (m == 2) break;          /* sonst Endlos-Schleife bei m=2 */
    }
  for (j=0; j<=n; j++)
  {
    mat [j][0][0][1] =
       (mat [j][1][0][0] - mat [j][0][0][0])
                           * (ONE/h[0]+HALF/(h[0]+h[1]))
     - (mat [j][2][0][0] - mat [j][1][0][0])
                           * h[0]/(h[1]*TWO*(h[0]+h[1]));
    mat [j][m][0][1] =
       (mat [j][ m ][0][0] - mat [j][m-1][0][0])
                           * (HALF/(h[m-2]+h[m-1])+ONE/h[m-1])
     - (mat [j][m-1][0][0] - mat [j][m-2][0][0])
```

Interpolierende zweidim. Polynomsplines dritten Grades   869

```
                          * h[m-1]/(TWO*(h[m-2]+h[m-1])*h[m-2]);
  }
  return 0;
}

int bik_st32 (int n, int m, REAL**** mat, REAL* x, REAL* h)
{
  int k, l, i;

  for (k=0; k<=1; k++)
    for (l=0; l<=n-2; l+=n-2)
      {
        i = k + l;
        h [i] = x [i+1] - x [i];
        if (h [i] <= ZERO) return (1);
        if (n == 2) break;           /* sonst Endlos-Schleife bei n=2 */
      }
  for (i=0; i<=m; i+=m)
  {
    mat [0][i][1][1] =
      (mat [1][i][0][1] - mat [0][i][0][1])
                          * (ONE/h[0]+HALF/(h[0]+h[1]))
     -(mat [2][i][0][1] - mat [1][i][0][1])
                          * h[0]/(h[1]*TWO*(h[0]+h[1]));
    mat [n][i][1][1] =
      (mat [ n ][i][0][1] - mat [n-1][i][0][1])
                          * (HALF/(h[n-2]+h[n-1])+ONE/h[n-1])
     - (mat [n-1][i][0][1] - mat [n-2][i][0][1])
                          * h[n-1]/(TWO*(h[n-2]+h[n-1])*h[n-2]);
  }
  return 0;
}

/* ------------------------- ENDE bikub2.c ------------------------- */
/* ------------------------- MODUL bikub3.c ------------------------ */

#include <basis.h>
#include <bikub.h>

int bikub3 (int n, int m, REAL**** mat,
            REAL* x, REAL* y, REAL*** fn)
/***********************************************************************
* berechnet die Koeffizienten bikubischer Splines bei Vorgabe von      *
* Funktionswerten und Flaechennormalen in allen Punkten                *
* (Algorithmus 12.3)                                                   *
* ==================================================================== *
*                                                                      *
*   EINGABEPARAMETER:                                                  *
*   ----------------                                                   *
*                                                                      *
*   Name    Typ/Laenge          Bedeutung                              *
*   ----------------------------------------------------------------   *
*   n       int/---             Anzahl der x-Intervalle                *
*   m       int/---             Anzahl der y-Intervalle                *
*   mat     REAL  /[n+1][m+1][4][4]  mat [i][j][0][0] muss fuer        *
*                               i=0(1)n, j=0(1)m, mit den              *
*                               Funktionswerten besetzt sein           *
*                               mat wird als Feld von Zeigern          *
*                               uebergeben (****mat)                   *
*   x       REAL  /[n+1]        Grenzen der x-Intervalle               *
*   y       REAL  /[m+1]        Grenzen der y-Intervalle               *
*   fn      REAL  /[n+1][m+1][3]  Normalenvektoren                     *
*                                                                      *
*                                                                      *
*   AUSGABEPARAMETER:                                                  *
*   ----------------                                                   *
*                                                                      *
```

```
 *    Name      Typ/Laenge             Bedeutung                         *
 *    ---------------------------------------------------------------    *
 *    mat       REAL /[n+1][m+1][4][4] es werden alle weiteren           *
 *                                     mat [i][j][k][l] berechnet        *
 *                                     fuer i=0(1)n-1, j=0(1)m-1,        *
 *                                     k=0(1)3, l=0(1)3                  *
 *                                                                       *
 *                                                                       *
 *    WERT DES UNTERPROGRAMMS:                                           *
 *    ------------------------                                           *
 *                                                                       *
 *    = 0 : kein Fehler aufgetreten                                      *
 *    = 1 : dritte Komponente in fn gleich Null                          *
 *    = 2 : nicht genuegend Speicherplatz fuer die Hilfsfelder           *
 *    = 3 : Fehler in step_32                                            *
 *    = 4 : Monotoniefehler                                              *
 *    = 5 : } Fehler in step_3                                           *
 *    = 6 : }                                                            *
 *    = 7 : } Fehler in step_4                                           *
 *    = 8 : }                                                            *
 *                                                                       *
 *    ================================================================   *
 *                                                                       *
 *    benutzte Unterprogramme:  step_3, step_4, step_32, step_13         *
 *    ------------------------                                           *
 *                                                                       *
 *    aus der C-Bibliothek benutzte Unterprogramme:  malloc, free        *
 *    --------------------------------------------                       *
 *                                                                       *
 *    benutzte Konstanten:  NULL                                         *
 *    --------------------                                               *
 *                                                                       *
 *************************************************************************/
{
  int error, i, j;
  REAL *h1, *h2;
                                        /* Schritte 1 und 2 */
  if ((error = bik_st13 (n, m, mat, fn)) != 0) return error;

  if ((h1 = (REAL*) malloc (n * sizeof (REAL ))) == NULL) return (2);
  if ((h2 = (REAL*) malloc (m * sizeof (REAL ))) == NULL)
  {
    free (h1); return (2);
  }

  if ((error = bik_st32 (n, m, mat, x, h1)) != 0)          /* Schritt 3 */
  {
    free (h1); free (h2); return error+2;
  }

  for (i=0; i<=n-1; i++)
  {
    h1 [i] = x [i+1] - x [i];
    if (h1 [i] <= ZERO)
    {
      free (h1); free (h2); return 4;
    }
  }

  for (j=0; j<=m-1; j++)
  {
    h2 [j] = y [j+1] - y [j];
    if (h2 [j] <= ZERO)
    {
      free (h1); free (h2); return 4;
    }
  }
```

```
  if ((error = bik_st3 (n, m, mat, h1)) != 0)
  {
    free (h1); free (h2); return error+4;
  }

  if ((error = bik_st4 (n, m, mat, h2)) != 0)          /* Schritt 4 */
  {
    free (h1); free (h2); return error+6;
  }

  free (h1);   free (h2);
  for (i=0; i<=n-1; i++)                                /* Schritte 5 bis 9 */
    for (j=0; j<=m-1; j++)
      bik_st5to9 (mat, x, y, i, j);

  return 0;
}
/***************************************************************************
* Realisierung der Schritte 1 und 2  des Algorithmus 12.3                  *
***************************************************************************/
int bik_st13 (int n, int m, REAL**** mat, REAL*** fn)
{
  int i, j;
  for (i=0; i<=n; i++)
    for (j=0; j<=m; j++)
    {
      if (fn [i][j][2] == ZERO) return (1);
      mat [i][j][1][0] = - fn [i][j][0] / fn [i][j][2];
      mat [i][j][0][1] = - fn [i][j][1] / fn [i][j][2];
    }
  return (0);
}

/* ----------------------- ENDE bikub3.c ------------------------ */
/* ----------------------- MODUL bsval.c ------------------------ */

#include <basis.h>

int bsval (int      m,
           int      n,
           REAL**** mat,
           REAL*    x,
           REAL*    y,
           REAL     xcoord,
           REAL     ycoord,
           REAL*    value
          )
/***************************************************************************
* berechnet den Wert eines bikubischen Splines im gegebenen Punkt          *
*                                                                          *
* Eingabeparameter:                                                        *
*                                                                          *
*   int m                  Anzahl der x-Intervalle                         *
*   int n                  Anzahl der y-Intervalle                         *
*   REAL mat [m+1][n+1][4][4]   Matrix der Koeffizienten, wie z.B. in      *
*                          bikub1 berechnet: wird als Feld von             *
*                          Zeigern uebergeben (****mat)                    *
*   REAL x[m+1]            enthaelt die Grenzen der x-Intervalle           *
*   REAL y[n+1]            enthaelt die Grenzen der y-Intervalle           *
*   REAL xcoord            x-Koordinate des Punktes, dessen Wert           *
*                          berechnet werden soll                           *
*   REAL ycoord            y-Koordinate des Punktes                        *
*                                                                          *
* Ausgabeparameter:                                                        *
```

```
*                                                                   *
*    REAL value             Wert des Punktes                        *
*                                                                   *
* Funktionsrueckgabewert:                                           *
*                                                                   *
*    = 0 : kein Fehler                                              *
*    = 1 : der Punkt liegt ausserhalb des Spline-Definitionsbereichs *
*                                                                   *
*                                                                   *
* benutzte Unterprogramme:  xyintv                                  *
*                                                                   *
*********************************************************************/
{
  int  i, j, k, l, error;
  REAL xip [4], yjp [4], xi, yj;

  int xyintv (int m, int n, REAL* x, REAL* y, int* i, int* j,
              REAL* xi, REAL* yj, REAL xcoord, REAL ycoord);

  error = xyintv (m,n,x,y,&i,&j,&xi,&yj,xcoord,ycoord);
  if (error) return (error);

  xip [0] = yjp [0] = 1.;
  *value = ZERO;
  for (k=1; k<=3; k++)
  {
    xip [k] = xip [k-1] * xi;
    yjp [k] = yjp [k-1] * yj;
  }
  for (k=0; k<=3; k++)
    for (l=0; l<=3; l++)
      *value += mat [i][j][k][l] * xip [k] * yjp [l];

  return 0;
}

int xyintv (int    m,
            int    n,
            REAL*  x,
            REAL*  y,
            int*   i,
            int*   j,
            REAL*  xi,
            REAL*  yj,
            REAL   xcoord,
            REAL   ycoord
           )
/*********************************************************************
* bestimmt das Intervall, in dem der Punkt (xcoord, ycoord) liegt.   *
*                                                                   *
* Eingabeparameter:                                                 *
*                                                                   *
*    int   m                Anzahl der x-Intervalle                 *
*    int   n                Anzahl der y-Intervalle                 *
*    REAL  x [m+1]          enthaelt die Grenzen der x-Intervalle   *
*    REAL  y [n+1]          enthaelt die Grenzen der y-Intervalle   *
*    REAL  xcoord           x-Koordinate des Punktes                *
*    REAL  ycoord           y-Koordinate des Punktes                *
*                                                                   *
*                                                                   *
* Ausgabeparameter:                                                 *
*                                                                   *
*    int   i                Nummer des x-Intervalls, in dem xcoord liegt *
*                           x[i] <= xcoord <= x[i+1]                *
*    int   j                Nummer des y-Intervalls, in dem ycoord liegt *
*                           y[j] <= ycoord <= y[j+1]                *
*    REAL  xi               relative x-Koordinate: xi = xcoord - x[i] *
```

```
 *     REAL yj               relative y-Koordinate: yj = ycoord - y[j]   *
 *                                                                       *
 * Funktionsrueckgabewert:                                                *
 *                                                                       *
 *     = 0 : kein Fehler                                                  *
 *     = 1 : der Punkt liegt ausserhalb des Spline-Definitionsbereichs   *
 *                                                                       *
 *************************************************************************/
{
    int up, low, mid;

    if (xcoord < x [0]  ||  xcoord > x [m])  return 1;
    if (ycoord < y [0]  ||  ycoord > y [n])  return 1;

    low = 0;
    up  = m;
    do
    {
        mid = (up + low) >> 1;
        if       (xcoord < x [ mid ])   up  = mid;
        else if  (xcoord > x [mid+1])   low = mid;
    }
    while (xcoord < x [mid]  ||  xcoord > x [mid+1]);

    *i  = mid;
    *xi = xcoord - x [mid];

    low = 0;
    up  = n;
    do
    {
        mid = (up + low) >> 1;
        if       (ycoord < y [ mid ])   up  = mid;
        else if  (ycoord > y [mid+1])   low = mid;
    }
    while (ycoord < y [mid]  ||  ycoord > y [mid+1]);

    *j  = mid;
    *yj = ycoord - y [mid];

    return 0;
}
/* ---------------------- ENDE bsval.c -------------------- */
```

P 12.2 Zweidimensionale interpolierende Oberflächensplines

```
/* ---------------- DEKLARATIONEN thinplat.h ---------------- */
int prob2       /* zweidimensionale Oberflaechensplines berechnen .......*/
       (
        int   NX,          /* Anzahl der Splineknoten ................*/
        REAL  x[],         /* x-Koordinaten der Knoten ...............*/
        REAL  y[],         /* y-Koordinaten der Knoten ...............*/
        REAL  z[],         /* zu glaettende Werte bei (x[i],y[i]) ....*/
        int   M,           /* Ableitungsordnung ......................*/
        REAL  rho,         /* Glaettungsparameter (>= 0) .............*/
        REAL  w[],         /* Gewichte ...............................*/
        REAL  c[]          /* Splinekoeffizienten ....................*/
       );                  /* Fehlercode .............................*/

REAL apprx2     /* Funktionswert eines Oberflaechensplines berechnen ..*/
       (
```

```
                    REAL x0,            /* (x0,y0) = Auswertungsstelle ........*/
                    REAL y0,
                    int  NX,            /* Anzahl der Splineknoten ............*/
                    int  M,             /* Ableitungsordnung ..................*/
                    REAL x[],           /* x-Koordinaten der Knoten ...........*/
                    REAL y[],           /* y-Koordinaten der Knoten ...........*/
                    REAL c[]            /* Splinekoeffizienten ................*/
                   );                   /* Funktionswert ......................*/

void ekreistrafo        /* Transformation auf den Einheitskreis .......*/
                   (
                    REAL x[],           /* Eingabe- bzw. transf. Punkte (x) ....*/
                    REAL y[],           /* Eingabe- bzw. transf. Punkte (y) ....*/
                    int  n              /* Anzahl der Punkte ...................*/
                   );

/* ------------------------ ENDE thinplat.h ------------------------ */
/* ------------------------ MODUL thinplat.c ------------------------ */

/***************************************************************************
*                                                                          *
* Berechnung zweidimensionaler Oberflaechensplines                         *
* -----------------------------------------------                          *
*                                                                          *
* Programmiersprache: ANSI-C                                               *
* Compiler:           Borland C++ 2.0                                      *
* Rechner:            IBM PS/2 70 mit 80387                                *
* Bemerkung:          Umsetzung eines aequivalenten QuickBASIC-Moduls      *
* Autor:              Elmar Pohl (QuickBASIC)                              *
* Bearbeiter:         Juergen Dietel, Rechenzentrum der RWTH Aachen        *
* Datum:              MO 15. 3. 1993                                       *
*                                                                          *
***************************************************************************/

#include <basis.h>          /* wegen REAL, ONE, ZERO, POW, sqr, LOG, LOG, */
                            /*       SQRT, SetVec                         */
#include <vmblock.h>        /* wegen vminit, vmalloc, VEKTOR, vmcomplete, */
                            /*       vmfree                               */
#include <linpack.h>        /* wegen sspco, sspsl                         */
#include <thinplat.h>       /* wegen prob2, apprx2                        */



/*--------------------------------------------------------------------*/

static int next2        /* Bestimmung von zweidimensionalen Monomen .....*/
                  (
                   int i,           /* Anzahl existierender Monome .......*/
                   int idx[],       /* idx[j]: Potenz von X des j. Monoms */
                   int idy[],       /* idy[j]: Potenz von Y des j. Monoms */
                   int *ixy         /* Monomindex fuer naechstes Monom ...*/
                  )                 /* mit x oder y multiplizieren? ......*/
/***************************************************************************
* Hilfsfunktion fuer alpha2() zur effizienten Bestimmung aller             *
* zweidimensionalen Monome bis zum Grad M                                  *
*                                                                          *
* Eingabeparameter:                                                        *
* =================                                                        *
* i    Index des zuletzt berechneten zweidimensionalen Monoms              *
* idx  [1..i+1]-Vektor mit Potenzen von X der Monome mit Index 1 bis i     *
* idy  [1..i+1]-Vektor mit Potenzen von X der Monome mit Index 1 bis i     *
*                                                                          *
* Ausgabeparameter:                                                        *
* =================                                                        *
* idx  wie oben, idx[i+1] enthaelt die Potenz von X des Monoms mit         *
*      Index i+1                                                           *
```

```
 *   idy     wie oben, idy[i+1] enthaelt die Potenz von Y des Monoms mit   *
 *           Index i+1                                                     *
 *   ixy     Index des Monoms, das mit X oder Y multipliziert werden muss, *
 *           um das (i+1). Monom zu erhalten                               *
 *                                                                         *
 * Funktionswert:                                                          *
 * ==============                                                          *
 * Flagge.                                                                 *
 * gesetzt:   Monom[i+1] = Monom[ixy] * x                                  *
 * geloescht: Monom[i+1] = Monom[ixy] * y                                  *
 *                                                                         *
 * benutzte globale Namen:                                                 *
 * ======================                                                  *
 * -                                                                       *
 **************************************************************************/
{
  int n,
      j;

  n = idx[i] + idy[i];
  if (idx[i] == 0)
  {
    idx[i + 1] = n + 1;
    idy[i + 1] = 0;
    for (j = 1; j <= i; j++)
      if (idx[j] == n)
        break;

    *ixy = j;
    return TRUE;
  }

  else
  {
    idx[i + 1] = idx[i] - 1;
    idy[i + 1] = idy[i] + 1;
    for (j = 1; j <= i; j++)
      if (idx[j] == idx[i] - 1 && idy[j] == idy[i])
        break;

    *ixy = j;
    return FALSE;
  }
}


/*------------------------------------------------------------------*/

static int alpha2              /* Polynomanteil der Gesamtmatrix berechnen */
           (
            int    NX,         /* Anzahl der Knoten .................*/
            int    M,          /* Ableitungsordnung .................*/
            REAL   x[],        /* x-Koordinaten der Stuetzpunkte ....*/
            REAL   y[],        /* y-Koordinaten der Stuetzpunkte ....*/
            REAL   a[]         /* Polynomanteil P ...................*/
           )                   /* Fehlercode ........................*/
/***************************************************************************
 * Hilfsfunktion fuer prob2() zur Berechnung zweidimensionaler              *
 * interpolierender Oberflaechensplines. Sie berechnet den                  *
 * Polynomanteil P der Gesamtmatrix des in prob2() zu loesenden             *
 * Gleichungssystems.                                                       *
 *                                                                         *
 * Eingabeparameter:                                                        *
 * ================                                                         *
```

```
*  NX        Anzahl der Knoten                                         *
*  M         vorgegebene Ableitungsordnung                             *
*  x  \      [1..NX]-Vektoren mit Stuetzpunkten (X(i),Y(i)), i=1(1)NX  *
*  x  /                                                                *
*                                                                      *
*  Ausgabeparameter:                                                   *
*  =================                                                   *
*  a         [1..(nm*(nm+1))/2]-Vektor mit der gepackten Matrix, in die *
*            der Polynomanteil der Matrix eingetragen wurde,           *
*            wobei  nm := NX+(M*(M+1))/2                               *
*                                                                      *
*  Funktionswert:                                                      *
*  =============                                                       *
*  Fehlercode. Folgende Werte koennen auftreten:                       *
*  = 0: alles in Ordnung                                               *
*  = 1: Speichermangel                                                 *
*                                                                      *
*  benutzte globale Namen:                                             *
*  =======================                                             *
*  REAL, vminit, vmalloc, VEKTOR, vmcomplete, vmfree, ONE, ZERO, next2, *
*  SetVec                                                              *
***********************************************************************/
{
  int  *idx,        /* [1..M*(M+1)/2]-Vektor mit Potenzen von X      */
       *idy,        /* [1..M*(M+1)/2]-Vektor mit Potenzen von Y      */
       i,           /* Nummer des aktuellen Monoms                   */
       j,           /* Schleifenzaehler zur Berechnung von Monomwerten */
       ixy,         /* Nummer des Monoms, aus dem das aktuelle durch */
                    /* Multiplikation mit x oder y abgeleitet wird   */
       mal_x,       /* zeigt an, ob das aktuelle Monom durch         */
                    /* Multiplikation mit x oder y berechnet wird    */
       kl,          /* Index der gepackten Matrix, hinter dem die    */
                    /* Werte des ixy. Monoms stehen                  */
       kli;         /* Index der gepackten Matrix, hinter dem die    */
                    /* Werte des i. Monoms stehen                    */
  REAL *xy;         /* Adresse des Vektors x oder y                  */
  void *vmblock;    /* Liste der dynamisch vereinbarten Vektoren und */
                    /* Matrizen                                      */

  /* ---------- Speicher fuer die Hilfsfelder anfordern ---------- */

  vmblock = vminit();                   /* Speicherblock initialisieren */
  idx = (int *)vmalloc(vmblock, VVEKTOR, M * (M + 1) / 2, sizeof(*idx));
  idy = (int *)vmalloc(vmblock, VVEKTOR, M * (M + 1) / 2, sizeof(*idy));
  idx--; idy--;                         /* Indexverschiebung!!!!! */
  if (! vmcomplete(vmblock))   /* Ging eine der Speicheranforderungen */
  {                            /* fuer den Block schief?              */
    vmfree(vmblock);
    return 1;
  }


  a += (NX * (NX + 1)) / 2;      /* den Kernfunktionsanteil G in der */
                                 /* gepackten Matrix ueberspringen   */

  SetVec(NX, a + 1, ONE);                /* das erste Monom berechnen */
  idx[1]   = 0;                          /* Es ist identisch 1.       */
  idy[1]   = 0;
  a[NX + 1] = ZERO;

  for (kli = NX + 1, i = 2;              /* Monome 2...M(M+1)/2 berechnen */
       i <= M * (M + 1) / 2;
       kli += NX + i, i++)
  {

    mal_x = next2(i - 1, idx, idy, &ixy);    /* den Index des Monoms */
```

```
                              /* bestimmen, das mit x    */
                              /* oder y zu               */
                              /* multiplizieren ist      */
    kl = (ixy + NX + NX) * (ixy - 1) / 2;
    xy = mal_x ? x : y;
    for (j = 1; j <= NX; j++)
      a[kli + j] = a[kl + j] * xy[j];

    SetVec(i, a + kli + NX + 1, ZERO);   /* den Rest der Matrix */
                                         /* mit Null besetzen   */
  }

  vmfree(vmblock);
  return 0;
}


/*--------------------------------------------------------------*/

REAL apprx2   /* Funktionswert eines Oberflaechensplines berechnen ..*/
         (
          REAL x0,           /* (x0,y0) = Auswertungsstelle ........*/
          REAL y0,
          int  NX,           /* Anzahl der Splineknoten ............*/
          int  M,            /* Ableitungsordnung ..................*/
          REAL x[],          /* x-Koordinaten der Knoten ...........*/
          REAL y[],          /* y-Koordinaten der Knoten ...........*/
          REAL c[]           /* Splinekoeffizienten ................*/
         )                   /* Funktionswert ......................*/

/***************************************************************
* Berechnung von Funktionswerten einer zweidimensionalen        *
* interpolierenden Oberflaechen-Splinefunktion                  *
*                                                               *
* Eingabeparameter:                                             *
* =================                                             *
* x0,y0   Stelle, an der die Splinefunktion ausgewertet wird    *
* NX      Anzahl der Knoten                                     *
* M       Ableitungsordnung, zu der die Koeffizienten berechnet wurden *
* x  \    [1..NX]-Vektoren mit Knoten (X(i),Y(i)), i=1(1)NX     *
* x  /                                                          *
* c       [1..NX+(M*(M+1))/2]-Vektor mit den Splinekoeffizienten *
*         (Ausgabe von prob2())                                 *
*                                                               *
* Funktionswert:                                                *
* ==============                                                *
* Wert der Splinefunktion an der Stelle (x0,y0)                 *
*                                                               *
* benutzte globale Namen:                                       *
* =======================                                       *
* REAL, POW, sqr, ZERO, LOG                                     *
****************************************************************/
{
  REAL ap,
       r2;
  int  ix,
       iy,
       i;

  /* --- Fuer die Faelle M=1,2,3 wurde die Berechnung des    --- */
  /* --- Polynomanteils auscodiert und ist daher relativ schnell. --- */
  /* --- Fuer M>3 werden die Monome in der Form  x^ix * y^iy  --- */
  /* --- dargestellt. Dies ist langsam und rundefehleranfaellig. --- */
```

```
      ap = c[NX + 1];
      switch (M)
      {
        case 1:
          break;                                        /* nichts zu tun */
        case 2:
          ap += c[NX + 2] * x0 + c[NX + 3] * y0;
          break;
        case 3:
          ap += (c[NX + 2] + c[NX + 4] * x0 + c[NX + 5] * y0) * x0 +
                (c[NX + 3] + c[NX + 6] * y0) * y0;
          break;
        default:
          ix = 0;
          iy = 0;
          for (i = 2; i <= (M * (M + 1)) / 2; i++)
            if (ix == 0)
            {
              ix = iy + 1;
              iy =  0;
              ap += c[NX + i] * POW(x0, ix);
            }
            else
            {
              ix--;
              iy++;
              if (ix == 0)
                ap += c[NX + i] * POW(y0, iy);
              else
                ap += c[NX + i] * POW(x0, ix) * POW(y0, iy);
            }
      }

  /* ----- Anteil der Kernfunktion E:                                ---- */
  /* ----- Hier koennte die Funktion e2() aufgerufen werden, was     ---- */
  /* ----- die Ausfuehrung aber erheblich verlangsamen wuerde.       ---- */
  /* ----- Daher wird die Berechnung hier direkt codiert.            ---- */

  for (i = 1; i <= NX; i++)
  {
    r2 = sqr(x[i] - x0) + sqr(y[i] - y0);
    if (r2 != ZERO)
      ap += c[i] * LOG(r2) * POW(r2, M - 1);
  }

  return ap;
}


/*--------------------------------------------------------------------*/
static REAL e2       /* die zweidimensionale Kernfunktion E auswerten ...*/
         (
          REAL x,    /* (x,y) = Auswertungsstelle .............*/
          REAL y,
          int  M     /* Ableitungsordnung des Splines .........*/
         )           /* Wert der Kernfunktion bei (x,y) .......*/
/***********************************************************************
* die zweidimensionalen Kernfunktion E an der Stelle (x,y) auswerten   *
*                                                                      *
* Eingabeparameter:                                                    *
* =================                                                    *
* x,y    Stelle, an der ausgewertet wird                               *
```

Zweidimensionale interpolierende Oberflächensplines

```
*  M:          Ableitungsordnung                                        *
*                                                                       *
*  Funktionswert:                                                       *
*  ==============                                                       *
*  Wert der Kernfunktion an der Stelle (x,y)                            *
*                                                                       *
*  benutzte globale Namen:                                              *
*  ======================                                               *
*  REAL, ZERO, LOG, POW                                                 *
*************************************************************************/
{
  REAL r2;

  r2 = x * x + y * y;

  if (r2 == ZERO)
    return ZERO;
  else
    return LOG(r2) * POW(r2, M - 1);
}


/*-----------------------------------------------------------------*/
void ekreistrafo          /* Transformation auf den Einheitskreis .......*/
              (
               REAL x[],  /* Eingabe- bzw. transf. Punkte (x) ....*/
               REAL y[],  /* Eingabe- bzw. transf. Punkte (y) ....*/
               int  n     /* Anzahl der Punkte ...................*/
              )
/*************************************************************************
*  Hilfsfunktion zur Berechnung zweidimensionaler interpolierender       *
*  Oberflaechensplines. Sie dient zur Transformation der Punkte          *
*  (X(i),Y(i)) auf den Einheitskreis.                                    *
*                                                                       *
*  Eingabeparameter:                                                    *
*  ================                                                     *
*  x  \  [1..n]-Vektoren mit Punkten (X(i),Y(i)), die auf den           *
*  y  /  Einheitskreis transformiert werden sollen, i=1(1)N             *
*  n     Anzahl der Punkte                                              *
*                                                                       *
*  Ausgabeparameter:                                                    *
*  ================                                                     *
*  x,y   [1..n]-Vektoren mit den transformierte Punkte                  *
*                                                                       *
*  benutzte globale Namen:                                              *
*  ======================                                               *
*  REAL, ZERO, sqr, SQRT                                                *
*************************************************************************/
{
  REAL xq,
       yq,
       r2,
       r2i,
       r;
  int  i;

  for (xq = yq = ZERO, i = 1; i <= n; i++)
    xq += x[i],
    yq += y[i];
  xq /= n;
  yq /= n;

  for (r2 = ZERO, i = 1; i <= n; i++)
```

```
    {
      x[i] -= xq;
      y[i] -= xq;
      r2i = sqr(x[i]) + sqr(y[i]);
      if (r2i > r2)
        r2 = r2i;
    }

  for (r = SQRT(r2), i = 1; i <= n; i++)
    x[i] /= r,
    y[i] /= r;
}



/*---------------------------------------------------------------------*/
static int gamma2    /* Kernfunktionsanteil der Gesamtmatrix berechnen */
             (
              int   NX,      /* Anzahl der Splineknoten ..........*/
              int   M,       /* Ableitungsordnung ................*/
              REAL  x[],     /* x-Koordinaten der Knoten .........*/
              REAL  y[],     /* y-Koordinaten der Knoten .........*/
              REAL  rho,     /* Glaettungsparameter (>= 0) .......*/
              REAL  w[],     /* Gewichte .........................*/
              REAL  a[]      /* Kernfunktionsanteil G ............*/
             )               /* Fehlercode .......................*/
/***********************************************************************
* Hilfsfunktion fuer prob2() zur Berechnung zweidimensionaler          *
* interpolierender oder glaettender Oberflaechensplines. Sie berechnet *
* den Kernfunktionsanteil G der Gesamtmatrix des in prob2() zu         *
* loesenden Gleichungssystems.                                         *
*                                                                      *
* Eingabeparameter:                                                    *
* =================                                                    *
* NX      Anzahl der Knoten                                            *
* x    \  [1..NX]-Vektoren mit Knoten (X(i),Y(i)), i=1(1)NX             *
* x    /                                                               *
* M       vorgegebene Ableitungsordnung                                *
* rho     Glaettungsparameter (>= 0).                                  *
*         Bei rho = 0 entsteht eine interpolierende Splinefunktion,    *
*         bei rho > 0 eine glaettende. Je groesser rho wird, desto     *
*         mehr naehert sich die glaettende Funktion der Ausgleichsebene. *
* w       nur fuer rho > 0:                                            *
*         [1..NX]-Vektor mit Gewichten W(i) > 0 zu den Knoten          *
*         (X(i),Y(i)), i=1(1)NX. Knoten mit groesseren Gewichten werden *
*         beim Glaettungsverfahren staerker interpoliert als andere.   *
*                                                                      *
* Ausgabeparameter:                                                    *
* =================                                                    *
* a       Vektor, in den diese Funktion die Koeffizienten des          *
*         Kernfunktionsanteils G der Gesamtmatrix eingetragen hat      *
*                                                                      *
* Funktionswert:                                                       *
* ==============                                                       *
* Fehlercode. Folgende Werte koennen auftreten:                        *
* = 0: alles in Ordnung                                                *
* = 1: bei rho > 0: Ein Gewicht W(i) ist kleiner oder gleich Null.     *
*                                                                      *
* benutzte globale Namen:                                              *
* =======================                                              *
* REAL, e2, ZERO                                                       *
***********************************************************************/
{
  int i,
      k,
```

```
            1;

   for (l = i = 1; i <= NX; i++, l++)
   {
      for (k = 1; k < i; k++, l++)
         a[l] = e2(x[k] - x[i], y[k] - y[i], M);

      /* ----------------- Elemente der Hauptdiagonale ---------------- */

      if (rho == ZERO)                    /* Interpolation?         */
         a[l] = ZERO;
      else if (w[i] <= ZERO)              /* negatives Gewicht?     */
         return 1;
      else                                /* glaettende Splines?    */
         a[l] = rho / w[i];
   }


   return 0;
}



/*------------------------------------------------------------------*/
int prob2      /* zweidimensionale Oberflaechensplines berechnen .......*/
      (
         int    NX,        /* Anzahl der Splineknoten ................*/
         REAL   x[],       /* x-Koordinaten der Knoten ...............*/
         REAL   y[],       /* y-Koordinaten der Knoten ...............*/
         REAL   z[],       /* zu glaettende Werte bei (x[i],y[i]) ....*/
         int    M,         /* Ableitungsordnung ......................*/
         REAL   rho,       /* Glaettungsparameter (>= 0) .............*/
         REAL   w[],       /* Gewichte ...............................*/
         REAL   c[]        /* Splinekoeffizienten ....................*/
      )                    /* Fehlercode .............................*/
/*********************************************************************
* Berechnung von zweidimensionalen Oberflaechensplines ("Surface     *
* Splines", "Thin Plate Splines") zu beliebig gegebenen Wertetripeln *
* (X(i),Y(i),Z(i)), i=1(1)NX. In Abhaengigkeit vom Parameter rho     *
* koennen interpolierende oder glaettende Splines berechnet werden.  *
* Die Wertepaare (X(i),Y(i)) muessen paarweise voneinander verschieden*
* sein. Zu jedem (X(i),Y(i)) muss genau ein Z(i) existieren, das     *
* heisst Z muss eine Funktion sein. Die Stuetzpunkte muessen nicht auf*
* einem Rechteckgitter angeordnet sein und koennen in beliebiger     *
* Reihenfolge vorliegen ("scattered data"). Es ist zu empfehlen, die *
* Knoten (X(i),Y(i)) auf den Einheitskreis zu transformieren. Hierzu *
* kann die Funktion ekreistrafo() verwendet werden. Die              *
* Ableitungsordnung sollte nicht zu hoch gewaehlt werden, da die     *
* Kondition des zu loesenden linearen Gleichungssystems sich mit     *
* zunehmender Ableitungsordnung verschlechtert. Tests haben ergeben, *
* dass Ableitungsordnungen zwischen 3 und 5 empfehlenswert sind.     *
* Hoehere Ableitungsordnungen ergaben nicht in den wenigsten der     *
* getesteten Faelle eine wesentliche Verbesserung. Mit zunehmender   *
* Anzahl der Stuetzpunkte bzw. geringer werdendem Abstand der        *
* Stuetzpunkte voneinander wird die Kondition des Gleichungssystems  *
* ebenfalls schlechter.                                              *
*                                                                    *
* Eingabeparameter:                                                  *
* ================                                                   *
* NX     Anzahl der Knoten                                           *
* x   \  [1..NX]-Vektoren mit den vorgegebenen Stuetzpunkten         *
* y   /                                                              *
* z      [1..NX]-Vektor mit zu interpolierenden bzw. glaettenden Werten *
```

```
*           Z(i) zu den (X(i),Y(i)), i=1(1)NX                          *
* M         vorgegebene Ableitungsordnung. Die Splinefunktion wird so  *
*           berechnet, dass sie bis zum Grad M stetig differenzierbar ist. *
* rho       Glaettungsparameter (>= 0).                                *
*              Bei rho = 0  entsteht eine interpolierende Splinefunktion, *
*              bei rho > 0  eine glaettende. Je groesser rho wird, desto *
*              mehr naehert sich die glaettende Funktion der Ausgleichsebene. *
* w         nur fuer rho > 0:                                          *
*           [1..NX]-Vektor mit Gewichten W(i) > 0 zu den Knoten        *
*           (X(i),Y(i)), i=1(1)NX. Knoten mit groesseren Gewichten werden *
*           beim Glaettungsverfahren staerker interpoliert als andere. *
*                                                                      *
* Ausgabeparameter:                                                    *
* =================                                                    *
* c         [1..NX+(M*(M+1))/2]-Vektor mit den Splinekoeffizienten     *
*                                                                      *
* Funktionswert:                                                       *
* ==============                                                       *
* Fehlercode. Folgende Werte koennen auftreten:                        *
* = 0: alles in Ordnung                                                *
* = 1: Die Gesamtmatrix ist numerisch singulaer.                       *
* = 2: bei rho > 0: Ein Gewicht W(i) ist kleiner oder gleich Null.     *
* = 3: Speichermangel                                                  *
*                                                                      *
* benutzte globale Namen:                                              *
* =======================                                              *
* REAL, vminit, vmalloc, VEKTOR, vmcomplete, vmfree, alpha2, gamma2,   *
* sspco, ONE, ZERO, sspsl                                              *
***********************************************************************/
{
    REAL *a,         /* [1..(nm*(nm+1))/2]-Vektor mit der symmetrischen */
                     /* Matrix in gepackter Form (spaltenweise)         */
         rcond;      /* Schaetzung des Kehrwerts der Matrixkondition    */
    int  nm,         /* Ordnung der Gesamtmatrix des Gleichungssystems  */
         fehler,     /* Fehlercode von alpha2() und gamma2()            */
         i,          /* Laufvariable                                    */
         *pvt;       /* [1..nm]-Vektor mit den Pivotindizes der         */
                     /* Matrixzerlegung                                 */
    void *vmblock;   /* Liste der dynamisch vereinbarten Vektoren und   */
                     /* Matrizen                                        */

    nm = NX + (M * (M + 1)) / 2;

    /* ---------- Speicher fuer die Hilfsfelder anfordern ---------- */

    vmblock = vminit();                 /* Speicherblock initialisieren */
    a   = (REAL *)vmalloc(vmblock, VEKTOR, nm * (nm + 1) / 2, 0);
    pvt = (int *) vmalloc(vmblock, VVEKTOR, nm, sizeof(*pvt));
    a--; pvt--;                         /* Indexverschiebung!!!!! */
    if (! vmcomplete(vmblock))    /* Ging eine der Speicheranforderungen */
    {                             /* fuer den Block schief?              */
        vmfree(vmblock);
        return 3;
    }


    /* -------------------- die Matrix aufstellen -------------------- */

    fehler = alpha2(NX, M, x, y, a);    /* der Polynomanteil P oben */
                                        /* rechts in gepackter Form */
    if (fehler)                         /* Speichermangel?          */
    {
        vmfree(vmblock);
        return 3;
    }
```

```
  fehler = gamma2(NX, M, x, y,     /* der Kernanteil G oben links,      */
                  rho, w, a);      /* oberes Dreieck in gepackter Form */
  if (fehler)                      /* negatives Gewicht?                */
  {
    vmfree(vmblock);
    return 2;
  }


  /* ------------------- die Matrix faktorisieren ------------------- */

  if (sspco(a, nm, pvt, &rcond))          /* Speichermangel?     */
  {
    vmfree(vmblock);
    return 3;
  }

  if (ONE + rcond == ONE)                 /* Matrix singulaer?   */
  {
    vmfree(vmblock);
    return 1;
  }

  /* ----------------- das Gleichungssystem loesen ----------------- */

  for (i = 1; i <= NX; i++)        /* die rechte Seite vorbesetzen */
    c[i] = z[i];
  for (i = NX + 1; i <= nm; i++)
    c[i] = ZERO;

  sspsl(a, nm, pvt, c);

  vmfree(vmblock);
  return 0;
}

/* ----------------------- ENDE thinplat.c ----------------------- */
/* --------------------- DEKLARATIONEN linpack.h ---------------- */

int sspfa       /* eine gepackte, symmetrische Matrix faktorisieren ....*/
           (
            REAL ap[],        /* oberes Dreieck der Matrix, gepackt ......*/
            int  n,           /* Ordnung der Matrix ......................*/
            int  pvt[]        /* Pivotindizes ............................*/
           );                 /* singulaere Pivotbloecke? ................*/

void sspsl      /* Gleichungssystem mit symm., gepackter Matrix loesen */
           (
            REAL ap[],        /* Vektor mit den gepackten Matrixfaktoren */
            int  n,           /* Ordnung der Matrix ......................*/
            int  pvt[],       /* Pivotindizes ............................*/
            REAL b[]          /* rechte Seite bzw. Loesungsvektor ........*/
           );

int sspco       /* gepackte, symm. Matrix faktoris., Kondition schaetzen */
           (
            REAL ap[],        /* oberes Dreieck der Matrix, gepackt ......*/
            int  n,           /* Ordnung der Matrix ......................*/
            int  pvt[],       /* Pivotindizes ............................*/
            REAL *rcond       /* geschaetzter Kehrwert der Matrixkondition*/
           );                 /* Fehlercode ..............................*/

/* ----------------------- ENDE linpack.h ----------------------- */
/* ----------------------- MODUL linpack.c ---------------------- */

/*****************************************************************/
```

```
*                                                                       *
* Loesung gepackter, symmetrischer, linearer Gleichungssysteme          *
* --------------------------------------------------------------        *
*                                                                       *
* Programmiersprache: ANSI-C                                            *
* Compiler:          Borland C++ 2.0                                    *
* Rechner:           IBM PS/2 70 mit 80387                              *
* Bemerkung:         Umsetzung eines aequivalenten QuickBASIC-Moduls    *
*                    unter Einbeziehung der FORTRAN 77-Version          *
* Autoren            Elmar Pohl (QuickBASIC),                           *
*                    Michael Groenheim, Ina Hinze (FORTRAN 77)          *
* Bearbeiter:        Juergen Dietel, Rechenzentrum der RWTH Aachen      *
* Quelle:            Dongarra/Moler/Bunch/Stewart: LINPACK User's       *
*                    Guide, SIAM, 7.Aufl. 1989, ISBN 0-89871-172-X      *
* Datum:             MO 15. 3. 1993                                     *
*                                                                       *
*************************************************************************/

#include <basis.h>         /* wegen REAL, FABS, ZERO, SWAP, abs, ONE,  */
                           /*       SQRT, EIGHT, FALSE, TRUE, sign     */
#include <vmblock.h>       /* wegen vminit, vmalloc, VEKTOR, vmcomplete,*/
                           /*       vmfree                             */
#include <linpack.h>       /* wegen sspfa, sspsl, sspco                */



/* ------------------------------------------------------------------- */

static void init0_vector       /* Vektor mit dem Nullvektor vorbesetzen */
                   (
                    REAL v[],           /* Vektor ............*/
                    int  n              /* Vektorlaenge ......*/
                   )

/***********************************************************************
* den [0..n-1]-Vektor v komplett mit Null vorbesetzen                  *
*                                                                      *
* benutzte globale Namen:                                              *
* ========================                                             *
* REAL, ZERO                                                           *
***********************************************************************/
{
  while (n-- != 0)
    *v++ = ZERO;
}



/* ------------------------------------------------------------------- */

static void incabs_vector      /* Vektor v  += Betraege(Vektor w) .....*/
                   (
                    REAL v[],           /* zu aendernder Vektor .....*/
                    REAL w[],           /* zu addierender Vektor ....*/
                    int  n              /* Vektorlaenge .............*/
                   )

/***********************************************************************
* zu jedem Element des [0..n-1]-Vektors v den Betrag des zugehoerigen  *
* Elements des [0..n-1]-Vektors w addieren                             *
*                                                                      *
* benutzte globale Namen:                                              *
* ========================                                             *
* REAL                                                                 *
***********************************************************************/
```

```
{
  while (n-- != 0)
    *v++ += FABS(*w++);
}


/* ------------------------------------------------------------ */
static void mul_vector    /* einen Vektor strecken bzw. stauchen .....*/
                     (
                       REAL v[],          /* Vektor .................*/
                       int  n,            /* Vektorlaenge ...........*/
                       REAL faktor        /* Streckungsfaktor .......*/
                     )
/****************************************************************
* jedes der Elemente v[0],v[1],...,v[n-1] des Vektors v mit faktor *
* multiplizieren                                                *
*                                                               *
* benutzte globale Namen:                                       *
* ========================                                      *
* REAL                                                          *
****************************************************************/
{
  while (n-- != 0)
    *v++ *= faktor;
}


/* ------------------------------------------------------------ */
static void incmul_vector   /* Zielvektor += Faktor * Quellvektor ...*/
                     (
                       int  n,            /* Vektorlaenge ...........*/
                       REAL faktor,       /* Vielfaches d. Quellvekt. */
                       REAL quelle[],     /* Quellvektor ............*/
                       REAL ziel[]        /* Zielvektor .............*/
                     )
/****************************************************************
* n Elemente des Vektors quelle, multipliziert mit faktor, zum  *
* Vektor ziel addieren                                          *
*                                                               *
* benutzte globale Namen:                                       *
* ========================                                      *
* REAL                                                          *
****************************************************************/
{
  while (n-- != 0)
    *ziel++ += faktor * *quelle++;
}


/* ------------------------------------------------------------ */
static int indmax       /* Index des betragsgr. Vektorelem. bestimmen ...*/
                     (
                       REAL v[],          /* Vektor .................*/
                       int  n             /* Vektorlaenge ...........*/
                     )                    /* gesuchter Index + 1 ....*/
/****************************************************************
```

```
 *   den um Eins vermehrten Index des betragsgroessten der Elemente  *
 *   v[0],v[1],...,v[n-1] des Vektors v bestimmen. Moegliche         *
 *   Rueckgabewerte sind also 1,2,...,n und 0 fuer den Sonderfall des *
 *   leeren Vektors (n < 1).                                         *
 *                                                                   *
 *   benutzte globale Namen:                                         *
 *   ======================                                          *
 *   REAL, FABS                                                      *
 *********************************************************************/
{
  REAL maxwert;            /* betragsmaessig groesstes Vektorelement */
  int  maxind,             /* Index dieses Vektorelements + 1        */
       i;                  /* Schleifenzaehler                       */

  if (n < 1)
    maxind = 0;
  else
    for (maxwert = FABS(*v++), maxind = 1, i = 2; i <= n; i++, v++)
      if (FABS(*v) > maxwert)
        maxwert = FABS(*v),
        maxind  = i;

  return maxind;
}



/* ------------------------------------------------------------------ */

static REAL skalprod  /* Skalarprodukt zweier REAL-Vektoren berechnen */
                   (
                    int  n,               /* Vektorlaenge .........*/
                    REAL v[],             /* 1. Vektor ............*/
                    REAL w[]              /* 2. Vektor ............*/
                   )                      /* Skalarprodukt ........*/
/*********************************************************************
 * das Skalarprodukt   v[0] * w[0] + ... + v[n-1] * w[n-1]  der beiden *
 * [0..n-1]-Vektoren v und w berechnen                                *
 *                                                                   *
 * benutzte globale Namen:                                           *
 * ======================                                            *
 * REAL, ZERO                                                        *
 *********************************************************************/
{
  REAL summe;                             /* Summationsvariable */

  for (summe = ZERO; n != 0; n--)
    summe += *v++ * *w++;

  return summe;
}



/* ------------------------------------------------------------------ */

static void swap_vector   /* zwei Vektoren miteinander vertauschen ..*/
                       (
                        int  n,           /* Vektorlaenge .........*/
                        REAL v[],         /* 1. Vektor ............*/
                        REAL w[]          /* 2. Vektor ............*/
                       )
/*********************************************************************
```

Zweidimensionale interpolierende Oberflächensplines   887

```
 *   jedes Element des [0..n-1]-Vektors v mit dem entsprechenden Element  *
 *   des [0..n-1]-Vektors w vertauschen                                   *
 *                                                                        *
 *   benutzte globale Namen:                                              *
 *   ========================                                             *
 *   REAL, SWAP                                                           *
 **************************************************************************/

{
  for ( ; n-- != 0; v++, w++)
    SWAP(REAL, *v, *w);
}



/* ------------------------------------------------------------------ */

static REAL einsnorm      /* 1-Norm eines REAL-Vektors berechnen .....*/
                  (
                   REAL v[],            /* Vektor ..................*/
                   int  n               /* Vektorlaenge ............*/
                  )                     /* 1-Norm ..................*/
/**************************************************************************
 * die Summe der Betraege der n Vektorelemente v[0],v[1],...,v[n-1]       *
 * berechnen                                                              *
 *                                                                        *
 * benutzte globale Namen:                                                *
 * ========================                                               *
 * REAL, ZERO, FABS                                                       *
 **************************************************************************/

{
  REAL norm;          /* Summationsvariable, schliesslich 1-Norm von v */

  for (norm = ZERO; n-- != 0; v++)
    norm += FABS(*v);

  return norm;
}



/* ------------------------------------------------------------------ */

int sspfa      /* eine gepackte, symmetrische Matrix faktorisieren ....*/
         (
          REAL ap[],     /* oberes Dreieck der Matrix, gepackt ......*/
          int  n,        /* Ordnung der Matrix ......................*/
          int  pvt[]     /* Pivotindizes ............................*/
         )               /* singulaere Pivotbloecke? ................*/
/**************************************************************************
 * eine reelle, symmetrische Matrix A in gepackter Form durch             *
 * Elimination mit symmetrischer Pivotisierung in Faktoren zerlegen.      *
 * Diese Funktion wird normalerweise von sspco() aufgerufen, kann aber    *
 * auch unabhaengig von sspco() benutzt werden, falls keine               *
 * Konditionsschaetzung benoetigt wird.                                   *
 *                                                                        *
 * Eingabeparameter:                                                      *
 * =================                                                      *
 * ap      [1..n*(n+1)/2]-Vektor, der das obere Dreieck von A in          *
 *         gepackter Form enthaelt (zum Packungsverfahren siehe sspco())  *
 * n       Ordnung der Matrix A                                           *
 *                                                                        *
 * Ausgabeparameter:                                                      *
 * =================                                                      *
```

```
 *  ap       enthaelt eine Blockdiagonalmatrix D mit Bloecken der Groesse 1 *
 *            oder 2 in gepackter Form sowie zugehoerige Multiplikatoren.   *
 *            Die Faktorisierung kann geschrieben werden als                *
 *               A  =  U * D * U(tr),  wobei U ein Produkt aus              *
 *            Permutationsmatrizen und oberen Dreiecksmatrizen ist.         *
 *  pvt      [1..n]-Vektor mit den Pivotindizes                             *
 *                                                                          *
 *  Funktionswert:                                                          *
 *  =============                                                           *
 *  = 0: Die Zerlegung ist normal verlaufen.                                *
 *  = k: Der k. Pivotblock ist singulaer.                                   *
 *       Dies ist kein Fehler fuer diese Funktion, aber wenn man            *
 *       anschliessend sspsl() aufruft, koennen Divisionen durch Null       *
 *       auftreten.                                                         *
 *                                                                          *
 *  benutzte globale Namen:                                                 *
 *  ======================                                                  *
 *  REAL, ONE, SQRT, EIGHT, ZERO, FABS, indmax, FALSE, TRUE,                *
 *  swap_vector, SWAP, incmul_vector                                        *
 ***************************************************************************/
{
#define ALPHA   (ONE + SQRT((REAL)17.0)) / EIGHT /* zur Bestimmung der  */
                                                 /* Pivotblockgroesse   */
                                                 /* noetig              */
   REAL absakk,  /* Betrag des Diagonalelements A[k][k]                 */
        rowmax,  /* groesstes Nichtdiagonalelement in Zeile imax        */
        colmax,  /* groesstes Nichtdiagonalelement in Spalte k          */
        ak,      /* A[k][k] / A[k-1][k]                                 */
        akm1,    /* A[k-1][k-1] / A[k-1][k]                             */
        bk,
        bkm1,
        nenner,
        amulk,
        amulkm1;
   int  info,    /* Funktionswert: Index eines singulaeren Pivotblocks  */
        swap,    /* zeigt an, ob eine Vertauschung noetig ist           */
        k,       /* Spaltenzaehler der Matrix A                         */
        ik,      /* Anfangsindex der k. Spalte von A in ap - 1          */
        kstep,   /* Groesse eines Pivotblocks                           */
        ikm1,    /* Anfangsindex der (k-1). Spalte von A in ap - 1      */
        kk,      /* Index des Diagonalelements A[k][k] in ap            */
        km1k,    /* Index des Matrixelements A[k-1][k] in ap            */
        imax,    /* Index des betragsgroessten Elements in der          */
                 /* k. Spalte von A                                     */
        im,      /* Anfangsindex der imax. Spalte von A in ap - 1       */
        imj,
        j,
        jmax,
        jmim,
        imim,
        ij,
        jj,
        jk,
        jkm1;

   info = 0;

   ik = (n * (n - 1)) / 2;

   for (k = n; k != 0; k -= kstep)
   {
      if (k <= 1)
      {
         pvt[1] = 1;
         if (ap[1] == ZERO)
```

Zweidimensionale interpolierende Oberflächensplines

```
      info = 1;
   break;
}
/* ----- Der folgende Abschnitt stellt fest, welche Art von ----- */
/* ----- Elimination angewandt wird. Danach enthaelt kstep  ----- */
/* ----- die Groesse des Pivotblocks, und swap zeigt an,    ----- */
/* ----- ob eine Vertauschung notwendig ist.                ----- */

kk     = ik + k;
absakk = FABS(ap[kk]);

imax   = indmax(ap + ik + 1, k - 1);     /* das groesste Nicht- */
colmax = FABS(ap[ik + imax]);            /* diagonalelement in  */
                                         /* Spalte k bestimmen  */
if (absakk >= ALPHA * colmax)
   kstep = 1,
   swap  = FALSE;
else
{
   rowmax = ZERO;                        /* das groesste Nicht- */
   im   = (imax * (imax - 1)) / 2;       /* diagonalelement in  */
   imj  = im + 2 * imax;                 /* Zeile imax bestimmen */
   for (j = imax + 1; j <= k; imj += j, j++)
      if (FABS(ap[imj]) > rowmax)
         rowmax = FABS(ap[imj]);
   if (imax != 1)
   {
      jmax = indmax(ap + im + 1, imax - 1);
      jmim = jmax + im;
      if (FABS(ap[jmim]) > rowmax)
         rowmax = FABS(ap[jmim]);
   }
   imim = imax + im;
   if (FABS(ap[imim]) >= ALPHA * rowmax)
      kstep = 1,
      swap  = TRUE;
   else if (absakk >= ALPHA * colmax * (colmax / rowmax))
      kstep = 1,
      swap  = FALSE;
   else
      kstep = 2,
      swap  = (imax != k - 1);
}

if (absakk == ZERO && colmax == ZERO)   /* nur Nullen in Spalte k? */
{
   info   = k,                          /* einen singulaeren Pivotblock anzeigen und */
   pvt[k] = k;                          /* den naechsten Schleifendurchlauf starten  */
}
else if (kstep == 1)                    /* 1x1-Pivotblock? */
{
   if (swap)
   {
      swap_vector(imax, ap + im + 1, ap + ik + 1);
      imj = ik + imax;
      for (jj = imax; jj <= k; jj++)
      {
         j  = k + imax - jj;
         jk = ik + j;
         SWAP(REAL, ap[jk], ap[imj]);
         imj -= j - 1;
      }
   }

   ij = ik - (k - 1);                   /* Elimination */
   for (jj = 1; jj < k; ij -= j - 1, jj++)
```

```c
            {
              j        = k - jj;
              jk       = ik + j;
              amulk    = -ap[jk] / ap[kk];
              incmul_vector(j, amulk, ap + ik + 1, ap + ij + 1);
              ap[jk]   = amulk;
            }

          pvt[k] = swap ? imax : k;              /* Pivotindex setzen */
        }
        else                                     /* 2x2-Pivotblock? */
        {
          km1k = ik + k - 1;
          ikm1 = ik - (k - 1);

          if (swap)
          {
            swap_vector(imax, ap + im + 1, ap + ikm1 + 1);
            imj = ikm1 + imax;
            for (jj = imax; jj < k; jj++, imj -= j - 1)
            {
              j        = k - 1 + imax - jj;
              jkm1     = ikm1 + j;
              SWAP(REAL, ap[jkm1], ap[imj]);
            }
            SWAP(REAL, ap[km1k], ap[ik + imax]);
          }

          if (k != 2)                            /* Elimination */
          {
            ak       = ap[kk] / ap[km1k];
            akm1     = ap[ik] / ap[km1k];
            nenner   = ONE - ak * akm1;
            ij       = ik - (k - 1) - (k - 2);
            for (jj = 1; jj < k - 1; jj++, ij -= j - 1)
            {
              j        = k - 1 - jj;
              jk       = ik + j;
              bk       = ap[jk] / ap[km1k];
              jkm1     = ikm1 + j;
              bkm1     = ap[jkm1] / ap[km1k];
              amulk    = (akm1 * bk - bkm1) / nenner;
              amulkm1  = (ak * bkm1 - bk)   / nenner;
              incmul_vector(j, amulk,   ap + ik + 1,   ap + ij + 1);
              incmul_vector(j, amulkm1, ap + ikm1 + 1, ap + ij + 1);
              ap[jk]    = amulk;
              ap[jkm1]  = amulkm1;
            }
          }

          pvt[k]     = swap ? (-imax) : (1 - k);  /* Pivotindizes setzen */
          pvt[k - 1] = pvt[k];
        }

        ik -= k - 1;
        if (kstep == 2)
          ik -= k - 2;
      }

      return info;
    }

    /* ---------------------------------------------------------------- */
```

Zweidimensionale interpolierende Oberflächensplines

```
void sspsl          /* Gleichungssystem mit symm., gepackter Matrix loesen */
            (
             REAL ap[],    /* Vektor mit den gepackten Matrixfaktoren */
             int  n,       /* Ordnung der Matrix ..................*/
             int  pvt[],   /* Pivotindizes ........................*/
             REAL b[]      /* rechte Seite bzw. Loesungsvektor ....*/
            )

/***********************************************************************
* das lineare Gleichungssystem A * x = b mit reeller, symmetrischer    *
* Matrix A in gepackter Form loesen. Vor Aufruf dieser Funktion ist    *
* die Matrix durch sspco() oder sspfa() in Faktoren zu zerlegen.       *
*                                                                      *
* Eingabeparameter:                                                    *
* =================                                                    *
* ap     [1..n*(n+1)/2]-Vektor mit der faktorisierten Matrix           *
*        (Ausgabeparameter der Funktionen sspco() oder sspfa())        *
* n      Ordnung der Matrix A                                          *
* pvt    [1..n]-Vektor mit den Pivotindizes von sspco() bzw. sspfa()   *
* b      [1..n]-Vektor mit der rechten Seite des Gleichungssystems     *
*                                                                      *
* Ausgabeparameter:                                                    *
* =================                                                    *
* b      Loesungsvektor                                                *
*                                                                      *
* benutzte globale Namen:                                              *
* =======================                                              *
* REAL, SWAP, incmul_vector, abs, skalprod                             *
***********************************************************************/

{
  REAL ak,          /* A[k][k] / A[k-1][k]                           */
       akm1,        /* A[k-1][k-1] / A[k-1][k]                       */
       akm1k,       /* A[k-1][k]                                     */
       bk,
       bkm1,
       nenner;
  int  k,           /* Spaltenzaehler der Matrix A                   */
       ik,          /* Anfangsindex der k. Spalte von A in ap - 1    */
       ikm1,        /* Anfangsindex der (k-1). Spalte von A in ap - 1*/
       kk,          /* Index des Diagonalelements A[k][k] in ap      */
       pvtind,      /* aktueller Pivotindex                          */
       ikp1;

  ik = (n * (n - 1)) / 2;
  for (k = n; k != 0; )
  {
    kk = ik + k;
    if (pvt[k] >= 0)                          /* 1x1-Pivotblock? */
    {
      if (k != 1)
      {
        pvtind = pvt[k];
        if (pvtind != k)
          SWAP(REAL, b[k], b[pvtind]);
        incmul_vector(k - 1, b[k], ap + ik + 1, b + 1);
      }
      b[k] /= ap[kk];
      k--;
      ik -= k;
    }
    else                                      /* 2x2-Pivotblock? */
    {
      ikm1 = ik - (k - 1);
```

```
            if (k != 2)
            {
              pvtind = abs(pvt[k]);
              if (pvtind != k - 1)
                SWAP(REAL, b[k - 1], b[pvtind]);
              incmul_vector(k - 2, b[k],     ap + ik + 1,   b + 1);
              incmul_vector(k - 2, b[k - 1], ap + ikm1 + 1, b + 1);
            }
            akm1k   = ap[ik + k - 1];
            ak      = ap[kk]       / akm1k;
            akm1    = ap[ik]       / akm1k;
            bk      = b[k]         / akm1k;
            bkm1    = b[k - 1]     / akm1k;
            nenner  = ak * akm1 - ONE;
            b[k]    = (akm1 * bk - bkm1) / nenner;
            b[k - 1] = (ak * bkm1 - bk)  / nenner;
            k       -= 2;
            ik      -= (k + 1) + k;
          }
        }

        for (ik = 0, k = 1; k <= n; )
          if (pvt[k] >= 0)                            /* 1x1-Pivotblock? */
          {
            if (k != 1)
            {
              b[k]   += skalprod(k - 1, ap + ik + 1, b + 1);
              pvtind =  pvt[k];
              if (pvtind != k)
                SWAP(REAL, b[k], b[pvtind]);
            }
            ik += k;
            k++;
          }

          else                                        /* 2x2-Pivotblock? */
          {
            if (k != 1)
            {
              b[k]     += skalprod(k - 1, ap + ik + 1, b + 1);
              ikp1      = ik + k;
              b[k + 1] += skalprod(k - 1, ap + ikp1 + 1, b + 1);
              pvtind    = abs(pvt[k]);
              if (pvtind != k)
                SWAP(REAL, b[k], b[pvtind]);
            }
            ik += k + k + 1;
            k  += 2;
          }
      }


/* -------------------------------------------------------------------- */
static void ux_b_loesen   /* Gleichungss. m. unt. Dreiecksmatr. loesen */
              (
                REAL  ap[],     /* gepackte Matrix ............*/
                int   n,        /* Ordnung der Matrix .........*/
                int   pvt[],    /* Pivotindizes ...............*/
                REAL  b[]       /* rechte Seite bzw. Loesungsv. */
              )
/************************************************************************
* ein Gleichungssystem der Gestalt  U * X = B  loesen, in dem U eine    *
* untere Dreiecksmatrix mit auf Eins normierter Diagonale ist. Solche   *
* Gleichungssysteme treten in sspco() als  U(tr) * Y = W  und           *
```

Zweidimensionale interpolierende Oberflächensplines

```
 * U(tr) * Z = V auf.                                                    *
 *                                                                       *
 * Eingabeparameter:                                                     *
 * =================                                                     *
 * ap      [1..n*(n+1)/2]-Vektor mit der gepackten, faktorisierten Matrix *
 *         A = U * D * U(tr)   (Ausgabeparameter der Funktion sspfa())   *
 * n       Ordnung der Matrix A                                          *
 * pvt     [1..n]-Vektor mit den Pivotindizes von sspfa()                *
 * b       [1..n]-Vektor mit der rechten Seite des Gleichungssystems     *
 *                                                                       *
 * Ausgabeparameter:                                                     *
 * =================                                                     *
 * b       Loesungsvektor                                                *
 *                                                                       *
 * benutzte globale Namen:                                               *
 * =======================                                               *
 * REAL, skalprod, SWAP                                                  *
 ************************************************************************/
{
   int k,                 /* Spaltenzaehler fuer die Matrix           */
       ik,                /* Anfangsindex der k. Spalte von A in ap - 1 */
       kstep,             /* Schrittweite beim Durchlaufen der Spalten von */
                          /* A (1 oder 2) = Groesse eines Pivotblocks */
       pvtind;            /* Pivotindex |pvt[k]|                      */

   for (ik = 0, k = 1; k <= n; k += kstep)
   {
      kstep = (pvt[k] >= 0) ? 1 : 2;
      if (k != 1)
      {
         b[k] += skalprod(k - 1, ap + ik + 1, b + 1);
         if (kstep == 2)
            b[k + 1] += skalprod(k - 1, ap + ik + k + 1, b + 1);
         if ((pvtind = abs(pvt[k])) != k)
            SWAP(REAL, b[k], b[pvtind]);
      }
      ik += k;
      if (kstep == 2)
         ik += k + 1;
   }
}


/* ---------------------------------------------------------------- */
int sspco     /* gepackte, symm. Matrix faktoris., Kondition schaetzen */
       (
         REAL  ap[],      /* oberes Dreieck der Matrix, gepackt .......*/
         int   n,         /* Ordnung der Matrix .......................*/
         int   pvt[],     /* Pivotindizes .............................*/
         REAL  *rcond     /* geschaetzter Kehrwert der Matrixkondition */
       )                  /* Fehlercode ...............................*/
/************************************************************************
 * eine reelle, symmetrische Matrix A in gepackter Form in Faktoren      *
 * zerlegen und die Kondition schaetzen.                                 *
 *                                                                       *
 * Eingabeparameter:                                                     *
 * =================                                                     *
 * ap      [1..n*(n+1)/2]-Vektor mit dem oberen Dreieck der Matrix A in  *
 *         gepackter Form. Bei der Packung werden die Spalten des oberen *
 *         Dreiecks hintereinander in dem eindimensionalen Feld ap       *
 *         gespeichert. Folgendes Programmstueck wuerde z. B. die        *
 *         symmetrische Matrix A in das Feld ap packen:                  *
```

```
 *                      for (j = 1, k = 0; j <= n; j++)                   *
 *                        for (i = 1; i <= j; i++)                        *
 *                          ap[++k] = A[i][j];                            *
 *   n          Ordnung der Matrix                                        *
 *                                                                        *
 * Ausgabeparameter:                                                      *
 * =================                                                      *
 *   ap         enthaelt eine Blockdiagonalmatrix D mit Bloecken der Groesse 1 *
 *              oder 2 und zugehoerige Multiplikatoren. Die Faktorzerlegung *
 *              kann geschrieben werden als A = U * D * U(tr), wobei U ein *
 *              Produkt aus Permutationsmatrizen und oberen Dreiecksmatrizen *
 *              ist.                                                      *
 *   pvt        [1..n]-Vektor mit den Pivotindizes                        *
 *   rcond      Schaetzung des Kehrwerts der Matrixkondition.             *
 *              Wenn in einem Gleichungssystem Ax = b relative Stoerungen *
 *              der Groessenordnung Epsilon auftreten, dann sind in der   *
 *              Loesung x relative Stoerungen der Groessenordnung         *
 *              Epsilon / rcond  zu erwarten. Wenn rcond so klein ist, dass *
 *              der Ausdruck                                              *
 *                              1 + rcond = 1                             *
 *              wahr ist, dann ist anzunehmen, dass die Matrix im Rahmen der *
 *              Rechengenauigkeit singulaer ist.                          *
 *                                                                        *
 * Funktionswert:                                                         *
 * ==============                                                         *
 * Fehlercode. Folgende Werte koennen auftreten:                          *
 * = 0: alles in Ordnung                                                  *
 * = 1: Speichermangel                                                    *
 *                                                                        *
 * benutzte globale Namen:                                                *
 * =======================                                                *
 * REAL, vminit, vmalloc, VEKTOR, vmcomplete, vmfree, sumabs, FABS,       *
 * ZERO, sspfa, ONE, init0_vector, SWAP, sign, incmul_vector,             *
 * mul_vector, abs, incabs_vector, einsnorm                               *
 *************************************************************************/
{
  REAL *z,          /* [1..n]-Vektor fuer die verschiedenen rechten    */
                    /* Seiten und Loesungen, die in den Gleichungs-    */
                    /* systemen zur Konditionsschaetzung auftreten     */
       anorm,       /* Spaltensummennorm von A                         */
       ek,          /* aktuelles Element der rechten Seite des         */
                    /* Gleichungssystems U * D * W = E                 */
       ynorm,       /* Norm(Y) / Norm(Z)                               */
       s,           /* Skalierungsfaktor fuer Vektoren                 */
       ak,          /* A[k][k] / A[k-1][k]                             */
       akm1,        /* A[k-1][k-1] / A[k-1][k]                         */
       akm1k,       /* A[k-1][k]                                       */
       bk,
       bkm1,
       nenner;
  int  k,           /* Spaltenzaehler der Matrix A bei der Berechnung  */
                    /* ihrer Norm und der Schaetzung ihrer Kondition   */
       ik,          /* Anfangsindex der k. Spalte von A in ap - 1      */
       kstep,       /* Schrittweite beim Durchlaufen der Spalten von   */
                    /* A (1 oder 2) = Groesse eines Pivotblocks        */
       pvtind,      /* aktueller Pivotindex |pvt[k]|                   */
       ikm1,        /* Anfangsindex der (k-1). Spalte von A in ap - 1  */
       kk,          /* Index des Diagonalelements A[k][k] in ap        */
       k1,          /* Anfangsindex der k. Spalte von A in ap          */
       kps;         /* Index des z-Elements, mit dem z[pvtind]         */
                    /* vertauscht wird, falls noetig                   */
  void *vmblock;    /* Liste der dynamisch vereinbarten Vektoren und   */
                    /* Matrizen                                        */


  /* ---------- Speicher fuer die Hilfsfelder anfordern ---------- */
```

```
vmblock = vminit();                    /* Speicherblock initialisieren */
z = (REAL *)vmalloc(vmblock, VEKTOR, n, 0);
z--;                                   /* Indexverschiebung!!!!! */
if (! vmcomplete(vmblock))             /* Ging eine der Speicheranforderungen */
{                                      /* fuer den Block schief? */
  vmfree(vmblock);
  return 1;
}


for (k1 = 1, k = 1; k <= n; k1 += k, k++)  /* die Spaltensummennorm */
{                                          /* von A bestimmen       */
  z[k] = einsnorm(ap + k1, k);             /* z[k]: k. Spaltensumme */
  if (k >= 2)
    incabs_vector(z + 1, ap + k1, n);
}
for (anorm = ZERO, k = 1; k <= n; k++)     /* die groesste  */
  if (z[k] > anorm)                        /* Spaltensumme  */
    anorm = z[k];                          /* bestimmen     */


sspfa(ap, n, pvt);                     /* die Matrix A faktorisieren */


/* ---------------- die Kondition von A schaetzen ---------------- */
/* rcond = 1 / (Norm(A) * geschaetzte Norm der Inversen von A).    */
/* Die Norm der Inversen wird geschaetzt durch Norm(Z) / Norm(Y),  */
/* wobei A * Z = Y und A * Y = E. Die Komponenten von E werden    */
/* so gewaehlt, dass die Elemente von W in U * D * W = E          */
/* moeglichst stark wachsen.                                       */

/* --------------- zunaechst U * D * W = E  loesen --------------- */

init0_vector(z + 1, n);                /* z mit dem Nullvektor vorbesetzen */
ek = ONE;
ik = (n * (n - 1)) / 2;

for (k = n; k != 0; )
{
  kk     = ik + k;
  ikm1   = ik - (k - 1);
  kstep  = (pvt[k] >= 0) ? 1 : 2;
  pvtind = abs(pvt[k]);
  kps    = k + 1 - kstep;
  if (pvtind != kps)
    SWAP(REAL, z[kps], z[pvtind]);
  if (z[k] != ZERO)
    ek = sign(ek, z[k]);
  z[k] += ek;
  incmul_vector(k - kstep, z[k], ap + ik + 1, z + 1);

  if (kstep == 2)                      /* 2x2-Pivotblock? */
  {
    if (z[k - 1] != ZERO)
      ek = sign(ek, z[k - 1]);
    z[k - 1] += ek;
    incmul_vector(k - kstep, z[k - 1], ap + ikm1 + 1, z + 1);
    akm1k  = ap[ik + k - 1];
    ak     = ap[kk]     / akm1k;
    akm1   = ap[ik]     / akm1k;
    bk     = z[k]       / akm1k;
    bkm1   = z[k - 1]   / akm1k;
    nenner = ak * akm1 - ONE;
    z[k]   = (akm1 * bk - bkm1) / nenner;
```

```
      z[k - 1] = (ak * bkm1 - bk)      / nenner;
    }
    else                                          /* 1x1-Pivotblock? */
    {
      if (FABS(z[k]) > FABS(ap[kk]))
      {
        s = FABS(ap[kk]) / FABS(z[k]);
        mul_vector(z + 1, n, s);
        ek *= s;
      }
      if (ap[kk] == ZERO)
        z[k] = ONE;
      else
        z[k] /= ap[kk];
    }

    k  -= kstep;
    ik -= k;
    if (kstep == 2)
      ik -= k + 1;
  }

  s = 1 / einsnorm(z + 1, n);                     /* W normieren */
  mul_vector(z + 1, n, s);


  /* -------------------- U(tr) * Y = W  loesen -------------------- */

  ux_b_loesen(ap, n, pvt, z);

  s = ONE / einsnorm(z + 1, n);                   /* Y normieren */
  mul_vector(z + 1, n, s);


  /* -------------------- U * D * V = Y  loesen -------------------- */

  ynorm = ONE;
  ik    = (n * (n - 1)) / 2;

  for (k = n; k != 0; )
  {
    kk   = ik + k;
    ikm1 = ik - (k - 1);
    kstep = (pvt[k] >= 0) ? 1 : 2;
    if (k != kstep)
    {
      pvtind = abs(pvt[k]);
      kps    = k + 1 - kstep;
      if (pvtind != kps)
        SWAP(REAL, z[kps], z[pvtind]);
      incmul_vector(k - kstep, z[k], ap + ik + 1, z + 1);
      if (kstep == 2)
        incmul_vector(k - kstep, z[k - 1], ap + ikm1 + 1, z + 1);
    }

    if (kstep == 2)                               /* 2x2-Pivotblock? */
    {
      akm1k  = ap[ik + k - 1];
      ak     = ap[kk]      / akm1k;
      akm1   = ap[ik]      / akm1k;
      bk     = z[k]        / akm1k;
      bkm1   = z[k - 1]    / akm1k;
      nenner = ak * akm1 - ONE;
      z[k]     = (akm1 * bk - bkm1) / nenner;
      z[k - 1] = (ak * bkm1 - bk)   / nenner;
    }
```

Bézier-Spline-Kurven

```
    else                               /* 1x1-Pivotblock? */
    {
      if (FABS(z[k]) > FABS(ap[kk]))
      {
        s = FABS(ap[kk]) / FABS(z[k]);
        mul_vector(z + 1, n, s);
        ynorm *= s;
      }
      if (ap[kk] == ZERO)
        z[k] = ONE;
      else
        z[k] /= ap[kk];
    }
    k  -= kstep;
    ik -= k;
    if (kstep == 2)
      ik -= k + 1;
  }
  s = ONE / einsnorm(z + 1, n);        /* V normieren */
  mul_vector(z + 1, n, s);
  ynorm *= s;


  /* ---------------------- U(tr) * Z = V  loesen -------------------- */

  ux_b_loesen(ap, n, pvt, z);

  s = ONE / einsnorm(z + 1, n);        /* Z normieren */
  mul_vector(z + 1, n, s);
  ynorm *= s;

  if (anorm == ZERO)
    *rcond = ZERO;
  else
    *rcond = ynorm / anorm;

#ifdef DEBUG
  fprintf(stderr, "rcond = %"LZP"g\n", *rcond);
#endif
  vmfree(vmblock);
  return 0;
}
/* -------------------------- ENDE linpack.c ----------------------- */
```

P 12.3.1   Bézier-Spline-Kurven

```
/* ------------------------- MODUL kubbez.c ----------------------- */

#include <basis.h>
#include <bikub.h>

void kubbez (array3 b,
             array3 d,
             int    m
            )
/***********************************************************************
* berechnet nach dem kubischen Bezier-Verfahren Bezier-Punkte einer    *
* Kurve.                                                               *
*                                                                      *
* Eingabeparameter:                                                    *
```

```
*                                                                         *
*      REAL  d[][3]             Koordinaten der Gewichtspunkte            *
*      int   m                  Anzahl der Kurvensegmente                 *
*                                                                         *
* Ausgabeparameter:                                                       *
*                                                                         *
*      REAL  b[][3]             Koordinaten der Bezier-Punkte             *
*                                                                         *
***************************************************************************/
{
  int i, k;

  for (i=0; i<=2; i++)
  {
    for (k=1; k<=m-1; k++)
    {
      b [3*k-2][i] = (2*d [k-1][i] +    d [k][i]               ) / 3;
      b [3*k]  [i] = (   d [k-1][i] + 4*d [k][i] +   d [k+1][i]) / 6;
      b [3*k+2][i] = (                  d [k][i] + 2*d [k+1][i]) / 3;
    }
    b [   2  ][i] = (                  d [0][i] + 2*d [ 1 ][i]) / 3.;
    b [3*m-2][i] = (2*d [m-1][i] +    d [m][i]               ) / 3.;

    b [   0  ][i] = d [0][i];  /* Randpunkte werden fuer natuerlichen */
    b [ 3*m  ][i] = d [m][i];  /* kubischen Bezier-Spline vorbesetzt  */
  }
  return;
}

/* ------------------------ ENDE kubbez.c ------------------------ */
```

P 12.3.3 Bézier–Spline–Flächen

```
/* ------------------------ MODUL bezier.c ------------------------ */

#include <basis.h>
#include <bikub.h>

int bezier (REAL*** b,
            REAL*** d,
            int     modified,
            int     m,
            int     n,
            REAL    eps)
/***************************************************************************
* realisiert das bikubische und das modifizierte bikubische                *
* Bezierverfahren.                                                         *
* Dabei werden aus den Eingabedaten Interpolationsstellen fuer eine        *
* nach dem bikubischen Bezierverfahren zu bestimmende Spline-Flaeche       *
* berechnet.                                                               *
* Beim modifizierten bikubischen Bezierverfahren werden die gegebenen      *
* Interpolationsstellen zunaechst als Gewichtspunkte aufgefasst, zu        *
* welchen man sich Pseudo-Interpolationsstellen errechnet.                 *
* Diese werden so lange verschoben, bis sie mit den echten                 *
* Interpolationsstellen uebereinstimmen bis auf die Genauigkeit eps.       *
*                                                                         *
* Eingabeparameter:                                                        *
*                                                                         *
*      REAL   b [3][3*m+1][3*n+1]  Feld von Zeigern:                       *
*                                  Koordinaten der Bezierpunkte.          *
*                                  Diese Werte muessen angegeben sein:    *
*                                      b [k][i][j] mit k=0(1)2 und        *
*                                      i=0 (1) 3*m  und j=0,              *
*                                      i=0          und j=0 (1) 3*n,      *
*                                      i=0 (1) 3*m  und j=     3*n,       *
*                                      i=     3*m   und j=0 (1) 3*n;      *
```

```
*                                       beim modifizierten Verfahren (modified)*
*                                       muss zusaetzlich angegeben werden:     *
*                                          i=3 (3) 3*m-3 und j=3 (3) 3*n-3     *
*         REAL    d [3][m+1][n+1]       Feld von Zeigern:                      *
*                                       modified  = 0: Koordinaten der         *
*                                                      Gewichtspunkte          *
*                                       modified != 0: leer                    *
*         int     modified              modified  = 0: Bezierverfahren         *
*                                       modified != 0: modifiziertes Verfahren *
*         int     m                     Anzahl der Pflaster in 1.Richtung      *
*         int     n                     Anzahl der Pflaster in 2.Richtung      *
*         REAL    eps                   modified = 1 : Genauigkeitsschranke    *
*                                                      fuer die Interpolation  *
*                                                                              *
* Ausgabeparameter:                                                             *
*                                                                              *
*         REAL    b [3][3*m+1][3*n+1]   Koordinaten der Bezierpunkte           *
*                                       b [k][i][j]                             *
*                                       mit k=0(1)2, i=0(1)3*m, j=0(1)3*n      *
*                                                                              *
* Funktionsrueckgabewert:                                                       *
*                                                                              *
* = 0 : kein Fehler                                                             *
* = 1 : nicht genuegend Speicherplatz fuer die Hilfsfelder                      *
*                                                                              *
* benutzte Unterprogramme:  intpol, b_point                                     *
*                                                                              *
* aus der C-Bibliothek benutzte Unterprogramme: malloc, free                    *
*                                                                              *
* benutzte Macros:   abs                                                        *
*                                                                              *
* benutzte Konstanten:    NULL                                                  *
*******************************************************************************/

#define allocate(var,type,number)  \
        if (((var)=(type*)malloc((number)*sizeof(type)))==NULL) return(1)
{
  int i, j, l;
  REAL diff [3], ***value, ***h;

  allocate (value, REAL**, 3);
  allocate (h,     REAL**, 3);

  for (l=0; l<3; l++)
  {
    allocate (value [l], REAL*, 3*m+1);
    allocate (h     [l], REAL*, 3*m+1);

    for (i=0; i<=3*m; i++)
    {
      allocate (value [l][i], REAL, 3*n+1);
      allocate (h     [l][i], REAL, 3*n+1);
    }
  }

  if (modified)
  {
    int okay = 0;

    for (l=0; l<3; l++)
      for (i=0; i<=3*m; i+=3)
        for (j=0; j<=3*n; j+=3)
          value [l][i][j] = b [l][i][j];
    for (l=0; l<3; l++)
      for (i=0; i<=m; i++)
        for (j=0; j<=n; j++)
```

```
            d [1][i][j] = b [1][3*i][3*j];
      b_point (b, d, m, n);

      while (!okay)
      {
        for (i=0; i<=3*m; i+=3)
          for (j=0; j<=3*n; j+=3)
          {
            for (l=0; l<3; l++)
              diff [l] = value [l][i][j] - b [l][i][j];
            intpol (diff, i, j, b, h, m, n);
          }
        for (okay=1,i=0; i<=3*m; i+=3)
          for (j=0; j<=3*n; j+=3)
            for (l=0; l<3; l++)
              if (FABS (b [l][i][j] - value [l][i][j]) > eps) okay = 0;
      } /* while (!okay) */

    }    /* (modified) */

    else /* (not modified) */
    {
      b_point (b, d, m, n);
    }

    for (l=0; l<3; l++)
    {
      for (i=0; i<=3*m; i++)
      {
        free (value [l][i]);
        free (h     [l][i]);
      }
      free (value [l]);
      free (h     [l]);
    }
    free (value);
    free (h);
    return 0;
  }
  #undef allocate

  void intpol (REAL*   diff,
               int     i,
               int     j,
               REAL*** b,
               REAL*** h,
               int     m,
               int     n)
  /**************************************************************
   * fuehrt die Aenderungen (an der nach dem bikubischen Bezierverfahren *
   * errechneten Spline-Flaeche) in den Interpolationsstellen durch.    *
   *                                                                    *
   * Eingabeparameter:                                                  *
   *                                                                    *
   *    REAL  diff [3]           Koordinaten des Differenzvektors, nach *
   *                             dem die Bezierflaeche veraendert wird  *
   *    int   i, j               kennzeichnen das Pflaster, in dessen   *
   *                             Umgebung die Bezierflaeche veraendert  *
   *                             wird                                   *
   *    int   m                  Anzahl der Pflaster in 1.Richtung      *
   *    int   n                  Anzahl der Pflaster in 2.Richtung      *
   *    REAL  b [3][3*m+1][3*n+1]  Feld von Zeigern:                    *
   *                             Koordinaten der Bezierpunkte           *
   *                                                                    *
   * Ausgabeparameter:                                                  *
   *                                                                    *
   *    REAL  b [3][3*m+1][3*n+1]  Koordinaten der Bezierpunkte         *
```

Bézier-Spline-Flächen

```
 *                                                                *
 * Hilfsfeld:                                                     *
 *                                                                *
 *    REAL   h [3][3*m+1][3*n+1]   h ist ein Feld von Zeigern:    *
 *                                 Tabelle zur Zwischenspeicherung der *
 *                                 Koordinaten der Bezierpunkte   *
 ****************************************************************/
{
  int k1, k2, l;

  if (j == 0 || i == 0 || j == 3*n || i == 3*m)    /* Randpunkte */
  {                                                /* veraendern */
    for (k1=0; k1<3; k1++)
      b [k1][i][j] += diff [k1];
    return;
  }

  for (k1=0; k1<3; k1++)                   /* Eingabedaten sichern */
  {
    for (l=0; l<=3*m; l++)
    {
      h [k1][l][ 0 ] = b [k1][l][ 0 ];
      h [k1][l][3*n] = b [k1][l][3*n];
    }
    for (l=0; l<=3*n; l++)
    {
      h [k1][ 0 ][l] = b [k1][0][ l ];
      h [k1][3*m][l] = b [k1][3*m][l];
    }
  }
  for (l=0; l<3; l++)                      /* Bezierpunkte verschieben */
  {
    for (k1=-1; k1<=1; k1++)
      for (k2=-1; k2<=1; k2++)
        b [l][i+k1][j+k2] += diff [l];

    for (k1=-2; k1<3; k1+=4)
      for (k2=-1; k2<=1; k2++)
        b [l][i+k1][j+k2] += diff [l] * HALF;

    for (k1=-1; k1<=1; k1++)
      for (k2=-2; k2<=2; k2+=4)
        b [l][i+k1][j+k2] += diff [l] * HALF;

    for (k1=-3; k1<=3; k1+=6)
      for (k2=-1; k2<=1; k2++)
        b [l][i+k1][j+k2] += diff [l] * (REAL)0.25;

    for (k1=-2; k1<3; k1+=4)
      for (k2=-2; k2<=2; k2+=4)
        b [l][i+k1][j+k2] += diff [l] * (REAL)0.25;

    for (k1=-1; k1<=1; k1++)
      for (k2=-3; k2<=3; k2+=6)
        b [l][i+k1][j+k2] += diff [l] * (REAL)0.25;

    for (k1=-3; k1<=3; k1+=6)
      for (k2=-2; k2<=2; k2+=4)
        b [l][i+k1][j+k2] += diff [l] * (REAL)0.125;

    for (k1=-2; k1<=2; k1+=4)
      for (k2=-3; k2<=3; k2+=6)
        b [l][i+k1][j+k2] += diff [l] * (REAL)0.125;

    for (k1=-3; k1<=3; k1+=6)
      for (k2=-3; k2<=3; k2+=6)
        b [l][i+k1][j+k2] += diff [l] * (REAL)0.0625;
```

```
      }
      for (l=0; l<3; l++)                     /* Eventuell ueberschriebene */
      {                                       /* Randpunkte erhalten ihren */
        for (k1=0; k1<=3*m; k1++)             /* urspruenglichen Wert.     */
        {
          b [l][k1][ 0 ] = h [l][k1][ 0 ];
          b [l][k1][3*n] = h [l][k1][3*n];
        }
        for (k1=0; k1<=3*n; k1++)
        {
          b [l][ 0 ][k1] = h [l][ 0 ][k1];
          b [l][3*m][k1] = h [l][3*m][k1];
        }
      }
      return;
    }

    void b_point (REAL*** b,
                  REAL*** d,
                  int     m,
                  int     n)
    /******************************************************************
     * errechnet die fuer eine Flaechenberechnung nach dem bikubischen *
     * Bezierverfahren noch benoetigten, unbekannten Bezierpunkte.     *
     *                                                                 *
     * Eingabeparameter:                                               *
     *                                                                 *
     *   REAL   b [3][3*m+1][3*n+1]  Feld von Zeigern:                 *
     *                               Koordinaten der Bezierpunkte      *
     *                               (Vorgabe gemaess Abb. 12.4);      *
     *   REAL   d [3][m+1][n+1]      Feld von Zeigern:                 *
     *                               Koordinaten der Gewichtspunkte    *
     *   int    m                    Anzahl der Pflaster in 1.Richtung *
     *   int    n                    Anzahl der Pflaster in 2.Richtung *
     *                                                                 *
     * Ausgabeparameter:                                               *
     *                                                                 *
     *   REAL   b [3][3*m+1][3*n+1]  Koordinaten aller Bezierpunkte    *
     ******************************************************************/
    {
      int j, i, k;

      for (k=0; k<3; k++)
      {
        for (i=1; i<=m; i++)
          for (j=1; j<=n; j++)
            b [k][3*i-2][3*j-2] = (4.*d[k][i-1][j-1] + 2.*d[k][i-1][j] +
                                   2.*d[k][ i ][j-1] +    d[k][ i ][j])/9.;
        for (i=0; i<=m-1; i++)
          for (j=1; j<=n; j++)
            b [k][3*i+2][3*j-2] = (4.*d[k][i+1][j-1] + 2.*d[k][i][j-1] +
                                   2.*d[k][i+1][ j ] +    d[k][i][ j ])/9.;
        for (i=1; i<=m; i++)
          for (j=0; j<=n-1; j++)
            b [k][3*i-2][3*j+2] = (4.*d[k][i-1][j+1] + 2.*d[k][i-1][j] +
                                   2.*d[k][ i ][j+1] +    d[k][ i ][j])/9.;
        for (i=0; i<=m-1; i++)
          for (j=0; j<=n-1; j++)
            b [k][3*i+2][3*j+2] = (4.*d[k][i+1][j+1] + 2.*d[k][i][j+1] +
                                   2.*d[k][i+1][ j ] +    d[k][i][ j ])/9.;
        for (i=1; i<=m; i++)
          for (j=1; j<=n-1; j++)
            b [k][3*i-2][3*j] = (2.*d[k][i-1][j-1] + 8.*d[k][i-1][ j ] +
                                    d[k][ i ][j-1] + 2.*d[k][i-1][j+1] +
                                 4.*d[k][ i ][ j ] +    d[k][ i ][j+1])/18.;
        for (i=1; i<=m-1; i++)
          for (j=1; j<=n; j++)
```

```
                b [k][3*i][3*j-2] = (2.*d[k][i-1][j-1] + 8.*d[k][ i ][j-1] +
                                        d[k][i-1][ j ] + 2.*d[k][i+1][j-1] +
                                     4.*d[k][ i ][ j ] +    d[k][i+1][ j ])/18.;
       for (i=1; i<=m-1; i++)
          for (j=0; j<=n-1; j++)
                b [k][3*i][3*j+2] = (2.*d[k][i-1][j+1] + 8.*d[k][ i ][j+1] +
                                        d[k][i-1][ j ] + 2.*d[k][i+1][j+1] +
                                     4.*d[k][ i ][ j ] +    d[k][i+1][ j ])/18.;
       for (i=0; i<=m-1; i++)
          for (j=1; j<=n-1; j++)
                b [k][3*i+2][3*j] = (2.*d[k][i+1][j-1] + 8.*d[k][i+1][ j ] +
                                        d[k][ i ][j-1] + 2.*d[k][i+1][j+1] +
                                     4.*d[k][ i ][ j ] +    d[k][ i ][j+1])/18.;
       for (i=1; i<=m-1; i++)
          for (j=1; j<=n-1; j++)
                b [k][3*i][3*j]  =  (     d[k][i-1][j-1] + 4.*d[k][ i ][j-1] +
                                          d[k][i+1][j-1] + 4.*d[k][i-1][ j ] +
                                      16.*d[k][ i ][ j ] + 4.*d[k][i+1][ j ] +
                                          d[k][i-1][j+1] + 4.*d[k][ i ][j+1] +
                                          d[k][i+1][j+1]                      )/36.;
    }
    return;
}
/* ------------------------ ENDE bezier.c ------------------------ */
/* ------------------------ MODUL rechp.c ------------------------ */

#include <basis.h>
#include <bikub.h>

void rechp (REAL*** b, int m, int n,
            REAL vp, REAL wp, REAL* point)
/*****************************************************************
* berechnet an der Schnittstelle zweier Parameterlinien einer Flaeche *
* die Raum-Koordinaten dieses Flaechenpunktes.                   *
* ============================================================== *
*                                                                *
*   EINGABEPARAMETER:                                            *
*   ----------------                                             *
*                                                                *
*   Name     Typ/Laenge            Bedeutung                     *
*   -------------------------------------------------------------*
*   b        REAL /[3][3*m+1][3*n+1]  Koordinaten der Bezierpunkte *
*                                  b ist ein Feld von Zeigern    *
*   m        int/---               Anzahl der Pflaster in 1.     *
*                                  Richtung                      *
*   n        int/---               Anzahl der Pflaster in 2.     *
*                                  Richtung                      *
*   vp,wp    REAL /---             definieren die Parameterli-   *
*                                  nie, an deren Schnittstelle   *
*                                  ein Punkt der Bezier-Flaeche  *
*                                  berechnet werden soll         *
*                                                                *
*   AUSGABEPARAMETER:                                            *
*   ----------------                                             *
*                                                                *
*   Name     Typ/Laenge            Bedeutung                     *
*   -------------------------------------------------------------*
*   point    REAL /[3]             Koordinaten des berechneten   *
*                                  Punktes der Bezierflaeche     *
*                                                                *
*****************************************************************/
{
    int   i, j, k;
    REAL  h, h1, h2, h3, h4, h5, h6, h7, h8, v, w, vv, ww;
```

```
      vv = vp * (3 * n);                    ww = wp * (3 * m);
      i  = (int) (vv / 3.) * 3;             j  = (int) (ww / 3.) * 3;
      if (i >= 3*n) i = 3 * (n-1);          if (j >= 3*m) j = 3 * (m-1);
      v  = (vv - i) / 3.;                   w  = (ww - j) / 3.;

      h  = 1 - v;                           h1 =         h * h * h;
                                            h2 = 3. *    h * h * v;
                                            h3 = 3. *    h * v * v;
                                            h4 =             v * v * v;

      h  = 1 - w;                           h5 =         h * h * h;
                                            h6 = 3. *    h * h * w;
                                            h7 = 3. *    h * w * w;
                                            h8 =             w * w * w;

      for (k=0; k<=2; k++)
      {
         point [k]  = (b [k][ j ][ i ] * h1 + b [k][ j ][i+1] * h2 +
                       b [k][ j ][i+2] * h3 + b [k][ j ][i+3] * h4 ) * h5;
         point [k] += (b [k][j+1][ i ] * h1 + b [k][j+1][i+1] * h2 +
                       b [k][j+1][i+2] * h3 + b [k][j+1][i+3] * h4 ) * h6;
      }
      for (k=0; k<=2; k++)
      {
         point [k] += (b [k][j+2][ i ] * h1 + b [k][j+2][i+1] * h2 +
                       b [k][j+2][i+2] * h3 + b [k][j+2][i+3] * h4 ) * h7;
         point [k] += (b [k][j+3][ i ] * h1 + b [k][j+3][i+1] * h2 +
                       b [k][j+3][i+2] * h3 + b [k][j+3][i+3] * h4 ) * h8;
      }
      return;
   }

/* ------------------------- ENDE rechp.c  ------------------------- */
/* ------------------------- MODUL rechvp.c ------------------------ */

   #include <basis.h>
   #include <bikub.h>

   void rechvp (REAL*** b, int m, int n, REAL vp,
                int num, array3 points)
/***************************************************************************
 * berechnet die Raum-Koordinaten der num Flaechenpunkte, die auf der       *
 * durch vp definierten Parameterlinie liegen                               *
 * (vp=0, wenn i=0; vp=1, wenn i=3*n; d.h. vp legt einen Masstab            *
 * an die (m x n)-Pflaster in Zaehlrichtung n).                             *
 * ======================================================================== *
 *                                                                          *
 *    EINGABEPARAMETER:                                                     *
 *    -----------------                                                     *
 *                                                                          *
 *    Name      Typ/Laenge            Bedeutung                             *
 *    ----------------------------------------------------------------      *
 *    b         REAL  /[3][3*m+1][3*n+1]  Koordinaten der Bezierpunkte      *
 *                                        b ist ein Feld von Zeigern        *
 *    m         int/---                   Anzahl der Pflaster in 1.         *
 *                                        Richtung                          *
 *    n         int/---                   Anzahl der Pflaster in 2.         *
 *                                        Richtung                          *
 *    vp        REAL  /---                definiert die Parameterli-        *
 *                                        nie, auf der Zwischenpunkte       *
 *                                        der Bezier-Flaeche berechnet      *
 *                                        werden sollen                     *
 *    num       int/---                   Anzahl der zu berechnenden        *
 *                                        Punkte                            *
 *                                                                          *
 *                                                                          *
 *    AUSGABEPARAMETER:                                                     *
```

```
*     ------------------                                                   *
*                                                                          *
*     Name     Typ/Laenge            Bedeutung                             *
*     ---------------------------------------------------------            *
*     points   REAL /[num][3]        Koordinaten der berechneten           *
*                                    Zwischenpunkte                        *
*                                                                          *
*     ====================================================================  *
*                                                                          *
*     benutzte Unterprogramme:  rechp                                      *
*     -------------------------                                            *
*                                                                          *
****************************************************************************/
{
  int    i, k;
  REAL   step, h, point [3];

  h = (REAL)(num - 1);
  for (i = 0; i <= num-1; i++)
  {
    step = i / h;
    rechp (b, m, n, vp, step, point);
    for (k = 0; k <= 2; k++)
      points [i][k] = point [k];
  }
  return;
}

/* ------------------------- ENDE rechvp.c ------------------------- */
/* ------------------------- MODUL rechwp.c ------------------------ */

#include <basis.h>
#include <bikub.h>

void rechwp (REAL*** b, int m, int n, REAL wp,
             int num, array3 points)
/****************************************************************************
* berechnet die Raum-Koordinaten der num Flaechenpunkte, die auf der         *
* durch wp definierten Parameterlinie liegen                                 *
* (wp=0, wenn j=0; wp=1, wenn j=3*m; d.h. wp legt einen Masstab              *
* an die (m x n)-Pflaster in Zaehlrichtung m).                               *
*     ====================================================================  *
*                                                                           *
*     EINGABEPARAMETER:                                                     *
*     -----------------                                                     *
*                                                                           *
*     Name     Typ/Laenge            Bedeutung                              *
*     ---------------------------------------------------------             *
*     b        REAL /[3][3*m+1][3*n+1]  Koordinaten der Bezierpunkte        *
*                                    b ist ein Feld von Zeigern             *
*     m        int/---               Anzahl der Pflaster in 1.              *
*                                    Richtung                               *
*     n        int/---               Anzahl der Pflaster in 2.              *
*                                    Richtung                               *
*     wp       REAL /---             definiert die Parameterli-             *
*                                    nie, auf der Zwischenpunkte            *
*                                    der Bezier-Flaeche berechnet           *
*                                    werden sollen                          *
*     num      int/---               Anzahl der zu berechnenden             *
*                                    Punkte                                 *
*                                                                           *
*     AUSGABEPARAMETER:                                                     *
*     -----------------                                                     *
*                                                                           *
*     Name     Typ/Laenge            Bedeutung                              *
*     ---------------------------------------------------------             *
```

```
*      points   REAL    /[num][3]       Koordinaten der berechneten   *
*                                       Zwischenpunkte                *
*                                                                     *
* =================================================================== *
*                                                                     *
*   benutzte Unterprogramme:   rechp                                  *
*   ------------------------                                          *
*                                                                     *
***********************************************************************/
{
  int i, k;
  REAL    step, h, point [3];

  h = (REAL  ) (num - 1);
  for (i=0; i<=num-1; i++)
  {
    step = (REAL  ) (i) / h;
    rechp (b, m, n, step, wp, point);
    for (k=0; k<=2; k++)
      points [i][k] = point [k];
  }
  return;
}
/* ------------------------ ENDE rechwp.c ------------------------ */
```

P 12.3.3   Modifizierte (interpolierende) kubische Bézier–Splines

```
/* ------------------------ MODUL mokube.c ------------------------ */

#include <basis.h>
#include <bikub.h>

void mokube (array3 b,
             array3 d,
             int    m,
             REAL   eps
            )
/***********************************************************************
* realisiert das modifizierte kubische Bezier-Verfahren.               *
* Hierbei werden die eingegebenen Interpolationsstellen als Gewichts-  *
* punkte aufgefasst, zu denen Pseudo-Interpolationsstellen berechnet   *
* werden.                                                              *
* Diese werden so lange verschoben, bis sie bis auf die Genauigkeits-  *
* schranke mit den Interpolationsstellen uebereinstimmen.              *
*                                                                      *
* Eingabeparameter:                                                    *
*                                                                      *
*   REAL d[m+1][3]      Koordinaten der Bezier-Punkte                  *
*                       (damit gleichzeitig die Gewichtspunkte)        *
*   int  m              Anzahl der Kurvensegmente                      *
*   REAL eps            Genauigkeit, mit der interpoliert werden soll  *
*                                                                      *
* Ausgabeparameter:                                                    *
*                                                                      *
*   REAL b[3*m+1][3]    Koordinaten der Bezier-Punkte                  *
*                                                                      *
* Unterprogramme aus der Numa-Sammlung: kubbez                         *
*                                                                      *
* Unterprogramme aus der C-Bibliothek:  sqrt                           *
***********************************************************************/
{
  int   i, k, okay = 0;
                    /***********************************************/
```

B-Spline-Kurven

```
   kubbez (b, d, m);    /* Berechnung der noch benoetigten Bezier-Punkte */
                        /**********************************************/
   while (! okay)       /* die erhaltenen Bezier-Punkte werden so lange */
                        /* verschoben, bis sie bis auf    eps   mit den */
                        /* eingegebenen Bezier-Punkten uebereinstimmen  */
   {
      for (i = 0; i < 3; i++)
      {
         for (k = 3; k <= 3*m-3; k+=3)
         {
            REAL diff   = d [k/3][i] - b [k][i],
                 diff2 = diff / TWO,
                 diff4 = diff / FOUR;
            if (k != 3)       b [k-3][i] += diff4;
                              b [k-2][i] += diff2;
                              b [k-1][i] += diff;
                              b [ k ][i] += diff;
                              b [k+1][i] += diff;
                              b [k+2][i] += diff2;
            if (k != 3*m-3) b [k+3][i] += diff4;
         }
      }
      for (k = 1; k <= m-1; k++)
      {
         REAL diff = ZERO;
         for (okay = 1, i = 0; i < 3; i++)
            diff +=    (d [k][i] - b [3*k][i])
                     * (d [k][i] - b [3*k][i]);
         if ( SQRT (diff) > eps )
         {
            okay = 0;
            break;
         }
      }
   }
   return;
}
/* ---------------------- ENDE mokube.c ---------------------- */
```

P 12.4.1 B-Spline-Kurven

```
/* --------------------- DEKLARATIONEN bspline.h --------------------- */

int bspline               /* Kurvenpunkte eines B-Splines berechnen .......*/
        (
         int    k,        /* Ordnung des B-Splines (3 <= k <= n) .....*/
         int    m,        /* Raumdimension ...........................*/
         int   *nc,       /* max. bzw. tatsaechl. Punkteanzahl .......*/
         int    n,        /* Anzahl der de Boor-Punkte ...............*/
         REAL  *d[],      /* vorgegebene de Boor-Punkte ..............*/
         REAL  *c[]       /* berechnete Kurvenpunkte .................*/
        );                /* Fehlercode ..............................*/

/* ---------------------- ENDE bspline.h ---------------------- */
/* ---------------------- MODUL bspline.c ---------------------- */

/*********************************************************************
*                                                                    *
* Berechnung einer offenen uniformen B-Spline-Kurve                  *
* -----------------------------------------------                    *
*                                                                    *
* Programmiersprache: ANSI-C                                         *
* Compiler:           Borland C++ 2.0                                *
* Rechner:            IBM PS/2 70 mit 80387                          *
```

```
 *  Bemerkung:         Umsetzung eines aequivalenten FORTRAN-Moduls      *
 *  Autorin:           Gisela Engeln-Muellges (FORTRAN)                  *
 *  Bearbeiter:        Juergen Dietel, Rechenzentrum der RWTH Aachen     *
 *  Datum:             DO 20. 8. 1992                                    *
 *                                                                       *
 ***********************************************************************/

#include <basis.h>        /* wegen REAL, ZERO, ONE                     */
#include <vmblock.h>      /* wegen vminit, vmalloc, VVEKTOR, MATRIX,   */
                          /*       vmcomplete, vmfree                  */
#include <bspline.h>      /* wegen bspline                             */



/*--------------------------------------------------------------------*/

static void knoten_bereitstellen    /* B-Spline-Knoten berechnen .....*/
                   (
                    int n,
                    int k,
                    int knoten[]
                   )

/***********************************************************************
* den Knotenvektor einer uniformen offenen B-Spline-Kurve berechnen    *
*                                                                      *
* Eingabeparameter:                                                    *
* =================                                                    *
* n      Anzahl der de Boor-Punkte (n >= 3)                            *
* k      Ordnung der B-Spline-Kurve (3 <= k <= n)                      *
*                                                                      *
* Ausgabeparameter:                                                    *
* =================                                                    *
* knoten  [0..n+k-3]-Vektor mit den Knoten des B-Splines               *
***********************************************************************/

{
  int i;                                          /* Laufvariable */

  for (i = 0; i < k - 1; i++)
    knoten[i] = k - 1;
  for (i = k - 1; i < n - 1; i++)
    knoten[i] = i + 1;
  for (i = n - 1; i < n + k - 2; i++)
    knoten[i] = n;
}



/*--------------------------------------------------------------------*/

static void deBoor     /* einen Kurvenpunkt des B-Splines berechnen ...*/
                  (
                   int k,
                   int m,
                   REAL *d[],
                   int  knoten[],
                   REAL t,
                   int  r,
                   REAL *D[],
                   REAL *E[],
                   REAL x[]
                  )

/***********************************************************************
* nach dem Algorithmus von de Boor den zum Parameterwert t gehoerigen  *
* Punkt einer uniformen B-Spline-Kurve, deren Knotenvektor bereits     *
```

B-Spline-Kurven

```
*   bekannt ist, berechnen                                              *
*                                                                       *
*   Bemerkung: Der Wert n (= Anzahl der de Boor-Punkte), der im Rest des *
*              Kommentarblocks oefters erwaehnt wird, taucht deswegen   *
*              nicht als Parameter dieser Funktion auf, weil er hier    *
*              nirgends explizit angesprochen wird.                     *
*                                                                       *
*   Eingabeparameter:                                                   *
*   =================                                                   *
*   k         Ordnung der B-Spline-Kurve (3 <= k <= n)                  *
*   m         Dimension des Raumes, in dem die de Boor-Punkte liegen    *
*             (m >= 2)                                                  *
*   d         [0..n-1,0..m-1]-Matrix mit den de Boor-Punkten            *
*   knoten    [0..n+k-3]-Vektor mit den Knoten des B-Splines            *
*   t         Parameterwert, zu dem der Punkt der B-Spline-Kurve bestimmt *
*             werden soll                                               *
*   r         Index desjenigen Elementes des Knotenvektors, fuer das gilt: *
*             knoten[r - 1] <= t <= knoten[r] (r >= k - 1)              *
*   D,E       [0..k-1,0..m-1]-Hilfsfelder. Sie werden in dieser Funktion *
*             deswegen nicht lokal vereinbart, weil die dann notwendigen, *
*             immer wieder gleichen Speicheranforderungen und -freigaben *
*             vermieden werden sollen.                                  *
*                                                                       *
*   Ausgabeparameter:                                                   *
*   =================                                                   *
*   x         [0..m-1]-Vektor mit dem berechneten Punkt der B-Spline-Kurve *
*                                                                       *
*   benutzte globale Namen:                                             *
*   =======================                                             *
*   REAL, ZERO                                                          *
*************************************************************************/
{
  int  i,          /* laufender Zeilenindex des de Boor-Schemas        */
       j,          /* laufender Spaltenindex des de Boor-Schemas       */
       l,          /* laufender Index fuer die Koordinaten eines Punkts */
       nenner;     /* Nenner des Bruches alpha                         */
  REAL zaehler,    /* Zaehler des Bruches alpha                        */
       alpha;

  /* ---- eine Teilmenge von k aufeinanderfolgenden Punkten aus d --- */
  /* ---- entnehmen, auf die der de Boor-Algorithmus angewandt    --- */
  /* ---- wird, und in D ablegen: Spalte 0 des de Boor-Schemas    --- */

  for (i = r - k + 1; i <= r; i++)
    for (l = 0; l < m; l++)
      D[i - r + k - 1][l] = d[i][l];

  /* ---- die naechste Spalte des de Boor-Schemas in E berechnen ---- */

  for (j = 1; j < k; j++)
  {
    for (i = j; i < k; i++)
    {
      zaehler = t - (REAL)knoten[i + r - k];
      nenner  = knoten[i + r - j] - knoten[i + r - k];
      alpha   = (nenner == 0) ? (ZERO) : (zaehler / (REAL)nenner);
      for (l = 0; l < m; l++)
        E[i][l] = D[i - 1][l] + alpha * (D[i][l] - D[i - 1][l]);
    }

    for (i = 0; i < k; i++)        /* die neue Spalte des Schemas nach */
      for (l = 0; l < m; l++)      /* D kopieren als Grundlage fuer die */
        D[i][l] = E[i][l];         /* Berechnung der naechsten Spalte   */
  }
```

12

```
         /* ---- die Koordinaten des ermittelten Punktes aus der letzten --- */
         /* ---- Zeile des Hilfsfeldes D in den Ausgabevektor x kopieren --- */

         for (l = 0; l < m; l++)
            x[l] = D[k - 1][l];
      }



/*------------------------------------------------------------------*/
   int bspline          /* Kurvenpunkte eines B-Splines berechnen .......*/
            (
            int    k,       /* Ordnung des B-Splines (3 <= k <= n) .....*/
            int    m,       /* Raumdimension ...........................*/
            int    *nc,     /* max. bzw. tatsaechl. Punkteanzahl .......*/
            int    n,       /* Anzahl der de Boor-Punkte ...............*/
            REAL   *d[],    /* vorgegebene de Boor-Punkte ..............*/
            REAL   *c[]     /* berechnete Kurvenpunkte .................*/
            )               /* Fehlercode ..............................*/
/*************************************************************************
* maximal nc Punkte einer offenen uniformen B-Spline-Kurve der           *
* Ordnung k berechnen                                                    *
*                                                                        *
* Eingabeparameter:                                                      *
* =================                                                      *
* k    Ordnung der B-Spline-Kurve (3 <= k <= n)                          *
* m    Dimension des Raumes, in dem die de Boor-Punkte liegen (m >= 2)   *
* nc   gewuenschte maximale Anzahl der zu ermittelnden Kurvenpunkte      *
*      (nc >= 2*(n-k+1)+1)                                               *
* n    Anzahl der de Boor-Punkte (n >= 3)                                *
* d    [0..n-1,0..m-1]-Matrix mit den de Boor-Punkten                    *
*                                                                        *
* Ausgabeparameter:                                                      *
* =================                                                      *
* nc   Anzahl der tatsaechlich berechneten Kurvenpunkte                  *
* c    [0..nc-1,0..m-1]-Matrix mit den berechneten Kurvenpunkten         *
*      (Mit nc ist hier der Wert des Eingabeparameters gemeint.)         *
*                                                                        *
* Funktionswert:                                                         *
* ==============                                                         *
* Fehlercode. Folgende Werte koennen auftreten:                          *
* = 0: alles in Ordnung                                                  *
* = 1: nicht erlaubte Eingabeparameter:                                  *
*      n < 3  oder  k < 3  oder  k > n  oder  nc < 2*(n-k+1)+1           *
* = 2: Speichermangel                                                    *
*                                                                        *
* benutzte globale Namen:                                                *
* =======================                                                *
* REAL, vminit, vmalloc, VVEKTOR, MATRIX, vmcomplete, vmfree,            *
* knoten_bereitstellen, deBoor                                           *
*************************************************************************/
{
   int   *knoten,    /* [0..n+k-3]-Vektor mit den Knoten des B-Splines */
         ni,         /* Anzahl der Punkte zwischen zwei benachbarten   */
                     /* Knoten des Knotenvektors                       */
         r,          /* Laufvariable zur Indizierung der Knotenteil-   */
                     /* intervalle                                     */
         i;          /* Laufvariable zum Durchlaufen aller zu berech-  */
                     /* Kurvenpunkte in einem Knotenteilintervall      */
   REAL  h,          /* Schrittweite                                   */
         t,          /* aktueller Parameterwert der Kurve, zu dem ein  */
                     /* Kurvenpunkt ermittelt werden soll              */
```

B-Spline-Kurven 911

```
          **D,         /* [0..k-1,0..m-1]-Hilfsfeld                  */
          **E;         /* [0..k-1,0..m-1]-Hilfsfeld                  */
  void *vmblock;       /* Liste der dynamisch vereinbarten Vektoren und */
                       /* Matrizen                                   */


  /* ----------- Fehler in den Eingabeparametern abfangen ---------- */
  if (n < 3 || k < 3 || k > n || *nc < 2 * (n - k + 1) + 1)
    return 1;


  /* ----------- Speicher fuer die Hilfsfelder anfordern ----------- */
  vmblock = vminit();                 /* Speicherblock initialisieren */
  knoten = (int *) vmalloc(vmblock, VVEKTOR, n + k - 2, sizeof(int));
  D      = (REAL **)vmalloc(vmblock, MATRIX, k,            m);
  E      = (REAL **)vmalloc(vmblock, MATRIX, k,            m);
  if (! vmcomplete(vmblock))   /* Ging eine der Speicheranforderungen */
  {                            /* fuer den Block schief?              */
    vmfree(vmblock);
    return 3;
  }


  /* ------------------ den Knotenvektor anlegen ------------------- */
  knoten_bereitstellen(n, k, knoten);


  /* ---- die Anzahl der Punkte zwischen zwei benachbarten Knoten --- */
  /* ---- des Knotenvektors und die Schrittweite h berechnen     --- */
  ni = (*nc - 1) / (n - k + 1);
  if (ni < 2)
    ni = 2;
  h = ONE / (REAL)ni;


  /* ------ die Koordinaten des ersten Kurvenpunktes berechnen ------ */
  deBoor(k, m, d, knoten, (REAL)(k - 1), k - 1, D, E, c[0]);


  /* ------------- die restlichen Kurvenpunkte berechnen ------------ */
  for (*nc = 1, r = k - 1; r < n; r++)
  {
    t = (REAL)r + h;
    for (i = 0; i < ni; i++, t += h, (*nc)++)
      deBoor(k, m, d, knoten, t, r, D, E, c[*nc]);
  }

  vmfree(vmblock);
  return 0;
}
/* ----------------------- ENDE bspline.c ----------------------- */
```

P 13

```
/* -------------------- DEKLARATIONEN subsplin.h -------------------- */
int akima(int  *n,            /* Nummer des letzten Stuetzpunkts */
          int  nmax,           /* obere Indexgrenze fuer x, y,... */
          REAL x[],            /* Stuetzstellen                   */
          REAL y[],            /* Stuetzwerte                     */
          int  perio,          /* periodische Interpolation?      */
          REAL beta,           /* Mass fuer die Eckenrundung      */
          REAL b[],            /* Splinekoeffizienten             */
          REAL c[],
          REAL d[]
         );                    /* Fehlercode                      */
int renner(int  *n,            /* Nummer des letzten Stuetzpunkts */
           int  nmax,          /* obere Indexgrenze fuer x, y,... */
           REAL x[],           /* x-Komponenten und               */
           REAL y[],           /* y-Komponenten der Stuetzpunkte  */
           REAL beta,          /* Mass fuer die Eckenrundung      */
           REAL T[],           /* Parameterwerte zu den Stuetzpunkten */
           REAL bx[],          /* x-Komponenten der               */
           REAL cx[],          /* Splinekoeffizienten             */
           REAL dx[],
           REAL by[],          /* y-Komponenten der               */
           REAL cy[],          /* Splinekoeffizienten             */
           REAL dy[]
          );                   /* Fehlercode                      */
/* ----------------------- ENDE subsplin.h ------------------------ */
/* ----------------------- MODUL subsplin.c ----------------------- */

/***************************************************************************
*                                                                          *
* Funktionen zur Berechnung von Akima- und Renner-Subsplines               *
* ------------------------------------------------------------             *
*                                                                          *
* Programmiersprache: ANSI-C                                               *
* Compiler:           Borland C++ 2.0                                      *
* Rechner:            IBM PS/2 70 mit 80387                                *
* Bemerkung:          Umsetzung einer aequivalenten TP-Unit, aber          *
*                     teilweise Verwendung neuer Algorithmen               *
* Autor:              Elmar Pohl (QuickBASIC)                              *
* Bearbeiter:         Juergen Dietel, Rechenzentrum der RWTH Aachen        *
* Datum:              DO 10. 9. 1992                                       *
*                                                                          *
***************************************************************************/

#include <basis.h>      /* wegen sqr, FABS, SQRT, MACH_EPS, ONE, ZERO, */
                        /*       TWO, THREE, REAL, SIX                 */
#include <vmblock.h>    /* wegen vmalloc, vmcomplete, vmfree, vminit,  */
                        /*       VEKTOR, VVEKTOR                       */
#include <subsplin.h>   /* wegen akima, renner                         */
```

P 13.1 Akima-Subsplines

```
/* ---------------------------------------------------------------- */
static int eckrund
          (
           int  *n,      /* Nummer des letzten Stuetzpunkts */
           int  nmax,    /* obere Indexgrenze von x und y   */
           REAL x[],     /* Stuetzstellen                   */
```

Akima-Subsplines

```
                  REAL y[],        /* Stuetzwerte              */
                  REAL beta        /* Mass der Rundung         */
                 )                 /* Fehlercode               */
/***************************************************************
* Diese Hilfsfunktion fuer akima() rundet Ecken bei Akima-Subsplines *
* ab, indem sie jeden Eckpunkt durch zwei neue, leicht verschobene   *
* Punkte ersetzt.                                                    *
*                                                                    *
* Eingabeparameter:                                                  *
* =================                                                  *
* n        Nummer des letzten Stuetzpunktes. Die Numerierung beginnt *
*          bei 0. Das Minimum ist 4.                                 *
* x        [0..n]-Vektor mit den Stuetzstellen.                      *
*          Die x[i] muessen streng monoton steigen.                  *
* y        [0..n]-Vektor mit den zu interpolierenden Werten.         *
*          Die Felder x und x muessen gross genug dimensioniert sein,*
*          denn durch die Eckrundung koennen maximal [(n+1)/2] Punkte*
*          hinzukommen.                                              *
* beta     bestimmt die Staerke der Rundung. Jeder Eckpunkt wird um eine *
*          von beta abhaengige Distanz in Richtung seines linken und *
*          seines rechten Nachbarpunkts verschoben und dann durch die*
*          beiden verschobenen Punkte ersetzt.                       *
*          Falls beta nicht im Intervall ]0,1[ liegt, wird keine     *
*          Eckenrundung vorgenommen.                                 *
*                                                                    *
* Ausgabeparameter:                                                  *
* =================                                                  *
* n        neuer, eventuell groesserer Wert fuer n                   *
* x,y      Felder wie bei der Eingabe, jedoch eventuell mit neu einge- *
*          fuegten Punkten.                                          *
*                                                                    *
* Funktionswert:                                                     *
* ==============                                                     *
* 0: kein Fehler (oder beta nicht im Intervall ]0,1[)                *
* 2: Die x[i] sind nicht streng monoton steigend.                    *
* 5: kein Platz mehr fuer Eckenrundungen                             *
*                                                                    *
* benutzte globale Namen:                                            *
* =======================                                            *
* REAL, MACH_EPS, min, FABS, ZERO                                    *
***************************************************************/
{
  REAL qimin2,         /* Sekantensteigung in P[i-2]           */
       qimin1,         /* Sekantensteigung in P[i-1]           */
       qi,             /* Sekantensteigung in P[i]             */
       qiplus1,        /* Sekantensteigung in P[i+1]           */
       L, R, B,        /* Hilfsvariablen zur Berechnung der Gewichte */
       lambda,         /* Gewicht fuer die Verschiebung nach hinten */
       my;             /* Gewicht fuer die Verschiebung nach vorne  */
  int  i, j;           /* Laufvariablen                        */

  if (beta <= ZERO || beta >= ONE)  /* keine Eckenrundung gewuenscht? */
    return 0;

  if (x[1] == x[0] || x[2] == x[1] ||    /* keine strenge Monotonie? */
      x[3] == x[2])
    return 2;

  qimin2 = (y[1] - y[0]) / (x[1] - x[0]);
  qimin1 = (y[2] - y[1]) / (x[2] - x[1]);
  qi     = (y[3] - y[2]) / (x[3] - x[2]);
```

```
    for (i = 2; i <= *n - 2; i++)
    {
      if (x[i + 2] == x[i + 1])              /* keine strenge Monotonie? */
        return 2;

      qiplus1 = (y[i + 2] - y[i + 1]) / (x[i + 2] - x[i + 1]);

      if (FABS(qiplus1 - qi) +                         /* Ist hier      */
          FABS(qimin1 - qimin2) < MACH_EPS &&          /* eine Ecke?    */
          FABS(qi - qimin1)     >= MACH_EPS)
      {
        if (*n == nmax - 1)            /* kein Platz mehr fuer neue Punkte? */
          return 5;

        for (j = *n; j >= i; j--)     /* die Punkte P[i] ... P[n] einen */
          x[j + 1] = x[j],            /* Platz nach oben ruecken lassen */
          y[j + 1] = y[j];

        /* ---------- P[i] und P[i+1] ein Stueck verschieben ---------- */

        L = 2 * (x[i]     - x[i - 1]);
        R = 2 * (x[i + 2] - x[i + 1]);
        B = beta * min(L, R);
        lambda   = B / L;
        my       = B / R;
        x[i]     = x[i]     - lambda * (x[i]     - x[i - 1]);
        y[i]     = y[i]     - lambda * (y[i]     - y[i - 1]);
        x[i + 1] = x[i + 1] + my     * (x[i + 2] - x[i + 1]);
        y[i + 1] = y[i + 1] + my     * (y[i + 2] - y[i + 1]);

        (*n)++;                     /* Wir haben jetzt einen Punkt mehr. */

        qimin2 = (y[i]     - y[i - 1]) / (x[i]     - x[i - 1]);
        qimin1 = (y[i + 1] - y[i])     / (x[i + 1] - x[i]);
        qi     = (y[i + 2] - y[i + 1]) / (x[i + 2] - x[i + 1]);
      }

      else                                             /* keine Ecke hier? */
        qimin2 = qimin1,
        qimin1 = qi,
        qi     = qiplus1;
    }

    return 0;
}


/* ------------------------------------------------------------------ */

int akima
    (
  int  *n,                /* Nummer des letzten Stuetzpunkts */
       int  nmax,         /* obere Indexgrenze fuer x, y,... */
       REAL x[],          /* Stuetzstellen                   */
       REAL y[],          /* Stuetzwerte                     */
       int  perio,        /* periodische Interpolation?      */
       REAL beta,         /* Mass fuer die Eckenrundung      */
       REAL b[],          /* Splinekoeffizienten             */
       REAL c[],
       REAL d[]
    )                     /* Fehlercode                      */
/*********************************************************************
```

Akima-Subsplines

```
*  die Koeffizienten eines interpolierenden Akima-Subsplines berechnen. *
*                                                                      *
*  Die Akima-Subsplinefunktion kann aehnlich wie eine kubische Spline-  *
*  funktion mit der Funktion spwert() aus dem Modul spliwert ausgewer-  *
*  tet und mit der Funktion sptab() aus splintab tabelliert werden.     *
*                                                                      *
*  Eingabeparameter:                                                    *
*  ================                                                     *
*  n        Nummer der letzten Stuetzstelle. Die Numerierung beginnt    *
*           bei 0. Das Minimum ist 4.                                   *
*  nmax     obere Indexgrenze der Vektoren x, y, b, c, d                *
*           (zur Pruefung, ob noch Eckenrundungen moeglich sind)        *
*  x        [0..n]-Vektor mit den Stuetzstellen.                        *
*           Die x[i] muessen streng monoton steigen.                    *
*  y        [0..n]-Vektor mit den zu interpolierenden Werten.           *
*           Fuer periodische Interpolation (perio gesetzt) muss ausserdem *
*           gelten:  y[0] = y[n].                                       *
*  perio    Flagge fuer periodische oder nichtperiodische Interpolation. *
*           perio nicht gesetzt (FALSE): nichtperiodische Interpolation *
*           perio gesetzt      (TRUE):  periodische Interpolation       *
*  beta     Masszahl fuer die Rundung von Ecken.                        *
*           Falls Ecken auftreten, werden sie abgerundet, indem jeder   *
*           Eckpunkt durch zwei neue Punkte ersetzt wird. Diese neuen   *
*           Punkte entstehen dadurch, dass der Eckpunkt um eine von beta *
*           abhaengige Distanz laengs seines links bzw. rechts benachbar- *
*           ten Sehnenvektors verschoben wird.                          *
*           Die Felder x, y, a..d muessen gross genug dimensioniert wer- *
*           den, um alle neu einzufuegenden Punkte aufnehmen zu koennen, *
*           denn es koennen maximal [(n+1)/2] Punkte hinzukommen.       *
*           Falls beta nicht im Intervall ]0,1[ liegt, wird keine       *
*           Eckenrundung vorgenommen.                                   *
*                                                                      *
*  Ausgabeparameter:                                                    *
*  ================                                                     *
*  b \      [0..n-1]-Felder mit den Splinekoeffizienten nach dem Ansatz *
*  c  >       s(x)  =  a[i] + b[i] * (x - x[i]) + c[i] * (x - x[i]) ^ 2 *
*  d /                      + d[i] * (x - x[i]) ^ 3                     *
*           a entspricht y und hat daher noch ein zusaetzliches         *
*           Element a[n].                                               *
*                                                                      *
*  und bei beta aus]0,1[:                                               *
*  n        neuer Wert fuer n mit eingefuegten Zwischenpunkten          *
*  x,y      wie bei der Eingabe, aber mit eventuell eingefuegten        *
*           Zwischenpunkten                                             *
*                                                                      *
*  Funktionswert:                                                       *
*  =============                                                        *
*  0: kein Fehler                                                       *
*  1: n < 4                                                             *
*  2: Die x[i] sind nicht streng monoton steigend.                      *
*  3: bei gesetztem perio:  y[0] != y[n]                                *
*  4: Speichermangel                                                    *
*  5: kein Platz mehr fuer Eckenrundungen                               *
*                                                                      *
*  benutzte globale Namen:                                              *
*  ======================                                               *
*  eckrund, REAL, MACH_EPS, sqr, FABS, vminit, vmalloc, vmcomplete,     *
*  vmfree, VEKTOR, ZERO, TWO, THREE                                     *
***********************************************************************/
{
  void *vmblock;    /* Liste der dynamisch vereinbarten Vektoren und  */
                    /* Matrizen                                       */
  REAL *tl,         /* [0..n]-Vektor mit den linksseitigen Steigungen */
       *tr,         /* [0..n]-Vektor mit den rechtsseitigen Steigungen */
       *m,          /* [-2..n+1]-Vektor mit den Sehnensteigungen      */
       hi,          /* Laenge des betrachteten Stuetzstellenintervalls */
```

```
            nenner,        /* Nenner bei der Berechnung von alpha         */
            alpha;         /* Faktor bei der Berechnung der rechts- und   */
                           /* linksseitigen Steigungen                    */
     int    i,             /* Laufvariable                                */
            fehler;        /* Fehlercode von eckrund()                    */


     if (*n < 4)
       return 1;


     fehler = eckrund(n, nmax, x, y, beta);    /* Ecken eventuell runden */
     if (fehler != 0)
       return fehler;


     /* ---------- Speicher fuer die Hilfsfelder anfordern: ---------- */
     /* ---------- 1 [0..n+3]-Vektor und 2 [0..n]-Vektoren  ---------- */
     vmblock = vinit();                    /* Speicherblock initialisieren */
     tl = (REAL *)vmalloc(vmblock, VEKTOR, *n + 1, 0);
     tr = (REAL *)vmalloc(vmblock, VEKTOR, *n + 1, 0);
     m  = (REAL *)vmalloc(vmblock, VEKTOR, *n + 4, 0);
     if (! vmcomplete(vmblock))   /* Ging eine der Speicheranforderungen */
       return 4;                  /* fuer den Block schief?              */

     m += 2;               /* Nun kann m auch negativ indiziert werden. */


     for (i = 0; i < *n; i++)  /* die Steigungen m[0]..m[n-1] berechnen */
     {                         /* und dabei die Stuetzstellen auf       */
       hi = x[i + 1] - x[i];   /* strenge Monotonie pruefen             */
       if (hi <= ZERO)         /* nicht erfuellt?                       */
       {
         vmfree(vmblock);      /* Speicherplatz freigeben               */
         return 2;             /* Fehler melden                         */
       }
       m[i] = (y[i + 1] - y[i]) / hi;
     }


     if (perio)                  /* periodische Akima-Interpolation?    */
     {
       if (y[*n] != y[0])        /* ungeeignete Stuetzpunkte?           */
       {
         vmfree(vmblock);        /* Speicherplatz freigeben             */
         return 3;               /* Fehler melden                       */
       }
       m[-2]      = m[*n - 2];   /* die Randsteigungen durch periodische */
       m[-1]      = m[*n - 1];   /* Fortsetzung gewinnen                 */
       m[*n]      = m[0];
       m[*n + 1]  = m[1];
     }

     else                              /* normale Akima-Interpolation? */
                                       /* die Randsteigungen berechnen */
       m[-2]     = THREE * m[0]      - TWO * m[1],
       m[-1]     = TWO   * m[0]      -       m[1],
       m[*n]     = TWO   * m[*n - 1] -       m[*n - 2],
       m[*n + 1] = THREE * m[*n - 1] - TWO * m[*n - 2];


     for (i = 0; i <= *n; i++)   /* die links- und rechtsseitigen Stei- */
     {                           /* gungen tl[i] und tr[i], i=0(1)n,    */
                                 /* berechnen                           */
       nenner = FABS(m[i + 1] - m[i]) + FABS(m[i - 1] - m[i - 2]);
       if (nenner >= MACH_EPS)
```

```
           alpha = FABS(m[i - 1] - m[i - 2]) / nenner;
           tr[i] = tl[i] = m[i - 1] + alpha * (m[i] - m[i - 1]);
         else
           tl[i] = m[i - 1],
           tr[i] = m[i];
    }

    for (i = 0; i < *n; i++)     /* die Subsplinekoeffizienten berechnen */
      hi   = x[i + 1] - x[i],
      b[i] = tr[i],
      c[i] = (THREE * m[i] - TWO * tr[i] - tl[i + 1]) / hi,
      d[i] = (tr[i] + tl[i + 1] - TWO * m[i]) / sqr(hi);

    vmfree(vmblock);             /* Speicherplatz freigeben */
    return 0;                    /* Erfolg melden           */
}
```

P 13.2   Renner-Subsplines

```
/* ------------------------------------------------------------------- */
/*********************************************************************
* Typ fuer Punkte in der Ebene in kartesischen Koordinaten und fuer  *
* Richtungsvektoren                                                  *
*********************************************************************/

typedef struct { REAL x, y; } punkttyp;



/* ------------------------------------------------------------------- */

static REAL abskreu2
                 (
   REAL x[],         /* Stuetzstellen \ Stuetzpunkte P */
                     REAL y[],      /* Stuetzwerte    /                  */
                     int  i         /* Index des betrachteten Punktes */
                 )                  /* Flaecheninhalt bzw. Fehlercode */
/*********************************************************************
* Diese Hilfsfunktion fuer eckrundp() berechnet die Flaeche des von  *
* den beiden normierten Sehnenvektoren                               *
*              (x[i+1]-x[i],   y[i+1]-y[i])0   und                   *
*              (x[i+2]-x[i+1], y[i+2]-y[i+1])0                       *
* aufgespannten Parallelogramms und gibt sie als Funktionswert       *
* zurueck. Falls einer der Sehnenvektoren der Nullvektor ist, wird   *
* dies durch den Funktionswert -1 angezeigt.                         *
*                                                                    *
* benutzte globale Namen:                                            *
* =======================                                            *
* REAL, ZERO, SQRT, sqr, FABS, ONE, punkttyp                         *
*********************************************************************/
{
  punkttyp si,            /* Sehnenvektor s[i]   = P[i+1] - P[i]   */
           sip1;          /* Sehnenvektor s[i+1] = P[i+2] - P[i+1] */

  si.x   = x[i + 1] - x[i];
  si.y   = y[i + 1] - y[i];
  sip1.x = x[i + 2] - x[i + 1];
```

```
      sip1.y = y[i + 2] - y[i + 1];

      if ((si.x   == ZERO && si.y   == ZERO) ||  /* zwei zusammenfallende */
          (sip1.x == ZERO && sip1.y == ZERO))    /* Stuetzpunkte?         */
         return -ONE;

      return FABS(si.x * sip1.y - sip1.x * si.y) /
             (SQRT(sqr(si.x)   + sqr(si.y))   *
              SQRT(sqr(sip1.x) + sqr(sip1.y)));
   }


   /* ---------------------------------------------------------------- */
   static int eckrundp
                      (
              int  *n,        /* Nummer des letzten Stuetzpunkts       */
                    int   nmax,    /* obere Indexgrenze von x und y    */
                    REAL  x[],     /* Abszissen,                       */
                    REAL  y[],     /* Ordinaten der Stuetzpunkte P     */
                    REAL  beta     /* Mass der Rundung                 */
                   )              /* Fehlercode                        */
   /*************************************************************************
   * Diese Hilfsfunktion fuer renner() rundet Ecken bei Renner-Subsplines   *
   * ab, indem sie jeden Eckpunkt durch zwei neue, leicht verschobene       *
   * Punkte ersetzt.                                                        *
   *                                                                        *
   * Eingabeparameter:                                                      *
   * =================                                                      *
   * n       Nummer des letzten Stuetzpunktes. Die Numerierung beginnt      *
   *         bei 0. Das Minimum ist 4.                                      *
   * nmax    obere Indexgrenze der Vektoren x, y                            *
   *         (zur Pruefung, ob noch Eckenrundungen moeglich sind)           *
   * x       [0..n]-Vektor mit den x-Koordinaten der Stuetzpunkte           *
   * y       [0..n]-Vektor mit den y-Koordinaten der Stuetzpunkte           *
   *         Aufeinanderfolgende Punkte duerfen nicht zusammenfallen.       *
   *         Die Felder x und y muessen gross genug dimensioniert sein,     *
   *         denn durch die Eckrundung koennen maximal [(n+1)/2] Punkte     *
   *         hinzukommen.                                                   *
   * beta    bestimmt die Staerke der Rundung. Jeder Eckpunkt wird um eine  *
   *         von beta abhaengige Distanz in Richtung seines linken und      *
   *         seines rechten Nachbarpunkts verschoben und dann durch die     *
   *         beiden verschobenen Punkte ersetzt.                            *
   *         Falls beta nicht im Intervall ]0,1[ liegt, wird keine          *
   *         Eckenrundung vorgenommen.                                      *
   *                                                                        *
   * Ausgabeparameter:                                                      *
   * =================                                                      *
   * n       neuer, eventuell groesserer Wert fuer n                        *
   * x,y     Felder wie bei der Eingabe, jedoch eventuell mit neu einge-    *
   *         fuegten Punkten.                                               *
   *                                                                        *
   * Funktionswert:                                                         *
   * ==============                                                         *
   * 0: kein Fehler (oder beta nicht im Intervall ]0,1[)                    *
   * 2: Zwei aufeinanderfolgende Punkte fallen zusammen.                    *
   * 4: kein Platz mehr fuer Eckenrundungen                                 *
   *                                                                        *
   * benutzte globale Namen:                                                *
   * =======================                                                *
   * abskreu2, REAL, min, MACH_EPS, SQRT, sqr, ZERO, TWO                    *
   *************************************************************************/
   {
```

```c
    REAL simin2kr,          /* Flaecheninhalt F(s0[i-2],s0[i-1])              */
         simin1kr,          /* Flaecheninhalt F(s0[i-1],s0[i])                */
         sikr,              /* Flaecheninhalt F(s0[i],  s0[i+1])              */
         L, R, B,           /* Hilfsvariablen zur Berechnung der Gewichte     */
         lambda,            /* Gewicht fuer die Verschiebung nach hinten      */
         my;                /* Gewicht fuer die Verschiebung nach vorne       */
    int  i, j;              /* Laufvariablen                                  */

    if (beta <= ZERO || beta >= ONE)  /* keine Eckenrundung gewuenscht? */
      return 0;

    if ((simin2kr = abskreu2(x, y, 0)) < ZERO ||
        (simin1kr = abskreu2(x, y, 1)) < ZERO)
      return 2;

    for (i = 2; i <= *n - 2; i++)         /* nach Ecken Ausschau halten */
    {
      if ((sikr = abskreu2(x, y, i)) < ZERO)
        return 2;

      if (simin2kr + sikr <  MACH_EPS &&    /* Liegt beim Punkt         */
          simin1kr        >= MACH_EPS)      /* P[i] eine Ecke vor?      */
      {
        if (*n == nmax - 1)           /* kein Platz mehr fuer neue Punkte? */
          return 4;

        for (j = *n; j >= i; j--)        /* die Punkte P[i] ... P[n] einen */
          x[j + 1] = x[j],               /* Platz nach oben ruecken lassen */
          y[j + 1] = y[j];

        /* ---------- P[i] und P[i+1] ein Stueck verschieben ---------- */

        L        = TWO * SQRT(sqr(x[i]     - x[i - 1]) +
                              sqr(y[i]     - y[i - 1]));
        R        = TWO * SQRT(sqr(x[i + 2] - x[i + 1]) +
                              sqr(y[i + 2] - y[i + 1]));
        B        = beta * min(L, R);
        lambda   = B / L;
        my       = B / R;
        x[i]     = x[i]     - lambda * (x[i]     - x[i - 1]);
        y[i]     = y[i]     - lambda * (y[i]     - y[i - 1]);
        x[i + 1] = x[i + 1] + my     * (x[i + 2] - x[i + 1]);
        y[i + 1] = y[i + 1] + my     * (y[i + 2] - y[i + 1]);

        (*n)++;                    /* die frohe Botschaft verkuenden, dass ein */
                                   /* neuer Punkt das Licht der Welt erblickt hat */
        simin2kr = abskreu2(x, y, i - 3);
        simin1kr = abskreu2(x, y, i - 2);
      }
      else                              /* keine Ecke beim Punkt P[i]? */
        simin2kr = simin1kr,
        simin1kr = sikr;
    }

    return 0;
}


/* ------------------------------------------------------------------ */

static REAL abskreuz
```

```
                    (
    punkttyp s[],   /* Sehnenvektoren               */
                    int      i    /* Startindex der beiden zu be- */
                                  /* trachtenden Sehnenvektoren   */
                    )             /* Flaecheninhalt               */
/***************************************************************
 * Diese Hilfsfunktion fuer renner() berechnet die Flaeche des von den *
 * beiden Sehnenvektoren s[i] und s[i+1] aufgespannten Parallelogramms. *
 *                                                              *
 * benutzte globale Namen:                                      *
 * ======================                                       *
 * REAL, punkttyp, FABS                                         *
 ***************************************************************/
{
    return FABS(s[i].x * s[i + 1].y - s[i].y * s[i + 1].x);
}



/* ------------------------------------------------------------ */
int renner
        (
        int   *n,       /* Nummer des letzten Stuetzpunkts    */
        int   nmax,     /* obere Indexgrenze fuer x, y,...    */
        REAL  x[],      /* x-Komponenten und                  */
        REAL  y[],      /* y-Komponenten der Stuetzpunkte     */
        REAL  beta,     /* Mass fuer die Eckenrundung         */
        REAL  T[],      /* Parameterwerte zu den Stuetzpunkten */
        REAL  bx[],     /* x-Komponenten der                  */
        REAL  cx[],     /* Splinekoeffizienten                */
        REAL  dx[],
        REAL  by[],     /* y-Komponenten der                  */
        REAL  cy[],     /* Splinekoeffizienten                */
        REAL  dy[]
        )               /* Fehlercode                         */
/***************************************************************
 * die Koeffizienten eines interpolierenden Renner-Subsplines berechnen *
 *                                                              *
 * Die Interpolationsfunktion kann aehnlich wie eine parametrische *
 * kubische Splinefunktion mit der Funktion pspwert() aus dem Modul *
 * spliwert ausgewertet und mit der Funktion partab() aus splintab *
 * tabelliert werden. Allerdings setzen diese Funktionen einen monoton *
 * steigenden Kurvenparameter voraus, waehrend der Kurvenparameter bei *
 * Renner-Subsplines an jedem Knoten bei 0 beginnt. Man summiert also *
 * vorher die T[i] zu monoton steigenden Parameterwerten Tsum[i] auf, *
 * z. B. durch folgendes Programmstueck, wobei Tsum vom selben Typ *
 * wie T ist:                                                   *
 *                                                              *
 *           for (Tsum[0] = 0, i = 1; i <= n; i++)              *
 *               Tsum[i] = Tsum[i-1] + T[i-1];                  *
 *                                                              *
 * Dann setzt man in pspwert() und partab() Tsum anstelle von T ein. *
 * Wegen der besonderen Eigenschaften der Renner-Parameter ist uebri- *
 * gens Tsum[i] annaehernd gleich der Bogenlaenge vom Anfangsknoten bis *
 * zum Knoten mit der Nummer i.                                 *
 *                                                              *
 * Eingabeparameter:                                            *
 * ================                                             *
 * n      Nummer des letzten Knotens. Die Numerierung beginnt bei 0. *
 *        Das Minimum ist 4.                                    *
 * nmax   obere Indexgrenze der Vektoren x, y, T, bx, cx, dx, by, cy, dy *
 *        (zur Pruefung, ob noch Eckenrundungen moeglich sind)  *
 * x \    [0..n]-Vektoren mit den zu interpolierenden Punkten   *
```

```
*  y  /            P[i] = (x[i],y[i]), i=0(1)n                              *
*                  Je zwei direkt aufeinanderfolgende Punkte muessen voneinander *
*                  verschieden sein.                                        *
*  beta    Masszahl fuer die Rundung von Ecken.                             *
*                  Falls Ecken auftreten, werden sie abgerundet, indem jeder Eck- *
*                  punkt durch zwei neue Punkte ersetzt wird. Diese neuen Punkte *
*                  entstehen dadurch, dass der Eckpunkt um eine von beta abhaen- *
*                  gige Distanz laengs seines links bzw. rechts benachbarten *
*                  Sehnenvektors verschoben wird.                           *
*                  Die Felder x, y, t, ax..dx und ay..dy muessen gross genug di- *
*                  mensioniert werden, um alle neu einzufuegenden Punkte aufneh- *
*                  men zu koennen, denn es koennen maximal [(n+1)/2] Punkte hin- *
*                  zukommen.                                                *
*                  Falls beta nicht im Intervall ]0,1[ liegt, wird keine    *
*                  Eckenrundung vorgenommen.                                *
*                                                                           *
*  Ausgabeparameter:                                                        *
*  =================                                                        *
*  T       [0..n]-Vektor mit den Laengen der Parameterintervalle zu den     *
*          einzelnen Kurvensegmenten von P[i] bis P[i+1], i=0(1)n           *
*  bx \    [0..n-1]-Felder mit den Koeffizienten der x-Komponente           *
*  cx >    der Subspline-Funktion                                           *
*  dx /                                                                     *
*  by \    [0..n-1]-Felder mit den Koeffizienten der y-Komponente           *
*  cy >    der Subspline-Funktion                                           *
*  dy /                                                                     *
*          Die Subspline-Funktion ist fuer i=0(1)n-1 gegeben durch          *
*                                                                           *
*                 (ax[i])        (bx[i])         (cx[i])        (dx[i])     *
*          S(t) = (      ) + t * (      ) + t^2 *(      ) + t^3*(      )    *
*                 (ay[i])        (by[i])         (cy[i])        (dy[i])     *
*                                                                           *
*          fuer 0 <= t <= T[i].                                             *
*          ax entspricht x, ay entspricht y, daher haben beide Vektoren     *
*          noch ein zusaetzliches Element ax[n] bzw ay[n].                  *
*                                                                           *
*  und bei beta aus ]0,1[:                                                  *
*  n       neuer Wert fuer n mit eingefuegten Zwischenpunkten               *
*  x,y     wie bei der Eingabe, aber mit eventuell eingefuegten             *
*          Zwischenpunkten                                                  *
*                                                                           *
*  Funktionswert:                                                           *
*  =============                                                            *
*  0: kein Fehler                                                           *
*  1: n < 4                                                                 *
*  2: Zwei aufeinanderfolgende Punkte sind gleich.                          *
*  3: Speichermangel                                                        *
*  4: kein Platz mehr fuer Eckenrundungen                                   *
*                                                                           *
*  benutzte globale Namen:                                                  *
*  ======================                                                   *
*  punkttyp, eckrundp, abskreuz, REAL, MACH_EPS, sqr, FABS, vminit,         *
*  vmalloc, vmcomplete, vmfree, VVEKTOR, SQRT, TWO, THREE, SIX              *
***************************************************************************/

{
    void      *vmblock;        /* Liste der dynamisch vereinbarten     */
                               /* Vektoren und Matrizen                */
    int       m,               /* n nach der Eckenrundung              */
              fehler,          /* Fehlercode von eckrundp()            */
              i;               /* Laufvariable                         */
    punkttyp  *tL,             /* [0..n]-Vektor mit den linksseitigen  */
                               /* Tangenteneinheitsvektoren, zugleich Zei- */
                               /* ger auf den gesamten dynamisch belegten */
                               /* Speicher                             */
              *tR,             /* [0..n]-Vektor mit den rechtsseitigen */
                               /* Tangenteneinheitsvektoren            */
```

```
                 *s,        /* [-2..n+1]-Vektor mit den Sehnenvektoren    */
                 *s0,       /* [-2..n+1]-Vektor mit den Sehneneinheits-   */
                            /* vektoren                                   */
                 hilf;      /* noch nicht normierter Tangentenvektor      */
                            /* tL[i] = tR[i], spaeter Summe von           */
                            /* tR[i] und tL[i+1]                          */
        REAL     norm,      /* Euklidische Norm von Vektoren              */
                 alpha,     /* Gewichtsfaktor bei der Berechnung der      */
                            /* links- und rechtsseitigen Tangentenein-    */
                            /* heitsvektoren aus den benachbarten         */
                            /* Sehnenvektoren                             */
                 nenner,    /* Nenner bei der Berechnung von alpha        */
                 A, B, C,   /* Hilfsvariablen zur Berechnung der          */
                            /* Laengen der Parameterintervalle T[i]      */
                 TiInv,     /* Kehrwert von T[i]                          */
                 TiInvSq;   /* Quadrat des Kehrwerts von T[i]             */

        if (*n < 4)
          return 1;                           /* zuwenige Stuetzpunkte? */


        fehler = eckrundp(n, nmax, x, y, beta);  /* Ecken eventuell runden */
        if (fehler != 0)
          return fehler;

        m = *n;


        /* ---------- Speicher fuer die Hilfsfelder anfordern: ---------- */
        /* ---------- 2 [0..m]-Vektoren und 2 [-2..m+1]-Vektoren ---------- */
        vmblock = vminit();                   /* Speicherblock initialisieren */
        tL = (punkttyp *)vmalloc(vmblock, VVEKTOR, m + 1, sizeof(punkttyp));
        tR = (punkttyp *)vmalloc(vmblock, VVEKTOR, m + 1, sizeof(punkttyp));
        s  = (punkttyp *)vmalloc(vmblock, VVEKTOR, m + 4, sizeof(punkttyp));
        s0 = (punkttyp *)vmalloc(vmblock, VVEKTOR, m + 4, sizeof(punkttyp));
        if (! vmcomplete(vmblock))   /* Ging eine der Speicheranforderungen */
        {                            /* fuer den Block schief?              */
          vmfree(vmblock);
          return 3;
        }
                            /* dafuer sorgen, dass s und s0 auch mit negativen */
        s  += 2;            /* Indizes verwendet werden koennen, wie es der    */
        s0 += 2;            /* Algorithmus erfordert, so dass man sich eine nur */
                            /* Verwirrung stiftende Indexverschiebung sparen kann */

        for (i = 0; i < m; i++)              /* die inneren Sehnenvektoren  */
        {                                    /* s[i], i=0(1)m-1, berechnen */
          s[i].x = x[i + 1] - x[i];
          s[i].y = y[i + 1] - y[i];
          if (FABS(s[i].x) < MACH_EPS &&
              FABS(s[i].y) < MACH_EPS)       /* Fallen zwei aufeinander- */
          {                                  /* folgende Stuetzpunkte    */
            vmfree(vmblock);                 /* zusammen? => Fehler!     */
            return 2;
          }
        }


        /* ------- weitere Sehnenvektoren s[-2], s[-1], s[m], s[m+1] ------ */
        /* ------- bereitstellen                                     ------ */
        if (FABS(x[0] - x[m]) < MACH_EPS &&
            FABS(y[0] - y[m]) < MACH_EPS)    /* geschlossene Kurve?       */
          s[-2]    = s[m - 2],               /* die Sehnenvektoren        */
```

```
        s[-1]     = s[m - 1],              /* am Rand durch zyklische */
        s[m]      = s[0],                  /* Wiederholung bilden     */
        s[m + 1]  = s[1];
    else                                   /* offene Kurve? */
        s[-2].x     = THREE * s[0].x     - TWO * s[1].x,      /* die Seh-   */
        s[-2].y     = THREE * s[0].y     - TWO * s[1].y,      /* nenvek-    */
        s[-1].x     = TWO   * s[0].x     -       s[1].x,      /* toren am   */
        s[-1].y     = TWO   * s[0].y     -       s[1].y,      /* Rand aus   */
        s[m].x      = TWO   * s[m - 1].x -       s[m - 2].x,  /* den be-    */
        s[m].y      = TWO   * s[m - 1].y -       s[m - 2].y,  /* nachbar-   */
        s[m + 1].x  = THREE * s[m - 1].x - TWO * s[m - 2].x,  /* ten Vek-   */
        s[m + 1].y  = THREE * s[m - 1].y - TWO * s[m - 2].y;  /* toren      */
                                                              /* herleiten  */

    for (i = -2; i <= m + 1; i++)          /* die Sehneneinheits-     */
    {                                      /* vektoren berechnen      */
        norm = SQRT(sqr(s[i].x) + sqr(s[i].y));
        if (norm < MACH_EPS)               /* verschwindende Norm?    */
            s0[i].x = s0[i].y = ZERO;      /* Nullvektor eintragen    */
        else
            s0[i].x = s[i].x / norm,       /* normierten Vektor       */
            s0[i].y = s[i].y / norm;       /* notieren                */
    }

    for (i = 0; i <= m; i++)          /* die links- und rechtsseitigen Tan- */
    {                                 /* genteneinheitsvektoren berechnen   */
        nenner = abskreuz(s0, i - 2) + abskreuz(s0, i);
        if (nenner < MACH_EPS)             /* verschwindender Nenner?  */
            tL[i] = s0[i - 1],             /* Bei (x[i],y[i]) liegt    */
            tR[i] = s0[i];                 /* eine Ecke vor.           */
        else
            alpha  = abskreuz(s0, i - 2) / nenner,
            hilf.x = s[i - 1].x + alpha * (s[i].x - s[i - 1].x),
            hilf.y = s[i - 1].y + alpha * (s[i].y - s[i - 1].y),
            norm   = SQRT(sqr(hilf.x) + sqr(hilf.y)),
            hilf.x /= norm,
            hilf.y /= norm,
            tR[i]  = tL[i] = hilf;
    }


    for (i = 0; i < m; i++)       /* die Laengen der Parameterintervalle */
    {                             /* und die Splinekoeffizienten berechnen */
        hilf.x = tR[i].x + tL[i + 1].x;
        hilf.y = tR[i].y + tL[i + 1].y;

        A    = (REAL)16.0 - sqr(hilf.x) - sqr(hilf.y),
        B    = SIX * (s[i].x * hilf.x + s[i].y * hilf.y),
        C    = (REAL)36.0 * (sqr(s[i].x) + sqr(s[i].y)),
        T[i] = (-B + SQRT(sqr(B) + A * C)) / A;

        bx[i]    = tR[i].x;       /* die Subsplinekoeffizienten berechnen */
        by[i]    = tR[i].y;
        TiInv    = 1 / T[i];
        TiInvSq  = sqr(TiInv);
        cx[i]    = (THREE * TiInv * s[i].x - TWO * tR[i].x - tL[i + 1].x) *
                   TiInv;
        cy[i]    = (THREE * TiInv * s[i].y - TWO * tR[i].y - tL[i + 1].y) *
                   TiInv;
        dx[i]    = (hilf.x - TWO * TiInv * s[i].x) * TiInvSq;
        dy[i]    = (hilf.y - TWO * TiInv * s[i].y) * TiInvSq;
    }
```

```
  vmfree(vmblock);
  return 0;
}

/* -------------------------- ENDE subsplin.c -------------------------- */
```

P 14

P 14.4 Differentiation nach dem Romberg-Verfahren

```
/* --------------------- DEKLARATIONEN difrom.h --------------------- */

int difrom (REAL func (REAL), REAL x0,      REAL  eps,
                              int  n,       REAL* res,
            REAL* er_app,     int* nend,    REAL* hend);

/* ----------------------- ENDE difrom.h ----------------------- */
/* ----------------------- MODUL difrom.c ----------------------- */

#include <basis.h>
#include <stdio.h>
#include <math.h>

int difrom (REAL  func (REAL),
            REAL  x0,
            REAL  eps,
            int   n,
            REAL  h,
            REAL* res,
            REAL* er_app,
            int*  nend,
            REAL* hend)
/***************************************************************
* berechnet nach dem ROMBERG-Verfahren naeherungsweise die     *
* Ableitung der Funktion func an der Stelle x0.                *
*                                                              *
* Eingabe-Parameter:                                           *
*                                                              *
*    REAL   func (REAL)   Name der abzuleitenden Funktion      *
*    REAL   x0            Position der gesuchten Ableitung     *
*    REAL   eps           verlangte Naeherungs-Genauigkeit     *
*    int    n             max.Spaltenzahl des Rombergschemas, n > 1
*    REAL   h             Anfangsschrittweite                  *
*                                                              *
* Ausgabe-Parameter:                                           *
*                                                              *
*    REAL   *res          Naeherungswert der gesuchten Ableitung *
*    REAL   *er_app       Fehlerschaetzung fuer res            *
*    int    *nend         verwendete Spaltenzahl des Schemas   *
*    REAL   *hend         Schrittweite bei Abbruch             *
*                                                              *
* Funktionsrueckgabewert:                                      *
*                                                              *
*    0:   kein Fehler und er_app < eps                         *
*    1:   n < 1  oder  eps <= 0  oder  h < MACH_EPS            *
*    2:   geforderte Genauigkeit nach n Schritten nicht erreicht *
*    3:   Schrittweite hat die MACH_EPS unterschritten         *
*    4:   kein Speicherplatz frei fuer Hilfsfeld               *
*                                                              *
* benutzte Konstanten: MACH_EPS                                *
*                                                              *
***************************************************************/
{
  register i, j;
  int      m, error;
  REAL     h2, d1, d2, *d;

  if (n <= 1 || eps <= 0.0 || h < MACH_EPS)   /* Eingabedaten pruefen */
    return (1);
                                              /* Hilfsfeld bereitstellen */
  if ((d = (REAL *) malloc (n * sizeof (REAL ))) == NULL)
```

```
          return (4);

      h2 = 2.0 * h;
      d [0] = (func (x0 + h) - func (x0 - h)) / h2;

  /****************************************************************
   * Die Schleife laeuft bis zur maximalen Anzahl von Zeilen des Romberg- *
   * Schemas und wird unterbrochen, wenn die Schrittweite kleiner als die *
   * relative Maschinengenauigkeit wird oder der Fehler des Naeherungs-   *
   * wertes kleiner als die gewuenschte Genauigkeit ist.                  *
   ****************************************************************/

      for (error = 2, j = 1; j <= n - 1; j++)
      {
        d [j] = 0.;
        d1    = d [0];
        h2    = h;
        h    *= 0.5;
        *nend = j;

        if (h < MACH_EPS)
        {
          error = 3;                /* die Schrittweite ist kleiner */
          break;                    /* als die Maschinengenauigkeit */
        }

        d [0] = (func (x0 + h) - func (x0 - h)) / h2;

        for (m = 4, i = 1; i <= j; i++, m *= 4)
        {
          d2 = d [i];
          d [i] = (m * d [i-1] - d1) / (m-1);
          d1 = d2;
        }

        *er_app = FABS (d [j] - d [j-1]);

        if (*er_app < eps)
        {
          error = 0;                /* die gewuenschte Genauigkeit */
          break;                    /* ist erreicht                */
        }
      }

      *res  = d [*nend];            /* Endwerte besetzen           */
      *hend = h;

      free (d);                     /* Hilfsfeld freigeben         */

      return (error);
  }
  /* ------------------------- ENDE difrom.c ------------------------- */
```

P 15

```
/* ---------------------- DEKLARATIONEN gax.h ---------------------- */
/***************************************************************************
* GAX.h:   Include-File fuer GAX                      Egg, 14.02.1991 *
***************************************************************************/
#ifndef GAX_H
#define GAX_H

typedef enum
{
  GxTRAPEZ,
  GxGAUSSJORDAN,
  GxCLENSHAWCURTIS,
  GxROMBERG,
  GxNEWTONCOTES
} temptyp;

/*
#define GxTRAPEZ          0
#define GxGAUSSJORDAN     1
#define GxCLENSHAWCURTIS  2
#define GxROMBERG         3
#define GxNEWTONCOTES     4
*/

typedef struct          /* Intervall-Informationen */
{
  REAL FSch;      /* Fehlerschaetzung       */
  REAL QRes;      /* Quadratur-Ergebnis     */
  REAL Links;     /* Linke Intervallgrenze  */
  REAL Rechts;    /* rechte Intervallgrenze */
} IntInfo;

extern REAL* LegCoef;        /* fuer Koeffizienten-Array           */
extern int   LegGrad;        /* fuer Laenge des Koeffizienten-Array */

int   ClenCurtStGew  (int n, REAL* Null, REAL* Gew);
int   ClenCurt       (REAL f(REAL), int m, REAL* t, int n,
                      REAL* Ak, REAL* Tk, REAL* Resultat);
int   LegendreCoeff  (REAL* s, int Grad);
REAL  LegPolWert     (REAL x);
int   LegendreNullst (REAL* Root, int Grad);
int   AdaQuaStGew    (int Grad, REAL* xNull, int Flag, REAL* zGew);
int   OrtogP         (int n, REAL* Integrale,
                      REAL* StStelle, REAL* Gewicht);
int   QuaRom         (REAL a, REAL b, REAL eps, int* n,
                      REAL* h, REAL f(REAL), REAL* Qwert, REAL* Sch);
int   QuaNeC         (REAL von, REAL bis, int AnzInt, int nrV,
                      REAL f(REAL), REAL* Qwert, int* Ordnung,
                      REAL* Schaetz);

int   GaxT           (REAL*Zerlegung, int N, REAL RelError, REAL f(REAL),
                      int* nMax, int Methode, int Anz, REAL* QuadResult,
                      REAL* AbsFehl, IntInfo*** Intervalle);

void  GaxF           (IntInfo** Intervalle, int nMax);

int   Gax            (REAL*Zerlegung, int N, REAL RelError, REAL f(REAL),
                      int* nMax, int Methode, int Anz, REAL* QuadResult,
                      REAL* AbsFehl);
#endif

/* ---------------------- ENDE gax.h ---------------------- */
```

P 15.3 Newton–Cotes–Formeln

```c
/* ------------------------ MODUL quanec.c ------------------------ */

#ifndef QuaNec_C
#define QuaNec_C

#include <basis.h>
#include <gax.h>

int QuaNeC (
            REAL    a,
            REAL    b,
            int     AnzInt,
            int     nrV,
            REAL    f(REAL),
            REAL*   Qwert,
            int*    Ordnung,
            REAL*   Sch
          );
/************************************************************************
* Die Funktion f(x) wird gemaess der summierten Quadraturformel von     *
* Newton-Cotes ueber das Intervall [a,b] naeherungsweise integriert.    *
* AnzInt gibt die Anzahl der Intervalle an.                             *
* Ist AnzInt > 1, so wird noch der Fehler geschaetzt, nachdem die       *
* Formel mit (AnzInt-1) Intervallen wiederholt wurde.                   *
*                                                                       *
* Eingabe-Parameter;                                                    *
*       REAL    a, b           Integrationsintervall                    *
*       int     AnzInt         Anzahl der Teilintervalle                *
*       int     nrV            Nummer des Verfahrens;                   *
*                                 1: Sehnentrapez-Formel                *
*                                 2: Simpson-Formel                     *
*                                 3: 3/8-Formel                         *
*                                 4: 4/90-Formel                        *
*                                 5: 5/288-Formel                       *
*                                 6: 6/840-Formel                       *
*                                 7: 7/17280-Formel                     *
*       REAL    f (REAL)       Funktion, ueber die integriert wird      *
*       REAL    *Qwert         Quadraturwert, Naeherung des Integrals   *
*       int     *Ordnung       Fehlerordnung des gewaehlten Verfahrens  *
*       REAL    *Sch           Schaetzwert des Fehlers von Qwert        *
*                                                                       *
* Funktions-Rueckgabe:                                                  *
*       0:                     o.k.                                     *
*       1:                     nrV unsinnig                             *
*       2:                     AnzInt unsinnig                          *
*                                                                       *
* Autor                        Uli Eggermann, 02.02.1991                *
************************************************************************/
REAL Q_1 [] = { 1./2, 1./2 };
REAL Q_2 [] = { 1./6, 4./6, 1./6 };
REAL Q_3 [] = { 1./8, 3./8, 3./8, 1./8 };
REAL Q_4 [] = { 7./90, 32./90, 12./90, 32./90, 7./90 };
REAL Q_5 [] = { 19./288, 75./288, 50./288, 50./288,
                75./288, 19./288 };
REAL Q_6 [] = { 41./840, 216./840, 27./840, 272./840,
                27./840, 216./840, 41./840 };
REAL Q_7 [] = { 751./17280, 3577./17280, 1323./17280,
                2989./17280, 2989./17280, 1323./17280,
                3577./17280, 751./17280 };

REAL *QuadArr [] = { Q_1, Q_2, Q_3, Q_4, Q_5, Q_6, Q_7 };

int QuaNeC (REAL a,        REAL b,       int AnzInt,   int nrV,
            REAL f(REAL),  REAL* _Qwert, int* _Ordnung, REAL* _Sch)
{
```

```
#define Qwert    (*_Qwert)        /* dient der Lesbarkeit:          */
#define Ordnung  (*_Ordnung)      /* Qwert, Ordnung und Sch werden  */
#define Sch      (*_Sch)          /* als Referenz verwendet         */

int  i, j, k, n;
REAL xk, q[2], h[2];

if (nrV < 1 || nrV > 7) return (1);   /* Verfahren falsch      */
if (AnzInt < 1)         return (2);   /* Intervallzahl falsch  */
Ordnung = (nrV / 2) * 2 + 2;          /* 2, 4, 4, 6, 6, 8, 8   */
if (a == b) { Qwert = Sch = ZERO; return (0); }   /* trivial */

for (i = 0; i <= (AnzInt == 1 ? 0 : 1); i++)
{
  n    = AnzInt - i;
  h[i] = (b - a) / (n * nrV);
  q[i] = ZERO;
  for (k = 0; k < n; k++)
  {
    xk = a + k * nrV * h[i];
    for (j = (k == 0 ? 0 : 1); j <= nrV; j++)
        q[i] += (QuadArr [nrV - 1] [j]
             * f (xk + j * h[i])
             * (((k < n - 1) && (j == nrV)) ? 2 : 1));
  }
  q[i] *= h[i] * nrV;
}
if (AnzInt > 1)
{
  Qwert = q [1];
  Sch   = (q[0]-q[1]) / (POW (AnzInt/(AnzInt-ONE),(REAL)Ordnung) - 1);
}
else Qwert = q [0];

return (0);

#undef Qwert
#undef Ordnung
#undef Sch
}                                                         /* QuaNeC */
#endif

/* -------------------------- ENDE quanec.c ------------------------ */
```

P 15.9   Quadraturformeln von Clenshaw–Curtis

```
/* -------------------------- MODUL clencurt.c --------------------- */

#include <basis.h>
#include <gax.h>

int ClenCurt (
              REAL   func (REAL),
              int    m,
              REAL*  t,
              int    n,
              REAL*  Tk,
              REAL*  Ak,
              REAL*  Resultat
             )
/*************************************************************************
* berechnet naeherungsweise das Integral der Funktion func (x) ueber     *
* das Intervall (a,b) mit der Zerlegung                                   *
*            t: a = t[0] < t[1] < .. < t[m] = b                           *
* unter Verwendung einer summierten Clenshaw-Curtis-Formel.              *
* Es werden die vorher berechneten Arrays [0..n] der Gewichte            *
```

```
 * und Tschebyscheff-Knoten verwendet.                                *
 *                                                                    *
 * Parameter:                                                         *
 *   REAL    func (REAL )   Name der zu integrierenden Funktion       *
 *   int     m              Anzahl der Zerlegungs-Intervalle          *
 *   REAL    t []           Zerlegungs-Array                          *
 *   int     n              n + 1 = Knotenzahl, n > 1, n gerade       *
 *                                  (n + 2 = globale Fehlerordnung)   *
 *   REAL    Tk []           Tschebyscheffknoten-Array                *
 *   REAL    Ak []           Gewichte-Array                           *
 *                           Tk und Ak muessen vor dem Aufruf         *
 *                           bereitgestellt werden, z.B. mit          *
 *                           Hilfe der Prozedur ClenCurtStGew         *
 *   REAL    *Resultat       Ergebnis der Quadratur                   *
 *                                                                    *
 * Funktions-Rueckgabe:                                               *
 *   0:                     o.k.                                      *
 *   1:                     unsinnige Knotenzahl                      *
 *   2:                     unsinnige Anzahl der Zerlegungs-Intervalle*
 *                                                                    *
 * Autor:                   Uli Eggermann, 03.10.1991                 *
 **********************************************************************/
{
  int   j, k;
  REAL  v, h, sum;

  if (n < 2 || n % 2 != 0) return 1;      /* n positiv ? n gerade ? */
  if (m < 1)               return 2;      /* Zerlegungsintervalle   */

  for (*Resultat = ZERO, j = 0; j < m; j++) /* Intervall-Schleife   */
  {
    v = 0.5 * (t [j+1] - t [j]);          /* halbe Intervall-Laenge */
    h = 0.5 * (t [j+1] + t [j]);          /* Intervall-Mittelpunkt  */

    for (sum = ZERO, k = 0; k <= n; k++)  /* Tschebyscheff-Schleife */
      sum += Ak [k] * func (v * Tk [k] + h);

    *Resultat += v * sum;
  }
  return 0;
}

/* ----------------------- ENDE clencurt.c ----------------------- */
```

P 15.10 Das Verfahren von Romberg

```
/* ----------------------- MODUL quarom.c ----------------------- */

#ifndef QuaRom_C
#define QuaRom_C

#include <basis.h>
#include  <gax.h>

int QuaRom (
            REAL    a,
            REAL    b,
            REAL    eps,
            int*    _m,
            REAL*   _h,
            REAL    f(REAL),
            REAL*   _Qwert,
            REAL*   _Sch
           )
/**********************************************************************
 * Das Integral der Funktion f(x) ueber das Intervall (a,b)           *
```

Das Verfahren von Romberg

```
 *   wird naeherungsweise mit dem Romberg-Verfahren bestimmt.        *
 *                                                                    *
 *   Parameter:                                                       *
 *     REAL    a, b        Integrationsintervall                     *
 *     REAL    eps         Genauigkeits-Schranke fuer die Fehlersch. *
 *     int*    m           maximale Anzahl der Spalten und Zeilen im *
 *                         Romberg-Schema: m > 1                      *
 *                         Rueckgabe: Anzahl tatsaechlich             *
 *                                    benutzter Rombg-Spalten         *
 *     REAL*   h           Anfangs-Schrittw. (b-a) / k, k natuerlich *
 *                         wenn unpassend, h := b-a                   *
 *                         Rueckgabe: Schrittweite bei Abbruch        *
 *     REAL    f (REAL )   Funktion, die integriert werden soll       *
 *     REAL    *Qwert      Quadraturwert als Naeherung des Integrals  *
 *     REAL    *Schaetz    Schaetzwert des Fehlers von Qwert          *
 *                                                                    *
 *   Funktions-Rueckgabe:                                             *
 *     0:                  o.k.                                       *
 *     1:                  Genauigkeit nach m Schr. nicht erreicht    *
 *     2:                  m unsinnig                                 *
 *     3:                  eps unsinnig                               *
 *     4:                  Platzmangel                                *
 *                                                                    *
 *   Autor               Uli Eggermann, 02.02.1991                    *
 **********************************************************************/
{
  #define  m      (*_m)                 /* dient der Lesbarkeit:    */
  #define  h      (*_h)                 /* m, h, Qwert und Sch werden */
  #define  Qwert  (*_Qwert)             /* als Referenz verwendet    */
  #define  Sch    (*_Sch)               /* ("*" wird nicht benoetigt) */

  REAL  *L, L0 = ZERO, Lk = ZERO, Le;
  int    pot4, N0, j, k;
/**********************************************************************
 *         Eingabedaten ueberpruefen                                  *
 **********************************************************************/
  if (a == b) { Qwert = Sch = h = ZERO, m = 0; return (0); }
  if (m < 2)        return (2);
  if (eps <= ZERO) return (3);
/**********************************************************************
 *         Hilfsarray allokieren                                      *
 **********************************************************************/
  if ((L = (REAL *)calloc (m + 1, sizeof (REAL ))) == NULL)
      return (4);
/**********************************************************************
 *         Schrittweite anpassen                                      *
 **********************************************************************/
  h = min (FABS (h), FABS (b-a));       /* hoechstens Intervallaenge*/
  if (b < a)   h = -h;                  /* Intervall-Richtung ?     */
  if (h == ZERO) h = b - a;             /* maximale Schrittweite    */
  N0 = (int) ((b - a) / h + 0.5);                    /* runden !    */
/**********************************************************************
 *         erste Rombergzeile (besteht nur aus einem Element)         *
 **********************************************************************/
  L[0] = .5 * (f (a) + f (b));
  for (k = 1; k < N0; k++) L[0] += f (a + k * h);
  Le = L[0] *= h;
/**********************************************************************
 *         weitere Rombergzeilen                                      *
 **********************************************************************/
  for (j = 1; j < m; j++)
  {
    h     /= 2;
    L0     = L[0];
    L[0] = L[j] = ZERO;
    for (k = 0; k < N0; k++)             /* weitere Quadratur */
      L[0] += f (a + (2 * k + 1) * h);
```

```
      L[0]  = .5 * L0 + h * L[0];
      pot4 = 1;
      for (k = 1; k <= j; k++)
      {
        pot4 *= 4;
        Lk   = L[k];
        L[k] = (pot4 * L[k-1] - L0) / (pot4 - 1);
        Le   = L0;
        L0   = Lk;
      }
    #if 0
      Sch = L[j] - L[j-1];                    /* Schaetzwert*/
    #else
      Sch = (Le - L[j]) / 3;        /* neu */ /* Schaetzwert*/
    #endif
      if (FABS (Sch) < eps) break;            /* Genauigkeit erreicht */
      N0 *= 2;
    }
  /**************************************************************
   *          Rueckgabe                                          *
   **************************************************************/
      Qwert = L[j];       /* Quadratur-Wert (genauer als abgeschaetzt)*/

      k = j == m ? 1 : 0; /* k: "Genauigkeit nicht erreicht" */
      m = j;              /* benoetigte Anzahl Romberg-Zeilen*/
      free (L);           /* Array wieder freigeben          */

      return (k);         /* Rueckgabe                       */

      #undef  m
      #undef  h
      #undef  Qwert
      #undef  Sch
  }                                           /* QuaRom */
  #endif

  /* ----------------------- ENDE quarom.c ----------------------- */
```

P 15.12   Adaptive Quadraturverfahren

```
  /* ----------------------- MODUL gax.c ----------------------- */
  #include <basis.h>
  #include <gax.h>    /* Prototypen und Konstanten fuer "Methode" */
  int Gax (
          REAL* Zerlegung,
          int   N,
          REAL  RelError,
          REAL  Fkt (REAL),
          int*  nMax,
          int   Methode,
          int   MethPar,
          REAL* QuadResult,
          REAL* AbsFehl
          )
  /**************************************************************
   * berechnet angenaehert das Integral der Funktion Fkt(x) ueber dem *
   * Intervall (a,b) mittels einer Quadraturformel, die durch "Methode" *
   * festgelegt wird.                                            *
   *                                                             *
   * Das Intervall (a,b) wird vom Anwender durch eine dem Problem *
   * angepasste Zerlegung beschrieben mit                        *
   *     a = Zerlegung [0], ..., Zerlegung [N] = b.              *
   *                                                             *
   * Zu jedem Teilintervall werden Quadraturwert und Fehlerschaetzung *
```

Adaptive Quadraturverfahren

```
*   berechnet.                                                        *
*                                                                     *
*   Durch eine automatische Steuerung werden nun die Intervalle, deren*
*   Fehler zu gross sind, halbiert und neuberechnet.                  *
*                                                                     *
*   Die Funktion Gax stoppt, wenn entweder der relative Gesamtfehler  *
*   kleiner als RelError ist oder aber die angegebene Maximalzahl von *
*   Intervallen (nMax) erreicht ist.                                  *
*                                                                     *
*   Parameter:                                                        *
*      REAL     Zerlegung []   Zerlegung von (a,b)                    *
*      int      N              Anzahl Intervalle (A,B)                *
*      REAL     RelError       max. erlaubter relativer Fehler        *
*      REAL     Fkt (REAL)     zu integrierende Funktion              *
*      int      *nMax          max. Anzahl von Unterteilungen         *
*      int      Methode        Nummer der Formel (siehe "GAX.H" und unten)*
*      int      MethPar        Parameter fuer veschiedene Methoden (s.unten)*
*      REAL     *QuadResult    Quadratur-Ergebnis                     *
*      REAL     *AbsFehl       Schaetzung des absoluten Fehlers       *
*      IntInfo  ***Fields      Informationen zum Test (siehe bei GaxT)*
*                                                                     *
*   Methode          | MethPar      | Bedeutung                       *
*   -----------------|--------------|---------------------------------*
*   GxTRAPEZ         | 0            | Sehnen-Trapez-Regel             *
*   GxGAUSSJORDAN    | N>=2, N<=20  | N-Punkte-Formel von Gauss       *
*   GxCLENSHAWCURTIS | N>0, gerade  | Clenshaw-Curtis mit N+1 Gewichten*
*   GxROMBERG        | 0            | Romberg-Verfahren               *
*   GxNEWTONCOTES    | N>=2, N<=7   | Newton-Cotes mit N Zusammensetzungen*
*                                                                     *
*   ggf. benoetigte globale Variablen:                                *
*      StStellen [], Gewichte []                                      *
*                                                                     *
*   Autor: Uli Eggermann, 03.10.1991                                  *
**********************************************************************/
{
   IntInfo **T;                          /* dient zur Allokation */
   int g = GaxT (Zerlegung, N, RelError,
                 Fkt, nMax, Methode, MethPar,  /* Kern-Routine    */
                 QuadResult, AbsFehl, &T);
   GaxF (T, *nMax);                      /* UNBEDINGT nach GaxT  */
   return (g);
}

/**********************************************************************
*   globale Variablen:                                                *
**********************************************************************/
REAL *StStellen;           /* Gewichte und Stuetzstellen fuer Formeln von */
REAL *Gewichte;            /*           GAUSSJORDAN und CLENSHAWCURTIS    */

/**********************************************************************
*   lokale Routinen (Prototypen):                                     *
**********************************************************************/
void GxSort       (IntInfo** F, int N);
int  GxQuad       (IntInfo* Info, REAL f(REAL), int Methode, int Anz);
int  GxRiEp       (REAL qWert, REAL* L, REAL* Leps, REAL* EpsExe,
                   REAL* EpsL, int M, REAL* Eps, REAL* AbsFehl,
                   REAL* qExe);
int  GxClenCurt   (REAL f(REAL), int n, IntInfo* Info );
void GxGauss      (REAL f(REAL), int Anz, IntInfo* Info );
REAL GxxGauss     (REAL a, REAL b, int Anz, REAL f(REAL));

int GaxT (
          REAL*    Zerlegung,
          int      N,
          REAL     RelError,
```

```
                    REAL    Fkt(REAL),
                    int*    _FieldCount,
                    int     Methode,
                    int     MethPar,
                    REAL*   _QuadResult,
                    REAL*   _AbsFehl,
                    IntInfo*** _Fields
                   )
/*************************************************************************
 * int GaxT (... , Zeiger)      (sonstige Parameter wie bei Gax, s.o.)   *
 *                                                                       *
 * Die Funktion GaxT hat dieselbe Aufgabe wie Gax, allerdings gibt es    *
 * einen weiteren Parameter:                                             *
 * Einen Zeiger auf einen Intervall-Informations-Array-Zeiger.           *
 * Dieser dient zur Bereitstellung von Intervallen und kann spaeter zu   *
 * Testzwecken verwendet werden.                                         *
 *                                                                       *
 * Es ist in diesem Falle abschliessend die Routine GaxF aufzurufen,     *
 * damit der Speicherplatz wieder ordentlich freigegeben wird.           *
 *************************************************************************/
{
   #define Fields       (*_Fields)       /* Diese Groessen werden als   */
   #define FieldCount   (*_FieldCount)   /* Referenzen benutzt.         */
   #define QuadResult   (*_QuadResult)   /* Die Umdefinierung dient nur */
   #define AbsFehl      (*_AbsFehl)      /* der besseren Lesbarkeit     */

   IntInfo *CurrInt, *new1, *new2;
   int      i, Maximum = FieldCount, RetVal = 0, St_Gew;

/*************************************************************************
 * Ueberpruefung der Eingangsparamater                                   *
 *************************************************************************/
   FieldCount = 0;
   if (Methode < GxTRAPEZ || Methode > GxNEWTONCOTES)
      return (1);                         /* richtige Quadraturformel? */
   if (N < 1)              return (2);    /* unsinnige Intervallanzahl */
   if (RelError<1.e-12)    return (3);    /* rel. Fehler unbrauchbar   */
   if (N > Maximum)        return (4);    /* unsinniger Speicherplatz  */

   switch (Methode)                       /* weitere Ueberpruefungen   */
   {
      case GxGAUSSJORDAN:    if(MethPar<2||MethPar > 20) return(5); break;
      case GxCLENSHAWCURTIS: if(MethPar<2||MethPar%2!=0) return(6); break;
      case GxNEWTONCOTES:    if(MethPar<2||MethPar >  7) return(7); break;
   }

/*************************************************************************
 * Bereitstellung und Fuellen verschiedener Hilfs-Felder                 *
 *************************************************************************/
   if ((Fields = (IntInfo**)calloc(Maximum, sizeof (IntInfo *))) == NULL)
      return (8);

   St_Gew = (Methode == GxGAUSSJORDAN || Methode == GxCLENSHAWCURTIS);

   if (St_Gew)                           /* ggf. Hilfsfelder allokieren */
   {
      if ((StStellen = (REAL*)malloc((MethPar+1) * sizeof(REAL))) == NULL)
         return (8);
      if ((Gewichte = (REAL *)malloc((MethPar+1) * sizeof(REAL))) == NULL)
         { free (StStellen); return (8); }
   }
   switch (Methode)        /* ggf. Nullstellen und Gewichte berechnen */
   {
      case GxGAUSSJORDAN:
         if (AdaQuaStGew (MethPar, StStellen, 1, Gewichte) != 0)
            goto Ret8;
         break;
```

Adaptive Quadraturverfahren

```
      case GxCLENSHAWCURTIS:
        if (ClenCurtStGew (MethPar, StStellen, Gewichte) != 0)
          goto Ret8;
        break;
    }

    /*************************************************************
     * alle gegebenen Intervalle berechnen und nach absteigendem  *
     *           absolutem Fehler sortieren                       *
     *************************************************************/
    QuadResult = AbsFehl = ZERO;

    for (i = 0; i < N; i++)
    {
      if ((Fields [FieldCount++] = CurrInt =
             (IntInfo *)malloc (sizeof (IntInfo))      ) == NULL) goto Ret8;
      CurrInt->Links  = Zerlegung [i];
      CurrInt->Rechts = Zerlegung [i+1];
      if (GxQuad (CurrInt, Fkt, Methode, MethPar) != 0)        goto Ret9;
      QuadResult += CurrInt->QRes;
      AbsFehl    += FABS (CurrInt->FSch);
    }

    GxSort (Fields, FieldCount);              /* nach Fehler sortieren */

    if (AbsFehl == ZERO || QuadResult == ZERO)  goto Ret0;
    if (FABS(QuadResult) < AbsFehl)        goto Ret0;

    /*************************************************************
     * Halbierung des Intervalles mit dem groessten Fehler        *
     *************************************************************/
    while (AbsFehl > FABS (QuadResult * RelError)
           && FieldCount < Maximum)
    {
      new1 = Fields [0];                /* new1 -> groessten Fehler*/
      if ((Fields[FieldCount++] = new2            /* new2 -> Listen-Ende  */
             = (IntInfo *)malloc (sizeof (IntInfo))
           ) == NULL) goto Ret8;
      QuadResult -= new1->QRes;         /* Teil-Quadratur subtr. */
      AbsFehl    -= FABS (new1->FSch);  /* dito den Fehler       */
      new2->Rechts = new1->Rechts;
      new2->Links  = new1->Rechts =                /* neue Grenzen */
           0.5 * (new1->Links + new1->Rechts);

      if (GxQuad (new1, Fkt, Methode, MethPar) != 0) goto Ret9;
      if (GxQuad (new2, Fkt, Methode, MethPar) != 0) goto Ret9;

      QuadResult +=       new1->QRes +       new2->QRes;   /* neu */
      AbsFehl    += FABS (new1->FSch) + FABS (new2->FSch);

      GxSort (Fields, FieldCount);              /* nach Fehler sortieren */
    }

    if (FieldCount == Maximum && AbsFehl > FABS(QuadResult*RelError))
         RetVal = 10; goto Ret0;
Ret9: RetVal =  9; goto Ret0;
Ret8: RetVal =  8;
Ret0: if (St_Gew)               /* ggf. Hilfsfelder deallokieren */
         {
            free (StStellen);
            free (Gewichte);
         }
    return (RetVal);

    #undef FieldCount
    #undef Fields
    #undef QuadResult
```

```
    #undef AbsFehl

} /* End of GaxT */

void GaxF (
           IntInfo** T,
           int      N
          )
/****************************************************************
* Diese Routine muss aufgerufen werden, wenn statt der Funktion Gax   *
* die Funktion GaxT verwendet wurde, um Teilergebnisse weiter-        *
* verarbeitenzu koennen (auch in Gax wird GaxT gerufen).              *
*                                                                     *
* Im Parameter T uebergibt man die Adresse des verwendeten Zeigers auf*
* den IntInfo-Array, der in GaxT allokiert wurde, Parameter N enthaelt*
* die Anzahl der allokierten Intervalle.                              *
****************************************************************/
{
  int i;
  for (i=0; i < N; i++) free (T[i]);
  free (T);
}

#ifndef __IBMC__
#define _Optlink
#endif
int _Optlink GxCmp (IntInfo** a, IntInfo** b)
/****************************************************************
* dient zum Vergleichen in GxSort ()                                  *
****************************************************************/
{
  REAL diff = FABS ((*a)->FSch) - FABS ((*b)->FSch);
  return (diff == 0.0 ? 0 : diff > 0.0 ? -1 : 1);
}

typedef int (* _Optlink fcmp) (const void*, const void*);

void GxSort (IntInfo** F, int N)
/****************************************************************
* sortiert die Intervalle nach absteigendem absolutem Fehler          *
****************************************************************/
{
  qsort (F, N, sizeof (F[0]), (fcmp) GxCmp);
}

int GxQuad (
            IntInfo* Info,
            REAL     Fkt (REAL),
            int      Methode,
            int      N
           )
/****************************************************************
* berechnet angenaehert das Integral der Funktion Fkt(x) ueber dem    *
* Intervall [a,b] mittels einer wie folgt festgelegten Quadraturformel:*
*                                                                     *
* Methode = GxTRAPEZ          : Sehnen-Trapez-Regel                   *
* Methode = GxGAUSSJORDAN     : N-Punkte-Formel von Gauss (N = 2..20) *
* Methode = GxCLENSHAWCURTIS  : Clenshaw-Curtis-Formel mit N+1 Gewichten*
* Methode = GxROMBERG         : Romberg-Verfahren                     *
* Methode = GxNEWTONCOTES     : Newton-Cotes mit N (2..7) Zus.-setzungen*
*                                                                     *
* Eingabeparameter:                                                   *
*    IntInfo *Info    Daten des Intervalles [a, b],                   *
*                     berechneter Quadraturwert sowie                 *
*                     zugehoeriger Ferhler                            *
*    REAL    Fkt      Name der Funktion                               *
*    int     Methode  zu benutzende Quadraturformel (s.o.)            *
```

Adaptive Quadraturverfahren

```
 *    int     N          Grad der Quadraturformel              *
 *                                                              *
 * benoetigte (externe) Unterprogramme:                         *
 *    ClenCurt, QuaRom, QuaNeC, GxGauss                         *
 *                                                              *
 * ggf. benoetigte globale Variablen:                           *
 *    StStellen [], Gewichte []                                 *
 *                                                              *
 * Autor: Uli Eggermann, 03.10.1991                             *
 ***************************************************************/
{
  REAL Schrittweite;
  int  maxRomberg, Ordnung, Fehler = 0;

  switch (Methode)
  {
    case GxGAUSSJORDAN:           /* Gauss-Jordan-Quadratur vom Grade N */
         GxGauss (Fkt, N, Info);
         break;

    case GxCLENSHAWCURTIS:         /* Cleshaw-Curtiz mit N Gewichten */
         Fehler = GxClenCurt (Fkt, N, Info);
         break;

    case GxROMBERG:                        /* Romberg-Verfahren */
         Schrittweite = ZERO;
         maxRomberg   = 10;
         Fehler = QuaRom (Info->Links, Info->Rechts, 1.0E-8,
                          &maxRomberg, &Schrittweite, Fkt,
                          &Info->QRes, &Info->FSch);
         break;

    case GxTRAPEZ:         /* Trapez-Regel = Newton-Cotes mit N = 1 */
         N = 1;

    case GxNEWTONCOTES:    /* Newton-Cotes mit N Zusammensetzungen */
         Fehler = QuaNeC (Info->Links, Info->Rechts, 2, N, Fkt,
                          &Info->QRes, &Ordnung, &Info->FSch);
  }                                                   /* switch */
  return (Fehler);
}                                                     /* GxQuad */

void GxGauss (
              REAL    Fkt (REAL),
              int     Anz,
              IntInfo* Info
             )
/****************************************************************
 * berechnet das Integral einer Funktion Fkt ueber dem Intervall *
 * [Info->Links, Info->Rechts] mit einer Gauss-Formel vom Grade Anz. *
 *                                                              *
 * Parameter:                                                   *
 *    REAL   Fkt (REAL)     Name der Funktion                   *
 *    int    Anz            Anzahl der Stuetzstellen bzw. Gewichte *
 *    IntInfo *Info         Intervall-Informationen             *
 *                                                              *
 * benoetigte globale Variablen:                                *
 *    StStellen [], Gewichte []                                 *
 *                                                              *
 * benoetigtes Unterprogramm:                                   *
 *    GxxGauss                                                  *
 *                                                              *
 * Autor: Uli Eggermann, 03.10.1991                             *
 ***************************************************************/
{
  REAL m, Res1, Res2;
```

```
    m = 0.5 * (Info->Links + Info->Rechts);

    Res1 = GxxGauss (Info->Links, Info->Rechts, Anz, Fkt);
    Res2 = GxxGauss (Info->Links, m,             Anz, Fkt) +
           GxxGauss (m,           Info->Rechts, Anz, Fkt);

    Info->QRes = Res2;
    Info->FSch = (Res1 - Res2) / ((1 << (2 * (Anz - 1) + 3)) - 1);
}                                                     /* GxGauss */

REAL GxxGauss (
                REAL a,
                REAL b,
                int  Anz,
                REAL Fkt(REAL)
                )
{
  int j, AnzHalbe = Anz / 2;                   /* halbe Anzahl */
  REAL m, h, t, S = ZERO;
  m = 0.5 * (b + a);                           /* Mitte */
  h = 0.5 * (b - a);                           /* halbe Breite */

  for (j = 0; j < AnzHalbe; j++)
  {
      t = h * StStellen [j];
      S += (Fkt (m - t) + Fkt (m + t)) * Gewichte [j];
  }
  if (Anz % 2)         /* Anz ungerade: Intervallmitte ist Stuetzstelle*/
      S += Fkt (m) * Gewichte [AnzHalbe];
  return S * h;
}

int GxRiEp (
              REAL  qWert,
              REAL* L,
              REAL* Leps,
              REAL* EpsExe,
              REAL* EpsL,
              int   Num,
              REAL* Eps,
              REAL* AbsFehl,
              REAL* qExe
              )
/****************************************************************************
 * extrapoliert den aktuellen Quadraturwert mit der                          *
 * Richardson-Extrapolation und mit dem Epsilon-Algorithmus.                 *
 *                                                                           *
 * Parameter:                                                                *
 *    REAL    qWert         aktueller Quadraturwert                          *
 *    REAL   *Eps           relative Genauigkeit                             *
 *    REAL   *AbsFehl       absolute Genauigkeit                             *
 *    REAL    L     []      aktuelle Romberg-Zeile                           *
 *    REAL    Leps[]        aktuelle Epsilon-Zeile                           *
 *    int     Num           Anzahl durchzufuehrender Aufrufe                 *
 *    REAL   *EpsExe        Hilfsvariable                                    *
 *    REAL   *EpsL          Hilfsvariable                                    *
 *    REAL   *qExe          neuer Quadraturwert                              *
 *                                                                           *
 * Funktionsrueckgabe:                                                       *
 *    Num + 1                                                                *
 ****************************************************************************/
{
    REAL  LmSaved, LepsIndSav, Pot4, L1, Temp, Ls;
    int   i, Index;
    /*************************************************************************
     *                                         Richardson - Extrapolation    *
     ************************************************************************/
```

```
LmSaved   = L [Num];
Num ++;
Pot4      = 1.0;
L [Num]   = 0.0;
L1        = L [1];
L [1]     = qWert;
for  (i = 2; i <= Num; i++)
{
   Pot4 *=  4;
   Temp =   L [i];
   L [i] =  (Pot4 * L [i-1] - L1) / (Pot4 - 1);
   L1    =  Temp;
}
/************************************************************
 * Extrapolation mit dem Epsilon-Algorithmus                *
 ************************************************************/
if (Num%2 == 0) { Index = Num-1; LepsIndSav = Leps [Index];   }
else            { Index = Num;   LepsIndSav = Leps [Index-2]; }

Leps [Num] = 0.0;
Ls = L1    = Leps [1];
Leps [0]   = qWert;
for (i = 2; i <= Num; i++)
{
   Temp = Leps [i];
   if (FABS (Leps [i-1] - L1) == 0.0)
      Leps [i] = Ls;
   else
   {
      Leps [i] = Ls + 1 / (Leps [i-1] - L1);
      Ls = L1;
   }
   L1   = Temp;
}
*AbsFehl = FABS (L[Num] - L[Num-1]) + FABS  (L[Num] - LmSaved);
if (Num > 2)
{
   *EpsExe = FABS (Leps [Index] - LepsIndSav)
           + FABS (Leps [Index] - Leps [Index - 2]);
   *qExe   = Leps [Index];
}
if (*AbsFehl < *EpsExe) *qExe = L [Num];
*EpsL = *Eps * FABS (*qExe);
if (*AbsFehl > *EpsExe) *AbsFehl  = *EpsExe;

return (Num);
}                                                    /* GxRiEp */

int GxClenCurt (
                REAL     f(REAL),
                int      n,
                IntInfo* Info
               )
/************************************************************************
 * berechnet das Integral einer Funktion f ueber dem Intervall          *
 * [Info->Links, Info->Rechts] mit einer Clenshaw-Curtis-Formel         *
 * mit n+1  Knoten.                                                     *
 *                                                                      *
 * Parameter:                                                           *
 *    REAL    f (REAL x)      Name der Funktion                         *
 *    int     n               n + 1 ist die Anzahl der Knoten           *
 *    IntInfo *Info           Intervall-Informationen                   *
 *                                                                      *
 * benoetigte globale Variablen:                                        *
 *    StStellen [], Gewichte []                                         *
```

```
 *                                                                       *
 * Autor: Uli Eggermann, 03.10.1991                                      *
 *************************************************************************/
{
   REAL u[3], Res1, Res2;
   int i;
   u[0] = Info->Links; u[1] = u[2] = Info->Rechts;
   if ((i = ClenCurt (f,1,u,n,StStellen,Gewichte,&Res1)) != 0)
      return (i);
   u[1] = .5 * (u[0] + u[2]);
   if ((i = ClenCurt (f,2,u,n,StStellen,Gewichte,&Res2)) != 0)
      return (i);
   Info->QRes =   Res2;
   Info->FSch = (Res1 - Res2) / ((1 << (n + 2)) + 1);
   return (0);
}

/* -------------------------- ENDE gax.c -------------------------- */
/* -------------------------- MODUL stgew.c -------------------------- */

/*************************************************************************
 * Stuetzstellen- und Gewichts-Berechnungen                              *
 * fuer verschiedene Quadraturformeln:                                   *
 *                                                                       *
 *   - AdaQuaStGew     : Adaptive Quadraturformeln nach Gauss            *
 *   - ClenCurtStGew   : Clenshaw-Curtis-Quadraturformeln                *
 *   - OrtogP          : verallgemeinerte Gauss-Quadraturformel          *
 *************************************************************************/

#ifndef STGEW_C
#define STGEW_C

#include <basis.h>
#include <u_proto.h>
#include <gax.h>

/*************************************************************************
 * Konstanten und Variablen:                                             *
 *************************************************************************/

int   ITERMAX = 300;                   /* Maximale Iterationszahl    */
REAL  ABSERR  = 0.0;                   /* Zugelassener Absolutfehler */
REAL  RELERR  = 1000.0 * MACH_EPS;     /* Zugelassener Relativfehler */
REAL  FKTERR  = 100.0 * MACH_EPS;      /* Max.Fehler im Funktionwert */

REAL* LegCoef;                         /* fuer Koeffizienten-Array          */
int   LegGrad;                         /* fuer Laenge des Koeffizienten-Array */
int   GewichtsBerechnung = 0;          /* globaler Flag fuer versch.Anwendung */
REAL* Leg_r;                           /* global verwendeter Dummy-Array    */

/*************************************************************************
 * Prototypen:                                                           *
 *************************************************************************/

static int pegasus2 (REAL   fkt (REAL),
                     REAL*  _x1,
                     REAL*  _x2,
                     REAL*  _f2,
                     int*   _it)
/*************************************************************************
 * berechnet mit dem Pegasus-Verfahren eine Nullstelle der stetigen      *
 * Funktion fkt (x).                                                     *
 * Die Vorzeichen von fkt (x1) und fkt (x2) muessen verschieden sind.    *
 *                                                                       *
 * Eingabeparameter:                                                     *
 *    REAL    fkt (REAL)    Name der Funktion                            *
 *    REAL   *x1, *x2       Anfangswerte mit fkt(x1) * fkt(x2) <= 0      *
```

Adaptive Quadraturverfahren

```
*                                                                      *
* Ausgabeparameter:                                                    *
*   REAL   *x2          Naeherungsloesung fuer eine Nullstelle         *
*   REAL   *f2          Funktionswert an der Stelle x2                 *
*   int    *iter        Anzahl der Iterationsschritte                  *
*                                                                      *
* Funktions-Rueckgabe:                                                 *
*   -1: Kein Einschluss: fkt(x2) und fkt(x1) haben gleiche Vorzeichen  *
*    0: Nullstelle mit abs(f2)<FKTERR gefunden                         *
*    1: Abbruch mit   | xneu - xalt |  <  ABSERR + xneu * RELERR,      *
*       => Funktionswert f2 pruefen!                                   *
*    2: Iterationsmaximum erreicht                                     *
*                                                                      *
* Benutzte Konstanten:                                                 *
*   ABSERR, RELERR, MACH_EPS, EPSROOT, ITERMAX                         *
************************************************************************/
{
#define x1 (*_x1) /* Diese Groessen dienen der besseren Lesbarkeit: */
#define x2 (*_x2) /* Die xi und die fi kommen sowohl lokal als auch */
#define f2 (*_f2) /* als Rueckgabeparameter vor. Durch die defines  */
#define it (*_it) /* werden Indirektions-Sternchen vermieden!       */

#define samesign(a,b)    (((a)>=ZERO && (b)>=ZERO) || \
                          ((a)<ZERO && (b)<ZERO))

  REAL f1, x3, f3;
  int  res = 2;

  f1 = fkt (x1);                        /* Funktionswert f (x1) */
  f2 = fkt (x2);                        /* Funktionswert f (x2) */

  if (f1 == 0.0)                                  /* x1 Loesung */
  {
    x2 = x1;
    f2 = ZERO;
    return 0;
  }
  if (f2 == ZERO)                                 /* x2 Loesung */
    return 0;

  if (samesign (f1, f2))             /* kein Einschluss => Fehler */
    return -1;

  for (it = 0; it < ITERMAX; it++)        /* Pegasus-Iterationen */
  {
    x3 = x2 - (f2 / (f2 - f1)) * (x2 - x1);      /* neuer x-Wert */
    f3 = fkt (x3);                               /* neuer f-Wert */

    if (samesign (f2, f3))            /* bei gleichem Vorzeichen: */
      f1 *= f2 / (f2 + f3);           /*   f1-Betrag verkleinern  */
    else
    {                                 /* sonst neues Intervall    */
      x1 = x2;
      f1 = f2;
    }
    x2 = x3;                          /* umspeichern              */
    f2 = f3;
    if (FABS (f2) < FKTERR)           /* Nullstelle gefunden      */
    {
      res = 0;
      break;
    }
    if (FABS (x2 - x1) <= FABS (x2) * RELERR + ABSERR)
    {
      res = 1;                /* Abbruch: zu kleine Schrittweite  */
      break;
    }
```

```
    }
    if (FABS (f1) < FABS (f2))           /* den betragskleineren Wert */
    {                                    /*        auf f2 zuweisen    */
      x2 = x1;
      f2 = f1;
    }
  #undef x1
  #undef x2
  #undef f2
  #undef it
  #undef samesign
    return res;
  }

  int LegendreCoeff (REAL* s,
                     int    Grad)
  /****************************************************************************
  * berechnet die Koeffizienten des gewuenschten Legendre-Polynoms.           *
  * Der Grad des Polynoms muss angegeben sein.                                *
  * Die Koeffizienten werden im Array s eingetragen.                          *
  *                                                                           *
  * Die verwendete Rekursionsformel fuer die Koeffizienten lautet:            *
  *                                                                           *
  *            (n+1) P     (x) = (2n+1) x P  (x) - n P    (x)                 *
  *                   n+1                  n            n-1                   *
  *                                                                           *
  * Verwendete Globale Variablen: REAL* Leq_r, int Gewichtsberechnung         *
  ****************************************************************************/
  {
    int i, n;
    REAL f1, f2, *Leg_q;
    if (Grad==0)                         /* Trivialfall Null */
    {
      *s = ONE;
      return 0;
    }
    if (Grad==1)                         /* Spezialfall Eins */
    {
      *s++ = ZERO;
      *s   = ONE;
      if (GewichtsBerechnung)
        *(Leg_r = (REAL *)calloc (1, sizeof (REAL))) = ONE;
      return 0;
    }

    /****************************************************************************
    * Platzreservierung fuer die Hilfsfelder Leg_q und Leg_r                    *
    ****************************************************************************/
    if ((Leg_q = (REAL *)calloc (Grad-1, sizeof (REAL))) == NULL)
      return 1;
    Leg_q[0] = ONE;
    if ((Leg_r = (REAL *)calloc (Grad,   sizeof (REAL))) == NULL)
    {
      free (Leg_q);
      return 1;
    }
    Leg_r[0] = ZERO;
    Leg_r[1] = ONE;

    for (n = 1; n < Grad; n++)           /* Rekursion */
    {
      f1 =     n   / (REAL) (n+1);
      f2 = (2*n+1) / (REAL) (n+1);

      for (i = n+1; i >= 0; i-- ) s[i]  = 0.0;
      for (i = n+1; i >= 1; i-=2) s[i]  = f2 * Leg_r[i-1];
      for (i = n-1; i >= 0; i-=2) s[i] -= f1 * Leg_q[ i ];
```

Adaptive Quadraturverfahren

```
      if (n != Grad-1)
      {
        for (i = 0; i <= n;   i++) Leg_q[i] = Leg_r[i];
        for (i = 0; i <= n+1; i++) Leg_r[i] = s[i];
      }
  }
  if (! GewichtsBerechnung) free (Leg_r);
  free (Leg_q);
  return 0;
}
REAL LegPolWert (REAL x)
/****************************************************************
* berechnet einen Funktionswert des aktuellen Legendre-Polynoms. *
*                                                                *
* Eingabeparameter:                                              *
*   REAL x                  Stelle, an der das Legendre-Polynom  *
*                           ausgewertet werden soll              *
*                                                                *
* Funktionsrueckgabewert:   Wert des Legendre-Polynoms           *
*                                                                *
* Globale Variablen:        REAL* LegCoef                        *
*                           int   LegGrad                        *
*                                                                *
* Verwendung in:            LegendreNullst (fuer pegasus2)       *
*                           AdaQuaStGew                          *
*****************************************************************/
{
  REAL f;
  int  n = LegGrad;
  for (f = LegCoef[n--]; n >= 0; n--)
      f = f * x + LegCoef[n];
  return f;
}

#if 0
  void PrintCoeff (REAL* C, int Grad)
  {
    int n;
    printf ("LegCoeff %d:", Grad);
    for (n = Grad; n >= 0; n--) printf (" %+8.5"LZP"g", C[n]);
    printf ("\n");
  }
#endif

int LegendreNullst (REAL* Root,
                    int   Grad)
/****************************************************************
* berechnet alle Nullstellen eines Legendre-Polynoms.            *
*                                                                *
* Eingabeparameter:                                              *
*   int Grad                Grad des Legendre-Polynoms           *
*                                                                *
* Ausgabeparameter:                                              *
*                                                                *
*   REAL Root []            alle Nullstellen des Legendre-Polynoms *
*                                                                *
* Globale Variablen:        REAL* LegCoef, int LegGrad           *
*                                                                *
* Verwendete Routinen:      LegendreCoeff, LegPolWert, pegasus2  *
*                                                                *
*****************************************************************/
{
  REAL z = 3.141592654 / (Grad-.5);
  REAL x1, x2, f2, a = ONE, b;              /* Pegasus-Grenzen */
  int  i, n, m = Grad / 2;
```

```
    LegGrad = Grad;                            /* globale Variable */

    if ((LegCoef = (REAL *)calloc (Grad+1, sizeof (REAL))) == NULL)
        return 1;

    if (LegendreCoeff (LegCoef, Grad) != 0)    /* Koeffizienten */
        return 1;

#if 0                                          /* 1, wenn Koeffizienten zu */
    PrintCoeff (LegCoef, Grad);                /*    Testzwecken ausgegeben */
#endif                                         /*    werden sollen, sonst 0 */

    for (n = 0; n < m; n++)
    {
        x1 = a;
        x2 = b = .5 * (COS ((n + .5) * z) + COS ((n + 1) * z));
        if (pegasus2 (LegPolWert, &x1, &x2, &f2, &i) != 0)
        {
            free (LegCoef); return 2;
        }
        Root[n] = - x2; a = b;
    }
    if (Grad % 2 != 0) Root [m++] = ZERO;
    for (n = m; n < Grad; n++)
        Root [n] = - Root [Grad - n - 1];

    free (LegCoef); return 0;
}

int AdaQuaStGew (
                int Grad,
                REAL* StStelle,
                int AuchGewichte,
                REAL* Gewicht
                )
/****************************************************************************
 * errechnet die Stuetzstellen und ggf. die Gewichte einer adaptiven         *
 * Quadraturformel von angegebenem Grad.                                     *
 * Das Referenzintervall ist [-1, 1].                                        *
 *                                                                           *
 * Parameter:                                                                *
 *   int  Grad             Grad der Quadraturformel                          *
 *   int  AuchGewichte     Flag "mit Gewichtsberechnung"                     *
 *   REAL StStelle []      berechnete Stuetzstellen                          *
 *   REAL Gewicht  []      berechnete Gewichte                               *
 *                                                                           *
 * Funktions-Rueckgabe:                                                      *
 *   0:        alles ok                                                      *
 *   1:        Legendre-Polynom-Nullstellen wurde nicht ausgewertet          *
 *   2:        Grad unsinnig                                                 *
 *                                                                           *
 * Verwendete Routinen: LegendreNullst, LegPolWert                           *
 *                                                                           *
 * Globale Variablen:   REAL* Leg_r, int GewichtsBerechnung                  *
 *                                                                           *
 * Autor:               Uli Eggermann, 13.01.1991                            *
 ****************************************************************************/
{
    int i; REAL d, x0;

    if (Grad < 0) return (2);          /* keine Nullstellen bei Grad<Null */
    if (Grad == 0)
    {
        *StStelle = ZERO;
        if (AuchGewichte) *Gewicht = TWO;
        return (0);
```

Adaptive Quadraturverfahren

```
      }
      GewichtsBerechnung = AuchGewichte; /* fuer evtl.Benutzung von Leg_r*/
      if (LegendreNullst (StStelle, Grad) != 0)       /* die Stuetzstellen*/
         return 1;                    /* sind die Nullstellen des Legendre-Polynoms */

      if (GewichtsBerechnung)              /* ggf. die zugehoerigen Gewichte*/
      {
        LegCoef = Leg_r;
        LegGrad = Grad-1;
        for (i = 0; i < Grad; i++)
        {
          d = LegPolWert (x0 = StStelle[i]) * Grad;
          Gewicht[i] = 2 * (1 - x0 * x0) / (d * d);
        }
        free (Leg_r);                    /* WICHTIG: Freigabe von Leg_r */
        GewichtsBerechnung = 0;
      }
      return (0);
}


int ClenCurtStGew (
                   int n,
                   REAL* StStelle,
                   REAL* Gewicht
                  )
/***************************************************************
* errechnet die Stuetzstellen und Gewichte einer Clenshaw-Curtiz- *
* Quadraturformel der lokalen Fehlerordnung n+3 fuer das Referenz- *
* intervall [-1, 1].                                                *
*                                                                   *
* Parameter:                                                        *
*   int n              n+1 ist die Anzahl der Stuetzstellen         *
*                      und Gewichte: n > 1, n gerade                *
*                                                                   *
*   REAL   StStelle []    berechnete Stuetzstellen                  *
*   REAL   Gewicht  []    berechnete Gewichte                       *
*                                                                   *
* Funktions-Rueckgabe:                                              *
*   0:                    alles ok                                  *
*   1:                    n zu klein oder ungerade                  *
*                                                                   *
* Autor:                  Uli Eggermann, 24.09.1990                 *
***************************************************************/
{
  int k, j, m;
  REAL p, f, g, h, i = ONE, d;
  if (n < 2 || n % 2 != 0) return 1;       /* n - Test       */
  m = n / 2;                               /* m = n/2        */
  d = (REAL)(n * n - 1);                   /* d = n*n+1      */
  h = 2. / (n * d);                        /* h = 2/(n(n*n+1)) */
  f = 4. / n;                              /* f = 4/n        */
  p = f * ATAN (1.);                       /* p = pi/n       */

  Gewicht  [0] =   Gewicht  [n] = 1 / d;   /* linker Rand    */
  StStelle [0] = -ONE; StStelle [n] = ONE; /* rechter Rand   */

  for (k = 1; k <= m; k++, i = -i)         /* Intervall (-1,0] */
  {
    for (g = ZERO, j = 1; j < m; j++)
        g += COS (2 * j * k * p) / (4 * j * j - 1);
    Gewicht  [k] = h * (d + i) - f * g;
    StStelle [k] = - COS (k * p);
  }
  StStelle [m] = ZERO;                     /* Intervallmitte */

  for (k = m+1; k < n; k++)                /* Intervall (0, 1) */
```

```
      {
        Gewicht [k] =   Gewicht [n - k];
        StStelle [k] = - StStelle [n - k];
      }
      return 0;
    } /* ClenCurtStGew */

    int OrtogP (
             int n,
             REAL* Integrale,
             REAL* StStelle,
             REAL* Gewicht
             )
    /***************************************************************
     * Berechnung der Stuetzstellen und Gewichte einer verallgemeinerten *
     * Gauss-schen Quadraturformel                                  *
     *                                                              *
     * Parameter:                                                   *
     *    int    n             Anzahl der Stuetzstellen             *
     *    REAL   Integrale []  Feld mit den Integralwerten:         *
     *                         an der k. Stelle steht das Integral  *
     *                         ueber das gewichtete Monom x^k:      *
     *                               b    k                         *
     *                   Integrale[i] = S g(x) x  , k=0(1)2n-1      *
     *                               a                              *
     *    REAL   StStelle []   Stuetzstellen [0..n-1]               *
     *    REAL   Gewicht  []   Gewichte      [0..n-1]               *
     *                                                              *
     *    Funktions-Rueckgabe                                       *
     *     0:                  o.k.                                 *
     *     1:                  Gauss  klappte nicht                 *
     *     2:                  Mueller klappte nicht                *
     *     3:                  kein Platz fuer Hilfsfelder          *
     *                                                              *
     * benoetigte Unterprogramme: gauss, mueller                    *
     *                                                              *
     * Autor             Uli Eggermann, 24.08.1990                  *
     ***************************************************************/
    {
      int j, k, *perm;
      REAL f, *a, **gl, *rs, **lumat;
      /*
      int gauss   (int cas, int dim, REAL** Matrix, REAL** Lumat,
                    int* Perm, REAL* rs, REAL* StStelle, int* SignDet);
      int mueller (int n, REAL* c, int skal, REAL* zr, REAL* zi);
      */

      #define zi  rs                      /* benutze das Feld rs mehrmals */
      #define eta rs                      /* unter anderen Namen          */
      /***************************************************************
       * Hilfsfelder bereitstellen und im Fehlerfalle wieder freigeben *
       ***************************************************************/
      #define space(v,m,t)   if((v = (t *)malloc ((m)*sizeof(t))) == NULL)
      #define sploop(v,j,m,t) for (j=0; j<m; j++) space(v[j],m,t)
      #define freemat(a,k,n)  for (k=0; k<n; k++) free (a [k]); free (a);

      space (a,      n+1, REAL )  {                          return 3; }
      space (rs,     n,   REAL )  { fr_1: free(a);           return 3; }
      space (perm,   n,   int  )  { fr_2: free(rs);          goto fr_1; }
      space (gl,     n,   REAL*)  { fr_3: free(perm);        goto fr_2; }
      sploop(gl,   j,n,   REAL )  { fr_4: freemat(gl,k,j);   goto fr_3; }
      space (lumat,  n,   REAL*)  {                          goto fr_4; }
      sploop(lumat,j,n,   REAL )  {       freemat(lumat,k,j); goto fr_4; }

      #undef space
      #undef sploop
      /***************************************************************
```

Adaptive Quadraturverfahren

```
 *  Aus den vorgegebenen Integralwerten das Gleichungssystem    *
 *  vorbereiten und mittels Gauss loesen.                       *
 *  Im Loesungsvektor stehen die Koeffizienten des Lagrange-    *
 *  Polynoms (der fuehrende Koeffizient ist 1).                 *
 ***************************************************************/
   for (j=0; j<n; j++)
   {
     for (k=0; k<n;k++)
        gl [j] [k] = - Integrale [j + k];
     rs [j] = Integrale [j + n];
   }
   j = gauss (0, n, gl, lumat, perm, rs, a, &k);       /* gauss */

   free    (perm);
   freemat (gl,    j,n);
   freemat (lumat,j,n);
   if (j == 0)
   {
     free (rs); free (a); return 1;
   }
/***************************************************************
 *  Nullstellen des Polynoms bestimmen                          *
 ***************************************************************/
   a [n] = ONE;                        /* fuehrender Koeffizient 1 */
   k   = mueller (n, a, 1, StStelle, zi);            /* MULLER */
   if (k != 0)
   {
     free (a); free (zi); return 2;
   }
/***************************************************************
 *  Gewichte berechnen                                          *
 ***************************************************************/
   for (j=0; j<n; j++)
   {
     f = eta [n-1] = ONE;
     for (k=n-2; k>=0; k--)
     {
        eta [k] = a [k+1] + eta [k+1] * StStelle [j];
        f = eta [k] + f * StStelle [j];
     }
     Gewicht [j] = ZERO;
     for (k=0; k<n; k++)
        Gewicht [j] += eta [k] / f * Integrale [k];
   }
   free (eta);
   free (a);
   return 0;
} /* OrtogP */

#endif

/* ------------------------- ENDE stgew.c ------------------------ */
/* --------------------- DEKLARATIONEN legendre.h ---------------- */

int legendre      /* alle Nullstellen eines Legendre-Polynoms berechnen */
           (
            int   grad,             /* Grad des Polynoms ....*/
            REAL *alpha             /* Nullstellen ..........*/
           );                       /* Fehlercode ...........*/

/* ------------------------- ENDE legendre.h --------------------- */
/* ------------------------- MODUL legendre.c -------------------- */

/***************************************************************
 *                                                              *
 *  Berechnung der Nullstellen eines Legendre-Polynoms          *
```

```
/* --------------------------------------------------------- *
*                                                            *
* Programmiersprache: ANSI-C                                 *
* Compiler:          Turbo C 2.0                             *
* Rechner:           IBM PS/2 70 mit 80387                   *
* Autor:             Hermann-Josef Rheinbach (FORTRAN)       *
* Bearbeiter:        Juergen Dietel, Rechenzentrum der RWTH Aachen *
* Vorlagen:          bereits existierende C-, Pascal-, QuickBASIC- *
*                    und FORTRAN-Quelltexte                  *
* Datum:             MO 13. 1. 1992                          *
*                                                            *
*************************************************************/

#include <basis.h>      /* wegen PI, MACH_EPS, horner, FABS, REAL, */
                        /*       COS, ZERO, ONE, HALF              */
#include <vmblock.h>    /* wegen vmalloc, vmcomplete, vmfree, vminit, */
                        /*       VEKTOR                            */
#include <legendre.h>   /* wegen legendre                          */



static REAL gxpega      /* eine Nullstelle eines Polynoms berechnen ....*/
            (
             REAL a,
             REAL b,
             REAL *c,
             int  n
            )

/***************************************************************
* Diese Funktion bestimmt eine Nullstelle eines Polynoms vom Grade n, *
* dessen Koeffizienten in dem Feld c stehen. Die Nullstelle befindet  *
* sich innerhalb des Intervalls [a;b]. Das Verfahren ist eine ange-   *
* passte Version des Pegasusverfahrens.                              *
*                                                                    *
* Eingabeparameter:                                                   *
* =================                                                   *
* a  \ Grenzen des Intervalls, in dem sich                           *
* b  / die Nullstelle befindet.                                      *
* c    [0..n]-Vektor mit den Koeffizienten des Polynoms.             *
*      c[i] ist der Koeffizient von x^i.                             *
* n    Grad des Polynoms                                              *
*                                                                    *
* Funktionswert:                                                      *
* ==============                                                      *
* Nullstelle des Polynoms in [a;b]                                    *
*                                                                    *
* benutzte globale Namen:                                             *
* =======================                                             *
* REAL, horner, MACH_EPS, FABS, ZERO                                  *
***************************************************************/

{
  REAL xdiff,
       x1,
       x2,
       x3,
       f1,
       f2,
       f3,
       s12;

  x1 = a;
  x2 = b;
  f1 = horner(n, c, x1);
  f2 = horner(n, c, x2);
```

```
  xdiff = x2 - x1;
  for ( ; ; )
  {
    s12 = xdiff / (f2 - f1);
    x3  = x2 - f2 * s12;
    f3  = horner(n, c, x3);
    if (f2 * f3 < ZERO)
      x1 = x2,
      f1 = f2;
    else
      f1 *= f2 / (f2 + f3);

    x2 = x3;
    f2 = f3;
    if (FABS(f2) < MACH_EPS * (REAL)100.0)
      if (FABS(f1) < FABS(f2))
        return x1;
      else
        return x2;
    xdiff = x2 - x1;
    if (FABS(xdiff) < MACH_EPS * (REAL)100.0)
      if (FABS(f1) < FABS(f2))
        return x1;
      else
        return x2;
  }
}



int legendre      /* alle Nullstellen eines Legendre-Polynoms berechnen */
           (
            int   grad,               /* Grad des Polynoms ....*/
            REAL  *alpha              /* Nullstellen ..........*/
           )                          /* Fehlercode ...........*/
/***************************************************************
* die Nullstellen des Legendre-Polynoms vom Grad grad berechnen.
* Sie liegen alle im Intervall [-1;1].
*
* Eingabeparameter:
* =================
* grad   Grad des Legendre-Polynoms
*
* Ausgabeparameter:
* =================
* alpha  [0..grad-1]-Vektor mit allen Nullstellen des Legendre-
*        Polynoms vom Grad grad
*
* Funktionswert:
* ==============
* = 0: alles in Ordnung
* = 3: nicht genug Speicherplatz
*
* benutzte globale Namen:
* =======================
* gxpega, REAL, PI, COS, vminit, vmalloc, vmcomplete, vmfree, VEKTOR,
* ZERO, ONE, HALF
***************************************************************/
{
  float zw;
  REAL  *p_old,      /* [0..grad]-Vektor ........................*/
        *p_midd,     /* [0..grad]-Vektor ........................*/
        *c,          /* [0..grad]-Vektor ........................*/
        xk,
```

```
                  xk_plus,
                  xk_inv,
                  xfa,
                  grenza,
                  grenzb;
       int        i,                    /* Laufvariable ..........................*/
                  k,                    /* Laufvariable ..........................*/
                  gradhalb;             /* ganzzahliger Anteil von grad / 2 .......*/
       void       *vmblock;             /* Liste der dynamisch vereinbarten Vektoren */

       if (grad == 1)
       {
         alpha[0] = ZERO;
         return 0;
       }

       vmblock = vminit();                  /* Speicherblock initialisieren */
       p_old  = (REAL *)vmalloc(vmblock, VEKTOR, grad + 1, 0);
       p_midd = (REAL *)vmalloc(vmblock, VEKTOR, grad + 1, 0);
       c      = (REAL *)vmalloc(vmblock, VEKTOR, grad + 1, 0);
       if (! vmcomplete(vmblock))    /* Ging eine der Speicheranforderungen */
       {                             /* fuer den Block schief?              */
         vmfree(vmblock);            /* schon zugeordneten Speicher freigeben */
         return 3;                   /* und Fehler melden                   */
       }

       p_old[0]  = ONE;                    /* die Koeffizienten der         */
       p_midd[0] = ZERO;                   /* Legendre-Polynome bestimmen   */
       p_midd[1] = ONE;
       xk        = ZERO;

       for (k = 1; k < grad; k++)
       {
         xk++;
         xk_plus = xk + ONE;
         xk_inv  = ONE / xk_plus;
         xfa     = (xk + xk_plus) * xk_inv;
         for (i = 0; i <= k; i++)
           c[i + 1] = p_midd[i] * xfa;
         c[0] = ZERO;
         xfa = xk * xk_inv;
         for (i = 0; i <= k - 1; i++)
         {
           c[i]      -= p_old[i] * xfa;
           p_old[i]  = p_midd[i];
         }
         p_old[k] = p_midd[k];
         for (i = 0; i <= k + 1; i++)
           p_midd[i] = c[i];
       }

       grenza   = ONE;                       /* die symmetrisch zum      */
       zw       = (float)(PI / (grad - HALF));  /* Nullpunkt liegenden   */
       gradhalb = grad / 2;                  /* Nullstellen berechnen    */

       for (i = 1; i <= gradhalb; i++)       /* die negativen Nullstellen */
       {                                     /* berechnen                 */
         grenzb = HALF * (COS(((REAL)i - HALF) * zw) + COS((REAL)i * zw));
         alpha[i - 1] = -gxpega(grenza, grenzb, c, grad);
         grenza = grenzb;
       }
```

```
  for (i = 0, k = grad - 1; i < gradhalb; i++, k--) /* positive Null-   */
    alpha[k] = -alpha[i];                           /* stellen durch    */
                                                    /* Spiegelung       */
  if (grad % 2)                                     /* ungerader Polynomgrad? */
    alpha[k] = ZERO;                   /* Null ist auch eine Nullstelle. */

  vmfree(vmblock);

  return 0;
}
/* ------------------------ ENDE legendre.c ------------------------ */
```

P 16

```
/* -------------------- DEKLARATIONEN kubatur.h -------------------- */

#ifndef KUBATUR_H
#define KUBATUR_H

int  Kub4NeCn  (REAL a, REAL b, int Nx, REAL c, REAL d, int Ny,
                int Verfahren, REAL f(REAL,REAL),
                REAL* Wert, int Schaetzen, REAL* FehlerSch);
/*
void Kub4RoST  (REAL a, REAL b, int Nx, REAL c, REAL d, int Ny,
                int nST, REAL f(REAL,REAL), REAL* W);
*/
int  Kub4RoRi  (REAL a, REAL b, int Nx, REAL c, REAL d, int Ny,
                int nST, REAL f(REAL,REAL),
                REAL* Wert, REAL* FehlerSch);
int  Kub4GauE  (REAL a, REAL b, int Nx, REAL c, REAL d,
                int Ny, int Verf, REAL f(REAL,REAL),
                REAL* Wert, int Schaetzen, REAL* FehlerSch);
int  Kub4GauV  (REAL* x, int Nx, REAL* y, int Ny,
                int Verf, REAL f(REAL,REAL),
                REAL* Wert, int Schaetzen, REAL* FehlerSch);
int  RoRiExtr  (REAL* RoFo, int n, int Ordnung,
                REAL* Wert, REAL* FehlerSch);
int  BuRiExtr  (REAL* BuFo, int n, int Ord,
                REAL* Wert, REAL* FehlerSch);
int  BuNenner  (int j);
int  Kub3GauN  (REAL Px, REAL Py, REAL Qx, REAL Qy,
                REAL Rx, REAL Ry, int n, int m,
                REAL f(REAL,REAL), REAL* Wert);
int  Kub3NeC3  (REAL Px, REAL Py, REAL Qx, REAL Qy, REAL Rx, REAL Ry,
                int n, REAL f(REAL,REAL), REAL* Wert);
int  Kub3RoRi  (REAL Px, REAL Py, REAL Qx, REAL Qy, REAL Rx, REAL Ry,
                int n, REAL f(REAL,REAL), REAL* Wert, REAL* FehlerSch);
int  Kub4BuRi  (REAL a, REAL b, int Nx, REAL c, REAL d,
                int Ny, int nST, REAL f(REAL,REAL),
                REAL* Wert, REAL* FehlerSch);

REAL fibiku (int n, int m, REAL**** a, REAL* x, REAL* y);
REAL fibik1 (REAL**** a, int i, int j, REAL xi, REAL yj);
int  fibik2 (int n, int m, REAL**** a, REAL* x, REAL* y,
             REAL xlow, REAL ylow, REAL xup, REAL yup,
             REAL* value);
#endif

/* ---------------------- ENDE kubatur.h ---------------------- */
```

P 16.3 Newton–Cotes–Formeln für rechteckige Integrationsbereiche

```
/* ---------------------- MODUL kub4necn.c ---------------------- */

#ifndef KUB4NECN_C
#define KUB4NECN_C

#include <basis.h>
#include <kubatur.h>

int Kub4NeCn (
            REAL  a, REAL b, int Nx,
            REAL  c, REAL d, int Ny,
            int   Verfahren,
            REAL  f (REAL,REAL),
            REAL* Wert,
```

```
                    int     Schaetzen,
                    REAL*   FehlerSch
                    );
/*****************************************************************
*  Kubatur ueber Rechteck-Gebiete nach Newton-Cotes-Formeln.      *
*                                                                 *
*  Die Funktion f(x,y) wird mit einer summierten Kubaturformel von*
*  Newton-Cotes ueber das Rechteck (a,b; c,d) naeherungsweise     *
*  integriert.                                                    *
*                                                                 *
*  Parameter:                                                     *
*    REAL     a,b         linker und rechter Rand in x-Richtung sowie *
*    int      Nx          die Anzahl der Intervalle.              *
*    REAL     c,d         linker und rechter Rand in y-Richtung sowie *
*    int      Ny          die Anzahl der Intervalle.              *
*    int      Verfahren   Nummer des Verfahrens:                  *
*                            1: Sehnentrapez-                     *
*                            2: Simpson-                          *
*                            3: 3/8-                              *
*                            4: 4/90-                             *
*                            5: 5/288-                            *
*                            6: 6/840-                            *
*                            7: 7/17280-Formel                    *
*    doble    f (x,y)     zu integrierende Funktion               *
*    REAL     *Wert       Naeherung des Doppelintegrals           *
*    int      Mit_Sch     gibt an, ob eine Schaetzung des Fehlers *
*                            erfolgen soll (0: nein, sonst ja),   *
*                            wobei ein zweiter Kubatur-Durchgang mit *
*                            der halben Schrittweite durchgefuehrt wird *
*    REAL     *Sch        Schaetzung des Fehlers von Wert         *
*                                                                 *
*  Funktions-Rueckgabe:                                           *
*    0:                   o.k.                                    *
*    1:                   Intervall-Anzahl in x-Richtung unsinnig *
*    2:                   Intervall-Anzahl in y-Richtung unsinnig *
*    3:                   Verfahrens-Nummer unsinnig              *
*    4:                   Integrationsintervall der Laenge Null   *
*                                                                 *
*  Autor:                 Uli Eggermann, 08.08.1990               *
*****************************************************************/

/*****************************************************************
*  Globale Konstanten und Variablen                               *
*****************************************************************/
static REAL const K_1 [] = { 1./2, 1./2 };
static REAL const K_2 [] = { 1./6, 4./6, 1./6 };
static REAL const K_3 [] = { 1./8, 3./8, 3./8, 1./8 };
static REAL const K_4 [] = { 7./90, 32./90, 12./90, 32./90, 7./90 };
static REAL const K_5 [] = { 19./288, 75./288, 50./288,
                             50./288, 75./288, 19./288 };
static REAL const K_6 [] = { 41./840, 216./840, 27./840, 272./840,
                             27./840, 216./840, 41./840 };
static REAL const K_7 [] = { 751./17280, 3577./17280, 1323./17280,
                             2989./17280, 2989./17280, 1323./17280,
                             3577./17280, 751./17280 };
static REAL const *KubArr [] = { K_1, K_2, K_3, K_4, K_5, K_6, K_7 };

int KubVer = -1;              /* globale Variablen: Verfahrens-Nummer, */
int KubX, KubY;               /* Gesamtintervalle in x- bzw. y-Richtung */

/*****************************************************************
*  Kubatur ueber Rechteck-Gebiete nach Newton-Cotes-Formeln;      *
*****************************************************************/

int Kub4NeCn (REAL a, REAL b, int Nx, REAL c, REAL d, int Ny,
              int Verfahren, REAL f (REAL,REAL),
              REAL* Wert, int Schaetzen, REAL* FehlerSch)
```

```c
{
  int    i,   j,   k;
  REAL   Hab, Hcd, Wert1;
  REAL   K4KnotGew (int, int);

  if (Nx < 1)                               return (1);
  if (Ny < 1)                               return (2);
  if (Verfahren < 1 || Verfahren > 7)       return (3);
  if (a == b || c == d)                     return (4);

  KubVer = Verfahren;                       /* in globale Variable kopieren */

  for (k = 1; k <= (Schaetzen ? 2 : 1); k++)
  {
    KubX  = k * Nx * KubVer;
    KubY  = k * Ny * KubVer;
    *Wert = ZERO;                           /* Summe nullen   */
    Hab   = (b - a) / KubX;                 /* Schrittweiten  */
    Hcd   = (d - c) / KubY;

    for (i = 0; i <= KubX; i++)             /* Kubatur-Summe */
      for (j = 0; j <= KubY; j++) {
        *Wert += K4KnotGew (i,j) * f (a + i * Hab, c + j * Hcd);
      }
    *Wert *= Hab * Hcd * KubVer * KubVer;   /* letzte Mult. */
    if (Schaetzen && k == 1) Wert1 = *Wert; /* Wert merken  */
  }

  if (Schaetzen) *FehlerSch = (*Wert-Wert1) / (REAL)15;/* Schaetzwert */

  return (0);
}

REAL K4KnotGew (int i, int j)
/**************************************************************************
 * Lokale Funktion zur Bestimmung der Knotengewichte                       *
 *                                                                         *
 * In der summierten Form der Kubatur werden die Funktionswerte            *
 * an den einzelnen Knoten je nach der Lage (Rand, Mitte oder              *
 * Angrenzung zweier Rechtecke) unterschiedlich gewichtet.                 *
 **************************************************************************/
{
  REAL f;
  int  k;

  #define Faktor(a,b) ((k == 0 && a > 0 && a < b) ? TWO : ONE)

  /**************************************************************
   * d.h. fuer x-Richtung:                                        *
   *   1) Knoten auf Intervallgrenze (k == 0)                     *
   *   2) Knoten nicht links (a > 0) und nicht rechts (a < b)     *
   * und fuer y-Richtung:                                         *
   *   1) Knoten auf Intervallgrenze (k == 0)                     *
   *   2) Knoten nicht unten (a > 0) und nicht oben (a < b)       *
   **************************************************************/

  k  = i % KubVer;
  f  = KubArr [KubVer-1] [k] * Faktor (i, KubX);
  k  = j % KubVer;
  f *= KubArr [KubVer-1] [k] * Faktor (j, KubY);

  #undef Faktor

  return (f);
}

#endif
```

```
/* ---------------------- ENDE kub4necn.c ---------------------- */
```

P 16.4 Newton–Cotes–Formeln für Dreieckbereiche

```
/* ---------------------- MODUL kub3nec3.c ---------------------- */

#ifndef KUB3NEC3_C
#define KUB3NEC3_C

#include <basis.h>
#include <kubatur.h>

int Kub3NeC3 (
              REAL Px, REAL Py,
              REAL Qx, REAL Qy,
              REAL Rx, REAL Ry,
              int n,
              REAL f (REAL,REAL),
              REAL* Wert
             );
/***************************************************************
* Kubatur ueber Dreieck-Gebiete nach Newton-Cotes-Formeln;      *
*                                                               *
* Die Funktion f (x,y) wird gemaess der summierten 3-Punkte-Kubatur- *
* formel von Newton-Cotes ueber das Dreieck  PQR  ueber Unterdreiecke *
* naeherungsweise integriert.                                   *
* Die Kantenlaengen dieser Unterdreiecke berechnen sich als     *
* n-te Teile der Kanten PQ bzw. PR.                             *
*                                                               *
* Eingabe-Parameter:                                            *
*    REAL    Px,Py       Koordinaten des Eckpunktes P           *
*    REAL    Qx,Ry       Koordinaten des Eckpunktes Q           *
*    REAL    Rx,Ry       Koordinaten des Eckpunktes R           *
*    int     n           Unterdreieck-Anzahl entlang einer Kante *
*    REAL    f ()        zu integrierende Funktion              *
*    REAL    *Wert       Naeherung des Doppelintegrals          *
*                                                               *
* Funktions-Rueckgabe:                                          *
*    0:                  o.k.                                   *
*    1:                  Anzahl  n  unsinnig                    *
*    2:                  Eckpunkte P Q und R sind kollinear     *
*                                                               *
* Autor:                 Uli Eggermann, 01.08.1990              *
***************************************************************/

#define Kub3NeC3Epsilon .000001          /* fuer Kollinearitaetstest */

/***************************************************************
* Kubatur ueber Dreieck-Gebiete nach der                        *
* summierten 3-Punkte-Newton-Cotes-Formel                       *
***************************************************************/

int Kub3NeC3 (REAL Px, REAL Py, REAL Qx, REAL Qy, REAL Rx, REAL Ry,
              int n, REAL f (REAL,REAL), REAL* Wert)
{
   REAL hPQx, hPQy, hPRx, hPRy, Area;
   int  i, j;

   if (n < 1)                    return 1;       /* Anzahl ok? */
   Area =   Px * (Qy - Ry)
          + Qx * (Ry - Py)
          + Rx * (Py - Qy);                      /* P, Q und R */
   if (FABS (Area) < Kub3NeC3Epsilon ) return 2; /* kollinear? */

   n *= 2;                       /* Anzahl halber Dreieck-Seiten */
```

```
          hPQx = (Qx - Px) / n;
          hPQy = (Qy - Py) / n;              /* halber Vektor PQ         */
          hPRx = (Rx - Px) / n;
          hPRy = (Ry - Py) / n;              /* halber Vektor PR         */

          #define auswerten  (i % 2 || j % 2)      /* i oder j gerade   */
          #define X          Px + hPQx*i + hPRx*j  /* x-Argument        */
          #define Y          Py + hPQy*i + hPRy*j  /* y-Argument        */
          #define wieoft     ((i==0 || j==0 || i==n-j) ? 1 : 2)
                                       /*  am Dreiecksrand nicht doppelt */

          *Wert = ZERO;                      /* Kubaturwert = 0          */

          for (j = 0; j < n; j++)            /* j entlang PR             */
            for (i = 0; i <= n-j; i++)       /* i entlang PQ             */
              if (auswerten)                 /* gegebenenfalls           */
                *Wert += wieoft * f(X,Y);    /*   aufsummieren           */

          *Wert += wieoft * f(X,Y);          /*   aufsummieren           */
          *Wert *= Area / ((REAL)1.5 * n * n); /* letzter Faktor         */
          return 0;

          #undef Kub3NeC3Epsilon
          #undef auswerten
          #undef X
          #undef Y
          #undef wieoft
        }
        #endif

/* ---------------------- ENDE kub3nec3.c ---------------------- */
```

P 16.5 Das Romberg–Kubaturverfahren für Rechteckgebiete und Dreieckgebiete

```
/* ---------------------- MODUL kub4rori.c ---------------------- */

#ifndef KUB4RORI_C
#define KUB4RORI_C

#include <basis.h>
#include <kubatur.h>

int Kub4RoRi (
              REAL  a, REAL  b, int Nx,
              REAL  c, REAL  d, int Ny,
              int   nST,
              REAL  f (REAL,REAL),
              REAL* Wert,
              REAL* FehlerSch
             )
/***************************************************************************
* Kubatur ueber ein Rechteck mit dem summierten Romberg-Richardson-        *
* Verfahren                                                                *
*                                                                          *
* Mit der einfachen summierten Rechteck-Sehnentrapez-Formel werden         *
* fuer eine Rombergfolge von Schrittweiten die Integral-Naeherungen        *
* der Funktion f(x,y) berechnet und danach mit dem Richardson-             *
* Extrapolations-Verfahren eine verbesserte Naeherung ermittelt.           *
*                                                                          *
* Die Laengen der Schrittweiten bei Intervall-Breite  h  sind              *
* dabei { h/2, h/4, h/8, h/16, h/32, h/64, h/128, h/256 .. }               *
*                                                                          *
* Parameter:                                                               *
*    REAL    a,b,Nx    linker und rechter Rand in x-Richtung sowie         *
```

Das Romberg-Kubaturverfahren

```
*                  die Anzahl der Intervalle.                         *
*   REAL   c,d,Ny  linker und rechter Rand in y-Richtung sowie        *
*                  die Anzahl der Intervalle.                         *
*   int    nST     Anzahl der durchzufuehrenden summierten            *
*                  Sehnentrapez-Kubaturen                             *
*   REAL   f ()    Name der zu integrierenden Funktion                *
*   REAL   *Wert   Naeherung des Doppelintegrals                      *
*   REAL   *FehlSch Schaetzung des Fehlers von Wert                   *
*                                                                     *
* Funktions-Rueckgabe:                                                *
*   0:             o.k.                                               *
*   1:             Intervall-Anzahl in x-Richtung unsinnig            *
*   3:             nST unsinnig                                       *
*   4:             Integrationsrechteck der Flaeche Null              *
*   5:             kein Platz fuer Hilfs-Arrays                       *
*                                                                     *
* Benutztes Unterprogramm:                                            *
*   Kub4RoST (lokal)                                                  *
*                                                                     *
* Autor            Uli Eggermann, 01.08.1990                          *
***********************************************************************/
{
    int ret;
    REAL    *L;
    void Kub4RoST (REAL a, REAL b, int Nx, REAL c, REAL d, int Ny,
                   int nST, REAL f (REAL,REAL), REAL* W);

    if (Nx  < 1)            return (1);
    if (Ny  < 1)            return (2);
    if (nST < 1)            return (3);
    if (a == b || c == d) return (4);

    if ((L = (REAL *)calloc (nST, sizeof (REAL ))) == NULL) return (5);

                        /* Besetzung der Romberg-Spalte:            */
                        /* Kubatur nach dem Sehnentrapezformel */

    Kub4RoST (a, b, Nx, c, d, Ny, nST, f, L);

                /* Berechnung der resultierenden Richardson-Spalten */

    ret = RoRiExtr (L, nST, 2, Wert, FehlerSch) ? 5 : 0;

    free (L);
    return (ret);
}

void Kub4RoST (
              REAL   a, REAL b, int Nx,
              REAL   c, REAL d, int Ny,
              int    nST,
              REAL   f (REAL,REAL),
              REAL*  W
              )
/***********************************************************************
* Besetzung der Romberg-Spalte: Kubatur nach dem Sehnentrapezformel    *
***********************************************************************/
{
  int     Nab, Ncd, i, j, k;
  REAL    Hab, Hcd, Faktor;

  for (j = 0; j < nST; j++)
  {
      i = 1 << j; Nab = Nx * i;  Hab = (b - a) / Nab;    /* i = 2^j */
                  Ncd = Ny * i;  Hcd = (d - c) / Ncd;
      W[j] = ZERO;
      for (i=0; i<=Nab; i++)
```

```
          for (k=0; k<=Ncd; k++)
          {
                            Faktor = ONE;         /* aussen einfach      */
              if (i>0 && i<Nab) Faktor  = TWO;    /* im Inneren zweifach */
              if (k>0 && k<Ncd) Faktor *= TWO;    /*      bzw. vierfach  */

              W[j] += Faktor * f (a + i * Hab, c + k * Hcd);
          }

      W[j] *= Hab * Hcd * (REAL)0.25;
    }
    return;
}
#endif
/* ----------------------- ENDE kub4rori.c ----------------------- */
/* ----------------------- MODUL kub4buri.c ---------------------- */

#ifndef KUB4BURI_C
#define KUB4BURI_C

#include <basis.h>
#include <kubatur.h>

int Kub4BuRi (
              REAL a, REAL b, int Nx,
              REAL c, REAL d, int Ny,
              int nST,
              REAL f(REAL,REAL),
              REAL* Wert,
              REAL* FehlerSch
             )
/***************************************************************************
* Kubatur ueber Rechtecke mit dem summierten Bulirsch-Richardson-          *
* Verfahren                                                                *
*                                                                          *
* Mit der einfachen summierten Rechteck-Sehnentrapez-Formel werden         *
* fuer eine Bulirschfolge von Schrittweiten die Integral-Naeherungen       *
* der Funktion  f(x,y)  berechnet und danach mit dem Richardson-           *
* Extrapolations-Verfahren eine verbesserte Naeherung ermittelt.           *
*                                                                          *
* Die Laengen der Schrittweiten bei gegebener Intervallbreite h            *
* sind dabei { h/2, h/3, h/4, h/6, h/8, h/12, h/16, h/24 ... }             *
*                                                                          *
* Eingabe-Parameter:                                                       *
*    REAL     a,b,Nx    linker und rechter Rand in x-Richtung sowie        *
*                       die Anzahl der Intervalle.                         *
*    REAL     c,d,Ny    linker und rechter Rand in y-Richtung sowie        *
*                       die Anzahl der Intervalle.                         *
*    int      nST       Anzahl der durchzufuehrenden summierten            *
*                       Sehnentrapez-Kubaturen                             *
*    REAL     f (x,y)   Funktion, die zu integrieren ist                   *
*    REAL     *Wert     Naeherung des Doppelintegrals                      *
*    REAL     *FehlSch  Schaetzung des Fehlers von Wert                    *
*                                                                          *
* Funktions-Rueckgabe:                                                     *
*    0:                 o.k.                                               *
*    1:                 kein Platz fuer Hilfsvektor                        *
*    2:                 Intervall-Anzahl in x-Richtung unsinnig            *
*    3:                 Intervall-Anzahl in y-Richtung unsinnig            *
*    4:                 nST unsinnig                                       *
*    5:                 Integrationsintervall der Laenge Null              *
*                                                                          *
* Benoetigte Unterprogramme:                                               *
*    BuNenner           lokale Funktion zur Bestimmung des Nenners         *
*                       einer zu bestimmenden Schrittweite.                *
*    Kub4BuST           Berechnung der Kubaturwerte                        *
```

Das Romberg-Kubaturverfahren

```
*   BuRiExtr       Bulirsch-Richardson-Extrapolation              *
*                                                                 *
* Autor            Uli Eggermann, 05.08.1990                      *
***************************************************************/
/***************************************************************
      Kubatur ueber Rechtecke mit dem summierten
      Bulirsch-Richardson-Verfahren (Rechtecke)
***************************************************************/
{
   REAL    *L;
   int      j;
   void Kub4BuST (REAL a, REAL b, int Nx, REAL c, REAL d, int Ny,
                  int j, REAL f (REAL,REAL), REAL* L);

   if (Nx  < 1)            return (2);    /* Ueberpruefung der */
   if (Ny  < 1)            return (3);    /* Eingabewerte      */
   if (nST < 1)            return (4);
   if (a == b || c == d)   return (5);

                   /* Allokieren und Besetzung der Bulirsch-Spalte */
                   /* Kubatur nach der Sehnentrapezformel          */

   if ((L = (REAL *)calloc (nST, sizeof (REAL  ))) == NULL) return (1);

   for (j=0; j<nST; j++)
     Kub4BuST (a, b, Nx, c, d, Ny, j, f, L);

              /* Durchfuehrung der Bulirsch-Richardson-Extrapolation */

   j = BuRiExtr (L, nST, 2, Wert, FehlerSch);

   free   (L);
   return (j);
}

void Kub4BuST (
                REAL a, REAL b, int Nx,
                REAL c, REAL d, int Ny,
                int j,
                REAL f(REAL,REAL),
                REAL* L
              )
/***************************************************************
* Besetzung der  j-ten  Komponente des Arrays  L  mit Kubaturwerten *
* (Sehnentrapezformel)                                              *
***************************************************************/
{
  int nn, i, k, Nab, Ncd;
  REAL   Hab, Hcd, Faktor;

  nn = BuNenner (j);
  Nab = nn * Nx;        Hab = (b - a) / Nab;
  Ncd = nn * Ny;        Hcd = (d - c) / Ncd;
  for (i = 0; i <= Nab; i++)
    for (k = 0; k <= Ncd; k++)
    {
                                    Faktor  = ONE;
      if ( i > 0 && i < Nab )       Faktor  = TWO;
      if ( k > 0 && k < Ncd )       Faktor *= TWO;

      L[j] += Faktor * f (a + i * Hab, c + k * Hcd);
    }
                                  /*                      hx hy */
  L[j] *= Hab * Hcd * (REAL)0.25; /* Multiplikation mit  ------ */
                                  /*                        4   */
  /* printf ("%"LZP"f \n", L(j)); */
```

```
}
#endif
/* ----------------------- ENDE kub4buri.c ----------------------- */
/* ----------------------- MODUL kub3rori.c ----------------------- */

#ifndef KUB3RORI_C
#define KUB3RORI_C

#include <basis.h>
#include <kubatur.h>

int Kub3RoRi (
              REAL  Px, REAL Py,
              REAL  Qx, REAL Qy,
              REAL  Rx, REAL Ry,
              int   n,
              REAL  f (REAL,REAL),
              REAL* Wert,
              REAL* FehlerSch
             )
/***********************************************************************
* Kubatur ueber Dreieck-Gebiete mit summierter 3-Punkte-Formel         *
* und Romberg-Richardson-Extrapolation:                                *
*                                                                      *
* Die Funktion f (x,y) wird gemaess der summierten 3-Punkte-Kubatur-   *
* formel von Newton-Cotes ueber das Dreieck  PQR  ueber aehnliche      *
* Unterdreiecke naeherungsweise integriert.                            *
* Die Anzahl der Kubaturdurchfuehrungen mit jeweils halbierten         *
* Unterdreieck-Kantenlaengen wird in  n  angegeben.                    *
*                                                                      *
* Eingabe-Parameter:                                                   *
*   REAL    Px,Py       Koordinaten des Eckpunktes P                   *
*   REAL    Qx,Ry       Koordinaten des Eckpunktes Q                   *
*   REAL    Rx,Ry       Koordinaten des Eckpunktes R                   *
*   int     n           Anzahl der Kubatur-Durchfuehrungen             *
*   REAL    f (x,y)     Funktion, ueber die integriert werden soll     *
*   REAL    *Wert       Naeherung des Doppelintegrals                  *
*   REAL    *FehlSch    Abschaetzung des Fehlers von Wert              *
*                                                                      *
* Funktions-Rueckgabe:                                                 *
*   0:              o.k.                                               *
*   1:              Anzahl  n  unsinnig                                *
*   2:              Dreieck-Eckpunkte P Q und R sind kollinear         *
*   3:              kein Platz fuer den Hilfsvektor                    *
*                                                                      *
* Benoetigte Unterprogramme:                                           *
*   RoRiExtr    Romberg-Richardson-Extrapolation                       *
*   Kub3NeC3    Berechnung eines Kubaturwertes                         *
*   Kub3Nec3n   Berechnung und Speicherung der n Kubaturwerte          *
*                                                                      *
* Autor         Uli Eggermann, 05.07.1990                              *
***********************************************************************/
{
  int   i;
  REAL  *W;
  int Kub3Nec3n (REAL Px, REAL Py, REAL Qx, REAL Qy, REAL Rx, REAL Ry,
                 int n, REAL f(REAL,REAL), REAL* W);

  if (n < 1)                                                 return (1);
  if ((W = (REAL *)malloc (n * sizeof (REAL))) == NULL) return (3);

              /* Besetzung der ersten Spalte mit Newton-Cotes-Werten */
  i = Kub3Nec3n (Px,Py, Qx,Qy, Rx,Ry, n, f, W);

              /* Berechnung der resultierenden Richardson-Spalten */
  if (i == 0)    /* nur, wenn erste Spalte ok.                   */
```

```
    if (n == 1)
    {
      *Wert = *W;
      *FehlerSch = ZERO;
      i = 0;
    }
    else i = RoRiExtr (W, n, 2, Wert, FehlerSch);

    free (W);                                       /* Re-Allokierung */
    return i;
}
int Kub3Nec3n (
               REAL Px, REAL Py,
               REAL Qx, REAL Qy,
               REAL Rx, REAL Ry,
               int n,
               REAL f(REAL,REAL),
               REAL* W
              )
/***************************************************************************
* Berechnung und Speicherung der n Kubaturwerte im                         *
* bereitgestellten Array W[].                                              *
***************************************************************************/
{
  int i, ret = 0;
  if (n < 1) return (1);

  for (i = 0; i < n; i++)
  {
    if ((ret = Kub3NeC3 (Px,Py,Qx,Qy,Rx,Ry, 1<<i, f, &W[i])) != 0)
      break;
    #ifdef _TEST_
      printf ("%f ", W[i]);                         /* Test-Print */
    #endif
  }
  #ifdef _TEST_
    printf ("\n");                                  /* Test-Print */
  #endif
  return (ret);                                     /* Rueckgabe */
}

#endif

/* ----------------------- ENDE kub3rori.c ----------------------- */
/* ----------------------- MODUL buriextr.c ----------------------- */

#ifndef BURIEXTR_C
#define BURIEXTR_C

#include <basis.h>                                  /* pow (), fabs () */
#include <kubatur.h>

int BuRiExtr (REAL* BuFo,
              int   n,
              int   Ord,
              REAL* Wert,
              REAL* FehlerSch
             )
/***************************************************************************
* Richardson-Extrapolation bei gegebener Bulirsch-Folge.                   *
*                                                                          *
* Parameter:                                                               *
*                                                                          *
*   REAL   BuFo []        Bulirsch-Folge                                   *
*   int    n              Anzahl der Elemente in BuFo                      *
```

```
*     int      Ord         Ordnung des Verfahrens                   *
*     REAL     *Wert        letzter Wert der Extrapolation           *
*     REAL     *FehlerSch  Abschaetzung des Fehlers von Wert         *
*                                                                    *
* Funktions-Rueckgabe:                                                *
*                                                                    *
*     0:                  o.k.                                        *
*     1:                  kein Platz fuer Hilfsarray                  *
*                                                                    *
* Benoetigte Unterprogramme:                                          *
*                                                                    *
*    BuNenner ()  Teiler der Schrittweiten, die sowohl bei der        *
*                 Erstellung der Bulirschfolge als auch bei der       *
*                 Richardson-Extrapolation benoetigt werden.          *
*                                                                    *
***********************************************************************/
{
  int   j, k;
  REAL  P, *RiEx;
  int   BuNenner (int j);

  if ((RiEx = (REAL *)calloc (n, sizeof (REAL))) == NULL) return 1;
  for (k=0; k<n; k++)  RiEx[k] = BuFo[k];

  for (k=1; k<n; k++)
    for (j=0; j<n-k; j++)
    {
      P = POW ((REAL) BuNenner (j+k) / (REAL) BuNenner (j),
               (REAL) k * Ord);
      RiEx[j] = (P * RiEx [j+1] - RiEx [j]) / (P - ONE);
    }

  *Wert     = RiEx [0];
  *FehlerSch = FABS (RiEx [0] - RiEx [1]);
  free (RiEx);
  return 0;
}

int BuNenner (int j)
/***********************************************************************
* Bestimmung des Schrittweiten-Nenners                                *
* Ergebnis je nachdem, ob das Argument gerade oder ungerade ist       *
***********************************************************************/
{
  if (j == 0)       return   1;
  if (j % 2 == 0)   return 3 * 1 << ((j + 2) / 2);   /* j gerade  */
                    return     1 << ((j + 1) / 2);   /* j ungerade */
}
#endif

/* ---------------------------- ENDE buriextr.c ------------------------ */
/* ---------------------------- MODUL roriextr.c ----------------------- */

#ifndef RORIEXTR_C
#define RORIEXTR_C

#include <basis.h>
#include <kubatur.h>

int RoRiExtr (
              REAL* RoFo,
              int   n,
              int   Ordnung,
              REAL* Wert,
              REAL* FehlerSch
             )
/***********************************************************************
```

```
* Richardson-Extrapolation bei gegebener Romberg-Folge        *
*                                                             *
* Parameter:                                                  *
*   REAL   RoFo []    gegebene Romberg-Folge                  *
*   int    nRoFo      Anzahl der Elemente in RoFo             *
*   int    Ordnung    Ordnung des Verfahrens                  *
*   REAL*  Wert       letzter Wert der Extrapolation          *
*   REAL*  FehlSch    Abschaetzung des Fehlers von Wert       *
*                                                             *
* Funktions-Rueckgabe:                                        *
*   0:                o.k.                                    *
*   1:                kein Platz fuer Hilfsarray (nRoFo zu gross) *
*                                                             *
* Autor            Uli Eggermann, 01.08.1990                  *
***************************************************************/
{
  int    j, k, p, s;
  REAL*  RiEx;

  if ((RiEx = (REAL *)calloc (n, sizeof (REAL ))) == NULL) return (1);

  for (k = 0; k < n; k++)                 /* Kopie */
    RiEx[k] = RoFo[k];

  p = s = 1 << Ordnung;                   /* Zwei hoch Ordnung */

  for (k = n - 1; k > 0; k--)
  {
    for (j = 0; j < k; j++)
      RiEx [j] = (p * RiEx [j+1] - RiEx [j]) / (p - 1);
#ifdef _TEST_
    printf ("%8.4"LZP"f ", RiEx[j]);
#endif
    p *= s;
#ifdef _TEST_
    printf ("\n");
#endif
  }

  *Wert = RiEx[0];
  *FehlerSch = FABS (RiEx [0] - RiEx [1]);

  free (RiEx);

  return (0);
}
#endif

/* ---------------------- ENDE roriextr.c ---------------------- */
```

P 16.6 Gauß-Kubaturformeln für Rechteckbereiche

```
/* -------------------- DEKLARATIONEN kub4gau.h -------------------- */
#ifndef KUB4GAU_H
#define KUB4GAU_H
/*****************************************************************
*       Hier werden die Konstanten fuer eine Kubatur ueber Rechteck- *
*       Gebiete nach Newton-Cotes-Formeln zur Verfuegung gestellt.   *
*                                                                 *
*       Die Struktur kub4_ta enthaelt ein Paar von doubles:         *
*         eine Stuetzstelle t und das zugehoerige Gewicht a.        *
*                                                                 *
*       Die Arrays K_i (i = 0..7) enthalten (i+1) solche Paare      *
*         gemaess des Ordnung der Kubaturformel.                   *
*                                                                 *
```

```
 *       Die Komponenten des Arrays KubArr zeigen nun auf die K_i,      *
 *       so dass mit "KubArr [n] [j]" das j-te Paar einer Kubatur-      *
 *       formel der Ordnung n angesprochen wird.                        *
 *                                                                      *
 *       Autor:          Uli Eggermann, 17.02.1991                      *
 ************************************************************************/

typedef struct
{
  REAL t, a;                            /* Stuetzstelle t und Gewicht a */
} kub4_ta;

static kub4_ta K_0 [] = {{               ZERO,  TWO                  }};
static kub4_ta K_1 [] = {{ -.577350269189626,  ONE                  },
                         {  .577350269189626,  ONE                  }};
static kub4_ta K_2 [] = {{ -.774596669241483, .5555555555555556     },
                         {               ZERO, .8888888888888888    },
                         {  .774596669241483, .5555555555555556     }};
static kub4_ta K_3 [] = {{ -.861136311594053, .347854845137454      },
                         { -.339981043584856, .652145154862546      },
                         {  .339981043584856, .652145154862546      },
                         {  .861136311594053, .347854845137454      }};
static kub4_ta K_4 [] = {{ -.906179845938664, .236926885056189      },
                         { -.538469310105683, .478628670499366      },
                         {               ZERO, .5688888888888889    },
                         {  .538469310105683, .478628670499366      },
                         {  .906179845938664, .236926885056189      }};
static kub4_ta K_5 [] = {{ -.932469514203152,,.17132449237917       },
                         { -.661209386466265, .360761573048139      },
                         { -.238619186083197, .467913934572691      },
                         {  .238619186083197, .467913934572691      },
                         {  .661209386466265, .360761573048139      },
                         {  .932469514203152,,.17132449237917       }};
static kub4_ta K_6 [] = {{ -.949107912342759, .12948496616887       },
                         { -.741531185599394, .279705391489277      },
                         { -.405845151377397, .381830050505119      },
                         {               ZERO, .417959183673469     },
                         {  .405845151377397, .381830050505119      },
                         {  .741531185599394, .279705391489277      },
                         {  .949107912342759, .12948496616887       }};
static kub4_ta K_7 [] = {{ -.960289856497536, .101228536290376      },
                         { -.796666477413626,,.222381034453374      },
                         { -.525532409916329, .313706645877887      },
                         { -.18343464249565,  .362683783378362      },
                         {  .18343464249565,  .362683783378362      },
                         {  .525532409916329, .313706645877887      },
                         {  .796666477413626,,.222381034453374      },
                         {  .960289856497536, .101228536290376      }};

static kub4_ta *KubArr [] = { K_0, K_1, K_2, K_3, K_4, K_5, K_6, K_7 };

#define kub4_max  ((sizeof (KubArr) / sizeof (KubArr[0])) - 1)

#endif

/* --------------------- ENDE kub4gau.h --------------------- */
/* --------------------- MODUL kub4gaue.c ------------------- */

#ifndef KUB4GAUE_C
#define KUB4GAUE_C

#include <basis.h>
#include <kubatur.h>
#include <kub4gau.h>

int Kub4GauE (
         REAL   a, REAL b, int Nx,
```

Gauß–Kubaturformeln für Rechteckbereiche

```
                    REAL    c, REAL d, int Ny,
                    int     Verf,
                    REAL    f (REAL,REAL),
                    REAL*   Wert,
                    int     Schaetzen,
                    REAL*   FehlerSch
                   )
/***************************************************************
* Kubatur ueber Rechteck-Gebiete nach Newton-Cotes-Formeln.      *
*                                                                *
* Die Funktion f(x,y) wird gemaess der summierten Kubaturformel von *
* Gauss ueber das Rechteck (a,b; c,d) ueber Unterrechtecke naeherungs- *
* weise integriert.                                              *
* Die Kantenlaengen dieser Unterrechtecke berechnen sich als Teile der *
* Kanten ab: (b-a) / Nx    und    cd: (d-c) / Ny                 *
*                                                                *
* Eingabe-Parameter:                                             *
*   REAL    a, b, Nx     linker und rechter Rand in x-Richtung   *
*                        sowie die Anzahl der Intervalle.        *
*   REAL    c, d, Ny     linker und rechter Rand in y-Richtung   *
*                        sowie die Anzahl der Intervalle.        *
*   int     Verf         Nummer des Verfahrens (0 <= Verf <= 7)  *
*   REAL    f ()         Name der zu integrierenden Funktion     *
*   int     Mit_Schaetz  wenn ungleich Null, so wird der         *
*                        Schaetzwert bestimmt                    *
*   REAL    *Kubaturwert Naeherung des Doppelintegrals           *
*   REAL    *Schaetzwert wird ggf. bestueckt, wobei ein zweiter  *
*                        Kubatur-Durchgang mit der halben        *
*                        Schrittweite durchgefuehrt wird         *
*                                                                *
* Funktionsrueckgabe:                                            *
*   0:                   o.k.                                    *
*   1:                   Intervall-Anzahl in x-Richtung unsinnig *
*   2:                   Intervall-Anzahl in y-Richtung unsinnig *
*   3:                   Verfahrens-Nummer unsinnig              *
*   4:                   Integrationsintervall der Laenge Null   *
*                                                                *
* Autor                  Uli Eggermann, 15.08.1990               *
****************************************************************/
{
  int  i, j, k, u, v, Nab, Ncd;
  REAL Hab, Hcd, Wert1;

  if (Nx < 1)                    return (1);
  if (Ny < 1)                    return (2);
  if (Verf < 0 || Verf > 7)      return (3);
  if (a == b || c == d)          return (4);

  for (k = 1; k <= (Schaetzen ? 2 : 1); k++)
  {
    Nab = k * Nx;                            /* Anzahl der Intervalle */
    Ncd = k * Ny;
    Hab = HALF * (b - a) / Nab;              /* halbe x-Schrittweite */
    Hcd = HALF * (d - c) / Ncd;              /* halbe y-Schrittweite */

    #define  kub  KubArr [Verf]

    *Wert = ZERO;                            /* Kubatur-Summe nullen */

    for (i = 0; i < Nab; i++)
      for (j = 0; j < Ncd; j++)
        for (u = 0; u <= Verf; u++)
          for (v = 0; v <= Verf; v++)
          {
            REAL  w = Hab * Hcd * kub[u].a * kub[v].a;
            REAL  x = a + Hab * (kub[u].t + 2 * i + 1);
            REAL  y = c + Hcd * (kub[v].t + 2 * j + 1);
```

```
                    REAL    z = f (x, y);
                    *Wert += w * z;
                    /*
                    printf("i=%2d j=%2d u=%d v=%d w=%4.21f f=%6.21f I=%6.21f\r",
        33i, j, u, v, w, z, *Wert);
                    */
                  }
       if (Schaetzen && k == 1) Wert1 = *Wert;       /* ggf. Wert merken */
     }
     if (Schaetzen) *FehlerSch = (*Wert-Wert1) / THREE;  /* Schaetzwert */
     return (0);
    #undef kub
   }
  #endif

  /* ---------------------- ENDE kub4gaue.c ---------------------- */
  /* ---------------------- MODUL kub4gauv.c ---------------------- */

  #ifndef KUB4GAUV_C
  #define KUB4GAUV_C

  #include <basis.h>
  #include <kubatur.h>
  #include <kub4gau.h>

  int Kub4GauV (
               REAL* x, int Nx,
               REAL* y, int Ny,
               int    Verf,
               REAL   f (REAL,REAL),
               REAL* Wert,
               int    Schaetzen,
               REAL* FehlerSch
              )
  /****************************************************************
  * Kubatur ueber Rechteck-Gebiete nach Newton-Cotes-Formeln.      *
  *                                                                *
  * Die Funktion f(x,y) wird gemaess der summierten Kubaturformel von *
  * Gauss ueber das Rechteck (a,b; c,d) ueber Unterrechtecke naeherungs- *
  * weise integriert.                                              *
  *                                                                *
  * Die Kantenlaengen dieser Unterrechtecke sind - anders als in der *
  * Routine Kub4GauE - nicht equidistant, sondern werden in den beiden *
  * Arrays X [] und Y [] zur Verfuegung gestellt.                  *
  *                                                                *
  * Parameter:                                                     *
  *   REAL    X []   Array mit den Randwerten der x-Intervalle:    *
  *                      a = X[0] < X[1] < .. < X[Nx] = b          *
  *   REAL    Y []   Array mit den Randwerten der y-Intervalle:    *
  *                      c = Y[0] < Y[1] < .. < Y[Ny] = d          *
  *   int     Verf   Nummer des Verfahrens (0 <= Verf <= 7)        *
  *   REAL    f ()   Funktion, die integriert werden soll          *
  *   REAL   *Wert   Naeherung des Doppelintegrals                 *
  *   int     Mit_Sch gibt an, ob eine Schaetzung des Fehlers      *
  *                   erfolgen soll (0: nein, sonst ja),           *
  *                   wobei ein zweiter Kubatur-Durchgang mit      *
  *                   der halben Schrittweite durchgefuehrt wird   *
  *   REAL   *Sch    Schaetzung des Fehlers von Wert               *
  *                                                                *
  * Funktionsrueckgabe:                                            *
  * ------------------                                             *
  *   0: o.k.                                                      *
  *   1: Verfahrens-Nummer unsinnig                                *
  *   2: x-Intervall der Laenge Null                               *
  *   3: y-Intervall der Laenge Null                               *
  *                                                                *
  * Autor:          Uli Eggermann, 02.09.1991                      *
```

```
/******************************************************************/
{
  int     k, Si, Sj, i, j, u, v;
  REAL    Hx, Hy, Wert1, Tx, Ty;

  if (Verf < 0 || Verf > 7) return 1;        /* Verfahrenstest  */
  for (i = 0; i < Nx; i++)                    /* X-Intervall-Test */
    if (x [i+1] <= x [i]) return 2;
  for (j = 0; j < Ny; j++)                    /* Y-Intervall-Test */
    if (y [j+1] <= y [j]) return 3;

#define KUB KubArr[Verf]

  for (k = 1; k <= (Schaetzen ? 2 : 1); k++)  /* Schaetzung? zwei */
  {
    *Wert = ZERO;                              /* Kubatur nullen   */
    for (i = 0; i < Nx; i++)                   /* X-Intervalle     */
    {
      Hx = (x [i+1] - x [i]) / (2*k);          /* halbe X-Breite   */
      for (Si = 1; Si < 2*k; Si += 2)          /* X-Schaetz-Teilung*/
      {
        Tx = x [i] + Si * Hx;                  /* X-Intervall-Mitte*/
        for (j = 0; j < Ny; j++)               /* Y-Intervalle     */
        {
          Hy = (y [j+1] - y [j]) / (2*k);      /* halbe Y-Breite   */
          for (Sj = 1; Sj < 2*k; Sj += 2)      /* Y-Schaetz-Teilung*/
          {
            Ty = y [j] + Sj * Hy;              /* Y-Intervall-Mitte*/
            for (u = 0; u <= Verf; u++)
              for (v = 0; v <= Verf; v++)
                *Wert +=    Hx
                          * KUB[u].a
                          * Hy
                          * KUB[v].a
                          * f (Tx + Hx * KUB[u].t, Ty + Hy * KUB[v].t);
          } /* for (Sj) */
        } /* for (j) */
      } /* for (Si) */
    } /* for (i) */

    if (Schaetzen && k == 1) Wert1 = *Wert;    /* ggf. Wert merken */

  } /* for (k) */

#undef KUB

  if (Schaetzen) *FehlerSch = (*Wert - Wert1) / THREE;
  return 0;

}
#endif
/* ---------------------- ENDE kub4gauv.c ---------------------- */
```

P 16.7 Gauß–Kubaturformeln für Dreieckbereiche

```
/* ---------------------- MODUL kub3gaun.c ---------------------- */

#ifndef KUB3GAUN_C
#define KUB3GAUN_C

#include <basis.h>
#include <kubatur.h>

int Kub3GauN (
              REAL Px, REAL Py,
```

```
                    REAL Qx, REAL Qy,
                    REAL Rx, REAL Ry,
                    int n,   int m,
                    REAL f(REAL,REAL),
                    REAL* Wert
                  );
/****************************************************************************
* Kubatur ueber Dreieck-Gebiete nach der n-Punkt-Gauss-Formel               *
*                                                                           *
* Die Funktion f (x,y) wird mit der summierten n-Punkt-Kubatur-Formel       *
* von Gauss ueber dem Dreieck PQR ueber m * m Unterdreiecke                 *
* naeherungsweise integriert.                                               *
* Die Kantenlaengen dieser Unterdreiecke berechnen sich als                 *
* m-te Teile der Kanten PQ bzw. PR.                                         *
*                                                                           *
* Eingabe-Parameter:                                                        *
*    REAL    Px,Py       Koordinaten des Eckpunktes P                       *
*    REAL    Qx,Ry       Koordinaten des Eckpunktes Q                       *
*    REAL    Rx,Ry       Koordinaten des Eckpunktes R                       *
*    int     n           Version des Verfahrens                             *
*                        (gleich Punktzahl je Unterdreieck)                 *
*    int     m           Anzahl der Unterdreiecke entlang einer Kante       *
*    REAL    f ()        Name der Funktion                                  *
*    REAL    *Wert       Naeherung des Doppelintegrals                      *
*                                                                           *
* Funktions-Rueckgabe:                                                      *
*    0:                  o.k.                                               *
*    1:                  Anzahl m unsinnig                                  *
*    2:                  Eckpunkte P Q und R sind kollinear                 *
*                        (d.h. liegen auf einer Geraden,                    *
*                         und bilden kein echtes Dreieck)                   *
*    3:                  Verfahren n nicht implementiert                    *
*                                                                           *
* Autor:                 Uli Eggermann, 01.08.1990                          *
****************************************************************************/

/* Konstante Epsilon fuer die Kollinearitaetspruefung von P,Q und R */
/* d.h. das Dreieck PQR hat eine Flaeche kleiner als Epsilon halbe  */

#define GaußEpsilon (REAL)0.0001

/****************************************************************************
* Die Konstanten zu den n-Punkte-Dreiecks-Kubaturformeln:                   *
****************************************************************************/

typedef struct
{
  REAL w, x, y;                          /* Gewicht, x-y-Koordinate */
} Tripel;

Tripel Gau1Konst [] = { { 1./2., 1./3., 1./3. } };
Tripel Gau2Konst [] = { { 1./4., 1./6., 1./2. },
                        { 1./4., 1./2., 1./6. } };
Tripel Gau3Konst [] = { { 1./6., 1./6., 1./6. },
                        { 1./6., 2./3., 1./6. },
                        { 1./6., 1./6., 2./3. } };
Tripel Gau7Konst [] =
{
  { 0.1125,               0.3333333333333333,  0.3333333333333333 },
  { 0.0661970763942531,   0.4701420641051151,  0.4701420641051151 },
  { 0.0661970763942531,   0.05971587178976981, 0.4701420641051151 },
  { 0.0661970763942531,   0.4701420641051151,  0.05971587178976981 },
  { 0.06296959027241357,  0.1012865073234563,  0.1012865073234563 },
  { 0.06296959027241357,  0.7974269853530873,  0.1012865073234563 },
  { 0.06296959027241357,  0.1012865073234563,  0.7974269853530873 }
};
```

Berechnung des Riemannschen Flächenintegrals

```
Tripel *GauN [] =
{
  Gau1Konst, Gau2Konst, Gau3Konst, NULL, NULL, NULL, Gau7Konst
};
#define GauNmax  sizeof (GauN) / sizeof (GauN[0])

/***************************************************************
 * Summierte Kubatur ueber Dreieck-Gebiete                      *
 * nach Newton-Cotes-Formeln                                    *
 ***************************************************************/
int Kub3GauN (REAL Px, REAL Py, REAL Qx, REAL Qy,
              REAL Rx, REAL Ry, int n, int m,
              REAL f(REAL,REAL), REAL* Wert)
{
  int   d, i, j, k;
  REAL  Fak, Area, Dx, Dy;
  REAL  hPQx, hPQy, hPRx, hPRy;

  #define G  GauN[n-1][k]                      /* Abkuerzungen */
  #define X  Dx + Fak * (G.x * hPQx + G.y * hPRx)
  #define Y  Dy + Fak * (G.x * hPQy + G.y * hPRy)

  if (m < 1)                   return 1;      /* Intervall-Zahl o.k.? */

  Area = Px * (Qy - Ry)                       /* Test, ob die Punkte */
       + Qx * (Ry - Py)                       /*   P, Q und R        */
       + Rx * (Py - Qy);                      /*   kollinear         */
  if (FABS(Area) < GauNEpsilon) return 2;     /*   sind              */

  if (n < 1 || n > GauNmax ||                 /* verlangte Version   */
      GauN [n-1] == NULL)     return 3;       /*   impementiert?     */

  *Wert = ZERO;                               /* Kubaturwert nullen  */
  Area /= (m * m) ;                           /* doppelte Dr.-Flaeche*/
  hPQx = (Qx - Px) / m;
  hPRx = (Rx - Px) / m;                       /* Kantenvektoren der  */
  hPQy = (Qy - Py) / m;                       /*   m * m             */
  hPRy = (Ry - Py) / m;                       /*   Unter-Dreiecke    */

  for (d = 0; d < 2; d++)                     /* Dreiecksarten d     */
  {
    Fak = d ? -ONE : ONE;                     /* d = 1: gespiegelt   */
    for (j = d; j < m; j++)                   /* j: entlang PR       */
      for (i = d; i < m - j + d; i++)         /* i: entlang PQ       */
      {
        Dx = Px + i * hPQx + j * hPRx;        /* (Dx,Dy) ist Spitze  */
        Dy = Py + i * hPQy + j * hPRy;        /*   des Unter-Dreiecke*/
        for (k = 0; k < n; k++)               /* Summe der gewichteten*/
          *Wert += G.w * f (X, Y);            /*   Funktionswerte    */
      }                                       /*   (zu X und Y s.o.!)*/
  }

  *Wert *= Area;                              /* zum Abschluss noch mit der doppelten */
  return 0;                                   /* Flaeche des Unter-Dreiecks multiplizieren */

  #undef GauNEpsilon
  #undef GauNmax
  #undef G
  #undef X
  #undef Y                                    /* Abkuerzungen wieder ungueltig machen */
}
#endif

/* ---------------------- ENDE kub3gaun.c ---------------------- */
```

P 16.8 Berechnung des Riemannschen Flächenintegrals mit bikubischen Splines

```
/* ----------------------- MODUL fibiku.c ----------------------- */

#include <basis.h>
#include <kubatur.h>

REAL fibiku (int      n,
             int      m,
             REAL**** a,
             REAL*    x,
             REAL*    y
            )
/***************************************************************
* berechnet naeherungsweise das Riemannsche Flaechenintegral ueber den *
* gesamten Definitionsbereich eines bikubischen Splines        *
* (x [0] bis x [n], y [0] bis y [n]).                          *
*                                                              *
* Eingabeparameter:                                            *
*                                                              *
*   int n                    Anzahl der x-Intervalle           *
*   int m                    Anzahl der y-Intervalle           *
*   REAL a [n+1][m+1][4][4]  Feld von Zeigern:                 *
*                            Koeffizienten des bikubischen Splines *
*   REAL x [n+1]             Grenzen der x-Intervalle          *
*   REAL y [m+1]             Grenzen der y-Intervalle          *
*                                                              *
* Funktionsrueckgabewert:    Naeherung des Riemann-Integrals   *
*                                                              *
* benutzte Unterprogramme:   fibik1                            *
*                                                              *
***************************************************************/
{
  int    i, j;
  REAL   value;

  for (value=ZERO, i=0; i<=n-1; i++)
    for (j=0; j<=m-1; j++)
      value += fibik1 (a, i, j, x[i+1] - x[i], y[j+1] - y[j]);

  return (value);
}

REAL fibik1 (REAL**** a,
             int      i,
             int      j,
             REAL     xi,
             REAL     yj
            )
/***************************************************************
* berechnet ein Doppelintegral mit einem Spline als Integranden. *
* Der Bereich ist das Rechteck 0 bis xi und 0 bis yj           *
* (xi und yj sind relative Koordinaten).                       *
*                                                              *
* Eingabeparameter:          vgl. fibiku                       *
*                                                              *
* Funktionsrueckgabewert:    Doppelintegral-Wert               *
*                                                              *
***************************************************************/
{
  int  k, l;
  REAL xip [5], yjp [5], value = ZERO;

  for (xip [0] = yjp [0] = ONE, k=1; k<=4; k++)
  {
```

```
      xip [k] = xip [k-1] * xi;
      yjp [k] = yjp [k-1] * yj;
    }
    for (k=0; k<=3; k++)
      for (l=0; l<=3; l++)
        value += a [i][j][k][l] * xip [k+1] * yjp [l+1] / ((k+1)*(l+1));
    return value;
}

/* ------------------------- ENDE fibiku.c ------------------------- */
/* ------------------------- MODUL fibik2.c ------------------------ */

#include <basis.h>
#include <bikub.h>
#include <kubatur.h>

int fibik2 (int      n,
            int      m,
            REAL**** a,
            REAL*    x,
            REAL*    y,
            REAL     xlow,
            REAL     ylow,
            REAL     xup,
            REAL     yup,
            REAL*    value
           )
/***********************************************************************
* berechnet ein Doppelintegral mit einem Spline als Integranden.       *
* Der Bereich ist das Teilrechteck xlow bis xup, ylow bis yup.         *
* Die Grenzen muessen nicht mit den Gitterpunkten zusammenfallen,      *
* die fuer die Berechnung des bikubischen Splines benutzt wurden.      *
*                                                                      *
* Eingabeparameter:     vgl. fibiku                                    *
*                                                                      *
* Ausgabeparameter:                                                    *
*                                                                      *
*   REAL value          Doppelintegral-Wert                            *
*                                                                      *
* Funktionsrueckgabewert:                                              *
*                                                                      *
*    = 0 : kein Fehler                                                 *
*    != 0 : Fehler in xyintv aufgetreten                               *
*                                                                      *
* benutzte Unterprogramme:  xyintv, fibik1                             *
*                                                                      *
***********************************************************************/
{
  int  ilow, iup, jlow, jup, error, i, j;
  REAL xilow, xiup, yjlow, yjup, factor, xi;

  error = xyintv (n, m, x, y, &ilow, &jlow, &xilow, &yjlow, xlow, ylow);
  if (error) return error;

  error = xyintv (n, m, x, y, &iup, &jup, &xiup, &yjup, xup, yup);
  if (error) return error+1;

  factor = ONE;

  if (ilow > iup)
  {
    i     = iup;  iup  = ilow;   ilow  = i;
    xi    = xiup; xiup = xilow;  xilow = xi;
    factor = -factor;
  }
  if (jlow > jup)
  {
```

```
      i   = jup;  jup = jlow;   jlow = i;
      xi  = yjup; yjup = yjlow; yjlow = xi;
      factor = -factor;
    }
    *value =   fibik1 (a, ilow, jlow, xilow, yjlow)
             - fibik1 (a, ilow, jup,  xilow, yjup)
             - fibik1 (a, iup,  jlow, xiup,  yjlow)
             + fibik1 (a, iup,  jup,  xiup,  yjup);

    for (i=ilow; i<=iup-1; i++)
      *value +=   fibik1 (a, i, jup,  x[i+1]-x[i], yjup)
                - fibik1 (a, i, jlow, x[i+1]-x[i], yjlow);

    for (j=jlow; j<=jup-1; j++)
    {
      *value +=   fibik1 (a, iup,  j, xiup,  y[j+1]-y[j])
                - fibik1 (a, ilow, j, xilow, y[j+1]-y[j]);
      for (i=ilow; i<=iup-1; i++)
        *value += fibik1 (a, i, j, x[i+1]-x[i], y[j+1]-y[j]);
    }

    *value *= factor;

    return 0;

} /* fibik2 */

/* ------------------------- ENDE fibik2.c ------------------------- */
```

Einschrittverfahren   973

P 17

P 17.3   Einschrittverfahren

```
/* --------------------- DEKLARATIONEN einschr.h -------------------- */
int dglesv          /* Einschrittverfahren fuer DGLen 1. Ordnung ......*/
         (
             REAL    *x,       /* Anfangspunkt bzw. Endpunkt ............*/
             REAL    *y,       /* Anfangswert bzw. Loesung ..............*/
             dglfnk  dgl,      /* rechte Seite der DGL ..................*/
             REAL    xend,     /* angestrebter Endpunkt .................*/
             REAL    *h,       /* Anfangs- bzw. Endschrittweite .........*/
             REAL    epsabs,   /* absolute Fehlerschranke ...............*/
             REAL    epsrel,   /* relative Fehlerschranke ...............*/
             int     intpol,   /* mit Interpolation weiter? .............*/
             int     methode,  /* gewuenschtes Verfahren (0, 1, 2) ......*/
             int     rand,     /* xend nicht ueberschreiten? ............*/
             int     neu       /* alte Daten nicht weiterbenutzen? ......*/
         );                    /* Fehlercode ............................*/
/* ---------------------- ENDE einschr.h --------------------------- */
/* ---------------------- MODUL einschr.c -------------------------- */

/***************************************************************************
*                                                                          *
* Loesung einer Differentialgleichung durch Einschrittverfahren            *
* ----------------------------------------------------------                *
*                                                                          *
* Programmiersprache: ANSI-C                                               *
* Compiler:           Turbo C 2.0                                          *
* Rechner:            IBM PS/2 70 mit 80387                                *
* Autor:              Jobst Hoffmann                                       *
* Bearbeiter:         Juergen Dietel, Rechenzentrum der RWTH Aachen        *
* Vorlagen:           bereits existierende C-, Pascal-, QuickBASIC-        *
*                     und FORTRAN-Quelltexte                               *
* Datum:              DI 10. 3. 1992                                       *
*                                                                          *
***************************************************************************/

#include <basis.h>          /* wegen min, FALSE, TRUE, FABS, MACH_EPS, */
                            /*       dglfnk, REAL, ZERO, ONE, TWO,     */
                            /*       THREE, SIX, EIGHT                 */
#include <einschr.h>        /* wegen dglesv                            */


/* ---------------------------------------------------------------- */

static REAL euler_cauchy
         (
             REAL    x0,
             REAL    y0,
             REAL    h,
             dglfnk  dgl,
             int     neu_f0
         )

/***************************************************************************
* einen Euler-Cauchy-Schritt ausfuehren                                    *
*                                                                          *
* Eingabeparameter:                                                        *
* ================                                                         *
* x0:    Abszisse des letzten Naeherungspunktes                            *
* y0:    Ordinate des letzten Naeherungspunktes                            *
```

```
 * h         Schrittweite fuer diesen Schritt
 * dgl       Zeiger auf eine Funktion, die die rechte Seite der
 *           Differentialgleichung auswertet
 * neu_f0: Flagge.
 *           gesetzt:      Die Steigung im Punkt (x0,y0) muss noch
 *                         berechnet werden.
 *           nicht gesetzt: Die Steigung im Punkt (x0,y0) wurde in einem
 *                         frueheren Aufruf schon berechnet.
 *
 * Funktionswert:
 * ==============
 * Naeherungswert des Euler-Cauchy-Verfahrens fuer die Loesung der
 * Differentialgleichung an der Stelle   x0 + h
 *
 * benutzte globale Namen:
 * =======================
 * REAL, dglfnk
 ****************************************************************************/
{
  static REAL f0;

  if (neu_f0)
    f0 = (*dgl)(x0, y0);

  return y0 + h * f0;
}



/* ---------------------------------------------------------------- */

static REAL heun
           (
            REAL    x0,
            REAL    y0,
            REAL    h,
            dglfnk  dgl,
            int     neu_f0
           )
/****************************************************************************
 * einen Heun-Schritt ausfuehren
 *
 * Eingabeparameter:
 * =================
 * x0:       Abszisse des letzten Naeherungspunktes
 * y0        Ordinate des letzten Naeherungspunktes
 * h         Schrittweite fuer diesen Schritt
 * dgl       Zeiger auf eine Funktion, die die rechte Seite der
 *           Differentialgleichung auswertet
 * neu_f0: Flagge.
 *           gesetzt:      Die Steigung im Punkt (x0,y0) muss noch
 *                         berechnet werden.
 *           nicht gesetzt: Die Steigung im Punkt (x0,y0) wurde in einem
 *                         frueheren Aufruf schon berechnet.
 *
 * Funktionswert:
 * ==============
 * Naeherungswert des Heun-Verfahrens fuer die Loesung der
 * Differentialgleichung an der Stelle   x0 + h
 *
 * benutzte globale Namen:
 * =======================
 * REAL, dglfnk
 ****************************************************************************/
```

Einschrittverfahren

```
{
  static REAL f0;
  REAL       hilf1,
             f1;

  if (neu_f0)
     f0 = (*dgl)(x0, y0);
  hilf1 = y0 + h * f0;
  f1 = (*dgl)(x0 + h, hilf1);

  return y0 + HALF * h * (f0 + f1);
}


/* ---------------------------------------------------------------- */
static REAL runge_kutta
              (
                  REAL    x0,
                  REAL    y0,
                  REAL    h,
                  dglfnk  dgl,
                  int     neu_f0
              )

/******************************************************************
* einen Runge-Kutta-Schritt ausfuehren                            *
*                                                                 *
* Eingabeparameter:                                               *
* ================                                                *
* x0:     Abszisse des letzten Naeherungspunktes                  *
* y0      Ordinate des letzten Naeherungspunktes                  *
* h       Schrittweite fuer diesen Schritt                        *
* dgl     Zeiger auf eine Funktion, die die rechte Seite der      *
*         Differentialgleichung auswertet                         *
* neu_f0: Flagge.                                                 *
*         gesetzt:      Die Steigung im Punkt (x0,y0) muss noch   *
*                       berechnet werden.                         *
*         nicht gesetzt: Die Steigung im Punkt (x0,y0) wurde in einem *
*                       frueheren Aufruf schon berechnet.         *
*                                                                 *
* Funktionswert:                                                  *
* =============                                                   *
* Naeherungswert des Runge-Kutta-Verfahrens fuer die Loesung der  *
* Differentialgleichung an der Stelle  x0 + h                     *
*                                                                 *
* benutzte globale Namen:                                         *
* ======================                                          *
* REAL, dglfnk, TWO, SIX                                          *
******************************************************************/

{
  static REAL f0;
  REAL       k1, k2, k3, k4;

  if (neu_f0)
     f0 = (*dgl)(x0, y0);
  k1 = h * f0;
  k2 = h * (*dgl)(x0 + HALF * h, y0 + HALF * k1);
  k3 = h * (*dgl)(x0 + HALF * h, y0 + HALF * k2);
  k4 = h * (*dgl)(x0 + h, y0 + k3);
  return y0 + (k1 + TWO * (k2 + k3) + k4) / SIX;
}
```

```
/* ------------------------------------------------------------------ */
typedef struct { REAL x, y; } puffertyp[5];         /* Typ fuer den    */
                                                    /* Zirkulaerpuffer */



/* ------------------------------------------------------------------ */
static REAL interpolieren
                        (
                        puffertyp stuetzpunkt,
                        int       anzahl,
                        REAL      x)
/***************************************************************************
* mit Hilfe des Newtonschen Interpolationsschemas den Wert des Inter-      *
* polationspolynoms an der Stelle x bestimmen, das durch anzahl            *
* Stuetzpunkte gegeben wird                                                *
*                                                                          *
* Eingabeparameter:                                                        *
* =================                                                        *
* stuetzpunkt: Vektor mit den Stuetzpunkten fuer die Interpolation         *
* anzahl:      Anzahl der Stuetzpunkte (maximal 5)                         *
* x:           Stelle, an der das Interpolationspolynom ausgewertet        *
*              werden soll                                                 *
*                                                                          *
* Funktionswert:                                                           *
* ==============                                                           *
* Funktionswert des Interpolationspolynoms bei x                           *
*                                                                          *
* benutzte globale Namen:                                                  *
* =======================                                                  *
* puffertyp, REAL                                                          *
***************************************************************************/
{
    REAL   delta[5],   /* Vektor mit den dividierten Differenzen         */
           y;          /* Funktionswert des Interpolationspolynoms bei x */
    int    i, j;       /* Laufvariablen                                  */

    for (i = 0; i < anzahl; i++)                /* die Stuetzwerte nach */
        delta[i] = stuetzpunkt[i].y;            /* delta kopieren       */

    for (i = 1; i < anzahl; i++)             /* die dividierten Diffe-  */
        for (j = anzahl - 1; j >= i; j--)    /* renzen und damit die    */
            delta[j] =  delta[j - 1] - delta[j],  /* Koeffizienten des  */
            delta[j] /= stuetzpunkt[j - i].x -    /* Interpolationspolynoms */
                        stuetzpunkt[j].x;         /* berechnen          */

    for (y = delta[anzahl - 1], i = anzahl - 2; i >= 0; i--)
        y *= x - stuetzpunkt[i].x,
        y += delta[i];

    return y;
}



/* ------------------------------------------------------------------ */
#define FO_NEU             1   /* Steigung in (x,y) neu berechnen    */
#define FO_ALT             0   /* Steigung in (x,y) nicht neu        */
                               /* berechnen (bereits bekannt)        */

#define MAXIMALE_AUFRUFZAHL 5000  /* maximale zulaessige Anzahl von  */
```

Einschrittverfahren

```
                               /* Auswertungen der rechten Seite */
                               /* der Differentialgleichung      */
typedef REAL (*verfahrenstyp)(REAL   x0,    /* Typ der Funktion, die */
                              REAL   y0,    /* einen Schritt des     */
                              REAL   h,     /* gewaehlten Loesungs-  */
                              dglfnk dgl,   /* verfahrens ausfuehrt  */
                              int    neu_f0
                              );

/* ---------------------------------------------------------------- */

int dglesv          /* Einschrittverfahren fuer DGLen 1. Ordnung ......*/
           (
           REAL    *x,       /* Anfangspunkt bzw. Endpunkt ...........*/
           REAL    *y,       /* Anfangswert bzw. Loesung .............*/
           dglfnk  dgl,      /* rechte Seite der DGL .................*/
           REAL    xend,     /* angestrebter Endpunkt ................*/
           REAL    *h,       /* Anfangs- bzw. Endschrittweite ........*/
           REAL    epsabs,   /* absolute Fehlerschranke ..............*/
           REAL    epsrel,   /* relative Fehlerschranke ..............*/
           int     intpol,   /* mit Interpolation weiter? ............*/
           int     methode,  /* gewuenschtes Verfahren (0, 1, 2) .....*/
           int     rand,     /* xend nicht ueberschreiten? ...........*/
           int     neu       /* alte Daten nicht weiterbenutzen? .....*/
           )                 /* Fehlercode ...........................*/
/*****************************************************************
* die numerische Loesung der gewoehnlichen Differentialgleichung 1. *
* Ordnung                                                           *
*                                                                   *
*     y' = f(x,y)      mit der Anfangsbedingung      y(x0) = y0     *
*                                                                   *
* an der Stelle xend berechnen. Dabei kann man unter folgenden drei *
* Einschrittverfahren waehlen:                                      *
*                                                                   *
*   1. Euler-Cauchy-Polygonzugverfahren,                            *
*   2. Verfahren von Heun und                                       *
*   3. klassisches Runge-Kutta-Verfahren,                           *
*                                                                   *
* und man kann auch                                                 *
*                                                                   *
*   a) Werte vom letzten Aufruf dieser Funktion nutzen oder         *
*   b) die aufbewahrten Werte ignorieren und alles neu berechnen.   *
*                                                                   *
* zu a) Dies bedeutet, dass man die Naeherungsloesung bei xend ent- *
*       weder durch Interpolation gewinnen oder die Integration an der *
*       Stelle fortsetzen kann, an der man beim letzten Aufruf aufge- *
*       hoert hat.                                                  *
*                                                                   *
* Die Interpolation ist mit einem Zirkulaerpuffer organisiert. Dieser *
* Puffer muss erst mit genuegend vielen Werten aufgefuellt werden,  *
* damit mit der geeigneten Ordnung interpoliert werden kann. Aus die- *
* sem Grund kann es geschehen, dass beim ersten Schritt weit ueber den *
* gewuenschten Punkt hinaus gerechnet wird.                         *
*                                                                   *
* Das Unterprogramm arbeitet mit einer Schrittweitensteuerung durch *
* Schrittweitenverdoppelung bzw. -halbierung. Es findet daher die   *
* Schrittweite, die die vorgegebenen Fehlerschranken zulassen, selbst. *
*                                                                   *
* Eingabeparameter:                                                 *
* =================                                                 *
* x:       linker Rand des Integrationsintervalls                   *
* y:       Anfangswert der Loesung der DGL an der Stelle x          *
* dgl:     Zeiger auf eine Funktion, die die rechte Seite der       *
*          Differentialgleichung auswertet                          *
```

```
* xend:      rechter Rand des Integrationsintervalls, wo ein         *
*            Naeherungswert der Loesung der DGL gewuenscht wird       *
*            x < xend ist erlaubt.                                    *
* h:         Anfangsschrittweite                                      *
* epsabs:\   Fehlerschranken (muessen nichtnegativ sein). Es wird ein *
* epsrel:/   gemischter Test ausgefuehrt:                             *
*                 |lokaler Fehler| <= |Y| * epsrel + epsabs;          *
*            wenn also epsrel = 0 gewaehlt wird, entspricht das einem *
*            Test auf den absoluten Fehler, wenn epsabs = 0 gewaehlt  *
*            wird, einem Test auf den relativen Fehler.               *
* intpol:    Flagge (nur wichtig, wenn neu nicht gesetzt ist):        *
*            geloescht: Es wird bei dem Kurvenpunkt weitergerechnet,  *
*                       bei dem man im letzten Aufruf aufgehoert hat. *
*            gesetzt:   Es wird versucht, ohne weitere Integrations-  *
*                       schritte die Loesung durch Interpolation der  *
*                       Kurvenpunkte im vollen Puffer zu berechnen.   *
* methode:   gibt das gewuenschte Verfahren fuer einen Integrations-  *
*            schritt mit der Schrittweite h an:                       *
*            = 0:  Euler-Cauchy                                       *
*            = 1:  Heun                                               *
*            = 2:  klassisches Runge-Kutta                            *
* rand:      gibt an, ob die Grenze xend ueberschritten werden darf:  *
*            geloescht: ja                                            *
*            gesetzt:   nein                                          *
* neu:       gibt an, ob in einem frueheren Aufruf dieser Funktion    *
*            berechnete Daten jetzt wieder benutzt werden sollen:     *
*            geloescht: ja                                            *
*            gesetzt:   nein                                          *
*                                                                     *
* Ausgabeparameter:                                                   *
* =================                                                   *
* x:  zuletzt erreichte Integrationsstelle (normalerweise xend)       *
* y:  Naeherung fuer die Loesung der Differentialgleichung bei x      *
* h:  zuletzt verwendete Schrittweite (sollte fuer den naechsten Aufruf *
*     nicht geaendert werden)                                         *
*                                                                     *
* Funktionswert:                                                      *
* ==============                                                      *
* Fehlercode.                                                         *
* 0: Es wurde genau bis zur Stelle xend integriert.                   *
* 1: Die Naeherung bei xend wurde durch Interpolation ermittelt.      *
* 2: Es wurden zuviele Funktionsauswertungen gemacht                  *
* 3: Die Schrittweite unterschreitet die Achtfache der Maschinen-     *
*    genauigkeit, bezogen auf die Integrationsstelle. Vor weiteren    *
*    Aufrufen muessen die Schrittweite und die Fehlerschranken        *
*    vergroessert werden.                                             *
* 4: epsabs < 0  oder  epsrel < 0  oder beide gleich 0                *
* 5: xend ist gleich x.                                               *
* 6: unzulaessige Verfahrensnummer (methode)                          *
*                                                                     *
* benutzte globale Namen:                                             *
* =======================                                             *
* puffertyp, interpolieren, euler_cauchy, heun, runge_kutta, REAL,    *
* dglfnk, min, FABS, MACH_EPS, FALSE, TRUE, ZERO, ONE, TWO, THREE,    *
* EIGHT                                                               *
***********************************************************************/

{
  int
    pufferlaenge,       /* Zahl der Stuetzpunkte fuer die Interpolation */
    schaetzung_ok,      /* Flagge fuer die Schaetzung des Integrations- */
                        /* fehlers                                      */
    aufrufzahl;         /* Zahl der Aufrufe von dgl()                   */
  REAL
    x0,                 /* (x0,y0) ist der aktuelle Punkt auf der       */
    y0,                 /* Loesungskurve.                               */
    yhilf,              /* Kurvenordinate, die erreicht wird, wenn man  */
```

```
            y1,              /* von (x0,y0) mit der Schrittweite h weitergeht */
                             /* mit doppelter Schrittweite von (x0,y0) aus   */
                             /* erreichte Kurvenordinate                     */
            y2,              /* mit einfacher Schrittweite vom Kurvenpunkt   */
                             /* (x0+h,yhilf) aus erreichte Kurvenordinate    */
   fehlerschaetzung,/* aus y1 und y2 geschaetzter Fehler der Loesung */
   schaetzfaktor,   /* Zahl, durch die bei der Schaetzung des        */
                    /* Integrationsfehler dividiert werden muss.     */
   hh;              /* Hilfsvariable zur Korrektur der Schrittweite  */
 verfahrenstyp
   mein_verfahren;  /* Zeiger auf das pro Integrationsschritt anzu-  */
                    /* wendende Verfahren                            */
 static verfahrenstyp    /* Vektor mit Zeigern auf die Funktionen, */
   verfahren[] =         /* die die verschiedenen moeglichen       */
     {euler_cauchy, heun, /* Schrittverfahren verwirklichen        */
      runge_kutta};
 static REAL              /* Vektor mit den Schaetzfaktoren der drei */
   schtzfkt[] =           /* verwendeten Schrittverfahren            */
     { ONE, THREE, (REAL)15.0 };
 static puffertyp         /* der Zirkulaerpuffer                     */
   puffer;
 static int
   puflaeng[] =           /* Vektor mit den fuer das jeweilige Verfah- */
     {2, 3, 5},           /* ren noetigen Laengen des Zirkulaerpuffers */
   pufferindex =          /* Index des zuletzt in den Zirkulaerpuffer  */
     0,                   /* eingetragenen Kurvenpunktes (x,y)         */
   puffer_leer =          /* Flagge, die anzeigt, ob der Puffer noch   */
     TRUE,                /* keinen gueltigen Wert enthaelt            */
   puffer_voll =          /* Flagge, die den Fuellstand des Zirkulaer- */
     FALSE,               /* puffers anzeigt                           */
   aufruf_neu[] =         /* Vektor mit der Zahl der Funktionsauswer-  */
     {2, 5, 11},          /* tungen, die ein neuer Schritt jedes ein-  */
                          /* zelnen Verfahrens benoetigt               */
   aufruf_add[] =         /* Vektor mit der Zahl der zusaetzlichen     */
     {1, 3, 7};           /* Funktionsauswertungen fuer jedes einzelne */
                          /* Verfahren bei einem Fehlversuch           */


 /* --------------- falsche Eingabeparameter abfangen --------------- */

 if (epsabs < ZERO || epsrel < ZERO ||
     (epsabs == ZERO && epsrel == ZERO))
   return 4;
 if (xend == *x)
   return 5;
 if (methode < 0 || methode >= 3)
   return 6;


 if (neu)                    /* den alten Pufferinhalt nicht benutzen? */
 {
   pufferindex = 0;                  /* den Inhalt verwerfen und       */
   puffer_voll = FALSE;              /* den Puffer neu fuellen,        */
   puffer[0].x = x0 = *x;            /* und zwar zunaechst mit         */
   puffer[0].y = y0 = *y;            /* dem uebergebenen Kurven-       */
   puffer_leer = FALSE;              /* punkt (x,y)                    */
 }
 else                        /* unter Benutzung des Puffers weiterarbeiten? */
 {
   if (puffer_leer)                  /* Puffer leer (erster Aufruf)?   */
     puffer[0].x = x0 = *x,          /* anfangen, den Puffer           */
     puffer[0].y = y0 = *y,          /* zu fuellen                     */
     puffer_leer = FALSE;
   x0 = puffer[pufferindex].x,       /* den neusten Kurvenpunkt aus    */
   y0 = puffer[pufferindex].y;       /* dem Puffer entnehmen           */
```

```c
        if (intpol && puffer_voll &&      /* Interpoliert wird nur, wenn es  */
            ((x0 > xend &&                /* gewuenscht wird, der Puffer     */
              *h > ZERO) ||               /* voll ist und der Integrations-  */
             (x0 < xend &&                /* endpunkt zwischen den Stuetz-   */
              *h < ZERO)))                /* punkten des Puffers liegt.      */
        {
            *x = xend;
            *y = interpolieren(puffer, puflaeng[methode], xend);
            return 1;
        }
    }


    /* ------------------- Variablen vorbesetzen -------------------- */

    hh = FABS(*h);
    if (rand)                             /* die Schrittweite eventuell */
        hh = min(hh, FABS(xend - *x));    /* korrigieren                */
    *h   = (xend > *x) ? hh : -hh;

    mein_verfahren = verfahren[methode];
                                          /* gewuenschtes Verfahren */
                                          /* waehlen                */
    pufferlaenge  = puflaeng[methode];
    schaetzfaktor = schtzfkt[methode];
    aufrufzahl    = 0;


    for ( ; ; )         /* versuchen, die Differentialgleichung zu loesen */
    {
        aufrufzahl += aufruf_neu[methode];
        if (aufrufzahl > MAXIMALE_AUFRUFZAHL)
        {                                             /* zuviele Aufrufe */
            *x = x0;                                  /* von dgl()?      */
            *y = y0;
            return 2;
        }

        if (FABS(*h) < MACH_EPS * EIGHT * FABS(*x))   /* Schrittweite */
        {                                             /* zu klein?    */
            *x = x0;
            *y = y0;
            return 3;
        }

        /* ---------------- einen Schritt ausfuehren ----------------- */

        yhilf = (*mein_verfahren)(x0,       y0,    *h,        dgl, FO_NEU);
        y1    = (*mein_verfahren)(x0,       y0,    *h * TWO,  dgl, FO_ALT);
        y2    = (*mein_verfahren)(x0 + *h,  yhilf, *h,        dgl, FO_NEU);

        for (schaetzung_ok = FALSE; ! schaetzung_ok; )  /* den Fehler */
        {                                               /* schaetzen */
            fehlerschaetzung = FABS(y2 - y1) / schaetzfaktor;

            /* Falls der geschaetzte Fehler zu gross ist, wird der Schritt */
            /* mit halber Schrittweite wiederholt und neu geschaetzt.      */

            if (fehlerschaetzung > epsabs + FABS(y2) * epsrel)
            {
                *h *= HALF;
                aufrufzahl += aufruf_add[methode];
                if (aufrufzahl > MAXIMALE_AUFRUFZAHL)   /* zuviele Aufrufe */
                {                                       /* von dgl()?      */
                    *x = x0;
                    *y = y0;
                    return 2;
```

```
            }
            if (FABS(*h) < MACH_EPS * EIGHT * FABS(*x))    /* Schrittweite */
            {                                              /* zu klein?   */
                *x = x0;
                *y = y0;
                return 3;
            }
            y1    = yhilf;
            yhilf = (*mein_verfahren)(x0,      y0,    *h, dgl, FO_ALT);
            y2    = (*mein_verfahren)(x0 + *h, yhilf, *h, dgl, FO_NEU);
        }
        else
            schaetzung_ok = TRUE;
    }

    x0 += *h * TWO;                     /* verbesserten Schaetzwert berechnen */
    y0 = ((schaetzfaktor + ONE) * y2 - y1) / schaetzfaktor;

    if (pufferindex + 2 == pufferlaenge)   /* Puffer voll?                 */
        puffer_voll = TRUE;                /* diese Tatsache notieren      */
    pufferindex++;                         /* die akzeptierte neue         */
    pufferindex %= pufferlaenge;           /* Naeherung (x0,y0) fuer       */
    puffer[pufferindex].x = x0;            /* einen Kurvenpunkt im         */
    puffer[pufferindex].y = y0;            /* Puffer ablegen               */

    /* - Falls beide Naeherungswerte y1 und y2 nur wenig voneinander     */
    /* - abweichen, wird die Schrittweite fuer den naechsten Schritt     */
    /* - verdoppelt.                                                     */

    if (fehlerschaetzung < (REAL)0.0666 * (epsabs + FABS(y2) * epsrel))
        *h *= TWO;

    if (rand && xend != x0)  /* kein Ueberschreiten des rechten Randes */
    {                        /* des Integrationsintervalls erlaubt?    */
        *h = min(FABS(*h), HALF * FABS(xend - x0));
        if (xend <= x0)
            *h = -*h;
    }

    if (x0 == xend)                     /* Intervallende exakt erreicht? */
    {                                   /* fertig!                       */
        *x = xend;
        *y = y0;
        return 0;
    }

    if (puffer_voll &&                  /* Intervallende ueberschritten */
        ((x0 > xend && *h > ZERO) ||    /* und Puffer voll?             */
         (x0 < xend && *h < ZERO)))
    {                                   /* die Loesung bei xend durch   */
        *x = xend;                      /* Interpolation berechnen      */
        *y = interpolieren(puffer, pufferlaenge, xend);
        return 1;
    }

    }                                   /* Ende der grossen Endlosschleife */
}

/* ---------------------- ENDE einschr.c ------------------------ */


## P 17.3.4.4  Einbettungsformeln

/* ---------------------- DEKLARATIONEN einb_rk.h ------------------ */

int einb_rk       /* DGLS loesen mit einer von 15 Einbettungsformeln */
        (
```

```
              REAL        *x,         /* Startwert bzw. Endwert ..........*/
              REAL        beta,       /* angestrebter Endwert ............*/
              int         n,          /* Anzahl der DGLen ................*/
              dglsysfnk   dgl,        /* rechte Seite des DGLS ...........*/
              REAL        y[],        /* Loesung des DGLS bei x ..........*/
              REAL        abserr,     /* absolute Fehlerschranke .........*/
              REAL        relerr,     /* relative Fehlerschranke .........*/
              int         neinb,      /* Nummer der Einbettungsformel ....*/
              int         hullstp,    /* Schrittweitensteuerung nach Hull? */
              int         neu,        /* keine alten Daten benutzen? .....*/
              int         save,       /* Daten f. naechst. Aufruf retten? .*/
              int         fmax,       /* maximale Aufrufzahl von dgl() ....*/
              int         *aufrufe    /* tatsaechl. Aufrufzahl von dgl() ..*/
             );                       /* Fehlercode ......................*/

/* ---------------------- ENDE einb_rk.h ---------------------- */
/* ---------------------- MODUL einb_rk.c --------------------- */

/***********************************************************************
*                                                                      *
* Loesung eines gewoehnlichen Differentialgleichungssystems 1. Ordnung *
* -------------------------------------------------------------------- *
* mit Hilfe von Runge-Kutta-Einbettungsformeln                         *
* -------------------------------------------                          *
*                                                                      *
* Programmiersprache: ANSI-C                                           *
* Compiler:           Borland C++ 2.0                                  *
* Rechner:            IBM PS/2 70 mit 80387                            *
* Autor:              Volker Krueger (FORTRAN 77)                      *
* Bearbeiter:         Juergen Dietel, Rechenzentrum der RWTH Aachen    *
* Vorlagen:           bereits existierende FORTRAN 77-Quelltexte       *
* Datum:              FR 26. 3. 1993                                   *
*                                                                      *
***********************************************************************/

#include <basis.h>      /* wegen REAL, TWO, THREE, FOUR, FIVE, SIX,   */
                        /*       EIGHT, HALF, ONE, ZERO, NINE, SQRT,  */
                        /*       dglsysfnk, norm_max, FALSE, POW, FABS, */
                        /*       TRUE, copy_vector, max, SIGN, LOG,   */
                        /*       TEN, MACH_EPS, POSMAX                */
#include <vmblock.h>    /* wegen vminit, vmalloc, MATRIX, VEKTOR,     */
                        /*       vmcomplete, vmfree                   */
#include <einb_rk.h>    /* wegen einb_rk                              */



/* ----------------------------------------------------------- */

typedef struct         /* Struktur, mit der eine Einbettungsformel    */
{                      /* vollstaendig beschrieben werden kann        */
  int   stufenzahl,    /* Stufenzahl m der Einbettungsformel          */
        maxschritt;    /* maximal zulaessige Anzahl der Runge-Kutta-  */
                       /* Integrationsschritte                        */
  REAL  qg,            /* globale Fehlerordnung des in der            */
                       /* Einbettungsformel benutzten Verfahrens der  */
                       /* niedereren Ordnung                          */
       *ASchlange,     /* [0..m-1]-Vektor mit den Koeffizienten       */
                       /* A(Schlange)                                 */
       *A,             /* [0..m-1]-Vektor mit den Koeffizienten A     */
       *a,             /* [0..m-1]-Vektor mit den Koeffizienten a     */
       *b;             /* [0..m*(m-1)/2]-Vektor, in dem die           */
                       /* Koeffizientenmatrix b zeilenweise steht     */
} koefftyp;



/* ----------------------------------------------------------- */
```

Einbettungsformeln

```
static void init_koeff     /* Daten einer Einbettungsformel ermitteln */
           (
            int      neinb,      /* Nummer der Formel .....*/
            int      fmax,       /* max. Aufrufe von dgl() */
            koefftyp *koeff      /* Daten der Formel ......*/
           )
/***************************************************************
* aus der Nummer einer Einbettungsformel die zur ihr gehoerende  *
* Stufenzahl, die maximal zulaessige Anzahl der Integrationsschritte, *
* die globale Fehlerordnung des in der Einbettungsformel benutzten *
* Verfahrens niederer Ordnung und alle Koeffizienten ermitteln   *
*                                                                *
* Eingabeparameter:                                              *
* ================                                               *
* neinb   Nummer der gewaehlten Einbettungsformel (0, 1,..., 14) *
* fmax    obere Schranke fuer die Anzahl der zulaessigen Funktions- *
*         auswertungen der rechten Seite dgl() des Differential- *
*         gleichungssystems                                      *
*                                                                *
* Ausgabeparameter:                                              *
* ================                                               *
* koeff   Struktur mit allen wesentlichen Daten der gewaehlten   *
*         Einbettungsformel                                      *
*                                                                *
* benutzte globale Namen:                                        *
* ======================                                         *
* koefftyp, REAL, TWO, THREE, FOUR, FIVE, SIX, EIGHT, HALF, ONE, ZERO, *
* NINE, SQRT, TEN                                                *
***************************************************************/
{
 typedef REAL R;       /* Abkuerzung fuer die Typumwandlung        */
 REAL *ASchlange,      /* ASchlange, A, a, b:                      */
      *A,              /* vier Hilfszeiger fuer die                */
      *a,              /* Koeffizienten der Einbettungsformel      */
      *b,
      h;               /* Korrekturfaktor fuer die                 */
                       /* Einbettungsformel 14                     */
 int  m,               /* Stufenzahl                               */
      koeffanf,        /* Index, ab dem in dem Vektor koeffizienten die */
                       /* Koeffizienten A(Schlange), A, a, b der   */
                       /* gewuenschten Einbettungsformel stehen    */
      i;               /* Schleifenzaehler                         */
 /* ------- fuer die moeglichen Einbettungsformeln 0,1,...,14 ------ */
 /* ------- alle Stufenzahlen festlegen                      ------ */
 static int stufenzahlen[15] = { 3,5,6,6,6,7,7,8,8,8,10,13,13,13,16 };

 /* ---- alle globalen Fehlerordnungen der Verfahren niederer ---- */
 /* ---- Ordnung aller 15 Runge-Kutta-Formeln festlegen       ---- */
 static REAL qgs[15] = { TWO,THREE,FOUR,FOUR,FOUR,FOUR,FOUR,FIVE,FIVE,
                         FIVE,SIX,(R)7.0,(R)7.0,(R)7.0,EIGHT
                       };
 /* -------- alle Koeffizienten A, A(Schlange), a, b der     ------- */
 /* -------- 15 Einbettungsformeln, zu einem einzigen Vektor ------- */
 /* -------- zusammengefasst                                 ------- */
 static REAL koeffizienten[955] =
 {

 /* ----- 0. Einbettungsformel: Verfahren RK3(2) (TPNUM S. 407) ---- */
 /* A(Schlange) */
   ONE / SIX, TWO / THREE, ONE / SIX,
 /* A */
```

```
            ZERO, ONE, ZERO,
/* a */
            HALF, ONE,
/* b */
            HALF, -ONE, TWO,

    /* ---- 1. Einbettungsformel: Verfahren RKF4(3) (TPNUM S. 411) ---- */
/* A(Schlange) */
                (R)229.0 /        (R)1470.0,
                   ZERO,
               (R)1125.0 /        (R)1813.0,
              (R)13718.0 /       (R)81585.0,
                    ONE /            (R)18.0,
/* A */
                 (R)79.0 /          (R)490.0,
                   ZERO,
               (R)2175.0 /         (R)3626.0,
               (R)2166.0 /         (R)9065.0,
                   ZERO,
/* a */
                    TWO /             (R)7.0,
                  (R)7.0 /            (R)15.0,
                 (R)35.0 /            (R)38.0,
                    ONE,
/* b */
                    TWO /             (R)7.0,
                 (R)77.0 /           (R)900.0,
                (R)343.0 /           (R)900.0,
                (R)805.0 /          (R)1444.0,
             (R)-77175.0 /         (R)54872.0,
              (R)97125.0 /         (R)54872.0,
                 (R)79.0 /           (R)490.0,
                   ZERO,
               (R)2175.0 /          (R)3626.0,
               (R)2166.0 /          (R)9065.0,

    /* ---- 2. Einbettungsformel: Verfahren RKF5(4) (TPNUM S. 408) ---- */
/* A(Schlange) */
                 (R)16.0 /           (R)135.0,
                   ZERO,
               (R)6656.0 /         (R)12825.0,
              (R)28561.0 /         (R)56430.0,
                   -NINE /            (R)50.0,
                    TWO /             (R)55.0,
/* A */
                 (R)25.0 /           (R)216.0,
                   ZERO,
               (R)1408.0 /          (R)2565.0,
               (R)2197.0 /          (R)4104.0,
                   -ONE /              FIVE,
                   ZERO,
/* a */
                    ONE /              FOUR,
                  THREE /             EIGHT,
                 (R)12.0 /            (R)13.0,
                    ONE,
                   HALF,
/* b */
                    ONE /              FOUR,
                  THREE /           (R)32.0,
                   NINE /            (R)32.0,
               (R)1932.0 /          (R)2197.0,
              (R)-7200.0 /          (R)2197.0,
               (R)7296.0 /          (R)2197.0,
                (R)439.0 /           (R)216.0,
                  -EIGHT,
               (R)3680.0 /           (R)513.0,
```

```
                    (R)-845.0 /      (R)4104.0,
                       -EIGHT /        (R)27.0,
                         TWO,
                   (R)-3544.0 /      (R)2565.0,
                    (R)1859.0 /      (R)4104.0,
                      (R)-11.0 /       (R)40.0,

/* ---- 3. Einbettungsformel: Verfahren RK5(4)6M (TPNUM S. 411) --- */
/* A-Schlange */
                      (R)19.0 /       (R)216.0,
                         ZERO,
                    (R)1000.0 /      (R)2079.0,
                     (R)-125.0 /      (R)216.0,
                      (R)81.0 /        (R)88.0,
                         FIVE /        (R)56.0,
/* A */
                      (R)31.0 /       (R)540.0,
                         ZERO,
                     (R)190.0 /       (R)297.0,
                     (R)-145.0 /      (R)108.0,
                     (R)351.0 /       (R)220.0,
                          ONE /        (R)20.0,
/* a */
                          ONE /          FIVE,
                        THREE /           TEN,
                        THREE /          FIVE,
                          TWO /         THREE,
                          ONE,
/* b */
                          ONE /          FIVE,
                        THREE /        (R)40.0,
                         NINE /        (R)40.0,
                        THREE /           TEN,
                        -NINE /           TEN,
                          SIX /          FIVE,
                     (R)226.0 /       (R)729.0,
                      (R)-25.0 /       (R)27.0,
                     (R)880.0 /       (R)729.0,
                      (R)55.0 /       (R)729.0,
                     (R)-181.0 /      (R)270.0,
                         FIVE /           TWO,
                     (R)-266.0 /      (R)297.0,
                      (R)-91.0 /       (R)27.0,
                     (R)189.0 /        (R)55.0,

/* ---- 4. Einbettungsformel: Verfahren RKE5(4) (TPNUM S. 409) ---- */
/* A-Schlange */
                      (R)14.0 /       (R)336.0,
                         ZERO,
                         ZERO,
                      (R)35.0 /       (R)336.0,
                     (R)162.0 /       (R)336.0,
                     (R)125.0 /       (R)336.0,
/* A */
                          ONE /           SIX,
                         ZERO,
                         FOUR /           SIX,
                          ONE /           SIX,
                         ZERO,
                         ZERO,
/* a */
                         HALF,
                         HALF,
                          ONE,
                          TWO /         THREE,
                          ONE /          FIVE,
/* b */
```

```
                    HALF,
                     ONE /            FOUR,
                     ONE /            FOUR,
                    ZERO,
                    -ONE,
                     TWO,
                  (R)7.0 /          (R)27.0,
                     TEN /          (R)27.0,
                    ZERO,
                     ONE /          (R)27.0,
                 (R)28.0 /         (R)625.0,
                (R)-125.0 /        (R)625.0,
                 (R)546.0 /        (R)625.0,
                  (R)54.0 /        (R)625.0,
                (R)-378.0 /        (R)625.0,

/* ---- 5. Einbettungsformel: Verfahren RK5(4)7S (TPNUM S. 412) --- */
/* A-Schlange */
                  (R)19.0 /        (R)200.0,
                    ZERO,
                    THREE /          FIVE,
                (R)-243.0 /        (R)400.0,
                  (R)33.0 /         (R)40.0,
                   (R)7.0 /         (R)80.0,
                    ZERO,
/* A */
                 (R)431.0 /       (R)5000.0,
                    ZERO,
                 (R)333.0 /        (R)500.0,
               (R)-7857.0 /      (R)10000.0,
                 (R)957.0 /       (R)1000.0,
                 (R)193.0 /       (R)2000.0,
                    -ONE /          (R)50.0,
/* a */
                     TWO /           NINE,
                     ONE /          THREE,
                    FIVE /           NINE,
                     TWO /          THREE,
                     ONE,
                     ONE,
/* b */
                     TWO /           NINE,
                     ONE /         (R)12.0,
                     ONE /           FOUR,
                  (R)55.0 /        (R)324.0,
                 (R)-25.0 /        (R)108.0,
                  (R)50.0 /         (R)81.0,
                  (R)83.0 /        (R)330.0,
                 (R)-13.0 /         (R)22.0,
                  (R)61.0 /         (R)66.0,
                    NINE /         (R)110.0,
                 (R)-19.0 /         (R)28.0,
                    NINE /           FOUR,
                     ONE /          (R)7.0,
                 (R)-27.0 /          (R)7.0,
                  (R)22.0 /          (R)7.0,
                  (R)19.0 /        (R)200.0,
                    ZERO,
                    THREE /          FIVE,
                (R)-243.0 /        (R)400.0,
                  (R)33.0 /         (R)40.0,
                   (R)7.0 /         (R)80.0,

/* ---- 6. Einbettungsformel: Verfahren RK5(4)7M (TPNUM S. 412) --- */
/* A-Schlange */
                  (R)35.0 /        (R)384.0,
                    ZERO,
```

```
                    (R)500.0  /         (R)1113.0,
                    (R)125.0  /         (R)192.0,
                    (R)-2187.0 /        (R)6784.0,
                    (R)11.0   /         (R)84.0,
                    ZERO,
/* A */
                    (R)5179.0 /         (R)57600.0,
                    ZERO,
                    (R)7571.0 /         (R)16695.0,
                    (R)393.0  /         (R)640.0,
                    (R)-92097.0 /       (R)339200.0,
                    (R)187.0  /         (R)2100.0,
                    ONE      /          (R)40.0,
/* a */
                    ONE      /          FIVE,
                    THREE    /          TEN,
                    FOUR     /          FIVE,
                    EIGHT    /          NINE,
                    ONE,
                    ONE,
/* b */
                    ONE      /          FIVE,
                    THREE    /          (R)40.0,
                    NINE     /          (R)40.0,
                    (R)44.0  /          (R)45.0,
                    (R)-56.0 /          (R)15.0,
                    (R)32.0  /          NINE,
                    (R)19372.0 /        (R)6561.0,
                    (R)-25360.0 /       (R)2187.0,
                    (R)64448.0 /        (R)6561.0,
                    (R)-212.0 /         (R)729.0,
                    (R)9017.0 /         (R)3168.0,
                    (R)-355.0 /         (R)33.0,
                    (R)46732.0 /        (R)5247.0,
                    (R)49.0  /          (R)176.0,
                    (R)-5103.0 /        (R)18656.0,
                    (R)35.0  /          (R)384.0,
                    ZERO,
                    (R)500.0 /          (R)1113.0,
                    (R)125.0 /          (R)192.0,
                    (R)-2187.0 /        (R)6784.0,
                    (R)11.0  /          (R)84.0,

/* ---- 7. Einbettungsformel: Verfahren RK6(5)8M (TPNUM S. 413) --- */
/* A-Schlange */
                    (R)61.0  /          (R)864.0,
                    ZERO,
                    (R)98415.0 /        (R)321776.0,
                    (R)16807.0 /        (R)146016.0,
                    (R)1375.0 /         (R)7344.0,
                    (R)1375.0 /         (R)5408.0,
                    (R)-37.0 /          (R)1120.0,
                    ONE      /          TEN,
/* A */
                    (R)821.0 /          (R)10800.0,
                    ZERO,
                    (R)19683.0 /        (R)71825.0,
                    (R)175273.0 /       (R)912600.0,
                    (R)395.0 /          (R)3672.0,
                    (R)785.0 /          (R)2704.0,
                    THREE    /          (R)50.0,
                    ZERO,
/* a */
                    ONE      /          TEN,
                    TWO      /          NINE,
                    THREE    /          (R)7.0,
                    THREE    /          FIVE,
```

```
                        FOUR /         FIVE,
                        ONE,
                        ONE,
/* b */
                        ONE /            TEN,
                       -TWO /         (R)81.0,
                    (R)20.0 /         (R)81.0,
                   (R)615.0 /       (R)1372.0,
                  (R)-270.0 /        (R)343.0,
                  (R)1053.0 /       (R)1372.0,
                  (R)3243.0 /       (R)5500.0,
                   (R)-54.0 /         (R)55.0,
                 (R)50949.0 /      (R)71500.0,
                  (R)4998.0 /      (R)17875.0,
                (R)-26492.0 /      (R)37125.0,
                    (R)72.0 /         (R)55.0,
                  (R)2808.0 /      (R)23375.0,
                (R)-24206.0 /      (R)37125.0,
                   (R)338.0 /        (R)459.0,
                  (R)5561.0 /       (R)2376.0,
                   (R)-35.0 /         (R)11.0,
                (R)-24117.0 /      (R)31603.0,
                (R)899983.0 /     (R)200772.0,
                 (R)-5225.0 /       (R)1836.0,
                  (R)3925.0 /       (R)4056.0,
                (R)465467.0 /     (R)266112.0,
                  (R)-2945.0 /       (R)1232.0,
              (R)-5610201.0 /    (R)14158144.0,
              (R)10513573.0 /     (R)3212352.0,
                (R)-424325.0 /      (R)205632.0,
                (R)376225.0 /      (R)454272.0,
                        ZERO,

    /* ---- 8. Einbettungsformel: Verfahren RKV6(5) (TPNUM S. 413) ---- */
    /* A-Schlange */
                    (R)57.0 /        (R)640.0,
                        ZERO,
                   (R)-16.0 /         (R)65.0,
                  (R)1377.0 /       (R)2240.0,
                   (R)121.0 /        (R)320.0,
                        ZERO,
                   (R)891.0 /       (R)8320.0,
                        TWO /         (R)35.0,
/* A */
                      THREE /         (R)80.0,
                        ZERO,
                       FOUR /         (R)25.0,
                   (R)243.0 /       (R)1120.0,
                    (R)77.0 /        (R)160.0,
                    (R)73.0 /        (R)700.0,
                        ZERO,
                        ZERO,
/* a */
                        ONE /         (R)18.0,
                        ONE /            SIX,
                        TWO /           NINE,
                        TWO /          THREE,
                        ONE,
                      EIGHT /           NINE,
                        ONE,
/* b */
                        ONE /         (R)18.0,
                       -ONE /         (R)12.0,
                        ONE /           FOUR,
                       -TWO /         (R)81.0,
                       FOUR /         (R)27.0,
                      EIGHT /         (R)81.0,
```

Einbettungsformeln

```
            (R)40.0 /      (R)33.0,
             -FOUR /       (R)11.0,
           (R)-56.0 /      (R)11.0,
            (R)54.0 /      (R)11.0,
          (R)-369.0 /      (R)73.0,
            (R)72.0 /      (R)73.0,
          (R)5380.0 /     (R)219.0,
        (R)-12285.0 /     (R)584.0,
          (R)2695.0 /    (R)1752.0,
         (R)-8716.0 /     (R)891.0,
           (R)656.0 /     (R)297.0,
         (R)39520.0 /     (R)891.0,
          (R)-416.0 /      (R)11.0,
            (R)52.0 /      (R)27.0,
             ZERO,
          (R)3015.0 /     (R)256.0,
             -NINE /       FOUR,
         (R)-4219.0 /      (R)78.0,
          (R)5985.0 /     (R)128.0,
          (R)-539.0 /     (R)384.0,
             ZERO,
           (R)693.0 /    (R)3328.0,
```

/* ---- 9. Einbettungsformel: Verfahren RKF6(5) (TPNUM S. 410) ---- */
/* A-Schlange */
```
             (R)7.0 /    (R)1408.0,
             ZERO,
          (R)1125.0 /    (R)2816.0,
              NINE /      (R)32.0,
           (R)125.0 /     (R)768.0,
             ZERO,
              FIVE /      (R)66.0,
              FIVE /      (R)66.0,
```
/* A */
```
            (R)31.0 /     (R)384.0,
             ZERO,
          (R)1125.0 /    (R)2816.0,
              NINE /      (R)32.0,
           (R)125.0 /     (R)768.0,
              FIVE /      (R)66.0,
             ZERO,
             ZERO,
```
/* a */
```
               ONE /        SIX,
              FOUR /      (R)15.0,
               TWO /       THREE,
              FOUR /       FIVE,
              ONE,
              ZERO,
              ONE,
```
/* b */
```
               ONE /        SIX,
              FOUR /      (R)75.0,
            (R)16.0 /     (R)75.0,
              FIVE /        SIX,
            -EIGHT /       THREE,
              FIVE /        TWO,
            -EIGHT /       FIVE,
           (R)144.0 /     (R)25.0,
             -FOUR,
            (R)16.0 /     (R)25.0,
           (R)361.0 /    (R)320.0,
           (R)-18.0 /       FIVE,
           (R)407.0 /     (R)128.0,
           (R)-11.0 /      (R)80.0,
            (R)55.0 /     (R)128.0,
           (R)-11.0 /     (R)640.0,
```

```
                         ZERO,
                      (R)11.0 /        (R)256.0,
                     (R)-11.0 /        (R)160.0,
                      (R)11.0 /        (R)256.0,
                         ZERO,
                      (R)93.0 /        (R)640.0,
                     (R)-18.0 /           FIVE,
                     (R)803.0 /        (R)256.0,
                     (R)-11.0 /        (R)160.0,
                      (R)99.0 /        (R)256.0,
                         ZERO,
                          ONE,

/* ---- 10. Einbettungsformel: Verfahren RKV7(6) (TPNUM S. 414) --- */
/* A-Schlange */
                    (R)2881.0 /       (R)40320.0,
                         ZERO,
                         ZERO,
                    (R)1216.0 /        (R)2961.0,
                    (R)-2624.0 /       (R)4095.0,
                (R)24137569.0 /    (R)57482880.0,
                        -FOUR /          (R)21.0,
                         ZERO,
                    (R)4131.0 /        (R)3920.0,
                    (R)-157.0 /        (R)1260.0,
/* A */
                       (R)7.0 /          (R)90.0,
                         ZERO,
                         ZERO,
                      (R)16.0 /          (R)45.0,
                      (R)16.0 /          (R)45.0,
                         ZERO,
                          TWO /          (R)15.0,
                       (R)7.0 /          (R)90.0,
                         ZERO,
                         ZERO,
/* a */
                          ONE /          (R)12.0,
                          ONE /             SIX,
                          ONE /            FOUR,
                        THREE /            FOUR,
                      (R)16.0 /          (R)17.0,
                         HALF,
                          ONE,
                          TWO /           THREE,
                          ONE,
/* b */
                          ONE /          (R)12.0,
                         ZERO,
                          ONE /             SIX,
                          ONE /          (R)16.0,
                         ZERO,
                        THREE /          (R)16.0,
                      (R)21.0 /          (R)16.0,
                         ZERO,
                     (R)-81.0 /          (R)16.0,
                         NINE /             TWO,
                  (R)1344688.0 /      (R)250563.0,
                         ZERO,
                 (R)-1709184.0 /       (R)83521.0,
                  (R)1365632.0 /       (R)83521.0,
                   (R)-78208.0 /      (R)250563.0,
                     (R)-559.0 /         (R)384.0,
                         ZERO,
                          SIX,
                     (R)-204.0 /          (R)47.0,
                      (R)14.0 /          (R)39.0,
```

Einbettungsformeln

```
           (R)-4913.0 /        (R)78208.0,
            (R)-625.0 /          (R)224.0,
                 ZERO,
             (R)12.0,
            (R)-456.0 /           (R)47.0,
              (R)48.0 /           (R)91.0,
           (R)14739.0 /       (R)136864.0,
                 SIX /            (R)7.0,
          (R)-12253.0 /        (R)99144.0,
                 ZERO,
              (R)16.0 /           (R)27.0,
              (R)16.0 /          (R)459.0,
           (R)29072.0 /       (R)161109.0,
           (R)-2023.0 /        (R)75816.0,
             (R)112.0 /        (R)12393.0,
                 ZERO,
           (R)30517.0 /         (R)2512.0,
                 ZERO,
           (R)-7296.0 /          (R)157.0,
          (R)268728.0 /         (R)7379.0,
            (R)2472.0 /         (R)2041.0,
        (R)-3522621.0 /     (R)10743824.0,
             (R)132.0 /          (R)157.0,
                 ZERO,
          (R)-12393.0 /         (R)4396.0,
/* --- 11. Einbettungsformel: Verfahren RK8(7)13M (TPNUM S. 416) -- */
/* A-Schlange */
       (R)14005451.0 /     (R)335480064.0,
                 ZERO,
                 ZERO,
                 ZERO,
                 ZERO,
      (R)-59238493.0 /    (R)1068277825.0,
      (R)181606767.0 /     (R)758867731.0,
      (R)561292985.0 /     (R)797845732.0,
    (R)-1041891430.0 /    (R)1371343529.0,
      (R)760417239.0 /    (R)1151165299.0,
      (R)118820643.0 /     (R)751138087.0,
     (R)-528747749.0 /    (R)2220607170.0,
                 ONE /              FOUR,
/* A */
       (R)13451932.0 /     (R)455176623.0,
                 ZERO,
                 ZERO,
                 ZERO,
      (R)-808719846.0 /     (R)976000145.0,
      (R)1757004468.0 /    (R)5645159321.0,
       (R)656045339.0 /     (R)265891186.0,
     (R)-3867574721.0 /    (R)1518517206.0,
       (R)465885868.0 /     (R)322736535.0,
        (R)53011238.0 /     (R)667516719.0,
                 TWO /            (R)45.0,
                 ZERO,
/* a */
                 ONE /            (R)18.0,
                 ONE /            (R)12.0,
                 ONE /             EIGHT,
                FIVE /            (R)16.0,
               THREE /             EIGHT,
              (R)59.0 /           (R)400.0,
              (R)93.0 /           (R)200.0,
      (R)5490023248.0 /    (R)9719169821.0,
              (R)13.0 /            (R)20.0,
      (R)1201146811.0 /    (R)1299019798.0,
                 ONE,
```

```
                        ONE,
/* b */
                        ONE    /         (R)18.0,
                        ONE    /         (R)48.0,
                        ONE    /         (R)16.0,
                        ONE    /         (R)32.0,
                        ZERO,
                        THREE  /         (R)32.0,
                        FIVE   /         (R)16.0,
                        ZERO,
                   (R)-75.0    /         (R)64.0,
                    (R)75.0    /         (R)64.0,
                        THREE  /         (R)80.0,
                        ZERO,
                        ZERO,
                        THREE  /         (R)16.0,
                        THREE  /         (R)20.0,
              (R)29443841.0    /   (R)614563906.0,
                        ZERO,
                        ZERO,
              (R)77736538.0    /   (R)692538347.0,
             (R)-28693883.0    /  (R)1125000000.0,
              (R)23124283.0    /  (R)1800000000.0,
              (R)16016141.0    /   (R)946692911.0,
                        ZERO,
                        ZERO,
              (R)61564180.0    /   (R)158732637.0,
              (R)22789713.0    /   (R)633445777.0,
             (R)545815736.0    /  (R)2771057229.0,
            (R)-180193667.0    /  (R)1043307555.0,
              (R)39632708.0    /   (R)573591083.0,
                        ZERO,
                        ZERO,
            (R)-433636366.0    /   (R)683701615.0,
            (R)-421739975.0    /  (R)2616292301.0,
             (R)100302831.0    /   (R)723423059.0,
             (R)790204164.0    /   (R)839813087.0,
             (R)800635310.0    /  (R)3783071287.0,
             (R)246121993.0    /  (R)1340847787.0,
                        ZERO,
                        ZERO,
          (R)-37695042795.0    / (R)15268766246.0,
            (R)-309121744.0    /  (R)1061227803.0,
             (R)-12992083.0    /   (R)490766935.0,
            (R)6005943493.0    /  (R)2108947869.0,
             (R)393006217.0    /  (R)1396673457.0,
             (R)123872331.0    /  (R)1001029789.0,
           (R)-1028468189.0    /   (R)846180014.0,
                        ZERO,
                        ZERO,
            (R)8478235783.0    /   (R)508512852.0,
            (R)1311729495.0    /  (R)1432422823.0,
          (R)-10304129995.0    /  (R)1701304382.0,
          (R)-48777925059.0    /  (R)3047939560.0,
           (R)15336726248.0    /  (R)1032824649.0,
          (R)-45442868181.0    /  (R)3398467696.0,
            (R)3065993473.0    /   (R)597172653.0,
             (R)185892177.0    /   (R)718116043.0,
                        ZERO,
                        ZERO,
           (R)-3185094517.0    /   (R)667107341.0,
            (R)-477755414.0    /  (R)1098053517.0,
            (R)-703635378.0    /   (R)230739211.0,
            (R)5731566787.0    /  (R)1027545527.0,
            (R)5232866602.0    /   (R)850066563.0,
           (R)-4093664535.0    /   (R)808688257.0,
            (R)3962137247.0    /  (R)1805957418.0,
```

Einbettungsformeln 993

```
              (R)65686358.0 /    (R)487910083.0,
             (R)403863854.0 /    (R)491063109.0,
                     ZERO,
                     ZERO,
           (R)-5068492393.0 /    (R)434740067.0,
            (R)-411421997.0 /    (R)543043805.0,
             (R)652783627.0 /    (R)914296604.0,
           (R)11173962825.0 /    (R)925320556.0,
          (R)-13158990841.0 /    (R)6184727034.0,
            (R)3936647629.0 /    (R)1978049680.0,
            (R)-160528059.0 /    (R)685178525.0,
             (R)248638103.0 /    (R)1413531060.0,
                     ZERO,

   /* ---- 12. Einbettungsformel: Verfahren RKF8(7) (TPNUM S. 417) --- */
   /* A-Schlange */
                     ZERO,
                     ZERO,
                     ZERO,
                     ZERO,
                  (R)34.0 /      (R)105.0,
                    NINE /       (R)35.0,
                    NINE /       (R)35.0,
                    NINE /       (R)280.0,
                    NINE /       (R)280.0,
                     ZERO,
                  (R)41.0 /      (R)840.0,
                  (R)41.0 /      (R)840.0,
   /* A */
                  (R)41.0 /      (R)840.0,
                     ZERO,
                     ZERO,
                     ZERO,
                  (R)34.0 /      (R)105.0,
                    NINE /       (R)35.0,
                    NINE /       (R)35.0,
                    NINE /       (R)280.0,
                    NINE /       (R)280.0,
                  (R)41.0 /      (R)840.0,
                     ZERO,
                     ZERO,
   /* a */
                     TWO /       (R)27.0,
                     ONE /          NINE,
                     ONE /           SIX,
                    FIVE /       (R)12.0,
                    HALF,
                    FIVE /           SIX,
                     ONE /           SIX,
                     TWO /         THREE,
                     ONE /         THREE,
                     ONE,
                     ZERO,
                     ONE,
   /* b */
                     TWO /       (R)27.0,
                     ONE /       (R)36.0,
                     ONE /       (R)12.0,
                     ONE /       (R)24.0,
                     ZERO,
                     ONE /         EIGHT,
                    FIVE /       (R)12.0,
                     ZERO,
                  (R)-25.0 /     (R)16.0,
                   (R)25.0 /     (R)16.0,
```

```
            ONE /         (R)20.0,
           ZERO,
           ZERO,
            ONE /         FOUR,
            ONE /         FIVE,
         (R)-25.0 /       (R)108.0,
           ZERO,
           ZERO,
         (R)125.0 /       (R)108.0,
         (R)-65.0 /       (R)27.0,
         (R)125.0 /       (R)54.0,
          (R)31.0 /       (R)300.0,
           ZERO,
           ZERO,
           ZERO,
          (R)61.0 /       (R)225.0,
            -TWO /        NINE,
          (R)13.0 /       (R)900.0,
            TWO,
           ZERO,
           ZERO,
         (R)-53.0 /       SIX,
         (R)704.0 /       (R)45.0,
        (R)-107.0 /       NINE,
          (R)67.0 /       (R)90.0,
          THREE,
         (R)-91.0 /       (R)108.0,
           ZERO,
           ZERO,
          (R)23.0 /       (R)108.0,
        (R)-976.0 /       (R)135.0,
         (R)311.0 /       (R)54.0,
         (R)-19.0 /       (R)60.0,
          (R)17.0 /       SIX,
            -ONE /        (R)12.0,
        (R)2383.0 /       (R)4100.0,
           ZERO,
           ZERO,
        (R)-341.0 /       (R)164.0,
        (R)4496.0 /       (R)1025.0,
        (R)-301.0 /       (R)82.0,
        (R)2133.0 /       (R)4100.0,
          (R)45.0 /       (R)82.0,
          (R)45.0 /       (R)164.0,
          (R)18.0 /       (R)41.0,
          THREE /         (R)205.0,
           ZERO,
           ZERO,
           ZERO,
           ZERO,
            -SIX /        (R)41.0,
          -THREE /        (R)205.0,
          -THREE /        (R)41.0,
           THREE /        (R)41.0,
             SIX /        (R)41.0,
           ZERO,
       (R)-1777.0 /       (R)4100.0,
           ZERO,
           ZERO,
        (R)-341.0 /       (R)164.0,
        (R)4496.0 /       (R)1025.0,
        (R)-289.0 /       (R)82.0,
        (R)2193.0 /       (R)4100.0,
          (R)51.0 /       (R)82.0,
          (R)33.0 /       (R)164.0,
          (R)12.0 /       (R)41.0,
           ZERO,
```

Einbettungsformeln   995

```
                      ONE,
    /* ---- 13. Einbettungsformel: Verfahren RKV8(7) (TPNUM S. 415) --- */
/* A-Schlange */
                   (R)31.0 /          (R)720.0,
                      ZERO,
                      ZERO,
                      ZERO,
                      ZERO,
                   (R)16.0 /           (R)75.0,
                (R)16807.0 /        (R)79200.0,
                (R)16807.0 /        (R)79200.0,
                  (R)243.0 /         (R)1760.0,
                      ZERO,
                      ZERO,
                  (R)243.0 /         (R)1760.0,
                   (R)31.0 /          (R)720.0,
/* A */
                   (R)13.0 /          (R)288.0,
                      ZERO,
                      ZERO,
                      ZERO,
                   (R)32.0 /          (R)125.0,
                (R)31213.0 /       (R)144000.0,
                 (R)2401.0 /         (R)12375.0,
                 (R)1701.0 /         (R)14080.0,
                 (R)2401.0 /         (R)19200.0,
                   (R)19.0 /          (R)450.0,
                      ZERO,
                      ZERO,
/* a */
                      ONE /             FOUR,
                      ONE /          (R)12.0,
                      ONE /             EIGHT,
                      TWO /             FIVE,
                      HALF,
                      SIX /           (R)7.0,
                      ONE /           (R)7.0,
                      TWO /             THREE,
                      TWO /           (R)7.0,
                      ONE,
                      ONE /             THREE,
                      ONE,
/* b */
                      ONE /             FOUR,
                     FIVE /          (R)72.0,
                      ONE /          (R)72.0,
                      ONE /          (R)32.0,
                      ZERO,
                    THREE /          (R)32.0,
                  (R)106.0 /         (R)125.0,
                      ZERO,
                  (R)-408.0 /        (R)125.0,
                   (R)352.0 /        (R)125.0,
                      ONE /           (R)48.0,
                      ZERO,
                      ZERO,
                    EIGHT /          (R)33.0,
                   (R)125.0 /        (R)528.0,
                 (R)-1263.0 /       (R)2401.0,
                      ZERO,
                      ZERO,
                 (R)39936.0 /       (R)26411.0,
                (R)-64125.0 /       (R)26411.0,
                  (R)5520.0 /        (R)2401.0,
                    (R)37.0 /         (R)392.0,
```

```
                    ZERO,
                    ZERO,
                    ZERO,
              (R)1625.0 /       (R)9408.0,
                   -TWO /         (R)15.0,
                (R)61.0 /       (R)6720.0,
             (R)17176.0 /      (R)25515.0,
                    ZERO,
                    ZERO,
            (R)-47104.0 /      (R)25515.0,
              (R)1325.0 /        (R)504.0,
            (R)-41792.0 /      (R)25515.0,
             (R)20237.0 /     (R)145800.0,
              (R)4312.0 /       (R)6075.0,
            (R)-23834.0 /     (R)180075.0,
                    ZERO,
                    ZERO,
            (R)-77824.0 /    (R)1980825.0,
           (R)-636635.0 /     (R)633864.0,
            (R)254048.0 /     (R)300125.0,
               (R)-183.0 /      (R)7000.0,
                   EIGHT /         (R)11.0,
               (R)-324.0 /      (R)3773.0,
             (R)12733.0 /       (R)7600.0,
                    ZERO,
                    ZERO,
            (R)-20032.0 /       (R)5225.0,
            (R)456485.0 /      (R)80256.0,
            (R)-42599.0 /       (R)7125.0,
            (R)339227.0 /     (R)912000.0,
              (R)-1029.0 /      (R)4180.0,
              (R)1701.0 /       (R)1408.0,
              (R)5145.0 /       (R)2432.0,
            (R)-27061.0 /     (R)204120.0,
                    ZERO,
                    ZERO,
             (R)40448.0 /     (R)280665.0,
          (R)-1353775.0 /    (R)1197504.0,
             (R)17662.0 /      (R)25515.0,
            (R)-71687.0 /    (R)1166400.0,
                (R)98.0 /        (R)225.0,
                    ONE /         (R)16.0,
              (R)3773.0 /      (R)11664.0,
                    ZERO,
             (R)11203.0 /       (R)8680.0,
                    ZERO,
                    ZERO,
            (R)-38144.0 /      (R)11935.0,
           (R)2354425.0 /     (R)458304.0,
            (R)-84046.0 /      (R)16275.0,
            (R)673309.0 /    (R)1636800.0,
              (R)4704.0 /       (R)8525.0,
              (R)9477.0 /      (R)10912.0,
              (R)-1029.0 /        (R)992.0,
                    ZERO,
               (R)729.0 /        (R)341.0,

/* ---- 14. Einbettungsformel: Verfahren RKV9(8) (TPNUM S. 418) --- */
/* A-Schlange */
                (R)23.0 /        (R)525.0,
                    ZERO,
                    ZERO,
                    ZERO,
                    ZERO,
                    ZERO,
               (R)171.0 /       (R)1400.0,
```

Einbettungsformeln

```
                    (R)86.0 /         (R)525.0,
                    (R)93.0 /         (R)280.0,
                 (R)-2048.0 /        (R)6825.0,
                    -THREE /        (R)18200.0,
                    (R)39.0 /         (R)175.0,
                      ZERO,
                      NINE /           (R)25.0,
                   (R)233.0 /        (R)4200.0,
/* A */
                   (R)103.0 /        (R)1680.0,
                      ZERO,
                      ZERO,
                      ZERO,
                      ZERO,
                      ZERO,
                   (R)-27.0 /         (R)140.0,
                    (R)76.0 /         (R)105.0,
                  (R)-201.0 /         (R)280.0,
                  (R)1024.0 /        (R)1365.0,
                     THREE /         (R)7280.0,
                    (R)12.0 /          (R)35.0,
                      NINE /          (R)280.0,
                      ZERO,
                      ZERO,
/* a */
                       ONE /           (R)12.0,
                       ONE /              NINE,
                       ONE /               SIX,
                      ZERO,
                      ZERO,
                      ZERO,
                       TWO /             THREE,
                      HALF,
                       ONE /             THREE,
                       ONE /              FOUR,
                      FOUR /             THREE,
                      FIVE /               SIX,
                       ONE,
                       ONE /               SIX,
                       ONE,
/* b */
                       ONE /           (R)12.0,
                       ONE /           (R)27.0,
                       TWO /           (R)27.0,
                       ONE /           (R)24.0,
                      ZERO,
                       ONE /             EIGHT,
                      ZERO,
                      ZERO,
                      ZERO,
                      ZERO,
                      ZERO,
                      ZERO,
                      ZERO,
                      ZERO,
                      ZERO,
                      ZERO,
                      ZERO,
                      ZERO,
                       TWO /           (R)27.0,
                      ZERO,
                      ZERO,
                      ZERO,
```

```
            ZERO,
            ZERO,
            ZERO,
       (R)19.0 /         (R)256.0,
            ZERO,
            ZERO,
            ZERO,
            ZERO,
            ZERO,
          -NINE /        (R)256.0,
       (R)11.0 /         (R)144.0,
            ZERO,
            ZERO,
            ZERO,
            ZERO,
            ZERO,
           -ONE /        (R)16.0,
         -EIGHT /        (R)27.0,
            ZERO,
            ZERO,
            ZERO,
            ZERO,
            ZERO,
            ZERO,
            ZERO,
            ZERO,
            ZERO,
            ZERO,
            ZERO,
            ZERO,
            ZERO,
            ZERO,
            ZERO,
            ZERO,
    (R)-26624.0 /        (R)81.0,
            ZERO,
            ZERO,
            ZERO,
            ZERO,
            ZERO,
            ZERO,
            ZERO,
            ZERO,
      (R)2624.0 /        (R)1053.0,
          THREE /        (R)1664.0,
      (R)-137.0 /        (R)1296.0,
            ZERO,
            ZERO,
            ZERO,
            ZERO,
            ZERO,
      (R)-299.0 /        (R)48.0,
       (R)184.0 /        (R)81.0,
       (R)-44.0 /           NINE,
      (R)-5120.0 /       (R)1053.0,
       (R)-11.0 /        (R)468.0,
        (R)16.0 /           NINE,
            ZERO,
```

Einbettungsformeln

```
                ZERO,
                ZERO,
                ZERO,
                ZERO,
                ZERO,
                ZERO,
                ZERO,
                ZERO,
         (R)320.0 /      (R)567.0,
            -ONE /      (R)1920.0,
            FOUR /      (R)105.0,
                ZERO,
                ZERO,
                ZERO,
                ZERO,
                ZERO,
                ZERO,
                ZERO,
                ZERO,
                ZERO,
                ZERO,
                ZERO,
     (R)-169984.0 /      (R)9087.0,
          (R)-87.0 /      (R)30290.0,
          (R)492.0 /      (R)1165.0,
                ZERO,
         (R)1260.0 /      (R)233.0
};

/* ----- die Stelle im Vektor koeffizienten berechnen, wo die ----- */
/* ----- Koeffizienten des gewaehlten Verfahrens stehen.     ----- */
/* ----- (Das Verfahren i der Stufe m hat                    ----- */
/* -----    m * (m + 5)) / 2 - 1 Koeffizienten.)             ----- */

m = stufenzahlen[neinb];

for (koeffanf = i = 0; i < neinb; i++)
  koeffanf += (stufenzahlen[i] * (stufenzahlen[i] + 5)) / 2 - 1;

ASchlange =  koeffizienten + koeffanf; koeffanf += m;
A         =  koeffizienten + koeffanf; koeffanf += m;
a         =  koeffizienten + koeffanf; koeffanf += m - 1;
b         =  koeffizienten + koeffanf;

if (neinb == 14)         /* Sonderfall Einbettungsformel 14?          */
{                        /* die folgenden Koeffizienten muessen mit   */
  h     = SQRT(SIX);     /* Hilfe des Faktors h korrigiert werden:    */
  a[4]  = (TWO         + h * TWO)      / (R)15.0;
  a[5]  = (SIX         + h)            / (R)15.0;
  a[6]  = (SIX         - h)            / (R)15.0;
  b[6]  = (FOUR        + h * (R)94.0)  / (R)375.0;
  b[8]  = ((R)-94.0    - h * (R)84.0)  / (R)125.0;
  b[9]  = ((R)328.0    + h * (R)208.0) / (R)375.0;
  b[10] = (NINE        - h)            / (R)150.0;
  b[13] = ((R)312.0    + h * (R)32.0)  / (R)1425.0;
  b[14] = ((R)69.0     + h * (R)29.0)  / (R)570.0;
  b[15] = ((R)927.0    - h * (R)347.0) / (R)1250.0;
  b[18] = ((R)-16248.0 + h * (R)7328.0)/ (R)9375.0;
  b[19] = ((R)-489.0   + h * (R)179.0) / (R)3750.0;
  b[20] = ((R)14268.0  - h * (R)5798.0)/ (R)9375.0;
  b[26] = ((R)16.0     - h)            / (R)54.0;
  b[27] = ((R)16.0     + h)            / (R)54.0;
  b[33] = ((R)118.0    - h * (R)23.0)  / (R)512.0;
  b[34] = ((R)118.0    + h * (R)23.0)  / (R)512.0;
```

```
          b[41]   = ((R)266.0      - h)                   / (R)864.0;
          b[42]   = ((R)266.0      + h)                   / (R)864.0;
          b[45]   = ((R)5034.0     - h * (R)271.0)        / (R)61440.0;
          b[51]   = ((R)7859.0     - h * (R)1626.0)       / (R)10240.0;
          b[52]   = ((R)-2232.0    + h * (R)813.0)        / (R)20480.0;
          b[53]   = ((R)-594.0     + h * (R)271.0)        / (R)960.0;
          b[54]   = ((R)657.0      - h * (R)813.0)        / (R)5120.0;
          b[55]   = ((R)5996.0     - h * (R)3794.0)       / (R)405.0;
          b[60]   = ((R)-4342.0    + h * (R)338.0)        / NINE;
          b[61]   = ((R)154922.0   - h * (R)40458.0)      / (R)135.0;
          b[62]   = ((R)-4176.0    + h * (R)3794.0)       / (R)45.0;
          b[63]   = ((R)-340864.0  + h * (R)242816.0)     / (R)405.0;
          b[64]   = ((R)26304.0    - h * (R)15176.0)      / (R)45.0;
          b[66]   = ((R)3793.0     + h * (R)2168.0)       / (R)103680.0;
          b[71]   = ((R)4042.0     + h * (R)2263.0)       / (R)13824.0;
          b[72]   = ((R)-231278.0  + h * (R)40717.0)      / (R)69120.0;
          b[73]   = ((R)7947.0     - h * (R)2168.0)       / (R)11520.0;
          b[74]   = ((R)1048.0     + h * (R)542.0)        / (R)405.0;
          b[75]   = ((R)-1383.0    + h * (R)542.0)        / (R)720.0;
          b[83]   = ((R)5642.0     - h * (R)337.0)        / (R)864.0;
          b[84]   = ((R)5642.0     + h * (R)337.0)        / (R)864.0;
          b[91]   = ((R)33617.0    - h * (R)2168.0)       / (R)518400.0;
          b[96]   = ((R)-3846.0    + h * (R)31.0)         / (R)13824.0;
          b[97]   = ((R)155338.0   - h * (R)52807.0)      / (R)345600.0;
          b[98]   = ((R)-12537.0   + h * (R)2168.0)       / (R)57600.0;
          b[99]   = ((R)92.0       + h * (R)542.0)        / (R)2025.0;
          b[100]  = ((R)-1797.0    + h * (R)542.0)        / (R)3600.0;
          b[105]  = ((R)-36487.0   - h * (R)30352.0)      / (R)279600.0;
          b[110]  = ((R)-29666.0   + h * (R)4499.0)       / (R)7456.0;
          b[111]  = ((R)2779182.0  - h * (R)615973.0)     / (R)186400.0;
          b[112]  = ((R)-94329.0   + h * (R)91056.0)      / (R)93200.0;
          b[113]  = ((R)-232192.0  + h * (R)121408.0)     / (R)17475.0;
          b[114]  = ((R)101226.0   - h * (R)22764.0)      / (R)5825.0;
       }

       koeff->stufenzahl  = m;           /* die Koeffizientenstruktur      */
       koeff->maxschritt  = fmax / m;    /* vollstaendig mit den           */
       koeff->qg          = qgs[neinb];  /* ermittelten Werten ausfuellen  */
       koeff->ASchlange   = ASchlange;
       koeff->A           = A;
       koeff->a           = a;
       koeff->b           = b;
    }


    /* ---------------------------------------------------------------- */
    static int rk_schritt          /* einen Runge-Kutta-Schritt ausfuehren */
                       (
                       REAL       x,          /* Startwert .............*/
                       REAL       h,          /* Schrittweite ..........*/
                       REAL       y[],        /* Loesung des DGLS bei x.*/
                       int        n,          /* Zahl der DGLen ........*/
                       REAL       *k[],       /* Runge-Kutta-Vektoren ki*/
                       dglsysfnk  dgl,        /* rechte Seite des DGLS .*/
                       REAL       yhigh[],    /* Loesung bei x+h, hoch .*/
                       REAL       ylow[],     /* Loesung bei x+h, niedr.*/
                       koefftyp   *koeff,     /* Verfahrensdaten .......*/
                       int        newstp,     /* neuer Schritt? ........*/
                       REAL       xzi,        /* Ueberlaufschranke .....*/
                       REAL       yhilf[]     /* Hilfsvektor ...........*/
                       )                      /* Fehlercode ............*/
    /*********************************************************************
     * einen Integrationsschritt mit der durch koeff bestimmten Runge-   *
     * Kutta-Einbettungsformel ausfuehren, der zwei Naeherungsloesungen  *
```

```
*   hoeherer und niederer Ordnung an der Stelle  x + h   ergibt      *
*                                                                    *
* Eingabeparameter:                                                   *
* =================                                                   *
* x        Startwert fuer den Integrationsschritt                     *
* h        Schrittweite                                               *
* y        [0..n-1]-Vektor mit der Loesung des DGLS an der Stelle x   *
* n        Anzahl der Differentialgleichungen                         *
* k        nur bei geloeschtem newstp: [0..m-1,0..n-1]-Matrix, deren  *
*                         erste Zeile den k1-Vektor des               *
*                         vorigen Schrittversuchs                     *
*                         enthalten muss (m = Stufenzahl              *
*                         des Verfahrens)                             *
* dgl      rechte Seite des Differentialgleichungssystems             *
* koeff    Struktur, die alle wesentlichen Parameter und Koeffizienten*
*          der gewaehlten Runge-Kutta-Einbettungsformel beschreibt    *
* newstp   gibt an, ob ein neuer Schritt begonnen werden (gesetzt) oder *
*          ein Schritt mit kleinerer Schrittweite wiederholt werden   *
*          soll (geloescht). Fuer einen wiederholten Schritt braucht  *
*          naemlich k1 nicht noch einmal berechnet zu werden.         *
* xzi      Ueberlaufschranke                                          *
*                                                                     *
* Ausgabeparameter:                                                   *
* =================                                                   *
* k        [0..m-1,0..n-1]-Matrix, die zeilenweise die Vektoren ki des*
*          Integrationsschritts enthaelt (m: Stufenzahl des Verfahrens)*
* yhigh    [0..n-1]-Vektor mit der Naeherungsloesung hoeherer Ordnung *
* ylow     [0..n-1]-Vektor mit der Naeherungsloesung niederer Ordnung *
* yhilf    [0..n-1]-Hilfsvektor mit Zwischenwerten der Berechnung von k*
*                                                                     *
* Funktionswert:                                                      *
* ==============                                                      *
* Fehlercode. Folgende Werte koennen auftreten:                       *
*   = 0: alles in Ordnung                                             *
*   = 1: moeglicher Ueberlauf                                         *
*                                                                     *
* benutzte globale Namen:                                             *
* =======================                                             *
* REAL, dglsysfnk, koefftyp, norm_max, ZERO                           *
***********************************************************************/
{
  REAL *b,       /* Zeiger auf eine Zeile der Matrix der              */
                 /* b-Koeffizienten der Einbettungsformel             */
       xhilf,    /* Hilfsvariable                                     */
       summe,    /* Summationsvariable zur Berechnung eines ki-Vektors*/
       summe1,   /* Summationsvariable zur Berechnung der Naeherung   */
                 /* hoeherer Ordnung fuer y(x+h)                      */
       summe2;   /* Summationsvariable zur Berechnung der Naeherung   */
                 /* niederer Ordnung fuer y(x+h)                      */
  int  m,        /* Stufenzahl der Einbettungsformel                  */
       i,        /* Schleifenzaehler                                  */
       j,        /* Schleifenzaehler                                  */
       l;        /* Schleifenzaehler                                  */

  if (newstp)                            /* neuer Schritt?            */
  {
    dgl(x, y, k[0]);                     /* neues k1 berechnen        */
    if (norm_max(k[0], n) > xzi)         /* Ueberlaufgefahr?          */
      return 1;                          /* Fehler melden             */
  }

  /* ---- die restlichen ki-Vektoren berechnen und auch hier bei ---- */
  /* ---- einem drohenden Ueberlauf mit Fehlermeldung aufhoeren  ---- */

  for (b = koeff->b, m = koeff->stufenzahl, i = 1; i < m; b += i, i++)
```

```
        {
          xhilf = x + koeff->a[i - 1] * h;
          for (l = 0; l < n; l++)
          {
            for (summe = ZERO, j = 0; j < i; j++)
              summe += b[j] * k[j][l];
            yhilf[l] = y[l] + summe * h;
          }
          dgl(xhilf, yhilf, k[i]);
          if (norm_max(k[i], n) > xzi)
            return 1;
        }

        for (l = 0; l < n; l++)                    /* die beiden Naeherungen */
        {                                          /* fuer y(x+h) berechnen  */
          for (summe1 = ZERO, j = 0; j < m; j++)
            summe1 += koeff->ASchlange[j] * k[j][l];
          for (summe2 = ZERO, j = 0; j < m; j++)
            summe2 += koeff->A[j] * k[j][l];

          yhigh[l] = y[l] + summe1 * h;            /* Naeherung hoeherer Ordnung  */
          ylow[l]  = y[l] + summe2 * h;            /* Naeherung niedererer Ordnung */
        }

        return 0;
      }


/* ------------------------------------------------------------------ */

static int awp1                   /* die gewaehlte Einbettungsformel anwenden */
             (
              REAL      *x,       /* Startwert bzw. Endwert ......*/
              REAL      *h,       /* Anfangs- bzw. Endschrittw. ..*/
              REAL      beta,     /* angestrebter Endwert ........*/
              REAL      abserr,   /* absolute Fehlerschranke .....*/
              REAL      relerr,   /* relative Fehlerschranke .....*/
              int       n,        /* Anzahl der DGLen ............*/
              dglsysfnk dgl,      /* rechte Seite des DGLS .......*/
              REAL      y[],      /* Loesung des DGLS bei x ......*/
              int       hullstp,  /* Schrittweitenst. nach Hull? */
              REAL      eps,      /* 100fache Maschinengenauigk. */
              REAL      xzi,      /* Ueberlaufschranke ...........*/
              koefftyp  *koeff,   /* Daten der Formel ............*/
              int       *aufrufe  /* tats. Aufrufzahl von dgl() .*/
             )                    /* Fehlercode ..................*/

/***************************************************************************
* naeherungsweise ein System von gewoehnlichen Differentialgleichungen     *
* 1. Ordnung mit Hilfe einer Runge-Kutta-Einbettungsformel auf dem         *
* Integrationsintervall [x0,beta] loesen. Die Schrittweite wird nach       *
* der Formel von Hull bzw. den Formeln des allgemeinen                     *
* Anfangswertproblemloesers automatisch gesteuert.                         *
*                                                                          *
* Eingabeparameter:                                                        *
* =================                                                        *
* x         Startwert fuer die Integration                                 *
* h         Anfangsschrittweite                                            *
* beta      Stelle, an der die Loesung gesucht wird                        *
* abserr    Fehlerschranke fuer den Test auf absolute Genauigkeit          *
*           (abserr > 0). Fuer  abserr = 0 wird nur die relative           *
*           Genauigkeit beruecksichtigt.                                   *
* relerr    Fehlerschranke fuer den Test auf relative Genauigkeit          *
*           (relerr > 0). Fuer  relerr = 0 wird nur die absolute           *
*           Genauigkeit beruecksichtigt.                                   *
```

```
*  n           Anzahl der Differentialgleichungen                    *
*  dgl         rechte Seite des Differentialgleichungssystems        *
*  y           [0..n-1]-Vektor mit der Loesung des DGLS an der Stelle x *
*  hullstp     Schrittweitensteuerung nach der Formel von Hull oder den *
*              Formeln des allgemeinen Anfangswertproblemloesers      *
*  eps         100fache Maschinengenauigkeit                          *
*  xzi         Ueberlaufschranke                                      *
*  koeff       Struktur, die alle wesentlichen Parameter und Koeffizienten *
*              der gewaehlten Runge-Kutta-Einbettungsformel beschreibt *
*                                                                     *
*  Ausgabeparameter:                                                  *
*  =================                                                  *
*  x           Stelle, an der die Integration beendet wurde (im Normalfall *
*              beta)                                                   *
*  h           zuletzt ermittelte optimale Schrittweite                *
*  y           [0..n-1]-Vektor mit der Loesung des DGLS an der zuletzt *
*              erreichten Stelle x                                     *
*  aufrufe     Zaehler fuer die Aufrufe von dgl()                      *
*                                                                     *
*  Funktionswert:                                                      *
*  =============                                                      *
*  Fehlercode. Folgende Werte koennen auftreten:                       *
*   =  0: alles in Ordnung                                             *
*   = -1: Die geforderte relative Genauigkeit liegt in bestimmten       *
*         Bereichen des Integrationsintervall unterhalb der Marke      *
*         100*Maschinengenauigkeit. Die Berechnung wird dort mit       *
*         100*Maschinengenauigkeit als absolute Fehlerschranke         *
*         fortgesetzt.                                                 *
*   = -2: Die Anzahl der maximal zulaessigen Schritte ist erreicht.    *
*   = -3: moeglicher Ueberlauf                                         *
*   = -4: Die berechnete Schrittweite wurde zu klein.                  *
*   = -5: Speichermangel                                               *
*                                                                     *
*  benutzte globale Namen:                                             *
*  ======================                                              *
*  REAL, dglsysfnk, koefftyp, vminit, vmalloc, MATRIX, VEKTOR,         *
*  vmcomplete, vmfree, FALSE, ONE, rk_schritt, norm_max, TWO, POW,     *
*  FABS, TRUE, copy_vector, max, ZERO                                  *
***********************************************************************/
{
  REAL *yhigh,    /* [0..n-1]-Vektor mit der Naeherungsloesung        */
                  /* hoeherer Ordnung                                 */
       *ylow,    /* [0..n-1]-Vektor mit der Naeherungsloesung         */
                  /* niedererer Ordnung                               */
       **k,       /* [0..m-1,0..n-1]-Matrix (siehe rk_schritt())      */
       *ydiff,    /* [0..n-1]-Hilfsvektor                             */
       *yhilf,    /* [0..n-1]-Hilfsvektor fuer rk_schritt()           */
       temp,      /* Zwischenspeicher fuer die letzte optimale        */
                  /* Schrittweite                                     */
       expo,      /* Hilfsvariable                                    */
       delta,     /* Schaetzung des lokalen Fehlers                   */
       epslon,    /* Toleranz fuer den maximal zulaessigen lokalen    */
                  /* Fehler                                           */
       xhilf,     /* Hilfsvariable                                    */
       s,         /* Hilfsvariable                                    */
       xend,      /* Hilfsvariable zur Ueberpruefung auf Intervallende */
       qg;        /* globale Fehlerordnung des Verfahrens niedererer   */
                  /* Ordnung (+ 1 im Falle der Hull-Schrittweiten)    */
  int  newstp,    /* siehe rk_schritt()                               */
       m,         /* Stufenzahl der Einbettungsformel                 */
       laststp,   /* Flagge, die anzeigt, dass mit dem aktuellen      */
                  /* Schritt das Intervallende beta erreicht werden   */
                  /* kann                                             */
       step,      /* Schrittzaehler                                   */
       j,         /* Schleifenzaehler                                 */
       rkerr,     /* Fehlercode von rk_schritt()                      */
```

```
            fehler;      /* Fehlercode dieser Funktion              */
    void *vmblock;  /* Liste der dynamisch vereinbarten Vektoren und */
                    /* Matrizen                                      */


    /* ----------- dynamische Vektoren und Matrizen anlegen ----------- */
    vmblock = vminit();
    k       = (REAL **)vmalloc(vmblock, MATRIX, koeff->stufenzahl, n);
    yhigh   = (REAL *) vmalloc(vmblock, VEKTOR, n,              0);
    ylow    = (REAL *) vmalloc(vmblock, VEKTOR, n,              0);
    ydiff   = (REAL *) vmalloc(vmblock, VEKTOR, n,              0);
    yhilf   = (REAL *) vmalloc(vmblock, VEKTOR, n,              0);
    if (! vmcomplete(vmblock))
    {
      vmfree(vmblock);
      return -5;
    }


    fehler  = -2;                      /* die Iteration vorbereiten */
    newstp  = TRUE;
    laststp = FALSE;

    if (hullstp)
      qg = koeff->qg + ONE;
    else
      qg = koeff->qg;
    expo = ONE /qg;
    temp = *h;
    m    = koeff->stufenzahl;

    for (step = koeff->maxschritt;     /* maximal koeff->maxschritt     */
         step != 0;                    /* Runge-Kutta-Schritte ausfuehren */
         step--
        )
    {
      rkerr = rk_schritt(*x, *h, y, n, k, dgl,  /* einen              */
                         yhigh, ylow, koeff,    /* Integrationsschritt */
                         newstp, xzi, yhilf);   /* ausfuehren          */

      *aufrufe += m;                   /* Aufrufe von dgl() zaehlen */
      if (! newstp)
        --*aufrufe;

      if (rkerr || norm_max(yhigh, n) > xzi ||    /* moeglicher */
                   norm_max(ylow,  n) > xzi)      /* Ueberlauf? */
      {
        fehler = -3;
        break;
      }

      /* ---- die Schrittweite fuer den naechsten Schritt ermitteln --- */

      for (j = 0; j < n; j++)
        ydiff[j] = yhigh[j] - ylow[j];
      delta = norm_max(ydiff, n);
      if (! hullstp && delta < eps)
        s = TWO;
      else
      {
        epslon = abserr + relerr * norm_max(yhigh, n);
        if (epslon < eps)
          epslon = eps,
          fehler = -1;
```

```c
      if (hullstp)
        delta /= epslon;
      else
        s = POW(FABS(*h) * epslon / delta, expo);
    }
    if ((( ! hullstp && s     < ONE) ||          /* s zu klein bzw.  */
         (   hullstp && delta > ONE))             /* delta zu gross?  */
    {
      newstp = FALSE;

      if (! hullstp)                              /* neue Schrittweite    */
        *h *= max(HALF, s);                       /* so berechnen, dass   */
      else                                        /* sie hoechstens um    */
        delta = min(POW((REAL)3.6, qg),           /* den Faktor 2 bzw.    */
                    delta),                       /* 4 verkleinert wird   */
        *h    *= (REAL)0.9 / POW(delta, expo);
      if (FABS(*h) < eps)                         /* Schrittweite         */
      {                                           /* zu klein?            */
        fehler = -4;                              /* Fehler melden        */
        break;
      }

      if (laststp)       /* Waere das eben der letzte Schritt gewesen? */
        laststp = FALSE;/* Der wiederholte Schritt ist es nicht mehr!  */

    }
    else                 /* s gross genug bzw. delta klein genug?      */
    {
      *x += *h;                                   /* x und y neu setzen  */
      copy_vector(y, yhigh, n);

      if (laststp)       /* eben ausgefuehrter Schritt war letzter?   */
      {
        *h     = temp;   /* neuste optimale Schrittweite eintragen    */
        fehler = 0;      /* Erfolg melden                             */
        break;           /* Iterationsschleife verlassen              */
      }

      else               /* einen neuen Integrationsschritt vorbereiten? */
      {
        newstp = TRUE;

        if (! hullstp)                            /* neue Schrittweite so */
          *h *= min(TWO ,s);                      /* berechnen, dass sie  */
        else                                      /* hoechstens um den    */
          delta = max(POW((REAL)0.225, qg),       /* Faktor 2 bzw. 4      */
                      delta),                     /* vergroessert wird    */
          *h   *= (REAL)0.9 / POW(delta,
                                  expo);

        xhilf = *x + *h;
        xend  = beta - (REAL)0.1 * *h;            /* Wird der naechste Schritt */
        if (*h < ZERO && xhilf < xend ||          /* ueber das Ende des        */
            *h > ZERO && xhilf > xend             /* Integrationsintervalls    */
           )                                      /* hinausgehen?              */
        {
          laststp = TRUE;        /* Flagge fuer letzten Schritt setzen */
          temp    = *h;          /* neuste Schrittweite in temp merken */
          *h      = beta - *x;   /* die Schrittweite auf das noetige   */
        }                        /* Mass zurechtstutzen                */
      }
    }
  }

  vmfree(vmblock);
```

```
    return fehler;
}


/* ------------------------------------------------------------------ */

static int hstart        /* Anfangsschrittweite fuer ein AWP ermitteln */
               (
                dglsysfnk  dgl,      /* rechte Seite des DGLS .....*/
                int        n,        /* Anzahl der DGLen ..........*/
                REAL       x,        /* Startwert .................*/
                REAL       beta,     /* angestrebter Endwert ......*/
                REAL       y[],      /* Loesung des DGLS bei x ....*/
                REAL       relerr,   /* relative Fehlerschranke ...*/
                REAL       abserr,   /* absolute Fehlerschranke ...*/
                REAL       qg,       /* glob. Fehlerordn. d. Verf. */
                REAL       dsmall,   /* Maschinengenauigkeit ......*/
                REAL       dlarge,   /* groesste Gleitkommazahl ...*/
                REAL       *h,       /* Anfangsschrittweite .......*/
                int        *aufrufe  /* max. Aufzahl von dgl() ....*/
               )                     /* Fehlercode ................*/
/***********************************************************************
* die Anfangsschrittweite zur numerischen Loesung eines               *
* Anfangswertproblems berechnen. Zur Berechnung der Schrittweite wird *
* die Lipschitz-Konstante, die obere Schranke der 1. Ableitung und die*
* obere Schranke der 2. Ableitung der Differentialgleichung in der    *
* Naehe des Anfangspunktes x=x0 bestimmt. Der hier angewandte         *
* Algorithmus ist dem Programmpaket DEPAC (design of a user oriented  *
* package of ODE solvers) entnommen.                                  *
*                                                                     *
* Eingabeparameter:                                                   *
* =================                                                   *
* dgl     rechte Seite des Differentialgleichungssystems              *
* n       Anzahl der Differentialgleichungen                          *
* x       Startwert fuer die Integration                              *
* beta    Stelle, an der die Loesung gesucht wird                     *
* y       [0..n-1]-Vektor mit der Loesung des DGLS an der Stelle x    *
* relerr  Fehlerschranke fuer den Test auf relative Genauigkeit       *
*         (relerr > 0). Fuer  relerr = 0  wird nur die absolute       *
*         Genauigkeit beruecksichtigt.                                *
* abserr  Fehlerschranke fuer den Test auf absolute Genauigkeit       *
*         (abserr > 0). Fuer  abserr = 0  wird nur die relative       *
*         Genauigkeit beruecksichtigt.                                *
* qg      globale Fehlerordnung des Verfahrens                        *
* dsmall  Maschinengenauigkeit                                        *
* dlarge  groesste darstellbare Gleitkommazahl                        *
*                                                                     *
* Ausgabeparameter:                                                   *
* =================                                                   *
* h       Anfangsschrittweite                                         *
* aufrufe Zaehler fuer die Aufrufe von dgl()                          *
*                                                                     *
* Funktionswert:                                                      *
* ==============                                                      *
* Fehlercode. Folgende Werte koennen auftreten:                       *
*   = 0: alles in Ordnung                                             *
*   = -3: Speichermangel                                              *
*                                                                     *
* benutzte globale Namen:                                             *
* =======================                                             *
* dglsysfnk, REAL, vminit, vmalloc, MATRIX, vmcomplete, vmfree, FABS, *
* POW, SIGN, max, norm_max, ZERO, ONE, LOG, TEN, HALF, SQRT           *
***********************************************************************/
{
```

Einbettungsformeln

```
       REAL **hilf,       /* [0..4,0..n-1]-Matrix                        */
            dx,           /* Intervallaenge                              */
            absdx,        /* Betrag von dx                               */
            relper,       /* 0.375 * dsmall                              */
            da,           /* Auslenkung der Variablen x                  */
            delf,         /* Hilfsvariable                               */
            dfdxb,        /* obere Schranke der 2. Ableitung, ueber      */
                          /* Differenzenquotient bestimmt                */
            fbnd,         /* obere Schranke der 1. Ableitung             */
            dely,         /* Hilfsvariable                               */
            dfdub,        /* Lipschitz-Konstante                         */
            dy,           /* Hilfsvariable                               */
            ydpb,         /* obere Schranke der 2. Ableitung             */
            tolmin,       /* Hilfsvariablen zur Berechnung von tolp      */
            tolsum,
            tol,
            tolexp,
            tolp,         /* Toleranzgroesse                             */
            srydpb,       /* Wurzel aus (0.5 * ydpb)                     */
            tmp;          /* Hilfsvariable                               */
       int  j,            /* Schleifenzaehler                            */
            k,            /* Schleifenzaehler                            */
            lk;           /* Anzahl der Iterationen zur Berechnung der   */
                          /* Lipschitz-Konstante                         */
       void *vmblock;     /* Liste der dynamisch vereinbarten Vektoren und */
                          /* Matrizen                                    */

  /* ----------- dynamische Vektoren und Matrizen anlegen ----------- */

  vmblock = vminit();
  hilf = (REAL **)vmalloc(vmblock, MATRIX, 5, n);
  if (! vmcomplete(vmblock))
  {
    vmfree(vmblock);
    return -5;
  }


  /* --------- obere Schranke der 2. Ableitung (dfdxb) ueber -------- */
  /* --------- Differenzenquotient und obere Schranke der   -------- */
  /* --------- 1. Ableitung (fbnd) bestimmen                -------- */

  dx     = beta - x;
  absdx  = FABS(dx);
  relper = POW(dsmall, (REAL)0.375);
  tmp    = min(relper * FABS(x), absdx);
  tmp    = max(tmp, (REAL)100.0 * dsmall * FABS(x));
  da     = SIGN(tmp, dx);
  if (FABS(da) < dsmall)
    da = relper * dx;
  dgl(x + da, y, hilf[0]); ++*aufrufe;
  dgl(x,      y, hilf[4]); ++*aufrufe;
  for (j = 0; j < n; j++)
    hilf[1][j] = hilf[0][j] - hilf[4][j];
  delf   = norm_max(hilf[1], n);
  dfdxb  = dlarge;
  if (delf < dlarge * FABS(da))
    dfdxb = delf / FABS(da);
  fbnd   = norm_max(hilf[0], n);

  /* -------- die Lipschitz-Konstante des DGL-Systems (dbdub) ------- */
  /* -------- schaetzen und oberste Schranke der 1. Ableitung ------- */
  /* -------- (fbnd) waehlen                                  ------- */

  dely = relper * norm_max(y,n);
  if (dely < dsmall)
```

```c
      dely = relper;
  dely = SIGN(dely, dx);
  delf = norm_max(hilf[4], n);
  fbnd = max(fbnd, delf);
  if (delf < dsmall)
  {
    for (j = 0; j < n; j++)
      hilf[2][j] = ZERO,
      hilf[1][j] = ONE;
    delf = ONE;
  }
  else
    for (j = 0; j < n; j++)
      hilf[2][j] = hilf[4][j],
      hilf[1][j] = hilf[4][j];
  dfdub = ZERO;
  lk    = min(n + 1, 3);
  for (k = 1; k <= lk; k++)
  {
    for (j = 0; j < n; j++)
      hilf[3][j] = y[j] + dely * (hilf[1][j] / delf);
    if (k == 2)
    {
      dgl(x + da, hilf[3], hilf[1]);
      ++*aufrufe;
      for (j = 0; j < n; j++)
        hilf[3][j] = hilf[1][j] - hilf[0][j];
    }
    else
    {
      dgl(x, hilf[3], hilf[1]);
      ++*aufrufe;
      for (j = 0; j < n; j++)
        hilf[3][j] = hilf[1][j] - hilf[4][j];
    }
    fbnd = max(fbnd, norm_max(hilf[1], n));
    delf = norm_max(hilf[3], n);
    if (delf >= dlarge * FABS(dely))
    {
      dfdub = dlarge;
      break;
    }
    dfdub = max(dfdub, delf/ FABS(dely));
    if (k < lk)
    {
      if (delf < dsmall)
        delf = ONE;
      for (j = 0; j < n; j++)
      {
        if (k == 2)
        {
          dy = y[j];
          if (FABS(dy) < dsmall)
            dy = dely / relper;
        }
        else
        {
          dy = FABS(hilf[3][j]);
          if (dy < dsmall)
            dy = delf;
        }
        if (FABS(hilf[2][j]) < dsmall)
          hilf[2][j] = hilf[1][j];
        dy = SIGN(dy, hilf[2][j]);
        hilf[1][j] = dy;
      }
      delf = norm_max(hilf[1], n);
```

Einbettungsformeln

```
    }
  }
  ydpb = dfdxb + dfdub * fbnd;
  /* ----------- Toleranzgroesse (tolp) zur Berechnung der ---------- */
  /* ----------- Anfangsschrittweite definieren                ---------- */
  tolmin = dlarge;
  tolsum = ZERO;
  for (k = 0; k < n; k++)
  {
    tol = relerr * FABS(y[k]) + abserr;
    if (tol < dsmall)
      tol = FABS(dely) * relerr;
    tolexp = LOG(tol) / LOG(TEN);
    tolmin = min(tolmin, tolexp);
    tolsum += tolexp;
  }
  tolp = POW(TEN, (HALF * (tolsum / (REAL)n + tolmin) / (qg + ONE)));

  /* -- Anfangsschrittweite und Richtung der Integration bestimmen -- */

  *h = absdx;
  if (ydpb > dsmall || fbnd > dsmall)
  {
    if (ydpb > dsmall)
    {
      srydpb = SQRT(HALF * ydpb);
      if (tolp < srydpb * absdx)
        *h = tolp / srydpb;
    }
    else if (tolp < fbnd * absdx)
      *h = tolp / fbnd;
  }
  else if (tolp < ONE)
    *h = absdx * tolp;
  if (*h * dfdub > ONE)
    *h = ONE /dfdub;
  *h = max(*h, (REAL)100.0 * dsmall * FABS(x));
  if (*h < dsmall)
    *h = dsmall * FABS(beta);
  *h = SIGN(*h, dx);

  vmfree(vmblock);
  return 0;
}


/* ----------------------------------------------------------------- */

int einb_rk          /* DGLS loesen mit einer von 15 Einbettungsformeln */
         (
          REAL     *x,          /* Startwert bzw. Endwert ............*/
          REAL     beta,        /* angestrebter Endwert ..............*/
          int      n,           /* Anzahl der DGLen ..................*/
          dglsysfnk dgl,        /* rechte Seite des DGLS .............*/
          REAL     y[],         /* Loesung des DGLS bei x ............*/
          REAL     abserr,      /* absolute Fehlerschranke ...........*/
          REAL     relerr,      /* relative Fehlerschranke ...........*/
          int      neinb,       /* Nummer der Einbettungsformel ......*/
          int      hullstp,     /* Schrittweitensteuerung nach Hull? .*/
          int      neu,         /* keine alten Daten benutzen? .......*/
          int      save,        /* Daten f. naechst. Aufruf retten? ..*/
          int      fmax,        /* maximale Aufrufzahl von dgl() .....*/
          int      *aufrufe     /* tatsaechl. Aufrufzahl von dgl() ...*/
```

```
                    )                      /* Fehlercode ......................*/
/***************************************************************************
* Diese Funktion loest naeherungsweise ein System von gewoehnlichen        *
* Differentialgleichungen 1. Ordnung mit Hilfe einer Runge-Kutta-          *
* Einbettungsformel auf dem Integrationsintervall [x0,beta]. Ueber den     *
* Parameter neinb kann eine Einbettungsformel und ueber hullstp eine       *
* Schrittweitensteuerung gewaehlt werden. Beim ersten Aufruf dieser        *
* Funktion muss neu verschieden von Null sein. Die Funktion                *
* ueberprueft dann die Eingabeparameter und ermittelt die fuer die         *
* Integration erforderlichen Werte. Die Anzahl der                         *
* Integrationsschritte wird so festgelegt, dass maximal 10000              *
* Funktionsauswertungen moeglich sind. Gibt diese Funktion den             *
* Fehlercode -2 zurueck, wurde die maximal zulaessige Anzahl der           *
* Schritte ausgefuehrt, ohne das Intervallende beta erreicht zu haben.     *
* Diese Funktion kann dann mit geloeschter neu-Flagge wiederholt           *
* aufgerufen werden. Die Aenderung eines weiteren Parameters ist nicht     *
* erforderlich.                                                            *
* Werden auf dem Integrationsintervall mehrere Zwischenergebnisse          *
* verlangt, ist diese Funktion erstmalig mit gesetzter neu-Flagge zu       *
* starten. Alle weiteren Aufrufe koennen in einer Schleife mit             *
* geloeschter neu-Flagge und entsprechenden Werten fuer beta erfolgen.     *
*                                                                          *
* Eingabeparameter:                                                        *
* =================                                                        *
*   x        Startwert x0 fuer die Integration                             *
*   beta     Stelle, an der die Loesung gesucht wird                       *
*   n        Anzahl der Differentialgleichungen                            *
*   dgl      rechte Seite des Differentialgleichungssystems                *
*   y        [0..n-1]-Vektor mit der Loesung des DGLS an der Stelle x      *
*   abserr   Fehlerschranke fuer den Test auf absolute Genauigkeit         *
*            (abserr > 0). Fuer  abserr = 0 wird nur die relative          *
*            Genauigkeit beruecksichtigt.                                  *
*   relerr   Fehlerschranke fuer den Test auf relative Genauigkeit         *
*            (relerr > 0). Fuer  relerr = 0 wird nur die absolute          *
*            Genauigkeit beruecksichtigt.                                  *
*   neinb    die Nummer der gewuenschten Einbettungsformel:                *
*               =  0: RK3(2)                                               *
*               =  1: RKF4(3)                                              *
*               =  2: RKF5(4)                                              *
*               =  3: RK5(4)6M                                             *
*               =  4: RKE5(4)                                              *
*               =  5: RK5(4)7S                                             *
*               =  6: RK5(4)7M                                             *
*               =  7: RK6(5)8M                                             *
*               =  8: RKV6(5)                                              *
*               =  9: RKF6(5)                                              *
*               = 10: RKV7(6)                                              *
*               = 11: RK8(7)13M                                            *
*               = 12: RKF8(7)                                              *
*               = 13: RKV8(7)                                              *
*               = 14: RKV9(8)                                              *
*   hullstp  waehlt die Art der Schrittweitensteuerung:                    *
*               geloescht (= 0):   allgemeiner Anfangswertproblemloeser    *
*               gesetzt   (!= 0):  Formel von Hull                         *
*   neu      waehlt zwischen erstmaligem und wiederholtem Aufruf:          *
*               geloescht: wiederholter Aufruf                             *
*               gesetzt:   erstmaliger Aufruf                              *
*   save     geloescht: Alle in der lokalen statischen Variablen koeff     *
*                       und in h gespeicherten Werte werden vor dem        *
*                       Ruecksprung verworfen.                             *
*            gesetzt:   Der Inhalt von koeff und von h wird fuer den       *
*                       naechsten Aufruf aufbewahrt, um die Integration    *
*                       moeglichst nahtlos an der zuletzt erreichten       *
*                       Stelle fortsetzen zu koennen.                      *
*            Im Fehlerfall wird eine eventuell gesetzte save-Flagge        *
*            nicht beachtet.                                               *
```

```
*  fmax       obere Schranke fuer die Anzahl der zulaessigen Funktions- *
*             auswertungen der rechten Seite dgl() des Differential-    *
*             gleichungssystems                                         *
*                                                                      *
* Ausgabeparameter:                                                     *
* =================                                                    *
*  x          Stelle, an der die Integration beendet wurde              *
*             (im Normalfall beta)                                      *
*  y          [0..n-1]-Vektor mit der Loesung des DGLS an der zuletzt   *
*             erreichten Stelle x                                       *
*  aufrufe    Zaehler fuer die Aufrufe von dgl()                        *
*                                                                      *
* Funktionswert:                                                        *
* ==============                                                       *
* Fehlercode. Folgende Werte koennen auftreten:                         *
*     =  0:   alles in Ordnung                                          *
*                                                                      *
* Fehler in den Eingabeparametern:                                      *
*     Bit 0 gesetzt:  falscher Wert fuer neinb oder fmax                *
*     Bit 1 gesetzt:  abserr oder relerr zu klein                       *
*     Bit 2 gesetzt:  Integrationssintervall zu klein                   *
*     Bit 3 gesetzt:  x oder beta im Rechner nicht darstellbar          *
*     Bit 4 gesetzt:  n <= 0                                            *
*     Bit 5 gesetzt:  Anfangsbedingung im Rechner nicht darstellbar     *
* Beispiel: Fehlercode = 21  =>  falscher Wert fuer neinb oder fmax,    *
*                                Integrationsintervall zu klein und    *
*                                n <= 0                                 *
*                                                                      *
* Laufzeitfehler (negativ):                                             *
*     = -1:   Die geforderte relative Genauigkeit liegt in bestimmten   *
*             Bereichen des Integrationsintervall unterhalb der Marke   *
*             100 * Maschinengenauigkeit.  Die Berechnung wird dort mit *
*             mit 100 * Maschinengenauigkeit  als  absolute             *
*             Fehlerschranke fortgesetzt.                               *
*     = -2:   Die Anzahl der maximal zulaessigen Schritte ist erreicht. *
*     = -3:   moeglicher Ueberlauf                                      *
*     = -4:   Die berechnete Schrittweite wurde zu klein.               *
*     = -5:   Speichermangel                                            *
*                                                                      *
* benutzte globale Namen:                                               *
* =======================                                              *
* REAL, dglsysfnk, koefftyp, ZERO, MACH_EPS, POSMAX, FABS, norm_max,    *
* init_koeff, hstart, awpl                                              *
***********************************************************************/
{
  static              /* Struktur, die die ausgewaehlte             */
    koefftyp koeff;   /* Einbettungsformel vollstaendig beschreibt  */
  static
    REAL     h = ZERO; /* aktuelle Schrittweite; ein Wert von Null  */
                       /* zeigt an, dass noch keine Schrittweite von */
                       /* einem frueheren Aufruf dieser Funktion    */
                       /* existiert (oder nicht mehr, naemlich wegen*/
                       /* vorigem Aufruf mit nicht gesetzter        */
                       /* save-Flagge).                             */

  REAL     eps,       /* 100fache Maschinengenauigkeit              */
           xzi;       /* groesste darstellbare Zahl / 100           */
  int      fehler;    /* Fehlercode von hstart() bzw. awpl()        */


  eps     = (REAL)100.0 * MACH_EPS;
  xzi     = POSMAX / (REAL)100.0;
  *aufrufe = 0;


  /* die Plausibilitaet der Eingabeparameter pruefen; um mehrere       */
```

```
            /* Fehler zugleich anzeigen zu koennen, wird jeder Fehlerart ein   */
            /* eigenes Bit im Fehlercode zugeordnet: Ein geloeschtes Bit zeigt */
            /* an, dass der zugehoerige Fehler nicht aufgetreten ist, ein      */
            /* gesetztes Bit das Gegenteil.                                    */

            fehler = 0;

            if (neinb < 0 || neinb > 14 ||    /* unzulaessige Verfahrensnummer */
                 fmax <= 0)                   /* oder Aufrufanzahl von dgl()?  */
              fehler |= 1;
            if (relerr < eps && abserr < eps) /* zu kleine Fehlerschranken?    */
              fehler |= 2;
            if (FABS(beta - *x) < eps)        /* zu kleines Intervall?         */
              fehler |= 4;
            if (FABS(*x) > xzi ||             /* zu grosse Intervallraender?   */
                FABS(beta) > xzi)
              fehler |= 8;
            if (n <= 0)                       /* weniger als eine DGL?         */
              fehler |= 16;
            if (norm_max(y, n) > xzi)         /* zu grosser Anfangswert?       */
              fehler |= 32;

            if (fehler)
              return fehler;


            if (neu ||                        /* keine alten Daten benutzen oder */
                h == ZERO)                    /* keine vorhanden?                */
            {
              init_koeff(neinb, fmax, &koeff);
              fehler = hstart(dgl, n, *x, beta, y,   /* Verfahrensdaten und    */
                              relerr, abserr, koeff.qg,  /* die Anfangsschritt- */
                              MACH_EPS, POSMAX, &h,      /* weite bestimmen    */
                              aufrufe
                             );
              if (fehler)
                return fehler;
            }

            fehler = awpl(x, &h, beta, abserr, relerr,   /* die Integration */
                          n, dgl, y, hullstp, eps, xzi,  /* ausfuehren      */
                          &koeff, aufrufe);

            if (! save ||                     /* alte Daten nicht aufbewahren oder */
                fehler)                       /* Fehler bei der Integration?       */
              h = ZERO;                       /* dies fuer naechsten Aufruf merken */

            return fehler;
          }
/* -------------------------- ENDE einb_rk.c -------------------------- */
```

P 17.3.5 Implizite Runge–Kutta–Verfahren vom Gauß–Typ

```
/* -------------------- DEKLARATIONEN implruku.h -------------------- */
int implruku         /* impliz. Runge-Kutta-Verf. fuer DGLSe 1. Ordnung */
          (
           dglsysfnk  dgl,          /* rechte Seite des DGLSs ......*/
           int        n,            /* Anzahl der DGLen ............*/
           int        mmax,         /* max. Ordnung der IRKV (>= 5) */
           char       file_st[],    /* Name der Koeffizientendatei .*/
           char       file_out[],   /* Name der Ausgabedatei .......*/
```

```
                    char      file_pro[],    /* Name der Protokolldatei ..... */
                    REAL      epsm,          /* Maschinengenauigkeit ........ */
                    REAL      *eps_rel,      /* relative Fehlerschranke bzw.  */
                                             /* groesster relativer Fehler .. */
                    REAL      g[],           /* Gewichte fuer y ............. */
                    REAL      x0,            /* Anfangspunkt ................ */
                    REAL      xend,          /* angestrebter Endpunkt ....... */
                    REAL      y0[],          /* Anfangswert bei x0 .......... */
                    REAL      yq[]           /* Loesung bei xend ............ */
                   );                        /* Fehlercode .................. */

/* ----------------------- ENDE implruku.h ----------------------- */
/* ----------------------- MODUL implruku.c ---------------------- */

/***************************************************************
*                                                              *
* Loesung eines gewoehnlichen Differentialgleichungssystems durch *
* -------------------------------------------------------      *
* implizite Runge-Kutta-Verfahren                              *
* -------------------------------                              *
*                                                              *
* Programmiersprache:   ANSI-C                                 *
* Compiler:             Turbo C 2.0                            *
* Rechner:              IBM PS/2 70 mit 80387                  *
* Autor:                Thomas Eul                             *
* Bearbeiter:           Juergen Dietel, Rechenzentrum der RWTH Aachen *
* Vorlagen:             bereits existierende C-, Pascal-, QuickBASIC- *
*                       und FORTRAN-Quelltexte                 *
* Literatur:            D. Sommer: Neue implizite Runge-Kutta-Formeln *
*                                  und deren Anwendungsmoeglichkeiten, *
*                                  Dissertation, Aachen 1967   *
* Datum:                DI 2. 6. 1992                          *
*                                                              *
***************************************************************/

#include <basis.h>       /* wegen SQRT, POW, MACH_EPS, sqr, dglsysfnk, */
                         /*       FALSE, TRUE, SEEK_END, REAL, LZS,    */
                         /*       ZERO, HALF, ONE, TWO, FIVE, TEN, LZP */
#include <vmblock.h>     /* wegen vmalloc, vmcomplete, vmfree, vminit, */
                         /*       VEKTOR, MATRIX                       */
#include <legendre.h>    /* wegen legendre                             */
#include <implruku.h>    /* wegen implruku                             */



/* -------------------------------------------------------------- */

#define MAXAUFRUFE  2000001       /* maximale Zahl an Auswertungen */
                                  /* der rechten Seite des         */
                                  /* Differentialgleichungssystems */
#define FLTSIZE     (sizeof(REAL))  /* zur Abkuerzung              */



/* -------------------------------------------------------------- */

static REAL wurzel  /* eine in implruku() benoetigte Wurzel berechnen */
                   (
                    int   n,
                    REAL  *dfdy[],
                    REAL  dfdx[],
                    REAL  summeg,
                    REAL  g[],
                    REAL  dfdxh[]
                   )
/****************************************************************
```

```
 *   die Wurzel                                                        *
 *         sqrt(summe(g[i] * (df/dx * (df/dy)^k)[i]^2) / summeg)        *
 *   berechnen, wobei der erste Aufruf die Wurzel fuer k = 1 liefert, der *
 *   zweite fuer k = 2, usw. Dies ist moeglich, weil bei jedem Aufruf   *
 *   der Vektor df/dx*(df/dy)^(k-1) in dfdx fuer das naechste Mal aufbe- *
 *   wahrt wird.                                                        *
 *   Diese Wurzeln treten in implruku() bei der Bestimmung der Schritt- *
 *   weite h und des mittleren geschaetzten Iterationsfehlers dk bzw.   *
 *   deltak[l], l=0(1)2*m+1 auf.                                        *
 *                                                                      *
 * Eingabeparameter:                                                    *
 * =================                                                    *
 *   n       Anzahl der Differentialgleichungen                         *
 *   dfdy    [1..n,1..n]-Matrix mit der Ableitung df/dy der rechten     *
 *           Seite des Differentialgleichungssystems bezueglich y an der *
 *           Stelle (x0,y0), so dass dfdy[i][j] = df[i]/dy[j]           *
 *   g       [1..n]-Gewichtsvektor                                      *
 *   summeg  g[1] + g[2] + g[3] + ... + g[n]                            *
 *   dfdxh   [1..n]-Hilfsvektor                                         *
 *                                                                      *
 * Ausgabeparameter:                                                    *
 * =================                                                    *
 *   dfdx    [1..n]-Vektor mit den neuen Potenzen df/dx * (df/dy)^k     *
 *                                                                      *
 * Funktionswert:                                                       *
 * ==============                                                       *
 *   Wurzel, die berechnet werden sollte (siehe oben)                   *
 *                                                                      *
 * benutzte globale Namen:                                              *
 * =======================                                              *
 *   REAL, sqr, SQRT, ZERO                                              *
 **********************************************************************/
{
  int    i, j;
  REAL   summe;

  for (j = 1; j <= n; j++)
  {
    for (i = 1, summe = ZERO; i <= n; i++)
      summe += dfdx[i] * dfdy[i][j];
    dfdxh[j] = summe;
  }

  for (j = 1, summe = ZERO; j <= n; j++)
    dfdx[j] =  dfdxh[j],
    summe   += sqr(dfdx[j]) * g[j];

  return SQRT(summe / summeg);
}


/* ------------------------------------------------------------------ */

static int kopf_erzeugen           /* Ueberschriften ausgeben ......*/
                        (
                         int    n,
                         int    mmax,
                         REAL   xend,
                         REAL   x0,
                         REAL   y0[],
                         REAL   g[],
                         REAL   eps_rel,
                         char   file_out[],
                         char   file_pro[],
                         FILE   **ausdat,
```

Implizite Runge-Kutta-Verfahren vom Gauß-Typ

```
                          FILE **prodat
                      )
/***************************************************************
 * die Ueberschriften auf die Ausgabe- und Protokolldatei ausgeben *
 * (falls gewuenscht)                                             *
 *                                                                *
 * Eingabeparameter:                                              *
 * ================                                               *
 * (siehe implruku())                                             *
 *                                                                *
 * Ausgabeparameter:                                              *
 * ================                                               *
 * ausdat   eventuell geoeffnete Ausgabedatei                     *
 * prodat   eventuell geoeffnete Protokolldatei                   *
 *                                                                *
 * Funktionswert:                                                 *
 * =============                                                  *
 * Fehlercode:                                                    *
 * = 0: alles in Ordnung                                          *
 * = 4: Fehler beim Oeffnen der Protokoll- oder Ausgabedatei      *
 *                                                                *
 * benutzte globale Namen:                                        *
 * =======================                                        *
 * REAL, fopen, fprintf, NULL, FILE, LZS, LZP                     *
 ***************************************************************/
{
  int i;

  /* ------ den Kopf fuer die Ausgabedatei eventuell erzeugen ------ */
  if (*file_out != '\0')                 /* Dateiname vorhanden? */
  {
    if ((*ausdat = fopen(file_out, "w")) == NULL)
      return 4;
    fprintf(*ausdat, "Anfangsbedingung:\n\n"
                     "\n              x0              Komp.            y0\n"
                     "%23.15"LZP"e     1        %23.15"LZP"e", x0, y0[1]);

    for (i = 2; i <= n; i++)
      fprintf(*ausdat, "\n"
                       "                               %4d        %23.15"LZP"e",
                       i, y0[i]);

    fprintf(*ausdat, "\n\nObere Grenze des Integrationsintervalles: "
                     "%23.15"LZP"e\n"
                     "Geforderte Genauigkeit: %23.15"LZP"e\n"
                     "          Hoechste moegliche Ordnung: %2d"
                     "\n\n Name der Protokolldatei: %s"
                     "\n\n Schr obere Grenze des Inte-\n"
                     "   itt  grationsintervalles       Komp."
                     "   Naeherungsloesung         Fehlerschaetzung",
                     xend, eps_rel, mmax, file_pro);
  }
  else
    *ausdat = NULL;

  /* ------ den Kopf fuer die Protokolldatei eventuell erzeugen ----- */
  if (*file_pro != '\0')                 /* Dateiname vorhanden? */
  {
    if ((*prodat = fopen(file_pro, "w")) == NULL)
      return 4;
```

```
          fprintf(*prodat, "Anfangsbedingung:\n\n"
                           "              x0                 Komp.              y0\n"
                           "%23.15"LZP"e      1       %23.15"LZP"e", x0, y0[1]);

          for (i = 2; i <= n; i++)
            fprintf(*prodat, "\n                            %4d     %23.15"LZP"e",
                             i, y0[i]);

          fprintf(*prodat, "\n\nObere Grenze des Integrationsintervalles: "
                           "%23.15"LZP"e\n              "
                           "Geforderte Genauigkeit: %23.15"LZP"e\n     "
                           "         Hoechste moegliche Ordnung: %2d"
                           "\n\nGrund gibt die Ursache fuer eine Schritt"
                           "weitenverkleinerung an:\n"
                           "               0  Keine Verkleinerung der Schrittweite\n"
                           "               1  e_rel >= eps_rel\n"
                           "               2  delta_g >= dk\n"
                           "               3  dg_rel >= eps_rel",
                           xend, eps_rel, mmax);

          fprintf(*prodat, "\n\nGewichte G:         Komp.              G\n");
          for (i = 1; i <= n; i++)
            fprintf(*prodat, "                    %3d    %23.15"LZP"e\n",
                             i, g[i]);

          fprintf(*prodat, "\n\nName der Ausgabedatei: %s"
                           "\n\n Schr Ord-  Schrittweite obere Grenze        "
                           "Naeherung Fehler-   Anz Fkt Anz. Gr "
                           "\n  itt  nun      h         d. Intervalls"
                           "      Y           Schaetzung Ausw.  Iter und",
                           file_out);
        }
        else
          *prodat = NULL;

        return 0;
      }



/* ------------------------------------------------------------------ */

static int machstuetz        /* die Datei mit den IRKV-Koeffiz. erzeugen */
                  (
                   int  mmax,       /* max. Ordn. d. Koeff. ......*/
                   char file_st[]   /* Dateiname .................*/
                  )
/*********************************************************************
* Dieses Unterprogramm berechnet die Koeffizienten fuer implizite    *
* Runge-Kutta-Verfahren (IRKV) von der Ordnung 1 bis zu einer vorzuge-*
* benden Hoechstordnung mmax.                                         *
* Die Ergebnisse werden unformatiert auf die Datei mit dem Namen      *
* file_st geschrieben. Von dort koennen sie in implruku() gelesen und *
* weiterverarbeitet werden.                                           *
* Fuer jede Ordnung m werden zunaechst die Gauss-Legendre-Stuetzstel- *
* len alpha[j], j=1(1)m, bestimmt, die sich als die Nullstellen der   *
* Legendre-Polynome ergeben, transformiert auf das Intervall [0,1].   *
* Die Koeffizienten beta[i][j] und A[j], i,j=1(1)m, ergeben sich aus  *
* der Loesung von m*(m+1) linearen Gleichungssystemen. Die Loesungen  *
* der linearen Gleichungssysteme lassen sich durch Ausmultiplizieren  *
* von Lagrange-Polynomen ermitteln.                                   *
* Die Stuetzstellendatei hat damit folgendes Format:                  *
*    1          Koeffizient    alpha  \                               *
*    1          Koeffizient    beta    > der Ordnung 1                *
*    1          Koeffizient    A      /                               *
```

```
*     2              Koeffizienten alpha    \                            *
*     4              Koeffizienten beta      > der Ordnung 2             *
*     2              Koeffizienten A        /                            *
*     ...                                                                *
*     mmax           Koeffizienten alpha    \                            *
*     mmax*mmax      Koeffizienten beta      > der Ordnung mmax          *
*     mmax           Koeffizienten A        /                            *
* Dabei wird die Matrix beta zeilenweise eingetragen.                    *
* Die Datei besteht also aus  3+8+...+mmax*(mmax+2) REAL-Zahlen.         *
*                                                                        *
* Eingabeparameter:                                                      *
* =================                                                      *
* mmax       maximale Ordnung, bis zu der die Koeffizienten der IRKV    *
*            erzeugt werden sollen                                       *
* file_st    Name der Datei mit den Stuetzstellen fuer implruku()        *
*                                                                        *
* Funktionswert:                                                         *
* ==============                                                         *
* = 0: alles in Ordnung                                                  *
* = 3: nicht genug Speicherplatz vorhanden                               *
* = 5: Fehler beim Oeffnen der Stuetzstellendatei                        *
*                                                                        *
* benutzte globale Namen:                                                *
* =======================                                                *
* REAL, vminit, vmalloc, vmcomplete, vmfree, VEKTOR, MATRIX, legendre,   *
* fopen, NULL, fseek, SEEK_END, ftell, fclose, fwrite, ZERO, HALF,       *
* ONE                                                                    *
*************************************************************************/
{
  void *vmblock;    /* Liste der dynamisch vereinbarten Vektoren und  */
                    /* Matrizen                                        */
  REAL *c,          /* [0..mmax-1]-Vektor, der als Hilfsfeld fuer     */
                    /* AdaQuaStGew() dient (nur Bereitstellung von    */
                    /* Speicherplatz) und zur Aufbewahrung der Ko-    */
                    /* effizienten der Lagrange-Polynome              */
       *alpha,      /* [0..mmax-1]-Vektor                \ Felder fuer die */
       **beta,      /* [0..mmax-1,0..mmax-1]-Matrix       > Koeffizienten */
       *A,          /* [0..mmax-1]-Vektor                / der IRKV       */
       zj,          /* Zaehler des j. Lagrange-Polynoms                */
       betajk,      /* Hilfsvariable zur Ermittlung von beta[j][k]     */
                    /* beim Ausmultiplizieren der Lagrange-Polynome    */
       alphak,      /* Zwischenspeicher fuer alpha[k]                  */
       Aj;          /* Hilfsvariable zur Berechnung von A[j]           */
  int  m,           /* aktuelle Ordnung, fuer die die Koeffizienten   */
                    /* berechnet werden                                */
       i, j, k,     /* Laufvariablen                                   */
       ng;          /* Zaehler fuer die Anzahl der Faktoren            */
                    /* (alpha[k]-alpha[j]), k=1,...,j-1,j+1,...,m,     */
                    /* die ausmultipliziert werden                     */
  FILE *stuetzdat;  /* die Stuetzstellendatei                          */

  if ((stuetzdat = fopen(file_st, "r")) != NULL)       /* Existiert die */
  {                                                    /* Stuetzstellendatei schon? */
    fseek(stuetzdat, 0l, SEEK_END);                    /* ans Dateiende gehen */
    if (ftell(stuetzdat) >=                            /* Datei gross genug? */
        (long)((mmax * (mmax + 1) * (2 * mmax + 7) / 6) * FLTSIZE))
    {
      fclose(stuetzdat);                               /* mit der vorhandenen Stuetzstellen- */
      return 0;                                        /* datei vorliebnehmen */
    }
    fclose(stuetzdat);
  }

  /* ------ Speicher anfordern fuer die dynamischen Hilfsfelder ------ */
```

```c
  vmblock = vminit();                       /* Speicherblock initialisieren */
  c     = (REAL *) vmalloc(vmblock, VEKTOR, mmax, 0);  /* fuer den        */
  A     = (REAL *) vmalloc(vmblock, VEKTOR, mmax, 0);  /* Block           */
  alpha = (REAL *) vmalloc(vmblock, VEKTOR, mmax, 0);  /* Speicher        */
  beta  = (REAL **)vmalloc(vmblock, MATRIX, mmax, mmax); /* anfordern     */

  if (! vmcomplete(vmblock))   /* Ging eine der Speicheranforderungen */
  {                            /* fuer den Block schief?              */
    vmfree(vmblock);           /* schon zugeordneten Speicher freigeben */
    return 3;                  /* und Fehler melden                   */
  }


  if ((stuetzdat = fopen(file_st, "wb")) == NULL)
  {
    vmfree(vmblock);
    return 5;
  }

  for (m = 1; m <= mmax; m++)  /* die Stuetzstellen alpha[j] und die   */
  {                            /* Gewichte beta[j][k] und A[j] fuer    */
                               /* die Ordnungen von 1 bis mmax erzeu-  */
                               /* gen und unformatiert auf die         */
                               /* Stuetzstellendatei schreiben         */

    legendre(m, alpha);        /* alle Nullstellen des Legendre-Polynoms */
                               /* vom Grad m im Intervall [-1;1] berechnen */

    for (i = 0; i < m; i++)                  /* die alpha[i] in das Inter- */
      alpha[i] = HALF * alpha[i] + HALF;     /* vall [0;1] transformieren  */

    for (j = 0; j < m; j++)    /* die Gewichte beta[j][k] und A[j]     */
    {                          /* berechnen                            */
      zj = ONE;
      for (k = 0; k < j; k++)
        zj *= alpha[j] - alpha[k];
      for (k = j + 1; k < m; k++)
        zj *= alpha[j] - alpha[k];

      for (c[0] = ONE, ng = 0, k = 0; k < j; k++, ng++)  /* die Koef-    */
      {                                                  /* fizienten des (j+1). La- */
                                                         /* grange-Polynoms bestimmen */
        for (alphak = -alpha[k], i = ng; i >= 0; i--)
          c[i + 1] = c[i];
        for (c[0] = alphak * c[1], i = 1; i <= ng; i++)
          c[i] += alphak * c[i + 1];
      }
      for (k = j + 1; k < m; k++, ng++)
      {
        for (alphak = -alpha[k], i = ng; i >= 0; i--)
          c[i + 1] = c[i];
        for (c[0] = alphak * c[1], i = 1; i <= ng; i++)
          c[i] += alphak * c[i + 1];
      }

      for (zj = ONE / zj, Aj = ZERO, k = 0; k < m; k++)  /* alle A[j] */
      {                                                  /* und beta[j][.] berechnen */
        for (alphak = alpha[k], betajk = ZERO, i = m; i >= 1; i--)
          betajk = alphak * (c[i - 1] / i + betajk);
        beta[j][k] = betajk * zj;
        Aj += c[k] / (k + 1);
      }
      A[j] = Aj * zj;
    }

    fwrite(alpha, FLTSIZE, m, stuetzdat);          /* die Koeffizien- */
```

```
      for (i = 0; i < m; i++)                /* ten unforma-       */
        fwrite(beta[i], FLTSIZE, m, stuetzdat);  /* tiert auf die      */
        fwrite(A, FLTSIZE, m, stuetzdat);     /* Stuetzstellen-     */
      }                                       /* datei schreiben    */

      fclose(stuetzdat);

      vmfree(vmblock);

      return 0;
    }


/* ------------------------------------------------------------------ */

    static int imruku_init       /* Initialisierungen fuer implruku() ......*/
                    (
                     int    n,
                     int    mmax,
                     char   file_st[],
                     REAL   *epsm,
                     REAL   eps_rel,
                     REAL   g[],
                     REAL   xend,
                     REAL   x0,
                     REAL   y0[],
                     char   file_out[],
                     char   file_pro[],
                     FILE   **ausdat,
                     FILE   **prodat
                    )
/***********************************************************************
* die wichtigsten Vorbereitungen fuer implruku() treffen:              *
* - Ueberpruefung der Eingabeparameter von implruku(),                 *
* - eventuell Erzeugung der Stuetzstellendatei,                        *
* - eventuell Erzeugung von Ueberschriften fuer die Ausgabe- und die   *
*   Protokolldatei.                                                    *
*                                                                      *
* Eingabeparameter:                                                    *
* =================                                                    *
* (siehe implruku())                                                   *
*                                                                      *
* Ausgabeparameter:                                                    *
* =================                                                    *
* epsm     eventuell korrigierter Wert fuer die Maschinengenauigkeit   *
* ausdat   eventuell geoeffnete Ausgabedatei                           *
* prodat   eventuell geoeffnete Protokolldatei                         *
*                                                                      *
* Funktionswert:                                                       *
* ==============                                                       *
* = 0: alles in Ordnung                                                *
* = 2: falsche(r) Eingabeparameter                                     *
* = 4: Fehler beim Oeffnen der Protokoll- oder Ausgabedatei            *
* = 5: Fehler beim Oeffnen der Stuetzstellendatei                      *
*                                                                      *
* benutzte globale Namen:                                              *
* =======================                                              *
* machstuetz, kopf_erzeugen, REAL, FALSE, TRUE, FILE, ZERO             *
***********************************************************************/

    {
      int       i,
                fehler;
      short int g_ist_null = 0;
```

```
    /* -------------- die Eingabeparameter ueberpruefen -------------- */
    for (i = 1, g_ist_null = TRUE; i <= n && g_ist_null; i++)
      if (g[i] != ZERO)
        g_ist_null = FALSE;
    if (n <= 0 || mmax <= 4 || eps_rel <= ZERO || g_ist_null)
      fehler = 2;
    else
                                               /* eventuell eine Stuetz- */
      fehler = machstuetz(mmax, file_st);      /* stellendatei anlegen   */
    if (fehler != 0)
      return fehler;

    /* ----- Ausgabe- und Protokolldatei eventuell initialisieren ----- */

    fehler = kopf_erzeugen(n, mmax, xend, x0, y0, g, eps_rel,
                           file_out, file_pro, ausdat, prodat);
    if (fehler != 0)
      return fehler;

    if (*epsm <= ZERO)               /* unerlaubter Wert fuer epsm?        */
      *epsm = MACH_EPS;              /* auf den richtigen Wert korrigieren */


    return 0;
  }


/* ---------------------------------------------------------------- */
  int implruku           /* impliz. Runge-Kutta-Verf. fuer DGLSe 1. Ordnung */
             (
             dglsysfnk dgl,         /* rechte Seite des DGLSs ......*/
             int       n,           /* Anzahl der DGLen ............*/
             int       mmax,        /* max. Ordnung der IRKV (>= 5) */
             char      file_st[],   /* Name der Koeffizientendatei .*/
             char      file_out[],  /* Name der Ausgabedatei .......*/
             char      file_pro[],  /* Name der Protokolldatei .....*/
             REAL      epsm,        /* Maschinengenauigkeit ........*/
             REAL      *eps_rel,    /* relative Fehlerschranke bzw. */
                                    /* groesster relativer Fehler ..*/
             REAL      g[],         /* Gewichte fuer y .............*/
             REAL      x0,          /* Anfangspunkt ................*/
             REAL      xend,        /* angestrebter Endpunkt .......*/
             REAL      y0[],        /* Anfangswert bei x0 ..........*/
             REAL      yq[]         /* Loesung bei xend ............*/
             )                      /* Fehlercode ..................*/
/****************************************************************
* Das Unterprogramm implruku() loest das Anfangswertproblem (AWP) *
*                  y' = f(x,y),      y(x0) = y0,                  *
* mit Systemen von n Differentialgleichungen 1. Ordnung.          *
* Die Loesung des AWP erfolgt mit impliziten Runge-Kutta-Verfahren *
* (IRKV). Dabei wird eine Schrittweitensteuerung sowie eine Steuerung *
* der Ordnung der IRKV verwendet. implruku() benoetigt dazu IRKV der *
* Ordnungen 1 bis mmax, einer vorzugebenden Hoechstordnung.       *
* Die Koeffizienten dieser Verfahren werden auf der Datei mit dem Na- *
* men file_st erwartet, die bei Bedarf auch erzeugt wird.         *
* Vor jedem Runge-Kutta-Schritt wird zur Ermittlung einer optimalen *
* Ordnung bezueglich der Anzahl der Funktionsauswertungen eine Auf- *
* wandsberechnung gemaess AW(eps,m)=(n+1+4*m^2)/h(eps,m) vorgenommen, *
* wobei h(eps,m) eine theoretische Schrittweite fuer die Ordnung m und *
* die Genauigkeitsforderung eps ist. Fuer jeden Schritt wird ein IRKV *
* der Ordnung m und m+1 gewaehlt, fuer das gilt:                  *
```

Implizite Runge-Kutta-Verfahren vom Gauß-Typ

```
*           AW(eps,i) > AW(eps,i+1)      fuer  i=1(1)m-1   und     *
*           AW(eps,m) <= AW(eps,m+1)                                *
* bzw. m = mmax - 1, falls kein derartiges m zwischen 1 und mmax - 1 *
*   existiert.                                                       *
* Fuer dieses m wird zunaechst eine Schrittweite h gewaehlt, die im  *
*   wesentlichen mit der theoretischen Schrittweite h(eps,m) ueberein-*
*   stimmt.                                                          *
* Der Runge-Kutta-Schritt wird nun mit zwei IRKV durchgefuehrt. Ein  *
*   IRKV hat die Ordnung m mit den Koeffizienten A, alpha und beta, das *
*   andere IRKV hat die Ordnung m+1 mit den Koeffizienten Aq, alphaq und *
*   betaq. Die Berechnung der ki erfolgt iterativ in Gesamtschritten. *
*   Ist in einem Iterationsschritt die relative mittlere praktische Dif- *
*   ferenz e_rel der beiden Naeherungen y und yq, die mit den beiden *
*   verschiedenen Verfahren erhalten wurden, groesser als eps_rel, so *
*   wird die Schrittweite h nach theoretischen Ueberlegungen gemaess *
*           h * sf * (0.5 * eps_rel / e) ^ (1 / (2 * m + 1)),        *
*   wobei sf nur ein Sicherheitsfaktor und e die absolute mittlere prak- *
*   tische Differenz von y und yq ist, verkleinert und der letzte    *
*   Schritt mit dem neuen h wiederholt.                              *
*   Ist in einem Iterationsschritt die mittlere praktische Differenz von *
*   zwei aufeinanderfolgenden Naeherungen yq(alt) und yq(neu) groesser *
*   als der mittlere geschaetzte Iterationsfehler dk, der sich aus theo- *
*   retischen Ueberlegungen ergibt, so kann keine Konvergenz erwartet *
*   werden. Die Schrittweite wird um 6/10 verkleinert und der letzte *
*   Schritt neu berechnet.                                           *
* Die Iteration wird so lange fortgefuehrt, bis die relative mittlere *
*   praktische Differenz von zwei aufeinanderfolgenden Naeherungen klei- *
*   ner als die geforderte Genauigkeit eps_rel wird. Dies muesste aus *
*   theoretischen Ueberlegungen nach spaetestens 2*m+1 Iterationen ein- *
*   getreten sein.                                                   *
*   Ist dies jedoch nicht der Fall, so wird die Ordnung m um 1 erhoeht *
*   und der letzte Schritt neu berechnet. Wuerde mmax - 1 dabei ueber- *
*   schritten, kann nur noch versucht werden, mit einer verkleinerten *
*   Schrittweite, hier 0.8 * h, zum Ziel zu gelangen. Unterschreitet h *
*   durch die Schrittweitensteuerung das Zehnfache der Maschinengenauig- *
*   keit, wird die Integration abgebrochen, da keine Konvergenz (zumin- *
*   dest auf der benutzten Rechenanlage) erwartet werden kann.       *
*                                                                    *
* Eingabeparameter:                                                  *
* =================                                                  *
* dgl        Zeiger auf eine Funktion, die die rechte Seite des Diffe- *
*            rentialgleichungssystems  y' = f(x,y)  auswertet        *
* n          Anzahl der Differentialgleichungen                      *
* mmax       maximale zugelassene Ordnung, d. h. die hoechste Ordnung, *
*            fuer die Koeffizienten in der Stuetzstellendatei bereit- *
*            stehen. mmax muss groesser oder gleich 5 sein. Es ist je- *
*            doch nicht sinnvoll, die maximale Ordnung zu hoch zu waeh- *
*            len, da die Guete des Verfahrens stark von der Maschinen- *
*            genauigkeit abhaengt. So hat sich (fuer dasselbe Programm *
*            in FORTRAN 77) auf einer Cyber 175 der Firma Control Data *
*            mit einer Maschinengenauigkeit von 2.5e-29 im Rechen-   *
*            zentrum der RWTH Aachen mmax = 12 bewaehrt. In einzelnen *
*            Faellen kann ein hoeheres mmax durchaus sinnvoll sein.   *
* file_st    In file_st steht der Name der Datei, die die Koeffizienten *
*            fuer die IRKV bis zur Ordnung mmax enthaelt. Diese Datei *
*            wird, falls sie noch nicht existiert oder zu klein ist,  *
*            erzeugt.                                                *
* file_out   Falls die Ausgabe von (durch den Algorithmus festgelegten) *
*            Zwischenstellen erwuenscht ist, wird die Datei mit Namen *
*            file_out erzeugt. Falls file_out die leere Zeichenkette *
*            ist, erfolgt keine Ausgabe.                             *
* file_pro   Auf einer Datei mit diesem Namen wird der Ablauf des Algo- *
*            rithmus protokolliert. Falls file_pro die leere Zeichen- *
*            kette ist, erfolgt keine Ausgabe.                       *
* epsm       die Maschinengenauigkeit. Wird epsm <= 0 uebergeben, so  *
*            wird der Standardwert fuer die Maschinengenauigkeit     *
*            verwendet.                                              *
```

```
/**********************************************************************
* eps_rel   geforderte relative Genauigkeit                           *
* g         [1..n]-Vektor mit den Gewichten fuer y. Die Gewichte g[i] *
*           ermoeglichen eine unterschiedliche Wichtung der Komponen- *
*           ten von y[i] bezueglich der Genauigkeitsforderung eps_rel.*
*           Sollen alle Komponenten gleich gewichtet werden, wird     *
*           z. B. g[i] = 1 fuer alle i gewaehlt.                      *
*           W A R N U N G:  Falls g[i] = 0 fuer ein i, koennte es zu  *
*           einer Nulldivision kommen, wenn gleichzeitig die entspre- *
*           chenden Komponenten der partiellen Ableitungen der rechten*
*           Seite Null sind. Dies wird nicht abgefangen.              *
* x0        untere Grenze des Integrationsintervalls                  *
* xend      obere Grenze des Integrationsintervalls                   *
* y0        [1..n]-Vektor mit dem Anfangswert y(x0) aus der Anfangs-  *
*           bedingung                                                 *
*                                                                     *
* Ausgabeparameter:                                                   *
* =================                                                   *
* eps_rel   Schaetzung des groessten lokalen relativen Fehlers        *
* yq        [1..n]-Vektor mit der Naeherung fuer die Loesung des AWP  *
*           bei xend, mit dem Verfahren der Ordnung m+1 erzielt       *
*                                                                     *
* Funktionswert:                                                      *
* ==============                                                      *
* Fehlercode.                                                         *
* = 0: alles in Ordnung                                               *
* = 1: keine Konvergenz. Moegliche Abhilfe: maximale Ordnung mmax     *
*      erhoehen.                                                      *
* = 2: falsche(r) Eingabeparameter                                    *
* = 3: nicht genug Speicherplatz vorhanden                            *
* = 4: Fehler beim Oeffnen der Protokoll- oder Ausgabedatei           *
* = 5: Fehler beim Oeffnen der Stuetzstellendatei                     *
* = 6: zuviele Aufrufe von dgl() (fu > MAXAUFRUFE)                    *
*                                                                     *
* benutzte globale Namen:                                             *
* =======================                                             *
* imruku_init, wurzel, REAL, FALSE, TRUE, dglsysfnk, SQRT, POW,       *
* vminit, vmalloc, vmcomplete, vmfree, VEKTOR, MATRIX, fopen, fseek,  *
* SEEK_SET, fread, fprintf, fclose, LZS, ZERO, HALF, ONE, TWO, FIVE,  *
* TEN, LZP                                                            *
**********************************************************************/
{
  void *vmblock;            /* Liste der dynamisch vereinbarten       */
                            /* Vektoren und Matrizen                  */
  REAL *fak,                /* [1..mmax]-Vektor mit den Fakueltaeten  */
                            /* fak[i] = (2 * i)!                      */
       *f0,                 /* [1..n]-Vektor mit den Funktionswerten  */
                            /* der rechten Seite an der Stelle (x0,y0)*/
                            /* vor jedem Schritt                      */
       *f1,                 /* [1..n]-Vektor mit den Funktionswerten  */
                            /* der rechten Seite an Zwischenstellen   */
                            /* und bei der Schaetzung der Ableitungen */
       *dfdx,               /* [1..n]-Vektor mit der Ableitung df/dx  */
                            /* der rechten Seite                      */
       *deltak,             /* [1..2*mmax-1]-Vektor zur Berechnung    */
                            /* des mittleren geschaetzten Iterations- */
                            /* fehlers dk fuer jeden Iterationsschritt*/
       *heps,               /* [1..mmax]-Vektor mit folgendem Inhalt: */
                            /* heps[m] ist eine theoretische Schritt- */
                            /* weite fuer das IRKV der Ordnung m      */
                            /* bezueglich eps_rel.                    */
       *y,                  /* [1..n]-Vektor mit der Naeherungsloesung*/
                            /* des Verfahrens der Ordnung m           */
       *yalt,                /* [1..n]-Vektor zur Speicherung der alten*/
                            /* Naeherungsloesung yq zur Schaetzung der*/
                            /* Genauigkeit                            */
       **dfdy,              /* [1..n,1..n]-Matrix mit der Ableitung   */
```

Implizite Runge-Kutta-Verfahren vom Gauß-Typ

```
              **ki,      /* df/dy der rechten Seite f, so dass    */
                         /* dfdy[i][j] = df[i]/dy[j]               */
                         /* [1..n,1..mmax-1]-Matrix fuer die ki    */
                         /* des IRKV der Ordnung m                 */
              **kiq,     /* [1..n,1..mmax]-Matrix fuer die ki des  */
              **db,      /* IRKV der Ordnung m+1                   */
              *alpha,    /* [1..mmax-1]-Vektor       \  Koeffi-    */
              **beta,    /* [1..mmax-1,1..mmax-1]-Matrix > zienten */
              *A,        /* [1..mmax-1]-Vektor       /  des IRKV   */
                         /*                          der Ordnung m */
              *alphaq,   /* [1..mmax]-Vektor       \  Koeffizien-  */
              **betaq,   /* [1..mmax,1..mmax]-Matrix > ten des     */
              *Aq;       /* [1..mmax]-Vektor       /  IRKV der     */
                         /*                        Ordnung m+1     */
  unsigned long fu;      /* Zaehler fuer die Anzahl der Funktions- */
                         /* auswertungen. Die Auswertung einer Vek-*/
                         /* torfunktion (n > 1) wird nur einfach   */
                         /* gezaehlt.                              */
  int           fehler,  /* Fehlercode dieser Funktion             */
                sz,      /* Zaehler fuer die Anzahl der Zwischen-  */
                         /* schritte                               */
                m,       /* aktuelle Verfahrensordnung             */
                malt,    /* Ordnung im alten Schritt. Gleicht die  */
                         /* neue Ordnung der alten, so brauchen die*/
                         /* Koeffizienten nicht geaendert zu werden.*/
                mp1,     /* Hilfsvariable m+1                      */
                mm2,     /* Hilfsvariable m*2                      */
                mm2p1,   /* Hilfsvariable m*2+1                    */
                mm2m1,   /* Hilfsvariable m*2-1                    */
                mm2m2,   /* Hilfsvariable m*2-2                    */
                z,       /* dient der dynamischen Veraenderung des */
                         /* Sicherheitsfaktors. In z wird die Anzahl*/
                         /* der Schrittweitenverkleinerungen ge-   */
                         /* zaehlt, die durch Verletzung von e<eps */
                         /* entstanden sind.                       */
                i, j, k, /* Laufvariablen                          */
                l,       /* Zaehler fuer die Iteration             */
                lh;      /* Hilfsvariable zur Ausgabe von l        */
  short int     stopp,   /* Flagge zur Anzeige des Abbruchs der    */
                         /* Integration                            */
                vz,      /* Vorzeichen fuer die Schrittweite h, um */
                         /* die Integrationsrichtung festzulegen   */
                null,    /* Flagge.                                */
                         /* gesetzt:  df/dx = 0  oder  df/dy = 0   */
                         /* geloescht: sonst                       */
                ord_up,  /* Flagge zur Anzeige des Wechsels der    */
                         /* Verfahrensordnung.                     */
                         /* gesetzt:  Die Ordnung muss erhoeht     */
                         /*                          werden.       */
                         /* geloescht: sonst                       */
                cause;   /* gibt den Grund an, aus dem eine Schritt-*/
                         /* weitenverkleinerung stattgefunden hat: */
                         /* = 0: keine Verkleinerung von h         */
                         /* = 1: e_rel >= eps                      */
                         /* = 2: delta_g >= dk                     */
                         /* = 3: dg_rel >= eps                     */
  float         aw1, aw2;/* Variablen zur Bestimmung des Auf-      */
                         /* wands AW(eps,m) =                      */
                         /*          (n+1+4*m*m)/h(eps,m)          */
  REAL          epserr,  /* Zur Sicherheit wird mit epserr =       */
                         /* 10*epsm als Maschinennull gerechnet.   */
                epslok,  /* Schaetzung des groessten lokalen       */
                         /* Fehlers                                */
                delta,   /* Wurzel aus der Maschinengenauigkeit    */
                         /* zur Schaetzung der Ableitungen mit     */
                         /* dem vorderen Differenzenquotienten     */
                sf,      /* Sicherheitsfaktor, der dazu benutzt    */
```

```
                        x,           /* wird, die sich aus der theoretischen */
                                     /* Herleitung ergebende Schrittweite    */
                                     /* die praktische Rechnung zu verklei-  */
                                     /* nern. sf wird beim Ablauf der Inte-  */
                                     /* gration der Situation der Differen-  */
                                     /* tialgleichung entsprechend veraen-   */
                                     /* dert.                                */
                        x,           /* obere Grenze des Integrationsinter-  */
                                     /* valls von x0 bis x0+h                */
                        summeg,      /* g[1] + g[2] + ... + g[n]             */
                        yi,          /* Hilfsvariable bei der Schaetzung der */
                                     /* partiellen Ableitungen df/dy[i]      */
                        sum,         /* Hilfsvariable zur Berechnung der     */
                                     /* Ableitungen df/dx                    */
                        dk,          /* zunaechst Hilfsvariable zur Berech-  */
                                     /* nung von deltak[1], dann mittlerer   */
                                     /* geschaetzter Iterationsfehler.       */
                                     /* Dieser ergibt sich aus theoretischen */
                                     /* Ueberlegungen in der L. Iteration zu */
                                     /*     h^(l+2)/(l+2)! *                 */
                                     /*     sqrt(g*(df/dx*(df/dy)^-1)^2/summeg) */
                                     /*     * 5,                             */
                                     /* wobei 5 ein Sicherheitsfaktor ist.   */
                        zpot,        /* Zwischenspeicher fuer Zehnerpotenzen */
                        h,           /* Schrittweite                         */
                        faklp1,      /* (l + 1)!                             */
                        x1,          /* Stuetzstellen x0+h*alpha[k] im       */
                                     /* Intervall von x0 bis x               */
                        yqnorm,      /* L2-Norm von yq                       */
                        y_diff,      /* Hilfsvariable bei der Berechnung der */
                                     /* mittleren praktischen Differenz      */
                        delta_g,     /* mittlere praktische Differenz zweier */
                                     /* aufeinanderfolgender Naeherungen     */
                                     /* yq(alt) und yq(neu)                  */
                        dg_rel,      /* relative mittlere praktische         */
                                     /* Differenz zweier aufeinanderfolgen-  */
                                     /* der Naeherungen yq(alt) und yq(neu)  */
                        e,           /* mittlere praktische Differenz der    */
                                     /* beiden Naeherungen y und yq aus den  */
                                     /* Verfahren mit verschiedenen          */
                                     /* Ordnungen                            */
                        e_rel,       /* relative mittlere praktische Diffe-  */
                                     /* renz der beiden Naeherungen y und yq */
                                     /* aus den Verfahren mit verschiedenen  */
                                     /* Ordnungen                            */
                        genauigkeit, /* Schaetzwert fuer die Genauigkeit der */
                                     /* Naeherungsloesung                    */
                        hbeg;        /* Schrittweite im vorigen Schritt      */
        FILE            *stuetzdat,  /* Stuetzstellendatei                   */
                        *ausdat,     /* Ausgabedatei                         */
                        *prodat;     /* Protokolldatei                       */

/* ---- zur Abkuerzung ein Makro definieren fuer eine eventuelle ---- */
/* ---- Ausgabe auf die Protokolldatei                           ---- */
#define PROTOKOLLIEREN(h, l)                                         \
    if (prodat != NULL)                                              \
    {                                                                \
        fprintf(prodat, "\n%4d  %3d  %12.4"LZP"e"                    \
                        "  %12.4"LZP"e   %12.4"LZP"e"                \
                        "  %10.3"LZP"e %4lu   %4d"                   \
                        "  %1d", sz, m, h, x, yq[1],                 \
                        genauigkeit, fu, l, cause);                  \
        for (i = 2; i <= n; i++)                                     \
            fprintf(prodat, "\n%51.4"LZP"e", yq[i]);                 \
    }
```

Implizite Runge-Kutta-Verfahren vom Gauß-Typ

```c
/**********************************************************************
*                    V o r b e r e i t u n g e n                      *
**********************************************************************/
if ((fehler = imruku_init(n, mmax, file_st, &epsm, *eps_rel, g, xend,
                          x0, y0, file_out, file_pro,
                          &ausdat, &prodat)) != 0)
  return fehler;

if ((stuetzdat = fopen(file_st, "rb")) == NULL)   /* die Stuetzstel- */
  return 4;                                       /* lendatei oeff-  */
                                                  /* nen fuer even-  */
                                                  /* tuelle Ord-     */
                                                  /* nungswechsel    */

vmblock = vminit();                   /* Speicherblock initialisieren */

/* ---- Arbeitsspeicher fuer die eindimensionalen modulglobalen --- */
/* ---- Felder anfordern                                        --- */
fak    = (REAL *)vmalloc(vmblock, VEKTOR, mmax + 1,     0);
f0     = (REAL *)vmalloc(vmblock, VEKTOR, n + 1,        0);
f1     = (REAL *)vmalloc(vmblock, VEKTOR, n + 1,        0);
dfdx   = (REAL *)vmalloc(vmblock, VEKTOR, n + 1,        0);
deltak = (REAL *)vmalloc(vmblock, VEKTOR, 2 * mmax - 1, 0);
heps   = (REAL *)vmalloc(vmblock, VEKTOR, mmax + 1,     0);
y      = (REAL *)vmalloc(vmblock, VEKTOR, n + 1,        0);
yalt   = (REAL *)vmalloc(vmblock, VEKTOR, n + 1,        0);
alpha  = (REAL *)vmalloc(vmblock, VEKTOR, mmax + 1,     0);
A      = (REAL *)vmalloc(vmblock, VEKTOR, mmax + 1,     0);
alphaq = (REAL *)vmalloc(vmblock, VEKTOR, mmax + 1,     0);
Aq     = (REAL *)vmalloc(vmblock, VEKTOR, mmax + 1,     0);

/* --- Arbeitsspeicher fuer die zweidimensionalen modulglobalen --- */
/* --- Felder anfordern                                         --- */
dfdy  = (REAL **)vmalloc(vmblock, MATRIX, n + 1,    n + 1);
ki    = (REAL **)vmalloc(vmblock, MATRIX, n + 1,    mmax);
kiq   = (REAL **)vmalloc(vmblock, MATRIX, n + 1,    mmax + 1);
db    = (REAL **)vmalloc(vmblock, MATRIX, n + 1,    mmax + 1);
beta  = (REAL **)vmalloc(vmblock, MATRIX, mmax + 1, mmax + 1);
betaq = (REAL **)vmalloc(vmblock, MATRIX, mmax + 1, mmax + 1);

if (! vmcomplete(vmblock))   /* Ging eine der Speicheranforderungen */
{                            /* fuer den Block schief?              */
  vmfree(vmblock);           /* schon zugeordneten Speicher freigeben */
  return 3;                  /* und Fehler melden                   */
}

/* ---- den Vektor mit den benoetigten Fakultaeten vorbesetzen ---- */
for (fak[1] = TWO, i = 2, j = 4; i <= mmax; i++, j += 2)
  fak[i] = fak[i - 1] * j * (j - 1);


/**********************************************************************
*                    V o r b e s e t z u n g e n                      *
**********************************************************************/
fu = 0;
sz = 0;

m       = 0;
malt    = 1;
mp1     = 2;
mm2     = 2;
mm2p1   = 3;
mm2m1   = 1;
mm2m2   = 0;
```

```
  epserr = TEN * epsm;
  epslok = ZERO;
  delta  = SQRT(epsm);
  x      = xend - x0;
  vz     = (x >= ZERO) ? 1 : -1;
  sf     = (REAL)0.9;

  for (i = 1, summeg = ZERO; i <= n; i++)        /* die Summe der Gewichte */
    summeg += g[i];                              /* im voraus berechnen    */


/**************************************************************************
*                       I n t e g r a t i o n                             *
**************************************************************************/

  do    /* pro Schleifendurchlauf einen Integrationsschritt ausfuehren */
  {
    sz++;
    malt  = m;
    stopp = FALSE;

    if (fu > MAXAUFRUFE)       /* zuviele Funktionsauswertungen?           */
      stopp  = TRUE,           /* die Notwendigkeit des Abbruchs anzeigen  */
      fehler = 6;              /* und die Fehlernummer eintragen           */

    (*dgl)(x0, y0, f0);                     /* Naeherungen fuer die partiellen */
    for (i = 1; i <= n; i++)                /* Ableitungen der rechten Seite be- */
    {                                       /* zueglich y an der Stelle (x0,y0) */
      yi = y0[i];                           /* mit Hilfe des vorderen Differen- */
      y0[i] = yi + delta;                   /* zenquotienten berechnen           */
      (*dgl)(x0, y0, f1);
      for (j = 1; j <= n; j++)
        dfdy[i][j] = (f1[j] - f0[j]) / delta;
      y0[i] = yi;
    }

    (*dgl)(x0 + delta, y0, dfdx);     /* Naeherungen fuer die partiellen */
    for (i = 1; i <= n; i++)          /* Ableitungen der rechten Seite   */
      dfdx[i] = (dfdx[i] - f0[i])     /* bezueglich x an der Stelle      */
                / delta;              /* (x0,y0) mit Hilfe des vorderen  */
                                      /* Differenzquotienten berechnen   */
    for (j = 1; j <= n; j++)
    {
      for (i = 1, sum = ZERO; i <= n; i++)
        sum += f0[i] * dfdy[i][j];
      dfdx[j] += sum;
    }

    fu += n + 2;                      /* die Aufrufe von dgl() mitzaehlen */

    for (null = TRUE, i = 1; null && i <= n; i++)   /* ueberpruefen, ob */
      for (j = 1; null && j <= n; j++)              /* die partiellen  */
        if (dfdy[i][j] != ZERO)                     /* Ableitungen be- */
          null = FALSE;                             /* zueglich y alle */
                                                    /* gleich Null sind */
    if (! null)                                     /* Ableitung nach y nicht Null? */
      for (null = TRUE, i = 1; null && i <= n; i++) /* ueberpruefen,   */
        if (dfdx[i] != ZERO)                        /* ob die partiellen Ableitungen */
          null = FALSE;                             /* nach x alle gleich Null sind  */

/**************************************************************************
*                     A u f w a n d s b e r e c h n u n g                 *
**************************************************************************/

  /* Hier wird der mittlere Iterationsfehler geschaetzt, die            */
  /* Schrittweite bestimmt und der Aufwand berechnet.                   */
  /* Der mittlere geschaetzte Iterationsfehler bei der 1. Iteration     */
```

Implizite Runge–Kutta–Verfahren vom Gauß–Typ

```
    /* ergibt sich zu                                                     */
    /*     h^(l+2)/(l+2)! * sqrt(g*(df/dx * (df/dy)^l)^2 / summeg).        */
    /* Dazu wird die Wurzel durch wurzel() berechnet und in deltak[1]      */
    /* gespeichert. Die Schaetzung ergibt sich dann spaeter zu             */
    /*     dk = h^(l+2) * deltak[1] / (l+2)!.                              */
    /* Die Schrittweite zum Verfahren der Ordnung m ist    heps[m] =       */
    /*     *eps_rel * (2*m)! /                                             */
    /*     sqrt(g*(df/dx * (df/dy)^(2*m-2))^2 / summeg)^(1/(2*m)).         */
    /* Die Aufwandsberechnung erfolgt nach                                 */
    /*     AW(eps,m) = (n+1+4*m*m) / heps[m].                              */
    /* Es wird die Ordnung genommen, bei der der Aufwand bezueglich        */
    /* der Anzahl von Funktionsauswertungen minimal wird. Dies ist         */
    /* fuer das erste m der Fall, bei dem AW(eps,m) < AW(eps,m+1)          */
    /* gilt.                                                               */
    if (! null)              /* weder Ableitung nach y noch nach x Null? */
    {                        /* die Ordnung und die Schrittweite bestimmen */
      m = 1;                 /* und den mittleren Iterationsfehler schaetzen */
      dk = ZERO;
      for (i = 1; i <= n; i++)
        dk += g[i] * sqr(dfdx[i]);
      deltak[0] = SQRT(dk / summeg);
      heps[1] = SQRT(*eps_rel * fak[1] / deltak[0]);
      aw2 = (n + 5) / (float)heps[1];
      m = 2;
      do
      {
        aw1 = aw2;
        mm2m2 = 2 * m - 2;
        deltak[2 * m - 3] = wurzel(n, dfdy, dfdx, summeg, g, f1);
        deltak[mm2m2]     = wurzel(n, dfdy, dfdx, summeg, g, f1);
        if (deltak[mm2m2] != ZERO)
        {
          heps[m] = POW(*eps_rel * fak[m] / deltak[mm2m2],
                        ONE / (TWO * m));
          aw2 = (n + 1 + 4 * m * m) / (float)heps[m];
          m++;
        }
        else
          null = TRUE;
      }
      while (m <= mmax && aw2 < aw1 && ! null);
      m -= 2;
    }
    if (null)         /* Bei der Berechnung der Schrittweite heps[m]       */
    {                 /* wuerde durch 0 dividiert. Daher wird die Ord-     */
      m = 3;          /* nung 3 gewaehlt und deltak[l] zu                  */
      zpot = ONE;     /* *eps_rel * 10^(5-l) fuer l=1(1)5                  */
      for (i = 1; i <= 6; i++)  /* gesetzt. Als Anfangsschrittweite       */
      {                         /* wird 0.1 gewaehlt.                     */
        deltak[6 - i] = *eps_rel * zpot;
        zpot *= TEN;
      }
      h = vz * (REAL)0.1;
    }
    else
      h = vz * sf * heps[m];/* die endgueltige Schrittweite festlegen */

    z = 0;
    x = x0 + h;                 /* die Vorbesetzungen fuer einen          */
    if (vz * (xend - x) < ZERO) /* neuen Schritt vornehmen                */
      h = xend - x0,
      x = xend;
    ord_up = FALSE;
    if (m != malt)                             /* neue Ordnung? */
    {
```

```
           mp1   = m + 1;
           mm2   = m * 2;
           mm2p1 = mm2 + 1;
           mm2m1 = mm2 - 1;
           mm2m2 = mm2 - 2;
           /* den Dateizeiger auf die Position setzen, an der die Ko-     */
           /* effizienten der Ordnung m in der Stuetzstellendatei stehen. */
           /* Dazu muessen fuer i = 1,2,...,m-1 je i(i+2) REAL-Zahlen     */
           /* "ueberlesen" werden. So ergibt sich der Ausdruck im Aufruf  */
           /* von fseek().                                                */
           fseek(stuetzdat,
                 (long)((m * (m - 1) * (2 * m + 5) / 6) * FLTSIZE),
                 SEEK_SET);
           fread(alpha + 1, FLTSIZE, m, stuetzdat);
           for (k = 1; k <= m; k++)
             fread(beta[k] + 1, FLTSIZE, m, stuetzdat);
           fread(A + 1, FLTSIZE, m, stuetzdat);
           fread(alphaq + 1, FLTSIZE, mp1, stuetzdat);
           for (k = 1; k <= mp1; k++)
             fread(betaq[k] + 1, FLTSIZE, mp1, stuetzdat);
           fread(Aq + 1, FLTSIZE, mp1, stuetzdat);
         }

         /*************************************************************
         *          e i n e n   S c h r i t t   a u s f u e h r e n   *
         *************************************************************/

         do                /* einen Schritt ausfuehren, und zwar so oft, bis */
         {                 /* die geforderte Genauigkeit erreicht wird.     */
                           /* Ausnahme: Die Schrittweite h unterschreitet   */
                           /* epserr, was anzeigt, dass das Verfahren nicht */
                           /* konvergiert.                                  */
           if (ord_up)                      /* Ordnungswechsel?             */
           {                                /* die Ordnung um 1 erhoehen    */
             m++;
             mp1   = m + 1;
             mm2   = m * 2;                 /* haeufig verwendete Werte     */
             mm2p1 = mm2 + 1;               /* im voraus berechnen          */
             mm2m1 = mm2 - 1;
             mm2m2 = mm2 - 2;
             for (i = 1; i <= m; i++)       /* alphaq, betaq und Aq nach    */
             {                              /* alpha, beta und A kopieren   */
               alpha[i] = alphaq[i];
               A[i]     = Aq[i];
               for (j = 1; j <= m; j++)
                 beta[i][j] = betaq[i][j];
             }
             fread(alphaq + 1, FLTSIZE, mp1, stuetzdat);    /* neue Koef-   */
             for (k = 1; k <= mp1; k++)                     /* fizienten    */
               fread(betaq[k] + 1, FLTSIZE, mp1, stuetzdat);/* von Datei    */
             fread(Aq + 1, FLTSIZE, mp1, stuetzdat);        /* lesen        */
             if (! null)
             {            /* deltak und heps fuer das neue m bestimmen */
               deltak[mm2m1] = wurzel(n, dfdy, dfdx, summeg, g, f1);
               deltak[mm2]   = wurzel(n, dfdy, dfdx, summeg, g, f1);
               if (deltak[mm2m2] != ZERO)
               {
                 heps[m] = POW(*eps_rel * fak[m] / deltak[mm2m2], ONE / mm2);
                 h = vz * sf * heps[m];
               }
               else
                 null = TRUE;
             }
             if (null)    /* Bei der Berechnung der Schrittweite heps[m] */
             {            /* wuerde durch 0 dividiert. Daher wird        */
                          /* deltak[l] zu *eps_rel * 10^(mm2-1-1) fuer   */
               zpot = ONE;                  /* l=1(1)2*m-1 gesetzt. Als  */
```

Implizite Runge-Kutta-Verfahren vom Gauß-Typ

```
  for (i = 1; i <= mm2; i++)    /* Anfangsschrittweite wird 0.1 */
  {                             /* gewaehlt.                    */
    deltak[mm2 - i] = *eps_rel * zpot;
    zpot *= TEN;
  }
  h = vz * (REAL)0.1;
 }
}

/******************************************************************
 *                   I t e r a t i o n                            *
 ******************************************************************/

for (i = 1; i <= n; i++)        /* die Gewichte ki und kiq auf  */
{                               /* die Startwerte h*f0 fuer die */
  for (j = 1; j <= m; j++)      /* Iteration setzen             */
  {
    ki[i][j]  = h * f0[i];
    kiq[i][j] = h * f0[i];
  }
  kiq[i][mp1] = h * f0[i];
}
for (i = 1; i <= n; i++)        /* das Feld fuer die alte Nae-  */
  yalt[i] = y0[i] + h * f0[i];  /* herung vorbesetzen, damit    */
                                /* eine Fehlerschaetzung nach   */
                                /* der ersten Iteration         */
                                /* moeglich wird                */

/* In der folgenden nichtabweisenden Schleife wird in Gesamt-   */
/* schritten iteriert, bis die geforderte Genauigkeit erreicht  */
/* wird oder die Anzahl der Iterationen 2*m+1 ueberschreitet.   */
/* Ist letzteres der Fall, wird die Ordnung erhoeht und der     */
/* Schritt wiederholt. Ist die Konvergenz der Iteration nicht   */
/* gesichert oder kann die Ordnung nicht mehr erhoeht werden,   */
/* wird der Schritt mit verkleinerter Schrittweite wiederholt   */

l      = 0;
faklp1 = ONE;
do                              /* mit der 1. Iteration beginnen */
{
  if (fu > MAXAUFRUFE)          /* zuviele Funktionsauswertungen? */
    stopp  = TRUE,              /* Notwendigkeit des Abbruchs anzeigen */
    fehler = 6;                 /* und die Fehlernummer eintragen */

  l++;
  faklp1 *= l + 1;
  cause   = 0;

  /******************************************************************
   * 1. Iteration fuer die Gewichte ki mit einem Gesamtschritt      *
   ******************************************************************/

  for (k = 1; k <= m; k++)
  {
    x1 = x0 + h * alpha[k];     /* die Zwischenstellen im Inter- */
    for (i = 1; i <= n; i++)    /* vall von x0 bis x0+h berechnen */
    {
      y[i] = y0[i];
      for (j = 1; j <= m; j++)
        y[i] += ki[i][j] * beta[j][k];
    }
    (*dgl)(x1, y, f1);          /* die Zwischenstellen in die    */
                                /* rechte Seite der Differential- */
                                /* gleichung einsetzen           */
    for (i = 1; i <= n; i++)    /* den Gesamtschritt ausfuehren  */
      db[i][k] = h * f1[i];
  }
```

```
      for (i = 1; i <= n; i++)          /* die neuen Gewichte ki nach dem */
        for (j = 1; j <= m; j++)        /* Gesamtschritt umspeichern      */
          ki[i][j] = db[i][j];

  /*******************************************************************
   * 1. Iteration fuer die Gewichte kiq mit einem Gesamtschritt      *
   *******************************************************************/

      for (k = 1; k <= mp1; k++)
      {
        x1 = x0 + h * alphaq[k];        /* die Zwischenstellen im Inter-  */
        for (i = 1; i <= n; i++)        /* vall von x0 bis x0+h berechnen */
        {
          yq[i] = y0[i];
          for (j = 1; j <= mp1; j++)
            yq[i] += kiq[i][j] * betaq[j][k];
        }
        (*dgl)(x1, yq, f1);             /* die Zwischenstellen in die     */
                                        /* rechte Seite der Differential- */
                                        /* gleichung einsetzen            */
        for (i = 1; i <= n; i++)        /* den Gesamtschritt ausfuehren   */
          db[i][k] = h * f1[i];
      }
      for (i = 1; i <= n; i++)          /* die neuen Gewichte kiq nach    */
        for (j = 1; j <= mp1; j++)      /* dem Gesamtschritt              */
          kiq[i][j] = db[i][j];         /* umspeichern                    */

      fu += mm2p1;                      /* die Aufrufe von dgl() mitzaehlen */

  /*******************************************************************
   *            Naeherungen der 1. Iteration                         *
   *******************************************************************/
      for (i = 1; i <= n; i++)
      {
        y[i]  = y0[i];                  /* die neuen Naeherungen y (mit   */
        yq[i] = y0[i];                  /* Ordnung m) und yq (mit Ordnung */
        for (j = 1; j <= m; j++)        /* m+1) in der 1. Iteration nach  */
        {                               /* Runge-Kutta berechnen          */
          y[i]  += A[j]  * ki[i][j];
          yq[i] += Aq[j] * kiq[i][j];
        }
        yq[i] += Aq[mp1] * kiq[i][mp1];
      }

  /* die absolute und relative mittlere praktische Differenz         */
  /* delta_g und dg_rel zweier aufeinanderfolgender Iterationen      */
  /* und die absolute und relative mittlere praktische Diffe-        */
  /* renz e bzw. e_rel der beiden mit verschiedenen Ordnungen        */
  /* erhaltenen Naeherungsloesungen bestimmen                        */

      for (delta_g = e = yqnorm = ZERO, i = 1; i <= n; i++)
      {
        yqnorm  += sqr(yq[i]);
        y_diff   = yq[i] - yalt[i];
        delta_g += g[i] * y_diff * y_diff;
        y_diff   = y[i] - yq[i];
        e       += g[i] * y_diff * y_diff;
        yalt[i]  = yq[i];
      }
      delta_g = SQRT(delta_g / summeg);
      e       = SQRT(e       / summeg);
      if (yqnorm > ZERO)
        yqnorm = SQRT(yqnorm),
        dg_rel = delta_g / yqnorm,
        e_rel  = e       / yqnorm;
      else
        dg_rel = delta_g,
```

```c
      e_rel      = e;
genauigkeit = max(e_rel, dg_rel);
epslok     = max(epslok, genauigkeit);

/*****************************************************************
 *          die Abbruchkriterien der Iteration testen            *
 *****************************************************************/

lh = 1;
if (e_rel >= *eps_rel)    /* Die beiden Naeherungen mit ver-   */
{                         /* schiedenen Ordnungen unterschei-  */
   cause = 1;             /* den sich bei Gesamtschritten um   */
   if (z != 0)            /* ein Fehlerglied der gleichen Ord- */
      sf *= (REAL)0.9;    /* nung 2*m+1 wie das der Loesungs-  */
   z++;                   /* naeherung. Ist dies nicht der     */
   hbeg = h;              /* Fall, wird die Schrittweite nach  */
                          /* theoretischen Ueberlegungen ver-  */
                          /* kleinert.                         */
   h *= sf * POW((HALF * *eps_rel / e), ONE / mm2p1);
   l = 0;
}
else
{
   if (null)              /* den mittleren geschaetzten Itera- */
      dk = deltak[l - 1]; /* tionsfehler zunaechst fertig      */
   else                   /* berechnen                         */
      dk = FIVE * POW(h, (REAL)(l + 1)) * deltak[l - 1] / faklp1;

   if (delta_g >= dk)     /* Da bei der Berechnung von h nur   */
   {                      /* der lokale Abbruchfehler beruek-  */
      cause = 2;          /* sichtigt wird, ist eine Pruefung  */
      hbeg  = h;          /* der Konvergenz des Iterationsver- */
      h    *= (REAL)0.6;  /* fahrens notwendig.                */
      sf   *= (REAL)0.8;
      l     = 0;
   }
   else if (dg_rel >= *eps_rel && m >= mmax - 1 && l >= mm2m1)
   {                      /* Ist die maximale Zahl an Iteratio-*/
      cause = 3;          /* nen erreicht, die Genauigkeit aber*/
      hbeg = h;           /* noch nicht, muesste die Ordnung er-*/
      h   *= (REAL)0.8;   /* hoeht werden. Wenn das aber, wie  */
      l    = 0;           /* hier, nicht moeglich ist, weil kei-*/
   }                      /* ne Stuetzstellen mehr bereitstehen,*/
}                         /* wird durch Schrittweitenverkleine-*/
                          /* rung versucht, doch noch zum Ziel */
                          /* zu kommen.                        */
if (l == 0)   /* l = 0 zeigt an, dass der Schritt i. a. nicht */
{             /* erfolgreich abgeschlossen werden kann.       */

   PROTOKOLLIEREN(hbeg, lh);

   if (h < epserr)           /* Verfahren nicht konvergent? */
      stopp = TRUE,
      fehler = 1;
   else
   {                         /* Die Berechnungen des letzten Schrit-*/
      faklp1 = ONE;          /* tes werden rueckgaengig gemacht und */
      x = x0 + h;            /* der Schritt wiederholt.             */
      if (vz * (xend - x) < ZERO)
         h = xend - x0,
         x = xend;
      for (i = 1; i <= n; i++)
      {
         for (j = 1; j <= m; j++)
            ki[i][j] = kiq[i][j] = h * f0[i];
         kiq[i][mp1] = h * f0[i];
      }
```

```
            for (i = 1; i <= n; i++)
              yalt[i] = y0[i] + h * f0[i];
          }
        }
      }                                       /* Ende der 1. Iteration */
      while (((1 < mm2m1 && dg_rel >= *eps_rel) || l == 0) && ! stopp);

      if (dg_rel >= *eps_rel &&         /* Die Genauigkeit ist nach der  */
          mp1 < mmax && ! stopp)        /* theoretisch maximal ausreichen */
      {                                 /* den Anzahl von Iterationen noch*/
                                        /* nicht erreicht. Also wird die  */
        ord_up = TRUE;                  /* Ordnung erhoeht und der Schritt*/
        cause  = 4;                     /* wiederholt.                    */

        PROTOKOLLIEREN(h, 1);
      }
      else
        ord_up = FALSE;
    }                                   /* solange, bis die geforderte    */
    while (ord_up);                     /* Genauigkeit erreicht ist       */

    if (! stopp)                  /* Schritt erfolgreich abgeschlossen? */
    {
      PROTOKOLLIEREN(h, 1);

      if (ausdat != NULL)
      {
        fprintf(ausdat, "\n%5d %22.15"LZP"e     1"
                        "   %23.15"LZP"e %16.9"LZP"e",
                    sz, x, yq[1], genauigkeit);
        for (i = 2; i <= n; i++)
          fprintf(ausdat, "\n%33d   %23.15"LZP"e", i, yq[i]);
      }
    }

    if (x != xend && ! stopp)     /* Ende des Integrationsintervalls */
    {                             /* noch nicht erreicht?            */
      if (z > 1)
        sf /= (REAL)0.97;
      x0 = x;
      for (i = 1; i <= n; i++)
        y0[i] = yq[i];
    }
    else
    {                             /* Das Unterprogramm wird abgebrochen, weil */
      stopp     = TRUE;           /* das Anfangswertproblem geloest wurde     */
      *eps_rel = epslok;          /* (fehler = 0) oder das Verfahren nicht    */
    }                             /* konvergiert (fehler = 1).                */
  }
  while (! stopp);                /* Integrationsschritt zu Ende? */

  fclose(stuetzdat);

  if (*file_out != '\0')          /* Wurde eine Ausgabedatei erzeugt?   */
    fclose(ausdat);
  if (*file_pro != '\0')          /* Wurde eine Protokolldatei erzeugt? */
    fclose(prodat);

  vmfree(vmblock);
  return fehler;
}

/* ----------------------- ENDE implruku.c ----------------------- */
```

P 17.3.7.2 Methoden zur automatischen Schrittweitensteuerung. Adaptive Anfangswertproblemlöser

```
/* ---------------------- DEKLARATIONEN awp.h ---------------------- */
int awp             /* DGLSe 1. Ordnung mit autom. Schrittweitensteuerung */
      (
      REAL      *x0,      /* Anfangspunkt bzw. Endpunkt ..........*/
      REAL      y0[],     /* Anfangswert bzw. Loesung ............*/
      int       n,        /* Anzahl der DGLen ....................*/
      dglsysfnk dgl,      /* rechte Seite des DGLSs ..............*/
      REAL      xend,     /* angestrebter Endpunkt ...............*/
      REAL      *h,       /* Anfangs- bzw. Endschrittweite .......*/
      REAL      epsabs,   /* absolute Fehlerschranke .............*/
      REAL      epsrel,   /* relative Fehlerschranke .............*/
      int       fmax,     /* maximale Aufrufzahl von dgl() .......*/
      int       *aufrufe, /* tatsaechliche Aufrufzahl von dgl() .*/
      int       methode   /* gewuenschtes Verfahren (3, 6) ......*/
      );                  /* Fehlercode .........................*/

/* ---------------------- ENDE awp.h ---------------------- */
/* ---------------------- MODUL awp.c ---------------------- */

/***************************************************************
*                                                              *
* Loesung eines gewoehnlichen Differentialgleichungssystems 1. Ordnung *
* ---------------------------------------------------------    *
* mit Hilfe einer automatischen Schrittweitensteuerung         *
* ---------------------------------------------------         *
*                                                              *
* Programmiersprache: ANSI-C                                   *
* Compiler:           Turbo C 2.0                              *
* Rechner:            IBM PS/2 70 mit 80387                    *
* Autor:              Klaus Niederdrenk (FORTRAN)              *
* Bearbeiter:         Juergen Dietel, Rechenzentrum der RWTH Aachen *
* Vorlagen:           bereits existierende C-, Pascal-, QuickBASIC- *
*                     und FORTRAN-Quelltexte                   *
* Datum:              DI 2. 6. 1992                            *
*                                                              *
***************************************************************/

#include <basis.h>     /* wegen MACH_EPS, FABS, max, SQRT, REAL,  */
                       /*       dglsysfnk, POW, min, FALSE, TRUE, */
                       /*       boolean, norm_max, ZERO, FOUR, SIX, */
                       /*       THREE, ONE, TWO, TEN, FIVE         */
#include <vmblock.h>   /* wegen vmalloc, vmcomplete, vmfree, vminit, */
                       /*       VEKTOR                               */
#include <awp.h>       /* wegen awp                                  */


/* -------------------------------------------------------------- */

static REAL dist_max    /* Vektorabstand in der Maximumnorm .......*/
         (
         REAL vektor1[],
         REAL vektor2[],
         int  n
         )
/***************************************************************
* den Abstand der beiden [0..n-1]-Vektoren vektor1 und vektor2 in der *
* Maximumnorm berechnen und als Funktionswert zurueckgeben     *
*                                                              *
```

```
 * benutzte globale Namen:                                           *
 * ========================                                          *
 * REAL, FABS, ZERO                                                  *
 ********************************************************************/
{
  REAL abstand,          /* Vergleichswert fuer die Abstandsberechnung */
       hilf;             /* Zwischenspeicher fuer den Abstand zweier   */
                         /* Vektorelemente                             */

  for (n--, abstand = ZERO; n >= 0; n--)
    if ((hilf= FABS(vektor1[n] - vektor2[n])) > abstand)
      abstand = hilf;

  return abstand;
}



/* ---------------------------------------------------------------- */

static REAL *yhilf,      /* [0..n-1]-Hilfsvektoren fuer die beiden      */
            *k1,         /* Einbettungsformeln in ruku23 und engl45.    */
            *k2,         /* Die Vektoren bekommen ihren Speicher        */
            *k3,         /* dynamisch zugeteilt.                        */
            *k4,
            *k5,
            *k6;




/* ---------------------------------------------------------------- */

static void ruku23       /* Runge-Kutta-Einbettungsformel 2., 3. Ordn. */
                 (
                  REAL      x,
                  REAL      y[],
                  int       n,
                  dglsysfnk dgl,
                  REAL      h,
                  REAL      y2[],
                  REAL      y3[]
                 )

/********************************************************************
 * ausgehend von der Naeherung y an der Stelle x, ueber eine Runge-  *
 * Kutta-Einbettungsformel Naeherungen 2. und 3. Ordnung y2 und y3 an*
 * der Stelle  x + h  des ueber dgl() zur Verfuegung gestellten Systems *
 *                          y' = f(x,y)                              *
 * von n gewoehnlichen Differentialgleichungen 1. Ordnung berechnen  *
 *                                                                   *
 * Eingabeparameter:                                                 *
 * ================                                                  *
 * x     linker Rand des Integrationsintervalls                      *
 * y     Loesung des Differentialgleichungssystems bei x             *
 * n     Anzahl der Differentialgleichungen                          *
 * dgl   Zeiger auf eine Funktion, die die rechte Seite des Diffential- *
 *       gleichungssystems  y' = f(x,y)  auswertet                   *
 * h     Schrittweite                                                *
 *                                                                   *
 * Ausgabeparameter:                                                 *
 * ================                                                  *
 * y2    Naeherung 2. Ordnung fuer die Loesung des Differential-     *
 *       gleichungssystems an der Stelle  x + h                      *
 * y3    Naeherung 3. Ordnung fuer die Loesung des Differential-     *
 *       gleichungssystems an der Stelle  x + h                      *
 *                                                                   *
```

Adaptive Anfangswertproblemlöser

```
* benutzte globale Namen:                                              *
* ======================                                               *
* yhilf, k1, k2, k3, REAL, dglsysfnk, FOUR, SIX                        *
***************************************************************/

{
  int i;

  (*dgl)(x, y, k1);
  for (i = 0; i < n; i++)
     yhilf[i] = y[i] + h * k1[i];
  (*dgl)(x + h, yhilf, k2);

  for (i = 0; i < n; i++)
     yhilf[i] = y[i] + (REAL)0.25 * h * (k1[i] + k2[i]);
  (*dgl)(x + HALF * h, yhilf, k3);

  for (i = 0; i < n; i++)
     y2[i] = y[i] + HALF * h * (k1[i] + k2[i]),
     y3[i] = y[i] + h / SIX * (k1[i] + k2[i] + FOUR * k3[i]);
}


/* ---------------------------------------------------------------- */

static void engl45      /* Einbettungsforml von England 4. und 5. Ord. */
                (
                 REAL      x,
                 REAL      y[],
                 int       n,
                 dglsysfnk dgl,
                 REAL      h,
                 REAL      y4[],
                 REAL      y5[]
                )
/***************************************************************
* ausgehend von der Naeherung y an der Stelle x, ueber die Einbet- *
* tungsformel von England Naeherungen 4. und 5. Ordnung y4 und y5 an *
* der Stelle x + h des ueber dgl() zur Verfuegung gestellten Systems *
*                         y' = f(x,y)                              *
* von n gewoehnlichen Differentialgleichungen 1. Ordnung berechnen *
*                                                                  *
* Eingabeparameter:                                                *
* ================                                                 *
* x     linker Rand des Integrationsintervalls                     *
* y     Loesung des Differentialgleichungssystems bei x            *
* n     Anzahl der Differentialgleichungen                         *
* dgl   Zeiger auf eine Funktion, die die rechte Seite des Diffential- *
*       gleichungssystems y' = f(x,y) auswertet                    *
* h     Schrittweite                                               *
*                                                                  *
* Ausgabeparameter:                                                *
* =================                                                *
* y4    Naeherung 4. Ordnung fuer die Loesung des Differential-    *
*       gleichungssystems an der Stelle x + h                      *
* y5    Naeherung 5. Ordnung fuer die Loesung des Differential-    *
*       gleichungssystems an der Stelle x + h                      *
*                                                                  *
* benutzte globale Namen:                                          *
* ======================                                           *
* yhilf, k1, k2, k3, k4, k5, k6, REAL, dglsysfnk, FOUR, SIX, THREE, *
* TWO, TEN, FIVE                                                   *
***************************************************************/
```

```
{
  int i;


  (*dgl)(x, y, k1);
  for (i = 0; i < n; i++)
    yhilf[i] = y[i] + HALF * h * k1[i];
  (*dgl)(x + HALF * h, yhilf, k2);

  for (i = 0; i < n; i++)
    yhilf[i] = y[i] + (REAL)0.25 * h * (k1[i] + k2[i]);
  (*dgl)(x + HALF * h, yhilf, k3);

  for (i = 0; i < n; i++)
    yhilf[i] = y[i] + h * (-k2[i] + TWO * k3[i]);
  (*dgl)(x + h, yhilf, k4);

  for (i = 0; i < n; i++)
    yhilf[i] = y[i] + h / (REAL)27.0 * ((REAL)7.0 * k1[i] +
             TEN * k2[i] + k4[i]);
  (*dgl)(x + TWO / THREE * h, yhilf, k5);

  for (i = 0; i < n; i++)
    yhilf[i] = y[i] + h / (REAL)625.0 *
              ((REAL)28.0 * k1[i] - (REAL)125.0 * k2[i] +
               (REAL)546.0 * k3[i] + (REAL)54.0 * k4[i] -
               (REAL)378.0 * k5[i]);
  (*dgl)(x + h / FIVE, yhilf, k6);

  for (i = 0; i < n; i++)
    y4[i] = y[i] + h / SIX * (k1[i] + FOUR * k3[i] + k4[i]),
    y5[i] = y[i] + h / (REAL)336.0 *
              ((REAL)14.0 * k1[i] + (REAL)35.0 * k4[i] +
               (REAL)162.0 * k5[i] + (REAL)125.0 * k6[i]);
}



/* ------------------------------------------------------------------ */
int awp          /* DGLSe 1. Ordnung mit autom. Schrittweitensteuerung */
       (
        REAL      *x0,        /* Anfangspunkt bzw. Endpunkt .........*/
        REAL      y0[],       /* Anfangswert bzw. Loesung ...........*/
        int       n,          /* Anzahl der DGLen ...................*/
        dglsysfnk dgl,        /* rechte Seite des DGLSs .............*/
        REAL      xend,       /* angestrebter Endpunkt ..............*/
        REAL      *h,         /* Anfangs- bzw. Endschrittweite ......*/
        REAL      epsabs,     /* absolute Fehlerschranke ............*/
        REAL      epsrel,     /* relative Fehlerschranke ............*/
        int       fmax,       /* maximale Aufrufzahl von dgl() ......*/
        int       *aufrufe,   /* tatsaechliche Aufrufzahl von dgl() .*/
        int       methode     /* gewuenschtes Verfahren (3, 6) ......*/
       )                      /* Fehlercode .........................*/
/***********************************************************************
* ausgehend von der Naeherung y0 fuer die Loesung y des Systems        *
* gewoehnlicher Differentialgleichungen 1. Ordnung                     *
*                        y' = f(x,y)                                   *
* im Punkt x0, eine Naeherung fuer die Loesung y im Punkt xend berech- *
* nen. Dabei wird intern mit automatischer Schrittweitensteuerung so   *
* gerechnet, dass der Fehler der berechneten Naeherung absolut oder    *
* relativ in der Groessenordnung der vorgegebenen Fehlerschranken      *
* epsabs und epsrel liegt.                                             *
*                                                                      *
* Eingabeparameter:                                                    *
* ================                                                     *
```

Adaptive Anfangswertproblemlöser

```
*  x0        linker Rand des Integrationsintervalls                  *
*  y0        Loesung des Differentialgleichungssystems bei x0        *
*  n         Anzahl der Differentialgleichungen                      *
*  dgl       Zeiger auf eine Funktion, die die rechte Seite des Diffen- *
*            tialgleichungssystems y' = f(x,y) auswertet             *
*  xend      Stelle, an der die Loesung gewuenscht wird; xend darf nicht *
*            kleiner als x0 sein.                                    *
*  h         Anfangsschrittweite                                     *
*  epsabs    Fehlerschranke fuer die absolute Genauigkeit der zu berech- *
*            nenden Loesung. Es muss epsabs >= 0 sein. Fuer epsabs = 0 *
*            wird nur die relative Genauigkeit beachtet.             *
*  epsrel    Fehlerschranke fuer die relative Genauigkeit der zu berech- *
*            nenden Loesung. Es muss epsrel >= 0 sein. Fuer epsrel = 0 *
*            wird nur die absolute Genauigkeit beachtet.             *
*  fmax      obere Schranke fuer die Anzahl der zulaessigen Funktions- *
*            auswertungen der rechten Seite dgl() des Differential-  *
*            gleichungssystems                                       *
*  methode   waehlt die zu benutzende Einbettungsformel mit Schritt- *
*            weitensteuerung aus:                                    *
*            = 3: Runge-Kutta-Verfahren 2./3. Ordnung                *
*            = 6: Formel von England 4./5. Ordnung                   *
*                                                                    *
*  Ausgabeparameter:                                                 *
*  =================                                                 *
*  x0        Stelle, die bei der Integration zuletzt erreicht wurde. Im *
*            Fall fehler = 0 ist normalerweise x0 = xend.            *
*  y0        Naeherungswert fuer die Loesung des DGL-Systems an der  *
*            neuen Stelle x0                                         *
*  h         zuletzt verwendete lokale Schrittweite (sollte fuer den *
*            naechsten Schritt unveraendert gelassen werden)         *
*  aufrufe   Anzahl tatsaechlich benoetigter Aufrufe der Funktion dgl() *
*            zur Berechnung der rechten Seite des DGL-Systems        *
*                                                                    *
*  Funktionswert:                                                    *
*  ==============                                                    *
*  = 0: alles in Ordnung                                             *
*  = 1: Beide Fehlerschranken sind (innerhalb der Rechengenauigkeit) zu *
*       klein.                                                       *
*  = 2: xend <= x0 (innerhalb der Rechengenauigkeit)                 *
*  = 3: h <= 0 (innerhalb der Rechengenauigkeit)                     *
*  = 4: n <= 0                                                       *
*  = 5: aufrufe > fmax, d. h. die maximale Anzahl der zulaessigen    *
*       Funktionsauswertungen reicht nicht aus, eine geeignete       *
*       Naeherungsloesung mit der geforderten Genauigkeit zu bestimmen. *
*       x0 und h enthalten die aktuellen Werte beim Abbruch.         *
*  = 6: falsche Zahl fuer die zu benutzende Einbettungsformel        *
*  = 7: nicht genug Speicherplatz vorhanden                          *
*                                                                    *
*  benutzte globale Namen:                                           *
*  =======================                                           *
*  ruku23, engl45, dist_max, yhilf, k1, k2, k3, k4, k5, k6, REAL,    *
*  MACH_EPS, boolean, FALSE, TRUE, min, max, dglsysfnk, norm_max, FABS, *
*  SQRT, vminit, vmalloc, vmcomplete, vmfree, VEKTOR, POW, ZERO, ONE, *
*  TWO                                                               *
*********************************************************************/

{
#define MACH_2  ((REAL)100.0 * MACH_EPS)  /* von der Maschinengenau- */
                                          /* igkeit abhaengige       */
                                          /* Schranke, die bei Ab-   */
                                          /* fragen auf Null verwen- */
                                          /* det wird                */

        REAL    xend_h,       /* |xend| - MACH_2, versehen mit dem Vorzeichen */
                              /* von xend                                     */
                ymax,         /* Maximumnorm der neuesten Naeherung hoeherer */
                              /* Ordnung                                      */
```

```
              hhilf,     /* Zwischenspeicher fuer einen alten Wert von h  */
              diff,      /* Abstand der beiden von der Einbettungsformel  */
                         /* gelieferten Naeherungen                       */
              s,         /* Groesse, die zu erkennen hilft, ob man den    */
                         /* eben mit Hilfe der Einbettungsformel ausge-   */
                         /* fuehrten Schritt akzeptieren kann             */
              *y_bad,    /* Naeherungsloesung niederer Ordnung            */
              *y_good,   /* Naeherungsloesung hoeherer Ordnung            */
              mach_1;    /* von der Maschinengenauigkeit abhaengige Ge-   */
                         /* nauigkeitsschranke, die eine moeglicherweise  */
                         /* zu kleine Schrittweite h am Intervallende     */
                         /* abfaengt                                      */
    int       i,         /* Laufvariable                                  */
              fehler;    /* Fehlercode dieser Funktion                    */
    boolean   fertig;    /* Flagge, die das Ende der Iterationsschleife   */
                         /* anzeigt                                       */
    void      *vmblock,  /* Liste der dynamisch vereinbarten Vektoren     */
              (*ruk_eng)(REAL     x,       /* Zeiger auf die Funktion,    */
                         REAL     *y,      /* die die beiden Naeherungs-  */
                         int      n,       /* loesungen der gewuenschten  */
                         dglsysfnk dgl,    /* Einbettungsformel berechnet */
                         REAL     h,
                         REAL     *ybad,
                         REAL     *ygut);


    fehler   = 0;                         /* einige Variablen vorbesetzen */
    mach_1   = POW(MACH_EPS, (REAL)0.75);
    fertig   = FALSE;
    *aufrufe = 0;
    ymax     = norm_max(y0, n);
    xend_h   = (xend >= ZERO) ? (xend * (ONE - MACH_2)) :
                                (xend * (ONE + MACH_2));

    switch (methode)           /* den Funktionszeiger auf die           */
    {                          /* gewuenschte Einbettungsformel setzen  */
      case 3:
        ruk_eng = ruku23;
        break;
      case 6:
        ruk_eng = engl45;
    }


    if (epsabs <= MACH_2 * ymax && epsrel <= MACH_2)   /* Plausibili-  */
      return 1;                                        /* taetskon-    */
    if (xend_h <= *x0)                                 /* trollen      */
      return 2;                                        /* ausfuehren   */
    if (*h < MACH_2 * FABS(*x0))
      return 3;
    if (n <= 0)
      return 4;
    if (methode != 3 && methode != 6)
      return 6;


    /* - Speicher fuer die Hilfsfelder anfordern: 6 [0..n-1]-Vektoren - */
    /* - fuer methode = 3, 9 fuer methode = 6                        - */

    vmblock = vminit();                    /* Speicherblock initialisieren */
    y_bad   = (REAL *)vmalloc(vmblock, VEKTOR, n, 0);  /* fuer die         */
    y_good  = (REAL *)vmalloc(vmblock, VEKTOR, n, 0);  /* Vektoren des     */
    yhilf   = (REAL *)vmalloc(vmblock, VEKTOR, n, 0);  /* Blocks Spei-     */
    k1      = (REAL *)vmalloc(vmblock, VEKTOR, n, 0);  /* cher anfor-      */
    k2      = (REAL *)vmalloc(vmblock, VEKTOR, n, 0);  /* dern             */
    k3      = (REAL *)vmalloc(vmblock, VEKTOR, n, 0);
    if (methode == 6)
```

```
  k4     = (REAL *)vmalloc(vmblock, VEKTOR, n, 0),
  k5     = (REAL *)vmalloc(vmblock, VEKTOR, n, 0),
  k6     = (REAL *)vmalloc(vmblock, VEKTOR, n, 0);
if (! vmcomplete(vmblock))    /* Ging eine der Speicheranforderungen */
{                             /* fuer den Block schief?              */
  vmfree(vmblock);            /* schon zugeordneten Speicher freigeben */
  return 7;                   /* und Fehler melden                   */
}


/*************************************************************************
*                                                                        *
*          das   I t e r a t i o n s v e r f a h r e n                   *
*                                                                        *
*************************************************************************/

if (*x0 + *h > xend_h)        /* Ende des Integrationsinter-         */
  *h     = xend - *x0,        /* valls schon fast erreicht?          */
  hhilf  = *h,                /* nur einen Schritt mit vermin-       */
  fertig = TRUE;              /* derter Schrittweite ausfuehren      */

do                            /* das DGL-System loesen durch angemessene */
{                             /* Integration auf dem Intervall [x0,xend] */

  (*ruk_eng)(*x0, y0, n, dgl, *h, y_bad, y_good);
  *aufrufe += methode;

  if ((diff = dist_max(y_bad, y_good, n)) < MACH_2)
    s = TWO;
  else
  {
    ymax = norm_max(y_good, n);
    s    = SQRT(*h * (epsabs + epsrel * ymax) / diff);
    if (methode == 6)
      s = SQRT(s);
  }

  if (s > ONE)                /* Kann der Schritt akzeptiert werden? */
  {
    for (i = 0; i < n; i++)   /* die Naeherung hoeherer Ordnung als  */
      y0[i] = y_good[i];      /* Loesung uebernehmen                 */
    *x0 += *h;                /* und auch fuer x0 den Schritt machen */

    *h *= min(TWO,            /* die Schrittweite fuer den naech-    */
              (REAL)0.98 * s); /* sten Schritt angemessen vergroe-   */
                              /* ssern, maximal um den Faktor 2      */
    if (*x0 >= xend_h)        /* Integrationsgrenze xend erreicht?   */
      fertig = TRUE;          /* Iteration beenden                   */
    else if (*x0 + *h >= xend_h)  /* naechster Schritt zu gross?     */
    {
      hhilf = *h;             /* Schrittweite auf das noetige        */
      *h    = xend - *x0;     /* Mass verringern                     */
      if (*h < mach_1 * FABS(xend))  /* schon sehr nahe bei xend?    */
        fertig = TRUE;        /* Iteration beenden                   */
    }
    else if (*aufrufe + methode > fmax)  /* zuviele Aufrufe          */
      fehler = 5,             /* von dgl()?                          */
      hhilf  = *h,            /* Iteration mit                       */
      fertig = TRUE;          /* Fehler abbrechen                    */
  }
  else                        /* Schritt nicht gelungen?             */
  {                           /* die Schrittweite h vor Wiederho-    */
    *h *= max(HALF,           /* lung dieses Schrittes angemessen    */
              (REAL)0.98 * s); /* verkleinern, jedoch hoechstens     */
    fertig = FALSE;           /* halbieren                           */
  }
```

```
      }
      while (! fertig);

      *h = hhilf;                       /* Integration beenden   */

      vmfree(vmblock);

      return fehler;
}

/* ------------------------- ENDE awp.c ------------------------- */
/* -------------------- DEKLARATIONEN rk_fehl.h ----------------- */

int rk_fehl         /* Runge-Kutta-Fehlberg-Methode fuer DGLSe 1. Ordnung */
          (
          REAL      *x,       /* Anfangs- bzw. Endpunkt ............*/
          REAL      xend,     /* angestrebter Endpunkt .............*/
          int       n,        /* Anzahl der DGLen ..................*/
          REAL      y[],      /* Anfangswert bzw. Loesung ..........*/
          dglsysfnk dgl,      /* rechte Seite des DGLSs ............*/
          REAL      *h,       /* Anfangs- bzw. Endschrittweite .....*/
          REAL      hmax,     /* maximale Schrittweite .............*/
          REAL      epsabs,   /* absolute Fehlerschranke ...........*/
          REAL      epsrel    /* relative Fehlerschranke ...........*/
          );                  /* Fehlercode ........................*/

/* ------------------------- ENDE rk_fehl.h --------------------- */
/* ------------------------- MODUL rk_fehl.c -------------------- */

/***************************************************************
*                                                              *
* Loesung eines gewoehnlichen Differentialgleichungssystems 1. Ordnung *
* ------------------------------------------------------------ *
* nach der Runge-Kutta-Fehlberg-Methode [O(h^6)] mit Schaetzung des *
* ------------------------------------------------------------ *
* lokalen Fehlers und Schrittweitensteuerung                   *
* ----------------------------------------                     *
*                                                              *
* Programmiersprache: ANSI-C                                   *
* Compiler:           Turbo C 2.0                              *
* Rechner:            IBM PS/2 70 mit 80387                    *
* Autor:              Richard Reuter (FORTRAN)                 *
* Bearbeiter:         Juergen Dietel, Rechenzentrum der RWTH Aachen *
* Vorlagen:           bereits existierende C-, Pascal-, QuickBASIC- *
*                     und FORTRAN-Quelltexte                   *
* Datum:              FR 10. 1. 1992                           *
*                                                              *
***************************************************************/

#include <basis.h>        /* wegen MACH_EPS, FABS, max, SQRT, REAL, ONE, */
                          /*       dglsysfnk, min, boolean, FALSE, TRUE, */
                          /*       ZERO, TWO, THREE, EIGHT, HALF, NINE   */
#include <vmblock.h>      /* wegen vmalloc, vmcomplete, vmfree, vminit,  */
                          /*       VEKTOR                                */
#include <rk_fehl.h>      /* wegen rk_fehl                               */



/* ----------------------------------------------------------- */

#define MAX_FCT 10000    /* maximale Zahl an Auswertungen der rechten */
                         /* Seite des Differentialgleichungssystems   */
```

Adaptive Anfangswertproblemlöser

```
/* -------------------------------------------------------------- */
int rk_fehl     /* Runge-Kutta-Fehlberg-Methode fuer DGLSe 1. Ordnung */
         (
         REAL       *x,        /* Anfangs- bzw. Endpunkt ............*/
         REAL       xend,      /* angestrebter Endpunkt .............*/
         int        n,         /* Anzahl der DGLen ..................*/
         REAL       y[],       /* Anfangswert bzw. Loesung ..........*/
         dglsysfnk  dgl,       /* rechte Seite des DGLSs ............*/
         REAL       *h,        /* Anfangs- bzw. Endschrittweite .....*/
         REAL       hmax,      /* maximale Schrittweite .............*/
         REAL       epsabs,    /* absolute Fehlerschranke ...........*/
         REAL       epsrel     /* relative Fehlerschranke ...........*/
         )                     /* Fehlercode ........................*/
/***********************************************************************
* Ein System gewoehnlicher Differentialgleichungen 1. Ordnung wird     *
* nach der Runge-Kutta-Fehlberg-Methode [O(h^6)] mit Schaetzung des    *
* lokalen Fehlers und Schrittweitensteuerung integriert.               *
*                                                                     *
* Eingabeparameter:                                                    *
* =================                                                    *
* x       Anfangspunkt des Integrationsintervalls                      *
* xend    rechter Rand des Integrationsintervalls (xend < x erlaubt)   *
* n       Anzahl der Differentialgleichungen                           *
* y       Loesung des Differentialgleichungssystems bei x              *
* dgl     Zeiger auf eine Funktion, die die rechte Seite des Diffen-   *
*         tialgleichungssystems y' = f(x,y) auswertet                  *
* h       Anfangsschrittweite; falls h unrealistisch vorgegeben wird,  *
*         wird h intern veraendert; h kann negativ sein, wenn          *
*         xend < x.                                                    *
* hmax    obere Grenze fuer den Betrag der waehrend der Rechnung be-   *
*         nutzten Schrittweiten (hmax > 0.0)                           *
* epsabs  \ Grenzen fuer den zulaessigen lokalen Fehler, relativ zur   *
* epsrel  / aktuellen Schrittweite. Gilt fuer jede Komponente der er-  *
*         rechneten Loesung y[i]                                       *
*              |Schaetzung des lokalen Fehlers| <=                     *
*                     |h| * (epsrel * |y[i]| + epsabs),                *
*         dann wird die Loesung im momentanen Schritt akzeptiert.      *
*              epsabs = 0.0  =>  nur Test fuer relativen Fehler        *
*              epsrel = 0.0  =>  nur Test fuer absoluten Fehler        *
*                                                                     *
* Ausgabeparameter:                                                    *
* =================                                                    *
* x       letzte Stelle, an der eine Loesung erfolgreich berechnet     *
*         wurde. Normalerweise ist dann  x = xend.                     *
* y       Naeherungswert fuer die Loesung des DGL-Systems an der neuen *
*         Stelle x                                                     *
* h       optimale, im letzten Schritt benutzte Schrittweite           *
*                                                                     *
* Funktionswert:                                                       *
* ==============                                                       *
* = 0: alles in Ordnung (Loesung errechnet an der Stelle xend)         *
* = 1: Nach MAX_FCT Aufrufen von dgl() wird abgebrochen, ohne dass     *
*      i. a. der Endpunkt xend erreicht wurde. Soll weitergerechnet    *
*      werden, muss man rk_fehl() mit unveraenderten Parametern        *
*      erneut aufrufen.                                                *
* = 2: falsche Eingabedaten, d. h.                                     *
*           epsabs < 0               oder                              *
*           epsrel < 0               oder                              *
*           epsabs + epsrel = 0      oder                              *
*           hmax <= 0                                                  *
* = 3: Die zur Weiterrechnung optimale Schrittweite kann im Rechner    *
*      nicht dargestellt werden.                                       *
* = 4: nicht genug Speicherplatz vorhanden                             *
*                                                                     *
* benutzte globale Namen:                                              *
```

```
*  ========================                                              *
*  MAX_FCT, REAL, MACH_EPS, boolean, FALSE, TRUE, min, max, dglsysfnk,   *
*  FABS, vminit, vmalloc, vmcomplete, vmfree, VEKTOR, SQRT, ONE, ZERO,   *
*  TWO, THREE, EIGHT, HALF, NINE                                         *
***************************************************************************/

{
  REAL      *yt,        /* Hilfsvektor fuer den Runge-Kutta-Schritt     */
            *t,         /* Hilfsvektor fuer den letzten Teil des        */
                        /* Runge-Kutta-Schritts                         */
            *r,         /* Vektor mit den Schaetzwerten fuer den lokalen*/
                        /* Fehler                                       */
            *k1,        /* \                                            */
            *k2,        /*  \                                           */
            *k3,        /*   \  Hilfsvektoren fuer den                  */
            *k4,        /*   /  Runge-Kutta-Schritt                     */
            *k5,        /*  /                                           */
            *k6,        /* /                                            */
            da,         /* Laenge des Integrationsintervalls            */
            xt,         /* Hilfsvariable fuer den eigentlichen          */
                        /* Runge-Kutta-Schritt                          */
            hmx,        /* maximale Schrittweite, hoechstens jedoch     */
                        /* Laenge des Integrationsintervalls            */
            hf,         /* Hilfsvariable zur Aufbewahrung der           */
                        /* Schrittweite                                 */
            quot,       /* Mass fuer die Genauigkeit des Integrations-  */
                        /* schritts                                     */
            tr;         /* Hilfsvariable zur Berechnung von QUOT        */
  int       i,          /* Laufvariable                                 */
            aufrufe;    /* Anzahl benoetigter Aufrufe von dgl           */
  boolean   repeat,     /* Flagge, die anzeigt, ob ein Schritt mit der  */
                        /* gleichen Schrittweite wiederholt werden soll */
            ende;       /* Flagge, die anzeigt, dass das Verfahren      */
                        /* beendet werden kann                          */
  void      *vmblock;   /* Liste der dynamisch vereinbarten Vektoren    */


  aufrufe = 0;
  repeat  = FALSE;
  ende    = FALSE;
  da      = xend - *x;

  if (epsrel < ZERO || epsabs < ZERO ||                /* Plausibilitaets- */
      epsrel + epsabs == ZERO || hmax <= ZERO)         /* kontrollen       */
    return 2;
  if (FABS(da) <= (REAL)13.0 * MACH_EPS * max(FABS(*x), FABS(xend)))
    return 3;


  vmblock = vminit();                       /* Speicherblock initialisieren */
  yt = (REAL *)vmalloc(vmblock, VEKTOR, n, 0);       /* fuer die            */
  t  = (REAL *)vmalloc(vmblock, VEKTOR, n, 0);       /* Vektoren des        */
  r  = (REAL *)vmalloc(vmblock, VEKTOR, n, 0);       /* Blocks Spei-        */
  k1 = (REAL *)vmalloc(vmblock, VEKTOR, n, 0);       /* cher anfor-         */
  k2 = (REAL *)vmalloc(vmblock, VEKTOR, n, 0);       /* dern                */
  k3 = (REAL *)vmalloc(vmblock, VEKTOR, n, 0);
  k4 = (REAL *)vmalloc(vmblock, VEKTOR, n, 0),
  k5 = (REAL *)vmalloc(vmblock, VEKTOR, n, 0),
  k6 = (REAL *)vmalloc(vmblock, VEKTOR, n, 0);
  if (! vmcomplete(vmblock))      /* Ging eine der Speicheranforderungen */
  {                               /* fuer den Block schief?              */
    vmfree(vmblock);              /* schon zugeordneten Speicher freigeben */
    return 4;                     /* und Fehler melden                   */
  }
```

Adaptive Anfangswertproblemlöser

```
    hmx = min(hmax, FABS(da));
    if (FABS(*h) <= (REAL)13.0 * MACH_EPS * FABS(*x))
      *h = hmx;

    for ( ; ; )
    {
      if (! repeat)                            /* h auf hmx begrenzen */
      {
        *h = min(FABS(*h), hmx);               /* und so waehlen, dass der    */
        *h = (da > ZERO) ? *h : -*h;           /* Endpunkt xend erreicht wird, */
        if (FABS(xend - *x) <= (REAL)1.25 * FABS(*h))  /* falls moeglich */
        {
          hf    = *h;                          /* Falls ende gesetzt und h = xend - x */
          ende  = TRUE;                        /* zulaessig, wird nach dem naechsten  */
          *h    = xend - *x;                   /* Integrationsschritt abgebrochen.    */
        }

        (*dgl)(*x, y, k1);                     /* einen Integrationsschritt ausfuehren */
        aufrufe++;
      }

      xt = *h * (REAL)0.25;
      for (i = 0; i < n; i++)
        yt[i] = y[i] + xt * k1[i];
      xt += *x;
      (*dgl)(xt, yt, k2);

      for (i = 0; i < n; i++)
        yt[i] = y[i] + (*h) * (k1[i] * (THREE / (REAL)32.0) +
                               k2[i] * (NINE  / (REAL)32.0));

      xt = *x + *h * (REAL)0.375;
      (*dgl)(xt, yt, k3);
      for (i = 0; i < n; i++)
        yt[i] = y[i] + *h * (k1[i] * ((REAL)1932.0 / (REAL)2197.0) -
                             k2[i] * ((REAL)7200.0 / (REAL)2197.0) +
                             k3[i] * ((REAL)7296.0 / (REAL)2197.0)
                            );

      xt = *x + *h * ((REAL)12.0 / (REAL)13.0);
      (*dgl)(xt, yt, k4);
      for (i = 0; i < n; i++)
        yt[i] = y[i] + (*h) * (k1[i] * ((REAL)439.0 / (REAL)216.0) -
                               k2[i] * EIGHT +
                               k3[i] * ((REAL)3680.0 / (REAL)513.0) -
                               k4[i] * ((REAL)845.0 / (REAL)4104.0)
                              );

      xt = *x + *h;
      (*dgl)(xt, yt, k5);
      for (i = 0; i < n; i++)
        yt[i] = y[i] + *h * (-k1[i] * (EIGHT / (REAL)27.0) +
                              k2[i] * TWO -
                              k3[i] * ((REAL)3544.0 / (REAL)2565.0) +
                              k4[i] * ((REAL)1859.0/ (REAL)4104.0) -
                              k5[i] * ((REAL)11.0 / (REAL)40.0)
                             );

      xt = *x + HALF * *h;
      (*dgl)(xt, yt, k6);
      for (i = 0; i < n; i++)
      {
        t[i] = k1[i] * ((REAL)25.0   / (REAL)216.0) +
               k3[i] * ((REAL)1408.0 / (REAL)2565.0) +
               k4[i] * ((REAL)2197.0 / (REAL)4104.0) -
               k5[i] * (REAL)0.2;
        yt[i] = y[i] + *h * t[i];
```

```
  }
  /* yt ist jetzt das vorlaeufige Ergebnis des Schrittes. Nun wird  */
  /* r, die Schaetzung des lokalen Fehlers, relativ zur aktuellen   */
  /* Schrittweite berechnet.                                        */

  for (i = 0; i < n; i++)
    r[i] = k1[i] / (REAL)360.0 -
           k3[i] * ((REAL)128.0 / (REAL)4275.0) -
           k4[i] * ((REAL)2197.0 / (REAL)75240.0) +
           k5[i] / (REAL)50.0 +
           k6[i] * (TWO / (REAL)55.0);

  for (i = 0, quot = ZERO; i < n; i++)       /* Genauigkeitstest */
  {
    tr   = FABS(r[i]) / (epsrel * FABS(yt[i]) + epsabs);
    quot = max(quot, tr);
  }

  if (quot <= ONE)                           /* Ergebnis akzeptabel? */
  {
    for (i = 0; i < n; i++)
      y[i] = yt[i];
    *x += *h;
    if (ende)                       /* Wenn xend erreicht wurde, wird */
    {                               /* das Verfahren beendet.         */
      *h = hf;
      vmfree(vmblock);
      return 0;
    }
    quot = max(quot, (REAL)0.00065336);      /* naechsten Schritt */
  }                                          /* vorbereiten       */

  quot = min(quot, (REAL)4096.0);    /* h maximal um den Faktor 5 */
  *h = (REAL)0.8 * *h /              /* vergroessern bzw. um den  */
       SQRT(SQRT(quot));             /* Faktor 10 verkleinern     */

  if (FABS(*h) <= (REAL)13.0 * MACH_EPS * FABS(*x))
  {
    vmfree(vmblock);
    return 3;
  }
  aufrufe += 5;

  if (aufrufe >= MAX_FCT)
  {
    vmfree(vmblock);
    return 1;
  }

  if (quot > ONE)          /* Schritt mit kleinerem h wiederholen? */
  {
    repeat = TRUE;
    ende   = FALSE;
  }
  else                     /* Schritt akzeptabel?                  */
    repeat = FALSE;
  }
}
/* ------------------- ENDE rk_fehl.c ------------------- */
```

P 17.4.3 Das Prädiktor–Korrektor–Verfahren von Adams–Moulton

```
/* ------------------- DEKLARATIONEN ab_mou.h ------------------- */
```

Das Prädiktor-Korrektor-Verfahren 1045

```c
int prae_korr       /* Praediktor-Korrektor-Verf. fuer DGLSe 1. Ordnung */
          (
          REAL      *x,         /* Anfangs- bzw. Endpunkt ............*/
          REAL      y[],        /* Anfangswert bzw. Loesung ......*/
          int       n,          /* Anzahl der DGLen ..............*/
          dglsysfnk dgl,        /* rechte Seite des DGLSs ........*/
          REAL      xend,       /* angestrebter Endpunkt .........*/
          REAL      *h,         /* Anfangs- bzw. Endschrittweite .*/
          REAL      epsabs,     /* absolute Fehlerschranke .......*/
          REAL      epsrel,     /* relative Fehlerschranke .......*/
          int       fmax,       /* maximale Aufrufzahl von dgl() */
          int       *aufrufe,   /* tats. Aufrufzahl von dgl() ...*/
          REAL      hmax,       /* maximale Schrittweite .........*/
          boolean   neu         /* alte Daten verwerfen? .........*/
          );                    /* Fehlercode ....................*/
/* -------------------- ENDE ab_mou.h ---------------------- */
/* -------------------- MODUL ab_mou.c --------------------- */
/***************************************************************
*                                                              *
* Loesung eines gewoehnlichen Differentialgleichungssystems 1. Ordnung *
* ------------------------------------------------------------ *
* mit dem Praediktor-Korrektor-Verfahren von Adams-Bashforth-Moulton *
* ------------------------------------------------------------ *
*                                                              *
* Programmiersprache: ANSI-C                                   *
* Compiler:           Turbo C 2.0                              *
* Rechner:            IBM PS/2 70 mit 80387                    *
* Autor:              Jobst Hoffmann (FORTRAN)                 *
* Bearbeiter:         Juergen Dietel, Rechenzentrum der RWTH Aachen *
* Vorlagen:           bereits existierende C-, Pascal-, QuickBASIC- *
*                     und FORTRAN-Quelltexte                   *
* Datum:              DO 9. 7. 1992                            *
*                                                              *
***************************************************************/

#include <basis.h>        /* wegen MACH_EPS, FABS, max, dglsysfnk, min, */
                          /*       boolean, FALSE, TRUE, norm_max,      */
                          /*       copy_vector, REAL, ZERO, ONE, THREE, */
                          /*       FIVE, SIX, EIGHT, TEN, NINE          */
#include <vmblock.h>      /* wegen vmalloc, vmcomplete, vmfree, vminit, */
                          /*       VEKTOR                               */
#include <ab_mou.h>       /* wegen prae_korr                            */




/* ------------------------------------------------------------------- */

typedef struct     /* Typ fuer die dynamischen Hilfsvektoren .........*/
{
  REAL *f[5],      /* Zirkularpuffer fuer das Anlaufstueck: in        */
                   /* f[i]..f[4] stehen die neusten Werte, die man am */
                   /* Ende von rk_start() und abm_schritt() erhaelt,  */
                   /* f[0] braucht man zur Arbeit mit dem Puffer      */
       *tmp,       /* Zwischenspeicher fuer die Vektoren k[i] eines   */
                   /* Runge-Kutta-Schritts; in abm_schritt() Linear-  */
                   /* kombination der Stuetzwerte des Korrektor-      */
                   /* schritts                                        */
       *ki_sum,    /* Linearkombination A[0]*k[0]+..+A[3]*k[3] im     */
                   /* Runge-Kutta-Verfahren und damit Endergebnis     */
                   /* von rk_schritt()                                */
       *y1,        /* in rk_start() Loesung bei Schrittweite 3*h bzw. */
                   /* in abm_schritt() Loesung des Praediktorschritts */
                   /* (wird in rk_schritt() als Hilfsvektor zur Auf-  */
```

```
                        /* nahme von Zwischenwerten, die bei der Berech-  */
                        /* nung der rechten Seite f(x,y) des DGLS als     */
                        /* zweites Argument auftreten, missbraucht)       */
        *y2,            /* neuste Naeherungsloesung                       */
        *diff;          /* geschaetzte Abweichung der Naeherung von der   */
} hilfstyp;             /* exakten Loesung                                */


/* ---------------------------------------------------------------- */
static void init0_vector
                (
                        REAL vektor[],
                        int  n
                )
/***************************************************************************
* den [0..n-1]-Vektor vektor komplett mit Null vorbesetzen                 *
*                                                                          *
* benutzte globale Namen:                                                  *
* =======================                                                  *
* REAL, ZERO                                                               *
***************************************************************************/
{
  for (n--; n >= 0; n--)
    *vektor++ = ZERO;
}



/* ---------------------------------------------------------------- */
static void inc_vector
                (
                        REAL ziel[],
                        REAL quelle[],
                        REAL faktor,
                        int  n
                )
/***************************************************************************
* n Elemente des Vektors quelle, multipliziert mit faktor, zum             *
* Vektor ziel addieren                                                     *
*                                                                          *
* benutzte globale Namen:                                                  *
* =======================                                                  *
* REAL                                                                     *
***************************************************************************/
{
  for (n--; n >= 0; n--)
    *ziel++ += faktor * *quelle++;
}



/* ---------------------------------------------------------------- */
static void add_vector
                (
                        REAL summe[],
                        REAL summand1[],
                        REAL summand2[],
                        REAL faktor,
                        int  n
```

Das Prädiktor-Korrektor-Verfahren

```
                   )
/***************************************************************
* die beiden [0..n-1]-Vektoren summand1 und summand2 addieren, wobei *
* der zweite mit faktor multipliziert wird, und das Ergebnis in summe *
* ablegen                                                       *
*                                                               *
* benutzte globale Namen:                                       *
* ======================                                        *
* REAL                                                          *
****************************************************************/
{
  for (n--; n >= 0; n--)
    *summe++ = *summand1++ + faktor * *summand2++;
}


/* ------------------------------------------------------------- */

static void rk_schritt
                (
                    REAL      x0,
                    REAL      y0[],
                    int       n,
                    dglsysfnk dgl,
                    hilfstyp  *hilf,
                    REAL      h
                )
/***************************************************************
* einen Runge-Kutta-Schritt ausfuehren                          *
*                                                               *
* Eingabeparameter:                                             *
* ================                                              *
* x0    unabhaengige Variable; Stelle, ab der zu integrieren ist *
* y0    Anfangswert der Loesung bei x0                          *
* n     Anzahl der Differentialgleichungen                      *
* dgl   Zeiger auf eine Funktion, die die rechte Seite des Differen- *
*       tialgleichungssystems y' = f(x,y) auswertet             *
* h     fuer diesen Runge-Kutta-Schritt zu benutzende Schrittweite *
*                                                               *
* Ausgabeparameter:                                             *
* =================                                             *
* hilf  liefert in ki_sum das Ergebnis des Runge-Kutta-Schritts. *
*       Die Komponenten y1 und tmp werden nur fuer Zwischenergebnisse *
*       benutzt.                                                *
*                                                               *
* benutzte globale Namen:                                       *
* ======================                                        *
* hilfstyp, inc_vector, add_vector, REAL, dglsysfnk, ZERO, ONE, SIX, *
* THREE                                                         *
****************************************************************/
{
  /* --- die Koeffizienten des klassischen Runge-Kutta-Verfahrens --- */
  static REAL A[4] = { ONE / SIX, ONE / THREE, ONE / THREE, ONE / SIX },
              a[4] = { ZERO, HALF, HALF, ONE };  /* gleichzeitig als */
                                                  /* b[j][s] verwendet */

  int      i, j;                          /* Schleifenzaehler */

  (*dgl)(x0, y0, hilf->tmp);              /* k[0] <- rechte Seite bei (x0,y0) */

  for (i = 0; i < n; i++)                 /* ki_sum mit dem ersten */
```

```
      hilf->ki_sum[i] = A[0] * hilf->tmp[i];      /* Summanden vorbesetzen */

  for (j = 1; j < 4; j++)         /* k[1]..k[3] berechnen und, mit einem */
  {                               /* Faktor versehen, zu ki_sum addieren */
      add_vector(hilf->y1, y0,                    /* y1 <- y0 +          */
                 hilf->tmp, a[j] * h, n);         /* a[j] * h * k[j - 1] */
      (*dgl)(x0 + a[j] * h, hilf->y1, hilf->tmp); /* k[j] berechnen      */

      inc_vector(hilf->ki_sum,
                 hilf->tmp, A[j], n);             /* ki_sum += A[j] * k[j] */
  }
}



/* ---------------------------------------------------------------- */
static int rk_start
               (
                   REAL       x,
                   REAL       *x0,
                   REAL       y[],
                   int        n,
                   dglsysfnk  dgl,
                   REAL       xend,
                   REAL       *h,
                   REAL       hmax,
                   int        new_step,
                   int        *methode,
                   int        *aufrufe,
                   hilfstyp   *hilf
               )
/***************************************************************************
* Startwerte mit Hilfe des klassischen Runge-Kutta-Verfahrens ermit-        *
* teln, die in prae_korr() fuer das Adams-Bashforth-Moulton-Verfahren       *
* benoetigt werden                                                          *
*                                                                           *
* Eingabeparameter:                                                         *
* =================                                                         *
* x          unabhaengige Variable; Stelle, ab der zu integrieren ist       *
* y          Anfangswert der Loesung an der Stelle x                        *
* n          Anzahl der Differentialgleichungen                             *
* dgl        Zeiger auf eine Funktion, die die rechte Seite des Diffe-      *
*            rentialgleichungssystems y' = f(x,y) auswertet                 *
* xend       Stelle, an der die Loesung gewuenscht wird; darf kleiner       *
*            als x sein.                                                    *
* h          Schrittweite                                                   *
* hmax       maximale Schrittweite; muss positiv sein.                      *
* new_step   zeigt an, ob die neue Schrittweite auf Plausibilitaet          *
*            ueberprueft werden soll                                        *
*            = 0:   nicht ueberpruefen                                      *
*            sonst: ueberpruefen                                            *
*                                                                           *
* Ausgabeparameter:                                                         *
* =================                                                         *
* x0         Stelle, bis zu der integriert wurde                            *
* h          Schrittweite fuer den naechsten Schritt                        *
* methode    Es wird immer der Wert 0 zurueckgegeben. Daher wird die        *
*            Fehlerschaetzung in prae_korr() mit dem Faktor fuer Runge-     *
*            Kutta-Werte ausgefuehrt.                                       *
* aufrufe    aktuelle Anzahl an Aufrufen von dgl()                          *
* hilf       Struktur, die in folgenden Komponenten Ergebnisse liefert:     *
*            y1:       die Naeherungsloesung, die man fuer die Fehler-      *
*                      schaetzung braucht (Schrittweite 3*h)                *
*            y2:       die eigentliche Naeherungsloesung                    *
*            f[2]..f[4]: Rest des Anlaufstuecks                             *
```

Das Prädiktor-Korrektor-Verfahren

```
 *          Die Komponenten ki_sum und tmp werden nur fuer Zwischen-  *
 *          ergebnisse benutzt.                                       *
 *                                                                    *
 * Funktionswert:                                                     *
 * ==============                                                     *
 * = 0: alles in Ordnung                                              *
 * = 1: neue Schrittweite fuer die Rechnergenauigkeit zu klein        *
 *                                                                    *
 * benutzte globale Namen:                                            *
 * =======================                                            *
 * hilfstyp, rk_schritt, inc_vector, add_vector, REAL, MACH_EPS, min, *
 * copy_vector, FABS, THREE, EIGHT, dglsysfnk                         *
 *********************************************************************/
{
  int j;                                     /* Schleifenzaehler */

  if (new_step)        /* neue Schrittweite auf Plausibilitaet pruefen */
  {
    *h = min(*h, hmax);
    *h = min(FABS(*h), FABS(xend - x) / THREE);
    *h = (xend > x) ? *h : -*h;
    if (FABS(*h) <= EIGHT * MACH_EPS * FABS(x))
      return 1;
  }

  *x0 = x;                                /* den Anfangswert retten */

  copy_vector(hilf->y2, y, n);                         /* y2 <- y */
  for (j = 2; j < 5; j++)          /* drei Schritte mit Schrittweite h */
  {
    rk_schritt(x, hilf->y2, n, dgl, hilf, *h);     /* ki_sum berechnen */
    x += *h;
    inc_vector(hilf->y2, hilf->ki_sum, *h, n);     /* y2 += h*ki_sum  */
    (*dgl)(x, hilf->y2, hilf->f[j]);     /* den Rest des Anlaufstuecks */
  }                                        /* in f[2]..f[4] eintragen */

  /* Nach drei Schritten mit Schrittweite h folgt nun ein Schritt mit */
  /* Schrittweite 3*h, dessen Ergebnis in y1 abgelegt wird.           */

  rk_schritt(*x0, y, n, dgl, hilf, THREE * *h);    /* ki_sum berechnen */
  add_vector(hilf->y1, y, hilf->ki_sum, THREE * *h, n);

  *x0     += THREE * *h;
  *methode = 0;
  *aufrufe += 13;       /* 13 Aufrufe von dgl() fuer das Anlaufstueck */

  return 0;
}


/* -------------------------------------------------------------- */

static void abm_schritt(REAL     *x0,
                        int       n,
                        dglsysfnk dgl,
                        REAL     *h,
                        int      *methode,
                        int      *aufrufe,
                        hilfstyp *hilf
```

)
```
/***********************************************************************
* einen Schritt mit dem Adams-Bashforth-Moulton-Verfahren ausfuehren   *
*                                                                      *
* Eingabeparameter:                                                    *
* =================                                                    *
* x0       unabhaengige Variable; Stelle, ab der zu integrieren ist    *
* n        Anzahl der Differentialgleichungen                          *
* dgl      Zeiger auf eine Funktion, die die rechte Seite des Differen-*
*          tialgleichungssystems y' = f(x,y) auswertet                 *
* h        zu benutzende Schrittweite                                  *
* hilf     Struktur, die in den Vektoren f[1]..f[4] das neuste Anlauf- *
*          stueck bereitstellt                                         *
*                                                                      *
* Ausgabeparameter:                                                    *
* =================                                                    *
* x0       unabhaengige Variable; Stelle, bis zu der integriert wurde  *
* methode  Es wird immer der Wert 1 zurueckgegeben. Daher wird die     *
*          Fehlerschaetzung in prae_korr() mit dem Faktor fuer Adams-  *
*          Bashforth-Moulton-Werte ausgefuehrt.                        *
* aufrufe  aktuelle Anzahl an Aufrufen von dgl()                       *
* hilf     Struktur, die in folgenden Komponenten Ergebnisse liefert:  *
*          y1:    die Naeherungsloesung, die man fuer die Fehler-      *
*                 schaetzung braucht (Ergebnis des Praediktorschritts) *
*          y2:    die Naeherungsloesung des Korrektorschritts          *
*          f[4]:  neuer Stuetzwert fuer das Anlaufstueck               *
*          Ausserdem werden f[0]..f[3] geaendert, und tmp wird fuer    *
*          Zwischenergebnisse benutzt.                                 *
*                                                                      *
* benutzte globale Namen:                                              *
* =======================                                              *
* hilfstyp, init0_vector, inc_vector, add_vector, REAL, dglsysfnk,     *
* ONE, FIVE, NINE                                                      *
***********************************************************************/
{
  /* --- die Koeffizienten des Adams-Bashforth-Moulton-Verfahrens --- */
  static REAL prae[4] = { -NINE,      (REAL)37.0,
                          (REAL)-59.0, (REAL)55.0 };  /* Praediktor */
  static REAL korr[4] = { ONE,  -FIVE,
                          (REAL)19.0, NINE };        /* Korrektor  */

  REAL     *tmp;        /* Zwischenspeicher fuer die zyklische Ver-  */
                        /* tauschung der Anfangsadressen der Vektoren*/
                        /* des Anlaufstuecks                         */
  int       j;          /* Schleifenzaehler                          */


  tmp = hilf->f[0];                 /* Da das Anlaufstueck spaeter in  */
  for (j = 0; j < 4; j++)           /* f[0]..f[3] erwartet wird, aber  */
    hilf->f[j] = hilf->f[j + 1];    /* das neue in f[1]..f[4] steht,   */
  hilf->f[4] = tmp;                 /* werden die Zeiger zyklisch      */
                                    /* vertauscht.                     */

  init0_vector(hilf->y1, n);                    /* einen Praediktorschritt */
  for (j = 0; j < 4; j++)                       /* ausfuehren              */
    inc_vector(hilf->y1, hilf->f[j], prae[j], n);
  add_vector(hilf->y1, hilf->y2, hilf->y1, *h / (REAL)24.0, n);

  *x0 += *h;                            /* um h weiterschreiten und     */
  (*dgl)(*x0, hilf->y1, hilf->f[4]);    /* die rechte Seite des DGLS    */
                                        /* bei (x0,y1) berechnen:       */
                                        /* liefert den Startwert fuer   */
                                        /* den Korrektor                */
```

Das Prädiktor-Korrektor-Verfahren 1051

```
        init0_vector(hilf->tmp, n);              /* einen Korrektorschritt */
        for (j = 0; j < 4; j++)                  /* ausfuehren             */
           inc_vector(hilf->tmp, hilf->f[j + 1], korr[j], n);
        inc_vector(hilf->y2, hilf->tmp, *h / (REAL)24.0, n); /* y2: neue   */
                                                            /* Naeherungs- */
                                                            /* loesung     */
        (*dgl)(*x0, hilf->y2, hilf->f[4]);       /* In f[4] steht nun der vom */
                                                 /* Korrektor gelieferte neue */
                                                 /* Stuetzwert fuer das Anlaufstueck. */

        *methode = 1;
        *aufrufe += 2;       /* 2 Aufrufe von dgl() fuer einen ABM-Schritt */
      }


/* ---------------------------------------------------------------- */

static void *init_praeko
                         (
                          hilfstyp *hilf,
                          int       n
                         )
/******************************************************************
* Speicher fuer die dynamischen Hilfsfelder anfordern, die zu der  *
* Struktur hilf zusammgefasst wurden                               *
*                                                                  *
* Ausgabeparameter:                                                *
* ================                                                 *
* hilf  Struktur, in der alle Zeiger gueltige Adressen bekommen    *
*                                                                  *
* Funktionswert:                                                   *
* =============                                                    *
* Anfangsadresse des Speicherblocks, in dem alle dynamischen Hilfs-*
* felder verwaltet werden, im Fehlerfall (nicht genug Speicher) der*
* Nullzeiger                                                       *
*                                                                  *
* benutzte globale Namen:                                          *
* ======================                                           *
* hilfstyp, vminit, vmalloc, vmcomplete, vmfree, VEKTOR, NULL, REAL *
******************************************************************/
{
  void *vmblock;               /* Liste der dynamisch vereinbarten */
                               /* Vektoren und Matrizen            */
  int   i;                     /* Schleifenzaehler                 */

  #define MYALLOC(n)  (REAL *)vmalloc(vmblock, VEKTOR, n, 0)

  vmblock = vminit();                  /* Speicherblock initialisieren */
  for (i = 0; i < 5; i++)
     hilf->f[i]    = MYALLOC(n);       /* Arbeitsspeicher fuer die lokalen */
  hilf->tmp        = MYALLOC(n);       /* Hilfsvektoren anfordern          */
  hilf->ki_sum     = MYALLOC(n);
  hilf->y1         = MYALLOC(n);
  hilf->y2         = MYALLOC(n);
  hilf->diff       = MYALLOC(n);

  #undef MYALLOC

  if (! vmcomplete(vmblock))           /* Ging eine der Speicheranforde- */
  {                                    /* rungen fuer den Block schief?  */
    vmfree(vmblock);                   /* schon zugeordneten Speicher freigeben */
    return NULL;                       /* und Fehler melden              */
  }
```

```
    return vmblock;                  /* gueltige Adresse zurueckgeben */
}


/* ------------------------------------------------------------------ */

int prae_korr          /* Praediktor-Korrektor-Verf. fuer DGLSe 1. Ordnung */
           (
           REAL       *x,            /* Anfangs- bzw. Endpunkt .......*/
           REAL       y[],           /* Anfangswert bzw. Loesung .....*/
           int        n,             /* Anzahl der DGLen ..............*/
           dglsysfnk  dgl,           /* rechte Seite des DGLSs .......*/
           REAL       xend,          /* angestrebter Endpunkt ........*/
           REAL       *h,            /* Anfangs- bzw. Endschrittweite */
           REAL       epsabs,        /* absolute Fehlerschranke ......*/
           REAL       epsrel,        /* relative Fehlerschranke ......*/
           int        fmax,          /* maximale Aufrufzahl von dgl() */
           int        *aufrufe,      /* tats. Aufrufzahl von dgl() ...*/
           REAL       hmax,          /* maximale Schrittweite ........*/
           boolean    neu            /* alte Daten verwerfen? ........*/
           )                         /* Fehlercode ...................*/
/***********************************************************************
* die numerische Loesung eines Systems gewoehnlicher Differential-     *
* gleichungen                                                          *
*                                                                      *
*     y' = f(x,y)        mit der Anfangsbedingung y(x0) = y0           *
*                                                                      *
* mit dem Praediktor-Korrektor-Verfahren von Adams-Bashforth-Moulton   *
* berechnen. Die benoetigten Startwerte werden mit einer Startprozedur *
* nach Runge-Kutta mit derselben Ordnung wie das ABM-Verfahren er-     *
* zeugt.                                                               *
* Es wird mit einer automatischen Schrittweitensteuerung gearbeitet,   *
* die auf dem Prinzip des Verdoppelns und des Halbierens der Schritt-  *
* weite mit anschliessender Fehlerschaetzung beruht.                   *
*                                                                      *
* Bemerkung:                                                           *
* - Da der in dieser Funktion dynamisch belegte Speicher nur am Anfang *
*   einer voellig neuen Aufruffolge oder bei fehlerhaften Eingabepara- *
*   metern (fehler > 1) freigegeben wird, sollte man, falls man keinen *
*   Speicher verschwenden will, eine zusammengehoerige Aufruffolge     *
*   dieser Funktion mit einem Aufruf abschliessen, der einen unguel-   *
*   tigen Eingabeparameter (z. B. n < 0) enthaelt.                     *
*                                                                      *
* Eingabeparameter:                                                    *
* =================                                                    *
* x        unabhaengige Variable; Stelle, an der schon ein Wert der    *
*          Loesung bekannt ist                                         *
* y        [0..n-1]-Vektor mit dem Anfangswert der Loesung an der      *
*          Stelle x                                                    *
* dgl      Zeiger auf eine Funktion, die die rechte Seite des Diffe-   *
*          rentialgleichungssystems  y' = f(x,y)  auswertet            *
* n        Anzahl der Differentialgleichungen                          *
* xend     Stelle, an der die Loesung gewuenscht wird; darf kleiner    *
*          als x sein.                                                 *
* h        Schrittweite fuer den naechsten Schritt; wird normalerweise *
*          von dieser Funktion bestimmt.                               *
* epsabs\  Fehlerschranken fuer den absoluten bzw.                     *
* epsrel/  den relativen Fehler; beide muessen groesser oder gleich    *
*          Null sein.                                                  *
*          Es wird ein gemischter Test durchgefuehrt:                  *
*              |lokaler Fehler|  <=  |y| * epsrel + epsabs.            *
*          Wenn also epsrel als Null gewaehlt wird, entspricht das ei- *
*          nem Test auf den absoluten Fehler, wenn epsabs als Null ge- *
*          waehlt wird, einem Test auf den relativen Fehler. epsrel   *
```

Das Prädiktor-Korrektor-Verfahren

```
*            und epsabs sollten groesser als das Zehnfache des Maschi-  *
*            nenrundungsfehlers gewaehlt werden. Ist das nicht der Fall, *
*            werden sie automatisch auf diesen Wert gesetzt.             *
* fmax       obere Schranke fuer die Anzahl der zulaessigen Funktions-   *
*            auswertungen der rechten Seite dgl() des Differential-      *
*            gleichungssystems                                           *
* hmax       maximale Schrittweite; muss positiv sein.                   *
* neu        Falls diese Flagge gesetzt ist (TRUE), wird auf jeden Fall  *
*            mit einem Runge-Kutta-Schritt begonnen, auch wenn die im    *
*            vorigen Aufruf angefangene Integration mit einem ABM-       *
*            Schritt fortgesetzt werden koennte.                         *
*                                                                        *
* Ausgabeparameter:                                                      *
* =================                                                      *
* x          Stelle, die bei der Integration zuletzt erreicht wurde (bei *
*            gelungener Integration gleich xend).                        *
* y          [0..n-1]-Vektor mit der Naeherungsloesung an der Stelle x   *
* h          zuletzt gebrauchte Schrittweite; sollte fuer den naechsten  *
*            Aufruf unveraendert gelassen werden. Bei einer Aenderung    *
*            muss fuer den naechsten Aufruf die Flagge neu gesetzt       *
*            werden.                                                     *
* aufrufe    Zaehler fuer die Aufrufe von dgl()                          *
*                                                                        *
* Funktionswert:                                                         *
* ==============                                                         *
* Fehlercode, der anzeigt, unter welchen Bedingungen diese Funktion      *
* beendet wurde. Folgende Werte koennen auftreten:                       *
* = 0: kein Fehler, das Intervallende wurde erreicht.                    *
* = 1: Das Verfahren erreichte nach fmax Aufrufen von dgl() nicht        *
*      xend; ein erneuter Aufruf ohne Aenderung der Parameter kann       *
*      zum Erfolg fuehren (ansonsten eventuell die Fehlerschranken       *
*      vergroessern).                                                    *
* = 2: Die Schrittweite unterschreitet das Achtfache der Maschinen-      *
*      genauigkeit, bezogen auf die Integrationsstelle. Vor weiteren     *
*      Aufrufen muessen h und die Fehlerschranken vergroessert           *
*      werden.                                                           *
* = 3: epsabs ist negativ, oder epsrel ist negativ, oder beide           *
*      sind Null.                                                        *
* = 4: xend = x                                                          *
* = 5: hmax ist negativ.                                                 *
* = 6: n ist nichtpositiv.                                               *
* = 7: nicht genug Speicherplatz fuer dynamische Hilfsfelder             *
*                                                                        *
* benutzte globale Namen:                                                *
* =======================                                                *
* rk_start, abm_schritt, init_praeko, MACH_EPS, max, boolean, EIGHT,     *
* norm_max, copy_vector, FABS, vmfree, NULL, REAL, ZERO, ONE, TEN,       *
* dglsysfnk, FALSE, TRUE                                                 *
**************************************************************************/

{
#define CHECK   TRUE            /* neue Schrittweite in rk_start() auf */
                                /* Plausibilitaet pruefen              */

/* Vektor mit den Faktoren fuer die Fehlerschaetzung:                   */
/* guess[0] fuer Runge-Kutta, guess[1] fuer Adams-Bashforth-Moulton     */
  static
    REAL        guess[2] = { ONE / (REAL)80.0,
                             (REAL)-19.0 / (REAL)270.0 },

                x0,             /* Zwischenspeicher fuer x             */
                h_save;         /* Zwischenspeicher fuer h             */
  static
    int         methode;        /* Nummer der Methode, die eben ange-  */
                                /* wandt wurde (Runge-Kutta oder Adams-*/
                                /* Bashforth-Moulton)                  */
  static
```

```
  hilfstyp  hilf;             /* Zusammenfassung einiger lokaler   */
                              /* Hilfsvektoren, die dynamisch verein- */
                              /* bart werden muessen               */
  static
  void      *vmblock = NULL;  /* Liste der dynamisch vereinbarten  */
                              /* Vektoren und Matrizen             */
  REAL      ynorm,            /* Maximumnorm von hilf.y2           */
            diffnorm;         /* Maximumnorm von hilf.diff         */
  int       i;                /* Schleifenzaehler                  */
  boolean   folgeaufruf;      /* Flagge, die anzeigt, ob ein fruehe- */
                              /* rer Aufruf mit einem ABM-Schritt  */
                              /* fortgesetzt werden kann           */


  /* ------------------ Plausibilitaetskontrollen ------------------ */
  if (epsabs < ZERO || epsrel < ZERO || epsabs + epsrel <= ZERO)
  {
    vmfree(vmblock);
    vmblock     = NULL;
    folgeaufruf = FALSE;
    return 3;
  }
  if (xend == *x)
  {
    vmfree(vmblock);
    vmblock     = NULL;
    folgeaufruf = FALSE;
    return 4;
  }
  if (hmax <= ZERO)
  {
    vmfree(vmblock);
    vmblock     = NULL;
    folgeaufruf = FALSE;
    return 5;
  }
  if (n <= 0)
  {
    vmfree(vmblock);
    vmblock     = NULL;
    folgeaufruf = FALSE;
    return 6;
  }


  /* ------------ Vorbereitung der Integrationsschleife ------------ */
  epsrel = max(epsrel, TEN * MACH_EPS);
  epsabs = max(epsabs, TEN * MACH_EPS);

  *aufrufe = 0;

  if (neu)                    /* Beginn mit einem RK-Schritt erzwingen? */
    folgeaufruf = FALSE;

  if (folgeaufruf)            /* Werte von letztem Aufruf benutzen? */
                                      /* Ein ABM-Schritt            */
    abm_schritt(&x0, n, dgl, h,       /* kann direkt aus-           */
                &methode, aufrufe, &hilf); /* gefuehrt werden.      */
  else                        /* voellig neuer Aufruf?              */
  {
    vmfree(vmblock);                  /* eventuelle Speicherreste von */
                                      /* frueheren Aufrufen freigeben */
    if ((vmblock = init_praeko(&hilf, n)) == NULL)    /* die Hilfs- */
```

Das Prädiktor-Korrektor-Verfahren

```
    return 7;                       /* felder an-  */
                                    /* legen       */

  (*dgl)(*x, y, hilf.f[1]);         /* den Anfang des Anlaufstuecks in */
  ++*aufrufe;                       /* hilf.f[1] eintragen             */
  h_save = *h;                      /* die Anfangsschrittweite retten  */
  if (rk_start(*x, &x0, y, n, dgl,  /* neue Schrittweite               */
               xend, h, hmax, CHECK, /* zu klein?                      */
               &methode, aufrufe, &hilf))
  {
    *h           = h_save;
    folgeaufruf = FALSE;
    return 0;
  }
  /* --------- Nun steht das Anlaufstueck in    -------- */
  /* --------- hilf.f[1], hilf.f[2], hilf.f[3], hilf.f[4]. -------- */
}


/* -------------------- Integrationsschleife -------------------- */
  for ( ; ; )
  {
    if (*aufrufe > fmax)            /* zuviele Funktionsauswertungen? */
    {
      *x = x0;
      copy_vector(y, hilf.y2, n);   /* neuste Naeherung nach y        */
      folgeaufruf = TRUE;
      return 1;                     /* Funktion abbrechen und melden, */
    }                               /* dass der Aufwand zu gross war  */

    for (i = 0; i < n; i++)         /* den Fehler schaetzen           */
      hilf.diff[i] = guess[methode] *
                     (hilf.y2[i] - hilf.y1[i]);
    diffnorm = norm_max(hilf.diff, n);
    ynorm    = norm_max(hilf.y2,   n);

    if (diffnorm >= epsrel * ynorm + epsabs)  /* Fehler zu gross?     */
    {
      *h *= HALF;                   /* Schrittweite                   */
                                    /* halbieren und                  */
                                    /* Schritt wiederholen            */
      if (FABS(*h) <= EIGHT *       /* Schrittweite                   */
                      MACH_EPS * FABS(x0))  /* wird zu klein?         */
      {
        vmfree(vmblock);
        vmblock      = NULL;
        folgeaufruf = FALSE;
        return 2;
      }
      rk_start(*x, &x0, y, n, dgl,  /* neues Anlaufstueck mit         */
               xend, h, hmax, ! CHECK, /* der Runge-Kutta-Start-      */
               &methode, aufrufe, &hilf); /* prozedur berechnen       */
    }
    else                            /* Fehler nicht zu gross?         */
    {                               /* Der Schritt ist gelungen, es   */
      *x = x0;                      /* wird mit der alten Schritt-    */
                                    /* weite weitergerechnet.         */
      for (i = 0; i < n; i++)       /* den geschaetzten Fehler zur    */
        hilf.y2[i] += hilf.diff[i]; /* neuen Naeherung hinzuaddieren  */
      copy_vector(y, hilf.y2, n);   /* neuste Naeherung nach y        */
      (*dgl)(x0, y, hilf.f[4]);     /* den letzten Stuetzwert fuer    */
                                    /* den naechsten ABM-Schritt      */
                                    /* auch entsprechend korrigieren  */
```

```
     ++*aufrufe;
     if (diffnorm <= (REAL)0.02 *           /* zu grosse      */
                 (epsrel * ynorm + epsabs)) /* Genauigkeit?   */
     {
       *h      += *h;                       /* Schrittweite   */
       h_save = max(*h, h_save);            /* verdoppeln     */

       if ((*h > ZERO && x0 >= xend) ||     /* xend erreicht? */
           (*h < ZERO && x0 <= xend))
       {
         folgeaufruf = FALSE;
         return 0;                          /* fertig!        */
       }

       /* die Integration mit der doppelten Schrittweite fortsetzen. */
       /* Dazu muss zunaechst ein neues Anlaufstueck mit der         */
       /* Runge-Kutta-Startprozedur berechnet werden.                */

       copy_vector(hilf.f[1],  /* den letzten Wert des alten Anlauf- */
                   hilf.f[4],  /* stuecks als ersten Wert des neuen  */
                   n);         /* Anlaufstuecks verwenden            */
       if (rk_start(*x, &x0, y, n, dgl,     /* neue Schritt-  */
                    xend, h, hmax, CHECK,   /* weite zu klein? */
                    &methode, aufrufe, &hilf))
       {
         *h          = h_save;
         folgeaufruf = FALSE;
         return 0;
       }
     }

     else                                   /* letzter Schritt */
     {                                      /* erfolgreich     */
       if ((*h > ZERO && x0 >= xend) ||     /* xend erreicht?  */
           (*h < ZERO && x0 <= xend))
       {
         folgeaufruf = FALSE;
         return 0;
       }

       if ((*h > ZERO && x0 + *h >= xend) || /* hinreichend    */
           (*h < ZERO && x0 + *h <= xend))   /* nahe an xend?  */
       {
         /* Der naechste Schritt wuerde zu weit fuehren. Daher wird  */
         /* die Schrittweite jetzt auf den Abstand bis zum Inter-    */
         /* vallende, naemlich  xend - x0,  reduziert und ein neuer  */
         /* Anlauf mit einem RK-Schritt gemacht.                     */
         h_save = *h = xend - x0;
         copy_vector(hilf.f[1],  /* den letzten Wert des alten An-   */
                     hilf.f[4],  /* laufstuecks als ersten Wert des  */
                     n);         /* neuen Anlaufstuecks verwenden    */
         if (rk_start(*x, &x0, y, n, dgl,        /* neue          */
                      xend, h, hmax, CHECK,      /* Schrittweite  */
                      &methode, aufrufe, &hilf)) /* zu klein?     */
         {
           *h          = h_save;
           folgeaufruf = FALSE;
           return 0;
         }
       }

       else
         abm_schritt(&x0, n, dgl, h,        /* einen ABM-Schritt */
                     &methode,              /* ausfuehren        */
                     aufrufe, &hilf);
     }
   }
```

        }
    }
}
/* ------------------------ ENDE ab_mou.c ------------------------ */

P 17.5   Extrapolationsverfahren von Bulirsch-Stoer-Gragg

```
/* -------------------- DEKLARATIONEN bulirsch.h -------------------- */
int bul_stoe         /* Extrapolationsverfahren fuer DGLSe 1. Ordnung */
         (
          REAL      *x,         /* Anfangs- bzw. Endpunkt ..........*/
          REAL      y[],        /* Anfangswert bzw. Loesung ........*/
          int       n,          /* Anzahl der DGLen ................*/
          dglsysfnk dgl,        /* rechte Seite des DGLSs ..........*/
          REAL      xend,       /* angestrebter Endpunkt ...........*/
          REAL      *h,         /* Anfangs- bzw. Endschrittweite ...*/
          REAL      hmax,       /* maximale Schrittweite ...........*/
          REAL      epsabs,     /* absolute Fehlerschranke .........*/
          REAL      epsrel,     /* relative Fehlerschranke .........*/
          boolean   new         /* uebergebenes x benutzen? ........*/
         );                     /* Fehlercode ......................*/
/* ----------------------- ENDE bulirsch.h ------------------------ */
/* ----------------------- MODUL bulirsch.c ----------------------- */
/***********************************************************************
*                                                                      *
* Loesung eines gewoehnlichen Differentialgleichungssystems 1. Ordnung *
* -------------------------------------------------------------------- *
* mit dem Extrapolationsverfahren von Bulirsch-Stoer-Gragg             *
* -------------------------------------------------------------------- *
*                                                                      *
* Programmiersprache: ANSI-C                                           *
* Compiler:           Turbo C 2.0                                      *
* Rechner:            IBM PS/2 70 mit 80387                            *
* Autor:              Jobst Hoffmann (FORTRAN)                         *
* Bearbeiter:         Juergen Dietel, Rechenzentrum der RWTH Aachen    *
* Vorlagen:           bereits existierende C-, Pascal-, QuickBASIC-    *
*                     und FORTRAN-Quelltexte                           *
* Datum:              MI 11. 3. 1992                                   *
*                                                                      *
***********************************************************************/

#include <basis.h>      /* wegen MACH_EPS, FABS, max, dglsysfnk, min, */
                        /*       boolean, FALSE, TRUE, LOG, POW, FOUR,*/
                        /*       copy_vector, REAL, ZERO, HALF, ONE,  */
                        /*       TEN                                  */
#include <vmblock.h>    /* wegen vmalloc, vmcomplete, vmfree, vminit, */
                        /*       VEKTOR                               */
#include <bulirsch.h>   /* wegen bul_stoe                             */



/* ---------------------------------------------------------------- */

#define MAX_FCT 1000    /* maximale zulaessige Anzahl von Auswertungen */
                        /* der rechten Seite des DGL-Systems           */

static int ext_max;                 /* maximale Extrapolationsordnung */
static int bufol[12] = {  2,  4,  6,  8, 12, 16,    /* die           */
                         24, 32, 48, 64, 96, 128 }; /* Bulirschfolge */
```

```
/* ------------------------------------------------------------------ */
static void extrapol
              (
               int     *row,
               REAL    *fhilf[],
               REAL    y[],
               int     n,
               REAL    epsabs,
               REAL    epsrel,
               REAL    *x,
               REAL    *h,
               REAL    h0,
               boolean *ahead,
               int     *index
              )
/***************************************************************************
* einen Extrapolationsschritt fuer bul_stoe() ausfuehren                   *
*                                                                          *
* Eingabeparameter:                                                        *
* =================                                                        *
* row     Zeiger fuer die Felder bufol und fhilf                           *
* fhilf   Matrix fuer Extrapolationswerte                                  *
* y       Anfangswerte der Loesung an der Stelle x                         *
* n       Anzahl der Differentialgleichungen                               *
* epsabs  zugelassener absoluter Fehler                                    *
* epsrel  zugelassener relativer Fehler                                    *
* x       aktuelle Integrationsstelle                                      *
* h       lokale Schrittweite                                              *
* h0      lokale Schrittweite                                              *
*                                                                          *
* Ausgabeparameter:                                                        *
* =================                                                        *
* ahead   Flagge, die angibt, ob der Schritt akzeptiert wird oder nicht    *
*         *ahead = 1:  Schritt wird akzeptiert                             *
*         sonst:       Schritt wird verworfen                              *
* index   Zeiger fuer die Felder bufol und fhilf                           *
* x       aktuelle Integrationsstelle                                      *
* h       Schrittweite                                                     *
*                                                                          *
* benutzte globale Namen:                                                  *
* =======================                                                  *
* ext_max, bufol, REAL, TRUE, min, max, boolean, copy_vector, FABS,        *
* POW, ZERO, ONE                                                           *
***************************************************************************/
{
  int    column,    /* Spalte im Extrapolationsschema                   */
         i;         /* Schleifenzaehler                                 */
  REAL   diff_max,  /* groesste Differenz zweier Spalten des Schemas    */
         fhilf_i1,  /* Spalte im Extrapolationsschema                   */
         fhilf_i2,  /* Spalte rechts daneben                            */
         bufol_r,   /* ein Glied der Bulirschfolge                      */
         bufol_i,   /* ein weiteres Glied der Bulirschfolge             */
         y_max,     /* maximaler Wert einer Spalte                      */
         help;      /* Hilfsvariable bei der Berechnung des naechsten   */
                    /* Schrittes                                        */

  for (column = 2, y_max = ZERO;
       column <= min(*row + 1, ext_max) && (! *ahead);
       column++)
  {
    *index = min(11 - column, *row - column + 3);
```

```
      for (i = 0, diff_max = ZERO; i < n; i++)
      {
        fhilf_i1 = fhilf[*index - 1][i];
        fhilf_i2 = fhilf[*index - 2][i];
        bufol_r  = (REAL)bufol[*row];
        bufol_i  = (REAL)bufol[*index - 2];
        fhilf[*index - 2][i] = fhilf_i1 + (fhilf_i1 - fhilf_i2) /
                               ((bufol_r / bufol_i) * (bufol_r / bufol_i)
                                 - ONE);
        fhilf_i1 = fhilf[*index - 1][i];
        fhilf_i2 = fhilf[*index - 2][i];
        y_max    = max(y_max, FABS(fhilf_i2));
        diff_max = max(diff_max, FABS(fhilf_i2 - fhilf_i1));
      }
      if (diff_max < epsrel * y_max + epsabs)      /* Schritt akzeptabel? */
      {
        *x += h0;
        copy_vector(y, fhilf[*index - 2], n);
        help    = (REAL)(column - ext_max);
        *h      = (REAL)0.9 * *h *                 /* Schrittweite fuer    */
                   POW((REAL)0.6, help);           /* den naechsten Schritt */
        *row    = -1;
        *ahead = TRUE;
      }
    }
  }
}


/* ------------------------------------------------------------------ */

int bul_stoe            /* Extrapolationsverfahren fuer DGLSe 1. Ordnung */
           (
            REAL      *x,        /* Anfangs- bzw. Endpunkt .........*/
            REAL      y[],       /* Anfangswert bzw. Loesung ........*/
            int       n,         /* Anzahl der DGLen ................*/
            dglsysfnk dgl,       /* rechte Seite des DGLSs ..........*/
            REAL      xend,      /* angestrebter Endpunkt ...........*/
            REAL      *h,        /* Anfangs- bzw. Endschrittweite ...*/
            REAL      hmax,      /* maximale Schrittweite ...........*/
            REAL      epsabs,    /* absolute Fehlerschranke .........*/
            REAL      epsrel,    /* relative Fehlerschranke .........*/
            boolean   neu        /* uebergebenes x benutzen? ........*/
           )                     /* Fehlercode ......................*/
/*****************************************************************
* die numerische Loesung eines Systems gewoehnlicher Differential- *
* gleichungen                                                      *
*                                                                  *
*     y' = f(x,y)       mit der Anfangsbedingung y(x0) = y0        *
*                                                                  *
* mit dem Extrapolationsverfahren nach Bulirsch-Stoer-Gragg berechnen. *
* Die maximale Extrapolationsordnung wird in Abhaengigkeit von der  *
* Maschinengenauigkeit bestimmt, die Schrittweitensteuerung orientiert *
* sich an der Beschreibung in dem Buch:                             *
*      HALL, G.; WATT, J.M: Modern Numerical Methods for Ordinary   *
*                           Differential Equations, Oxford 1976,    *
*                           Clarendon Press                         *
* Bemerkung:                                                        *
* Da der in dieser Funktion dynamisch belegte Speicher nur am Anfang *
* einer voellig neuen Aufruffolge oder bei fehlerhaften Eingabeparame- *
* tern (fehler = TRUE oder Funktionswert >= 2) freigegeben wird, soll- *
* te man, falls man keinen Speicher verschwenden will, eine zusammen- *
* gehoerige Aufruffolge dieser Funktion mit einem Aufruf abschliessen, *
* der einen ungueltigen Eingabeparameter (z. B. n <= 0) enthaelt.    *
*                                                                  *
* Eingabeparameter:                                                 *
```

```
*  ==================                                                         *
*  x          unabhaengige Variable                                           *
*  y          [0..n-1]-Vektor mit dem Anfangswert der Loesung an der          *
*             Stelle x                                                        *
*  dgl        Zeiger auf eine Funktion, die die rechte Seite des Diffe-       *
*             rentialgleichungssystems  y' = f(x,y)  auswertet                *
*  n          Anzahl der Differentialgleichungen                              *
*  xend       Stelle, an der die Loesung gewuenscht wird; darf kleiner        *
*             als x sein.                                                     *
*  h          Schrittweite fuer den naechsten Schritt                         *
*  hmax       maximale Schrittweite; muss positiv sein.                       *
*  epsabs\    Fehlerschranken fuer den absoluten bzw.                         *
*  epsrel/    den relativen Fehler; beide muessen groesser oder gleich        *
*             Null sein.                                                      *
*             Es wird ein gemischter Test durchgefuehrt:                      *
*                   |lokaler Fehler|  <=  |y| * epsrel + epsabs.              *
*             Wenn also epsrel als Null gewaehlt wird, entspricht das ei-     *
*             nem Test auf den absoluten Fehler, wenn epsabs als Null ge-     *
*             waehlt wird, einem Test auf den relativen Fehler. epsrel        *
*             sollte groesser als das Zehnfache des Maschinenrundungs-        *
*             fehlers gewaehlt werden. Ist das nicht der Fall, wird es        *
*             automatisch auf diesen Wert gesetzt.                            *
*  new        Flagge, die anzeigt, ob diese Funktion nach Ruecksprung         *
*             wegen zuvieler Funktionsauswertungen bei einem erneuten         *
*             Aufruf an der alten Stelle weitermachen soll                    *
*             new = FALSE: an alter Stelle weitermachen                       *
*             new = TRUE:  neu beginnen                                       *
*                                                                             *
*  Ausgabeparameter:                                                          *
*  =================                                                          *
*  x          Stelle, die bei der Integration zuletzt erreicht wurde. Normaler-*
*             weise ist x = xend.                                             *
*  y          [0..n-1]-Vektor mit der Naeherungsloesung an der Stelle x       *
*  h          zuletzt gebrauchte Schrittweite; sollte fuer den naechsten Aufruf *
*             unveraendert gelassen werden. Bei einer Aenderung muss fuer den *
*             naechsten Aufruf  new = TRUE (= 1) gesetzt werden.              *
*                                                                             *
*  Funktionswert:                                                             *
*  ==============                                                             *
*  Fehlercode:                                                                *
*  = 0: alles in Ordnung. Nach Neubesetzung von xend kann diese               *
*       Funktion erneut aufgerufen werden.                                    *
*  = 1: Das Verfahren erreichte bei MAX_FCT Funktionsaufrufen nicht           *
*       xend; erneuter Aufruf ohne Aenderung der Parameter kann zum Er-       *
*       folg fuehren (sonst eventuell Fehlerschranken vergroessern).          *
*  = 2: Die Schrittweite unterschreitet das Vierfache des Maschinen-          *
*       rundungsfehlers, bezogen auf die Integrationsstelle. Vor weite-       *
*       ren Aufrufen muessen die Schrittweite und die Fehlerschranken        *
*       vergroessert werden.                                                  *
*  = 3: epsabs oder epsrel ist negativ, oder beide sind Null.                 *
*  = 4: xend = x                                                              *
*  = 5: hmax ist negativ.                                                     *
*  = 6: n ist nichtpositiv.                                                   *
*  = 7: nicht genug Speicherplatz                                             *
*                                                                             *
*  benutzte globale Namen:                                                    *
*  =======================                                                    *
*  extrapol, MAX_FCT, ext_max, bufol, REAL, TRUE, FALSE, MACH_EPS, min,       *
*  max, boolean, copy_vector, FABS, POW, LOG, vminit, vmalloc,                *
*  vmcomplete, vmfree, VEKTOR, dglsysfnk, ZERO, HALF, TEN                     *
****************************************************************************/
{
  static void *vmblock = NULL;      /* Liste der dynamisch vereinbarten */
                                    /* Vektoren und Matrizen            */
  static REAL *fhilf[12],           /* Index 0..7: Matrix fuer das      */
                                    /*             Extrapolationsschema */
```

```
                         /* Index 8..11: Hilfsvektoren           */
                  x0;    /* Wert der unabhaengigen Variablen x   */
                         /* beim Aufruf von dgl()                */
    static int    row;   /* Reihe des Extrapolationsschemas      */
    REAL          absh,  /* der Betrag der Schrittweite          */
                  absh0, /* der Betrag der Hilfsschrittweite h0  */
                  h0,    /* Hilfsschrittweite                    */
                  hilf;  /* Hilfsvariable bei der Berechnung ei- */
                         /* ner kleineren Schrittweite           */
    int           aufrufe, /* Zaehler fuer die aktuelle Anzahl an */
                         /* Aufrufen von dgl()                   */
                  i, j,  /* Schleifenzaehler                     */
                  count, /* Laufvariable bei der Anwendung der   */
                         /* Mittelpunktregel                     */
                  index; /* Index fuer die Vektoren fhilf und    */
                         /* bufol                                */
    boolean       ahead; /* Flagge zur Anzeige, ob der Schritt   */
                         /* akzeptiert wird                      */

    if (epsabs < ZERO ||              /* Plausibilitaetskontrollen */
        epsrel < ZERO ||
        epsabs + epsrel <= ZERO)
    {
      vmfree(vmblock);
      vmblock = NULL;
      return 3;
    }
    else if (xend == *x)
    {
      vmfree(vmblock);
      vmblock = NULL;
      return 4;
    }
    else if (hmax <= ZERO)
    {
      vmfree(vmblock);
      vmblock = NULL;
      return 5;
    }
    if (n <= 0)
    {
      vmfree(vmblock);
      vmblock = NULL;
      return 6;
    }

    if (! new)                        /* erneuter Aufruf nach Ruecksprung */
    {                                 /* wegen zuviel Aufwand?            */
      *x = fhilf[9][0];
      copy_vector(y, fhilf[8], n);
    }
    else
    {                                 /* Speicherplatzreservierung */
      vmfree(vmblock);
    #define MYALLOC(n)  (REAL *)vmalloc(vmblock, VEKTOR, n, 0)
      vmblock = vminit();             /* Speicherblock initialisieren */
      for (i = 0; i < 12; i++)        /* Arbeitsspeicher fuer die lokalen */
        fhilf[i] = MYALLOC(n);        /* Hilfsvektoren anfordern          */
    #undef MYALLOC
      if (! vmcomplete(vmblock))      /* Ging eine der Speicheranforde- */
      {                               /* rungen fuer den Block schief?  */
        vmfree(vmblock);              /* schon zugeordneten Speicher freigeben */
        return 7;                     /* und Fehler melden              */
      }
      row = -1;
```

```
}
aufrufe = 0;
ahead   = TRUE;
ext_max = (int)(-LOG(MACH_EPS) / LOG(TWO) / (REAL)7.0 + HALF);

epsrel = max(epsrel, TEN * MACH_EPS);

for ( ; ; )
{
  if (new)
  {
    if (ahead)                                          /* neuer Schritt? */
    {
      absh = FABS(*h);
      absh = min(absh, hmax);
      h0 = min(absh, FABS(xend - *x));
      h0 = (xend > *x) ? h0 : -h0;
      absh0 = FABS(h0);
      if (absh0 <= FOUR * MACH_EPS * FABS(*x))
        return 0;
      ahead = FALSE;
    }
    do
    {
      row++;
      *h = h0 / bufol[row];             /* Bestimmung der Schrittweite */
      x0 = *x;                          /* fuer die Extrapolation      */
      copy_vector(fhilf[8], y, n);      /* Euler-Schritt; Retten der   */
      (*dgl)(x0, fhilf[8], fhilf[11]);  /* Anfangswerte                */
      for (i = 0; i < n; i++)
        fhilf[9][i] = fhilf[8][i] + *h * fhilf[11][i];
      x0 += *h;
      (*dgl)(x0, fhilf[9], fhilf[11]);

      /* Mittelpunktregel anwenden */

      for (count = 1; count <= bufol[row] - 1; count++)
      {
        for (i = 0; i < n; i++)
          fhilf[10][i] = fhilf[8][i] + TWO * *h * fhilf[11][i];
        x0 += *h;
        (*dgl)(x0, fhilf[10], fhilf[11]);

        for (j = 8; j < 11; j++)                    /* umspeichern fuer den */
          copy_vector(fhilf[j], fhilf[j + 1], n);   /* naechsten            */
      }                                             /* Schritt              */

      (*dgl)(x0, fhilf[9], fhilf[11]);              /* stabilisieren        */
      for (i = 0; i < n; i++)                       /* mit Trapezregel      */
        fhilf[row][i] = HALF * (fhilf[9][i] + fhilf[8][i] +
                         *h * fhilf[11][i]);
      aufrufe += bufol[row] + 2;
    }
    while (row == 0);

    /* Extrapolation */

    extrapol(&row, fhilf, y, n, epsabs, epsrel, x, h, h0,
             &ahead, &index);
    if (aufrufe >= MAX_FCT)                         /* zuviel Aufwand? */
    {                                               /* => Ruecksprung  */
      fhilf[9][0] = *x;
      copy_vector(fhilf[8], y, n);
      *x = x0;
      copy_vector(y, fhilf[index - 2], n);
```

```
            return 1;
        }
    }
    if (! ahead || ! new)       /* Muss der Schritt wiederholt werden? */
    {
        new = TRUE;  /* Flagge setzen, falls ein erneuter Aufruf vorlag */
        if (row >= min(7, ext_max - 1))

        /* umspeichern, da das Extrapolationstableau mit maximal  */
        /* 11 Zeilen aufgestellt wird, aber nur maximal           */
        /* 8 Extrapolationen moeglich sind                        */

            for (j = 0; j < 7; j++)
                copy_vector(fhilf[j], fhilf[j + 1], n);

        /* Genauigkeit trotz vollstaendiger Abarbeitung des Extrapola- */
        /* tionsschemas nicht erreicht; Schritt mit kleinerer Schritt- */
        /* weite wiederholen                                           */

        if (row >= ext_max + 2)
        {
            hilf = (REAL)(row - ext_max + 1);
            h0   = (REAL)0.9 * *h * POW((REAL)0.6, hilf);
            if (FABS(h0) <= FOUR * MACH_EPS * FABS(x0))
            {
                vmfree(vmblock);
                vmblock = NULL;
                return 2;
            }
            row = -1;
        }
    }
}

/* ------------------------ ENDE bulirsch.c ------------------------ */
```

P 18

P 18.2 Zurückführung eines Randwertproblems auf ein Anfangswertproblem

```
/* ---------------------- DEKLARATIONEN rwp.h ---------------------- */
int rwp      /* Schiessverf. fuer ein allg. Randwertproblem 1. Ordnung */
    (
         REAL        a,           /* linke Intervallgrenze .............*/
         REAL        b,           /* rechte Intervallgrenze ............*/
         REAL        h,           /* Anfangsschrittweite ...............*/
         REAL        y_start[],   /* Ausgangsnaeherung bzw. Loesung fuer */
                                  /* den Anfangswert y(a) ..............*/
         int         n,           /* Anzahl der DGLen ..................*/
         dglsysfnk   dgl,         /* rechte Seite des DGLSs ............*/
         rndbedfnk   rand,        /* Funktion der Randbedingungen ......*/
         REAL        epsawp,      /* Fehlerschranke fuer das AWP .......*/
         REAL        epsrb,       /* Fehlerschranke fuer das RWP .......*/
         int         fmax,        /* maximale Aufrufzahl von dgl() .....*/
         int         itmax,       /* maximale Zahl an Newtonschritten ..*/
         int        *act_iter     /* tats. Zahl an Newtonschritten .....*/
    );                            /* Fehlercode ........................*/

/* ------------------------- ENDE rwp.h --------------------------- */
/* ------------------------- MODUL rwp.c -------------------------- */

/***************************************************************
*                                                               *
* Loesung eines Zwei-Punkt-Randwertproblems 1. Ordnung mit dem  *
* ------------------------------------------------------------  *
* Schiessverfahren                                              *
* ----------------                                              *
*                                                               *
* Programmiersprache: ANSI-C                                    *
* Compiler:           Turbo C 2.0                               *
* Rechner:            IBM PS/2 70 mit 80387                     *
* Autor:              Klaus Niederdrenk (FORTRAN)               *
* Bearbeiter:         Juergen Dietel, Rechenzentrum der RWTH Aachen *
* Vorlagen:           bereits existierende C-, Pascal-, QuickBASIC- *
*                     und FORTRAN-Quelltexte                    *
* Datum:              DI 2. 6. 1992                             *
*                                                               *
***************************************************************/

#include <basis.h>      /* wegen max, MACH_EPS, FABS, POW, ONE,    */
                        /*       copy_vector, REAL, dglsysfnk, HALF, */
                        /*       rndbedfnk, ZERO                   */
#include <vmblock.h>    /* wegen vmalloc, vmcomplete, vmfree, vminit, */
                        /*       VEKTOR, VVEKTOR, MATRIX           */
#include <u_proto.h>    /* wegen gauss                             */
#include <awp.h>        /* wegen awp                               */
#include <rwp.h>        /* wegen rwp                               */


/* ---------------------------------------------------------------- */
int rwp      /* Schiessverf. fuer ein allg. Randwertproblem 1. Ordnung */
    (
         REAL        a,           /* linke Intervallgrenze .............*/
         REAL        b,           /* rechte Intervallgrenze ............*/
         REAL        h,           /* Anfangsschrittweite ...............*/
         REAL        y_start[],   /* Ausgangsnaeherung bzw. Loesung fuer */
```

Zurückf. eines Randwertproblems auf ein Anfangswertproblem 1065

```
                         /* den Anfangswert y(a) ............*/
         int       n,    /* Anzahl der DGLen ................*/
         dglsysfnk dgl,  /* rechte Seite des DGLSs ..........*/
         rndbedfnk rand, /* Funktion der Randbedingungen ....*/
         REAL      epsawp, /* Fehlerschranke fuer das AWP ...*/
         REAL      epsrb,  /* Fehlerschranke fuer das RWP ...*/
         int       fmax,   /* maximale Aufrufzahl von dgl() .*/
         int       itmax,  /* maximale Zahl an Newtonschritten ...*/
         int       *act_iter /* tats. Zahl an Newtonschritten ....*/
        )                 /* Fehlercode ......................*/
```

```
/***************************************************************
* Diese Funktion geht von einem allgemeinen Randwertproblem 1. Ordnung *
*                                                              *
*      y' = F(x,y),    a <= x <= b,    R(y(a),y(b)) = 0        *
*                                                              *
* aus und bestimmt ueber das Schiessverfahren zu einer Loesung y eine *
* Naeherung y_start des zugehoerigen Anfangswertes y(a), mit dem man *
* dann diese Loesung ueber einen Anfangswertproblemloeser (etwa die *
* Funktion awp()) naeherungsweise bestimmen kann.              *
* Das nichtlineare Gleichungssystem, das beim Schiessverfahren auf- *
* tritt, wird mit dem Newtonverfahren geloest.                 *
*                                                              *
* Eingabeparameter:                                            *
* =================                                            *
* a         linke Intervallgrenze                              *
* b         rechte Intervallgrenze (b > a)                     *
* h         angemessene Anfangsschrittweite fuer die naeherungsweise *
*           Loesung eines zugeordneten Anfangswertproblems des *
*           Schiessverfahrens                                  *
* y_start   [0..n-1]-Vektor mit der Ausgangsnaeherung fuer einen *
*           Anfangswert y(a) einer Loesung y des Randwertproblems *
* n         Anzahl der Differentialgleichungen                 *
* dgl       Zeiger auf eine Funktion, die die rechte Seite des Diffe- *
*           rentialgleichungssystems y' = f(x,y) auswertet     *
* rand      Zeiger auf eine Funktion, die die Randbedingungen auswertet *
* epsawp    Genauigkeitsschranke fuer das naeherungsweise Loesen *
*           zugeordneter Anfangswertprobleme des Schiessverfahrens *
* epsrb     Genauigkeitsschranke, mit der die Naeherung y_start fuer *
*           den Anfangswert y(a) einer Loesung des Randwertproblems *
*           die Randbedingung R erfuellen soll                 *
* fmax      obere Schranke fuer die Anzahl der zulaessigen Funktions- *
*           auswertungen der rechten Seite dgl() des Differential- *
*           gleichungssystems bei der Loesung eines zugeordneten *
*           Anfangswertproblems                                *
* itmax     obere Schranke fuer die Anzahl der Newton-Iterations- *
*           schritte zur Loesung des nichtlinearen Gleichungssystems, *
*           das beim Schiessverfahren auftritt                 *
*                                                              *
* Ausgabeparameter:                                            *
* =================                                            *
* y_start   [0..n-1]-Vektor mit der Naeherung fuer den Anfangswert *
*           y(a) einer Loesung y des Randwertproblems          *
* act_iter  Anzahl tatsaechlich benoetigter Newtoniterationen  *
*                                                              *
* Funktionswert:                                               *
* ==============                                               *
* Fehlercode.                                                  *
* = 0: alles in Ordnung                                        *
* = 1: Mindestens eine der Fehlerschranken epsawp, epsrb ist   *
*      ist (innerhalb der Rechengenauigkeit) zu klein.         *
* = 2: b <= a (innerhalb der Rechengenauigkeit)                *
* = 3: h <= 0 (innerhalb der Rechengenauigkeit)                *
* = 4: n <= 0                                                  *
* = 5: Die Anzahl der zulaessigen Funktionsauswertungen reicht nicht *
*      aus, ein zugeordnetes Anfangswertproblem des Schiessverfahrens *
*      naeherungsweise zu loesen.                              *
```

```
 * = 6: act_iter > itmax. Die Anzahl der zulaessigen Newton-           *
 *      Iterationsschritte reicht nicht aus, einen geeigneten Wert     *
 *      y_start innerhalb der geforderten Genauigkeit zu bestimmen.    *
 * = 7: Die Jacobimatrix fuer das Newtonverfahren ist singulaer. Ein   *
 *      Newton-Iterationsschritt kann nicht ausgefuehrt werden.        *
 * = 8: nicht genug Speicherplatz vorhanden                            *
 *                                                                     *
 * benutzte globale Namen:                                             *
 * =======================                                             *
 * REAL, dglsysfnk, rndbedfnk, max, MACH_EPS, copy_vector, FABS,       *
 * vminit, vmalloc, vmcomplete, vmfree, VEKTOR, VVEKTOR, MATRIX, awp,  *
 * gauss, POW, ZERO, ONE, HALF                                         *
 ***********************************************************************/
{
    void        *vmblock;   /* Liste der dynamisch vereinbarten      */
                            /* Vektoren und Matrizen                 */
    REAL        *yk,        /* [0..n-1]-Vektor mit dem Wert der Loe- */
                            /* sungsfunktion der Differentialgleichung */
                            /* am rechten Intervallrand              */
                *yaj,       /* [0..n-1]-Vektor mit einem von y_start */
                            /* leicht abweichenden Anfangswert, der zum */
                            /* Aufbau einer Spalte der Jacobimatrix  */
                            /* beitraegt                             */
                *r,         /* [0..n-1]-Vektor mit der linken Seite der */
                            /* Randbedingung, die als rechte Seite des */
                            /* beim Newtonverfahren auftretenden linea- */
                            /* ren Gleichungssystems verwendet wird  */
                *rj,        /* [0..n-1]-Vektor mit der linken Seite der */
                            /* Randbedingung des etwas modifizierten */
                            /* Anfangswertproblems                   */
                *d,         /* [0..n-1]-Vektor mit der Loesung des   */
                            /* linearen Gleichungssystems            */
                **amat,     /* [0..n-1,0..n-1]-Feld mit der Jacobi-  */
                            /* matrix des Newtonverfahrens           */
                xk,         /* linker Rand fuer awp()                */
                hk,         /* gewuenschte Schrittweite fuer awp()   */
                epsabs,     /* Fehlerschranke fuer die absolute      */
                            /* Genauigkeit in awp()                  */
                epsrel,     /* Fehlerschranke fuer die relative      */
                            /* Genauigkeit in awp()                  */
                rmax,       /* Maximumnorm der linken Seite der Rand- */
                            /* bedingung                             */
                delta,      /* Hilfsvariable beim Aufbau der Jacobi- */
                            /* matrix                                */
                mach1,      /* Genauigkeitsschranken in Abhaengigkeit */
                mach2;      /* vom benutzten Rechner                 */
    int         *pivot,     /* Permutationsvektor, der die Zeilenver- */
                            /* tauschungen des Gaussverfahrens enthaelt */
                aufrufe,    /* Zahl der Funktionsauswertungen in awp() */
                i,          /* Schleifenzaehler                      */
                jacobi,     /* Zaehler fuer die Spalten der Jacobi-  */
                            /* matrix                                */
                mark,       /* Fehlercode von gauss()                */
                sign_det,   /* Vorzeichen der Determinante des Glei- */
                            /* chungssystems des Gaussverfahrens     */
                fehler;     /* Fehlercode von awp()                  */

#define SINGU   1           /* Name fuer den Funktionswert von gauss(), */
                            /* der besagt, dass die Matrix singulaer */
                            /* ist                                   */
#define ENGL45  6           /* awp() soll mit der England-Formel     */
                            /* 4./5. Ordnung arbeiten.               */

    mach1 = POW(MACH_EPS, (REAL)0.75);
    mach2 = (REAL)100.0 * MACH_EPS;
```

```
  if (epsrb < mach2)                /* erste Plausibilitaetskontrollen */
    return 1;
  if (n <= 0)
    return 4;


  /* -------- Speicherplatz fuer die Hilfsfelder reservieren -------- */
#define MYALLOC(n)  (REAL *)vmalloc(vmblock, VEKTOR, n, 0)
  vmblock = vminit();              /* Speicherblock initialisieren    */
  yk      = MYALLOC(n);            /* Arbeitsspeicher fuer die lokale */
  yaj     = MYALLOC(n);            /* Hilfsvektoren anfordern         */
  r       = MYALLOC(n);
  rj      = MYALLOC(n);
  d       = MYALLOC(n);
  pivot = (int *)vmalloc(vmblock, VVEKTOR, n, sizeof(int));
  amat  = (REAL **)vmalloc(vmblock, MATRIX, n, n);
#undef MYALLOC
  if (! vmcomplete(vmblock))       /* Ging eine der Speicheranforde-  */
  {                                /* rungen fuer den Block schief?   */
    vmfree(vmblock);               /* schon zugeordneten Speicher freigeben */
    return 8;                      /* und Fehler melden               */
  }

  *act_iter = 0;
  epsabs    = HALF * epsawp;
  epsrel    = epsabs;

  /*******************************************************************
  * Falls sich y_start in der nun folgenden Schleife als eine hinrei- *
  * chend genaue Naeherung fuer y(a) erweist, wird diese Funktion mit *
  * einer Erfolgsmeldung verlassen. Zugleich werden die restlichen    *
  * Plausibilitaetskontrollen der Eingabeparameter durch awp()        *
  * erledigt.                                                         *
  *******************************************************************/
  for ( ; ; )
  {
    copy_vector(yk, y_start, n);
    xk = a;
    hk = h;

    fehler = awp(&xk, yk, n, dgl, b, &hk, epsabs, epsrel, fmax,
                 &aufrufe, ENGL45);
    if (fehler != 0)                          /* Fehler in awp()?     */
    {
      vmfree(vmblock);
      return fehler;
    }

    (*rand)(y_start, yk, r);

    for (i = 0, rmax = ZERO; i < n; i++)
      rmax = max(rmax, FABS(r[i]));
    if (rmax < epsrb)                         /* Randbedingung erfuellt? */
    {
      vmfree(vmblock);
      return 0;                               /* Erfolg melden        */
    }

    if (++*act_iter > itmax)     /* keine hinreichend genaue Naeherung */
    {                            /* nach itmax Newtonschritten?        */
      vmfree(vmblock);
      return 6;                  /* Misserfolg melden                  */
    }
```

```
        /* einen verbesserten Naeherungswert y_start fuer y(a) mit Hilfe */
        /* des Newtonverfahrens bestimmen, wobei die Jacobimatrix amat   */
        /* naeherungsweise ueber einseitige Differenzenquotienten        */
        /* aufgebaut wird                                                */

        for (jacobi = 0; jacobi < n; jacobi++)
        {
          copy_vector(yk,  y_start, n);
          copy_vector(yaj, y_start, n);

          if (FABS(yk[jacobi]) < mach2)
          {
            yk[jacobi] += mach1;
            delta       = ONE / mach1;
          }
          else
          {
            yk[jacobi] *= ONE + mach1;
            delta       = ONE / (mach1 * yk[jacobi]);
          }
          yaj[jacobi] = yk[jacobi];
          xk = a;
          hk = h;
          fehler = awp(&xk, yk, n, dgl, b, &hk, epsabs, epsrel, fmax,
                       &aufrufe, ENGL45);
          if (fehler != 0)                       /* Fehler in awp()? */
          {
            vmfree(vmblock);
            return fehler;
          }

          (*rand)(yaj, yk, rj);

          for (i = 0; i < n; i++)
            amat[i][jacobi] = (rj[i] - r[i]) * delta;
        }

        mark = gauss(0, n, amat, amat, pivot, r, d, &sign_det);
        if (mark == SINGU)                     /* Jacobimatrix singulaer? */
        {
          vmfree(vmblock);
          return 7;                            /* Misserfolg melden       */
        }

        for (i = 0; i < n; i++)      /* den alten Anfangswert korrigieren */
          y_start[i] -= d[i];
      }
    }

    /* -------------------------- ENDE rwp.c -------------------------- */
```

Symbolverzeichnis des Anhangs

abdiv, 592
abl_mat1, 518
abl_mat2, 518
ableitfnk, 518
abm_schritt, 1049
ABS, 519
abskreu2, 917
abskreuz, 919
ACOS, 519
AdaQuaStGew, 944
add_vector, 1046
adsor, 704
akima, 914
AllocMat, 543
AllocVec, 540
alpha2, 875
ansatzfnk, 518
approxfnk, 518
apprx2, 877
ATAN, 519
awp, 1036
awpl, 1002

b_point, 902
balance, 736
balback, 738
band, 654
banddec, 657
bando, 661
bandsol, 659
banodec, 662
banosol, 664
BASIS, 518
basis, 529

bauhub, 582
bauroot, 587
bezier, 898
bik_st1, 863
bik_st12, 868
bik_st13, 871
bik_st2, 864
bik_st22, 868
bik_st3, 864
bik_st32, 869
bik_st4, 865
bik_st5, 865
bik_st5to9, 866
bikub1, 862
bikub2, 866
bikub3, 869
boolean, 518
brown, 725
bspline, 910
bsval, 871
bul_stoe, 1059
BuNenner, 962
BuRiExtr, 961

ccond, 676
cg_verfahren, 614
chobdl, 667
chobdz, 665
chobnd, 668
chodec, 611
choly, 609
chorner, 585
chosol, 612
ClenCurt, 929

ClenCurtStGew, 945
comabs, 538
comdiv, 537
COMMUL, 771
complex, 766
copy_vector, 537
CopyMat, 545
CopyVec, 541
COS, 519
COSH, 519
cutgaucho, 696
cuth1k, 682
cuthill, 687
cutpak, 694
cutpk2, 695

deBoor, 908
det, 607
dglesv, 977
dglfnk, 518
dglsysfnk, 518
diag5, 634
diag5dec, 636
diag5pd, 643
diag5pddec, 645
diag5pdsol, 647
diag5sol, 638
difrom, 925
dist_max, 1033

e2, 878
eckrund, 912
eckrundp, 918
eigen, 733
EIGHT, 519
einb_rk, 1009
einsnorm, 887
ekreistrafo, 879
elmhes, 739
elmtrans, 740
engl45, 1035
EPSQUAD, 518
epsquad, 530

EPSROOT, 518
epsroot, 530
euler_cauchy, 973
EXP, 519
EXP_1, 518
exp_1, 532
extrapol, 1058

FABS, 519
FALSE, 518
fcond, 678
fdext, 796
fdiag, 639
fdiagl, 642
fdiagz, 640
fdiasl, 651
fdiasy, 648
fdiasz, 650
fehler_melden, 533
fft, 771
fftb, 773
fibik1, 970
fibik2, 971
fibiku, 970
FIVE, 519
FLTSIZE, 1013
fmval, 581
fndroo, 685
FNFCT, 518
FORMAT_126LF, 519
FORMAT_2010LF, 519
FORMAT_2016LE, 520
FORMAT_2016LF, 520
FORMAT_IN, 519
FORMAT_LE, 520
FORMAT_LF, 519
FOUR, 519
FreeMat, 544
FreeVec, 542
fzyfsl, 852
fzyfsy, 848
fzyfsz, 849

gamma2, 880

gaudec, 600
gausol, 602
gausoli, 603
gauss, 598
Gax, 932
GaxF, 936
GaxT, 933
getline, 534
gfq, 752
glsp1a, 836
glsp2a, 839
glsp3a, 842
glspnp, 834
glsppa, 853
glsppe, 845
glsptr, 857
graphen_bauen, 690
GxClenCurt, 939
GxCmp, 936
GxGauss, 937
gxpega, 948
GxQuad, 936
GxRiEp, 938
GxSort, 936
GxxGauss, 938

HALF, 519
hcond, 675
hermit, 797
heun, 974
hilfstyp, 1045
hmtab, 824
hmtabh, 823
hmtwert, 812
horner, 535
horner2, 592
house, 670
hqr2, 741
hqrvec, 745
hstart, 1006

ibdwid, 693
IMATRIX, 548

implruku, 1020
imruku_init, 1019
inc_vector, 1046
incabs_vector, 884
incmul_vector, 885
indmax, 885
init0_vector, 884, 1046
init_koeff, 983
init_praeko, 1051
interpolieren, 976
intervall, 535
intpol, 900
iter4, 722

JACOFCT, 518
japprox, 717

K4KnotGew, 954
knoten_bereitstellen, 908
koefftyp, 982
kopf_erzeugen, 1014
Kub3GauN, 967
Kub3NeC3, 955
Kub3Nec3n, 961
Kub3RoRi, 960
kub4_ta, 964
Kub4BuRi, 958
Kub4BuST, 959
Kub4GauE, 964
Kub4GauV, 966
Kub4NeCn, 952
Kub4RoRi, 956
Kub4RoST, 957
kubbez, 897

l2norm, 716
laguerre, 594
legendre, 949
LegendreCoeff, 942
LegendreNullst, 943
LegPolWert, 943
lin_happr, 759
lin_hwert, 761
LOG, 519

LogError, 547
LONG_REAL, 516, 517
ltrdiasy, 623
lvstru, 684
LZP, 516, 517
LZS, 516, 517
lzytrdsy, 631

MACH_EPS, 516, 517
mach_eps, 529
machstuetz, 1016
MATRIX, 548
max, 519
MAX_EXP, 516, 517
MAXAUFRUFE, 1013
MAXROOT, 518
maxroot, 531
mgauss, 605
mhouse, 672
min, 519
mises, 730
mokube, 906
mueller, 576
mul_vector, 885

newmod, 561
newpoly, 559
newt, 710
newtip, 777
newton, 557
next2, 874
NINE, 519
nlgls, 720
nli_happr, 762
norm_1, 748
norm_max, 536

ONE, 518
opolwert, 758
OrtogP, 946

pack, 653
parmit, 802
parspl, 789

partab, 821
partabh, 820
pegasus, 563
pegasus2, 940
permut, 693
PI, 518
pi, 532
pivot, 617
pmtab, 827
pmtabh, 826
pmtwert, 813
pol_appr, 756
polval, 560
polydiv, 590
POS_MAX, 516, 517
POS_MIN, 516, 517
posmin, 531
POW, 519
PRAE, 516, 517
prae_korr, 1052
prob2, 881
protclose, 720
protopen, 718
protwrite, 719
pspwert, 811
puffertyp, 976
punkttyp, 917

quadsolv, 539
quadsum, 762
quaglei, 593
QuaNeC, 928
QuaRom, 930
qwert, 754

ratint, 778
ratval, 781
readln, 534
ReadMat, 545
ReadVec, 541
REAL, 516, 517
REALFCT, 518
rechp, 903

Symbolverzeichnis des Anhangs

rechvp, 904
rechwp, 905
renner, 920
rfft, 767
rk_fehl, 1041
rk_schritt, 1000, 1047
rk_start, 1048
rndbedfnk, 518
roots, 565
RoRiExtr, 962
ruku23, 1034
runge_kutta, 975
rwp, 1064

scpoly, 584
seidel, 700, 704
sel_ymin, 781
SetMat, 544
SetVec, 541
SIGN, 519
sign, 519
SIN, 519
SIX, 519
skal, 755
skalprod, 886
spline, 784
spltrans, 792
sptab, 819
sptabh, 818
spwert, 809
SQR, 519
sqr, 533
SQRT, 519
sqrtlong, 537
srtdeg, 681
sspco, 893
sspfa, 887
sspsl, 891
strtab, 829
strtabh, 828
strwert, 814
sub_vector, 703
subst, 721

SWAP, 519
swap, 519
swap_vector, 886
symmetrisch, 689

TEN, 519
trdiag, 620
trdiasy, 624
TRHEE, 518
Tripel, 968
TRUE, 518
TWO, 518
tzdiag, 626

umleiten, 533
unpack, 653
ux_b_loesen, 892

valnip, 778
VEKTOR, 548
verfahrenstyp, 977
vmalloc, 552
vmcomplete, 554
vmfree, 555
vminit, 550
VVEKTOR, 548

WriteEnd, 547
WriteHead, 547
WriteMat, 546
WriteVec, 542
wurzel, 1013

xyintv, 872

zeilenindizes_bestimmen, 691
ZERO, 518
zeroin, 571
ztrdiasy, 622
zytrdsy, 632
zzytrdsy, 629

Literaturverzeichnis

[ABRA72]   ABRAMOWITZ, M.; STEGUN, I.A. (ed.): Handbook of Mathematical Functions, Dover Publications, New York 1965, 10th printing 1972.

[AHLB67]   AHLBERG, J.H.; NILSON, E.N.; WALSH, J.L.: The theory of splines and their applications, Academic Press, New York, London 1967.

[AKIM70]   AKIMA, H.: A New Method of Interpolation and Smooth Curve Fitting Based on Local Procedures, Journal of the Association for Computing Machinery, Vol. 17, No. 4, Oktober 1970, S. 589 - 602.

[ANDE73]   ANDERSON, N.; BJÖRCK, A.: A new high order method of regula falsi type for computing a root of an equation, BIT 13 (1973), S.253-264.

[ATKI78]   ATKINSON, K.E.: An introduction to numerical analysis, John Wiley, New York 1978.

[BART87]   BARTELS, R.H.; BEATTY, J.C.; BARSKY, B.A.: An Introduction to Splines for Use in Computer Graphics and Geometric Modeling. Margan Kaufmann Publ. Inc., Los Altos, California, 1987.

[BAUH70]   BAUHUBER, F.: Diskrete Verfahren zur Berechnung der Nullstellen von Polynomen, Computing 5 (1970), S.97-118.

[BAUE65]   BAUER, F.L.; HEINBOLD, J.; SAMELSON, K.; SAUER, R.: Moderne Rechenanlagen, Teubner, Stuttgart 1965.

[BERE71]   BERESIN, I.S.; SHIDKOW, N.P.: Numerische Methoden, Bd. 1 und 2, VEB Deutscher Verlag der Wissenschaften, Berlin 1970, 1971.

[BERG86]   BERG, L.: Lineare Gleichungssysteme mit Bandstruktur und ihr asymptotisches Verhalten, Hanser, München-Wien 1986.

[BEZI72] BÉZIER, P.: Numerical Control, Mathematics and Applications, New York-London-Toronto 1972.

[BJÖR79] BJÖRCK, A.; DAHLQUIST, G.: Numerische Methoden, Oldenbourg, München-Wien 1972 (Originaltitel: "Numeriska methoder", Lund (Schweden) 1972), 2. Aufl. 1979.

[BÖHM84] BÖHM, W.; FARIN, G.; KOHMANN, J.: A survey of curve and surface methods in CAGD. Computer Aided Geometric Design 1, (1984) 1-60.

[BÖHM85] BÖHM, W.; GOSE, G.; KAHMANN, J.: Methoden der numerischen Mathematik, Vieweg, Braunschweig-Wiesbaden 1985.

[BÖHM74] BÖHMER, K.: Spline-Funktionen, Teubner, Stuttgart 1974.

[BÖHM75] BÖHMER, K.; MEINARDUS, G.; SCHEMPP, W.: Splinefunktionen, Vorträge und Aufsätze, BI-Wissenschaftsverlag, Mannheim-Wien Zürich 1974.

[BOOR62] BOOR, de C.: Bicubic Spline Interpolation, J. Math. Phy. $\underline{41}$ (1962), S. 215.

[BOOR78] BOOR, de C.; GOLUB, G.H.: Recent Advances in Numerical Analysis, Academic Press, New York 1978.

[BOOR79] BOOR, de C.: A Practical Guide to Splines, Springer, New York-Heidelberg-Berlin 1979, 4th printing 1987.

[BOTH83] BOTHA, J.F.; PINDER, G.F.: Fundamental Concepts in the Numerical Solution of Differential Equations, John Wiley, New York 1983.

[BOXB79] BOXBERG, W.: Methoden zur Darstellung möglichst glatter Flächen im $\mathbb{R}^3$, Staatsarbeit für das Lehramt an berufsbildenden Schulen, RWTH Aachen 1979, Betreuer: F. Reutter, G. Engeln-Müllges.

[BRAS77] BRASS, H.: Quadraturverfahren (Studia Mathematica, Skript 3) Vandenhoeck & Ruprecht, Göttingen 1977

[BRAU83] BRAUN, M.: Differential Equations and their Applications, 3rd Edition, Springer, New York 1983.

[BRAU90] BRAUCH, W.; DREYER, H.-J.; HAACKE, W.: Mathematik für Ingenieure, Teubner, Stuttgart 1990, 8., neubearbeitete Auflage.

[BRON69] BRONSTEIN, I.N.; SEMENDJAJEW, K.A.: Taschenbuch der Mathematik, Teubner, Leipzig 1969, 14. Aufl. 1988 Harry Deutsch.

[BROS76] BROSOWSKI, B.; KRESS, R.: Einführung in die Numerische Mathematik I und II, BI-Wissenschaftsverlag, Mannheim-Wien-Zürich 1975 und 1976.

[BROW71] BROWN, K.M. DENNIS, J.E., Jr., On the second order convergence of Brown's derivative-free method for solving simultaneous nonlinear equations, Yale University, Comp.Sci.Dept., Techn. Report, 1971, S. 71-77 .

[BULI66] BULIRSCH, R., STOER, J.: Numerical Treatment of Ordinary Differential Equations by Extrapolation Methods, Numerische Mathematik $\underline{8}$ (1966), S.1-13.

[BUNS85] BUNSE, W.; BUNSE-GERSTNER, A.: Numerische lineare Algebra, Teubner Studienbücher, Stuttgart 1985.

[BUTC87] BUTCHER, J.C.: The Numerical Analysis of Ordinary Differential Equations, John Wiley, New York 1987.

[CARN69] CARNAHAN, B.; LUTHER, H.A.; WILKES, J.O.: Applied Numerical Methods, Wiley, New York-London-Sidney-Toronto 1969.

[CHAP88] CHAPRA, S.C.; CANALE, R.P.: Numerical Methods for Engineers, 2nd Edition, McGraw-Hill, New York 1988.

[CLEN60] CLENSHAW, C.W.; CURTIS, A.R.: A method for numerical integration on a automatic computer, Numerische Mathematik $\underline{2}$ (1960), 197-205.

[CLIN79] CLINE, A.K.; MOLER, C.B.; STEWART, G.W.; WILKINSON, J.H.: An estimate for the condition number of a matrix. SIAM J. Numer. Anal. $\underline{16}$ (1979) S.368-375.

[CLIN82] CLINE, A.K.; CONN, A.R.; VAN LOAN, C.: Generalizing the LINPACK condition estimator, in HENNART, J.P. (Hrsg), Numerical analysis. Lecture Notes in Mathematics, Vol. $\underline{909}$, Springer, Berlin, S.73-83.

[CLIN83] CLINE, A.K.; REW, P.K.: A set of counter-examples to three condition number estimators, SIAM J. Sci. Statist. Comput. $\underline{4}$ (1983), S.602-611.

[COLL63] COLLATZ, L.: Eigenwertaufgaben mit technischen Anwendungen 2. Aufl., Akademische Verlagsgesellschaft, Leipzig 1963.

[COLL66] COLLATZ, L.: The Numerical Treatment of Differential Equations, Springer, Berlin-Heidelberg-New York 1966.

[COLL68] COLLATZ, L.: Funktionalanalysis und numerische Mathematik, Springer, Berlin-Heidelberg-New York 1968.

[COLL73] COLLATZ, L.; ALBRECHT, J.: Aufgaben aus der Angewandten Mathematik I und II, Vieweg, Braunschweig 1972, 1973.

[COLL86] COLLATZ, L.: Differential Equations, John Wiley, New York 1986.

[CONT80] CONTE, S.D.: Elementary Numerical Analysis. An algorithmic approach, New York-Sidney-Toronto 1965, 2. Auflage mit C. de Boor, McGraw-Hill, Auckland, 1977, 3. Aufl. 1980.

[CUTH69] CUTHILL, E.; MCKEE, J.: Reducing the bandwith of sparse symmetric matrices, ACM, New York 1969, S.157-172.

[DAHL74] DAHLQUIST, B.: Error Analysis for a Class of Methods for Stiff Nonlinear Initial Value Problems, Lecture Notes in Mathematics 506, S.60-74, Springer, Berlin 1974.

[DAVI75] DAVIS, P.J.; RABINOWITZ, P.: Methods of Numerical Integration, Academic Press, New York 1975.

[DEKK69] DEKKER, T.J.: Finding a zero by means of successive linear interpolation in: Constructive aspects of the fundamental theorem of algebra, herausgegeben von B. Dejon und P. Henrici, Wiley-Interscience, New York 1969.

[DEKK84] DEKKER, K.; VERWER, J.G.: Stability of Runge-Kutta Methods for Stiff Nonlinear Differential Equations, North-Holland Publ. Co., Amsterdam 1984.

[DEMI68] DEMIDOWITSCH, B.P.; MARON, I.A.; SCHUWALOWA, E.S.: Numerische Methoden der Analysis, VEB Deutscher Verlag der Wissenschaften, Berlin 1968.

[DENN83] DENNIS, J.E.; SCHNABEL, R.B.: Numerical Methods for Unconstrained Optimization and Nonlinear Equations, Prentice Hall, Englewood Cliffs, New York 1983.

[DÖRI69] DÖRING, B.: Über das Newtonsche Näherungsverfahren, Math.-Phys. Semesterberichte XVI (1969), S.27-40.

[DONG79] DONGARRA, J.J.: LINPACK Users' Guide, SIAM Philadelphia 1979, 4th printing 1984.

[DORM80] DORMAND, J.R.; PRINCE, P.J.: A family of embedded Runge-Kutta formulae, J. of Computational and Applied Maths. Vol.6 No.1 (1980), S.19-26.

[DORM81] DORMAND, J.R.; PRINCE, P.J.: High order embedded Runge-Kutta formulae, J. of Computational and Apllied Maths. Vol.7 No.1 (1981), S.67-75.

[DOWE71] DOWELL, M.; JARRATT, P.: A Modified Regula Falsi Method for Computing the Root of an Equation, BIT 11 (1971), S.168-174.

[DOWE72] DOWELL, M.; JARRATT, P.: The "Pegasus" Method for Computing the Root of an Equation, BIT 12 (1972), S.503-508.

[ENGE72] ENGELS, H.: Allgemeine interpolierende Splines vom Grade 3, Computing 10 (1972), S.365-374.

[ENGE80] ENGELS, H.: Numerical Quadrature and Cubature, Academic Press, London-New York-Toronto-Sydney-San Francisco 1980.

[ENGE87] ENGELN-MÜLLGES, G.; REUTTER, F.: Numerische Mathematik für Ingenieure, BI-Wissenschaftsverlag, Mannheim-Wien-Zürich, 5. Auflage 1987, 6. Auflage in Vorbereitung.

[ENRI76] ENRIGHT, W.H.; HULL, T.E.: Test Results for on Initial Value Methods for Non-Stiff Ordinary Differential Equations, SIAM J. Num. Anal. 13 (1976), S.944-950.

[ESSE75] ESSER, H.: Eine stets quadratisch konvergente Modifikation des Steffensen-Verfahrens, Computing 14 (1975), S.367-369.

[ESSE77] ESSER, H.: Stabilitätsungleichungen für Diskretisierungen von Randwertaufgaben gewöhnlicher Differentialgleichungen, Num. Math. 28 (1977), S.69-100.

[ESSE80] ESSER, H.; NIEDERDRENK, K.: Nichtäquidistante Diskretisierungen von Randwertaufgaben, Num. Math. 35 (1980), S.465-478.

[EUL85] EUL, T.: Ausarbeitung eines Algorithmus zur Kombination impliziter Runge-Kutta-Verfahren, Bericht des Rechenzentrums der RWTH Aachen, Sept. 1985.

[FADD79] FADDEJEW, D.K.; FADDEJEWA, W.N.: Numerische Methoden der linearen Algebra, Oldenbourg, Berlin 1970, München, Wien, 5. Aufl. 1979.

[FEHL60] FEHLBERG, E.: Neue genauere Runge-Kutta-Formeln für Differentialgleichungen zweiter Ordnung bzw. n-ter Ordnung, ZAMM 40 (1960), S.252-259 bzw. S.449-455.

[FEHL61] FEHLBERG, E.: Numerisch stabile Interpolationsformeln mit günstiger Fehlerfortpflanzung für Differentialgleichungen erster und zweiter Ordnung, ZAMM 41 (1961), S.101-110.

[FEHL66] FEHLBERG, E.: New high-order Runge-Kutta formulas with an arbitrarily small truncation error, ZAMM 46 (1966), S.1-16 (vgl. auch ZAMM 44 (1964), T 17 - T 29).

[FEHL69] FEHLBERG, E.: Klassische Runge-Kutta-Formeln fünfter und siebenter Ordnung mit Schrittweiten-Kontrolle, Computing 4 (1969), S.93-106.

[FEHL70] FEHLBERG, E.: Klassische Runge-Kutta-Formeln vierter und niedriger Ordnung mit Schrittweiten-Kontrolle und ihre Anwendung auf Wärmeleitungsprobleme, Computing 6 (1970), S.61-71.

[FEHL75] FEHLBERG, E.: Klassische Runge-Kutta-Nyström-Formeln mit Schrittweiten-Kontrolle für Differentialgleichungen $\ddot{x} = f(t,x)$, Computing 10 (1972), S.305-315 und Klassische Runge-Kutta-Nyström-Formeln mit Schrittweiten-Kontrolle für Differentialgleichungen $\ddot{x} = f(t,x,\dot{x})$, Computing 14 (1975), S.371-387.

[FICH87] FICHTENHOLZ, G.M.: Differential- und Integralrechnung Bd. III, 11. Auflage, VEB Deutscher Verlag der Wissenschaften, Berlin 1987.

[FILI68] FILIPPI, S.; SOMMER, D.: Beiträge zu den impliziten Runge-Kutta-Verfahren, Elektron. DVA 10 (1968), S.113-121.

[FOLE84] FOLEY, T.A.: Three-stage Interpolation to scattered Data, Rocky Mountain J. of Math. Vol. 14, No. 1, 1984.

[FORD77] FORD, J.A.: A Generalization of the Jenkins-Traub Method, Mathematics of Computation, Vol. 31 (1977), S.193-203.

[FORS71] FORSYTHE, G.E.; MOLER, C.B.: Computer-Verfahren für lineare algebraische Systeme, Oldenbourg, München-Wien 1971.

[FORS77] FORSYTHE, G.E.; MALCOM, M.M.; MOLER, C.B.: Computer methods for mathematical computations, Prentice-Hall, Englewood-Cliffs, New Jersey 1977.

[FRAN79] FRANKE, R.: A critical comparison of some methods for interpolation of scattered data, Technical Report No. NPS 53-79-003, Naval Postgraduate School, Monterey, CA 1979.

[FRAN82] FRANKE, R.: Scatterend data Interpolation: Tests of some methods. Mathematics of Computation 38 (1982), S.181-200.

[FRIE79] FRIED, I.: Numerical solution of differential equations, Academic Press, New York 1979,.

[GEAR71/1] GEAR, C.W.: Numerical Initial Value Problems in Ordinary Differential Equations, Prentice-Hall, Englewood Cliffs, New Jersey 1971.

[GEAR71/2] GEAR, C.W.: The Automatic Integration of Stiff Ordinary Differential Equations, Comm. of the ACM, Vol. 14 No. 3 (1971), S.176-179.

[GEAR71/3] GEAR, C.W.: DIFSUB for Solution of Ordinary Differential Equations (D 2), Comm. of the ACM, 14 (1971), S.185-190.

[GEAR80] GEAR, C.W.: Runge-Kutta Starters for Multistep Methods, ACM Transactions on Mathematical Software, Vol. 6, No. 3, (Sept. 1980), S. 263-279.

[GLAS66] GLASMACHER, W.; SOMMER, D.: Implizite Runge-Kutta-Formeln, Forschungsbericht des Landes NRW, Nr. 1763, Westdeutscher Verlag, Opladen 1966.

[GOLU89] GOLUB, G.H.; VAN LOAN, C.F.: Matrix Computations, Baltimore, Maryland, The John Hopkins University Press, 2. Auflage 1989.

[GOOS76] GOOS, G.; HARTMANIS, J. (Hrsg.): Lectures Notes in Computer Science, Vol. 6 EISPACK Guide, Springer, Berlin-Heidelberg-New York 1974, 2. Aufl. 1976.

[GOOS79] GOOS, G.; HARTMANIS, J. (Hrsg.): Lectures Notes in Computer Science, Vol. 76 Codes for Boundary-Value Problems in Ordinary Differential Equations, Springer, Berlin-Heidelberg-New York 1979.

[GORD69] GORDON, W.J.: Distributive Lattices and the Approximation of Multivariate Functions, in: J. Schoenberg (Ed.), Approximations with Special Emphasis on Spline Functions, Academic Press, 1969, S. 223-277.

[GRAG65] GRAGG, W.B.: On Extrapolation Algorithms for Ordinary Initial Value Problems, SIAM J. Num. Anal. Ser. B, 2 (1965), S.384-403.

[GREV67] GREVILLE, T.N.E.: The Theorie of Splines and Their Applications, 1967.

[GREV69] GREVILLE, T.N.E. u.a.: Theory and Application of Spline Functions, Academic Press, New York-London 1969.

[GRIG77] GRIGORIEFF, R.D.: Numerik gewöhnlicher Differentialgleichungen Band 1, Teubner, Stuttgart 1972, Band 2, Teubner, Stuttgart 1977.

[HACK86] HACKBUSCH, W.: Theorie und Numerik elliptischer Differentialgleichungen, Teubner, Stuttgart 1986.

[HÄMM78] HÄMMERLIN, G.: Numerische Mathematik I, BI-Hskrpt. 498/498a, BI-Wissenschaftsverlag, Mannheim-Wien-Zürich 1970, 2. überarbeitete Aufl. 1978.

[HÄMM89] HÄMMERLIN, G.; HOFFMANN, K.H.: Numerische Mathematik, Springer, Berlin-Heidelberg 1989, 2. Auflage 1991.

[HAGS82] HAGANDER, N.; SUNDBLAD, Y.: Aufgabensammlung Numerische Methoden, 2 Bd., 2. Auflage, Oldenbourg, München 1982.

[HAIR91] HAIRER, E.; WANNER, G.: Solving Ordinary Differential Equations II Stiff and Differential-Algebraic Problems, Springer Series in Computational Mathematics, Vol. 14, 1991.

[HALL76] HALL, G.; WATT, J.M.: Modern numerical methods for ordinary differential equations, Clarendon Press, Oxford 1976.

[HART68] HART, J.F. u.a.: Computer Approximations, Wiley, New York-London-Sidney 1968.

[HEIN69] HEINRICH, H.: Numerische Behandlung nichtlinearer Gleichungen, in Überblicke Mathematik 2, BI-Hskrpt. 232/232a, BI-Wissenschaftsverlag, Mannheim 1969.

[HENR68] HENRICI, P.: Discrete variable methods in ordinary differential equations, Wiley, New York-London-Sidney 1962, 1968.

[HENR72] HENRICI, P.: Elemente der Numerischen Analysis, Bd. 1 und 2, BI-Htb. 551 und 562, BI-Wissenschaftsverlag, Mannheim-Wien-Zürich 1972.

[HILD78] HILDEBRAND, I.B.: Introduction to numerical Analysis, 2. Auflage, McGraw-Hill, New York 1978.

[HIMM72] HIMMELBLAU, D.M.: Applied Nonlinear Programming, McGraw-Hill, New York 1972.

[HOSC89] HOSCHEK, J.; LASSER, D.: Grundlagen der geometrischen Datenverarbeitung, Teubner, Stuttgart 1989.

[HULL72] HULL-ENRIGHT-FELLEN and SEDGWICK: Comparing Numerical Methods for Ordinary Differential Equations, SIAM J. Num. Anal. Vol. 9, Nr. $\underline{4}$ (1972), S.603-637.

[HULL75] HULL, T.E.; ENRIGHT, W.H.; LINDBERG, B.: Comparing Numerical Methods for Stiff Systems of O.D.E.s, BIT $\underline{15}$ (1975), S.10-48.

[IGAR85] IGARASHI, M.: Practical stopping rule for finding roots of nonlinear equations, J. of Computational and Applied Mathematics $\underline{12}$, $\underline{13}$ (1985), S.371-380 North Holland.

[IMSL82] IMSL International Mathematical and Statistical Library, Houston (Texas), Version 8, 1982.

[ISAA73] ISAACSON, E.; KELLER, H.B.: Analyse numerischer Verfahren, Harri Deutsch, Zürich und Frankfurt 1973.

[JANS75] JANSEN, R.: Genauigkeitsuntersuchungen bei direkten und indirekten Verfahren zur numerischen Lösung von gewöhnlichen Differentialgleichungen n-ter Ordnung, Dipl. Arbeit RWTH Aachen 1975.

[JELT76] JELTSCH, R.: Stiff Stability and Its Relation to A_0- and $A(0)$-Stability, SIAM J. Num. Anal. $\underline{13}$ (1976), S.8-17.

[JELT78] JELTSCH, R.: Stability on the imaginary axis and A-stability of linear multistep methods, BIT $\underline{18}$ (1978), S.170-174.

[JENK70] JENKINS, M.A.; TRAUB, J.F.: A Three-Stage-Algorithm for Real Polynomials using Quadratic Iteration, SIAM J. Num. Anal. Vol.7 (1970), S.545-566 (vgl. a. Numer. Math. $\underline{14}$ (1970) S.252-263).

[JOHN82] JOHNSON, L.W.; RIESS, R.D.: Numerical Analysis, 2. Auflage, Addison-Wesley, 1982.

[KAHA72] KAHANER, D.K.: Numerical quadrature by the ε-Algorithm, Math. Comp. 26 (1972), pp 689-693.

[KAHA83] KAHANER, D.K.; STOER, J.: Extrapolated adaptive quadrature, SIAM J. SCI. STAT. COMPUT., Vol. 4, No. 1, (1983).

[KAPS81] KAPS, P.; WANNER, G.: A Study of Rosenbrock-Type Methods of High Order, Numer. Math. 38 (1981), S. 279-298.

[KELL68] KELLER, H.B.: Numerical Methods for Two Point Boundary Value Problems, Blaisdell, Massachusetts-Toronto-London 1968.

[KELL76] KELLER, H.B.: Numerical Solution of Two Point Boundary Value Problems, SIAM Philadelphia, 1976.

[KIEL88] KIELBASINSKI, A.; SCHWETLICK, H.: Numerische lineare Algebra, VEB Deutscher Verlag der Wissenschaften, Berlin 1988.

[KING73] KING, R.F.: An Improved Pegasus-Method for Root Finding, BIT 13 (1973), S.423-427.

[KIOU78] KIOUSTELIDIS, J.B.: Algorithmic Error Estimation for Approximate Solution of Nonlinear Systems of Equations, Computing 19 (1978), S.313-320.

[KIOU79] KIOUSTELIDIS, J.B.: A Derivative-Free Transformation Preserving the Order of Convergence of Iteration Methods in Case of Multiple Zeros, Num. Math. 33 (1979), S.385-389.

[KÖCK90] KÖCKLER, N.: Numerische Algorithmen in Softwaresystemen, Teubner, Stuttgart 1990.

[KRAB75] KRABS, W.: Optimierung und Approximation, Teubner, Suttgart 1975.

[KRAU90] KRAUSE, B.: Tests zu einigen Kubaturformeln für Rechteckgebiete, Studienarbeit FH Aachen 1990, Aufgabensteller und Betreuer G. Engeln-Müllges.

[KREI72] KREISS, H.O.: Difference Approximations for Boundary and Eigenvalue Problems for Ordinary Differential Equations, Math. of Comp. 26 (1972), S.605-624.

[KROG66] KROGH, F.T.: Predictor-Corrector-Methods of High Order with Improved Stability Characteristics, J. Ass. for Comp. Mach., Vol. 13 (1966), S.374-385.

[KROG68] KROGH, F.T.: A Variable Step Variable Order Multistep Method for the Numerical Solution of Ordinary Differential Equations, Jet Propulsion Laboratory Pasadena/Cal. (Sect. Comp. and Anal.), May 1968, S. A91-A95.

Literaturverzeichnis

[KRÜG90] KRÜGER, V.: Entwicklung eines Programmpaketes zur Integration von nichtsteifen Anfangswertproblemen mit Runge-Kutta-Einbettungsformeln, Diplomarbeit FH Aachen 1990, Referent und Betreuer: G. Engeln-Müllges.

[KRYL62] KRYLOV, V.I.: Approximate Calculation of Integrals, Macmillan, New York-London 1962.

[KÜHN90] KÜHN: Entwicklung eines interaktiven Programms zur graphischen Darstellung glatter Kurven und Flächen unter Verwendung der Shepard-Interpolation sowie des Graphik-Paketes DISSPLA, Diplomarbeit FH Aachen 1990, Referent und Betreuer: G. Engeln-Müllges.

[LAPI71] LAPIDUS, L.; SEINFELD, J.H.: Numerical Solution of Ordinary Differential Equations, Academic Press, New York and London 1971.

[LAUX88] LAUX, M.: Automatische Herleitung und Verifikation von Quadraturformeln, Institutsbericht 88-5, Institut für Aerodynamik und Gasdynamik der Universität Stuttgart, 1988.

[LIND77] LINDBERG, B.: Characterization of Optimal Stepsize Sequences for Methods for Stiff Differential Equations, SIAM J. Num. Anal. $\underline{14}$, (1977), S.859-887.

[LINI77] LINIGER, W.: Stability and Error Bounds for Multistep Solutions of Nonlinear Differential Equations, Proc. ISCAS-77 (IEEE International Symposium on Circuits and Systems), Phoenix, Ariz., April 25-27, 1977, S.277-280.

[LUTH87] LUTHER, W.; NIEDERDRENK, K.; REUTTER, F.; YSERENTANT, H.: Gewöhnliche Differentialgleichungen, Reihe: Rechnerorientierte Ingenieurmathematik, Hrsg. G. Engeln-Müllges, Vieweg, Braunschweig- Wiesbaden 1987.

[MAES84] MAESS, G.: Vorlesungen über Numerische Mathematik I, Akademie-Verlag, Berlin 1984, 1985 Birkhäuser, Basel, Stuttgart.

[MAES88] MAESS, G.: Vorlesungen über Numerische Mathematik II, Akademie-Verlag, Berlin 1988.

[MART68] MARTIN, R.S.; J.H. WILKINSON: Similarity Reduction of a General Matrix to Hessenberg Form, Num. Math. $\underline{12}$ (1968), S.349-368.

[MART70] MARTIN, R.S.; PETERS, G. and J.H. WILKINSON: The QR-Algorithm for Real Hessenberg Matrices, Num. Math. 14 (1970), S.219-231.

[McCA67] McCALLA, Th. R.: Introduction to numerical methods and Fortran Programming, Wiley, New York-London-Sidney 1967.

[McCR72] McCRACKEN, D.D.; DORN, W.S.: Numerical methods with Fortran IV Case Studies, Wiley, New York 1972.

[MEIN67] MEINARDUS, G.: Approximation von Funktionen und ihre numerische Behandlung, Springer, Berlin-Heidelberg-New York 1964, engl. Ausgabe 1967.

[MEIN79] MEINARDUS, G.; MERZ, G.: Praktische Mathematik I, BI-Wissenschaftsverlag, Mannheim-Wien-Zürich 1979.

[MEING79] MEINGUET, B.J.: Multivariate Interpolation at Arbitrary Points Made Simple, Z.A.M.P, Vol. 30 (1979), S. 292-304.

[MEIS78] MEIS, Th.; MARCOWITZ, U.: Numerische Behandlung partieller Differentialgleichungen, Springer, Berlin-Heidelberg-New York 1978.

[MENN77] MENNICKEN, R.; WAGENFÜHR, E.: Numerische Mathematik 1,2, Vieweg, Braunschweig-Wiesbaden 1977.

[MICH69] MICHLIN, S.G.; SMOLIZKI, Ch.L.: Näherungsmethoden zur Lösung von Differential- und Integralgleichungen, Teubner, Leipzig 1969.

[MOOR80] MOORE, R.E.; KIOUSTELIDIS, J.B.: A Simple Test for Accuracy of Approximate Solutions to Nonlinear (or linear) Systems, SIAM J. Num. Anal. 17 (1980) 4, S. 521-529.

[MULL56] MULLER, D.E.: A Method for Solving Algebraic Equations using an Automatic Computer, Math. Tables Aids Comp. 10 (1956), S.208-215.

[NAGL86] NAGLE, R.K.; SAFF, E.B.: Fundamentals of Differential Equations, The Benj. Cummings Publ. Comp. Inc., Calif. 1986.

[NIED84] NIEDERDRENK, K.: Die endliche Fourier- und Walsh-Transformation mit einer Einführung in die Bildverarbeitung, Hrsg. G. Engeln- Müllges, 2. Auflage, Vieweg-Verlag, Wiesbaden 1984.

[NIED87] NIEDERDRENK, K.; YSERENTANT, H.: Funktionen einer Veränderlichen, Reihe: Rechnerorientierte Ingenieurmathematik, Hrsg. G. Engeln- Müllges, Vieweg, Braunschweig-Wiesbaden 1987.

[NIEM87] NIEMEYER, H.: Lineare Algebra, Reihe: Rechnerorientierte Ingenieurmathematik, Hrsg. G. Engeln-Müllges, Vieweg-Verlag, Braunschweig-Wiesbaden 1987.

[NIEM91] NIEMEYER, H.: Funktionen von mehreren Veränderlichen, analytische und numerische Behandlung, Reihe: Rechnerorientierte Ingenieurmathematik, Hrsg. G. Engeln-Müllges, Vieweg-Verlag, Braunschweig-Wiesbaden, erscheint 1992.

[NIET70] NIETHAMMER, W.: Über- und Unterrelaxation bei linearen Gleichungssystemen, Computing $\underline{5}$ (1970), S.303-311.

[NITS68] NITSCHE, J.: Praktische Mathematik, BI-Hskprt. 812, BI-Wissenschaftsverlag, Mannheim-Zürich 1968.

[NITS90] NITSCHKE, M.: Zur numerischen Berechnung von Faden- und Bandablagespuren auf nicht notwendig rotationssymmetrischen Wickelkernen, Dissertation RWTH Aachen, VDI Verlag, Reihe 20, Nr. 31, Düsseldorf 1990.

[NOBL73] NOBLE, B.: Numerisches Rechnen I,II, BI-Htb. 88, 147, BI-Wissenschaftsverlag, Mannheim 1973.

[NORT85] NORTON, V.: Finding a Bracketed Zero by Larkin's Method of Rational Interpolation, ACM Transactions on Mathematical Software, Vol. $\underline{11}$, No. $\underline{2}$, June (1985), S.120-134.

[ORTE70] ORTEGA, J.M.; RHEINBOLDT, W.C.: Iterative Solution of Nonlinear Equations in Several Variables, Academic Press, New York 1970.

[ORTE73] ORTEGA, J.M.: Numerical Analysis, Academic Press, New York 1973.

[PALM88] PALM, G.: Programme zur Berechnung polynomialer Ausgleichssplines dritten Grades, Studienarbeit FH Aachen 1988, Aufgabensteller und Betreuer: G. Engeln-Müllges.

[PARL69] PARLETT, B.N.; REINSCH, C.: Balancing a Matrix for Calculation of Eigenvalues and Eigenvectors, Num. Math. $\underline{13}$ (1969), S.293-304.

[PARL80] PARLETT, B.N.: The symmetric eigenvalue problem, Prentice Hall, Englewood Cliffs, New York 1980.

[PATR75] PATRICK, M.L.; SAARI, D.G.: A Globally Convergent Algorithm for Determining Approximate Real Zeros of a Class of Functions, BIT 15 (1975), S.296-303.

[PETE70] PETERS, G.; WILKINSON, J.H.: Eigenvectors of Real and Complex Matrices by LR and QR triangularizations, Num. Math. 16 (1970), S.181-204.

[POLO64] POLOSHI, G.N.: Mathematisches Praktikum, Teubner, Leipzig 1964.

[PRES86] PRESS, W.H.; FLANNERY, B.P.; TENKOLSKY, S.A.; VETTERLING, W.T.: Numerical recipes, Cambridge Univ. Press, 1986, 1988.

[QUAD83] QUADPACK, A Subrative Package for Automatic Integration, Springer 1983.

[RALS78] RALSTON, A.; RABINOWITZ, P.: A first course in numerical analysis, International Student Edition, McGraw-Hill, Kogokusha, 2. Aufl. 1978.

[RALS79] RALSTON, A.; WILF, H.S.: Mathematische Methoden für Digitalrechner I, Oldenbourg, München-Wien 1967, 2. Aufl. 1972, II München-Wien 1969, 2. Aufl. 1979.

[RAVI83] RAVIART, P.-A.; THOMAS, J.M.: Introduction a l'analyse numérique des équations aux dérives partielles, Masson, Paris 1983.

[REIN71] REINSCH, C.: Smoothing by Spline Functions I, Num. Math. 10 (1967), S.177-183; II.: Num. Math. 16 (1971), S.451-454.

[RENN81] RENNER, G.; POCHOP, V.: A New Method for Local Smooth Interpolation, Eurographics 81, J.L. Encarnacao (ed.), S.137-147.

[RENN82] RENNER, G.: A method of shape description for mechanical engineering practice, Computers in Industry 3 (1982), S.137-142.

[RICE77] RICE, J.E. (ed.): Math. Software I, Academic Press, New York, London 1970/71, III 1977.

[RICE83] RICE, John R.: Numerical Methods, Software and Analysis, McGraw-Hill, New York 1983.

[RITT69] RITTER, K.: Two Dimensional Splines and their Extremal Properties, ZAMM 49 (1969), S.597-608.

Literaturverzeichnis

[RUTI52] RUTISHAUSER, H.: Über die Instabilität von Methoden zur Integration gewöhnlicher Differentialgleichungen, Z.A.M.P $\underline{3}$ (1952), S.65-74.

[RUTI57] RUTISHAUSER, H.: Der Quotienten-Differenzen-Algorithmus, Mitteilungen aus dem Inst. für Angew. Mathematik der ETH Zürich, Nr. $\underline{7}$, Basel 1957, S.5-74.

[RUTI60] RUTISHAUSER, H.: Bemerkungen zur numerischen Integration ge- wöhnlicher Differentialgleichungen n-ter Ordnung, Num. Math. $\underline{2}$ (1960), S.263-279 (vgl. a. Z.A.M.P $\underline{6}$ (1955), S.497-498).

[SAUE69] SAUER, R.; SZABO, I.: Mathematische Hilfsmittel des Ingenieurs, Springer, Berlin-Heidelberg-New York, Teil II, 1969, Teil III, 1968.

[SCHA92] SCHABACK, R.; WERNER, H.: Numerische Mathematik, Springer, Berlin-Heidelberg-New York, 4. Aufl. 1992 (siehe auch [WERN79]).

[SCHE77] SCHENDEL, U.: Sparse Matrizen, Oldenbourg, München-Wien 1977.

[SCHM76] SCHMEISSER, G.; SCHIRMEIER, H.: Praktische Mathematik, de Gruyter, Berlin-New York 1976.

[SCHM63] SCHMIDT, J.W.: Eine Übertragung der Regula Falsi auf Gleichungen in Banachräumen, ZAMM $\underline{43}$ (1963), S.1-8 und S.97-110.

[SCHM66] SCHMIDT, J.W.: Konvergenzgeschwindigkeit der Regula Falsi und des Steffensen-Verfahrens im Banachraum, ZAMM $\underline{46}$ (1966), S.146-148.

[SCHU76] SCHUMAKER, L.L.: Two-stage spline methods for fitting surfaces, Approximation Theory Bonn, 1976, Hrsg.: A. Dold u. B. Eckmann, Springer Verlag, New York 1976.

[SCHUM76] SCHUMAKER, L.L.: Fitting surfaces to scattered data, Approximation Theory II, Hrsg.: G.G. Lorenz, C.K. Chui u. L.L. Schumaker, Academic Press, New York 1976.

[SCHW72] SCHWARZ, H.R.; STIEFEL, E.; RUTISHAUSER, H.: Numerik symmetrischer Matrizen, Teubner, Stuttgart 1968, 2. durchges. und erw. Aufl. 1972.

[SCHW84] SCHWARZ, H.R.: Methoden der finiten Elemente unter Berücksichtigung der technischen Praxis, Teubner, Stuttgart, 2. Aufl. 1984.

[SCHW86] SCHWARZ, H.R.: Numerische Mathematik, Teubner, Stuttgart 1986.

[SCHW88] SCHWARZ, H.R.: FORTRAN-Programme zur Methode der finiten Elemente, Teubner, Stuttgart 1988.

[SCHWE79] SCHWETLICK, H.: Numerische Lösung nichtlinearer Gleichungssysteme, VEB Verlag der Wissenschaften, Berlin 1979.

[SCHWE91] SCHWETLICK, H.; KRETZSCHMAR, H.: Numerische Verfahren für Naturwissenschaftler und Ingenieure, Fachbuchverlag Leipzig, 1991.

[SELD79] SELDER, H.: Einführung in die Numerische Mathematik für Ingenieure, Hanser, München 1973, 2. durchges. und ergänzte Aufl. 1979.

[SHAH70] SHAH, J.M.: Two-Dimensional-Polynomial Splines, Num. Math. $\underline{15}$ (1970), S.1-14.

[SHAM73] SHAMPINE, L.F.; ALLEN, R.C. Jr.: Numerical Computing: An Introductuion, Saunders, Philadelphia, London, Toronto 1973.

[SHAM75] SHAMPINE, L.F.; GORDON, M.K.: Computer solution of ordinary differential equations, W.H. Freemann, San Francisco 1975.

[SHAM84] SHAMPINE, L.F.; GORDON, M.K.: Computerlösung gewöhnlicher Differentialgleichungen, Vieweg, Braunschweig-Wiesbaden 1984.

[SHEP68] SHEPARD, D.: A two dimensional interpolation function for irregularly-spaced data, ACM National Conference (1968), S.517-524.

[SHRA85] SHRAGER, R.I.: A Rapid Robust Rootfinder. Mathematics of Computation Vol. $\underline{44}$, No. 169, Jan. 1985, S.151-165.

[SOMM67] SOMMER, D.: Neue implizite Runge-Kutta-Formeln und deren Anwendungsmöglichkeiten, Dissertation, Aachen 1967.

[SPÄT68] SPÄTH, H.: Ein Verfahren zur flächentreuen Approximation von Treppenfunktionen durch glatte Kurven, ZAMM $\underline{48}$ (1968), T.106/7.

[SPÄT71] SPÄTH, H.: Zweidimensionale glatte Interpolation, Computing $\underline{4}$ (1969), S.178-182 (vgl. auch Computing $\underline{7}$ (1971), S.364-369).

Literaturverzeichnis 1091

[SPÄT73] SPÄTH, H.: Algorithmen für elementare Ausgleichsmodelle, Oldenbourg, München-Wien 1973.

[SPÄT74] SPÄTH, H.: Algorithmen für multivariable Ausgleichsmodelle, Oldenbourg, München-Wien 1974.

[SPÄT86] SPÄTH, H.: Spline Algorithmen zur Konstruktion glatter Kurven und Flächen, Oldenbourg, München-Wien 1973, 4. Aufl. 1986.

[SPEL85] SPELLUCCI, P.; TÖRNIG, W.: Eigenwertberechnung in den Ingenieurwissenschaften, Teubner, Stuttgart 1985.

[STEP79] STEPLEMAN, R.S.; WINARSKY, N.D.: Adaptive Numerical Differentiation, Mathematics of Computations, Vol. 33, No. 148, 1979, p. 1257-1264.

[STET73] STETTER, J.: Analysis of Discretization Methods for Ordinary Differential Equations, Springer, Berlin-Heidelberg-New York 1973.

[STET76] STETTER, H.J.: Numerik für Informatiker, Oldenbourg, München- Wien 1976, 2. Aufl. 1986.

[STEU79] STEUTEN, G.: Realisierung von Splinemethoden zur Konstruktion glatter Kurven und Flächen auf dem Bildschirm, Diplomarbeit RWTH Aachen 1979, Referenten: G. Engeln-Müllges, H. Petersen.

[STEW73] STEWART, G.W.; Introduction to Matrix Computations, Academic Press, New York 1973.

[STIE76] STIEFEL, E.: Einführung in die Numerische Mathematik, Teubner, Stuttgart 1970, 5. Aufl. 1976.

[STOE78] STOER, J.; BULIRSCH, R.: Einführung in die Numerische Mathematik II, Springer, Berlin-Heidelberg-New York 1973. 2. neu bearb. Aufl. 1978, 3. Aufl. 1989.

[STOE83] STOER, J.: Einführung in die Numerische Mathematik I, Springer, Berlin-Heidelberg-New York 1970, 3. Aufl. 1979, 4. Aufl. 1983, 5. Aufl. 1989.

[STOE89] STOER, J.: Numerische Mathematik 1, Springer, Berlin-Heidelberg-New York 1970, 5. Aufl. 1989.

[STOE90] STOER, J.; BULIRSCH, R.: Numerische Mathematik 2, Springer, Berlin-Heidelberg-New York, 3. Aufl. 1990.

[STOE91] STOER, J.; BULIRSCH, R.: Introduction to Numerical Analysis, 3. Auflage, Springer, New York 1991.

[STRO66] STROUD, A.H.; SECREST, D.: Gaussian Quadrature Formulas, Prentice-Hall, Englewood Cliffs, New Jersey, 1966.

[STRO71] STROUD, A.H.: Approximate Calculation of Multiple Integrals, Prentice-Hall, Englewood Cliffs, New Jersey, 1971.

[STRO74] STROUD, A.H.: Numerical quadrature and solution of ordinary differential equations, Springer, New York-Heidelberg-Berlin 1974.

[STUM82] STUMMEL, E.; HAINER, K.: Praktische Mathematik, Teubner, Stuttgart 1970, 2. überarb. u. erw. Aufl. 1982.

[TIKH77] TIKHONOV, A.N.; ARSENIN, V.Y.: Solutions of Ill-Posed Problems, Winston & Sons, New York-Toronto-London-Sydney 1977.

[TÖRN79] TÖRNIG, W.; SPELLUCCI, P.: Numerische Mathematik für Ingenieure und Physiker, Springer, Berlin-Heidelberg-New York 1979, Bd. 1: Numerische Methoden der Algebra, 2. Aufl. 1988; Bd. 2: Eigenwertprobleme und numerische Methoden der Analysis, 2. Aufl. 1990.

[TRAU66] TRAUB, J.F.: A Class of Globally Convergent Iteration Functions for the Solution of Polynomal Equations, Math. of Comp. $\underline{20}$ (1966), S.113-138.

[TRAU81] TRAUB, J.F.: Iterative Methods for the Solution of Equations, Prentice-Hall, Englewood Cliffs, New Jersey 1964, 2. Aufl. 1981.

[VERN78] VERNER, J.H.: Explizit Runge-Kutta Methods with Estimates of the Local Truncation Error, SIAM J. Num. Anal. Vol.15 No.$\underline{4}$ (1978), S. 772-790.

[WEIS84] WEISSINGER, J.: Numerische Mathematik auf Personal-Computern, Teil 1, 2, BI-Wissenschaftsverlag, Mannheim 1984.

[WEIS90] WEISSINGER, J.: Spärlich besetzte Gleichungssysteme. Eine Einführung mit BASIC- und PASCAL-Programmen, BI-Wissenschaftsverlag, Mannheim 1990.

[WERN79] WERNER, H.; SCHABACK, R.: Praktische Mathematik II, Springer, Berlin-Heidelberg-New York 1972, 2. Aufl. 1979 (siehe auch [SCHA92]).

[WERN80] WERNER, H.; JANSSEN, J.P.; ARNDT, H.: Probleme der praktischen Mathematik. Eine Einführung., 2. Aufl., Bd. I/II, BI-Htb. 134/135, BI-Wissenschaftsverlag, Mannheim, Wien, Zürich 1980.

[WERN82] WERNER, H.: Praktische Mathematik I, Springer, Berlin-Heidelberg- New York 1970, 3. Aufl. 1982.

[WERN86] WERNER, H.; ARNDT, H.: Gewöhnliche Differentialgleichungen, Eine Einführung in Theorie und Praxis, Springer, Berlin-Heidelberg-New York 1986.

[WILK61] WILKINSON, J.H.: Error Analysis of direct methods of matrix inversion, J. Assoc. Comput. March $\underline{8}$, S. 281-330, 1961.

[WILK65] WILKINSON, J.H.: The Algebraic Eigenvalue Problem, Clarendon Press, Oxford 1965.

[WILK69] WILKINSON, J.H.: Rundungsfehler, Springer, Berlin-Heidelberg-New York 1969.

[WILK71] WILKINSON, J.H.; REINSCH, C.: Handbook for automatic computation, Springer, Berlin 1971.

[WILL71] WILLERS, F.A.: Methoden der praktischen Analysis, de Gruyter, Berlin 1957, 4. verb. Aufl. 1971.

[WODI77] WODICKA, R.: Kombinierte interpolatorische Polynomsplines, Interner Bericht des Instituts für Geometrie und Praktische Mathematik RWTH Aachen, 1977.

[WODI91] WODICKA, R.: Ergänzungen zu Akima's Steigungsformel, Mitteilungen aus dem Mathem. Seminar Giessen, Heft 203, Selbstverlag des Mathematischen Instituts, Giessen 1991.

[YOUN71] YOUNG, D.M.: Iterative Solution of Large Linear Systems, Academic Press, New York and London 1971.

[ZIEL74] ZIELKE, G.: Testmatrizen mit maximaler Konditionszahl, Computing $\underline{13}$ (1974), S.33-54.

[ZIEL75] ZIELKE, G.: Testmatrizen mit freien Parametern, Computing $\underline{15}$ (1975), S.87-103.

[ZIEL86] ZIELKE, G.: Report on Test Matrices for Generalized Inverses, Computing $\underline{36}$ (1986), S.105-162.

[ZURM65] ZURMÜHL, R.: Praktische Mathematik für Ingenieure und Physiker, Springer, Berlin-Heidelberg-New York, 5. neubearb. Aufl. 1965.

[ZURM84] ZURMÜHL, R.; FALK, S.: Matrizen und ihre Anwendungen für Ingenieure, Physiker und Angewandte Mathematiker, Teil 1, 6. vollst. neu bearb. Aufl., Springer, Berlin-Heidelberg-New York 1992; Teil 2, 5. überarb. und erw. Aufl., Springer, Berlin-Heidelberg-New York 1984/1986.

LITERATUR ZU WEITEREN THEMENGEBIETEN

Numerische Behandlung partieller Differentialgleichungen

AMES, W.F. (Ed.): Nonlinear partial differential equations in engineering, Academic Press, New York, London, Vol.1 1965, Vol.2 1972.

AMES, W.F.: Numerical Methods for partial differential equations, Academic Press, New York, London, 1977.

ANSORGE, R.: Differenzenapproximationen partieller Anfangswertaufgaben, Teubner, Stuttgart 1978.

COLLATZ, L.: Differentialgleichungen, Teubner, Stuttgart, 7. Aufl. 1990.

FARLOW, S.J.: Partial Differential Equations for Scientists and Engineers, Wiley, New York, 1982.

FORSYTHE, G.E.; WASOV, W.: Finite-difference methods for partial differential equations, New York 1960, 4. Aufl. 1967.

GREENSPAN, D.: Introductory numerical analysis of elliptic boundary value problems, Harper & Row, New York 1965.

HABERMAN, R.: Elementary Applied Partial Differential Equations, Prentice-Hall, Englewood Cliffs, New Jersey 1983.

HACKBUSCH, W.: Theorie und Numerik partieller Differentialgleichungen, Teubner, Stuttgart 1984.

JANENKO, N.N.: Die Zwischenschrittmethode zur Lösung mehrdimensionaler Probleme der mathematischen Physik, Springer, Berlin, Heidelberg, New York 1969.

LAPIDUS, L.; PINDER, G.F.: Numerical Solution of Partial Differential Equations in Science and Engineering, Academic Press, New York, 1982.

MARSAL, D.: Die numerische Lösung partieller Differentialgleichungen in Wissenschaft und Technik, BI-Verlag, Mannheim, Wien, Zürich 1976.

MITCHELL, A.R.: Computational Methods in Partial Differential Equations, Wiley & Sons, London, New York, Sidney, Toronto 1976.

SCHÖNAUER, W.: SDGL (selbst adaptive Lösung von Differentialgleichungen), Programmpaket, Rechenzentrum der Universität Karlsruhe 1981.

SMITH, G.D.: Numerische Lösung von partiellen Differentialgleichungen, Berlin 1971.

SMITH, G.D.: Numerical Solution of Partial Differential Equations: Finite Difference Methods, 3. Auflage, Clarendon Press, Oxford 1985.

TÖRNIG, W.; GIPSER, M.; KASPAR, B.: Numerische Lösung von partiellen Differentialgleichungen der Technik, Teubner, Stuttgart 1985.

TÖRNIG, W.: Numerische Mathematik für Ingenieure und Physiker, Bd. 2, Springer, Berlin, Heidelberg, New York 1979.

WENDLAND, W.L.: Elliptic Systems in the Plane, London, San Francisco, Melbourne, 1979.

Methode der Finiten Elemente

ACIZ, A.K. (ed.): The Mathematical Foundations of the Finite Elemente Method with Applications to Partial Differential Equations, Academic Press, New York 1972.

BATHE, K.J.; WILSON, E.: Numerische Mathematik in Finite Elemente Analysis, Englewood Cliffs 1976.

BATHE, K.J.: Finite Element Method, Deutsche Übersetzung von Peter Zimmermann, Finite-Elemente-Methoden, Springer, Berlin-Heidelberg-New York-Tokyo 1986.

BLANK, R.E.; DUPONT, T.F.: An Optimal Order Process for Solving Finite Element Equations, Center for Numerical Analysis University of Texas at Austin, CNA-158, May 1980.

BOOR, de, C. (Ed.): Mathematical aspects of finite element in partial differential equations, Academic Press, New York, London 1974.

BREBBIA, C.A.; CONNOR, J.J.: Fundamentals of Finite Element Techniques. For structural Engineers, London, Butterworths 1973.

CIARLET, Ph.G.: The finite element method for elliptic problems, North-, Holland Public, Amsterdam 1978.

CUVELIER, C.; SEGAL, A.; v. STEENHOVEN, A.: Finite Element Methods and Navier- Stokes equations, 1986.

FENNER, R.T.: Finite Element Methods for Engineers, The Macmillan Press 1975.

FIX, G.; STRANG, G.: An analysis of the finite element method, Englewood Cliffs, New Jersey 1973.

GALLAGHER, R.H.: Finite-Element-Analysis, Springer, Berlin, Heidelberg, New York 1976.

GAWEHN, W.: Finite-Elemente-Methode, Vieweg, Braunschweig, Wiesbaden, 3. Aufl. 1988.

GIRAULT, V.; RAVIARD, P.-A.: Finite Elements Approximation of the Navier-Stokes equations, Springer, Berlin 1979.

GOERING, H.M.; ROOS, H. J.; TOBISKA, L.: Finite-Elemente-Methode, Berlin 1985.

HAHN, H.G.: Methode der Finiten Elemente in der Festigkeitslehre, Akademische Verlagsgesellschaft, Wiesbaden, 2. Aufl. 1982.

HINTON, E.; OWEN, D.R.J.: Finite Element Programming, Academic Press, London 1980.

HINTON, E.; OWEN, D.R.J.; KRAUSE, G. (Hrsg.): Finite Elemente Programme für Platten und Schalen, Springer, Berlin-Heidelberg-New York 1990,

HUGHES, T.J.R.: Finite Element Method: Linear Static and Dynamic Finite Element Analysis, Prentice-Hall, Inc., Englewood Cliffs, New Jersey 1987.

KÄMMEL, G.; FRANECK, H.; RECKE, H.-G.: Einführung in die Methode der finiten Elemente, Carl Hanser, München 1988.

KNOTHE, K.; WESSELS, H.: Finite Elemente, Springer, Berlin-Heidelberg-New York 1991.

LEINEN, P.: Ein schneller adaptiver Löser für elliptische Randwertprobleme auf Seriell- und Parallelrechnern, Diss., Dortmund 1990.

LINK, M.: Finite Elemente in der Statik und Dynamik, Teubner, Stuttgart, 2. Aufl. 1989.

LIVESLEY, R.K.: Finite Elements: An Introduction for Engineers, Cambridge University Press, London, New York 1983.

MARSAL, D.: Finite Differenzen und Elemente, Springer, Berlin-Heidelberg-New York, 1989.

MEISSNER, U.; MENZEL, A.: Die Methode der finiten Elemente, Springer, Berlin-Heidelberg-New York 1989.

ODEN, J.T.; REDDY, J.N.: An introduction to the mathematical theory of finite elements, John Wiley, New York 1976.

RICHTER, W.: Numerische Lösung partieller Differentialgleichungen mit der Finite-Elemente-Methode, Hrsg. G. Engeln-Müllges, Vieweg, Wiesbaden 1986.

RICHTER, W.: Numerical solution of partial differential equations with the finite element method, Beatrix Perera-Verlag, Stuttgart/Colombo 1990.

SCHWARZ, H.R.: Methoden der finiten Elemente unter Berücksichtigung der technischen Praxis, Teubner, Stuttgart, 2. Aufl. 1984.

SCHWARZ, H.R.: FORTRAN-Programme zur Methode der finiten Elemente, Teubner, Stuttgart 1988.

SEWELL, G.: Analysis of Finite Element Method: PDE/PROTRAN, Springer, New York, Berlin, Heidelberg, Tokyo 1985.

TWODEPEP Users' manual zum IMSL-Programmpaket Finite Element Programm zur Lösung einer großen Klasse elliptischer und parabolischer partieller Differentialgleichungen, Edition 9.2, 1984 (IMSL = International Mathematical and Statistical Library).

WENDLAND, W.L.; STEPHAN, E.: Mathematische Grundlagen der finiten Elemente Methoden, Lang, Frankfurt 1982.

WHITE, R.E.: An introduction to the finite element method with applications to nonlinear problems, New York, 1985.

ZIENKIEWICZ, O.C.: Methode der finiten Elemente, Hanser, München, Wien, 2. Aufl. 1984.

ZIENKIEWICZ, O.C.; MORGAN, K.: Finite Elements and Approximation, Wiley, New York 1983.

Sachwortverzeichnis

a posteriori-Fehlerabschätzung, 18
a priori-Fehlerabschätzung, 18
Abbruchbedingung, 51
Abbruchfehler, 7, 444
Abdividieren von komplexen Nullstellen, 45
Abdividieren von Nullstellen, 43
Abrundung von Ecken, 340
Abstandsaxiome, 185
Adams-Bashforth-Extrapolationsformel, 454
Adams-Bashforth-Formel, 452
Adams-Moulton-Formel, 454
Adams-Moulton-Verfahren, 456
Adaption, 441
Äquilibrierung, 70, 116
Akima-Subsplines, 333
algebraische Gleichung, 13
Algorithmus
    von Cuthill-McKee, 122
Anfangsbedingungen, 415
Anfangswertproblem, 415
    bei gewöhnlichen Differentialgleichungen, 415
Anfangswertproblemlöser
    adaptive, 447, 448
Anlaufstück, 451
Anschlußbedingungen, 245
Approximation
    beste, 185, 187
    beste gleichmäßige, 201, 202, 205
    diskrete, 183
    durch Tschebyscheff-Polynome, 202
    durch Tschebyscheff-Polynome, gleichmäßige, 207
    gleichmäßige, 201, 206
    im quadratischen Mittel
        diskrete lineare, 192
        kontinuierliche lineare, 187
    kontinuierliche, 183
    lineare, 183, 185
    lineare gleichmäßige, 184
    nichtlineare, 183, 214
    nichtlineare diskrete
        im quadratischen Mittel, 184
    periodischer Funktionen, 208
    periodischer Funktionen im quadratischen Mittel, 209
    rationale, 187
    von Polynomen durch Tschebyscheff-Polynome, 200
Approximationsaufgabe, 185, 186
Approximationsfunktion, 183, 185
Approximationsgüte
    für Splines, 266
Approximationssätze
    von Weierstraß, 208
Ausgleich
    diskreter linearer, 184
    durch lineare algebraische Polynome, 197
    im quadratischen Mittel, nichtlinearer, 217
    mit Householdertransformation, linearer, 200
    nichtlinearer diskreter, 184

Ausgleichssplines
   dritten Grades, polynomiale, 281
   mit vorgegebener dritten Randableitung, 287
      kubische, 282
   mit vorgegebener ersten Randableitung, 283
      kubische, 281
   mit vorgegebener zweiten Randableitung, 286
      kubische, 281
   nichtparametrische kubische, 281, 283
   parametrische kubische, 282, 290
   periodische, 289
   periodisch kubische, 282
Auslöschung, 9
Austauschschritt, 85
Austauschverfahren, 84
AWP, 415

B-Spline-Flächen, 325
   uniforme, offene, 327
B-Spline-Kurven, 319
   uniforme, 324
B-Splines, 293, 319
Bandbreite, 61
Bandmatrix, 61, 101
Bernoullische Zahlen, 370
Bézier-Spline-Flächen, 311
Bézier-Spline-Kurven, 307
Bézier-Splines, 293, 307
   Besonderheiten der kubischen, 310
   modifizierte (interpolierende) kubische, 318
Bisektionsverfahren, 33
Block-Verfahren, 121
Blockmatrix, 119
Bulirsch-Folge, 465

CG-Verfahren, 80
   mit Vorkonditionierung, 82
Clenshaw-Curtis-Formeln
   für ein Referenzintervall, 383
   zusammengesetzte, 383
Cuthill-McKee-Algorithmus, 122

Darstellung von Polynomen
   als Linearkombination von Tschebyscheff-Polynomen, 203
Darstellung von Zahlen, 1
Definitionen und Sätze über Nullstellen, 14
Definition von Fehlergrößen, 1
Deflation, 43
   eines Polynoms, 47
Deflationspolynome, 42
Dezimalbruch, 3
Dezimaldarstellung von Zahlen, 3
Dezimalen, 4
   gültige, 5
   sichere, 5
diagonal dominant, 61
Diagonalblöcke, 119
Diagonalmatrix, 61
Differentialgleichungssysteme
   gewöhnliche, 415
   steife, 472
Differentialvariationsgleichung, 467
Differentiation
   adaptive numerische, 345
   einer Splinefunktion, 345
   eines Interpolationspolynoms, 345
   mit dem Romberg-Verfahren, 345
   numerische, 345
Differenzengleichung, 467
Differenzenquotienten
   inverse, 234
Differenzenschema, 230
   inverses, 234
Differenzenvariationsgleichung, 468
Differenzenverfahren, 494

Sachwortverzeichnis

für lineare Randwertprobleme
  zweiter Ordnung, 494
  gewöhnliches, 494
  höherer Näherung, 500
Diskreter Ausgleich durch algebraische Polynome
  unter Verwendung orthogonaler Polynome, 195
Diskretisierungsfehler, 7, 444, 445
3/8-Formel, 362, 426
  bei äquidistanter Zerlegung, summierte, 362
  bei nichtäquidistanter Zerlegung, summierte, 363
  für ein Referenzintervall, 362
  für ein Referenzrechteck, 401
Dreieckbereiche mit achsenparallelen Katheten, 410
Dreiecke in allgemeiner Lage, 411
Dreiecksmatrix, 59
  normierte bidiagonale obere, 87
  normierte obere, 59
  normierte untere, 59
  obere, 59
  untere, 59
Dreieckszerlegung, 59, 65
  mit Spaltenpivotsuche, 71

Effizienz, 39, 40
Effizienz der Verfahren, 39
Effizienzindex, 39
  von Traub, 39
Eigenvektoren
  von Matrizen, 159
Eigenvektormatrix, 161, 162
Eigenwertaufgabe, 160
  teilweise, 160
  vollständige, 160
Eigenwerte, 159, 160
Eigenwertproblem
  lineares, 503
Einbettungsformeln, 429
Eindeutigkeitssatz, 17

Eingabefehler, 7
Einschlußintervall, 33
Einschlußverfahren, 13, 32
Einschrittverfahren, 417, 418
  konsistentes, 445, 470
Elementarbereich, 395
Elimination
  mit Zeilenvertauschungen, 65
  ohne Zeilenvertauschnungen, 65
England - Formel vierter und fünfter Ordnung, 431
England I - Formel, 426
England II - Formel, 427
Entwicklungssatz, 162
Ersatzproblem, 7
Euler-Cauchy-Verfahren, 419, 425
  verbessertes, 419, 425
Euler-Maclaurin-Formeln, 370
  für äquidistante Zerlegung, summierte, 371
  für ein Referenzintervall, 370
Existenzsatz, 17
Extrapolationsverfahren, 417
  von Bulirsch-Stoer-Gragg, 462

Faktorisierung, 59, 77, 87
Fast Fourier Transform, 213
Fehler, 111
  absoluter, 1
  gesamte, 6
  prozentualer, 3
  relativer, 2
  wahrer, 1
Fehlerabschätzung, 18
  interpolierender kubischer Splines, 265
Fehlerabschätzung ohne Verwendung der Lipschitzkonstante, 19, 148
Fehlerfortpflanzung, 8
Fehlerordnung
  globale, 356, 418
  lokale, 356

Fehlerquadratsumme
  transformierte, 216
Fehlerquellen, 6
Fehlerschätzung, 386, 446
  bei Einbettungsformeln, 449
  bei nichtäquidistanter Zerlegung, 387, 388
Fehlerschätzungsformeln
  für Mehrschrittverfahren, 460
Fehlerschranke für den absoluten Fehler, 2
Fehlerschranke für den prozentualen Fehler, 3
Fehlerschranke für den relativen Fehler, 2
Fehlertest
  kombinierter, 6
Fehlervektor, 117
Festpunktdarstellung, 4
FFT, 213, 218
finiter Ausdruck, 501
Fixpunkt, 15
Fixpunktgleichung, 15
Fixpunktsatz, 18
  für Systeme, 146
Flächenintegral, 393
Fortpflanzungsfehler, 7
Fourier-Transformation
  komplexe diskrete, 213
  schnelle, 213
Fourierteilsumme
  diskrete, 213
Franke-Little-Gewichte, 242
5/288-Regel, 364
Fundamentalsatz der Algebra, 41
Funktion
  2π-periodische, 208
Funktionalmatrix, 146
Funktionensysteme, 186
  orthogonale, 186, 190

Gauß-Algorithmus
  als Dreieckszerlegung, 71
  für Bandmatrizen, 101
  für Blocksysteme, 119
  für fünfdiagonale Matrizen, 96
  für symmetrische Matrizen, 75
  für Systeme mit mehreren rechten Seiten, 73
  für tridiagonale Blocksysteme, 121
  für tridiagonale Matrizen, 87
  für zyklisch tridiagonale Matrizen, 91
  mit Spaltenpivotsuche, 66, 72
  zur Matrizeninversion, 74
Gauß-Kubaturformeln, 409
  für Dreieckbereiche, 410
  für Rechteckbereiche, 408
Gauß-Seidelsche Iterationsverfahren, 138
Gaußsche Fehlerquadratmethode
  diskrete, 184, 195
  kontinuierliche, 191
Gaußsche Kubaturformeln, 398
Gaußsche Normalgleichung, 189, 193
Gaußsche Quadraturformeln
  bei äquidistanter Zerlegung, summierte, 378
  bei nichtäquidistanter Zerlegung, summierte, 378
  für ein Referenzintervall, 375
  verallgemeinerte, 379
Gear-Verfahren
  Korrektorformeln, 475
  Stabilitätsbereiche, 476
Genauigkeitsgrad, 395
Gewichtsfunktion, 188, 191
Gitter, 416
Gleichung
  algebraische, 41
  charakteristische, 159
  inhomogene, 64
Gleichungssysteme
  mit Bandmatrizen, 101
  mit Blockmatrizen, 118

Sachwortverzeichnis

mit fünfdiagonalen Matrizen, 96
mit tridiagonalen Matrizen, 87
mit zyklisch tridiagonalen Matrizen, 91
Gleitpunktdarstellung
  normalisierte dezimale, 4
Gradientenverfahren, 153, 155
Graggsche Funktion, 463
Gramsche Determinante, 189

Hadamardsches Konditionsmaß, 112
Hauptabschnittsdeterminante, 58
Hauptabschnittsmatrix, 58
Hauptsatz der Integralrechnung, 353
Hermite-Interpolation, 222
Hermite-Splinefunktion
  Arten, 267
  natürliche, 267
  periodische, 267
Hermite-Splines, 268
  Berechnung der nichtparametrischen, 268
  fünften Grades, 266
  nichtperiodische, 268
  parametrische, 268, 272
  periodische, 271
Hermitesches Interpolationspolynom, 222
hinreichende Kriterien für positive Definitheit, 62
Höchstfehler
  absoluter, 2
  relativer, 2
Horner-Schema, 42
  doppelreihiges, 44
  für komplexe Argumentwerte, einfaches, 43
  für reelle Argumentwerte, einfaches, 42
  für reelle Argumentwerte, vollständiges, 45
Hornerzahl, 39, 40

Householder-Matrix, 60
Householder-Transformation, 107, 110
  zur Lösung des linearen Ausgleichsproblems, 198

Illinois-Verfahren, 38
instabil, 111
Integrationsregel, 356
Interpolation
  bei Funktionen mehrerer Veränderlichen, 237
  durch algebraische Polynome, 221
  in Kettenbruchdarstellung, rationale, 243
  lineare, 223
  nach Aitken, inverse, 227
  nach Newton, 229
  nach Shepard, 239
  polynomiale, 221
  rationale, 221, 233, 236
  Restglied, 231
  trigonometrische, 210
Interpolationsbedingung, 222
Interpolationsfehler, 231
Interpolationsformel, 222
  von Lagrange, 223, 224
  von Lagrange bei Funktionen von zwei Veränderlichen, 237
  von Newton, 228, 229
Interpolationsfunktion
  rationale, 235
Interpolationskubaturformeln
  Konstruktion, 396
Interpolationspolynom, 222
Interpolationsquadraturformeln
  Konstruktion, 355
Interpolationsschema
  von Aitken, 225
Interpolationsstellen, 221
Iteration

in Gesamtschritten, 137
Iterationsfolge, 16
Iterationsschritt, 16
Iterationsverfahren, 16
    allgemeines, 13
    für Systeme, allgemeines, 145
    in Einzelschritten, 57, 139
    in Gesamtschritten, 57, 133
    nach v. Mises, 163
    zur Lösung linearer Gleichungssysteme, 131
Iterationsvorschrift, 16

Jakobi-Matrix
    geschätzte, 153

Kennzeichen für schlechte Kondition, 111
Kettenbruch, 235
Knoten, 245, 354
    monotone Anordnung, 245
Kondition, 1, 111
Kondition eines Problems, 8
Konditionsmaß, 112
Konditionsschätzung, 113
    nach Cline, 114, 115
    nach Forsythe/Moler, 113
Konditionsverbesserung, 116
Konditionszahlen, 112
konjugiert orthogonal, 162
konsistent, 445
Konsistenz, 444, 445
Konsistenzordnung, 445
Konvergenz, 265, 445
    alternierende, 19
    der Korrektorformel, 477
    eines Iterationsverfahrens, 18
    lineare, 23
    quadratische, 23, 24
    superlineare, 23
Konvergenzgeschwindigkeit, 23
Konvergenzordnung, 23, 148
    eines Iterationsverfahrens, 23

Konvergenzverbesserung
    mit Hilfe des Rayleigh-Quotienten, 169
Korrektor, 417
Korrekturvektor, 117
Kriterien
    für Steifheit, 472
Kriterium
    von Schmidt - v. Mises, 135, 147
Krümmung
    einer ebenen Kurve mit Splines, 258
Kubatur
    numerische, 393
Kubaturformeln, 394
    für Referenzbereiche, 395
    interpolatorische, 397
    summierte, 396
    zu dreieckigen Referenzbereichen, 396
    zu rechteckigen Referenzbereichen, 396
    zusammengesetzte, 396
Kubaturverfahren
    nach Romberg, 405

L_2-Approximation, 184
    nichtlineare diskrete, 184
L_2-Norm, 187
Lagrangesche Formel
    für äquidistante Stützstellen, 224
    für beliebige Stützstellen, 223
Lagrangesche Restgliedformel, 231
Laguerre-Verfahren, 54
linear unabhängig, 185
Lipschitzbedingung, 17
lipschitzbeschränkt, 17
Lipschitzkonstante, 17
Lösbarkeitsbedingungen für ein lineares Gleichungssystem, 64

Sachwortverzeichnis

Lösung überbestimmter linearer Gleichungssysteme mit Householder-Transformation, 106
LR-Verfahren, 175, 177
LR-Zerlegung, 59

Maclaurin-Formeln, 368
Mantisse, 4
Maschinengenauigkeit, 6
Matrix
    bandstrukturierte, 101
    bidiagonale, 61
    diagonalähnliche, 161
    dünnbesetzte, 122
    fünfdiagonale, 61
    gepackte, 104
    hermitesche, 162
    orthogonale, 60
    positiv semidefinite, 62
    reguläre, 58
    stark diagonal dominante, 61
    streng reguläre, 58, 63
    symmetrische, 60
    tridiagonale, 61
    zyklisch tridiagonale, 61
Matrix-Norm, 133
Matrix-Norm-Axiome, 132
Matrizeninversion mit dem Gauß-Algorithmus, 74
Maximumnorm, 201
Mehrschrittverfahren, 417, 450
Mehrzielverfahren, 490
Merkmale, 197
Merkmalsebene, 197
Methode
    des Pivotisierens, 57
    direkte, 57
    iterative, 57
    von Shepard, 239
    zur automatischen Schrittweitensteuerung, 447
Modalmatrix, 161
Modellfunktion, 185

lineare, 216
nichtlineare, 215
Möglichkeiten zur Konditionsverbesserung, 116
Muller-Iteration, 50
multi-step methods, 417

Nachiteration, 111, 117
näherungsweise Berechnung der Bogenlänge, 341
Newton-Cotes-Formeln, 357
    für rechteckige Integrationsbereiche, 399
    summierte, 401
    weitere, 364
    zusammengesetzte, 401
Newton-Cotes-Kubaturformeln
    für Dreieckbereiche, 404
Newtonsche Formel
    für äquidistante Stützstellen, 229
    für beliebige Stützstellen, 228
Newtonsche Interpolationsformel
    für absteigende Differenzen, 231
Newtonsches Iterationsverfahren
    gedämpfte Primitivform, 153
Normalgleichungen
    für den diskreten linearen Ausgleich, 192
Normaxiome, 185
notwendige Bedingung für positive Definitheit, 62
notwendige und hinreichende Kriterien für positive Definitheit, 62
Nullstelle
    einfache, 14
    mehrfache, 14
numerische harmonische Analyse nach Runge, 211

Oberflächensplines, 293
    zweidimensionale interpolierende, 303

one-step methods, 417
orthogonal, 60, 162
Orthogonalisierungsverfahren
    von Schmidt, 191

Parallel shooting, 490
Pegasus-Verfahren, 13, 34
Permutationsmatrix, 59
Pivotelement, 85
Pivotelemente, 70
Pivotschritt, 85
Pivotspalte, 85
Pivotsuche, 70
    teilweise, 70
    vollständige, 70
Pivotzeile, 85
Polygonzugverfahren
    von Euler-Cauchy, 418
Polynom
    charakteristisches, 159
Polynome
    abdividierte, 42
    algebraische, 189
    Legendresche, 191
    Tschebyscheffsche, 191
Polynomsplines, 245
    dritten Grades, 245
    interpolierende zweidimensionale dritten Grades, 293
    kombinierte interpolierende, 259
    zur Konstruktion glatter Kurven, interpolierende, 245
positiv definit, 62
Praediktor, 417
Praediktor-Korrektor-Verfahren, 417, 454
    von Adams-Moulton, 454
    von Heun, 420
Prince-Dormand-Einbettungsformel
    fünfter und sechster Ordnung, 435
    fünfter und vierter Ordnung, 433

    siebenter und achter Ordnung, 438
    vierter und fünfter Ordnung, 434
Prinzip der direkten Methoden, 65
Probleme
    steife, 472
Punktoperationen, 12, 127

QD-Algorithmus, 173
QD-Schema, 174
QR-Verfahren, 175, 179
    von Rutishauser, 179
Quadratur
    numerische, 353
    Restglied, 356
Quadraturfehler
    globale, 355
    lokale, 354
Quadraturformeln, 353
    für äquidistante Stützstellen, 357
    Konvergenz, 390
    von Clenshaw-Curtis, 383
    von Gauß, 375
    von Maclaurin, 367
    von Newton-Cotes, 357
    von Tschebyscheff, 372
Quadraturverfahren
    adaptive, 389

Randbedingungen, 245
    lineare, 485, 486
    nichtlineare, 486
Randwertproblem, 485
    bei gewöhnlichen Differentialgleichungen, 485
    für nichtlineare Differentialgleichungen zweiter Ordnung, 486
    für Systeme von Differentialgleichungen erster Ordnung, 489

Sachwortverzeichnis

halbhomogenes, 494
n-ter Ordnung, 485
vollhomogenes, 494
Zurückführung auf ein Anfangswertproblem, 486
Zwei-Punkt-, 485
Rayleigh-Quotient, 169
Rechnungsfehler, 7, 10, 18, 20, 386
für Ein- und Mehrschrittverfahren, 462
Rechteckformel, 354
Rechteckgitter, 239
Rechteckregel, 418
Referenz-Rechteckgitter, 397
Referenzbereich, 395
Referenzdreieck, 404
Referenzintervall, 354
Regression
lineare, 197
Regressionsgerade, 198
Regula falsi, 13, 29
für einfache Nullstellen, 29
für mehrfache Nullstellen, modifizierte, 30
für nichtlineare Systeme, 153
Primitivform der, 30
Relaxation
beim Einzelschrittverfahren, 140
beim Gesamtschrittverfahren, 139
Relaxationskoeffizient, 140
Relaxationsverfahren, 57
Renner-Subsplines, 336
Residuum, 111
Richtungsfeld der Differentialgleichung, 419
Riemannsches Flächenintegral mit bikubischen Splines, 412
RK-Verfahren, 422
Romberg-Folge, 464
Romberg-Verfahren
zur Differentiation, 351
zur Kubatur, 405

zur Quadratur, 384
Rückwärtselimination, 77, 87
Rundung
korrekte, 5
statistisch korrekte, 5
Rundungsfehler
elementarer, 6
Runge-Kutta I-Verfahren
dritter Ordnung, 426
Runge-Kutta II-Verfahren
dritter Ordnung, 426
Runge-Kutta-Einbettungsformel
zweiter und dritter Ordnung, 429
Runge-Kutta-Fehlberg-Einbettungsformel
dritter und vierter Ordnung, 433
fünfter und sechster Ordnung, 432
siebenter und achter Ordnung, 439
vierter und fünfter Ordnung, 430
Runge-Kutta-Fehlberg-Verfahren
fünfter Ordnung, 427
vierter Ordnung, 427
Runge-Kutta-Fehlberg-Verfahren I, 428
Runge-Kutta-Fehlberg-Verfahren II, 428
Runge-Kutta-Formeln
explizite, 422
Koeffiziententabelle zu expliziten, 425
Zusammenstellung expliziter, 425
Runge-Kutta-Gill-Verfahren, 426
Runge-Kutta-Verfahren
explizites, 422, 442
explizites m-stufiges, 422
implizites, 442
klassisches, 423, 426
m-stufiges, 444

vom Gauß-Typ, implizite, 442
Sätze
  von Weierstraß, 208
Satz
  von Bolzano, 15
  von Collatz, 18
  von Laguerre, 48
Schätzung des Restgliedes
  der Interpolation, 232
Schätzwert mit dem Newton-Restglied, 232
Schrittfunktion, 16
  vektorielle, 146
Schrittweite
  lokale, 417
  maximale lokale, 418
Schrittweitensteuerung, 429
  automatische, 441, 446
  nach [HULL72], automatische, 449
schwach besetzt, 131
6/840-Regel, 365
Sehnentrapezformel, 359
  bei äquidistanter Zerlegung, summierte, 359
  bei nichtäquidistanter Zerlegung, summierte, 360
  für ein Referenzintervall, 359
  für periodische Funktionen, 360
Seminorm, 192
Shepard-Funktion, 239
  mit Franke-Little-Gewichten, lokale, 242
Shepard-Gewichtsfunktion, 240
Shepard-Interpolation
  globale, 241
  lokale, 241
Shepard-Interpolationsfunktion, 241
7/17280-Regel, 365
Simpson-Kubaturformeln
  summierte, 403
Simpsonsche Formel, 360
  für äquidistante Zerlegung, summierte, 361
  für ein Referenzintervall, 360
  für ein Referenzrechteck, 400
  für nichtäquidistante Zerlegung, summierte, 361
Skalierung, 116
SOR-Verfahren, 140
Spaltenpivotsuche, 70
  skalierte, 70
Spaltensummenkriterium, 135, 147
Spektralmatrix, 161
Spiralisierung, 53
Spline, 248
Splinefunktion
  bikubische, 295
  Definition, 246
  mit Vorgabe der Normalen, bikubische, 302
  natürliche kubische, 248
  ohne Vorgabe von Randwerten, bikubische, 298
  periodische kubische, 249
Splinemethode
  Auswahl der geeigneten, 275
Splines
  Berechnung der nichtparametrischen kubischen, 248
  Berechnung der parametrischen kubischen, 253
  kubische, 245
  mit not-a-knot-Randbedingung, kubische, 245, 251
  mit vorgegebener dritten Randableitung, kubische, 245, 253
  mit vorgegebener erster Randableitung, kubische, 245, 252
  mit vorgegebener zweiter Randableitung, kubische, 245
  natürliche kubische, 245
  parametrische kubische, 246

Sachwortverzeichnis

periodische kubische, 245
verallgemeinerte natürliche kubische, 245, 251
zweidimensionale, 293
Stabilität, 1
   numerische, 10
Stabilität, 466
   A-, 469
   absolute, 469
   asymptotische, 469
   Bereiche steifer, 477
   der Differentialgleichung, 466
   des numerischen Verfahrens, 467
   starke, 469
   steife, 469, 477
Stabilitätsbereich, 474
steif, 472
Störfunktion, 466
Störlösung, 468
Straken, 275
Stützstellen, 221, 245, 354
Stützwerte, 221, 245
Subdiagonalmatrix, 59
Superdiagonalmatrix, 59
symmetrisch, 60
Systeme
   homogene, 64, 69
   mit symmetrischer, fünfdiagonaler positiv definiter Matrix, 98
   mit symmetrischer, positiv definiter Matrix, 76, 80
   mit symmetrischer, streng regulärer Matrix, 76
   mit symmetrischer, tridiagonaler, positiv definiter Matrix, 89
   mit symmetrischer, zyklisch tridiagonaler Matrix, 93
   nichtlinearer Gleichungen, 145
   schlecht konditionierte, 111

T-Entwicklung, 204, 205
Tangententrapezformel, 367
   für äquidistante Zerlegung, summierte, 367
   für ein Referenzintervall, 367
   für nichtäquidistante Zerlegung, summierte, 368
Taylorentwicklung, 45
   eines Polynoms, 47
Transformation
   auf Hessenbergform, 175, 177
Transformationsmethode, 216
   beim nichtlinearen Ausgleich, 215
transzendent, 13
Trapez-Formel
   für ein Referenzrechteck, 400
Trapez-Kubaturformeln
   für ein Rechteck, summierte, 402
Tschebyscheff-Formeln
   für äquidistante Zerlegung, summierte, 374
   für ein Referenzintervall, 372
   für nichtäquidistante Zerlegung, summierte, 374
Tschebyscheff-Polynome, 201
   Eigenschaften, 202
   Einführung, 202
Tschebyscheffsche Approximation, 201
Tschebyscheffsche Kubaturformeln, 398
Tschebyscheffsche Quadraturformeln, 372

Überrelaxation, 140
unitär, 162
Unterrelaxation, 140

Vandermonde-Matrix, 358
Vektor-Norm-Axiome, 132
Verbesserung
   relative, 117
Verfahren

der konjugierten Gradienten, 80
der schrittweisen Annäherung, 16
der sukzessiven Ueberrelaxation, 141
des stärksten Abstiegs für nichtlineare Systeme, 155
für Systeme mit Bandmatrizen, 57
für Systeme mit symmetrischen Matrizen, 75
vom Gauß-Typ, 442
von Adams-Bashforth, explizite, 452
von Adams-Störmer, 459
von Anderson-Björck, 13, 35
von Anderson-Björck-King, 38
von Bauhuber, 52
von Brown, 153
  für Systeme, 156
von Butcher, 428
von Cholesky, 57, 76
von Gauß-Jordan, 57, 83
von Gear zur Integration steifer Systeme, 473
von Heun, 420, 425
von Jenkins und Traub, 53
von King, 13, 38
von Krylov, 170
von Kutta-Nyström, 427
von Laguerre, 54
von Martin, Parlett, Peters, Reinsch und Wilkinson, 180
von Muller, 49
von Newton, 13
  für einfache Nullstellen, 25
  für mehrfache Nullstellen, 28
  für mehrfache Nullstellen, modifiziertes, 28
  für Systeme, gedämpftes, 152
  für Systeme, Primitivform, 152
  gedämpftes, 27
  quadratisch-konvergente, 150
von Romberg, 384
  zur numerischen Differentiation, 351
  zur numerischen Kubatur, 405
  zur numerischen Quadratur, 384
von Runge-Kutta, 422
von Steffensen, 13, 31
  für einfache Nullstellen, 31
  für mehrfache Nullstellen, modifiziertes, 32
  zur Lösung linearer Gleichungssysteme, direkte, 57
Verfahren zur Lösung algebraischer Gleichungen, 41
Verfahrensfehler, 7
  globale, 418
  lokale, 418
Verfahrensfunktion, 444
  eines Einschrittverfahrens, 444
Verner-Einbettungsformel
  achter und neunter Ordnung, 440
  fünfter und sechster Ordnung, 435
  sechster und siebenter Ordnung, 436
  siebenter und achter Ordnung, 437
Verträglichkeitsbedingung, 133
4/90-Regel, 364
Volumenberechnung, 394
Vorwärtselimination, 77, 87
Vorzeichenregeln von Sturm und Descartes, 48

Wronskische Determinante, 186
Wurzelbedingung, 470

Zahlen
  charakteristische, 160

Sachwortverzeichnis

Zeilensummenkriterium, 135, 147
Ziffern
    gültige, 5
    tragende, 4
Zwischenwertsatz, 15
zyklisch tridiagonal, 61

Absender:

Tel.: _____ / _____

_____
(Name, Vorname)

_____
* (Firma)

_____
* (Abteilung)

_____
(Straße und Hausnummer oder Postfach)

_____ _____
(Postleitzahl)   (Ort)

Bitte gut lesbar in Druckbuchstaben ausfüllen.
Es erleichtert unsere Arbeit. Danke.

* Bei Angabe der Privatadresse bitte nicht ausfüllen!

| Bitte freimachen |

ANTWORTKARTE

Frau
Prof. Dr. Gisela Engeln-Müllges
Kesselstraße 88

D-52076 Aachen-Lichtenbusch

Absender:

Tel.: _____ / _____

_____
(Name, Vorname)

_____
* (Firma)

_____
* (Abteilung)

_____
(Straße und Hausnummer oder Postfach)

_____ _____
(Postleitzahl)   (Ort)

Bitte gut lesbar in Druckbuchstaben ausfüllen.
Es erleichtert unsere Arbeit. Danke.

* Bei Angabe der Privatadresse bitte nicht ausfüllen!

| Bitte freimachen |

ANTWORTKARTE

Frau
Prof. Dr. Gisela Engeln-Müllges
Kesselstraße 88

D-52076 Aachen-Lichtenbusch

INFORMATIONSKARTE

Betr.: Buch „Numerik-Algorithmen mit ANSI C-Programmen" von
G. Engeln-Müllges / F. Reutter

Ja, ich bin an dem Quellcode der Programme in der Sprache

- ☐ FORTRAN 77 (double precision)   ☐ MODULA-2
- ☐ ANSI-C   ☐ QuickBASIC 4.5
- ☐ Turbo Pascal 5.0 - 6.0

- ☐ Campuslizenzen _____
  (Hochschule / Firma)

interessiert. Senden Sie mir bitte weitere Informationen über diese Disketten an meine Adresse (s. Rückseite).

Verwendung: ☐ Kommerziell ☐ Privat ☐ Hochschule/öffentl. Dienst ☐ Studium

---

INFORMATIONSKARTE

Betr.: Buch „Numerik-Algorithmen mit ANSI C-Programmen" von
G. Engeln-Müllges / F. Reutter

Ja, ich bin an dem Quellcode der Programme in der Sprache

- ☐ FORTRAN 77 (double precision)   ☐ MODULA-2
- ☐ ANSI-C   ☐ QuickBASIC 4.5
- ☐ Turbo Pascal 5.0 - 6.0

- ☐ Campuslizenzen _____
  (Hochschule / Firma)

interessiert. Senden Sie mir bitte weitere Informationen über diese Disketten an meine Adresse (s. Rückseite).

Verwendung: ☐ Kommerziell ☐ Privat ☐ Hochschule/öffentl. Dienst ☐ Studium